龙岩华侨史

张佑周　主编

华南理工大学出版社

·广州·

图书在版编目（CIP）数据

龙岩华侨史 / 张佑周主编 .—广州：华南理工大学出版社，2020.8
ISBN 978-7-5623-6209-8

Ⅰ.①龙… Ⅱ.①张… Ⅲ.①华侨 – 史料 – 龙岩 Ⅳ① D634.3

中国版本图书馆 CIP 数据核字（2020）第 127267 号

Longyan Huaqiaoshi
龙 岩 华 侨 史
张佑周　主编

出 版 人：	卢家明
出版发行：	华南理工大学出版社
	（广州五山华南理工大学 17 号楼，邮编：510640）
	http：// www.scutpress.com.cn　E-mail:scutc13@scut.edu.cn
	营销部电话：020-87113487　87111048（传真）
责任编辑：	蔡亚兰
责任校对：	梁晓艾
印 刷 者：	龙岩东方彩印有限公司
开　　本：	889mm×1194mm　1/16　印张：30.25　插页：10　字数：1018 千字
版　　次：	2020 年 8 月第 1 版　2020 年 8 月第 1 次印刷
定　　价：	328.00 元

版权所有　盗版必究　　印装差错　负责调换

《龙岩华侨史》编纂委员会

主　任：张斯良　王建生

副主任：卢　滇　罗桥德　魏冬梅

编委会办公室

主　　　任：卢　滇　罗桥德

常务副主任：胡丰林

副　主　任：陈玉秀　吴瑞娇　王德京　李贵海　邱立汉

《龙岩华侨史》编写人员名单

主　编：张佑周

副主编：张雪英　俞如先　胡大新

编写成员：（以姓氏笔画为序）

　　　　　李贵海　邱立汉　张文峰　张佑周　张雪英

　　　　　苏志强　胡大新　俞如先　游京红

主编简介

张佑周，男，福建永定人。龙岩学院教授，赣南师范大学客家研究中心客座教授。龙岩学院人文与教育学院原院长，龙岩学院闽台客家研究院原执行院长，福建省高校人文社科研究基地客家学研究中心原主任。全国高师院校外国文学教学研究会会员、中国华侨历史学会会员。主要研究领域：英国近代文学、法国新小说派、客家学和华侨史。主要学术著作：《莎士比亚戏剧人物新论》《奥斯汀作品研究》《客家祖地闽西》《闽西客家传统社会研究》《客家之子论客家》《客家服饰文化》（合著）、《客家文化概论》（合著），主编《闽西客家研究丛书》《闽西客家外迁研究文集》《客家祖地·海峡客家》《闽西客家大典》（第一卷主编）、《客家与海上丝绸之路》（研讨会论文集）、《这方山水这方人——龙岩市古村落调研报告》等，公开发表有关外国文学、客家学研究论文上百篇，承担国家社会科学基金项目（2017）"闽西客家迁台研究"。

2006年10月10日,龙岩市侨务参访团一行5人参加马来西亚霹雳永定同乡会举办的成立60周年、青年团成立29周年、妇女组成立26周年庆典活动

2006年10月13日,龙岩市侨务参访团拜访印尼雅加达龙岩会馆

2006年10月13日,龙岩市侨务参访团拜访印度尼西亚雅加达龙岩同乡会

2006年10月13日,龙岩市侨务参访团拜访印度尼西亚中华总商会(一)

2006年10月13日，龙岩市侨务参访团拜访印度尼西亚中华总商会（二）

2007年9月6日，以曾耀东为团长的闽西客家联谊会代表团一行12人拜访马来西亚新山客家公会，受到张善淋会长等人的热情接待

2009年1月2日,龙岩市侨务参访团在缅甸仰光拜访缅甸永靖华侨互助会

2009年9月13日,泰国客属总会代表团一行77人在陈晋尧代理事长的率领下赴龙岩参加第五届全泰客家首长联谊会,闽西客家联谊会会长曾耀东等应邀列席,并对泰国客人的到来表示欢迎

2013年5月23日,龙岩市侨务参访团一行拜访新加坡龙岩会馆。左三、左四分别为新加坡龙岩会馆主席陈强富、林新华

2014年3月31日,龙岩市政府原常务副市长、市海外交流协会会长江棣章(左七),龙岩市政协副主席邱玉燕(左四),会见缅甸华商会名誉会长赖松生(左六)先生一行

2014年6月4日,龙岩市侨联、新罗区侨联赴新西兰龙岩同乡会龙岩办事处拜访。前排左三为新西兰龙岩同乡会会长施占金

编著团队出访采集资料·出访马来西亚华侨社团

2016年1月10日本书编写人员与沙巴亚庇龙岩会馆人员留影

2016年1月10日访问沙巴客家公会联合会

2016年1月12日槟城北马永定同乡会向本书编写人员赠送资料

2016年1月12日槟城龙岩会馆向本书编写人员赠送会馆资料

2016年1月13日本书编写团向霹雳永定同乡会赠送"乡音永定"题词

2016年1月13日霹雳永定同乡会向本书编写人员赠送文史资料

2016年1月15日本书编写人员与雪隆龙岩会馆人员座谈

2016年1月15日雪隆龙岩会馆向本书编写人员赠送资料等

2016年1月12日编著人员访问槟城北马永定同乡会

2016年1月10日编著人员与马来西亚客家公会人员座谈

编著团队出访采集资料·出访印度尼西亚华侨社团

2016年1月6日编著人员访问雅加达永定会馆

2016年1月6日编著人员与印度尼西亚雅加达龙岩会馆人员座谈（一）

2016年1月6日编著人员与印度尼西亚雅加达永定会馆人员座谈（二）

2016年1月6日编著人员在雅加达永定会馆大楼前合影留念

2016年1月6日编著人员与印度尼西亚雅加达龙岩会馆人员合影留念

编著团队出访采集资料 · 出访新加坡华侨社团

2016年1月8日编著人员访问新加坡南洋客属总会

2016年1月8日编著人员与新加坡龙岩会馆陈强富等合影

2016年1月8日编著人员与新加坡龙岩会馆人员座谈（一）

2016年1月8日编著人员与新加坡永定会馆人员座谈（二）

2017年5月18日编著人员访问缅甸仰光龙岩会馆(一)

2017年5月20日编著人员访问缅甸仰光永定会馆(二)

编著团队出访采集资料·出访泰国华侨社团

2017年5月15日编著人员访问泰国曼谷福建会馆

2017年5月16日编著人员访问泰国曼谷客家总会

部分侨居地实景

胡文虎、胡文豹
在海珠屿大伯公庙内
共同捐建的永安亭

马来西亚槟城海
珠屿大伯公庙内景

马来西亚沙白天福宫

缅甸仰光龙岩同乡会大楼

缅甸仰光永定同乡会大楼

胡日皆父子有限公司

霹雳永定同乡会大厅内景

新加坡南洋客属总会内景

泰国曼谷客家总会老楼

新加坡永定会馆驻地街景

序

龙岩是著名的侨区，相传早在"永乐三年六月，命和及其侪王景弘等通使西洋，将士卒二万七千八百余人，多赍金币……以次偏历诸番国"①，开通了下西洋航道并留下王景弘的老乡、龙岩集贤里香寮村王氏青年在南洋三宝垅等地垦殖之后，龙岩地区便陆续有人往洋谋生。

有史料记载的龙岩地区最早的华侨是明成化年间（1465—1487）的汀州人谢文彬，他沿汀江南下，欲出海贸易，却被大风吹入暹罗，遂侨居暹罗。

明末清初以来，龙岩地区的客家人与福佬人过番出洋谋生，甚至在海外发展渐成风气，有的如永定人张理、马福春，甚至成为南洋某埠的"开埠"先驱。

近代以来，龙岩地区各县人民买棹南渡往南洋各地谋生者越来越多，虽然他们大多以赚钱养家、光宗耀祖、叶落归根为奋斗目标，大部分艰难谋生却最终未能衣锦还乡、彻底改变自己及家人的贫困状况；但也有一些人事业有成，甚至在侨居地称"王"。例如：永定下洋中川胡氏移民第二代胡泰兴，在槟城从事垦殖，依靠种植胡椒、丁香成功发迹，被誉为"胡椒大王"；永定下洋思贤吴氏移民第二代吴德志，在槟城经营进出口百货，也成功发迹，被誉为"百货大王"；永定下洋的胡氏第一代移民胡子春、胡曰皆，先后在马来亚槟城、吡叻等地开锡矿，成为开埠功臣，被誉为"锡矿大王"；而移居缅甸仰光的第二代移民胡文虎，则继承父亲胡子钦的永安堂药业，先后研制出万金油、头痛粉、八卦丹、清快水等驰名全中国乃至东南亚的中成药，成为著名的"万金油大王"。他们的成功，吸引了更多的龙岩地区人民往洋谋生，也使龙岩侨区更加出名。

在日本帝国主义野蛮侵略中国，中国人民付出巨大牺牲的抗日战争时期，岩籍（即龙岩籍）海外华侨更是与祖国人民同仇敌忾。胡文虎不但在其创办的星系报刊上发表署名文章，号召"国家兴亡，人各有责，际此全面抗战之时，正吾人报国之日，有钱者出钱，有力者出力，毁家纾难，亦份所宜"②，而且身体力行，慷慨捐资抗战达千万元之巨。此外，漳平籍荷属东印度巴达维亚（今雅加达）侨领陈性初、龙岩籍荷属东印度巨港侨领王源兴、永定籍马来西亚半岛"锡矿大王"胡曰皆等也为支援祖国抗战作出了巨大贡献。

龙岩地区海外华侨一贯爱国爱乡，虽身居海外，却仍心怀祖国，热切盼望中华民族振兴，国家繁荣富强，人民生活幸福，在支持、参与祖国及祖籍地经济建设方面表现相当突出。

早在清末，永定籍华侨胡子春目睹国家贫弱，不仅两次捐白银100万两帮助清政府解决财政困难，还投资修铁路、开发海南岛，清廷曾任命其为"总理琼崖垦矿事宜"的矿务大臣。

从20世纪30年代开始，"万金油大王"胡文虎就开始投身祖国经济建设，曾组建"福建省建设委员会"，出资修筑闽西公路，在全国捐资建千间小学、百所医院。其他岩籍华侨对家乡建设也作出很大贡献。

中华人民共和国成立后，海外岩籍华侨更是期盼祖国富强、人民幸福，捐资、投资建设家乡的热情空前高涨，涌现出像游范吾、胡聚友、苏振寿一批积极投身家乡建设的模范归侨人物。改革开放以后，海外岩籍华侨华人最先投资龙岩经济建设，数以百计的侨资工厂、企业在龙岩各地如雨后春笋般发展起来。海外岩籍华侨华人作为龙岩地区改革开放的引领者，为龙岩的经济发展作出了杰出的贡献。

龙岩地区虽然地处崇山峻岭的福建西部，离海洋较远，但自从王景弘与郑和一起下西洋以及谢文彬出海经商被大风吹入暹罗以来，龙岩地区人民闯荡海上丝绸之路的热情就从未消退过。这是因为龙岩地区有汀江、九龙江两条通往南海和东南沿海的出海通道，龙岩地区人民借助这两条出海水路走向沿海，跨越海峡，到达台湾地区，或漂过七洲洋，到达南洋，进而走向世界。这也是龙岩地区成为著名侨乡的主要原因。

---

① 张廷玉：《明史》卷30《郑和传》。
② 《胡文虎大事记》，《龙岩师专学报》增刊《胡文虎研究》第二辑，1987年。

2013年秋天,中共中央总书记、国家主席习近平在出访中亚和东南亚国家期间,提出共同建设"丝绸之路经济带"和"21世纪海上丝绸之路"的重大倡议,这不仅契合了中国、沿线国家尤其是南洋东盟国家发展的需要,顺应了地区和全球合作的潮流,而且再次给侨居南洋诸国的包括大量岩籍华人华侨在内的华人华侨带来机遇,为他们展开更广阔的舞台。曾经是海上丝绸之路始发站的龙岩汀江、九龙江沿岸村镇,将是"21世纪海上丝绸之路"珍珠链上的一个个亮点!

功不唐捐,玉汝于成。历经三年的努力,以张佑周教授为首的团队终于将这部一百多万字的巨著奉献于龙岩人民、海外华人华侨及所有读者面前。虽然作为首部《龙岩华侨史》,并不一定是完美之作,但张佑周教授的团队是一个很优秀的团队,我相信他们已经尽了最大的努力,交出的会是令全市人民及海外侨胞满意的答卷。希望以本书为媒、文化为魂、亲情为体,得以加深与岩籍海外华人华侨的交情,加深与海上丝绸之路沿线各国人民的友情,为共建"一带一路"作出应有的贡献。

是为序。

陈支平

2019年5月8日

(作者系厦门大学教授、博导,厦门大学国学院院长,中国明史学会会长)

绪 论

本书是龙岩市首部华侨史。

盛世修史,在中华人民共和国成立七十周年、中国改革开放四十周年的文明盛世,中国人民在习近平新时代中国特色社会主义思想指引下,在以习近平为核心的中共中央领导下,为实现社会主义现代化和中华民族伟大复兴的中国梦而努力奋斗。由中共龙岩市委和龙岩市人民政府主导,适时推出本书,具有特别重大的意义。

一

本书所要记录和论述的,主要是各个历史时期龙岩市域人民移居国外的迁移史,岩籍华侨的历史和现状及其对侨居地、祖籍地乃至侨居国、祖籍国社会历史发展所作出的贡献和产生的影响,尤其是近代以来岩籍华侨对祖籍国的历次革命、抗日战争、国家建设事业以及加强和促进侨居国和祖籍国的友好关系所作出的巨大贡献,以期牢记海外侨胞的历史功绩,也期盼在新时期中国发起的"一带一路"建设中更多地看到岩籍华侨华人的身影。

"侨民"一词最早用来指东晋南北朝时期流亡江南的北方汉人。由于"永嘉之乱"及其后的"五胡乱华"以及东晋王朝迁都江南,北方汉人跟随晋室"衣冠南渡"者众,朝廷因而在长江中下游地区设置大量的侨州、郡、县安置难民,并收取税赋,被安置的难民就被称为"侨民"。如《宋书·孝武帝纪》:"是岁,始课南徐州侨民租。"《陈书·高祖纪上》:"七月,广陵侨民朱盛、张象潜结兵袭齐刺史温仲邕。"后来,"侨民"被用来泛指寄居外乡的人,如《新唐书·崔光远传》:"肃宗嘉之,擢拜御史大夫,复为京兆尹,遣到谓北募侨民。"今则称侨居外国而保留本国国籍的人为"侨民"。因此,定居外国的中国公民被称为"华侨",已加入外国国籍的原中国公民及其外国籍后裔和中国公民的外国籍后裔则称为"外籍华人"。本书所及包括祖籍龙岩的华侨、归侨和祖籍龙岩的外籍华人。

本书采用史论结合的形式。开篇章节介绍了龙岩地域历史、地理、人文概况。为对近代以来岩籍移民大规模向海外迁徙有更好的铺垫,所以也对本地区播迁海外航路的开通以及早期向国内移民情况作了简要的综合叙述。近代以来向海外移民情况则采用了分期论述的形式,对于每一时期移民海外的叙述,都力图将历史背景、向海外移民原因、祖籍地及侨居地概况、移民方式、路线、数量以及移民的谋生手段、移民对祖籍地和侨居地的贡献及影响等论述清楚。但实际上,由于历史资料的缺乏以及编撰团队的孤陋,能将上述情况都搜集到并能得出正确结论是相当困难的,也许只能挂一漏万。所以,反映在本书中的只能是我们尽力而为的结果。

二

龙岩市地处福建西部,又常被称为闽西。今龙岩市辖新罗区(原龙岩县)、漳平市、永定区、长汀县、连城县、上杭县、武平县七个县(区、市),其中新罗区、漳平市民国以前为旧龙岩直隶州辖地,永定、长汀、连城、上杭、武平在民国时期以前为旧汀州府辖地。前者为福佬民系①聚居地,漳平为闽南方言区,新罗区为闽南语系龙岩方言区;后者为客家民系聚居地,流行客家方言。

福佬民系和客家民系都是汉民族的一个支系,福佬人和客家人都号称根在中原或根在河洛,并自诩为中原南迁汉人的后裔。各姓氏都喜欢将族谱修到中原

---

① 近年有人称之为"河洛民系"或闽南民系,但都不科学。前者因为客家人称之为"学佬"而雅化为谐音的"河洛",且以根在河洛为依据;后者则是地域性称谓,不能包括龙岩、台湾、潮汕等地相同民系。故本书使用台湾及客家各地较为流行的称谓。

地区的某郡某望,以证明自己是炎黄子孙。

大量研究也表明,福佬民系和客家民系的确因中原汉人南迁而形成。对包括古龙岩州人在内的闽南福佬民系的形成有决定性影响的是发生在唐代中叶以后的两次较大规模的以中原汉人为主力军的入闽军事行动。其一是唐总章至仪凤年间(668—678)陈政、陈元光父子率固始兵入闽,平定闽南,开发漳州。后来,陈元光被奉为"开漳圣王";其二是唐光启元年(885)开始的王潮、王审邽、王审知"三王入闽"。后来王审知被奉为"闽王"。而对客家民系的形成有较大影响的汉人南迁则是唐末至宋末多次大规模的中原汉人避乱南迁进入闽西的行动。中原南迁汉人与不同地域土著的融合形成不同的民系,与九龙江流域土著的融合形成了福佬民系,与汀江流域土著的融合则形成了客家民系。

唐宋以来,客家人和福佬人虽然在闽西龙岩这一片地域开发创业,艰苦奋斗,求生存,图发展,甚至把崇山峻岭中的许多村寨都建设成小桥流水、楼房掩映、田园修竹、稻菽飘香的美丽家园。然而,这一片地域毕竟是八山一水一分田的丘陵山地,即使人们已经将层层梯田开垦到半山坡甚至山顶,每个村庄的可耕地仍然不多。因此,这里经常出现粮食短缺的现象,无论是在动荡灾荒时期还是在太平盛世,这里的粮食都不充裕。在这个土地稀少且贫瘠的地域,动荡灾荒时期缺粮是必然的,饿殍遍地也不足为奇,而在太平盛世缺粮,则是因为太平盛世人们安居乐业,人口急剧增长,"种植所获,不足供用,于乃思为向外扩张。"①

于是,自宋末元初开始,龙岩这一片地域的福佬人和客家人,尤其是后者,就继续发扬其先辈的传统,告别经祖辈苦心经营,已初见山川秀丽、瓦房林立的"瓦子街"或"牛栏坪","骏马匆匆出异乡,任从异地立纲常,年深外境犹吾境,日久他乡即故乡",②背起行囊,整装出发,向粤东嘉应州、惠州、潮州、漳州、台湾和海南、广西、四川等地挺进,甚至远涉重洋,去寻找新的用武之地。

早期龙岩地区的福佬人和客家人远涉重洋或"过番往洋"的目的地主要是南洋地区,包括中南半岛的越南、泰国、缅甸和南洋群岛等后来被欧洲人称之为"东南亚"的地区,本书所涉南洋即指这一地区。

三

龙岩地区见诸史料的最早走出国门的人是集贤里人王景弘。清《漳州府志》卷30"武勋"载:"王景弘,(龙岩)集贤里香寮人。从太宗北征,后有拥立功,授其子南京锦衣卫正千户。"集贤里香寮村今属漳平市双洋镇。《明史·郑和传》载:"永乐三年六月,命和及其侪王景弘等通史西洋,将士卒二万七千八百余人,多赍金币……以次偏历诸番国。"③

王景弘随郑和下西洋七次,郑和死后他还独领船队第八次下西洋,历"大小凡三十余国,涉沧溟十万余里"④,前后历时30年,虽然也有传说王景弘最后留居婆罗洲某地,但因为没有确凿的资料加以证实,所以我们并不认为王景弘是龙岩地区最早的华侨。

其实,郑和、王景弘下西洋以及东南沿海航道的开通,对于龙岩地区人民移居海外尤其是远渡南洋是相当有意义的。这是因为,从宋代开始,龙岩地区通过已开通的汀江航运和九龙江航运与东南沿海地区就有了较为紧密的联系,至明末清初,龙岩各地通过汀江航运和九龙江航运与潮州、漳州、厦门等出海口的贸易更是相当活跃,汀州府和龙岩州的商贩在这几个沿海市场崭露头角,甚至对海外贸易跃跃欲试。如永定出产的条丝烟和连城四堡雕版印刷的书籍,就通过这些口岸,有"南到新加坡,北到张家口""发贩半天下"之说。汀州和龙岩州各地生产的草纸,也逐渐占据潮汕和厦门出口市场的半壁江山。潮州府的汀龙会馆在清代就已成为当地最大的同乡会馆便足以说明,汀州府和龙岩州两地商贩长驻当地参与进出口贸易的人数众多。

有史料记载的龙岩地区最早的华侨是明成化年间(1465—1487)的汀州人谢文彬。他在汀江、韩江航道进行竹木、土纸、食盐和海产贸易,获利颇丰。有一次他试图出海往更远的广州、佛山等地贩运时,被大风吹着漂入暹罗,遂侨居暹罗,着暹衣,习暹语,很快融入当地社会,以其出色的能力得到暹王瞩目并重用,官至岳坤(ockan,暹国四等官衔)。明成化十三年(1477),谢文彬被任命为暹罗入明使团副使,向明朝廷朝贡。谢

---

① 罗香林:《客家源流考》,华侨出版社,1988年,第115页。
② 上杭客家族谱馆藏清版《黄氏家谱》。
③ 张廷玉:《明史》卷30,《郑和传》。
④ 郑和:长乐《天妃之神灵应记》碑。

文彬还因私带货物,与周玮等商贩交易被查处。但因其是外国贡使,获赦免罪并由明政府免费提供船只送其返暹罗。①

明末清初起,由于作为航海家的龙岩老乡王景弘八下西洋开辟了东南沿海及南海航道,以及作为外国使臣的汀州老乡谢文彬回国与家乡进行互市贸易获利多多,龙岩地区的福佬人和客家人过番出洋向海外发展渐成风气,有些人甚至在南洋各埠成为"开埠"先驱。如永定人张理、马福春,于清乾隆十年(1745)与大埔人丘兆进等数十人从大埔茶阳汀江码头出发,至汕头后登上南渡的乌眼鸡帆船,漂过七洲洋(客家人称南海为"七洲洋"),漂入马六甲海峡,登上尚未开发的槟榔屿。张理、丘兆进和马福春义结金兰,带领移民开发垦殖、捕鱼烧炭,张理还办学训蒙。他们三人相继辞世后,已成功创业的当地华人将他们安葬在海珠屿,并尊奉为"大伯公",立庙祭祀。他们比1786年登陆槟榔屿并将槟榔屿占为殖民地的英国殖民主义者莱特早到槟城41年,至今他们仍是华人心目中的开埠功臣,海珠屿大伯公庙香火依然旺盛。

早期过番出洋的岩籍华侨大多没有落地生根的初衷,大多以赚钱养家、荣宗耀祖、叶落归根为奋斗目标,即使像胡子春、胡文虎等事业有成,在侨居地称"王"的人,都念念不忘回报乡梓、荣归故里,都要在家乡建造堂皇的"荣禄第""虎豹别墅"之类宅第。更多的人则将家人留在原籍,赚有余钱就回乡建造土楼,购置田产,让家人安居乐业,自己也时不时回乡省亲扫墓。

近现代以来,南洋地区作为西方列强的殖民地,被开发程度较高,社会经济有长足发展,民众生活条件也有显著改善。因此,大部分过番出洋的岩籍华侨虽然也像其他地区的华侨那样已经在侨居地定居谋生,落地生根,甚至加入侨居地国籍成为外籍华人,但他们当中的许多人与祖籍地的关系还是相当密切的。他们不仅赚钱回家乡买田盖屋的热情不减,对家乡修路筑桥、办学盖庙等慈善公益积极捐资,而且对祖国的经济建设投资,为革命、为抗日救亡捐资也义不容辞,有的人甚至投身革命、回国参加革命斗争和抗日战争,为中华民族的解放和伟大复兴贡献力量。

早期出国往洋的岩籍华侨大多受教育程度不高,在侨居地从事垦殖、开矿等苦力谋生者较多。少数曾接受过塾学教育,略通国学和珠算的出洋者如胡子春、胡子钦和王源兴等人谋生较易、发展较快的事实,使原本就有崇文重教、耕读传家传统的龙岩福佬人和客家人更加确信兴办教育的重要性。同时,华侨们在南洋殖民地艰难谋生,更早接触西方教育,初步了解西方教育和先进的科技。虽然他们许多人也像胡子钦和胡曾育那样不忘根本,也曾将儿子胡文虎和胡泰兴送回祖籍地中川村接受传统教育,但他们还是不得以接受了西学,把子弟送进殖民地学堂接受教育,最终培养出中西皆通的优秀人才,如胡子钦就把儿子胡文豹送入殖民地学堂,接受西式教育。有鉴于此,岩籍华侨不仅热心侨居地教育事业,许多华侨还念念不忘家乡的教育事业,把帮助家乡兴学当作自己的责任。因此,龙岩地区最早的新式学堂都是华侨捐资创办的。例如,胡子春于光绪三十一年(1905)捐资创办了永定下洋犹兴学校、永定师范学堂、湖坑小学、金丰中学等;1913年龙岩华侨翁锦泉创办龙岩北门六桂小学,龙岩东肖华侨于1914年创办私立溪兜小学;1916年龙岩华侨捐资为省立第九中学、西山小学、养英小学等添置设备等。处在殖民地东西方文化碰撞的夹缝中顽强生存的华侨们为半封建半殖民地的祖国送进了一丝丝西学教育的新风,为祖国的文明进步贡献了一份力量。

四

1912年中华民国成立前,孙中山先生到上海码头迎接从马来西亚半岛槟城回国参加开国大典的吴世荣等人时发表演说,说到"华侨是革命之母"时,其感悟无疑有一大半来自槟城,来自于包括以岩籍华侨胡子春等人为代表的槟城华侨。这是因为孙中山为革命长期流亡海外,是华侨尤其是槟城华侨给予他鼎力资助,革命才得以成功。

从1905年到1911年,孙中山先生至少5次前往槟城,有时一住数月,宣传革命,筹集革命经费,并于1910年在槟城筹得186000②大洋,策划了黄花岗起义。胡子春除了接待过孙中山、捐巨款资助黄花岗起义外,还委托朋友王绍经买枪送回国支持革命。从胡子春、王绍经支持孙中山领导的辛亥革命开始,岩籍华侨在中国革命进程中就一直没有缺席。

几乎与胡子春、王绍经在槟城接待孙中山等革命者的同时,缅甸岩籍华侨陈御卿、陈绍平、陈桂山、陈桂

---

① 陈学霖:《暹罗贡使谢文彬事件剖析》,《史薮》第2期。
② 张佑周录自槟城中路5号"槟城孙中山纪念馆"文字简介。

华、胡兴汉、胡则和、胡迪人等十几个人直接参加了孙中山的同盟会,宣传孙中山的三民主义;东渡日本留学的康绍麟、陈锡梅、傅柏翠、邓子恢等人也在辛亥革命前后加入了同盟会或中华革命党;而侨居新加坡的热血青年胡建扬等人,则在辛亥革命时期回国亲自参加战斗,胡建扬还被推举为"永(定)(上)杭光复军司令",率华侨、侨眷组成的光复军光复了永定和上杭。

在其后的土地革命、抗日战争和解放战争中,许多龙岩华侨和出国留学青年像傅柏翠、邓子恢和胡建扬等人那样,投笔从戎,直接参加民族民主革命和反侵略战争,出现了陈康容、陈明那样的烈士,为革命奉献热血和青春。更多的海外华侨则像胡文虎、王源兴等人那样,把爱国视为华侨的天职,"忠于国家为先,爱国不敢后人"。

1937年7月7日卢沟桥事变发生,胡文虎立即在其所办的星系报刊上发表署名文章称:"国家兴亡,人各有责,际此全面抗战之时,正吾人报国之日,有钱者出钱,有力者出力,毁家纾难,亦份所宜。"[1]在抗日战争期间,胡文虎除了捐巨资、买国债支持国内抗日外,还捐献大量药品、棉纱、器械、车辆乃至飞机等物品。1941年2月,《新华日报》曾以《华侨巨子胡文虎抵渝》为题,对胡文虎的乐施善举和义助抗战之举给予高度评价:"胡氏宅心仁慈,广济博施,十几年前即决定提存永安堂赢利四分之一为慈善公益专款,嗣后逐年增至十分之六。盖胡氏之言曰:'自我得之,自我散之,以天下之财,供天下之用。'二十年来慷慨输将,或办公益,或作善举,或助建设,或资抗战,达千余万元之巨。抗战以还,胡氏付资于义捐及公债者达数百万元。"

龙岩新罗区华侨领袖王源兴抗战期间担任巨港华侨筹赈总会副主席,永定籍马来西亚半岛"锡矿大王"胡曰皆也担任怡保积我营祖国难民筹赈会主席,他们都带头捐献巨资并积极发动侨胞捐资支持抗日、赈济难民。海外岩籍华侨为祖国抗战事业作出了巨大贡献。

五

老一辈华侨作为迁徙异国的移民,尽管由于自古以来的国属认同观念根深蒂固,因而难以像在国内迁徙的移民那样,"年深外境犹吾境,日久他乡是故乡"。他们总是牢记着"荣宗耀祖、叶落归根"的古训,因此难以在异国他乡落地生根,但他们对于侨居地的开发建设、社会发展和文明进步所作出的巨大贡献是难以磨灭的。马来西亚前总理马哈蒂尔在世界客属第15届恳亲大会的致辞中就充分肯定了老一辈华侨对于侨居地所作出的巨大贡献:"马来西亚的历史不能没有华人,吉隆坡的历史不能没有华人,如果没有把客家人写进吉隆坡的历史,没有把'华人甲必丹'的贡献记录在案,吉隆坡的历史将是不完整的。"

从明成化年间(1465—1487)汀州人谢文彬被大风"漂入暹罗",官至岳坤,以及永定人张理1745年"至槟训蒙"和马福春至槟榔屿烧炭垦殖,逝后同被尊奉为"海珠屿大伯公"开始,岩籍老一辈华侨在侨居地的贡献就有口皆碑。

槟城海珠屿大伯公庙供奉的大伯公曾受清廷追赠,"得赏一品红顶花翎",庙中碑文赞曰:"大伯公为槟海开山之初祖,生以为英,殁以为神[2]。"清廷任命的槟榔屿首任副领事、大埔华侨张弼士为大伯公庙题匾曰"丕冒海隅",意为拓展海疆的有功之臣。其继任者、梅县华侨张煜南为该庙题赠柱联曰:"君自故乡来,魄力何雄,竟辟榛莽蓄族姓;山随平野尽,海门不远,会看风雨起蛟龙。"他们的题匾和题联,都对张理等槟城第一代华侨开发槟岛的巨大贡献给予了充分的肯定。

因为有了永定华侨先贤张理、马福春等人在侨居地开拓创业,"丕昌海隅""声教南暨"的光辉榜样,岩籍华侨在南洋各地开发创业,为侨居地的繁荣进步竭尽全力,于是成就辉煌者相继涌现。如清乾隆年间(1736—1795)在槟城经营进出口生意,被誉为"百货大王"的永定下洋思贤人吴德志;清末民初在霹雳州等地开采锡矿,被誉为"锡矿大王"的永定下洋富川人胡子春;民国初年在缅甸仰光和南洋新加坡等地经营药业和报业,被誉为"万金油大王"和"报业大王"的永定下洋中川人胡文虎等。

除创办实业,发展经济,造福当地社会之外,岩籍老一辈华侨在侨居地最突出的贡献是兴办教育和捐助公益慈善。大伯公张理的"至槟训蒙"其实就是开设塾学、教育儿童。胡子春、吴德志等人创办实业成功后,更是大张旗鼓地兴办教育和慈善机构。

从1901年创办"崇文社"开始,胡子春与各属侨领一起在侨居地槟城和霹雳等地创办了中华学堂、拿乞

---

[1] 转引自《胡文虎文抄》,载《龙岩师专学报》增刊,《胡文虎研究》第二辑,1987年。
[2] 王琛发《功德振勋焕南邦》,马来西亚槟城道理书院,2016年,第71页。

乐育两等学校、拿乞女子小学、槟城中华女学等，还创立了"振武善社"等慈善机构。吴德志则主要创办了"济生医院""同善堂""同善学堂""务内义学"等慈善机构，周济当地贫困者，让贫困学生免费入学读书。

"万金油大王"胡文虎除了在其早期创办永安堂药业的缅甸仰光创办了虎豹公学、虎豹义务学院以及后来的药业总部新加坡捐建十多所中小学外，还参与创办南洋大学，并在南洋各地创办了多所学校、孤儿院、儿童保育会、托老院、医院、接生院等，先后为侨居地缅甸和新加坡、马来西亚各地的社会事业作出了杰出的贡献。

同样在马来西亚半岛霹雳怡保开采锡矿取得成功的永定下洋中川华侨胡日皆也像其前辈族叔胡子春一样，对侨居地贡献多多，声誉甚隆。他先后创办了深斋中学、深斋天人科学馆，资助过霹雳育才中学、女子中学和南洋大学，并将占地26.67公顷的豪华大厦和花园捐赠设立安慰宁医院。

印度尼西亚侨领王源兴也为侨居地的巨港中华学校、华侨学校的创办和建设竭尽全力；另一印度尼西亚侨领陈灼瑞则在峇都巴拉募捐创办了益华小学。

此外，岩籍华侨在侨居地面临灾祸和外敌入侵时，不仅像胡子春、吴德志、胡文虎等人一样慷慨解囊，办医施赈，救民于水火，而且还不顾安危，投身其中，与当地各族人民同生死，共患难。如菲律宾侨领、岩籍华侨烈士张旭高，新加坡、马来西亚抗日战士、永定下洋籍华侨胡铁君和参加"马来亚人民抗日军"的永定华侨烈士胡思仁兄弟、罗根贤、曾昭泰等人，参加马来西亚半岛沙巴"神山游击队"的龙岩籍华侨烈士陈金兴等13人，参加缅甸华侨抗日志愿队的罗祖镜、罗杰奎、钟占至等人，都为侨居地人民的反侵略战争作出杰出贡献，甚至献出了宝贵的生命。

六

清末以降，随着出国谋生的华侨越来越多，在海外某地来自同一祖籍地的同乡乃至同姓氏族人也越来越多，于是乡人或族人之间互相联系、互相帮助、同舟共济成为必然。尤其是生活困难或客死异乡的乡人或族人，更需要得到大家的帮助。于是，海外侨居地乡缘或族缘性组织便应运而生。

海外华侨最早建立的乡缘或族缘性组织大多为公冢和神明祭祀组织。前者的主要任务是为客死异乡的族人或乡人安排坟地，使之入土为安；后者的作用是为祖籍地带来的神灵或新居地创设的神灵安排祭祀的场所并操办祭祀事宜。后来才出现会馆、会堂、同乡会或宗祠、宗亲会等乡缘或族缘性组织。如南洋地区较早就有较多华侨聚居的马来西亚槟榔屿，早在1795年至1805年间，就出现广汀及福建公冢，随后又出现广东暨汀州会馆及福建公司。1799年，惠州、嘉应、大埔、永定、增城五属客家先侨还设立了海珠屿大伯公庙，专门祭祀槟榔屿开山地主、"大伯公"张理、丘兆进和马福春，该祭祀组织一直延续至今。

海外华侨为了实现"生有所养，死有所终"的同舟共济意愿而建立乡缘或族缘性组织的过程中，乡缘文化成了将海外华侨凝聚起来的更为重要的精神纽带。"同姓一家亲""同乡一家亲"是乡缘文化的最为重要、最为通俗的口头禅。对于客居异国他乡的人们来说，乡缘文化是在共同的乡土、乡情、乡亲、乡俗、乡音、乡神等基础上形成的认同观念，是一种赖以类聚和群分、自我保护和协同竞争的社会心态。正如槟城岩侨丘之居先生所说："吾人背乡离井，远离家乡南渡谋生，在这异域的同乡（指同邑的），觉得格外可亲，生张熟魏，识与不识，一见面便称'乡亲'。马来西亚各大城市，以及小山芭，无不有吾岩人足迹。本人壮年时代，最喜游历，每至一地，必先询问此地有否乡亲？语云入乡随俗，欲知一地风俗与人情，必先问自'我'始（这'我'自是广义的同乡，非指自己的我），先由认识乡亲，然后而及他人。""联络（乡亲）云何？举例言之，一人独立难创之事业，集合数乡亲立可成功，由联络感情而生互助精神再由互助精神而发挥团结力量，这种事迹，任何一地，都可看到。"①

以乡缘文化为纽带建立起来的乡缘或族缘性社团比起公冢和神明祭祀组织来说，显然有更多的功能。它包括联乡梓、固乡谊、祀神明、敬祖先、济贫困、助病弱、葬逝者、祭亡灵，以及办学校、办医院、办慈善机构、赈灾荒等等，甚至在国难当头报效国家，在和平年代振兴国家。

岩籍华侨从海外乡缘或族缘性组织尤其是跨地域（县域）组织出现伊始，就是积极的倡导者、参与者甚至是领导者。例如，槟城广汀会馆创建之初，永定下洋中川人胡武撰就慷慨捐资；槟城永大会馆于清道光二十年（1840）由永定下洋古洋村槟侨陈洪魁捐献店屋物

---

① 丘之居：《怎样联络乡亲》，《槟城龙岩会馆22周年暨新厦落成纪念刊》，第69页。

业做会所,联络永定、大埔同乡成立组织;1923年新加坡成立南洋客属总会,永定下洋中川华侨胡文虎担任首任会长;1941年,永定下洋中川华侨胡重益发起成立了霹雳客家公会;龙岩华侨苏振寿曾担任泰国曼谷福建会馆主席;缅甸仰光福建会馆也得到岩籍华侨的全力支持。

早期岩籍华侨参与的海外乡缘或族缘性组织有县级、省级和省级三类。县级社团组织主要是同乡会或会馆,龙岩和永定两县较多;省级的主要是福建会馆(早期有福建公司);跨省级社团则主要有客属总会、客属公会和姓氏宗亲会(如胡氏宗亲会、张氏清河堂等)。所有这些,都应是本书的研究对象。

中国改革开放以来,龙岩人大批走出国门,岩籍海外新移民大量增加,岩籍海外华侨华人分布更加广泛。随着中国国际影响力的大幅提升,岩籍海外社团迎来了全新的发展时期。印度尼西亚等东南亚国家的岩侨老社团纷纷恢复活动,大洋洲、美洲等地成立了一些以新移民为主的岩籍社团,岩籍海外社团的分布越来越广,数量越来越多。

七

中国虽然不是传统意义上的海洋国家,但比起西方海洋强国,无论从航海历史的悠久,还是从远洋航行所到达的地域看,中国都毫不逊色。中国人航海并向海外移民的历史,至少可以追溯到秦始皇时徐福率数千名男童女东渡瀛洲寻找海外仙山及长生不老之药的那一次。据说他们大多没有回来,流寓瀛洲,一般认为瀛洲即日本。隋唐以后,中国与海外的交往随着海上丝绸之路的开通更加密切。唐代中国海员开辟的海上丝绸之路甚至可以通往波斯湾和东非。不仅许多外国商人通过海上丝绸之路往来并定居中国,如福建泉州,而且也有中国人定居海外。据一些学者研究,唐代已有中国人定居阿拉伯,唐末有闽粤沿海人民流寓苏门答腊从事垦殖农耕。① 至宋元时期,则有更多人避乱迁南洋。据元人汪大渊《岛夷志略》载,南洋的爪哇、北婆罗洲、苏门答腊、暹罗、柬埔寨等地都有华人居住。元至元二十九年(1292),忽必烈从福建、江西、湖广征集士卒三万,从泉州启航,远征爪哇,留下"元病卒万余人……与蕃人混杂处之",②是一次较大规模的由政府组织的移民海外行动。

虽然"八山一水一分田"的龙岩地区地处崇山峻岭的福建西部,离海洋较远,但这一片地域是多条出海江河的发源地,汀江、九龙江和闽江都有主流或支流滋润着这一片土地,而且这些江河冲出重重山峦,奔向东南沿海,因而这一片土地也紧密地连结着海洋。

从唐宋开始,龙岩地域的九龙江、汀江和闽江航道就相继被开通,为龙岩地区人民走出山门、走向沿海,甚至走向世界提供了较为便利的通道。

大明永乐三年(1405),有着"缵承大统,君主华夷"③的伟大政治抱负的明成祖朱棣,在经过近两年的筹划准备之后,选择了"诚可任"④的太监郑和及"其侪王景弘等通使西洋,将士卒二万七千八百余人,多赍金币……以次偏历诸番国",⑤开始了历时近30年的郑和、王景弘七下西洋和王景弘八下西洋的伟大壮举。原籍龙岩漳平赤水香寮村的王景弘及其部下乡亲王氏多人成了龙岩地区踏上海上丝绸之路的先驱。

于是,几十年后的明成化年间(1465—1487),汀州人谢文彬沿汀江出海,被大风吹着漂入暹罗,并定居暹罗。谢文彬的成功闯洋,再次燃起了龙岩地区人民闯荡海上丝绸之路的热情。

于是,从明末清初开始,一批又一批龙岩地区的人从汀江、九龙江流域的大小码头上船,出海往洋。汀江、九龙江沿岸的许多码头,成了很长一段时期内海上丝绸之路的始发站。

这是因为,至明末清初,龙岩地区汀江、九龙江流域已经得到不同程度的开发。这一地区的客家人和福佬人披荆斩棘、艰苦奋斗,将农耕文明发展到极高的水平。汀江、九龙江沿岸出现了不少相当繁荣的集镇和村落。正是这两江沿岸大量相当繁荣的集镇和村落的存在,为海上丝绸之路的开辟和贸易的繁荣提供了源源不断的货源以及地域宽广的市场。沿海港口的繁荣离不开广阔的乡村市场,因为海港毕竟只起货物存储和中转的作用,如果没有广阔的乡村存在,港口则缺乏出口的货源,到港的货物也缺乏销售市场。因此,江河

---

① 李长傅:《中国殖民史》,商务印书馆,1939年。
② 汪大渊:《岛夷志略》。
③ 朱棣:《御制苏禄国东王碑》。
④ 袁忠彻:《古今识鉴》卷八。
⑤ 张廷玉:《明史》卷304,《郑和传》。

沿岸的集镇和村落,才是海上丝绸之路的腹地所在。比如藏在梅花山南麓大山深处的万安墟、梅村和竹贯村等九龙江支流竹贯—万安溪沿岸的集镇和村落,早在明末清初就是繁荣的土纸集散地,包括连城、上杭、龙岩等县生产的土纸,都经由这些村镇发运至漳厦,而漳厦进口的海货、海产乃至洋货,则依靠这些村镇发散至更广阔的市场。

通过汀江、九龙江两条出海水路航道,龙岩地区人民得以借助海上丝绸之路迈出乡关,走向沿海,跨越海峡或漂过七洲洋,到达台湾地区和南洋,进而走向世界。这不仅让龙岩与世界接轨,让世界了解龙岩,而且也在一定程度上有力地改变了龙岩地区的落后与闭塞的情况,推动了龙岩地区的现代化进程。

2013年秋天,中共中央总书记、国家主席习近平在出访中亚和东南亚国家期间,提出共同建设"丝绸之路经济带"和"21世纪海上丝绸之路"的重大倡议,希望以陆上和海上经济合作走廊为依托,以人文交流为纽带,建设中国与沿线各国经贸和文化交流的大通道。这一被称为"一带一路"的重大倡议,契合了中国、沿线国家和世界发展需要,顺应了地区和全球合作的潮流,得到60多个沿线国家和国际社会的高度关注,更受到海外华人华侨的热烈欢迎和积极响应。

2015年3月28日,经国务院授权,国家发改委、外交部、商务部联合发布了《推动共建丝绸之路经济带和21世纪海上丝绸之路的愿景与行动》。其中明确指出,"21世纪海上丝绸之路重点方向是从中国沿海港口过南海到印度洋,延伸至欧洲;从中国沿海港口过南海到南太平洋","沿海和港澳台地区,利用长三角、珠三角、海峡西岸、环渤海等经济区开放程度高、经济实力强、辐射带动作用大的优势,加快推进中国(上海)自由贸易试验区建设,支持福建建设21世纪海上丝绸之路核心区。充分发挥深圳前海、广州南沙、珠海横琴、福建平潭等开放合作区作用,深化与港澳台合作,打造粤港澳大湾区。……加强广州、深圳、湛江、汕头等沿海城市港口建设,强化上海、广州等国际枢纽机场功能,以扩大开放倒逼深层次改革,形成参与和引领国际合作竞争新优势,成为'一带一路'特别是21世纪海上丝绸之路建设的排头兵和主力军。"

国家"一带一路"倡议相当明确,尤其是"21世纪海上丝绸之路",正好与早期龙岩地区华侨先辈闯南洋、下西洋的航路相契合。此前龙岩地区华侨往南洋谋生正是沿汀江或九龙江到达沿海港口汕头、厦门或漳州月港,过南海到南洋乃至印度洋。如最早到达印度洋沿岸的槟榔屿,并率华人垦殖捕鱼,逝后被奉为"海珠屿大伯公"的永定人张理、马福春,就是于1745年从汕头出海,过南海,过马六甲海峡,登陆槟榔屿的。如今,在21世纪海上丝绸之路沿线的南洋诸国,依然是岩籍华人华侨从事工商经贸活动的广阔舞台。岩籍海外华人华侨是21世纪海上丝绸之路建设的热情参与者,对于祖籍地龙岩融入21世纪海上丝绸之路且一贯爱国爱乡的,无疑可以起积极的促进作用。

漫漫丝路,泽荫百代。千百年前,从汀江、九龙江沿岸村镇、码头出发的古丝路上的楫棹、商贾络绎不绝的繁荣景象,被铭记在历史记忆的深处;千百年后,一条传承丝路精神的21世纪海上丝绸之路正在铺开,并将重塑全球经济版图,惠及四邻八方。因此,龙岩,更应该是这条珍珠链上的一个亮点!

"一带一路"是一项长期的事业,关注岩籍海外华人华侨,尤其是促进海上丝绸之路沿线国家的华人华侨与作为海上丝绸之路始发站的祖籍地龙岩的合作、交流,也是一项长期的事业。我们期望以此为契机,以本书为媒、文化为魂、亲情为体、商贸为用,加强人文合作与交流,加深与岩籍海外华人华侨的交情,加深与海丝沿线各国人民的友情,为共建"一带一路"作出应有的贡献。

诚如此,编撰本书的目的庶乎达到。

目　　录

上编·通史篇

第一章　龙岩地区的历史发展进程 ··· 3
　　第一节　龙岩地区地理物产概况 ··· 3
　　第二节　龙岩地区史前社会及早期文明 ······································· 6
　　第三节　福佬民系与客家民系 ··· 13
　　第四节　龙岩地区的农耕文明 ··· 21

第二章　元、明至清初龙岩人口外迁 ··· 29
　　第一节　移民海内外航路的开通 ··· 29
　　第二节　国内移民概况 ··· 42
　　第三节　移民海外概况 ··· 59
　　第四节　人口外迁原因 ··· 64

第三章　清代中期海外播迁与拓展 ··· 77
　　第一节　欧洲列强殖民南洋及东南亚各国的开发 ······························· 77
　　第二节　岩籍移民过番谋生 ··· 82
　　第三节　岩籍华侨参与南洋大开发 ··· 92
　　第四节　早期岩籍海外移民的从业 ··· 96
　　第五节　岩籍移民带往侨居地的方言民俗及民间信仰 ··························· 104

第四章　近现代岩籍移民海外播迁与崛起 ··· 109
　　第一节　近现代海上丝绸之路的开通 ··· 109
　　第二节　南洋群岛龙岩华侨的崛起 ··· 124
　　第三节　中南半岛龙岩华侨的崛起 ··· 130
　　第四节　海外乡缘族缘组织的建立 ··· 133

第五章　龙岩华侨的历史贡献 ··· 148
　　第一节　龙岩华侨对祖籍地的贡献 ··· 148
　　第二节　龙岩华侨对侨居地的贡献 ··· 154

第三节　龙岩华侨与国内革命战争 ································· 159
　　第四节　龙岩华侨与抗日战争 ····································· 169

第六章　中华人民共和国成立后的龙岩华侨 ······························· 193
　　第一节　中华人民共和国成立对华侨华人的影响 ····················· 193
　　第二节　从叶落归根到落地生根 ··································· 200
　　第三节　龙岩华侨回国参与国家建设 ······························· 208
　　第四节　东南亚政局变化与龙岩华侨 ······························· 213
　　第五节　中国改革开放与华人华侨 ································· 217

第七章　当代龙岩新侨、新移民 ··· 229
　　第一节　新侨、新移民出国、出境的形式 ··························· 229
　　第二节　新侨、新移民国外从业情况 ······························· 235
　　第三节　新侨、新移民在国外的分布情况 ··························· 237

中编·社团篇

第一章　岩籍海外社团的形成与发展 ····································· 241
　　第一节　肇始时期(1911 年以前) ································· 241
　　第二节　初创时期(1912—1949 年) ······························· 246
　　第三节　转型时期(1950—1990 年) ······························· 263
　　第四节　成长时期(1991—2016 年) ······························· 289

第二章　岩籍海外社团的分类及概述 ····································· 312
　　第一节　岩籍海外社团的分类 ····································· 312
　　第二节　岩籍海外社团活动及组织概况 ····························· 321

第三章　岩籍海外社团的特点和社会功能 ································· 340
　　第一节　岩籍海外社团的特点 ····································· 340
　　第二节　岩籍海外社团创建和维系的条件以及领军人 ················· 342
　　第三节　岩籍海外社团的社会功能 ································· 345

第四章　岩籍海外社团对原乡文化的传承 ································· 355
　　第一节　岩籍海外社团对母语及民俗的传承 ························· 355
　　第二节　岩籍海外社团对民间信俗的传播 ··························· 362
　　第三节　岩籍海外社团的艺术传承与交流 ··························· 368

下编·人物篇

永定一中创办人、著名新学教育家王绍经 ········· 375
马来亚"锡矿大王"胡子春 ········· 380
巴城爱国侨领陈性初 ········· 386
"万金油大王"胡文虎 ········· 388
连城侨界翘楚周仰云 ········· 394
共和国金融事业创建者曹菊如 ········· 397
为家乡教育事业贡献一生的游范吾 ········· 400
新加坡中医界领袖游杏南 ········· 406
全国归侨先进个人胡聚友 ········· 408
闽粤赣边纵的创建者魏金水 ········· 412
当代马来西亚"锡矿大王"、大慈善家胡曰皆 ········· 415
革命的艺术教育家、著名画家胡一川 ········· 424
爱国华侨领袖王源兴 ········· 430
新加坡华人鞋王曾启东 ········· 434
龙岩市侨联原主席、名誉主席、闽西客家联谊会创会会长曾耀东 ········· 441

后　记 ········· 444

上编·通史篇

第一章 龙岩地区的历史发展进程

龙岩地区即今龙岩市,地处福建西部,也称"闽西"。东临泉州市,东南与漳州市接壤,西南与广东梅州市毗邻,西与江西赣州市交界,北与三明市相连,处于闽、粤、赣三省交界处。境内武夷山脉南段、玳瑁山、博平岭等山脉大体沿东北—西南走向,平行分布,北高南低。包括原汀州府的长汀、连城、上杭、武平、永定五县(区)和原龙岩直隶州的新罗区、今龙岩市属七个县(区、市)的漳平市被夹在三座山脉所分割的东北—西南走向的区块内,汀江和九龙江分别在这两个区块内哺育客家和福佬两个民系的人们,并向南和东南方向流入大海。

龙岩市古为闽越地,是一片古老而神奇的土地。这一片土地早在上万年前就有人类活动的踪迹。同时龙岩地属"七闽",秦时属闽中郡。西晋太康三年(282)置新罗县,县治在汀江中上游地区,归晋安郡管辖。南朝宋泰始四年(468)改晋安郡为晋平郡,废新罗县,原新罗县地属晋平郡。梁天监年间(502—519)折晋平郡地增置南安郡,龙岩地域属之。大同六年(540)南安郡增置龙溪县,龙岩地属之。唐开元二十四年(736)置杂罗县(一说新罗县,治苦草镇郡今龙岩城区),同年置汀州,辖长汀、黄连、杂罗3县。天宝元年(742)汀州改临汀郡,杂罗县改名龙岩县,黄连县改名宁化县。乾元元年(758)临江郡复名汀州。大历十二年(777)龙岩县改隶漳州,原建州所属沙县改隶汀州。五代南唐保大六年(948),划沙县归剑州汀州辖长汀、宁化二县。北宋淳化五年(994)上杭、武平升场为县,元符元年(1098)置清流县,南宋绍兴三年(1133)置连城县,时汀州辖长汀、宁化、上杭、武平、清流、莲城六县。元至元十五年(1278)升汀州路。至正六年(1346)改莲城为连城。明洪武元年(1368)改为汀州府,成化六年(1470)置归化县,成化七年(1471)置漳平县,成化十四年(1478)置永定县,时长汀、连城、上杭、武平、宁化、清流、归化、永定称"汀属八县"。隆庆元年(1567)折龙岩、永安、大田县地置宁洋县。清雍正十二年(1734)升龙岩县为直隶州,辖龙岩、漳平、宁洋3县。清末汀州府,龙岩州均属汀漳龙道。1913年废州、府各县属西路道。1926年废道制,各县直属省辖。中华人民共和国成立初期,原汀州、龙岩各县属第八专区。1956年划入永安、宁化、清流、宁洋4县,同年7月撤宁洋县。1963年永安、宁化、清流3县划归三明专区。1970年龙岩专区改称龙岩地区。1981年撤龙岩县设县级龙岩市,1990年撤漳平县设县级漳平市。1997年3月撤县级龙岩市,设立新罗区。1993年5月1日撤龙岩地区设地级龙岩市,市政府驻新罗区。2015年2月撤永定县设永定区。至此,龙岩市辖新罗区、永定区、长汀县、连城县、上杭县、武平县、漳平市。

第一节 龙岩地区地理物产概况

龙岩地区靠近北回归线,西北边的武夷山脉和东南边的博平岭山脉都是天然屏障,前者让滚滚而来的北方寒流止步,后者则挡住了经常肆虐东南沿海的台风和热带风暴,因而全境常年雨量充沛,冬无严寒,夏无酷暑。全区年平均气温18℃~20℃,年平均降雨量达1 600~1 700毫米,温暖的气候和充足的水资源使山间竹木及农作物生长都极其旺盛。除武夷山脉、玳瑁山脉和博平岭山脉外,境内还有松毛岭、采眉岭和金丰大山等主要山脉，也大体呈东北—西南走向，平行分布，东北高西南低，控制全区地势。区内千米以上山峰有571座，最高峰为玳瑁山脉的狗子脑主峰，海拔1811米。低山、中山面积占全区总面积的78.56%，可耕地较少。由于流水切割强烈，以致地形破碎，岭谷相间，丘陵和河谷平地交错分布，因而自古以来交通都极其不便。

龙岩地区平均海拔652米，地貌特征为东部高西部低。如果从连城罗地自北向南至永定金丰大山西麓划一条中线分为东、西两区，则可看出东、西部地貌有明显的不同。

东部区海拔高度较高，全地区中山面积的78%分布在东部区。中山面积占东部区面积60%，低山、丘陵和河谷平地面积约占东部面积的40%。面积最大的一块中山，分布在连城县东部、上杭县东北部、新罗区北部和西部、漳平市西北部、永定区北部，是全区域地势最高部分。玳瑁山、采眉岭是这片中山的主体。面积第二大的中山，分布在漳平市南部、新罗区东部和南部、永定区东南部，即博平岭山脉的主体。此两大中山群构成了东部地势高的特征。

东部区按主要自然地理名称及地貌类型可分为4个二级区：玳瑁山—采眉岭中山区；戴云山西部中、低山区；九龙江、永定河上游低山、丘陵、河谷平地区；博平岭中山区。

西部区平均海拔较低，地形以低山、丘陵为主。全地区约60%的低山和80%的丘陵分布在西部区。低山、丘陵合计占本分区面积的72%。西部区经历较长地质时期的侵蚀，水系比较发达，以致低山、丘陵、中山和河谷平地交错分布。

西部区可分为5个二级区：南武夷山—松毛岭低、中山区；汀江上游丘陵、低山、河谷平地区；文川溪—朋口溪低山、丘陵、河谷平地区；汀江中游低山、丘陵区；汀江下游低山、丘陵区。

龙岩地区这样的地理形势和地貌特征，使之在很长的历史时期内都是一片既荒僻而又丰饶的土地。这一方宝地崇山峻岭，森林覆盖率极高，终年郁郁葱葱。境内高山有流水，平地有溪涧，除了长汀、连城有少量溪流流入赣江和闽江之外，大多流水都流入九龙江和被称为"客家母亲河"的汀江，滋润着这一片土地，引水灌溉也极为便利，农作物产量较高。因此，在农耕时代甚至在更早期的半农耕半渔猎社会时代，人们只要付出辛勤的汗水，在这里便足以过上"采菊东篱""种豆南山"的安宁温饱的生活。无论是当地土著还是外来移民，在这片山高谷深、自然村落相对较小的丘陵山地，只要想定居垦殖，都很容易在群山之中获得"占山为王"或"占地为王"的"地利"条件。且不说中原汉族移民进入这片蛮荒之地之前，"山都""木客"皆"在树窟宅"，①"树皆山都所居"，②苗、瑶、峒、蛮则"四境椎埋顽狠之徒，党与相聚，声势相持，负固保险，动以千百计"，③就连迟至宋代才进入这一片土地的张氏"鄞江始祖"张化孙和李氏"闽粤大始祖"李火德等客家先祖们都能各自找到开发垦殖的风水宝地，而其枝繁叶茂的裔孙们都有英雄用武之地。如张化孙生下18个儿子传108个孙子，很快就形成了庞大的血缘家族，以致汀江流域中段以下的上杭、永定的许多沟沟壑壑都成为张氏族人的开基地。

在进入现代之前，龙岩地区虽然不见繁荣富足，有的地方甚至仍见贫穷落后，但无论哪一个山村，总是山清水秀，风景优美；总是小桥流水、田园修竹与瓦屋土楼相互掩映。尤其是每个自然村的水口和后山，总是林木葱郁，花果飘香，令人留连忘返，人与自然的和谐由此可见一斑。

龙岩地区这种背靠中原、面向大海的地理形势不仅为客家民系、福佬民系和畲族等少数民族的安居乐业、发展繁荣提供了一片沃土，而且也为这片沃土上的人们向外拓展、走向世界提供了极大的方便。

龙岩地区面向大海的交通大动脉是汀江和九龙江两条大河。汀江向南流入韩江，再流入南海。从宋代开始汀江航运就有"上河三千，下河八百"的盛况，这将汀州与广东甚至海外紧密联系在一起。如据《殊城周咨录》载："成化十三年（1477）主遣使美亚等二人来贡方物，美亚本汀州士人谢文彬也。昔年因为贩盐下海，为大风漂入暹罗，遂入其国，官至岳坤。岳坤犹华言学士之类。"④由此可见汀州与海外联系之紧密。

---

①乐史：《太平寰宇记》卷102，《江南东道十四·汀州》
②杨澜：《临汀汇考》卷4，《山鬼淫祠考》。
③《元统一志》卷8，《汀州路·风俗形胜》。
④转引自福建省华侨志编纂委员会编：《福建华侨志》（上册），1989年，第15页。

虽然古龙岩州地处玳瑁山脉与博平岭山脉夹心地带，但是东西交通皆不便。宋代朱熹任漳州知府时曾称："独有龙岩一县，地僻山深，无海乡鱼盐之利，其民生理贫薄，作业辛苦。"① 直至明代仍是交通闭塞，如明人李铠所云："漳、汀之界，其地多高山，林木翳郁，幽遐瑰诡，艰于往来。掌福宁（福州）者巡止漳州，掌建宁（建州）者巡止汀州，二郡之不通如手足之痿痹，气之不贯也。"② 但古龙岩州还是有两条通道被打通：一条是向西进入永定河流域的高陂、坎市一带，再沿永定河直下汀江；另一条是经适中，翻越博平岭至和溪、书洋一带，再沿九龙江出海，或者直接由漳平沿九龙江东出漳州出海。

龙岩地区这一片土地虽然是"八山一水一分田"，在相对和平的环境里常常出现人口急速增长、土地资源枯竭的情况，却也物产丰富，盛产竹、木、茶、果、竹纸、靛青、烟等。这些产品往往能直接地转化为商品，因而更需要开辟外部市场。于是，面向大海的地理形势也成为发展经济的优势。

宋应星《天工开物》卷十三载："凡造竹纸事出南方，而闽省独专其盛。"闽纸的出产地集中在闽西北地区。龙岩地域的长汀、连城、上杭都是重要的竹纸生产基地。丘复《上杭县志·实业志》载："本邑出道以纸为大宗。每年运售潮、梅各属及漳州者，旧时价值不下百余万。"连城纸产甚至运销海外，据康熙《连城县志》卷八《艺文志》载："纸售外洋获大利，售于江右仅值耳。"说是纸销往海外可以获得丰厚的利润，销往江西等地仅仅可以保持成本。

茶叶以龙岩、漳平著名。郑丰稔《龙岩县志·实业志》称："清同光间，茶山遍全境，焙制之法，有明火、乌龙两种。明火销于本县，乌龙则经潮州，行销于南洋群岛，漳平南洋乡水仙茶属乌龙类，元代就已有种植，长期行销海内外。"

种靛青即种蓝，乾隆《上杭县志·物产志》称，汀州上杭人善于种蓝，其中引《赵志》载："本邑种蓝者其利犹少，往南浙作靛获利难以枚数。"因此，在明清时期长汀、上杭等地许多客家人及畲族人迁往浙南种植蓝靛。今浙南丽水各县的客家人及畲族人其先辈皆迁自汀州。

烟草自明万历年间（1573—1619）引入本地后，很快便成为永定名产和经济支柱。咸丰《长汀县志》称："福烟独著名天下，而汀烟以杭、永为盛。"道光《永定县志》曰："永定晒烟独著于天下，本省各处及各省虽有晒烟，制成丝色味皆不能及。"民国《永定县志》则载，至清乾隆年间（1736—1795），"永以膏田种烟者多，近奉文严禁，即种于旱地高原，亦损肥田十之五六。"永定条丝烟被乾隆皇帝誉为"烟魁"后，成为清廷贡品，自此"天下皆用之矣"，而且还远销海外。同版《永定县志》载："条烟，又称皮丝……夙有烟魁之称。春夏烟草阡连，各乡工厂林立，远销全国远及南洋。"

龙岩地区山多的另一个特征是地下矿产资源丰富，有煤、铁、金、银、铜、锡、铅、锌等数十种矿藏，采矿业、冶金业有很长的历史。

龙岩地区最早被开采的是金矿，上杭、永定、长汀等县都发现有金矿。丘复《上杭县志》卷36《杂灵》载：

《杨志》云：《宋史》太平兴国后，天下产金六州。在闽惟汀有之。邑之金山，康定间（1040—1041）产金，至皇祐（1049—1054）时，中书备对贡金之数一百六十七两，今则亡矣。

乾隆《汀州府志》卷36《方外》则记王捷贡金，虽有离奇怪诞成分，但也说明汀州产金：

王中正，长汀人，咸平中（998—1003），遇羽士授以铅贡术，戒曰："非遇万乘勿轻出。"后坐事流岭南，至京师，为有司所捕，以闻。帝命皇城司刘承珪问状，具陈灵异，献所为白金，前后累巨万。诏书褒谕，后卒于京。命塑像景灵宫。

王捷是宋初冶金大师，沈括《梦溪笔谈》对其冶金有所记述。上述乾隆《汀州府志》所记虽未言明其所献之金产自哪里，只说其流放岭南后被捕献金，但说王捷是汀人，其金来自汀州也有可能。

铁的开采与冶炼在龙岩地区更为广泛，各县县志及族谱都有所记录。

乾隆《汀州府志》卷8《物产》记：

铁出长汀、上杭、宁化三县。

乾隆《龙岩州志》卷9《风土志》记：

铁，州邑俱产，各招商纳课开矿煽炉。

丘复《武平县志》卷8《物产》记：

铁，邑所产仅有生铁……惟产额无多，不敷

---

① 朱熹：《劝谕龙岩民榜》，见乾隆《龙岩州志》卷13，《艺文志一》。
② 乾隆：《汀州府志》卷41，艺文三，《新设漳南道记》。

地方自用。

康熙《连城县志》卷4《籍产志》记：

> 铁炉叁座，姑田里。

康熙《漳平县志》卷6《物产志》记：

> 铁，先年炉户恃众，有乱者，禁止之。天顺间，征铁炉钞，富豪客商复据之，伐山焚林，斫（斩）泄地脉，利中之害也。

地方各姓氏族谱也有记录，① 如《龙岩东肖罗陈族谱》载：

> 竹庭公讳崇周，碧山公第三子也，铁冶起家，助梁济众……竹庭世为文安之族，五世（明末）至翁以铁冶起家，赞雄同右，祖居东肖社黄邦。

《龙岩吴氏友诚公宗谱》载：

> 五世兴甫公，翘翘杰出，不局方隅，请炉课，急公煽铁致富。传闻：大明洪武太祖，以公贡铁有功，赐官不授，曾给龙票，各处任凭岭山开炉，荷宠隆也。至今龙岩、上杭、永定，凡煽铁之处，莫不道有。吴兴甫公，课炉煽铁，所以我八户山场甚广也。及阅分单，遂由官宅坊，而制产于大池、小池两处。贻谋裕后远哉。

《龙岩西山郭氏宗显户族谱》载：

> 《嘉靖丙寅仲夏杨瀛谱序》记："以商贾来杭汀居焉，后移新罗黄坑佛子岭背起造铁炉，家致千金。"
>
> 同谱代次传一代亦记："伯一十二郎翁，江右庐陵麻塘里人氏，元至正间入岩商贾，起造铁炉，因地胜概，遂家居焉！"

对于铜、银、铅矿产的开采，明《八闽通志》卷24《食货》有记：

> 银坑，在县铁石洋东宝山。宝兴铅锡场，在县西南一百五十三步。宋时废。

同书卷26还记：

> 银，长汀、宁化二县出。铜、锡，俱长汀县出。

龙岩地区采矿、冶金业的发达，不仅造就了王捷、郭氏入闽西始祖郭福安等杰出的冶金人才，似乎也对近代以来东南亚出现的多位永定籍矿业大王如胡子春、胡曰皆等有直接的影响。

第二节　龙岩地区史前社会及早期文明

龙岩地区是一片古老而神奇的土地，从龙岩、长汀、武平、漳平等地考古发现的旧石器时期向新石器时期过渡阶段的文化遗存看，在数万年前就有古人类在这一片土地上繁衍生息。而且，早在上万年前，这里的古人类就学会了用火，并用火煮食食物，会用打制的石器等工具进行采集、狩猎劳动，开启了向现代人进化的大门。

一、"清流人"

"清流人"作为考古学名词，是以1988年5月在清流县沙芜乡洞口村北、安砂水库中段旁的一个石灰岩洞——狐狸洞里发现的人类牙齿化石而命名的。狐狸洞深约20米、高5米、宽4米，高丁河床约80米，离水库水面30米。1988年5月，福建省文物普查时发现该洞有大量哺乳动物化石。同年12月，福建省博物馆组织专家小组进行实地考察核定该发现。翌年10月，中国科学院古脊椎动物与古人类研究所和福建省博物馆组成联合考古队对该洞进行发掘，考古人员在洞内更新世晚期的灰黄色砂土层中，先后发现人类牙齿化石6枚，以及大量哺乳类动物化石。哺乳动物化石的种属有华南巨獏、中国犀、东方剑齿象、猕猴、野猪、獐、水鹿、西藏黑熊、无颈鬃豪猪、水牛、山羊、竹鼠、普通鼩鼱、南蝠等8目17种，属更新世华南"大熊猫—剑齿象动物群"。考古学家们据洞内堆积层岩性和伴生动物化石种属做出推断，确认人类牙齿化石为更新世晚期，距今约1万年。洞内堆积层系自然力冲积形成，从而判定人类牙齿化石为异地埋藏。

狐狸洞人类牙齿化石是福建省首次发现具有明确地点和地层层位的遗址化石，对探索旧石器时代晚期智人的人类活动具有重要意义，也为探索1970年在

---

① 族谱记载转引自郭启熹：《闽西族群发展史》，福建教育出版社，2008年，第306页。

我国台湾台南左镇乡发现的属旧石器时代的"左镇人"（距今约10000~30000年）与大陆古人类之间的关系提供了有力的佐证。考古学界将狐狸洞发现的古人类称为"清流人"。

著名考古学家贾兰坡对"清流人"牙齿化石的齿冠严重磨砂研究后认为，居住在此地的远古土著生活十分艰难，年龄大多在十三岁至三十多岁就已死亡，属于今天的青少年时期就已夭折，可见当时当地自然环境之恶劣，包括食物构成、劳动强度等方面。

二、"武平人"

"武平人"也是考古学名词。"武平人"所处时期被认为是新石器时代晚期。

人类进入全新世（距今约10000~4000年前）后，以开垦和种植为标志的农业开始出现，在人类史上使用的石器结束了只打不磨的时代，能磨制出较为精致的石器，并开始烧制陶器。考古学界将这段新石器时代文化分为早期（约10000~7000年前）、中期（约7000~5500年前）、晚期（约5500~4000年前），南方地区包括福建其下限要比中原地区晚，到3000多年前，开始进入新石器晚期陶器与青铜器并用的时代。

"武平人"是因厦门大学人类学系林惠祥教授的考古发现而被学界命名的。1937年4月，毕业于厦门大学历史系的武平中学历史老师梁惠溥带领学生到城南小径背山远足时，拾到一些石器和陶片，疑为新石器时代文物遗存，于是寄给其厦门大学的老师林惠祥先生，并邀请林先生到武平考察、发掘。林先生很感兴趣，于当年6月11日抵达武平，开展田野调查七天后，获石器84件、陶片949件，并考定这批文化遗存属我国春秋（公元前770—公元前476）以前的新石器时代。

1938年1月，林惠祥先生带着武平发掘的部分文物到新加坡出席"远东史前学家第三届大会"。他在会上指出"武平式印纹陶也见于马来半岛的陶器上，有段石锛见于台湾、南洋各地，由此可见武平式文化与台湾、香港、南洋群岛的密切关系。"其后林先生在一些著名论文中还推断："台湾新石器人类应是由大陆东南部迁去""在中国大陆东南区即闽、粤、赣一带地方发生，然后向东南传布于台湾、菲律宾以至太平洋三大诸岛"。①

其后，闽、粤、赣乃至台湾不断发现新石器时代的石器、陶器和青铜器等，龙岩地域发现的陶器尤多，且与粤东、闽南地区连成一片。考古学家彭适凡认为，"岭南区与粤东闽南区，至迟在西周晚期到春秋早期也已融合为一。这一时期，整个广东，除雷州半岛和海南地区外，都较广泛地分布着一种以夔纹陶为主要特征的文化遗存，其东界甚至可达闽西。"②

20世纪80年代以来文物考古部门对龙岩地区文化遗址进行了普查复查，证实了彭适凡先生的推断。从新石器文化遗址的分布数量看，武平174处、长汀143处、上杭88处、永定71处、漳平51处、龙岩45处、连城37处（据20世纪90年代各县市新编县志统计），遗址数量是从靠近粤东的武平由西向东逐步扩散逐步减少的，并集中在汀江上游的武平、长汀一带。而分布最为密集的地方是武平平川河流域的万安乡、平川镇、城厢乡等平原丘陵地带，而且出土的器物数量多，厦门大学人类学博物馆为此特设武平出土文物专柜。

三、"漳平人"

"漳平人"虽未经考古学界正式命名，但国家及省市考古人员于2009年至2011年先后三次在福建省漳平市象湖镇灶头村发掘的奇和洞遗址出土的文物，证明了该址为福建地区最早的新石器时代土著文化之一，它的发现填补了福建乃至中国东南区域史前文化新、旧石器过渡阶段的空白，有十分重要的意义。奇和洞遗址考古发掘被评为2011年度全国十大考古新发现之一。奇和洞遗址于2013年先后被核定为福建省文物保护单位和第七批全国重点文物保护单位。

奇和洞遗址是一处旧石器时代晚期向新石器时代早期过渡的洞穴遗址，先后三次被发掘，面积共120平方米。已发现有3处旧石器时代晚期人工石铺活动面遗迹，有火塘、红烧土堆、灰坑、房址、灶、沟等，出土打制石器制品200余件，少量打制骨器、陶器及哺乳动物化石等。石制品属典型南方砾石石器传统。还出土了两具较完整的成年人颅骨及部分肢骨化石，还有两件精美的艺术品：由砂岩磨制的鱼形雕刻钻孔饰件及通体磨制的骨管。

奇和洞遗址的文物遗存可分为两期：第一期重要遗迹有火塘、红烧土堆等；遗物以打制石器为主，少量简单磨制石器及陶片、骨制品、动物骨骼、人牙、

---

① 汪毅夫，郭志超：《纪念林惠祥文集》，厦门大学出版社，2001年。
② 彭适凡：《中国南方古代印纹陶》，文物出版社，1987年。

煤矸石等。第二期遗迹有火塘、灰坑、房址、灶、沟等。居住面主要是由砂质土及烧土平整填垫而成,上面发现木骨泥墙的残块;磨制石器显示其磨制技术较成熟;陶器纹饰有斜向交错绳纹、刻划纹、锯齿纹、戳点纹、压印纹、指甲纹等丰富内容;两具较完整的成年人颅骨及部分肢骨;动物骨骼有犬、猪及其他哺乳动物骨骼与鸟类、鱼鳖甲、鱼骨等;两件精美饰器。

奇和洞出土的成年人颅骨及部分肢骨保存良好,距今约1万年,被称为福建版"山顶洞人",因而该洞古人类也被称为"漳平人"。

四、新石器时代

龙岩各地出土的新石器时代的石器有:刀、戈、矛、镞、锛、钻、斧、镰、锉、玦、砺石,还有石雕怪物等;陶器则有:缸、盂、釜、盏、豆、壶、尊、杯、钵、碗、碟、瓮、罐、鼎足等。陶器质地以泥质灰陶、红陶、夹砂红陶、黑灰陶为主;陶片纹饰有篮纹、直线纹、绳纹、方格纹、曲折纹、鱼鳞纹、蕉叶纹、网格纹、夔纹、雷纹、回纹、弦纹、米字纹及素面等,丰富多彩,制法以范印最多,个别为刻划纹。但这些发现大多是小规模的、零散的。有些发现则由于人们缺乏考古和文物知识,不知道文物价值而遭遗弃或填埋,至今未能在龙岩地区发现古人类的群居点和文化层。

出土的新石器时代印纹陶器的历史年代,考古学界一般认为在中国南方的东南、岭南区可分为六个时期:第一期新石器晚期,为产生期;第二期新石器末期,为初步发展期;第三期商代、西周以及第四期西周晚期至春秋时代,为发展兴盛期;第五、六期在春秋末期至战国时代,为衰退期。汉代以后逐渐被釉陶和原始青瓷替代。据此对照,经专家鉴定过的新石器时代第一、二期的文物,1991年《龙岩地区志》记载的有:武平出土3件,长汀出土1件,分别为壶(藏厦门大学)、盏、坛(藏福建省博物馆)、尊(藏厦门大学)。这些文物的特点是烧制温度低,多为泥质软陶与夹砂粗陶,印纹拍印,工艺较原始,印纹粗糙模糊,以阳纹为主;纹饰为网格纹、曲折纹、绳纹和编织纹。第三、四期出土的陶器,由于烧制窑温提高,烧出以印纹硬陶为主,其纹饰受中原青铜器时代影响强烈,出现较多为夔纹、云雷纹、米字纹、方格组织纹等。第五、六期出土陶器,由于拍印技艺提高,纹饰出现波纹、蓖点纹、深方格纹,甚至一器有几种纹饰,且胎质较厚。据1991年《龙岩地区志》载,保护较完整的出土商周陶器,有长汀县的尊、酱釉罐、豆、釉杯、印拍、纺轮等6件;龙岩县的有带板罐、高足豆、带流杯、龟等4件;武平县的有钵、壶、鸭、纺轮等4件;永定县的有带流杯、敞口灰罐2件;连城县的罐1件。汉代以后的出土陶器较少,仅武平的盘、炉、鐴等3件。

龙岩地区出土的新石器时代石器以磨制的石镞、有段石锛为多,并有石矛、石戈、石犁出现,器物特征是比旧石器时代大而精致,反映了处于半农耕半渔猎时期的工艺水平。汉后的出土石器极少,仅见龙岩县出土的穿孔石钺、石凿、穿孔刮削器3件,反映出当时闽越族人已告别石器时代。而石犁和石雕动物则分别表明当时本地区已经进入初级农耕时代,原始宗教也已产生。

现在龙岩地区出土石器有2 239件,20多种。其中以石锛最多,包括常型石锛、有段石锛和其他形态石锛。石镞次之。厦门大学著名人类学家林惠祥在1958年曾指出,有段石锛和印纹陶构成了我国东南区新石器时代的文化特征。他还根据有段石锛的分布情况,将其分成三个发展阶段:第一阶段在福建,初级型有段石锛数量最多,高级型数量少;第二阶段在台湾,台湾的高级型石锛较多;第三阶段在菲律宾和太平洋诸岛,其石锛几乎都是高级型的。

据此林先生认为,有段石锛出自亚州大陆,然后通过大陆架传至台湾,再传至菲律宾和太平洋诸岛。①

五、青铜器时代

我国南方与印纹陶、有段石锛同时出土的还有西周以后的青铜器。龙岩地区发现的青铜器有:

1. 青铜剑两把,一把于武平十方镇集贤村沙墩上自然村出土。剑长49.5厘米,重700克,剑刃锋利,剑锷略残,剑首销损,作喇叭状,内饰同心圆篦点纹;剑基圆形,上有三凸箍,箍上饰细勾连幡虺纹;剑格较宽,两面各饰不同的饕餮纹;剑身隆脊起棱,两刃间距离不等,后段宽4.5厘米,前段略有收缩。这是目前福建全省出土的春秋战国青铜剑中保存较好的最精美的一件。另一把青铜剑于武平一中后山亭子岗出土。剑长37.5厘米,宽3厘米,重210克,剑锋、锷残,剑首有损,纹饰与剑基和十方镇出土的

---

① 汪毅夫,郭志超:《纪念林惠祥文集》,厦门大学出版社,2001年。

相似。

2. 西周铜斧一把，于永定湖雷乡出土。长方形，刃锋利，长11.5厘米，宽7.5厘米，厚1.8厘米，重300.3克。

3. 铜镞多件，在长汀乌石崟及河田南塘水口山均有发现。

4. 甬钟一个，于武平城关平川河南门桥发现，属一组编钟中的一个，春秋时期铸造。

5. 钮钟和西汉钱币，在上杭武平交界处武平地域发现，置于距地表1米深土层出土的陶罐中，钮钟比大拇指稍大，属西汉时代的文化遗存。

龙岩地区石器、陶器和青铜器的发现，说明本地域土著先祖的进化步伐也符合人类社会的进化进程，即从新石器时代开始，已逐步从晚期智人向现代人进化。石镞、石矛、石戈不仅大大增长了人类臂力作用的距离，而且大大增强了攻击力，提高了狩猎、采集的水平及效益；石犁、石镰、石锛、石斧、石铲的使用，则说明当时当地已出现原始农业生产，人们使用石制工具耕耘土地、播种、收割农作物，进行最初的"刀耕火种"，初步脱离了仅靠狩猎、采集获取食物的渔猎生活，进入半渔猎半农耕时代；石臼的发现表明人们已掌握了谷物保存技术和加工工艺；制陶业的出现则表明人类进入初级文明的时代，学会炊煮食物，甚至酿造酱、酒等食物，过上了初级农业社会的生活；尤其是纺轮的发现，表明当时已出现了编织业，人类穿上植物纤维缝制的所谓"卉服"，彻底脱离了动物界，像《圣经》中的人类始祖亚当和夏娃偷吃了禁果之后，懂得了男女有别，懂得了裸体羞耻，进入更高一级的文明；而青铜器的出土则表明，最迟至汉初，不仅龙岩地域已被中原王朝所觊觎，而且当地闽越人也在努力追赶中原文明。①

六、山都木客的故乡

伟大的中华文明古国的历史已经表明，以黄河流域为中心的中原大地是华夏文明之源，而且从上古时代直至西晋末年的漫长历史时期里，包括齐鲁、吴越、巴蜀、湘楚在内的各路华夏—汉文化以及胡（匈奴）、夷、羌、狄、戎等少数民族文化都在中原大地逐鹿。古老的华夏文明似乎无暇顾及长江以南的大片地区。作为远离中原山重水复的闽西龙岩地域，更是北国的阳光难以照到的地方。这是因为，这一片地域背靠武夷山，面向东南沿海，甚至与"七闽"地一起被认为"闽在海中，其西北有山，一曰闽中山在海中。"② 在远古时代，崇山峻岭，车马不通，与北方中原的联系，只有沿着羊肠小道翻山越岭披荆斩棘越过武夷山南段宁化、长汀、武平等地的几处隘口，进入赣南以后再沿着贡水、赣江北流才能到达长江。因此，在秦汉以前，中原政权从来没有也没有可能有效地管辖这一片地区。秦王朝虽曾封闽越诸侯，但只是名义上的，而汉武帝虽曾灭闽越而统一其境，但也只是用徙其民虚其地的措施将闽越置于会稽郡管辖，而中原汉民也从来没有大规模地进入这一地区。当地百越族土著更是在很长的历史时期内过着"阡陌交通，鸡犬相闻。其中往来种作，男女衣着，悉如外人；黄发垂髫，并怡然自乐"的生活，却"不知有汉，无论魏、晋。"③ 因此，当北方中原已经高度封建化，进入高度发达的农业社会时，这一片地域却未能与北方中原一道步入辉煌的华夏文明。至唐代开元二十四年（736）汀州置州时，当地土著仍处于极端落后的渔猎社会和刀耕火种的半渔猎半农耕社会。当地土著居民仍被北方汉人称为"闽芊蛮矣"、④ "闽，东南蛇种"⑤。即使被当作人，也只是"闽隶"，"闽隶掌役畜养鸟，而阜藩教扰之，掌子则取隶焉"。⑥ 据《太平寰宇记》引《牛肃纪闻》载："山东采访使奏于处州南山洞中置汀州，州境五百里，山深林木秀茂，以领长汀、黄连、杂（新）罗三县。地多瘴疠，山都木客丛萃其中"，又载："州初移长汀，长汀大树千余株，皆豫章近临以新造州府，故斩伐林木。凡斩伐诸树，其树皆枫松，大径二三丈，高者三百尺，山都所居。其高者曰人都，其中者曰猪都，处其下者曰鸟都。人都即如人形卑小，男子妇人自为配耦（偶），猪都皆身如猪。鸟都皆人者，尽能人言，闻其声而不见其形，亦鬼之流也，当伐木时，有术者周元太能伏诸都，禹步为厉术，则以左后赤索围而伐之。树既卧

---

① 本节参考郭启熹：《闽西族群发展史》第一章有关内容。
② 《山海经·海内南经》。
③ 陶渊明：《桃花源记》，收入朱东润主编《中国历代文学作品选》上篇第二册，上海古籍出版社，1979年，428页。
④ 《国语·郑语》。
⑤ 许慎：《说文解字》，13篇。
⑥ 《周礼·秋官·司寇》。

仆，剖其中，三都皆不化，则执而投之镬中煮焉。"①清杨澜《临汀汇考》亦云："当（汀州）造治之初，凡斫大树千余，树皆山都所居。天远地荒，又是妖怪、獞狑如是，几疑非人所居。"②由此可知，迟至唐代汀州置州之初，这一片地域的土著"山都"仍处在树上筑巢而居的有巢氏时代，其生产力发展水平之低下可想而知。

从文物古迹、民间传说、民间信仰和民间俚语、地名等诸方面考察可以得知，除了山都木客，土生土长于这一片地域的当地土著，还有许多族群。后人虽然称之为"畲客"或"畲民"，但未必都是当今畲族的先民。《隋书·南蛮传》曰："南蛮杂类，与华人错居曰蜒、曰儴、曰俚、曰僚、曰𤞔，俱无君长，随山洞而居，古代所谓百越是也。"这一片地域的当地土著也属"百越"或"闽越"，有些"南蛮杂类"应该就生活在这里。宋·刘克庄《漳州谕畲》明确指出："凡溪洞种类不一：曰蛮、曰猺、曰黎、曰蛋，在漳曰畲。""西畲隶龙溪；南畲隶漳浦，其地西连潮、梅，北通汀、赣，奸人亡命之所窟穴。……二畲皆刀耕火种，崖栖谷汲，如猱升鼠伏，有国者以不治治之，畲民不悦（役），畲田不税，其来久矣。"③刘克庄这段文字除了说明闽西南地区有称呼各异的不同族类和当时隶属漳州龙溪的龙岩、漳平等地的原住土著为西畲外，还说明其生存状况以及有作奸犯科的"奸人亡命"当地等状况。《元统一志》则载："汀之为郡，山重复而险阻……舟车不通，商旅罕至，丝绵罕得，惟从麻桑为业。西邻赣，南接海眉，山深林密，四境椎埋顽狠之徒，党与相聚，声势相持，负固保险，动以千百计，号为畲民。"④这段文字则说明，入元之后，这一片地域依然交通不便，生活在这一片地域的当地土著依然经常聚众闹事，但族称则已"号为畲民"。清·杨澜《临汀汇考》亦云："长汀为光龙洞，宁化为黄连峒，峒者苗人散处之乡"，"唐时初置汀州，徙内地民居之，而本土之苗仍杂处其间，今汀人呼曰畲客。""汀，七闽穷处也，蕞尔一城，孑然于蛮风蛋雨中。"可见"畲客"与"峒者""苗人""蛮""蛋"一样，都应是后人对当地土著的泛称，而并非后来的严格意义上的民族名称。再者，从原始崇拜、民间信仰方面看，也可说明这一片地域的土著并非都是后来的畲族。因为畲族尊槃瓠为始祖，自称槃皇子孙，崇狗，以狗为图腾。这也许与该族早期的狩猎生活有关。而汀江流域的原住民，则大多不崇狗。虽然未有证据表明其以蛇为图腾，却有大量史实或传说表明其对蛇的崇拜。早在汀州置州之前，州治（兼县治）卧龙山南白石村西门罗汉岭就有"蛇王庙"，故民间流传"未有汀州府，先有蛇王庙"之说。新版《长汀县志·风俗》载："宋代子城内有灵蛇庙，清时在西门外罗汉岭有蛇王宫，宫内塑一神像，手持蛇，民间称'蛇王菩萨'。认为它公正无私，因此双方为某事争执时，到蛇王庙跪在蛇神前发誓。"⑤龙岩地区各县均有蛇信仰遗存，仅长汀县在20世纪50年代以后遭毁坏的就有蛇王宫、蛇腾寺各一座，蛇王及蛇王护卫像3尊；此外，汀南80里有"灵蛇山""蛇王滩"等地名，平原里有"蛇腾寺"，各县有以蛇披肩的山神像等等。时至今日，虽然龙岩客家人敢于吃蛇，以蛇肉为美味佳肴，却仍将进入家门的蛇视为灵蛇，有不打"入屋蛇"的禁忌，表现出蛇崇拜之遗风。这些情况足以说明，古老而神奇的闽西龙岩地域，其原始居民绝不仅仅是畲族。

综上所述，闽西龙岩地域在远古时代就有诸如"山都木客"等先民活动的遗迹，也有诸如蛇崇拜之类的属于自己的独特文化。虽然在后来北方汉人大量进入设县置州时也曾对汀州的"山都木客"采取"执而投之镬中煮焉"的残忍手段，但并没有将这里的"山都木客"和苗、瑶族赶尽杀绝，而是大力推行教化，互相交流沟通，"山都木客"们也向汉人学习，以致"尽能人言"。因此，在唐代置州设治后，中央政权虽然"徙内地民居之"，但"本土之苗仍杂处其间"，共同开发这一片"天远地荒"又充满活力的地域。"山都木客"的故乡，很快便成了汉族人民和当地少数民族的共同家园。

七、南海国属地

福建最古老的名称曰"闽"，至今亦然。《周礼·夏官·职方氏》有载："职方氏，掌天下之图。

---

① 《太平寰宇记》卷102，《江南东道十四·汀州》。
② 杨澜：《临汀汇考》卷1，《建置》，卷4，《山鬼淫祠考》。
③ 刘克庄：《后村先生全集》卷93。
④ 《元统一志》卷8，《汀州路·风俗形胜》。
⑤ 《长汀县志·风俗》，生活·读书·新知三联书店，1993年，852页。

以掌天下之地，辨其邦国、都鄙、四夷、八蛮、七闽、九貉、五戎、六狄之民。"其中的"七闽"，汉代郑玄据《国语·郑语》所称"闽芊蛮矣"解释说："闽为蛮之别种，而七乃周所服之国数也。"① 可见，周代已收服闽地七个诸侯国，如果闽西境内有诸侯国，当属"七闽"之列。

闽地原始居民被统称为"闽越"族，闽又属"百越"族类。"百越"之名最早见于《吕氏春秋·恃君》："杨权之南，百越之际。"战国末年的周显王三十五年（公元前334），楚威王灭越王无疆之后，越人国灭而族不灭。继续抗楚不敌之后，部分臣民向浙南、闽北方向迁徙，甚至远播至四川、交趾（今越南），形成越人与南方各少数民族交融的局面，于是被统称为"百越"。入秦之后，越人对暴秦的反抗甚烈，并曾取得辉煌胜利，汉·刘安《淮南子·卷十八·人间训》载：秦王"发卒五十万为五军……而越人皆入丛薄中，与禽兽处，莫肯为秦虏。相置桀骏以为将，而夜攻秦人，大破之，杀尉屠睢，伏尸流血数十万。"

"百越"族作为特定历史时期所形成的概念，其所处的地域范围极广，由长江中下游以南直至台湾、海南以及越南都是。福建、台湾的原住民在"越人"进入之前冠以"闽人"，越人入闽之后，即被称为"闽越人"，以有别于其他"百越"。

秦末汉初，闽越人一直控制着浙南、福建、赣南、粤东等广阔地域，既处于山区也栖息于海滨。皇朝对其鞭长莫及，而且越族首领无诸、摇等率众反秦击楚有功，于是，汉高祖五年（公元前202）封无诸为闽越王，都东冶（今福州）；高祖十二年（公元前195）三月封南武侯织为南海王（域闽粤赣交界，都城似今武平）；惠帝三年（公元前192）立摇为东海王，都东瓯（今浙江永嘉）。这样，汉王朝便将百越之地划分给三个王国，无诸的闽越国管辖除闽西外的闽地大部；浙东南的台、温、处等地封给东瓯王摇并"复以摇为越王，以奉越后"，② 史称"东海国"；而闽粤赣交界的汀、嘉、潮地区的无诸之族则封给南武侯刘织。"南武侯织亦粤元世也，立以为南海王。"③

在浙、闽、赣、粤之地立国的三个王国中，南海国是最弱小而且立国时间最短的，史书记载也最为寥寥。最早提及南海国蛛丝马迹的是《史记》和《汉书》。有资料显示汉文帝时，南海国就被淮南王刘长所击，原因不明，也许是刘氏诸王内斗，也有人说汉武帝建元六年（公元前135）南海国被淮南王刘安所灭。④ 但《汉书·淮南王传》却载："南海民处庐江界中反者，淮南吏卒击之，陛下遣使者斋帛五十匹以赐吏卒劳苦者。长不欲受赐、谩曰'无劳苦者'。南海织上书璧帛皇帝，忌擅播其书，不以闻。"《汉书·严助传》载淮南王刘安上书也曰："前时，南海王反，陛下先臣使将军间忌将兵击之，以其军降，处于上淦。后复反。"《汉书》的这两处记载，前者记"南海民处庐江界中反者"被"淮南吏卒"所击，南海王织还"上书璧帛皇帝"，说明南海国未被灭国，是"处庐江界"者反叛而已，而"庐江界"是淮南王属地，可见其所反对象是淮南王。后者记"前时，南海王反"说明南海国反叛，被击后又"军降"，"后复反"也说明南海国当时仍未被灭。《汉书·严助传》又曰：闽越王驺郢"以八月举兵于治南，士卒罢倦。三王之众相与攻之，因其弱弟余善以成其诛"。这里说的是闽越王自恃强大"不听天子诏"，于武帝建元六年（公元前135）攻南越国。南越告汉，汉命王恢、韩安国击闽越，闽越王弟余善杀郢而向汉武帝请降。汉武帝因匈奴边患未平而准其降，封无诸孙丑为越繇王，立余善为东越王，二王并处，相互牵制，暂时稳住闽越之地。其中"三王之众相与攻之"的"三王"，应包括"南海王"，则其时，南海国亦像闽越国一样，仍然鼎立于闽西。

20世纪有学者潘蒋《汉南海王织考》一文中也对上述《汉书》的记载提出自己的看法："史书这二处记载南海王国史事均在淮南厉王时。按厉王传只云淮南吏卒击庐江反者，而无间忌入越之说，则淮南吏卒所击者，必与间忌所击者有异。《淮南王传》又云：'南海王织（《史记》作南海民王织）上献璧帛皇帝，忌擅播其书不以闻'。可见南海终厉王之世，尚复存在，未为淮南吏卒所灭。织自称为南武侯，武侯，海上之豪语也，以此威其众。织所据者，在今江

---

① 李光波：《周礼述注》卷19。
② 司马迁：《史记·车越列传》。
③ 班固：《汉书·高帝记》。
④ 郭启熹：《闽西族群发展史》，福建教育出版社，2008年，第43页。

西之东南以迄福建之西南，界于闽越和南越之间。"① 潘氏欲辨明南海国在淮南厉王之世仍未被剿灭，却也未能说明其终于何时。

对于南海国疆域尤其是南海国治所所在，也由于史书记载的简略而难以考定。潘蔚认为"在今江西之东南以迄福建之西南，界于闽越和南越之间"。

清人全祖望在《经史问答》中说："诏语以织为无诸之族，知南武近于今之汀；以其所封为南海，知其近于今之潮；以其迁于庐江之上淦，知其近于今之赣。"② 明确地将南海国疆域界于汀、潮、赣之间，应是今之武平、上杭、永定和梅州地区这一片土地无疑，而从其认为无诸之族即闽越族的一支看来，其域更应该在武、杭、永之间。《临汀汇考》更是据全氏《经史问答》明确指出："……当汉之时，东瓯闽粤反，皆徙江淮，而南海独迁庐江，非以其地近于庐乎？今武平县地在汀潮之间，盖即当日南武侯地，而汉封之曰南海者也。"③ 又说："今武平县本长汀也。唐置州后，以本州西南境的南安、武平二镇，观其命名之意，因南武二字分析并举，当时因其地为汉南武侯织所封也。宋升镇为县，乃专武平之名，而其地正在汀、潮、赣之间，全氏南海境中有地名南武之说，此其是也。"④ 杨澜从地名之延续性分析"武平"县名源自"南武"之"武平"，从而肯定南海国就在武平，也许有牵强附会或武断之嫌，然而，如果唐置州时汀州西南境确有"南安""武平"二镇，结合历史上越人"数反复"，统治者通过命地名寄托"安定""平和"之愿望，则"南安""武平"源自"南武"，似也顺理成章，无可挑剔。

为了进一步揭开古南海国所处地域之谜，现当代学者并不囿于区区史料。他们将眼界进一步拓宽，分别从历史学、社会学、民族学、客家学和考古学等多种角度对此进行探索，取得了可喜的成绩。

例如，20世纪30年代，厦门大学考古学家在现武平县第一中学校址亭子岗及周边小山发掘出一批石锄、石斧、石锛、石镰、石镞之类的新石器时代文物，说明早在新石器时代，武平地域就有了古人类活动，武平也因此被考古学界确定为南中国重要的新石器时代遗址之一。在此后的考古发掘中，武平各地又陆续出土了大批自西周至秦汉时期的文物，包括灰陶炉、汉灰陶盘、汉红陶钵、汉五铢钱和青铜宝剑、青铜编钟等。武平学者林善珂认为，武平出土的青铜宝剑与广州南越王墓（象岗山赵昧墓）出土的青铜宝剑风格、造型、品质完全一致，都是汉初物品，应是当时具有相当级别的王侯将军的佩剑；而青铜编钟作为高贵乐器，拥有者亦非王侯贵族之家莫属。这些都应是南海国故都在武平的重要依据。⑤

目前，尽管根据史料考证及诸如考古学等其他方法仍未能破解古南海国具体所在位置的谜团，但却能基本确定其确实在闽西地域存在过，这一点是非常有意义的。这是因为，在以往的研究中，人们往往忽略闽西地域曾经有过的文明和辉煌，往往将唐以前的闽西描绘成不毛之地，这是很不客观的。南海国曾经存在于闽西地域的史实说明早在汉初而不是在唐代汀州置州之时，中原王朝就已经开始对闽西地区实行统治，闽西地区与北方中原的联系被提早数百年。虽然这种统治像同处武夷山以东和南岭以南的闽越国、南越国一样，是通过中原王朝分封原诸侯为王的手段实现，是对原南方诸侯小国实行怀柔政策的产物，但其统治却是有效的。如秦时任龙川令，在岭南经营多年，有较强实力，曾扬言若在中原将与刘邦、项羽争雄的秦之遗将赵佗，刘邦虽也在高祖十一年（公元前196）封其为南越王，但却对其始终存有戒心，翌年便将其封地的一部分即潮州北划给南海国管辖；再如后来"南海王反"和闽越王余善反，中原王朝都能将兵击之。也许，正是因为南武侯织得封南海王以及后来的"南海王反"的历史事件，才使一向被视为天远地荒的闽西地区受到中原王朝的瞩目，为后世北方汉人进入闽西奠定了基础，闽西是否为南海国属地也才引起世人不懈地探寻。

---

① 《文史汇刊》第一卷第二期。
② 全祖望：《鲒埼亭集·经史问答》。
③ 曾文炳辑：《长汀县志》。
④ 杨澜：《临汀汇考》卷一《方域》。
⑤ 林善珂：《探寻"南海国"故都—关于汉初"南海国"都城在武平的考证和辨析》，收入福建省炎黄文化研究会、政协龙岩市委员会编：《客家文化研究论文汇编》，2004年。

第三节 福佬民系与客家民系

龙岩市地域主要聚居着汉族福佬民系和汉族客家民系的居民，还有少量畲族等少数民族杂居。原龙岩州的今新罗区和漳平市主要由福佬民系居民聚居，原汀州府属长汀、连城、上杭、武平、永定则主要由客家民系聚居。

汉族福佬民系和汉族客家民系都是因中原汉人大规模南迁进入闽西南地区后与当地百越族土著融合而形成的。以漳州府和泉州府为核心区的闽南地区形成了福佬民系，以汀州府为核心区的闽粤赣交界地区则形成了客家民系。

一、福佬民系的形成

自清代以来，漳州、泉州、厦门、潮州等地操闽南语系的人群被表记为"福佬人"，尤其是这些地区的迁台者，都被称为"福佬"，客家话则称之为"鹤佬"或"学佬"。著名学者郭启熹先生则认为："客家和畲族人都称闽人为河老，这是源于唐宋。明末顾炎武《天下郡国利病书》说：'山中自称盘瓠后……常称城邑人为'河老'，谓自河南迁来……繇陈元光将卒始也。'由于是客家民系形成之前特指唐军入漳时的称呼，所以以后尽管客家人大多也是根在黄河、洛水，也不叫'河老'了。后代有改称'河洛''华老''阜老''福佬'，皆为一音之转。"① 英文"hoklo"最早见于美国汉学家卫戍年所编《汉英韵府》一书，该书成书于1874年。1894年台湾人卢德嘉《凤山县采访册》有"粤称闽人曰福老，谓福建人也"。台湾的"粤人"指客家人。台湾学者吴守礼则认为，"福佬"最初为客语中对福建人的贬称，后"佬"字贬义淡化，"福佬"已无贬义，故至今台湾称闽南籍人为"福佬人"。在龙岩地区永定、新罗交界地区，互称"福佬"或"客佬"也不含贬义。"客家人"和"福佬人"都是民系或曰族群的称呼，而闽南人、漳州人、泉州人、龙岩人、粤人则是地域性族群的称呼。本书从民系分类的角度，将龙岩新罗区、漳平等操闽南语系的人群与厦、漳、泉、潮及台湾操闽南语系的人群称之为"福佬人"。

隋唐以前，包括汀州、龙岩、漳州、泉州在内的闽西南地区还是蛮荒之地，苗、瑶、峒蛮、南蛮、蛮獠之类是其主要居民。《隋书》有载："南蛮杂类，与华人错居曰蜒、曰儴、曰俚、曰僚、曰蛋，俱无君长，随山洞而居，古先所谓百越是也。"②

《福建通志》称："六朝以来，九龙江两岸'尽属蛮僚'。"③ 据漳州《丁氏古谱》载：

> 先是泉潮之间，故绥安县（今漳浦）地，负山阻海，林泽荒僻，为僚蛮之薮，互相引援，出没无常，岁为闽广患，且凶顽杂处，势最猖獗，守戍难之……与贼势相持者久之。④

现代史学家傅衣凌先生则说："在福建特殊部族中，畲与蜒（蛋）实推巨擘，此两族其先盖同出于越，后乃辗转流布于今闽浙赣三省地区，并深入于粤东。以其有居山、居水之异，爰分为二，实则一也。惟山居之民，在宋之前，多称为越、南蛮、峒蛮或洞僚。宋元之际，'畲'名始渐通行。"⑤

其实，闽地由越、南蛮、峒蛮或洞僚世居状态早在宋之前的很早世代就已被打破。而这种状态被打破则主要是因为北方居民或个体或群体的迁徙。

自从有人类历史以来，由于战争或自然灾害时有发生，人们的迁徙活动也经常发生。早在公元前二十多个世纪，中华民族的人文初祖炎黄二帝与蚩尤等族逐鹿中原，便开始了部落的迁徙，生于郑州附近的黄帝葬身陕西黄陵县，生于洛水之滨的炎帝葬身湖南炎陵县，足以说明炎黄时代部落的迁徙已属远距离迁徙。"南蛮""峒蛮"的世袭领地终于受到外人侧目乃至侵入始于秦汉之际。这是因为，当时的闽地小诸侯国闽越国、东越国和南海国等先是起兵参与倒秦，后又有"南海王反"、闽越国攻打东越国，甚至分别

---

①郭启熹：《闽西族群发展史》，福建教育出版社，2000年，第15-16页。
②长孙无忌：《隋书·南蛮传》。
③光绪：《福建通志·关隘》引《丁氏古谱》。
④《白石丁氏古谱·白石丁氏古谱懿迹记》。
⑤傅衣凌：《福建畲姓考》，载《福建文化》第2卷第1期，1944年。

反汉等举动。于是，时汉文帝"使将军间忌将兵击之，以其军降，处于上淦。"① 汉武帝亦发兵攻闽越，"东瓯请举国徙中国，乃举国来处江淮之间。"② 闽越王余善被杀后，闽越国被灭，汉武帝"诏军吏将其民徙处江淮间，东越地遂虚。"③

如果说南海国、东越国、闽越国的人群被"处于上淦"，或被"处江淮间"是越人北上，对闽地"南蛮""峒蛮"世袭领地及民族构成状态并没有太大的影响，那么，两晋间及其后的中原汉人南迁入闽，则对其后汉民族闽民系、福佬民系和客家民系的形成都产生了极大的影响。

西晋"永嘉之乱"及其后的"五胡乱华"，导致中原战乱频仍。随着晋王朝的南移，中原汉人离开中原故土南迁者众。虽然大多南迁汉人在晋王朝于长江中下游地区设置的侨州、郡、县找到安身立命之所，但也有人干脆为了远避战祸而继续南迁，甚至进入闽地。唐·林谞《闽中记》云："永嘉之乱，中原士族，林、黄、陈、郑四族先入闽，今闽人皆称固始人。"乾隆《福州府志》则曰："永嘉二年（308），中州板荡，衣冠始入闽者八族，林、黄、陈、郑、詹、邱、何、胡是也。以中原多事，畏难怀居，无复北向，故六朝间仕宦名迹，鲜有闻者。"④

民间各姓氏族谱也有关于"永嘉之乱，中原板荡"，先祖入闽的记载，如

浦城西溪《黄氏族谱》序载：
永嘉之乱，中原板荡，流闽者百五十余户。

石狮龟湖郑氏谱谍手抄本记：
晋永嘉元年（307），固始人郑庠出仕为东安太守，镇丹阳，次子郑昭字无质，率兵入闽，先任建安太守，后为晋安（侯官）郡太守，卒葬。

唐贞元九年（793）与李绛、韩愈等同榜进士及第的晋江人欧阳詹的《杨公墓志铭》记：
"其先关右弘农人，永嘉过江，公自始迁之祖，若干代处于闽越。"

《龙岩姓氏百家》则称：
杨氏迁入福建，最早是永嘉年间，中原板荡，有13姓族人自中原入闽，其中有杨姓。

莆田《何氏族谱何氏入闽祖先考》甚至提到，何氏先祖于晋永嘉六年（313）入闽，"择地而居曰八门，以居江侧，遂名晋江。"

晋江之名"以晋南渡时，衣冠避此者多沿江而居，故名，县名因之。"这种说法最早见于南宋祖穆的《方舆胜览》和王象之的《舆地纪胜》，此后一些地方志书及谱牒也持这种说法，如明代的《天下一统志》《闽书》《八闽通志》《泉州府志》；清代的《大清统一志》《读书方舆纪要》《泉州府志》乾隆和道光《晋江县志》；民国《福建通志》，以及清光绪晋江《灵水吴氏家谱》等等。这种说法说明晋代中原士族为避战乱南迁，已经来到闽南地区。

尽管东汉两晋间已有较多的中原汉人南迁入闽，但对于汉族福佬民系的形成并没有太大的意义，因为相对于当地土著来说，区区"如闽者八族"，就像汇入大河里的涓涓细流，并不能对大河造成什么影响。

真正对汉族福佬民系的形成有决定性影响的是发生在唐代中期以后的两次较大规模的以中原汉人为主力军的入闽军事行动。

一是陈政、陈元光父子率中原府兵远屯闽南，开发漳州。

唐代以前，闽西南为"蛮獠"之地。《漳州丁氏古谱》记："六朝以来，成兵者屯兵于龙溪，阻江为界，插柳为营，江当梅溪之交，两山插峙，波涛激涌，两岸尽属'蛮獠'。""蛮獠"不仅占据山区，还布满平原、江岸，可见其众。

南北朝始，历代皇朝向南镇抚"蛮獠"不断。《宋书》曰："自江汉以北、庐江以南，搜山荡谷，穷兵黩武，系颈囚俘，盖以数百万计。"斩获俘虏动辄以数百万计，说明"蛮獠"反叛者亦众。

陈政为唐高宗时人，祖籍河南光州，唐咸通十一年（870）。有潘存实者为陈元光五世孙陈则黉作家乘序曰：

霸汉，为大邱高帝霸先之族兄……事隋司徒尚书户部度支事……炀帝不从，谏之以死，郡人立祠岁祀，咸服忠臣，封忠烈。公生四子。犊（霸汉孙、果仁子，字克耕）事神宗（唐太宗）为左右大将军。子政、奉戍闽，福、兴、泉、漳

---

① 班固：《汉书·严助传》。
② 司马迁：《史记·东越列传》。
③ 司马迁：《史记·东越列传》。
④ 乾隆：《福州府志》卷75《外纪一》引路振《九国志》。

之望族。

这段"序"从陈政祖上陈霸汉说起,陈氏祖上世代为官,陈政父亲陈克耕更是唐开国元勋。陈政在唐高宗时曾在岭南戍边,因闽南地区"蛮獠"反叛"啸聚"而被召入闽替换曾镇府,"唐自高宗朝有曾镇府者以将军镇闽。丁之先有丁儒者,曾赘婿也,及将军陈政与曾镇府更代,而遂留寓龙溪。"① 陈政以玉钤卫翊府左郎、归德将军的身份奉命统岭南行军总管,率领府兵由岭南入绥安(今漳浦)平乱。

所谓府兵,是唐初沿袭西魏宇文泰创立的府兵制兵种,"府兵选拔论力强壮者充当,平时轮番服役,半月宿卫,半月征战,府兵本人免除赋役。"② 唐初府兵来源主要是征召六品以下官员的子弟和有产业的富裕农民,其任务以宿卫京畿为主,屯边则要临时募兵。向来将士出征,家属留家不随军,但唐总章时募戍南征泉漳潮者,特许家属随军,而且全家可落籍驻地,由此形成军事性集体移民。皇朝敕令陈政首率123员将校、3600名府兵入绥安时,唐高宗对这位出身于战将世家的将军很器重,并寄于厚望,曾下诏说:"相视山原,开屯建堡,靖寇患于炎荒,奠皇恩于绝域,筮辰吉告,明发斯征。莫辞病,病则朕医,莫辞死,死则朕埋。"③ 陈政接诏后,面对"自汉以来,久成荒檄,敕令开屯建堡,而屯于九龙岭下","草创备极劳瘁",④ 且"蛮獠出没无常,戍卒阻九龙江险……与贼相持"的情势,陈政采纳丁儒建议,"遣人沿溪而北,就上流缓处结筏连渡,从间道袭击之,遂建寨柳营江(即九龙江)之西,以为进取。"⑤但蛮獠集结势大,陈政仍未能胜。翌年,即咸亨元年(670),高宗又命陈政兄中郎将陈敏、右郎将陈敷南援。他们在固始募58姓军校,约4000兵卒赴闽。陈敏、陈敷至浙江便相继病逝,政之侄子陈元敬率兵入闽北浦城后也病逝。政母魏氏以75岁高龄代子领兵,率孙陈元光等相继南征。

陈元光部将许天正撰《开国元勋陈克耕夫人魏氏墓志铭》记曰:

总章己巳,闽广之交蛮獠啸聚,高宗命陈政出抚之,至界,以兵少请援,命二兄敏、敷领兵南下,太母魏氏见三子之闽,乃与俱往。至浙江江山县,敏、敷病疽。至浦城,孙子亦疽。魏母提兵至镇,政得以进屯云霄营。政卒,孙元光将军代领其众。⑥

仪凤二年(677)陈政病卒,年21岁的陈元光代父领兵驻守闽南,即碰上广东以陈谦为首的潮寇"结连诸蛮",沿潮阳、潮州北上直逼云霄、漳浦。元光提兵迎寇,平定寇乱。永隆二年(681)又逢"盗起南海,边鄙循州司马高琔受命专征,令元光提兵入潮,伐山开道,潜袭堡垒,俘获万计,岭表平,还军于漳。"⑦ 陈元光经多年多次征战,击退了潮寇和蛮獠的进攻,打通了潮漳泉通道,平定了闽南寇乱,为漳州设郡置县营造了和平安定的社会环境。而且仍处蛮荒的闽南地区相继进入了由陈政、陈元光父子所率的两批来自中原的七千多人的军事移民,对于中原先进文化的传播以及闽西南地区的文化交融和汉化进程无疑起了极大的作用。

嗣圣元年(684),陈元光奏请置建州,并在漳州边境建四个行台,"一在泉之游仙松州堡,上游直抵苦草镇;一在漳之安仁乡南诏堡,下游直抵潮之揭阳县;一在长乐里佛潭镇,直抵沙澳里太母山而止;一在新安里太峰山回入卢溪堡,上游直抵太平镇而止。"⑧ 苦草镇即今龙岩,可见陈元光所建行台之一可管辖龙岩。龙岩是漳、汀之间的交通孔道,是陈元光戍守的重点区域,建行台管辖顺理成章。

陈元光不仅征战平寇,也劝农重本,亲自"率众辟地置屯,招徕流亡,营农积粟,通商惠工",⑨ 还兴办教育,礼士用贤。尤其是他积极推行民族融合政策,建立"唐化里",意为归化大唐者聚居地,把愿意归附的"蛮獠"集中择居,教给他们先进的农耕技术,允许"输庸代役","平均徭赋",努力"化蛮

---

① 陈汝咸:《漳浦县志》卷19《杂志·丛谭》引《白石丁氏古谱》。
② 《中国百科大辞典》,中国大百科全书出版社,1999年。
③ 《云霄厅志·唐高宗皇帝》,诏陈政镇故绥安县地。
④ 《陈氏族谱》,陈祥祯1916年槟城刊刻石印。
⑤ 沈定均:《漳州府志·宦绩一》,光绪版,1877年刊。
⑥ 《白石丁氏古谱懿迹记》。
⑦ 沈定均:《漳州府志·宦绩一》,光绪版,1877年刊。
⑧ 光绪《漳州府志·兵纪》。
⑨ 《云霄厅志》卷11《宦绩·陈元光》嘉庆版。

獠之俗为冠带之伦"。① 甚至鼓励部下与蛮獠女子通婚,同意蛮獠女结婚时穿白衣白裤以纪念其亡夫或亡父兄。至今惠安山腰乡钟厝、鸢峰两村钟氏畲女仍保持这样的婚俗:"结婚时必须穿一套贴身的'白衣白裤'来拜天地、谒祖宗,三天后方能脱下,此后长期保存,终老时要把这套衣服裹入殓。"② 据说此俗就是始自元光允婚。在陈元光开明政策的治理下,"北至泉州、兴化,南逾潮州、惠州,西抵汀州、赣州,东接沿海各岛屿,方数千里无烽火之惊,号称乐土。"③

垂拱二年(686),陈元光上表请建漳州,十二月初九日获武则天准设漳州建置,元光进怀化大将军世守刺史,别驾(副将)以下的官员皆由元光任命。景云二年(711),"潮寇"和"蛮寇""雷万兴与苗之成之子"为首"纠党复起于潮",从潮州北上进攻云霄梁山一带,元光仓促应战,身先士卒,被畲首蓝奉高"刃伤而卒"。百姓哀号,服制送葬。朝廷赐谥忠毅文惠,诰称"环甲缮兵,积三十四年之苦;建邦启土,垂二十五载之平。"④ 嘉元光21岁代父领兵34年,奏建漳州25年之功绩。开元四年(716)朝廷追封元光为颍川侯。百姓念其功,尊为"开漳圣王",闽南地区及龙岩、漳平、潮州、台湾各地均建有威惠祠纪念他。龙岩城西西宫巷底之西宫,即威惠祠,乾隆《龙岩州志·卷八·古迹志》记:"威惠祠,在城西门外,祀唐开建漳州、漳浦将军陈元光。""宋代封灵著顺应昭烈广济王。明初正祀典,改封昭烈侯……威惠庙,同上,在州治西。"

陈元光逝后,其独子陈珦代漳州刺吏。珦本儒士,元光生前曾"抚之曰:儿非戈戟士,乃学院秀儒也。"万岁通天元年(696)举明经科,授翰林承旨宜学士,后回漳州创办福建最早书院——松江书院。袭刺史职后,文武兼备,于开元三年(715)"率武勇,衔枚缘阻,夜袭巢峒,斩蓝奉高首级,并俘其余党,迁州治于李澳川(即今漳浦县治)。"⑤ 至开元二十五年(737),珦任漳州刺史已27年,政通人和之际退隐,朝廷任命殳伯梁代之。不十年,"数百耆老"却请求朝廷逐殳,恢复陈氏家族统治。他们向福建观察使上书云,在殳伯梁治理下,"盗贼迭起于涧壑,老羸逃窜于山林。酷害斯深,涂炭已极。今有新举秀才,授辰州宁远令陈酆,乃元光之孙,珦之子,通达历练。如蒙使居祖职,必能恢拓先业,克铭前修,慰边士来苏之望。"⑥ 天宝十年(751)酆被从宁远调来任漳州刺史,一直至大历十四年(779)病殁。乾隆《光州志》赞其曰:"珦生酆,德性温恭,幼耽经史,天宝六年举秀才……酆至漳建学延师,锄强救灾,一如其祖守漳时。"龙岩原隶汀州,于其任内大历十二年(777)改隶漳州。

陈酆逝后,其次子陈谟"以平广寇功授中郎将兼漳州刺史"。⑦ 其间除短暂离任"改检校本州别驾"外,直至元和十四年(819)去世皆在任。

从总章二年(669)至元和十四年(819),陈氏家族开发并管理漳州达150年,其间虽有诸如殳伯梁、柳少安、张逊、韩泰等人短期出任漳州刺史,但大多时间由陈政、陈元光及其直系裔孙世袭。以漳州为中心的闽西南地区从蛮獠啸乱的荒僻之地变成安宁富庶之区,陈氏家族堪称功勋卓著。

陈氏家族对龙岩州地域的治理与开发的时间也很长。陈政五代孙、治漳38年的陈谟之兄陈詠年方24被派往龙岩镇戍,"詠字正雅,年二十四,受知观察使,荐镇龙岩,辑安士卒。"⑧ 虽后来陈詠回光州做官,但他在龙门里生下5个儿子,除长子章甫受命回居光州固始,复兴家业,并在那里为官外,其余四个儿子都落居龙岩。"他的次子陈吉甫,袭父职,镇守龙岩,并移居龙岩。其三子陈山甫,四子陈嘉甫,也都在龙岩,一个当医生,一个在本县儒学当教授,其五子陈秀甫,也住龙岩,任漳州司仓。"⑨ "龙岩的开发与陈氏六代人的努力是分不开的。至今龙岩'九户

---

① 陈元光:《谢准请表》,收入光绪《漳州府志》卷24《宦绩》,1877年刊。
② 林瑞峰:《陈元光对促进汉畲关系的贡献》,《陈元光国际学术研讨会论文集》,厦门大学出版社,1993年,第126页。
③ 王象之:《舆地纪胜》卷100。
④ 同上。
⑤ 沈定均:《漳州府志》卷28《人物一·唐列传》,光绪版,1877年刊。
⑥ 杨修田:《光州志》卷8《仕贤列传》,光绪版,1880年刊。
⑦ 康熙《漳浦县志》卷14《名宦志》,1918年翻印。
⑧ 沈定均:《漳州府志》卷28《人物一·唐列传》,光绪版,1877年刊。
⑨ 陈永安:《陈元光入漳的人口播迁活动初析》,《陈元光国际学术讨论会论文集》,厦门大学出版社,1993年,第387页。

陈'，即城东社兴、城西罗桥、西山、排头、条围、白土后田等陈姓皆为其后裔，而'四户陈'，即龙岩城区、附城的松径宗支亦称陈政、陈元光为其远祖。"①

尽管经陈氏数代的努力，龙岩地区仍然是地僻山远，至宋时刘克庄氏还称这一片地域"二畲皆刀耕火种，崖栖谷汲，如猱升鼠伏……"，但陈氏开辟了比九龙江水路要近得多的漳州至龙岩的陆路，使龙岩与漳州的关系更紧密，直接开启了龙岩地域的汉化民族融合及进程。尤其是在唐大历十二年（777），原属汀州的龙岩县改隶漳州。直至清雍正十二年（1734）升龙岩县为直隶州，辖漳平、宁洋，龙岩与漳州的关系更是密不可分，连成一片。于是，这一块背靠数条山脉、面临大海的特殊地域为汉族福佬民系的形成提供了特殊的地域条件。

二是王潮、王审邽、王审知"三王入闽"。

王氏三兄弟是唐代光州固始县人，王潮任县佐史，与弟弟审邽、审知以才气闻名，邑人称之"三龙"。时值唐末，唐王朝腐败无能，致使黄巢起义，天下大乱，军阀蜂起，各据一方，互相残杀。在江淮一带有秦宗权据蔡州（河南汝南）称帝，《旧唐书·秦宗权传》记军阀混战之惨烈：

> 所至屠残人物，燔烧郡邑，西至关内，东至青（山东青州）齐（山东济南），南出江淮，北至卫（河南卫辉）滑（河南滑县），鱼烂鸟散，人烟断绝，荆榛蔽野。贼既乏食，啖人为储，军士四出，则盐尸而从，关东郡邑，多被攻陷。②

当时有固始县屠户王绪也乘机揭竿而起，自称将军，王氏三兄弟遂投奔王绪为其部将。王绪军占有寿、光二州，有众万余，依俯于秦宗权，宗权封其为光州刺史，并令其会攻黄巢。王绪与黄巢虽无组织联系，但起事后一直与黄巢军互为犄角，攻击唐军，成为友军，所以对宗权指令迟滞不行。宗权于是发兵攻绪。光启元年（885），不堪秦宗权逼迫的王绪"悉举光、寿兵五千人，驱吏民渡江……转掠江、洪、虔州，是月陷汀、漳二州……"③ 王氏三兄弟及其母董氏亦随军南行。

由于王绪的队伍是反对唐王朝的，途径洪、虔州时得到"自称高安镇抚使"④ 的江西军阀钟传的暗中支持，一路放行，因而得以顺利地经汀入闽，趋漳，兵众发展至数万。但王绪缺乏远略，攻占之地并不久留，往往洗劫一空而去。又生性多疑，统军无方，部下多有怨愤。到漳州后，更"以道险粮少，令军中无得以老弱自随，犯者斩！"⑤ 王潮兄弟奉母随军，性孝顺，不肯弃母。王绪大怒，命斩其母。虽经众将士求情得免，但眼见不少有才能的将士遭杀，连王绪的妹夫、前锋将刘行全都被杀，人人自危。王潮于是便乘机率部抓了王绪，王潮被推为主将，审知为副。

王潮统率数万兵马后，严饬军纪，"约其属，所过秋毫无犯"，⑥ 本欲回光州。但途经沙县时，受到当地军民的欢迎，"州人张延鲁等率众奉牛酒以迎潮，请留为军将"。⑦ 时泉州刺史廖彦若为政贪暴，泉人为其所苦，王潮遂移师围泉州。光启二年（886）八月杀廖，占泉州，被时任福建观察使陈岩封为泉州刺史。

王潮在泉州"悉心治郡，招怀离散，均赋缮兵，兴贤养士，保境安民"⑧，吏民悦服。大顺二年（891），王潮治泉已五年，政声远播。陈岩因病想召见王潮，但其妻弟范晖想擅权，拒绝王潮前来。王潮留下审邽，与审知率兵攻福州。不久陈岩病卒，范晖得权却不得人心。王潮遂于景福二年（893）五月攻入福州，时任汀州刺史钟全慕也归附王潮，王潮于是占有福州、建州、漳州、泉州、汀州五州。十月，唐王朝委任王潮为福建观察使。

乾宁三年（896）王潮升任福建威武军，后被皇朝授以威武军节度使，王审知为威武军节度副使。乾宁四年（897）十二月王潮病卒，翌年王审知受命为节度使。开平三年（909），王审知受梁太祖封为闽王，直至后唐同光三年（925）十二月病卒。审知长

---

① 郭启嘉：《闽西族群发展史》，第97页。
② 《旧唐书·秦宗权传》。
③ 司马光：《资治通鉴》卷256。
④ 《新唐书·钟传传》。
⑤ 司马光：《资治通鉴》卷256。
⑥ 同上。
⑦ 《新五代史·闽世家》。
⑧ 同上。

子王延翰以节度副使权知军府事。同光四年（926）十月，王延翰自称"大闽国王"，由于为人骄奢残忍，王庭内讧，兄弟残杀，当年就被其弟王延钧（审知次子）取代。直至后晋开运二年（945），建、汀二州为南唐所属，漳、泉二州为留从效、陈洪进所据，闽国遂亡，王氏治闽达五十多年。

王氏治闽除进一步加强了闽地与中原王朝的紧密关系之外，也进一步密切了闽地"蛮獠"同中原南迁汉人的关系。尤其在王审知主政期间，勤政爱民，睦邻保境，止戈息兵，"选任良吏，省刑惜费，轻徭薄赋，与民休息，三十年间，一境晏然。"① 闽国较长时间的相对稳定，更是促进更大规模的中原汉人南迁入闽。中原汉人与闽地不同地域的"蛮獠"文化融合，不仅加速了各地不同程度的汉化，也在不同程度上使闽地的闽民系、福佬民系和客家民系相继形成。闽南地区的漳、泉以及闽西龙岩州地域，由于"开漳圣王"陈元光父子的长期经营，福佬民系的形成更是水到渠成。

二、客家民系的形成

与福佬民系的形成相同，客家民系形成也是由中原汉人的南迁、特殊的地域和特殊的人文环境这三个基本要素所决定的。

首先是中原汉人的南迁。如前所述，中国历史上北方汉族移民第一次大规模南迁始于西晋末年的"永嘉之乱"和"五胡乱华"，但这次远离中原的所谓"司豫流人"和部分"秦雍流人""青徐流人"基本上均循汝河、汉水和淮河流域南移。"司豫流人"和"青徐流人"大多先在光州（今河南光山、潢川一带）滞留，再越过淮河，到达长江中下游地区，尤其是汇聚于以著名的筷子巷为中心的鄱阳湖周边地区，最远者也只是在东晋或南北朝时期溯赣江、抚河、信江到达赣南和闽北，长驱直入涉足闽西或闽南者实属寥寥，"如闽者八族"是为代表。因此，这次中原汉人南迁，无论对闽民系、福佬民系的形成，还是对客家民系的形成都影响甚微。

而且与形成福佬民系起决定作用的陈氏和王氏两个武装集团的南迁军事移民有所不同，对形成客家民系起决定性作用的是中国历史上多次大规模汉人南迁，尤其是唐"安史之乱""黄巢起义"之后的多次汉人南迁。前者是有组织的政府行为和军事行为，后者则是为避战乱而奔逃的民众自发行为；前者有明确的目的地和生活目标，后者则漫无目的，甚至能否找到安身立命之所都不可预知。

唐代中后期开始的北方汉人大规模南迁的持续时间较长，从"安史之乱"至"黄巢起义"，经历被王夫之称为"占国焉允矣"②的五代，一直延续至北宋初年，将近二百年。

唐天宝十四年（755）冬，动摇盛唐政局根本、影响深远的"安史之乱"爆发了。安禄山、史思明率领的叛军横扫华北，直指长安，唐明皇君臣仓皇逃出长安，向南抵马嵬坡。"安史之乱"虽被平定，但八年激战，给全国人口最密集的中原地区带来极为惨重的战争破坏。"宫室焚烧，十不存一，百曹荒废，曾无尺椽。中间畿内，不满千户，井邑榛棘，豺狼所嗥"。③中原人民在战争的驱迫下，纷纷向南方相对和平安宁的地域奔逃。

黄巢大起义爆发于唐乾符元年（874）。此前，唐王朝政治已十分腐败，社会局势动荡不安，已先后分别于咸通元年（859）和咸通九年（868）爆发了仇甫领导的浙东农民起义和庞勋领导的徐泗士兵大哗变。王仙芝、黄巢领导的农民大起义正是唐末各种社会矛盾的总爆发，故其规模之大、响应者之众都远远超过以往任何一次起义。这次起义因没有建立根据地而被称为"流寇式"起义。前后历经10年，起义军足迹踏遍河南、湖南、广西、广东、江西、福建、安徽、山西、陕西、山东10省，两度转战江南，攻占福州、广州、桂州、潭州、漕州、江陵等地。其中活动时间最长，往返最为频繁的是黄淮流域，故河南、安徽一带遭受战祸蹂躏最为严重，人民纷纷出逃，流离失所。唐王朝为镇压这次起义，调集了大量军队沿途围追堵截，也是烧、杀、抢无所不用其极，官匪扰民，陷民于水火，如出一辙。诚如《新五代史》所载，"（中和三年）十一月，（张）浚及（李）克用战于阴地，浚军三战三败……克用兵大掠晋、绛，至于河中，赤地千里"。因此，"自怀、孟、晋、绛数百里间，州无刺史，县无长令，田无麦禾，邑无烟者将

---

① 《旧五代史》卷134《王审知传》。
② 王夫之：《读通鉴论·五代》。
③ 《旧唐书》卷120《郭子仪传》。

十年"。①

中和四年（884）黄巢起义被官兵剿灭后，天下却未见太平，人民未能安居乐业。这是因为，当初起义爆发时，各藩镇及地方豪强均借对抗义军为由，扩充实力，拥兵自重，有的藩镇甚至收编战败义军以自强，有的义军首领则背叛黄巢，拥兵成为豪强而称霸一方。于是，义军被剿灭后，各藩镇豪强间展开一场以抢夺地盘称王称霸为目的的混战，黄淮流域再度成为重灾区"江淮之间……自（毕）师锋、秦彦之后，孙儒、（杨）行密继踵相攻，四五年间，连兵不息，庐舍焚荡，民户丧七"，②"先是扬州富甲天下，时人称扬一益二，及经秦、毕、孙、杨兵火之余，江淮之间，东西千里，扫地尽矣"。③

中原板荡，狼烟四起，百姓流离。黄淮流域难民的唯一选择是重复"永嘉之乱"后中原难民的南逃之路，藩镇豪强争战中的败军之将士也选择南逃。

与"永嘉之乱"后北方汉人与晋室一起"衣冠南渡"，表现出"家山北望"、一步一回头的"羁鸟恋旧林，池鱼思故渊"④的心态不同，这次大规模南迁的汉人是个体亡命天涯，逃得越远越好。他们已清楚地意识到没有退路，无可奈何地放弃了北归的期盼，希望在新居地创建新家园。因此，南来的汉人直接进入闽西寻找既能求生存又能图发展的风水宝地者越来越多，地处闽赣交通要道的较大的山间盆地宁化石壁（旧称玉屏村）于是成了南迁难民的接待站和临时安置地。

这种情况，客家各姓氏族谱有明确的记载。如：

赖际熙编香港《崇正同人系谱·氏族》载温氏：

温族源于山西河南，五胡乱华之际，随元帝渡江，后峤公出镇洪都（今南昌），部分后裔迁居石城，唐僖宗时避黄巢之乱，温铜宝自石城移民宁化石壁；温九郎从洪都转徙汀上杭。

《嘉应刘氏族谱·世系行实传》载：

一百二十一世祖讳祥（一作翔），妣张氏。唐末僖宗乾符年间（874-879），黄巢作乱，携子及孙，避居福建汀州府宁化县石壁洞……

《崇正同人系谱·氏族》载李氏：

南来之祖，则溯始于唐之末年，有宗室李孟，因避黄巢之乱，由长安迁于汴梁，继迁福建宁化石壁乡。

《大埔范姓族谱》载：

一世（即范姓总系六十一世）坤，字评，官任龙图阁大学士，唐僖宗元年（874）因乱，家口十八人居浙江杭州钱塘，后移居南剑州沙县孟澜峡，再徙福建汀州宁化黄竹迳开基，生子四：春、夏、秋、冬。

《宁化石壁客家祖地》载谢氏：

谢氏：得姓始祖申伯，神龙炎帝六十三世裔孙，受封于河南邓州南阳陈留郡谢邑，以地为姓，尊申伯为谢氏大始祖。后传至三十六世衡，十六国之初，自夏阳（河南大康）迁居浙江绍兴始宁东山。唐末，谢族避黄巢，徙居宁化石壁。

综上所述，唐末五代是北方汉族移民第一次较大规模地进入闽西的时期。此时的闽西，相对于北方中原的战火连绵、赤地千里、民不聊生和赣南各地的人满为患而言，实在是山不高却又离皇帝很远的世外桃源。因为在当时，气候温和、四季如春、战祸未及的闽西仍然是地广人稀、山清水秀、物产丰饶的好地方。汉族移民进入闽西，尽管山高水险，林密苔深，"山重水复疑无路"，却也常见山花烂漫，燕舞莺歌，"柳暗花明又一村"。⑤历经战祸磨难，千里跋涉的汉族移民终于在这里找到可以大展宏图、安居乐业的一片天地。他们一些人于是很快便忍痛割断对于战火纷飞的北方故土的缠绵思念，安下心来，脚踏实地，筚路蓝缕，创建新家园。于是，当移民中转站宁化石壁等地的人口越来越多，生存空间越来越窄时，他们中的一些人虽然在战乱结束后返回赣南，甚至返回北方，但也有更多的人向长汀、上杭等更广阔的天地迁徙；于是，汀江流域的山都木客们万古不变的平静生活终于被打破，惊讶地发现汉族移民逢山开路、遇水搭桥、建房定居、筑坝造田的热情；于是，山都木客、苗、瑶、峒、蛮们也向汉族移民学习，放弃延续千百年的刀耕火种的生产方式，转而像汉族移民那样

---

① 《通鉴》卷257。
② 《旧唐书·秦彦传》。
③ 《通鉴》卷259。
④ 陶渊明：《归田园居》，收入朱东润主编《中国历代文学作品选》上编第二册，上海古籍出版社，1979年，第327页。
⑤ 陆游：《游山西村》，收入朱东润主编《中国历代文学作品选》中编第二册，第185页。

定点垦殖，汉族移民与当地土著共同努力，实现了生产力发展水平的飞跃，从而为客家民系的形成、发展和繁荣奠定了坚实的基础。

中原汉人第三次大规模南徙发生在两宋之交。经过"陈桥兵变"而黄袍加身的宋太祖赵匡胤吸取五代十国时期大小军阀都敢于宣称"今世天子，兵强马壮则为之耳！宁有种耶"①、拥兵自重，甚至自立为王的教训，从一开始就削弱甚至剥夺各地方势力的军权，集军政大权于皇帝一身，很快便结束了军阀混战、藩镇割据的局面，让大宋国民过上了上百年和平安宁的生活，以辉煌宋词和毕昇活字印刷术为标志的中华文明也达到了世界的顶峰。但在另一方面，也由于这种将帅分离和兵权集中的军事体制，极大地削弱了军队的战斗力。因此，当北方少数民族所建立的夏、辽、金等政权日益强大，相继觊觎大宋江山时，长期养尊处优的宋室和军力萎靡的宋军别说主动出击北征，甚至连防御边患都难以做到，只得将三千里江山寄托在"怒发冲冠"、精忠报国，却又随时受到皇命掣肘，身不由己，只能徒呼"壮志饥餐胡虏肉，笑谈渴饮匈奴血"的区区杨家将、岳家军们身上，当然也就无力"待从头收拾旧山河"②，只能在不断地割地赔款的耻辱中苟延残喘。

然而，贪得无厌的异族的统治者并未因战争获赔的大量土地金钱和劫掠取得的财宝而填满欲壑。他们并不满足于宋辽"澶州之盟"和宋金"海上盟约"之类的和约而获取的既得利益，而是得寸进尺，羽翼渐丰便长驱直入，进军中原。

北宋腐败王朝长期实行的割地求和、丧权辱国和横征暴敛、残酷压榨的政策，不仅给中原人民带来深重的灾难，也给盛产"花石纲"之类的物产丰富的南方人民尤其是江浙人民带来沉重的负担。恨铁不成钢的人民群众在同仇敌忾奋起反抗侵略者的同时，也一再发起反抗腐败宋室和朝臣的起义。而随着方腊、宋江起义相继被镇压，金人攻陷了东京（开封）掳走宋徽宗、钦宗二帝及王室大部分成员，康王赵构逃到南京应天府（河南商丘），于靖康二年（1127）五月一日正式即位，重建宋王朝，史称南宋。

经过北宋末年的异族侵入和靖康之难，农民起义被镇压，中原人民长期蒙受战祸煎熬，赤地千里，无复鸡犬，人民四处奔逃。宋王朝的南逃及金军的大举南犯，更是迫使大批不愿当亡国奴的中原人民随宋室南徙。而南宋王朝未能收复中原，长期偏安江南的格局，又使北方移民北归希望遥遥无期，只得像大诗人陆游那样"僵卧孤村"，那样至死仍"但悲不见九州同"，死不瞑目地嘱咐儿孙："王师北定中原日，家祭无忘告乃翁"③。

两宋之交发生的这次中原地区汉人南迁的移民潮与唐末五代发生的移民潮有很大的不同。首先，唐末五代移民潮因中原战乱而发生，中原汉人除往江南迁徙外，也向西南、东北乃至朝鲜半岛等地迁徙，而这次移民潮除因中原战乱外，还因北方异族入主中原，大举南侵，宋室南移而发生，迁徙目的地更为集中在江南大地；其次，唐末五代时长江中下游地区仍有较大的生存空间，南迁移民最南也只需到达赣南这片尚有很大开发潜力的土地，而这次移民潮发生时，长江中下游地区的开发程度已经很高，浙赣等地也已人满为患，难以找到立足之地，只能向更偏远的闽西、粤东等地迁徙；再次，唐末五代的南迁汉人虽然也承受国破家亡的痛苦，但时间不长，赵宋王朝统一全国后，大力改革政治、经济、军事和文化教育制度，出现了较长时间的国家统一、安定繁荣的局面，不少外迁移民陆续返回中原，而这次南来的移民无论在北宋末因避战乱而南迁还是因宋室南渡而随迁勤王，或是不愿当亡国奴像辛弃疾那样千里南来投奔故主，都成了国破家亡、流离失所的难民，南宋小朝廷的偏安一隅，又使南来汉人北归的希望遥遥无期，只能放弃北归梦想，在江南大地安下心来，开创新家园。

因此，抗金名臣李纲于宣和元年至二年（1119—1200）被贬武平时写下"田园水竹，鸡犬之声相闻。礼俗淳古、虽斑白未尝识官府者，此与桃源何异？"④的闽西，终于被南迁汉人撩开神秘的面纱。饱尝战乱的北方移民，最渴望有个稳定祥和的生活环境。他们一旦进入远离战火，气候宜人，资源丰富的闽西，无疑有进入天堂般的感觉，也就更能安下心来，定居创业。

由于南来移民来自生产力发展水平较高的黄淮、

---

① 《旧五代史·安重荣传》。
② 岳飞：《满江红·写怀》，苏钟生主编《百首爱国主义诗词》，福建人民出版社，1996年，第143页。
③ 陆游：《示儿》，苏钟生主编《百首爱国主义诗词》，第76页。
④ 李纲：《梁溪谷集·桃源行诗序》。

长江流域，掌握比较先进的农耕技术和建筑技术，能很快适应环境，筑坝造田、修渠灌溉都能得心应手。因此，在闽西这片四季如春，农作物生长快、产量高却又依然人烟稀少的地方，温饱问题自然比较容易解决。在北归无望的情况下，进入闽西的南迁汉人也就安下心来"乐不思蜀"了。也正是由于汉族移民的大量涌入，给这片荒僻而神奇的土地注入了热血与活力。他们以先进的生产力带动仍处于刀耕火种、蛮荒状态的当地土著一起进步。他们带来了五谷、蔬菜的种子，带来了先进的农耕和建筑技术。他们伐木垦荒，围滩造田，极大地提高了生产力水平。他们逢山开路、遇水搭桥，用蜿蜒的盘山小路将一个个定居点连接起来，使寂静的群山有了阡陌交通，鸡犬相闻，改变了原先土著居民老死不相往来的局面，进而在人口较多的中心村寨开辟了集市贸易，将商品经济引入千沟万壑之中，村落、集镇、码头于是相继出现，穷乡僻壤迎来了空前的繁荣。

两宋之交大量南迁汉人在进入仍然是山都木客或南海国遗民的世袭家园，仍然像一张白纸的闽西地区之后，先进的汉族移民可以在这张白纸上写下最新最美的文字，画出最新最美的画图。

首先是不同来源、操不同方言的汉族移民大规模入迁同样操不同语言的多个少数民族的世袭领地闽西地区，势必产生语言交际的极大障碍，为了尽快实现交流和交融，也为了向仍处于相当原始落后状态的"蛮獠"族类推行文明教化，南迁汉人除了以有书面语言——文字作为语言记录的中原古汉语为基本的底层语进行语言的统一外，在稍有条件时就办起塾学、书院，不仅教育自己的子弟，也让当地土著的子弟接受教育。在推行语言统一和文明教化的过程中，当地土著向入迁移民学习古汉语、江淮官话或其他语言都是可能的，而入迁汉人在与当地土著的长期接触中吸收土著语言成分也是必然的。于是，在闽西地区这片相当封闭相当独立的地域，标志着一个新的民系——客家民系形成的一种新的汉语方言——客家方言终于形成。

此外，在民间信仰、民情习俗诸方面，入迁汉人和当地土著的互相影响、互相交融也是必然的，其结果则像形成新的方言一样导致新的有别母文化的子文化——客家文化的形成。于是，在汉族移民的亲自导演之下，"闻其声而不见其形，亦鬼之流也"的山都木客、苗、瑶、峒、蛮们终于或走下"大树窟宅"，或与"移民杂处"，开始向汉人学习筑屋造田技术，永远结束了刀耕火种、徙居轮耕的"猱升鼠伏"般的生活，搭上了急速前行的中华文明时代列车。于是，闽西地区这片沉寂千百年的古老而神奇的土地终于结束了"不知有汉，无论魏、晋"的全封闭状态，与华夏大地一起实现"书同文""制同度""车同轨""行同轮""地同城"的天下大同局面，一起放歌"关关雎鸠，在河之洲，窈窕淑女，君子好逑"[①]。于是，一个既存中原古意，又沐南国春晖的独特的汉族客家民系终于在神州赤县的东南一隅闽西地区形成，它骄傲地向世人宣告：这里有一脉辛勤地播种、耕耘华夏文明的炎黄子孙，它的名字叫做客家人。

第四节　龙岩地区的农耕文明

尽管闽西龙岩地域早在先秦时期就已经有过南海国，西晋太康年间（280-289）已设置新罗县进行管辖，但直至唐开元二十四年（736）汀州置州以及唐大历十二年（777）龙岩县改隶漳州前后，整个地域仍处于"山高皇帝远"的相对和平安宁状态，自然环境则处于尚未开发的原始蛮荒状况，人迹罕至，群兽出没，瘴疠遍地，荆棘林莽覆盖全境。清杨澜《临汀汇考》云："天远地荒，又多妖怪、榛狂如是，几疑非人所居。"《元统一志》则曰："舟车不通，商旅不至，丝绵罕得，惟从桑麻为业。西邻赣，南接海眉，山深林密……"甚至到了唐宋时期，整个地域虎害严重，伤人伤牛，百姓谈虎色变。唐五代时期驻锡武平岩前均庆寺的郑自严和尚和驻锡长汀平原山普护寺的叶惠宽和尚都因能降蛟伏虎而受到崇拜，被奉为定光古佛和伏虎禅师，成为得到朝廷封谥的神灵，足以说明除虎害对于当地百姓来说，无异于丰功伟绩。

[①]《诗经·关雎》，朱东润主编《中国历代文学作品选》上篇，第一册，上海古籍出版社，1979年，第2页。

还有群象为害，北宋政和年间（1110—1118）进士叶廷珪《海录碎事》记："象洞在潮海间，今属武平县，昔未开拓时，群象止其中。"《龙岩州志》记漳平象湖曰："在漳平感化里，薮泽半亩许，泉泽泥深，无底，视若田然。相传昔有象奔过此，遂沉不起，故名。"① 直至南宋朱熹知漳州时，其专门为漳州所辖农户发布的《劝农文》还奖励杀象：

> 本州管内荒田颇多，盖缘官司有谕人户，陷杀象兽，约束官司，不得追取牙齿蹄角。今更别之赏钱三十贯，如有人户杀得象者，前来请赏，即时交给，庶几去除灾害，民乐耕耘。②

唐宋以后，由于中原汉人较大规模的进入以及州、县政权机构的陆续设立，龙岩地区在南迁汉人的主导下开始了农耕文明的历史进程。

一、置州屯田，启动农耕文明

毋庸置疑，汀州置州时，整个地域还是很荒僻，人烟稀少的。唐代李吉甫《元和郡县图志·卷二十九·江南道五》载：

> 开元二十一年（733）福建长史唐循忠，于潮州北、虔州东、福州西光龙洞，检责得诸州避役百姓，共三千余户，奏置州，因长汀溪以为名。

刘昫《旧唐书·卷四十·地理志三》亦载：

> 汀州下，开元二十四年（736）开福、抚二州山洞，置汀州。天宝元年（742）改为临汀郡。乾元元年（758）复为汀州。天宝领县三，户四千六百八十，口一万三千七百二，在京师西（应为东）南六千一百七十三里，至东都五千三百七十里。长汀，州治所，龙岩、宁化，以上三县并开元二十四年开山洞置。

尽管如此，汀州地域在唐代开始就已有一定程度的农耕文明。如中原汉人南迁最先进入的黄连峒（今宁化县），唐初就有巫、罗等姓开发：

> 先是，隋大业之季，群雄并起。……罗俊因开山伐木泛筏于吴，居奇获赢，因此观占时变，益鸠众辟土。武德四年（621），子通败死。时天下初定，黄连去长安天末，版籍疏脱。贞观三年（629），罗俊自诣行在上状言黄连土旷齿繁，宜可授田定税。朝廷嘉之，因授巫罗俊一职，令归剪荒以自效。……复因居民罗令纪之请，因升黄连镇为县。③

宁化虽在闽西北部武夷山南麓之东，但有水流注入贡江而赣江，北流入鄱阳湖、长江，故巫罗俊伐木，可以泛筏于吴，获得巨额利润。巫罗俊率民开发黄连峒，朝廷得以"授田定税"，受到朝廷嘉奖，说明宁化地域当时已告别苗、瑶、峒、蛮们的刀耕火种，开始步入中原汉人主导的定居垦殖的农耕文明。巫罗俊也因此成了客家人崇拜的筚路蓝缕的客家先民。

自唐代中期陈政、陈元光戍闽开始，至清代中后期，朝廷派戍闽西南的军队，一直实行"寓兵于农"的屯田政策，"平居则狩搜，有役则战守"，辟地置屯，且耕且战，营农积粟，"夷群虏之薮为太平之区"，"日将山獠化缟民"。④

军队屯田，也是在汉人的主导下，垦荒种粮，对闽西南地区的农耕文明也起积极作用。不仅促进了当地的开发垦殖程度，也安置改造了一些起义造反的山民。如《临汀志》所记：

> 见于汀州路上杭县立屯，一本屯原拨军人一千五百名并田地、牛具、种子。田每军三名耕田四十五亩，该田二百二十五顷，每亩纳米六斗，该粮一万三千五百石。……⑤

元朝也实行军队屯田制度，《元史》有载：

> 十一月戊戌，调汀、漳畲军代亳州等翼汉军于本处屯田。⑥

> 汀、漳屯田：成宗元贞三年（1297），命于南诏、黎、畲各立屯田，调拨见戍军人，每屯置一千五百名，及将所招陈吊眼等余党入屯，与军人相参耕种为户。汀州屯一千二百二十五名，漳州屯一千五百一十三名。为田汀州屯二百二十五顷，漳州屯二百五十顷。⑦

---

① 乾隆《龙岩州志》卷8，《古迹志·水泉》。
② 1920年《龙岩县志》卷17，《艺文志》。
③ 李世熊：《宁化县志》卷1，《建邑志》。
④ 陈元光：《龙湖集·候夜行师七唱其二》。
⑤ 胡太初修，赵与沐纂：《临汀志》·《营寨·汀州屯田》。
⑥《元史》卷24，《仁宗本纪一》，纪元皇庆元年（1312年）。
⑦《元史》卷100，《兵志三》。

这种屯田制由于军事化管理，被俘虏的起义军士兵也被编入劳动改造，如元初陈吊眼畲民起义军，兵败后就被招降入屯，效果很好。而且，有明确的生产定额，配备有耕牛、农具、种子。将荒僻之地开辟成不仅仅是军队驻地，而且是安居乐业的米粮川，对当地开发垦殖改变荒芜面貌和农耕文明，显然可以起示范和推动作用，对改造原始落后的畲民，改造反叛者，促进民族融合也起积极作用。

二、农田基建，促进农耕文明

由于大量的中原南迁汉人的进入以及客家民系、福佬民系的形成，至迟至宋代，闽西龙岩地区就已达到很高程度的农耕文明。《临汀志》载：

> 田多依山，无甚旱涝。汀在闽而南，山樵谷汲，稻食布衣，故民之丰约不太相远；粜不出境，故谷价常贱；比屋而绩，故其布多品。①

可见，当时的汀州已经丰衣足食，且贫富不很悬殊，社会比较安定。这种景象，与唐宋时期这一地区兴起的农业基础设施建设高潮是分不开的。据史载，从唐宋时期开始，汀州乃至龙岩地域，除了汀江、九龙江航道的疏通，还兴起了长盛不衰的以农田基本建设为中心的农业基础设施建设高潮。

新版《漳平县志》载：

> 漳平的内河航道以九龙江（北溪）为主……航道开拓于唐垂拱三年。其时漳州刺史陈元光开发漳州，遣部将刘珠华、刘珠成、刘珠福兄弟三人，率部沿九龙江上溯疏浚河道，直至雁石，以通舟楫。九龙江的开通，对促进山区和沿海经济发展起着重大作用，后人为了纪念刘氏三兄弟，在沿河建成有多处"三公庙"，以记其功。②

如果说，疏浚汀江、九龙江航道，开发航运，主要是为了促进商贸交流，发展经济贸易，那么，全区域遍地开花的水利设施建设，则更侧重于农业的发展，是为了"稻食布衣"，也充分显示了农耕文明的水平。据明万历《漳州府志》载：

> 龙岩县郑陂，在县东三里，洪武间知县郑俊筑，因名。下溉铁石洋等水田。
>
> 吴陂，官陂，溉小洋田。
>
> 乌石陂……
>
> 谢洋陂，在县西四里，邑人王源筑，易以石堤长十余丈，高一丈。
>
> 官陂，在县西三里，正统十二年邑人林遂、王镛重修，易以石堤长一百余丈，高一丈。沟阔三丈四尺，凿为石碇，民永赖焉。
>
> 陈陂，在县西南四里西岸，长一千九百五十丈，深二丈，阔四十丈。
>
> 东山新陂，在县南六里，长一千一百丈，深一丈八尺，阔四十丈，以上等陂俱在坊。
>
> 平坑口陂，在县南六十五里，下龙门，长三百丈，深六尺，阔三丈。
>
> 牛栏隔陂，在县西二十里，龙门里，长八十丈，深三尺，阔七尺。
>
> 李公陂，在龙门碇上半里许，溉石埠岭等田。
>
> 龙门上下陂，在龙门碇口，昔合为一，宣德间邑人王源增筑。寻坏，今分为二，上陂溉后比洋下庄田，下陂隔百步，溉谢洋田。
>
> 陈坑黄土陂，在县西南十余里，长一百二十丈，深五尺，阔二十丈，系表政里。
>
> 下塘苦陂，在县西南十余里，长一百二十丈，深五尺，阔一丈，系在表政里。
>
> 下渡陂，在县东二十里，长五十丈，深五尺，阔二十丈，节惠里。
>
> 温潭陂，在县东七十里，长三十丈，深三尺，阔一丈，属万安里。
>
> 驴骆村头陂，在县东北集贤里，今折属宁洋县。
>
> 缘岭圳，在龙门里长塔抵北山，计长三千余丈，溉田百余亩。
>
> 龙潭坑圳，在节惠永福二里之界，自崎祭林直抵桐坑苍，循山凿石，延袤十余里，溉田六十余亩。嘉靖三十三年，知县汤相所新筑者。
>
> 新圳，在崎头铺之旁，嘉靖三十三年知县汤相新筑，可溉田三十顷，佥事林应奎有记此圳，本以顶补浮米，后圳废而米虚悬，各户甚苦之至。万历七年丈田，浮米始辖。③

龙岩地域崇山峻岭，森林密布，山间密林含水量高，加以雨量充沛，水资源丰富，有了那么多陂、圳

---

① 胡太初修，赵与沐纂：《临汀志·户口》，福建人民出版社，1990年，第21页。
② 漳平县方志编纂委员会编：《漳平县志》卷10，北京，生活·读书·新知三联书店，1995年，第328页。
③ 闵梦得修：万历《漳州府志》第9册卷28《坊里志上·水利》，厦门大学出版社，2012年，第1952-1953页。

等水利设施，人们就可以将河间平地、山间沟壑，乃至较平缓的山坡地都开垦成良田，有的地方甚至将层层梯田开垦至坡顶。因为可以引水灌溉，这一片地域的耕地大多为水田，可以种植一年两熟的水稻，这样的水田稻作农业显然比北方中原的旱地麦作农业单位面积产量提高很多。因而唐宋以来这一片地域虽然涌进越来越多的南迁汉人，人口增长很快，但是在很长的历史时期内都没有发生饥荒的记录。

因此，兴修水利，进行大规模的农田基本建设，是历代龙岩地区官府和民间都始终不渝地坚持的事业。闽西客家地区普遍信仰的地方保护神定光古佛帮助汀州客家先民修陂灌田的故事，就很形象地反映了客家先辈建设农耕文明的艰辛。

定光古佛俗名郑自严，泉州府同安人，生于五代应顺元年即闽国龙启二年（934），卒于宋祥符八年（1015）。自严少有佛心，"年十一，恳求出家，依本郡建兴寺契缘法师席下。年十七，得业游豫章，过庐陵，契悟于西峰圆净大师，……盘旋五载。"①后告别圆净法师，到闽粤赣各地云游参访、行善布施，历18年苦旅，终成一介高僧，遂开始择地结庵，自任主持，侍佛传经。"乾德二年（964）驻锡武平南安岩。淳化二年（991），别立草庵居之。景德初，迁南康郡盘古山。祥符四年（1011），汀守赵遂良即汀宅创后庵延师。至八年（1015）终于旧岩。"②享年82岁，僧腊七十一载。

定光古佛生前有功于闽西客家人，逝后被尊奉为客家保护神的人格神之一。其伏虎降妖、为民除害、呼风唤雨、筑陂修圳的功迹至今仍在闽西客家流传。

如大宋祥符四年（1011），汀州两次久雨不晴，洪水泛滥，冲田毁屋，汀守赵遂良请自严师搭台祈晴，果然天不再雨。后来，汀州又发生旱灾，"（郡守）咸秩闵雨，差吏入岩祈祷，师以偈付来吏，甫至郡而雨作，岁乃大熟。"③

为了在崇山峻岭中垦辟耕地，种植单位面积产量较高且一年二熟的水稻，客家先民必须修渠筑陂，引水灌溉。于是在唐宋年间，就掀起了修路、修渠、筑陂的高潮。但在当时的条件下，修陂筑坝无疑是技术性较强的费时费力的大工程，人们遇到的困难之大也是不难想像的，有些困难甚至是时人难以解决的。于是，定光古佛大显神通："相传某地筑陂，因水流湍急，久而不能合拢。一天，一位老太婆给筑陂的儿女送饭，正好遇到化成乞丐的定光古佛向她乞食。老太婆将筑陂事及家中困苦状一五一十地告诉他，对他的乞食面有难色。定光古佛拖着沉重的步伐走开了，老太婆见他饿成这个样子，忽动恻隐之心，将所有的饭菜施舍给他。定光古佛吃完后，来到水陂，叫众人走开，即脱下草鞋，甩往垄口，弹指间水陂合拢，且十分牢固，经久不毁。"④在长汀，至今仍流传定光古佛拦河筑坝、凿石引水灌溉农田的故事，长汀城东郊十里铺、南郊陈坊村等地"定光陂""和尚圳""和尚田"等遗址，也许就是定光古佛帮助汀州地区人民治山治水，保证当时农业生产旱涝保收的历史见证。

像定光古佛那样的外来汉人和苗、瑶、峒、蛮、畲等当地土著一起共同努力，彻底改变了这一片土地的蛮荒状态。他们一起治山治水，辟地垦荒、修屋造田，发展农业生产。封建政权则在这一片土地逐步设置了州、县、乡、里各级政府，开始派官吏"劝农桑，立租税"，对这一片土地实行有效的治理，或者像巫罗俊那样"授田定税"，"令归剪荒以自效"，或者像陈元光那样亲自"率众辟地置屯，招徕流亡，营农积粟，通商惠工"⑤，千百年来"有国者以不治治之，畲民不悦（役），畲田不税"⑥的状况终于一去不复返。于是，到北宋宣和元年至二年（1119—1120），北宋名臣李纲被贬武平令，从闽中赴闽西时，闽西地区的面貌已经发生了根本的变化，沿途美景和风土人情令其感叹："今闽中深山穷谷，人迹所不到，往往有民居。田园修竹，鸡犬之音相闻。礼俗淳古，虽斑白未尝识官府者，此与桃源何异？"⑦闽西地区山清水秀的桃源胜景以及人与自然的和谐，显然驱走了谪臣李纲的郁闷心情，虽被贬至闽西边陲小县，未能继续抒发其北伐中原、收复失地的豪情壮志，却未

---

① 胡太初修，赵与沐纂：《临汀志》，福建人民出版社，1990年，第164页。
② 胡太初修，赵与沐纂：《临汀志》，福建人民出版社，1990年，第166-167页。
③ 胡太初修，赵与沐纂：《临汀志》，福建人民出版社，1990年，第165页。
④ 王增能：《谈定光古佛——兼谈何仙姑》，《武平文史资料》总第八辑，政协武平县文史资料工作组编。
⑤ 陈元光：《龙湖集》。
⑥ 刘克庄：《后村先生大全集》卷93.
⑦ 李纲：《梁溪谷集·桃源行诗序》。

见其意志消沉、沉沦心死，反而透露出些许平静欢快、怡然自得，神州赤县东南一隅的闽西山地的浓浓春意、灿烂阳光，是否重新沸腾起李纲抗敌御侮的热血？

千百年来，闽西客家人、福佬人以及畲族等少数民族的人民热爱这方美丽的山水，祖祖辈辈为建设宜人的家园洒下了辛勤的汗水。虽然这一片地域山高水险，车马不通，翻山越岭，道路难行，但这里的人们却在崇山峻岭中开出一条条曲折迂回的石砌小路，在千沟万壑中架起一座座或长或短的木桥、屋桥或石拱桥，从而实现了"条条道路通罗马"①；虽然这一片地域山陡谷深，地少山多，随着人口增长偶尔也出现饥荒状况，为了生存，人们要上山下河，接受大自然慷慨赐予的山蕨、竹笋、薯头、葛根和鱼、虾、蛇、鼠、山猪、獐兔之类野生动植物作为食物资源的补充，但这里的人们却凭借先民们从中原以及长江中下游地区带来的先进的农耕技术修陂筑圳，不停地垦荒造田，经过一代又一代人的努力，终于翻过一座又一座的高山，将层层梯田修到村村寨寨的半山陂，甚至修到山顶，在养育了一代又一代子民的同时，也完成了独具特色的梯田农耕文明建设，使这一片地域的村村寨寨山环水绕，稻菽飘香；虽然这一片地域天无百日晴，地无三尺平，无雨溪水浅，有雨山洪发，生存空间狭窄，生存环境恶劣，但这里的人们却凭着自己的聪明才智，创造性地利用先民们带来的中原建筑技术，因地制宜，就地取材，在大大小小的自然村里建起颇具特色的小合院、大围屋、方圆大土楼……不一而足。尤其是如今已被列入世界文化遗产名录的永定客家土楼，作为客家人聚族而居的有力见证，它们或大或小、或圆或方、或高或低、或建在高坡、或屹立水边，不仅为一个个小山村增添了亮丽的风景，也向世人展示客家文化的无穷魅力。

三、豪宅土楼，见证农耕文明的辉煌

虽然在进入现代化之前，闽西龙岩地区的人们仍不见富足，有的地方甚至仍见贫穷，但无论哪一个山村，总是山清水秀，风景优美，总是小桥流水，田园修竹与土楼、围屋掩映，尤其是每个自然村的水口和后山，总是林木葱郁，花果飘香，令人留连忘返，人与自然的和谐令人称道。

且不说这一片地域明清时期已城镇化水平较高，许多乡镇和古村落都已经出现街巷纵横、酒旗猎猎的繁荣景象，仅从这一片地域诸多堂皇壮丽的民居诸如长汀三洲古民居、连城培田古民居、武平中山古镇、上杭院前古民居、漳平双洋古民居、新罗区竹贯古村落、营边古民居、适中土楼和永定土楼等等，就足以表明，至迟至清代中叶，龙岩地区已进入封建社会农耕文明的顶峰。

龙岩地区民居的建筑模式大体上表现为自北而南由低矮向高大发展，即其西北部地区大多为平房合院式建筑，最高也只有二层，其东南部则大多为高层建筑，最高的永定土楼甚至高达五层。

在西北部武夷山东南麓汀江源头的长汀和玳瑁山麓九龙江、闽江源头的连城等地是中原汉人南迁较早进入的地区，也是中原王朝在闽西较早设置县、州建置加以管辖的地区。这些地区的民居建筑大多表现为对北方中原或长江中下游地区的民居模式有所眷恋的四合院改进型——四扇三植屋和府第、宫殿式宅院改进型——九厅十八井（或称九井十八厅）。前者为二厅一井四厢房或一厅一井两厢房，少量厅为一层，上堂两厢房二层，但高度与厅相同，故厢房的二楼实际为低矮的阁楼。后者为两堂两横、三堂两横、三堂四横，甚至三堂六横。其布局是在中轴线上有前后两厅和一个天井或前、中、后三厅隔着两个天井，前后两厅侧均配有两个厢房，构成主屋即正堂，主屋两侧又各建一列或两列乃至三列房间门朝主屋的横屋，形成两横或四横乃至六横。横屋以若干侧厅配上房间的单元组成，厅前和房前均有天井。正堂厅和侧厅皆为一层，厢房和横屋后堂房间则或有两层，但高度也与厅等同。这类民居之所以被称为"九厅十八井"或"九井十八厅"，实际上是指其厅、井较多，不一定恰为"九"或"十八"，厅、井的多少决定整座房屋规模的大小，实际上也有不足或超过"九"或"十八"的。这类民居大多堂前有前院、晒坪或圆周朝外的半圆形池塘，房后还有半圆形花胎和风水林，整个平面构成一个圆形。

这两类民居遍布长汀、连城、上杭等大部分地区。大多为土木结构，夯土筑墙，木质架构，木板隔墙，蓝瓦青砖。至明清时期，出现较多富丽堂皇的砖木结构的九厅十八井，如著名的雕版印刷基地连城四堡、闽粤通衢的长汀三洲、连城培田等地，都有许多此类建筑。有些建筑规模相当宏大，如长汀馆前的沈家大屋、涂坊的凤如屋、连城培田的大夫第等，都占

---

① 永定下洋客家谚语。

地数千平方米。而且，这些建筑除了以砖砌墙，以木为架外，门、窗、隔、檐的精雕细刻，雕梁画栋和厅井砖花，走翘飞檐，无不透露出房屋建造者雄厚的经济实力以及对于舒适自然、美轮美奂住居的追求。

如果说上述两类民居对北方传统民居的改进大多出于客家先民民居建筑的经验传承以及因地制宜的初衷，尤其是其鹤立鸡群般富丽堂皇的大宅院似乎更多地凸显了当地一些人发财致富买田做屋的豪气，那么，龙岩地区东南部的高大土楼，尤其是被誉为"世界建筑史上奇葩"的已被纳入世界文化遗产名录的永定客家土楼的大量出现，则显然标示着这一地域的人们普遍的富裕，是这一地域相当成熟的农耕文明的历史见证。因为这一地域的高大土楼大多是连片的，而且显然以农耕为主的山区如永定初溪、洪坑、高北等地，也出现以村子为单位的土楼群，说明农耕文明的高度发达所带来的经济实力的雄厚。新罗区适中镇和永定东南部包括高头、古竹、湖坑、大溪、陈东、岐岭、下洋、湖山等乡镇的金丰里地处博平岭山脉西麓，是闽西南地区较迟开发的地区，是经元明清三个朝代才相继得到开发的。这一片地区山陡谷窄，溪河纵横，自然村大多不过数平方公里，呈山沟状的长条形，山环水绕。尽管层层梯田已开至半山乃至山顶，可耕地却仍然很少。建造占地面积很大的九厅十八井民居显然不是这一片地域的最佳选择。于是，房子越建越高，高大土楼终于出现。

明成化十四年（1478）永定从上杭县析出建县，给永定的政治、经济、文化的发展创造了良好的条件。尤其是明末清初经济价值极高的烟草在这一地域被大面积种植，带动了烟刀制造业和烟草焙烤、炮制、包装、销售等一系列产业的发展，同时还激发了人们走南闯北，行销贩运，参与市场经济活动的热情，因而也成就了许多大大小小的富翁。由于这一片地域无论是客家人还是福佬人，都以血缘家族乃至宗族聚居，大土楼和土楼群都是同姓氏族人所有。于是，也许因为人口增殖家族发展壮大而必须解决由此带来的居住问题；也许因为善于经营赚得盆满钵满而要给子孙留下一份可以世代相传的基业，这一地域的客家人和福佬人甚至带动博平岭山脉东麓的客家人和福佬人，掀起了一波又一波的建设高大土楼的热潮；于是，博平岭东西两麓，无论是岭前崇背，还是岗头坝尾，一座座气势恢弘、雄伟壮观的方土楼、圆土楼、五凤楼拔地而起，以至于美国间谍卫星在二十世纪五六十年代拍下照片后曾以为我国在东南部山间秘密建起核武基地。

龙岩地区大量富丽堂皇的九厅十八井和雄伟壮观的方圆大土楼的存在显然与高度发达的封建农耕文明社会密切相关，被世人誉为"中国最美古村落"的培田古民居和"中国南方山中的传奇""世界上独一无二的神话般的山区建筑模式"的永定客家土楼虽然有如曹雪芹在《红楼梦》中所描绘的贵族宅邸荣、宁二府那样辉煌壮丽，但其主人却大多并非像荣、宁二府贾家那样的封建贵族，而是普普通通的从事农业生产的客家人或福佬人。因而他们的宅邸并没有像荣、宁二府那样随着封建社会末世而衰落、颓败，恰恰相反，在曹雪芹及其精心构建的贵族巨宅悄然逝去二百多年，历史车轮已经滚滚驶入21世纪的今天，许多土楼巨宅仍然安静地屹立在闽西沸腾的群山中，永定土楼则终于在强盛起来的中华民族成功举办奥运会之前的2008年7月被联合国教科文组织列入世界文化遗产名录。

在世人眼中看似贫穷落后、交通闭塞、山高皇帝远的龙岩地区，为什么会有那么多诸如九厅十八井、方圆大土楼那样的"神话般"的民居建筑呢？这些建筑物的存在看似与当地的经济发展水平有很大的反差，其实不然。这是因为，至迟在清代中叶，龙岩地区已进入封建社会农耕文明的顶峰，以农业生产为主的自给自足自然经济创造出了"中国南方山中的传奇"。

在进入现代社会之前，龙岩地区社会是典型的封建农业社会。其社会成员的构成虽然也有如毛泽东在《中国社会各阶级分析》中所列举的那样，有地主、自耕农、手工业者、小知识分子、半自耕农、贫农、小手工业者、店员、小贩、游民无产者等等，以及所谓地主阶级、小资产阶级、半无产阶级、无产阶级等三六九等，却似乎没有买办阶级和中产阶级等阶层，甚至大地主阶级也为数极少。这是因为，龙岩地区是所谓"八山一水一分田"的相当闭塞的山区，在相当长的历史时期内除了有诸如造纸、刨制烟丝等少量手工业和贩卖草纸、烟丝、日用品流通等小本经营且与农林业密切相关的商业之外，几乎没有现代意义的工商业。而在农业生产领域，像平原地区那样土地高度集中，大地主占有成千上万亩土地的现象在这一片地域似乎也从未出现过。直到20世纪50年代初实行土地改革时，本地区被评为地主阶级的家庭所占有的土地大多也不过数十亩，其所雇佣的长工也不过一二人。因此，这一片地域的富家大户是为数不多的，堂皇壮丽的九厅十八井和方圆大土楼的主人大多都是寻常百姓，有些甚至是所谓的"贫下中农"。

虽然也有一些豪华富丽的大型民居建筑是外出为官作宦或经商发财者斥巨资兴建的，如长汀馆前的沈家大屋、连城培田的大夫第、新罗区营边村承庆堂、适中镇典常楼（瑞乡楼）、永定高陂上洋遗经楼、永定抚市永隆昌楼群、永定下洋荣禄第、永定洪坑振成楼等，但是，这一片地域，现存数万座九厅十八井和方圆大土楼等大型民居的大多数都出自于像永定高头承启楼建造者江集成和永定初溪集庆楼建造者徐继山裔孙那样辛勤耕耘的农民。这些建楼者大多靠积攒耕种土地的粮食和烟叶等农作物收益以及造纸、砍伐林木等收入，加上就地取材，自己出力和亲友帮工就建起了大楼。二十世纪七八十年代，永定一些村庄同姓族人甚至靠所谓自力更生，大家投工投料就建起了大型土楼，如永定陈东岩太村福盛楼，就是数十户林姓族人于1966年至1982年合力兴建而成的，该楼高四层，直径82米，是永定最大的圆土楼，曾居住过60多户，300多人。可见，在农业社会里，只要社会稳定，人们能够安居乐业，依靠勤劳的双手也可能创造出贵为世界文化遗产——永定土楼那样的人间奇迹来。

四、桥梁码头，为农耕文明添彩

龙岩地区农耕文明的成果，除了层层的梯田和辉煌的民居，包括桥梁、津渡、码头、道路等交通设施建设的完善之于农耕文明的成就辉煌也可见一斑。如桥梁建设，据明万历《漳州府志》所载，仅龙岩县城附近就有龙津桥、迎龙桥、见龙桥、留晖桥、龙门硿桥、功德桥、乐成桥、南安桥、驻师桥、硿溪桥、东埔桥、下村桥、弥勒溪桥、涧坑桥、吴地桥、罗桥、碧潭桥等17座知名木桥和石拱桥。其中，始建于宋乾道年间（1165—1173）的龙津桥，明永乐年间（1403—1424）重修后建有桥亭28间，嘉靖十九年（1540）重修后将桥亭作为县城南门，其后加建樵楼等，可见其曾经非常壮观。①

据清康熙版《连城县志》载，连城县城附近也有文川桥、定安桥、龙凤桥、彭坊桥、画锦桥、姚坊桥、赤岭桥、新庵桥、渡头桥、林坑桥、华坑桥、慈悲桥、东演桥、江滨桥等14座。其中，文川桥始建于宋绍兴年间（1131—1162），明成化年间（1465—1487）重建时，"垒石为墩，架屋十一间以覆之，市民胥聚贸易焉。"② 成为著名的屋桥。

连城屋桥还有始建于明洪武十年（1377）的莒溪镇壁洲村永隆桥和建于清乾隆三十七年（1772）的罗坊乡云龙桥，至今依然壮丽辉煌。永隆桥长约60米，桥墩由花岗石砌成，桥身以优质杉木堆叠而成，桥面铺以鹅卵石，桥两边有木栅栏，桥顶有上下两层木篷雨盖，桥端立有门楼，古朴雅致，桥身倒影溪中，与山光水色相映成趣。云龙桥则以四个枕木桥墩腾空托起，宛如卧龙蛰伏在青岩河上，造型优美，魁梧雄伟，远看更为雄伟壮观。

汀江流域各县包括长汀、上杭、武平、永定各县更是溪河纵横，山峻水急。旧志有云："汀州为郡，崇冈复岭，居山谷斗绝之地，水之所归，南走潮海，西下豫章，东北注于剑浦，西北奔于彭蠡，其源皆出于此，实东南上游之地。是以山重复而险阻，水迅急而浅涩，山川大势固已奇绝。"③ 汀江河宽流急，古代汀州人筑陂引水都幸得定光佛神力相助，修桥自然不容易，但自宋代以降，汀江作为闽西交通大动脉，有"上河三千，下河八百"之航运盛况。嘉靖《汀州府志》载，自长汀"济川桥下顺流至三洲驿前一百里，自三洲顺流至蓝屋驿又一百里，自蓝屋顺流至上杭县城外，又一百里。滩势湍急，止通三板小船，所载不过八九担。若自长汀顺流而下，两日可至上杭。溯流而上，五日乃至长汀。"上杭以下，则需要"易舟以行"。自上杭"县前至大孤头，可七八十里。乘三板小船，一日可至。此以下，滩势愈峻，上流舟师不敢下，至是必易舟以行，又数十里，至店上属上杭界登岸。过岭至神前，仍舟行至潮州。"④ 虽然艰难航行，但千百年来，汀州地区北粮南运，南盐北运，草纸、木材、布匹、茶叶、日用百货的贩运都靠这条黄金水道。

于是，汀江沿岸修建了许多码头。除了长汀、三洲、回龙、上杭、峰市等著名大码头外，汀江沿岸数十个小村庄也有简易码头，为沿江各地货物的装卸提供便利，也为沿江的农民提供了打工挣钱的机会。至

---

① 闵梦得：万历癸丑《漳州府志》，第1928-1936页。
② 连城县地方志委员会编，康熙版点校本《连城县志》，方志出版社，1997年，第59-60页。
③ 嘉靖《汀州府志》卷上，《天一阁藏明代方志选刊续编》（39）上海书店，1990年，第70-71页。
④ 嘉靖《汀州府志》卷上，《天一阁藏明代方志选刊续编》（39）上海书店，1990年，第101-103页。

民国时期，长汀县沿江有木船2 000余只，有船工5 000多人，上杭县有木船5 000余只，有船工上万人。此外，在各地码头装卸、搬运货物的码头工人也有数千人，沿岸还有多地造船，造船工人也有很多。汀江两岸的许多集镇如三洲、回龙、峰市等地则因汀江航运而繁荣。

九龙江也于唐垂拱三年（687）漳州刺史陈元光遣部将刘珠华兄弟率部疏浚河道后，来往船只可自雁石以下直通漳州。汀江、九龙江航运的开通，对龙岩地区的经济发展，农耕文明的辉煌无疑作出了杰出的贡献。

五、副业生产，为农耕文明增辉

宋代以降，闽西社会相对安定，就连宋末元初蒙古铁骑纵横驰骋进入汀州，也因时任汀州知府黄去疾识时务及时降元归元而使汀州未遭蹂躏。明末清初虽然客家人和福佬人都曾举起义旗，甚至许多人跟随郑成功东渡台湾，坚持反清复明，还有李世熊、刘坊等志士明亡不仕，但终因皇明气数已尽，皇清也适时抚民恤民，承继汉统，传承中华传统文化，龙岩地区的客家人和福佬人也终成大清皇民。于是，龙岩地区从宋代至清中期都相对安定繁荣。唐天宝年间（742—756）汀州有户4 680，口13 720，至贞元年间（785—805）有户5 330，口15 995。而至北宋，据《元丰九域志》载，汀州有户81 454，是200多年前的15.3倍，各项事业都得到很大发展。故大诗人黄庭坚在元丰年间（1078—1085）曾写诗给时任汀州知府陈轩曰："平生所闻陈知州，蝗不入境年屡丰。"而陈轩也沾沾自喜写诗曰："居人不记瓯闽事，遗迹空传福抚山。地有铜盐家自给，岁无兵盗戍长闲。"① 在胡太初修、赵与沐纂《临汀志》中，开庆元年（1259）的统计数为户218 570，口453 231，比元丰年间又增加1.68倍。虽然其后人口常锐减，如明隆庆六年（1572），龙岩地区人口总计户47 155，口267 680，甚至只有300年前的一半多，但是，农业生产却得到较长足的发展，尤其是经济作物，如烟叶种植和烟丝加工，长期以来都是龙岩地区民众经济收入的主要支柱之一。民国时期《永定县志》卷19《实业》载："永民多种烟，制造条丝以获厚利者众。"1993年《龙岩地区志》卷六《工业》也载："明末至清代，有烟丝加工（刨烟）。民国初，有烟丝作坊数十家，水烟丝、旱烟丝远销外地。"种烟、烟丝加工及相关手工业如烟刀加工，给龙岩地区尤其是永定人带来丰厚的收入。而且，所有这些农副业生产及其所衍生的手工业和商业经营活动都主要表现为"驻地夫妻店，出外父子兵"的家族式生产。永定"条丝烟"的加工和销售都是家族式的：烟草种植、管理和收获是全家总动员，烟草焙烤由各家各户完成，而制作"条丝烟"则相对集中在有刨制设备和一定刨制技术的家族，之后的包装工序和贩运、销售等环节也都由家族成员完成。在烟草业发展到一定规模之后，有些家族甚至在有销路的外省设立专号，建立销售网络，并兼营其他生意，形成庞大的家族经营网。如清代中期永定抚市以黄万斗、黄万才、黄万鹏兄弟为代表的黄氏家族就是靠家族式生产"条丝烟"发迹而兴旺发达的家族。在其生意最红火的时候，其"永隆昌"烟号遍布湘赣桂滇数省的各中心城市，除向各地发运家乡生产的"条丝烟"外，还兼营棉麻生意，将外地的麻布、麻皮贩回福建销售，获取巨额利润，终于使其家族成为富甲一方、雄踞乡里的名门望族。他们发财后历时28年建起的占地30多亩包括"福盛楼""福善楼""文馆""敦隅别墅"等楼宇轩馆组成的庞大的永隆昌土楼群，不仅创造了当地农耕文明的辉煌，而且为黄氏家族准备了数百年安居乐业的基地，至今依然居住着80多户近400人，依然风光无限。

---

① 《永乐大典》卷7895。

第二章　元、明至清初龙岩人口外迁

自西晋"永嘉之乱"始，中原汉人避乱南迁。唐宋以降，避乱南迁的中原汉人较大规模地进入闽西龙岩地区。尤其是宋代，文人治国，疏于养兵，国势屡弱，区区一支"杨家将"或"岳家军"，无法抵御北方少数民族辽、夏、金的步步进逼，赵宋王朝无奈越过江南迁都杭州。中原汉人为躲避战乱杀戮，纷纷南迁。江、浙、皖、赣人满为患后，南迁汉人开始越过武夷山，进入福建，尤其是进入崇山峻岭的闽西龙岩地区。躲进"山高皇帝远"，战祸未及的世外桃源闽西，成为南迁汉人的最佳选择。于是，像张氏"鄞江始祖"张化孙和"李氏闽粤大始祖"李火德那样的"中原贵胄""衣冠士族"都在这一片尚未开发的处女地找到英雄用武之地，像张化孙那样迅速发展人口，生下18个儿子、108个孙子的客家先祖们很快便将这一片地域开辟建设成新的美丽家园。

然而，这一片土地毕竟山高水险。虽然辛勤的客家先民和福佬先民与当地少数民族一起，逢山开路，遇水搭桥，修陂筑圳，垦荒造田，甚至将层层梯田开垦至山顶，但最终也只有"八山一水一分田"。而且，土地资源很快处于枯竭状态，难以养活在相对平和安定的环境里急剧增长的人口。正如南宋时任漳州知府的朱熹提及当时漳州府所管辖的四县时，说"独有龙岩一县，地僻山深，无海乡鱼盐之利，其民生理贫薄，作业辛苦。"① 汀州府也变得地狭民稠，常常处于缺粮境地，"男力耕不足于食，女力织不足于衣"，② "杭邑田少山多，民人稠密，所出谷米不足供岁需"，③ 必须仰赖于赣米、潮米的供应。若年成不好，或赣米、潮米供应不足时，就会引发社会动荡不安，人民逃荒外迁，甚至发生农民起义，"会秋收颇歉，谷价上腾，加以赣米弗来，潮米莫上，贫民米菽不饱，并日而炊。于是，二洞之亡命为雄者，至敢阴行招纳之私，大肆攻掠之惨，一呼百应，四方驿骚，沿乡之民，枕戈待旦。"④ 人民群众生活在水深火热之中。

于是，自宋末元初开始，闽西龙岩地区人民就继承客家、福佬先辈的传统，一次又一次、一批又一批地背起行囊，告别经祖辈世代苦心经营，已见山川秀丽、楼宇辉煌、书声琅琅、稻菽飘香的家园。他们牢记先辈教诲："骏马匆匆出异乡，任从异地立纲常。年深外境犹吾境，日久他乡即故乡。"他们不辞辛苦，千里跋涉，甚至远涉重洋，去寻找新的英雄用武之地。

第一节　移民海内外航路的开通

中国虽然不是传统意义上的海洋国家，但比起西方海洋强国来说，无论从航海历史的悠久，还是从远洋航行所到达的海域看，中国都毫不逊色。中国人航海并向海外移民的历史，至少可以追溯到秦始皇时徐

---

① 朱熹：《劝谕龙岩民榜》，收入乾隆《龙岩州志》卷13《艺文志一》。
② 曾日瑛：《汀州府志》卷9《户役》。
③ 《古今图书集成·职方典》卷1079，汀州部。
④ 邱嘉穗《与翁明府、蒋参戎论洞寇书》，乾隆《汀州府志》卷43《艺文五》。

福率数千童男童女东渡瀛洲，寻找海外仙山及长生不老药的那次。据说徐福们没有回来，流寓瀛洲。一般认为瀛洲即日本。

隋唐以后，中国与海外的交往随着海上丝绸之路的开通更加密切。唐代中国海员开辟的海上丝绸之路甚至可以通往波斯湾和东非。不仅许多外国商人通过海上丝绸之路往来并定居于中国，而且也有中国人定居海外。据一些学者研究，唐代已有中国人定居阿拉伯，唐末有闽粤沿海人民流寓至苏门答腊从事农耕。① 至宋元时期，则有更多的人避乱迁往南洋地区。据元代人汪大渊《岛夷志略》载，南洋的爪哇、北婆罗洲、苏门答腊、暹罗、柬埔寨等地都有华人居住。至元二十九年（1292），忽必烈从福建、江西、湖广召集士卒三万，从泉州启航，远征爪哇，留下"元病卒万余人……与蕃人混杂处之"②，是一次较有规模的由政府组织的移民海外行动。

15世纪也许是最伟大的世纪之一，因为在这个世纪的最初35年和最后10年，相距遥远的亚欧大陆两端的东方和西方，分别进行了远洋大航海活动。东方以中国郑和与龙岩漳平人王景弘等人率领的两万多人的庞大船队于1405年至1433年七次下西洋以及王景弘率船队于1434年第八次下西洋为代表，西方则以葡萄牙亨利王子沿非洲西岸航行和哥伦布于1492年开始的向美洲新大陆进发为代表。东西方在同一世纪向远洋进军，在很大程度上标志着人类的活动舞台开始由大陆转向海洋。而距离海洋较远的闽西龙岩地区的人们，似乎受到闽西老乡王景弘成功出海的影响和带动，也积极参与了开发南洋的行动，并向南洋诸岛移民。

一、龙岩地区出海通道的开通

虽然古籍有云："闽在海中"，但龙岩地区却是在崇山峻岭的闽之西部，"八山一水一分田"，离海洋较远。然而，这一片地域又是多条出海江河的发源地，汀江、九龙江和闽江都有主流或支流滋润着这一片土地，而且这些江河不怕重重山峦的阻挡，奔向东南沿海，因而这一片土地也连结着海洋。

地处山重水复、车马不通的崇山峻岭之中的闽西龙岩地区，古代的对外通道主要靠水路。

闽西地区最早出海水路通道是发源于武夷山南段建宁县台田村，流经宁化、清流、永安等地汇入沙溪的九龙溪和发源于连城，流经永安与九龙溪汇合的文川溪。这是因为，宋代以前，汀州、赣南等地的食盐主要是福盐。其运输路线是福州沿海地区生产的海盐通过较早开通的闽江沙溪航运可以到达永安小陶，在小陶码头上岸后，再由挑夫肩挑至汀州；或者由挑夫肩挑至清流后，再用小木船水运至宁化，转运赣南。宁化、清流、连城等地的竹木则靠九龙溪和文川溪放流，散状的竹木，至小陶后再摆集，串连成竹木排，放运至福州等地沿海。而草纸等农副产品，则要肩挑至小陶，再船运至福州等地。随着盐路的开通，汀州北部宁化、清流、长汀、连城等地出海通道便被开通。

闽西地区第二条出海通道是九龙江，这条通道自南靖、华安以北自古以来也是山峦阻隔、急流险滩，无法通航。唐总章年间（668—670）唐高宗敕令陈政戍守绥安（今漳浦）时，九龙江下游的"漳之北溪，原发临汀，循两山而东，众流赴之，汇于虎渡，南入于海，渡当溪海之交，飘风时至，篙师难之"③，仍是可凭险而守的天险。唐嗣圣元年（684）陈元光奏请置建州，在漳州边境建立四个行台，其中一个行台"上游直抵苦草镇"④，苦草镇即今龙岩市区。陈元光除派人戍守龙岩外，还经常亲自进入龙岩地区开边巡守。陈元光《龙湖集》中《平僚宴喜》之"风生云抚帐，雪压碧油幢"和《观雪篇》之"不敢希酿泉，忻然睹香雪。圭璧充庭辉，山村变瑶阙"等诗句，也许就是其巡守龙岩时所看到的情景，因为漳州是终年不可能降雪的。为了进一步加强对龙岩地区的治理，陈元光先是率人开通了漳州至龙岩的石砌山路，后又派遣部将刘珠华、刘珠成、刘珠福三兄弟"率部沿九龙江上溯疏浚河道，直至雁石，以通舟楫"。⑤ 龙岩地区第二条出海通道于是也被开通。这条通道既可以先沿着当年陈元光开辟的林田岭石路翻越大山，直到南靖金山的水潮，挑去龙岩的土纸、茶叶、烟丝、香菇、笋干等山货，挑回船载而来的海盐、海产、糖、布匹等，也可以从雁石登船沿九龙江直达漳州、石码

---

① 李长傅：《中国殖民史》，商务印书馆，1939年。
② 汪大渊：《岛夷志略》。
③ 嘉靖《龙溪县志》卷2《公署》。
④ 光绪《漳州府志》卷4《兵纪》。
⑤ 漳平县方志编纂委员会编：《漳平县志》卷10《交通志》，北京，生活·读书·新知三联书店，1995年，第328页。

出海。这条水路不仅繁荣了山海贸易，也培育了大批活跃的商贸人士。如新罗区白砂镇尹姓开基祖"圣任公（讳清，字重阿，1635—1719）于清顺治庚寅、辛卯年间（1650—1651）由福建漳州龙海北溪丰山厚永社黄枣来龙岩白沙经商……而后与石码人严家椿合伙做盐业生意五十余年，并在本地各乡村制造福纸，从此就在白沙定居下来，是龙岩白沙尹氏之开基祖。"①后来，这一条出海通道不仅是龙岩州人出海往洋的通道，也是汀州府连城、上杭等地许多地方通往东南沿海的通道，如连城培田古村落，就是靠这条出海通道而曾经繁荣兴旺的。

闽西地区第三条出海通道是汀江航道。这是本地区最重要的出海通道。因为比起仅仅处于支流或上游地域且向东海流去的闽江、九龙江通道来，向南海流去的汀江几乎整个流域都在本地区，从长汀水口至广东大埔县三河坝与梅江和梅潭河合流为韩江的汀江，全长约270公里，大埔境内仅约40公里。

汀江航道的开通与食盐运销有极大关系。宋代以前，汀州乃至赣南百姓食用福州出产的福盐或漳州出产漳盐，宋朝廷实行榷盐抑配政策，甚至强迫百姓食用福盐。因为福盐和漳盐通过闽江和九龙江船运仅约一半路程，还有一大半路程要靠陆运，陆路崎岖，车马不通，只能肩挑。途中转运时，经奸商操纵、掺假，还有许多关卡盘剥，有时还遭遇抢劫，故福盐和漳盐都价格昂贵，民众怨声载道。时汀江、韩江出海口的潮州也盛产食盐，有些商贩运来潮盐，相对质优价廉。虽然汀江航运还不通畅，但分段也能通航。虽然沿途多处如大埔石市、永定峰市、上杭回龙等地都要"易舟而行"，码头装卸接驳，但比起遥远艰难的肩挑陆运，毕竟是船运，省力省费。因此，大概从宋初开始，汀州百姓就私下里改食潮盐，甚至赣南百姓也借道汀州运销潮盐。官府为了保证榷盐的巨大利益，曾在较长时间内，严禁汀赣商贩到潮州运盐，将走私潮盐者视为"汀赣贼"而派兵围追堵截。

然而，运销潮盐毕竟有利可图，也受到百姓的欢迎，因而"汀赣贼"铤而走险者不绝，且得到汀赣百姓的支持。经过汀赣百姓前赴后继的反抗斗争，也由于当时汀州官员体恤民情，宋嘉定六年（1213）起，汀州郡守赵崇模、李华皆向朝廷奏请调整榷盐抑配政策，至宋绍定五年（1232），朝廷核准，"许本州及诸县干于福盐者改运潮盐"。②但最初改运潮盐的仅州城及长汀、上杭二县。时任长汀知县宋慈也在改运潮盐决策中起了重要作用，"辟知长汀县。旧运闽盐，踰年始至，吏减斤重，民苦抑配。公请改运于潮，往返仅三月，又下其估出售，公私便之。"③

宋嘉定六年（1213），汀州郡守赵崇模在奏请改运潮盐的同时，开始着手疏浚整治汀江中下游上杭县城至峰市之间的航道，并于宋端平三年（1236）贯通。其后，又多次对上游航道进行疏浚。明嘉靖三十年（1551），汀江上游自长汀水口至回龙段彻底疏通，水口至峰市219公里航道全线贯通，长汀县城水东桥码头至水口段也可通行小木船。

峰市码头是汀江航道龙岩地区境内最后一个码头，也是永定境内唯一的汀江大码头。由于峰市以下的棉花滩礁石棋布，水流湍急，自古以来就有"十里棉花滩，江水自天来"的说法，且无法疏浚，因而汀江上游顺流运来的货物到达峰市码头后要起岸，继续运往广东潮州等地的货物要靠陆路肩挑搬运6公里至大埔县境的石市，再易舟下行，而从潮州等地上行运来的货物，也要在石市起岸，然后陆运至峰市，再装船运行上游各地。

自宋代汀江航运开通后，不仅南下与潮州实现了通航，而且流域内各支流也可以通航，甚至与省内东南漳州府和闽中的互通也可以通过各支流水运以缩短陆运路程。如通过永定河航道，可以将汀江航道运往漳州的货物船运至棉花滩的摺滩码头起岸，再由挑夫陆运10公里至仙师，然后从永定河水运至抚市清溪，再由挑夫陆运至南靖水潮，再顺流而下船运至漳州。漳货入汀赣者，则反其道行之。龙岩州与粤东的客货往来也可以通过这条水陆通道。即从龙岩陆运至永定河上游的高陂，再由永定河水运至仙师，陆运至峰市汀江码头或摺滩码头。

闽江、九龙江、汀江三条出海通道的开通，为龙岩地区人民走出山门、走向沿海，甚至走向世界提供了较为便利的通道，不仅为本区与沿海乃至海外的贸易往来提供了方便，也为本区域的人们迁徙异地提供了方便。如连城县，"其土多亢燥硗瘠，不堪耕植；

---

①尹氏族史研究所：《尹氏研究通讯》第45期，打印本，第367页。
②胡太初修，赵与沐纂：《临汀志·税赋·盐课》。
③《四部丛刊初编集部·后村先生大全集》卷159。

其俗虽俭，而不阜于财。"① 明末清初的张来凤说，"闽海之民逃亡也，不自连城而止也，而连城为甚；连城之民之逃亡也，亦不自今日始也，而今日为极。"② 都说明连城地瘠民贫，常常不得不外出谋生，经商而徙居外地者颇多："行货商，居货贾，熙来攘往，天下胥然。连之民能株守一隅哉？比年生计，虽远逊从前，然纸贩、木商，浮梁买茶亦犹是，游武夷、入百粤，而赣旋尤多。至出矿镕银，技能独擅，足迹所经，殆亦半天下焉。连邑六里，典居其四，出入协一，最为便民。"③ 连城人往武夷山贩茶者不少。四堡雕版印刷业兴旺发达，发贩半天下之时，外出经销书籍者就有600多人。④

台湾学者徐胜一先生甚至根据一首《台湾番薯哥歌》和一首梅州山歌《十寻亲夫过台湾》认为，有一条连城古道与客家人渡台密切相关。《台湾番薯哥歌》曰：

客头都说台湾好，赚银如水一般般，
朋友亲戚都去来，船银花边四两三。
分明两两是实价，客头赚了二两三。
一别父母并兄弟，二别妻儿隔两邻，
三别宗族并朋友，四别坟墓并岗山。
父母再三多嘱咐，我儿正去二三年，
为人须当守本分，戒酒除花莫赌钱。
叮咛言语说不尽，即时分别泪涟涟，
强硬心肠就来去，行了几日到松源。
六日来到中都墟，半月来到席湖营，
湖营过去金鸡岭，挑箱担笼实难行。
一月来到小陶店，客头请船乱纷纷，
船钱多少无定价，十个客人荫一名。
水路行程多凶险，鹅叫一声十八滩，
五日水路永安县，水科撑船叫艰难。
换船搭渡到南台，一共船钱四百三，
南台过去乌龙江，乌龙过去甚艰难。
渡资加减随他算，撑过前头兰圃岭，

十日来到砂榕地，客头寻屋乱翻翻。
几多歇在宫庙里，几多住在斋公庵。⑤

梅县客家山歌《十寻亲夫过台湾》唱道：

一寻亲夫过台湾，打算出门爱借钱，
先日话郎容易转，谁知今日见郎难。
二寻亲夫就起程，包袱伞子紧随身，
辞别伯叔并兄弟，出外寻夫正苦情。
三寻亲夫到三河，三河司官盘问多，
妹子低头唔敢讲，衫祺遮问说亲哥。
四寻亲夫出三河，使去盘钱十分多，
街头人问谁家女，抛头露面唔奈何。
五寻亲夫到潮州，看见潮州百般有，
咁好东西无心看，急急忙忙赶路途。
六寻亲夫到连城，行到城里二三更，
睡到五更做个梦，梦见亲哥打单行。
七寻亲夫到厦门，厦门接客乱纷纷，
三更半夜落船上，几多辛苦为夫君。
八寻亲夫坐火船，几多辛苦不堪言，
海浪打船风又大，头晕胸闷无人怜。
九寻亲夫离船舱，唔知亲哥在哪方，
唔知亲哥哪只屋，见郎唔到心就慌。
十寻亲夫到台湾，一见亲夫开片天，
两人牵首来去转，恰似三岛遇神仙。⑥

徐胜一据台湾及梅州流行的《台湾番薯哥歌》认为，有一条从梅州某地到福州渡海赴台的古道途经连城。因为途经的中都墟、席湖营、金鸡岭、小陶、永安县等地，正是从梅州到闽江上游小陶码头途中要路过的地方，席湖营、金鸡岭等地就在连城。而《十寻亲夫过台湾》唱到的"六寻亲夫到连城"和"七寻亲夫到厦门"，则勾勒出从梅州经闽西到厦门的又一条古道。实际上，两首歌唱到的途经连城的两条古道，正是汀江、梅江流域与闽江流域和九龙江流域互通的陆上通道。

徐胜一先生对"台湾番薯哥"和客家妻子"为

---

① 陶丈渊：《连城县志序》，连城县方志委1997年自刊本，第11~12页。
② 张来凤：《连城县逃亡纪序》，杜士晋：康熙《连城县志》卷8，艺文志，第195页。
③ 童荣南：《风俗志》，王集吾、邓光瀛：民国《连城县志》卷17，风俗志，第629页。
④ 马卡丹：《四堡雕版印刷业初探》，《福建文史》1993年6期。
⑤ 徐胜一：《连城是客家迁徙的中转重镇——从闽西的河流水系说起》，《首届海丝客家·四堡雕版印刷国际学术研讨会论文集》（内刊）2015年，第266页。
⑥ 徐胜一：《连城是客家迁徙的中转重镇——从闽西的河流水系说起》，《首届海丝客家·四堡雕版印刷国际学术研讨会论文集》（内刊），2015年，第267~268页。

何选择了如此艰难、距离远的路程呢？百思不得其解。"① 其实，"番薯哥"渡台和客家妻子寻夫选择走途经连城的古道应该是在特定的历史时期，即明末清初郑成功踞台，清政府"禁海"时期及郑氏归清至施琅去世前的一段时期。因为在这个时期，清政府（尤其是施琅）禁止粤人（客家人）渡台，而对闽人（福佬人）则限止不严。因此，粤人和闽西的客家人受到"赚钱如水一般般"的诱惑，要渡台者只能选择与闽人一起从福州、厦门出海东渡。

徐先生"百思不得其解"的原因是汀江、梅江、韩江流域自宋代以来已经有畅通的航道和潮汕出海港口。永定有客家山歌唱道：

妹送亲哥到汕头，一看大海妹心愁。
大海茫茫有止境，妹想亲哥无尽头。②

因此，一般情况下，永定客家人乃至汀江流域各县的汀州客家人不仅出海往南洋走汀江航道到汕头出海，东渡台湾也是走汀江航道到汕头出海的。如祖籍永定下洋思贤村的中国国民党荣誉主席吴伯雄的曾祖父吴胜昌公（思贤吴氏十三世），就是于清咸丰六年（1856）五月携妻带子，翻越三层岭山路，到大埔老县城茶阳登上小船，到达汕头后与人一起乘帆船出海渡台。途中因遇风浪，胜昌妻子不幸落水身亡。胜昌父子到达台湾后，投靠在桃园中坜定居的叔叔允园和达园，也在中坜行医谋生，终成一大家族。

梅州地区客家人出海往洋或渡台则大多走梅江、韩江航道，也有的在汕头出海，无需历尽千难万险走台湾番薯哥走过的连城古道。从宋代开始，梅江、韩江航道就已开通。明清时期，东北连接闽西，东南直通潮汕的梅县松口港，甚至成为广东内河第二大港，而大埔茶阳港，则是汀江航道最大的港口。嘉应州与潮州之间也因这条黄金水道而商贸往来密切，"其时洋布未入中国，潮布行最广，嘉应居潮上游，凡巨商大贾，辇金货之省者，水陆络绎弗绝。"③ 梅州地区所缺的粮食、海产、百货等都靠这条航道输送，"自海禁大开，华洋互市，旁海州县遇水旱偏灾，小有饥馑，电报顷刻可通，轮舶应时而至。昔资上山及江西之米者，今则海米为多。海米者，内地则采办于芜湖，外洋则采办于暹罗、越南、仰光、台湾等处，但使除运费外，有利可图，不须官绅董劝，自然趋之如鹜，其大贾则从产米之地，由轮船转运至汕头，而州中采办者，则从汕头由本地船转运至州。故曰海米也。"④ 因此，徐胜一先生对"台湾番薯哥"及客家寻夫女要走连城古道"百思不得其解"是不足为奇的。

二、郑和、王景弘下西洋与海外航路的开通

大明永乐三年（1405），有着"缵承大统，君主华夷"⑤的伟大政治抱负的明成祖朱棣，在经过近两年的筹划准备之后，选择了"诚可任"⑥的太监郑和及"其侪王景弘等通使西洋，将士卒二万七千八百余人，多赍金币……以次偏历诸番国，⑦"开始了历时近30年的郑和七下西洋、王景弘八下西洋的伟大壮举。

公元1368年，元大都陷落，元朝灭亡。当和尚靠化缘为生，在元末大乱中揭竿而起成功夺取政权的朱元璋，初定天下便吸取元亡的历史教训，"安敢暇逸"而"励精图治"，⑧采用宽恤、招抚，"劝耕稼以敦其业"的"治民之道"⑨和"藏需于民，国富则亲，民贫则离，民之贫富，国家休戚系焉"的"保国之道"，⑩采取与民休息，奖励农桑的政策，国家很快便呈现"家给人足，积蓄富盛"⑪的繁荣景象，但他毕竟是眼睛仅盯住中国大地，崇拜赵宋王朝，以中原为中心的汉族皇帝，认为"中国正统，胡人窃

---

① 徐胜一：《连城是客家迁徙的中转重镇——从闽西的河流水系说起》，《首届海丝客家·四堡雕版印刷国际学术研讨会论文集》（内刊），2015年，第266页。
② 张佑周等编著：《客家文化概论》，中国文联出版社，2002年，第93~94页。
③ 光绪《嘉应州志》卷23。
④ 光绪《嘉应州志》卷32。
⑤ 朱棣《御制苏禄国东王碑》。
⑥ 袁忠彻：《古今识鉴》卷8。
⑦《明史》卷304，《卷和传》。
⑧《明太祖实录》卷173。
⑨《明代经济言》卷2。
⑩《明太祖实录》卷176。
⑪《明太祖实录》卷177。

据，百有余年，纲常既堕，冠履倒置，朕是以起兵讨之，垂二十年，海内悉定，朕奉天命，已主中国"，①以能统治汉民族为中心的中国版图，建立与复原大宋王朝那样"君临天下，以承正统"②的国家为最高理想。因此，明太祖朱元璋倾心关注的是国内稳定和边境安全，推行严厉的"海禁"政策以控制民间与海外的往来进而诱发的"寇乱"，并通过有限的"朝贡"往来保持与周边大小国家的睦邻友好，实行消极的对外政策。

明成祖登基后，其对外政策与太祖朝形成鲜明的对照，从消极走向积极。而且，经过太祖数十年的苦心经营，社会经济得到长足发展，"三十余年之间，仓廪充积，天下太平。"③雄厚的经济实力和稳定的社会环境，也为成祖施展"缵承大统，君主华夷"的伟大抱负提供了有利条件。

成祖一即位，伟大的对外交流拓展事业便轰轰烈烈地全面展开。洪武三十五年（1402）八月，"遣使以即位诏谕朝鲜"，九月"遣使以即位诏谕安南、暹罗、爪哇、琉球、日本、西洋、苏门答刺、占城诸国"。④紧接着又于永乐元年（1403）遣使10次，以行人吕让、丘智使安南，按察副使闻良辅、行人宁善使爪哇、西洋、苏门答刺，给事中王哲、行人成务使暹罗，行人蒋宾兴、王枢使占城、真腊，行人边信、刘亢使琉球，翰林侍诏王延龄、行人崔彬使朝鲜，中官马彬等使爪哇，内官李兴等赍敕劳暹罗王，内官尹庆赍诏谕满剌加、柯枝诸国，礼部郎中夏止善等赍诏安南等。据统计，至永乐三年（1405）派遣郑和、王景弘下西洋前，仅三年时间，明成祖向海外诸藩属国派遣使者达18次之多。

成祖朝为了使"海外番国朝贡之使附带货物前来贸易者，须有官专主之"，永乐三年（1405）在浙江、福建、广东复设于洪武七年（1374）罢置的市舶提举司。⑤同年，"以海外诸番国朝贡之使益多，命于福建、浙江、广东市舶提举司，各设驿以馆之，福建曰来远，浙江曰安远，广东曰怀远"，⑥以进一步健全与完善机构，加强对朝贡使节的接待和货物贸易的管理。

有雄才大略且不惜以"靖难之变"问鼎帝位的明成祖，在实践"帝王居中，抚驭万国"⑦的皇权思想过程中，不仅遣使抚番而使之年年进贡，岁岁来朝，而且深谋远虑，恩威并重，花大力气扫除潜在的威胁，不仅使海疆平安，而且还立威海外。

明朝立国之初，太祖为防止虽已远循漠北却随时有卷土重来之威胁的蒙元残部，采取在长城一线遍立卫所，分兵把守的政策，试图使边境安宁，但还是常有侵扰，永乐七年（1409）甚至发生鞑靼部杀害明廷特使的事件。明成祖于是打破"设险守国"⑧"固我封戍"⑨的防御策略，五次统率大军亲征，"北讨胡寇，以靖边陲"。⑩而对于建国以来"沿海之人，往往私下诸番，因诱蛮夷为盗"，⑪甚者"私载海舡，交通国外，因而为寇"⑫，进而时出剽掠，扰濒海之民，退而窜穴海国，劫朝贡使者，造成洪武末年"诸遣国使臣客旅不通"⑬的严重局面，出现危及航道安全，有损明廷威望的状况，成祖则宽以待之，再三遣使赍敕往谕海岛逃民⑭，颁诏曰："尔等本皆良民，为有司虐害，不得已逃移海岛，劫掠苟活，流离失业，积有岁年，天理良心，未尝泯灭，思还故乡，畏罪未敢。朕比闻之，良用恻然。兹特遣人赍敕谕尔，凡前所犯，悉经赦宥，譬之春水，焕然消释。宜即还

---

①《明太祖实录》卷41。
②《明太祖实录》卷47。
③《明仁宗实录》卷5下。
④《明成祖实录》卷12上。
⑤《明成祖实录》卷21。
⑥《明成祖实录》卷37。
⑦《明成祖实录》卷23。
⑧谷应泰：《明史纪事本末》卷10《故元遗兵》。
⑨王世贞：《弇州史料·东瓯王世家》。
⑩《明仁宗实录》卷5下。
⑪《明太祖实录》卷231。
⑫《明成祖实录》卷26。
⑬《明成祖实录》卷254。
⑭《明成祖实录》卷20、卷38等。

乡复业，毋怀疑虑，以取后悔。"① 这种宽大为怀、既往不咎的招抚措施，卓有成效，大批海外逃民因招谕而归。② 但是，少数流亡海外、独霸一方、劫掠过客的"中国军民无奈者"③ 依然存在，而且像"三佛齐诸国，背大恩而失君臣之礼，据有一蕞之土，欲与中国抗衡"④ 的事件也时有发生。于是，成祖决定派郑和、王景弘下西洋，也赋予其歼灭海中蛮寇，肃清梗阻海道障碍的任务。此外，还有南洋诸番国互相攻杀，也需郑和以明朝之威调和矛盾。如1406年爪哇内战时，西王灭东王，还杀害郑和船队登岸官兵170多人。成祖先礼而后兵，致书爪哇西王曰："尔居南海，能修职责，使者往来，以礼迎送，朕尝嘉之。尔比与东王构兵而累及朝廷所遣使，百七十人皆杀，此何辜也。且尔与东王均受朝廷封爵，乃逞贪忿擅灭之而据其地，违天逆命，有大于此乎？方将兴师致讨，而遣亚烈加恩等诣阙请罪。朕以尔能悔过，姑止兵不进。但念百七十人者死于无辜，岂可已也。即输黄金六万两偿死者之命，且赎尔罪，庶几可保尔土地人民，不然，问罪之师终不可已，安南之事可鉴矣。"⑤ 可见维护地区安定局势也是郑和下西洋的重要使命。

"西洋"一词最早出现在五代，不同时代有不同的含义。《西山杂记》载，五代时泉州蒲有良到占城，出任"西洋转运使"，此"西洋"指南洋群岛地区；宋代开封府犹太人因"进贡西洋布于宋"，获宋帝下旨"归我中华，遵守祖风，留遗汴梁"，此"西洋"指西域国家；元朝时"西洋"指印度南部沿海地域，元代航海家汪大渊《岛夷志略》，多处提到"西洋"；明朝时"西洋"指今文莱以西的东南亚和印度洋沿岸地区，郑和、王景弘所下的西洋就是指这些地区。

从明永乐三年（1405）至明宣德八年（1433），郑和、王景弘七次率庞大的船队远航，到达东南亚、印度洋、红海、东非等30多个国家和地区，开通了多条航线。前三次航行至古里（今印度西海岸的科泽科德）回航，虽仅限东南亚和南亚一带，但却使明朝与占城、暹罗、苏门答腊、旧港、满剌加、锡兰、渤泥、柯枝、古里、阿鲁、溜山等国家和地区建立了航线；后四次航行除经上述国家和地区并新增彭亨、吉兰丹、苏禄、真腊等以外，在第四次还从古里直航忽鲁漠斯（今伊朗波斯湾口阿巴斯港以南），从而首次开辟了中国至波斯湾的航线，还有部分船只由锡兰（今斯里兰卡）驶往溜山（今马尔代夫群岛），再由溜山西行，横渡印度洋直达非洲东岸的木骨都束（今索马里境摩加迪沙）、不剌哇（索马里境内）、麻林（今肯尼亚境马林迪），将航线首次延伸到非洲东岸。在第五次远航中，船队自古里横渡阿拉伯海直接驶往位于阿拉伯半岛的祖法儿、阿丹和剌撒（今也门萨那）。这样，郑和、王景弘下西洋不仅打通了由中国往东南亚和南洋群岛航道，还打通了由中国到印度，并横渡印度洋、阿拉伯海，到达波斯湾、红海、阿拉伯和东非的航道。

郑和在第七次航海途中不幸逝于古里，王景弘率船队返回祖国。其后，明宣德九年（1434），王景弘再下西洋出使苏门答腊国。《明史》载："九年，王弟哈利之汉来朝，卒于京。帝悯之，赠鸿胪少卿，赐诰。有司治丧葬，置守冢户。时景弘再使其国，王遣弟哈尼者罕随入朝。明年至。言王老不能治事。请传位于子、乃封其子阿卜赛亦的为国王，自是贡使渐稀。"⑥ 王景弘于是完成了八下西洋。

郑和、王景弘"不辱君命"⑦，八下西洋，历"大小凡三十余国，涉沧溟十万余里"，使"海外诸番，实为遐壤，皆捧琛执贽，重译来朝"。⑧ 对海上丝绸之路的开通起着决定性的作用，对于东南沿海人民包括王景弘的龙岩老乡出海闯洋具有十分重大的意义。

首先，肃清贡道，剿灭蛮寇之侵掠者，保证中外人士往来之安全。

洪武末年以来，"诸番吏多循居海岛，中国军民无赖者潜与相结为寇"，导致"使臣商旅阻绝，诸国

---

① 《明成祖实录》卷41。
② 《明成祖实录》卷48。
③ 《明成祖实录》卷26。
④ 《太祖洪武实录》卷254。
⑤ 《太宗永乐实录》卷52。
⑥ 《明史》卷325，《外国传·苏门答剌》。
⑦ 黄省曾：《西洋朝贡典录·自序》。
⑧ 郑和，长乐：《天妃之神灵应记》碑文。

王之意遂尔不通"①的局势，成祖刚登基就高度关注，"遣使赍敕谕之"曰："好善恶不恶，人之同情，有不得已而为不善者，亦非本心。往者尔等或避罪谴，或苦饥寒，流落诸番，与之杂处，遂同为劫掠，苟图全活。巡海官军既不能矜情招抚，更加侵害，尔等虽有悔悟之心，无由自遂，朕甚悯焉。今特遣人赍敕往谕，凡番国之人，即各还本土，欲来朝者，当加赐赉。遣还中国之人逃匿在彼者，咸赦前过，俾复本业，永为良民。若仍恃险远，执迷不悛，则命将发兵，悉行剿戮，悔将无及。"②这道软硬兼施的通牒，成了郑和、王景弘下西洋的行动指南。

如潮州府人陈祖义，洪武年间（1368—1398）因犯罪携家小逃亡海外，盘踞旧港，"充为头目，甚是豪横，凡有经过之客人船只，辄便劫夺财产"。③郑和首航至旧港，"遇祖义等，遣人招谕之。祖义等诈降，而潜谋要劫官军，和等觉之，整兵提备。祖义率众来劫，和率兵与战，祖义大败，杀贼党五千余人，烧贼船十艘，获其七艘及伪铜印二颗，生擒祖义等三人。既至京，命悉斩之"。④明朝在旧港设立宣慰使司管理，旧港航道（今马六甲航道）于是通畅。

其次，擒"敢违天道，傲慢弗恭，逞其凶逆，谋杀朝使"⑤的番王，震慑诸番。

如，锡兰山国王亚烈苦奈儿，"不辑睦邻国，屡邀劫其往来使臣，诸番皆苦之"。永乐七年（1409），郑和出使，"赍金银供器，彩妆织金宝幡，布施于其寺，赏赐国主亚烈苦奈儿，诏谕之"，⑥然而，"亚烈苦奈儿侮慢不敬，欲害和，和觉而去。……及和归，复经锡兰山，遂诱和至国中，令其子纳言，索金银宝物，不与，潜发番兵五万余劫和舟，而伐木拒险，绝和归路，使不得相援，和等觉之……乃潜令人由他道至船，俾官军尽死力拒之，而躬率所领兵二千余，由间道急攻王城，破之，生擒亚烈苦奈儿并家属、头目。……群臣请诛之，上悯其愚无知，命姑释之，给与衣食，命礼部议择其属之贤者立为王，以承国祀。"⑦礼部兵部奏"下西洋官军锡兰山战功升赏"。⑧

再如，永乐十三年（1415），郑和"献所获苏门答剌贼首苏干剌"。"初，和奉使至苏门答剌，赐其王宰奴里阿必丁彩印等物，苏干剌乃前伪王弟，方谋弑宰奴里阿必丁以夺其位，且怒使臣赐不及已，领兵数万邀杀官军。和率众及其国兵与战，苏干剌败走，追至南渤利国，并其妻子斩俘以归。至是献于行在，兵部尚书方宾言，苏干剌大逆不道，宜付法司正其罪。遂命刑部按法诛之。"成祖"命兵部隶官军战功"，或"世袭"，或"升用有差"。⑨

郑和海外用兵，"擒贼王，威震海外"，"诸番振服"，⑩"海道由是而清宁，番人赖之以安业"，⑪保证了西洋与中国之间海上交通的安全，不仅诸邦"来者日多"，⑫东南沿海人民往诸番者也越来越多。

再次，平息争端，提升国威，密切往来。

明朝初年，西洋各国间关系错综复杂，欺寡凌弱之矛盾不断，劫杀贡使之事也时有发生，常常诉求于明廷调停解决。郑和、王景弘下西洋，亦有此使命，史载数例：

（一）"先占城因遣使朝贡，既还至海上，飓风漂至舟至溢亨国，暹罗恃强凌溢亨，且索取占城使者，羁留不遣，事闻于朝。又苏门答剌及满剌加国王并遣人诉暹罗强暴，发兵夺其所受朝廷印诰，国人惊骇，不能安全。"永乐五年（1407）十月，暹罗国王昭禄群膺哆罗谛剌遣使入明朝贡，明成祖赐谕曰："占城、苏门答剌、满剌加与尔，均受朝廷，比肩而立，尔安得独恃强，拘其朝使，夺其诰印？天有显道，福善祸淫，安南黎贼父子覆辙在前，可以鉴矣！

---

①《明太祖实录》卷254。
②《明成祖实录》卷12上。
③马欢：《瀛涯胜览·旧港国》。
④《明成祖实录》卷52。
⑤严从简：《殊域周咨录》卷9。
⑥严从简：《殊域周咨录》卷9。
⑦《明成祖实录》卷77。
⑧《明成祖实录》卷78。
⑨《明成祖实录》卷97。
⑩费信：《星槎胜览·苏门答剌国》。
⑪朱棣：《御制弘仁普济天妃宫碑》
⑫《明通鉴》卷15。

其即还占城使者及苏门答剌，满剌加所受印诰，自今安分守礼，睦邻保境，庶几永享太平"。①

"安南黎贼父子覆辙"指此前"暹罗所遣贡使，失风飘至安南，尽为黎贼所杀"，永乐六年（1408）九月，郑和使安南，"其王遣使贡方物谢前罪"。②同年十二月，暹罗国王遣使贡方物，"谢赐敕切责之罪"。③

永乐七年（1409）十二月，郑和使占城，因此前"乞谕安南勿侵，许之"，又"复安南所侵地，献俘"。④郑和使团到访，"其酋长头戴三山金花冠，身披锦花手巾，臂腿四腕俱以金镯，足穿玳瑁履，腰束八宝带，如塑金刚状。乘象，前后拥随番兵五百余，或执锋刃短枪，或舞皮牌，搥善鼓，吹椰笛壳筒。其部领皆乘马出郊迎接，诏赏，下象，膝行，匍匐，感沐天恩，奏贡方物"。⑤

（二）满剌加"无国王，只有头目掌管"，一直遭受暹罗的控制和欺凌，令其"岁输金四十两，否则差人征伐"。永乐七年（1409），成祖命郑和"统赉诏敕，赐头目双台银印冠带袍服，建碑封域，遂名满剌加国，是后暹罗莫敢侵扰。其头目蒙恩为王，挈妻子赴京朝贡，贡进方物"。⑥

（三）"时旧港地有为爪哇侵据者，满剌加国王矫朝命，索之"，成祖赐敕曰："前中官吴庆还言，王恭待敕使，有加无替。比闻满剌加国索旧港之地，王甚疑惧。朕推诚待人，若果许之，必有赖谕，王何疑焉？小人浮词，慎勿轻听。"郑和第四次下西洋使其国赍敕往谕，清除了爪哇国之"疑惧"。⑦

（四）永乐十七年（1419），满剌加"诉暹罗见侵状，帝为赐敕谕暹罗，暹罗乃奉诏"，⑧明成祖遣使谕暹罗国王三赖波磨赖扎的赖曰："满剌加国王既已内属，则为朝廷之臣，彼如有过，当申理于朝廷，不务出此而辄加兵，是不有朝廷矣。……至宜深思，勿为所惑，辑睦邻国，无相侵越，并受其福，岂有穷哉！王其留意焉。"⑨将诸番王视为朝臣，可见明廷在东南亚的地位。永乐十九年（1421年）四月，暹罗国王遣使60人贡方物，"谢侵满剌加国之罪"。⑩

然而，宣德六年（1431）二月，满剌加头目巫宝赤纳至京，却"言国王欲躬来朝贡，但为暹罗国王所阻，暹罗素欲侵害本国，本国欲奏无能书者，今王令臣三人附苏门答剌贡舟来京，乞朝廷遣人谕暹罗国王，无肆欺凌，不胜感恩之至"。宣宗遂"命行在礼部赐赉巫宝赤纳等，遣附太监郑和舟还国"，并令郑和赍敕谕暹罗国王，曰："比闻满剌加国王欲恭来朝，而阻于国王。……王宜属遵朕命，睦邻通好，省谕下人勿肆侵侮，则见王能敬天事大，保য়安民，和睦邻境，以副朕同仁之心。"⑪

郑和、王景弘下西洋对于诸番纠纷的处理，充分显示了大明王朝"际天极地，罔不臣妾"⑫的宗主国地位及其在国际事务中所发挥的重要作用。不仅使诸番的睦邻关系得到加强，也密切了明朝与西洋诸番的友好往来，为东南沿海人民移居海外创造了条件。

三、华侨开发南洋及海外华人社会的形成对移民海外的影响

元末明初，由于战乱，东南沿海闽粤人民移民南洋者已成一定规模。永乐三年（1405）郑和、王景弘第一次下西洋时，盘踞在苏门答腊东北之旧港的陈祖义集团有数千人，因不听郑和招谕被剿灭者就有5 000多人。另外，广东南海人梁道明纠众占据的三佛齐，也有"闽广流移从者数千人"。而密报陈祖义阴谋劫郑和船者施进卿（广东人），也是盘踞在马六甲的颇有实力的华人集团的头目。

明成祖派郑和下西洋，除了诏谕各国朝贡外，诏

---

① 《明成祖实录》卷53。
② 《明史》卷324《暹罗传》。
③ 《明成祖实录》卷60。
④ 查继佐：《罪惟录》传36《占城国》。
⑤ 费信：《星槎胜览·占城国》。
⑥ 马欢：《瀛涯胜览·满剌加国》。
⑦ 《明史》卷324《爪哇传》。
⑧ 《明史》卷325《满剌加传》。
⑨ 《明成祖实录》卷114。
⑩ 《明成祖实录》卷120。
⑪ 《明宣宗实录》卷76。
⑫ 张燮著，谢方点校《东西洋考》卷3，"西洋列国考·旧港"，中华书局，2000年，第62页。

谕海外流民返国"还复本业，安土乐生，共享太平"①也是重要目的。如永乐三年（1405）郑和使团出行前夕，朝廷就派梁道明的同乡、行人谭胜受和此前被出使海南指挥孙铉挟持而归的梁道明儿子往旧港招抚梁道明。梁道明归顺回来后，朝廷赏赐其"袭衣、钞百五十锭、文绮十二表里、绢七十二匹"，谭胜受因招诱有功，升至浙江按察使。②明朝廷诏谕海外华侨、流民回国之煞费苦心由此可见一斑。由此也足以说明，在郑和、王景弘下西洋之前，闽粤人民赴南洋谋生、在南洋定居已成常态。如在明初就已成为贸易中心的满剌加，诸番王都采取税收优惠或不征税的政策吸引更多的中国人前往贸易和定居。许多福建人和广东人前往满剌加，或经由满剌加南下其他东南亚国家。"明代既以马六甲为对南洋贸易的中心，故中国商船均云集港内，每年初春顺西北季风南来，夏季则顺东南季风而返。其时，马六甲华侨大多来自闽省，男女顶结髻，习俗同中国，全城房屋，悉仿中国式，俨然海外中国的城市。"③据明代兵部卫所的《武职造薄》（《军职黄薄》）记载，与王景弘同时代且籍贯也同属"龙岩县集贤里赤水乡香寮村"的军职人员就有王真、王英、王琪、王臣等人。其中明确记述了王真跟随王景弘船队下西洋，在苏门答腊多次参加剿平海盗的战斗，立下战功的事迹。④这也说明，在闽粤地区，不仅沿海人民，就连香寮村等处于九龙江、汀江上游地区山村的人民，以海为田、闯荡海外谋生也不足为奇。

在郑和、王景弘下西洋之前，南洋各地已开始形成了一些华侨聚居地。爪哇的杜板、新村、苏鲁巴益以及苏门答腊的旧港、马六甲的满剌加和菲律宾吕宋，婆罗洲文莱等地都有许多华人定居。如杜板，居民"约千余家，以二头目为主。其间多有漳州人流居此地，鸡、羊、鱼、菜甚贱。……于杜板行半日许，至新村，番名革儿昔，原系沙滩之地，盖因中国人来此轫居，遂名新村。至今村主广东人也，约有千余家，各地番人多到此买卖。其金及诸般宝石一应番货，多有卖者，民甚殷富。自新村往南，船行二十余里，到苏鲁巴益，番名苏八把牙，其港口流出淡水，自此大船难进。用小船行二十余里至其地，亦有村主，掌管番人千余家，其间也有中国人"。"国有三等人，回回人、唐人和土人。一等回回，皆是西番流落此也。……一等唐人，皆是广东、漳泉等处人，窜居此地，食用亦丰洁，多从回回教门受戒持斋者"。⑤在苏门答腊的旧港，"国人多是广东、漳、泉人逃居此地，人甚富饶，地土甚肥。……昔洪武年间，广东人陈祖义等，全家逃于此地，充为头目，甚是豪横"。⑥旧港另一股以南海人梁道明为首的华侨集团，势力也很大，"永乐初年，三佛齐竟为爪哇所破，废为旧港。是时南海豪民梁道明窜泊兹土，众推为酋。闽广流移从者数千人。"⑦可见，陈祖义、梁道明等不光自己犯事逃至南洋，而且南洋当地已有多处聚居数千华人的村镇，使他们在当地如鱼得水，被"推为酋"，能够一呼百应，建起独立王国。此外据载，福建省在明初就有华侨携番邦所生子女回家乡者，"明永乐时，福建商人赴麻剌国（马六甲）者有姓阮、芮、朴、樊、郝等，往麻剌国多年，娶番妇生子，率之返国，形容甚古怪。"⑧尽管明初政府厉行海禁，明太祖甚至多次诏令"片板不许下海"，但东南沿海人民尤其是包括九龙江、汀江流域在内的漳、泉、汀、潮州等地的人民犯禁出海的走私贸易船只仍然多不胜数，甚至出现了"片板不许下海，艨艟巨舰反蔽江而来；寸货不许入番，子女玉帛恒满载而去"⑨的反常现象。东南沿海人民出洋过番还是趋之若鹜，南洋各地于是有大量华人聚居，"番妇生子，率之返国"现象于是在闽粤各地出现。据老人传言，侨乡永定下洋的许多家族，就有"番婆"血统，一些肤色

---

①《明太宗实录》卷21，"永乐元年六月丁卯"，第391页。张燮著，谢方点校《东西洋考》卷3，"西洋列国考·旧港"，中华书局，2000年，第62页。
②张燮著，谢方点校：《东西洋考》卷3，"西洋列国考·旧港"，中华书局，2000年，第62页。
③宋哲美：《马来西亚华人史》，香港中华文化事业公司，1996年，第51页。
④张永和：《客家后裔王景弘八下西洋与海上丝绸之路》，张佑周主编《客家与海上丝绸之路》，光明日报出版社，2016年，第60页。
⑤马欢：《瀛海胜览》，"爪哇"。
⑥《瀛涯胜览》"巨港条"。
⑦《东西洋考》"旧港条"。
⑧《闽都记》。
⑨《虔台倭纂·倭原》。

较黑者，常被人称之为"番鬼"。

郑和、王景弘下西洋不仅增进了中国与海外诸国的友好交往，完全打通了往东南亚和南洋诸地的海上通道，而且还树立起中国在海外的威望，提高了华侨在东南亚的社会地位，有利于他们在当地的生存和发展。

郑和乃至明成祖大概都万万没有想到，负有诏谕华侨归国使命的伟大航行，却刺激了民间海外贸易的开展以及民众移民海外的欲望，助推了越来越多的华人移民东南亚，终于导致明朝中后期以后东南亚华侨数量的激增。就连跟随郑和下西洋的兵员，也有不少流离海外。《明英宗实录》载，随郑和下西洋的太监洪保一船，启航时凡三百人，后遭大风飘泊，经十八年后回国的，仅得三人，其余未能回国的二百多人，除病伤死亡外，大多留居南洋各地，从事开发蛮荒的工作。如据《皇明象胥录》载："婆罗国一名文莱，东洋尽处，西洋所自起……相传国王为闽人，随中使郑和往，因留镇焉。王府旁有中国碑，夷人婚娶请王金印，印背篆文作兽形，云是永乐间赐。"

华侨善于经商，在中国与南洋贸易或南洋区域间进行的所有贸易活动中，华侨均担当主角，起着举足轻重的作用。南洋各地统治者及人民都热烈欢迎华商前去贸易，华商在当地享有极高的声望。如在渤泥，"凡见唐人至其国，甚有爱敬，有醉者则扶归家寝宿，以礼待之若故旧"。① 在猫里雾（菲律宾），"见华人舟，蹙然以喜，不敢凌厉相加，故市法最平"。② 在苏禄，当地人惟恐华船隔年不再至，竟然留华商为人质，"夷人恐我舟之不往也，每返棹留数人为质，以冀日后之重来"。③ 在暹罗，"国人礼华人甚挚，倍于他夷，真慕义之国也"，④ "若有妻子与中国人通好者，则置酒饭，同饭共寝，其夫恬不为怪，乃曰，我妻美，为中国人喜爱"。⑤

与当地人相比，华侨具备更良好的经贸素质和知识技能，能得到当地统治阶级的信任和重用，甚至出任当地政府官员，参与管理国家和地方政务。如"明代汀州人谢文彬贩盐下海，到达暹罗，位至坤岳，犹天朝学士也"。⑥ 明中叶林道乾率武装海商集团南逃北大年，北大年国王将女儿嫁给林道乾，并"划其所属之地若干，使道乾率众居之"。⑦ 在万丹，国王"立华人四人为财付"，掌管贸易征权事务。⑧ 万历年间（1573—1619），婆罗国（在婆罗洲）"为主者闽人也，或言郑和使婆罗，有闽人从之，因留居当地，其后人竟据其国"。⑨

正因为沿海人民素有出海经商及往海外移民谋生的传统，加上海外贸易之利丰厚及海外自然资源丰富谋生较易等不可抵挡的诱惑力，致使明朝及清朝都曾实行的海禁政策及措施的收效很不理想。郑和下西洋之后，不少经商成功的华侨甚至利用明廷与海外属国所建立的朝贡体系与明朝保持着贸易往来，其方式之一是以外国使团成员的身份前来明朝朝贡，附带进行贸易往来。如汀州人谢文彬就曾作为暹罗的朝贡使者前来明京，同时承揽朝贡贸易牟利。像谢文彬那样的海外华人以外国使团成员的身份前来明朝朝贡通交的人员还有不少，在明代中外关系史上是一个特殊的现象。清人赵翼在《廿二史札记》中，有专门的"海外诸番多内地人为通事"条⑩。不过，海外华人以外国使团成员来明朝访问者，不仅仅限于"通事"，还包括正使等要员。据专家考证，明代海外国家以华人充任朝贡使者的国家，包括日本、琉球、暹罗、爪哇、高丽、占城、苏门答腊、满剌加和榜葛利等，其中暹罗、爪哇、占城、苏门答腊、满剌加和榜葛利等国是郑和下西洋访问的对象，其华人使者入明朝贡情况如下表：⑪

---

① 费信《星槎胜览》，"勃泥条"。
② 张燮《东西洋考》，"猫里雾条"。
③ 张燮《东西洋考》，"苏禄条"。
④ 张燮《东西洋考》，"暹罗条"。
⑤ 马欢《瀛涯胜览》，"暹罗条"。
⑥《明史·暹罗传》。
⑦ 温雄飞：《南洋华侨通史》，东方印书馆，1929年，第235页。
⑧ 张燮《东西洋考》，"下港条"。
⑨《明史·婆罗传》。
⑩ 赵翼：《廿二史札记》卷34。
⑪ 根据陈尚胜：《"夷官"与"逃民"：明朝对海外国家华人使节的反应》，载华侨协会总会《海外华族研究论集》，2002年。

国别	时间	姓名	职务	资料来源
暹罗	洪武五年（1372）	李清兴	通事	《明太祖实录》卷71，"洪武五年正月壬戌"条
	洪武六年（1373）	陈举应	副使	《明太祖实录》卷86，"洪武六年十二月乙丑"条
	洪武十四年（1381）	陈子仁	正使	《明太祖实录》卷135，"洪武十四年"条
	永乐三年（1405）	曾寿贤	正使	《明太宗实录》卷44，"永乐三年七月丙午"条
	永乐八年（1410）	曾寿贤	正使	《明太宗实录》卷111，"永乐八年十二月戊戌"条
	宣德元年（1426）	陈宝提	正使	《明宣宗实录》卷23，"宣德元年十二月戊辰"条
	宣德二年（1427）	黄子顺	贡使	《明宣宗实录》卷28，"宣德二年五月乙巳"条
	成化十三年（1477）	谢文彬	副使	《殊域周咨录》卷8，"暹罗传"
	弘治十年（1497）	奈罗、轨商	通事	《明孝宗实录》卷129，"弘治十年九月辛丑"条
爪哇	永乐二年（1404）	于都春	正使	《明太宗实录》卷34，"永乐二年九月已酉"条
	永乐三年（1405）	陈惟达	使臣	《明太宗实录》卷46，"永乐三年九月乙卯"条
	永乐四年（1406）	陈惟达	使臣	《明太宗实录》卷50，"永乐四年正月癸卯"条
	永乐四年（1406）	马礼占	使臣	《明太宗实录》卷50，"永乐四年正月癸卯"条
	洪熙元年（1425）	黄扶信	使臣	《明仁宗实录》卷9，"洪熙元年四月壬寅"条
	宣德元年（1426）	郭信	正使	《明宣宗实录》卷22，"宣德元年十一月壬壬寅"条
	宣德三年（1428）	张显文	正使	《明宣宗实录》卷35，"宣德三年正月甲寅"条
	宣德四年（1429）	李添养	副使	《明宣宗实录》卷56，"宣德四年七月丁巳"条
	宣德四年（1429）	龚以善	正使	《明宣宗实录》卷57，"宣德四年八月辛巳"条
	宣德四年（1429）	郭信	正使	《明宣宗条实录》卷58，"宣德四年九月癸亥"条
	宣德四年（1429）	龚用才	正使	《明宣宗实录》卷59，"宣德四年十一月甲辰"条
	正统元年（1436）	马用良、高乃生 洪茂仔	使臣	《明英宗实录》卷19，"正统元年闰六月"条
	正统二年（1437）	张显文	正使	《明英宗实录》卷32，"正统二年七月癸巳"条
	正统三年（1438）	马用良	正使	《明英宗实录》卷43，"正统三年六月戊午"条
	正统三年（1438）	良殷、南文旦	通事	《明英宗实录》卷43，"正统三年六月戊午"条
	正统五年（1440）	曾奇（途中遇难）	使臣	《明英宗实录》卷70，"正统五年八月已卯"条
	正统七年（1442）	马用良	正使	《明英宗实录》卷99，"正统七年十二月已丑"条
	正统八年（1443）	李添福	正使	《明英宗实录》卷106，"正统八年七月戊戌"条
	正统十一年（1446）	马用良	正使	《明英宗实录》卷141，"正统十一年五月已巳"条
	正统十二年（1447）	马用良	正使	《明英宗实录》卷157，"正统十二年八月癸亥"条
	正统十二年（1447）	陈将智、李斌	正使通事	《明英宗实录》卷148，"正统十二年戊申"条
	景泰四年（1453）	林旋	通事	《明英宗实录》卷229，"景泰四年五月辛未"条
	景泰五年（1454）	曾瑞养、龚麻	使臣	《明英宗实录》卷244，"景泰五年八月壬辰"条
	天顺四年（1460）	郭信	使臣	《明英宗实录》卷318，"天顺四年八月辛亥"条
	成化元年（1465）	梁文宣	正使	《明宪宗实录》卷19，"成化元年七月戊申"条

国别	时间	姓名	职务	资料来源
苏门答腊	宣德元年（1426）	冯哈撒	通事	《明宣宗实录》卷19，"宣德元年七月辛丑"条
	正统元年（1436）	宗允（途中遇害）	使臣	《明英宗实录》卷141，"正统十一年五月已巳"条
	正统十一年（1446）	霭淹	使臣	《明英宗实录》卷141，"正统十一年五月已巳"条
占城	正统八年（1443）	罗荣	通事	《明英宗实录》卷103，"正统八年四月已丑"条
	景泰四年（1453）	陈真	通事	《明英宗实录》卷232，"景泰四年八月乙未"条
	成化五年（1469）	周公保	通事	《明宪宗实录》卷73，"成化五年十一月丁未"条
	成化十四年（1478）	罗四	使臣	《明宪宗实录》卷180，"成化十四年七月乙丑"条
	成化二十年（1484）	梅者亮	通事	《明宪宗实录》卷255，"成化二十年八月已未"条
	弘治元年（1488）	梅晏化	通事	《明孝宗实录》卷13，"弘治元年四月丁未"条
满剌加	正德三年（1508）	萧明举 彭万春	通事	《明武宗实录》卷45，"正德三年十二月庚午"条
榜葛剌	正统三年（1438年）	陈德清	通事	《明英宗实录》卷47，"正统三年十月丁卯"条
	正统四年（1439年）	宋允	左副使	《明英宗实录》卷54，"正统四年四月甲辰"条

从上表及有关资料记载看，东南亚国家以华人作为使者来华，始于暹罗。早在明洪武五年（1372），暹罗来华使团中就有华人李清兴任通事。此后，暹罗又多次让华人以正使或副使等身份参加入明朝贡使团。明成化十三年（1477）充任暹罗入明使团副使的谢文彬是汀州人，此前经商贩盐出海漂入暹罗，定居暹罗后官至岳坤。据载，谢文彬虽身为暹罗使臣，却商人本性未改，竟然私带货物，与普通商贩周璋私下交易，经政府调查，周璋等人被认定为触犯私通外国使臣交易番货罪，而谢文彬早年也曾犯擅自出海与外国人互市的律令。但这次谢文彬因为是外国贡使，终获赦免并由明政府免费提供船只返暹罗。

虽然入明华人贡使有不少是像谢文彬那样犯有"前科"的闽粤出海"流民"，如《琉球传》云："近年所遣之使，多系闽中逃罪人，杀人纵火，奸狡百端，专贸中国之货，以擅外番之利。"①《正德实录》也载："先是两广奸民，私通番货，勾引外夷，与进贡者混以图利，招诱亡命，掠买子女，出没纵横，民受其害。"②但朝廷及政府都因为他们是外国"使臣"的身份而对他们既往不咎，仍然予以外交使节的待遇。明政府的宽容不仅大大地促进了海外国家与明朝的友好往来，保障了朝贡贸易的发展，也为广大滞留海外的华侨提供了与祖国合法贸易往来的新机遇。一些外国政府，甚至直接将朝贡贸易交给华侨。如暹罗朝廷，就允许一些特许华商全权担当朝贡品的筹措、运输等一系列工作。这些特许华商有许多是原籍福建的华侨，因而他们很容易就像谢文彬那样与原籍建立起贸易关系。而伴随着朝贡贸易关系的进行，民间贸易也随之增加并逐渐扩大。

明代有为数不少的华人华侨充当外交使节来华朝贡，也从另一个角度说明，至迟至明代中叶，闽粤地区移民在东南亚许多国家和地区已经基本站稳脚跟。龙岩地区虽然不靠海洋，但由于汀江、九龙江和闽江都流向东南沿海。这些江河航道的开通，为龙岩地区人民走向海洋，参与出洋过番的潮流提供了极大的方便。史书中一再出现的海外华人集团中的"漳、泉"流民，应该有龙岩人。而王景弘及其乡人下西洋以及谢文彬海外定居成为入明贡使的史实也足以说明，龙岩地区人民在移民东南亚、开发南洋的历史进程中并没有缺席。

---

① 《明史》卷323，《外国四·琉球传》。
② 转引自林晓东、巫秋玉主编：《郑和下西洋与华侨华人文集》，中国华侨出版社，2005年，第151页。

第二节 国内移民概况

一般认为，两大汉族民系福佬民系和客家民系分别在唐末和宋末在闽西南地区先后形成。福佬民系形成于唐末，其核心区在九龙江和晋江流域的漳泉地区，龙岩地区的龙岩县、漳平县处于这个核心区的西部边缘地带，也有大部分为福佬民系聚居地；客家民系形成于宋末，其核心区则在汀江流域汀州府辖地，龙岩与漳平也有部分客家人聚居地。

由于汉族福佬民系与客家民系在这一片地域形成，尤其是由于南宋朝廷政治经济中心的南移，闽西这片山高水险，"地多瘴厉，山都木客丛萃其中"的蛮荒之地已经不再地远天荒，而是在中原南迁汉人如陈元光、张化孙、李火德的苦心经营下，利用其带来的先进农耕技术和建筑技术开发垦殖、建房定居，逐步建成"田园水竹、鸡犬之音相闻"的美丽家园。一个既存中原古意，又沐南国春晖的客家祖地和福佬祖地在神州赤县的东南一隅熠熠生辉。

虽然这一片地域在宋末元初和明末清初也曾遭遇兵祸，但在元中后期和有明代至有清代大部分时间还是相对太平，人民得以休养生息，和平发展，呈现出"系裔日繁，资力日充"①的繁荣兴旺局面。随着人口的增殖，生存空间越来越窄，人口外迁遂成常态。

一、向粤地迁徙拓展

龙岩地区居民向粤东迁徙主要是汀江流域的客家人，也有少量龙岩福佬人。早在宋末元初，客家民系刚在闽西汀江流域形成时，就已开始了向粤东移民的进程。

唐宋时期粤东地区人烟稀少，野象成群，江鳄出没，韩江、梅江因鳄鱼经常危害人畜而被称为"恶溪"，到处是毒雾瘴气。中唐韩愈贬潮州，其政绩主要就数驱鳄兴学。其后人们垦田开山，生存环境有所改善。但到唐末天复元年（901），粤东总人口也才近8万，每平方公里约5.5人，梅州地区更是近乎没有人烟的蛮荒之地。当时福建人口密度大大高于粤东，北宋太平兴国年间（976—983）每平方公里已达20人左右，元丰年间（1078—1085）每平方公里更高达45人左右。②《舆地纪胜》载梅州："郡土旷民惰，而业农者鲜，悉藉汀赣侨寓者耕焉。"③ 此"汀赣侨寓者"，正是来自汀州、赣州的客家人。黄遵宪在《梅水诗·序》中也说："嘉应一州，占籍者十之九为客家人，此客人者，来自河洛，由闽入粤，传世三十，历年七百。"④ 其"由闽入粤"者大多是沿汀江南下的汀州客家人。黄遵宪在己亥杂诗《筚路桃孤辗转迁》篇自注中说得更清楚："客人来州，多在元时，本河南人。五代时，有九族随王审知入闽，后散居八闽。今之州人，皆由宁化县之石壁乡迁来，颇有唐、魏俭啬之风，礼俗多存古意，世乡音不改，故土人别之曰客人。"⑤ 虽然黄氏所说"今之州人，皆由宁化县之石壁乡迁来"不确切，因为小小石壁乡，实为中原南迁汉人之接待站与中转站，不可能形成客家民系，也不可能有那么多外迁人口。但梅州客家先祖大多自闽西迁来应符合史实。这是因为，黄氏所说的七百年前，正是公元12世纪前后的宋末元初。其时，蒙古铁骑南下，抗元民族英雄文天祥在赣州起兵"勤王"，兵败后退至粤东，潮、梅、惠等州成了宋廷抗元的最后阵地，遭元兵屠戮最惨：

> 元兵残暴，所过成墟，粤之士人，亦争向海滨各县逃避。其间闽、赣、湘、粤边境，毗连千数百里之地，常有数十里无人烟者，于是遂相率迁居该地焉。西起大庾，东至闽汀，纵横蜿蜒，山之南、山之北皆属之。即今之福建汀州各属，江西之南安、赣州、宁都各属，广东之南雄、韶州、连州、惠州、嘉应各属，及潮州之大埔、丰顺，广州之龙门各属是也。⑥

---

① 罗香林：《客家源流考》，中国华侨出版公司，1989年，第115页。
② 黄挺、陈占山：《潮汕史》，广东人民出版社，2001年，第102页。
③《舆地纪胜》卷13，《梅州》。
④ 黄遵宪：《梅水诗传·序》，钱仲联《人境庐诗草笺注》下册，附录二，上海古籍出版社。
⑤ 钱仲联：《人境庐诗草笺注》卷9，上海古籍出版社，1981年，第810页。
⑥《和平徐氏族谱》，载徐旭曾《丰湖杂记》，见罗香林《客家史料汇编》，第1册，香港九龙中国学社，1965年。

可见，早在元代初期，闽汀移民就已大量迁徙粤东，甚至已经迁至惠州等地，因为汀州客家人创造和信仰的地方保护神定光古佛，在当时就已在惠州受到崇拜：

>顺帝至元三年（1266）夏四月己亥，惠州归善县民聂秀卿、谭景山等造军器，拜戴甲为定光佛，与朱光卿相结为乱，命江西行省左丞沙的捕之。……五月戊申，诏："汝宁棒胡，广东朱光卿、聂秀卿等，皆系汉人。汉人有官于省、台、院及翰林、集贤者，可讲求诛捕之法以闻。"①

汀州客家人外迁时往往将家乡崇拜的神灵包括公王、伯公、观音、定光佛、妈祖、关公等带到新居地，上文提到的定光佛的崇拜者"惠州归善县民"很可能就是汀州移民。

尽管宋末元初大范围内的移民运动是无序的，因为蒙古大军的东征西伐、平定中原、稳定边疆和宋室的灭亡，全国各地四面八方都有移民潮，甚至有来自西域乃至东欧的随蒙古西征大军东归而迁居中原者，因信奉伊斯兰教而被称之为"回回"。有蒙军攻打西南亚时带回的伊拉克、阿富汗、印度、克什米尔等西南亚人；也有为稳定西南边陲而派驻吐蕃、大理国等地就地安家的驻军移民；更有元朝派驻各路、府、州、县或各皇家的封地执掌政权以及到各地镇戍、屯垦的蒙古人，这些人后来也成了移民。但在小范围来说，这次移民运动又是有序的，其主要规律是以盈补亏，只要是因战争等灾祸而十室九空、田地荒芜的地方，便有大规模的移民潮涌入。闽西龙岩地区向嘉、惠、潮等地的移民，就是这种有序的移民运动。

这一时期龙岩地区的移民主要沿宋代就已开辟为汀潮大动脉的汀江南下，到达在当时仍属潮州府管辖的大埔后，除小部分人沿韩江继续南进到达丰顺、饶平等地外，大部分人溯梅江而上，进入今梅县、兴宁、五华、紫金、河源等地，使客家民系扩展至整个粤东。闽西客家人之所以更多地往梅江和东江水系地区迁徙而没有大规模沿韩江南进占据在当时同样是地广人稀的潮汕平原地区，主要是因为梅江和东江水系地区自然条件与汀江水系地区相近，农耕方式也相同，而且仍有大片山地可供开发。而潮汕地区则一方面同时有大量闽南佬人迁入，另一方面也由于沿海地区耕三渔七，需善于以舟捕鱼者才能维持生存。闽西客家人习惯于内陆生活，善于耕山，不善于驾舟捕鱼，所以坐失搬迁韩江下游平原地区的良机，实为客家民系发展史上的一大遗憾。

及至明代，闽西地区人口迅速增长，地狭人稠的矛盾更加凸现，人们于是进一步向粤地东江流域、珠江流域迁徙，弥补了此前痛失韩江下游地区的遗憾。顾炎武《天下郡国利病书》明确记载此事：

>从化多汀、漳、英、宁人，来采矿烧炭种蓝。流溪堡纸峒产有银矿，其地山溪险阻，与龙门、英德、长宁接壤。嘉靖间尝开采，异省殊方，奸利之徒，不招自至，众辄数千。既而或徒劳周得，或得不偿失，又或矿尽费穷，各失始望，散罢而去。资身无策，遂乃群起盗心。始则乘人不备，所掠辄得；久之公然肆劫，势日益张。于是通河源、长吉诸贼，李亚元等聚众数万，出没诸邑，流劫千里，祸延十余载，杀掠人口无算，而从则白骨蔽野，十室九空，被祸尤甚。……龙门抵界，所在产有铁矿，皆属从化地面。向惩银矿之害，概禁不开。万历四十四年（1616）中，有奸利商人告饷开冶，督府行从、龙会议。时龙门令陈阳长惑于商人之计，本县前令卢慰曹力争之，不能得，遂以饷额归龙门，听其开冶。四方无赖，一时蝇集。未几，潜出为盗，商不能禁。既而转炽，胁商人以接济，遂合蓝徒、炭党（原注：耕山种蓝烧炭者，皆汀、漳、英、宁之人）四行劫掠，铁场遂为盗薮。其地北通英德、长宁，南透增城，西连清远，东则龙门接壤，皆万山联络，深林险阻，人迹罕到。其贼首张惟冲等结砦所在，有白牛岗、雁洋陂、寨子背（原注：皆属龙门地方），上下坪、兰和峒、石门寨等处（原注：皆增、从、龙联界），掳掠勒赎，皆归其中。积十余年，祸遍七邑。崇祯五年（1632），抚卒导官兵直捣巢穴，虏其渠魁，其党鸟兽散，始获平宁。

>流溪地方，深山绵亘，竹木翳茂……万历之季，有奸民咸元勋等招集异方无赖，烧炭市利……不数年间，群山尽赭。久之，其徒渐众，遂相率为盗，四行杀掠。奸民利其财物，多为接济。天启五年，知县雷恒力请督府禁止。然盗风已长，乃据险啸聚，意成大乱，连年用兵，始克

---
① 《元史》卷39，《顺帝二》。

剿平。①

文中所述聚集至从化县流溪堡开采银矿、铁矿及种蓝烧炭者，来自"异省殊方"，异省主要指闽省汀、漳二地；"殊方"则除了外省，还包括本省的长宁、英德、龙门、增城等地，这些"殊方"人士，应属与从化平原地带的广府人不同民系却与汀漳之人同系的客家人或福佬人。因为在明清时期，种蓝烧炭是汀州府属各县客家人的专利，与汀州府辖地毗连的汀属龙岩县、漳平县等地的"蓝徒炭党"也为数众多，因此，流溪堡"不招而至，众辄数千"的"蓝徒炭党"大多应该是闽西龙岩地区移民。

地处潮、嘉，通广州要冲的粤中惠州府属地大多是客家人聚居地，其东江流域的客家先祖大多迁自汀、赣及潮、嘉地区。迨至明季，由汀、漳、潮、嘉等地来此挖矿、冶铁及种蓝、烧炭、佃耕的移民，因与本地人及官府发生矛盾冲突、揭竿而起进行反抗斗争者也不在少数，顾炎武《天下郡国利病书》亦明确记载：

长乐（今五华县）之隘曰丹竹、曰桔洞、曰中溪，三营皆西贼渊薮，溪洞阻深，蹊径歧错。安远丹竹楼、黄乡堡贼巢邻，势力相联络，加之以冶铁之卒，双头、角上、高坑、九节狐等山乌合酿祸；邑南七十里猴子洞，漳寇入揭阳必由之。诏安小段之贼，蓦越饶平之小榕，或由大埔之苦竹，既入潮境，奔溃肆出；西北五花嶂、九连山数百里，荒墟玄径，奸宄投窜其中。敕兵宪镇于长乐，设诘奸簿一员，设十三都巡司于此，以扼吉、赣南侵，设水口巡司于南，以断漳、汀入寇。东西虽无官守，东以四都隘，西以大坪隘，皆民兵戍之。

和平之隘……曰七輋迳、曰分水凹。其迳通揭阳、潮阳、海丰诸县，距本县棉洋、留沙诸乡十余里，通海林、和沙诸隘。（附县志议：邑界汀、赣，僻于郡东北隅，山城孤立，势若悬危。迤北九十里大望山盗，界连九县，山高地广，盗贼奔窜于此，官军急难难扑。）

（嘉靖）二十三年秋九月，铲坑、看牛坪盗刘金等率其党来降。先是，上杭县三图篁竹寨民世习为寇，我埔铲坑、看牛坪二处（按：在大埔县，《天下郡国利病书·广东上》引《潮州府志》有"大埔县乌槎营堡，在三河巡检司。防小靖、看牛坪、铲坑三寨，招抚贼党"句），延袤与邻，亦多其人杂居，渐染作乱，势相犄角。至是，三图贼首杨世聪被擒，其党又聚众临程乡县境……

（嘉靖）三十七年，福建人李南涧插居黄畲，纠合乡贼张旗等，抵惠州淘金坑掘矿，勾连矿贼劫杀，地方大震。后又会程乡贼蔡春魁寇石窟、松源、龟浆等都，剑事万仲督兵进剿，平远县民曾习舜、韩金环、陈玉广等擒解巡道斩之。是年，山贼杨继傅、邹文纲等聚党数千，号中白哨，攻陷潮阳洋乌等都三十余乡，分将据之，村里一空。②

上述记载中诏安贼、上杭三图贼、程乡贼、安远贼等"贼"，其实非"贼"而是"民"，他们是来自汀、漳、赣、潮、嘉等地，到惠、潮、广等州大山中寻找耕山、采矿的生存机会的劳动者。他们的行进路线，如"漳寇"或越饶平之小榕，或由大埔之苦竹进入，上杭三图贼与大埔小靖、看牛坪、铲坑三寨贼党勾连，福建人李南涧插居黄畲等都说明，客家人、福佬人向粤中拓展的大潮中，汀州及漳辖龙岩移民占有重要地位。

明代，粤北多县也有大量的闽西移民迁入。清光绪二年（1876）重修的《韶州府志》卷10援引《英德县志》说，英德县"明初地少居人，至成化间多有自闽及江右来入籍者，习尚一本故乡，与粤俗差异"。这些与粤俗差异的入迁者应是闽西和赣南的客家人。《曲江乡土志·历史》云："曲江土著民籍，多来自赣、闽。远在明代，近在国初，殆十而八九。虽侯、张、刘、余诸望族，子孙散处，每村落鲜及二百户。其余以客族为土著者，亦少大村落焉。"③ 明代客家民系早已形成，由赣、闽迁曲江者自然也是客家人，当地土著很容易与之融为一体，也成为客家人。

据粤北地区各姓氏族谱记载，入迁粤北的客家移民大多来自福建汀州，尤以上杭为最。如始兴县"四大家族"之一的官氏，就是明朝正统七年（1442）从福建汀州府上杭县胜运里一图迁来的。翁源县龙仙镇、仁化县南木罗洞和英德县青塘等地的官姓，也迁

---

① 顾炎武：《天下郡国利病书》第27册，《广东上》引自《从化县志》，《四部丛刊》三编史部。
② 《天下郡国利病书》第27册，《广东上》，四部丛刊本。
③ 梁朝俊等编：《曲江乡土志》，成书于清宣统年间。

自上杭。① 再如翁源县，据《翁源县志》所载部分姓氏源流考略表所列 23 姓 28 族，注明明代迁自福建的有 17 姓 21 族，其中注明来自闽西的有 13 姓 13 族，来自上杭的就有 11 姓 13 族。翁源县一万人口以上的姓氏有张、陈、黄、李、刘、曾等 6 姓，其迁徙年代和迁徙来源如下表：

翁源县部分姓氏源流考略表②

族姓	迁徙年代	迁徙来源	迁入翁源的地点
张	明初	福建上杭瓦子巷古井头	江尾思茅岭，松塘岭下张
陈	明前期	福建汀州	周陂双联、龙田、南浦沙坪、江尾圳头
黄	元代	福建上杭瓦子巷	长安乡，后迁移到秀塘
李	明永乐年间	福建上杭县	翁城镇
刘	宋中期	潮州，再居程乡，后入兴宁而翁源	坝仔，芙蓉上桐、龙仙良桐，新江双石等地
曾	明万历年间	福建宁化县，迁广东长平，再到翁源	翁城定南大路唇，再分迁到官渡水李屋乌楼子，庙墩犁头岗。

从表中可以看出，翁源县大姓大多于明代迁自汀州。

清初"迁海复界"事件则为世居山区的龙岩地区客家人、福佬人进军闽粤沿海地区提供了契机，终于弥补了宋末元初闽西客家人挺进粤东却未能占籍潮汕平原地区而留下的遗憾，也为以深港地区为代表的广东沿海地区的发展和繁荣贡献了一份力量。

如据阮元《广东通志》引《永安县志》载："士务敦朴，急公好义。有自江、闽、潮、惠迁至者，名曰'客家'。士比屋读诵，农勤稼穑……"③ 道光《佛冈厅志》更载："国初自惠、韶、嘉及闽之上杭来占籍者为客家。"④ 王大鲁和赖际熙等人编纂的民国版《赤溪县志》也载："边界虽复，而各县被迁内徙之民，能回乡居者，已十不得一二。沿海地多宽旷，粤吏遂奏请移民垦辟以实之。于是惠、潮、嘉及闽、赣人民挈家赴垦于广州府属之新宁、肇庆府属之鹤山、高明、开平、恩平、阳春、阳江等州县，多与土著杂居。以其来自异乡，声音一致，俱与土著不同，故概以客民视之，遂谓为客家云。""客民习劳苦，繁生育，又善引族。故所在占籍皆能自辟为村居，繁殖人口，计由雍乾始迁，以迄咸丰初，仅百余十年，鹤、高、开、恩等县不具论，即新宁一邑，客民人口已不下三十万。而所居地虽多僻瘠，以宁邑方舆计之，殆占三分之一焉。"⑤

宋代以来汀江及其支流商业航运的发展，也给汀州府及龙岩州人为谋生而迁徙广东提供了便利。土纸、大米和木材是汀江流域人民通过航运销往广东的三大宗货物，从事这些货物运输及销售、转运至穗港乃至海外的闽西从业人员，也有很多成了旅粤移民。为了更好地销售这些货物，闽西商人或货主首先将货物通过汀江航运运至潮州，再以潮汕为基地向外扩张。于是要在潮汕设立纸行、竹木行及粮行等，甚至还要在外埠如广州、香港、佛山、上海、福州等地设立转销机构。这些商行的老板，大多为"驻地夫妻店，外出父子兵"，因而在当地定居者为数不少。

以纸商为例，从明清开始，汀州、龙岩州纸商在广东开设的纸行计有数十家。仅长汀一县，著名的就有广州的"长兴行""公安行""德和行""永丰行""安乐庄""建昌隆"；香港的"汀州行""南连昌"；潮州的"长安行""荣丰行""长兴行"；佛山的"长连行""长兴行""建兴行"等等。除上述大纸行外，上述各地及梅县、惠州、老隆、韶关等地还有许

---

① 官杰编著：《清化官姓族志》，辛未年仲春印。
② 据庄初升：《粤北客家方言的分布和形成》制表，载《韶关大学学报》，1999年第1期。
③ 阮元：《广东厅志》卷93，引《永安县志》。
④ 道光版《佛冈厅志》。
⑤ 王大鲁、赖际熙等：民国《赤溪县志》卷8、《赤溪开县事记》。

多中小纸行。① 这些纸行有的老板拖家带口，有的老板、师傅、徒弟、工人等均为汀州籍人，大的纸行有10多人，中小纸行也有5—7人。久而久之，这些人便在当地定居，成家立业。

驻外商行多的地方，老板们便会联合起来创办同乡商会或会馆。如潮州府，是汀州和龙岩州人开设纸行及米行、木材行最多的地方，因而在清咸丰年间（1851—1861）就成立了"汀龙会馆"。它是潮州最大的一座会馆，有箩纸纲、福纸纲、龙岩纲、履纲、九洲纲、运河纲、武平纲、本立纲、上杭纲、莲峰纲等行业纲和地缘纲组成。可见当时汀州、龙岩州商人在潮州相当活跃。随着全家都在潮州的从业者越来越多，子女读书渐成问题，汀龙会馆于是在民国初年创办了"汀龙旅潮小学"，专门招收汀州及龙岩州在潮人士的子女入学就读。1935年，汀龙旅潮小学共有8个班级，300多名学生，可见当时旅潮汀龙移民已有一定规模。

二、倒迁浙赣

客家民系、福佬民系本来是因为中原南迁汉人由浙赣入闽，由闽入粤，融合闽粤当地土著而形成，最终将闽粤赣边山区和东南沿海的泉、漳、潮地区变成两个汉族民系的基本住地的。但自元末明初开始，有大批闽粤客家人和福佬人回迁至赣南、赣中、赣西北和浙西、浙南等地，形成一股又一股倒迁浙赣的潮流，使两个民系尤其是客家民系进一步发展壮大，也从而奠定了闽粤赣客家大本营的基本格局。

先看倒迁入赣。

明清时期闽粤两个民系倒迁入赣的原因，从迁出地闽粤两省看，主要是元末明初以来少涉战祸，经济开发速度较快，人口增殖也快，人多地少的矛盾突出，外迁寻找新的生存发展空间渐成常态。加上明代沿海倭寇侵扰，明末清初社会动荡，尤其是明郑政权与清廷反复拉锯战以及清廷为对付郑氏集团而实行"迁界"政策等，都使闽粤人民不得安宁而思外迁。从迁入地江西看，首先是叠经元末明初至明中叶多次民族起义及明末农民战争的冲击，生灵涂炭，人口凋残，出现了田园荒芜、地旷人稀的局面，生产的恢复、田园山村的垦辟，都需要借助外来的劳力；其次是由于商品经济的发展，江西优质的山林竹木资源的开发和赣江北流形成的通往江浙经济发达地区相对便利的交通条件，具有吸引和容纳外来劳力来此经营商品性山林经济的广阔空间。

闽粤倒迁入赣的第一次高潮出现在明中期。其时，"闽广流寇"犯境大增，朝廷于天顺八年（1464）特设南赣巡抚对付赣闽粤边寇乱不断的形势，又于成化年间（1465—1487）任命洪钟"安辑江西福建流民事"。② "闽粤流民的'进扰'、流聚，官府随之而来的'讨平'安辑，是当时客家入迁南赣的一种特殊方式"。③ 崇义、定南、长宁（今寻乌）三县的设置，就是为了安插受招抚的流民，当时被称作"新民"。如崇义县就是大儒王阳明任南赣巡抚时取得"征漳寇"和"征粤寇"的胜利后，除了上奏朝廷设置平和县和和平县外，也为"征赣寇"和安置"新民"设置的。

清代倒迁入赣者主要有三种情况，一种是应当地政府的招垦复业和业主的招佃。因为较长时间的寇乱等原因，许多地方旧荒未垦，新荒又生，所以官府多次颁布招垦令。闽西毗邻赣地，故应招迁入者众。先期迁入者亦常牵带有血缘或地缘关系者迁入，呼朋引类，招徕同乡同宗之人，甚至建村立寨。当地田主则"城中世业悉属下乡，招闽广流寓赁耕"，"先代相仍，久耕一主之田至子孙十余世，近者五六世、三四世"。宁都直隶州下辖之宁都、瑞金、石城三县，与闽西接壤，所以佃耕者闽西人占绝对多数，"建宁、宁化之人居十之七八，上杭、连城居其二三"。④ 有学者据当地地名志研究，宁都县"明清两代自闽迁入，原籍清楚的基础村共171个自然村，其中，宁化、建宁140村，上杭、连城31村，分别占总数的81.8%和28.2%，与当地学者魏礼的估计相合。瑞金县、石城县的客家人，也大都来自闽广流寓之人，尤以闽佃者多。"⑤

倒迁入赣的第二种情况是明郑旧部降清后被安插于兴国、赣县等处屯田。这部分明郑将士，大多来自闽西南，包括汀州府、漳州府龙岩、南靖、平和等

---

① 丘永源主编：《长汀县志》卷9《土纸》，1993年，第256页。
② 《明史》卷187《洪钟传》。
③ 万芳珍、刘纶鑫：《客家入赣考》，《南昌大学学报》1994年第1期。
④ 道光《宁都直隶州志》卷10《田赋志·土贡》，魏礼《魏季子文集》卷8《与李邑侯书》。
⑤ 万芳珍、刘纶鑫《客家入赣考》，《南昌大学学报》（社会科学学版）1994年第1期。

县。因而如今的兴国方言除客家话外，亦有少数村庄讲闽南话。他们有的随郑氏抗清半途叛郑降清的，也有追随郑氏入台后于清廷收复台湾后被遣回集体安插的。如康熙八年（1669），"敕遣海澄公标下都督总兵许员屯田于赣，蔡璋屯田于兴"。次年春，蔡璋就率属下"目兵千有余人，扶携家口至县"，郡守亲自到兴国县"按籍授田而析置之"。① 其时郑氏仍据台未降，许员、蔡璋等应是叛郑降清者，被以礼安置，郡守亲迎，授田安置，借以招降纳叛。

倒迁入赣的第三种情况是经济利益驱动，尤其是有种麻、种蓝传统的汀州府客家人。

如赣西袁州府，自明中期开始就有闽省客家人受招入迁赁山种麻。府志载："百年以前，居民因土旷人稀，招入闽省诸不逞之徒，赁山种麻。"② 袁州府属宜春县志载："宜无所谓棚民也，以彼傲地耕山，因名之。……要皆系闽粤不根，流寓邻省，诸治山谷间，艺麻为业。……万历末始至宜，初寥寥散处，冬归春集，迄崇祯，实繁有徒，群萃蓬处，形连势贯，依倚为奸。"③ 同属袁州府的万载县志也有类似记载。这些记载虽然对前来种麻之人多有不尊，甚至说其为闽省"不逞之徒""依倚为奸"等，但从"冬归春集""种麻""艺麻为业"等记述可以看出，这些"棚民"应是闽汀人，因为汀人种麻、艺麻，术业有专攻。

又如赣北的瑞州、南昌等府。瑞州新昌（今宜丰）至迟在明末，其黄岗山就有赁山种蓝的福建流民。县志载："天启间，福建流寓种山者，自愿立棚开垦，插蓝认租。"④ 雍正元年（1723），从台湾逃出的上杭人温上贵曾潜匿新昌，"在具之港口（今车上）谋逆，通结义宁州、万载棚民"，"出入（黄岗）洞中聚众骚扰"。⑤ 种蓝也是闽汀人的专利，而且上杭人温上贵能在该地出入自如，聚众谋逆，说明当地棚民或多有其老乡。

南昌府属义宁州的反清斗争于康熙十七年（1678）被镇压下去后，知州班衣锦奉旨向闽、粤、赣南等地发出招贴，招民垦荒。于是福建的长汀、上杭、武平、宁化等地有大量客家人扶老携幼成批迁义宁州，开山垦荒，搭棚居住，种蓝种麻，亦称"棚民"。州志载："迨自康熙三十年（1691），国家生齿日繁，闽广诸省之人散处四方，分宁（义宁州别称）地广人稀，因而诸省之人扶老挈幼负耒而至。"⑥ 对于棚民的治理，清廷虽于雍正二年（1724）颁有《棚民保甲法》，规定"江西、福建、浙江三省棚民……已置产业并愿入籍者，俱编入土著，一体当差"，⑦ 但义宁州却由于当地土著多方阻挠而另立都图，另给学额以解决棚民子弟科举问题，"以怀远为名，隐寓招携之义，其秀者令为义学，课习五年，俱得一体考试，卷面注怀远字样……"⑧ 故今修水客家仍被称为"怀远人"。

义宁州"旷土之租甚轻，久荒之产极沃，而无产之人得土耕种，其力倍勤，故不数年家给人足，买田置产，歌适乐郊矣"。⑨ 早到之人凭借自己的勤劳和智慧发展起来，很快买田置产，落地生根。后来者则大多先为佃农，为棚民，在艰苦的条件下种麻种蓝，也逐步落籍为当地客家人。据史志记载，道光年间（1821—1850），"武乡二十七都大函山，源深谷邃，内有金鸡洞，闽广棚民在内种植，皆编立保甲，盖棚十余所，俱有山主租赁"，奉乡十八都麻洞，山谷内"岩穴幽暗，丛木蕃郁，向为异物所据，近有闽广之民，结棚赁垦，各有业主保领"。⑩ 可见闽广移民为数不少。

著名史学大师陈寅恪的陈氏家族，就是清初从上杭县倒迁入赣的。雍正末年（1735），陈寅恪的先祖陈鲲池与兄公远弟公升从上杭县来苏里中都琳坊天灯树下灯盏窝，迁入南昌府义宁州泰乡七都竹段里。定居后第二代就开始发达，第四代开始崛起科举人才。

---

① 同治《兴国县志》卷14，《武事》。
② 同治《袁州府志》卷5，《武备志·扼塞》，卷97《艺文》。
③ 民国《宜春县志》，《田赋志·户口附》。
④ 同治《新昌县志》卷8，《分讯》。
⑤ 同治《新昌县志》卷9，《职官志》；同治《义宁州志》卷2，《地理志·扼要》。
⑥ 同治《义宁州志》卷12，《食货志·户口》，卷2《地理志·扼要·乡都》。
⑦《清文献通考》卷19《户口考》。
⑧ 同治《义宁州志》卷12，《食货志》。
⑨ 同治《义宁州志》卷12，《食货志·户口》。
⑩ 万芳珍、刘纶鑫《客家入彰考》，载《南昌大学学报》，1994年第1期。

陈寅恪的爷爷陈宝箴于咸丰元年（1851）中举，累官至湖南巡抚，领导了晚清史上影响巨大的湖南新政。陈寅恪父亲陈三立是"维新四公子"之一，"同光诗派"的代表人物。寅恪兄弟衡恪、隆恪、方恪、登恪，皆在诗、画、文、史诸方面声名显赫。

比起倒迁入赣较为复杂的多种情况来，闽西人倒迁入浙的情况较为单一，即受经济利益驱动，应招前去种麻种菁者多。据著名学者曹树基先生研究①，情况大抵如下：

云和县，该县因受明清之际"兵匪"和"三藩之乱"的蹂躏，云和、龙泉、庆云、景宁之间，"沿溪一带，尽成荆棘"，闽西人入迁此处垦殖，居住于龙泉溪两岸的赤石、桑岭之间，以致"赤石、桑岭之间纯乎闽音，多福建汀州人侨居者"。②其"纯乎闽音"即汀州客话。

松阳县，县志载："汀州腔，石仓源、小巷一带及清源岔等处语之。"③石仓源、小巷和清源岔毗邻云和县，其汀州腔客话已连成一片，可见闽西客家人在当地已"反客为主"。

青田县，青田县北瓯江两岸的沿江丘陵地带以及西南小溪江两岸皆闽西客家移民。另据傅长盛《瓯江汀水一脉亲》一文介绍，青田县小坪坑傅氏1829年编修的族谱记载，傅氏先祖允辉公清朝乾隆初年在"福建汀州府上杭县古田里交垟土名甲子坳居处"。"古田里交垟"即今上杭蛟洋。据蛟洋傅氏族谱载，明末至清朝乾隆末年一共有200多人搬迁浙江。④

丽水县，民国县志记载："靛青，闽人始来种之，俱在山，今渐种于田矣。"⑤"在丽水南部的瓯江两岸，当地农民内部交流用的不是本地方言，根据云和县和青田县的情况，可以推证此区有一定数量的闽汀客家人分布，所用方言即客家话。他们是'三藩之乱'后从福建汀州迁入的。"⑥

宜平县，在丽水和松阳两县邻接处，清代设有宜平县。现为丽水、松阳和武义县所分辖。清初人云："至于一切百工之业，俱为异郡寄民所专，尤见钝绌，靛苎诸利，归之闽人。"⑦种蓝植麻之闽人，应为汀州客。

龙泉县，该县迁入闽西棚民较多。清顺治《龙泉县志》云："土著鲜少，客庑多闽暨豫章。"⑧光绪《龙泉县志》曰："溪岭深邃，棚民聚处，种麻植靛，烧炭采菇，所在多有。唯木厂实繁有徒，易藏奸匪。""其民与江右暨闽县异姓勤播植，旁山结茅。"⑨这些棚民大多来自福建与江西，当地土著与其一道搭棚耕山。在《浙江省龙泉县地名志》中，28个有迁入时间和地点的族谱资料中有6种是闽西汀州客家族谱：李车坑村巫氏迁自福建长汀，道太源村廖氏和锦祥村廖氏迁自福建上杭，墙头巫氏、碧龙杨氏、杉皮寮黄氏都迁自汀州，迁入时间是康熙、雍正年间（1662—1735）。

遂昌、景宁、缙云等县，亦"田瘠畏旱，多种麻靛，闽人杂处"。⑩缙云县赵长庚所藏89种族谱中，有上官、蓝、赖三姓的6种族谱记载先祖迁自汀州。

泰顺县，清光绪《泰顺分疆录》卷二载："自康雍以后，我汀州人入山种靛，遂至聚族而居，今皆操汀音。"

汤溪县，清乾隆《汤溪县志》卷一引万历旧志有云："闽人依山种靛为利，"光绪《遂昌县志》卷六则载："崇祯戊寅（1638），闽人种麻靛者发难于金华，""汀州人邱凌霄父子与金华人陈海九有隙，勾海贼称兵作乱"。这里所谓金华即其属县汤溪，汀州人于明万历前就已在那里"依山种靛"。

---

① 曹树基：《清代前期浙江山区的客家移民》，收入吴泽主编《客家学研究》第4辑，华东师范大学《历史教学问题》增刊，1997年。
② 同治《云和县志》，《木垟刘氏宗谱》，1932年修，云和县图书馆藏。
③ 民国《松阳县志》卷6。
④ 傅长盛：《瓯江汀水一脉亲——浙江丽水市闽西客家移民考察散记》，闽西客家联谊会编，张佑周执行主编《闽西客家外迁研究文集》，海峡文艺出版社，2013年，第200页。
⑤ 道光《丽水县志》卷14，《杂记》。
⑥ 曹树基：《清代前期浙江山区的客家移民》，吴泽主编《客家学研究》第4辑，华东师范大学《历史教学问题》增刊，1997年。
⑦ 顺治十三年（1656）《宜平县志·风俗》。
⑧ 顺治十二年（1655）《龙泉县志·序》。
⑨ 光绪《龙泉县志》卷11，《风俗志》。
⑩ 乾隆《景宁县志》卷2，《风土地》。

江山县，县南山区多有汀州客家聚居。清康熙《江山县志》载：崇祯十五年（1642），江山县"二十七都闽人种靛者揭竿而起，屠戮张村、石门、清湖等处"；顺治五年（1648），"闽寇魏福贤嚣聚亡命，出没三省"，至顺治"十四年三省会剿始平，丁壮死徒殆尽，往往乡行竟月，绝无人烟"。① 江山南部山区20种族谱来源，列表如下：②

原籍 时代	本区	福建汀州	福建其他	南丰	徽州	合计
清以前	1	1	1	—	2	5
清代	1	11	2	1	—	15
合计	2	12	3	1	2	20

据上表，20个姓氏中源自汀州的有12个，占60%，可以说明此地汀州移民占绝大多数。

龙游县，民国《龙游县志·氏族志》载："经明末清初之乱，继以耿精忠之乱，旧族丧亡不少，而迁来者福建长汀人占十之七八。"这里提及的长汀人应是汀州各县人。该志卷8还记载有43个迁自福建长汀的移民所建的村庄，占今龙游县南部溪口区自然村的10%。

此外，浙西山区也有部分闽汀移民入迁。

三、挺进西南

龙岩地区移民挺进大西南包括移民桂黔和巴蜀等地，前者以常态化移民为主，后者主要是跟上"湖广填四川"之移民大潮。

（一）移民广西、贵州、陕南

广西壮族自治区为多民族聚居之地。自宋末元初始，广西就开始接纳闽粤赣客家移民，至明末清初，广西各地都有客家移民入迁，因而广西也成为客家聚居大省，据称现有客家人口560万，其中有许多祖籍汀州者。

早在宋末，就有福建汀州上杭人吕康年、吕迎年兄弟，因避宋末兵燹，由上杭经汀江、韩江南下潮州，再经南海西渡至钦州，是为钦州吕氏之始迁祖。③

元初，福建上杭人刘高千迁居广西博白，是为博白刘氏之开基祖。与此同时，刘高千之堂兄弟刘潜（字汉山，号月洮）官郁林知州，即在任立业，后裔分居州属各地。④

明万历二十七年（1599），福建上杭人黄佑经广东程乡、英德、封川（今封开县）迁广西岑溪，为岑溪黄氏开基祖。⑤

明有刘通礼者，"字法明，明朝庠生，原籍福建汀州府上杭县，于明成化年间（1465—1487）游学至博白，因过三瑾堡东乡，遂置产报籍，开基于良陂塘"。通礼生子七人（千一至千七），抗法名将刘永福即千一之十二世裔孙。

明弘治年间（1488—1505），汀州府武平县刘福八偕弟福九并携三子迁居邑之亭子堡。其武平同乡刘陈常则于正德年间（1506-1521）迁入华尖岭。

明嘉靖年间（1522—1566），汀州刘永通、永达迁博白，先居县城，再迁东平。福建武平人刘思睿经粤西石城县迁东乡大旺岭。⑥

明初有王茂显，祖籍福建省汀州。因"宦游琼海"，致仕后归里，"路经白州，慕形胜，遂家焉"。先居王村，旋徙居略塘。子宥余、海余、象余。⑦ 语言学家王力即其后裔。

陆川盘龙王氏，旺村坡范氏，沙坡徐氏，皆于明末来自福建上杭；温山、松上、仓亭吴氏，木岛、沙

---

① 康熙《江山县志》卷9，《灾祥》。
② 资料来源：江山县方志办毛永国提供江山县氏族调查笔记及曹树基调查的族谱，曹树基制表。
③ 李峤编纂：《吕迁善公族谱》，乾隆十五年（1750年）。
④ 罗香林辑录：《客家史料汇编》本编，《族谱中之客家源流·刘氏》。
⑤ 新编岑溪《黄氏族谱》。
⑥ 博白：《刘氏族谱》，1934年修，参见钟文典《广西客家》，广西师范大学出版社，2011年第24页。
⑦ 朱德华：《博邑略塘王氏族谱》。

湖、低山谢氏，明代来自福建。①

罗城县新村谢氏，祖籍福建汀州峨嵋村。明嘉靖年间（1522—1566），谢颜政远来广西，入居罗城大梧村。后移居村外，自成村落，即谢村。②

清代咸丰、同治年间（1851—1874），福建汀州府连城县人罗仕榜、魏礼川先后迁居桂林，是桂林罗氏与魏氏家族之始迁祖。③罗仕榜是走信客，每年从连城经江西、湖南走桂林，日行60里。除带信件外，还在沿途以挑小商品出卖为副业。从罗仕榜走信也可以看出，当时闽西人迁徙广西者不少，且与祖籍地亲人仍有书信、银钱往来。仕榜第五子罗焻致，年轻时在湖南钱铺当学徒，出师后于桂林创办"罗义昌银钱兑换铺"，除经营银钱兑换外，还兼营存款、放贷业务，并做"放官账"生意，很快发迹，成为桂林首富。

康熙年间（1662—1722），福建汀州客家人陈珦携眷西去，经广东南雄入桂。先至浔州府平南县之水均村，旋迁梧州府藤县大黎里花州村。康熙十八年（1679），择居于大黎江畔黄婆村，未久，再迁黄婆村附近之西岸村落业，太平天国英王陈玉成，即陈珦之第六代孙。④

约在乾隆中期，祖籍福建汀州府上杭县之刘德仕，从广东化州陆传岭迁博白，在三滩长岗岭立业，是为博白长岗岭刘氏支系之始迁者。

乾隆末年，福建汀州府武平县人刘一仕，率族人经广东石城县仓下村迁入博白县沙贴山立业，是为博白沙贴山刘氏支系。⑤

北流县谢氏之族，清初从福建连城迁至北流县坡一、下二、扶东等处。⑥

贵县城厢罗氏之族，先祖原居福建汀州，于乾隆初年从福建挑通书至广西出售，遂定居贵县。著名学者罗尔纲先生即其后裔。⑦罗氏所挑通书，应是连城四堡雕版印刷的书籍。

清代前期龙岩地区远徙广西的移民如潮，究其原因，主要是广西当时仍地广人稀，政府实行招垦政策，课税轻微，对于地少人多无地或少地可耕的龙岩地区贫民来说，无疑极富吸引力。

龙岩地区移民云贵者不多，但因中国工农红军"四渡赤水"而闻名于世的黔北重镇赤水的竹海国家级森林公园的万顷竹林，却与上杭人黎理泰密不可分。

据清嘉庆《仁怀县草志》卷8载："（仁怀）厅境向无楠竹，乾隆三十四年（1769），闽人黎理泰自福建上杭县携三根栽种。今种者渐多，冬笋味美。"

黎理泰（1741—1811），字升达，原居上杭县太拔乡张芬村，约16岁时远赴贵州赤水打工谋生。据考最早迁居赤水的上杭太拔张芬村人是黎作模。相传黎作模的曾祖父黎志远曾为乾隆帝师，被疑与乾隆母亲有染而惶恐不安，趁回老家奔丧而不再回宫。乾隆登基后欲接师回宫，但惊恐过度的黎志远曲解上意，恐累及家人，上吊自杀。乾隆悉，大为恼火，降旨"永不录用福建黎氏生员为官"。黎氏家族于是人人自危，不少族人迁徙外乡，黎作模初到怀仁厅，在衙门口摆摊卖水烟（应是永定条丝烟，时永定条丝烟已远销云贵），与衙门师爷、差役交好，后帮城里二甲后槽富户周树云打赢官司。周树云以作模聪明能干，请其至后槽经营蓝靛，获益丰厚。扩大规模后，人手不济，遂去信老家邀族人前去打工。

黎理泰家兄弟多，家境贫寒，年仅15岁便承家庭重担，出门经营小生意。闻远房堂兄作模招人，便独自一人来到赤水后槽。聪明能干的理泰也很快得周树云赏识，将爱女许配给他，并将蓝靛交其经营，不出几年，如日中天。因惦念父母兄弟，欲请他们迁赤水，却因父亲去世，母亲病多不愿远徙他乡，遂留下三弟珍泰在老家照顾母亲，二弟碧泰、四弟玢泰、五弟琨泰三人投奔大哥。乾隆三十四年（1769），家大业大的兄弟四人一同回上杭，欲接老母及三弟团聚，但母亲仍执意不肯离乡，兄弟四人于是将家乡满山遍野的毛竹（谐"母竹"），挖四根竹种带去赤水后槽。一路上，竹种装在特制木桶中，被精心呵护，历时三个多月，行程八千多里，花银三百多两。栽种后

---

①《广西通志稿·社会编·氏族二》。
②《新村谢姓祖先来源》，见《罗城仫佬族民族来源》第二部分，《四把乡仫佬族民族来源》。
③罗启鉴口述，张心微整理：《清代桂林世商罗焻致》，魏继昌《我的自传》，俱见《桂林文史资料》第七辑。
④参见钟文典：《太平天国英王陈玉成籍贯考》，《文物》，1979年第7期。
⑤刘景祝：《博白刘姓的来源与发展变迁》，玉林市《大众桥极》，1999年7月10日。
⑥钟文典：《广西客家》，广西师范大学出版社，2011年，第38页。
⑦钟文典：《广西客家》，广西师范大学出版社，2011年，第40页。

成活三根，后经一再移栽，终于长满赤水群山。上杭移民黎理泰终于完成造福赤水人民的移竹壮举，他也因此而成为赤水名人。①

据陕西学者陈良学的调查，秦巴山区在明清时期也有多支岩籍移民千里迢迢迁去开发定居，繁衍生息。②

（1）龙岩罗氏。今安康市五里区傅家河罗氏，其始祖罗泽成，原籍福建龙岩。明天启二年（1622）携其妻翟氏迁徙至河南，崇祯八年（1635），罗泽成从军驻防陕西洵阳，为"避乱徙兴郡隶于安邑"，来到傅家河西岸居住。生二子，长世臣，次世卿。后世臣一支迁居傅家河东岸。自此，傅家河东西二庄均为罗氏发祥地。350多年间繁衍了"世尚守行，文人正士应天兴，德先长延永继承"十八代裔孙。

（2）龙岩张氏。迁秦始祖鸿远公，原居于漳州府龙岩州北门所内方湖帮老营头，妣盛氏，生子四，长子、二子飘流海外，三子宗礼、四子宗仁各生一子，曰世宾、世勋。康熙年间（1662—1722）盖因"家业中衰，故乡难守"，遂举家迁徙至湖南宁乡。乾隆六年（1741），其裔又"不欲于楚"，乃徙籍于陕西汉阴。

（3）武平谢氏。武平谢氏原居武平新城中街（今中山镇），乾隆十五年（1750），迁陕西始祖谢世显为生计所迫，远迁陕西安州之汉阴县，后又迁安康等地。迁陕二世有陞，三世元恭、元敬，传至四世有堂兄弟七人，依次为玉瑚、玉琏、玉瑛、玉璋、玉廷、玉衍、玉琦，后世称为"七大房"。此后，武平谢氏在陕南不断繁衍发展，成为名门望族。

4．上杭赖氏。乾隆中期，上杭赖氏七兄弟天元、太元、高元、升元、禄元、福元、寿元及聪顺等千里迢迢迁徙至陕西省兴安府，布居于安康县恒口、紫阳县松河流域等地，200多年来，世代繁衍，已成为当地望族。其派语云："元云立泰久，景延祯善昌，后从成沿一，永远茂馨香。"

（二）移民四川

龙岩地区移民四川，大多在明末清初之后。由于明末农民战争和明清鼎革造成的长期战祸，四川人口锐减，天府之国大片蛮荒。清朝稳定政权之后，为了恢复四川粮税大省地位，颁布了一系列移民垦荒的优惠政策，导致南方十几个省持续百年的移民入川运动，俗称"湖广填四川"。时届龙岩地区人稠地狭，勇于开拓创新的客家人和福佬人于是搭上"填四川"的顺风车。为更好地反映龙岩地区移民入川情况，根据多位学者从族谱、方志等梳理出来的资料，制成的从不同角度反映龙岩地区移民入川情况表如下：

表1　族谱资料所见岩籍（龙岩地区）移民迁出地列举表③

原籍	迁川地点	入川姓氏	资料来源
汀州府	内江	林春福	民国《内江林氏家谱》
上杭县	内江、隆昌、资中	冯汉玉、蓝仲荣、廖兴潮	民国《内江冯氏族谱》、光绪《蓝氏族谱》、民国《续修资中廖氏族谱》
永定县	德阳	江涵滨	民国《德阳江氏宗谱》
武平县	内江	邱玉奇	民国《内江邱氏家乘》
长汀县	彭县	魏成极	民国《彭县魏氏族谱》
龙岩州	内江、金堂	陈王成、廖可群、魏宏德、傅荣沐	民国《金堂陈氏族谱》、民国《内江廖氏族谱》、民国《内江魏氏族谱》、民国《成都傅氏族谱》

---

①参见邱立汉：《外迁贵州的闽西客家人黎理泰》，张佑周主编《客家祖地·闽台客家》，中国言实出版社，2015年，第31~33页。据邱立汉考证，《福建上杭黎氏族谱》有载，黎作模与黎理泰同为太拔张芬村十六世黎中锋曾孙，故相传黎志远为黎作模的曾祖父有误。黎志远疑为黎致远。据《福建上杭黎氏族谱》载，上杭一世祖黎十二郎次子三九郎移居长汀水口乡，十一传有黎致远，系汀州黎士宏之子。《长汀县志》有黎士宏传。

②陈良学：《明清闽粤客家人内迁对秦巴山区的开发》，收入闽西客家联谊会编、张佑周执行主编《闽西客家外迁研究文集》，海峡文艺出版社，2013年，第170~174页。

③据刘正刚《清代福建移民在四川的分布》改制，原文载嘉应学院《客家研究辑刊》，1996年第2期。

表2 地方志资料所见岩籍移民迁出地列举表①

原籍	迁川地点	入川姓氏	资料来源
上杭县	云阳、南溪、合川	赖信、陈世宽、卢牟、黄氏、徐灼山	民国《云阳县志》卷23、民国《南溪文征》卷1、民国《合川县志》卷9
永定县	内江	蓝氏	光绪《内江县志》卷7
武平县	内江	朱氏	光绪《内江县志》卷7
武平县	三台	王书岸	民国《三台县志》卷22
武平县	中江	王灵贡	民国《中江县志》卷21
长汀县	华阳	林毓麟	民国《华阳县志》卷15
长汀县	内江	黄氏	民国《内江县志》卷14
漳州府	井研	薛氏	光绪《井研志》卷17

表3 岩籍移民迁川实例列举表②

原籍	迁川地点	入川姓氏	迁川时间
汀州	内江	林氏	不详
汀州	内江	冯氏	康熙五十年（1711）
汀州	隆昌	蓝氏	康熙六十年（1721）
上杭	云阳	赖氏	康熙
上杭	合川	徐氏	康熙五十一年（1712）
上杭	南溪	黄氏	清初
上杭	云阳	陈氏	乾隆
上杭	资中	廖氏	乾隆四年（1739）
上杭	云阳	卢氏	道光
永定	德阳	江氏	康熙中期
永定	内江	蓝氏	雍正
武平	内江	邱氏	乾隆初期
武平	三台	王氏	康熙
武平	内江	朱氏	清初
武平	中江	王氏	康熙六十年（1721）
长汀	彭县	魏氏	康熙四十七年（1708）
长汀	内江	黄氏	清初
长汀	华阳	林氏	康熙

① 据刘正刚《清代福建移民在四川的分布》改制，原文载嘉应学院《客家研究辑刊》，1996年第2期。
② 刘正刚：《闽粤客家人在四川》，广西教育出版社，1997年，第55~56页。

续上表

原籍	迁川地点	入川姓氏	迁川时间
漳州	井研	薛氏	乾隆中期
龙岩	井研	谢氏	雍正
龙岩	内江	廖氏	康熙四十九年（1710）
龙岩	金堂	陈氏	康熙初期
龙岩	内江	魏氏	康熙五十五年（1716）
龙岩	金堂	傅氏	雍正七年（1729）

表4 岩籍移民迁川实例列举表[①]

原籍	迁川地点	入川姓氏	迁川时间	资料来源
长汀	郫县	陈氏（逸仙）	清前期	郭启熹实地调查
长汀	岳池县普安、顾县	吴氏	康熙年间（1662-1722）	郭启熹实地调查
汀州	江津五举沱	许氏（应千）	康熙六十一年（1722）	江津《许氏族谱》
长汀	内江东乡	刘氏	康熙六十年（1721）	郭启熹实地调查
长汀	内江白马庙	钟氏	乾隆十九年（1754）	郭启熹实地调查
汀州	资阳蓝家坡	蓝氏（连兴）	康熙三十九年（1700）	资阳《蓝氏族谱》
长汀	四川	郑氏	不详	长汀《郑氏族谱》
上杭	南溪	包氏	不详	《闽杭包氏族谱》
上杭	璧山	陈氏（振万、左玉、右玉）	康熙五十七年（1718）	隆昌曾一书藏《闽岩蜀派陈氏族谱》（油印本）
上杭	简阳石桥	傅氏（万一）	康熙五十九年（1720）	上杭蛟洋《傅氏族谱》
上杭	邻水	张氏（相芬、相芹、相书、淑成）	康熙五十四年（1715）	邻水县《清河堂张氏族谱》
上杭	四川石壁、彭县	雷氏	不详	上杭《客家姓氏源流汇考》
上杭	仪陇	潘氏	康熙五十四年（1715）	郭启熹实地调查
上杭	四川	丁氏（宗兴）	康熙五十七年（1718）	郭启熹实地调查
上杭	四川	饶氏（共7支）	不详	平阳（上杭中都）《饶氏族谱》
上杭	夔州等地	孔氏（兆连、继开、兴缵等）	不详	闽杭《孔氏族谱》
上杭	内江	王氏	不详	上杭《客家姓氏源流汇考》
上杭	重庆府	叶氏（桂德）	不详	上杭中都《叶氏族谱》

[①] 据郭启熹《闽西客家入川移民开拓调查》制表，闽西客家联谊会编，张佑周执行主编《闽西客家外迁研究文集》，海峡文艺出版社，2013年，第150~157页。

续上表

原籍	迁川地点	入川姓氏	迁川时间	资料来源
上杭	遂宁等6县	刘氏多支	不详	上杭稔田《刘氏族谱》、上杭中都《刘氏族谱》
上杭	四川	周氏（三满、九郎、经生、纬生、观生）	不详	上杭《客家姓氏源流考》
上杭	四川	罗氏	不详	上杭《客家姓氏源流考》
上杭	四川	曾氏（有升率五子）	不详	上杭《客家姓氏源流考》
上杭	江津、峡江等	黎氏（有辉等11人）	不详	上杭张芬《黎氏族谱》
上杭	四川	范氏	不详	上杭《范氏族谱》
上杭	四川	邹氏（文林）	不详	上杭《范阳邹氏族谱》
上杭	四川	赖氏（十四郎）	不详	上杭《客家姓氏源流考》
上杭	隆昌南乡	梁氏（瑞睦）	不详	四川隆昌《梁氏族谱》
上杭	四川	廖氏	不详	上杭《客家姓氏源流考》
上杭	遂宁	熊氏	不详	上杭《客家姓氏源流考》
上杭	四川重庆	蓝氏（淑旺、生宽等）	不详	《闽杭庐丰蓝氏族谱》
上杭	四川重庆	袁氏（32支）	不详	上杭白砂《袁氏族谱》
上杭	四川	吕氏（惠光、朋充、寿光）	不详	上杭《吕氏族谱》
上杭	内江东乡	冯氏（汉玉、德玉、云玉、清玉等）	康熙五十年（1711）	上杭《冯氏族谱》
上杭	四川	何氏（正北、正东等4支）	不详	上杭中都《何氏族谱》
武平	四川	蓝氏	康熙五十九年（1720）	民国《武平县志》
武平	西昌、南溪、内江	张氏（元扬、文英、文贵等）	乾隆后期	陈世松《四川客家历史与现状调查》、武平上赤《张氏宗谱》
武平	富顺	何氏（忠贵）	乾隆七年（1742）	何安庆《过四川苦难当——漫谈清代入川的武平何氏》
武平	内江、资阳、江津、壁山、贾嗣	钟氏（钟鸣、拔英、俊潘、日余等）	雍正年间（1723-1735）康熙五十九年（1720）乾隆十年（1745）	四川资阳《人口志》、四川江津《钟氏族谱》
武平	重庆	何氏	不详	武平《何氏族谱》
武平	富顺	林氏（志昭）	康熙五十一年（1712）	隆昌冲曾一书藏《林氏族谱》
武平	四川	谢氏（福伟等8人）	不详	武平《谢氏族谱》
武平	中江	吴氏	不详	武平《吴氏族谱》
武平	重庆、名山县	高氏（启明、永书、有必）	不详	武平《高氏族谱》

续上表

原籍	迁川地点	入川姓氏	迁川时间	资料来源
武平	资阳南乡	童氏（成瑚及五子）	康熙五十九年（1720）	资阳《人口志》、《童氏族谱》
武平	四川	龚氏	不详	武平《龚氏族谱》
武平	荣昌、资阳、内江	刘氏（梦夔等）	康熙六十年（1721）	民国《武平县志》、四川《资阳市志》
武平	中江	马氏《圣芹父子》	雍正丁未年（1727）	林善瑜《客家百姓源流郡望堂联汇考》
武平	内江	邱氏	乾隆癸酉年（1753）	崔荣昌《四川方言与巴蜀文化》
武平	成都	阙氏	不详	林善珂《客家百姓源流郡望堂联汇考》
武平	江津、花县	陈氏（22支及上瑛、上琳、上球）	康熙五十九年（1720）	上杭珊瑚《陈氏三十四郎一脉家谱》、四川《江津的姓氏与战争》
永定	富顺	林氏（宗汉）	康熙五十七年（1718）	隆昌二中曾一书藏《林氏族谱》
永定	四川	江氏（办溪、原岷）	不详	永定高头《江氏族谱》
永定	四川	游氏	不详	永定大溪《游氏族谱》
永定	金堂	廖氏	不详	永定湖雷《廖氏族谱》
永定	四川	黄氏	不详	1994年《永定县志》
永定	仁寿、中江	胡氏	不详	1994年《永定县志》
永定	四川	简氏	不详	1994年《永定县志》
永定	成都、重庆	阙氏（周勋、云鹏、瑞腾、博万、昌万）	不详	永定《阙氏族谱》
永定	荣昌	郑氏（仕魁、仕章、仕洪）	不详	广西柳江《郑氏族谱》
永定	江津	赖氏（文英）	康熙末年	四川江津赖宝书提供

表5　龙岩州移民迁川实例统计表[①]

迁出地点	迁川地点	姓氏	迁　川　时　间
龙岩州	金堂	傅氏	雍正七年（1729）
龙岩县白土大坟堡	射洪	张氏	康熙年间（1662—1722）
龙岩县万安里	三台	陈氏	雍正十三年（1735）
龙岩州船巷大吉村	资阳	饶氏	乾隆元年（1736）

[①] 据郭启熹《闽西族群发展史》制表，福建教育出版社，2008年，第275~289页。

续上表

迁出地点	迁川地点	姓氏	迁川时间
龙岩龙门小溪	简阳	华氏	康熙五十五年（1716）
龙岩小池	三台	吴氏	康熙五十六年（1717）
龙岩铜钵	岳池	郭氏	嘉庆年间（1796—1820）
龙岩州溪口县	大足	徐氏	乾隆十七年（1752）
龙岩北门	岳池	廖氏	康熙五十六年（1717）
龙岩小池	璧山	陈氏	康熙五十七年（1718）
龙岩白土堡	邱池	黄氏	康熙五十九年（1720）
龙岩州漳平永福	三台	陈氏	乾隆十七年（1752）

表6　清初闽籍移民迁出地分布表①

府（州）	汀州府	汀州府				汀州府	延平府	邵武府	龙岩州		漳州府	漳州			兴化府	永春州
县		长汀县	上杭县	武平县	永定县	宁化县	永安县	建宁县	龙岩州	漳平县		龙溪县	平和县	南靖县	莆田县	
支数	4	3	25	5	1	2	1	2	23	1	1	2	2	9	1	1
占比(%)	4.8	3.6	30.2	6	1.2	2.4	1.2	2.4	27.7	1.2	1.2	2.4	2.4	10.9	1.2	1.2
合计(%)	45.8					2.4	1.2	2.4	28.9		1.2	2.4	2.4	10.9	1.2	1.2

上述列举表表明，清初福建移民迁川潮流是涌向四川主要招垦地区的，而从迁出地看，则有四分之三迁自龙岩地区（表6表明，汀州府和龙岩州迁出的移民共62支，合计占闽籍移民的74.7%），约15万人。

学者对于龙岩地区的迁川移民的研究，到目前为止还是很不深入很不全面的。尤其是巴蜀重镇重庆，辖下多县都有大量的岩籍移民，而上述列举表则较少涉及。还有一些边远地区，学者也未及研究，如据张佑周实地调查，西昌就有一支袁氏宗族迁自上杭。

四、东渡台湾

龙岩地区人士东渡台湾见诸史料最早者是王景弘。据康熙《台湾府志》卷9《外志·古迹》"药水"条载："在凤山县淡水社。相传明太监王三宝投药水中，令土番染病者于水中洗浴，即愈。"同卷"杂记""三宝姜"条曰："凤山县地方有之。相传明太监植姜岗山上，至今仍有产者。有意求觅，终不可得。樵夫偶见，结草为记。次日寻之，费获故道。有得者，可疗百病。"②清吴振臣《闽游小记》有载："澎湖为台湾门户，有三十六屿，中屿俱在海洋中。……曾闻明永乐丁亥（永乐五年，1407年）命

---

① 据乾隆《福建通志》卷2制作。
② 康熙《台湾府志》卷9，《外志·古迹》《杂记》。

大监王景弘、侯显三人往东南诸国赏敕谕。"① 清龚柴《台湾小志》更是明确记载王景弘与郑和七下西洋"遍历诸邦，采风问俗。明宣宗宣德五年（1430），三宝回行，近闽海，为大风所吹漂至台湾，越数旬，三宝取药草数种，扬帆返国"。② 可见，王景弘下西洋时曾二度经停台湾、澎湖。

较早将大批岩籍移民带往台湾者是辅郑治台的汀州人刘国轩和先举抗清义旗后随郑成功渡台的永定古竹人苏逢林。

刘国轩，长汀县四都乡荣坑人，生于明崇祯元年（1628），自幼勤读诗书，胸藏经略，爱好武艺，擅长弓箭，状貌雄伟，聪颖过人。然生逢乱世，怀才不遇，遂投笔从戎。旋以战功升任漳州驻军镇标、漳州城门把总等职。南明永历八年（1654）冬十月，抗清名将、招讨大将军郑成功伐漳州，胸怀抗清素志的刘国轩毅然开门迎郑军，郑成功提拔他为护卫后镇。其后刘国轩跟随郑成功南征北战，于永历十五年（1661）跟随郑成功渡台，驱逐荷兰殖民者，收复台湾，为郑氏建立反清复明基地立下汗马功劳。

郑成功逝世后，刘国轩继续辅佐其子郑经及其孙郑克塽，历任左右武卫、武平伯、征北将军、正总督等职，成为郑氏集团最高军事统帅。

作为郑氏集团的得力干将，刘国轩对郑氏父子披肝沥胆、竭尽忠诚，不仅在郑成功、郑经父子率军驰骋江南，转战闽粤的反清复明战斗中功勋卓著，而且自始至终在郑氏父子收复台湾、开发宝岛、屯田强兵的艰苦创业中身体力行，成绩斐然。他不止一次转战闽粤，也曾深入闽西，带去大批闽西子弟，如苏逢林义军，就是投奔刘国轩后渡台的。

刘国轩积极实行郑成功屯田抚番、辟地强兵的政策，为台湾当地土著的臣服和台湾各民族的和谐发展沤心沥血，功不可没。郑成功认为"为治之道，在于足食"，而"台湾土厚泉甘，膏壤未辟，当用寓兵于农之法，庶可以足食而后足兵，然后观时而动，以谋光复"。③ 刘国轩身体力行，长期致力于在台湾各地剿抚诸番，拓地安民。他曾驻守鸡笼山、半线、东宁、澎湖等地，所驻之处，无不恩威并重，剿抚并举。诸番降服后，刘国轩便"宽以抚之，怀德远来，善为驾驭"，④ 划给诸番足够多的山林、土地，组织屯田之兵及大陆随迁而来或不断偷渡而来的移民与诸番互市贸易、共同开垦，并教给土著耕种之技。于是台湾各地番乱逐渐平息，汉人与诸番和平共处的局面初步形成，刘国轩、苏逢林带去的善于耕山不擅耕海的闽西老乡有了英雄用武之地，开垦了诸多山地。郑氏的屯田足食战略也得以实现。

康熙二十二年（1683）当清王朝统一中国已成定局，施琅率清军攻破澎湖，刘国轩兵败走舸入东宁（今台湾台南）告急，郑克塽召文武议战守之策时，有部属奏议逃窜吕宋，流亡海外，而刘国轩则审时度势，力主以国家统一、民族和解的大局为重，劝克塽归顺清廷，终于使先被葡萄牙、西班牙、日本及荷兰殖民者侵占，后由中国人郑氏集团独力治理而与祖国大陆分裂达50年之久的宝岛台湾实现了回归。刘国轩也与郑克塽君臣一样得到清廷的妥善安置，被任命为天津总兵。

虽然刘国轩及其家人已回大陆，其部属也有不少人被安置回大陆江西兴国等地屯田垦荒，但跟随刘国轩、苏逢林等渡台及郑氏治台期间渡台开发垦殖的许多闽西人却仍然留居台湾，有些人甚至与番女结婚，落地生根。如《武平魏氏族谱》所载，魏氏多人于顺治十八年（1661）渡台，永定高头江氏、下洋胡氏、谢氏等都有数十至数百人在明郑时期渡台。

从康熙二十二年（1683），施琅攻台，郑氏归清，台湾回归大陆版图，清廷设立台湾府起，台湾一直隶属福建省，领台湾、凤山、诸罗三县。雍正元年（1723），从诸罗县析出彰化县，同时增设淡水厅。乾隆五十二年（1787），诸罗改名嘉义。至光绪十三年（1887），台湾才独立设省。厦门市园博园中闽台园展出的台湾收藏家洪明章收藏的镇园之宝"乾隆圣旨匾"清楚地说明了当时省、府、县三级政权隶属关系：

奉天承运，皇帝制曰：任使需才，称职志在官之美；驰驱奏效，报功膺锡类之仁。尔邱锡畴乃前任福建台湾府彰化县训导邱德孚之父，雅尚

---

① 转引自张永和：《客家后裔王景弘八下西洋与海上丝绸之路》，张佑周主编《客家与海上丝绸之路》，光明日报出版社，2016年，第60页。
② 同上。
③ 连横：《台湾通史》，广西人民出版社，2005年，第18页。
④ 连横：《台湾通史》，广西人民出版社，2005年，第22页。

素风，长迎善气，弓冶克勤于庭训，箕裘丕裕夫家声。兹以覃恩貤封尔为修职佐郎前任福建台湾府彰化县训导，锡之敕命。于戏！肇显扬之盛事，国典非私；酬燕翼之深情，臣心弥励。

诏曰：奉职无愆，懋著勤劳之绩；致身有自，宜酬鞠育之恩。尔黄氏乃前任福建台湾彰化县训导邱德孚之母，淑范宜家，令仪昌后，早相夫而教子，俾移孝以作忠。兹经覃恩貤封为八品太孺人。于戏！贲象服之端严，诞膺钜典；锡龙章之涣汗，用表荣施。

乾隆三十六年（1771年）十一月二十五日（印玺一枚：敕希之宝）

据考，匾额文字所涉人物台湾彰化训导邱德孚是上杭县中都镇亲睦招贤村人，科举功名是例贡之廪贡。乾隆三十三年（1768）至三十六年（1771）任彰化县儒学训导，乾隆三十四年（1769）九月至三十五年（1770）七月还兼署台湾府彰化县儒学教谕。

由于同隶福建省，因此，尽管龙岩地区远离海洋，但在清代，岩籍赴台者还是络绎不绝。

像邱德孚那样赴台的朝廷命官，岩籍人士便有不少。他们驻台时间虽然有长有短，而且大多任期届满后回到大陆，但都为皇朝开疆守土和文明教化的推行作出巨大贡献。其中也有不少人携眷渡台，甚至离任后留居台湾，成为大陆迁台移民。

虽然朝廷命官卸任后留居台湾者不多，但投奔、依附这些官员渡台者则大多因为在台湾开发垦殖有较为广阔的空间或经商行医等谋生较易而滞留不归，从而成为落地生根的移民。如永定下洋中川贡生胡檀生，于乾隆六年（1741）至十年（1745）任台湾彰化县儒学训导，期间中川胡氏渡台者便有数十人。虽然在雍正十一年（1733）渡台的胡氏族人胡焯猷已在淡水新庄成功垦殖良田数千甲，带去许多胡氏族人，但投奔在当地为官的胡檀生也是胡氏族人及下洋乡人很好的选择。

自康熙后期开始，像胡焯猷那样追求经济利益、渡台谋生的龙岩地区移民越来越多。"移民们多是为生活所迫而来寻出路的，到台湾以后多数从事佃垦或佣工，这是移民中的主要部分。其次是无业游民或犯罪脱逃的亡命之徒，他们往往'非农非商'。以上两种多是单身汉。再次是商人，除了小本经营以外，也有从事进出口贸易的。此外，还有少数官员和'有力者'，他们通过经商、垦殖，或因军功受赏取得土地，进而成为拓殖的领袖人物。"①

善于耕山的岩籍渡台移民在台湾各地的开发垦殖中有执着冒险精神和艰苦奋斗精神，开发出大片良田，功劳卓著。胡焯猷，"一纸呈请数百甲而不限，业户招集佃丁又私行广垦"，②建造村落，兴修水利，"启田数千甲，岁入租谷数万石"，③"翘然为一方之豪矣"；④新竹县翁厝圳，即为汀州"业户翁氏筑，灌田百二拾余甲"；⑤永定移民张必荣和张沛世合筑永安陂，"灌田六百余甲"，张必荣还与吴必盛合筑福安圳，"灌田三百甲"。⑥永定高头江氏、武平魏氏、钟氏、上杭华氏等，也与中川胡氏一样，赴台移民在台湾北、中、南遍地开花，在各处承租番社田地，务农业商，十分兴旺。⑦

此外，从地名也可以看出岩籍移民遍布台湾各处。如台北石碇、屏东九如有"永定坑"；台中南屯、云林二仑都有"永定厝"；嘉义大林的沟背有永定江氏的单姓村，桃园也有"老江屋"；"菜公厝"其实也是"姓江厝"；云林县元长乡和褒忠乡都有龙岩村（龙岩厝）等等。而在康熙六十年（1721）闽南人朱一贵起事，南部客家人起而组织地方武装自卫，并协助朝廷平乱所形成的著名的"六堆"组织中，参加者计有镇平、程乡（今梅县）、平远、永定、武平、大埔、上杭等十三大庄、六十四小庄。其中永定、武平、上杭客庄即为岩籍移民所建立的村庄。

---

① 陈孔立：《清代台湾移民社会研究》，厦门大学出版社，1990年，第9页。
② 沈起元：《治台湾私议》，《皇朝经世文编》卷84，兵政。
③ 陈梦林：《诸罗县志》卷8，《风俗志·汉俗考》。
④ 连横：《台湾通史》，商务印书馆，1983年，第565页。
⑤ 袁克吾：《台湾》，厦门大学编印，1951年油印本，第191页。
⑥ 连横：《台湾通史》，商务印书馆，1983年，第479页。
⑦ 温振华：《清代三芝一带汉人的拓垦》，台北县文献委员会，1965年。

第三节 移民海外概况

虽然龙岩地区是远离海洋的山区，原先海洋文化成分不多，过台湾的移民大多都像倒迁浙赣和填四川的移民那样垦荒种田，而不是像福佬人和广府人那样既可以耕山也可以耕海。但是自明中期起，本区域客家人和福佬人逐渐向沿海发展，客家文化和福佬文化都逐渐加进了海洋文化内容，增强了向海外发展的冒险进取精神，尤其是作为航海家的龙岩老乡王景弘成功地八下西洋和作为外国使臣的汀州老乡谢文彬回国与家乡互市贸易获利多多之后，过番出洋向海外发展渐成风气。

16世纪以后，一方面龙岩地区人口膨胀，人地矛盾尖锐，需要向外转移人口，拓展生存空间；另一方面，东南亚多地被西方殖民者征服，开发矿山和开垦种植经济作物如橡胶、胡椒、丁香等都需要大量的劳动力。殖民者为发展其殖民经济，便大量招引劳工。于是，本区域客家人和福佬人都步漳、泉、潮福佬人之后尘，向海外拓展。

由于相对闭塞的地域环境条件限制，龙岩地区客家人和福佬人移民海外的人数及其在海外发展的状况都不如广东梅州客家人和漳、泉、潮福佬人。但地处汀江下游且与广东和漳州府接壤的永定客家人以及处于九龙江流域且曾属漳州府管辖的龙岩州福佬人则移民海外者较多，成就也较大。这是因为永定客家人不仅借汀江水道顺流而下潮汕非常方便，所以"金丰、丰田、太平之民，渡海入诸蕃，如游门庭"，① 而且与漳州的南靖、平和接壤，或有同宗族成结亲家者，所以跟随漳州客家人或福佬人渡海者也较多，海外至今仍有的"永靖同乡会"便足以证明其关系的紧密。而龙岩州福佬人则不仅与漳州府福佬人联系紧密，而且与永定客家人也关系紧密，所以无论是九龙江还是永定河、汀江，都可以成为他们的出海通道。于是，得地利之便的永定客家人和龙岩州福佬人的海洋文化精神要强于汀州府其他各县人。

虽然未见诸正史，但有口碑相传的最早移民海外的岩籍人士却是祖籍上杭（今永定）的卢氏家族。该卢氏家族原居南洋，今已散居世界各地。据祖籍永定的美籍华人卢石拱先生的寻亲信件所云，其先祖是"于宋末元初从上杭县溪南里芦竹坝十家街迁居海外的，十家街有座麻公庙"。永定侨史研究专家胡大新先生认为，"宋末元初永定尚属上杭县，永定置县后，溪南里辖仙师、峰市、金砂、丰稔等地，芦竹坝即现在的仙师芦下坝，十家街则有可能是峰市老街，'麻公庙'可能是'马公庙'。芦下坝十家街的卢氏也许是最早迁居海外的永定人。② 虽然胡先生推测"芦竹坝"即"芦下坝"，"十家街"可能是"峰市老街"，"麻公庙"可能是"马公庙"都显得牵强，因为仙师、峰市二乡镇自古没有卢氏聚居（峰市仅4户卢姓人家是20世纪50年代从广东迁来），而且芦下坝是小地名，至今没有村庄，仅有水电站，更不辖峰市老街。但是，卢氏为永定大姓，永定陈东、抚市、坎市等乡镇的卢氏移居海外者不少，因此，卢石拱先生的根在永定应该没有问题，芦竹坝卢氏是龙岩地区最早移民海外的人士应该也没有问题。

龙岩地区有确切史料记载的最早到东南亚的人是连城人李文庆，他于元世祖至元年间（1264—1294）募得乡勇千余随元将高兴征爪哇，收复土罕必阇耶以归，立下军功，后升任汀州总管。虽然他回国升官，但他的部属滞留不归者应有不少。③ 而明成化年间（1465—1487）"以贩盐下海"漂入暹罗后为贡使的汀州人谢文彬，则是个敢于冲破官府权盐和禁海政策，富有开拓精神的人，其适应环境的能力，善于周旋的外交才能以及重商主义的冒险家气质都已有相当的高度，不愧为龙岩地区山民从耕读传家走向海外拓殖的先驱，为龙岩地区客家人、福佬人走出山门、走向海洋、走向世界作出榜样。

明末清初起，龙岩地区客家人、福佬人过番出洋的人数逐渐增多。尤其是汀江、九龙江流域的贸易都有很大发展的有清一代，以潮汕和厦门为中心的转口

---

① 道光《永定县志》卷16，《风俗》。
② 胡大新：《开拓进取的土楼客家人》，收入张佑周主编：《客家祖地·闽台客家》，中国言实出版社，2015年，第25页。
③ 康熙《连城县志》卷7，《人物志·武功》。

市场非常活跃，汀州府和龙岩州的商贩在这两个市场崭露头角。如永定的条丝烟，就有"南到新加坡，北到张家口"之说，汀州和龙岩的草纸，也逐渐占据潮汕出口市场的半壁江山。潮州府的汀龙会馆成为当地最大的会馆，便充分说明汀州府、龙岩州商旅的活跃。于是，像谢文彬和芦竹坝商人卢氏那样出海闯洋者在清初以后也越来越多。有些人甚至成了东南亚一些地方的"开埠"先驱。

如永定县，"明朝末年，永定先民背井离乡，出洋谋生，正是因为家乡生活的'极端贫困'。"① 据永定《范阳卢氏族谱》载，永定坎市镇卢氏第十世国台公与谢氏之子，"出洋莫考"，② 其时在明末。

永定金丰河流域的古竹、高头、大溪、下洋等称金丰里地区，由于地处九龙江和汀江支流的上游，到达漳厦和潮汕海港都较为方便，因而更是较早有人移民海外的地区。

这一时期龙岩地区民众移民海外主要有如下两个原因。

一、反清复明失败逃亡海外

明末清初，金丰里地区的许多客家人参加古竹苏逢林和大埔江龙等人领导的几支抗清义军，失败后或者随苏逢林东渡台湾投奔明郑（成功）集团，或者沿汀江、韩江南逃，渡南海逃往南洋。清廷虽然为了清剿义军以及堵截郑氏集团与闽粤地区人民的联系而颁布了严格的禁海令，但金丰里地区乃至永定、龙岩等地人民偷渡出海者仍络绎不绝。

如，"康熙十七年（1678），下洋镇思贤村吴集庆从广东汕头偷渡到马来亚。"③ 思贤村地处闽粤交界，距大埔茶阳汀江码头仅30里，在该码头乘小船沿江直下潮汕，十分方便。所以思贤村与邻村东洋、翁坑美、觉坑等几个小村子与中川村一样，大抵自明末清初起就掀起了一波又一波的往洋热潮。据思贤村《吴氏族谱》载，差不多与吴集庆同时，该村仕达公派下前往南洋者还有：第八世毓殿公，"往交趾殁"；第八世毓慎公，"往外国故"；第八世瑞诧公，"往宋卡"。④

据翁坑美《张氏孝友堂五世廷玉公裔孙族谱》载："八世祖九吾公，往洋殁。"⑤ 据同谱载，翁坑美开基祖念三郎公逝于明正德二年（1517年）丁丑，历八世应在17世纪末，时为清康熙年间（1662—1722）。

明末清初往洋者有不少是反清复明的义士。"明末清初，许多闽粤一带的客家人有不少是以反清复明为宗旨的洪门（即天地会）的信徒。当时，中国社会动荡不安，许多人选择远渡重洋，到婆罗洲以开采金矿为业。"⑥

有人认为永定人胡靖、张理、马福春等人是反清复明义士的代表。

胡靖，马来西亚半岛槟城庇能打金行祖师，是中川胡氏化身为神的先贤。胡以按《中川史志》将其与中川胡氏十三世胡武撰混为一谈，"十三世祖胡武撰在槟榔屿，是棣番次子，槟城银匠行祀为胡靖祖师。生六子俱往印度尼西亚"。⑦ 据马来西亚文史学者、槟城马来西亚道理学院院长王琛发考证，与槟城海珠屿大伯公信仰有关的"历史最久的文物除了海珠屿老庙的乾隆壬子年（1792）石头香炉，还有就是后人放置在槟城大伯公街行宫的'同寅协恭'匾额。这块'同寅协恭'匾额，是胡靖（武撰）在1810年带领大众为大伯公立祠，赠送给化身神明的先贤。以胡靖（武撰）当时的社会身份，他是会党的师爷，在组织内部领受过会党自认延续前明体制的文华殿大学士、工部尚书职称。而'同寅协恭'的意义，又是出于《尚书皋陶谟》说'百僚师师，百工惟时……同寅协恭，和衷哉'，形容同僚按照职司分工合作，齐心恭谨，善对君长，共襄政事。这块匾牌渊源于集体继承者对已逝先贤的表态。"⑧ 虽然王先生以括号注明"胡靖（武撰）"，而且特别强调了胡靖的"会党的师爷"自认前明体制的"文华阁大学士、工部尚书"身份，但他其实并不认可二者为同一人。

---

① 黄贤强：《新加坡客家：文化节与社群》，新加坡南洋客属总会，新加坡茶阳（大埔）会馆，2005年，第178页。
② 福建永定《范阳卢氏族谱》，1995年，第76页。
③ 永定县地方志编纂委员会编：《永定县志》，中国科学技术出版社，1994年，第693页。
④ 永定下洋思贤村手抄本《吴氏族类谱》（民国时抄）。
⑤ 永定下洋翁坑美村《张氏孝友堂五世廷玉公裔孙族谱》，第4页。
⑥ 胡以按：《中川史志》，厦门大学出版社，1988年，第8页。
⑦ 胡以按：《中川史志》，厦门大学出版社，1988年，第7页。
⑧ 王琛发：《功德振励焕南邦》，马来西亚道理书院，2016年，第70页。

因为他在另一篇论文中根据庇能打金行神龛中胡靖祖师神像着明装，以及神位"敕封工部尚书文华殿内阁大学士胡靖祖师神位"的表述认为，胡靖更像是明末清初的反清复明分子。而且，王先生还认为，庇能打金行这一行业性社团成立于1832年，胡武撰逝世于1851年，胡武撰即使是打金匠，也不可能于生前就被人奉为行业保护神——胡靖祖师。①

张理、马福春，乾隆十年（1745）与大埔人丘兆进一道，率数十人乘帆船南渡，随风漂入马六甲海峡，登上无人海岛槟榔屿。于是，张、丘、马率众在蛮荒之地开发垦殖、捕鱼为生。张理开馆"训蒙"，丘开炉打铁，马则烧炭。三人还义结金兰，逝后被葬海珠屿，被奉为"海珠屿大伯公"，由惠州、嘉应、大埔、永定、增城"五属"世代奉祀。

槟城海珠屿大伯公庙左侧山脚边，还有三座坟茔，墓碑上分别镌刻如下文字：

开山地主张公之墓

大埔清兆进丘公之墓

永定马福春府君之墓，嘉庆十四年春立

此三墓碑仅马福春墓碑刻有立碑时间，碑文文字表明，丘兆进公为大埔人，马福春公为永定人，张公则既未署籍贯，也未记名讳，而以"开山地主"称之。这一对于张公有意无意的避讳给后人留下至今仍未了结的争论。

最早提到大伯公张理籍贯的人是英国官员范汉（J. D. Vaughan），他在1879年刊行的《海峡殖民地习俗考》说大伯公生前是永定人张理，说他仙逝后"常显灵于捍灾御患"而受崇拜。②曾任《槟城新报》主笔的蕉岭籍华侨汤日垣曾在1921年撰写《重修海珠屿大伯公庙捐册序》和《海珠屿大伯公庙章程序》，前者写道："谁为神祇？大伯公是。大伯公为槟海开山之初祖，生以为英，殁以为神。……南洋言神，群颂大伯公。墓碑一张一丘一马，姓而不名，统尊之曰大伯公而已。"③后者则提到张理生平，还提到胡靖为张理设庙立祠，神道设教。他明确写道："大伯公姓张氏闽永定之宿儒也，至槟训蒙，与同邑丘氏、马氏为莫逆交。丘业铁工，马业烧炭，每晚三人必聚首无间焉。忽数夕，大伯公不至，丘与马往访，至则见大伯公在石岩坐化。岩侧即炭窑。二人乃葬大伯公于窑中。厥后，常显灵于捍甾（灾）御患。胡靖公，始以大伯公羽化之岩，起为庙。庙擅槟海之形势，即今海珠屿也。丘马已殁，附葬于大伯公坟之左右，亦同为神云。"④汤文明确写明，张为"闽永定之宿儒，至槟训蒙"，且与丘、马"同邑"，三人莫逆。而且，汤文也有"常显灵于捍蕃御患"之描述，明显说明汤日垣曾读过范汉的《海峡殖民地习俗考》。

然而，由于清末任槟城副总领事的大埔籍侨领张弼士（振勋）曾在大伯公庙提款赈济山东，并借捐款机缘向朝廷请封"嗣伯祖父"张理为"大伯公"，"得赏一品红顶花翎"，⑤并于1910年海珠屿大伯公庙重修时送上"丕冒海隅"匾额，从而不仅使槟城海珠屿大伯公信仰成为国朝信仰部分之一，由神道设教体制认可此先贤崇拜，而且也给一些好事者提供了张理是大埔人而非永定人的"证据"。

先是大埔籍人士蓝渭桥于1934年写出《大伯公考查记》，不顾此前范汉之考和汤日垣所作《海珠屿大伯公庙章程序》所云，张理是"闽永定之宿儒"的说法，仅以张弼士认其为"嗣伯祖父"为证，还增添了张弼士查族谱一说加以证实："据蓝渭桥氏言，大伯公之籍贯，系张太仆考查其族谱，知其伯祖有名理者，于乾隆初年只身来南洋，流落北马。父老相传，死在海外，居民以神祀之。及公贵来槟城（公为槟榔屿首任领事），见海珠屿大伯公姓张，而又为客籍人，证诸族谱，据诸传闻，故知其为嗣伯祖父张理云。按张公在满清末叶，官封一品，贵为钦差大臣，殁则事迹宜付国史馆立传，富贵尊荣，无与伦比，其所考证，当为可信。"⑥

蓝氏"当为可信"一说于是又给了同是大埔籍文士邝国祥发挥的余地。邝国祥1949年为大伯公庙编印新章程写《海珠屿大伯公考》时，不仅否定汤日垣关于张弼士在大伯公庙提款赈济山东的说法，强调1902年张弼士是自己出钱以"嗣伯祖父"名义为

---

① 王琛发：《马来西亚客家人的宗教信仰与实践》，马来西亚客家公会联合会，2006年，第45页。
② 王琛发：《功德振勋焕南邦》，马来西亚道理书院，2016年，第43页。
③ 傅吾康、陈铁凡合编：《马来西亚华文铭刻萃编》第二卷，马来西亚大学出版社，1958年，第521页。
④ 邝国祥：《槟榔屿屿大伯公》，新加坡南洋学会《南洋学报》第十三卷第一辑，1957年，第54~56页。
⑤ 同上。
⑥ 北马永定同乡会：《新会所开幕暨42周年会庆·青年团九周年纪念庆典特刊》，1992年，第129、231页；

三位大伯公请封，认定"大伯公姓张名理，原籍广东大埔"。还说汤"未加考证所记迹，诸多舛误"。①

王琛发先生则认为，"邝国祥基于张弼士是大埔人，也不看墓碑上只有'开山地主张公'，想当然说'其实，张丘二公为大埔人，仅马公为永定人，墓碑尚在，籍贯赫然。'遗憾的是，随着张弼士为大伯公取得朝廷认可，从汤到邝都是从'正统'论述大伯公，将他鼓舞为民族开拓先驱，却淡化了开拓势力所本的会党渊源，避开大伯公是洪门'先生'之中最高职位的传说。"② 王先生还根据汤日垣所说张理为"闽永定之宿儒，至槟训蒙"，和"丘业铁工，马业烧炭"而认为，"汤文说及张、丘、马三公当时生活，是说地方上有文字传承，有人制作金属器皿供应大众需要，还得有人提供家庭用炭，如此传说，何尝不是寓意华人在本区域拥有完整社会建设？"③ 因此，王先生认为张理与胡靖一样，原是反清复明的"洪门"会党的师爷级人物，而且还以接替张弼士驻副到领事职务的"钦加头品顶戴"和"二品顶戴"的张煜南、张鸿南兄弟于1909年重修海珠屿大伯公庙所题对联加以证明。两对联曰：

君自古乡来，魄力何雄？竟辟榛莽蕃族姓；
山随平野尽，海门不远，会看风雨起蛟龙
——张煜南

捕鱼闲暇，黄石矶边理桂棹；
逐鹿归来，桃源湾里话桑麻
——张鸿南

王先生据此认为，汤日垣笔下的大伯公虽然比不上张氏兄弟写得痛快，却也"毕竟不只是独揽槟城本岛，而是拥有'独揽'着'槟海'的大气势。"④ 于是，张理更是非洪门会党领袖莫属。

于是，王先生倾向于认为汤日垣君所记并非"舛误"，而是更接近于真实。"若论年代，汤日垣撰写庙史时间，距离张弼士1916年9月去世时间不远；汤写庙史，许多张弼士同时代人物，曾参与海珠屿大伯公庙务的，包括《捐册序》碑上的'名誉总理'戴芷汀，也都还活着。所以，汤日垣提到大伯公是永定人张理，又提到张弼士提'庙款'赈灾，请得朝廷追赠张理，在同时代不曾遭受异议，可知道说法自有来由"。⑤ 其《捐册序》等也得以传世。据此，王先生不仅认为张理是反清复明的洪门领袖，而且认为张理是永定人更接近真实。

二、为谋生而远渡重洋

自从大伯公捷足先登，在槟榔屿"竟辟榛莽蕃族姓"，大伯公原乡闽粤两省之汀州府、龙岩州和潮州、嘉应州客家人和福佬人乘清政府渐开海禁之机，一批又一批买棹南渡。"据庙史记载，自从三位大伯公在18世纪中叶南渡到槟榔屿（即今日的槟城），闽西客属永定人和广东客属海陆丰人，就陆续前往该地谋生。"⑥

至18世纪初，原本就"八山一水一分田"的永定地区，因康乾盛世而人口急剧增长，生存空间进一步狭窄，有着外出谋生传统的客家人于是掀起了新一轮移民海外的热潮，于是已有自家大伯公开山辟路的南洋地区成了敢于闯世界的客家人的首选。如：

清雍正十年（1732），永定大溪东片村游翘其前往西加里曼丹一带谋生，是有记载的大溪乡最早赴南洋者，⑦ 比大伯公张理、丘兆进、马福春等人还早23年。这一时期或稍后，大溪乡往洋谋生者还有：第十三世闽焕公之二子海公，"往巴国"；第十四世旺泰公之二子庚龙公，"字集隆，往巴国"；第十四世海通公之长子隆应公，"往巴，妻陈氏"；第十五世克元公之五子盛才，"往洋"，六子盛润，"往洋"；第十六世对秀、宗秀、耀秀、官秀等，"往番"，其中，对秀、宗秀、耀秀，"往暹罗"；第十五世乔瑞公之子容秀，"往洋巴国"；第十六世盛耀公之三子甲林，"往洋"；第十六世元朗公之二子辛养，"往南洋聚妻生子"。⑧

大溪巫屋巫氏第十五世怀祝公南游矿上谋生，

---

① 王琛发：《马来西亚客家人本土信仰》，马来西亚客家公会联合会，2007年第18页。
② 王琛发：《功德振勋焕南邦》，马亚西亚道理书院，2016年，第43~44页。
③ 王琛发：《功德振勋焕南邦》，马亚西亚道理书院，2016年，第72页。
④ 王琛发：《功德振勋焕南邦》，马亚西亚道理书院，2016年，第73页。
⑤ 王琛发：《功德振勋焕南邦》，马亚西亚道理书院，2016年，第74页。
⑥ 台湾"行政院"客家委员会：《静水流深：东南亚廿客家良材》，2009年，第8页。
⑦ 永定游氏修谱委员会编：《广平永定游氏族谱》，2009年，第14页；另见永定县地方志编委员会编：《永定县志》，中国科学技术出版出版社，1994年，第394、693页。
⑧ 永定游氏修谱委员会编：《广平永定游氏族谱》，2009年，第54~128页。

"往大泥州开锡（矿），病故。"①

从雍正十年（1732）游翘其往西加里曼丹始，大溪游氏往洋者大多前往"巴国"，即今之印度尼西亚雅加达，这也许是大溪游氏历来在印度尼西亚谋生者众的原因。

乾隆初年（十八世纪三四十年代），永定下洋中川胡氏十世、南金堂的胡兆学、胡映学兄弟出洋往沙捞越。②其后一段时间，中川村数十人先后往洋。

永定下洋太平村曾氏第十三世云川公，"被风打过安南，不知去向，身故无回家"；第十三世云捷公，"往咖喇吧国，回来，三十余岁身故"；③第十四世贞金房衍贤公子，"往宗脚番"。④

永定下洋思贤村第十二世祥兆公、瑶园公、玖园公，"往外国故"；第十二世飞堂公，"往安南身故"；第十三世开生公，"往槟榔屿成家"。⑤

永定古竹黄竹烟魏氏从清初开始，就有人往洋谋生，"早在清朝初期，已有数以百计居民奔往印度尼西亚、三马林达、泗水、雅加达、缅甸等地谋生"。⑥

永定坎市卢氏巽吾公长房蟾芳公传下第十三世仲正公，"出洋"，仲道公，"出洋亡"；第十二世毓英公派下第十三世三哥，"出洋莫考"。⑦

永定高陂上洋陈氏族人也于这一时期纷纷出洋谋生：上洋敬塘公传下第十四世思博公，"卒于巴国"；⑧上洋石屏房第十四世庆养公，"往外国"；石屏房十五世绍兰公，"卒于外国"；石屏房第十五世绍庆公，"往外国"；石屏房十五世庚一公，"卒于外国"；石屏房第十六世本忠公，"卒外国"；石屏房第十六世得正公、乘进公、乘湖公，"往六昆"；⑨上洋进悦公传下第十六世张凤公、兆权公、兆福公三兄弟，"身故吕宋"；上洋建极公传下第十六世祖能公，"身往吧国"；第十七世履庄公，"身往番国"；⑩上洋昆予公房第十六世思元公前往泰国六昆谋生，其子瑞亭公，"系公（思元）远游六昆之地娶番女所生，非出于邱氏也"；第十五世奏春公传下第十七世文舍公，"往国外"。⑪

永定培丰长流村陈氏第十二世品熙公、品忠公、品光公、品瑞公、品辉公、品良公、品权公等，于明末清初先后"移居番邦"。⑫

永定老虎头背徐氏尚郡公传下第十五世南湖公，于乾隆初年往海外谋生，"雍正十一年生，乾隆二十五年正月十五日在番集吉身故。"⑬

明末清初，长汀四堡（今连城四堡）雕版印刷业兴旺发达，为全国四大雕版印刷基地之一，印书作坊不下百家，所印书籍"发贩半天下"，甚至销往南洋。四堡书商产销一条龙，买棹南渡贩书者络绎不绝。如，"震孟曾孙信国（字炬臣）、敬国（字威臣）兄弟贩书经商海外他邦异国——暹罗"，兄弟二人于康熙三十三年（1694）往南洋谋生，"康熙三十九年（1700）庚辰，望鲁曾孙章国（字斐臣）、震孟曾孙信国（字炬臣）、玄孙世忠（字观辉）、宗发（字世白、兴祖）等人贩书出海，漂洋入吧国"。章国娶异国少女巴氏为室生子二：子文、子贤俱在吧国。⑭长汀四堡邹启毓于康熙、雍正年间（1662—1735）飘往泰国贩书，族谱记载：十六世邹启毓，字大秀，孟铎公三子，生于康熙十一年（1672），卒雍正十年（1732），享年六十有一，葬六昆。⑮

乾隆十三年（1748），长汀四堡邹秉均（字鸣

---

①永定县巫氏族谱编委会：福建永定平阳郡《巫氏族谱》，2013年，第282页。
②永定下洋《永定胡氏族谱（四月3）》，第86页。
③永定下洋太平赛村重修：武城《曾氏族谱》，第1023、1086、1093页。
④光绪癸卯年修《武城曾氏族谱》（台湾），第6页。
⑤永定下洋思贤村手抄本《吴氏族谱》（民国）。
⑥永定古竹黄竹烟《魏氏大族谱》，1992年，第78页。
⑦福建永定《范阳卢氏族谱》，1995年，第176、372页；
⑧永定高陂《上洋陈氏族谱》，1994年，第406页；
⑨永定颖川陈氏族谱编纂委员会编：福建永定县《颖川陈氏族谱》，1998年，第229-240页；
⑩永定高陂《上洋陈氏族谱》第71、129页；
⑪永定高陂《上洋陈氏族谱》，第180、350页；
⑫永定颖川陈氏族谱编纂委员会编：福建永定县《颖川陈氏族谱》，第389页。
⑬永定县徐氏族谱编辑委员会：《永定徐氏族谱》，2001年，第151页。
⑭连城四堡要阁六修邹氏族谱委员会编：《范阳邹氏族谱（敦本堂）》卷之三《萍踪拾粹．历年纪要》，1966年。
⑮同上。

盛）乘帆船抵达巴城谋生。①

明末清初，龙岩州商人的足迹也遍及海内外，"像龙岩州的商人，明末清初就在开封、汉口、厦门、上海、广东、台湾和远至南洋等地经商"。②

乾隆十四年（1749），龙岩县适中林氏第十二世祖良金公，"客居菲律宾吕宋咬金巴"。③

乾隆中期（18世纪60年代）以后，连城四堡书业更加兴盛，四堡邹氏出洋掀起了一段空前绝后的高潮。

乾隆三十三年（1768），四堡邹廷涌往巴城，"生于雍正十一年（1733），于乾隆三十三年（1768）往巴国"。④

这时期四堡往洋者还有：第十七世邹纯国（字樟臣、康连）、邹志国（字轩臣）；第十八世邹兆祝（字新广）、邹兆瓒（字赞玉）、邹洪劤（字在文、井祖）、邹宗兆；第十九世邹美玉、邹启宗（字贵声）、邹匡声、邹巧林、邹林佑、邹秉绍、邹秉攀、邹秉宏（字鸣攀）等，前往巴城（或咬留吧）；第十七世邹元国（字佼臣、康传）；第十八世邹在谓等，前往三宝垄；第十七世邹东国（字肃臣）；第二十世邹圣述（字硕彦）及子等，前往暹罗；第十七世邹芳国（字兰臣），前往大泥；第十七臣邹来国（字雍臣、康淑），前往宋卡；第十七世永国（字名臣、康赐）、邹邻国（字贡臣、康佑），前往六昆。⑤

第四节　人口外迁原因

至南宋末，福佬民系、客家民系都已经在九龙江流域和汀江流域形成，像张化孙、李火德、陈元光、吴㽙诸家族那样在闽西龙岩地区经营了上百年，已经枝繁叶茂、兴旺发达，已经"反客为主"。非常自豪地自称为"客民""客家"或"河老"的客家人和福佬人正雄心勃勃地开发闽西，建设美丽家园。然而，有着中华民族安土重迁传统的客家人、福佬人在后来的世代里，为什么还不安分，一次又一次掀起外迁的热潮呢？究其原因，主要有如下五个方面。

一、异族入主中原，战乱殃及

其一为宋末元初蒙古人入主中原，进而征服全国。

一代天骄成吉思汗建立的蒙古帝国——元帝国在灭亡辽、西夏、金统一中原后，东征西伐，先后征服西域和吐蕃，平定东北、西南，并于1278年最终灭亡南宋，统一了中国。

在这一次全国性的大规模军事行动和战乱中，虽然汀州知府黄去疾及时于1277年降元归元而使闽西大部分地区未涉元兵侵扰，但由于抗元民族英雄文天祥于1274年在赣州起兵"勤王"，兵败后于1276年到达汀州，并移师漳州转梅州，影响极大。元兵围追堵截，历来崇尚华夏炎黄正统的客家人、福佬人纷纷响应"勤王"号召，跟随文天祥抗元，遭元兵追逐转战漳州、梅州，甚至逃至文元祥兵败的港澳、零仃洋地区，战死者不计其数。未归者，则流落于当地滨海，成为现在深港地区的客家先祖。

此外，汀州地区归元后，至元十八年（1281），元世祖忽必烈将汀州路所属6县作为女儿囊家真公主的封地。据《元史》卷一百九《诸公主表》载："鲁国大长公主囊家真，世祖女，适纳陈子斡罗陈，再适帖木儿弟蛮子台。"她虽不住在汀州，甚至汀州在何方她都不知道，但汀州路6县达鲁花赤（县令）须由其陪臣担任，赋役沉重，民众苦不堪言。当时汀州仅有4万户百姓，《元史·地理志》载：至顺元年（1330），汀州路户41 423，口238 127，"根据《连城县志》载：'汀州四万户，岁输丝二千余斤，钞一千

---

①林英健主编：《海丝客家·四堡雕版印刷》，2015年，第29页。
②梁纯青：《经济全球化与客家族群：机会与挑战》，林金树主编《中华心，客家情——第一届客家学研讨会论文集》，马来西亚客家学研究会，2005年，第26页。
③新罗区适中镇《林氏族谱》，新罗区龙岩华侨历史博物馆图片。
④《闽汀龙足乡邹氏族谱》，卷12《世系》，31a-b。
⑤林英健主编：《海丝客家·四堡雕版印刷》，2015年，第50~52页。

六百锭（每锭十两或五两）'，作为鲁国公主囊家真的岁赐。由于封君'不得私征之'，实际上户钞征收是各路县按户等摊派。"① 也就是说汀州人除负担正常的皇粮赋税（当时每户约负担丝料1.64斤，包银4两，俸钞5钱至1两②）、徭役、田租外，还要额外负担封君的岁赐每户丝料0.05斤，钞0.2两至0.4两，百姓负担极其沉重。由于不堪压迫，只好弃家逃亡或铤而走险。

其二是明末清初满清入主中原，铁骑南下。闽西龙岩地区的客家人和福佬人再次掀起反抗异族统治的斗争。

清顺治二年（1645），清军攻入江南，郑成功父亲郑芝龙降清，郑成功率父亲旧部在东南沿海抗清，被明隆武帝赐明朝国姓"朱"，并封忠孝伯，南明永历帝又封其为延平王。郑成功曾一度率军由海路突袭，包围江宁府（南京），但终遭清军击退，只能凭海战优势固守泉州府的海岛厦门、金门，并转战闽西、粤东。清顺治十八年（永历十五年，1661年），郑成功率军由金门料罗湾出发，横渡台湾海峡，登岛台湾，翌年击败荷兰东印度公司在台湾大员（今台南市境内）的驻军，收复台湾，并把台湾作为反清复明基地。1683年，施琅率清军攻破澎湖，郑成功之孙郑克塽在其军事统帅、汀州客家人刘国轩等人的劝说下降清，台湾回归祖国。

郑成功在东南沿海反清复明、收复台湾并割据台湾期间，崇尚中华正统的闽西客家人、福佬人举起义旗与郑氏集团遥相呼应或直接跟随郑氏渡台者都不在少数。如永定金丰里古竹乡的苏逢林和武平王道一、徐文海，先举义旗抗清，刘国轩率部进军闽西时，他们所领导的起义军都热烈响应。抗清失败后，各地义军及与义军有关系的人大批跟随刘国轩、苏逢林等逃往"东都"赤崁（即今台南市）。后来，刘国轩、苏逢林都曾率部进攻闽西南，带去大批客家人和福佬人。

如据永定高头《江氏族谱》和《台湾江氏大族谱》载：

永定开基祖江添澄长子继富（10世）派下18世"秋贵、阿龙（《台湾江氏大族谱》载'阿龙渡台祖'）往东都"。

"19世魁妹二子去东都"，另外，18世江汉鼎、江汉壮兄弟也于此时去台。

另据《武平魏氏族谱》载：

元代开基于武平的魏侃夫，传至15世魏伟生，有六子名鼎龙、玉龙、成龙、伯龙、飞龙、夫龙，第五子飞龙于"永历十五年"迁居台湾桃园音潭乡开基。在此前后，还有13世龙世，14世洪恩、圣受、盛受，15世光英，17世勤创、雨来、粮连、路连等相继渡台，徙居于桃园、苗栗等地垦荒。

武平一个姓氏在郑氏收复台湾及据台期间便有那么多人渡台，说明闽西地区跟随郑氏背井离乡反清复明者不在少数。

郑氏集团在据有台湾、澎湖地区之后，即把台湾作为反清复明基地，建都东宁，被称为"东都明京"，实行屯田制，见"台湾土厚泉甘，膏壤未辟，当用寓兵于农之法，庶可以足食而后足兵，然后观时而动，以谋光复"。欲使台湾"野无旷土，而军有余粮"，军队"有事则执戈以战。无事则负耒而耕"，"辟地强兵"，"以图长治"③。因此，许多惯于耕山垦殖的闽西客家人、福佬人冲破清政府的"迁海"禁令，偷渡到"东都"，参与郑氏集团的屯田垦殖。

由于郑和与龙岩州漳平人王景弘下西洋开辟了东南沿海至南洋的航道，因此，至明末清初，已有大量闽西南的客家人、福佬人渡过南海，闯荡南洋。闽西龙岩地区往洋有两条通道：一条是沿汀江南下，直至潮汕出海，汀州府属客家人主要走这条路；另一条是越过博平岭，沿九龙江到达厦门出海，龙岩州属福佬人主要走这条路。清初反清复明志士除了过台湾投奔郑氏集团外，也有一部分人选择出海往南洋。如，"康熙十七年（1678），下洋镇思贤村吴集庆从广东汕头偷渡到马来亚。"④ "十三世祖胡武撰在槟榔屿，是棣潘次子，槟城银匠行祀为胡靖祖师。生六子俱往印度尼西亚。"⑤ 吴集庆是否为反清复明志士，未见志书记载。而"胡靖祖师"，马来西亚著名文史学者王琛发则认为是反清复明的洪门志士，因为胡靖祖师

---

① 苏振旺主编：《闽西财政史》，鹭江出版社，1998年，第21页
② 郭启熹：《闽西族群发展史》，斤、两、钱为当时计量单位。福建教育出版社，2008年，第312页。
③ 连横：《台湾通史》，广西人民出版社，2005年，第18页。
④ 方履筏修，巫宜福纂道光《永定县志》卷16，《风俗志》。
⑤ 胡以按：《中川史志》，厦门大学出版社，1988年，第7页。

塑像身着明装，且神牌书"敕封工部尚书文华殿内阁大学士胡靖祖师神位"字样也说明其官职衔是明朝的。王先生认为这种神牌书写表述是基于洪门老士自认明朝遗部而一直实行的内部制度。所以，胡靖应是清初反清复明分子。①

二、朝廷敕令，政府行为

（一）明初移民垦荒

明太祖朱元璋是中国历史上第一个号召并决定由政府政策扶持实行移民垦荒的皇帝。因为元末农民战争而使一些地方人口大减，田地荒芜。为尽快恢复生产，增强国力，朱元璋曾多次下旨移民垦荒。他先后三次组织了对其最熟悉情况的故乡临濠（今安徽凤阳）地区的移民，洪武三年（1370）六月，"上谕中书省臣曰：苏松、嘉、湖、杭郡地狭民众，细民无田以耕，往往逐末利而食不给。临濠，朕故乡也，田多未辟，土有遗利，宜令五郡民无田者往临濠开种，就以所种田为已业……于是徙者凡四千余户"。②因为有"以所种田为已业"的政策扶持，所以徙居者众。洪武六年（1373），山西移民"凡八千三百三十八户，计口三万九千三百四十九日"实凤阳，三年后，"徙山西真定民无产业者于凤阳屯田"；③洪武七年（1374）"遂徙江南民十四万实中都"。④但朱元璋的移民号召似乎未涉及闽粤地区，因为这片地区，元末明初虽然社会相对安定平和，但人口也仍未见稠密，所以对外移民只是个别现象。

（二）清初"迁海""复界"

清顺治十二年（1655），清廷颁布"禁海令"；顺治十八年（1661），清廷再颁"迁界令"。前者禁止沿海居民出海，后者甚至强令北起辽东、南至广东的沿海居民内迁50里。两令皆完全针对郑成功海上武装集团，不仅试图避免郑氏集团对沿海的侵扰，也试图割断郑氏集团与沿海人民的联系。第一次"迁界"后，清政府认为未达预期效果，于康熙三年（1664）"再迁"30里。

因两次"迁界令"受害最深的是闽、粤两省。闽省的福州、泉州、漳州和粤省的潮州、惠州、广州、高州、雷州、廉州等地，迫使百姓数以万计，许多民人携妻将子，仓皇弃家，甚至"野栖露处而死亡"，沿海地区抛荒良田数万亩。⑤

"迁海"让沿海百姓无家可归，苦不堪言，生计维艰。一些人迫于饥寒，铤而走险，"相聚为盗"⑥，社会动荡。清政府也没得到半点好处，反而损失税银，仅地丁钱粮每年就少收30万两。广东巡抚王来任首先体察此情况，于康熙七年（1668）上疏，奏乞展界。据嘉庆《新安县志·迁复》载：康熙八年（1669）正月，清廷决定在部分地区"展界许民归业，不愿者听，民踊跃而归，如获再生"。康熙五年（1666）被撤，并入东莞县的新安县于是恢复建置。但全面复界，则在康熙二十二年（1683）郑氏集团割据的台湾回归清廷之后。"禁海令"也在此年完全解除。

从"迁海"至"复界"历时23年，使"迁界区"人散难归，田地荒芜。为尽快恢复沿海地区生产，康熙降旨招民复业，奖励垦荒。此时，生活在闽粤赣交界山区的客家人，经过明代200多年的休养生息，人烟渐稠，正为地少人多所困扰，于是大量向沿海地区移民。闽西龙岩地区的客家人、福佬人沿着汀江、九龙江涌向沿海，甚至远徙珠三角和台湾、海南等地。据《新安县志》载：移民"负耒横经……或由江西、福建，或由本省惠、潮、嘉等处，陆续来新承垦军田，并置民业"。⑦移民渐多，村庄大增。康熙二十七年（1688）新安县村庄499个，至嘉庆二十三年（1819），仅130年，便增至865个，净增366个，其中客家籍村庄为345个，非客家籍村庄仅21个。⑧可见闽粤赣客家人迁徙沿海之踊跃。

（三）"湖广填四川"

"湖广"是从元代开始设置"湖广行省"后的一个省级行政区划名。据《元史》载："湖广等处行中书省。至元十一年，右丞相伯颜代宋，行中书省于襄

---

①王琛发：《马来西亚客家人的宗教信仰与实践》，马来西亚客家公会联合会，2006年，第45页。
②《明太祖实录》卷53。
③《明太祖实录》卷85，卷110。
④《凤阳新书》卷5。
⑤杜臻：《粤闽巡视纪略》卷3；阮元《广东通志》卷255。
⑥陈伯陶：民国《东莞县志》卷32引"康熙八年"条"巡抚王来任遗疏"。
⑦嘉庆《新安县志》卷9。
⑧康熙《新安县志》卷3"都里"，嘉庆《新安县志》卷2，"都里"。

阳……十三年，取谭州，即署省治之。十八年，复徙置鄂州，统有三十路、三府。"① 至元二十七年（1290），元朝"立中书省一，行中书省十有一……曰湖广"。②

元代湖广行省辖境主体在今湖北、湖南两省地。一度扩展至广西两江道、海北海南道，即今广西、广东两省及海南省部分地方，乃至今贵州之边缘部分。③ 明承元制，设湖广行中书省，后改行中书省为承宣布政使司，其辖境包括：北至均州（河南、陕西界），南至九疑（广东、广西界），东至蕲州（江南、江西界），西至施州（四川、贵州界）。④ 清袭元、明旧制，设湖广行省，辖境为今湖南、湖北两省范围。康熙三年（1664），分湖广为左、右二布政司；六年（1667），左司改名湖北，右司改名湖南；但民间仍沿旧称，将两湖地区称"湖广"。

可见，"湖广"并非一些人所理解的两湖及两广，元代将两广部分地方归属湖广是短暂的军事行为，其后固定行省这一地方行政建置时，并未包括两广。故在明清时期，"湖广"作为约定俗成的用语，其基本含义应指今之湖北、湖南二省。

"填四川"或称"填川""填蜀""实川"，其意指四川地广人稀，不得已迁外省之民充实之。康熙七年（1668），四川巡抚张德地最先向朝廷提出以湖广之民填实四川的建议。他在上疏中说，当地"乡老"俱言："川中自昔每遭劫难，亦必至有土无人，无奈迁外省人民填实地方。"⑤ 雍正十三年（1735）则有四川巡抚在奏折中说："须广招在川之闽、粤农民，凿引泉源，或设堰分流，庶灌溉有资，旱涝而无患矣。"⑥ 说明当时已有闽粤之民填川。但诸多清代以来的私家族谱及地方志等地方文献，有广为流传的康熙二十五年（1686）和康熙三十三年（1694）两个版本的《圣祖仁皇帝招民填川诏》，却不载于正史。而"湖广填四川"一词正式见诸文字，则在100多年后的清道光进士、思想家、史学家、文学家魏源（1794—1857）的《湖广水利论》一文中："当明之季世，张贼屠蜀民殆尽，楚次之，而江西少受其害。事定之后，江西人入楚，楚人入蜀。故当时有'江西填湖广，湖广填四川'之谣。"⑦

清初"湖广填四川"移民运动，时间长，规模大，不仅在清代移民史上，而且在中国移民史上也是罕见的。据推算，在一个世纪内，川东地区接纳移民约为95.2万人，川中地区接纳移民约为215.3万人，川南地区接纳移民约为312.5万人，合计接纳移民共达623万人，占当时四川总人口的62%。⑧

"湖广填四川"虽然以两湖及临近的陕、云、贵之人为主，但也有其他省籍甚至远至东南的闽粤地区的人民。如清末《成都通览》对当时成都人口构成所作的统计："现今之成都人，原籍皆外省人。"其中，湖广占25%，河南、山东5%，陕西10%，西南、贵州15%，江西15%，安徽5%，江苏、浙江10%，广东、广西10%，福建、山西、甘肃5%，加上来自关外的满族、塞外的蒙古族在内，居民原籍共有18省之多⑨，由此可见一斑。

"湖广填四川"是政府行为，康、雍、乾三朝均有优惠移民政策鼓励入川。如康熙十年（1671），《清朝通典·食货》称：下诏"各省贫民携带妻、子入蜀并开垦者，准其入籍……应准其子弟一体考试"，康熙二十九年（1690）规定"凡流寓情愿开垦荒居住者，将地亩永给为业"；康熙五十一年（1712），"往四川，垦地至满五年起征"，每丁给水田30亩或旱地50亩，五年内免征粮。《清世宗实录·卷六十七》记：雍正六年（1728）三月，户部批准入川垦户"每户给银十二两"安家费……⑩因此，外省移民蜂拥入川，举家、举族入川的闽西龙岩人也为数不少。如据四川三台县柳林坝陈氏家族于清同治四年（1865）编纂的《陈氏族谱》载：入川开居祖陈时安

---

① 《元史》卷91《百官志》。
② 《元史》卷58《地理志》。
③ 《元史》卷63《地理志》。
④ 《明史》卷44《地理志》。
⑤ 四川总督张德地奏疏，收入《明清史料丙编》第10本。
⑥ 《宫中档案雍正朝奏折》第24辑，雍正十三年四月初一折。
⑦ 魏源：《魏源集》，中华书局，1976年，第388页。
⑧ 葛剑雄主编：《中国移民史》，福建人民出版社，1997年，1卷第383页；6卷第99页。
⑨ 傅崇矩：《成都通览》上册，巴蜀书社，1987年，第109-110页。
⑩ 郭启熹：《闽西族郡发展史》，福建教育出版社，第276页。

是福建漳平人,膝下育有10个儿子,其中4人生于原籍,6人生于四川。在10个儿子中,第二子途中早亡,第三子过继与兄长陈辉胤另立门户,其余8个儿子组成的大家庭,聚居于三台县柳林坝,后来发展成大家族。再如现藏四川省图书馆的民国撰富顺、三台《吴氏族谱》序载:"吴氏世居福建龙岩,世代相传至吴见其。吴见其有六子。清康熙五十六年(1717)长子留居龙岩,偕五子入蜀,三子落业富顺,两子移居三台。"上杭《客家姓氏源流汇考》亦载:李火德"其裔孙依湖傍溪,逐水草而居……跨江渡海,布迁于海内外……入川省有:南充、简阳、成都、自贡、新津、三台、大理、金堂、中江、油江"。

再如四川隆昌二中曾一书所藏《闽岩蜀派陈氏族谱》(油印本)载:

一世祖德顺公,宋中叶伯九郎孙,千十一郎后裔也,始居闽之龙岩州城,因器尘近市,后迁洪畲小池村,凡我族人隶居龙岩鼎昌以为开基祖,公妻生子七……卒葬龙门里大池九曲岭卯西向,虎形。传至振万公入川璧山……康熙十七年(1718)陈振万公率子左玉、右玉偕侄儒玉、奉玉、化玉、伟玉及孙维忠等四十余人,因"闽中地窄人稠,尔时四川遭兵燹,土广而人稀,皇朝康熙御宁屡下招来之诏",举家从上杭胜运里下隔村迁四川重庆璧山,迁璧山后在城周农耕。……迁资阳、简阳……又先后从福建迁来祖宗金骸十具葬于璧山、资阳、简阳、乐山各地。

可见,龙岩地区福佬人、客家人都跟上了"湖广填四川"的迁徙大潮。

三、天灾人祸,起义反抗

元、明、清三朝,由于天灾人祸所引发的农民起义、反抗斗争此起彼伏,闽西龙岩地区也常有波及,有些起义甚至就在本境发生,起义兵祸及随之而来的镇压,逼得人民奔逃迁徙。

(一)元代

宋末元初,闽南漳州有陈吊眼、许夫人起兵声援文天祥、张世杰的抗元斗争,影响波及龙岩。元至正五年(1345)汀州瘟疫流行,人民四处逃避。至正六年(1346),"六月,罗天麟兵起,破汀州。"①乾隆《汀州府志》载:

至正六年六月,连城寇罗天麟、陈积万陷长汀。福建元帅府经历贞宝、万户廉和尚等平之(天麟,连城军士,以罪拒捕,遂与陈积万陷县,乘胜劫掠,六县皆为残破。江浙行省右丞总都不花,合江西行省右丞秃鲁,统兵三路同讨,九月克复汀州,其党罗德用杀天麟、积万以降,余悉平)。②

罗天麟、陈积万起义,不仅攻陷汀州,还席卷六县,声势浩大,元政府以闽浙赣三路同讨,还因同党罗德用叛变才被剿灭,可见兵祸至烈。期间人民流离,其后余党逃循,致使汀州六县大量民众迁徙异地。

至正十一年(1351),宁化曹柳顺起义,影响也波及汀州各县,据《宁化县志》载:

本县曹坊农民曹柳顺为首发动农民起义,占据曹坊,拥众万余,连续攻打宁化、清流、连城、长汀及江西石城等县兵寨,威振一时。③

起义被镇压后,直至至正十七年(1357),曹柳顺的部属曹福山、马文甫还在清流组织起义军,坚持斗争。曹柳顺起义影响也波及连城、长汀等地,为躲避战祸,民众纷纷沿汀江南徙。如据乾隆《嘉应州志》及《武平蕉岭钟氏族谱》《上杭钟氏族谱》等载,元至正年间(1341—1370),仅钟氏就有钟雪钟、钟理、钟柔、钟庄、钟季衍等人从长汀迁至兴宁、长宁、蕉岭、程乡等地开居。

元代漳州路龙岩县也不太平,据明万历《漳州府志》载:

〔元至元二十六年(1290)〕十一月,漳州贼陈机察等八千人寇龙岩,执千户张武义与枫林贼合,福建行省兵大破之,陈机察、丘大老、张顺等以其党降。④

顺帝至元(后至元)四年(1338),南胜贼李志甫作乱。⑤

(后至元)六年(1340),义士陈群用袭杀之(指李志甫),六年三月赦漳州贼李志甫、刘虎仔胁从之罪,褒赠军将死者。是月龙岩县尉黄

---

① 康熙《连城县志》卷1,《历年纪》。
② 乾隆《汀志府志》卷49,《杂记》。
③ 《宁化县志·大事记》。
④ 万历《漳州府志》第10册·卷32《灾祥志·兵乱》,厦门大学出版社,2012年,第2131页。
⑤ 光绪《漳州府志》卷47《灾祥》。

佐才获李志甫余党郑子箕，佐才因与贼战，妻子四十余口皆遇害。以佐才为龙岩县尹。①

陈机察攻龙岩响应者众，福建行省调兵才将其剿灭，而李志甫是畲民反元的首领，有一定战斗力，围攻郡县，"万户张哇哇、守将桀思监与战，俱不利。"② 其余党攻龙岩时，县尉黄佐才家人四十余口遇害，可见其凶顽。这些起义皆因元朝苛政而起，民不聊生，故从者众。后人作志书时甚至为当时官逼民反却诬之为贼而鸣不平："昔元时，南胜李志甫之乱，未必不由此起，岂猺之罪也哉！"③ 透露出史家对起义的同情。

这些起义发生及被镇压时，民众多有流离迁徙。起义被镇压后，降将及俘虏被朝廷流放也很常见。如万历癸丑《漳州府志》载：

（后至元）十八年（1352）十一月，敕诛汀漳陈吊眼首恶者，余并收其兵仗，系送京师。十九年（1353年）征蛮元帅完者都等平吊眼巢穴，吊眼父文桂及兄弟桂龙、满安纳款，命护送京师，其党吴满、张飞迎敌，就诛之。二十年（1354）流桂龙于憨苔繇之地。④

（二）明代

明初皇朝采取轻徭薄赋政策，连主要赋税田赋都很轻，"官田起科，每亩五升三合五勺，民田每亩三升三合五勺。"⑤ 而且，官员清廉，吏治风气颇佳，少有为非作歹、欺压百姓的现象发生。如洪武间龙岩林瑜，"居官二十余年，自奉无异韦布，每诵汪信民咬菜根之言自励"，退休后住龙岩西陂黄竹坑，过着平民的清寒生活。⑥

然而，至明代中期，经过百余年的发展，虽然经济得到增长，贫富两极却分化严重。政府机构膨胀，官员腐败，土地兼并严重，一些占有土地的富豪向城市集中，连寺院也占有大量土地，高利贷剥削也很严重。正如福建彭韶所说：

国家升平百十余年，生齿之繁，田野之辟，商旅之通，可谓盛点。然而官府仓库少有储蓄，人民衣食艰于自给，比之国初，无经营征战之事，无创作营造之大，富强反有不及，何哉？以害财之多也。国初设官有数，今则内外文武加数倍矣。国初宗戚有限，今则远近亲疏，日益众矣。初僧道有额，今寺观日增矣。初宾贡有节，今四夷络绎矣。初土赋有常，今进献多门矣。初上用俭朴，今百度侈丽矣。初赋役尚简，今差使实繁矣。⑦

闽西情况亦然，贫富两极分化相当严重。上杭明天顺三年（1459）的进士丘弘曾说：

杭川风俗，昔犹淳朴。比年以来，流于奢侈，俗日以偷。凡礼之行，惟事贲饰，日积月累，渐习成风，富者极有余之奢，贫者以不及为耻。⑧

"富者买田放高利贷，贫者卖田无立锥之地。" 但失地农民往往还要缴纳人头丁口税和负担沉重的徭役，于是只好或逃入深山，或奋起反抗，或迁徙外地。

闽西山高林密，到处可搭寮栖身或有所谓"畲洞"可以藏身，可以采集山货充饥，还可以开垦"畲田"耕种自给自足。如《漳平县志》所记百家畲洞：

畲洞，在县南永福里，界龙岩、安溪、龙溪、南靖、漳平五县之间，而本县正当其北为要冲，万山环抱，四面阻塞，洞口陡隘，仅通人行，其中间宽广可容百家，畲田播种，足以自给，四方亡命者，遁聚其间，凭恃为乱。宣德正统间（1426—1449）有江志贤、李乌嘴、卢赤髻、罗进兴诸乌合跳梁，至动方岳守臣连年剿捕，始得宁息。⑨

逃入畲洞的"四方亡命者"，其实愿意"播种""自给"，但官府欺压，还要"连年剿捕"，因而官逼民反的事也时有发生。尤其在有规模较大的农民起义

---

① 万历《漳州府志》第10册·卷32《灾祥志·兵乱》，厦门大学出版社，2012年，第2131-2132页。
② 何乔远：《闽书》卷124《类旧志·陈君用传》。
③ 道光《漳平县志》卷10《杂志》。
④ 万历《漳州府志》第10册·卷32《灾祥志·兵乱》，厦门大学出版社，2012年，第2132页。
⑤ 乾隆《龙岩州志》卷7《赋役志》。
⑥ 乾隆《龙岩州志》卷11《人物志下·循良林瑜》。
⑦ 转引自徐晓望《福建通史》（明清卷），福建人民出版社，2006年，第62页。
⑧ 乾隆《汀州府志》卷45《杂记·兵戎》。
⑨ 道光《漳平县志》卷1《舆志·百家畲》。

发生时，群起响应便在常理之中。如明正统十三年（1448），福建爆发了规模空前的邓茂七农民起义。邓茂七是沙县人，因抗交地租，在沙县发动起义，自称"铲平王"，登高一呼，"愚民从之者数十万人"。起义军向东攻至连江、长乐；向西进攻汀州失利，但进占了宁化、清流、龙岩，还分兵克瑞金，至宁都、石城、广昌；向南攻克南靖、漳浦、长泰、围攻漳州；向东南攻下惠安、安溪、同安、永春、围攻泉州；北面则与矿工起义军叶宗留部策应，攻至浙南、赣东南等地。明朝廷惊呼"延蔓八郡，破二十余县"，急调福建及省外各路军队合围镇压。因叛徒罗汝先一面鼓动邓茂七攻打延平府，一面暗通官兵伏击，邓茂七中流矢阵亡，起义失败。

邓茂七遗部将杨福率数万起义军攻龙岩城时，龙岩百姓有人替起义军带路。乾隆《龙岩州志》记：

> 茂七沙县之舆皂也，与弟茂八以左道惑众，愚从者数万，伪称"铲平王"。寻逼岩境，民有为之向导，因大求贿，岩人骚动。时王源、刘锐、林洪中谋薄贿以缓其锋，而急求救于郡。茂七怒，贼将以数万众压境，时卫府官兵亦至，遂迎战于铁石洋下，不利。福等乘胜追逼，官兵死者甚众，贼遂登城，官民居储焚掠殆尽。①

起义军有人带路，拒绝官员的贿赂，与官军大战于铁石洋，乘胜攻破龙岩城，可见其得民心。

起义军陈政景部围攻汀州则被"推官王得仕破之"。陈政景被俘送京师，余部仍不屈，四处游击，进入各畲洞者为数不少。②

明正德二年（1507），被称为"漳寇"的詹师富和温火烧领导的农民起义军，以闽粤交界处的芦溪、象湖山为根据地联络广东饶平大伞、箭灌等地民众，公开反明，"附者日众"，声振闽粤交界地区的永定金丰等乡里。正德十二年（1517）正月，南赣巡抚王阳明亲率江西军兵进驻福建上杭，进军象湖山，直捣漳寇老巢。虽轻敌冒进，险被活捉，但吸取教训后终以重兵破贼，漳寇詹师富、温火烧等贼兵被斩杀7 000余人。③逃亡者不计其数，永定金丰里民甚至有沿汀江移民海外者。战后王阳明奏置平和县。

（三）清代

除了清初郑成功反清复明和苏逢林、王道一等领导的小规模农民起义外，清代对龙岩地区影响最大的兵祸是清咸丰元年（1851）爆发的太平天国起义。太平天国定都天京后，咸丰六年（1856）九月天京变乱，洪秀全、杨秀清内讧，石达开家人被韦昌辉所杀。洪秀全虽然捕杀韦昌辉，却对石达开辅政有戒心。石达开遂于次年（1857）裹挟十万太平军分裂，离开天京出走南下。四月七日石部将石镇吉攻克汀州城。《长汀县志》载：

> 杀劣绅并没收其财物，金银归公，衣物分给兵众，对识字通语言者倍加尊敬，称为先生。传令各乡凡归附者不纳粮。城乡平民争先响应，龙头、荣坑、上蕉等乡千刀会首领纷纷率众起义追杀知府。同知投水自杀。……（四月）十八日，下令开科考举人，中榜十二人，公布于府学照壁。④

其后，太平军反复进军闽西龙岩地区：

咸丰七年（1857）五月四日，石镇吉部攻上杭不克，转攻下武平后撤往江西。

咸丰八年（1858）七月，石镇吉率部四万二次入闽。八月再克长汀、九月攻连城，连城民团团长黄纪拔战殁，民团于冠豸寨凭险固守，挟百姓逃入寨内，激战一昼夜，"二十九日冠豸寨破，殉难义烈三千余人"。⑤

咸丰九年（1859）正月十四日克龙岩，清军兵败，自大池、小池逃遁。太平军入城后，所据范围"东扰弥勒溪，西及白土，南涉王庄，北至赤坑，均不过十里之遥，掳丁壮四千余人"，正月十四日移师大埔。⑥龙岩人跟随太平军残部移民外地应该不少，甚至有人最后移居海外。

咸丰十年（1860）十二月，太平军彭大顺、朱衣点、童容海率众数万又克汀州城，并于河田筑木城，与汀州城互为犄角。

咸丰十一年（1861）正月彭、朱、童部攻占连城，彭大顺负伤，三月死于连城，四月十五日朱衣点

---

①乾隆《龙岩州志》卷12《杂记·寇乱》。
②乾隆《汀州府志》卷45《杂记·兵戎》。
③《明史·王守仁传》。
④《长汀县志》，《大事记》，北京，生活·读书·新知三联书店，1993年，第12~13页。
⑤民国《连城县志》。
⑥1945年《龙岩县志》卷29《杂录》。

率军撤离汀州,北上归入李秀成部。

同治三年(1864)六月天京陷落,洪秀全病逝。九月,康王汪海洋部自瑞金退入长汀濯田、河田,与湘军张运兰部和潮勇朱以鉴部接战。

同治三年(1864)九月初九日,来王陆顺德等部由大埔进占永定,十五日攻克龙岩;丁太阳部于九月十一日克武平,擒时任福建按察使的张运兰,后也转入永定。

同治四年(1865)三月间,湘军、淮军、闽军三万余人,配备洋枪洋炮,合围漳州,侍王李世贤所部太平军兵败。汪海洋部转战闽西、粤东、赣南间,被清军左宗棠部五六万兵包围,十二月十二日汪海洋在战斗中中弹受伤,四天后伤重而死,余部在谭体元率领下突围不成,于二十四日或死或降,闽西境内太平军以失败告终。①

太平军进入闽西,转战各地,四占汀州,两入龙岩,曾受到闽西龙岩人民的热烈欢迎与支持,也给闽西人民带来沉重的战祸灾难,酿成闽西人民的历史悲剧,如连城冠豸寨殉难义烈就有三千余人。正如民国《永定县志》所载林汉琴评陈咸政《高陂乡被难记》云:

> 太平军初起,纪律严明,所向皆捷,当日洪杨及诸有名将领,不愧为民族英雄。第金陵破后,分窜入闽之余部,则所至掳掠,不免形同流寇,如被难所云。②

太平军进攻龙岩、永定期间,多次途经永定下洋等地,当地民众称之为"长毛"。虽然据说太平军纪律严明,乘机起义的粤人李东木也在上杭宣布:"此次系除贪官污吏,非与百姓为难。"③但却要"掳丁壮"充实队伍,"石镇吉在龙岩吸收了4000多青壮年充实队伍,二十三日离开龙岩向南挺进,由永定入广东大埔。"④因此,民众还是惊惶、逃亡,永定下洋人称之为"走长毛"。据民间传说,"走长毛"时人们大多躲入附近深山老林,但也有人干脆一迁了之。广东大埔茶阳镇古村大科里胡氏祖母赖亚菊(1901—1986)生前多次说到,大科里胡氏是"走长毛"时由永定下洋中川村迁去开基的,属中川胡氏三房。中川胡氏公太先前已买下闽粤交界处大科里的山林和土地,雇人垦殖、管理。"走长毛"时,中川胡氏多人逃至大科里躲藏,其后,有两家人干脆搭棚盖屋定居,租种公太的田地(族田),并在大科里繁衍生息,大科里于是成了胡氏新的聚居地。

鸦片战争以后,东南沿海的厦门、汕头都成了对外通商口岸,龙岩、永定等地民众"渡海入诸番,如游门庭"。⑤因此,"走长毛"前后,大批龙岩、永定人干脆"系着一条裤带去过番"。如"万金油大王"胡文虎的父亲胡子钦,就是在太平天国起义席卷整个南方大地的同治元年(1862)只身"过番",到达缅甸仰光的;马来西亚"锡矿大王"胡子春,则于1873年其十三岁时跟随族亲一起南渡;而更多的人则在"走长毛"前后"过番"或农垦、或开矿、或行医、或经贸,如1879年,永定就有113人往南洋。

四、地狭人稠,寻找新的生存空间

龙岩地区山岭重叠,耕地较少,土壤贫瘠,生存空间狭小。汀州府素有"汀独在万山中"⑥之说。全府"重岭叠冈,云雾萦绕,土壤硗薄"。⑦长汀县"叠岭崇冈,山多于地,田瘠而艰水";连城县"复叠万山之中,舟车四塞之地";⑧上杭县"岭嶂重叠";⑨漳州府属龙岩、漳平等地则山多田少,"地土瘠薄,堪种禾稻仅十之四五,其余仅属沙碛,止堪种植杂粮地瓜而已,即晴雨应时,十分收成,亦不敷本地半年之食用"。⑩

有明一代统治者实行恤民政策,龙岩地区也相对安定繁荣,大规模人口外迁的现象没有发生,但也有些个体外迁现象。如据广西学者王建周、黄震调研所知,仅广西陆川一县,明代迁入的上杭籍客家人就有

---

① 太平军转战龙岩地区,参见郭启熹《闽西族群发展史》,福建教育出版社,2008年,第317~320页。
② 1949年《永定县志》卷36《杂录》。
③ 1949年《永定县志》。
④ 《福建省志·军事志》。
⑤ 乾隆《永定县志》。
⑥ 乾隆《汀州府志》卷3。
⑦ 民国《连城县志》卷17。
⑧ 雍正《福建通志》卷3。
⑨ 民国《上杭县志》卷2。
⑩ 道光《重纂福建通志》卷52。

不少：

  李姓：乌石镇稔坡村李氏始祖李有怀"于明嘉靖年间（1522—1566），与妻谭氏带子永福、务通，随移民从福建上杭丰稔经广东南雄珠玑巷转迁广西陆川洞心堡稔良甲，为纪念原故乡，改村名为稔坡村，为上祖开基创业。"调甲坡李氏始祖李时春"明末从福建迁居广西陆川县乌石镇吹塘村调甲坡开基后，生一子志仁。回福建探亲未回陆川，在福建上杭继妣林孺人生三子李材、李权、李柄，后从福建来陆川定居"，"时春公在福建是老始祖火德公十世裔孙"，古城镇北斗良村李氏"始祖观成公，明成化年间（1465—1487），由福建省汀州府上杭县珠玑巷，卜居广西陆川县吹塘堡上旺村"。①

  吕姓：乌石镇双洞村，温泉镇的官田村和洞心村的吕氏三族始祖"在田公、官田公兄弟俩带侄（迁善公）三人由福建省上杭县官田村于成化十六年（1480）迁广西陆川县南安顺堡栗木村，为陆川三支始祖。为了追念故乡故改栗木村为官田村，并把祖婆陈孺人金骸移来陆川上长安山葬。"②在乾隆十五年（1750）修编的《两广南路吕迁善公家谱》第1卷中，时任陆川知县的李峤为其所作的谱序也有同样的记载："自太德祖宦游入闽，遂家以汀州府上杭县官田村。迨明季间，始祖迁善公乃徙陆川，卜居顺安堡栗木村，后修名官田，示不忘本也。维时兄弟叔侄三人，占籍兹地。"③

  刘姓：从福建迁居陆川的有两支，一是在月洞乡陆选，其"大始祖农圃公讳愈政，道号刘政二郎，原籍福建汀州府上杭县珠玑巷，于明成化年间（1465—1487）偕德配张老孺人迁居广西陆川县，宅居陆选开基创业，相传二十多代，蕃衍丁口四万多人"。④另一支在乌石镇罗村，"我祖铿公乃福建汀州府上杭县瓦子街珠几（玑）巷，初迁广东南雄始兴县，明嘉靖年间（1522—1566），铿公与铅公、铎公从母聂氏太来祖婆迁居广西陆川县罗村创业，迄今四百二十多年，子孙昌盛，布棋星罗。"⑤

  丘姓：良田新村的丘氏"始祖于明朝成化年间（1465—1487）由福建省汀州府上杭县珠玑街瓦子巷因避战乱往广西陆阳（陆川县），先居金鸡村（现滩面乡新旺村），托足未几，接着移居官田冲（现佳塘村），最后择居新村。"⑥新村丘氏宗祠的门联云："业创新村垂百代，系传闽省炳千秋。"

  林姓：大桥镇瓜头村的林姓客家来祖林其斌，其先祖是"福建省上杭县雅梓（瓦子）街珠玑巷人，在明中期〔嘉靖年间〕迁居广东省翁源县住一段时间后再分居迁来广西陆川县洞心堡卜居均田的茅园村，传到第五世林双崖公时，因强邻所迫，迁到瓜头村安居创业"。⑦

  上述陆川各姓都迁自上杭，除丘氏族谱记有"因避战乱"外，余皆未说明原因。其实丘氏族谱所述原因也不确，明成化年间（1465—1487）上杭并没有什么战乱，主要因为人口增长而析出永定县来。可见迁徙陆川也主要是因为人口增长，地狭人稠，人们要寻找新的生存空间。李氏族谱所记李时春回上杭探亲虽未回陆川，但继妣所生三子都迁陆川也足以说明，曾在陆川生活过一段时间并娶妻生子的李时春显然知道，陆川的天地更加宽阔。

  到了明末清初，龙岩地区各县人口增殖较快，地狭民稠的矛盾越来越突出，其"八山一水一分田"的山多田少状况难以养活越来越多的人口（见下表）。

---

① 陆川县李氏三族《李氏族谱》。
② 陆川乌石镇双洞村《吕氏在田公族谱》。
③ 陆川县温泉镇洞心村《两广南路吕迁善公家谱》。
④ 陆川县月洞乡陆选村《刘氏族谱》。
⑤ 陆川县乌石镇罗村《刘氏族谱》。
⑥ 陆川良田新村《丘氏族谱》
⑦ 陆川县大桥镇《林氏族谱》

清初龙岩地区人口密度统计表①

县 别	土地面积（平方公里）	人口数	人口密度（每平方公里人数）
龙岩	2 678	19 105	7.13
漳平（含宁洋）	2 975	10 009	3.36
长汀	3 100	35 061	11.31
连城	2 596	103 152	39.73
上杭	2 848	24 538	8.62
武平	2 630	14 071	5.35
永定	2 290	12 312	5.38

尤其是清代较长时间的和平安定，人口更是剧增。如漳平县，从雍正十二年（1734）至道光十四年（1834）的一百年间，人口由12 180人猛增至137 181人，以一繁十。② 在人口急剧增长而耕地维持不变的情况下，人均耕地占有面积只有0.48亩。

于是，"逐水草而趋"的人类天性促使人们为了寻找新的生存空间而迁徙，有的人甚至举家迁往遥远的异国他乡。

例如，世居龙岩州大池村（今新罗区）的陈儒玉兄弟，因家庭人口多，难得温饱，遂于康熙五十七年（1718）挈眷入川，定居于今重庆市璧山县，后裔枝繁叶茂。陈氏为何不远万里迁川？除了当时有"湖广填四川"的政府号召外，听说四川的生存空间宽泛是最重要原因，"方是时，公昆弟四人，从昆弟二人，皆同爨，内外数十口，田庐不能赡。闻蜀土广人稀，乃谋挈家迁焉。"③

同样居于龙岩州小池社（今新罗区）的吴见其，也是因兄弟多，难以维持生计，遂于康熙五十六年（1717）留1子在龙岩"永承宗祀"，挈妻及5子辗转入川。另据三台县西平镇吴家祠族谱载，吴见其三子在叙州府富川县下南路尹市坝置业；一子迁居昭化、广元而双流；一子名吴中旌者，定居于潼川府三台县观音场（今三台县西平镇），"独创鸿基"，"子孙繁盛振振焉"。④

像吴氏那样远徙蜀地后发达兴旺者大有人在。如以陈沈滨为始祖的小池南山派陈氏，于明初从龙岩上坪之古楼迁至小池南山定居。下传至第九世时，时年28岁的陈源溪，于康熙五十二年（1713）奉母携弟陈润周，万里跋涉迁居四川资州（今资中县重龙镇），继迁中江县回水铺，又迁简州十里坝，虽辗转迁徙，却兴旺发达，裔孙遍布资州、成都。⑤

此外，明清之际赣南地区也地广人稀，尤其是明正德年间（1506—1521）赣南农民起义被王阳明镇压后，田地荒芜，人烟更为稀少。如海瑞在《兴国八议》中所说："兴国县山地全无耕垦。姑置弗议。其间地可田而未垦，及先年为田而近日荒废，里里有之。……访之南、赣二府，大概类兴国。"⑥ 清初赣南农民起义被镇压后，再度田园荒芜，清同治《南安府志》载："顺治三年（1646）四月初十日，大兵临南安城，其间民多有死难不屈者。师旅之后，继以凶疫，郡户口自是渐凋耗云。"⑦ 清乾隆《上犹县志》也载："自康熙十三年（1674）至今，（上犹）人绝烟断，空余四壁，孤城一片荒山……卑县蕞尔荒陬，迭因寇变，土著百姓徙亡过半，田土悉多荒芜，招佃

---

① 据马先富《客家祖地经济史论》，福建教育出版社，2005年，第37页改制。
② 新编《漳平县志》卷三。
③ 常廷祚：《儒玉陈公传》，民国璧山《闽籍陈氏族谱》。
④ 民国三台《吴氏族谱》，木刻本，西平镇吴家祠藏。
⑤ 民国金堂《陈氏大成族谱》。
⑥ 同治《赣州府志》卷68《艺文志·明文》。
⑦ 同治《南安府志》卷29。

垦僻。"① 因此，清政府在稳定政局之后，为发展生产，特募民垦殖。如戴槃在《招粤民垦荒利弊说》中就说到："东南各省肃清后，土旷人稀，所以，前年有招徕开垦之议也。"② 有了政府的号召，"近水楼台先得月"的闽西龙岩地区人民，明清时期倒迁入赣拓展生存空间确实成绩斐然。江西学者万芳珍、刘纶鑫根据江西省各县市地名志材料所作的统计，龙岩地区各县移民所建的村庄数如下表：

明清时期龙岩地区移民在赣所建村数表③

县　　名	建村数	备注
汀州（含长汀）	459	包括原籍泛称汀州者
上杭	1 003	
武平	270	
连城	42	
永定	34	
归化、龙岩、平和等	35	含龙岩州漳平、宁洋等
合计	1 843	

从表中可以看出，上杭迁赣移民建村最多，闽粤交界的长汀、武平迁赣移民建村也较多，龙岩、永定、连城等地迁赣移民较少。但这种情况，并非因为这几个县生存环境较佳，外迁移民较少，而是因为这几个县的移民流向不同，如永定，迁台湾地区及海外的较多，龙岩则填川和迁海外较多。

五、经济驱动，"日久他乡即故乡"④

如果说地狭人稠、粮食不敷是元、明、清龙岩地区人民"轻去其乡"的根本因素，有一种泪别故乡、"任从随地立纲常"的悲壮和惆然，许多人甚至携家挈口，跟随"湖广填四川"的大潮，且行且远，甚至不远万里，大半年后才找到安身立命之所，如龙岩万安徐美周与徐美昌兄弟入川：

启祖原系福建省漳州府龙岩州溪口县万安里，地名庵子脚下老屋基居住，耕种祖父遗留之业。不意年寒欠丰，男繁女众乏业之苦。常言四川耕种贸易之隆，是日弟兄同堂议妥：长幺两房仍就福建受业耕春；二房徐美周（入川启祖，号永旭，时年40岁）同缘韩氏（28岁）二人，随带长子良彪，用箩兜挑着次子良凤（6岁）、女儿（半岁），与三房美昌（号永镒），于乾隆十七年壬申岁（1752）九月初四日择取吉良黄道，起身移居四川。长幺两房二人送至三十里，弟兄分别泪如雨点，大哭而回。永旭、永镒六人于乾隆十八年癸酉岁（1753）三月初二日来川，在大足城西门住座贸易为业一载五月。因干旱，贸易不顺，弟兄各寻各居。以至八月内，搬移中敖三板桥，地名刘家沟，佃田耕种三十余年……至嘉庆十三年（1808）落业成粮（成为粮户）……⑤

那么，因经济利益驱动而迁徙异地，"日久他乡即故乡"则目的性很明确，开始时都有着更多的希望发财致富，荣归故里，光宗耀祖的豪情与壮志。如汀州商人曾达一迁川：

康熙十年（1671）福建汀州商人曾达一来到四川内江，见九月菊花开放，内江之气候与福建相近，可种甘蔗，遂藉返乡迎亲之际，带来蔗种与制糖工具，请来了制糖食品的工人，在内江

---

① 乾隆《上犹县志》、《杂记》。
②《清朝经世文统编》，《地舆部十·屯垦》。
③ 据万芳珍·刘纶鑫《江西客家入迁原由与分布》制表，原文载《南昌大学学报》1995年第2期。
④ 四川奉节《刘氏考订族谱》中的族诗："骏马骑行各出缰，任从随地立纲常，年深外境皆吾境，日久他乡即故乡。"
⑤ 四川大足《福建漳州徐氏族谱》，清咸丰末年修，1991年重修序。转引自崔荣昌《四川方言与巴蜀文化》，四川大学出版社，1996年，第246~247页。

龙门镇梁家坝开设了糖坊。由于种植甘蔗获利高于种粮食，甘蔗种植由内江拓展到沱江流域的资中、资阳和隆昌等地，兴起了种蔗热。①

曾达一先经过调查研究，择定能发财致富之业而迁徙，自然获利丰厚，成为当地富家望族。

再如雍正年间（1723—1735）龙岩江山乡村美村傅荣沐入川：

> （傅荣沐）由瑞金迁居金堂赵家渡，初犹食力于人，继乃自为贸易并佃田，使诸子力农，及迁易家坝，广种烟草。时蜀中未谙种烟法，而满、蒙八旗弁兵尤所必须，故一时傅姓烟重于锦城，其价过倍他种。又熬蔗糖于赵家渡，发贩四方，获资益厚。②

迁徙浙江南部山区种菁的汀州客家人，也主要是由于经济利益的驱动。大批汀州客迁浙南种菁，其原因大抵有二：

一是江浙一带纺织业、印染业非常兴旺发达，需要大量的染料，蓝草是印染业最好的原料之一。浙南靠近杭州等大都市，山地多并适于种菁，种菁所获染料运销也比闽西汀州方便得多。

二是明末清初战乱导致浙南荒芜，地方政府招徕垦民。

虽然清代以前浙江省的土地开发已经达到一个很高的水平，并不存在成片的蛮荒之地等待移民的开垦，但明末清初的战乱，尤其是"三藩之乱"，导致不少地方荒芜人烟，"独衢之江（山）、常（山）、开（化）三县，温之永（嘉）、瑞（安）等五县，处之云（和）、龙（泉）等七县被陷三载，仳离困苦，备极颠连。又如西安城廓虽存，而郊原或为贼据，或筑壕堑，以作战场，较与受害各邑相等。……自闽回处，唯见百里无人，十里无烟。"③ 于是，战乱平息之后，地方政府招徕开垦，"括自甲寅兵燹，田芜人亡，复遭丙寅洪水，民居荡折，公……又招集流亡，开垦田地，不几年土皆成熟，麻靛遍满山谷。"④ 汀州种菁者就是在这种情况下到达浙南的。

浙南山区菁民主要来自汀州，而主持蓝靛生产的寮主，是"汀之久居各邑山中，颇有资本，披寮篷以待菁民之至，给所艺之种，俾为锄植而征其租者也。"⑤ 据学者估计，至乾隆四十一年（1776），浙南山区的汀州客家人及其后裔大约有23万。⑥ 这些人大多是来自长汀、上杭的贫民，《龙游县志》有云："经明末清初之乱，继以耿精忠之乱，旧族丧亡不少，而迁来者福建长汀人占十之七八。"⑦

浙南汀州移民除种菁外，还种植汀州传统种植的苎麻和玉米等农作物。数十万人垦山种菁、植麻，在深山搭棚居住，被称之为"棚民"。久而久之，一些收益渐丰的"棚民"在当地娶妻生子，或回老家搬取家小，落地生根，政府也颁布一些政策和法规处理"棚民"问题。

雍正元年（1723）七月，朝廷就有关于处置棚民的政策：

> 见在各县棚户，请照保甲之例，每年按户编册。责成山主、地主并保长、甲长出结送该州县，该州县据册稽查，有情愿编入土著者，准其编入。有邑中多至数百户及千户以上者，添拨弁兵防守。棚民有窝匪奸盗等情，地方官及保甲长失察徇庇者，分别惩治。编册之后，续到流移，不得容留，有欲回本籍者，准其回籍。棚民有膂力可用及读书学问者，入籍二十年，准其应试，于额外酌量取进。⑧

虽然政策规定"入籍二十年"才"准其应试"，与当地土著仍然有所区别，但由于棚民或在当地谋生较易或在当地或租或置有一定产业，因而选择入籍，"日久他乡即故乡。"如江山县须江黄氏族谱载，开基祖黄玉生于清乾隆年间（1736—1795）自福建汀州府长汀县平原里（今上杭南阳）迁来。清嘉庆六年（1801）曾与当地土著订一份契约，其中有云：

> 当日原系石墩沙地，种苎花利等，概属山

---

① 孙晓芬：《清代前期的移民填四川》，四川大学出版社，1997年，第64页。
② 成都《傅氏族谱·傅君志勤墓基》，江山乡村美村清·嘉庆三修《傅氏族谱》。
③ 康熙《衢州府志》卷5。
④ 雍正《处州府志》卷9。
⑤ 熊人霖《南荣集文选》卷12《防菁议上》。据日本内阁文库藏崇祯十六年（1643）刊本影印，台湾"中央研究院"傅斯年图书馆藏。
⑥ 曹树基：《清代前期浙江山区的客家移民》，《客家学研究》第4辑，《历史教学问题》1992年增刊，第9页。
⑦ 民国《龙游县志》，《氏族志》。
⑧ 《清世宗实录》卷34。

脚。惟沿溪一带只有三四担熟田，乃是叶家洋陈姓因系合业无人经理，后被吴姓将木杉峦田兑去，包于玉生公开种。

立布人吴盛松、吴若雨……今将坐落土名岩坑口合业田一段，东至大溪，西至山脚，南至在溪，北至山脚，布与黄玉生弟边，造屋做靛塘、靛园、菜园及耕种。当日三面断定，递年秋收，交实租谷一硕五斗正。①

黄玉生于是在当地种菁制靛，其后还将附近山边溪角土地开垦租种，并造屋定居，成为"日久他乡即故乡"的当地居民。

迁居台湾地区及东南亚各国的移民除了小部分是反清复明志士或其他起义军、帮会人士外，大部分都是经济利益驱动而远涉重洋的，有些人甚至定居异国他乡，"日久他乡即故乡。"

如早在明成化年间（1465—1487），长期来往于汀江、韩江贩运汀州木材、土纸和潮州食盐、海产而获利颇丰的汀州商人谢文彬，就因试图出海去更远的广州等地贩运而被大风吹往远海，漂入暹罗（泰国）。到达暹罗后，他没有茫然无措、消极沉沦，而是积极地习暹语、着暹衣，主动融入当地社会，表现出客家人逆境生存的出色能力，受到暹王侧目并重用，官至岳坤（ockan，暹国四等官衔），后来还作为暹国使者回到明京向大明宪宗皇帝朝贡，并以外使身份获得朝贡贸易的诸多利益。

再如清代雍乾年间（1723—1795）的永定下洋中川的胡焯猷（1693—？），从小在文风鼎盛的中川村接受塾学教育并习医药，精于医术，并以生员捐纳例贡。于雍正十一年（1733）东渡台湾，居淡水新庄山脚行医谋生。但他看到当时兴直堡一带是尚未开垦的淡水河荒滩，土地肥沃，水源充足，只要筑陂修圳，引河水灌田，就能获得好收成。"时新庄方驻巡检，而兴直堡一带多未辟。焯猷赴淡水厅请垦，出资募田，建村落，筑陂圳，尽力农功。不数十年启田数千甲，岁入租谷数万石。"② 来自山多田少，早已将层层梯田开至半山坡的金丰河畔的胡焯猷敏锐地发现了当地土地的价值，向淡水厅请垦获准后，他不惜投巨资修陂筑圳，募民垦殖，甚至多次返回永定，动员和带领有着丰富的山地农耕技术和经验的客家乡亲赴台共创大业，还与林作哲、胡习隆合资组建"胡林隆垦号"，作为组织和领导拓垦事业的机构。终于垦辟水田数千甲，年收租谷数万石，成为一方豪富，获得巨大成功。

以书生身份请垦事农成功的胡焯猷念念不忘客家人崇文重教、耕读传家的传统，不仅与乡亲们一起开发创业，还远虑深谋，顾及"日久他乡即故乡"的乡亲们的子女教育成长问题。他"念淡水文风未启，乡里子弟无可就傅，乾隆二十八年（1763）自设义塾，名曰'明志'，捐置水田八十余甲，以所入供膏火，又延名师教之，肄业者常数十人。"③ 闽浙总督杨廷璋嘉其功绩，嘱立碑纪念，赞其"标明志之名，冀成致远之器"，颁"文开淡北"匾额，台湾府也授其"功资丽泽"牌匾。

此外，胡焯猷为进一步使大陆移民得到心灵的慰藉，减轻思乡之苦，真正实现"日久他乡即故乡"，还捐建多座寺庙，将大陆民间信仰传播到台湾。除了与汀州客家人一起捐建淡水鄞山寺，将闽西客家的地方保护神定光古佛供奉寺中外，乾隆十七年（1752），胡焯猷还与林作哲献地捐建兴直山西云寺，该寺又名大士观，供奉观音菩萨，客家人和福佬人都可进寺奉祀；乾隆四十五年（1780），胡焯猷在兴直堡新庄捐建武圣庙，将大陆原乡客家人和福佬人都当作地方保护神和财神的"关圣帝君"奉祀于台湾新垦之地。

明清以来，富有开拓创新与冒险进取精神而跨海渡台和远涉重洋的龙岩地区福佬人和客家人为数不少，像谢文彬、胡焯猷那样落地生根、成功创业的人也有很多，如马来西亚著名的"锡矿大王"胡子春，富甲一方的槟榔屿胡椒、丁香大王胡泰兴，槟榔屿"百货大王"吴德志等等。他们既有"日久他乡即故乡"的意识，又有强烈的念祖思乡情结。他们与众多乡亲一起，为侨居地和祖籍地的发展和繁荣都作出过重大的贡献。

---

① 转引自闽西客家联谊会编，张佑周执行主编《闽西客家外迁研究文集》，海峡文艺出版社，2013年，第196页。
② 连横：《台湾通史》，广西人民出版社，2005年，第429页。
③ 连横：《台湾通史》，广西人民出版社，2005年，第249页

第三章　清代中期海外播迁与拓展

15世纪末至16世纪，得益于欧洲社会经济、文化和科技的逐渐成熟与进步，欧洲一批带有殖民色彩的航海家为了追寻海外某地的遍地黄金进行环球航行，开辟了通往美洲和东方的航路。这一"地理大发现"（age of discovery）确立了殖民制度，逐步把中国人传统称为"南洋"的大片陆地和海岛改称为"东南亚"，并将其纳入欧洲国家的殖民体系。16世纪以来，伴随着西方殖民势力的东渐，所谓东南亚国家在自身发展历史被打断且被殖民化并融入世界市场体系的过程中，也迎来了开发、发展的历史机遇。出于东南亚开发、发展本身劳动力大量需求的原因，以及生计的原因，东南沿海的闽粤两省，大量人口通过陆路或涉海前往谋生、创业，其中就包括汀州府人和龙岩州人。他们与闽粤两省沿海人民一道共同为东南亚的早期开发和发展作出了不可替代的重要贡献。

第一节　欧洲列强殖民南洋及东南亚各国的开发

一、欧洲列强殖民南洋

（一）葡萄牙人侵入南洋

地处欧洲伊比利亚半岛的葡萄牙人最先探寻通往印度的航路，最早收获了海外殖民的"硕果"。1511年，为了控制印度洋东路入口，葡萄牙人攻占了马来半岛上的马六甲，一度控制了马来半岛。① 接着，葡萄牙人在苏门答腊、爪哇、加里曼丹、苏拉威西和摩鹿加等地陆续建起了商站，藉此垄断东方贸易。由于美洲垂直地收获较多和鞭长莫及等种种原因，在荷兰、英国等更新兴的殖民帝国的进击下，葡萄牙人在南洋所建立的殖民贸易网络实际并不巩固。17世纪初开始，葡萄牙在南洋一带的殖民势力开始衰落。安汶、马六甲等商贸重镇先后易主，为荷兰人所攻占。葡萄牙在南洋一带的殖民权益逐渐丧失殆尽。

（二）西班牙人侵入南洋延及中国宝岛台湾

受葡萄牙人殖民活动和巨大利益的刺激，当时，一度拥有欧洲最强大海军和舰队且蠢蠢欲动的西班牙人也扬帆起航。1521年，代表西班牙国王的麦哲伦船队侵占了摩鹿加群岛。同年3月，麦哲伦船队到达菲律宾群岛，麦哲伦企图利用当地部落酋长间的冲突征服菲律宾群岛，但事与愿违，麦哲伦反被当地居民所杀。西班牙殖民者贼心不死，又先后六次派军远征菲律宾，但均以失败告终。1565年，黎牙实比率800名的西班牙士兵和传教士再次闯入宿务岛。因受到当地人的顽强抵抗，历经一年多的时间，西班牙人才勉强在该岛建立起第一个前进据点。1569年，西班牙国王任命黎牙实比为宿务岛首任总督。1571年5月，西班牙又从墨西哥调遣大批殖民军进攻菲律宾，在马尼拉登陆，在巴石河南岸建立了城堡和炮台，以此作为殖民统治的中心。其后，西班牙殖民者又陆续占领了菲律宾的米沙鄢群岛、民都洛岛和吕宋岛的大部分地区。西班牙殖民者逐渐在菲律宾群岛北部、中部站稳了脚跟，建立了殖民统治。西班牙殖民者为了加强对菲律宾的统治，在菲律宾推行领地制度，还实行限

---

①雪兰莪中华大会堂五十四周年纪念特刊编辑委员会：《雪兰莪中华大会堂庆祝五十四周年纪念特刊》，1977年，第524页。

制贸易的政策，严重阻碍了菲律宾经济社会的发展，客观上也削弱了自身在南洋一带的殖民优势。直至1834年菲律宾的殖民当局才宣布马尼拉对外开放。

（三）荷兰人侵入南洋

最先步葡萄牙、西班牙后尘从事海上探险、殖民活动的是欧洲大陆北海之滨低地国家——荷兰。16、17世纪间，荷兰国力渐强。尤其是进入17世纪，荷兰一跃成为世界上最强大的海上霸主，被誉为"海上马车夫"，与葡萄牙、西班牙、英国在被其称为东南亚的南洋群岛展开了强有力的竞争。荷兰人对东南亚的侵略经营主要是通过贸易公司的形式进行的，所谓的贸易公司实为荷兰对外殖民统治的权力机关，武力是其坚强后盾。"又于红毛荷兰诸国，吞并滨海小邦要塞处，辄留兵戍守，皆一一能详，尤深得要领者也。"① 16世纪末，荷兰人东来爪哇海岸，帮助当地国王击败了葡萄牙舰队，并在爪哇和摩鹿加群岛设立商业办事处。步英国后尘于1602年成立了荷兰东印度公司，一开始其活动的主要地区即在摩鹿加群岛一带。1605年，荷兰大败西葡联军，从葡萄牙手中夺取安汶。1619年，荷兰派遣舰船攻打并占领椰城。荷兰殖民者在华人的帮助下重建椰城，改名为巴达维亚（今印度尼西亚首都雅加达，也即华人所说的吧城），作为荷兰东方殖民地的首府，并不断向诸岛扩张，全面占领了苏门答腊、加里曼丹、爪哇、婆罗洲诸岛。1641年，荷兰殖民者从葡萄牙殖民者手中接过马六甲的控制权。18世纪70年代，当广东梅县籍罗芳伯等客籍人士在坤甸河流域金矿矿点的采金生产蒸蒸日上的时候，荷兰殖民主义者的魔爪也伸到了那里。当时，几乎与荷兰同时东来的英国因主要把注意力投放在印度一带，而且荷兰也一再竭力排挤，于是，南洋群岛一度出现荷兰一国称雄的格局，主导东西方的商贸往来。其中，荷兰还独霸东印度群岛长达300年之久，直到第二次世界大战之后。

（四）英国人侵入南洋

英国是西欧的一个岛国，也是一个有悠久航海历史的国度。欧洲的七年战争使英国崛起成为世界上最为强大的殖民帝国。挟此强大国力，英国于18世纪末在第四次英荷战争中彻底打垮了荷兰海军，荷属东印度公司也宣告破产。伴随着荷兰的衰落，英国人于是向着东南亚卷土重来，建立自己的据点。1600年，"不列颠东印度公司"或称"英国东印度公司"成立，当年12月31日，英皇伊丽莎白一世授予该公司皇家特许状，给予其印度贸易的特权。1717年，印度莫卧儿帝国免除该公司在孟加拉的关税，给该公司对印贸易一个巨大优势。1757年罗伯特·克莱武爵士在普拉西战役中取得胜利。其后该公司迅速扩张，并以武力逐渐占领了马德拉斯、加尔各答和孟买等地，并组建训练了一支雇佣军，对印度进行疯狂的殖民掠夺。1799年甚至攻陷索尔首府。该公司还强迫孟加拉农民种植鸦片，并垄断鸦片、食盐和烟草贸易。其后将鸦片走私到南洋地区，乃至中国。随着英荷战争的胜利，该公司也先后叫板西班牙和荷兰。1762年，英国出兵马尼拉，打击和叫板西班牙。1786年7月17日，英国人莱特（Francis Light）海军上校率领小队人马在槟岛（即槟榔屿）登陆，次日即开始市政建设。8月11日，举行升旗礼，命名该新城为乔治市（George Town）。槟岛则改名为威尔斯太子岛（Prince of Wales Island）。莱特将槟城辟为自由港，以吸引欧亚商人前来投资经商。其时，槟榔屿归属于英属印度的第四行政区。②

1819年1月29日，代表英国东印度公司的史丹福·莱佛士首次踏上新加坡土地。莱佛士于此设立贸易站，积极把新加坡打造成自由贸易港口。1824年，英国控制马来西亚半岛、新加坡后，荷兰被迫让出马六甲，荷兰势力最终被逐出马来半岛。英国于是将槟城、马六甲、新加坡合并为海峡殖民地。至20世纪初，英国最终控制了整个马来半岛。

1838年，出生于印度的英国冒险家詹姆斯·布鲁克率炮艇"保皇党人"号抵达加里曼丹岛西北的古厝港。时沙捞越人民不满税赋沉重，对抗文莱苏丹，欲脱离文莱，文莱苏丹命沙捞越总督穆达·哈希姆镇压，遭遇失败。1840年，布鲁克与哈希姆谈判，以获得总督职位为条件，指挥"保皇党人"号炮艇镇压了起义。1841年10月24日，詹姆斯·布鲁克（James Brook）戏剧性地被宣布为沙捞越的拉查兼总督，建立了英国人的独立王国。这样，英属殖民地势力进一步跨海扩展，延伸到婆罗洲一带。

18世纪中叶，英国取得对印度的控制权后，即

---

① 参见清嘉应州金盘堡人谢清高口述杨炳南整理：《海录》。槟榔屿客属公会：《槟榔屿客属公会四十周年纪念刊》，1979年10月，第370页。

② 陈剑虹：《槟榔屿华人史图录》，ARECA Books，2007年，第18页。

觊觎缅甸，多次派人赴缅谈判，企图使缅甸与其签订不平等条约。19世纪初，为打通印度与马来半岛英属殖民地的联系，并打开从西南入侵中国的门户，进一步扩大其对亚洲国家的殖民侵略，英国便把侵略扩张的矛头指向了缅甸。1824年3月，英国借口孟缅边境常有冲突为由向缅甸宣战，5月登陆仰光，并轻取该城，年底缅军反攻。1825年，双方常有战事，12月30日恢复谈判。1826年2月，英军占领杨达波，缅王孟既被迫签订丧权辱国的《杨达波条约》，割地赔款。从此，缅甸开始沦为半殖民地半封建社会。1852年4月，英军发动第二次英缅战争，从海上炮击马达班港。10月，英军占领卑谬后退回仰光。1885年，英国发动第三次英缅战争，企图吞并整个缅甸，11月28日，英军攻入缅甸首都曼德勒。1886年1月1日，缅甸被宣布为英国领地，作为英属印度的一个独立省，英国于是完全建立了对缅甸的殖民统治。

（五）法国入侵中南半岛

从1858年至1883年，欧洲另一个殖民强国法国对越南连续发动了三次侵略战争，获取了对越南的"保护权"。1887年10月，法属印度支那联邦正式成立，1893年法暹战争后吞并老挝。

二、南洋开发、发展的巨大潜力

（一）南洋地域辽阔、区位独特、资源、特产丰富

南洋群岛总面积448万平方公里，其地域绝大部分位于北回归线以南，横跨赤道两侧，南北约跨越39个纬度，长达4 500公里，东西约跨越49个经度，宽达5 600公里，可谓幅员辽阔。而且南洋群岛北部的马来半岛与中南半岛（印度支那半岛）接壤，区位优势突出。地处亚洲和大洋洲、太平洋和印度洋的"十字路口"，是联系两大洲，沟通两大洋的桥梁和纽带。既是历史上海上丝绸之路的重要节点，也是西方国家对东方殖民地侵略的重要支点和必经之地。其中，介于马来半岛和苏门答腊岛之间的马六甲海峡居于沟通两大洋的咽喉位置，是东西方交通的要冲。

南洋群岛资源丰富，森林广袤，林业资源丰富，是柚木等贵重木材的重要出产地。现印度尼西亚雅加达城区的运河就是17世纪上半叶为了运送西爪哇南部山区的木材而修建的，华人功不可没。矿产资源丰富，分布有世界上最大的锡、钨矿带。其中，马来西亚锡矿资源最为丰富，储量占世界的1/3。① 9世纪时已有印度人在马来半岛上采锡。中南半岛上的泰国和缅甸也有二三百年的采锡历史。16世纪末，缅甸就把锡运销到印度。1511年，葡萄牙人远征马六甲的一个目的就是要控制锡贸易。② 新矿点的不断发现以及开采无疑需要大量有一定开采技术的劳动力，刻苦耐劳且不乏能工巧匠的华人于是成为各矿冶场的招募对象。较丰厚的经济收入也吸引华人前往谋生。以马来半岛为例。"据说在明末清初之时，已有一批客家人来到吉南丹中南部'呀喇顶'（Galas，即今布赖）的地方开采金矿。"③ 19世纪上半叶，马来西亚各州也是因新锡矿资源的发现和开采而吸引了为数不少的华人，"吸引大量华人涌入马来各州的因素正是有市场价值的锡产。"④ 再以18世纪后半叶加里曼丹岛坤甸一带为例。华侨前往谋生主要是因为当地发现了金矿资源，当地苏丹招募华人开采。一开始人数不多，"婆罗洲的坤甸、东万律、沙拉满、山口羊各地尚未开发，到处荆棘丛生，仅有少数广东潮、嘉、惠各属的华侨在这片地广人稀茫茫未辟的地方采矿垦荒。"⑤ 自18世纪中叶起，南洋群岛尤其是西加里曼丹一带华人与日俱增。"自1754年以后的几年中，当地苏丹每年获得大量华侨上缴的租金。此后，华侨便逐渐由拉腊扩展到蒙特拉度（华侨称作"鹿邑"）和坤甸所属曼多（华侨称"东万律"）一带，从事金矿开采的华侨日增，繁荣了当地经济。"⑥ 西加里曼丹的华人主要是广东客家人，"大多是梅县、大埔及海陆丰的客籍人士。"⑦ 也有永定下洋思贤等村客家人前往谋生。如该村吴氏鼎江公派下第十三世笃斋公多子

---

① "行政院"客家委员会：《静水流深：东南亚廿客家良材》，2009年12月，第129页。
② 赖观福主编：《客家源远流长——第五届国际客家学研讨会论文集（续篇）》，马来西亚客家公会联合会2000年5月10日，第17页。
③ 安焕然，刘莉晶编撰：《肉佛客家人的移植与拓垦》，南方学院出版社 新山客家公会2007年联合出版，第174页。
④ 陈嵩杰：《森美兰客家人开拓史》，林金树主编：《中华心客家情——第一届客家学研讨会论文集》，马来西亚客家学研究会2005年7月，第30页。
⑤ 冯秀珍：《客家文化大观》（中册），经济日报出版社2003年，第559页。
⑥ 罗英祥：《飘扬过海的客家人》，河南大学出版社1984年，第64页。
⑦ 柯林木主编：《新加坡华人通史》，新加坡宗乡会馆联合总会2015年，第59页。

迁往坤甸淘金；京数，笃斋五子，往金山崑甸（坤甸）；京武公，从兄往崑甸（坤甸）。①

华人在坤甸等地开发的规模越来越大，而且还与当地人友好共处，最终在此建立了华人的自治组织——兰芳公司。18世纪70年代，加里曼丹坤甸地区华侨金矿公司林立，各自为政。为了使由华人各自分散经营、无序开采的金矿公司实现统一领导，统一管理，计划开采，统一分配，既发挥规模效应，又能统一处理、应付对外事务以及各种关系和问题，1777年，梅县华侨罗芳伯先在曼多着手创建兰芳公司。随后，他联合茅恩新埔头曾和营公司管武装的江戊伯，采取里应外合强行收购的办法，夺取了黄桂伯在茅恩的老埔头公司。后来，"战伐经年"，又兼并了明黄三星公司。由此形成了以曼多为中心，管辖茅恩、猪打虎、坤日、龙冈、沙拉蛮和山心等地的产金地，南北绵延数十里的特大公司"兰芳公司"。罗芳伯任首任"兰芳公司"的"大唐客长"（或称"大唐总长"）。因为"兰芳公司"是在租借自当地苏丹的土地上建立的大型经济体，既有生产经营，又有人员管理、服务以及处理对外事务等职能，因而很像一个社会组织。因此，公司实行自治管理，头人通过遗嘱继承的形式选任，享有一定的司法和行政大权，公司内形成了一套管理体制。罗芳伯一手创建的"兰芳公司"成为当时加里曼丹华侨成立的"公司"中脱颖而出的大型自治组织，也有人称之为"兰芳共和国"，甚至被誉为华人在海外建立共和政权的尝试。

南洋群岛海洋渔业资源极为丰富，淡水鱼类品种多，海洋渔场分布广泛。此外，南洋群岛还盛产独特的物品，比如药材和香料。而药材和香料的风靡世界刺激了贸易和种植业的发展，也照样吸引着大量的就业劳动力。以安汶为例。"安汶在历史上盛产的不是宗教冲突而是丁香、豆蔻等香料，安汶几乎成了香料的代名词。当初西方殖民者东来就是冲着包括安汶岛在内的那一带的香料而来的。但在西方人到来之前好几百年（至少在元代），华人的船舶就每年到那里做生意。后来有华侨移居那里，从事农业耕作，经营园艺。1621年，有名叫西巴斯疆·丹克尔特的传教士到过该岛，说看到那里有40家中国人，或经商，或拖运木材，或作石工，或烧砖瓦，或捕鱼，或耕种，或从事其他行当，不一而足。"②再如，槟榔屿开始之初，也是以种植胡椒和丁香著称。

南洋群岛自然条件多样、地域广阔、资源丰富、物产独特，但在清代前期南洋的许多地方都还是人迹罕至、未开发的处女地。有的地方直至19世纪末、20世纪初还保持原始状态。如北婆罗洲一带，"北婆于六十年前，尚为原始森林地带。"③伴随着经济社会事业的发展，南洋群岛无疑蕴含巨大的劳动力和技术需求。

（二）南洋地区互相开放格局的逐渐形成

作为地域，南洋地区虽然可以视为一个整体，包括中南半岛和南洋群岛，但各地发展历史各异。中南半岛与中国毗邻或近邻的越南、暹罗（今泰国）、南掌（今老挝）、缅甸等早在中国明清时期就已经嬗变为较为成熟稳定的民族国家，并向着类似清朝的封建国家方向发展。这些国家先后与清朝建立了宗藩关系：越南于顺治十七年（1660）归顺清朝；南掌（老挝）于雍正七年（1729）归化清政府；暹罗④，于顺治九年（1652）归化清政府；缅甸，于乾隆三十四年（1769）归化清政府。⑤

中南半岛的这些中国属国与中国保持着朝贡贸易的关系，也一如大清帝国对外实行闭关锁国的政策。如越南，闭关锁国的阮朝的大门最后还是被动地被资本主义敲开的，"但是闭关锁国，仅依赖于小农经济的阮朝未能阻挡住西方，也就是法国殖民者入侵的步伐。"⑥但南洋群岛和半岛国家（马来半岛、婆罗洲、爪哇、苏门答腊、加里曼丹等岛）由于地理位置处在东西方海运交通要冲，资源、物产丰富，先期受到西方资本主义的侵略，呈现碎片化发展的特点，而菲律宾群岛则最早沦为西班牙的殖民地。直至清代前期，

---

①永定区下洋镇思贤村旧版手抄本《吴氏族谱》，岭下鼎江公派第十四世系。电子版资料由中共永定区委党校江宇贤提供。
②高伟浓：《下南洋》，南方日报出版社，2000年，第167页。
③《北婆罗洲客属公会新会所开幕纪念特刊》，北婆罗洲客属公会特刊编辑委员会主编，1957年，第23页。
④暹罗为泰国之故称。暹罗之入贡要追溯至1292年的素可泰王朝时期，那时暹罗就已经对中国的元朝上贡。参见《静水流深：东南亚廿家客家良材》，2009年12月，第196页。
⑤马兆锋编著：《燃烧的黄龙旗：在繁华中沉沦的大清帝国》，北京工业大学出版社，2014年，第289页。
⑥越南国家历史博物馆、中国首都博物馆编：《越南历史文物》，北京燕山出版社，2010年，第9页。

存在历史发展差异的南洋各国还未能形成一个互相开放的格局。

16世纪，西班牙人控制菲律宾群岛大部分地区之后，实行贸易垄断政策，自我孤立于南洋其他地区。

17世纪初占据东印度群岛多数岛屿、长期称雄的荷兰殖民当局一度对华人采取友好、欢迎的示好态度和政策。"17世纪初，荷兰东印度公司着手统治经营东印度群岛以后，为了开发爪哇等地的丰富资源，不仅近乎盲目地欢迎中国移民，而且利用一切手段努力吸引中国移民。因此，当时对华侨的政策极端自由宽容，乃至行政和司法几乎都交由这些移民自治。"①然而1740年"红溪惨案"之后，荷兰殖民当局的政策变得时坏时好，而且为了抵制其他欧洲国家染指其利益，荷属东印度公司也长期视贸易垄断为不变的法则。直到18世纪后期始，卷土重来的英国先后在槟城、新加坡实行完全自由港政策，南洋地区贸易垄断、互不开放的格局才开始被动摇，进而被逐个打破。英国人占据的据点实行的自由港开放政策造成了人力和资本的集聚效应。如作为槟城开发功臣的莱特在其1787年2月的书信中写道："如果不是荷兰对华人的监控，大多数的华人将会从马六甲移居而来。已知有40人准备从水陆出发，但被荷兰政府禁止，并敕令未经允许，任何男人不得离开（马六甲）。抑有进者，荷人也想尽办法阻止华人由中国来到槟城。"②英国人的自由开放政策首当其冲冲击的是荷属东印度群岛，"初期就给荷兰在爪哇和马来群岛一带早已形成的贸易垄断地位以沉重的打击。"③ 在此情势下，有的地区统治当局顺时而变。如菲律宾殖民当局于1834年宣布马尼拉对外开放。虽然东南亚开放格局最终形成尚需时日，但由英国人开风气之先的开放政策对南洋地区经济社会发展的引领作用一开始就显现出来并将持续显现。以菲律宾为例。1834年，马尼拉开放之后，"菲岛对外贸易规模迅速扩大。"④可以说，以槟城、新加坡为代表所实施的自由港政策有力推动了南洋地区经济社会发展事业，开启了南洋开发、发展的新时代。

（三）南洋地区自上而下渴望开发和发展

总体而言，自西方殖民主义者东侵并大肆掠夺开发以来，南洋各地自上而下都渴望开发和发展。如槟城自由港开发的先驱莱特据说用大炮射进内陆，以鼓励工人协助开发这片土地。为了留住华人，莱特还极为珍视华人群体。他说："华人成为我们居民中最宝贵的一环"。他欢迎华人大量来到槟榔屿参与开发，不仅欢迎马六甲等地的华侨，也欢迎从中国南渡的华人。19世纪30年代，菲律宾当局为了鼓励开发、发展，也适时调整了华人入境政策，"为鼓励华人从事中介商业，殖民政府从30年代开始逐渐放宽对中国人入境和在菲律宾国内流动的限制。"⑤ 使大多不愿意落地生根、占有土地而以谋生为目的的华人成为了东南亚开发、发展进程中的重要力量，与当地人等能够和平共处。这不仅因为华人过番是以谋生为目的，他们"没有政治思想、领土野心。"⑥ 而且华人普遍有较高的素质，"当年，中国（人）在农业、手工制造、医药、建筑等方面拥有较高的知识和技术，又有庞大的商业和社会网络，加上勤奋刻苦、灵活变通的天性，深得当地人和殖民地统治者的欢迎。"⑦ 如在西婆罗洲一带从事金矿开采的客籍人士罗芳伯和他的伙伴们不仅自己开发创业，获取经济利益，还保护当地土著的利益。于是，他们得以与当地土著人相处融洽无间，互相帮助使金矿生产迅速发展。后来当地土著首领苏丹辖下的土人叛乱，罗芳伯协助讨平，苏丹在庆功宴上举觞对罗芳伯说："兄有大功与我，愿与结为兄弟。"⑧ 苏丹于是将更多的土地租给罗芳伯，以建立兰芳公司。

18世纪前期连城四堡邹氏商贾结伴前来东南亚一带谋生，有的也逐渐融入了当地社会，与当地人感情融洽。如邹氏第十八邹世忠，"盖此地语言服食迥异中原，藐然中处，几不自聊。公则内能有主，形

---

① 崔丕，姚玉民译：《日本对南洋华侨调查资料选编，1925—1945》（第一辑），广东高等教育出版社2011年，第223页。
② 谢诗坚《槟城华人二百年》，槟城韩江学院韩江华人文化馆，2012年，第54页。
③ 陈永山、汪慕恒等：《世界各地的自由港和自由贸易区》，厦门大学出版社，1988年，第61页。
④ 庄国土、陈华岳等：《菲律宾华人通史》，厦门大学出版社，2012年，第215页。
⑤ 庄国土、陈华岳等：《菲律宾华人通史》，第215页。
⑥ 北马永定同乡会：《新会所开幕暨42周年会庆青年团九周年纪念庆典特刊》，1991年，第135页。
⑦ 柯木林主编：《新加坡华人通史》，新加坡宗乡会馆联合总会，2015年，第29页。
⑧ 冯秀珍：《客家文化大观》（中册），经济日报出版社，2003年，第560页。

神自若。唯是礼貌愈恭，齿牙愈慎，肝胆益冰雪自持。久之，而彼邦人，亲公爱公，遂与公同声气，称莫逆。"① 又如邹世略南洋经商期间也与当地人建立了亲密无间的关系，备受尊重，联系密切，"雕题凿齿之地，多与君通声气。以君光风霁月，道貌足以感人也。"② 华人过番谋生往往靠牵带，南洋一带开发与发展环境有利，先期过番的华人融入当地社会，也有人落地生根，吸引更多的后来者。如婆罗洲一带以粤籍为主的客家人与日俱增，到18世纪中叶，"总数已发展到7万多人。他们当时分成二十几个集团组织，都以'公司'为名。"③

第二节　岩籍移民过番谋生

一、岩籍移民过番的三种形态

（一）岩籍民众与沿海人民交往及区位优势

华人大规模出洋谋生一般认为是在鸦片战争之后，"鸦片战争后的百年间，是客家人移居东南亚的高峰期"，④ 龙岩人也不例外。应该指出的是，由于区位地理的原因，鸦片战争前的明末至清前期，龙岩人出洋谋生也不在少数。

虽然龙岩地处山区，但龙岩人与沿海人民的联系从未中断。如明代著名航海家王景弘虽出生于山区地方的龙岩集贤里⑤，但其却是一个在闽南沿海长大靠"讨海谋生"的渔民，⑥ 据说王景弘一家跟闽南沿海有亲戚关系，孩子们也交往密切。又如胡氏永定下洋开基祖七郎公之曾孙进德公移居厦门海沧鼎美（又称"锅尾"，原称"同安鼎美"）。进德公裔孙与原乡联系密切，"建国前每三年派代表来下洋祭祖，忠坑本家，亦时往居住。民国十三年与下洋本家同修《永（定）同（安）胡氏族谱》。"⑦ 往洋至槟城的鼎美胡氏还与下洋胡氏一起建起胡氏宗祠并组建帝君胡公司加以管理，而且龙岩紧邻粤东、闽南沿海地区。龙岩人利用这一近海优势，开辟了多条面向海洋的水路、陆路通道。如永定，"那时，水路运输靠永定河航运，其次，汀江及黄潭河在境内的一段通航。由于永定河的芦下坝、汀江的棉花滩均为巨礁所阻，货运到此，均需起卸用人力搬运过境后，再由大埔船只驳运到潮州、汕头等地。陆路运输走古道肩挑。金丰片人民生产生活的进出物资多由高头至南靖、漳州和下洋三层岭至大埔县这二条古道；坎市、湖雷片则从县城经书院矮岗岽、茅坪，而至大埔县这条古道。"⑧ 再以古龙岩州为例。龙岩州人借道出洋，或途经毗邻的永定，由红坊镇的船巷村成为交通要道——"闽粤孔道"；⑨ 或借道南邻的南靖，这样的路线：从龙岩走一段路翻越板寮岭，在南靖水头（今金山镇水头村）登上小船，顺流而下，行至海口，再顺风飘至沙巴，前后历时15天。⑩ 而且龙岩地区是粤东、闽南沿海江河水系的发源地、主要江河干流的流经地。如汀江全长220千米，在广东大埔三河坝与梅江汇合后，是为韩江，继续南流汇入南海。汀江历经宋、明两朝的数次疏通，"南宋嘉定六年（1213），知州赵崇模奏请改用漳盐为潮盐时，已用木船运盐，当时航线，仅能上至回龙，下达峰市。明嘉靖三十年（1551），知州

---

① 长汀四堡龙足《范阳邹氏五修族谱》卷33《世忠邹公行略》，1947年修。
② 同上。
③ "行政院"客家委员会：《静水流深：东南亚廿客家良材》，2009年，第8页。
④ "行政院"客家委员会：《静水流深：东南亚廿客家良材》，2009年，第9页。
⑤ 今漳平市赤水乡香寮村。
⑥ 朱明元主编：《王景弘与郑和下西洋》，香港天马图书有限公司，2004年，第134页。
⑦ 《新加坡南洋胡氏总会60周年纪念暨大厦落成第一届世界胡氏恳亲大会纪念特刊（1946—2006）》，第94页。
⑧ 吴永铭：《永定县交通发展概况》，北马永定同乡会：《新会所开幕暨42周年会庆·青年团九周年纪念庆典特刊》，1992年，第184页。
⑨ 饶镐顿：《恭纪伯祖三郎公世系传述》，饶火兴主编：平阳堂中南《饶氏族谱》，2003年6月。
⑩ 2016年1月26日，对龙岩市新罗区外事侨务办主任刘鸿奇的调查。

陈洪范召石匠炸开回龙滩河道顽石，开通上杭至长汀航线，使汀杭船只直通无阻碍。"①汀江成为沟通闽赣边内陆山区与广东沿海的重要通道，"它是闽粤赣边的主要航道，沟通了三省边界的物资贸易往来。"②又如九龙江，"九龙江（北溪）开拓于唐垂拱三年（687）。其时，漳州刺史陈元光开发漳州，遣部将刘珠华、刘珠成、刘珠福兄弟3人，率部沿九龙江上溯疏浚河道，直至雁石，以通舟楫。九龙江的开通，对促进山区和沿海经济发展起着重大作用。"③汀江、九龙江等干流航道的开通，使之成为与海上丝绸之路联通的纽带，极大便利了龙岩人与世界的交往。汀江主要是汀州客家人出洋的重要孔道，"汀江培育了一批批的客家人，又由汀江送走一批批的客家儿女，走向海洋，播迁全世界。"④而许多龙岩州人则经由九龙江走向世界，"独立建州后循九龙江出海甚为便利，岩人已开始陆续到达印度尼西亚、马来亚、缅甸、暹罗（泰国）、安南（越南）、菲律宾等地。"⑤由于与沿海人民交往密切及有四通八达的路线连接海洋等的原因，使得龙岩人不仅熟悉海洋，而且很早就飘洋走向世界。早在宋末就有汀州人涉足马来半岛之南端一带，"因此，可引证汀江（旧鄞江）客家人在宋末已到了柔佛。"⑥永定人过番如走亲戚，"金丰、丰田、太平之民，渡海入诸番如游门庭。"永定有个别村落过番的海洋文化浓郁。如永定下洋思贤村吴氏千七公房十三世共27人，其中，名字里嵌入"番"字，将"番"字作为字辈的分别为：十一世拔丰公之孙圭番、祚番；仓亭公之孙照番、杜番、洄番、涛番、常番、华番、广番；丹台公之孙熬番；惠丰公之孙棉番；耀堂公之孙戴番、增番、朝番、觐番、时番、季番、南番；添丰公之孙巧番，共19人。⑦关于"番"字，前人曾有界定，"宋代《萍州可谈》：'北人过海外，是岁不还者，谓之住番，诸国人至广州，是岁不归者，谓之住唐。'"⑧可见，"番"字是中国人对于中国之外的海外番国之称谓。足见，永定下洋思贤村千七公房十一世、十二世裔孙以"番"字为辈，也许是对海外番国情有独钟。如此，明末至清前期，龙岩人纷纷越重洋过番到南洋谋生已成常态。

（二）龙岩人过番的三种形态

明末至清前期，龙岩人过番有多种形态：

其一，是龙岩人自台湾前往海外，也即俗称的"台转侨"。早期的台转侨发生在明末清初，这是一个特殊的历史时期。因为在明末清初朝代更替的转折阶段，以福建为中心的东南沿海一带，满清势力、郑成功势力、耿精忠势力等进行了反复的较量和争夺，时局纷扰，百姓苦难，各奔东西。"康熙十三年甲寅岁，滇黔闽粤四藩变乱，天下鼎沸。一时之闻风而从者，指不胜屈。"⑨郑成功及其继承者以反清复明为旗号，声势浩大，响应者不可胜数。如郑成功部招讨大将军苏荣（又名苏逢霖）在（永定）古竹率众起义，李天成于湖坑召众响应。后随郑成功部赴台。⑩永定高陂上洋村陈中谦，"及福王败后，郑成功退居台湾，益候（中谦字）誓为后援，顾兵力单薄，明运已终，遂以身殉。"⑪郑成功集团退守台湾后，大量龙岩人随之入台，"抗清失败后，（闽西）义军战士与义军有联系的人大批赴台。"⑫如永定湖坑一带正是李天成的家乡，害怕被株连的李氏族人整房整房迁到台湾。⑬永定高头江氏族人迁台湾者也不在少数：17世景桂公，"全家移台"；18世，永清公、万清公，"俱往台"；19世魁林公及家人，"俱往东

---

①上杭县地方志编纂委员会编：《上杭县志》，福建人民出版社，1993年，第296页。
②李文生、涂有荣：《客家母亲河之歌》，北京广播学院出版社，1996年，第23-24页。
③福建省漳平市地方志编纂委员会编：《漳平市志》，生活·读书·新知三联书店，1995年，第328页。
④李木生著：《客家探源》，柔佛州客家文化研究联谊会，第133页。
⑤亚庇龙岩会馆七十五周年纪念特刊委员会：《亚庇龙岩会馆成立七十五周年纪念特刊》，1998年，第132页。
⑥李木生著：《客家探源》，柔佛州客家文化研究联谊会，第89页。
⑦福建《永定吴氏宗谱》重修委员会：《永定吴氏族谱》，2009年8月，316~325页。
⑧转引自柯木林主编：《新加坡华人通史》，新加坡宗乡会馆联合总会2015年11月，第29页。
⑨俞如先：《论清代闽西客家将军蒋次兰德爱国主义精神》，《龙岩学院学报》2011年第1期，19页。
⑩永定县地方志编纂委员会编：《永定县志》，中国科学技术出版社1994年，第3页。
⑪永定颍川陈氏族谱编纂委员会编：福建省永定县《颍川陈氏族谱》，1998年，第1314页。
⑫张佑周：《客家祖地：闽西》，作家出版社2005年，第156页。
⑬对永定区湖坑镇新街李永华先生的调查。李永华1935年9月（农历）出生。

都"……①这里所谓的"东都"即是明郑时期台南的旧称。永定巫氏此时也有不少人往台,"一是明末清初时,不少人往台,即是不愿为清朝统治"②,巫氏迁台后先居台南,后再迁徙,"明郑时期,有巫氏徙居今台南市,后裔移垦彰化溪巫厝……"③永定古竹黄竹烟魏氏第12世文仲公,"随郑成功反清复明渡台"。④永定培丰简氏汉超公,"系会益公第十九代孙,原籍福建省汀州府永定县太平里下长流圳头社人氏。明末清初,从郑成功东征渡台,迁居左镇开基。"⑤永定陈东卢氏第16世煌辉公,"西元1661年,跟郑成功迁居台湾。"⑥这一时期,长汀四堡(今连城辖地)也有客家人迁往台湾,"永历三十年(1676),五月二十日,刘应麟以汀州降于郑经。郑经封应麟为奉明伯。遣后提督吴淑入守之。九月,康清王杰书统兵定闽。吴淑败走,应麟自焚其居而遁。汀州复为清所有。同年,雾阁贩书汀州寓居者邹国孟兄弟之子为避乱迁往台湾桃园定居。"⑦在满清大兵压境咄咄逼人的攻岛情势下,熟悉海洋的郑成功及其继任者郑经也肯定会有战略转移的谋划,"根据传说,是因为反清运动失败后的郑成功,把根据地由台湾移到马六甲……关于传说,虽然经过好几次的查询,但在马六甲和新加坡等的会馆中人,都是深信不疑。"⑧如果所谓的马六甲根据地的事情属实,也肯定会有一批明郑政权的人员奉命前往或借机离开台湾。事实正是如此,民国新修《大埔县志》记载:明崇祯十三年(1640),郑成功举义旗抗清,镇将江龙,偏将罗宏(均大埔人)等率领义军几千人,随郑成功到台湾,以后不少人辗转到南洋各地。"⑨其中,肯定有为数不少的龙岩人,尤其是今龙岩市永定区人,因为永定、大埔毗邻,民众往来密切。"永定同乡南来,开始于明末清初"。⑩如永定龙潭枫林严氏即有一部分先迁往台湾,"再播迁海外的"⑪。也有的是在两岸关系正常之后,在来往两岸的过程中,因行船遭遇台风而随船漂往南洋一带。如永定湖坑李峋唐即属于这一情形。清嘉庆、道光年间,家乡当时民不聊生,李峋唐和一些身强力壮的乡亲,一起渡台谋生。一次,在往来台湾的途中,航船遇上了骇人的风暴,他漂到了一座荒岛上……由于当时发生了一系列惊心动魄的事故,他们基本上失去了时间的观念,只依稀记得从上岛到离岛的这段时间里,一共看到月圆了二十七次……他们凭借一只木船逃生。他们在大海上奋力与波浪搏击着,飘到了安南(今越南)地带。⑫

其二,是龙岩人自汀州、龙岩州地或异地经商期间等前往海外。

18世纪末、19世纪初,永定下洋中川南金堂胡氏第12世胡正平、胡常仙兄弟到来马来亚的马六甲。⑬

永定下洋洋堡谢氏族人也纷纷南行:洋堡谢氏第16世中山公,"往越南";第17世翘进公、翘俊公,"都往吧城身故";⑭洋堡谢氏第17世端林公,"往吧城身故";洋堡谢氏第17世秀禄公,"往暹罗身故";洋堡谢氏第17世秀德公,"移居南吧洲⑮";洋堡谢氏第17世秀仲公,"往吧城身亡";洋堡谢氏第17世上生公,"往巴城卒";洋堡谢氏第18世春福公,"往吧身故";第18世广元公,"往暹罗";洋堡谢氏第18世元凤公,"往巴城身故";洋堡谢氏第18世壬凤公,"往巴城身故";洋堡谢氏第17秀武公之子长

---

① 永定高头《江氏族谱》(手抄本)。复印件由中共永定区委宣传部退休干部苏志强提供。
② 永定县巫氏族谱编委会:福建永定平阳郡《巫氏族谱》,2013年,第48页。
③ 台北市永定县同乡会印行:《永定会刊》(第四期),1981年,第3页。
④ 福建省永定县古竹乡黄竹烟巨鹿魏姓四一郎祢公开基祖一脉《魏氏大族谱》,1992年,第80页。
⑤《范阳开简族谱》(台湾),2002年,第45页。
⑥《范阳永定卢氏族谱天佑、天宝公房系》,2009年,第185页。
⑦ 福建汀州连城四堡雾阁六修邹氏族谱委员编:《范阳邹氏族谱(敦本堂)》卷3《萍踪拾粹•历年纪要》,1996年修。
⑧ 罗香林:《黄巢变乱与宁化石壁村》,槟榔屿客属公会:《槟榔屿客属公会四十周年纪念刊》,1979年,第309~310页。
⑨ 泰国客家总会庆祝80周年会庆特刊《泰国客家人》,泰国客属总会出版,2007年再版,第302页。
⑩ 霹雳永定同乡会:《霹雳永定同乡会会刊》,1981年10月,第128页。
⑪ 福建永定《严氏族谱》,2005年,第60页。
⑫ 胡剑文、胡向群:《永定的"鲁滨逊"》,《新加坡永定会馆七十周年纪念特刊》(1918—1988),第157页。
⑬ 永定区《永定胡氏族谱(四)》。
⑭ 谢氏修谱委员会主编:永定洋堡《谢氏族谱》,1992年,第129页。
⑮ 疑为吧城,即今印度尼西亚首都雅加达。

寿公，"往高趾（今越南）身故"；洋堡谢氏第18世长应公，"往吧城亡"；洋堡谢氏第18世丙元公，"往暹罗身故"①。

永定陈东卢氏族人也是如此：第17世友奇公，"往六昆番故"；②第17世友墩公，"生二男俱迁往六昆番"；③第17世友吾公，"生一子迁往六昆番"；④

乾隆末年（1795），永定下洋胡曾育迁槟城。⑤

永定下洋太平村曾氏第16世毓玩公，"在加罗胡椒园殁葬"。⑥太平村曾氏贞生房第16世毓南公，"字依南，号行衍，在吧城"。⑦太平村曾氏贞生房第16世毓庆公，"往番殁"。太平村曾氏贞生房第16世毓荣公，"在番殁"。⑧永定下洋太平村曾氏贞周房第17世傅蕊公，"往暹罗"。⑨

永定培丰洪源简氏第21世盛林公，"迁往六昆番"，22世揖攀公，"过番未回"。⑩

永定高头乡江氏第19世庆钊公，"往番逝世"，第19世初宏公，"后往番槟榔屿，无音信旋梓"。⑪另有永定高头高东江氏第19世运太公、第20世应亮、鼎亮公，往"泰国"。⑫

永定坎市卢氏乃馥公四男三仰公系第17世康圃公，"出洋无考"。⑬

永定高陂镇富岭王氏也有不少族人南渡谋生，有的多次往返，有的在当地成家立业：第16世瞻露公、富善公兄弟，"卒吧国"；第16世香臣公，"卒于吧国"；第16世化臣公，"亦卒于吧国"；第16世绩臣公，复往吧国而卒……男一官养，吧国所生，携回籍；第16世国来公，"卒吧城"；第16世崇章公，"吧国溺海"；第16世益来公，"娶吧国女，无传"；第16世仰瞻公，"配吧国林氏"；第17世赐麟，"卒于吧国"；第17世华官，"卒于吧国"；第16世爵来公，"往六坤番卒"；第17世戊养公，"居六坤"；第17世周麟公，"卒（清康熙）五十五年丙申六月，葬六坤"。⑭

19世纪初南来谋生的还有：永定下洋胡氏13世胡武撰前往南洋，"十三世祖胡武撰在槟榔屿，是棣番次子……生六子俱往印度尼西亚。"⑮

永定岐岭丰村陈氏第16世念宗公子女，"迁泰国定居"，第17世旺登、禄登公，"迁居缅甸"。⑯

永定下洋古洋村陈洪魁（？—1840），赴马来西亚半岛槟榔屿以打铁为生，有积蓄，置店屋，无嗣。皇清徐登仕郎，捐出马来西亚槟城打铁街七号一幢屋宇作"永大会馆"，并立碑永久纪念。⑰

永定高头江氏第17世碧崑公，"去暹故"。高头江氏第19世奕梅公，"往暹故"。高头江氏第20世奕舍公二子应亮，"往暹罗"。20世奕梅独子鼎亮，"配李氏，往暹故"。⑱

永定大溪巫屋巫氏第18世喜曾、善曾公，"1. 喜曾，生嘉庆辛未5月初七，道光甲午往番。2. 善曾，生嘉庆乙亥10月25日，往番"；大溪巫屋第19世益曾公，"道光申卯（清道光时期无申卯年，疑为

---

①谢氏修谱委员会主编：永定洋堡《谢氏族谱》，1992年，第78页。
②《范阳永定卢氏族谱天佑、天宝公房系》，2009年，第163页。
③《范阳永定卢氏族谱天佑、天宝公房系》，2009年，第162页。
④同上。
⑤永定区《永定胡氏族谱》（四），第19页，电子版中共永定区委宣传部退休干部苏志强提供。
⑥永定区下洋镇太平村曾氏万十郎公派下《族谱》，1996年，第156页。
⑦光绪癸卯年修《武城曾氏族谱》（台湾），第15页。永定区下洋镇太平村曾庆渊家保存。
⑧光绪癸卯年修《武城曾氏族谱》（台湾），第16页。永定区下洋镇太平村曾庆渊家保存。
⑨光绪癸卯年修《武城曾氏族谱》（台湾），第11页。永定区下洋镇太平村曾庆渊家保存。
⑩洪源简氏族谱编委会编：《洪源会益范阳简氏简氏族谱》，1998年，第956页。
⑪永定高头《江氏族谱》（手抄本）。复印件由中共永定区委宣传部退休干部苏志强提供。
⑫永定江氏宗谱（增济阳郡《永定江氏宗谱》（增订版）之《迁国外宗亲表》，2010年，第1255页。
⑬福建永定《范阳卢氏族谱》，1995年冬，第528页。
⑭王灿炽、廖永茂、王贵垣制作：《民国版富岭王氏族谱》，未刊本，2009年，第382页。
⑮胡以按：《中川史志》，厦门大学出版社，1988年，第7页。
⑯福建省永定县古洋陈氏族谱编纂委员会编：江州义门福建省汀州庄永定县《古洋陈氏族谱》，2015年1月，第488~499页。
⑰福建省永定县古洋陈氏族谱编纂委员会编：《古洋陈氏族谱》，2015年，第571页。
⑱永定高头《江氏族谱》（手抄本，年代不详），中共永定区位宣传部退休干部苏志强收藏。

辛卯或癸卯年），往暹罗"；大溪巫屋第19世元嗣公，"道光甲午，往暹罗"。①

永定龙潭枫林严氏此时也有多人南渡出洋：如第14世定斐公，"公因往番片为商未回家"；第15世翼昌公，"号禄秀，死于番邦，迎银牌"；枫林严氏第17世正祇公，"过乌龙江出外国"。②

清道光年间（1821—1850），龙岩东肖白土罗陈氏第15世志飞公长子镇海公，"病故，葬在印度尼西亚苏门答腊岛的日里"。1830年后，龙岩华侨从槟城、新加坡进入印度尼西亚雅加达和棉兰的先达、巨港、实武牙和巴东、亚沙汗等地。③

这一时期，龙岩人中除了龙岩州人、永定县、长汀县人外，也还有上杭县、连城县的百姓涉海南往。"据史考，早年因中国局势动荡不安，本邑④人为了改善生活，离乡背井，远涉重洋，迁徙到东南亚，散居马来西亚，沙捞越，新加坡，霹雳，槟榔屿各地，以永定邑人为最，其次是上杭、连城、长汀，其他县份鲜少。"⑤其中，永定县因明显的区位、地理优势，实际于这一时期业已形成了不小规模的移民潮，"从清初的乾隆年起，该镇的胡氏、曾氏、吴氏族人开始大规模地移居东南亚'"⑥也因而这一时期永定县前往东南亚的人数最为众多。以马来西亚为例。而到马来西亚的同乡则以永定为多，其次上杭及连城、长汀，其他县则没有。"⑦如，长汀四堡第20世邹孔昌（1770-1834）曾出境前往越南经商，"字子肇，号启园，曾尽云南、交趾"。⑧

其三，是龙岩人迁出汀州、龙岩州各地若干代后再迁往海外。此为一种较为特殊的出洋形态。当然，这一形态也较为普遍。如永定培丰洪源简氏迁往南靖长校一带。其中，第八代裔孙贵信公，"至永乐十五年奉旨和番，功成荣归，即死于南京未回"。⑨永定古竹苏氏第11世员明公迁广东惠州陆丰县太安墟。员明公下第16世奕番，"往番邦"⑩。又如漳州南靖书洋龙潭楼吕氏心公（第8世）系古竹溪口良箧公派下裔孙，迁居"咬啦吧"⑪。漳州南靖梅林梅垅总九龙溪支流畔九龙埔魏氏族人，是永定古竹黄竹烟村魏氏开基祖四一郎公（祢公）的后裔，九龙埔魏氏第12、13、14世族人外迁南洋者为数不少，"雍正年间（1723—1735），十三世祖达胤公，逢祖居地山多田少，又兄弟叔侄众多，庄稼收获不易维生，乾隆初叶开放海禁，族亲叔侄迁往南洋海外日多。"⑫再如马来西亚槟城开发之后崛起第一代富商胡始明祖籍广东香山（今中山市）。⑬东南亚一带曾有学人误把胡始明与永定籍槟城另一富商胡泰兴祖父混同。如黄尧称："胡始明为永定富商胡泰兴祖父⑭。"其实，胡始明之祖地是永定下洋无疑。20世纪上半叶马来西亚大锡矿家胡曰皆曾专门对此发表自己的观点，"据云，由中坑移来之族民很多，又根据广州市胡氏总会特刊所载，广东胡氏，亦多由中坑移殖。"⑮作为槟城第一代富商的胡始明产业众多，其中包括商业地段的地产等。1801年，槟城副总督乔治·李斯于11月2日发出一张永久地契给华人甲必丹胡始明及其子

---

①永定县巫氏族谱编委会：福建永定平阳郡《巫氏族谱》，2013年12月，第313页。
②福建永定《严氏族谱》，2005年，第277页。
③资料来源于新罗区东肖镇龙岩华侨历史博物馆展陈图片。
④指永定县。
⑤戴邵芬撰录：《汀州会馆简史》，（北马永定同乡会：《北马永定同乡会成立六十周年纪念特刊》，2007年，75页。
⑥胡江平：《著名侨乡下洋镇》，北马永定同乡会：《新会所开幕暨42周年会庆·青年团九周年纪念庆典特刊》，1992年，第156页。
⑦李木生著：《客家探源》，柔佛州客家文化研究联谊会，第129页。
⑧民国《闽汀龙足乡邹氏族谱》，卷8《世系》，296—30a，卷34《寿文·启园邹先生大仁寿言行》，59a。
⑨曾繁藤博士编著：《台湾移民史——简氏大族谱》（公元200—2000年代），祭祀公业简子圣管理委员会2004年，第15页。
⑩武功郡庐山堂永定县苏九三郎公系《大宗族谱》，2005年春，第1341页。
⑪河东郡吕大正公裔族谱修编委员会编：《吕氏族谱》，2009年秋月，第388页。
⑫魏公盛祭祀公业管理委员会：台北土城魏氏宗祠巨鹿堂《魏氏大族谱》，1999年12月，第33页。
⑬李木生著：《客家探源》，柔佛州客家文化研究联谊会，第133页。
⑭黄尧：《马星华人志》，1958年，第65页。
⑮永定区《永定胡氏族谱》（四-3），第60页，电子版由中共永定区委宣传部退休干部苏志强提供。

孙，地段今天为伯公街中山会馆产业。① 而且胡始明在当地深孚众望。1805年，乔治市副总督乔治·李斯任满离职时，胡始明还作书面颂词。② 广东大埔洋万岗游氏裔孙是永定大溪岭下坑头迁往繁衍的，第一次鸦片战争前后，洋万岗游氏第十八世少钦公，"旅居泰国"③。

（三）岩籍移民过番方式、在南洋分布及过番原因分析

这一时期，中国和南洋两地之间往来全靠张挂风帆的木船航渡，"公元一八七六年前，这些华人是乘搭舢舡前来马来半岛，需时二十至四十天"④。龙岩地区移民过番也不例外。1745年，张理、马福春即是乘坐帆船漂至槟榔屿。⑤ 有的木制帆船船头画大眼鸡，被称为"大鸡眼"船。"当大海洋轮船还没有创制的时候，人们还要坐'大鸡眼'木船过番"⑥。大鸡眼船其实也很不安全，"小的可坐10多人，大的可坐20多人，上面挂起风帆，随风漂流。遇上好天气，顺风而飘，一般10天或者半月，就可漂到南洋的岛上，碰到飓风或恶劣的气候，说不定要漂流二三个月，甚至半年才能到达目的地。在途中，舟覆人亡，常有发生。"⑦ 岩籍移民南渡之艰辛是可想而知的。

根据以上所举龙岩人赴海外各案例和史料，不难看出，这一时期岩籍移民所涉足的海外地方，主要为南洋各地，包括中国属国的越南、泰国（含曼谷、宋卡、六昆、大泥等地）、被西方殖民者侵占开发的商埠、政治中心（含英属马来半岛上的新加坡、马六甲、槟城及荷属爪哇岛上的巴城、三宝垄），以及一度尚未被西方殖民者染指、侵占的加里曼丹岛上的沙捞越、西加里曼丹等地。分布既广，南洋几大岛屿，诸如爪哇岛、加里曼丹岛都有分布，半岛地区，诸如中南半岛及马来半岛上也有分布，又相对集中，主要分布在以新加坡为中心的南洋地区，包括南海周边、爪哇岛和泰国、越南、马来西亚半岛等地区，缅甸以西地区尚未见分布。

这一时期，岩籍移民不远千里，不惜身家性命，纷纷南渡谋生是多因素使然。当然，这是一个较为复杂的问题。

南来原因各各不同，对不同群体具体分析。如明末清初台湾郑成功集团旧部，以及参加反清复明"天地会"组织的汀州人等转往海外，无疑是为了躲避清政府的追杀，道不同不相与谋。再比如说清康乾时期，远近闻名的南方雕版印刷基地长汀四堡曾刮起了一阵出国潮，仅定居或卒于南洋的四堡邹氏族人就有70人之多。这一群邹氏族商有的已经事业有成，敢于群起闯荡南洋，跟他们的敢闯爱拼的商业意识不无关系，"正是在这种经商风气的影响下，邹氏族人投身商海的逐渐增多，经商的地域也逐渐扩大，由国内南方各省向东南海上的澳门、台湾地区及东南亚各国扩展。"⑧

再就是要区分主因和次因（个别特殊原因）。这一时期，岩籍移民赴海外毫无疑问有普遍性的原因。有关资料显示，因经济压迫而出洋者近70%。⑨ 谋生成为主要的动因。谋生的经济动因是一种看不见的推手。"即指华南生活环境恶劣，天灾人祸肆虐，民不聊生，人民处于生死存亡的边缘，挣扎求存，形成一股'推力'，把华南居民往海外推移出去。"⑩ 以永定县为例，恰是因为贫穷，"（永定）侨乡的父母、妻子，就无法留得住丈夫、儿子去出国谋生"⑪。再如长汀四堡的邹纯国，"因家贫，年十九，汛咬留吧"⑫。但也不排除个别特殊的原因。如永定古竹溪口吕氏二房第十九世的煌猷为了躲赌债前往泰国，

---

① 陈剑虹：《槟榔屿华人史图录》，ARECA Books，2007年，第24页。
② 陈剑虹：《槟榔屿华人史图录》，ARECA Books，2007年，第52页。
③ 永定游氏修谱委员会编：《广平永定游氏族谱》，2009年，第93页。
④ 雪兰莪中华大会堂五十四周年纪念特刊编辑委员会：《雪兰莪中华大会堂庆祝五十四周年纪念特刊》，1977年，第551页。
⑤ 蓝渭桥：《大伯公考察记》，邝国祥：《槟城散记》，星洲世界书局，1958年，第58页。
⑥ 胡炎贤：《海外集》，1992年，第234页。
⑦ 罗英祥：《飘扬过海的客家人》，河南大学出版社，1984年，第7页。
⑧ 林英健主编：《首届海丝客家·四堡雕版印刷国际学术研讨会论文集》，2015年，第56页。
⑨ 南洋客属总会《客总集萃》，2015年，第167页。
⑩ 柯木林主编：《新加坡华人通史》，新加坡宗乡会馆联合总会2015年，第50页。
⑪ 胡炎贤：《海外集》，1992年，第144页。
⑫ 民国《闽汀龙足乡邹氏族谱》卷8《世系》，15a。

"配苏氏生二子，（其一，叫德辉；又一兄弟给塔下做子）。太国①仙师宫三吕街，现在太国曼谷仙公宫。因有赌博，往南洋太国曼谷仙公宫。"② 而普遍性原因则糅合了多方面的因素。除了这一地区的客家人和福佬人本身敢闯爱拼的精神外，客观的谋生原因主要有：

其一，是山多田少且瘠以及封建土地所有制。龙岩地处福建山区腹地。这里不仅山地丘陵多，而且土地较为贫瘠。以汀州府为例。"汀属八县尽系高山叠嶂，间有平原不及十分之一③。"汀州府辖县也大都如此。如长汀县，"汀邻江、广，壤僻而多山"④。连城县，明旧志云："土壤瘠硗，人民贫啬。"⑤ 再如武平县，明志云："山峻地僻。"⑥ 再如龙岩县，"耕地少，因地势多山，荒山荒地为数最大，次者林地，占土地面积18.49%。耕地最少，仅占总面积8.87%。"⑦ 龙岩县土地也不肥沃。"龙岩旧属漳，地瘠民淳。"⑧ 山多田少且瘠，使龙岩总体上缺粮。"汀属山多田少，即遇丰年，亦不敷本地民食"。⑨ 永定金丰里、大溪、下洋一带更是人多田少，"这里自耕得来的粮食，还不足六个月吃用，有半年得购外地的粮食，"⑩ 山多田少且瘠，再加上封建土地所有制，土地高度集中在少数地主手中。以明后期永定为例。永定坎市卢氏逊斋公三男八世梧溪公派下第十一世怀鹿公，"公共收租税田六千余桶。"⑪ 至清康乾时期，土地矛盾已经相当激烈。如永定大溪乡当时流传着佃户抗租不交的故事。据传大溪五福楼修建者游友龙生性温和，为人谦顺。曾经有一次游友龙与一个孙子到邻村万石收租，不料万石佃户蛮横无理，拒不交租，还动手打人，撕破了他的长衫，摔破了收租的米斗。⑫ 清政府也肆意盘剥，"清朝田赋加派名目比明朝减少许多，表面上看是轻徭薄赋，实际并非如此"⑬，直接导致这一时期龙岩社会的普遍贫困化，尤其是广大农民普遍贫困交加，"在封建土地制度下，农民收入甚微，大部分雇农负债累累，生活极端贫困"。⑭

其二，人口剧增因素。清代，我国人口急剧增长，"我国家休养生民百年，郡县吏岁时审丁，户口日增。"⑮ 龙岩也是如此，太平盛世，人口增殖很快。明后期至清康熙年间，是我国人口增长较快的一个时期。"从明崇祯至清朝康熙的92年中，人口繁衍最快。"⑯ 明后期至清前期的清道光九年（1829），龙岩地区人口平均增长了8.23倍（见表1）。在同等的生产力条件下，人口剧增进一步加剧了人地矛盾，也意味着更多的人要面临缺衣少粮的问题，直接导致了连年的"青黄不接"。"'青黄不接'在我们中国是很早就有的。"⑰ 普遍贫困的龙岩社会也不可能幸免，缺吃少穿生存困难导致民众为寻找新的生存空间而外出打工挣钱或移民外地，不少人因此而远涉重洋，移民海外。这一时期南洋地区恰逢西方列强开始殖民开发，需要大量的劳动力，吃苦耐劳的岩籍客家人和福佬人将南洋视为英雄用武之地，过番往洋成了他们最好的选择。

---

① 应为泰国。
② 永定区古竹乡《溪口吕姓族谱》（手抄本），中共永定区委宣传部退休干部苏志强提供。
③ 王简庵撰：《临汀考言十八卷》卷6,8。
④ 曾曰瑛修、李绂纂《汀州府志》卷6《风俗》。
⑤ 同上。
⑥ 同上。
⑦ 郑丰稔总纂、郭义山校点：《龙岩县志》，龙岩市新罗区地方志编纂委员会重印，2003年5月，第37页。
⑧ 郑丰稔总纂、郭义山校点：《龙岩县志》，龙岩市新罗区地方志编纂委员会重印，2003年5月，第109页。
⑨ 曾曰瑛修、李绂纂《汀州府志》卷10《田赋志》。
⑩ 胡炎贤：《海外集》，1992年2月出版，第145页。
⑪ 福建永定《范阳卢氏族谱》，1995年冬，第488页。
⑫ 《雄哉五福楼》（2010-9-03），泰新的博客，http：//blog.sina.com.cn/thaishin。
⑬ 俞如先：《清至民国闽西乡村民间借贷研究》，天津古籍出版社2010年，第26页。
⑭ 永定县地方志编纂委员会编：《永定县志》，中国科学技术出版社1994年，第157页。
⑮ 曾曰瑛修、李绂纂《汀州府志乾隆《汀州府志》卷11《艺文三》。
⑯ 永定颍川陈氏族谱编纂委员会编：福建省永定县《颍川陈氏族谱》，1998年9月，第924页。
⑰ 胡曙：《残稿集》，香港：香港天马图书有限公司，2001年，第8页。

表1 明后期至清中期龙岩人口变化表①

时间 县别	1573年	1582年	1612年	1623年	1651年	1652年	1829年	增长倍数
长汀	28916						494157	17.09
连城			15773				104393	6.62
上杭				24536			153319	6.23
武平						14071	121679	8.65
永定					12220		85499	6.997
新罗		23270					167320	7.19
漳平			14684				70634	4.81
平　均								8.23

其三，天灾人祸的因素。龙岩由于人为开发，造成了生态与环境一定程度的破坏，极端气候条件极其频繁，"水旱频仍"②。以上杭县为例。雍正年间（1723—1735），上杭县曾连续三年发生灾害性天气。雍正元年（1723）大水灾，二三年又旱灾。③再如永定，见表2：

表2 永定明万历十四年（1586）至清中期（1842）自然灾害④

自然灾害类别	洪涝	干旱	风雹	霜雪	虎、豺患	合计
次数	13	4	1	1	3	22

据不完全统计，永定明万历十四年（1586）至清中期（1842）共256年里，共发生自然灾害22起，平均每11.64年就要发生一起。这还是影响比较大的自然灾害，未被列入统计的、影响较小的自然灾害更是数不胜数。如清嘉庆、道光年间，永定一带就天灾频仍（见表3）。⑤龙岩山区的地理条件，极端天气往往就意味着灾情。再如漳平，"境内多山，坡度较大，雨水容易下泄。每遇暴雨，常在河道狭窄浅处泛滥成灾，低洼处积水成涝⑥。"天灾必定造成重大的生命财产损失和社会生产的破坏。

---

①道光《重纂福建通志》卷48《户口》；长汀县地方志编纂委员会编：《长汀县志》，三联书店1993年，第95页；连城县地方志编纂委员会编：《连城县志》，群众出版社1993年，第118页；上杭县地方志编纂委员会编：《上杭县志》，福建人民出版社1993年，第119页；永定地方志编纂委会编：《永定县志》，中国科学技术出版社1994年，第112、115页；龙岩市（为现龙岩市下新罗区）地方志编纂委员会编：《龙岩市志》，中国科学技术出版社1993年，第94页；（清）蔡世钹主修、林得霞总纂：《漳平县志》，漳平市地方志编纂委员会整理，2002年6月，第115~116页。有些县份因暂未发现明末人口数，姑且以清初人口数替代参照。
②简庵撰：《临汀考言十八卷》卷16、9。
③上杭县地方志编纂委员会编：《上杭县志》，福建人民出版社1993年，第112页。
④永定地方志编纂委会编：《永定县志》，中国科学技术出版社1994年，第2~6页。
⑤胡剑文、胡向群：《永定的"鲁滨逊"》，《新加坡永定会馆七十周年纪念特刊》（1918—1988），第157页。
⑥福建省漳平市地方志编纂委员会编：《漳平市志》，三联书店1995年，第126页。

表3 明末至清中期长汀县水灾灾情一览表①

年号	年份	受 灾 情 况
万历十四年	1586	大水平地深2丈，舟行于市，坏田庐甚多
康熙四十五年	1706	5月朔，大水漂泊民居，溺死男妇数以百计。城内水深2丈余，三日始退。7日大雨，洪涛复作
顺治四年	1647	4月29日，大水，平地深2丈，惠吉门等处舟从城上入市。6月大饥
嘉庆五年	1800	7月17日大水，舟从城上入县署，六房案卷俱没。漂坏官民田庐无数
道光十年	1830	4月20日大雨，溪水泛滥，漂没附郭田园无数
道光二十二年	1842	7月8日，大水漂民房，溺死甚众

大灾之年的当年或隔年必定大饥。如上杭县，"清顺治四年（1647），秋大旱……五年（1648），三月闹大饥荒。"②大灾之年或隔年，社会的广大贫困阶层往往挣扎在饥荒的死亡线上。

实际上，还有很多未被统计在内的天灾也是损失惨重。如清前期的永定大溪巫屋，"（第十三世）可上……传说其后代有居大溪，因大水，楼被冲，人员损失不少。"③

这一时期，龙岩不仅天灾频繁，而且社会动乱频仍。"总之，明清时期动乱频仍，规模也大，多至上万人。"④ 在社会转折时期，不同利益集团激烈冲突是为动乱主因，势必造成生产力的巨大破坏，"鼎革以来，山海交讧，城遭数破，田庐荒坠，烟井萧条。"⑤ 鼎革之际的动乱使漳平人口急剧减少：万历四十年（1612），14 684人；顺治初，10 009人；康熙五十一年（1712），8 121人。⑥ 在满清统治巩固之后，龙岩也时常发生动乱。"即便是康乾时期，所谓的'寇乱'也时有发生"⑦。如侨乡永定下洋即是如此。"下洋人多地少，加上地处粤闽边界，历代兵匪不断。"⑧ 永定闽粤边，汀漳边居民出于防匪、防盗等的考虑，热衷于营建大型土楼，下洋"坐落于坪坑村虎山头上的新兴楼，康熙年间所建，距今约有300余年。坪坑地处偏僻山区，地势高低不平，为防御盗匪窜扰抢劫，必须让村民聚居在一起的需要，精心设计了这座颇为独特的土楼"。⑨

天灾人祸之危害巨大，不仅加剧了广大贫困阶层的贫困化，也往往进一步引发系统性的社会危机，形成这一时期恶性循环的"顽症"。在这样一个广大贫困阶层加剧贫困化各种因素叠加的社会历史条件下，许多龙岩人才无反顾地踏浪南飘。

龙岩人出洋的动机除了要具体群体历史地具体分析，既看主因，又看非主因之外，还要立足于国际、国内政治经济形势变化，来看待这一问题。如长汀四堡邹氏族商群体之出洋，多数发生于清康乾时期的17世纪后期至18世纪中叶，而此后一度较少发生，这就既有国内政治、经济形势变化的原因，清乾隆二十二年（1757）之后，清政府实行第二次"海禁"，⑩ 商民出洋大受节制，也还有东南亚一带政治经济形势

---

① 长汀县地方志编纂委员会编：《长汀县志》，三联书店1993年，第88页。
② 上杭县地方志编纂委员会编：《上杭县志》，福建人民出版社1993年，第112页。
③ 永定县巫氏族谱编委会：福建永定平阳郡《巫氏族谱》，2013年12月，第282页。
④ 罗志华：《生态环境、生计模式与明清时期闽西社会动乱》，《龙岩师专学报》2005年第5期，第56页。
⑤ 蔡世钹主修、林得震总纂：《漳平县志》，漳平市地方志编纂委员会整理，2002年6月，第14页。
⑥ 蔡世钹主修、林得震总纂：《漳平县志》，漳平市地方志编纂委员会整理，2002年6月，115~116页。
⑦ 俞如先：《清至民国闽西乡村民间借贷研究》，天津古籍出版社2010年，第34页。
⑧ 胡江平：《著名侨乡下洋镇》，北马永定同乡会：《新会所开幕暨42周年会庆·青年团九周年纪念庆典特刊》，1992年，第156页。
⑨ 永定区《永定胡氏族谱》（四-3），第29页，电子版由中共永定区委宣传部退休干部苏志强提供。
⑩ 林英健主编：《首届海丝客家·四堡雕版印刷国际客家学术研讨会论文集》，2015年11月，第32页。

变化的原因。长汀四堡邹氏族商南洋方向上主要有两个目的地：一个是爪哇岛（含巴城、三宝垄）；一个是今日泰国（含暹罗及马来半岛上的六坤、宋卡、大年等商埠）。（见"清康乾时期长汀雾阁邹氏族人去往南洋的地方及人数"表）

清康乾时期长汀雾阁邹氏族人去往南洋的地方及人数表①

地点 世系	今印度尼西亚		今泰国				不详	合计
	巴城	三宝垄	暹罗	六昆	宋卡	大泥		
十六				1				1
十七	10	1	3	3	1	1		18
十八	13	1	2			1	2	20
十九	21		2			1		24
二十	2		1					3
二十一	4							5
合计	50	2	8	4	1	3	2	70
占比（%）	71.43		22.86				5.71	100

18世纪中叶之后，长汀四堡去这两个主要目的地的商人就非常稀少了。这与这两个主要目的地政治、经济形势的变化也有很大的关系。就以去往人数高居71.43%的荷属东南亚殖民地统治中心巴城来说，到18世纪30年代，荷属东印度公司已日渐衰落；巴城华侨"生理微末，人无利路"，"不少华侨商人的经济状况已面临绝境。"② 更有甚者，荷兰殖民者还对华侨采取驱逐、流放、杀戮等手段，在乾隆五年（1740），制造了"红溪惨案。""红溪惨案"也叫"红河之役"，是18世纪荷兰殖民者屠杀巴达维亚（今雅加达）华侨的惨案。1740年，巴达维亚的荷兰殖民当局为了削减蔗糖生产，保持高额利润，强迫当地华侨前往锡兰（今斯里兰卡）和好望角服役，华侨多不愿前往，荷兰殖民者竟把他们推入海中，进而烧毁华侨房屋，洗劫华侨财产，滥杀华侨，甚至病者和孕妇也难以幸免。华侨对此，忍无可忍。同时由于荷属东印度人民也深受荷兰殖民者的压榨，痛恨荷兰殖民者，遂相约起义，抗击荷兰殖民者，各地纷纷响应，不久起义蔓延到爪哇全岛，三宝垄被包围达四个月之久。华侨及当地人民的反抗遭到残酷镇压，华侨被杀达一万余人，鲜血染红了巴达维亚的一条溪水，后人乃称此次大屠杀为"红溪惨案"。③ 当时，长汀四堡就有五位旅居乡亲遇害，他们分别是：

十九世川清，字学海，洪基公次子，生康熙四十二年癸未六月十二日酉时，卒乾隆五年庚申八月十七日戌时，享年三十有八，卒吧国，止。配番氏，改适。

十九世风清，字仁海，洪基公三子，生康熙四十四年乙酉九月初三日巳时，卒乾隆五年庚申八月十七日戌时，享年三十有四，卒吧国，止。

十九世林佑，显祖公之子，生康熙四十五年丙戌五月初六日寅时，卒乾隆五年庚申，葬吧国。

十九世秉宏，字鸣攀，号凤生，洪佐公次子，生康熙四十九年十一月廿一日辰时，配张

---

① 本表根据周雪香博士"雾阁邹氏定居或卒于南洋人数统计"表整理而来。该表见林英健主编：《首届海丝客家·四堡雕版印刷国际客家学术研讨会论文集》，2015年11月，第49页。本统计不包括南洋出生人数。十九世邹秉宏与妻张氏按2人计算。吧国即是吧城。
② 转引自林英健主编：《首届海丝客家·四堡雕版印刷国际客家学术研讨会论文集》，2015年11月，第56页。
③ 陈永忠：《经济新学科大辞典》，三环出版社1991年，第351页。

氏，生未详。夫妇俱卒于乾隆庚申八月十八，葬吧国地方。①

这样的地方，长汀四堡商人肯定会避之不及或望而却步。曾多次往返国内和巴城贸易的长汀四堡商人邹秉均，四十余岁（乾隆十年（1745）后）转往福建崇安星村从事武夷茶的国内贸易，这与巴城政治、经济形势的变化有关。②

再说去往人数位居第二的暹罗。乾隆年间（1736—1795），暹罗当政的阿犹地亚王朝发生内乱，遭到缅甸的入侵，受此影响，原本相对活跃的中暹贸易一度中断。后来，郑昭曼谷王朝虽然重建了暹罗的社会秩序，但中暹间的贸易却也未能恢复到雍正末、乾隆初的水平。③ 面对暹罗国内的乱局，长汀四堡商人闻讯之后，肯定也是徘徊不前的。可见，乾隆年间中期后，长汀四堡前往南洋各地经商的商人人数大为减少，确与南洋一些地方政治经济形势的变动不无关系。

第三节　岩籍华侨参与南洋大开发

有着"万国来朝""四夷宾服"思想和唯我独尊雄心的明永乐皇帝朱棣，据说为着宣扬"王道"（天朝声望），"安外"（安定海外）和"绝患"（寻找文帝，杜绝后患的目的），开启了历时28年，有12万人参与，航程10余万里，先后到达30多个国家和地区的史称"郑和下西洋"的伟大壮举。这一"耀兵异域，示中国富强"④ 的伟大壮举，不仅开辟了"海上丝绸之路"，打通了中国的对外贸易大门，而且还间接地增加了中国人的地理知识，提升了人们对移民收益的预期，促成更多国人前往南洋等地经商和谋生，对中国移民在海外的生存和发展，以及海外华人社会的建立及其参与南洋各地的开发，都产生了积极的影响。

郑和下西洋虽然到达印度、阿拉伯海和非洲东部地区，但主要还是下南洋，密切与南洋地区国家的关系。首先，郑和、王景弘贯彻明王朝"宣德化而柔远人"，"怀诸侯，则天下畏之"的思想，⑤ 使与南洋诸国的友好交往达到鼎盛时期，各诸侯国王先后访问天朝，促使他们实行比较友好的华侨政策。据史载，至永乐十四年（1416年），郑和完成四次下西洋任务后，就有古里、爪哇、满剌加、占城、锡兰山、木骨都束、溜山、南渤利、不剌哇、阿丹、苏门答腊、麻抹、剌撒、忽鲁谟斯、柯枝、沙里湾泥、彭亨、三佛齐等近20个国家和地区纷纷派遣使者来华。"是时，诸番使臣，充斥于厅。"⑥

其次，郑和下西洋在开辟了安全的航路，密切了与番国关系的同时，也增加了东南沿海人民乃至王景弘老家的闽西山区人民买棹南渡的热情。南洋各地如巴城、锡顺、中爪哇的三宝垄、苏门答腊的巨港等地，都设立了接待站和转运站，作为船队休整、补给、收容疾病患者的据点，一定程度上改善了移民的生存环境，对于渡海过番者无疑有很大的帮助，"南洋华侨中心的形成，实肇始于郑和下西洋之时。"⑦ 而且，这些华侨中心，由于移民及其所从事的贸易活动，很快就成为当地重要的经济和商业中心，更进一步促使中国移民的南来。

再次，郑和下西洋对于南洋一些王国的扶持也大大提高了它们在东西方贸易中的地位和声望。比如控制着东西交通要道马六甲咽喉的满剌加，由于郑和下

---

①林英健主编：《首届海丝客家·四堡雕版印刷国际客家学术研讨会论文集》，2015年11月，第57页。
②同上。
③同上。
④李鸿阶：《郑和下西洋对中国海外移民生存和发展的影响》，收入《郑和下西洋与华侨华人论坛论文汇编之一》，2005年，第13页。
⑤宣德六年（1431年）《长乐南山寺天妃之神灵应记》，《西洋番国志》，中华书局，1992年，第53页。
⑥王天有、万明编：《郑和研究百年论文集》，北京大学出版社，2004年。
⑦郑一钧：《论郑和下西洋》，海洋出版社，1985年，第488~489页。

西洋在那里建起中心站，使之成为东西贸易的一个大集散地。满剌加诸王也善于借明朝的声望和扶持来提高自己的地位，获得独立和发展，从而很快成为15世纪著名的国际市场。而且，满剌加王为了争取更多的中国人前往贸易和侨居，还采取税收优惠政策，对于从中国运来的货物免于征税。这就促使大量的中国人，尤其是东南沿海的广东人和福建人，当然也包括龙岩人，前往满剌加，或者经由满剌加前往南洋地区其他国家。"明代即以马六甲为对南洋贸易的中心，故中国商船均云集满内，每年初春顺西北季风南来，夏季则顺东南季风而返。其时，马六甲华侨大多来自闽省，男女顶结髻，习俗同中国，全城房屋，悉仿中国式，俨然海外中国城市。"①

然而，南洋诸国毕竟是分散落后的诸候小国，虽经王朝教化，尤其是有清中期康乾盛世的"声教南暨""丕冒海隅"，但直至清代中期，被西方殖民主义者侵占后，或者开发垦殖，或者采矿掠夺，南洋各地仍然榛莽遍地，吸引着闽粤人民继续南渡。清代《瀛寰志略》的作者徐继畬说："中国之南洋，万岛环列，星罗棋布……明初，遣太监郑和等航海招致之，来者益众……而闽、广之民，造舟涉海，趋之若鹜，或竟有买田娶女，留而不归者。如吕宋、葛罗巴诸岛，闽、广流寓殆不下数十万人。"② 至鸦片战争后国门大开，更有愈来愈多的中国移民下南洋。岩籍移民于是也乘时代的东风，掀起了一波又一波下南洋的高潮，献身于开发南洋的各项事业中。

但华人前往东南亚不仅沿途要面对各种风险和困难，而且南洋一带也并不是人间天堂。高温湿热的环境，人容易得病。以沙捞越的诗巫为例，该地白天高温不能午睡，一不当心热病就会发生，很容易丧命。再加上伤寒、痢疾、疟疾等疫病流行，病死的人也不少。与当地土著还存在风俗及语言障碍的差异问题。

"人情风土迥殊，语言服食各异。"③ 华人早期前往南洋谋生，根本得不到清政府的保护。如1740年巴达维亚发生骇人听闻的"红溪惨案"，清朝乾隆皇帝闻报后，居然说："莠民不惜背弃祖宗庐墓，出洋谋生，朝廷概不闻问④。"一代君主毫无恻隐之心。但就是在这样的环境、条件下，南洋的龙岩华侨也没有被吓到。"几百年来，凡见由唐山来洋的青年，绝大多数都是克勤克俭，听从头家们摆布的。"⑤ 他们分散在各行各业，去艰苦创业、顽强打拼。如较早得到开发的槟榔屿，1745年张理等人率永定、大埔数十人闯洋时仍一片荒芜，1786年英人莱特侵占该岛时仍然只有58位渔人，但到乾隆末年梅州客家人、航海家谢清高游历槟岛时，已得到很大程度的开发，"一山独峙，周围约百余里。土番甚稀，本无马来由类，英吉利招集商贾，遂渐富庶……闽粤人到此种胡椒者万余人。"⑥ 可见，槟城开发初期主要是农垦开发，而且参与开发者大多是华侨，岩籍华侨无疑占很大的比重，因为未来的"胡椒大王"胡泰兴的父亲胡曾育就曾经开发出一片土地种植。还有在槟城经营打铁行业的陈洪魁，"艰苦备尝⑦"，终于攒下一份家业，并捐出一座物业给刚成立的永大公会。再如经营暹罗商务的长汀四堡邹氏第十八氏邹世略，"亦曾一航渡海，天吴八首，迄不敢犯。君入暹巴诸岛屿者，不一寒暑⑧。"

艰苦创业的南洋岩籍华侨不仅能吃苦耐劳，什么活都能干，像马福春、陈洪魁那样烧炭、打铁，而且经营有方、收获颇丰。如槟城永定下洋籍经营航海业的胡靖安，精明强干，善于经营，尤其注重诚信，在业界声名雀起，终成大头家（商界、世界大家），"其时槟埠初开，商场渐盛，一以信义结交外人，惟诚惟实不十稔间，果获大利"⑨。又如巴城经商的长汀四堡籍邹纯国，"因家贫，年十九，汛咬留吧，颇

---

① 宋哲美：《马亚西亚华人史》，香港中华文化事业公司，1996年，第51页。
② 徐继畬：《瀛寰志略》卷2《南洋各岛》，道光年间刊本。
③ 长汀四堡龙足《范阳邹氏五修族谱》卷33《鸣盛公传》，1947年修。
④ 李卓辉主编：《大江浩海印华风雨：印华先辈建设印度尼西亚血泪历程》，联通书局出版社2013年，第121页。
⑤ 胡炎贤：《海外集》，1992年，第148页。
⑥ 谢清高《海录》，卷三。
⑦ 胡文希：《槟城永大会馆概况》，北马永定同乡会：《新会所开幕暨42周年会庆·青年团九周年纪念庆典特刊》，1992年，第232页。
⑧ 长汀四堡龙足《范阳邹氏五修族谱》卷33《世略邹君传略》，1947年修。
⑨ 福建省永定区《永定胡氏族谱》（四），第35页，电子版由中共永定区委宣传部退休干部苏志强提供。

获利"①，同在巴城经商的长汀四堡籍邹世忠，"夫然后泉刀出入渐有蓄储，如是者数年，大获其利而归②。"也有人白手起家，山雀变凤凰，事业蒸蒸日上。最为典型的是槟城峇六拜的永定下洋籍胡曾育。他当英殖农场主的雇工若干年，实践中掌握了种植技术，并积累了经营管理知识和资本，其后自己租地当农场主，种植胡椒等经济作物，而且还不断扩大生产规模。在不长的时间内积蓄了可观的身家。胡曾育之子胡泰兴被送回原籍中川胡氏族学启蒙，略通国学并精于珠算后回到槟城就读西学，中西兼备，果然比父辈更强。他继承其父的基业，并扩大经营，不仅买地拓殖，还在城里开设百货商店等，大获成功。他在槟榔屿今 BSN Commercial Bank 址的私人住宅红毛楼1A，是槟榔屿建城之初的主要标志性建筑。③他以自身实力和才干成为槟城早期的著名的侨领，曾任市议员和广东暨汀州会馆会长，槟城有条街道被命名为"胡泰兴路"。实际上，槟城开发早期像胡曾育一样经济实力雄厚者还大有人在。如胡武撰，"二百多年前……就有不少华人在此开山辟地、创业谋生……查广汀会馆创立一七九五年，可知在此之前，广东暨汀州人士就有了经济基础成立会馆组织。在1837年广汀会馆为第一公塚（永锡亭）成立，胡武撰乡贤乐捐陆大洋（按当时价每元大洋价值不菲）。1813年为广福宫捐款，胡武撰也捐大洋三元。胡乡贤且为大伯公街立庙总理，热心社会公益，可见一斑。又查广东暨汀州会馆第一公塚亭内所立碑记有广东省、汀州府、诏安县捐题买公司山地银两，（汀州府）题捐八十一员。"④可见，在槟城开发的早期，就有一批永定籍人士崭露头角。由此，槟城的永定人成为当地客家五大系之一，在当地具有举足轻重地位，"本城客家人，向分五大系，即嘉应、惠州、大埔、增城、永定。五大系人士共同组织海珠屿大伯公庙五属公会，亦称五属同乡，此为五属人为崇祀大伯公而组织的神祀机构"⑤。这是因为，海珠屿大伯公是永定和大埔人，逝后被当地客家人尊奉为神的。永定侨槟人士胡靖等人还集资创建大伯公庙，不仅永定人成立永安社每年为大伯公庙上灯，客家五属还成立庙务管理机构，并在市区建大伯公行宫加以奉祀。可见岩籍移民在槟城已颇有影响。当然，永定人之影响并不局限于槟城，"在马来西亚的客家群体中，永定客家人是重要的部分"⑥。

这一时期，岩籍移民成群结队地南来。他们继承大伯公的拓荒传统。槟榔屿本是马六甲海峡中一荒岛，"二百多年前，槟岛乃一荒山野岛"⑦。先是张理、马福春等人的到来不仅输入了稀缺的劳动力，开始了槟榔屿的拓荒，也带来中华文明元素，于此与当地人共同发展生产，生活安详有序。"张理和一批乡亲继续在那里种植粮食，以及发展林牧业。张理在故乡教过书，暇时教大家念'三字经'；他还会治病，经常上山采集草药，并把医学知识毫不保留地传授给乡亲和当地土人。"⑧因为有贵为"大伯公"的同乡开路，当槟城开发的大幕拉开，岩籍移民的蜂拥而至无疑是再自然不过的了。他们和其他族群人民一道，像建设自家家园一样，大展宏图，不遗余力。"当英国海峡殖民地于19世纪初提供开放自由的商贸和相对稳定政治环境，再搭上由闽南漳泉、广东的广府潮客⑨等人士在东南亚与华南家乡建立的民间商贸网络，配合马来、印度与西亚人士的管理条件，商埠的发展自然水到渠成。"⑩19世纪初，当广东梅县籍航海家谢清高途径槟城时，亲眼目睹了已经显山露水的槟城自由港之繁华景象，"新埠，海中岛屿也。在沙

---

①民国《闽汀龙足乡邹氏族谱》卷八《世系》，15a。
②长汀四堡龙足《范阳邹氏五修族谱》卷33《世忠邹公行略》，1947年修。
③郑永美：《槟城古迹处置刍议》，《南洋学报》第52卷，1998年8月，第92页。
④胡育文：《汀州会馆简史》，北马永定同乡会：《新会所开幕暨42周年会庆·青年团九周年纪念庆典特刊》，1992年，第135页。
⑤邝国祥：《槟城客属人士概况》，槟榔屿客属公会：《槟榔屿客属公会四十周年纪念刊》，1979年，第726页。
⑥张侃：《胡文虎与马来西亚客家社团关系初探》，林金树主编：《中华心客家情——第一届客家学研讨会论文集》，马来西亚客家学研究会2005年，第48页。
⑦胡育文：《汀州会馆简史》，北马永定同乡会：《新会所开幕暨42周年会庆·青年团九周年纪念庆典特刊》，1992年，第135页。
⑧罗英祥：《飘扬过海的客家人》，河南大学出版社1984年，第84页。
⑨过去福建汀州客家人也习惯上被归类到广东客家人中。
⑩柯木林主编：《新加坡华人通史》，新加坡宗乡会馆联合总会2015年，第35页。

喇我西北大海中。一山独峙,周围约百余里。土番甚稀,本巫来由种类,英吉利招集商贾。遂渐富庶,衣食房屋俱极华丽,出入悉用马车。闽粤人到此种胡椒者万余人。每岁酿酒、贩鸦片及开赌场者,榷税十余万。"①槟城槟榔屿大伯公庙立有碑碣,文曰:"五属之侨,凡有所献,不自以为功,而归功于大伯公。"槟城之开发、发展大伯公功不可没,其他永定籍人士也是有功之臣。"永定客家人在槟城于1786年由英国殖民官员莱特开埠前后,出现不少杰出人物,为槟城、北马及马来西亚半岛的政治、经济及文化教育等作出显著的贡献,如比英官员更早抵境的马福春,其仙逝后被后世尊称为'大伯公',至今仍受华人社会奉拜为神。"②也正是得益于包括岩籍华侨在内的广大华人和当地土著居民的共同努力,南洋的一些市镇也才得到了较好的开发,逐渐步入繁荣。

龙岩地区传统社会农耕文明程度较高,有良好的伦理道德教育传统。因此,岩籍福佬人和客家人无论迁徙何处,都能传承并弘扬中华优秀的文明传统。在东南亚谋生创业期间,龙岩人往往表现出不同凡响的伦理道德风范。有的虽无万贯家财,但乐于担当、救死扶伤,人们感恩戴德。如永定人张理、马福春被奉为槟城大伯公神明,人们立碑建庙,顶礼膜拜。"他神秘地逝世后被尊祀为马来半岛北区的第一位大伯公。"③"直到1799年,才有人为大伯公立碑建庙"④,此为槟城大伯公正宫本庙,是为北马第一个大伯公庙。海珠屿地处偏僻,城区众多信众前往祭拜行礼多有不便。于是,由热心人士牵头,广泛募捐资金,于槟城市区大伯公街择址另建大伯公之行宫,从海珠屿大伯公分香于此。大伯公于是有了更多信众,人们的祭祀热情也更为高涨。槟城的大伯公于是成了客家人刻骨铭心的心灵偶像,"已经成为客属团体的精神象征"⑤。这一时期,像槟榔屿、马六甲等殖民城镇处在全面建设和发展的高潮中,需要各类建设人才,因此,这一时期南来的岩籍移民,大多上过私塾或学过手艺。如永定人胡靖是槟城银饰件加工行业的名师,逝后被奉为"银匠祖师"。许多人事业发达之后,不忘乡亲、不忘社会,无私回馈、乐此不疲。如长汀四堡籍旅巴城商人邹世忠,"公则内能有主,形神自若。唯是礼貌愈恭,齿牙愈慎,肝胆益冰雪自持。久之,而彼邦人,亲公爱公,遂与公同声气,称莫逆"⑥。邹世忠胞弟邹世略则与暹罗的各族百姓建立了亲密无间的关系,联系密切,备受尊重,"雕题凿齿之地,多与君通声气。以君光风霁月,道貌足以感人也"⑦。另一长汀四堡籍常驻巴城商人邹秉均也以其高风亮节而赢得了当地各族百姓的信任和尊敬,"公行已以恭,待人以信,巴人咸敬爱之,乐相结纳。往返多年,朋侪益广。所获赢余,遇知己有急需者,倾囊与之不吝也"⑧。旅居槟榔屿的永定下洋籍航运业成功人士胡靖安也对乡亲多有照顾,远近传名,"凡戚族之弃家南行者,复多方关照,一时名噪中外"⑨。有的人成为被客属社团圈无限崇敬、没齿不忘的功勋先贤。永定人陈洪魁即是其中之代表,洪魁君被槟城永大会馆乡亲长久怀念,"陈公早在一百多年前,事业上有点发达且热心慈善福利事业,所以赠出一栋屋宇在槟城打铁街巷门牌七号,给予永定大埔两邑同乡作联络坐⑩谈之所。陈公于道光廿年(1840)庚子辞世,无后裔,只有侄男乙应、乙贵、侄女秀娘,安葬于广东暨汀州第一公塚之原,墓碑称为"永定"。皇清徐赠登士郎洪魁陈公墓,于一九六六年三月廿七日春季会员大会通过,大家同意在墓碑上端用大理石镌刻,改

---

①邝国祥:《槟城客属人士概况》,槟榔屿客属公会:《槟榔屿客属公会四十周年纪念刊》,1979年10月,第726页。
②北马永定同乡会:《北马永定同乡会成立六十周年纪念特刊》,2007年,第98页。
③陈剑虹:《槟榔屿华人史图录》,ARECA Books,2007年,206页。
④李佩珊:《马来西亚槟城海珠屿华人大伯公庙的历史与现状》。华东师范大学中国古代史2008届硕士学位论文,第32页。
⑤李佩珊:《马来西亚槟城海珠屿华人大伯公庙的历史与现状》。华东师范大学中国古代史2008届硕士学位论文,第46页。
⑥长汀四堡龙足《范阳邹氏五修族谱》卷33《世略邹公行略》,1947年修。
⑦长汀四堡龙足《范阳邹氏五修族谱》卷33《世略邹君传略》,1947年修。
⑧长汀四堡龙足《范阳邹氏五修族谱》卷33《鸣盛公传》,1947年修。
⑨福建省永定区《永定胡氏族谱》(四),第35页,电子版由中共永定区委宣传部退休干部苏志强提供。
⑩应为"座"字。

为'永大先贤'四字"①。槟城永大会馆每年都要组织乡亲前往陈洪魁公墓地祭扫。祭文如下：

祭陈洪魁公墓祝文

维

公元一九　年岁次　月　日永大会馆值年会长　　，总务　　，财政　　暨两邑同乡，谨以洁牲粢盛清酌香楮之仪，致祭于陈公洪魁之墓前曰：

缅维

陈公，时当清代，壮志梯舵，长风破浪，远涉重洋，历尽艰险，抵达槟榔，披荆斩棘，开辟炎荒，克勤克俭，立业槟江，赠产永大，德惠远长，维我永大，毗壤接疆，休戚相关，出入相望，丰沛媲美，佳话传扬，我公茔此，共祀馨香，兹当春/秋祭，虔具酒浆，伏祈神在，来格来尝，尚飨。②

这种情形在南洋华人社会也是不多见的。2004年10月24日16时许，由徐胜俊为顾问、胡茂梁为团长的马来西亚槟城永（定）大（埔）同乡会拜祖团一行十余人，在下洋镇领导和下洋侨联会领导陪同下，前往正在建设中的古洋陈氏宗祠拜谒厚赐"永大先贤洪魁公纪念室"匾额。随后，徐胜俊顾问、胡茂梁团长、陈祥正主任、陈阳光副主任进行赐匾与纳匾仪式。拜祖团胡茂梁团长在仪式上做重要讲话，他激动地说："此次非常荣幸能亲临永大先贤魁公的家乡古洋村，并能向新建中的陈氏宗祠首献纪念匾，对增进子孙后代旅外乡亲敬祖睦宗和沟通交流意义重大。"③ 龙岩人以高风亮节的精神风貌为南洋社会的和谐发展做出了不可磨灭的重要贡献，其精神风范影响至今。

第四节　早期岩籍海外移民的从业

早期龙岩地区向海外移民的原因，大多与国内社会政治局势的动荡不安有关。如宋末元初和明末清初的外族入主中原，反抗外族统治失败而逃亡海外的崇尚炎黄正统的岩籍客家人和福佬人为数不少。清代西方列强入侵的鸦片战争、太平天国农民起义及其被清政府镇压，也导致大批岩籍客家人和福佬人逃往海外。

对于岩籍移民海外的原因，大多数学者关注的是近代殖民主义者对华工掠夺性贸易的残酷性和华工出国史，没有注意到更早的诸如上述逃亡海外的情况，也更少关注近代以来岩籍移民为谋生甚至为发家致富计而移民海外的情况。

其实，即使在1840年鸦片战争以后，以华工形式迁徙至东南亚各地的岩籍移民，大多也是怀揣着出国淘金梦而去的，"这部分华工都是乘帆船沿南中国海出口，路途较短，川资较少，大多数都是自己设法支付；靠外商垫付，作为契约华工国前去的，所占比例不大。"④ 近代岩籍海外移民正是这种状况，他们大多是听闻海外谋生较易，赚钱较多，甚至以赚钱回来盖大楼为目的。自从胡子春在南洋赚钱回来在下洋山村豪树窠盖起豪华土楼荣禄第之后，"番片赚钱唐山福"，成了下洋人的口头禅。过番赚钱盖大楼成了许多下洋人的追求。事实也是如此，永定下洋等地很多大土楼都是番客赚钱所建，使"过番"闯洋更有吸引力，因而自筹盘缠，跟随"水客"或乡人搭船南渡的人越来越多。因此，他们大多是以自由的身份出国的，而且因为海外各地或有亲友，或有同乡，或有落脚点，所以大多在出国前就已选择好目的地。有些人甚至有手艺在身，知道到南洋后可以凭手艺谋生。如新罗区早期出国移民，大多到荷属东印度棉兰上岸，或者进入当地的种植园，或者开杂货店经营小生意；而永定早期出国移民，则大多到荷属东印度巴

---

① 胡文希：《槟城永大会馆概况》，北马永定同乡会：《新会所开幕暨42周年会庆·青年团九周年纪念庆典特刊》，1992年，第232页。
② 北马永定同乡会：《新会所开幕暨42周年会庆·青年团九周年纪念庆典特刊》，1992年，第233页。
③ 福建省永定县古洋陈氏族谱编纂委员会编：《古洋陈氏族谱》，2015年1月，第593~594。
④ 郑有奎《猪仔的掠夺及其利润》，《华工出国史料》第四辑，中华书局，1981年，第242页。

达维亚或马来西亚半岛槟城和霹雳，或者进入种植园，或者打铁、打银、焊锡、卖杂货、卖药、行医，或者进入矿山开矿。

早期岩籍海外移民的从业，虽然在不同的地方不尽相同，但也有一些固定的行业类型。早在1745年就有后来被奉为"海珠屿大伯公"的永定籍张理、马福春和大埔人丘兆进前往槟榔屿以打渔、打铁和烧炭为生，并率领广东及汀州移民开发垦殖。英国人莱特于1786年登陆后就发现，"华人成为我们居民中最宝贵的一环，有男女及儿童，约3 000人，从事各种不同的行业，如木匠、石匠、金匠、店员、种植人、商人。他们用小船和舢板将富冒险精神的人送到邻近地区。他们是唯一来自东方的人民，可以被征税收而不必加重政府的额外负担。他们是有用的资产，但他们所操的言语非其他人所懂……"① 槟榔屿是永定和大埔人最先前往开发垦殖的地方，早期华人应该有较多永定人。莱特所报告的华人从业，诸如"木匠、石匠、金匠、店员、种植人、商人"，都符合当时永定人的从业状况，如后来被银匠业者奉为行业之神的胡靖祖师，就是永定下洋中川人，其所从事的行业就是金匠。但莱特似乎也漏报了一些华人从业，如张理和马福春，一个是教书先生，一个是烧炭工人，他们同时还是渔民。此外，医生、矿工和铁匠，也是槟城华人的主要从事的行业，如1867年8月3日至14日槟城爆发的帮派大械斗，就是因锡矿的开采、争夺地盘而引起的。这类从业莱特却没有报告，也许在莱特时代，矿山还未开发。

早期岩籍海外移民的从业，主要有如下几类：

一、种植业

开垦种植是岩籍海外移民在人生地疏的异国他乡最根本的谋生手段。宋元以降，龙岩地区已经有相当发达的农耕文明，龙岩地区的客家人和福佬人，依靠勤劳的双手，已经将八山一水一分田的龙岩地区沟沟壑壑都建设成田园修竹、稻菽飘香的美丽家园。在这片土地上的每一个客家人和福佬人，从小就都学会了耕种，每一个都是农业劳作的行家里手。因此，当社会太平，这一片土地的人口急剧增殖，要寻找新的生存空间时，迁徙外地开拓垦殖就成了这里的客家人和福佬人的最佳选项。如明末清初四川等地招垦以及台湾宝岛开发，都有大批岩籍移民前往，永定下洋中川的贡生胡焯猷，甚至在台北淡水组建"胡林隆垦号"，辟田数千甲，成为被台湾巡抚授"功资丽泽"牌匾表彰的一方之豪。

早期迁徙海外的岩籍移民，开拓种植是他们最简单易行且最佳的谋生手段。如1745年登岛槟榔屿的永定人张理和马福春，虽然有史书说英国人莱特1786年侵占槟榔屿时，他们"在丹绒道光过着打渔生活"，② 但后来他们去世后，张理的墓碑写作"开山地主张公"，充分说明张理参与了当地的开垦并且拥有当地的产权。

18世纪中叶（清乾隆年间），永定"金丰、丰田、太平之民渡海入诸番，如游门庭……"尤其是下洋中川胡氏，渡南洋谋生者众。他们或亲朋相携，或水客帮带，几乎每家每户都有年轻后生"系着一条裤头带过番"。他们到达南洋后，发现当地到处是荆棘杂草丛生的平地，开垦起来比家乡的崇山峻岭容易得多。他们当中许多人于是租地或捡地（无主之地）开垦种植。虽然当时中川村胡靖等族人在槟城经营五金店、打铁店和杂货店等已获成功，生意很好，但有的人还是钟情于种植，如胡泰兴的父亲胡曾育就是其中的佼佼者，他早年往槟榔屿，先进入英国人开办的种植场，有了开发垦殖经验之后自己捡地种植，小有家业，娶妻生子。胡泰兴在槟榔屿出生，少年时代被父母送回老家中川，在村塾里读了几年书，有点文墨，也会珠算，但他于乾隆中期（约1850年）应父亲之召前往槟城后，却不愿意像其他人一样靠村里族人照顾，在族人店铺里当学徒或伙计，他要继承父亲开创的并未成功的种植业，自己开辟一片新天地，干一番大事业。他看到槟城到处是待开垦的荒地，认定开垦荒地发展种植业应该有利可图。于是向大伯公帮会租了一片荒地，开垦后种植甘蔗和胡椒，长短结合，数月后甘蔗便有收益，数年后胡椒大获丰收。自己获得种植经验后，胡泰兴不断扩大规模，租种更多荒地，还接纳了不少不断南来的乡人。终于在槟城办起了首屈一指的种植园，种植胡椒和丁香。继而还在槟城市区开设了大商行，成为巨富。胡泰兴被称为"胡椒大王"，社会地位也得到极大提高。1867年8月3日至14日，槟城爆发义兴帮与大伯公会（建德堂）两大华人私会党之间为期10天的大械斗之后，英国殖民当局成立了"槟城暴动调查委员会"，九名

---

①Victsr Purcell. *The Chinese Southeast Asia*, Oxford University Press, 1965, second edition, p244.
②谢诗坚：《槟城华人两百年》，第7页。

委员中有三名华人委员，其中一人就是胡泰兴。

印度尼西亚三宝垄的开发，也是从岩籍移民开垦种植开始的，而且与郑和下西洋的航务总管、漳平籍航海家王景弘有直接关系。韦尔英特著《三宝垄的华人》记载了一个动人的传说："郑和下西洋时，舰队行至印度尼西亚瓜哇北岸，副手王景弘病得很严重，郑和下令舰队在一港湾下锚（即三宝垄湾），把王景弘安置在靠岸上不远的一个山洞里疗养，并留一艘船和十名随从照料。王景弘在修养期间，指挥随从开荒种地，建房居住。直至完全复原，他也未回中国。他用他的船来贸易，来往北岸。他的部下也和印度尼西亚妇女结婚。这个华人区逐渐繁盛起来，许多印度尼西亚人也在他们附近建立农庄，成为华人社区一部分。王景弘像郑和一样，是一个虔诚的回教徒，他在洞中置一尊郑和塑像，按时率众礼拜……这个地区越来越繁荣，人们把这个地方称为'三宝垄'，把那个山洞称为'三宝洞'。王景弘87岁才死，丧葬采用回回教仪式，他死后被称为'三宝可敬航海家'，按照瓜哇历规定的日期，印度尼西亚和华人共同进行礼拜。"① 郑和是否到过三宝垄和王景弘是否留在那里，中国史书上没有记载，倒是郑和死后王景弘将其护柩回国以及王景弘于郑和死后的1433年完成第八次下西洋都见诸史书。但长期以来三宝垄华人从不怀疑郑和到过三宝垄，而且在岩穴附近登陆，后人也确实在此地建庙纪念郑和。虽然王景弘留在当地终老之事更不可信，但最早在三宝垄开垦并建立居留地的是华人，辛勤开发这个地区的也是华人，这是不容否认的。如果王景弘及其随从居留过那里，或者他的随从留在那里开发，那么，岩籍王氏在那里成为华人的一支是有可能的。这是因为，据当地传说，随王景弘出使逝后葬于三宝垄的，有一个舵手名叫王兴德，当地居民设以"船肛爷"的神位来膜拜。据传王景弘当时还给王兴德遗留了一把氧化了的碇，一棵古榕树突出地面的根缠绕在碇上，像铁索般把碇捆起来。现在该古碇已由地下被挖出转移安置在押案上供人朝拜。王兴德应该是王景弘的族人，他与王景弘带去的家乡青年也应是同宗，因为在王景弘时代，王景弘家乡漳平赤水香寮村拥有军籍的王氏知其名者就有王真、王英、王琪、王臣等人，而且，王真在下西洋的航程中曾有战迹记录。如果王景弘曾经指挥随从在三宝垄开荒种地、建房居住，那么，这些来自龙岩漳平香寮村

的王氏兄弟无疑是其绝对主力，善于耕山种地的他们在异国他乡找到了英雄用武之地。

三宝垄与槟榔屿的早期开发说明，岩籍移民出洋过番，最根本的谋生方式就是像祖籍地一样开垦种植。

从18世纪初开始，永定下洋、大溪等地有许多人前往荷属东印度群岛的加里曼丹、爪哇和马来亚沙捞越、丁加奴、甲必丹等地开垦种植水稻、椰子、槟榔、胡椒、丁香、烟草等。如下洋中川胡氏，先后有胡兆学、胡映学兄弟等数十人前往开垦种植。这是因为，中川村青年过番已形成传统，男青年最迟到20岁，便要结婚，然后往南洋谋生、赚钱养家。也许，开垦种植是善于耕作的中川青年赚钱最快见效的行业，其中不少人成为有钱寄回家或带着钱很风光地回乡盖土楼的"番客"（"南洋客"），影响了一代又一代的中川胡氏族人和更多的下洋各姓氏族人。

二、采矿

采矿也是岩籍移民较早从事的行业。早在18世纪，永定下洋中川、思贤等地就有不少人前往马来西亚半岛沙捞越、丁加奴、霹雳等地开矿。至19世纪初，马来西亚半岛霹雳等地矿山已经遍布下洋中川等地过番的矿工，过番挣钱寄回来养家、做楼成了下洋青年的追求。清咸丰年间（1851—1861）中川村人胡光前甚至成了专门来往于家乡和南洋，替番邦谋生者带回钱物并带领新客往洋的"水客"。

1873年，一直与祖母相依为命的年仅13岁的中川少年胡子春，迫不及待地跟上往洋的族人，到了马来西亚霹雳州，也成了一名矿工。得益于中川村胡氏宗族免费的塾学教育，少年胡子春粗通国学和珠算。他很快离开了劳动量太大而年少的他难堪重负的矿山，进入杂货店当学徒。于是，国学和珠算都派上了用场，他很快当上了商铺的售货员兼"财库"（会计），收入渐丰。于是，数年后，念念不忘开矿赚大钱的胡子春开始购买矿山股份，并参与经营炼"锡米"（锡珠，金属锡初级产品）。经过商场历练的胡子春赚到数桶金后继续扩大投资，除了不断买下矿山之外，还大胆引进欧洲的采矿和冶炼设备以提高生产效益。终于钱越赚越多，成为富可敌国的"锡矿大王"。在胡子春的影响和带动之下，越来越多的中川村胡氏族人加入采矿行业，相继出现了胡重益、胡曰初、胡曰皆、胡李皆等闻名东南亚的锡矿巨子。

---

① 朱杰勤：《东南亚华侨史》，高等教育出版社，1990年，第28页。

胡重益14岁过番，到槟城学裁缝，后追随族兄胡子春开采锡矿，并帮胡子春精心理矿业，30岁自主经营华都牙也、布先等地锡矿，如鱼得水，很快便富甲一方。1914年联合当地侨领创办霹雳州第一所女校"中华女校"。1941年参与组织客属社团霹雳客家公会，以联络乡情，互助合作，发展工商，举办慈善公益，1942年参与领导组织抗日武装。1944年病逝于怡保。

胡日初也是马来西亚著名的锡矿巨子，发财致富后在马来西亚怡保华标市留下一座豪宅基仁楼，如今成了当地有名的旅游景点。

胡日皆（1907—1961），清光绪三十三年（1907）出生于马来西亚霹雳州华都牙也一矿工家庭，周岁时随父母回到家乡。8岁时父亲去世，家境艰难，18岁重返马来西亚谋生，先供职于怡保福锡矿公司，后在堂叔胡重益办的复万和锡矿公司任经理，深受器重。稍有积蓄后与重益合营复万和公司，后陆续自办复万生、复万利、复万昌、复万亿、复万丰、复万泰锡矿公司，终于继胡子春之后成为又一个被誉为"锡矿大王"的中川胡氏百万富豪。

此外，中川村还有胡重义、胡李皆父子和胡日皆的儿子胡万铎等许多人经营过锡矿开采和冶炼，也经营锡矿砂贸易。20世纪60年代以前，中川胡氏几乎垄断了马来西亚霹雳州和吉打州的锡矿开采和贸易，安置了成千上万下洋乡人从事采矿或与采矿有关的行业。

三、五金匠

五金工艺在汀州有很悠久的历史。早在宋代，朝廷就已在上杭设立冶金点，汀州人王捷不仅是宋代著名的炼金术士，而且也是著名金匠，据说他献金给皇上，并被留在宫中打造金龟、金宝等物。汀州打锡工艺也很著名，闽粤客家锡茶壶、锡酒壶等精湛的锡制品大多出自汀州、连城四堡工匠之手。永定下洋等地在明清时期也有铜、锡制品工场，为本地客家人打造铜烟壶、铜烟筒、铜茶壶、铜锅、锡茶壶、锡酒壶等用器。

南洋地区盛产银和锡，尤其是马来半岛，更是锡矿遍地。锡矿的开采和冶炼也为岩籍五金匠人提供了英雄用武之地。早在18世纪末，永定下洋中川人胡靖（或曰武撰）就南渡槟城大显身手。他在槟城开了间五金店，专门打造银器，尤其是他打造的银首饰，工艺精湛，销路很好，很快富甲一方。于公元1745年就飘泊南洋，开发槟榔屿，被当地华人奉为"大伯公"的槟城"开山地主张公"、永定人张理"在石岩坐化"后，其义弟丘兆进和马福春将其葬于炭窑中。后来，"胡靖公，始以大伯公羽化之岩，起为庙。"① 大伯公于是被奉为神。1810年，胡靖（武撰）带领大众为大伯公立祠，即今槟城大伯公街行宫，胡靖（武撰）还题赠"同寅协恭"匾额。可见，胡靖在生前就已成为当地名人。胡靖逝后，被奉为当地银匠行业的祖师爷，牌位有"文华殿大学士、工部尚书"职衔，成了行业守护神。由此也可见，胡靖是当地五金行业的领军人物。

四、铁匠

随着铁器的使用，中国农耕社会也进入了高度发展时期。农耕社会的犁、耙、刀、斧、锄、铲、钩、镰等等，都离不开铁。打造铁制工具、用具于是成为颇为重要、颇为庞大的行业。在传说中，客家地区的许多开基祖都是外出谋生的铁匠。如永定下洋翁坑美村和南靖石桥河坑、竹塔二村的共同开居祖张念三郎公就是明正统八年（1443）由广东大埔田心乡鹤子山庄（今永定下洋翁坑美村）到南靖县梅垅总石桥村东山头打铁，受当地陈五十看重而招赘为婿，生下三子，传下三村裔孙的（二子石辉带母亲回鹤子山庄）。

闽西客家俗语有云："男人百艺好随身。"打铁作为与农耕密切相关的重要行业，其手艺几乎是闽西客家人代代相传的看家手艺。永定的一些村庄如下洋翁坑美村就是有名的打铁村，从开基祖张念三郎、张石辉开始，就铁匠辈出，往洋谋生者也大多从事打铁。据翁坑美张氏族谱载：该村从十三世起就有不少人到南洋谋生，至清末民初，更是几乎每家每户都有过番的人。其中许多人都以打铁为业。如十五世茲楼、名声、佑声；十六世稳昌、浮昌、咸昌、燦昌，长善、明善、营善、始贵；十七世晋业、晋常、晋杰、奎章、财茂、文华；十八世以茶等。其中，于1920年19岁时前往马来西亚半岛，在霹雳安顺沙白靠打铁为生，后来兴办著名的"永成利铁厂"，其利器蜚声霹雳的张晋业，就是出身于铁匠世家。其祖父张茲理往南洋谋生未归，其伯父张营善及父亲张贞善

---

① 汤日垣：《海珠屿大伯公庙章程序》，收入王琛发编著：《功德振勋焕南邦——张弼士诞辰一百七十五周年纪念》，马来西亚道理书院出版，2016年，第72页。

都是曾往马来西亚半岛打铁谋生的铁匠。张晋业的两个儿子张港周、张泊周也都是当地著名的铁匠师傅，他们不仅继承了张晋业的"永成利铁厂"及其"永成利"品牌，而且发扬光大，将铁厂办成了铁器加工厂。除装备了冲床、铣床等机械设备加工利器外，还增加了铝合金加工，钢筋、钢板加工和不锈钢加工等诸多业务。至今，张晋业、张奎章和张晋杰的许多儿孙辈依然以铁工厂为业。

五、医药

医、药不分是中医的传统，旧时没有医科大学，甚至没有专门的医药学校，学医者大多从小先在药店里当药童，学习医药知识和制药，同时也读医书、背药方（俗称"背汤头歌诀"）。经过多年药童、学徒生涯，大多医药皆精，可以独当一面，开设药房。在西医诊所未进入之前，龙岩地区大多数乡镇都有药房或药店，有些地方连自然村都有药店。如永定下洋从中川到沿江约15公里的多个乡村，几乎每个自然村或交通要道的村头村尾都有药店：中川和过堂有多间药店，觉坑口、牛市亭、他山甲、翁坑美和沿江行空头分别有一家或两家药店。所有这些药店，或者经营者自己懂医识药，既当医生又当药童，或者请人驻店行医，另有店家或药童抓药，非常方便村人或路人。由于有那么多的药房或药店，下洋地区的医、药人才，基本上可以代代相传，自给自足。有些人在药店当药童学成之后，甚至可以外出游医或在外地经营医药。如漳州地区各县，旧时就有许多永定人经营医药。20世纪50年代以前，仅龙海县角美镇，便有近10家由永定人经营的药房、药店或药行，医生也多为永定人。

从明末清初开始，随着渡台及过番的人不断增多，永定习医习药者看到了飘洋过海悬壶济世、就业谋生的良机，外出经营医、药者越来越多。如永定中川村人胡焯猷（1693—?），从小在中川村胡氏族塾接受国学教育，并在村街和过堂的药店里当药童，医、药皆精，清雍正十一年（1733），正值不惑之年的胡焯猷跨海渡台，居台北淡水新山脚开药店行医，不仅医名远扬，还赚得盆满钵满。于是向淡水厅申请开垦，"出资募田，建村落，筑陂圳，尽事农功。不数十年启田数千甲，岁入租谷数万石"。① 胡焯猷还回乡动员和带领有丰富山地农耕技术经验的乡亲赴台共创大业，组建"胡林隆垦号"。后来，他还出资创办了"明志书院"，捐建观音庙、关帝庙、桥梁等，造福渡台乡亲，闽浙总督颁"文开淡北"匾额，台湾府亦授其"功资丽泽"牌匾。

台湾著名客家人士、中国国民党前主席吴伯雄祖籍在永定下洋思贤村，其曾祖父吴圣昌公（思贤村吴氏十三世）也像胡焯猷一样是药童出身，精于医术。因其十二世的叔辈允园和达园已先期迁居台湾桃园行医，遂于清咸丰六年（1856）五月携妻带子从汕头坐船赴台，因遇风浪，圣昌妻不幸落水身亡。圣昌带着年仅5岁的幼子在桃园行医，终于兴旺发达。

几乎与胡焯猷跨海渡台的同时，同样自幼习医习药的永定大溪人游翘其于清雍正九年（1731）漂过七洲洋，到达更为遥远的南洋巴达维亚（今雅加达）开中药铺，自己兼医兼药，为当地华人和印度尼西亚各族人士服务，取得巨大成功。

从19世纪初开始，岩籍移民过番从医者越来越多，有的人开始把主要表现为悬壶济世的医药慈善变为既治病救人又发财致富的医药经营。如1885年，在家乡学医的20岁的永定大溪人游霖孙到荷属东印度巴城行医，开设"济安堂药房"。由于精于医术且医德高尚，前来寻医问药者络绎不绝，济安堂药房的生意也越来越好。但游霖孙并不满足于天天能够开方施药，治愈病人。他想，如果能够针对常见病、多发病研制出一些成药，让患者自己对症下药，治疗疾病，岂不更好？于是，经过多年研究，游霖孙将自己治病救人的验方作为制药配方，精心研制出"游仙止咳丸""游仙止咳水"等中成药，效果极佳，不仅畅销东南亚，为千百万人解除痛苦，也为自己赚取了大量的利润。

19世纪下半叶，曾在家乡和过堂学医习药的永定中川村人胡子钦，也只身闯荡南洋，乘乌眼鸡船到达缅甸仰光，开设了"永安堂国药行"。1892年，胡子钦将年仅10岁的儿子胡文虎送回中川村塾学读书，希望小文虎也像自己一样，在文风鼎盛的中川村和过堂既能接受传统文化教育，又能学到医药知识。4年后，胡文虎回到仰光，在父亲的督促下既当永安堂国药行的药童，又背诵中医汤头口诀，终于医药皆精。父亲去世后，继承永安堂国药行的胡文虎终于研制出中成药万金油、八卦丹、头痛粉、清快水等等，并将永安堂总部搬至当时交通更为便利，与祖国联系更为紧密的新加坡和香港，进一步扩大生产规模，竭尽全

---

① 连横：《台湾通史》，广西人民出版社，2005年，第429页。

力捐助祖国抗战及各项慈善事业，终于成为风靡东南亚乃至整个东方大地的"万金油大王"和"报业大王"。

除了像游翘其、游霖孙和胡子钦父子那样因自己精通医药而漂洋过海到东南亚开设药房、药行并研制成药，既行医治病，又生产营销医药产品的医药专门人士外，还有一些非专业的岩籍"番客"也在南洋各地从事医药经营。如永定下洋翁坑美村人张济贤（字百川），就于20世纪20年代与多个族弟一起前往缅甸仰光，集资办起"仁和堂大药房"，一边经营中药材，一边培养兄弟和儿子从医。其堂弟按贤和儿子以基终于学有所成，成为药房的执业医师，儿子以基（张海涛大医师）后来继承仁和堂家业以后，也生产出头痛粉之类的中成药，使仁和堂大药房成为仰光著名的药行。

上杭人游杏南赴新加坡开设药房，成功后不仅组建上杭同乡会，还倡导成立了新加坡中医协会。

新罗区东肖李仰宗、李良潮也赴马来西亚经营中药，成功后捐资兴办中医学院。自己子孙也进入医学院学医，一家有16人从医，成为马来西亚著名的医药之家，李良潮被封为拿督。

永定下洋中川村人胡必育、胡载坤父子亦于清末南渡新加坡开设药房，并兼行医，皆成为新加坡名医，其裔孙亦多承祖业，为新加坡著名的"医疗世家"。

六、日杂百货

经营日杂百货也是岩籍华侨的主要从业之一。如在清代咸丰年间（1851—1861）往马来西亚半岛槟城谋生的永定下洋思贤村吴湘其，靠种植成家立业后，收入渐丰，家境殷实。于是将儿子吴德志送入槟城大英义学接受西学教育，毕业后又将其送进西人公司当学徒、店员。经过10多年商场磨炼，吴德志非常精通百货经营业务，于是用自己的名字"吴德志"作为店号，开设百货商店，并直接向欧美各国采购百货商品。不几年便办起多家连锁店，成为名噪一时的"百货大王"。清光绪三十三年（1907）槟城天花流行，患者无数，富裕起来的吴德志当即投入巨资创办"济生医院"，收容救治不同种族的患者，使207名患者获救。吴德志因此被英国殖民当局授予"大平局绅"称号。1915年前后，吴德志又捐资恢复槟城慈善机构"同善堂""同善学堂""务内义学"等，救济贫民，让贫民子弟接受免费教育。第一次世界大战期间，海上交通阻塞，槟城等地粮食紧缺，吴德志邀集"十二商头人"筹集巨资，平粜粮食，公开施赈，声名远扬。吴德志因此荣获英皇乔治五世颁发的OBE勋章，成为当地获此殊荣的第一位华人。

原龙岩县的岩籍移民在东南亚经营杂货、百货、日用品者最多，一些城市如泰国曼谷，印度尼西亚雅加达、棉兰，缅甸仰光，马来西亚吉隆坡、槟城、沙巴和新加坡等地，早期经营杂货和小百货店的龙岩县籍华侨都有数十家。此外，经营布匹、鞋帽、粮油、食品也有不少岩籍移民。

七、经营特产

龙岩地区特产丰富，早在唐宋时期，一些特产就已通过汀江航道对外销售，如竹木及其制品。"长汀生产的玉扣纸，自宋代以来长盛不衰，是中国手工造纸的名牌产品，在国际市场上享有盛誉，畅销粤港，并经海上丝绸之路销往世界各地。到明清时期，汀州土纸更是名声大噪，几乎垄断广东土纸市场，畅销港澳台、东南亚。"① 明清时期，新加坡、巴达维亚、槟城等地华人商铺记账用纸、包装用纸、手卷烟用纸和学生识字课本、作业用纸等，有很大部分就是汀州玉扣纸，这些地方的纸行，很多就是岩籍华侨商贩开设的。如在巴达维亚经营种植园和船运业致富，曾任清政府驻槟城副总领事、新加坡总领事等职的著名大埔籍侨领、山东烟台张裕葡萄酒公司创始人张弼士，16岁闯洋到达巴达维亚后找到的第一份工作，就是在其未来的岳父、永定下洋人陈先生开设的纸行里打工，其纸行里的各类纸品，都是直接从家乡汀州、永定驻汕头、香港等地的纸行进货的。

龙岩地区早期远销东南亚最特殊的商品是汀州四堡雕版印刷品。明末清初，四堡乡就以印刷业和贩书业闻名天下，被称为中国当时的四大雕版印刷基地之一。四堡的邹氏和马氏族人，大多以刻书、印书、贩书为主要职业。据记载，"吾乡在乾嘉时，书业甚盛，致富者累相望"，"开坊募梓，集书板充栋，致贵信饶，若素封者然"，"广镌古今遗编，布诸海内，锱铢所积，饶若素封"。据估计，邹氏和马氏世代相传

---

① 张鸿祥：《汀江航运与海上丝绸之路》，张佑周主编《客家与海上丝绸之路》（研讨会论文集），光明日报出版社，2016年，第9页。

的大书坊，共有百余家。①

四堡书商经过长期的努力，与各地客户建立了密切的联系，逐渐设立了销售网络，将四堡印书"发贩半天下"，甚至远销东南亚。于是，四堡书商远涉重洋者也为数不少。据《连城文史资料》载：邹日升先生文章《中国四大雕版印刷业基地之一四堡》介绍，他曾经"觅得原长汀四堡雾阁（1953年2月划归连城县）的《范阳邹氏族谱》部分刻本，从这些残缺不全的族谱中，发现散记着该乡在清代康熙中期（1700年前后）至乾隆初期（1750年前后）就有一批出国到南洋新加坡、印度尼西亚、缅甸、泰国、欧洲各地经商的华侨。如邹世忠（1674—1746）'附一叶，飘飘然竟入巴国'；邹世略（1680—1748）'曾一航渡海……入暹、巴诸岛屿'；邹逊臣（1680—1765）'屡航海，观尽银浪金波，曾三走咖吧'；邹梓臣（1683—1727）'年十九汛（泛舟）咬留巴（印度尼西亚雅加达之旧译），配麻离氏（今译'玛莉'氏）卒葬咬留巴'；邹殿武（1683—1735）'卒吧国。生二子：吧生、国生。'；邹翼国（1689—1730）'卒葬咬留吧'；邹品国（生1695，卒年不详）'卒吧国'；邹克国（生1698，卒年不详）'卒葬三宝垄，在三宝垄娶妻生子一，名在宝'；邹洪略（1700—？）'卒吧国'；邹秉绍（1716—1750）'配番（外国）氏，乾隆十五年庚午（1750）夫妇俱卒吧国'；邹昆生（1717—1737），'年廿一，卒吧国'；邹和生（生1717，卒未详）'卒吧国'；邹鸣盛（1718—1796）'年十七，服贾于江右之樟镇，所谋未遂，转适巴国，孑然一身，驰万里异城，人情风土迥殊，语言服食各异。……'邹在渭（1723—？）'卒葬三宝垄'；邹启园（1770—1834）'越尽云南，交趾'；邹秉宏（？—1740）'葬吧国'。实际上，当时出国经商的华侨，远不止这十几人，其实际数字必然超过上述的十倍、数十倍以上。他们有的人是经年往来于祖国和异域之间，最后终老于家；有的人则定居异域，娶外籍姑娘为妻，生儿育女，间或携眷回国探亲，再赴侨居地，最后葬身异域，子孙遂成侨居国外的华侨了。"②虽然所引族谱未注明上述人士在异域从业情况，但因时在四堡书业兴旺发达的是乾嘉年间（1736—1820），故大多从业应为推销及贩运四堡印书。

八、食品加工

龙岩地区的食品、副食品加工有悠久的历史，一些产品如"闽西八大干"、龙岩咸酥花生、客家娘酒等早已名扬天下。有些产品如长汀豆腐干、永定菜干、咸酥花生和客家娘酒等也随着岩籍华侨飘洋过海，在异国他乡落地生根、发扬光大。

早在19世纪中叶，永定客家人就将客家娘酒的酿造技术带到了南洋。山东烟台张裕葡萄酒公司创始人张弼士16岁闯洋后赚到的第一桶金，就是在继承其岳父永定下洋人陈先生的纸行的同时，继承陈老板夫妇酿造客家娘酒的技术而改营酒业后所赚取的。

南洋地区向来不种植小麦，欧洲殖民者侵入后，海运业发达，从欧美及中国运来大批小麦及面粉等，于是，适合欧美人饮食习惯的面制品也进入东南亚市场。向来善于加工制作食品的岩籍华侨于是发现了商机。不少人将家乡的手工石磨、水力石磨等工具制造出来，办起了面粉加工厂。有的人更进一步，办起了方便食品加工厂，制作面干、饼干等。如上杭人吴兆吉在新加坡开办了饼干厂，制作"罗帝"牌饼干，每个圆形小饼干都沾上糖花，既美观又很有特色，成为送礼佳品。许多"番客"回"唐山"时，都喜欢带回包装精美的"盒装"或"桶装"的"罗帝"饼干作为伴手礼送给亲友，致使"罗帝"饼干成了永定、大埔一带侨区非常著名的洋品牌食品。此外，永定黄氏的"利丰"牌鸡蛋面干也很著名。

九、文职工作

龙岩地区虽然是山区，但无论是客家人还是福佬人，都崇文重教。自古以来，每一个山村、每一个宗族都要举办塾学、义学乃至书院，让族中子弟接受免费启蒙教育乃至科场教育。因此，近代以来从这一地区外出谋生的人，大多接受过以国学和珠算为主要教学内容的塾学教育，有的人甚至有各种类型的贡生头衔，外出从医、从教及从事商行财库（会计）等职业者为数不少。

如著名的槟榔屿"开山地主"、逝后被当地华侨奉为"大伯公"祭祀的永定人张理，1745年与同邑丘兆进、马福春漂至槟榔屿后，其工作就是"至槟训蒙"。

龙岩地区华侨向来热心教育。发财致富者无论在侨居国还是在祖籍地都要捐资办学。如胡子春在马来

---

① 参见《连城文史资料》第四期，邹日升《中国四大雕版印刷业基地之一四堡》。又参见陈支平：《民间文书与明清东南族商研究》第七章，《清代闽西四堡族商研究》。
② 参见1993年重修连城雾阁（邹氏族谱）卷5《文苑英华、文论》。

西亚半岛发迹后，除了在霹雳等地创办华文学校外，还在槟城创办中华女学，在祖籍地永定下洋创办礁角书院、犹兴学校和永定师范学堂等。永定师范学堂的毕业生，除了在家乡服务教育外，还远涉重洋去一些侨校任教，如曾任永定下洋东洋小学校长的罗鉴明先生，就是永定师范学堂毕业生，曾前往马来西亚半岛华校任教。而曾任民国国民参政会参政员的犹兴学校毕业生胡兆祥，晚年就赴泰国和马来西亚半岛胡文虎的永安堂任职，也兼任怡保华文学校教员。

永定一中的创办人王绍经（1852—1927），永定高陂富岭人。光绪二十三年（1897）在顺天府应乡试中举，被录为候选知县，但久不见举，遂绝意仕途，赴马来西亚半岛经商谋生。结识胡子春后，帮胡子春筹办华侨学校，如新加坡"育英中学"。并受胡子春之托，购买武器支持辛亥革命、创办永定师范学堂等，成为著名的教育家。

商场文职包括的财库、店员、行纲（采购）、营销等也是出国前接受过村塾启蒙教育的往洋者的主要从业方向。如"锡矿大王"胡子春和胡曰皆，都曾在中川村学塾里接受过胡氏宗族的免费教育。胡子春13岁南渡，到达马来西亚半岛后，先当矿工，后在乡人的杂货店里打工，因为略有文化、懂珠算，很快被聘为财库，收入较高。后看准开采锡矿大有前途，于是投资、收购矿山，很快成功发迹。胡曰皆则18岁出国，因为有文化，精于珠算，所以先在族叔胡重益的矿山参与管理，后也投资、收购矿山，自己经营锡矿开采，也成"锡矿大王"。

胡文虎也曾在中川村塾学就读4年，14岁返回仰光后，在父亲开设的永安堂国药行习医习商。继承永安堂药业并发明万金油、头痛粉等成药，开办药厂成功后，"万金油大王"又投资报业。其海内外16家星系报业除了聘请郁达夫等大文豪外，也安排了大量龙岩地区尤其是永定往南洋谋生的乡人。如中川村人胡兆祥、胡浪漫、胡梦洲，永定下洋东洋村人罗铁贤、罗选才，永定岐岭坪水坑人张问强等，都曾分别是胡文虎星系报业的社长、总编辑、编辑或主笔等。

亲友相携、亲邻相帮是早期海外华侨从业的最佳途径。如胡文虎发迹后，只要是略有文化的中川村胡氏族人，前往南洋后在胡文虎创办的企业，都可以找到合适的文职工作，只要勤恳踏实工作，都可以出人头地，如东洋村人罗济贤等。再如，永定下洋东洋村和翁坑美村也是著名的侨乡。东洋村罗宏光、罗迪光兄弟和翁坑美村张济贤分别于19世纪末20世纪初前往缅甸仰光，经营杂货、药房等。东洋村、翁坑美村人只要到仰光，找到罗宏光兄弟和张济贤等，都可以找到合适的工作，有文化者当财库、店员，没有文化者则当工人。略有文化的村人罗明光、罗化光、张晋田、张以豪等都在他们开办的商店、药行里找到财库、店员等文职工作。中川村胡曰皆发迹后，中川村人胡浪漫、胡兆祥以及东洋村人罗济贤等人，都在他的公司或他所创办的学校找到工作。

龙岩地区地少人多，所谓"八山一水一分田"的自然环境，不仅迫使龙岩地区客家人和福佬人不断往外迁徙，不断寻找与拓展新的生存空间，也使龙岩地区的客家和福佬子弟从小就勤学苦练，士农工商百艺随身。无论是在家创业还是外出闯荡，客家和福佬子弟的从业渠道都是较为宽广的。

因此，早期岩籍移民在海外的从业，除了上述九类相对集中的行业之外，还有各种手艺和特殊行业。如建筑业类的泥瓦匠、木匠；日常生活类的裁缝师、理发师、酿酒师、厨师；特殊行业的风水师、算命师甚至巫师等等。

如永定下洋中川人胡聚友，自小自学建筑知识和泥瓦匠技术，早年从事建筑业，是技艺精湛的泥瓦匠，曾在印度尼西亚三宝垄一带承建不少乡村小学、市场、商店、乡道、桥梁等。第二次世界大战后，就曾两次组织建筑队在印度尼西亚等地承建工程100多处。

裁缝师和理发师也是岩籍华侨的随身手艺。早在清咸丰三年（1853），上杭人剃头师傅罗富崇就在汕头与外国在华招工机构签订合同，前往古巴，继续经营理发业。

画师、风水师、算命卜卦师等特殊行业在南洋多地也有岩籍移民的身影。如著名的算命卜卦之乡上杭蓝溪和稔田等地，早在19世纪初就有人远赴新加坡、仰光、泰国等地靠摆摊算命卜卦为生。据民国《上杭县志·卷十·实业志》载："绘画：其以绘画游四方者，以蓝溪、觉坊为多，每年挟画术出门者百数十人。春尽出门，冬成而返，获利以巨万计。附：星命，蓝溪各乡挟此术出游各省及暹罗、台湾者，每年数百人，获利不下数万。"可见，绘画、算命卜卦等特殊行业也成了岩籍移民的海外从业。

第五节　岩籍移民带往侨居地的方言民俗及民间信仰

随着越来越多的岩籍移民漂洋过海到南洋各地谋生和定居，不少地方形成了独具特色的岩籍移民小社会，如永定下洋人聚居谋生的霹雳州的华都牙也、积莪营和槟榔屿巴古拜地区、永定大溪华侨聚居的巴城班芝兰地区等。基于传统文化和情感的纽带，这样的小社会与原乡故土之间一直维系着千丝万缕的密切联系。虽然移民们未能将原乡文化照抄照搬，但带有明显的原乡文化特色的移民文化在那种小社会里已经落地生根，茁壮成长，乃至枝繁叶茂。尤其是方言、民情习俗和民间信仰诸方面，带有非常明显的原乡特色。

一、方言

方言是民系的标志，是区分不同民系的主要依据。因此，中国华南地区的人群由于所操汉语方言的不同而被称之为客家民系、闽民系、福佬民系、广府民系等等。

方言有极强的凝聚力。且不说法国作家都德在第一次世界大战前写下的《最后一课》里所描述的老师韩麦尔和学生小弗朗士为侵略者到来之前上最后一堂法语课而悲伤，因为他们将被禁止说自己的语言，从而激起人们强烈的爱国主义精神，《最后一课》也因此而成为世界上被侵略被压迫的国家和民族最著名最优秀的爱国主义教材，仅就客家人所代代相传的口头禅："宁卖祖宗田，不忘祖宗言"，将客家方言称之为"阿婗话"，就足以说明，对于迁徙异地的人们而言，方言的传承是多么的重要。

龙岩地区主要有两种方言：客家方言和福佬方言（包括漳平话和龙岩话）。汀江流域的长汀、上杭、武平、永定和连城五县的方言被称为客家方言，前四县的方言基本可以相通，连城方言虽然较为复杂，有数十种小方言，甚至相邻村镇也难以相通，更不用说与其他县的方言相通了，但都有较多客家方言因子，可被视为客方言的次方言。九龙江流域的龙岩（今新罗区）和漳平通行龙岩话与漳平话，虽然不能相通，但都属于福佬方言（闽南话）语系。龙岩话虽然与闽南话差异较大，但有较多福佬方言因子，可被视为福佬方言的次方言，漳平话则与漳州等地闽南话基本相通。由于龙岩地区往洋谋生的华侨较多的地方是龙岩（今新罗区）和永定，因而岩籍华侨带往南洋各地的方言主要是龙岩话和永定客家话。如今这两地方言在南洋许多地方仍然在同乡中通行。

永定是龙岩地区较早且有较多人员往洋谋生的地方。尤其是永定金丰里的下洋和大溪，清代和民国都有大量人员"过番"。而且，下洋和大溪的过番者到达南洋后相对集中于南洋某地，甚至从事相同的职业。于是，有的地方由于下洋或大溪乡亲相对集中，永定金丰里的客家话在当地通行，形成金丰客话方言岛。

如槟榔屿巴古拜和下霹雳州华都牙也、积莪营等地。槟城于18世纪末成为英国殖民地之后，英国殖民者雇佣大量华工前往开发、垦殖，巴古拜地区成了下洋客家人相对集中的地方。清末以来，因为相继涌现下洋籍的"胡椒、丁香大王"胡泰兴，"百货大王"吴德志和"锡矿大王"胡子春等，更是有大量下洋人前往投奔胡泰兴等，参与开垦、种植或开矿。于是，下洋人在华都牙也、积莪营等矿山地区和怡保市商业区相对集中，下洋话于是在这些地方流行。这些地方甚至出现下洋客家方言岛。如今，怡保市胡氏、谢氏、张氏等宗亲依然讲一口标准的下洋客话。如胡根益、胡曰皆家族的第四代孙，仍然能讲流利的下洋客话。

而马来西亚雪兰莪沙白、大港等地，则因为下洋翁坑美村人张晋业最先于20世纪20年代到当地靠打铁为生，而相继有张名声、张奎章、张品香、张财茂、张汉修等多个翁坑美张氏族人前往打铁。他们在当地成家立家后，有的人成了大家族，如张晋业、张奎章等。下洋客家话于是在当地通行。他们家族的第三代至今仍然能用客家话与祖籍地翁坑美的族人交流。

缅甸仰光也是较多永定人前往谋生的地方，包括下洋中川村胡氏、东洋村罗氏、翁坑美村张氏和岛头江氏、岐岭陈氏等都有很多人在仰光开药行，从而集中了大量的族人或乡人就业。如"万金油大王"胡文虎的永安堂药业，安排了大量的胡氏族人，罗宏光、张济贤的仁和堂大药房，安排了大批罗氏和张氏族人，陈氏接手胡文虎的永安堂后，则安排了一批陈氏族人。于是，金丰客话也在仰光唐人街通行。虽然20世纪60年代，缅甸政局变化后当局禁止华文教育，在仰光的华人后裔已经不懂中文了，但永定胡氏、罗氏、张氏、陈氏、江氏等家族第三代、第四代却都能讲客家话。如翁坑美张济贤家族的第三代张荣修等人，至今仍然可以用流利的客家话与家乡人交谈。问他们为什么还能讲客家话，他们说爷爷要求家人回到家里一定要讲客家话，否则要打屁股，所以，大家从小就学到了客家话，一直可以在仰光的乡亲间流行。

永定大溪游氏族人自1885年游霖孙前往荷属东印度巴达维亚（今印度尼西亚雅加达）行医并开设济安堂药房以来，往巴城行医并开设药房者越来越多，逐渐在班芝兰地区聚集成中药行一条街，至今多家药房老板仍为永定人，且都像缅甸仰光一样，虽中文学校被禁数十年，但不懂中文的游氏族人却还能讲永定客家话。

龙岩（今新罗区）话虽然未能像永定客家话那样在南洋地区某地形成一个个方言岛，但在许多有龙岩人聚居的地方，龙岩乡亲见面时用龙岩话交流还是非常常见的。如马来西亚的槟城、吉隆坡、沙巴亚庇市、新加坡、印度尼西亚雅加达、缅甸仰光等地，龙岩同乡见面，无论老少男女，总能以龙岩话交谈。相比较而言，龙岩人在南洋各地没有像永定人那样相对集中于某地，龙岩方言相对于其他方言来说，属于小方言，与其他地方方言包括闽南地区方言都不能相通，但龙岩话却在南洋许多地方得以传承。究其原因大概有三：一是龙岩华侨在家族中持之以恒地传承家乡方言，"宁卖祖宗田，不忘祖宗言"的观念也相当强烈；二是龙岩人注重乡亲间的联络，加上龙岩人在南洋各地常以开杂货店或当店员谋生，联系面广，较容易接触到乡人；三是龙岩人乡土观念较浓烈，一有条件便发起成立会馆、同乡会，在同乡会定期开会或举办活动时，温习、交流龙岩话的机会便来了。缅甸仰光龙岩同乡会、新加城龙岩会馆、马来西亚槟城龙岩会馆、亚庇龙岩会馆、雪兰莪龙岩会馆、印度尼西亚雅加达龙岩同乡会等海外龙岩（新罗）社团，都有定期或不定期的同乡聚会，尤其是中华传统节日或同乡的红白喜事，乡亲们大多携家带口参加，对家乡方言的交流传承更是绝好的机会。如印度尼西亚雅加达龙岩同乡会，每年春节都举行盛大宴会，参加者上千人。届时，欢宴场所就成了龙岩话的海洋。

二、民情习俗

"狐死首丘，代马依风。"① 迁徙异地、漂泊异乡的客家人和福佬人，不仅"宁卖祖宗田，不忘祖宗言"，代代口口相传"阿娓话"，而且自觉弘扬中华传统文化，将祖籍地民情习俗带往异地，代代相传，发扬光大。

（一）岁时节俗

岁时节俗是最重要的民俗。中华民族的岁时节俗已流传数千年。作为汉民族重要支系的龙岩地区客家人和福佬人，由于其岁时节俗基于中华汉民族传统，自然大同小异。一年中的重要节庆活动如春节拜年，元宵节赏灯，清明节祭祀，端午节吃粽子、赛龙舟，中秋节吃月饼、赏明月等等，也都与中华民族流传数千年的传统习俗大致相同。而且，所有这些节俗，对于龙岩地区的福佬人和客家人来说，都是相当重要的，代代相传，甚至几乎从未改变。哪怕是漂泊异地，也要回家过年拜年、祭祖。

随着漂洋过海到南洋各地谋生的华人日益增多，尤其是在南洋某地侨居的同乡日益增多，未能回乡过年过节的人们也日益增多。人们于是将家乡过年过节的习俗搬至当地，家乡的年节习俗于是在当地渐成风气。比如有大量永定下洋客家人定居的马来西亚霹雳州怡保等地，下洋客家人的年节习俗已经在那儿生根开花。"锡矿大王"胡曰皆家族就是将永定下洋的过年习俗照搬到马来西亚怡保去的。胡曰皆长子胡万铎在一篇回忆文章中说："记得孩提时候，除夕那天，家人小心翼翼地将祖宗肖像拿出来置挂在神桌上，一家老少庄严地向天神和祖先供祭三牲，焚香秉烛，虔诚拜祭。接下来便是吃团圆饭，热闹非常。"②

胡万铎回忆其童年时期的过年时将祖宗肖像摆出祭拜的习俗，虽然在下洋的普通人家已难以见到，但在旧时的大户人家里，是大同小异的。尤其是拜神和祭祖，是除夕那天必须进行的。旧时下洋人在除夕日上午拜神，除了在家中大厅或土楼大门外朝天祭拜天神外，还要挑着祭品去祭拜村口公王、村中庙观、桥头伯公等各路神仙。除夕日下午则祭祖，一般是挑着祭品到宗祠去祭拜列祖列宗。家族先祖如果有画像挂

---

①汉语成语，原出屈原《九章·哀郢》："鸟飞反故乡兮，狐死必首丘。"《淮南子·说林训》有："鸟飞反乡，兔走归窟，狐死首丘，寒将翔水，各哀其所生。"桓宽《盐铁伦·未通》则有："故代马依北风，飞鸟翔古巢，莫不哀其声。"
②胡万铎：《胡说真言》，《东方日报》2010年2月13日。

在厅堂，也要在除夕团圆饭之前祭拜一番。可见，胡万铎父亲是将家乡除夕拜神和祭祖习俗带去南洋，简化成除夕的家族祭仪而予以传承的。就连祭品"三牲"（"鸡（或鸭）、肉、鱼"三种祭品的合称）也是下洋人最常见的，除了重大的祭祀活动用"五牲"（"三牲"加上猪头和羊）外，下洋人用"三牲"祭祀，就是很隆重的了。正如胡万铎所说："生活的礼仪，对长辈、兄长的尊称与尊敬，节日喜庆，习俗等传统文化就在这种潜移默化中生根而铭记于心，也无形中养成了我往后自己教导孩子的方式。"① 年节习俗正是这样在遥远的南洋代代相传。

（二）民俗活动

岩籍华侨将年节习俗带往南洋的同时，也将有原乡特色的节庆民俗游艺活动带往侨居地。比如，在华南各地春节期间常见的舞龙舞狮活动，一般是在大年三十或正月初一至元宵期间集中在村镇街道、广场表演。各村镇轮流上演，有特定的日子、特定的表演班子，观众如潮，热闹非凡。但永定下洋地区则不然，鲜有在集镇、街道表演，而是表演班子一群人带齐舞狮或舞龙的行当，敲锣打鼓，进村入户，在各土楼大门坪和土楼大厅、天井里舞龙或舞狮，谓之登门参拜、献瑞，土楼居民则用鞭炮欢迎，表演完后呈上红包，表示感谢。这一特殊的表演活动几乎贯穿于入年界至正月二十近一个月时间，一支表演团队几乎走遍下洋的每一个村子、每一座土楼，给全体下洋人带来了欢乐。这种颇有特色的节庆活动也被下洋人带到马来西亚霹雳州怡保和雪兰莪沙白等地的一些地方。

永定下洋还有一个很有特色的民俗游艺活动是元宵节"迎花灯"。迎花灯活动一般以村落或姓氏为单位进行，各村落、姓氏有固定的迎灯日期，从正月初十至十五日，各村落、姓氏轮流举行，此起彼落，热闹非凡。

下洋各姓氏的元宵迎灯活动也随往洋者传到南洋各地。如马来西亚槟城、怡保、沙白等下洋华侨较多的地方，就常有元宵闹灯的民俗活动。有趣的是，槟城永安社、张氏清河堂在槟榔屿大伯公庙等地举行元宵闹灯活动也在正月初十，是否是受下洋翁坑美张氏族人的影响或传承，殊未可知。

（三）祭祀习俗

祭祀，是一种信仰活动，源于天地和谐共生的信仰理念。人类最原始的信仰有两种：一是天地信仰；二是祖先信仰。天地信仰和祖先信仰其实都产生于人类童年时期对于自然界及祖先的敬畏与崇拜。祭祀活动由此而产生，形成习俗。民族的不同，祭祀习俗也很不相同，汉民族四大祭祖节日为除夕、清明、中元节、重阳节。中国历代各民族都各自形成风格各异的祭祀文化。对于汉民族来说，除夕、端午节、清明节、中元节、重阳节的祭祀是最为重要的，是由汉族原始信仰而形成的祭祀天地神灵和祖先魂灵的最重要的节日。

龙岩地区的客家人和福佬人都有在传统节日祭祀神灵和祖先魂灵的习俗，如除夕拜神及祭祖，清明节或中秋节前后专门祭祖的习俗等。

虽然无法准确地弄清楚岩籍华侨从什么时候开始就将家乡的清明祭祀习俗带到南洋并在南洋地区落地生根形成这一习俗，但从岩籍移民在南洋各地最早成立的社团看，清明祭祀习俗对于岩籍侨民来说是相当重要的。

最早在南洋地区成立的岩籍同乡祭祀组织应该是1798年成立的有汀州人（主要是永定人）参与的广东暨汀州会馆。其后于1840年前后，槟城和新加坡分别成立了有永定人参与的"槟城永大会馆"和"新加坡丰永大公会"。这些组织既是一个同乡社团，又是一个管理公冢的机构。而最早成立的且明确以清明祭祀为目的的岩籍社团则是"槟城苍岩清明福公司"。据马来西亚槟城龙岩会馆的资料记载，大约在1908年，由于前往槟城的龙岩同乡越来越多，翁志鹏、陈水旺、陈水发、王瞻甫等人发起组织苍岩清明福公司。所谓"清明福"，就是"清明祈福"之意，"苍岩"即龙岩。槟城清明福公司实际上是岩侨祭祖扫墓和丧葬治理的互助组织。该公司成立后每年向同侨发起募捐，作为春秋祭祀的费用，多余的钱则存入同乡店铺获得利息，以备后用。

岩籍华侨为了清明祭祀而专门组织成立"清明福公司"，说明岩侨对于传统祭祀习俗的重视。同样成立于1908年的"令金鄞江公会"则是汀州客家人在马来西亚半岛柔佛州令金古镇的秋祭组织。令金是马来西亚半岛南端柔佛州的一个古镇，早在17世纪就有人在令金河及其上游沙翁河两岸垦殖。令金河流入柔佛河入柔佛海峡，柔佛河两岸则是当年鄞江（汀州）客家人参与开采锡矿的地方。随着鄞江籍矿工越来越多，不幸去世而葬身当地者也越来越多。因此，

---

① 胡万铎：《胡说真言》，《东言日报》，1985年10月18日。

令金鄞江公会成立后，在令金老义山建有鄞江同侨义总坟，安葬客死异乡的同胞，并且每年都在重阳节前后举行秋祭活动。如今，虽然令金鄞江公会仅有一间双层锌板排店屋出租，但仍有人用此租金举行一年一度的秋祭活动。

为什么槟城清明福公司注重清明祭祀，而令金鄞江公会则专事秋祭？这也许是龙岩福佬人和永定客家人祭祀习俗的差异使然。龙岩福佬人重视在清明节祭扫先人，而永定客家人对于先人则一般有春秋二祭。而且不知从什么时候开始，永定客家人尤其是下洋侨乡客家人将春祭提前到春节后的正月开小正（正月初五）至元宵节前后进行，外出谋生的人大多春节前回乡过年，祭祖扫墓之后才安心外出，清明时节就不用回乡扫墓了。而秋祭则正值人们在外打拼挣钱的时期，一般人不便回乡祭祖，所以一般在中秋和重阳节时遥祭一番。因此，像令金一样有义总坟的地方，进行秋祭活动也便顺理成章了。如今在南洋许多地方，永定籍华侨华人还是在重阳节前后去先祖坟前祭拜，如马来西亚怡保、雪兰莪沙白等地的胡氏、张氏族人，就在重阳节去公墓祭拜先人。

三、民间信仰

民间信仰是民众自发地对具有超自然力的精神体的信奉和尊崇，它包括原始宗教在民间的传承以及人为宗教在民间的渗透。民间信仰作为一个笼统的概念，既是对应于宗教信仰的存在，又与制度化的宗教彼此串联，有同有异，是一种包括信仰、仪式和象征的不可分开的体系。

民间信仰属于非组织的、在民间广泛存在的、具有自发性的一种情感寄托、崇拜以及伴随着精神信仰而发生的行为和行动。即民众中自发产生的一套神灵崇拜观念、行为习惯和相应的仪式制度。

民间信仰植根于乡土社会及其传统文化，包括对有关神明、鬼魂、祖先、圣贤及天象的信仰与崇拜。中国民间信仰具有多教合一、多神崇拜的特点，它既包括正统宗教的儒、道、佛信仰，也包括万物有灵观念的天地神明信仰和先贤、先祖鬼魂的信仰。

民间信仰存在于人类历史数千年间，它作为人类精神生活的重要内容，不仅具有民族的统一性特征，也具有地域性、分散性、自发性和民间性的非制度化的自然宗教及其相关信仰、习俗的特征。因此，龙岩地区不同地域（尤其是福佬人聚居地和客家人聚居地）的民间信仰，虽然同是汉民族的民间信仰，但也有内容、仪式及其象征意义的大同小异。

正因为如此，龙岩籍华侨带往南洋的民间信仰也是大同小异的。换句话说，跟随不同县域乃至不同乡镇岩籍华侨闯南洋的神灵也并不是相同的。

最早跟随永定客家人闯世界的神灵是具有地方保护神职能的公王和伯公。公王和伯公与客家人最为亲近，尤其在永定客家村落，每个自然村都有一个公王和多个伯公。公王在闽西除了有特定称谓者如永定陈东以谢安为原型的"玉封公王"等外，大多被称为"民主公王"或"福德公王"。公王一般在自然村水口，背靠山岭和大树，面迎山溪来水，有一个一米见方的神龛，一块十几平方米的祭坛，如永定高头的民主公王、永定湖坑洪坑村的公王及永定下洋翁坑美村水口的民主公王等。伯公则每个自然村都有很多个，村子边上险峻的山崖、古老的大树下、村道的桥头、村中的水井边和较大面积的山间地头随处可立，分别被称为石伯公、树伯公、桥头伯公、井伯公、田头伯公等等。如永定下洋翁坑美村，就有山磨石伯公、桥头伯公、井伯公、冷水坑伯公、赤姑塘伯公等十几座伯公坛。

为什么在客家山村随处可见、很不起眼的公王和伯公能够最早跟随客家人闯洋呢？这是因为，从客家地区往外迁徙的客家人，尤其是漂洋过海到台湾以及南洋各地开发垦殖的客家人，在异地筚路蓝缕、以启山林之初，既要面对险恶的环境，又要忍受思亲思乡的痛苦煎熬。他们都希望有天助神助，希望有神灵关注，可以祈求幸运降临。但他们在异地创业之初，既没有经济能力建起庙庵，也无法从遥远的原乡将神灵分灵带去，因而最常见的办法便是在垦殖地或新居地设立伯公或公王等原乡的地方保护神。因为公王和伯公的设立比较简易，无需建庙也无需分灵，只要选定一块风水宝地，或依岩石，或傍古树，或临清溪，竖起一块石碑或砌起简易的神龛，举行简单的开光祭祀仪式就可以了。如从永定高头迁往台北三芝、板桥等地的江氏，就在当地设立起公王坛，起初称之为"民主公"，后来有永定同乡翰林巫宜福游台，建议改称永定原乡的习惯称谓"民主公王"。

在新加坡和槟城有地方保护神职能的香火颇旺的望海大伯公和海珠屿大伯公都分别有其原型先贤。槟城海珠屿大伯公的原型更为明确，是早在1745年就乘船漂流到尚未开发的槟榔屿，并率领40多人开发该荒岛的永定人张理、马福春和大埔人丘兆进。但从其最早由永定下洋中川人胡靖"始以大伯公羽化之岩，起为庙"①并称之为"大伯公"便可以说明，该大伯公其实是永定下洋各村落最常见的地方保护神"伯公"的化身。作为中川人的胡靖显然知道"岩石"是可以立为伯公的，而且，永定下洋人称有身份的长辈为"伯公"是习惯性称谓，率领大家开发岛屿的三位先贤逝后被尊奉为"大伯公"，无疑更有神力，也更为亲近。"海珠屿大伯公"这一神灵及其称谓的确立，于是顺理成章并传承至今。

随着南洋地区华人越来越多，中华民族传统宗教信仰和民间信仰也在南洋各地普及，岩籍华侨华人包括客家人和福佬人的宗教信仰和民间信仰也有了较多的依托。如槟城的极乐寺、槟城罗浮山背的玄武山寺、各地的天后宫、财神庙、关帝庙等等，都成了岩籍华侨华人崇拜之所在。槟城极乐寺的多次重修捐款碑上，就可以看到胡子春及许多永定下洋胡氏信众的芳名。而广汀人建的有100多年历史的罗浮山背的玄武山寺所供奉的"上帝公"，则是永定客家人最经常崇拜的神灵。永定客家人逢年过节，如果附近没有供奉上帝公的神庙，则大家都在土楼大门坪上"当天"摆设八仙桌和香案，祭拜对象就是"上帝公""玉皇公"或"天神老爷"。

此外，岩籍华侨还有将家乡神灵分灵带去南洋侨居地的习惯。如永定大溪游氏，自从19世纪末游霖孙前往荷属巴城开药店，发明"游仙止咳丸"风行一时，赚钱回乡盖土楼以来，就有许多人前往巴城开药行，以致巴城班芝兰中药一条街几乎成了大溪游氏的天下。游氏借回乡探亲之机，便将家乡人供奉的药王分灵带去吧城，建庙奉祀。现在仍属游氏管理的雅加达药王庙，香火依然颇旺，甚至香客仍可求签问药，据称很灵验。

岩籍华侨甚至还有将家乡神灵分灵带去南洋供在家中的。如祖籍龙岩东肖的张义荫、连惠英夫妇，早年侨居马来西亚槟城，20世纪50年代初回乡探亲时，前往东肖奇迈山"六仙姑"庙进香，并向庙主求得"六仙姑"神像，分灵带去槟城，至今仍然供奉在槟城家中。其后代虽然已不清楚该"六仙姑"为何方神圣，但却也顶礼膜拜，虔诚有加。

有学者在分析移民异地的族群认同时指出："从一个姓氏宗族的历史状况来看，除去对其共同族源和共同语言的这一认同的主要因素之外，共同神明也起着不可忽视的作用，村神作为一种象征，扮演着各种不同族群认同的角色。"②这是很有道理的。迁徙异地尤其是移民海外的人们，共同的语言、民情习俗和民间信仰，无疑是族群认同和原乡文化得以传承的重要因素。远离故乡，举目无亲的人能够听到乡音，尤其是能够祭拜到来自故乡的神灵，自然将聚集在一起。

槟城的海珠屿大伯公和新加坡望海大伯公，甚至可以将客家五属都聚集在一起，形成客家族群极强的凝聚力和对于中华传统文化极强的向心力，而且还能成为漂泊异国他乡的人们念祖思乡的心灵慰藉和求生存图发展的精神动力。民间信仰的神奇魅力由此可见一斑。

这也许就是岩籍侨民能将原乡伯公等神灵带往南洋并让其落地生根的原因。

---

①汤日垣《海珠屿大伯公庙章矢程序》，《南洋学报》第13卷第1期，第54~56页，新加坡南洋学会，1957年。
②刘道超：《信仰与秩序——广西客家民间信仰研究》，广西师范大学出版社，2009年，第86页。

第四章　近现代岩籍移民海外播迁与崛起

虽然时有周期性动荡，但大体保持稳定且持续运转达两千余年之久的中国封建社会，当1840年面对船坚炮利的英国海军时，自身机制的脆弱性注定其再也抵挡不住由自己发明的火药制成的西式炮火的猛烈进攻。自这一历时近三年的史称"中英鸦片战争"的抗击外敌入侵战争失败而被迫签订中英《南京条约》之后，西方列强相继入侵，中外不平等条约相继签订，长时间闭关锁国，唯我独大、唯我独尊的大清帝国被迫打开国门。此前还能以"夏"制"夷"的中国人，不得不"开眼看世界"，并一步步走向、融入以西方为中心的世界体系。此一屈尊俯就的艰难途程犹如钱钟书先生在为钟叔河专著《走向世界：中国人考察西方的历史》所撰序言中所说，"哪怕你不情不愿，两脚仿佛拖着铁镣和铁球，你也只好走向这世界，因为你绝没有办法走出这世界，即使两脚生了翅膀。"① 从某种意义上说，对于刚迈入近代门槛的中国人来说，历史显得公正而又无情！

与此同时，中国社会本身也随国门洞开而悄然发生着剧变，延续两千多年的封建社会面临解体。毛泽东在其1939年12月撰写的《中国革命和中国共产党》一文中就明确指出："自从一八四〇年的鸦片战争以后，中国一步一步地变成了半殖民地半封建的社会，自从一九三一年九一八事变日本帝国主义武装侵略中国以后，中国又变成了一个殖民地、半殖民地和半封建的社会。"② 在其于一个月后的1940年1月发表的另一篇著名论文《新民主主义论》中，毛泽东也明确地指出："自外国资本主义侵略中国，中国社会又逐渐生长了资本主义因素以来，中国已逐渐变成了一个殖民地，半殖民地半封建的社会。"③ 著名学者、中国社会科学院近代史研究所研究员张海鹏则将此一趋势形容为"中国历史的'沉沦'"，而"不是时代的进步"④。已故著名历史学家陈旭麓先生也说："盛世已经过去。"⑤

国势衰颓、列强侵逼、军阀混战、民不聊生，也正是在此时代背景之下，越来越多的地处闽西一隅龙岩地区的客家人和福佬人不得不从闭塞山乡走向世界，走向那遥远的陌生之地，以期寻求更为安定美好的生活，一波又一波闯洋过番的热潮于是形成。

第一节　近现代海上丝绸之路的开通⑥

鸦片战争，对于大清帝国来说，无疑是一场灾难，一次无法洗刷的屈辱。但在某种意义上说，对当时相当闭塞的中国社会的发展却有一定程度的促进，对于背靠大山、面向东南沿海的地处汀江、九龙江流

---

①钟叔河：《走向世界：中国人考察西方的历史》，中华书局，2010年，第2页。
②毛泽东《中国革命和中国共产党》，《毛泽东选集》（一卷本），人民出版社，1969年，第589页。
③毛泽东：《新民主主义论》，《毛泽东著作选读》（上卷），人民出版社，1986年，第351页。
④张海鹏：《近代中国历史进程概说》，江苏人民出版社，2005年，第69页。
⑤陈旭麓：《陈旭麓文集》第一卷，华东师范大学出版社，1996年，第176页。
⑥丝路或丝绸之路的提法最早是由德国著名地质学家李希霍芬（Ferdinand von Richthofen，1833—1905）于其《中国》一书中所提出。可参见姚楠：《南天余墨》，辽宁大学出版社，1995年，第103~104页。

域的闽西龙岩地区来说,也是一个极好的机遇。这是因为,一方面,丧权辱国的中英南京条约订定,割地赔款,而且当时一连签订的中英《南京条约》、中法《黄埔条约》和中美《望厦条约》等条约中共同的重要条款,都是要求清政府开放广州、厦门、福州、宁波、上海五处为通商口岸,实行自由贸易,国门被强行打开,其中厦门和福州两个开放通商的口岸都在福建,尤其是厦门,早就是龙岩地区民众出海渡台或过番的主要口岸;另一方面,也不可否认这些沿海港埠城市的开放对于激活当地及其周边地区经济所起的积极作用,"晚清的贸易水平却由此扶摇直上"①。更为重要的还在于,西方列强自觉或不自觉地将这些沿海城市纳入到全球性的整体经济圈之中,使早已有之而自明末以来渐次衰微的海上丝绸之路重新焕发生机和活力。虽然这一结果绝非侵略者的初衷,因为侵略者都是以掠夺为目的的,但是,正如马克思评论不列颠在印度的统治时所说:"一个是破坏的使命,即消灭旧的亚洲式社会;另一个是重建的使命,即在亚洲为西方式的社会奠定物质基础。"② 较之漳泉等地,虽然龙岩地区更为远离福州、厦门,地处山区而不临海,五口通商似乎与其无关,但也以面向东南大海的九龙江、汀江两条航路与海上丝绸之路对接,使龙岩地区出海交通比起其他内陆地区来,相对迅捷、便利,这就为龙岩民众大量南迁南洋诸国提供了条件。

一、鸦片战争及汀江、九龙江流域与"海丝"的连接与畅通

（一）第一次工业革命与鸦片战争

1. 第一次工业革命

第一次工业革命又称"产业革命",通常指发生在近代欧洲的资本主义机器大工业代替此前工厂手工业的这一漫长过程。这场革命于18世纪60年代首先发生在当时资本主义经济最为发达的英国,一般认为始于棉纺织业中由织工哈格里夫斯（JamesHargreaves,1721-1778）发明珍妮纺纱机（Spinning Jenny,以其女儿名字命名）,而后以蒸汽机为动力的各种机械逐步延伸、扩展至采掘、冶金、机器制造和轮船运输等部门。这是一场历史性的革命,大量省时省力的机器动力代替人力于工操作和手工制作,在大幅度地降低工人劳动强度的同时,大幅度地提高了劳动生产效率,被称为"工业革命",即第一次工业革命。

至18世纪80年代,由于蒸汽机的改良和广泛应用,机器动力广泛地代替了人力,第一次工业革命得到进一步发展。因此,第一次工业革命的结果也被认为是开启了人类历史上的"蒸汽时代"。至19世纪30年代末,英国基本完成第一次工业革命,由农业社会迈向工业社会,成为人类社会首个实现现代化的国家。原来只是欧洲边陲的蕞尔小岛大不列颠一跃成为世界的中心。在其后的60年左右时间内,法、美、德、俄、日等主要资本主义国家也都先后完成工业革命,并向外扩展至中国和土耳其这样的东方古国和"老大帝国"。简言之,第一次工业革命是世界发展进步的最重要的里程碑,是资本主义社会政治、经济发展的重要成果和必然结果,其影响几乎是全球性的。

2. 鸦片战争

（1）第一次鸦片战争与中英《南京条约》

18世纪末19世纪初,已经成为世界头号强国的英国,不仅仅在北美洲,也在欧洲之东南方向的南亚、东南亚（英国人将印度半岛称为"南亚",将中南半岛称为"印度支那半岛",并将中南半岛与南洋群岛合称为"东南亚"）侵占大量殖民地,为打开广阔的中国市场,首先用其在东南亚殖民地种植、生产的鸦片开路,向中国大量倾销鸦片,进而倾销其工业产品和殖民地农产品,在对中国人民造成严重毒害的同时,也赚得盆满钵满。1838年底,清政府基于自身利益考量,并迫于民众压力,委派林则徐（1785—1850）为钦差大臣,前往广东查禁鸦片。甫抵广州,积极主张严禁鸦片的林则徐令行禁止,立即收缴不法奸商的大量鸦片并直接销毁。从1839年6月3日至25日不到一个月的时间内,林则徐在虎门海滩当众销毁英国以及他国不法商人的鸦片共计237万余斤,并多次粉碎舰载英军的无端挑衅。

1840年6月,在美、法等国支持下,英军舰队驶入中国广东海面,向海岸的中国军民炮击,鸦片战争正式爆发。林则徐督率广东军民严守海防,多次击退英舰的进攻。英军进犯广东的企图未能得逞,又转而进攻厦门,被闽浙总督邓廷桢（1776—1846）率军击退。7月,英军北上,趁浙江防务空虚,攻占定海。8月,英军更北窜至天津海口。道光皇帝迫于英军的武力恫吓和威胁,派遣直隶总督琦善（1788—1854）

---
① 苏小和:《百年经济史笔记》上卷·晚清启蒙课,东方出版社,2016年,第1页。
② 马克思,恩格斯:《马克思恩格斯选集》第一卷,人民出版社,1995年,第768页。

到天津与英军谈判后又命琦善为钦差大臣至广州与英军继续议和，并将主张禁烟并勇于抗击外敌入侵的林则徐、邓廷桢两人革职，为英军的得寸进尺扫清了障碍。

1841年1月，英军乘琦善撤除战备，突然攻陷广州的沙角和大角炮台。道光皇帝派奕山（1790—1878）率军赴广州对英作战。2月，英军攻陷虎门。5月，英军炮击广州，清军未战告败，奕山投降，订立《广州和约》，从而激起三元里等地数万民众的抗英怒潮。① 8月至9月，英军乘胜北进，先后攻陷厦门、定海、镇海、宁波等沿海重要城市。1842年3月，清军三路反攻失败。英军于是得寸进尺，拒绝来自连吃败仗的清政府的求和，并向长江下游进攻。6月至7月，英军相继攻陷吴淞、宝山、上海和镇江。8月，耆英（1787—1858）、伊里布（1772—1843）和牛鉴（1785—1858）被迫代表清政府与英国代表璞鼎查（Sir Henry Pottinger，1789—1856）在南京下关江面的英舰皋华丽号上签订中英《南京条约》，以非常屈辱的方式结束这场历时三年的战争，这也是中国近代历史上的首个与外国签订的不平等条约。

中英《南京条约》共计13款，其主要内容包括：宣布结束战争，两国关系由战争状态进入和平状态；清朝政府开放广州、福州、厦门、宁波、上海等五处港口为通商口岸，准许英国派驻领事，准许英商及其家属自由居住；清政府向英国赔款2 100万元，其中的600万元赔偿被焚鸦片，1 200万元赔偿英国军费，300万元偿还商人债务，该款分4年付清，倘未能按期交足，则酌定每年百元应加利息5元；清朝政府将香港割让给英国；清朝政府将以公平原则颁布一部新的关税则例，以便英商按例交纳；废除公行制度，允许英商与华商自由贸易。②

中英《南京条约》使中国的独立主权受到严重侵犯，领土完整遭到破坏。从此，中国开始沦为半殖民地半封建社会。另一方面，在枪炮的威逼之下，中国被迫开始向世界开放，中国人重新踏上了早在唐代就已开通，明代郑和及闽西人王景弘曾率船下过西洋的海上丝绸之路，极不情愿极不对称地开始了与世界近代文明的接触。

（2）第二次鸦片战争与《天津条约》《瑷珲条约》和《北京条约》

1856年，英、法、美三国提出修改中英《南京条约》的要求，被清廷拒绝后，英、法等国便伺机发动战争，进行讹诈。1853年，法国天主教神甫马赖（Auguste Chapdelaine，1814—1856）非法潜入我国广西西林县活动，吸收当地痞流氓入教，勾结当地土豪，奸淫抢掠，激起当地人民的极大愤慨。1856年2月，西林知县张鸣凤③将其逮捕，并处死。法国路易·拿破仑·波拿巴（Charles Louis Napoléon Bonaparte，1808—1873，拿破仑一世之侄）政府以此事件为借口，积极筹划伙同英国对中国发动新的侵略战争。

1856年10月8日，广东水师在黄埔港一艘名为"亚罗号"的中国船上逮捕了两名海盗和十名有海盗嫌疑的水手。该船曾向香港英国殖民当局领过通航证，虽然在广东水师查船扣人时，该船的通行证已经过期，但英国驻广州领事巴夏礼（Harry Smith Parkes，1828-1885）硬说"亚罗号"是英国船，并谎称中国水兵侮辱了船上的英国国旗，要求两广总督叶名琛（1807—1859）送回水手，赔礼道歉。该无理要求遭拒后，巴夏礼又发出最后通牒。叶名琛最终屈服于压力，不得不将水手送至英国领事馆，巴夏礼又借口礼貌不周，拒不接收。英国的巴麦尊（Henry John Temple Palmerston，1784—1865，亦译帕麦斯顿）内阁于是利用这一事件，伙同法国，组成联军，发动了第二次鸦片战争。

英法联军先是于1857年攻陷广州城，而后于1858年5月攻陷大沽炮台，直抵天津。清政府放弃抵抗，委派桂良（1785—1862）、花沙纳（1806—1859）为钦差大臣，赴天津与列强谈判，分别与俄、美、英、法4国代表签订《天津条约》。其中，中英《天津条约》（共计56款，另附专条1款）于咸丰八年（1858）6月26日签订，中法《天津条约》（共42款，另有《和约章程补遗》6款）则于次日正式签署，两约特作出如下主要规定：

英国驻华使节及其眷属及各随员可在北京租地租

---

① 有关三元里抗英详情，可参见茅海建：《天朝的崩溃：鸦片战争再研究》（三联书店，1995年）一书第四章"广州的'战局'"第三节"三元里抗英的史实与传说"。
② 全国人大常委会办公厅研究室编写《中国近代不平等条约汇要》，中国民主法制出版社，1996年，第1~2页。
③ 生卒年不详，云南省云县秀水沟大石桥人，道光十一年（1831）中辛卯科乡举人，咸丰五年（1855），接任广西西林县知县。可参见廖远广：《张鸣凤其人》，《右江日报》2016年9月29日。

屋，雇觅夫役，英国在同上各口设领事馆；

凡传基督教者，清政府应一体保护，英国人可前往内地游历、通商；

增开牛庄、登州、台湾、潮州、琼州各口，长江汉口以下至海沿岸，除增开镇江一口外，再选择不超过3处地方开放，许英商船驶入长江至长江沿岸各口岸经商，英国兵船亦得进入各通商口岸。英国人有权雇佣华人，可在各口并各地方租地盖屋，设立栈房，建立教堂、医院、墓地；

英法人士在华犯罪，各由该国之领事处理；

关税由双方协定，每10年修订一次；

双方互派公使，外使可行西礼，并进驻北京；

清朝赔偿英国400万两白银，赔偿法国200万两白银。①

11月又在上海签订了中英、中法《通商章程善后条约》。沙皇俄国这时也乘机以武力强迫时任黑龙江将军的奕山签订了中俄《瑷珲条约》。

《天津条约》签订后，英法侵略者仍不满足，准备再次扩大侵略战争。1859年，英、法公使借口到北京交换条约文本，率舰队进攻大沽炮台。清军开炮还击，重创英、法舰队。1860年8月，英法联军攻陷大沽，占领天津。9月，进犯北京，咸丰皇帝出逃承德，命其弟恭亲王奕䜣（1832—1898）留京主持和议。10月13日，英、法侵略联军占领北京，闯入圆明园，抢夺珠宝及兽首等珍贵雕塑，后焚毁有着"万园之园"之称的圆明园。

奕䜣于10月24、25两日，分别与英、法代表签订了中英、中法《北京条约》，不仅承认中英、中法《天津条约》有效，而且还进一步规定：开天津为商埠；准许华工出国（实即承认外国侵略者贩卖华工的合法化）；割"九龙司一区地方""归英属香港界内"，中国九龙半岛南部由此便被英国强行割占；归还以前没收的天主教堂资产，法方还擅自在中文约本上增加"并任法国传教士在各省租买田地，建造自便"之条款；《天津条约》中所规定的对英、法赔款，都增加至白银800万两，另增恤金英国50万两、法国20万两。②

经过第二次鸦片战争和《天津条约》《瑷珲条

约》《北京条约》的签订，中国领土又遭到进一步劫夺，外国侵略者从中攫取大量权益，加紧了对中国的政治控制和经济文化侵略。西方列强各国通过其公使直接向清廷施加压力，操纵、控制中国的内政和外交。大批商埠的增加开放，从东南沿海一直扩大到沿海7省和长江中游，又使外国资本主义侵略更为深入中国腹地。外国侵略者还直接管理着中国海关，更从财政上加强了对清廷的控制，便于加大对清政府的压力，扩大其政治影响。中国的主权也丧失更多，加深了中国半殖民地化的程度。

（二）汀江、九龙江流域与"海丝"的对接与畅通

历史上龙岩地区与海上丝绸之路渊源深厚，特别是在海上丝绸之路起始和收官阶段的河运与挑运中扮演着重要角色。依靠汀江、九龙江航运，龙岩地区得以与厦、漳、泉3市和粤、赣两省构成水上交通网络，并借此融入沿海经济圈，成为海上丝绸之路的重要延伸和组成部分。③

自唐宋以降，龙岩地区汀江、九龙江流域已经得到不同程度的开发。这一地区的客家人和福佬人披荆斩棘、艰苦奋斗，将农耕文明发展到极高的水平。汀江、九龙江沿岸出现不少相当繁荣的集镇和村落。正是这两江沿岸大量相当繁荣的集镇和村落的存在，为海上丝绸之路的开辟和贸易提供了源源不断的货源和地域宽广的市场。这是因为，海港毕竟只是完成了货物存储和中转的作用，如果没有广阔的乡村存在，港口则缺乏货源，到港的货物也缺乏销售市场。因此，江河沿岸的集镇和村落才是海上丝绸之路的"腹地"所在。④比如藏在梅花山南麓大山深处的万安墟、梅村和竹贯村等九龙江支流竹贯——万安溪沿岸的集镇和村落，早在明末清初就是很繁荣的土纸集散地，包括连城、上杭、新罗等地生产的土纸，都经由这些村镇发送至漳厦，而漳厦进口的海货和海产，则依靠这些村镇发散到更广阔的市场。

就地势流向来说，被誉为"客家母亲河"的汀江发源于武夷山脉南段宁化、长汀两县的崇山峻岭之中，经武平、上杭、永定流至广东，在广东境内的大

---

① 全国人大常委会办公厅研究室编写《中国近代不平等条约汇要》，第71~72、81~82页。
② 全国人大常委会办公厅研究室编写《中国近代不平等条约汇要》，第94~95页。
③ 林夏竹、吴军歌、林秋霞：《闽西与海上丝绸之路》，闽粤赣互动发展区视窗，http://www.myghdfzqsc.cn/fzlw/fzdt/201502/t20150228_487440.htm。
④ 钟德彪：《海上丝绸之路与闽西古村落的崛起》，http://www.cclycs.com/v61076.html。

埔三河坝与梅江合流后则被称为"韩江",从汕头出口注入南海。汀江既是福建省唯一跨省大河,也是闽、粤、赣客家地区人民赖以生存和繁衍的"水上运输线"。其水系长达702千米,可通航的有467.5千米。① 地处潮汕地区经济圈腹地的汀江流域为海上丝绸之路提供了丰富的物资和广阔的市场。

自宋代开辟汀江与韩江联运后,江西赣南和汀江流域盛产的粮食、竹木、纸品及其他土特产品就源源不断通过汀江航道输往潮汕并转口全国各地乃至海外。旧时,每日从赣南、闽西各县运抵长汀的物产曾达2 000余担。汀江、韩江及其众多的支流以及汀江流域的千万挑运大军,还将更多的物产挑到汀江沿岸的众多大小码头,装船发运潮汕。汀江不但成为潮汕海运中心的补给和组成部分,而且逐渐与潮汕地区的海上贸易相结合,独立发展成为我国海上丝绸之路的一条繁忙通道,有力推动着海上贸易。

九龙江南源出自龙岩州南部博平岭北麓,西源出自连城县南衪琚山东麓,流经龙岩县、漳平县和漳州等地而出海,分西、北两溪。其水系长达471千米,可通航的有328.5千米。② 龙岩直隶州署境内是九龙江北溪的源头,其"川流湍萦,源之大者曰龙川,环绕城廓。其在西者,名罗桥溪,南注为石鼓潭,东江于瓮口潭,又东南为傅军滩,过雁石渡而达于漳平"。③

在漳平县、宁洋县境内,有"九龙溪,亦名漳平上溪。绕县而东,诸川所聚,深潭大湍,通舟至华封。水石巉险,十余里至岭兜,又有洪流达于海。华封以上为上溪,岭兜以下为河。雁石溪,自本州境以上发源,至雁石通舟,合于漳溪。万安溪,自连城地界发源,流合漳溪,亦名小溪。徐溪,自宁洋聚宁里,至九鹏与罗溪合流,在宁洋为徐溪,至漳平界为九房溪。罗溪,自和睦里发源,会九房溪。二溪合流,至于盐场,与雁石、万安溪会"④。

九龙江是福建省仅次于闽江的第二大河流,干支流流经龙岩、漳平、南靖等13县,是历史上的龙岩直隶州辖地最大的出海航运通道。明朝中后期,由于中央政府实行"片板不许下海"的海禁政策,潮州的海外贸易受到一定影响,但是漳州月港的走私贸易却十分发达,因此汀州府的货物便借道龙岩从漳州下海,海外商品也部分由此运往汀州,其中的烟草就是此时由漳州传到闽西的。清代康熙年间(1654—1722),厦门港设立通商口岸后,闽西和赣南山区的货物便经龙岩通过九龙江航运大批输出,沿海的海产和洋货也通过九龙江航运到达龙岩发散闽西广阔市场。

总体来说,通过汀江、九龙江两条出海水路航道,龙岩地区人民得以借助海上丝绸之路迈出乡关,走向东南亚、走向世界,这不仅让外界了解龙岩,而且也在一定程度上有力改变了龙岩的落后与闭塞,推动了龙岩的近代化历程。⑤

二、岩籍移民大量往南洋谋生状况

"中国与南海之交通为时应甚古"⑥,然至明清之际,在唐宋至明中叶曾经发达的海上丝绸之路已呈衰弱之势。究其原因,主要是明中叶以后朝廷实行"片板不许下海"的海禁政策。延至清初,又有"迁海"政策,致使人民出海者减少,原有的南海航路仅限于主要与南洋各国进行贸易交往。⑦ "南洋为一特殊性之地理名词,古称'南海',导源甚古","降至清初,始有南洋及东南洋之名","范围无严格之规定,现以华侨集中之东南亚各地为南洋"⑧。近代以来,大量龙岩地区人民前往谋生的荷属东印度群岛、马来西亚半岛、新加坡乃至缅甸和泰国的仰光、曼谷等地都被称为"南洋"。龙岩地区的民众去那些地方就说是"过南洋"。

如果说此前龙岩地区客家人和福佬人出海往洋谋生还是零星个别的话,那么,从19世纪中后叶开始,龙岩地区人民前往南洋地区谋生者则可谓成批或大批的了。"清代渐盛,鸦片战争后至第二次世界大战结

---

① 蔡立雄主编:《闽西商史》,厦门大学出版社,2014年,第32页。
② 同上。
③ 乾隆《龙岩州志》卷1,《封城志》,福建地图出版社,1987年,第33页。
④ 乾隆《龙岩州志》卷1,《封城志》,福建地图出版社,1987年,第46页。
⑤ 参见钟德彪:《闽西乡村社会研究》),第一章"客家人与闽西近代化历程",光明日报出版社,2014年。
⑥ 冯承钧:《中国南洋交通史》,上海书店,1984年,第1页。
⑦ 杜瑜:《海上丝路史话》,中国大百科全书出版社,2000年,第177页。
⑧ 许云樵:《南洋史》上卷,星州世界书局有限公司,1961年,第1~3页。

束这一段时期，出国的人尤多。"①

（一）这一时期岩籍移民大量南渡

1. 清后期岩籍移民南渡

早在清康熙至乾隆年间（1662—1796）海禁渐开之时，即有永定县胡氏、曾氏、游氏、吴氏、张氏、马氏以及连城邹氏等岩籍移民先后出国至南洋诸岛。至清后期，岩籍移民南渡过番者相当踊跃。根据有关史籍，岩籍移民于清后期南渡者举例：

《东肖罗陈文安族谱》（重修本）载：东肖罗陈氏16世孙陈镇海于清咸丰年间（1851-1861）葬于南洋日里（Deli，位于印度尼西亚），说明其在此前多年就已南渡。这是东肖镇迄今为止南渡海外移民的最早记录。

清咸丰至同治年间（1851—1875），龙岩的刘金前（25岁）、李海（23岁）、陈查华（29岁）、黄阿明，汀州的陈林、张銮、陈国明、赖宝，上杭的罗富崇等人被"客头"所骗，以"契约华工"之名义运往国外。②其中，长汀的陈林在清咸丰二年（1852）甚至被拐卖至拉丁美洲的古巴去做苦工。可见这一时期被作为所谓"猪仔"贩运出国者已为数不少。

清光绪十一年（1885）前后，东肖镇后田村村民陈水发在其父陈钟富潮州籍友人的撺掇之下，以10岁幼龄搭船南渡，随人远赴马来西亚半岛的槟城，充学徒谋生。数年之后，陈水发学徒期满，且稍有积蓄，便回乡完婚，并于婚后邀其胞兄陈水旺同棹渡海。再数年，陈水发又回乡招徕其弟陈受坡前往槟城共同创业，兄弟数人在当地落地生根。陈氏兄弟应是东肖镇的早期南渡马来西亚半岛槟城的华侨之一。③

同一时期，岩籍人士翁志鹏、邱笃光、王瞻甫等人也辗转南渡到达槟城定居谋生。为凝聚乡情，寄托乡愁，他们联合陈水旺、陈水发兄弟等岩籍人士发起成立了苍岩清明福公司，发动同乡募捐作为春秋两祭之用，余款存入乡人商店生息备用。苍岩清明福公司实际上是岩人在海外成立的首个同乡社团。

20世纪初年，东肖溪兜村（今为溪连村）的张茂萱（名材椿，出洋后改名仰堂）、张德宗和张岳斋等先后由广东南雄、江西大余经汕头买棹渡海，远赴南洋，以日里为目的地。到达后他们分别从事苦力、伙计、小商或小贩等业，艰难谋生，但他们都能艰苦奋斗，历尽艰辛终于逐步立下根基。

1911年龙岩许耀南自家乡南渡马来西亚半岛沙巴州，其后，岩籍移民前往沙巴者多投奔他，许耀南因而"是为吾岩人早期南来开拓新天地之一大功臣"④。

清后期，永定人开始大规模南渡马来西亚半岛和印度尼西亚。如永定中川胡氏，就有大量族人前往马来西亚半岛槟城峇六拜、怡保和缅甸仰光、荷属巴城等地或从事种植业，或进入胡子春、胡重益等人的矿山开矿。以至于峇六拜等地永定客家话可以通行。

与此同时，永定大溪游氏因游翘其、游霖孙等前辈医生赴巴达维亚事业有成而大批前往巴城，并在巴城草铺班芝兰开设大安和、太和堂、太生和等著名药店，游子云、游子平、游伦中等都是在家乡习医后往洋的。

清光绪二十五年（1899），在广东大埔县一家染布店做工的上杭县中都乡睦邻村村民丘上培，因结识当地一些归侨，跟着前往马来西亚半岛，先后在吉隆坡、马六甲、芙蓉、霹雳等地从事苦力劳动。其后，丘上培多次回国带上杭乡人出国谋生，成为上杭县著名的"水客"。⑤

清末，上杭临江镇居民丁奎垣去新加坡。

宣统三年（1911），上杭县庐丰乡太谷村村民江振源于除夕至汕头，以卖"猪仔"名义被贩至印度尼西亚。

漳平县居仁里福满村于光绪二十一年（1895）考上秀才的陈性初（1871—1939），因目睹漳平知县王先泽纵容部属以征收税契为名，敲诈勒索，残害百姓，遂挺身而出，将其状告省里，致使王先泽被革职。但陈性初也自知此举得罪官场，必遭打压。于是无意科举仕途，愤然于1902年背井离乡，远渡荷属巴达维亚，经努力打拼，创业有成。他热心公益事业，深孚众望，被推为巴达维亚议会议员，成为当地声望极高的华侨领袖之一。1939年，陈性初参加华侨慰问团回国慰劳抗战将士，不幸病逝于昆明。

---

① 龙岩地区地方志编纂委员会编：《龙岩地区志》，上海人民出版社，1992年，第1090页。
② 龙岩市（今新罗区）地方志编纂委员会编：《龙岩市志》，中国科学技术出版社，1993年，第620页。
③ 龙岩市东肖镇志编纂委员会：《东肖镇志》，鹭江出版社，1995年，第187页。
④《大马龙岩会馆总会暨各乡会联合特刊》，1987年，第245页。
⑤ 上杭县人民政府侨务办公室、归国华侨联合会编印：《上杭华侨志》，1989年，第3页。

2. 民国时期岩籍移民南渡

进入民国之后,由于国内军阀混战,时局长期处于动乱之中,加之20世纪30年代之后日本帝国主义的日渐威逼,抗日战争即将爆发,社会动荡不安。闽西苏区土地革命战争时期(1927—1937)、抗日战争时期(1937—1945)和解放战争时期(1946-1949)参加革命斗争者或遭遇国民党反动派镇压,或遭遇日寇迫害,纷纷逃亡,岩籍移民南渡往洋也达到高潮。

在这一波又一波的渡海浪潮中,永定县金丰里各村和龙岩东肖各村往洋者最多,颇为引人瞩目。如永定大溪游氏继续大量赴印度尼西亚巴达维亚,永定下洋中川胡氏大量往马来西亚半岛巴六拜、霹雳等地。永定下洋思贤吴氏、东洋罗氏、翁坑美张氏、太平寨曾氏等则大量往新加坡、缅甸和马来西亚半岛霹雳等地。龙岩东肖溪兜的张汝鳌、张炳超、张德镕、张载泗、张文川、张志西、张应文和张灼林五兄弟;菜园的陈灼明兄弟;后田的陈灼瑞、陈槐桢兄弟;榴坑黄英杰;洋潭的陈炳松、陈炳椿;连圣村的张载茂;曲潭陈赞和;联邦村的雷厝雷松海兄弟和雷镜东;邦山的张会川、张满深、张坤山;水源山的张炳炎;李家村的李仰宗、李良潮,黄邦张载旺;邓厝的邓根发、邓天赐等等,则大多前往印度尼西亚棉兰后再转赴南洋各地。

民国时期龙岩、漳平、连城、长汀、上杭五县南渡往洋者列表如下(不完全统计)。

表1 民国时期龙岩县南渡往洋概况①

姓名	出生地	往洋时间	往洋地点	备注
许耀南	龙岩	1910	沙巴亚庇	龙岩最早往沙巴者
邱国友	龙岩溪南坊	1917	马来西亚半岛	
邱德兴	龙岩空北大门羊古墩	1917	印度尼西亚棉兰	
张德镕	东肖溪连	1918	印度尼西亚亚沙汉	因寻找父亲而跟随乡人出国。
林傲霜	龙岩平等坊东关楼巷	1918	马来西亚半岛	
林顺金	龙岩大洋达英楼	1919	马来西亚半岛	
郭廷方	龙岩西山	1922	马来西亚半岛	
吴畅英	龙岩小池黄斜	1924	马来西亚半岛	
林国仁	雁石厦老	1924	新加坡	辗转亚沙汉、巨港、新加坡等地
郑日晖	红坊东埔	1924	印度尼西亚	1927年回龙岩
丘文伟	龙岩西山乡	1925	马来西亚半岛	
章碧光	龙岩车头岭	1925	马来西亚半岛	由台湾省南部来
王源兴	西陂大洋	1926	新加坡	曾在巨港经商,后定居新加坡
陈灼瑞	东肖后田	1926	印度尼西亚亚沙汉	后转往日里峇都巴拉

①资料来源:符维健:《爱国侨领——王源兴》;龙侨:《海外侨领返乡报国——记龙岩地区侨联第一任主席张德镕》;李石生、张文基:《蚕丝吐尽侨界楷模——毕生为侨事业奋斗的陈灼瑞先生》;林新华口述、刘鸿奇整理:《侨界先贤林国仁先生:桑梓情深》;龙侨:《祖国的天空分外清朗——记龙岩县原副县长、归侨前辈郑日晖》,龙网,http://www.long1998.com/index.asp;《大马龙岩会馆总会暨各乡会联合特刊》,1987年;龙岩市东肖镇志编纂委员会《东肖镇志》,鹭江出版社,1995年,第65、267、270、271、273页等。

续上表

姓名	出生地	往洋时间	往洋地点	备注
倪谷耕	龙岩溪南	1927	沙巴亚庇	
邱秀梅	龙岩溪南坊	1927	马来西亚半岛	
林蔚金	龙岩石排前	1928	马来西亚半岛	
郭坤成	龙岩陈陂	1929	马来西亚半岛	
连清英	龙岩平在坊	1929	马来西亚半岛	
郭能冰	龙岩西山	1924	马来西亚半岛槟城	
张汝鳌	东肖溪兜聚奎堂	1925	新加坡	
黄英杰	东肖榴坑	1926	印度尼西亚亚沙汉	
张灼林	东肖溪兜五星楼	1926	印度尼西亚	
陈灼明	东肖菜园	1926	印度尼西亚	
林泉木	龙岩赤水	1927	马来西亚半岛吉打	
张锦河	东肖溪兜五星楼	1928	印度尼西亚	1942年日本南侵时，于亚沙汉开设三美居、美景等公司
张镇江	东肖溪兜五星楼	1928	印度尼西亚	1932年于亚沙汉、岑眼自行创业
陈汉泉	龙岩白土后田	1929	印度尼西亚亚沙汉	跟随母亲南来
张祥海	龙岩西坊	1929	马来西亚半岛	
杨泉金	蒋邦下洋村	1929	马来西亚半岛	
雷铁民	东肖联邦村雷厝	1930	南洋	侨居印度尼西亚、新加坡
杨锦波	蒋邦下洋村	1930	马来西亚半岛	
陈并会	东肖田洋	20世纪30年代	印度尼西亚	20世纪50年代曾任印度尼西亚棉兰龙岩华侨总会要职
吴松溪	龙岩县小池乡	1930	马来西亚半岛	
郭天赐	龙岩市乌鸦落洋	1930	马来西亚半岛	
苏少纬	龙岩县平在坊	1930	印度尼西亚日里	
郭根和	龙岩陈陂区西山乡	1930	马来西亚半岛	
李良潮	东肖洋潭水源山	1931	马来西亚半岛槟城	
杜克炎	龙岩苏溪	1931	马来西亚半岛巴生	
张澄清	龙岩田洋苏溪石	1932	马来西亚半岛	

续上表

姓名	出生地	往洋时间	往洋地点	备注
陈槐椿	龙岩白土后田	1932	马来西亚半岛	
张炳炎	东肖洋潭水源山	1934	印度尼西亚美伦	位于亚齐省北部
郭汉湘	龙岩西陂区排头乡蛇厝	1934	马来西亚半岛	
陈泉坤	龙岩小池南山村	1934	马来西亚半岛	
郭水木	龙岩平林乡	1935	马来西亚半岛	
吴烈周	龙岩劳动巷（南市巷吴厝）	1935	泰国	从1943年起定居槟城
汤若芝	龙岩雁石大吉乡	1935	马来西亚半岛	
杨根禄	龙岩东新大队	1935	马来西亚半岛	
苏栢全	龙岩铁山公社上洋	1935	马来西亚半岛	
陈连山	龙岩石溪乡崎濑村	1935	马来西亚半岛	先于1928年前往台湾，后至红土坎，再移甘文阁
廖森泉	龙岩东门外东兴桥廖大厝	1936	马来西亚半岛	
章宝桢	龙岩	1936	马来西亚半岛	
王炳中	龙岩西安坊	1936	马来西亚半岛	
杨添海	龙岩蒋邦上洋村	1936	马来西亚半岛	
曹振奎	龙岩红坊乡南洋村乐中楼	1936	马来西亚半岛	
张锦堂	龙岩东肖邦山村	1936	印度尼西亚	
陈添华	龙岩西陂区陈陂乡	1937	马来西亚半岛	
邱联陞	龙岩苏公岑邱厝	1937	马来西亚半岛	
张炯星	龙岩苏溪桥	1937	马来西亚半岛	
刘庆源	龙岩西宫巷	1937	马来西亚半岛	
张华木	东肖溪兜	1937	印度尼西亚亚沙汉	
廖碧山	龙岩县虎岭头	1937	马来西亚半岛	
章培英	龙岩条围村棋盘厝	1937	马来西亚半岛	
李益村	龙岩市白土脚骨下李厝	1937	马来西亚半岛	
廖子俊	龙岩市红方区进贝村	1937	马来西亚半岛	
林子英	龙岩	1937	马来西亚半岛	沙巴州华人领袖
章秀和	龙岩油煌下	1937	马来西亚半岛	

续上表

姓名	出 生 地	往洋时间	往洋地点	备 注
张大林	龙岩	1938	马来西亚半岛	
黄中河	龙岩香线园	1938	马来西亚半岛	
章少山	龙岩油煌村	1938	马来西亚半岛	
陈茂修	龙岩石溪乡崎濑村	1938	马来西亚半岛	
林根全	龙岩平鉴乡大房厝	1938	新加坡	
邱德仁	龙岩溪南	1938	马来西亚半岛	
刘秋保	龙岩西陂大洋	1938	泰国曼谷	
陈强国	龙岩陈陂马盾岭	1939	马来西亚半岛	
邓根发	东肖邓厝	1939	印度尼西亚	20世纪40年代末回国，1956年6月至1966年曾任龙岩县委副书记、副县长、政协副主席和县长等职务。
张根发	龙岩西坡	1939	马来西亚半岛	
陈兴木	龙岩白土镇荣园村铁山庙脚	1939	马来西亚半岛	先至昔加里，后迁甘文阁
饶镇源	龙岩船巷北洋	1940	马来西亚半岛	
郭能辉	龙岩西山乡松墩自然村第11选区棋盘厝	1940	马来西亚半岛	
章景江	龙岩东门外	1941	马来西亚半岛	
陈钦芳	龙岩白土田洋	1941	马来西亚半岛亚罗士打	
林月芬	龙岩西陂大洋	1941	泰国曼谷	
邱应潮	溪南蔼吉堂	1942	马来西亚半岛	
廖椿茂	龙岩红方区进贝村	1946	马来西亚半岛	
林德富	龙岩曹溪	1947	马来西亚半岛	
林亮洲	龙岩西山乡羊古墩	1947	马来西亚半岛	
郭生烈	龙岩龙门湖洋村	1947	马来西亚半岛	
陈根龙	龙岩西门外虎岭头村	1948	马来西亚半岛	
廖椿柏	龙岩	1948	马来西亚半岛	
陈树村	龙岩小池南山仁佳厝	1948	马来西亚半岛	
林蔚连	龙岩石排前	1948	马来西亚半岛	
章德炎	龙岩罗桥村	1948	马来西亚半岛	
林先竹	龙岩小洋	1949	马来西亚半岛	

表 2　民国时期漳平、上杭、长汀、连城四县南渡往洋概况①

姓名	出生地	往洋时间	往洋地点	备注
温赞尧	漳平和平镇和平村	1910 年前后	印度尼西亚	清末漳平最后一名拔贡
郑超麟	漳平和平	1919	法国、苏联	中共早期党员，后为托派领导
朱培璜	漳平菁城	1931	马来西亚半岛槟城	携妻叶淑贞一同往洋
陈慰中	漳平永福	1945	南洋、加拿大	加拿大中华学院创办人兼院长
黄冠文	漳平西园前洋坪村	1947	新加坡、印度尼西亚	
郑永善	漳平和平镇和春	1949	菲律宾、美国	
刘德枢	漳闽西坂村	1949	马来西亚半岛	
陈振巷	漳平永福	1947	新加坡、印度尼西亚	20 世纪 50 年代初回国，工程师
游子辉	上杭稔田化厚村	1936	新加坡	
游杏南	上杭稔田化厚村	1936	新加坡	
丘上培	上杭中都睦邻村	1910 年前后	新加坡	
丘应能	上杭中都睦邻村	1929	新加坡、印度尼西亚	1933 年回国
丘吉豪	上杭中都睦邻村	1929	新加坡	1956 年回国
张清隆	上杭蛟洋再兴村	1918	马来西亚半岛槟城	打铁
张锡福	上杭蛟洋再兴村	1926	马来西亚半岛槟城	
张易沈	上杭蛟洋再兴村	1926	马来西亚半岛槟城	
张美如	上杭蛟洋再兴村	1926	马来西亚半岛槟城	
张清梅	上杭蛟洋再兴村	1926	马来西亚半岛槟城	
张汝良	上杭蛟洋再兴村	1926	马来西亚半岛槟城	
丘上猷	上杭中都睦邻村	1926	马来西亚半岛	丘上培水客带出国
薛文显	上杭中都	1926	马来西亚半岛	丘上培水客带出国
邱福香	上杭中都	1929	马来西亚半岛	丘上培水客带出国
丘兴繁	上杭中都	1938	马来西亚半岛	丘上培水客带出国
丘家怀	上杭中都	1938	马来西亚半岛	丘上培水客带出国
丘兆昌	上杭中都	1938	马来西亚半岛	丘上培水客带出国
丘润先	上杭中都	1938	马来西亚半岛	丘上培水客带出国
丘治光	上杭中都	1938	马来西亚半岛	丘上培水客带出国
丘泽先	上杭中都	1938	马来西亚半岛	丘上培水客带出国

①资料来源：各县侨联会报告材料。

续上表

姓　名	出　生　地	往洋时间	往洋地点	备　注
丘志瑞	上杭中都	1938	马来西亚半岛	丘上培水客带出国
丘振昆	上杭中都	1938	马来西亚半岛	丘上培水客带出国
陈安太	上杭中都	1938	马来西亚半岛	丘上培水客带出国
薛铭显	上杭中都	1938	马来西亚半岛	丘上培水客带出国
蓝克球	上杭中都	1938	马来西亚半岛	丘上培水客带出国
吴垣银	上杭茶地乡连科村	1929	印度尼西亚	
游子炜	上杭稔田化厚村	1931年后	新加坡	
游启明	上杭稔田化厚村	1931年后	新加坡	
郑振涛	长汀	1920年前后	日本或美国、德国	
罗从权	长汀	1920年前后	法国、英国等国留学	
阙荣兴	长汀	1920年前后		
钟品莲	长汀	1920年前后		
吴迪青	长汀	1920年前后		
范启煌	长汀	1920年前后		
许蔚堂	长汀	1920年以后	秦国曼谷	开设广福烟草公司和鹤芳烟草公司
许葛汀	长汀	1920年以后	秦国曼谷	开设广福烟草公司和鹤芳烟草公司
李惕生	长汀	1920年以后	秦国曼谷	开设广福烟草公司和鹤芳烟草公司
李宾日	长汀	1920年以后	秦国曼谷	开设广福烟草公司和鹤芳烟草公司
王奎章	长汀	1920年以后	秦国曼谷	
胡香山	长汀	1920年以后	秦国曼谷	
康子和	长汀	1920年以后	秦国曼谷	
康子祥	长汀	1920年以后	秦国曼谷	
吴琪阶	长汀	1920年以后	秦国曼谷	
段茂轩	长汀	1920年以后	秦国曼谷	
黄永村	长汀	1920年以后	秦国曼谷	
李锦文	长汀	1920年以后	秦国曼谷	
李鸿范	长汀	1920年以后	秦国曼谷	
许永春	长汀	1920年以后	秦国曼谷	
何柳泉	长汀	1920年以后	秦国曼谷	
胡世仁	长汀	1920年以后	秦国曼谷	
康步球	长汀	1920年以后	秦国曼谷	
赖婉容	长汀	1920年以后	秦国曼谷	

续上表

姓名	出生地	往洋时间	往洋地点	备注
许赍汀	长汀	1920年以后	秦国曼谷	上述人员由烟草公司招聘
胡屏山	长汀	1930年前后	印度尼西亚	开设大道行
胡子敦	长汀	1930年前后	印度尼西亚	教师
胡师伊	长汀	1930年前后	印度尼西亚	教师
胡师唐	长汀	1930年前后	印度尼西亚	教师
陈汉川	长汀	1930年前后	新加坡	金行
许祖根	长汀	1930年前后	新加坡	杂货店
项与年	连城朋口文坊村	1925年	婆罗洲三马林达	1927年因发动工运被逐回国
周仰云	连城文亨	1925	秦国曼谷	开办广福烟草公司
李非鲁	连城莲峰镇	1935	越南西贡	开设纸行
吴嘉谋	连城莲峰镇	1935	越南西贡	开设纸行
揭财生	连城文川揭乐村	1929	印度尼西亚雅加达	卖豆芽
揭天生（揭子嘉）	连城文川揭东村	1932	印度尼西亚雅加达	华侨信城公司
谢志忠	连城	1930	越南西南	建丰进出口公司
沈忠松	连城	1946	印度尼西亚万隆	钟兴糖果厂
沈君隆	连城	1946	印度尼西亚万隆	钟兴糖果厂

未列表的永定是我市著名侨乡，自明清时期开始便有大量南渡往洋者，民国时期更是形成一波又一波的往洋高潮，几乎每个村庄都有成百上千个移民往洋者，故难以列表统计。而武平县则资料缺如。

（二）这一时期岩籍移民南渡原因

《论语》有云："父母在，不远游。"人在旅途或外出谋生都有说不尽的艰难与无奈。若在本乡本土能争得温饱甚至过上安逸生活，龙岩地区人民又何须"离家出走"、只身南渡到那人生地不熟的南洋番邦呢？

岩籍移民之所以会在清末和民国时期大量南渡南洋谋生并寻求发展，有其内外两方面的原因：前者源自国内，而后者则是海外因素。这也符合移民史研究中所谓由"推力"和"拉力"两方面因素共同推动一地之民众向外迁徙、移居的理论。

内因，即所谓"推力"：

其一，"饥馑、灾荒、加上福建地狭民稠，不敷所食，造成封建社会后期福建劳动人民越来越多地被迫出海谋生。"① 岩籍移民南渡往洋大多也是基于这个原因。

众所周知，龙岩地区崇山峻岭，地少人多，所谓"八山一水一分田"。无论是人口增殖较快的和平年代还是战乱或自然灾害严重的年代，龙岩地区都时有出现缺粮的情况。尤其是明清以来，在商品经济快速发展的同时，却常常因为人口的急剧增长而缺少粮食。由于最基本的生存之需的温饱都得不到保障，民众不得不背井离乡寻找更为广阔的生存空间，甚至将目光投向海外，希望移民海外能够过上更好的生活。因此也不难理解，早期渡海移民为何多为破产农民或城镇贫民之故。

换言之，移民南渡者大多为在家乡已难以维持基本生存之人。拥有小康乃至温饱者，一般不闯荡。因

---

① 福建省华侨历史学会筹备组《福建华侨史话》，1983年，第9页。

为抛家弃子远涉重洋无论如何也是艰难的选择。如著名爱国侨领王源兴、张德镕等人就是因为家计艰难才漂洋过海的。王源兴是龙岩县（今新罗区）西陂乡大洋村人，生于1910年。他14岁便至漳州当学徒，16岁南渡新加坡谋生，经过一番打拼，才终于事业有成。南渡南洋谋生者往往只身前往，希望能赚钱养家，因此大多夫妻或父子之间长期分离。如新罗东肖溪连张德镕因父亲早年往洋，经久未归，杳无音讯，家庭生活很困难。张德镕为寻找父亲而于1918年随同乡前往印度尼西亚亚沙汉，自己也滞留当地。①

其二，家族或宗亲牵带亦是岩籍移民南渡的重要原因，这一时期，龙岩地区多地如龙岩东肖、永定金丰片区和上杭南片区等地，因此前往洋者较多，且成功人士不少，因此，许多人因为家族或宗亲有人往洋谋生，且创业稍有所成，亲人便会有意跟随。或者说，先期往洋的宗亲、亲戚是有意往洋者得以顺利"上路"和安全"落地"的重要保障。这种情况的往洋者大致可归结为"水客群带""以兄带弟""亲戚帮带"和"以族带亲"等多种模式。

龙岩客家人和福佬人重情义、守信用、孝友敬亲、爱国爱家。南渡往洋者一般都希望在干出一番事业后能够荣归故里，买田建屋，或者能寄钱养家、帮助亲友。这种观念既有光宗耀祖的一面，也有着"有福同享"的朴素公平思想。事业稍有成功便将家中兄弟姐妹带去一起创业，也就成为海外闯荡成功者的自然之举。这种情况不仅使龙岩地区某一村镇逐渐形成往洋者越来越多的著名侨乡，如新罗区东肖镇、永定区下洋镇、大溪乡等。而且后来南渡者在南洋"上岸"后的起初阶段主要即依靠乡亲、家族或宗族的帮助以获取谋生机会，并获得群集效应。所以在南洋某地也往往是乡人聚乡而居或族人聚族而居的现象较为普遍。后来有一些"水客"常回来，一批又一批地将亲戚或乡人带去。如上杭中都人丘上培，在20世纪30年代前后，就先后多次回到家乡中都，将当地族亲和乡邻10多人带往南洋多地。永定各乡镇都有像丘上培那样的水客，如下洋镇东洋村，民国时期知名的水客就有罗潘泰、罗震达、罗振欢、钟占河等人，由他们带去过番的下洋乡人就有数十人。往洋者从事行业也有着高度的重合性，如永定大溪游氏，就因为清末游霖孙等人前往荷属东印度巴城（雅加达）开设中药店，兼医兼药，赚钱回乡盖土楼，于是很多游氏族人便将小孩从小就送去药店当药童，习医习药，长大后过番进药行，或者未成年就前往雅加达，先当药店学徒，后开药店。至今仍有多家游氏所开药业在雅加达颇负盛名，如担任印度尼西亚中医学会会长的永定籍医师江庆亮经营的太生和，原先是其舅父游伦中所创设，至今仍很著名，生意兴隆。还有游继志经营的永安药业也很著名。

龙岩东肖后田的陈灼瑞家族是"亲戚帮带"的典型。他在兄弟5人中排行老大。由于家贫，迫于生计，于1926年跟随年长其6岁的舅父张德镕背井离乡，到荷属东印度亚沙汉"协同和"商店当学徒。②其后，其弟陈灼南、陈灼棠等也先后往洋。

龙岩雁石厦老的林国仁则是跟随同乡"过番"。出生于1903年的他年幼时在厦老东南村就读私塾，随后在雁石萃秀学堂与楼墩凤山书院接受教育，余暇帮助父母下农田、种稻谷、干农活，还兼做农副产品买卖。每逢墟日，他便趁天蒙蒙亮时，挑担赴墟，做起小生意。他在赴墟时常常听到乡亲"过番"赚钱的信息，便萌发起"过番"的念头。1923年，林国仁的父亲病逝，他为生计所迫而不得不于1924年跟随龙岩乡亲"过番"，先至新加坡逗留，而后前往荷属东印度群岛亚沙汉谋生。③

上杭蛟洋再兴村张氏，也有多人过番后将乡人或族人"牵带过番"，如张清隆、张祥蔡等人于1917年、1918年南渡马来西亚槟城，靠行医、看风水谋生。1926年，张祥蔡儿子张锡福在家乡学医学徒期满，亦带着弟弟张锡藩前往槟城，悬壶济世，并开设中药行。其弟张锡藩则学打铁谋生。

永定下洋许多乡村的男人都有趁青春年少便跟随族亲过番的传统，如中川胡氏、思贤吴氏、东洋罗氏、翁坑美张氏等等。自明清时期起便有人过番，至民国时期，几乎每家每户都有过番者，而且大多男人过番，女人留在家中种田、带小孩、侍奉公婆。孩子长到十几岁，便跟随父辈或兄辈族人过番谋生。许多

---

① 可参见张再军《爱家必先爱国——回忆父亲张德镕》，中国人民政治协商会议福建省龙岩市委员会文史资料委员会编《闽西文史资料》第三辑，2001年，第152页。

② 可参见林金禄、郭启熹、赖玉民《爱国爱桑梓功德照后人》，中国人民政治协商会议福建省龙岩市委员会文史资料委员会编《闽西文史资料》第三辑，2001年，第32页。

③ 可参见林新华口述、刘鸿奇整理：《侨界先贤林国仁先生：桑梓情深》一文。

家庭的男人都在结婚后就过番，制造出许多婆媳同在家中守活寡，双双遥望南天，盼郎团聚，一等数十年未见丈夫归家的悲剧。

其三，是中国国内政局变化促使岩籍移民大量南渡。在一定时期内，政治因素在某种程度上也是岩籍移民南渡的主要原因。从早期明末清初反清起义的志士及其后代到后来秘密会社所支持的起义等，都导致一些起义者在失败后为躲避官府追捕而亡命天涯。逃到异国他乡重新开始新生活就成为不少人在参与政治斗争事败后的无奈选择，义士们坐船"跑路"出洋，可谓行之有年。①

20世纪以来，随着海路的开通，中国国内所发生的每一场战争和每一次社会变动都导致龙岩地区民众大量出海寻求生路。从清末辛亥革命以及随后不久的南北混战到20世纪30年代初期的闽西土地革命、旷日持久的抗日战争和随后数年的解放战争都是如此。

20世纪20年代末至40年代末的整整20年，是岩籍移民南渡往洋的高峰期，而同期恰恰是中国国内革命战争和抗日斗争最为激烈的时段。

这一时期，由于蒋介石在1927年发动"四一二"反革命政变，第一次国共合作破裂，国民党反动派在各地大肆捕杀中共党员和左派人士，白色恐怖笼罩八闽大地，龙岩也不例外。1927年4月15日，龙岩县发生反革命事变，国民党右派捣毁政治监察署和原国民党县党部，岩平宁政治监察署专员张旭高被通缉。张旭高逃往漳厦、上海等地，1930年底前往菲律宾。1927年5月7日，上杭县也发生政变，15岁就在辛亥革命时剪掉辫子加入同盟会，1914年东渡日本留学时参加孙中山组织的中华革命党，回国后在上杭县城当律师并兼任国民党党务工作的傅柏翠逃离上杭城，回到家乡蛟洋。而以陈并会（炳辉）、张蔼庭、张占云、章培美、郑日辉和曹菊如为代表的不少闽西进步青年，则纷纷远走海外，暂时逃避国民党军警的通缉追捕。

其四，龙岩地区的民风特性也是岩籍移民大量南渡的原因之一。作为汉族民系之一的客家人和福佬人都具有"勤劳与洁净""好动与野心""冒险与进取"②等品质，这些品质都促使他们有一种积极向上的精神和向外发展图强的冲动，不安于现状，试图改变自己的命运乃至改造整个社会。长期以来，他们筚路蓝缕、不怕艰险、勇于开拓，相信"爱拼才会赢"，具有敢于冒险的人文性格。这种性格正是大量岩籍移民过番闯荡的主观动因。

其五，如果从大历史的角度来看，岩籍移民南渡也是一部世界历史浩荡发展的产物，而其表现形式之一则是最为"肮脏"和令人不齿的"猪仔"贸易（Coolie Trade，也称"苦力贸易"），不少渡海者或自愿或被骗而成为那凄苦悲惨的"猪仔"（Coolie，音译自粤语的"苦力"）。③

清末之际，虽然中国国内经济长期疲软，但西方资本主义经济却借助第二次工业革命的技术创新达到较此之前更具扩张特性的另一个荣景阶段。因此，对于英、法、美、德、荷等国来说，工业生产和原料种植都需要大量既廉价又"听话"的劳动力，他们在东南亚的殖民事业尤为如此，这显然为中国人提供了机会。因为西方殖民主义者先前长期贩卖中国"猪仔"到南洋乃至美洲的经验告诉他们，中国人就是既廉价又"听话"的劳动力。而南洋当地人则不同，如果用同等办法将当地居民作为廉价劳动力役使，则不但难以驾驭，而且"殖民政府也恐怕激起连锁的反应和舆论的谴责"④。

"南洋气候酷热多雨，土人体力不足，欧人又不能移民，华侨便成为唯一理想的开荒者，因此华侨在南洋的最多，占东南亚人口百分之八，在经济上，也占着重要位置。"⑤"南洋猪仔多在锡山或农田中工作，其受白人之虐待，以及汉奸之为虎作伥，气候不良，蛇虎出入，其惨状亦不亚于美洲。"⑥加上美国加利福尼亚和澳大利亚金矿的发现，此一劳动力需求更是成倍增长。岩籍移民于是成为华人"猪仔"的重要组成部分。更重要的还在于对移民成本考量和自身文化知识水平受限。在欧美和中国之间，后者对于移民东南亚来说显然更为便宜划算。

---

① 福建省地方志编纂委员会编《福建省志·华侨志》，福建人民出版社，1992年，第19~18页。
② 罗香林：《客家研究导论》，上海文艺出版社，1992年，第243、245页。
③ 18—20世纪，从中国贩运至世界各地的"猪仔"不少于六百万人。
④ 朱杰勤：《东南亚华侨史》，高等教育出版社，1980年，第126页。
⑤ 郑彦棻：《侨务问题的新认识》增订本，（台湾）海外出版社，1957年，第9页。
⑥ 李长傅：《中国殖民史》，上海书店，1984年，第274页。

其六，相比于当时的欧美各国，南洋各地因为不少地方是明、清属国，有的地方甚至是天朝版图内的属地，所以很早就有中国人的活动足迹，而且中国与南洋两地距离较近，来去方便，语言、气候等因素中国人也容易适应。下南洋甚至"较诸吾国国内交通便利多矣，故国人之来往南洋者如返家园"①。尤其是进入20世纪以后，作为西方列强殖民地的南洋地区得到较为充分的开发，急需大量的劳动力，也急需拓展殖民地工农业产品的市场。于是，西方列强瞄准了已被打开门户的劳动力众多且市场广阔的中国。为了更为便利地在中国招揽劳工和倾销产品，西方殖民主义者开通了中国沿海至南洋各埠的航道，并且逐步升级了客运航船，出现了能载客数千人的机动轮船，使更多中国劳工能前往南洋。后来创业有成、被誉为"锡矿大王"的永定下洋中川人胡曰皆就在回忆录中详细地记录了其下南洋的艰苦旅程：

> 1924年（吾十八岁）常念家中田少屋陋，决心往洋，乃禀准慈母，重来马来亚。是年春二月，从族兄建盛南渡。在汕候船十余天，卒乘沙士顿轮船。该船载重约四千吨，乘客四千余人。我等坐位，落在三层舱底。同行数十人，仅有二十平方尺之位。空气恶浊，十分难堪，有如牲畜。每日爬登船面，呼吸新鲜空气，我因患头痛。船行七天始抵星洲，该船停泊海中，吾等因无钱未曾登岸。海面天气，比陆上更为炎热，实难忍受，至今思之，当日之痛苦，吾犹能流泪也。船停七天复启行，在槟登岸宿一夜，翌日乘火车抵怡，往堂叔重益开设之顺亿栈店中。首次出门，即遇艰苦。语云，在家千日好，路上半朝难，经过艰难方知勤俭。我抵怡保第二天，吾二兄锡皆，给我购衣服，买物钱。赋闲约一月，族兄宜有，介绍至那哈埠桐皆兄创设之同福锡矿公司任职，较灯扫地兼买菜，做什役月薪十元。吾终日勤劳，坚持节俭，每月除零用外，仍存五六元，悉数寄回家乡给慈母收用。②

虽然胡曰皆回忆之往洋艰辛历历在目，但也至少透露出两个重要信息：一是在20世纪20年代，从中国汕头出港，途经南海（七洲洋）往南洋的航船是可载重四千吨的机动船，同船往洋者已达4 000多人，虽然条件很差，但毕竟不到10天就可到达马来西亚半岛各地；二是当时在马来西亚半岛各地已有很多永定下洋籍移民，有些人甚至已经事业有成，如胡曰皆之二兄锡皆，族兄宜有，尤其是其堂叔重益、族兄桐皆，已有客栈和锡矿公司，可以接纳不断南来的族人和乡人，与胡曰皆同船南渡的永定下洋人，就有包括其族兄建盛在内的"同行数十人"。

第二节　南洋群岛龙岩华侨的崛起

龙岩地区较早南渡谋生者，大多为或曾接受塾学教育的脱蒙青年或曾在商店、药铺学艺的学徒，左手拨算珠，右手会记账，勤劳可靠，诚实本分。如胡子春、胡子钦、游霖孙、游子云、胡曰皆、游尚群、张晋田、张德镕、王源兴、刘秋保、陈灼瑞等人都是。有所谓"龙岩账柜，海南咖啡"一说，说的是龙岩往南洋者，尤其是原龙岩县籍往洋者，许多人精于会计，在南洋各地的商店担任"账柜"（也称"财库"，即会计）者，像海南卖咖啡者一样，随处可以见到。他们经历学徒、店员，积累一定资财后，遂开始经营小本生意，像胡子春、胡曰皆、王源兴、陈灼瑞等人一样。早期多以药材、土纸、日杂、垦殖和采矿等为主，特别是医疗与药业，其从业人数在龙岩海外华侨从业者中有将近10%的比例。③

此后，岩籍华侨实力逐渐发展壮大，涉及当铺、押庄、渔业、五金、交电、金融、房地产、工业以及教育、报纸等业，及至20世纪40年代，不少岩籍华侨逐渐从小本经营转至商业贸易、工业制造以及义

---

① 丘守愚：《二十世纪之南洋》，上海商务印书馆，1934，第42页。
② 《胡曰皆先生家谱采集》，胡曰皆先生回忆录逐年大事记，第107、108页。转引自张树钧《胡万铎评传》，Topline Equity Sdn Bhd（no. 957619-x）D7-7 Mont kiara Pia za. No. 2 Jalan Kiara, 50480. Kuala Lumpur. 第17页。
③ 钟德彪、苏钟生：《闽西近代客家研究》，北京燕山出版社，2000年，第41页。

化、教育、旅游和服务等行业，在各个领域皆涌现了一大批著名的企业家、专家和学者。

一、清后期

早期闯洋南渡者首要任务乃是活下来，其次才是考虑如何能够成家立业，发家致富，反哺乡里。因此，早期岩籍南渡移民经济上多以开垦种植、开矿和商铺学徒、伙计为主，也有少量往洋者因为有文化且精于会计而"承办税饷"和"服役欧人为差役"等，因为早期南渡者大多在家乡曾就读私塾，专学国学和珠算，所以容易找到职业。如在19世纪末前往槟城的新罗区翁志鹏和20世纪初前往印度尼西亚巴城的永定下洋翁坑美张荣武等人，都曾帮殖民当局收税和管理市场等。后来因为南洋农矿两业较为发达且越来越多往洋者未能接受初等教育，甚至还有些文盲，因而，逐渐转至农场开垦种植（如橡胶种植）和矿山开发矿藏者越来越多。再后来则有个别接受较多教育者进入金融、银行和教育等高端行业，且具有浓厚的乡帮特点。①

岩籍华侨至清朝末年，已经有人从最初的小商小贩发展为商界"闻人"和社会"达人"，成为龙岩华侨中的翘楚。"闽西华侨由此成为华侨社会中有影响的部分"②。清政府在对这些人的称谓上也有了微妙的变化，即以"商董""绅董""商绅"来特指，并将他们统称为"华绅"③。如：

清末槟城著名侨领胡泰兴，字岳东，原籍永定下洋中川，其父亲胡曾育早期往槟成，居峇六拜，在苏格兰人布朗的种植园务工，主要负责种植胡椒，泰兴出生于槟城。童年时曾被父母送回祖籍地中川村，在家族私塾读过国学和珠算，重返马来西亚半岛后也在殖民地学校大英义学学过英文。其父在英国人布朗的农场学习到胡椒种植技术，后开始捡地和租地独立从事胡椒种植业，并不断扩大经营。传至泰兴时，家族已渐兴旺，拥有大面积胡椒园，而且还在闹市区开设大商行，聚集了大量财富。加之胡泰兴广交友朋，热心公益，威望甚高，遂成为槟城一带著名侨领。后来槟城四马路之所以命名为泰兴路，即是为了褒扬其业绩。1867年8月3日至14日，槟城爆发为期10天的大械斗，全市陷入停顿，英殖当局震惊。事件起因是义兴和大伯公（建德堂）私会党在普吉岛矿争的延续。早前的1862年，两华人会党曾因霹雳拿律锡矿之争起过冲突。此次则因槟城饷码承包权之争再起冲突。冲突被镇压后，英殖当局成立"槟城暴乱调查委员会"，其中三名华人委员之一就是胡泰兴。1883年，槟城成立第一届市议会，泰兴即为市议员，成为当时"商而优则仕"的典型。胡泰兴也被誉为"胡椒大王"。④

永定下洋思贤村的吴湘其早年南渡槟城种植胡椒，也成殷实富户。传至其儿子吴德志时，更是突飞猛进，种植业和商业并举，成为当地首屈一指的"百货巨子"。⑤与胡泰兴类似，吴德志从小学习勤奋、刻苦努力，童年时期就读于槟城莱特路大英义学，未受过中文教育，仅认识"吴德志"三字，成为其终生遗憾。他也不是躺在父亲的家业上坐享其成，满足于"富二代"，而是从学徒做起，慢慢升为槟城兴义街瑞兴号司理，其后在英国友人协助之下，青年吴德志自行创业，开办以销售英国产品为主的百货公司，店号就叫"吴德志"，人称"吴德志土库"，"成为当地华侨经营洋货的第一个头盘商，兼营批发与零售"⑥。这是槟城华人开办的第一家直接向欧洲各国厂商采购货物的大商行，生意特别兴隆，不几年吴德志便成为巨富。当时整条义兴街几乎有一半店铺挂着一块金箔雕花、标有"吴德志"中英文字的双狮伴盾招牌，因为许多店铺都是其门店或货仓。虽然吴德志没接受过中华传统教育，而且不懂中文，但他富有爱国心和桑梓情。除了与胡子春合办戒烟局供吸食鸦片的华侨戒烟外，还对华侨社会慈善教育事业十分热

---

①温雄飞：《南洋华侨通史》，东方印书馆，1929年，第208、210、211、215、218页。亦可参见姚楠《马来亚华侨史纲要》，商务印书馆，1943年，第30—32页。
②龙岩地区地方志编纂委员会编：《龙岩地区志》，第1091页。
③王赓武：《天下华人》，广东人民出版社，2016年，第6页。
④罗懿：《永定华侨旅居槟城简史》，中国人民政治协商会议福建省永定县委员会文史资料编辑室：《永定文史资料》第四辑，1982年，第114页。
⑤胡大新：《开拓进取的土楼客家人》，张佑周主编《客家祖地·闽台客家（研讨会论文集）》，中国言实出版社，2015年，第25页。
⑥罗选才：《清末民初马来亚著名侨领吴德志》，中国人民政治协商会议福建省龙岩市委员会文史资料委员会编《闽西文史资料》第三辑，2001年，第126页。

心。他接任槟城慈善机构同善堂总理后，即为捐巨款充实基金，并对堂务进行整顿，不仅对贫苦无告的老侨有所周济，死有安葬，而且还办起同善学堂，使贫困的华侨子弟得以免费入学。1915年，吴德志还创办务内义学，对华侨子女实施义务教育。

1907年，槟城天花流行，患者十有九死，西医大多束手无策。吴行志出资在日落洞开设济生医院，迎请中医，收容患者免费治疗，不分种族，不分界城，获救者207人，事后，英殖当局封吴德志为"太平局绅"，以彰其德。

1915年，因第一次世界大战，海上交通困难，槟城米价暴涨，由2元涨至4元，谣言蜂起，人心惶惶，社会动荡，商店关门。吴德志立即出面邀请"十二商头人"（即各行商业公务负责人）柯孟奇等人商议，决定立即筹集巨款，向殖民政府平籴仓存粮食，公开施赈。凡家无隔宿粮者均可领取施米，每人每天一斤。结果见效很快，不几天粮荒风潮平息，人心趋稳，市面恢复正常。吴德志因此而获英皇乔治五世颁赐DBE勋章，是当地华人首个获此殊荣者。

因吴德志对当地社会贡献大，在各族人民中都有影响，名闻马来亚，曾连任中华总商会副会长三届六年。1919年5月去世出丧时，全槟城停业志哀，不分男女老幼都前往送丧，仪仗队多达73队，在大街费时两个多钟头，足见悼念者之多。

"锡矿大王"胡子春也来自永定下洋中川，名国廉，字能忠，1860年出生，祖父和父亲都在槟城经营胡椒和矿场，寄钱回来养家，为其做出榜样。其父胡玉池于槟城峇六拜出生，青年时代回国娶妻成家，生下子春后又南渡槟城。胡子春幼年在永定下洋中川村河树科私塾里读过《三字经》、《增广贤文》，粗通"九九归一"（珠算）。后来因为祖父和父亲长期杳无音讯，家中断绝了南洋侨汇，靠祖母种薄田为生。因而在13岁时，胡子春便认为自己已经长大成男子汉，要承担家庭重任，赚钱赡养辛勤劳作的祖母。于是告别祖母，跟随水客胡苟寿前往南洋寻找祖父和父亲。虽然胡子春父辈在槟城垦殖，但却没留下什么产业，因而胡子春不像胡泰兴和吴德志那样是"富二代"，而是到达马来西亚半岛后，胡子春先进入怡保矿山挑锡泥（矿），矿主认为他太小，没力气干重活，辞了他。他于是进入杂货店当学徒。其在私塾里学的国学和珠算于是发挥了作用，胡子春很快当上杂货店财库（会计），收入渐丰。怡保富商增城籍郑氏也看中他，招其为婿。但胡子春念念不忘尽快发大财，认准只有开矿才能发迹。于是，他开始在怡保拿乞和端浩投资矿山，并自己学习勘察矿苗。后胡子春从矿主废弃的一座矿山中发现锡矿，投资开发，自此开始发家，并获得马来西亚半岛多地的采矿权，迅速积累财富，成为当地首屈一指的"锡矿大王"。胡子春发迹后，念及槟城原为其先祖经营的旧地，也因为槟城乃商贸重镇，交通良港，遂举家移居槟城，并在槟城扩建基业。他先是在阿依淡垄尾置地建立"春园"别墅，同时在岛上辟地垦殖，种植胡椒、丁香、豆蔻、橡胶等（抗战期间"春园"别墅还被侨胞借作避难所，今已被辟为公路和住宅区）。胡氏自己则经常来往于霹雳矿山与槟城之间。

胡子春热心公益，热心社会事业，在槟城学龄有善举，深为当地华侨钦仰。清光绪三十年（1904），他与槟城客属侨领四人各出巨资，在当地共同创办中华学校，后又独资创办槟城师范学堂于平章公馆。宣统年间（1909-1911）又在槟城创办中华女学。

英殖当局为捞取高额税收，在槟城公开招标，大卖鸦片，毒害华侨。胡子春与同乡吴德志共同组织戒烟社和戒烟局，一面宣传吸食鸦片的危害，一面出资制造戒烟药水，免费赠送，致使戒烟者日多，引起承包商嫉恨，但胡、吴终不畏惧。一战后，因其向英政府捐献30万英镑，被英王封为"矿务大臣"。[①]

1885年，时年20岁的永定华侨游霖孙前往印度尼西亚雅加达行医，后在雅加达"廿六间街"创设"济安堂药房"。他用自己的验方，凭借自己精湛的制药技艺，成功研制"游仙止咳丸"畅销东南亚各国。[②] 成了永定大溪游氏在雅加达创业成功的典型。

永定籍华侨胡必育、胡载坤父子在新加坡行医而成为当地名医，其子孙也多子承父业，是新加坡著名的医疗世家。武平籍华侨李钦在缅甸开采盐矿，也卓有成绩。

早年往洋的龙岩东肖华侨张茂萱，往洋后在荷属

[①]《中国地理百科》编委会编著：《闽西山地》，世界图书出版广东有限公司，2014年，第205页。罗选才：清末民初的爱国侨领"锡矿大王"胡子春，中国人民政治协商会议福建省龙岩市委员会文史资料委员会编《闽西文史资料》第三辑，2001年，第47页。

[②] 钟德彪、苏钟生：《闽西近代客家研究》，第143页。

东印度亚沙汉开设"协同和"号杂货店。经过多年的苦心经营，生意越来越发达，经营范围涵盖杂货、土产、房产，逐渐店面连衢、富甲一方。张茂萱为人旷达、乐于助人。无论新侨还是老侨，遇到困难，他都大力帮助。他与棉兰的"锦祥兴"号的翁锦使和水火山"协源公司"的傅志川被侨亲并称为"岩侨三杰"。

二、民国时期

进入民国之后，龙岩地区海外华侨崛起者不论数量还是质量，较之清末都要更上一层楼。

龙岩西陂大洋人王源兴（1910—1974），少年时期在家乡接受过初等教育，因家贫辍学，16岁便前往新加坡谋生。因久仰陈嘉庚先生大名，崇尚其为人，王源兴于是大胆向其上书求职，很快就被安排到陈嘉庚公司下属的橡胶厂当工人，不久升为"账柜"，即会计先生。1931年，王源兴21岁，但已精于商场，阅历丰富，因而巨港有一家公司聘他担任经理一职。

翌年，王源兴在巨港与人合资开设恒丰公司，任经理。不久便创立自己的公司，并被推为巨港中华总商会会董，祖国抗日战争爆发后，他又被推选为巨港华侨筹赈总会副主席，与会长曾应时、白辰恭等人不仅为中华学校、华侨学校的建设热心奉献，还积极筹赈钱物，为祖国抗战出力。太平洋战争爆发后，王源兴举家迁至苏岛山芭苏鹿镇。并与陈嘉庚一道，继续支持国内抗日战争。他利用华侨筹赈总会副主席身份积极筹款赈济祖国难民，发动华侨捐献支援抗日。"二战"结束后，王源兴一家回到巨港重振恒丰公司，其个人也被当做抗日英雄而受到隆重欢迎，被推选为巨港华侨总会主席。不久，英、荷殖民者卷土重来，巨港重回殖民统治。由于英荷殖民军在巨港登陆后挑拨民族感情，煽动印度尼西亚人仇恨华人，甚至杀害华人。而王源兴领导华侨总会在政治经济上支持印度尼西亚独立运动，团结华侨，维护治安，保护侨胞，因而不容于殖民当局。恒丰公司又毁于炮火，因此王源兴干脆将恒丰公司总部迁至新加坡，并举家定居新加坡。1947年，王源兴在新加坡创建恒丰行有限公司，自任董事长，并在雅加达、南榜、巨港、占碑等地建立联号，事业有显著发展。此外，他还出任陈嘉庚出资11万元、自己认捐6万元创办的《南侨日报》副董事长要职。期间，他聘请著名民主人士胡愈之聘任主笔，兼报社社长，胡愈之归国后又聘请夏衍聘任，使该报成为新加坡侨界第一大报。陈嘉庚先生应毛泽东主席之邀，回国筹建新政治协商会议时，王源兴则被委以代董事长职务，全权负责该报事务，为在海外侨界宣传中共主张，建立人民政府做出巨大努力。后来他因此受到来自毛泽东主席的称赞。① 此外，王源兴还出资赞助当地《华商报》《生活报》《民主报》《新华周报》《文艺生活》《风下》等多种报刊。

中华人民共和国成立后，王源兴除在新加坡资助新华社新加坡分社及其出版的《新华周刊》外，还于1950年参与创办南星公司，任董事长，经营中华人民共和国电影和书刊。同时组织救济巨港受难同胞委员会，赈济在荷兰殖民者重新占据印度尼西亚的战火中受难的华侨。

1951年，热爱祖国的王源兴携家眷回国定居，历任广州华侨局长、广东省华侨事务委员会主任、北京市归国华侨联合会主席、全国人大代表、全国侨联副主席，专职从事侨务工作，广泛联系海外侨胞为祖国社会主义建设出钱出力。他自己也为抗美援朝、龙岩公益慈善事业、龙岩华侨中学、厦门华侨博物院、华侨大学和陈嘉庚纪念馆等捐资。

1918年随同乡前往亚沙汉寻父的张茂萱之子张德镕，初抵异乡后，即被其父送到班年"协同和"分号当学徒。三年后才返亚沙汉其父身边参与父亲的"协同和"号经营管理。1920年至1930年间，张德镕经历了学徒、伙计、掌柜等一系列的职务实践和升迁，最后升任亚沙汉"协同和"号经理一职。得到经营管理自主权后，他善于学习，边干边学，将西方经营管理理念逐步融入自己的家族式商贸企业中。1939年，他把亚沙汉的"协同和"改组为"协同和"股份有限公司，朝西式公司化经营方向发展，自任总经理，并开始向房地产及旅馆服务业投资。1945年至1952年，张德镕集资创办经营永联丰公司，业务拓展到印度尼西亚其他地方以及新加坡、马来西亚等

---

① 倪子冲：《爱国侨领王源兴》，政协福建省龙岩市新罗区委员会文史资料委员会编：《龙岩文史资料》第三十四辑，2005年，第32页。

地，影响越来越大。①

张德镕热心公益事业，乐于助人。抗日战争胜利后曾先后当选为印度尼西亚亚沙汉华侨总会主席、棉兰华侨总会副理事长。1951年遭印度尼西亚"排华"回国后，积极参加家乡建设，热心侨务工作，先后担任龙岩县侨联主席、龙岩地区侨联主席、福建省侨联委员、第二至第五届福建省人大代表、龙岩市（县级）人大常委会副主任等职。

东肖后田的陈灼瑞一开始也是跟随舅父张德镕前往亚沙汉谋生的。到达亚沙汉后进入外祖父经营的"协同和"，从学徒做起。学徒期满，有一定生意经验后，他便离开舅父的"协同和"号，到峇都巴拉自开杂货店。经过长达10年的艰苦打拼，事业初成。1936年，陈灼瑞当选侨居地苏岛峇都巴拉侨商总会理事，后任主席。他的生意也越做越大，成了当地著名侨领。

林国仁1924年南渡后，先到新加坡逗留，然后也到龙岩老乡较多的苏门答腊岛的亚沙汉谋生。由于在家乡接受过初等教育，略通文墨，经友人介绍，林国仁在乡人经营的"岩骏兴"任书记，次年转任"福同兴"书记。在当伙计记账的过程中，他逐步学到很多"生意经"，悟到做生意的真谛。两年后，雄心勃勃的林国仁前往巨港独立开设光华公司，以经营土产、粮食进出口业务为主，自己亲力亲为，努力经营，生意很快就有起色。

1927年，林国仁在马来西亚半岛芸林增设光华公司分店。随着业务量的日益扩大，1929年，他在新加坡设立"光华栈"，业务扩大到船运和进出口贸易，经营美国"万宝路"和"健牌"香烟，成为美国香烟在新加坡、马来西亚半岛和荷属东印度等国的总代理商。为了做大做强，将目光转向国内的林国仁，试图在刚刚起步的中国民族工商业领域占有一席之地。1937年，林国仁的光华栈先后在香港、上海增设分公司，用以打开国内进出口市场。抗日战争胜利之后，上海光华栈被国民党政府没收，林国仁被迫关闭上海分公司。②

"万金油大王"胡文虎侨生于缅甸仰光。1892年年仅10岁便被父亲胡子钦送回祖籍地永定下洋中川，进入胡氏族学接受中华文化传统教育，学习国学和珠算。四年后，胡文虎回到仰光，在父亲开设的永安堂药业习医习药。1908年父亲病逝，胡文虎继承永安堂药业，并开始以祖传秘方研制中成药万金油、头痛粉、八卦丹、清快水等，遂于民国初年（1912）开始发达。1923年，接过父亲胡子钦创办的缅甸永安堂药业已15年的胡文虎、胡文豹兄弟虽然已经发明了万金油、八卦丹、头痛粉、清快水等虎标良药，羽毛渐丰，在缅甸仰光也可以有很大发展，但文虎兄弟却敏锐地发现了地处东西方交通要冲的新加坡会有更大的商机，因此果断决定移师新加坡，甚至将永安堂药业总部迁移至新加坡。果然如鱼得水，医药业务发展很快，胡氏很快便飞黄腾达。

在新加坡取得成功的同时，胡文虎先后在马来西亚半岛、香港、广州、汕头等地开设分行或建立药厂。1932年，他又把总行从新加坡迁至香港，以便更加接近祖国大陆这个中药原料市场和广阔的成药销售市场，并先后在国内各城市和东南亚国家的曼谷、巴城、泗水、棉兰等地设立分行，终于成就其药业帝国。

在药业成功之后，胡文虎有感于国势险夷，民生凋敝，乃思办报以启迪民智，藉以弥补教育之不足。1925年始在缅甸与人合办华文报纸《仰光日报》，后尝试自办《缅甸晨报》。1928年胡文虎在新加坡创办星系报业第一份小报《星报》，翌年正式创办《星华日报》（汕头），后陆续创办《星光日报》（厦门）、《星洲日报》（新加坡）、《星岛日报》（香港）、《星岛晚报》（香港）、《星岛晨报》（香港）、《星槟日报》（槟城）、《星暹日报》（曼谷）、《星泰日报》（泰国）、《星闽日报》（福州）和英文《虎报》等十余家报纸，形成庞大的星系报业王国，从而取得办报的巨大成功。

继胡子春之后又一位"锡矿大王"胡曰皆（1907—1961）也是永定下洋中川村人，侨生马来西亚半岛霹雳州华都牙也，父亲胡根益曾在其堂兄胡重益的矿山开矿。胡曰皆周岁时，父母带其回到中川村。其后，曰皆也像胡子春、胡文虎那样在中川村胡氏族学里接受传统教育，精通国学和珠算。18岁时，

---

① 张毅盛：《忆我的父亲张德镕》，中国人民政治协商会议福建省龙岩市委员会文史资料委员会编《龙岩文史资料》第二十二辑，1994年，第32页。
② 郭翔：《岩人在香港的发展概况》，中国人民政治协商会议福建省龙岩市委员会文史资料委员会《龙岩文史资料》第十七辑，1989年，第74页。

日皆重返马来西亚半岛，先供职于堂兄桐皆开办的怡保福锡矿公司，后在堂叔重益的复万和锡矿公司任经理，以博学多才和勤俭精明深受器重。继而与重益合营复万和，羽毛渐丰后陆续自办复万生、复万利、复万昌、复万亿、复万丰、复万泰锡矿公司，成为一方巨富。

抗战前夕南渡往洋的上杭籍华侨游杏南、游子汉等于1949年在新加坡成立"中医公会"，后来办起经政府注册批准的中医学院和3所福利医院，造福一方百姓。

药业经营是岩籍移民在南洋各地开设最多的行业。像胡子钦父子一样到南洋开设药行，兼医兼药的岩籍华侨数不胜数，如在苏门答腊、爪哇各地和新加坡、马来西亚半岛各地有很多药行都是岩籍华侨开设的。仅永定大溪和下洋两乡镇，在如今的印度尼西亚雅加达等地所开设的药行就有数十家。如永定下洋翁坑美的张生和、张香雍，湖坑的苏叔评，陈东的卢泰福，大溪的游继志，高头的江庆亮，下洋老街的谢成干等，都在雅加达开设药行。此外，据二十世纪四五十年代的统计，仅永定籍华侨在马来西亚半岛霹雳、槟城两州所经营的药店就有一百余家，在印度尼西亚和缅甸经营药业的永定籍华侨都有数十人，而在新加坡经营药品业务的龙岩华侨则占其同业总量的20%。

"二战"以后，兴办工业也开始成为龙岩华侨的重要发展方向，如永定华侨的诸多打铁店、五金店逐渐向大型铁厂、船厂和机械制造厂发展。新加坡就有赖畅贤、赖谦升、胡云松的铁厂，曾宪图、徐建善、陈初撰、曾昭集、胡云裕的五金商行，胡云洪、胡云焕、胡云奎、曾宪灯的五金公司，生意特别兴隆。经营其他非传统行业者，也开始有岩籍移民的身影。

如永定籍华侨胡聚友则较早从事建筑业，"二战"以后，他先后组织建筑队，在荷属东印度群岛各地承包工程达100多处。侨居新加坡的武平籍华侨曾汉钦、吴兆吉从事的建筑业亦在当地有一定影响。

龙岩华侨从事日杂百货者也很多，特别是二十世纪二三十年代，马来西亚半岛和荷属东印度群岛各地的大小商埠开设杂货店非常集中，有的城市如马来西亚半岛槟城、荷属东印的棉兰、巨港、亚沙汉和泰国曼谷等地由龙岩华侨开设的日杂百货店都有数十家之多。

从事教育，担任各类学校的教师是民国时期龙岩海外华侨最热爱的一项工作之一，其从业人数就占到华侨从事该行业总数的10%。当教师者以龙岩、永定籍华侨最多，仅1920—1949年间，在东南亚各地侨校任教的龙岩籍华侨就有200人。马来西亚半岛的倪子仲、新加坡的连江秋均是龙岩华侨侨校工作者的杰出代表。还有如龙岩红坊人饶耿辉曾在苏门答腊日里直民丁宜中和学校任教；同乡饶烈序，曾在苏门答腊日里先达中华学校任教；龙岩人丘肇周，曾在棉兰第二区实武牙华校、先达国民学样任教；龙岩人张益挺，曾在日里峇都抛益华学校任教；龙岩人陈文澜，曾在日里三板头中华学校任校长，永定人曾道修曾任该校改校书记；龙岩人黄鹤、傅烈汉，曾在日里水火山中华学校任教；龙岩人陈志评，曾在日里夫华平学校任教；漳平人陈陈际飞，曾在苏门答腊硕顶培华学校任教；龙岩人罗椿发，曾在日里英加坡南华学校任教；龙岩人陈土琛，曾任呀冷华校校长，实打挖埠中华学校教员；龙岩人李宝元，曾在苏门答腊亚齐司马威养慧学校任教；龙岩人李次彬，曾在亚齐勃纳三堡学校任教；龙岩人郑品璋，曾在苏门答腊芝东半影中华学校任校长；龙岩人郭荣圻、郭菊英，均在苏门答腊宋呀宾努中华学校任教；龙岩人陈伦辉、曾在苏门答腊巴东中华学校任教；龙岩人陈藩、强黄，均在荷属英得其里宁岳生意街中华学校任教；永定人游尚群、卢冠西，先后在雅加达永定会馆协和学校任校长。另外，龙岩人陈有章、汤玉声、魏冬均曾在槟城颍川学校执教。

从事报业的岩籍华侨也有很多，仅于胡文虎所创办的星系报业中从事采编、经理的永定华侨就有40多人。龙岩华侨中的办报者还有漳平的温赞尧，永定的苏晓迷、游子云、陈兰生、曾道修等人。龙岩人王源兴主持《南侨日报》时，曾有龙岩多人在该报工作。此外，龙岩人陈士琛，也曾任棉兰《民报》编辑。

另有一些专业从事文艺创作的龙岩华侨也值得一提。其中的苏逸云、吴剑秋、马宁、邱士珍、邱絮絮、游亚皋等较为著名，其中，马宁的抗战文学在马来西亚半岛、新加坡华文创作中有巨大影响。邱士珍的小说、话剧也多次入选《马华文学大系》，游亚皋则为马来西亚著名小说家。

三、岩籍移民在南洋的分布情况

总体来看，海外华侨数量自19世纪以来一直处于上升趋势。1820年至1860年，槟城华人由不到9 000人增至36 000人，新加坡华人1823年刚超过3 000人，1850年已增至28 000人，而1860年时，已有50 000人，华人移民大多为男性，槟城1851年时的华人男女比例为4∶1，新加坡则为12∶1。①

1929年3月31日，《福州侨务公报》第5期有篇文章曾对华侨人数有过估算，该文认为，"自民国十六年以来，中国南方各省向外移民大增，现华侨总数达1 200万以上，以中国人口计之，每千人中有30人侨居于海外"②，从中也可见当时的移民规模。

与之相应，1930年海外岩籍移民仅原龙岩县分布在东南亚各国者就达2 000人以上，到1940年，原龙岩县籍华侨已达8 450人。③ 中华人民共和国成立前，岩籍海外移民共计约5万人，主要分布在马来亚、新加坡、印度尼西亚、泰国等东南亚国家，而龙岩全境1949年时的人口总数为1 088 738人，也就是说，旅外岩籍侨民在20世纪40年代末约为原籍人口总数的4.5%。④

龙岩地区海外移民主要集中聚居于马来西亚半岛、印度尼西亚、新加坡三地，少量则分布于泰国、缅甸两国。早期出国往洋者，除了直接南渡于新加坡、槟城或印度尼西亚棉兰登岸者外，也有以泰国为中转站，而继续前往新加坡、马来西亚半岛和印度尼西亚的。以具体地点而论，位于西马的霹雳、森美兰、槟城、雪兰莪、玻璃市、吉打六州和东马沙巴州是南渡岩侨的热门目的地，印度尼西亚雅加达和巨港、亚沙汉两个港口城市也极受岩籍移民的欢迎。

由于许多穷人过番缺盘缠，有些人不仅需要水客带路，还需要水客垫付路费。因此过番者到达目的地后，所花费的盘缠或者由亲人偿还，或者自己挣钱后归还。水客于是成了过番者的引路人，甚至是番邦某地某行业的华工招工者。因为水客对番邦某地或某行业比较熟悉，也知道番邦某地某行业的用工信息，甚至知道某地华侨大多为何方人氏，所以总是将国内一个地方的过番者带往同一祖籍地移民较集中的地方。过番者有先期过番的亲人相帮，水客也容易收回垫资和带路费。因此，一些村落的过番者往往齐聚某特定地方。如永定下洋胡、曾、罗、张等姓大多去荷属东印度、马来西亚半岛、新加坡、缅甸等地；马来西亚半岛霹雳州等地的锡矿山，从矿主到矿工，大多都是下洋人，胡子春、胡重益、胡曰皆等"锡矿大王"，就招揽了成千上万的下洋人前往谋生；霹雳州的铁匠也大多为下洋人，20世纪初，下洋翁坑美张营善、张贞善、张晋业等人前往霹雳州打铁，后来翁坑美就有张佑声、张长善、张始贵、张奎章、张名声、张晋常、张晋杰、张财茂、张荣丰、张汉修等人也去霹雳州。

还有永定湖坑李姓、大溪游姓、陈东卢姓、岐岭陈姓、古竹苏姓、高头江姓等等，也因亲朋或水客牵带，相对集中地去荷属东印度、缅甸谋生。永定下洋各村都出现一些专门为南洋亲人带回钱物，并顺便带一些家乡青年往洋的水客。著名的有19世纪末的中川人胡苟寿、胡前光等，20世纪30年代以后的东洋人罗潘泰、钟点河和沿江人赖腊陞、李邹盛、余盘盛等。20世纪30年代上杭中都丘上培也是当地著名的水客。

第三节　中南半岛龙岩华侨的崛起

中南半岛是一个地域概念，因位于中国以南而得名，又称"印度支那半岛""中印半岛"。欧洲殖民者东侵之后，将其与南洋群岛一起合称为"东南亚"。

中南半岛位于中国和南亚次大陆之间，西临印度洋的孟加拉湾、安达曼海和马六甲海峡，东临太平洋的南中国海，是亚洲南部三大半岛之一，为东亚大陆与南洋群岛之间的桥梁。

中南半岛部分地区曾归属中国，如曾是中原王朝管辖之下的交趾郡、永昌郡、安南都护府及其属下的

---

① T. E. Smith, *Population growth in Malaya: An Analysis of recent trends*, Royal Institute of International Affairs, 1952, pp. 62-63.
② 福建省地方志编纂委员会编：《福建省志·华侨志》，第20页。
③ 龙岩市地方志编纂委员会：《龙岩市志》，第621页。
④ 龙岩地区地方志编纂委员会编《龙岩地区志》，第139、1091页。

各正郡（州），以及各羁縻州、云南等处行中书省、云南承宣布政使司、交趾承宣布政使司、旧港宣慰司、安南都统使司等，或者曾经是中原王朝领土，或者曾经归属中国历代王朝管辖，受中国经济、文化影响都非常深刻。

中南半岛的民族众多，开发历史悠久，为东南亚包括南洋地区古代灿烂文化的摇篮。中南半岛的主要河川及其主要山脉大部分为中国西南地区往南延伸，如横断山脉，澜沧江——湄公河，故有"山同脉，水同源"之说。一些民族也与中国西南的少数民族同源，如傣族、佤族，故有"胞波情谊"之说。

中南半岛现有越南、老挝、柬埔寨、缅甸、泰国五国以及马来西亚西部，是世界上国家较多的半岛之一。

见诸史书记载的最早到达中南半岛且侨居当地的岩籍移民是汀州人谢文彬。明成化年间（1465—1487），他在汀江—韩江航道经商时出海贩运，随风漂入暹罗，并定居暹罗，官至岳坤。曾被暹罗国王外派出使明朝京城，成为贡使，他借出使之机，与家乡汀州建立起了贸易关系。

中南半岛虽然与中国西南山水相连，但对于地处东南丘陵的闽西龙岩地区来说，却是远隔万水千山。因此，明清时期闽西客家和福佬移民虽然沿陆路远徙川、云、贵等地者大有人在，但在乘船经南海漂入暹罗的谢文彬之后的几个世纪里，龙岩地区移民中南半岛者却很少见诸史籍。虽然自19世纪下半叶开始，中南半岛也有过与清王朝密切相关的抗英、抗法斗争。如1883年刘永福曾率黑旗军参加中法战争，屡次大败法军，但也未见岩籍移民移居中南半岛的更多记录，而在同期，沿汀江—韩江航道出海往洋至槟城、棉兰、巴城、新加坡等地者却络绎不绝。

进入20世纪以后，由于西方殖民主义者牢牢地占据了中南半岛的大部分地区，殖民地经济及市场需要更多廉价的劳动力，包括以"猪仔"形式被贩卖到中南半岛的龙岩地区人士逐渐出现，自行出国往中南半岛的岩籍移民也逐渐增多。尤其是20世纪20年代以后，岩籍移民迁往中南半岛渐成潮流。

20世纪20年代初，长汀、连城一批靠汀江—韩江航运经营土纸、竹木和食盐、海产发财的商贾和小业主，开始将资本输出海外，尤其是中南半岛未被殖民的暹罗（泰国），在一段时间内成了他们拓展事业的主要去处。如原先在潮州经营纸行的汀州人许蔚堂、许蔼汀、李惕生、李宾日和连城人周仰云等人，在将汀州及龙岩州的土纸运往需要大量用纸的佛教国家泰国、缅甸等地的同时，率先在泰国曼谷开设了广福烟草公司，后来他们中又有人成立了鹤芳烟草公司，销售上海、汕头及美国、英国等地生产的纸烟。随后，两家公司分别从长汀招聘王奎章、胡香山、康子和、康子祥、吴琪阶、段茂轩、黄永林、李锦文、李鸿范、许永泰、何柳泉、胡世仁、康步球、赖婉容、许赉汀等20多人赴泰国曼谷打工。这些人也成为长汀、连城移民中南半岛的首批见诸史料记载的移民。其后，周仰云等人又将业务拓展到越南西贡。连城李非鲁、吴嘉谋等人也于1935年赴西贡开设连兴纸行。李非鲁任连兴纸行总管，李传广、李传熙、吴嘉谋等人将连城收购的土纸经福州马尾出港，再经香港九龙仓运往西贡等地。

长汀大同乡印黄村黄永林（1918—?）20世纪30年代旅居泰国，与人合办了鹰标体育工业有限公司，担任董事经理。黄永林积极参加泰国华人社团活动，历任泰国中华总商会董事兼体育主任、泰华医院常务董事兼秘书、泰国客属宗亲会理事、泰国黄氏宗亲会副理事长和泰国福建会馆名誉理事长等职，为团结乡人，凝聚亲情做了大量工作。

1925年，当过学徒、店员、推销员，创设过颜料经营行和潮汕连兴昌纸行、华昌纸行，有一定经济实力的连城文享周屋村人周仰云试图将生意拓展到国外，遂赴泰国曼谷，接任其合资创办的、此前由长汀人许蔼汀任经理的"广福烟草分公司"经理，将日本产香烟销往泰国各地，获巨额利润。1930年，周仰云委托谢志忠到越南西贡筹建"建丰专业进出口公司"，周仰云独资2万元（贡币），安排一批连城乡亲赴西贡从业。开业后，主要经营泰国、越南等地的优质大米出口业务，将公司收购的大米，分别运往欧洲、新加坡和中国香港、汕头等地。第二次世界大战爆发后，周仰云的"广福烟草公司"泰国分公司及西贡"建丰专业进出口公司"都遭遇运输、原料供应等困难。而且，因为周仰云及公司员工从1937年冬开始就捐资抗日，1941年被亲日的泰国政府侦悉，经办汇款的周仰云次公子周千被驱逐出境，广福烟草公司经营难以为继，西贡建丰公司则遭日军飞机轰炸而停业，长汀、连城籍侨胞在泰国和越南的产业和生意都遭遇极大损失，但因战事日紧，交通阻断，周仰云家人及大批汀籍、连籍员工，大多留居曼谷、西贡等地，未能回到家乡。

爱国侨胞苏振寿（1890—1971）也是旅泰华侨。

他于清宣统二年（1910）南渡马来西亚半岛槟城等地当店员，历尽艰辛。店家供店员住的地方，多人同住一间房，每人仅提供一张草席，一个枕头。苏振寿不怕吃苦，总想找到赚钱更多的工作。有一天，他听到一个打工仔发牢骚说："老板整天骂我，我不干了。"苏振寿连忙问该老板的商号，且知道工钱较高，便说"我去干"，于是他不怕苦，不怕累，也不怕挨骂，换了工钱更多的工作。后来有了一些积蓄，便与亲友合资经营中国瓷器。苏振寿后移居泰国经商，逐渐发达起来。他为人热情，富有爱心，经常积极参加当地华侨团体的爱国活动，赞助华侨公益事业，曾任曼谷福建会馆第三十届至第三十二届（1944—1946）三届主席、曼谷中华总商会执行委员、泰国华侨救济祖国粮荒委员会常委等。抗日战争期间苏振寿带头捐款，赈济战争难民，并发动侨胞支援祖国抗战。1949年春回国定居后，苏振寿秘密捐款、捐物资助中共龙岩县委地下工作团，迎接龙岩解放。中华人民共和国成立后，苏振寿曾任第一届全国人大代表，全国政协第三、第四届委员、福建省第一届人大代表、福建省华侨事务委员会委员、福建省华侨投资公司募股委员、龙岩县人大代表、龙岩县政府委员、县侨委副主席及主席等职。苏振寿回国后，其子苏镜秋、其孙苏肇基先后加入曼谷福建会馆，苏肇基为会馆现任副理事长。

1976年从泰国曼谷回国定居后曾任龙岩县侨联常务委员的刘秋保也像王源兴、林国仁等人一样是"龙岩货柜"的典型，但他没有像王源兴等人一样稍有积蓄便自己创业，而是一直当"货柜"。刘秋保1910年出生于龙岩西陂大洋村，16岁龙岩中学初中毕业后，因家贫前往漳州当学徒。1938年赴泰国谋生，三年后妻子林月芬也前往曼谷。刘秋保凭着曾接受的初中教育和学徒期间掌握的过硬财会知识及其诚实的品质，在曼谷华人开办的公司如鱼得水，成为著名的"龙岩货柜"。挣钱养育了九个子女，并于1952年中华人民共和国成立不久就送子女回祖国接受教育，自己只身返回泰国谋生养家，其儿孙成就斐然。

缅甸的岩籍华侨主要有龙岩、永定、上杭、武平等县人。20世纪30年代有上杭丰稔、蓝溪一带人赴缅甸各地以算命卜卦为生，也有上杭和武平人在缅甸土瓦一带开矿。龙岩县旅缅华侨主要经营杂货和土特产。比如原籍龙岩县中山街的赖先生于20世纪30年代辗转到达缅甸仰光，经营一家小杂货铺，慢慢起家。1947年儿子赖松生出生于缅甸仰光。20世纪50年代初，赖松生被送回龙岩接受教育。小学毕业后，赖松生回到仰光，12岁便辍学帮助父亲打理杂货铺和做饼、卖饼等，并逐渐将业务做大。如今，赖氏旗下有瑞棉玛国际有限公司，金螺国际有限公司、瑞植信组合有限公司等多家公司，业务涵盖农产品进出口、化工、印刷厂、旅游、酒店、水产养殖、房地产等多个领域。

永定旅缅华侨以经营药材和开设制药厂最为著名。早在19世纪末，永定籍赴缅移民从事医药经营者就有不少。如后来的"万金油大王"胡文虎的父亲胡子钦，就于1861年只身南渡，到达英国殖民地缅甸的首府仰光，创设永安堂国药行，为旅缅华侨和当地缅人服务。由于胡子钦出国前在家乡药店习医多年，已医术精湛，且带去家乡中成药粉"玉树神散"配方，因而治病救人后常被誉为"妙手回春"，很快声名鹊起，深受当地侨胞敬佩，也积聚了一些家业，迎娶了侨生缅甸的潮州女李金碧为妻，生下文龙（早夭）、文虎、文豹兄弟。胡文虎继承父亲家业后，更是精心钻研医学、药学，并采用西方制药技术对祖传秘方加以改造，批量生产，先后推出万金油、八卦丹、头痛粉、清快水等虎标良药。因为这些成药方便实用，对东南亚各种热带常见病、多发病和蚊叮虫咬等疗效神奇，旋即畅销东南亚。1923年，胡氏将药业总行移师新加坡后，更得地利之便，良药远销欧美、日本，更造福于祖国亿万同胞。

也许受胡子钦父子在仰光经营药业成功的影响，从20世初开始，永定人在仰光经营药业者络绎不绝。先是永定岐岭下山人陈松山在胡文虎移师新加坡时接手胡氏永安堂。陈松山将其更名为永福堂后，成为陈氏家族企业经营至今，已历三代。其子陈友涛、陈友煌及其孙陈铁曾、陈权曾都曾经营过永福堂。永福堂创制的头痛粉等中成药也曾畅销缅甸乃至东南亚各地。其后，胡子钦的中川老乡胡则行在缅甸礼不坦开设了中医药店瑞安堂；胡文山在缅甸绕彬九开设了同安堂；胡汉辉在缅甸泪少名埠开设了生生堂；胡登云开设了万安和药行；湖坑人李仰臣也在缅甸兴实搭开设了中医药店长生堂。永定下洋东洋和翁坑美村的罗宏光、张济贤（百川）等人则在仰光将中医药业发扬光大。

永定下洋镇东洋和翁坑美自然村今称东联村，是仅次于胡文虎老家中川村的下洋第二侨乡村。该村几乎每家每户都有亲人过番。如今全村户籍人口不过2 000人，却有海外华侨华人近万人。

20世纪二三十年代，东联村罗宏光、张济贤等人先后前往仰光。先是各自开设中药铺和参茸行，后来罗宏光、张济贤与多位同乡合资开设仁和堂大药房。在经营国药的同时，还自设制药厂，生产"鹰标"头痛粉、万金油和八卦丹，与胡文虎的"虎标"万金油等中成药相媲美，畅销东南亚各国。其后，同是来自东联村的罗大光也在仰光开设了宁安堂国药行，张济贤兄弟增设了永安堂大药房，罗祖应等人也分别开设了药行、药店。

由于罗宏光、张济贤等人在仰光经营药业也像胡子钦父子那样医、药兼营，在药行里设医疗处，有专业医生坐台，而且专业医生医、药皆精，妙手回春，深受欢迎，药行的生意于是如虎添翼，欣欣向荣。如张济贤的永安堂有张按贤、张海涛（以基）大医生，仁和堂有罗攀奎、罗办奎等名医，曾医治好当地军政要员，声名大噪，生意兴隆。于是，20世纪40年代，罗宏光兄弟寄钱回来在东洋村建起七间过两横楼的仰华楼，张济贤则亲自回来在翁坑美村建起五间过方土楼思安楼，以分别纪念仰和堂和永安堂。罗宏光和张济贤等人在仰光站稳脚跟后需大量人才，于是东联村先后有罗第光、罗泉光、罗迪光、罗明光、罗祖培、罗祖镜、罗杰奎、钟占丕、罗攀奎、罗办奎、张按贤、张较贤、张晋田、张以豪、张以杰、张庆茂、张以基、罗学贤等人前往仰光。东联村以罗宏光、张济贤为首的罗、张二家族曾一度在仰光药业市场占据半壁江山。

东联村旅缅华侨除了开药行、当执业医师者外，还有人从事教学，如张晋田、罗明光、罗攀登、罗办奎、林金鸿、林栋汀等人都曾担任仰光永定会馆附设的民众学校的教师。还有人涉足报业，如罗明光、罗攀奎叔侄，办起华文报纸《明报》，在华侨中宣传抗日救亡、爱国爱乡的思想。还有人像龙岩新罗区的"龙岩货柜"那样，精于会计，当财库，如张晋田、张以豪等人，分别在仁和堂、永安堂等药行担任账房先生，成为仰光罗氏、张氏家族药业的出色管家。

1913年出生于东联翁坑美村的张晋田是永定籍"龙岩货柜"的典型。其父兄皆旅居马来西亚半岛打铁为业，深知打铁等重体力活挣钱不易，于是张晋田童年时被送进邻村东洋村的私塾，刻苦努力学习国学和珠算，练就一手好字，也精于算盘。16岁就在本村宗祠办起私塾，也教村人孩子国学和珠算。1935年，年仅22岁的他应族兄张济贤之邀，告别父母和刚生下长女的妻子，远渡重洋，到达仰光仁和堂药房，担任财库。一干就是八年，为仁和堂药业经营管理贡献了自己的才智，直到1942年日本侵占仰光而与族兄等一起回国。回国后，张济贤等人在大埔县城开办了公信行纸行，经营永定土纸，张晋田继续在公信行纸业担任财库，直至20世纪50年代，公信行被公私合营，其后张晋田回到老家坑美村，担任高级社、人民公社生产大队的会计，并曾担任下洋乡侨联委员，直至1965年去世。

第四节　海外乡缘族缘组织的建立

乡缘性组织指某地域的同乡组织。海外华侨华人最早建立的乡缘性组织大多为公冢和神明祭祀组织。前者的主要任务是为"客死异乡"的族人或同乡安排坟地，使之入土为安；后者的作用是为祖籍地带来的神灵或新居地创设的神灵安排祭祀的场所并操办祭祀事宜。后来才出现会馆、会堂或同乡会之类的相对正规且服务范围较广的乡缘组织。如南洋地区最早有较多华侨聚居的槟城，早在1795年至1805年之间，就出现广东暨汀州及福建公冢，随后再出现广汀会馆及福建公司，再发展至两大籍贯的乡团与会馆组织。

据马来西亚槟城华人学者谢诗坚《槟城华人两百年》介绍：

福建公冢创立有其历史的因素，早期，福建先民从中国福建省梯航南渡，在槟城谋生及创业。当时福建族人的人口渐多，有些族人"壮志未酬"客死异乡，部分被安葬在政府规定的四坎店附近坟场，形如'乱葬岗'，因此，福建先民觉得需有一个公冢来安葬同乡并妥善地办理后事。

槟城的福建帮人士为了使同乡实现"生有所养，死有所终"的意愿，于1805年，由薛佛记、林嵩伴及林妈禧等人捐献地皮，并由谢岁、邱商、林凤、廿四教、陈井、杨替等同乡组成董事部，并创立峇都兰章福建公冢。①

槟榔屿广东暨汀州会馆（简称"广汀会馆"）是槟城甚至马来亚最早创立且存续历史最悠久的会馆之一，创立于1795年。创立之初它也只是管理公冢的组织，白云山第一公冢就在1795年划定，1828年在公冢内所立石碑，就出现了槟榔屿广东暨汀州会馆公冢名称，1837年建造了第一公冢亭——永锡亭。

早在1801年以前，广汀会馆获得东印度公司拨赠山地，辟为第一公冢，接着台山会馆同乡伍积贺、积齐兄弟在1885年献出第二公冢山地，继后义兴公司、中山公会程世帝，增城同乡郑景贵与令媛庚娘，均献地为公冢。旋后会馆同人也增购山地辟为公冢。②

可见，广汀会馆自创立后近一个世纪，其主要任务仍然是设立公冢"安葬同乡及妥善的办理后事"。

神明祭祀组织也兼乡缘性和族缘性。如槟城于1844年12月30日由福帮人士创立的建德堂及其后于1891年成立的宝福社，就属于乡缘与族缘兼而有之的神明祭祀组织。由于建德堂在创立之初就具有为团结福建人向殖民当局争取利益的秘密会社性质，有较强的政治性，1889年被殖民当局吊销注册，因而后来便成立了以福帮五个姓氏（陈、林、邱、谢、杨）为主的福建公司。

福建公司虽然以经营生意的商业公司面目出现，实际上却继续扮演管理所有福帮五间神庙的角色。其属下本头公巷的世德堂谢公司、大铳巷的龙山堂邱公司、亚贵街的九龙堂林公司、姓陈坊的颍川堂陈公司及柴埕头的植德堂杨公司管辖的五间神庙分别为蛇庙（万脚兰）城隍庙（过港仔直街，今崔才路）清龙宫（日落洞）水美宫（湾岛头）及受天宫（四炊店）。

海珠屿大伯公庙是由"惠州嘉应大埔永定增城五属"旅槟先侨于1799年建起的祭祀槟榔屿开山地主张理、丘兆进、马福春的场所，其管理机构则成了神明祭祀组织。

在槟城，像海珠屿大伯公庙那样的神明祭祀组织还有很多，如广福宫、福德祠、平章公所等等。

19世纪以后，乡缘性组织在南洋华侨社会中蓬勃发展起来，以儒家的伦理价值观为理论依据的乡缘文化在乡缘组织中既有传承，又有创新和发展。"华人会馆在缘起和功能方面，既保持了中华本土会馆的基本内核，又适应域外生存需求而有创新和发展。"③泰籍侨领郑午楼曾说，历史上"我们海外华侨，在没有得到政治上的支持，也没有得到经济上援助的情况下，仍能一路生存下来，作出贡献，就是全靠我们中华民族独特固有传统的两个因素：一个是血缘关系，一个是地缘关系。"④原先在中华本土社会，乡缘文化主要是血缘亲情文化逻辑演绎的结果，是家族观念中衍生出来的一种拟制血缘文化，"同姓一家亲""同乡一家亲"是乡缘文化的共同愿景。对于客居异域的人们而言，乡缘文化是在共同的乡土、乡情、乡亲、乡俗和乡神崇拜等基础上形成的认同观念，是一种赖以类聚和群分、自我保护和协同竞争的社会心态。在明清时期发生和发展起来的乡缘组织所表现出来的乡缘社团文化，是中华传统乡缘文化在侨居地组织化、制度化、馆舍化的表现形态。

乡缘文化是首先将岩籍海外华侨凝聚起来的精神纽带。曾任槟城龙岩会馆第十六届（1949年）常务委员会正文书、执行委员会委员和第十七届（1950年）理事会正文牍的丘之居先生说："吾人背乡离井，远离家乡南渡谋生，在这异域的同乡（指同邑的），觉得格外可亲，生张熟魏，识与不识，一见面便称'乡亲'。马来西亚半岛各大城市，以及小山芭，无不有吾岩人足迹。本人壮年时代，最喜游历，每至一地，必先询问'此地有否乡亲'？语云入乡同俗，欲知一地风俗与人情，必先问自'我'始（这'我'自是广义的同乡。非指自己的我），先由认识乡亲，然后而及他人。""联络（乡亲）云何？举例言之，一人独立难创之事业，集合数乡亲立可成功，由联络感情而生互助精神，再由互助精神，进而发挥团结力量，这种事迹，任何一地，都可看到。"⑤

以乡缘文化为纽带而建立起来的乡缘社团比起公冢和神明祭祀组织建德堂、福德祠之类来说，显然有

---

① 谢诗坚：《槟城华人两百年》，马来西亚韩江学院韩江华人文化馆，2012年，第217-218页。
② 谢诗坚：《槟城华人两百年》，第221页。
③ 中国会馆志编撰委员会：《中国会馆志》，北京方志出版社，2002年，第218~219页。
④ 广东省地方史志编纂委员会：《广东省志·华侨志》，广东人民出版社，1996年第79~80页。
⑤ 丘之居：《怎样联络乡亲》，《槟城龙岩会馆22周年暨新厦落成纪念刊》，第69页。

更多的功能。它包括联乡梓、固乡谊、祀神明、敬祖先、资贫困、助病弱、葬逝者、祭亡灵以及办学校、办医院、办慈善、赈灾荒等等，甚至在国难当头捐助国家，在和平年代振兴国家。

族缘性组织是同姓氏或同宗族组织。海外族缘性组织大多比乡缘性组织较迟出现，而且大多是跨地域的或不分地缘乡域的，如槟城颍川堂陈公司、张氏清河堂、黄氏江夏堂等。像槟城永定胡氏安定堂那样地缘鲜明的族缘性组织为数较少。究其原因，大抵是早期往洋者同一地缘不同姓氏宗族者较多，同一地缘同一姓氏宗族者偏少。而基于"同姓一家亲""五百年前共一家"等中华民族传统观念在某地聚在一起的同姓氏人士则为数不少。于是，不分地缘乡域的同姓氏族人容易在郡望、堂号的旗帜下聚集起来；于是，诸如颍川堂、清河堂、江夏堂之类的族缘性组织也成为海外华侨华人社团组织的重要组成部分；于是，"聚集同姓，团结一致及联络外姓同侨盛情，使友谊弥笃，共同为社会公益"做出贡献，"联络其他大姓，共同排除纠纷事件，确保地方治安"①成为各姓氏族缘组织的重要任务。

业缘性组织即同业公会，单由岩籍华侨组织建立的海外业缘性组织更少，但以岩籍华侨的名义建立的这类组织却有一些。

岩籍海外华侨著名乡缘、族缘和业缘性组织简介如下：

一、槟榔屿广东暨汀州会馆

槟榔屿广东暨汀州会馆（简称"广汀会馆"）创立于1795年，是槟城乃至马来西亚半岛历史最悠久的会馆之一。创立之初主要为公冢管理机构，主要任务是辟地供墓，为广东各邑及汀州府属各县槟侨提供入土为安之所在。

会馆创立之初并没有设立会所，只有公冢山地。直至1919年8月7日，广东广货行献出4间店铺及其奉祀的列圣宫，广汀会馆始有不动产物业。1922年，广汀会馆将其中的一间，即大街50号修建为办事处，1923年落成后，会馆始有会所馆舍。1925年，广汀会馆正式注册为社团，1927年将办事处改名为会馆。1938年又动工兴建坐落于大街与义兴街交界处的广汀会馆大厦，1941年元旦落成开幕，并将列圣宫神位（即武圣关公）奉祀于大厦内。

广汀会馆现在由属下19个原籍府县会馆各选出1至6名代表，共同组成董事会及信理部，以推动会务。根据章程，凡属广汀人士，均可成为会员。会馆的宗旨由原先的管理公冢、处理会员后事扩大了很多。包括联络广汀人士感情，共谋广汀人士福利，尤其在教育事业上作出了杰出贡献。

广汀会馆从20世纪初开始创办各类学校。1908年创办客籍时中学校（其前身为崇华学堂）；1909年创办粤籍广商务学校；1913年创办琼籍益华学校；1918年创办粤籍台山学校；1919年创办潮籍韩江学校，韩江学校至今仍很兴旺，包括小学、中学和学院。

为照顾及鼓励会员子弟读书升学，广汀会馆于1975年设立了会员子女奖贷学金，1977年首次颁发大学贷学金。

广汀会馆第一公冢1837年建造永锡亭（公冢亭）时，永定下洋中川村人胡武撰乐捐六块大洋（当年每块大洋价值应不菲）。永锡亭内立碑记载：购买山地的银两，汀州府题银81元。此外，同治四年（1865），汀州永定下洋中川人胡泰兴曾以广东暨汀州会馆经理的身份捐出250元大洋给海珠屿大伯公庙。除了胡泰兴之外，胡子春和吴德志分别于1906年和1907年担任广汀会馆经理。

广汀会馆属下有19个府、县会馆，其中汀州会馆于1819年成立。1947年槟城北马永定同乡会成立后，汀州会馆曾附设在该同乡会位于头条路88号会所内。1988年2月，北马永定同乡会迁址于暹路91号二楼时，汀州会馆随迁新址。

二、槟榔屿永大会馆

槟榔屿永大会馆创立于清道光二十年（1840），初名"永大公司"，后曾改名"永大馆"，最后定名"永大会馆"。它是由永定和大埔籍的槟侨先贤创立的，旨在更好地照顾二邑同乡的福利及权益。

永定和大埔两县虽然分属福建和广东两省，但山水相连，汀江及其多条支流如永定河、金丰河都从永定流入大埔。早在宋代汀江航运开通后，永定和汀州府各县人民便靠汀江和大埔以南的韩江水路往来贸易，甚至与海上丝绸之路交接。因此，语言相通的永定人和大埔人历来交往密切，甚至互结婚姻。如原籍大埔的著名侨领张弼士，南渡荷属东印度巴达维亚之初，就在永定人陈氏所经营的杂货店当伙计，并且得到陈家独生女的青睐而喜结连理。

大埔老县城茶阳的汀江码头，是汀江进入韩江前

---

① 谢诗坚：《槟城华人两百年》，第284页。

最大的码头，是永定人和大埔人南渡南洋闯荡海上丝绸之路的共同始发站。早在1745年第一批到达槟榔屿的永定人和大埔人，包括后来被尊为"大伯公"的张理、丘兆进和马福春，就是在茶阳汀江码头一起登船南渡的。后来包括张弼士、胡子春、胡曰皆等人过番时，也都是同永定和大埔的大批人一起在茶阳登船的。

英国殖民者1786年占领槟榔屿后，马上进行大规模开发，吸引大批华人移民。沿汀江、韩江出海较为方便且出海谋生已渐成风气的永定和大埔客家人，发扬客家先辈筚路蓝缕、开拓创新精神，一批又一批南渡槟城创业，因而侨居槟城的永定人和大埔人较前倍增，渐成规模。

在槟城的永定及大埔的先贤虽然已经聚集在惠州、嘉应、大埔、永定、增城五属公会的大伯公庙和槟榔屿广东暨汀州会馆的旗帜下力图同舟共济，但毕竟前者主要活动是祭神，对敦睦乡谊发挥作用不够切实，而后者则组织范围过大，方言不一，人事繁杂，无法有效照顾到永定及大埔同乡，特别是甫从祖籍地南来的乡亲。

因此，一些永定及大埔在槟城谋生及创业成功发达、财力渐丰、富甲一方的先贤，感到在当时帮派风行的社会，赚钱办事常常力不从心，甚至连安全都得不到保障。虽然有广帮和福帮操控，永定和大埔人也可以找到靠山，但在经常发生帮派冲突的环境里，永定和大埔人也经常有不知所属的惆然。

鉴于当时当地社会法律制度不甚完善，以及社会竞争日益复杂，已经人数渐多的永定和大埔侨槟者觉得很需要一个更完善的组织作为依靠，才能使乡亲更加团结和守望相助，才能更有效地保护乡亲利益。于是，原籍永定下洋古洋村的铁匠陈洪魁在事业有成后，为了乡亲们的利益，联络大埔同乡，共同发起组织成立一个新的乡团机构，即永大馆。陈洪魁还慷慨捐献物业，即捐出打铁街巷门牌7号的店屋，作为永大会馆的会所。如今，该店屋大门横额上还留有大大的楷书馆名"永大馆"以及一副嵌名对联："永年增伟业，大雅萃遐陬"，希望加强乡亲情谊，造福同乡之意昭然。

陈洪魁于19世纪初与许多永定下洋和大埔人一起，于大埔茶阳汀江码头登船南渡，背井离乡，远涉重洋，抵达槟城，以打铁为业，勤俭起家。陈洪魁热心慈善公益事业，事业有成后，对公益事业常有捐献，包括创立永大会馆。他逝世后，被安葬在广东暨汀州会馆第一公冢。

永大会馆为槟城永定大埔两属先贤所组织创立。其创立的宗旨是"敦睦乡谊，共谋福利"。为纪念先贤，每年还举行春秋二祭。设联欢会。日治时期，先前的各项会务活动记录皆遗失。1949年重新注册为"永大会馆"，制订了新的章程，至今仍是两属乡亲联谊之所。

三、槟城龙岩会馆

槟城龙岩会馆前身为苍岩清明福公司，成立于1908年。那时"岩人来槟者渐多。是年（1908年）翁志鹏、陈水旺、水发兄弟，及王赡甫诸人，发起组织苍岩清明福公司，历年向乡侨募捐款项，作为春秋二祭之用，祭祀盈余者，则存入同乡商店以生利息"。①"苍岩"即指龙岩（今新罗区），"清明福"即"清明祈福"之意，苍岩清明福公司成立的本意实为岩侨祭祖、丧葬和扫墓活动的互助社团。

20世纪20年代，槟城"岩侨则已渐成发达之象"，于是苍岩清明福公司乃徐图发展壮大，"当时岩侨商号，资格最久信誉最孚者，为翁志鹏手创之'志成号'，其他规模较大者，有'新成发''万利兴''南东''协隆''龙兴''福仁堂''协昌''益璋''协隆昌'等"，②已有足够的能力为苍岩清明福公司筹款购房。"民国十四年（1925），苍岩清明福公司存款三千元余，由翁碧斋乐捐三百元，苏振寿乐捐一百元，及陈水发、陈受波、章静波，诸人乐捐凑足肆仟贰佰伍拾元，购置槟城头条路门牌十一号厝业一座，为苍岩清明福公司之产业。"③

与此同时，苍岩清明福公司开始健全常设管理机构。1925年11月1日，该公司成员开会选举信理员，负责保管公司物业和资产。"当选为信理员者：翁碧斋、陈康臣、尹椿炎、陈积潘、翁鼎新、翁厚龄、杨源昌、陈德宗"，同时，"产生一董事会，以办理岩侨一切事务。尹椿炎膺选总理，陈康臣副之，正财政

---

① 蒋人奇：《槟城龙岩会馆史略》，《槟城龙岩会馆22周年暨新厦落成纪念刊》第29页。
② 同上。
③ 同上。

陈积渊，副财政翁碧斋"。① 于是，苍岩清明福公司从岩侨祭祀互助社团发展成"办理岩侨一切事务"的社团。

此外，旅槟岩侨还成立过"龙岩同侨公所"，后来也与苍岩清明福公司一起成为槟城龙岩会馆的前身。据槟城龙岩会馆第十三届（1946年）常务委员会主席杨振洲回忆："槟城龙岩会馆，实肇始于翁志鹏、章静波、石子明、张木顺诸前辈创组苍岩清明福公司，继而何监祥、杨少川、林炳照、翁宏宾与现尚健在之汤茂轩及笔者等组织龙岩同侨公所于监光内门牌廿四号"② 龙岩同侨公所的建立虽然晚于苍岩清明福公司，名气似乎也没有苍岩清明福公司大，然而也是槟城龙岩会馆的组织来源之一，并且其中的同人也参与了会馆的筹建活动。

苍岩清明福公司曾经是凝聚旅槟乃至旅马岩侨的一大乡缘性社团组织。但20世纪20年代以后期后，旅槟旅马岩侨日众、商业日盛、人事日繁。岩侨大多认为，越来越大的乡缘组织再称为"公司"已不合时宜，应该改称为"龙岩会馆"，才算得上名实相副。于是将推动苍岩清明福公司扩大并改名为槟城"龙岩会馆"，成为顺理成章和大势所趋之事，故而倡议者、推动者日多。

关于倡议推动成立槟城龙岩会馆以及参与筹建活动，岩侨有多种回忆：

1. 岩侨段云勋回忆："惜乎当年吾侨犹如一盘散沙，不知团结，亦无组织，以致逆境一来，几将受人淘汰。五四以后，民风丕振，始有先觉之士，深明团结之重要，出而登高一呼，响应者众，槟城龙岩会馆于马（马来亚）产生矣。"③

2. 槟城会馆第一届（1929年）评判委员会主席、第五届（1933年）执行委员会主席陈有章回忆："忆民国十五年（1926），章（陈有章）与乡友汤玉声、魏城冬两先生执教于槟城颍川学校，汤茂轩、林炳照、陈康臣、刘加华诸先生，发起创立龙岩会馆之事，咸以我同乡，旅槟者日众、商业日盛、人事日繁，为适应时代潮流计，理应将原有清明福，扩大组织，成为龙岩会馆，并倡议将清明福所存之款，及一切祭祀之事，归会馆管理，征求章（陈有章）等意见，章等赞成其议，汤先生等遂向志成公司店东翁碧斋先生商议。"④

3. 据槟城龙岩会馆《岩讯》编辑委员会委员、《槟城龙岩会馆22周年暨新厦落成纪念刊》总编辑、槟城龙岩会馆第十五届（1948年）常务委员会正总务和执行委员会委员蒋人奇回忆，1928年，岩侨"蒋体酩由实武牙⑤来槟城，向翁碧斋、章静波诸先生建议，发起筹备组织龙岩会馆。"槟城岩侨经过协商，产生龙岩会馆筹备机构，"筹备主任翁碧斋，秘书蒋体酩，委员李瓜田、陈朝祥、翁鼎新、张镜如、章如松、郭福乾、章静波、杨源昌、尹椿炎、陈康臣、张木顺、许国珍等十余人。"筹备处设立于盐鱼埕霍溪别墅。⑥

4. 杨镇洲回忆，龙岩同侨公所成立之初，"同乡旅槟不多，后因来者日众，龙岩同侨公所同仁，及翁碧斋、翁鼎新、邱海客、杨源昌等，金以非扩大组织——龙岩会馆不可，当时即假平章会馆⑦，开岩侨大会，产生龙岩会馆，以苍岩清明福公司所置头条路横路门牌十一号为会所。"⑧

上述回忆虽筹组人士多有不同，但以苍岩清明福公司为基础成立龙岩会馆应符合历史真实，因为虽然段云勋和蒋人奇的回忆没有提及苍岩清明福公司，但蒋人奇却提及该公司创始人翁志鹏之子翁碧斋为筹备主任。

经过众岩侨努力推动和筹备，槟城龙岩会馆于1929年11月11日正式成立，馆址设在头条路横路门牌11号，即苍岩清明福公司办公楼（直至1937年迁址）。全体会员大会选举翁碧斋为会馆董事部总理，

---

①蒋人奇：《槟城龙岩会馆史略》，《槟城龙岩会馆22周年暨新厦落成纪念刊》第29页。
②杨镇洲：《漫谈新旧会务》、《槟城龙岩中华文化也蕴涵着超越"帮派"吟域的潜能》，《槟城龙岩会馆22周年暨新厦落成纪念刊》，第56页。
③段云勋：《为本会进一言》，《槟城龙岩会馆22周年暨新厦落成纪念刊》第64页。
④陈有章：《本馆缘起事略与今后之期望》，《槟城龙岩会馆22周年暨新厦落成纪念刊》，第53页。
⑤实武牙，又译"锡博尔加"，印度尼西亚北苏门答腊省西海岸港口城市。
⑥蒋人奇：《槟城龙岩会馆史略》，《槟城龙岩会馆22周年暨新厦落成纪念刊》，第29页。
⑦平章会馆是槟城华人社会超帮派总组织，始创于1881年，会馆以团结槟城华人，服务华人社群，发扬互助精神为宗旨。1974年正式改名为槟州华人大会堂。
⑧杨镇洲：《漫谈新旧会务》，《槟城龙岩会馆22周年暨新厦落成纪念刊》，第53页。

张木顺为副总理,王卓群为财政,蒋体酪任秘书。槟城龙岩会馆成立庆典由中华民国驻槟城领事馆杨念祖领事剪彩开幕,可见当时民国政府对岩侨之重视。

1938年,槟城龙岩会馆已于前一年迁入台牛后路12号,郭廷芳当选为会馆正总理。"郭君办事有新精神,聘任张天陶为秘书,得全体董事及秘书之协力,会务焕然一新。郭君鉴于清明福与会馆之关系,易使岩侨发生误会,乃另立账簿而分清之,复起草新章程,并撰写会徽会旗等,于十月五日,召开会员大会通过之。自是以后,会馆之行政,全部导入轨道矣。"①郭廷芳还在馆务方面确立新规,如"设立意见箱,每开常务会时,当众启视;有关建议的,随会讨论。有关指摘的,亦当会宣读。指摘对的,诚意接纳";"各级会议决议案,三日内,即刊发各级职员。每月收支,亦刊月结分发。年终刊发全年征信录等";"会员大会通过《会馆章程》,编印袖珍本,每一会员,人手一册,徽章一枚"。②

1939年,祖国抗日战争形势危急,槟城龙岩会馆组织成立筹赈中国伤兵难民委员会,积极筹募资金。同时,会馆还组织岩青口琴队、岩声中乐队、岩光剧团与舞蹈组等等,不时为其他社团义演以筹募赈济义款。会馆共筹得义款8 000余元交给槟华筹赈会,款额为全槟各社团之冠。

1941年12月8日日军占领马来西亚半岛,槟城沦陷后,槟城龙岩会馆与其他华侨社团一样不准活动。

1945年日本投降后,旅槟岩籍华侨重见光明。9月14日即召开岩侨大会以复兴会馆。大会通过组织复兴槟城龙岩会馆的筹备会,选出主席翁碧斋、总务李仰宗负责每周六开会,处理复兴工作。

1946年1月6日,槟城龙岩会馆举行复兴典礼及会员大会,选出执监委员会。同月30日,组织了建馆委员会,负责筹集购置及建设新馆舍费用。经过4年努力,共筹得53 811元,终于在1950年购置台牛后24号楼作为会馆馆址。

1954年,郭廷芳倡议设立"槟城龙岩会馆银禧教育基金",郭氏以身作则先捐1万元,会员热烈响应,该基金用于资助同乡清寒子弟读书,同时也奖励成绩优良的岩侨学生。后来制定章程设立大学贷学金,1981年增设中学生奖助学金。

1979年11月11日建馆50周年会员大会通过组织购置新馆所委员会。1980年1月委员会议决购置槟城青草巷(后改名为州清真寺路)211号洋楼为会馆新址。

1981年组织青年团,号召青年乡侨参与会馆活动。其后会馆常举办水坝行、中秋晚会、象棋比赛、羽毛球比赛及浮罗交怡游等活动来带动年轻会员参与。

1982年会馆组织外丹功研习班,聘请专职教练,参与者极为踊跃。

2001年1月7日,会馆组成乐龄组旨在带动老年会员到会参与活动。2004年6月20日监理会会议通过组织妇女组细则,同年9月2日正式成立妇女组。至此,槟城龙岩会馆取得老中青力量互相配合共同推动会务。

四、新加坡永定会馆③

新加坡永定会馆成立于1918年,是南洋一带最早成立,也是规模最大的永定同乡乡缘性组织,由当时旅居马来西亚半岛、新加坡等地的永定先贤胡必育、胡化山、胡秀容、张滋楼、胡星阶等发起成立。由于新加坡地处南洋地区的中心位置和交通要冲,所以新加坡永定会馆在成立之初实际上是南洋各地永定同乡的总会,在南洋各地大、中小城市和地区,如马来西亚半岛、荷属东印度、缅甸、泰国等地的大中城市都设有协理员。如当时还在缅甸创业的著名实业家、"万金油大王"胡文虎在新加坡永定会馆成立之初就是缅甸仰光的协理。这些协理一方面参加永定会馆的领导事务,另一方面则负责当地永定同乡的联系事务,以发动更多同乡入会。

新加坡永定会馆的宗旨是联络乡情,促进团结,共谋福利,服务社会。其早期的主要功能侧重于为同乡提供各项服务,比如帮助从故乡来的新客寻找亲人、寻找工作,帮助贫穷或老弱病残的乡侨回国等等,具有丰富的社会意义。它不但是初来乍到的新客生活安顿之所,也是异乡游子的乡情寄托之处。

新加坡永定会馆在成立之初就设有会址,还管理义山、崇德祠等,其服务内容包括免费为新来的同乡提供住宿、介绍工作;对年老的或被辞退后欲返乡的

---

①蒋人奇:《槟城龙岩会馆史略》,《槟城龙岩会馆22周年暨新厦落成纪念刊》,第30页。
②郭尧庵:《本馆会务拉杂谈》,《槟城龙岩会馆22周年暨新厦落成纪念刊》,第57页。
③参见黄贤强:《新加坡客家》,广西师范大学出版社,2007年。

同乡，会馆不但为他们购买回乡的船票，还赠送路费。此外，永定会馆也帮助同乡办理出入境手续，传达家乡信息，救济贫病甚至安葬死者。可见，永定会馆在成立之初就几乎可以满足同乡的所有社会需求，兼顾慈善福利，也因此而成为一个凝聚力极强的组织。

1942年2月，日军从马来西亚半岛大举南侵，新加坡沦陷。新加坡华侨赖以生存的工商业和海上运输遭遇摧折，大批侨民失业，游离失所，难以生存，永定会馆成为难民收容所，较长时间为同乡提供一席栖身之地。

1945年，日本战败，新加坡光复后，新加坡永定会馆立即着手重建。1945年底，永定会馆召开永定乡侨大会，推选著名爱国侨领、大慈善家、"万金油大王"胡文虎先生的长子胡蛟为会长。胡蛟在领导重建会馆的同时，也对会馆领导机构实行改革，改为委员制。并领导会员筹划资金修复会所，展开复兴会馆工作，以服务更多乡侨，为乡侨做更多的工作。

1946年2月，新加坡永定会馆出版《永定月刊》，这是战后南洋华侨社团最早出版的刊物。《永定月刊》作为永定会馆会刊，其最大特点在于编辑者将其定位为一份时事杂志，除了报道会馆动态及反映故乡永定近况外，更积极关注祖籍国及侨居地的国计民生等天下大事，发表旗帜鲜明的言论。如今，《永定月刊》已成为研究战后华人社团活动及新马社会变迁的珍贵史料。

会馆复馆之初，艰苦卓绝的抗日战争虽然结束，但对于旅居南洋的永定华侨来说，无论祖籍地还是侨居地，都满目疮痍，百废待兴。除了积极参与侨居地的战后恢复重建和经济发展外，永定华侨还关注家乡建设，尤其是继承前辈先贤重视教育的光荣传统，不遗余力地支持家乡的教育事业。为了继续办好永定侨育中学，帮助侨育中学解决经济困难，使家乡青少年能有较好的学习环境，新加坡永定会馆积极发动同乡赞助月捐。除按月寄款作为学校开支外，还募捐集资于1948年建起校舍一座，取名为"星洲楼"，为侨育中学搬迁新址，改善条件，扩大招生作出很大贡献。

新加坡永定会馆还积极参与新加坡丰永大公会所管理的崇德祠的各项活动，并为崇德祠的建设和修缮作出了积极的贡献。丰永大公会是广东的丰顺、大埔和福建的永定三邑客家同乡的联合社团，其管理的崇德祠内设有祠堂，安奉来自中国各地客家先祖的牌位，侧旁更建有骨灰塔供来自三邑的旅新逝者安放骨灰和灵牌。祠堂后方还设有一总坟，象征三邑先人的墓园，供后人瞻仰祭扫。每年的清明节和重阳节，三邑会馆的领导人及热心人士都会到祠堂举行集体的春、秋二祭。

根据该崇德祠内的一块立于1953年7月26日（农历癸巳年六月十六日）的碑石碑文记载，当年重修丰永大崇德祠的38名值年职员中，有10名永定籍人士，他们是受托人：胡超凡；总理：胡月梯；协理：黄定标；管契：曾开文；查数：曾志文；董事：胡友明、赖畅贤、胡信哉、曾生江和徐建善，可见丰永大公会也是新加坡永定华侨的重要社团。

其后，新加坡永定会馆长期积极派员参与丰永大公会崇福祠、福德祠、绿野亭公会和毓山亭义山的建设重修及管理，并积极参与丰永大公司拟将三邑祠发展成"客家先贤文化纪念馆"的计划。

1965年新加坡脱离马来西亚独立建国，政治时局的变动带来社会形态的改变。这些变化的合力对新加坡永定会馆的发展前途造成强劲的冲击，使会馆的生存和发展面临严峻的挑战，会馆角色因而必须转型。

首先，新加坡独立后，政府积极贯彻一个国家、一个民族、一个新加坡的概念，强调国民认同和种族和谐。政府积极作为，全面负责为国民提供教育、医药卫生、公共坟场等社会福利。

为解决民居住屋，新加坡政府兴建了很多新镇和组屋。在新建的组屋区内，普遍设立民众联络所、居民委员会等，为居民提供丰富多样的活动和服务，促进睦邻和谐的社区精神。在这样的环境下，会馆服务族群的宗旨显然与建国精神相背离，而且，会馆服务同乡的功能也几乎被政府机构全部取代。于是，会馆似乎已经无事可做，其存在的必要性也成为现实问题。

为了适应新形势，新加坡永定会馆首先从会馆性质上进行重新定义，对其服务对象和服务功能进行重新调整，对其社团角色进行重新定位。

经过一段时间的探索，新加坡永定会馆确定为只服务于新加坡一地永定同乡的地缘性组织，它不再是南洋各地永定乡侨的总会，也不再在东南亚各地设立协理。此外，新加坡永定会馆也在宗旨上贯彻新加坡政府提出的由华族各籍人士的小团结达到新加坡全国各种族大团结的目标。新加坡永定会馆于是成功地实现转型，成立近百年仍然焕发出勃勃生机。

五、旅缅（汀州）永定会馆

旅缅（汀州）永定会馆的会址位于缅甸仰光华人区中心地带南勃陶街门牌81号，成立于1918年。当时，由已经继承父亲创办的永安堂药业10年，发明万金油等虎标良药，雄心勃勃地欲将业务拓展南洋乃至祖国的刚刚担任新加坡永定会馆协理职务的胡文虎，联络永定同乡胡文豹、张和泰、卢芳苔、江晓春、苏群彬、胡绍青、胡三清等先贤集资，并代表永定同乡以汀州会馆名义从缅妇妈娣处购得地皮枋屋一座作为会所，翌年开始改建成四层钢筋水泥楼房。会馆成立后因会员都为永定人等原因，并未称"汀州会馆"，而定名为"永定会馆"。但因曾以汀州会馆名义购地，所以会馆有关本会的公文一直沿用旅缅（汀州）永定会馆的名称。

1923年11月间，胡文虎独资创办的华文晨报《缅甸晨报》社址就设在永定会馆内。后会馆四楼创办"立本学校"，招收永定籍学生就读，教师由同乡担任，用永定客家话教学，来自永定下洋翁坑美的张晋田就曾兼任学校教师。太平洋战争爆发前一年（1940年），胡文虎主张改用国语教学，兼收外县籍学生，同时将学校改名为"民众学校"。太平洋战争爆发后，日军侵缅，会馆职员及学校教师大多逃难回国，或逃往山区，学校亦随之停办。日军占领仰光期间，会馆被人占用，永定会馆停止一切会务活动。1945年5月，英印盟军收复仰光，永定同乡陆续回到仰光，欲恢复会馆，占用者竟然拒绝交还会馆。经多方交涉无效，同乡遂开会商议解决办法。会上群情激愤，青年同乡甚至主张用武力解决。占用者闻讯，连夜自动迁出会馆。馆址重新回到永定会馆手中。由此亦可见，旅外同乡只有团结一心，才能维护自身利益。

1945年9月7日，旅缅（汀州）永定会馆教育组等筹备复办民众学校，选出常务校董9人。正副董事长为李崇范、林子雄、江万营，财政苏廷芳，正副校长林金鸿、林栋汀。同年10月17日，永定会馆举办银禧纪念大典，设酒筵40余席，大宴宾客。同月21日，民众学校举行复办的第一届开学典礼。

抗日战争胜利后，缅甸各地的永定会馆也随着旅缅（汀州）永定会馆的恢复而纷纷复办，并奉仰光的永定会馆为总会。永定同乡在缅属各地所建会馆甚多，永定旅缅侨胞团结爱乡的互助精神由此可见一斑。

仰光旅缅（汀州）永定会馆将每年10月17日定为本会馆成立纪念日，届时照例举行庆典。每年清明节，永定会馆都举行永定公冢祭扫活动，同乡们到公冢致祭后，下午即到会馆举行祀清联欢宴会。每年轮流抓阄决定下一年度祀清祭拜负责人，被称作"福首"，共11人，负责筹备下一年度的祀清活动。每届理事团队同时协助祀清工作的筹备。

仰光旅缅（汀州）永定会馆每届职员理事，任职时间较长，四年为一任期，偶尔也会延期选举。凡担任过理事长、副理事长者，卸任后经常务理事会公举为名誉理事长，德高望重者及有才学者公举为顾问。

仰光永旅缅（汀州）定会馆的宗旨是：联络同乡感情，为同乡谋福利，协助社会慈善事业，号召本会成员遵守当地法律，促进中缅人民友好相处，抉助贫困同乡。会务重点是：为忠实勤奋的会员介绍职业，筹措福利基金，救济贫病交迫及遭意外事故之同乡，婚丧喜庆相互存问及协助等等。

六、缅甸仰光龙岩同乡会

缅甸仰光龙岩（今新罗区）同乡会亦称缅甸龙岩同乡会，成立于1923年，由郭松年、郭铁孚、李占飞、郭躬盛、陈德旺等人发起成立。

由于当时旅缅原龙岩县籍人不多，因而仰光龙岩同乡会成立后开展活动非常频繁，乡亲来往非常密切，团结友爱精神特别强，各家各户经常联络。乡亲们聚在一起，说说家乡话，总觉得特别亲切，同乡会倡导会员讲龙岩话，大部分旅缅龙岩乡亲都要求家人在家要说龙岩话，代代相传。有的家庭至第三、第四代仍能说龙岩话。

太平洋战争爆发后，仰光沦陷，同乡会活动被迫停止。抗日战争胜利后，避难回乡或逃入缅甸山巴的同乡回到仰光，立即着手恢复了仰光龙岩同乡会的活动。

1949年中华人民共和国成立后，中缅关系渐趋友好，仰光龙岩同乡会也与其他旅缅华侨社团一样欣欣向荣，越办越好。为适应形势要求，团结更多乡亲，激励、振奋起青少年积极参与会务活动，配合旅缅侨界的社会活动，岩侨郭荣华发起组织龙岩球队，多次参加华侨体育会组织的比赛。在老一辈乡贤和年轻一代岩侨的共同努力下，恢复后的仰光龙岩同乡会会务发展迅速。1953年元旦，仰光龙岩同乡会在仰光17条街正式挂牌，并升起了光辉的五星红旗。

其后，在乡亲们的努力捐助下，仰光龙岩同乡会购置了仰光最繁华的广东大街中心门牌745—747号4楼为新会址。

缅甸仰光龙岩同乡会理事会按章程规定每两年改选一次，可连选连任。历任正副理事长计有苏方炎、郭瑞庭、陈德旺、郭荣华、陈德芝、倪志山、赖振源、郭芳照、陈炳金等人。正副理事长之外，还设有常务理事若干人，兼任秘书、总务、财务、交际、福利、康乐等职，另设有监事若干人，处理调查稽核等监事宜。

缅甸仰光龙岩同乡会长期以来一直奉行爱国爱乡宗旨，积极鼓励乡侨捐助公益、捐助抗战，除了捐助缅甸公益慈善活动及当地教育事业外，也积极捐助家乡教育事业、公益事业，经常得到缅甸华商商会、救委会、福建同乡会、华体会和华联乐队等组织的表扬。

七、亚庇他山俱乐部（今亚庇龙岩会馆前身）

亚庇他山俱乐部由最先抵达北婆罗洲沙巴亚庇的岩侨先贤章声宏（大镛）、许耀南（炳荣）发起，追1924年联同章必华、章谦、张美基、许群定、吴金富暨远在古打毛律的郭廷方、张凤池等，共同组织亚庇他山俱乐部。

亚庇他山俱乐部于1924年春天宣布成立，但由于经济拮据，成立之初一切会务工作，多由乡贤章必华义务料理，未能举办较为重大的活动。会址在美芝律47号楼上。

亚庇他山俱乐部成立之初就奉行"健康文娱、联系乡谊"的宗旨，章程首条规定："严禁赌博、鸦片、娼妓"，因而曾被讥为"迂腐、违反适者生存条件"，与"俱乐部"名实不符等。其成员竟被指为暴民或羞于见人者，只好躲在老婆房里不敢出门见人，云云。

但"他山俱乐部"是积极向上的侨团，是真正健康的组织。"他山"含有"他山之石可以攻玉"的深长谦诚、力求进步的意义。

亚庇他山俱乐部成立伊始，就频繁开展有益、健康、积极、进步的活动。主要大事有：

1924年10月10日，亚庇华人社团首次庆祝"双十节"，亚庇他山俱乐部委托当地政府印务馆首次代印华文宣言告同胞书，并参加"双十"庆祝活动；

1925年4月组织亚庇他山俱乐部代表团，参加中华民国领事馆主办的孙中山总理逝世大祭奠；

1925年7月，亚庇他山俱乐部为提倡女学，自办初小女学一班，请乡贤章江河夫人担任老师。次年华校明德女校开办，亚庇他山俱乐部主办之女学遂告停办；

1927年国内革命战争之北伐成功，举办祝捷大会时，亚庇他山俱乐部组织同乡男女老幼参与周会，宣传爱国运动，参加各项文娱活动；

1928年5月国内发生"济南惨案"，亚庇华团成立"鲁案后援会"，办事处设于亚庇他山俱乐部；

1931年"九一八"事变发生后，亚庇他山俱乐部与侨团一起发表宣言呼吁抗日；

1936年春节，亚庇他山俱乐部组织他山龙灯队庆祝春节，联络各侨团共同开展国民外交活动，宣传抗日；

1937年7月7日"七七卢沟桥"事变，全面抗战爆发。7月8日，亚庇成立华侨救灾金赈济会，亚庇他山俱乐部成员踊跃捐款、积极参加救亡工作；

1938年，亚庇他山俱乐部组织他山篮球队，并发表星期休业宣言，维护劳工权益；

1940年，亚庇他山俱乐部成立他山国术团，聘请岩籍拳师章维炎指导，推广健身运动；

1941年3月，亚庇他山俱乐部选派章谦为代表，出席新加坡闽侨大会；

1942年1月8日日军登陆亚庇，亚庇英军奉新联司令白思华将军令投降，乡贤章谦遭日军拘捕下狱于沙捞越首府古晋，惨遭酷刑逼供，险遭杀害，获释时几近瘫痪；

1943年陈金兴副司令率领亚庇他山俱乐部成员13人，随同总指挥郭衡南（潮州籍）联络当地土著，高举义旗，执戈抗日，谓之"双十战役"。由于寡不敌众，弹尽粮绝，参战的亚庇他山俱乐部成员暨全体抗日同志敌忾同仇，宁为玉碎，不为瓦全，全体阵亡，可歌可泣之精神，义薄云天，永垂青史。

抗战胜利后，由于亚庇他山俱乐部青年精英在抗战中多人牺牲，俱乐部资产也损失殆尽，因而战后俱乐部恢复举步维艰。虽然有章谦先生等前辈竭尽合力撑持，但除了支持祖籍地及侨居地教育外，其他活动较少开展。

1946年3月，亚庇他山俱乐部发动同乡募捐抚恤金，慰问殉难烈士家属，以表敬仰，以尽乡谊，同乡捐款踊跃；

1947年，亚庇他山俱乐部发起募捐救济家乡龙岩"6·15"水灾难民，同样得到乡侨的热情捐助；

1948年，亚庇他山俱乐部发动捐款协助故乡龙岩兴建华侨中学校舍；

自1924年成立以来，亚庇他山俱乐部会址历经多次搬迁，今坐落于加耶街门牌3号的四层楼的亚庇龙岩会馆巍峨馆址，即他山俱乐部所遗留，是以章谦、林子英等为首的一批前辈先贤，历经几许艰辛，克服几许困难，集合了全州岩侨的资金建立起来的。他们的丰功佳绩，在亚庇龙岩会馆发展史上写下光辉的一页。

马来西亚独立后，沙巴州归马来西亚管辖。"他山俱乐部"的章程、内容已有诸多不合地缘性同乡会组织之处。故经会员大会决议，由以许汉民为主席的新一届执行委员会负责起草的新会馆章程于1977年提呈社团注册官，并获得批准，他山俱乐部于是正式易名为"亚庇龙岩会馆"。

八、天定龙岩会馆

天定龙岩会馆位于马来西亚霹雳州天定县。天定又称曼绒（Manjong）、红土坎，虽然是小海港，但却是马来西亚槟城和霹雳（时称吡叻）的货物集散地，海运可以直达新加坡、马六甲和霹雳内地。早在19世纪末就已商旅云集，是霹雳州一个重要海港。20世纪初，龙岩县籍人士开始旅居曼绒，开小商店或当割胶工、店员等，当时先后有华南、南亚、大通等数家商店，供新来龙岩人驻足或暂住。如龙岩西陂陈陂头人陈炳福，就于第一次世界大战前南渡马来西亚半岛，在霹雳天定红土坎海港经营小生意，后移居邦咯岛渔村开杂货米行，继而投资甘文鱼业，再转而投资捕江鱼业，创号"陈宏昌"。再如龙岩蒋邦下洋人杨水深，约于1920年南渡马来西亚半岛，定居霹雳红土坎，初当劳工，数年后，稍有积蓄，即在距离红土坎约3英里之直落摩落开设杂货店。还有吴畅英、吴生茂、郭达隆等，也于20世纪20年代初南渡马来西亚半岛定居天定。

由于20世纪30年代以后祖国大地战乱频仍，民不聊生。加上抗日战争爆发，龙岩地区人民生计日艰。青年人于是纷纷出海南渡，前往马来西亚半岛谋生，星散天定各处者，有数百人之多。为了团结、沟通、互助并寻求发展，成立乡缘性组织于是被一些岩籍有识之士提上议事日程，遂于1936年发起成立了天定龙岩会馆。

天定龙岩会馆最早由陈达文、郭达隆、陈连山、陈仪辉、陈应西、谢尽照、王紫山、邱正荣、杨利便、杨水深、张元龙、张元炳、陈荣富、陈金旺、郭德发、郑炳盛、杨再达、陈水田、许祖庆、张发科、陈水源、张仲兴、杨浩泉、张纪元、陈炳福、郭友邦等人发起并组成。当时购置了喇叭、锣鼓等乐器以表祝贺。陈达文还撰嵌故乡地名对联志庆：

龙光射斗牛之墟正是物华天宝
岩境跨山川并秀果然人杰地灵

天定龙岩会馆成立后，由陈达文、谢尽照、郭达隆、王紫山等人向外埠同乡及本埠乡亲发起募捐，集资购地于红土坎直地班央门牌75号建成木板平房一座作为会馆会址，直至今日。

1941年8月12日，日军占领马来西亚半岛，日寇情报局认为华人爱国爱乡，首当其冲遭日军大肆逮捕。会馆文件只好烧毁，会员星散，各奔西东，会务停顿。

1945年9月，日本战败投降后，英印联军登陆。1946年元旦，天定龙岩会馆复办。但会馆活动经费紧缺，仅靠一些会员月捐及本地一些商号支持，举步维艰，但却一直维持至今，近年有兴旺气象。

九、马来西亚吉玻龙岩同乡会

自民国初年（1912）开始，岩籍移民南渡马来西亚半岛居吉打、玻璃市者日增，至抗日战争结束、英国殖民者重返该地时，岩人往者更众。于是，1945年9月至10月间，龙岩县籍乡贤林泉木、张泉竹、林柏源、林友深、林添成、张警醒、冯双桂、王岳峰、邓菊生、连洪钧、廖水昌等暨南东有限公司诸股东，认为维护同乡福利、联络感情、促进乡人团结乃当务之急，遂发起成立同乡会。在同乡们的热烈响应之下，筹得一万一千五百多元购置会所及修葺、购置家俱资金。

1945年10月20日，吉打暨玻璃市龙岩同乡会宣告成立，并购得亚罗士打甘光霹雳一座马来住家式单层高脚楼作为会址所在。虽然该会所长宽不过16呎①，遇有喜庆、集会时十分局促，很不方便，但毕竟有了正式的会所，可作为同乡互相联络、发展福利之所，使会馆有个良好的开端。

吉玻龙岩会馆成立后，为沟通龙岩乡亲感情，接待不断南来的乡亲以及资助岩籍旅吉子弟读书谋生等方面做了大量的工作。至20世纪50年代，参加会馆的会员已达数百人。

十、马来西亚霹雳永定同乡会

马来西亚霹雳永定同乡会亦称北马霹雳永定同乡会。1945年10月10日，永定旅马先贤胡锡皆、曾昭周、曾少锋等倡议组织同乡会，并在怡保杜高街（今

---

①呎：即英尺，英制计量单位，1呎=0.3048米。

国民街）45号成立筹备委员会，正式推举筹备会各职员如下：

正主席：曾昭周
副主席：胡锡皆
总务：曾敦化
财政：罗振淄
交际：曾智强、胡南洋
中文牍：廖杏园
西文牍：胡洪珍
庶务：胡仰珍
稽核：余台盛
劝捐主任：胡曰皆、胡国卿
劝募员：吴必臣、胡民生、沈子华、胡仁芳

在会所未找到之前，暂设会所办事处于万春堂药行，同年12月租杨加森路17号为会所，征求会员达349人。

在此前的1941年，永定先贤胡重益与梅州华侨潘敬亭、刘伯群等人已发起成立了霹雳客属公会，试图号召全霹雳的客家人，能够团结在客属公会的旗帜下，集中意志，集中力量，发扬客家精神。其宗旨是联络乡情，实行互助合作，发展工商，举办公益慈善等福利事业。

由于霹雳客属公会刚成立就遭遇日军南侵，马来西亚半岛沦陷，胡重益积极投身抗日，组织领导抗日武装，且于1944年病逝。客属公会未能开展活动即告暂停。因此，抗战胜利后，作为曾参与创办霹雳客属公会的胡重益侄辈胡锡皆、胡曰皆等，因为考虑到有雄厚财力、重大影响和号召力的叔叔胡重益已经去世，重整囊括闽粤客属乡亲的客属公会较为困难，决定先成立永定同乡会以更好地服务永定乡人。

经过一年的筹备，霹雳永定同乡会于1946年10月10日举行成立大会，通过同乡会章程草案，选举第一届执监委员会委员，推举胡曰皆任主席、曾智强任副主席。其后，同乡会正式开展会务。大会除决定设立"华侨互助社"照顾旅吡（霹雳）同乡福利外，还成立了"侨育中学建校委员会"，大力捐助家乡侨育中学经费，以帮助侨育中学搬迁后建设新校舍，支持家乡教育。

1947年，霹雳永定同乡会获准注册，继续加强会务组织和推广互助社工作。

1948年10月10日，霹雳永定同乡会举办成立二周年纪念会并召开会员大会，选举第三届执监委员会。胡曰皆、曾智强继续当选为正副主席。会上，胡曰皆倡议集资购置会所，并首捐5 000元。经其登高一呼，同乡响应热烈，响应捐资200元以上被勒碑纪念者有：

胡曰皆：5 000元
胡重益公：2 000元
胡重益夫人林灿英女士：2 000元
胡华轩：1 000元
曾鸣山公：1 000元
胡锡皆：1 000元
林祥云：1 000元
胡李皆：700元
罗振荣：500元
胡永丰：500元
胡济生：500元
罗振炎：500元
曾照周公：500元
胡友三公：300元
胡仁东公：200元
胡升皆：200元

同乡热爱乡会，捐献购置会所资金源源而来，合计共筹得捐款16 000多元。

1949年1月，成功购置同乡会原租用作会所的杨加森路门牌17号店屋为同乡会产业，会所于是继续留驻该屋。有了固定的会所，会务发展有了稳固的基础。

1949年6月5日，霹雳永定同乡会加入霹雳客属公会，为团体会员，扩大了活动的范围。从此会务在平稳中发展，并不断革新。

1951年1月14日，遵照英殖民政府社团注册条例，将霹雳永定同乡会附设的"华侨互助社"改为"霹雳永定同乡会互助部"，同年5月29日获社团注册局批准。

十一、马来西亚北马永定同乡会

马来西亚北马永定同乡会在槟城，成立于1947年10月10日。其成立有其历史因素及酝酿期。早在1745年就有永定人张理、马福春率一批同乡和广东大埔丘兆进等人南渡到达槟榔屿打渔和垦殖。张理、邱兆进、马福春逝后葬于海珠屿，并由永定下洋中川人胡靖等建庙奉祀，是为海珠屿大伯公。胡靖业是银匠，逝后被奉为银匠行业祖师。其后，永定移民大量赴槟，著名"锡矿大王"胡子春也曾旅槟。为了照顾同乡和族人利益，主要由永定和大埔乡亲创立了

"槟榔屿永大会馆""永安社""汀州会馆""广东与汀州会馆"和"帝君胡公司""胡氏安定堂"等乡缘和族缘组织。同时，永定同乡还参与了"槟州客属公会"的创立，促进全槟各系客家人的团结。

北马永定同乡会前总务胡茂东讲述北马永定同乡会创立史时说："本会创立之前，吾邑乡亲尝于1926年首组永安社，每年农历正月初十日，在海珠屿大伯公庙举办庆灯，亦即吾乡亲每年一度聚集之期，惟本社之组织，仅属拜祭海珠屿大伯公尊神，对同乡福利，鲜有照顾。邑人有感于此，力主组织同乡会，藉以联络感情，共谋乡亲福利。"

"只以领导乏人，又因日寇南侵，此议遂告中断。迨至战后，百废待举，我侨社团纷纷筹划复办。乡贤曾昭敬见识高超，坚认非组织同乡会，不足以联络乡情，及收团结互助之效。于是登高一呼，全槟永邑同乡群起响应，卒于1947年7月31日，假座《星槟日报》报社楼上，召开座谈会，一致赞成组织同乡会，并选出筹备委员会，策划一切事宜。"①

于是，曾昭敬获推选为筹备委员会主席，其他发起人有陈仲明、胡顺荣、张启鑫、游高明、胡让芳等人。胡让芳负责起草章程，陈仲明向驻槟领事馆办理社团备案手续。

1947年8月25日，筹备委员会租用车水路门牌90号为会所。同时，筹备开幕仪式。

1947年10月10日中午12时，中华民国驻槟随习领事杨芷乡受邀主持揭幕礼，嘉宾云集，盛况空前，槟城永定同乡会宣告诞生，并宣称同乡会宗旨为联络同乡感情，互助合作，共谋会员及社会福利事业。大家推选曾昭敬和胡顺荣担任首届董事会正副会长。

此后，由于会务进展稳健，会员日益增加，所租用的会所很快不敷应用。因此，1949年9月，董事会召开会议议决，尽快购置更宽畅之会所。

于是，曾昭敬、游高明等同乡积极开展筹款活动，并出发到中南马及新加坡等地进行募捐，有幸得到大慈善家胡文虎大力支持捐助5 000元，后来同乡会礼堂即以"文虎堂"命名。购置会所计划获得广大同乡的赞助，很快筹足款项，成功购得头条路门牌88号店铺，为永定同乡会永久会所，并于1953年元旦正式迁入，成为会员活动的中心。如主办成立周年纪念联欢宴会、颁发会员子女奖学金、参与会员或家属丧礼、其他喜事、贺礼或与其他社团交往，参与社会教育与福利慈善活动等。

1978年，"槟城永定同乡会"更名为"北马永定同乡会"，以扩大服务同乡范围。会所亦多次搬迁、扩展，今所为槟州暹律门牌91号三层大厦。

永定先贤创立同乡会从无到有，面对波折，历尽艰辛，得来不易。永定老一辈先贤热心同乡事务，为后辈留下宝贵资产，可钦可敬，后辈永定族裔将珍惜并发扬光大。

十二、印度尼西亚雅加达、万隆、三马林达等地永定会馆

雅加达旧称"巴达维亚"，闽西老华侨称之为巴城，现为印度尼西亚首都。在印度尼西亚独立之前，巴城则为荷属东印度殖民地的行政中心。

岩籍移民前往东印度群岛的历史很早。据史料记载，早在清朝乾隆年间（1736—1795），长汀四堡邹氏就有多人前往，如邹廷诵"于乾隆三十三年（1768）往巴国"，②还有邹纯国、邹志国、邹兆祝等人前往巴城；邹充国、邹在渭等人前往三宝垄；邹芳国等人前往大泥。③ 19世纪中叶以后，永定金丰里大溪、下洋等地也有许多人前往东印度群岛。如大溪人游霖孙，1885年就到达巴城。至民国初年（1912），在巴达维亚、万隆、棉兰、三马林达等地谋生的岩籍移民已达一定的规模，为在当地建立乡缘性社团奠定了基础。1918年新加坡成立永定会馆时，在荷属东印度的雅加达、日里、三宝垄、泗水、望加锡等地都设置了协理员。

1938年，侨居巴达维亚的永定大溪籍华侨游凤超、游范吾姐弟发起成立永定会馆，馆址设巴达维亚三间土库街。同时，会馆内办起"协和学校"，为乡侨子弟提供学习中华传统文化的基地。首任会馆主席是游凤超女士。

日寇占领巴达维亚期间，永定会馆停止了活动。

1948年，永定大溪籍华侨、巴城医药施济会副会长、华侨公会董事、巴城医药界名医游子平发起复办永定会馆，同时复办协和学校。游子平当选为会馆主席，任期二年。游尚群则被任命为协和学校校长。

---

① 转引自邱文发《北马永定同乡会创立史》，《北马永定同乡会成立六十周年纪念特刊》，1977年，第71页。
② 宣统《闽汀龙足乡邹氏族谱》卷12《世系》，第31页。
③ 林英健主编：《首届海丝客家·四堡雕版印刷国际学术研讨会论文集》2015年，第51、52、57页。

1949年，永定陈东籍华侨卢冠西继任协和学校校长，苦心孤诣，不辞劳苦，校务蒸蒸日上，并大力扩大招生。由于校风好，学生成绩优良，协和学校吸引众多非永定籍华侨子弟前往就读，学生数激增，从数百人增至2 500多人，学校人满为患。①

荷属东印度群岛万隆永定会馆亦成立于1938年。由永定金丰南溪人苏叔评首倡成立。苏叔评，字绵福，学名骥材，1928年赴荷属东印度群岛行医，先居巴达维亚，1932年移居万隆。由于儒而能医，医术高明，"每至一埠，病者视为福星，贫则扶病而至，富则轿车以迎。闻人巨公，社团领袖，题词称颂，咸称国手也。侨居万隆，鉴其同乡在荷属者，尚缺少组织，声气隔阂。复在万隆首倡永定公会，会馆成立，被举为第一任正会长，并任中华平民公会董事会副董事长。"②

荷属东印度群岛三马林达永靖同乡会则成立于1946年。1945年日寇投降后，散逃各偏远村庄的永定和南靖同乡陆续回到三马林达，各自重新开始营业谋生。荷兰殖民当局也重回当地，联军军机常在高空飞越，战争的阴霾仍然笼罩，人心惶惶。乡亲们想要聚首互访也很困难，因为殖民当局害怕民众反抗，时有以莫须有之间谍嫌疑抓人事件发生，安全不保。

永定和南靖山水相连，尤其是博平岭山脉东西两麓的南靖曲江、书洋和永定金丰里高头、湖坑等地，更同属客家人，许多还是族亲或姻亲。因此，为联络乡谊，维护乡亲利益，也为了更好地教育子女，三马林达永定和南靖客家乡亲聚在一起，商议成立以维护同乡福利权益、团结协作、共谋发展为宗旨的永靖公会。

1946年三马林达永靖公会成立之初，会所租用三马林达市区三马路JI. Diponegouogang AIwi巷口外一间住家式旧木屋为临时会所，大约有6×15m²，仅能容纳几十人。当时三马林达人口不多，行人车辆较少，到处是橡胶树、果子树，杂草丛生，民房多是古旧的木屋。会所能有一间木屋，已很不错了。

随着公会会员的增加以及各项活动的频繁开展，古旧的木屋很快不能适应，公会于是想寻找新的会所。在同乡们的共同努力下，公会成立的翌年，即1947年，即在今二马路JI. Mulawarman街的商业中心区距肯德基餐厅不远处找到一块地皮，面积约21×34m²。公会同仁在苏公杰、魏清辉等乡贤领导下，立即筹资兴建，日夜施工，很快就建起一座宽阔美观的新会所。会所的建立，不仅获广大同乡的大力支持和积极参与，凝聚了乡情，也为永靖同乡提供了聚会，尤其是婚丧喜庆的宴会的场所。

十三、印度尼西亚各地龙岩会馆

从19世纪末开始，龙岩县籍人士南渡荷属东印度群岛谋生者渐多。至20世纪初，荷属东印度群岛的苏东（苏门答腊岛东部）棉兰成了买棹南渡的岩籍移民的接待站和中转站，大量岩籍移民在棉兰上岸后或留在棉兰谋生，或转赴苏门答腊各埠。为接待同乡，帮助同乡寻找工作或转赴他埠，已在棉兰站稳脚跟并事业有成的岩籍华侨遂商议建立乡缘性组织，棉兰龙岩会馆于是在1923年成立，馆址设在棉兰市甲必丹街。龙岩人原本善于经营杂货，并擅长会计。因而岩籍移民到达棉兰等地后较多当店员或自己开小杂货店之类。为帮助同乡解决商业经营的资金周转问题，会馆集资附设"新罗公司"，专供龙岩同侨借贷。许多岩籍南渡新移民，正是在"新罗公司"的帮助下才事业起步，扎下根来。

1926年以后，荷属东印度群岛苏门答腊的仙达、直民丁宜、亚沙汉、冷沙四埠等地的岩籍华侨相继建立龙岩会馆。其后，苏南的巨港及爪哇各埠也成立了龙岩同乡会。

1933年，棉兰龙岩会馆在市区马甘马街购置一幢洋房作为永久会所。新来的乡亲及苏东各埠来棉兰进货、办事或探亲访友者，都可以在会馆免费住宿。

1940年，苏东五埠龙岩会馆联合组建了"龙岩旅苏（苏门答腊）同乡总会"，会址设在棉兰龙岩会馆，目的在于为苏东各地龙岩乡侨提供各方面帮助。首任会长郑日晖，在日军南侵前，就发动乡侨募集义款、征集药品、抵制日货、推销救国公债等，开展抗日救亡活动。翌年，日本南侵占领荷属东印度群岛，棉兰龙岩会馆被占用，龙岩旅苏同乡总会也被迫停止活动，岩籍乡侨有的散居当地乡下，有的北归回国。

抗日战争胜利后，印度尼西亚各地龙岩会馆由于种种原因均未能恢复活动。

十四、槟城永定胡氏安定堂

槟城永定胡氏安定堂是岩籍海外移民族缘性组织的最典型代表。海外华人的族缘性组织又称血缘性组

---
① 雅加达永定会馆编：《雅加达永定会馆成立六十八周年暨复会二十八周年纪念特刊》，第9~10页。
② 雅加达永定会馆编：《雅加达永定会馆成立六十八周年暨复会二十八周年纪念特刊》，第130页。

织或亲缘性组织，一般指同姓氏族人按郡望或堂号组织的公司、社团。这些社团一般不分地缘乡域，声称"五百年前共一家"，凡同姓氏同堂号人士都可以加入，有资格享受组织里的一切权利，也要承担组织分摊的义务。

由于族缘性组织一般不计地缘乡域，而且同一地缘乡域的同姓氏族人在海外某特定地区谋生者人数不多，因而岩籍海外移民独自组成的这类组织为数较少，仅有几个。

槟城永定胡氏安定堂由祖籍永定下洋中川村的胡氏先贤胡泰兴等人创立于1863年，至今已有150多年的历史。

永定下洋胡氏开基祖七郎公于元代从长汀迁至下洋开基，至念八郎公子孙分别居下洋中川及厦门同安鼎美。迁中川开基者为铁缘公。明万历十二年（1584），中川胡氏为纪念并祭祀铁缘公，历时三年建起坐落于中川后山虎形山麓、面对马山岗的"胡氏家庙"安定堂。

胡氏郡治最先在高平（今宁夏固原），胡城因官徙临泾（今甘肃镇原县东南），再徙安定（今甘肃泾川县北泾河北岸）。三国魏大将胡遵来自安定，其六子中最著名者胡奋在晋武帝时屡立战功、官至尚书仆射、镇南大将军、开府仪同三司。其后二百多年，安定胡氏位列三公九卿及将军、太守者十数人，还有皇太后和皇后，盛极一时。"安定"于是成为胡氏堂号，而且是胡氏最普遍、最响亮的郡望和堂号，有"天下胡氏出安定"之说。

最迟于18世纪末，中川安定堂胡氏开始南渡过番谋生。如在19世纪初到达马来西亚半岛槟城的胡曾育，开始被雇为种植园工人，后租土地自己种植胡椒，获得成功。传到其儿子胡泰兴，发达起来，成为中川安定堂胡氏第一个出洋发迹的人。胡泰兴凭着曾回中川接受中国传统文化教育，又进殖民地学校接受英文教育，精通中、英文的优势，灵活社交，在政治及经济上都获得巨大成就。他既开辟了比父辈更大得多的种植园，被誉为"胡椒、丁香大王"，又在闹市区开设了多家连锁的大商店，因而成为槟城大富翁和第一届市政局议员。槟城市政府为了纪念其对社会的贡献，将四条路命名为"泰兴街"。

胡泰兴等人发迹以后，不忘祖德宗功。为使越来越多在槟谋生又难以回乡祭祀先祖的胡氏族人方便祭祀，有所寄托，他们遂在槟城平安路创立了永定胡氏安定堂，供奉中川胡氏先祖念八郎公。

作为族缘性组织，该安定堂拟定了章程，系统地推动会务发展。该堂主要活动为每年农历二月十七组织总坟春祭，七月初十日为新总坟纪念日。全体董事及会员必须到场掷筊选出值届炉主，负责办理春、秋两祭一切事宜。

槟城永定胡氏安定堂特别注重福利及教育事业，以帮助族人，培育杰出人才。设立了福利及教育小组委员会，专责处理族人福利及儿女读书教育问题，每年颁发子女奖励金、助学金及图书费，同时也提供大学奖贷学金，帮助胡氏莘莘学子。同时，安定堂也不遗余力地帮危济困，扶助贫老族人。

2004年，槟城永定胡氏安定堂集思广益、精心策划，动员全体会员全力支持，耗资马币140万元，在平安路原有地皮兴建一座五层楼大厦，既作为商业用途以充裕该堂收入，又留有第五层充作该堂各种活动场所。

十五、槟城帝君胡公司

槟城帝君胡公司是胡氏宗祠的族缘性组织，它比槟城胡氏安定堂所包含的胡氏族人更多，由永定下洋胡氏先祖念八郎公的两支后裔，即永定下洋中川安定堂及厦门同安鼎美敦睦堂的旅槟裔孙于1864年共同创立，至今已有150多年的历史。永定下洋胡氏的一支数百年前迁居同安鼎美村，繁衍生息，数百年后有人漂洋过海，与祖籍地下洋中川村安定堂裔孙在槟城相遇后，重拾手足之情，重续族谱，合建胡氏宗祠。更为难能可贵的是，历经150多年槟城胡氏族人依然团结一致，展现了血浓于水的亲情，继续发扬承前启后、继往开来的宗族精神。

1864年，槟城胡氏族人在广东街70号胡氏宗祠创立了帝君胡公司。虽然以公司的名义运营，但其主要功能就是管理胡氏宗祠及联络中川和鼎美胡氏宗亲的亲情，为族人谋福利。

宗祠与族谱一样是血缘宗族制度的支柱，它是族人供奉历代先祖的重要场所，可以达到念祖追宗、慎终追远的目的。因此，中华汉民族尤其是客家人，大凡迁居异地聚居，族人达到一定规模并有一定经济实力时，都要建造宗祠。来自永定下洋及同安鼎美的槟城胡氏族人也不例外，早在19世纪中叶就建起了胡氏宗祠。如今，帝君胡公司胡氏宗祠的正厅所设神龛，供奉两地分支散叶的共同先祖念八郎公胡府君妣黄陈孺人神主，高居于神龛之最高位。其下为历代胡氏先人的神主牌，排列秩序井然，展现庄严及幽深的气氛。逾百年来供历代子孙朝拜，以期获祖先的庇护，谋求更美好的前程。

胡氏宗祠二楼供奉关圣帝君，横匾书写"忠义"二字，激励胡氏族人学习关羽勇敢、忠义之精神及待人处世的行为道德准则，足见该宗祠创立者的良苦用心。

十六、庇能打金行

庇能打金行是业缘性组织。虽然它不是岩籍海外移民独自创立的业缘性组织，但却是世界上唯一将岩籍海外移民作为该行师尊供奉的业缘性组织。庇能打金成立于清道光壬辰年（1832），是马来西亚金银首饰业历史最悠久、规模最宏大的团体，原名胡靖古庙，亦称胡靖打金行。

胡靖打金行于1891年8月19日获当时槟城的社团注册官W·依温正式批准注册。在1957年召开的全体会员大会决定修订新章程，并改名为"庇能打金行"。

胡靖是永定下洋中川人，于18世纪末南渡槟城，以打造金银首饰为业，以工艺精湛闻名槟城，很快成为槟城打金行领军人物。1810年曾带领乡侨为同乡先贤，已被奉为"大伯公"的永定人张理、马福春和大埔人丘兆进立"海珠屿大伯公庙"，并送上至今仍放置在槟城大伯公街行宫的"同寅协恭"匾额。因胡靖是槟城打金界名人，故后人设胡靖庙，并将其奉为先师。

庇能打金行最初虽由广东台山（古冈州）籍工友刘齐乐、林进、杨茂秀、李文高等人发起成立，也并非由永定籍工友作为会员主体的业缘性组织，但奉永定中川人胡靖为先师，很有号召力。成立之初行友人数仅有数十人，很快便发展至数百人。据1873—1877年间缴纳入会费记录看，会员人数已有332名。至1903年，另有226名新行友加入，30年间行友增至600多人，可见当时槟城打金行业的繁荣兴旺。

除了历史悠久之外，庇能打金行最负盛誉的就是胡靖古庙内所供奉的胡靖先师。该庙是全世界唯一供奉打金行师尊的庙宇，初期行所设在漆木街和唐人街，1904年迁至南华医院街建会所。日侵时期曾被炸毁，战后募资修复。

庇能打金行成立之初的创办宗旨是维护工友利益，促进打金行业的工商福利，研究工业与联系感情等。后期除继续扮演上述角色外，还设立了"庇能打金行友子女奖学金"与"慈善功德基金小组"，以便顺应社会潮流，培育人才及协助家境清贫的行友和应对其他慈善团体。此外，也举办春秋两祭以祭祀胡靖祖师，举办行业技术交流。

第五章 龙岩华侨的历史贡献

长期以来,"系着一条裤头带过番"① 远渡重洋的华桥华人,在异国他乡谋生存、图发展,希望能够赚钱回家买田盖房、创家立业的过程中,不仅要与当地人民和睦相处,以自己的勤劳、智慧,为所在国家和社会进步经济发展和社会进步发挥积极作用,作出重要贡献从而赢得当地人民的爱戴乃至拥护,而且要时刻关心家人和家乡人民的幸福,关心祖(籍)国的和平与安宁、强盛与进步。从清末到民国初年反帝、反封建、反殖民的救国救民斗争和实业救国运动,从辛亥革命到抗日战争,从解放战争到中华人民共和国诞生,从维护中国主权完整、民族独立到改革开放、民族复兴,海外华侨华人,都以不同的方式,作出了不可磨灭的贡献。

第一节 龙岩华侨对祖籍地的贡献

一般说来,人们无论在什么情况下离开自己的祖籍地,离开自己的祖国,都会眷恋故园,都会常怀故国之思,都会在很长的一段时间内与故园故国保持千丝万缕的联系,甚至对故园故国翘首相望。无论是否能衣锦还乡、光宗耀祖,也无论是否抛弃故园故国、愧对故园故国,甚至因种种原因逃离故园故国,都会对它朝思暮想,总希望有朝一日能打道回府。由此可以想见,为何相当多的岩籍海外移民"在积蓄了足够的钱或发了一笔小财后就回到中国重新开始生活"②,或者赚了一点小钱之后就寄回老家接济亲人甚至捐助公益。有的人虽然在异国他乡已有身份地位,甚至已落地生根,但毕竟"人在屋檐下,不得不低头","金窝银窝不如自家的草窝"。海外生活再怎么风光,还是不如返归祖籍地来得舒适、快活。因此,早期大多数岩籍海外移民并不愿意长期定居外国,能够衣锦还乡、叶落归根、荣归故里,一直是很多海外移民一生的奋斗目标,即使再苦再累也值得。

由于多数早期岩籍移民"下南洋"乃是因家中经济困难,人口较多,出于无奈被迫外出,"无能力把家眷全部带到国外,家庭大多数一半在国外,一半在国内"③,继续留在老家的亲朋族人某种程度上也就指望着这些往洋谋生的人能够赚钱养家,帮助家人过上更好的生活,甚至光耀门庭。如能直接携带金银细软回来买田买地、建房造楼就更好了。各地流传的"南洋伯""金山大佬"④ 等名号也就成为这一简单想法的真实反映。因此,早期下南洋者大部分为不愿定居海外、随时准备回归的"迁民",其第二代以后始谓之"侨民"。

其实,不论对于祖籍地还是侨居地来说,海外移民无论是"迁民"还是"侨民",其贡献皆以经济为主。早在清代,在海外功成名就的中国人实际上就已被当时的清政府看作是一笔巨大财富。

---

①永定下洋侨乡民谚。
②王赓武:《南海贸易与南洋华人》,第230页。
③林金枝、庄为玑:《近代华侨投资国内企业史资料选辑》(福建卷),福建人民出版社,1985年,第24页。
④杨进发:《新金山:澳大利亚华人,1901—1921年》,姚楠、陈立贵译,上海译文出版社,1988年,第3~4页。

清光绪二十七年（1901），《辛丑条约》签订之后，永定籍华侨胡子春鉴于清政府多次战败而割地赔款，国家贫弱，遂两次捐输白银100万两给清政府。清廷也特于光绪三十三年（1907）任命胡子春为"总理琼崖垦矿事宜"的矿务大臣，胡子春在海南投资多种行业，包括种植、畜牧、采矿、盐业、海运等，后又投资30万英镑参与京沪、粤汉、漳厦等铁路的建设，希望以实业救国。但因时局混乱，他在中国的这些投资项目多半中途流产，并未取得良好收益和效果。

民国以后，海外华侨经济实力渐次增强，他们不仅在当地渐渐成为社会闻人，与祖籍地之间的联系也日益紧密，许多海外华侨竭尽自己的财富资产，为改善家族生活或故乡面貌而尽心尽力。具体形式主要包括赡养家眷、修理旧宅、盖屋造楼、买山买田，协助兄弟择姻娶妇、建立家庭；分惠银两与田地周济亲人；借贷资本给亲人经商以及捐资办学、兴办实业、捐资慈善公益等等；特别是其中汇款赡养家人、捐资办学以及兴办实业三种形式，① 为侨乡人民生活改善及侨乡事业的发展和面貌改变做出了杰出的贡献。归结起来，华侨汇款就是"赡家性、投资性和捐献型"② 三种。大致而言，岩籍华侨对祖籍地的贡献也是如此，只不过不同阶段的侧重点有所差异。

一、汇款赡养家人

一般而言，海外华侨经常性的小额汇款都是为了赡养家人或周济亲友。根据学者统计，1920年以前福建全省的侨汇一般都在2 000万元左右。1917—1918年因欧战关系而减少，1921年至1930年十年间平均每年为48 671 800元，1932年以后每年都在5 000万元左右，1938年又达到7 000万元之高峰。③ 抗日战争爆发之前，华侨汇款以马来亚（含新加坡）为首，菲律宾、泰国、荷属东印度次之。④ 相比之下，英属各地闽侨平均每人年汇国币25元，菲律宾闽侨年均22元，荷属各地闽侨10元，越南则较少，只有6元。⑤

毋庸置疑，侨汇多寡不仅与侨民与祖籍地亲眷的联系紧密与否有关，侨民对祖籍地公益事业的捐助及对祖籍地建设的热情有关，而且也与侨民所在国的经济发展水平以及彼时世界经济整体局势（尤其是英、法、荷等殖民宗主国国内经济状况）而导致的侨民收益能力直接相关。这是因为，无论何时，因私侨汇总是以养家和帮助亲友为主的。

龙岩各县华侨汇款情况，以1938年的数据为例列表说明如下表。

1938年闽西6县华侨汇款统计⑥

县	汇款金额/元
连城	8 500
长汀	8 000
上杭	1 700
武平	100
龙岩	665 000
漳平	3500

此项统计缺永定县，但永定的华侨汇款应该是最多的。因为永定海外华侨比其他6县总数还多，且与家乡联系非常紧密，对家乡的慈善公益事业的捐助热情很高，故永定华侨汇款总数应该大大多于6县侨汇数的总和。

尤其值得注意却又难以统计的是永定华侨在家乡的投资，永定华侨最喜欢汇款或携款回乡买田建屋。早在清末，"锡矿大王"胡子春就汇回数百万大洋，在原籍下洋豪树窠买田买山，盖起装饰豪华、至今仍然很堂皇的"荣禄第"；"万金油大王"胡文虎也在二十世纪三四十年代陆续汇回数百万元在中川村口听中川小学山下买田盖起中西合璧造型的"虎豹别墅"；另一位"锡矿大王"胡曰皆也汇回数百万元建起方形"砖子楼"；永定下洋霞村新加坡华侨胡来兴，汇款100多万元建起外圆内方的三层豪华大土楼永康楼；永定下洋东洋村的缅甸华侨罗宏光兄弟，合

---

① 也不排除个别存储资金。
② 袁丁、陈丽园、钟运荣：《民国政府对侨汇的管制》，广东人民出版社，2014年，第1页。
③ 郑林宽：《福建华侨汇款》，第776页。
④ 林金枝：《略论近代福建华侨汇款》，《中国社会经济史研究》1988年第3期，第42页。
⑤ 郑林宽：《福建华侨汇款》，第777页。
⑥ 郑林宽：《福建华侨汇款》，第774页。

资数十万元建起七间过两横屋土楼仰华楼；下洋翁坑美村缅甸华侨张济贤、印度尼西亚华侨张生和分别花数十万元建起五间过两层土楼思安楼和立兴楼；下洋沿江华侨赖腊陞花数十万元建起五间过两层土楼；下洋初溪村新加坡华侨徐建善也出资建起三层圆形土楼善庆楼，为列入"世遗"的初溪土楼群增添靓丽风采，永定大溪华侨则除了建土楼外，还集中建起"华侨新街"。

除了侨汇之外，华侨回国时所携带的现款也是另一种形式的资助。

1938 年闽西 5 县回国华侨带回款项统计①

县	汇款金额/元
连城	500
武平	1 500
上杭	3 000
龙岩	67 000
漳平	1 550

上表统计缺永定、长汀二县数据，永定不仅华侨多，水客多，回乡探亲的华侨也较多，因此，回国华侨带回款项也应该大大超过其他六县华侨的总和。

二、捐资助学

"不论到什么地方去，中国人总不会遗忘了他们尊敬读书的心理。"②。龙岩华侨极为重视子女教育，许多父母将子女送回祖籍地读书，在当地读书者，父母也要求下一代不仅要学好汉语，而且还要学好当地语言和英语、荷兰语等，有条件的还会在家教授龙岩各地方言，以不忘本。如缅甸仰光的第三、第四代华侨，至今还有许多人能讲流利的客家话和龙岩话。有的人甚至因为当地很长时间没有华文教育而不懂汉语，既不能写也不能说，但却能讲流利的家乡方言。如永定下洋翁坑美村赴缅甸仰光开设仁和堂大药房的张济贤的第三代和第四代张荣修等人，侨生仰光，没有接受过华文教育，不懂汉语，只懂缅文和英文，但依靠家庭传承，却能讲流利的永定下洋客家话。

对于早期南渡者而言，"即使含辛茹苦奋斗偶尔致富后，也深感没有文化的苦处，开始认识到兴办教育的必要性，并把在家乡兴办学校，教育子弟当做一件大事来办。"③ 因此，福建侨办学校在民国时期的国民教育中就占有很大比重，当时的福建省政府也甚为重视华侨的此一善举。1940 年 5 月 9 日，时任福建省教育厅厅长的郑贞文（永定人）就发表了一份《为倡导捐资兴学告海外同胞书》，号召海外华侨为家乡捐资办学。1915 年至 1949 年期间，全省华侨捐资所办或捐资助办的基础教育类学校就有中学 48 所、小学 967 所，成为福建教育的一支重要力量。

龙岩华侨在故乡大量捐资办学，兴办文教事业，始于清光绪三十一年（1905）。当年，永定下洋华侨胡子春携巨款回家，独资创办了永定师范学堂，"'师范学校'，清末县创设'师范简易学堂'，由侨商胡子春出资倡办，以卢初璜为'监督'（校长），招收学生百余人，定期一年毕业。"④ 这是永定兴办新学的第一所中等学校。胡子春还与胡竹园等一起创办了下洋犹兴学校，并在永定湖坑创办湖山小学和金丰中学，1919 年两校合并再由李伟卿改办成"金丰公学"⑤。此外，胡子春还在龙岩、连城、上杭等县共建 7 所学校。此后，龙岩华侨助学善举渐次绵延，蔚为壮观！

1912 年，翁锦泉在龙岩北门独立创办六桂小学（后改为振桂小学）；龙岩东肖溪兜张氏侨亲公推张采东、张冈父子于 1914 年创办私立溪兜小学，后于 1941 年创办私立溪兜中学；林映清于 1916 年回乡，捐资给地处龙岩的省立第九中学和西山小学、养英小学，增添设备；1920 年，翁锦泉捐资修葺振桂小学。

1923 年，戴子汀独资创办永定竹联怀汀学校；1939 年，下洋侨胞捐资创办永定侨育中学和月流小学、太平小学、东洋小学等；1941 年，侨胞卢国振集资创办永定上在小学；1943 年，侨胞阙德隆捐建堂堡、湖雷、增瑞 3 所小学的部分校舍；1948 年前后，华侨游范吾独资创办大溪商业学校；1949 年，

---

① 郑林宽：《福建华侨汇款》，第 778 页。
② 巴素：《东南亚之华侨》，郭湘章译，台湾国立编译馆，1966 年，第 774 页。
③ 杨辉主编、福建省教育科学研究所课题组撰写《福建华侨华人捐资办学史》，福建教育出版社，2007 年，第 12 页。
④ 民国《永定县志》卷 13《教育志下》。
⑤ 同上。

下洋上川侨胞兴办上川小学。①

1937—1947年，连城华侨共捐资兴建明耻中学（现为连城一中）等5所学校。1938年，曾任江西南丰知县的连城新泉人李云霄和李师张等一批人士倡议在连城兴办中学，投书泰国连城华侨周仰云，立即得到响应。周仰云当即汇回10万银元作为立案基金，并建议聚《左传》"明耻教战"之意聚名"明耻中学"，可激励师生奋起爱国抗战。

其后，周仰云一家三代对连城教育事业竭尽支持。除明耻中学（今连城一中）外，在其家乡创办周屋小学，除捐建校舍、购置设备外，早期学生全部免费入学，还发给每生制服一套。周家还资助过私立连南中学、隔川小学、私立金山小学、莒溪璧洲小学等。

抗战前夕，为发展祖国教育事业，原籍永定下洋中川的爱国侨领胡文虎于1935年捐资250万元大洋，计划在全国建千间小学，至1938年已建成300所学校。胡文虎自1929年起至抗战前，捐赠大专院校和中学的金额如下表：

胡文虎捐赠国内大专院校和中学金额表

校　　名	时　　间	金　　额（元）
上海大厦大学	1929年7月	10 000（叻币）
厦门大学	1935年1月	10 000（国币）
广州中山大学	1935年3月	50 000（国币）
广州岭南大学	1932年12月	捐校舍1座，折合国币17 313元
福州福建学院	1935年秋	10 000（国币）
广州仲凯农工学校	1929年10月	不详
上海两江女子体育专门学校	1935年3月	2 000（国币）
汕头市立女子中学	1935年11月	6 000（国币）
汕头私立回澜中学	1935年11月	捐礼堂1座，折合国币4000余元
汕头市立第一中学	1935年11月	3 000（国币）
海口海琼中学	1936年底	捐体育馆1座，折合国币12300元
厦门中学	1935年3月	5 000（国币）
厦门双十中学	1935年底	5 000（国币）
厦门大同中学	1935年底	5 000（国币）
厦门中华中学	1935年底	5 000（国币）
厦门惠群中学	1935年底	两座校舍

胡文虎在抗战期间及抗战后一直大力支持永定侨育中学的办学。1939年，侨育中学创办时，胡文虎便出任董事长。其后，胡文虎一直在南洋带头捐资，并募集侨资作为侨育中学的办学经费。抗战胜利后相

---

①杨辉主编、福建省教育科学研究所课题组撰写：《福建华侨华人捐资办学史》，第26页。

继建成侨育中学新校区的蔚文楼和星洲楼等新校舍。1948年9月当地政府禁止侨汇,导致侨中积欠教师工资的情况发生。1950年,侨董胡梦洲征得胡文虎同意,从国内永安堂拨出专款,全部偿还了侨中欠薪。

与陈嘉庚倾巨资集中在厦门办学有所不同,胡文虎更加致力于在祖国各地普及教育,许多地方的中小学都得到他的资助,他提出在全国兴办一千所小学的宏愿,志在推动全社会教育文明水平的提高。

据连城县档案馆发现的1937年"胡文虎捐建小学百所管理委员会公函"记:

> 迳启者,本会业已开始办公,并经福建省政府颁发铃记,呈报启用备查各在案,兹将本会第×次常会通过之福建省各县、市、区政府承胡文虎先生捐款建筑小学校舍暂行办法三次函请查照办理,并希将办理情况见复为荷,此致
>
> 连城县政府
> 市、区政府
>
> 附办法三项如下:
>
> 一、由会函知各县市政府及特种区署召集各该县(市、区)党部、商会、教育会协商征定建筑小学地点及办法,于一个月内做出决定。
>
> 二、建筑校舍以新创学校为原则,其原有学校校舍破烂不堪,而成绩优良者亦得酌准改建。
>
> 三、建筑校舍应具之条件
> （甲）能招集学童一百人以上者
> （乙）有公地足够建筑者
> （丙）有相当开办费者
> （丁）每月能筹一百五十元以上经常费者
>
> 主任委员 高云飞
>
> 中华民国二十六年一月（1937年）二十七日

另据江茂夫（永定高头人）所回忆的采访胡文虎的谈话云:

> 问:有个问题,我想请教,社会上一向传说在南洋各地所有华侨中,您与陈嘉庚先生同是闽侨的领袖,但你们两人是两个派。又说你是闽西派,陈先生是闽南派,究竟是怎么一回事,您愿意谈一谈吗?
>
> 答:（笑）这个问题,在海内外有很多人对我说过。其实我对陈嘉庚先生是非常尊重的,尤其是抗日胜利前后,更是如此。说实话,他热心办教育,我也高兴办教育,走的路子是相同的,但分歧也出在办教育事业的问题上。他创办集美村和厦门大学,有他的先天条件,他把全部家产和精神贯注到这二个地方去,成绩显著。我是主张全国国民一视同仁,都有机会受到普通教育。我立志在全国创办一千所小学,目的就与他不同,他是为闽南一带子弟造福,我是面向全国,这也可以说是分歧吧!
>
> 问:你肯面向全国创办一千所小学,为什么不把你的家乡下洋中川村和闽西各县也订个发展教育的计划呢?
>
> 答:办教育,我对自己老家和整个闽西没有特别重视,这一点我承认做得不够。但并不是没有,中川小学、侨育中学我也花了不少精力,另外还有特殊原因,闽西多山,交通不便,地方不安靖,是我暂时不大力兴办学校的原因之一。你家在高头,离我中川村只有五十华里,你大概到过我中川村的,你看,在那小山沟里,要办一所像样的中学,很难找到合适的地点,其他各地也可想而知了。[①]

胡文虎幼年曾回故乡中川村接受传统教育,知道家乡孩子读书的艰辛。"他从自己走过的道路,认识到事业要发展,经营要打开局面,是要靠才能、靠科学、靠教育,所以他以后一生办报纸、办学校,虽然持有客家靠家庭经营为主的传统观念,但主要还是坚持看业绩,看才干。"[②]他之所以要创办一千所小学,其目的就是希望全面提高中国国民的基本素质。

[①] 江茂夫:《回忆厦门经济公司成立前后与公司董事长胡文虎一席谈话》,《永定文史资料》,1986年,第5期。
[②] 郭启熹:《闽西教育史谈》,鹭江出版社,2012年,第329页。

中华人民共和国成立前岩籍华侨为家乡捐资办学情况表①

县别	校名	捐助人	捐助时间	捐资情况	备注
永定	永定师范学堂	胡子春	1906	独资	
	下洋犹兴学校	胡子春	1906	独资	
	湖山小学 金丰中学	胡子春	1906	独资	1919年两校合并为金丰公学
	竹联怀汀学校	戴子汀	1923	购田、店、租金供办学开支	
	东洋小学	罗督章等	1925	集资	
	月流小学	曾昭周等	1935	集资	
	太平小学	曾少锋等	1935	集资	
	中川小学	胡文虎	1937	独资	
	坎市小学	胡文虎	1937	独资	
	道南小学	胡文虎	1937	独资	
	永定侨育中学	胡文虎等	1939	集资	
	上在小学	卢国振	1941	集资	
	堂堡小学	阙德隆	1943	捐建部分校舍	
	湖雷小学	阙德隆	1943	捐建部分校舍	
	增瑞小学	阙德隆	1943	捐建部分校舍	
	上川小学	张松在等	1944	集资	
	洋堡小学	徐先生等	1946	集资	
龙岩	省立龙岩九中	林映清	1916	捐设备	
	养英小学	林映清	1916	捐设备	
	西山小学	林映清	1916	捐设备	
	六桂小学	翁锦使	1914	独资	实验小学前身
	振桂小学	翁锦泉	1920	修葺校舍	实验小学前身
	溪兜小学	张茂萱 张德宗	1922	捐2 760银元	溪连小学前身
	苏溪小学②	胡文虎	1937	独资	
	新罗小学	胡文虎	1937	独资	未办成，校舍归龙岩中学
	溪兜中小学	张德镕、张汝鳌、张镇江等	1941	集资	今龙岩三中学院附中

①参照郭启熹：《闽西教育史谈》制表，鹭江出版社，2012年，第323~324页。
②胡文虎于1937年拟捐建1000所小学，福建省各县分有1~3所，如上杭有城西小学等，但建校所在及资金支付、建校完成情况等其他县失记。

续上表

县别	校名	捐助人	捐助时间	捐资情况	备注
龙岩	明耻中学	周仰云、罗忠意、李非等	1939 1945	13万元，地100多亩，年租谷30多桶	连城一中前身
	姑田院庄小学	胡文虎	1938	7 000多元重建新校	姑田中心小学前身
	芷溪中心小学	胡文虎	1939	独资	
	隔川小学	陈祝	1937 1948	1 000多元	
	金川小学	周仰云	1937 1948	3 000元	
	龙岗小学	周仰云		独资	

三、兴办实业

龙岩地区华侨历来有回馈桑梓、建设家乡的宏愿。早在清末民初，永定籍锡矿大王胡子春，在家乡捐资办学的同时，就已开始回国创办实业。除了投资京汉、粤汉等铁路项目外，他还特地投资漳厦铁路，试图尽快改善家乡交通及家乡面貌。

从20世纪30年代开始，胡文虎就开始大量投资祖国经济建设，除了在广州、汕头建制药厂，在上海、重庆、广州、福州、厦门、天津、昆明、贵阳、桂林等地设立永安堂药业的分公司并在南方多个城市创办"星"系报纸外，还兴办一批实业。如，早在1933年，胡文虎就应蔡廷锴、蒋光鼐之邀，回福建组建"福建省建设委员会"，提出建立福建银行，扶持农村经济，划厦门为华侨建设试验区的主张。还出资8万元修筑闽西公路，投资港币20万元兴办福州自来水公司。1935年，胡文虎要在全国捐资建一千所小学的同时，也要捐建一百所医院。

抗战胜利后，为了建设家乡，胡文虎于1946年秋在新加坡发起组织"福建经济建设服务有限公司"，拟筹资300亿元，计划在海外募股200亿元，国内募股100亿元，他自己认募10亿元。虽然计划因为蒋介石集团发动内战而流产，但胡氏热心家乡建设之心可鉴。

龙岩华侨在家乡兴办实业者还有不少。苏济时曾经在泉州创办"泉永德汽车公司"；东肖华侨投资兴办咸酥花生焙制厂，并将产品出口至泰国、新加坡、缅甸等地；连城华侨则投资家庭印书业，将四堡雕版印刷业发扬光大；永定华侨投资创制条丝烟工场，为家乡人就业致富打下基础。

第二节 龙岩华侨对侨居地的贡献

由于受传统观念的影响，海外华侨大多也聚族而居或按地缘聚居，被视为"社会中之社会"①，其历史流布不仅是祖籍国国史的一部分，而且也是所在侨居国历史的重要组成部分。"华侨在侨居地，与当地的人民通婚，互相支援，开发资源，推动社会向前发展，也就是说，他们与当地人民共同创造历史，推动历史的发展，因而自然应当在其侨居国的历史上占有恰如其分的地位。"② 开始，华侨多为男性移民，将妻儿老小留在祖籍地，希望赚钱养家或发财回家。其后，华侨多与海外华裔女性或当地女性通婚，逐步融入侨居地本土文化和社会之中，成为当地社会一部分。

---

①李亦园：《李亦园自选集》，上海教育出版社，2002年，第139页。
②林远辉、张应龙：《新加坡马来西亚华侨史》，广东高等教育出版社，2001年，第16页。

因此，英国东南亚华侨史权威学者、《马来亚华侨史》的作者、历史学家巴素博士（Victor Purcell，1896—1965）就曾说过："马来西亚主要的殖民者（指英国），吸引华人至他们的殖民地，是在1786年英人在马来半岛开辟殖民地时（指占领槟榔屿），华人才受欢迎。"①巴素还对华人在东南亚的贡献给予高度评价——"假如没有华人，就没有现代的马来亚"②。马来西亚总理马哈蒂尔在世界客属第15届恳亲大会的致辞中说："马来西亚的历史不能没有华人，吉隆坡的历史不能没有华人，如果没有把客家人写进吉隆坡的历史，没有把'华人甲必丹'的贡献纪录在案，吉隆坡的历史将是不完整的。"③

"有史书记载：在1786年之前，槟城岛上已有58个渔民。其中三人即张理、邱兆进及马福春，在丹绒道光过着打渔生活。后来他们死了，就化身为'大伯公'。今天在海珠屿的大伯公庙即由此而来（建于1799年，莱特则于1786年登陆槟榔屿），他们三人于1745年来到槟城，比莱特早了41年。"④莱特是英国殖民者，1786年带兵登陆并占领槟榔屿后，将其开辟成殖民地。而比莱特更早，于1745年就已到达槟榔屿的"大伯公"张理、丘兆进和马福春等人，据英国人范汉（J. D. Vaughan）1879年刊行的《海峡殖民地华人习俗考》载：大伯公生前是永定人张理，在槟城海珠屿大伯公庙旁大伯公墓碑上的马福春也有明确的籍贯永定。而海珠屿大伯公庙中由蕉岭人汤日垣在1921年冬月撰写的《重修海珠屿大伯公庙捐册序》的碑文则赞叹大伯公，说"大伯公为槟海开山之初祖，生以为英，没以为神"。⑤可见，槟榔屿的开发，与永定人有直接关系。

马来西亚知名学者及时事市评论家、《马来西亚华人政治思潮演变》《槟城华人两百年》的作者谢诗坚博士说："因为莱特在1786年开辟槟榔屿，华人开始向外大规模移居而形成华人社会。继后英国又通过槟城开辟新加坡和占领香港，再从香港把中国人大量运送到世界各地；尤其是在1840年鸦片战争后，形成'世界海外华人'这一特殊名词。所有这一切始于槟榔屿的开发。因此槟城写下'海外华人史'的第一页。"⑥如果此说有道理，那么，也可以毫不夸张地说，永定人"大伯公"写下"海外华人史"的第一页。

菲律宾前总统阿基诺夫人也说："华人已经在许多国家证明他们是一支举足轻重的经济力量。在菲律宾，已经一再表明他们是在经济和文化发展方面的可靠伙伴"⑦。如以印度尼西亚为例，华人在印度尼西亚总人口中所占比例高居各外来民族之首，"印度尼西亚群岛各行各业几乎都有华人参加，虽然以小商贩和手工业者为多，但经营企业而致富的也不少。他们的经济地位十分重要"⑧。

早期的海外华侨在努力打拼，谋求生存并且争取养家糊口，买田做屋乃至光宗耀祖的同时，也为侨居地社会的发展、繁荣作出了杰出的贡献。尽管他们极不情愿落地生根，但也积极地参与侨居地各项事业，与各族人民一道，将侨居地建设成美好的家园。正如万历四十五年（1617）张燮写《东西洋考》时所见苏鲁马益港"旁大洲，林木蔚茂，千余家，强半是中国人。"⑨说明该港是因中国华侨参与建设而繁荣的。龙岩华侨在侨居地所作出的巨大贡献，自然也有口皆碑。

一、清末民初

总体而言，龙岩华侨对侨居地的贡献涉及政治、经济、文化教育、慈善公益等方方面面，但论比重，还是经济贡献最令人瞩目。这也与岩籍海外移民最初离开家乡就是为了求得更好生活这一目的密切相关。正因为经济原因乃是岩籍移民背井离乡的主因，挣钱较快的垦殖、开矿与从商也就成为岩籍海外华侨的多数选择。

如清代乾隆初年，除了开发槟榔屿而被当地人亲切称为"大伯公"的永定人张理和马福春外，还有

---

① 转引自谢诗坚：《槟城华人两百年》扉页。
② 《泉州华侨史料》编委会编《泉州华侨史料》第二辑，泉州市归国华侨联合会、泉州市侨务办公室，1985年，第23页。
③ 张耀清：《世界向闽西款款走来》，《闽西日报》生活专刊1999年12月2日第1版。
④ 谢诗坚：《槟城华人两百年》，第7页。
⑤ 王琛发：《功德振勋焕南邦》，马来西亚道理书院，2016年，第43页。
⑥ 谢诗坚：《槟城华人两百年》扉页。
⑦ 范启龙：《福建华侨与辛亥革命》，《福建师范大学学报》1991年第4期，第87页。
⑧ 朱杰勤：《东南亚华侨史》，高等教育出版社，1990年，第154页。
⑨ 张燮《东西洋考》卷3，"下港"条。

同样带领华人开发槟城种植胡椒、丁香而成为"胡椒大王"的永定中川人胡泰兴。他的种植园和商店除了接纳、安排不断南渡的家乡移民就业外，还安排了大量当地的马来人和东来的印度人就业，在为槟城社会经济的发展作出巨大贡献的同时，也为槟城的族群融合、民族和谐作出了巨大贡献。他也因此而被选为首届槟城市议员。为表彰他的贡献，纪念他的功迹，槟城四条路被命名为"泰兴路"。

胡子春事业成功后对侨居地的贡献也有口皆碑。除了经营矿业机构30余处，安置大量南渡的中国移民和当地马来人外，还开辟了数千英亩的橡胶园和规模巨大的种植丁香、豆蔻的"春园"以安置大量农业工人。鉴于胡子春对开发马来西亚半岛的巨大贡献，影响深远，当时英国驻南洋参政大臣特封他为"太平局绅"，英王甚至封他为矿务大臣。

胡子春根据自己借鉴运用西洋先进技术发展矿业的成功经验，深刻认识到知识的力量，认识到兴办教育、昌明科技对于国家振兴、民族富强的重要作用。因而他毕生除了致力于在国内祖籍地永定等地兴办教育外，还在海外华侨社会独资或集资办学。

1901年，胡子春联合槟城各属客家侨领一起倡办"崇文社"，推动"敬惜字纸"运动，并设义塾，免费供各籍子弟入学。1906年，胡子春倡议于中华学堂附设师范传习所。槟城中华学校、霹雳拿乞乐育两等学校、拿乞女子小学等，胡子春都鼎力捐助，并被聘任为槟城中华学校校董总职。而胡子春倾力倡办的槟城中华女学，则是南洋华侨妇女教育开天辟地的创举。

此外，胡子春还在槟城、怡保等地创立了"振武善社"等慈善机构，以宣传戒烟（鸦片）和免费供应戒烟药水，大力推动禁烟行动，造福侨胞及当地社会。

"闽西籍华侨华人与居住地原住民长期和睦相处，他们继承了儒家思想为核心的中原文化，所以乐济好施，并且为居住地慈善公益事业作出了积极的贡献"①。清光绪三十三年（1907），槟城爆发天花疾疫，患者无数，以经营百货起家的永定籍华侨吴德志自费办起"济生医院"，收容不同种族患者，使207名患者得救。"一战"期间，海上交通阻隔，吴德志邀请"十二商头人"筹集巨款，平粜粮食，公开施赈。为了表彰其德行善举，英政府特授其OBE勋章，吴德志也是第一位获此荣誉的华人。1915年前后，吴德志又捐资恢复槟城慈善机构——"同善堂""同善学堂""务内义学"，周济当地贫困者，免费让贫困学生入学读书。

二、民国时期

清末民初以来，岩籍华侨在南洋各地不仅人数越来越多，在当地成家立业、事业成功甚至富甲一方者也越来越多。但无论是富甲一方的侨界翘楚，还是碌碌谋生的芸芸众生，岩籍华侨都既服膺传统又敏于时势。服膺传统使他们无论走到哪里，都能在"一个陌生的地方建立起中华民族固有的生活方式和保持固有的传统与思想，而凝聚中华民族不被同化或不被完全同化或即便是不得不被同化也依然带有切不断的民族情怀"②，而敏于时势则使他们能面对现实，或建庙以正人心，或祭祀以传文化，或办学以播文明，或结社以聚人心，尽力实现民族的文化落地，积极在当地作贡献，从而实现在当地扎根，"日久他乡是故乡"。

"中国海外移民秉承中华民族互助友爱的传统美德，建立了慈善、互助类团体，以帮助族胞初到异域的陌生感，解决生活中的实际困难，寻求健康、稳定的发展。"③ 不仅帮助自己的同胞，海外华侨所建立的各类组织之于当地经济社会发展的贡献同样功莫大焉！岩籍海外华侨在侨居地创办的慈善、互助类或教育类团体很多，诸如慈善社、善后社、医疗院、养老院、慈幼院、收容所、保良局、兼善公所、善举公会、康乐和体育团体、联谊团体、青年和妇女组织、文化教育组织（书报社、图书馆与文化中心）、教师会、教育会、政治和救国团体等等。特别是岩籍华侨的体育团体和体育用品公司，对东南亚体育发展的贡献巨大，乒乓球、羽毛球等项目尤为明显。如长汀籍华侨黄永林等人创办的泰国鹰标体育工业有限公司，就为泰国体育事业作出了突出的贡献。

"万金油大王"胡文虎，以"取之于民，用之于民"为己任。除了虎标药业之外，他还投资创办其他企业，星系报业就是其中的一项。从1925年至1952年，他先后在南洋各地和中国南方创办了10多家报纸，形成侨界独一无二的报业王国。他虽以商业立场

---

①陈雄主编：《闽西文化创新与文化产业》，中国言实出版社，2000年，第43页。
②谢诗坚：《槟城华人两百年》，第50页。
③谭天星、沈立新：《海外华侨华人文化志》，上海人民出版社，1998年，第129页。

办报，却主张为民众作喉舌。他将报纸办成直接服务于社会的重要事业之一。正如他自己所说："不以营利为目的，专心服务为前提，宣传抗日救国，竖民众之信念。"他确实是这样做的，他的报纸对促进抗日救国事业，激励人们团结一致，推动桑梓建设，振奋民族精神和维护华侨权益，服务侨居地各项事业诸方面都起了重大的作用。

胡文虎是举世公认的大慈善家。他除了在其永安堂药业总部所在地新加坡捐建10多所义务学校和中小学以及在国内捐建数百所大中小学外，还参与创办南洋大学，并在南洋各地创办了许多学校、孤儿院、儿童保育会、托老院、医院、接生院等，为侨居地缅甸和新马各地的社会事业作出了杰出的贡献。

胡文虎热心教育，数十年如一日，始终风雨不改。1952年，胡文虎年届古稀，当陈六使把有意创办南洋大学的计划与其商量时，胡文虎立即表示赞同。1953年1月，胡文虎得知陈嘉庚在福建会馆号召建设南洋大学，便立即从香港拨电捐款支持。

多年来胡文虎除了在中国境内大量捐资办学外，在境外也有大量捐助。如下表：

胡文虎在南洋各地捐助学校统计表

国家/地区	捐助学校名称
新加坡	启发学校、南洋女子中学、华侨中学、养正学校、南洋工商补习学校、美以美会女校、崇本女校、浚源学校、星洲职业学校、静方女校、南华女校、中国女校、女子体专、圣约瑟实业学校、新加坡孤儿学校、中正学校、公教中学等
马来西亚半岛/槟城	钟灵中学、福建女校、时中学校、协和学校、公立公民学校第一分校、中山小学校、慕义学校、修道院
马来西亚半岛/马六甲	马六甲幼稚园、培风学校、平民学校、培才学校、培德学校
马来西亚半岛/霹雳	霹雳公立女子中学、怡保女校、实兆远南华中学、太平华联公学、三才学校
马来西亚半岛	中华学校、化南女中；中中学校、进德学校、广肇学校、黄魂学校、华中学校、集英学校、导民学校、新民学校、孟助学校、易三仓学校
缅甸	仰光中国女子学校、仰光华侨中学、坚磅华侨公学
其他	南华学校、华侨中学、中华学校

除捐助外，还有独资创办的学校。如1935年9月，胡氏独资创办免费民众义务学校。专收贫困学生，一律免费。至1939年，学生增至1 600多人。

胡文虎在海内外捐资慈善公益事业的数目巨大，捐资海外款项更是无法统计，涉及范围很广。仅1950年胡氏工商企业撤离中国大陆之后，在香港、马来亚、泰国和日本等地的捐献就有：叻币80万；港币68万；泰铢120万；英镑1万；国币1亿。

民国时期崛起的同样祖籍在永定下洋中川村，继其族叔"锡矿大王"胡子春和胡重益之后的又一位"锡矿大王"胡曰皆，也像其族叔胡子春一样，除对祖籍地的公益慈善事业和教育医疗事业作出突出贡献外，对侨居地也贡献多多，在华侨社会声望甚隆。他历任霹雳中华大会堂副堂长、霹雳中华总商会财政、当地政府安全公债委员会委员、霹雳永定同乡会主席、矿务公会副主席、中华学校董事主席等职。抗日战争期间，他曾担任积我营祖国难民筹赈会主席，带头捐献巨资并积极发动侨胞捐资支持抗日。日军侵占马来西亚半岛后，他又暗中支援马来亚人民抵抗运动，以致遭日军拘捕拷打。此外，他还在马来西亚半岛先后创办深斋中学、深斋天人科学馆，资助霹雳育才中学、女子中学和南洋大学，并将坐落在怡保面积达26.67公顷的豪华大厦和花园，捐资设立安慰宁医院。

祖籍新罗区的荷属东印度侨领王源兴也为侨居地作出过很大贡献。除了为印度尼西亚巨港中华学校、华侨学校的建设竭尽全力外，在抗日战争期间，王源兴在积极筹赈支援祖国抗战事业的同时，也在政治经济上支持荷属东印度独立运动，团结华侨办好华侨福利事业，维护治安，保护侨胞，甚至据理向荷兰当局交涉，维护侨胞的合法权益。他还积极支持当地进步文化教育事业，曾任新加坡《南侨日报》副董事长、代董事长，投资兴办东棉兰《民主日报》等。

同是祖籍新罗区的苏振寿（1902—1981）、陈灼瑞等人，也为侨居地华侨公益事业和华文教育尽心尽力。苏振寿曾任泰国曼谷福建会馆主席，曼谷中华总商会执委等，陈灼瑞则在印度尼西亚沓都巴拉主持募捐创办了益华小学。

在侨居地面临灾祸和民族危亡之时，岩籍华侨不仅像吴德志那样办医施赈，救民于水火，而且还不惜献身，投身于抗击外敌入侵的斗争中，与当地各族人民同生死，共患难。菲律宾侨领、龙岩籍华侨烈士张旭高和新马抗日战士、永定下洋籍华侨胡铁君就是其中的佼佼者。

张旭高（1903—1944），又名张昭明，字问鸥，福建龙岩县（今新罗区）曹溪乡人，菲律宾著名侨领、华侨抗日烈士。

张旭高少年时代曾在家乡私塾和白土桐冈学校读书，后考入厦门集美学校师范部。受到五四新文化运动和苏联十月革命的影响，常阅读《新青年》等进步报刊，思想渐趋进步。1924年春夏间，他和40多位同乡同学组织"龙岩留学集美学生会"，出版会刊《到民间去》，批评当局对学生的专制管理并提出革新意见，宣传进步思想。不久，参与领导集美学潮，被推选为岩籍学生代表与校方谈判，要求取消禁锢学生思想、限制学生活动的旧规章。毕业后，先后进入中山大学、上海大学求学。

1926年冬，国民革命军东路军北伐入闽，赶走北洋军阀周荫人部。次年1月，张旭高经龙岩籍人士、国民党福建省党部主任委员詹调元委派，离沪返岩，出任（龙）岩（漳）平宁（洋）政治监察专员。他取得中共龙岩县支部的支持，团结国民党左派力量，在岩平宁三县范围内开展轰轰烈烈的国民革命运动，举办了"岩平宁宣传人员养成所"，培训农民运动骨干，召开工、农、商、学、妇女代表联席会议，通过了限制封建剥削，实行"二五"减租，对半减息，婚姻自主，禁止纳妾，禁赌禁娼禁吸鸦片等决议。同时开展向土豪劣绅斗争，下令拘押曾得曹锟贿选总统款5 000大洋的岩籍国会议员连贤基，缉捕贪脏枉法的税捐员麻皮成并判刑。

1927年4月，龙岩国民党右派勾结封建势力，步蒋介石"四·一二"反革命政变后尘，发动政变，岩平宁政治监察署遭捣毁，一批共产党员和工农运动领导人被残杀。张旭高被迫逃离龙岩，到漳州、厦门，加入中国共产党之后去上海。

1930年秋，国内白色恐怖更为严峻，张旭高出国赴菲律宾。为谋生计，张旭高在中学教书。曾任宿务中学训育主任、巴西中学校长等职。后与杨静桐等人创办南洋中学，并在校内设成人夜校，吸收店员入夜校学习，帮助华侨掌握谋生本领。

1936年，张旭高参与组织"华侨文化界抗日救国会"。

1937年"七七"事变后，张旭高在华侨社会积极推动抗日救国运动，创办抗战图书馆和国难夜校，组织青年战时服务团等并率领中外记者战地考察团前往中国考察，为菲律宾报刊提供大量中国抗日战争新闻。

1942年1月，日本侵略者攻占菲律宾马尼拉，张旭高与家人避居六千省竹乡一个做银匠的菲律宾共产党员家中；4月，迁居黎刹省吗拉闷社。在避难的同时，张旭高不断筹集经费，提供情报，支持当地游击队抗日，历尽艰险。

1944年1月12日晚，日本宪宾队突然包围张旭高的住所，将他逮捕，囚禁于福山地也哥日军宪兵司令部，施以酷刑，张旭高坚贞不屈。

1944年，同盟国军队大举反攻，日寇面临失败、灭亡，但仍在菲律宾垂死挣扎，大批抗日志士惨遭杀害，被抛尸灭迹，被日军宪兵拘押的张旭高自难幸免。

第二次世界大战结束后，菲律宾华侨和菲国人民遍找张旭高，虽未能觅得其尸骸，但可断定其已被日军杀害，便在马尼拉市为其建立纪念碑，尊他为华侨抗日烈士。

胡铁君（1914—1967），原名胡知芳，永定下洋下赤坑溪头岗人。曾就读邻县广东省大埔中学，毕业后进入南京中央军校学习3年。20世纪30年代末南渡新加坡，进入《星洲日报》从事新闻工作，撰写许多时评政论，影响较大，逐渐成为新加坡著名的社会贤达。

1941年12月8日，日本侵略军开始大举进攻马来西来半岛，在泰国的宋卡、北大年和马来西亚半岛的哥打巴鲁登陆后，迅速占领当地机场和克拉海峡，随后分兵三路南下，直抵新加坡对岸的柔佛，英军节节败退。新加坡的海峡殖民地政府总督汤马士誓言：

"新加坡不可失陷!"但新加坡屏障已失,日军飞机狂轰滥炸,局势万分危急。

1942年2月1日,新加坡保卫战打响。"保卫星洲""保卫家园"的响亮口号激发新加坡华人华侨的抗日热情,以陈嘉庚为总主席的南侨筹赈总会号召华侨参加抗战,组织了"星洲华侨抗敌动员总会",同时争取英国殖民政府的支持,组建"星华抗日义勇军"。

报名参加义勇军的热血青年有3 000多人,1 200多人被选编入伍。义勇军司令部设在南洋华侨师范学校,下属8个军。英国人打理上校任司令,曾就读南京中央军校的有军事常识且有较高威望的胡铁君被任命为副司令,领少校军衔。

义勇军在司令打理与副司令胡铁君的指挥下参与了新山伏击战和裕廊律保卫战。2月4日中午,一支日军巡逻队乘橡皮艇在新山长堤海域游弋,义勇军第一连埋伏岸边,一举击沉数艘日艇,消息马上被各华文报纸刊登,极大地鼓舞了当地民众的抗战信心。2月7日,日军在柔佛海峡北岸用大炮猛轰裕廊律,义勇军二连坚守在阵地前沿,抗击敌军的轮番炮轰。8日深夜,日军在猛烈炮火的掩护下强渡柔佛海峡,试图强行登陆。义勇军与日军血战4天4夜,打退日军几十次进攻。防守裕廊律的另一支印度友军却因火力不支向敌军缴械投降,防守裕廊律和巴丝班让前沿阵地的义勇军二、三连于是陷入重围。日军对被围困的义勇军用炮火猛攻,还用飞机低空扫射,情况万分危急,司令部于是命令四连驰援,帮助二、三连突围。12日,义勇军全部转移到南洋华侨师范学校的司令部驻地。

由于战局恶化,英军决定弃守新加坡,并于13日宣布解散义勇军。15日,12万英军向日军投降,日军进入新加坡,大肆搜捕杀害华侨,特别是抗日华侨领袖。所幸星华抗日义勇军副司令胡铁君在新加坡沦陷前逃亡到马来半岛并进入霹雳山区,参加由马来亚共产党领导的马来亚人民抗日军,继续进行抗日游击斗争。

抗日战争胜利后,胡铁君脱下戎装,继续从文,撰写了《星华义勇军战斗史》一书。

第三节　龙岩华侨与国内革命战争

从1840年鸦片战争爆发到1949年中华人民共和国成立,前后109年,在中国历史上是半封建半殖民地社会时期,在华侨历史上是华工大量出国和华侨民族意识日益觉醒时期。

鸦片战争后,清政府开放海禁,对华工出国由禁止到开放,并设领事馆保护,东南亚及美洲出现大量契约华工。大量破产的闽西穷苦百姓以"猪仔"方式出国,有的是被骗出国①。龙岩华侨从清朝乾隆年间(1735—1796)开始出国,鸦片战争后开始成批地有规模地走出国门。至1930年,仅居住在东南亚各国的龙岩县籍华侨有2 000多人②。全市华侨人数在7 000人左右③。这时东南亚各国尚未独立,殖民政府对外国侨民管制较松,而辛亥革命成功和国内外掀起的抗日救亡运动,又激发了海外侨民的爱国热情。

中国民主革命的先行者孙中山说:"华侨是革命之母。"④规模宏大的近代农民起义——太平天国起义被清政府残酷镇压后,有不少太平军将士以各种方式逃避清军的捕杀而逃到海外,加入了华侨群体,他们对海外华侨的民族意识起到了启蒙的作用。到了清

---

①龙岩地区地方志编纂委员会:《龙岩地区志》,上海人民出版社,1992年,第1090页载:清咸丰二年(1852),有龙岩、长汀、上杭等县籍人刘全前、李海、陈查华等14名华工,因不堪忍受美国人贩子非人的虐待,在美国"罗伯特·包恩"号船上暴动,杀死船长、大副、二副及4名水手,并将缴获的船驶往琉球的八重山岛岸。
②龙岩地区地方志编纂委员会:《龙岩地区志》,上海人民出版社,1992年,第1091页。
③龙岩市七县(市、区)海外华侨华人比例:永定约占60%,新罗约占30%,其他五县约占10%。依此比例溯推,1930年在东南亚的龙岩华侨人数约7000人。
④陈占勤、苏干远:《"华侨是革命之母"——孙中山与香山华侨》,中山市孙中山研究会编《孙中山研究文集》,广东人民出版社,1996年,第112页。

朝末年，清政府、维新党、革命党人为争取海外华侨的支持，积极开展海外华侨工作，日益唤醒海外侨胞的民族意识，海外华侨社团、华文学校、华侨报刊纷纷创办起来。被称为华侨社会三大支柱的社团、学校和报刊的发展，又大大提高了海外华侨的文化水平、民族意识和政治觉悟，他们更加关注国家和民族的命运，因而更加积极参与国内的革命斗争。国共内战时期，中国国民党和中国共产党都成立有海外支部，积极争取海外华侨的支持。因而，中国近代以来的历次革命，都与海外华侨息息相关，他们以各种方式，积极参与国内的革命。海外华侨为祖国的反殖民、反封建斗争以及争取国家完全独立和民族解放作出了不可磨灭的贡献。可以说，没有海外华侨的支持和热心参与，就没有孙中山领导的辛亥革命；没有海外华侨的大力支持和积极参与，中国的抗日战争和民族解放事业将更加艰难。放宽历史的视界，不难发现，买办阶层、企业家、知识分子、海外华侨共同构成了民国时期民间社会的四大阶层和力量。孙中山所组织创建的革命团体兴中会、同盟会及辛亥革命后的中华革命党等，都是依靠华侨的捐助所创建以及由包括华侨在内的先进分子所组成。海外华侨也为中国共产党领导的新民主主义革命作出了积极的贡献。毛泽东曾高度称赞著名爱国侨领陈嘉庚是"华侨旗帜、民族光辉"。邓小平则曾经说过："几千万爱国侨胞在海外，他们希望中国兴旺发达，这在世界上是独一无二的。""进入近代史以来，每逢国家走投无路的时候，人们总是把希望放在海外，开放成为一种时代的呼声。"①龙岩地区的海外华侨华人突出体现了这一特点。他们不仅与侨居地人民和睦相处，以自己的勤劳、智慧对所在国家和地区的经济发展和社会进步发挥了重要作用，而且时刻关心着祖（籍）国的和平与安宁、进步与强盛。不仅为祖籍国祖籍地的经济发展作出杰出的贡献，也为祖籍国的革命斗争贡献力量。在近现代中国人民追求民族独立、反抗帝国主义侵略和压迫的进程中，在中国人民反帝反封建、争取祖国解放的进程中，龙岩华侨华人都以不同方式作出了重要的贡献。

一、龙岩华侨与辛亥革命

经过清朝一代，特别是鸦片战争以来的移民沉淀，至清末，在海峡殖民地的新加坡、槟榔屿，英属马来西亚半岛的霹雳、缅甸，荷属东印度的爪哇岛和苏门答腊岛等地都有不少岩籍华侨。在一些地方如槟榔屿，岩籍华侨不仅人数众多，有了社团组织，而且涌现出像胡泰兴、胡子春、吴德志等那样的经济基础坚实且富有影响力和号召力的华侨实业家。他们成为当地殖民政府、清朝政府、康有为保皇党和孙中山革命党都积极争取的对象。

孙中山为推翻满清政府，创建资产阶级民主国家，于1894年首先在美国夏威夷成立革命团体兴中会，然后前往欧洲、日本及南洋宣传革命主张，鼓吹资产阶级革命，争取华侨支持。1905年又在兴中会、华兴会、光复会的基础上于日本东京创建了具有现代政党性质的中国同盟会，在海外各地设立同盟会支部，吸引华侨参加反清革命活动。

日本东京是孙中山领导资产阶级民主革命同盟会的总部所在地。留学日本的永定人胡采辉②、林上楠③、陈雪梅④加入了同盟会及其领导下的革命活动。陈雪梅辛亥革命失败后，偕日本籍妻子侨居缅甸，以开照相馆为业。

华侨对于近代中国革命的支持及其贡献主要还是钱款和物资资助，这一点在孙中山所领导的民主革命进程中表现尤其突出。孙中山在1906年至1910年期间，先后7次到新加坡和马来西亚半岛各地，筹得大量钱款、物资和枪械等。海外华侨在孙中山等革命党人的宣传启发下直接回国参加革命者，如在广州黄花岗起义中，成仁烈士有86人，海外华侨就有31人，其中新加坡有8人。岩籍华侨历来有爱国爱家的光荣传统，他们身居海外，但念念不忘故国兴革，时刻心系国家民族安危。孙中山留驻槟城期间，胡子春请好

---

①苏小和：《百年经济史笔记》中卷《倒退的民国》，东方出版社，2016年，第299-301页。
②胡采辉（1885—1969），字素心，永定下洋中川村人，福建法政大学学生，日本留学生，清末参加反清学潮和辛亥革命，后逃亡荷属东印度梭罗，从事华文教育。1937年回国参加抗日宣传活动。《福建永定胡氏族谱》，福建《永定胡氏族谱》修编委员会，2011年，"采辉"第26页。
③林上楠（1882—1952）字汉琴，永定仙师人，14岁中秀才，后东渡日本留学，获日本明治大学法学士，加入同盟会，参加革命活动。学成回乡，任永定县劝学所教导。
④陈雪梅，永定岐岭乡人，是著名华侨女英烈陈康容的父亲。

友、同盟会员、永定高陂人王绍经①多次聆听孙中山演讲的革命主张，还请王绍经代为宴请孙中山先生，并对孙中山在南洋的革命活动多次暗中资助巨款，还多次购买武器，支持永定光复的准备工作。武昌起义后，胡子春立即剪去辫发，继续捐赠巨金援助革命政府，在当地华侨社会中起了相当重要的影响。胡子春还托王绍经买枪带回国内。民国版《永定县志》记载子春："辛亥鼎革，奔走最力，协助民党饷款甚巨，功成不居。"②马来西亚半岛的永定华侨王绍经对前来进行革命活动的孙中山也给予资助。

因告发知县王先泽劣行被革除秀才功名的漳平人陈性初③，于1902年南渡荷属东印度巴城后，很快接受了革命思想，提出团结巴达维亚侨胞，一致拥护孙中山的革命主张，积极参加民主革命活动。1911年与王敬书等共同创立"华侨智育会"作为革命的活动阵地。

在英属缅甸，永定人胡迪人④参加旅缅中国同盟会，组织和发动华侨支持辛亥革命。根据1931年出版《缅甸中国同盟会开国革命史》第二章"缅甸中国同盟会会员史略"载："胡君迪人，闽之永定人也。自少南来缅甸，居瓦城（曼德勒）经商，历二十余的。初得友人赠阅三民主义及革命方略，有所感触，悉孙总理创设同盟会，以谋推翻专制，建立共和，到处图谋起义，前仆后继，不惜牺牲，遂加入同盟会，致力于救国事业。庚戌（清宣统二年，1910年）春，仰光同盟会特派居正、吕天民到瓦城秘密宣传，欲由云南发动起义。斯时，在瓦同志不过十余人，后得赵济川、（胡）君介绍加盟者甚多。居、吕二君即委（胡）君与饶潜川、陈泰高、朱实三、李任卿、杨立三诸同志创设振汉书报社为革命机关。当时汉奸屡谋破坏，（胡）君与诸同志设计制止之。至武汉起义捷电飞到，则尽力筹饷接济。其服务革命工作，洵可钦哉！"

武昌起义成功的消息传到海外，岩籍华侨欢欣鼓舞。1909年在马来西亚半岛加入同盟会的胡建扬⑤听到武昌起义成功的消息后，立即回国参加革命。回到汕头后，适逢1911年11月10日革命军光复潮汕，13日胡建扬等归国志士参与粤东的粤闽客籍革命志士一起光复大埔县，并组成光复联军，向汀江流域各县挺进。13日下午光复联军到达下洋。当晚成立永定光复军，胡建扬被推举为司令。14日率光复军40余人到县衙与知县谈判，和平光复永定。15日宣布建立闽西第一个革命军政府永定县革命军总部，结束清廷在永定的统治。23日所率光复军参加李宗尧的革命军，开赴上杭、长汀，为闽西光复大业继续战斗。胡建扬因此被称为"辛亥革命时光复闽西第一人"。甚至是由海外华侨率领义军夺取一个地区革命胜利的第一人。

福建一宣布独立，王绍经就从马来亚回到家乡永定。回到永定后，王绍经还努力在文教界扩大革命影响，争取到许多人士同情或参加革命，使和平光复永定得以顺利成功。

漳平华侨陈性初则于1912年与陈松和、李金山等人发起创办"福建会馆"和"福建中学"，并任顾问。除了联合起来维护侨胞自身权益，共襄华侨社会公益事业外，还共襄爱国盛举。福建会馆同仁参与劝募"国民捐"，奔走巴城，计得法币230余万元，汇回国内，支援孙中山领导的革命政权。陈性初还写信给国内的长子陈建聪，教导他要拥护新政府"头发可以早早剪除，切勿留豚尾，被人笑骂"。

辛亥革命的胜利果实被袁世凯篡夺后，孙中山等资产阶级革命党人为反对袁世凯专制、卖国和复辟帝制，于1914年7月8日在日本东京成立中华革命党，在总部直接指导下，国内18个省成立了支部，海外

---

① 王绍经（1852—1927），原名景生，字小鹤，永定高陂富岭村人。1897年乡试，1898年录为候选知县，但久不见举，转赴马来亚经商和从事教育。1905年孙中山到南洋进行革命活动，给予资助。
②《福建永定胡氏族谱》，福建《永定胡氏族谱》修编委员会，2011年，"子春"第25页。
③ 陈性初（1871—1939），原名庆善，字嘉祥，漳平居仁里福满洋永庆堂（菁城福满村）。1895年考中秀才，为人耿直，富有正义感，因告发知县王先泽劣行，被王斥革，因违反"生员不许干预他人词讼"和"军民一切利病，不许生员上书陈言"的条规丢秀才功名。1902年南渡荷吧城（巴达维亚），接受革命思想，拥护孙中山革命主张。
④ 胡迪人，原名启旺，永定下洋中川村大壮楼人，生卒年不详，旅缅中国同盟会重要成员，为支持辛亥革命作出了杰出贡献。《福建永定胡氏族谱》，福建《永定胡氏族谱》修编委员会，2011年，"迪人"第27~28页。
⑤ 胡建扬，永定下洋镇下坪村人，清光绪年间赴南洋谋生，1909年加入同盟会，1911年11月在广东大埔成立光复联军，被推举为司令。闽西全部光复后，重返南洋，不知所终。《福建永定胡氏族谱》，福建《永定胡氏族谱》修编委员会，2011年，第23页。

建立了39个支部和45个分支部。

2002年11月12日，中国国民党副秘书长吴清基在槟城孙中山博物馆研究中心揭幕典礼的演讲中说道："在孙中山的十次革命中，共筹得六十万两（白银），其中三分之一是在槟城筹获。"① 由海峡两岸学者共同撰写的《中华民国史专题史：华侨与国家建设》一书中也指出："孙中山从事的革命活动，在经济方面多依赖于华侨；华侨与孙中山及其革命党的经济关系尤为密切。""慷慨助饷，多为华侨"，部分华侨甚至将半生积蓄都无偿捐献出来。②

国民党元老胡汉民对此曾有过一番中肯评述，"南洋确是居于极重要的地位，南洋是本党革命的策源地，是本党革命的根据地"，并进一步对华侨中因经济实力差异而有着不同的革命热情这一现象做了详细分析，在他看来，"南洋资本家的不革命"，"小商人和一般工人都是热心革命的分子"，真是极好的对照，"所以在南洋做生意的，做东家的往往不知革命为何物，惟有店里管账的和做伙计的才肯努力革命。这些管账和伙计常常可以捐出一二个月的薪水，同时他自己又可以做跑街运动，到各处街头上和各店家管账伙计说知此事，所以募捐起来就很快当，尤其以三十岁左右的人最来得热心，最来得出力"，"至于工人更来得热心，工人随随便便可以捐助二三十元，高兴的时候捐一个月二个月薪水也是很多，他不管自己袋里有没有钱，总是捐了以后再来设法。……我们如果和他们讲满清政府如何不好，我们应该如何革命救中国，工人听得很入耳，登时伸着拳头站起来，恨不得立刻就干起来了！"③ 可见，辛亥革命的成功离不开海外华侨助力。这当中，岩籍海外华侨也作出了极大的贡献。

二、龙岩华侨与新民主主义革命

孙中山在辛亥革命失败后，坚持资产阶级民主革命派立场，以坚韧不拔的精神，领导了"二次革命""护法运动"，进行维护民主政治、讨伐北洋军阀的斗争，结果都失败了。俄国十月革命和五四运动对孙中山有很大启示，并带来新的认识，他说："改造中国第一要只有革命。"④ 于是，他于1919年10月把"中华革命党"改名为"中国国民党"。

"十月革命一声炮响，给我们送来了马克思列宁主义。"⑤ 列宁领导的俄国十月革命的成功，极大地鼓励了一大批中国先进知识分子。他们开始接受马克思主义，热情歌颂十月革命，积极宣传马克思主义，并以马克思主义为指导，寻找解决中国问题的出路。一批共产主义知识分子先后在大江南北成立共产主义小组。1921年7月，中国共产党正式成立。中国革命从此进入了由中国共产党领导的新民主主义革命阶段。龙岩华侨是新民主主义革命的重要参与者。

（一）传播马列主义成为早期的共产党员

1919年5月，五四运动爆发，马克思主义在中国迅速传播。马克思主义首先为闽西的个别先进知识分子所接受。在北京、厦门、广州等地求学的闽西籍青年知识分子，不断将新文化、新思潮送回家乡。"北京的新潮流，已经流到万山重复的龙岩来了！《新青年》《新潮》等书，也渐渐卖到龙岩来了。"⑥ 1921年春，邓子恢从江西崇义回到龙岩，在家乡白土桐冈学校担任小学教员。他与章独奇、林仙亭、陈明、张觉觉、曹菊如等一批进步青年，在白土组织"奇山书社"，吸引了一批向往革命的青年知识分子和小学教员入社，很快发展至200余人。书社购买很多新书，其中包括康有为、梁启超、孙中山文集，马克思的《共产党宣言》，布哈林的《共产主义ABC》《二月革命到十月革命》等；制订书刊借阅制度；把社员读书心得印成《读书录》，第二期更名为《同声》。书社的活动，对龙岩知识分子的革命思想起了启蒙作用。后来书社又将《同声》改名《岩声》。1923年9月1日，《岩声》在第一期发刊词——《岩声宣言》中，阐述了刊物的宗旨："本社最伟大之使命乃在：改造旧社会，宣传新文化。"至1926年11月，《岩声》共出版43期，其中1—24期为月刊，25—41期为半月刊，42期后为周刊，发行到国内12省35县市384份，国外发行到新加坡、日里、亚齐、三宝垄、仰

---

① 刘琳：《福建华侨报人在辛亥革命中的地位和作用》，《闽江学院学报》2013年第6期，第15页。
② 任贵祥、李盈慧：《中华民国专题史：华侨与国家建设》，南京大学出版社，2015年，第78页。
③ 胡汉民：《南洋与中国革命》，蒋永敬编：《华侨开国革命史料》，（台湾）正中书局，1977年，第286、289、261、289-290页。
④ 张圻福等主编《新编中国现代史》（上册）江西人民出版社，1987年，第97~98页。
⑤ 毛泽东：《论人民民主专政》，《毛泽东著作选读》下册，人民出版社，1986年，第677页。
⑥ 林仙亭：《十年读书》，载《岩声》第15期。

光、吕宋、槟榔屿7处208份，成为当时福建宣传新文化、新思想和传播马列主义的主要刊物。

集美学校龙岩籍学生谢景德①、张旭高②、郑日晖③等10余人创办了学生会刊《到民间去》，宣传新文化，号召青年到群众中去进行调查研究，了解社会现状，建设新龙岩。

参加革命后被派或被迫往海外的有：

曾道修④1926年在广州就读大学期间加入中国共产党。

陈子彬⑤1926年5月在广州农民运动讲习所学习期间加入中国共产党。

胡资周⑥1926年在家乡下洋加入中国共产党，参与组织中共永定金丰支部。

（二）响应国共合作支持国民革命军北伐

1922年6月陈炯明的叛变，宣告第二次护法运动失败，孙中山于同年9月改组中国国民党。1923年6月12日至20日，中国共产党在广州召开第三次全国代表大会，确定以党内合作形式同国民党建立革命统一战线。1924年1月20日至30日，中国国民党第一次全国代表大会在广州召开，会议确立了联俄、联共、扶助农工的三大革命政策，同意共产党员和社会主义青年团员以个人资格加入国民党，标志着国共合作革命统一战线正式建立。早期的中国共产党员不仅参与国民党中央的改组工作，还积极参与各地国民党的改组工作。闽西初期的共产党员，响应党中央的号召，在国共合作革命统一战线的组织和领导下，广泛发动工农群众，参与轰轰烈烈的反帝反封建革命斗争。

当国民革命军东路军向福建进军时，陈明、苏节⑦、黄绿萍等积极参与东路军的北伐战争。

陈明1926年秋受党派遣在北伐军东路军政治部负责宣传工作。东路军进军福建途中，负责起草和印发《告福建工友书》等宣传品，号召广大工农群众行动起来，支援北伐，打倒北洋军阀、打倒列强，实行国民革命。同年冬北伐军占领福州后，任国民党（左派）福建省党部宣传部长，兼福建评论社社长和《民国日报》主编。继续抨击北洋军阀，积极宣传孙中山联俄、联共、扶助农工三大政策，鼓吹国民革命。1927年4月国民党右派在福建和厦门相继策动"四三""四九"反革命政策，陈明被通缉。同年7

---

①谢景德，1904年出生于新罗区适中镇中心村，原名耀辉，1920年考入集美学校师范部，返岩后参与发起创办《新龙岩季刊》《到民间去》等刊物，宣传新文化。1926年4月加入中国共产党，1930年11月在厦门病逝。

②张旭高（1903—1944）又名张昭明，字问鸥，龙岩曹溪乡人。菲律宾侨领。1924年在集美学校参加学生运动，后入广州中山大学、上海大学。1926年北伐军入闽后，辍学回龙岩参加革命，任岩平宁（龙岩、漳平、宁洋）政治监察署专员。1927年龙岩"4·15"反革命事变后遭通缉，逃往漳州、厦门加入中国共产党，任中共平和县县委书记。1929年参与组织领导平和暴动，失败后转赴上海。1930年南渡菲律宾教书谋生。抗战期间倡导组织华侨文化界抗日协会（后改为文化救亡协会），1943年、1944年两次遭日军逮捕，并被日军暗杀。抗战胜利后，华侨及当地人民在马尼拉为他建立纪念碑。

③郑日晖（1904—1981），又名望月，龙岩红坊乡东埔村人。曾就读厦门集美师范学校、漳州数理专修科，毕业后南渡苏门答腊任教。1927年2月回龙岩，任岩平宁监察署宣传员。1927年"4.15"龙岩事变后遭通缉，出走广东潮州被捕，出狱后重返苏门答腊从教，曾先后任棉兰第九、第三学校校长，先后任龙岩旅苏同乡会执委、主席等职。1952年回乡定居，筹办龙岩华侨中学。曾任龙岩华侨中学校长、龙岩县侨联会副主席、龙岩县副县长、福建省政协委员、全国侨联委员等。

④曾道修，原名志德，1907年出生于永定县下洋镇太平寨，1926年在广州加入中国共产党，1927年12月参加广州起义，1928年6月参与下洋暴动。同年9月被国民党逮捕。1929年6月越狱后辗转逃往荷属东印度棉兰，改名道修。在当地华校任教。曾担任苏门答腊中华总会和永定会馆理事长。抗战爆发后，积极宣传抗日，发动侨胞捐款捐物支持抗日。后创办"永和图书印务局"和棉兰《民主日报》，抨击国民党统治，宣传解放战争的胜利，提高侨胞对中国共产党和中华人民共和国的认识。1954年又创办棉兰《华侨日报》，进一步扩大爱国宣传。1971年4月在棉兰病逝。

⑤陈子彬，原名陈庆隆，1910年3月出生于新罗区龙门镇考塘村，1925年夏考进厦门中山中学，1926年2月加入共产主义青年团，3月赴广州参加第六届全国农民运动讲学所学习，5月加入中国共产党，同年10月回到龙岩，成立中国共产党龙岩小组，担任小组长，开展农民运动。1927年1月开办岩平宁革命宣传人员养成所。1929年4月前往马来亚槟榔屿。

⑥见刘琳：《福建华侨抗日名杰列传（中）》"胡资周"，海峡出版发行集团/海峡书局出版，2015年8月第1版第1次印刷，第622页。

⑦苏节，1904年出生，原名观福，字豪材，永定湖坑镇新南村人，1924年毕业于集美师范，1925年就读厦门大学，1926年参加国民革命军北伐。大革命失败后，先后参加南昌起义、广州起义。后南渡新加坡，当华侨学校教员兼《星洲日报》编辑。1933年回国参加十九路军在福建发起的倒蒋运动。1938年厦门沦陷后前往香港。1941年回福建任省政府专员。1947年到香港经商，1949年11月回厦门。1987年11月在厦门病逝。

月陈明被委派为中共福建省党务特派员，恢复和整顿党组织，继续开展工农运动，反击国民党反动派的进攻。

苏节，1926年参加北伐，任东路军总政治部前方组织科科长，后任第四军政治部上校秘书兼组织科长。

黄绿萍，1922年起在仰光任《仰光日报》记者，1926年回国参加国民革命军北伐，历任东路军总指部机要秘书、中央革命委员会总政治部宣传部代部长，后调国民革命军第四军政治处工作。

1926年秋，为配合国民革命军北伐，在广州农民运动讲学所学习的陈子彬被任命为新设立的中国国民党中央农民部特派员汀（州）漳（州）龙（岩）道办事处（龙）岩（漳）平宁（洋）分处负责人，争取在东路北伐军入闽之前先行进入闽西发动群众，配合军事行动。陈子彬和新加坡归侨李联星①参加东路军政治部，随军出发。10月下旬，李联星到漳浦任国民党临时县党部农民部负责人，着手农民运动，组织农民协会，开展抗捐抗税斗争。又在龙溪县组织领导"倒兰反廖"运动，取得重大胜利。1927年1月，中共闽南特委在漳州成立，李联星当选委员，分管农运，创办漳州工农运动干部养成所，为闽南革命斗争培育了一大批人才。

陈子彬回到龙岩后成立中国共产党龙岩小组，任组长，标志着龙岩共产党组织成立。接着成立龙岩县农民协会筹备处，陈子彬担任主任，向龙岩县政府提出接受解散旧县农会的产权。1927年初召开庆祝国民革命军攻克武汉祝捷大会；2月召开龙岩各界人民代表会议，讨论废除苛捐杂税、减租减息、提高妇女地位、禁止纳妾等议题。会后提议"破除迷信"，率领代表们直奔城隍庙，打烂城煌爷塑像。1927年1月中共龙岩总支委员会成立，陈子彬以中共闽南特委委员身份兼任总支部书记。在龙岩开办岩平宁革命宣传人员养成所，担任教务主任。后成立县农民协会。4月，国民党右派在龙岩发动"四·一五"反革命政变，陈子彬等人被迫撤出县城，分散到农村，为巩固农民协会继续活动。7月，国民党福建省党部派苏庆云出任龙岩县党部书记长，苏庆云是国民党左派，陈子彬、郭滴人②等人的共产党员身份尚未暴露，故得以国民党的名义回城公开活动，但政治监察署和农民部特派员办事处都解散了，县农民协会也停止了公开活动。

当国民革命军东路军1926年10月解放龙岩后，张旭高回到家乡，被委任为东路军总指挥部政治部（龙）岩（漳）平宁（洋）政治监察署监察员。他在陈子彬、郭滴人、谢景德、郑日晖等人的支持配合下，一是拘捕曾参与曹锟贿选总统的龙岩籍国会"猪仔议员"连贤基，交群众游街示众；公布其罪状，并送法院查办，打压龙岩旧势力；二是整顿政治，打击贪官污吏；三是创办岩平宁宣传人员养成所，兼任主任，培养农民运动骨干；四是召开龙岩各界联席会议，通过实行"二五减租"、提高工人地位、解放妇女、禁赌、禁烟、禁娼、禁止纳妾，以及破除迷信等决议，掀起轰轰烈烈的革命热潮。1927年春，张旭高加入中国共产党。4月，国民党右派发动"四·一五"反革命政变，张旭高等人被迫撤离县城，到平和、厦门等地继续从事革命活动。

北伐军进入永定后，参加过"五卅"反帝反封建学生运动的张壮飞③，回到家乡，组织金丰青年联合会和农军。1927年参加《革命军人日报》编辑工作，"大革命"失败后任《新声报》编辑。1933年受

---

①李联星，1902年出生于龙岩，1916年随父母前往新加坡谋生，1926年回国，同年5月赴广州参加中央农民运动讲习所学习，11月随国民革命军北伐东路军回到漳州，到漳浦担任国民党临时县党部农民部负责人，从事农运工作。1927年1月担任中共闽南特委委员。1928年11月在龙海石码被国民党警察抓捕，12月被漳州军阀张贞杀害。

②郭滴人（1907—1936）：原名上宾，龙岩龙门镇湖洋村人。闽西红军和苏区主要创建人之一，著名革命烈士。童年在家乡读小学，后到厦门集美学校读书。1924年回家乡任小学教师。1926年春，赴广州农民运动讲习所学习，改名滴人。1926年6月加入中国共产党。同年9月随北伐军回到龙岩，秘密建立中共基层组织，任中共龙岩县总支组织委员、中共龙岩县委组织部部长。大革命失败后在龙岩组织和领导农民运动。1928年3月与邓小恢等领导龙岩后田暴动，组建闽西第一支游击队。1929年5月，领导龙岩全县农民武装暴动，配合红四军三打龙岩城，建立龙岩县苏维埃，任主席。并领导组建闽西红军第1团，任政治委员。1930年后，历任中共闽西特委书记，闽西苏维埃政府常委兼文化部部长，闽西革命军事委员会委员，中共闽粤赣省委宣传部部长，中华苏维埃共和国政治保卫局福建分局局长，福建军区独立第八师政治委员。1934年省委宣传部部长、中央局组织部干部科科长。因长期积劳成疾，1936年11月18日在保安（今志丹）县病逝。

③张壮飞，又名问仁，1901年出生于永定县岐岭乡内坑村，1926年在永定参与革命运动，1933年出国。见刘琳著《福建华侨抗日名杰列传（中）》"张壮飞"，海峡出版发行集团/海峡书局出版，2015年，第532~534页。

聘胡文虎创办的汕头《星华日报》总编辑，后赴越南，再往马来西亚半岛槟城，参与发起、组织槟城华侨筹赈祖国伤兵难民会，被选为执行委员。日军投降后，与洪丝丝、骆世生、方君壮、方图、黄绿萍等一起复办《现代日报》，1946年任槟城《商业日报》和《中华公报》主笔，受聘胡文虎创办的《星槟日报》总编辑，同年12月加入中国民主同盟，担任民盟槟城分部委员、宣传部长。1949年5月到香港。中华人民共和国成立后，在福建省华侨事务委员会工作。1988年病逝于福州。

（三）参与土地革命战争

1927年4月、7月，国民党蒋介石和汪精卫相继在上海、武汉发动"四·一二"和"七·一五"反革命政变，残酷屠杀共产党人和革命群众，第一次国共合作破裂，轰轰烈烈的大革命归于失败。中国共产党人决定用武装起义来回答国民党的屠杀，以武装的革命反对武装的反革命。他们相继发动了南昌起义、秋收起义、广州起义，开始了创建自己的军队红军和革命根据地的斗争。永定湖坑的苏节先后参加南昌起义、广州起义，起义失败后前往新加坡。

南昌起义部队南下途中经过闽西，得到闽西革命群众的积极支持和配合。在上杭，傅柏翠、陈祖康等组织为起义军服务的"临时兵差办事处"，发动群众做好接待起义军的工作，协助义军筹粮筹款，安置伤病员和解决运输等。起义部队经过永定金丰时，曾牧村①、胡定军②等带领下洋公学师生组成的4个向导小组，前往下洋太平寨村外的樟树下迎接。起义军沿途开展武装斗争，有力地促进了闽西各地的农民武装暴动，促进了各地土地革命斗争的蓬勃发展。

1. 参与领导闽西暴动

胡定军、曾道修都是永定金丰暴动的领导人，他们后来分别下南洋到了缅甸和苏门答腊岛的棉兰，继续支持国内的革命和建设事业。胡资周在永定暴动中表现英勇，为组织红军和创建闽西第一块苏维埃区域做出了贡献。暴动失败后，被迫前往缅甸，继续参加当地革命，发动华侨开展反帝反殖反剥削③。

2. 参加红军、游击队和中央革命根据地的建设

大革命失败后，从马来西亚半岛槟城回国后进入广州农民运动讲习所学习，学习结束后随国民革命军东路军回到漳州的龙岩归侨李联星被派往漳浦，着手发动和组织农民武装，开展游击战争。他组织了三次反抗烟苗捐的请愿运动，最大规模达2 000多人，遭到反动军队镇压，后来一部分农会会员参加游击队，成为闽南的一支农会武装。1928年5月，李联星被派往石码，成立党组织。石码的许多村成立了农会，会员发展到1 000多人。各行业工会组织在李联星的领导下，开展"五抗"——抗捐、抗税、抗租、抗息、抗扶运动。他在工农大会上提出"减租减息、打倒土豪恶霸"，组织工农群众进行示威游行。漳州工农运动蓬勃发展，农民武装越来越活跃。11月，李联星因叛徒出卖被国民党警察抓走。12月20日被漳州军阀张贞杀害，年仅27岁。同时被害的还有中共龙岩县县委书记罗怀盛等人。

1912年10月出生于永定下洋的曾昭生（1912-1993）④于1927年11月年仅15岁就加入了中国共产主义青年团。1928年4月经卢肇西介绍加入中国共产党。同年6月参加永定金丰暴动后，随阮山在湖雷和金丰大山坚持反"清剿"斗争，并任共青团永定县陈东坑支部书记。1929年5月参加红军，在团部担任宣传队长。同年10月调任平和县工作，12月底被国民党逮捕。曾被押往开场陪斩，但仍坚贞不屈。1930年7月出狱后因与党组织失去联系，前往新加坡谋生，很快与中国共产党海外支部取得联系。1931年4月以后，担任马共霹雳地委书记等职。1938年，曾昭生经马共介绍回国，经香港、广西，历尽艰险，后由西安八路军办事处安排奔赴延安。

荷属东印度归侨张双铭⑤参加后田和白土暴动后，参加了农民暴动武装。1929年5月、6月率领农民武装配合红四军三次攻打龙岩的斗争。率领白土区

---

①曾牧村（1901—1931），原名曾杏春，永定下洋镇太平村人，归国华侨，1928年永定金丰暴动领导人之一。1931年5月在闽西"肃清社会民主党"错案中蒙冤被杀于永定虎岗。后平反昭雪，定为烈士。
②胡定军，永定金丰暴动领导人之一，1931年闽西发生肃"社党"事件后，前往缅甸。
③见刘琳：《福建华侨抗日名杰列传（中）》"胡资周"，海峡出版发行集团/海峡书局出版，2015年，第623页。
④见刘琳：《福建华侨抗日名杰列传（中）》"曾昭生"，海峡出版发行集团/海峡书局出版，2015年，第930~932页。
⑤张双铭，又名商民，1893年5月生于龙岩小肖盂头村，1916年赴荷属东印度谋生，后返乡学习中医。1927年加入中国共产党，1928年3月参加后田暴动，1929年6月当选龙岩县革命委员会执行委员，1930年2月当选县苏维埃政府主席。1931年3月被定为"社会民主党"分子，错杀于永定虎岗。

赤卫队与敌人进行不屈的斗争。

马来西亚半岛归侨林映雪①1929年底回国后，主动打听中共闽西特委的下落，被分配到龙岩县总工会负责财务工作。1930年林映雪率县工人纠察队配合红21军及朗车、内十八乡等地方武装共4 000余人，兵分两路猛攻詹方珍匪部，杀伤大量敌人。后被调往南福区、县赤卫队工作，在（龙）岩永（定）（上）杭边开展敌后游击战争。

马来西亚半岛归侨魏金水1906年生于龙岩西陂条围村，1920年赴南洋槟城谋生，1923年回乡，1928年参加龙岩白土暴动后，又加入条围暴动队，并参加1929年红四军三打龙岩城的战斗。回条围后被推举为乡苏维埃政府主席，带领农民打土豪，分田地。1930年4月调任龙岩赤卫总队副官，闽西各县赤卫团升编为红十二军后，又担任第100团团部副官。

1931年春夏间，闽西革命根据地在"左倾"错误思想指导下，发生肃清"社会民主党"的运动。傅柏翠因与中共闽西特委领导意见不合，坚持要搞"农村共家团"试验，拒绝闽西特委分配的工作，被指控组织"社会民主党"，开除中共党籍。不少红军干部、战士和地方干部被作为"社会民主党分子"受到残酷斗争，甚至被杀。魏金水所在团政委林梅汀及自己带出来参加红军的二弟魏白兔，刚从苏联东方大学留学归来的张竹荣②、荷属东印度归侨张双铭、马来西亚半岛归侨邓潮海③等人在这场肃"社党"事件中被冤杀。魏金水目睹一大批优秀的红军干部和土兵被冤杀，心急如焚，冒被捕被杀的危险，悄然离队，经几天跋涉，辗转找到时在永定的闽西特委书记郭滴人，向郭滴人报告说"肃社党"被杀的都是好干部、好同志，恳求郭滴人及张鼎丞（时任闽西苏维埃主席）"下令封刀"，拯救无辜的革命同志。魏金水甚至反背双手，等待上级将自己捆绑押回部队处决。幸郭滴人、张鼎丞亦已意识到"肃社党"的错误，听了魏金水的哭诉之后没有抓捕魏金水，反而将其留下管理当地难民点。郭、张二人于是也下定冒死进谏的决心，前往江西找到毛泽东汇报闽西"肃反"及红军遭遇国民党围剿、根据地缩小等情况。在毛泽东的支持下，郭、张二人日夜兼程赶回闽西，逮捕了闽西肃反委员会主任林一株等人，处决了双手沾满革命战士鲜血的"无常"林一株，释放了大部分被诬为"社会民主党分子"的同志，魏金水冒死挽救了闽西的党和红军。

1932年后，魏金水分别任西陂区苏维埃政府主席、龙岩县独立第三团政委。1933年3月任红军170团政委，负伤住院后，又担任福建军区第二作战区政治部主任。1934年4月任红八团副政委兼政治部主任。红八团在漳龙公路沿线开展游击战，配合中央根据地第五次反"围剿"，打了好多个漂亮仗。

1934年10月中央红军开始长征，岩籍归侨曹菊如、陈明等人参加了著名的二万五千里长征。

3. 参加闽西三年游击战争

中央主力红军长征后，留在闽西敌后开展游击战争的红八团成了独立坚持的孤军，魏金水积极配合团长邱金声、政委邱织云依靠群众，多次击退敌军"围剿"。留在赣南坚持游击战争的邓子恢，被任命为中共中央分局委员。1935年4月，邓子恢回到闽西，组建闽西南军政委员会，先后任宣传、财政兼民运部长、副主席兼财政部长，同张鼎丞、谭震林、方方等一起，领导群众开展游击战争，保存和发展了革命力量。魏金水也被任命为闽西南军政委员会委员。5月，魏金水被调回地方，任龙岩县军政委员会主席。

---

①林映雪，1909年11月出生于龙岩县白岩区谢家邦，1927年前往马来亚槟城谋生，1929年底回国，1930年兼任龙岩县工人纠察队政委，1934年4月加入中国共产党。1935年4月任闽西南军政委员会第一作战分区第一支队当文书兼地方工作，1937年7月任闽西人民抗日义勇军第一支队军需部长。1938年6月调任中共龙岩县委委员。新四军第二支队北上抗日后，留在闽西参与保田斗争。1943年10月参加闽西南经济工作队。1945年任闽西军分区政委。1946年9月任闽西特委书记。1947年7月任闽粤边总队闽西支队政委。1949年9月龙岩解放后，历任龙岩地委委员兼财经委主任、中国人民银行龙岩中心支行行长、龙岩地委组织部副部长、地委党史办公室主任、地区专署副专员。"文化大革命"期间被撤职，遭受迫害。1970年12月平反。1982年8月在龙岩逝世。

②张竹容，又名竹荣，龙岩县东肖镇溪兜村人，1903年出生，1928年参加后田暴动、白土暴动。1929年2月任龙岩县委宣传部部长，5、6月率红军游击队配合红四军三打龙岩城。8月中共闽西"一大"结束后，经中央批准，赴苏联莫斯科东方大学中国班学习，1931年秋回国，在闽西肃"社党"运动中被错杀于永定虎岗。

③邓潮海，龙岩东肖邓厝村人，1900年出生，13岁赴马来亚谋生，1926年参加中共海外支部。1930年春回国，担任东肖区委书记，10月当选龙岩县苏维埃第三届执行委员。1931年3月担任中共龙岩县委书记兼县苏维埃政府主席。7月，在肃"社党"事件中被冤杀于永定虎岗。

林映雪担任文书兼财政工作。魏金水带领县游击队，继续与红八团密切配合，开辟了岩南漳根据地，并于1936年2月任岩南漳军政委员会主席。

1936年初，闽西南军政委员会在上杭双髻山召开第二次会议，确定了在全闽西开展抗日反蒋统一战线的新方针，推举邓子恢、谭震林为军政委员会副主席。邓子恢根据会议精神，草拟《宣布闽西南民众抗日讨蒋纲领》，以军政委员会第二号布告颁发。他耐心教育干部要善于"变敌人的保甲制度为赤色联防，变敌人的堡垒为赤色据点"，主动停止打土豪，争取保甲长不反对红军游击队或保持中立。因此，很快打开了局面，闽西南革命形势有了迅速的发展，各县都组织起了红军游击队或抗日义勇军，许多乡村成立秘密的游击小组。

1937年春，闽西南提出"愿与国民党和平合作，共同抗日"的口号。魏金水再次担任龙岩县军政委员会主席后，积极主动与国民党粤军驻龙岩适中营长吴麒会谈，达成在所辖范围内实现停火的协议。7月，邓子恢代表闽西南军政委员会到龙岩城与粤军旅长练惕生谈判，达成双方同意停止内战的协议，实现闽西南第二次国共合作。魏金水兼任新成立的闽西人民抗日义勇军政治部主任。

（四）参与解放战争

长期战斗在财线战线的归侨曹菊如，抗日战争结束后奉命赴东北民主联军根据地创建银行。先是被国民党军阻滞在张家口，就地投入晋察冀边区银行冀热辽分行的筹建工作，担任经理。1946年9月抵达哈尔滨后任东北银行总经理。他采取一系列强有力的措施，扩大东北银行货币的发行量，使其进入市场，站稳脚跟，正常流通。东北银行在曹菊如的主持下，至1947年1月，肃清了伪币杂钞，统一了东北的货币。4月，东北行政委员会总会计局在沈阳成立，曹菊如兼任局长。他提出的《对总会计工作意见》为东北行政委员会采纳，并于1949年3月19日颁布《限期清查国营企业财产》和《机关及公营企业现金管理办法》两个基本法令。在两个多月间，他多次提出一些管理经济的意见和办法，都得到东北财经委员会的批准后贯彻实施，为东北局的财经工作和东北战场的经济保障作出卓越的贡献。

胡成放在日军投降后任山东军区对吴化文工作团主任，与国民党军长吴化文密谈，策动其率部起义。1946年，吴部于济南战役中起义，后来参加淮海战役、渡江战役等。1949年参加渡江战役后，胡成放任杭州市委统战部长等职。

长期奋战在新闻战线上的林默涵，1946年5月参加《新华日报》上海版筹备工作。10月负责筹办《群众》周刊香港版工作，任香港工委报委书记兼《华商报》社论委员。1949后9月任政务院文教委员会计划委员会委员。

抗日战争胜利后，闽粤赣边工委会成立，魏金水任书记。1946年6月下旬全面内战爆发后，魏金水提出"由外而内"的斗争方针，领导闽西地方党组织和革命武装开展武装斗争。1947年1月赴香港向华南分局汇报工作回到梅县，进行传达部署。6月18日，中共闽粤赣边工委在广东省大埔县坪沙隘头正式成立中国人民解放军闽粤赣边总队，刘永生任总队长，魏金水任政委。1948年8月，中共闽粤赣边区党委成立，魏金水任书记，确定"大胆放手，分散发展，避重就轻，进退有据，耐心坚持，待机决战"的斗争方针，号召各地委"粉碎敌人重点进攻，建立闽粤赣边区根据地"。1949年1月29日，中国人民解放军闽粤赣边纵队成立，魏金水任政委，与司令员刘永生一道，领导边纵部队配合南下大军解放粤东和闽西南。

留在闽西坚持斗争的林映雪，在闽西特委特派员魏金水调闽粤边临委工作后，于1946年2月担任闽西特委特派员。11月闽西特委改称闽西地委，林映雪仍为书记。1947年7月，闽西特委积极贯彻闽粤边工委"放手发动群众，开展游击战争"的方针，成立闽粤边总队闽西支队，蓝汉华任支队长，林映雪兼任政委，开始挺出永（定）（平）和（大）埔地区打游击，与粤东支队配合，解放粤东部分地区。1948年9月，林映雪调往粤东解放区担任闽粤赣边区党委财经委副主任，负责后勤及收支保管工作，直到1949年龙岩解放。

三、大浪淘沙，方现岩籍华侨英雄本色

"海外华人并非中国革命的局外人。虽然看起来似乎有许多不同的革命，但对大多数海外华人来说，却只有一个力图将中国带入现代世界的持续不断的革命。"[①] 华侨一词本身也是为了确立他们的民族意识以及振兴中国的决心而出现的，辛亥革命后成立的南京国民政府也充分意识到了这一点，不仅设立官方行政机构——"侨务委员会"，宣示负有保护海外侨居

---

① 王赓武：《天下华人》，第84页。

者的责任和义务，而且还鼓励中国学者研究海外华侨，并成立研究中心，通过外交领事官员，招募当地人加入国民党，成为国民党员，并定期返回国内，接受南京国民政府组织的各类参观、学习、培训乃至得到嘉奖。

岩籍华侨大多在西方列强所侵占的东南亚殖民地谋生，在备受殖民压迫的同时也在东西方文化的碰撞和交融中接触到西方的民主自由思想，反帝、反殖民、反封建、反侵略等思想在华侨尤其是华侨青年心中深深扎根。到国外寻求救国救民真理的留学生，则更是深知国破家亡的悲哀，常常心系祖国和家乡，甚至不惜辍学回国，投笔从戎，共赴国难。因此，当日本侵略者发动侵华战争时，华侨们都"急难同仇"，"有钱者出钱，有力者出力，毁家纾难，亦份所宜"，不少华侨青年，甚至立即投笔从戎，共赴国难。"他们希望祖国能摆脱帝国主义的压迫；能粉碎封建主义的枷锁；能改变贫穷落后的状态。"① 无论是孙中山领导的资产阶级旧民主主义革命，还是中国共产党领导的新民主主义革命，龙岩华侨都为中国革命作出了重大的贡献，建立了不朽的功勋。

辛亥革命时期，锡矿大王胡子春给予革命先行者孙中山先生以经济上的巨大支持，马来亚华侨胡建扬返乡组建光复军。当广州国民革命政府组织国民革命军北伐时，龙岩华侨陈明、苏节、黄绿萍积极参与东征军。当日本帝国主义侵略祖国时，岩籍海外华侨掀起持久的抵制日货和筹赈救亡运动。旅居巴达维亚的陈性初，在1919年国内五四运动爆发后，与当地侨领一起，决定停止与日本商人签订新的贸易合同，停止对日贸易。全面抗日战争爆发后，积极策动成立华侨捐助祖国慈善事业委员会，开展抗日募捐活动。1939年7月其以68岁高龄回国参加考察和培训活动，返回南洋途中不幸病逝于昆明。缅甸华侨胡文虎发起成立新加坡南洋客属总会救济难民会，亲任会长，号召南洋客属"要以团结的精神、一致的动作，在有钱出钱、有力出力原则下，表现吾属人士救亡进行的热情"。据国民政府侨务委员会公布，从1937年7月到1939年4月，海外华侨捐款达1亿元以上，胡文虎一人捐资和购买公债高达3 000万元，是华侨中个人捐款最多的②。

大浪淘沙，方现英雄本色。在中国共产党领导的新民主主义革命中，一些华侨为中国革命献出了年轻的生命。留学苏联归来的陈明血洒山东抗日前线，抗日战争胜利69周年之际被国家民政部列入首批300名抗日英烈名单。为中国革命牺牲的岩籍华侨英烈还有李联星、陈康容、张竹容、邓潮海、张双铭、张旭高等人。有的在中国革命成功后回到侨居地，继续支持祖国的建设事业。胡资周在1926年加入中国共产党，永定暴动失败后前往缅甸，后受胡文虎聘请，回到厦门筹办《星光日报》，积极宣传抗日救亡和国共合作的主张，1949年前往新加坡任《星洲日报》总经理。陈兰生在抗日战争胜利后回到缅甸仰光，担任在缅甸出版的《新仰光报》《中国日报》和《人民报》总编辑，撰写、编发大量宣传祖国社会主义建设和中缅人民友好的通讯、评论和诗词，1966年3月遭缅甸当局无理逮捕，被折磨至死。一批岩籍华侨在长期的革命斗争中经受了煅炼和考验，为革命建立了不朽的功勋，为中华人民共和国的建设继续建功立业，再现英雄本色。他们中的佼佼者成为中华人民共和国的高级党政领导干部，不仅是岩籍华侨的骄傲，也是龙岩人民的骄傲。

1. 中共中央顾问委员会委员——魏金水

1949年秋，魏金水任中共福建省委委员兼农委书记、农协主任。1954年2月任中共福建省委常委兼龙岩地委第二书记、龙岩县委书记。1955年2月后任中共福建省委第二副书记兼省监委书记、副省长、省委书记处书记。1962年至"文革"前，任省委书记处书记、省长。粉碎"四人帮"后，任省政协副主席、中共中央顾问委员会委员。1992年8月在福州逝世。

2. 中国人民银行行长——曹菊如

中华人民共和国成立后，曹菊如任政务院财经委员会委员、副秘书长。1953年9月后任中国人民银行副行长、行长、党组书记，长期从事金融工作，为保证货物的正常流通、币值的长期稳定、巩固货币制度、促进国民经济的全面发展作出了积极的贡献。1981年1月在北京逝世。

3. 全国侨联副主席——王源兴

中华人民共和国成立后，王源兴从新加坡重返巨港，约好友黄赐麒回国投资。途经雅加达，见中国驻印度尼西亚大使馆寄寓在南洋旅馆，出资购买一幢花园楼房供大使馆使用。后组织"华侨工商业回国考察

---

① 罗耀九：《印度尼西亚华侨与辛亥革命》，《厦门大学学报》哲学社会科学版1961年第3期，第60页。
② 刘琳：《福建华侨抗日名杰列传（上）》"胡文虎"，海峡出版发行集团/海峡书局出版，2015年，第146、151页。

团"并任团长回国考察。考察期间，出资15亿元（旧币）认捐战斗机一架。考察结束后，创立公私合营华侨工业建设公司，任副董事长，兼任广州市侨务局副局长。1958年5月任全国侨联副主席，协助陈嘉庚处理全国侨联日常工作，同时兼任北京市政协副主席。1974年2月在北京逝世。王源兴为社会事业慷慨捐献巨款名列陈嘉庚之后第二位，到逝世时已为中华人民共和国捐献了全部家产，没有为子女留下一分钱①。

4. 驻伊拉克、智利大使——胡成放

中华人民共和国成立后胡成放任杭州市委统战部副部长，负责全市统战工作和对台湾蒋军的策反工作。1952年夏调华东军区兼第三野战军司令部、政治部工作。抗美援朝期间，任志愿军二十四军副参谋长，回国后任华东军区兼三野政治部联络部副部长，解放军二十二军党委常委、政治部副主任等职。1955年，胡成放被授予大校军衔，获二级独立自由勋章、二级解放勋章。1960年，胡成放转业外交部，历任亚非司副司长、驻捷克斯洛伐克参赞、驻伊拉克大使、驻智利大使、中国华侨总社社长等职，后以副部级待遇离休。2018年8月在北京逝世。

第四节　龙岩华侨与抗日战争

龙岩华侨的抗日斗争可以上溯到1919年的"五四"运动时，当时，闽西漳平籍华侨陈性初为呼应国内反对北洋军阀出卖主权，抵制日货活动，在巴达维亚（即雅加达）与当地侨领发起停止对日贸易活动。1928年5月"济南惨案"发生后，英属北婆罗州，由龙岩县籍华侨组成的具有同乡会性质的他山俱乐部，支持亚庇华人侨团在俱乐部设"鲁案后援会"，声讨日军暴行。1931年"九一八"事变后，他山俱乐部发表宣言，呼吁抗日；陈性初、胡文虎等闽西籍侨胞积极筹措药品和捐款，支援马占山的东北抗日义勇军、上海十九路军、长城守军的抗战。十九路军军长蔡廷锴为表达对胡文虎的感谢之意，专门题词："永安堂主人胡文虎君，热心救国、仁术济人，其所制虎标万金油、八卦丹、头痛粉、清快水诸药品，治病灵验，早已风行海内，众口同称。此次本军在沪抗日，胡君援助最力，急难同仇，令人感奋，书此以留纪念。"②

1937年7月7日"卢沟桥事变"后，龙岩华侨迅速团结在抗日民族统一战线的旗帜下，以空前的爱国热情，同祖国人民一道共赴国难，同仇敌忾，在舆论、人力、财力和物力等方面都积极支援祖国抗日，为伟大的民族解放事业作出重大的贡献。这是一场近代史上最热烈最广泛的华侨救国运动，也是华侨爱国爱乡优良传统的空前大发扬。华侨在抗日救亡斗争中所迸发出来的爱国主义光辉，无疑也有龙岩华侨所闪耀的光亮。

一、海外侨胞积极开展捐款捐物，从经济上大力支援祖国抗战大业

1937年七七事变后，著名侨领陈嘉庚、胡文虎登高一呼，号召海外华侨有钱出钱、有力出力，大力支持祖国抗战大业，得到全体侨胞的热烈响应。岩籍华侨无论是富商巨贾，还是升斗小民，都积极参与由陈嘉庚先生领导的南洋华侨筹赈祖国伤兵难民委员会（简称"南侨总会"）及各地分会和胡文虎先生领导的南洋客属总会救济难民会及各地客家公会组织的各种形式的筹赈活动，倾力捐献，支援祖国抗战。

（一）闽西华侨在海外的筹赈活动

1. 岩籍华侨在荷属东印度的筹赈活动

太平洋战争爆发前，荷属苏门答腊岛的龙岩县籍华侨人数众多，他们在巨港、仙达、直民丁宜、亚沙汉、冷沙、棉兰等地成立了龙岩同乡会，并在棉兰成立"龙岩旅苏同乡总会"③。日军全面侵华后，苏门答腊的龙岩华侨掀起各种形式的筹赈活动，支持祖国的抗战。王源兴作为巨港华侨领袖，在日军全面侵华

---

① 刘琳：《福建华侨抗日名杰列传（中）》"王源兴"，海峡书局出版，2015年，第834页。
② 刘琳：《福建华侨抗日名杰列传（上）》"胡文虎"，海峡出版发行集团/海峡书局出版，2015年，第143页。
③ 龙岩市侨务办公室编：《龙岩市华侨志（初稿）》，1987年8月24日，未刊稿，第10页。"龙岩市"1997年5月撤市改区时改为"新罗区"。

后，主动与当地侨领、侨商联络，希望合力发动当地华侨捐款捐物支援祖国抗战。1937年8月王源兴和当地华侨冲破荷印殖民政府的阻挠，成立巨港华侨救济祖国灾民慈善委员会，当选常务委员，经常进行抗日演讲，为祖国抗战筹募义款、寒衣、药品等。1938年10月10日，新加坡南洋各属华侨筹赈祖国伤兵难民委员会总会（简称"南侨总会"）成立，王源兴作为巨港华侨团体代表出席大会，并当选委员。南侨总会成立后，积极推动各地成立分会组织，到1940年，南侨总会领导下的基层救国组织已达702个，为南洋抗日救国工作开创了新局面。在巨港，王源兴担任南侨总会巨港分会副主席，率先捐出巨款，并通过义卖等形式，深入发动华侨为祖国抗战捐款①。张德镕发起组织印度尼西亚亚沙汉华侨筹赈祖国难民分会，担任副主席，龙岩人黄复康担任秘书兼宣传主任。发动侨胞捐款，支援祖国抗战。邓衡山②参与发起苏门答腊先达华侨筹赈祖国难民会，担任秘书长。据统计，1937年7月至1940年2月，爪哇华侨捐献义款700多万元，苏门答腊华侨捐义款350余万元，全部汇回祖国支援抗战③。陈灼瑞参与组建印度尼西亚巴都芭拉华侨筹赈祖国难民会，带头发动侨胞捐款。黄复康④参与组织印度尼西亚苏门答腊亚沙汉华侨筹赈祖国难民会，担任秘书兼宣传主任，后被荷印当局驱逐出境，前往新加坡。张蔼庭⑤参与组建奇沙兰埠筹赈会，任总务、财政等职。龙岩旅苏同乡总会及棉兰龙岩分会在主席郑日晖的领导下，开展各种募集义款、征集药品、推销救国公债等活动。他还发动岩籍华侨将祝寿、婚礼等费用节约下来，捐给祖国抗战。组织龙岩籍侨商拿出自己企业的产品或特意制作的食品，进行义卖筹款⑥。担任苏门答腊中华总商会和永定会馆理事长的曾道修，发动侨胞捐钱献物，支援祖国抗日大业。

在巴城，漳平华侨陈性初参与发起成立雅加达华侨捐助祖国慈善事业委员会，任常务委员，负责一线募捐。据统计，1938年11月至1940年12月的两年内，雅加达华侨认捐315万多元，还捐献奎宁丸1亿粒以上⑦。

2. 岩籍华侨在马来西亚半岛的筹赈活动

先生一朵花呀，先生买一朵花呀！
不是要你爱花呀，不是要你赏花呀！
买朵花啊，救了国家。

祖国全面抗日战争爆发后，南洋华侨筹赈祖国伤兵难民总会槟城分会发动华侨开展筹赈救国运动，就读于槟城福建女子中学的岩籍少女郭秀贞⑧走上街头，参与槟城筹赈分会发起的宣传发动和卖鲜花义捐

---

① 刘琳：《福建华侨抗日名杰列传（中）》"王源兴"，海峡出版发行集团/海峡书局出版，2015年，第831-832页。

② 邓衡山，1902年出生于龙岩东肖白土，老一辈革命家邓子恢的堂侄儿，后赴荷属东印度亚沙汉谋生，再转往先达。曾任先达中华商会秘书。1931年"九·一八"事变后，参与策划先达华侨抗日救亡工作，号召华侨抵制日货，不与敌人合作。1937年"七·七"事变后，积极倡议筹建先达华侨抗日团体，担任先达华侨捐助祖国慈善事业委员会秘书长。陈嘉庚领导的新加坡南侨总会成立后，他积极策划成立先达分会，使先达的抗日救亡工作更进一步。抗日战争胜利后，策划成立先达华侨总会，担任秘书长。1947年参与营救爱国华侨领袖王任叔行动，揭露荷军暴行。1967年12月在印度尼西亚病逝。

③ 刘琳：《福建华侨抗日名杰列传（中）》"邓衡山"，海峡出版发行集团/海峡书局出版，2015年，第553页。

④ 黄复康，原名文橙，别名信秋、祖香、雯晴，1902年12月出生于龙岩龙门示水村，1927年赴荷属东印度亚沙汉谋生，1938年担任亚沙汉筹赈祖国难民委员会秘书兼宣传主任，组织募捐队四处宣传，被荷属殖民当局驱逐出境，后转往新加坡，担任过新加坡福建会馆秘书、教育科主任和教育促进会主席，新加坡龙岩会馆副主席等职，1952年回国，担任华侨工业建设股份有限公司董事兼贸易部主任、华南企业公司和中国杂品出口公司副经理、广东省侨联副主席、致公党中央常委，1981年去世。

⑤ 张蔼庭，又名益挺，1905年出生于龙岩东肖溪连村，1927年到新加坡谋生，后转往荷属东印度亚沙汉。1938年组建奇沙兰埠筹赈会，任总务、财政等职。1942年日军占领荷属东印度后，参加"反帝大同盟"组织。日军投降后，参加王任叔、邵宗汉领导的"中国民主同盟苏门答腊支部"，任亚沙汉分部筹备委员。1946年迁居新加坡，曾任新加坡龙岩会馆主席，1954年回国，担任过龙岩县侨联副主席等职。1973年去世。

⑥ 刘琳：《福建华侨抗日名杰列传（中）》"郑日晖"，海峡出版发行集团/海峡书局出版，2015年，第603-604页。

⑦ 刘琳：《福建华侨抗日名杰列传（上）》"陈性初"，海峡出版发行集团/海峡书局出版，2015年，第51页。

⑧ 郭秀贞，奶名巧姑，1927年出生于龙岩县西陂乡陈坡村。1929年由父母郭坤成、陈雪红携往马来西亚槟城。南侨总会槟城分会成立后，积极参与槟城分会领导的宣传发动和卖鲜花义捐活动。日军占领槟城及马来亚后，其以少女身份，巧妙地为地下组织传递情报达三年之久，有力地支援了马来亚的抵抗运动。1945年7月31日由于汉奸出卖，在柔佛被日军逮捕，旋被杀害，年仅18岁。参见《大马龙岩会馆总会暨各乡会联合特刊》（1987年10月），第119页。

活动。

槟城筹赈分会成立，永定华侨张壮飞①参与发起、组织，当选执行委员。他撰写抗日檄文，深入城乡进行抗日宣传，发动华侨捐款捐物，还动员华侨回国投军或为抗战服务。槟城成为南洋华侨抗日重要基地。

槟城龙岩会馆发动乡亲参与槟城分会的筹赈募捐活动，为支援祖国抗战作出了重要的贡献。1939年，槟城龙岩会馆发动同乡筹款8 000余元，全部交给南侨总会槟城分会支援祖国抗战，捐款金额为槟城各社团之冠②。据岩侨蒋人麒回忆："一九三九年，祖国抗战惨烈，海外同侨筹赈祖国伤兵运动，风起云涌。""本会馆秘书陈志刚，吾及岩侨优秀青年林人才、张可修等，热血沸腾，号召演剧筹赈。"槟城龙岩会馆当即"召开执监联席会议，产生演剧筹赈委员会"，在此次演剧筹赈活动，"龙岩会馆仗义响应，一鸣惊人，成绩破槟华剧赈记录，实为会馆有史以来之空前壮举。"据统计"筹得赈款八千余元，成绩为各社团剧赈之冠。"③为支援祖国抗战，黄祥澄、黄仁岗父子在马来西亚半岛玻璃市加央东兴公司任董事主席与经理，经营糖油杂货罐头、香烟、啤酒等，生意兴隆，在玻璃市杂货界执牛耳。抗日战争瀑发后，东兴公司捐款捐物支持祖国抗战，成为当地岩侨同胞的首范和指标④。1941年8月，槟城龙岩会馆派人赴新加坡参加陈嘉庚领导召开的海外闽侨大会，声讨日军侵华暴行，共商支援祖国抗日大计⑤。

在霹雳州，岩籍富商胡曰皆发起成立南侨总会打巴县分会，担任主席，多次捐巨资支援抗战，组织抗日动员大会和募捐大会，当地华侨群起响应，连马来人、英国人也参与捐款。曾昭周⑥发起成立南侨总分霹雳拱桥分会，被推选为主席，领导当地华侨筹款事宜。他除带头捐献巨款支持祖国抗战外，还以家乡胞兄曾昭源名义捐献义款白银1 500元，国民党永定县政府为此特颁给他"千金报国"的匾额⑦。出身霹雳督亚冷埠的富商之女胡一波⑧，参加马来亚共产党在当地领导的筹措义款活动。

霹雳各地的筹赈会，通过义演、义卖等方式开展筹款活动，除华侨富商带头捐资外，小商贩、脑力劳动者和体力劳动者，甚至在校学生，都千方百计为支持祖国抗战作贡献，以表达自己爱国热情，涌现了许多感人事迹。比如，督亚冷埠的同汉小学生胡善津⑨，除积极参加卖花募款外，还把每天家长给的2分早点钱中拿出1分投进募捐箱内。怡保的戴汉杰⑩把第三个儿子钢芬卖掉，将卖子所得的钱全部交给筹赈会。

3. 岩籍华侨在北婆罗洲的筹赈活动

在北婆罗洲，岩籍华侨主要分布在东北角的沙巴。1924年由龙岩华侨在沙巴创建具有同乡会性质的他山俱乐部。1937年"七七事变"后，他山俱乐部会员大都参加亚庇华侨团体组织的筹赈救亡运动。1941年8月，著名侨领陈嘉庚在新加坡领导召开海外闽侨大会，亚庇他山俱乐部派章谦参加了大会，声讨

---

①张壮飞，又名问仁，1901年出生于永定县岐岭乡内坑村，1926年在永定参与革命运动，1933年出国。见刘琳著《福建华侨抗日名杰列传（中）》"张壮飞"，海峡出版发行集团/海峡书局出版，2015年，第532~534页。
②《大马龙岩会馆总会暨各乡会联合特刊》（1987年10月），第58页。
③蒋人麒：《本馆剧赈回忆记》，载《槟城龙岩会馆二十二周年暨新厦落成纪念刊》第55页。
④《大马龙岩会馆总会暨各乡会联合特刊》（1987年10月），第161页。
⑤《大马龙岩会馆总会暨各乡会联合特刊》（1987年10月），第58页。
⑥曾昭周，1898年出生于永定县下洋镇月流村，少年时代赴泰国谋生，创办硕莪薯厂，在合艾设有分厂，后迁马来亚霹雳，建荣丰硕莪厂，继于槟城设立总行，因业务鼎盛，被誉为"硕莪大王"。抗日战争全面爆发后，担任霹雳拱桥筹赈分会主席，领导当地华侨筹赈事宜。日军投降后，发起成立霹雳永定同乡会，担任首任主席。1946年遭遇车祸去世，年仅49岁。见《马来西亚霹雳永定同乡会50周年金禧纪念特刊（1946—1996）》"曾昭周公简介"，第182页。
⑦《永定县华侨志（征求意见稿）》，1987年，未刊稿，第16页。
⑧胡一波，原名凤英，永定区下洋镇下坪村溪头人，1923年出生于马来亚，其父胡万俭是霹雳州督亚冷埠知名的华侨富商。1937年"七七事变"后，她参加了马来亚共产党领导的华侨抗日后援会，积极参加抗日宣传、罢工抗议、筹措义款、抵制日货等活动，成为当地华侨抗日积极分子，并加入马来亚共产党。日军占领马来亚后，胡一波参加马共领导的"马来亚人民抗日军第五独立队"。1952年在霹雳打巴山区的一次反抗英国殖民军的战斗中壮烈牺牲。见刘琳：《福建华侨抗日名杰列传（下）》"胡一波"，海峡书局，2015年，第1284~1285页。
⑨胡善津，永定下洋寨头村人。见《永定县华侨志（征求意见稿）》1987年，未刊稿，第17页。
⑩戴汉杰，永定岐岭竹联村人。见《永定县华侨志（征求意见稿）》1987年，未刊稿，第17页。

日军侵略暴行①。

4. 岩籍华侨在暹罗（泰国）的筹赈活动

1937年"七七事变"后，龙岩华侨苏振寿以暹罗（泰国）福建会馆主席名义，一次又一次慷慨捐款和购买巨额救国公债。他还经常前往暹罗（泰国）华侨较为集中的区域，发动华侨为祖国抗日战争捐款捐物。1938年12月暹罗政府銮披汶上台后，推行亲日和压制华侨政策。苏振寿顶着压力，仍坚持发动侨胞捐款支持祖国②。

连城华侨周仰云在暹罗（泰国）开办"广福烟草公司"，当祖国有难时，他带头捐款支援祖国抗战，每月他必凑足1万银元准时由设在泰国的福建银行汇回国内，还动员烟草公司泰国分公司全体员工每人每月捐3~5元不等。直到1941年被亲日的泰国政府侦悉，经办汇款的周仰云次子周千和被泰国当局驱逐出境。周仰云先后共捐银元40余万元，支持祖国抗日③。

5. 岩籍华侨在缅甸的筹赈活动

在缅甸仰光，岩籍侨胞陈兰生发起和组织"义卖爱国花"活动和文艺义演，募捐了大批款项物资送回国内支援抗战。他的夫人曾霞秋不仅带头捐出自己的首饰，还积极发动缅华妇女界捐寒衣冬裤赠送给抗日战士④。著名华侨抗日英烈陈康容烈士的胞妹陈月容，1937年8月4日与郭琴珍等人在仰光参与发起华侨抗日救国组织——缅甸华侨妇女救灾会，成立当天就当场募得缅币27 000余盾。仰光皇冠戏院为了支持妇女救灾会的活动，在8月27日义映电影一天，以券资收入全部用作赞助妇女救灾会的经费。10月10日，妇女救灾会由"海利"轮运往祖国衣服80袋，计11 300件。1938年3月8日制作纸花3 000朵上街劝售募款，救济厦门沦陷区的受难同胞⑤。

6. 岩籍华侨在越南的筹赈活动

侨居越南的连城华侨吴嘉谋在其父亲吴奎爱国精神的感召下，组织抗日团体，不断捐款捐物和药品，支援祖国抗战⑥。时连城县政府将其爱国义举转呈时任福建省政府主席陈仪，陈仪给予传令嘉奖，时国民党福建省党部主任委员陈肇英亦题赠"慷慨激昂"旌匾一方。

（二）胡文虎领导南洋客属华侨支援祖国筹赈运动

抗日战争时期，胡文虎已是南洋著名的客籍华侨领袖。1937年"七七"事变后，胡文虎决定利用客属总会开展抗日救亡活动。他考虑到爱国捐献的任务既长远又艰巨，如果光靠客属总会有限职工的努力，南洋各地没有专门的机构分区负责具体工作，爱国捐献运动恐将难以广泛深入。为了有效、有组织、有步骤地支援祖国的抗战大业，胡文虎于10月份提出一个规模宏大的发展客属总会组织的计划，并获得客属总会各领导的一致赞成，派出代表到东南亚各地去宣传发展，推动各地成立客家公会⑦。

受南洋客属总会委派，丘子夫、范长峰两人积极到南洋各地宣传发动组建客属公会⑧。各地客属公会的筹建经费由胡文虎慷慨捐献。1938年1月14日，槟城客属公会筹备会成立，主席戴淑原宣布："总会会长胡文虎先生，为各地客属同侨一致团结，在抗战期中努力救亡筹赈，特倡组各地分会。"⑨ 至1941年底，南洋各地共成立53个客属分会⑩。

1938年底胡文虎发起并创立南洋客属总会救济难民会，亲任会长。⑪ 1939年8月24日至27日，胡文虎主持举行南洋客属总会成立10周年纪念活动，召开各地客属公会代表大会，共有40多个单位的130

---

① 《大马龙岩会馆总会暨各乡会联合特刊》（1987年10月），第230页。
② 刘琳：《福建华侨抗日名杰列传（上）》"苏振寿"，海峡书局，2015年，第268~269页。
③ 林水梅：《爱国爱乡的楷模周仰云》载《闽西文史资料》（第三辑）"闽西侨港澳台人物史料选编著"（一）。
④ 汪锦彪，徐新英，张平：《缅甸华侨归侨抗日史料选辑》（下册），生活文化基金会，2015年，第306页。
⑤ 汪锦彪，徐新英，张平：《缅甸华侨归侨抗日史料选辑》（上册），生活文化基金会出版，2015年，第41页。
⑥ 刘琳：《福建华侨抗日名杰列传（上）》"吴奎"，海峡书局，2015年，第53页。
⑦ 孔永松、洪卜仁、陈爱玉《简述客属侨领胡文虎先生对创办"客属总会"的贡献》载《客总会讯》第33期（1997），第21页。据《胡文虎评传》（李逢蕊、王东著，第110页。）载，南洋客属总会派丘子夫、范长峰两人到南洋各埠推动成立客家公会。
⑧ 李逢蕊主编，江斌副主编：《胡文虎研究专辑》闽新出（岩字）内书（刊）第033号，1992年，第29页。
⑨ 同上。
⑩ 新加坡南洋客属总会编，《新加坡南洋客属总会六十周年纪念特刊1929-1989/90》，1991年，第60页。
⑪ 刘琳《福建华侨抗日名杰列传（上）》"胡文虎"，海峡出版发行集团/海峡书局出版，2015年，第151页。

多位代表出席会议。大会发表《告同胞书》及《筹赈祖国难民宣言》。胡文虎发表热情洋溢的讲话,号召客籍侨胞捐资捐物,认购公债,支援祖国抗战,并以十万元巨款购买名誉券一张,以表爱国之心①。活动期间,举行游艺筹赈大会,各种节目均由客属各学校与各会馆负责表演。活动期间,各客家公会代表踊跃献金30万元国币,打破侨团单独筹款之记录②。

（三）胡文虎倾囊捐助祖国抗战大业

"七七"事变发生前几个月,胡文虎认为中日战争势所难免,特拨8 000元从英国购置大量药品、纱布,存于香港永安堂分行,以备日后之需。事变后,即将大量纱布运往抗日前线。

"七七"事变后,南洋华侨掀起如火如荼的支援祖国抗日救世救亡运动。胡文虎立即以国民政府救国公债劝募委员会常委的名义,号召南洋华侨共赴国难,积极投入捐募运动。他四处奔波,八方游说,着重指出:"吾海外华侨素有革命之母之誉,向于爱国事业,莫不争取赞助。今兹自由公债,发行于国家危难之秋,凡属国民俱应负有认购推销之责,良以国家兴亡,人各有责。值此全面抗战之时,正吾人报国之日。有钱者出钱,有力者出力,毁家纾难,亦份所宜。"③他带头认捐公债20万元后又再认捐30万元,并给国民政府电文说:"邦家危难,输财其时,文虎远寄南邦,责不敢忽。"④

"八一三"事变后,胡文虎再次从美国购置纱布数万筒,药棉7 000余磅,绒布8大捆,共计74件,经香港然后由永安堂转送到全国各地救护团体使用。出资筹建抗日救伤队,捐献5辆救护车,召集由他资助的香港红十字救伤科毕业生500余人奔赴上海抗日前线⑤。

自1930年至1937年,胡文虎捐款帮助华侨回国之义金,计14 000余元⑥。

1939年4月,胡文虎将1935年捐助350万元计划在国内兴建1 000所小学校舍的剩余款项200万元,全部认购救国公债。他在给蒋介石的电文中特别说明:"拟将此款移购救国公债,以利抗战,待将来抗战胜利,军事结束后,复将此项债票,向银行抵押现款,继续进行建校。"⑦

据国民政府侨务委员会公布,从"七七"事变到1939年4月,海外华侨捐款达1亿元以上,胡文虎一人捐资和购买公债高达300万元,是华侨中个人捐款最多的,创下了抗日战争期间海内外中国人个人捐款和认购救国公债数额最多的记录⑧。

1941年2月,胡文虎飞抵重庆出席国民参政会,捐献国币250万元（200万元为战伤救济款,50万元认购抗日公债）,协助政府兴建抗战残废军人疗养院及阵亡将士遗孤教养院。同时,胡氏还捐赠救护车4辆,纱布6万筒,药棉9 000磅,绒布86捆,金鸡纳霜5大桶,虎标药品300万包,运往前线救伤急用。国民政府财政部当即授予胡文虎一等金质奖章,军政部亦颁布海陆空军一等褒状。《新华日报》头版以《华侨巨子　胡文虎抵渝》为题,作了翔实的报道,给予高度评价"胡氏宅心全慈,广济博施……二十年来慷慨输将,或办公益,或作善举,或助建设,或资抗战,达千余万元之巨。抗战以还,胡氏付资于义捐及公债者达数百万元。"⑨

（四）抵制日货从经济上打击日本军国主义

随着日本侵华战争的一步步推进,海外华侨掀起了一波又一波的抵制日货运动,从经济上削弱日本军国主义实力,也是一种支持祖国抗战的爱国表现。

1931年日军悍然发动"九一八"事变后强占东北地区。龙岩华侨郑日晖在荷属苏门答腊的棉兰进行抗日宣传,号召华侨起来抵制日货。1937年"七七"事变后,郑日晖以龙岩旅苏同乡总会及棉兰分会主席名义,号召龙岩华侨抵制日货,不买、不卖日货,还倡导使用国货,以此打击日本经济,发展祖国实业。1939年,郑日晖在棉兰组织大华国货图书公司,自

---

①林焕珍:《浅谈东南亚客籍华侨在抗日战争中的贡献》,载郑赤琰编《客家与东南亚》,第393页。
②南洋客属总会,《南洋客属总会三十五、六周年纪念刊》,第A2页。
③李逢蕊主编,江斌副主编:《胡文虎研究专辑》闽新出（岩字）内书（刊）第033号,1992年,第28~31页。
④李逢蕊主编,江斌副主编:《胡文虎研究专辑》闽新出（岩字）内书（刊）第033号,1992年,第28页。
⑤同上。
⑥同上。
⑦刘琳:《福建华侨抗日名杰列传（上）》"胡文虎",海峡出版发行集团/海峡书局出版,2015年,第146页。
⑧刘琳:《福建华侨抗日名杰列传（上）》"胡文虎",海峡出版发行集团/海峡书局出版,2015年,第146页。
⑨李逢蕊主编,江斌副主编:《胡文虎研究专辑》闽新出（岩字）内书（刊）第033号,1992年,第33页。

任经理，举办国货展示会，号召大家共用国货，同拒日货①。

在马来西亚半岛，永定华侨曾昭生在1930年4月马来亚共产党成立后，担任马共霹雳地委书记。1931年"九一八"事变后，他领导霹雳地区的华侨抗日救亡工作，发动华侨捐款捐物和抵制日货。1937年"七七"事变后，马来西亚半岛华侨抵制日货的情绪进一步高涨起来，但仍有少数奸商只图一已私利，用改变包装、伪造产地，甚至冒充国货等种种手法，继续买卖日货。曾昭生发动党员和进步工人，冒着坐监和被驱逐出境的危险，组织特务队和锄奸团，对奸商进行调查核实后，在宣传、警告仍无效后情况下，采取行动，将日货加以没收销毁。对极少数坚持不改或敢于抗拒者，将其耳朵割去一只或半只，以做效尤。1938年春，怡保民众在曾昭生及马共霹雳地委的领导下，掀起抵制销售日本黄豆和制裁奸商行动，有利地鼓励了全马华侨抗日激情。据当时日内瓦和平运动局报告："世界各国抵制日货最甚者，首推马来亚，日货对马输入减少约百分之七十五。"② 永侨英烈胡一波参加了马共霹雳地委领导的抵制日货运动。

永定华侨富商胡曰皆，以南侨总会霹雳打巴分会主席名义，发动当地华侨捐款援国和抵制日货。在他的奔走努力之下，霹雳州华侨锡矿商都踊跃捐款，同时中止了与日本所有经济合作③。

在泰国曼谷，龙岩侨胞苏振寿在1931年"九一八"事变后，积极联系当地各省籍侨胞，紧急商议，取得抗日援国共识。他参与中华总商会召开各同业公会开会，讨论抵制日货和向祖国捐款。在他和中华总商会各位领导的努力下，一些经营日货为主的华侨商店立即停售日货，华侨米商禁止大米对日出口。结果，1931年日本对泰国的出口额比上年减少一半左右。1937年"七七"事变后，苏振寿深入发动福建籍华侨抵制日货④。

在缅甸，1931年"九一八"事变后，胡资周参加缅甸华侨救国会，宣传发动华侨抵制日货，还着手组织抗日队伍。据不完全统计，1937年"七七"事变至1942年日军占领缅甸前，缅甸华侨至少成立了数百个抗日救亡团体，其中以"缅甸华侨救灾总会""缅甸华侨抵制日货总会"等团体的活动尤为卓著⑤。

二、积极开展各种形式的宣传活动，激发广大侨胞的抗日救国热情

（一）胡文虎创办的星系报为抗日救亡摇旗呐喊

胡文虎从1928年创办"星报"起，到1951年创办《星泰晚报》止，共办了16家中、英文报纸，形成了一个星系报刊群，其中11家是日军占领东南亚前创办的，分别是：

1928年：创办新加坡《星报》（小报）
1929年：创办新加坡《星洲日报》
1931年：创办汕头《星华日报》
1935年：创办新加坡《星中日报》（午报）
1935年：创办厦门《星光日报》
1937年：创办广州《星粤日报》
1938年：创办香港《星岛日报》
1938年：创办香港《星岛晚报》
1938年：创办香港《星岛晨报》
1939年：创办槟榔屿《星槟日报》
1940年：接办新加坡《总汇报》

胡文虎所办报纸，除为自己的成药做广告外，很大原因在于"振兴海内外之文化事业"⑥。比如《星洲日报》的创办宣言中，胡文虎阐述"求民族、政治、经济的平等地位；力倡华侨投资祖国，藉定国基；提供各种教育，沟通中西文化，以增进华侨地位"的办报使命。又如《星槟日报》的发刊词提到："余尝慨夫海内外文化之不振，乃发为宏愿，致力新闻事业。"⑦ 1931年"九一八"事变后，随着日军一步步加紧侵略中国的步伐，胡文虎创办的星系报顺应抗日潮流，为抗日救国大造舆论，成为促进抗日、激励华侨爱国热情的重要舆论阵地。1938年8月1日香港《星岛日报》问世，胡文虎提出其办报宗旨是："一、协助政府从事于抗战建国之伟业；二、报道新

---

① 刘琳：《福建华侨抗日名杰列传（中）》"郑日晖"，海峡书局，2015年，第603~604页。
② 刘琳：《福建华侨抗日名杰列传（中）》"曾昭生"，海峡书局出版，2015年，第931页。
③ 刘琳：《福建华侨抗日名杰列传（中）》"胡曰皆"海峡书局，2015年，第712~713页。
④ 刘琳：《福建华侨抗日名杰列传（上）》"苏振寿"，海峡书局，2015年，第268~269页。
⑤ 范宏伟：《缅甸华侨华人史》，中国华侨出版社，2016年，第51页。
⑥《星槟日报银禧纪念册》，槟城：星槟日报社，1964，第A16页。
⑦ 古玉梁：《胡文虎报业王国：从兴盛到衰落》，第15页。

闻，兼为民族之喉舌；三、提倡学术，发扬科学之精神；四、改良风俗，善导社会之进步。"1940年接办《总汇报》，胡文虎提出："不以营利为目的，专以服务为前提，宣传抗日救国，坚民众之信念。"①

抗日战争时期的星系报纸，聘请了不少从祖国南下的革命人士或进步人士主持编务，使之成为极有战斗力的抗战喉舌。《星洲日报》在1938年春聘著名作家郁达夫担任副刊主编，副刊《狮声》成为吸引新加坡、马来西亚半岛华侨青年、团结新马华侨文化界名流共同抗日的重要阵地②。《星岛日报》问世后，不但派出战地记者，还在各战场速聘特约记者，开辟"战地通讯"，及时向海内外华人华侨报道各战场的抗日战争情况，鼓舞海内外同胞共赴国难。新加坡《星中日报》聘学生抗日领袖胡守愚担任主笔后，被称为"南洋最积极主张抗日的报纸"。汕头《星华日报》聘参加过闽西工农运动的张壮飞担任总编辑后，将参加工运的弟弟引荐到《星华日报》，兄弟俩撰写了大量号召国民奋力抵抗日本侵略的评论文章。厦门《星光日报》聘用了胡资周等中共党员和进步报人。2007年8月12日厦门日报刊发《中共厦门工委：抗日战争中的推手》一文指出："厦门工委还积极团结由进步人士领导的报纸媒体，《星光日报》在中共党员的争取下，成为抗战前后中国共产党在厦门的宣传阵地，社长胡资周所重用的很多编辑是地下党员，这为中共在厦门的宣传工作提供了极大的便利。"③

星系报纸大力宣传抗日救亡，深受海内外华人华侨爱国志士和热血青年的欢迎，为祖国的抗战事业作出了积极的贡献。在太平洋战争爆发前夕，许许多多的热血青年在星系报业的宣传感召下回国参战，仅香港大学就有100余人。据曾担任《星华日报》主笔的张问强回忆，汕头沦陷前夕，《星华日报》几乎成了汕头"青年抗敌同志会"的机关报，为团结潮汕地区的爱国青年从事抗日救国大业，作出了很大的贡献。④

（二）岩籍侨胞开展各种形式的抗日宣传，制造舆论，激发侨胞的抗日救国热情

抗日战争时期的星系报纸，聘请了不少永定籍的热血华侨青年，甚至是革命者、中国共产党优秀党员主持编务，使之成为极有战斗力的抗战喉舌。在星系报纸任职的永定华侨有胡守愚、胡鸿洲、胡浪漫、胡资周、黄绿萍、胡铁君、胡一川、林蔼民、林道安、曾建平、苏节、罗铁贤（罗懿）、罗选才、卢心远、胡永隆等人，他们大造舆论，激发侨胞的抗日救国热情。同时，海外侨胞的抗日宣传，也得到中国共产党的大力支持，特别是"皖南事变"后，中共指出："在华侨中宣传中国抗战，宣传八路军新四军的英勇及艰苦，号召他们给我们以各种帮助。华侨工作应当主要是合法的，不应当反对当地政府。应争取华侨中有名望的有正义感的分子（如陈嘉庚）积极领导华侨工作。"⑤

新加坡和香港分别是南洋、华南地区有重要影响的中心城市，对东南亚各埠具有重要的辐射作用。著名的两大华侨领袖陈嘉庚和胡文虎，都以新加坡作为领导南洋华侨筹赈祖国伤兵难民和支援祖国抗日救亡的重要基地。胡文虎把宣传的重点也立足在新加坡和香港，在太平洋战争爆发前胡文虎所创办的11家星系中，新加坡有4家，香港有3家。1935年，胡文虎聘著名学生抗日领袖胡守愚为新加坡《星中日报》主笔。1937年，胡守愚与龙岩人黄薇等人参加由《南洋商报》《星洲日报》等10余家海外华文报纸联合组织的"南洋华侨战地记者通讯团"，进行战地采访，采访过台儿庄会战和徐州会战。以后又前往延安，撰写了大量报道延安和陕甘宁边区军民的抗日通讯，发往新加坡各大报刊登，使南洋侨胞了解中国共产党领导的八路军、新四军英勇抗战的情况，呼唤了许多华侨青年回到祖国，奔赴延安。胡守愚以自己出色的作为，成为南洋为抗日救国呐喊宣传最出色的报人之一。《星中日报》被称为"南洋最积极主张抗日的报纸"。⑥

---

①李逢蕊主编，江斌副主编：《胡文虎研究专辑》闽新出（岩字）内书（刊）第033号，1992年，第240页。
②刘琳：《福建华侨抗日名杰列传（上）》"胡文虎"，海峡书局出版，2015年，第147页。
③刘琳：《福建华侨抗日名杰列传（上）》"胡文虎"，海峡书局出版，2015年，第148~149页。
④李逢蕊、王东著：《胡文虎评传》，华东师范大学出版社，1992年，第114页。
⑤《中共中央关于开展太平洋反日民族统一战线及华侨工作的指示（1941年12月9日）》，南方局党史资料编辑小组编：《南方局党史资料·统一战线工作》，重庆：重庆出版社，1990年，第72~73页。
⑥胡守愚，原名最芳，永定下洋下坪村溪头岗人。见刘琳著《福建华侨抗日名杰列传（中）》"胡守愚"，海峡出版发行集团/海峡书局出版，2015年，第746~747页。

《星洲日报》是胡文虎在新加坡创办的第一家报纸。胡文虎聘请的编辑人员几乎都是岩籍永定华侨，其中有不少被聘人员在出国前就参加过革命，或学生运动，支持中国共产党的主张，支持全民抗战，有的人本身就是中国共产党员。比如，永定下洋富川村的胡鸿洲，又名林愚民、林亚昌、林亚亮，1930年赴新加坡与父母团聚，1932年回国后曾参加红军游击队。1939年冬重回新加坡，进入《星洲日报》担任记者、编辑，采写、编辑了大量抗日救国新闻稿。林道安，永定湖坑镇洪坑村人，毕业于上海美术专科学校，后应胡文虎之聘前往新加坡担任《星洲日报》画刊主编。抗日战争爆发后，他以图片、漫画大力宣传团结抗日，揭露国民党顽固派的妥协阴谋和罪恶，反对国民党制造"皖南事变"，不断鼓励侨胞的爱国热情。因画风泼辣且生动形象，即使目不识丁的侨工也能读懂他的画作，因此对集合东南亚华侨力量抗日救国发挥了重要作用。林道安还绘制了大量抗日宣传画，张贴于城乡，并义卖自己的作品为抗日筹款，成为东南亚美术界抗日骨干。林道安因招致国民党顽固派不满，太平洋战争爆发之前，申请回国服务抗战，中国驻新加坡领事竟唆使殖民政府不发给护照，致其在新加坡沦陷后遭日军逮捕杀害[①]。胡铁君，原名胡知芳，永定下洋下坪村溪头岗人，青年时投考黄埔军校，后赴南洋，进入胡文虎创办的《星洲日报》。1931年"九一八"事变后，通过《星洲日报》发动华侨捐款达100余万元，全部汇回国内支援抗战。因为这些热血爱国青年的加盟，《星洲日报》在1937年"七七事变"后，更是成为东南亚华侨社会宣传抗日救国的坚强阵地[②]。

在新、马地区大力开展抗日宣传活动的岩籍华侨还有马宁、卢心远、黄绿萍、张壮飞、游新来等人。

马宁（1909—2001），原名黄振椿，又名黄震村，龙岩县龙门赤水村人，现代著名作家。1926年就读集美学校，因参加学潮被学校开除。1930年在上海参加左翼作家联盟，同年9月加入中国共产党。1931年2月前往南洋避难。参加马共地下活动，担任马共中央宣传委员。在马来西亚半岛霹雳太平振华中小学任教，因组织反帝学联，开展抗日救国宣传，被英殖民当局通缉，逃往新加坡，主编《南洋文艺》，因发表《一个女招待之死》等革命文艺作品，再遭通缉。1934年4月回国。参加龙岩县抗敌后援会、新四军。1940年冬奉调八路军广西桂林办事处。1941年、1946年两次下南洋，1948年7月在新加坡被英殖民当局驱逐出境，遭遣返，中途逃往澳门。中华人民共和国成立后回到龙岩，担任福建省文联副主席、省政协委员等。2001年12月在福州病逝。

卢心远（1911—1985），原名宝镛，永定县坎市田心村人。于1923年—1927年就读于福建省立第九中学（龙岩一中前身），其间接受马克思主义和革命思想影响，1927年加入中国共产党。毕业后回乡任"太平里青年委员会"总干事，兼任《奋斗》（会刊）主编。1928年春，因组织群众抗议军阀陈国辉部摊派的马路捐遭到搜捕，遂逃往广州。1928年秋考入中山大学。1933年毕业后到上海从事著译，出版宣传马克思主义的《方法论讲话》《政治经济学体系》等书。1937年上海沦陷后，卢心远南渡新加坡侨居。先为《星洲日报》《南洋商报》撰写国际时事专栏，后任《南洋商报》主笔。因大力宣传中共坚持抗日主张，揭露国民党顽固派投降妥协活动，激励海外侨胞支持抗战，受到英殖民当局传讯，被迫改到中正中学任教。1942年，日军占领新加坡后，卢心远举家逃往马六甲甲山村，开设六合造纸厂，并加入马来亚共产党。日本投降后，卢心远重返新加坡，复办中正中学，组织"新加坡华侨教师协会"，创办《华侨经济》半月刊。1946年遭英殖民当局逮捕，获释后执教于华侨中学。1948年，英殖民当局又以"马共分子"将其关入棋樟山集中营，8个月后被"驱逐出境"。经香港时得到夏衍等帮助，1949年4月辗转到达北京，任中华人民共和国全国人民政协筹备会新闻处编辑，中央人民政府成立后调华侨事务委员会，历任政策研究室主任、办公厅副主任、第三司副司长、全国侨联常委、副秘书长以及第二至第六届全国政协委员，1985年4月病逝于北京。

黄绿萍，永定湖坑奥杳村人，1922年赴缅甸谋生。1930年到新加坡从事新闻工作，后受胡文虎委派到汕头筹办《星华日报》，继而回福建担任《星华日报》《星洲日报》等报社驻闽西特约记者。1934年参与"福建事变"失败后，在厦门担任《星光日报》编辑，顶住日本浪人的压力，大量编辑、刊发抗日文章。厦门沦陷后，黄绿萍坚持在闽南、闽西进行抗日

[①] 刘琳：《福建华侨抗日名杰列传（中）》"林道安"，海峡出版发行集团/海峡书局出版，2015年，第727页。
[②] 刘琳：《福建华侨抗日名杰列传（中）》"胡铁君"，海峡出版发行集团/海峡书局出版，2015年，第835页。

宣传。1940年重返新加坡担任《星洲日报》主笔，撰写了大量抗日宣传文章，对唤起当地华侨投身抗日发挥了重要作用。后黄绿萍被调到槟城《星槟日报》当主笔，竭力宣传抗日，还参与组织槟城系列抗日救国活动，坚持到日军占领槟城，《星槟日报》被迫停刊①。

游新来，1923年出生于槟城，1937年"七七"事变后，参加由马来亚共产党领导的马来亚华侨学生抗敌后援会槟城分会，主要从事宣传工作。他贴标语、写板报，带着同学们深入乡间宣传抗日，揭露日军侵华暴行，发动华侨支援祖国抗敌。参与马来亚共产党槟城地委秘密机关报《公道报》的编印工作，长期担任刻印部负责人，主要负责刻钢板和油印报纸。日军侵占马来西亚半岛后，继续坚持抗日宣传。1942年被日军逮捕后，遭受酷刑，壮烈牺牲在监狱中②。

在荷属东印度地区，"七七"事变后，永定人曾道修创办棉兰《新闻报》和《南洋生活半月刊》，积极宣传团结抗日，后又创办"大华图书印务局"和棉兰《民生日报》，撰文抨击国民党当局。龙岩人黄复康、陈庆隆等人因抗日宣传活动被荷印当局驱逐出境。

张壮飞（1901—1988）又名问仁，永定县岐岭乡列市内坑村人。早年就读于厦门大学，1925年参加学生运动转学广州。次年春回故里组织金丰青年联合会和农会。1927年，张壮飞应国民革命军东路军总部之邀赴福州参与《革命军人日报》编辑，并随军到南京、上海。1927年"四一二"之后，到汉口、广州，任《新声报》编辑。广州起义后，为免遭国民党迫害改名辗转各地从事革命工作。抗日战争期间，张壮飞参加中共领导的文化界救国会，在越南支持华侨革命，支援抗战，屡遭通辑与追捕。1946年6月在马来亚槟城任《商业日报》和《中华公报》主笔，后任《星槟日报》总编辑，声援马来亚人民的民族解放斗争。同年12月加入中国民主同盟，并被选为民盟槟城分部委员。翌年被选为民盟马来亚支部委员。1949年5月，张壮飞回到香港，在中共华南局领导的福建建设促进会工作，担任文化服务团筹备会主任。中华人民共和国成立后，张壮飞在福建省政府华侨事务委员会工作。后任福州市侨联副主席、中国新闻社福建分社副社长等职。同时，他参加民盟工作，被选为民盟福建支部临时工委委员兼宣传委员会主任，并先后担任民盟福建省委宣传部长、副主任委员、顾问，还担任福建省政协首届委员，二至五届常务委员。1988年病逝于福州。

在巴城，漳平人陈性初多次在《新报》《天声日报》等华文报刊发表诗文，声讨日寇，呼吁抗敌。比如，1938年初，中国棋手谢侠逊前往南洋各地义弈筹款捐助祖国抗战，陈性初除带头捐款外，还赋诗激励华侨慷慨相捐："不为闲游不为棋，愿将黎庶救寒饥；哀鸿遍地情何忍，寄语侨胞博济施！"1938年2月国际反侵略运动大会在英国伦敦召开，他撰写《拥护世界和平》一诗在《天声日报》发表："还期世界表同情，公理强权有定评；寄语东邻侵略者，莫将蛮干坏和平。"③

永定青年游铭阶与梁迈等华侨爱国青年在巴城组织群众文化团体"艺海社"，进行抗日救亡宣传。很快在吧城影响越来越大，引起荷兰殖民当局注意。1940年，荷兰殖民当局警察从邮局截获了从香港寄给艺海社"游击之"的印刷品——两本共产党刊物《解放杂志》和《群众》，遂立即查封艺海社，拘留社长张君豪等负责人，并传讯社员名册中几个姓游的嫌疑对象：游铭阶、游禄中、游继康等。后由于证据不足，加上荷兰被德国占领，日军南侵风声日紧，荷印当局撤销了查封令，释放艺海社人员，但档案却保留了下来，成为日后日军缉拿"抗日共党组织"艺海社的凭据④。

在菲律宾，龙岩人张旭高以华侨文化界救亡协会

---

① 刘琳：《福建华侨抗日名杰列传（中）》"黄绿萍"，海峡出版发行集团/海峡书局出版，2015年，第476~478页。
② 刘琳：《福建华侨抗日名杰列传（下）》"游新来"，海峡出版发行集团/海峡书局出版，2015年，第1360~1361页。
③ 刘琳：《福建华侨抗日名杰列传（上）》"陈性初"，海峡出版发行集团/海峡书局出版，2015年，第48~52页。
④ 游铭阶，1918年出生于永定大溪大坑头村，1928年由父亲接到南洋巴城，就读当地华侨学校。1937年日军发起全面侵略中国的战争后，游铭阶与当地华侨爱国青年梁迈等人组织"艺海社"进行抗日宣传活动，被荷当局查封。日军占领吧城后，其以假死逃过日军追捕，从此改名"游尚群"。参见1. 郭启熹《从游铭阶到游尚群》载《铁蹄下的抗争——印度尼西亚爪哇华侨抗日史料选辑》，生活文化基金会出版，2015年8月第1版，第363~378页；2.《华侨爱国志士、香港爱国企业家——记游尚群先生》载《闽西文史资料》（第三辑）"闽西侨港澳台人物史料选编"（二），岩新出（2001）内书第169号。

名义，联合外报记者组成中外记者战地考察团回国采访。张旭高穿过敌占区，冒着枪林弹雨坚持在战地采访，收集和拍摄了大量资料和照片，为菲律宾中外报刊撰写大量歌颂中国军民英勇抗敌和揭露日军侵华暴行的报道，鼓励华侨支援祖国抗战，改变了一些美国、菲律宾人对中国抗日战争的态度。一些往日对中国抗战漠不关心的美、菲人士逐渐关心起中国的战事，并进而同情中国抗战。

1941年9月，黄薇应廖承志要求前往菲律宾进行抗日宣传工作。日军占领菲律宾后，黄薇主编抗日地下报纸《华侨导报》，与敌《马尼拉新闻》针锋相对。日军投降后，《华侨导报》由秘密转为公开发行出版，周恩来、董必武、李维汉、陆定一、邓发、陈嘉庚等人为《华侨导报》题词庆贺。

在缅甸，永定人陈兰生、胡定军经常在《仰光日报》"社论"栏目中撰文宣传抗日，在当地很有号召力。陈兰生，永定岐岭乡下山村人，1918年赴马来西亚半岛谋生，后辗转前往缅甸，被聘为《仰光日报》编辑，担任主笔。抗日战争爆发后，陈兰生在《仰光日报》上大力宣传团结抗日，经常写文章宣传抗日救国，力主国共合作，反对分裂、反对内战。《仰光日报》的社论在陈兰生主持下，很有号召力，团结了不少爱国华侨，为抗日救国作出重要贡献。陈兰生还创办维生书店，传播抗日书刊和唱片。日军占领缅甸后，陈兰生幸运地躲过抓捕，辗转到达重庆，直到抗战胜利后重返仰光，任《仰光日报》总编辑①。

陈康容，原名陈月容，又名陈容，原籍永定岐岭霞山村，1915年出生于缅甸仰光，1930年回老家探亲和念书。1934年冬返回缅甸，利用执教仰光华侨女子中学机会，在学校进行抗日宣传。她参加以国民党左派和共产党人为骨干的宣传抗日的文艺团体——椰风社，在《仰光日报》发表诗歌、散文，还以"阿莹"的笔名为《仰光日报》撰稿，揭露日军侵占东北和上海罪行。1935年发起组织缅华妇女联合会，团结一批进步妇女，宣传苏联十月革命、民族解放运动和妇女解放运动。同年8月，她参加缅甸华侨进步青年组织的仰光青年学会，进行爱国、抗日活动②。

在泰国，龙岩华侨苏振寿作为泰国福建会馆主席，经常前往泰国各地福建籍华侨较为集中的区域，进行抗日宣传，动员华侨子弟回国投军。

三、参与海外抗日救亡和抵抗运动

太平洋战争爆发后，日军迅速占领了整个南洋地区，大肆搜捕和屠杀华侨领袖和华侨活跃分子，南洋华侨的生命和财产遭受巨大损失。印度尼西亚的王源兴、张德镕、陈灼瑞、游尚群、郑日晖、黄复康、陈明轩，新加坡的胡文虎、林道安、卢心远、胡铁君，马来西亚半岛的胡曰皆，菲律宾的张旭高，缅甸的胡定军、陈兰生，沙巴的章谦等人，都被日军列入华侨抗日骨干予以抓捕的黑名单。章谦、陈灼瑞、胡曰皆、张德镕、张旭高、胡鸿洲、林道安、郭秀贞等人都被日军逮捕后遭受酷刑，有的付出了生命的代价：新加坡的林道安，菲律宾的张旭高，马来西亚半岛的郭秀贞、钟问文，苏门答腊岛的廖树荫③、陈绍儿④等人都被日军残忍杀害。

为反抗日军暴行，岩籍华侨积极参与南洋各地风起云涌的抵抗运动。马来西亚半岛的抗日游击队有三股力量：一是中国国民党组成的华侨抗日军；二是由马来亚共产党领导下的马来亚人民抗日军；三是由吉隆坡天地会组织的洪门游击队。在北婆罗洲的沙巴，当地华侨组织神山游击队，发动暴动，袭击日军。菲律宾的抵抗力量有华侨抗日反奸大同盟、华侨抗日游击支队、洪门复兴委员会和华侨抗日锄奸义勇军、华侨战地民主血干团、华侨青年战时特别工作总队、华侨义勇军。广大海外华侨成为东南亚各地反抗日本军国主义侵略的主力军。

（一）岩籍华侨在新马地区的抵抗运动

新加坡沦陷后，日军从日侨及新加坡警察方面取得"华侨抗日名册"，获取百余抗日团体领袖及重要会员的姓名、地址，进行大搜捕和大屠杀。在整个日军占领新加坡、马来西亚半岛期间，岩籍华侨遭受了

---

① 刘琳：《福建华侨抗日名杰列传（中）》"陈兰生"，海峡出版发行集团/海峡书局出版，2013年，第463~466页。

②《缅华抗日名杰列传"第七章　陈康容"》载《缅甸华侨归侨抗日史料选辑》（下册），生活文化基金会出版，2015年，第302~303页。

③ 廖树荫，龙岩红坊进贝村人，日军占领荷属领地时，在苏门答腊岛任教。见《龙岩市华侨志（初稿）》龙岩市（今新罗区）侨务办公室编，1987年8月24日，打印稿，第7页。

④ 陈绍儿，龙岩东肖曲潭村人，日军占领荷属领地时，在苏门答腊岛任教。见《龙岩市华侨志（初稿）》龙岩市（今新罗区）侨务办公室编，1987年8月24日，打印稿，第7页。

生命和财产的重大损失，不少岩籍华侨激于义奋拿起武器投身抵抗运动。

据新加坡永定会馆在战后编印的《永定月刊》第5期刊出罗剑锋的文章《日寇屠杀之下星洲永侨受难调查》，在日军大检证及占领新加坡期间，至少有18名永定华侨被杀害或迫害致死，他们是胡绍添（35岁）、谢彩茂（43岁）、胡云程（21岁）、林道安（37岁）、林子磐（45岁）、林干民（38岁）、林章文（36岁）、曾有源（50岁）、胡仁（21岁）、曾辅春（41岁）、曾楼春（25岁）、胡良材（51岁）、罗振昌（26岁）、江亚养（37岁）、胡楼兴（18岁）、赖观贤（19岁）、曾初开（31岁）、赖振贤（17岁）①。岩籍华侨纷纷逃到马来半岛，参加各种抗日组织，抵抗日军侵略。

在日军占领马来西亚半岛及槟城期间，遭日军杀害的龙岩华侨有：郭秀贞（女）、郭坤成、郑耀堂、陈木金、汤联勋、翁清汕、林新德、李仁凤、曹辉桓、杜炳南、陈维民、章应淇等12人。遭日机空袭死亡的龙岩华侨有：林德梁、张少中、王守文、邓万方、郭必兴、林根旺等6人②。

担任《星洲日报》副刊主编的永定人林道安，在日军占领新加坡后，被作为抗日骨干分子逮捕并杀害。

永定人卢心远作为新加坡《南洋商报》《星中日报》的评论员，大力宣传中国共产党的抗日主张，是星洲著名的抗战文人。新加坡沦陷后，他被列入日军捕杀名单，携家眷潜出新加坡，逃入马六甲山区。随后，他与马来亚共产党组织取得联系，开始支援和掩护马来亚共产党领导的马来亚人民抗日军。当时游击队军费奇缺，他变卖所有贵重器物，邀友人一起集资创办六合造纸厂，将收入用于支持马来亚人民抗日军。他创办的六合纸厂还成为马来亚共产党马六甲地委和马来亚人民抗日军的重要交通站之一。直到日军投降后，他才回到新加坡③。

永定人胡鸿洲在国内时就加入了中国共产党。太平洋战争爆发后，胡鸿洲参加了马来亚共产党组织的人民抗日军，先与英军并肩作战，英军溃逃后，他化名林亚昌，担任抗日军第四独立大队下辖第十八中队的党代表，和战友们开展游击战。在第四独立大队的统一指挥下，胡鸿洲率部四次参与进攻古来日军，并进攻东山、东兴、勃兰东、白板等地日本警察局，两次击退日军对天吉港的大规模围剿。在海上的一次战斗中，夺取日军大型机动船及船上所载的10吨大米，俘房日军20余人，成功平息了日军在文律地区煽动的排华风潮。在三年多时间里，胡鸿洲和第四独立大队与日军共作战150多次，毙伤敌军警及走狗1 000多人。1944年9月28日在与日军作战中因负伤被捕，遭受严刑拷打。日军投降后，胡鸿洲被释放出来，出任马来亚共产党新加坡市委办事处主任。他作为马来亚共产党代表之一，参加检阅英军和马来亚人民抗日军的队伍④。

华侨富商胡曰皆在日军占领马来西亚半岛后，利用矿场多在山间的优势，支持由华侨青年组成的马来亚人民抗日军第五独立大队，为之筹措急需的粮食、药品、衣被和炸药，组成运输小分队，送至游击队驻地。为免资源落入日军手中用来生产侵华武器原料，他含泪毁坏了自己辛勤开辟的矿场。为壮大抗日武装，他动员青年华侨矿工投军，拿起枪来打击侵略者。1943年，胡曰皆被日军以"涉嫌济共"为名逮捕，受尽毒打，18天后经亲友及当地侨领多方营救才获释。胡曰皆出狱后为拒当"维持会副会长"，立即率全家潜往乡间，继续为抗日游击队捐献物资。1945年4月，胡曰皆遭日军第二次抓捕，关进打巴监狱，差点送命。在亲友重金保释后，立即带全家秘密潜往马来西亚半岛最偏僻的金马伦珠玛港躲藏，以务农为生，直到日军投降为止。

永定下洋华侨胡善津，日军侵占马来西亚半岛时他年仅14岁，参加马来西亚半岛人民抗日军，任儿童团长。1943年加入马来亚共产党⑤。

永定华侨钟问文，1918年生于槟城，在钟灵中学读书时开始参加抗日救亡工作，后加入马来亚共产党。日军占领槟城后，钟问文坚持做地下抗日工作，动员华侨青年参加马来亚人民抗日军，同时还奔走于工厂、商号，组织马来亚抗日同盟会日落洞分会，并担任会长。因叛徒出卖，受日军追捕，后在新山被

---

① 《新加坡永定会馆七十周年纪念刊（1918—1988）》，第207~208页。
② 见李良潮：《槟城龙岩会馆馆史》载《大马龙岩会馆总会暨各乡会联合特刊》，1987年10月，第59页。
③ 刘琳：《福建华侨抗日名杰列传（中）》"卢心远"，海峡出版发行集团/海峡书局出版，2015年，第888~889页。
④ 刘琳：《福建华侨抗日名杰列传（下）》"胡鸿洲"，海峡出版发行集团/海峡书局出版，2015年，第1202~1205页。
⑤ 福建《永定胡氏族谱》修编委员会，《福建永定胡氏族谱》，2011年，第53页。

捕,饱受酷刑后被杀害①。

槟城沦陷后,永定华侨张壮飞避难乡间,坚持进行抗日宣传,支持马来亚共产党领导的马来亚人民抗日军,并协助开展民运工作。

新加坡义勇军副司令胡铁君在新加坡沦陷后,前往霹雳山区参加马来人民抗日军。

岩籍华侨翁坤华加入盟军降落伞部队,在印度接受训练,参与了收复马来西亚半岛的战斗,战后复员荣归槟城,受到槟城龙岩乡亲的热烈欢迎②。

岩籍华侨胡铁君参与新加坡保卫战,任新加坡抗日义勇军副司令。新加坡沦陷后又前往霹雳参加马来亚人民抗日军。

1942年2月1日,日军进攻新加坡的战役正式打响。"保卫星洲"的口号一时传遍弹丸之地新加坡的每一个角落,新加坡掀起了轰轰烈烈的抗日救亡运动。以陈嘉庚为总主席的南侨筹赈总会号召华侨参加抗战,组织了"星洲华侨抗敌动员总会",同时,争取英国殖民政府的支持,组建"星华抗日义勇军"。

报名参加义勇军的热血青年有3 000多人,最终1 200多人被编入义勇军。义勇军司令部设在南洋华侨师范,下属八个军,司令由英国人打理上校担任,副司令由曾就读南京中央军校,有一定的军事指挥才能的胡铁君担任,并领少校军衔。义勇军一律穿蓝色制服,右臂佩戴三角红布标志,头缠黄色布,使用都是19世纪的旧式枪。

胡铁君,原名胡知芳,永定县下洋镇溪头岗人。早年毕业于广东大埔中学,后又在南京中央军校学习三年。南渡新加坡后,从事新闻工作,是新加坡著名的社会进步人士。当星华抗日义勇军成立时,他因声望和指挥才能被推举为副司令。

义勇军使用的武器虽然十分落后,但他们在"保卫星洲"的口号感召下摩拳擦掌,希望能够把敌军推落海里,乘胜向马来西亚半岛反攻。所以当他们听见柔佛海峡长堤被炸的消息,一方面庆幸英军已安全撤退到新加坡,增强了防守力量;一方面又担心反攻收复马来半岛受阻。胡铁君与打理上校听到新加坡英军司令白思华中将要"死守待援"的豪言壮语,非常鼓舞,积极率领义勇军配合英军作战。

义勇军在司令打理与副司令胡铁君的指挥下,参与的战斗主要有两次:一是新山伏击战。4日中午,一支日军巡逻队乘坐橡皮艇在新山长堤海域游弋,被埋伏的义勇军第一连一举击沉数艘。消息传回新加坡,马上被各华文报纸刊登,极大地鼓舞了当地民众的抗战信心;二是裕廊律保卫战。7日,日军在柔佛海峡北岸用大炮猛轰裕廊律,义勇军第二连坚守在阵地前沿,抗击着敌军24小时的轮番炮轰,屹然不动。8日深夜,日军在猛烈的炮火掩护下强渡柔佛海峡,向裕廊律强行登陆。义勇军与日军血战四天四夜,打退了日军几十次的进攻,但由于一支印度友军因力不支向敌人缴械投降,致使后方阵地丢失,防守裕廊律和巴丝班让前沿的义勇军二、三连陷入重围。面对日军地面上的炮火攻击和天上飞机的低空扫射,义勇军形势十分危急。司令部当即命令四连分批驰往后港七条石和巴丝班让,帮助二、三连突围。12日,义勇军全部转移到设在南洋华侨师范的司令部驻地。

由于战局恶化,大势已去,英军决定弃守新加坡。13日,英国殖民政府宣布解散义勇军。

15日,英军向日军投降。十二万人齐下马,星洲当日白旗升。日军大肆搜捕杀害华侨、义勇军,特别是抗日华侨领袖。星华抗日义勇军副司令胡铁君在新加坡即将沦陷之际,逃亡到了马来半岛的霹雳山区,参加由马来亚共产党领导下的马来亚人民抗日军,继续从事抗日游击斗争,从此,霹雳山上多了一名抗日勇士。

抗日战争结束后,胡铁君撰写了《星华义勇军战斗史》一书,记述了义勇军可歌可泣的战斗事迹。星华义勇军虽然只存在了两个星期,但他们英勇战斗、不畏牺牲的业绩永载史迹,深深地感动了一代又一代的海外华侨华人。

岩侨之花郭秀贞,红颜碧血染柔州。

日军占领槟城后进行了大逮捕、大屠杀,槟城的抗日救亡运动转入地下。龙岩籍少女郭秀贞,巧妙地为地下组织传递情报达三年之久,有力地支援了马来的抵抗运动。1945年3月,郭秀贞的秘密活动被日军情报局侦知后,郭秀贞于12日半夜摆脱密探的监视逃往浮罗,继而乔装成渔夫躲过日军搜捕,转辗南下柔佛州参加游击队。13日深夜,一小队日军荷枪实弹地前往郭家抓捕郭秀贞。因郭秀贞走脱,恼羞成怒的日

---

① 刘琳:《福建华侨抗日名杰列传(下)》"钟问文",海峡出版发行集团/海峡书局出版,2015年8月第1版第1次印刷,第1303页。

② 《大马龙岩会馆总会暨各乡会联合特刊》(一九八七年十月),第59页。

军抓走郭秀贞的父亲郭坤成,在监狱里对他严刑拷打,强迫他说出大女儿郭秀贞的下落,最后郭坤成被打死于狱中。当夜,日军再次闯进郭秀贞家,对她年迈的奶奶进行拳打脚踢。几天后,郭秀贞奶奶伤重去世。

进入5月,日军在东南亚战场上节节失利,便积极煽动当地人排华,并利用汉奸和暗探,加强对占领区人民的监视。1945年7月31日,郭秀贞奉命掩护一位人民游击队领导前往柔佛市区新山开展工作,不幸被一个汉奸指认遭到日军逮捕。

日军把郭秀贞关进监狱,对她施加各种酷刑,逼问游击队领导去向和活动情况,以及地下组织情况。无论日军如何威逼利诱,郭秀贞始终守口如瓶,不为所动。8月4日,就在日军投降前夕,郭秀贞被残暴的日军绞死狱中,是时,她年仅18岁。

郭秀贞烈士是马来亚岩籍华侨永远的骄傲。多年以后,岩籍华侨王业开在凭吊郭秀贞烈士时,写下令人荡气回肠的悼诗,缅怀这位岩侨少女英烈。

巾帼英姿五尺枪,铭心尤恨倭寇狂;
白骨忠魂留斯土,问君何不安乐上?

为了马来亚的抗日事业,少女英雄郭秀贞及其父亲郭坤成和年迈的奶奶用生命谱写了岩侨英烈光辉的篇章,他们祖孙三代人反对侵略大义凛然的爱国献身精神永远照耀着一代又一代海外游子的爱国情怀。

永定籍华侨胡一波的抗日英雄事迹也震动了霹雳山。

日军占领新马后,大肆搜捕华侨抗日领袖、可疑分子,向华侨勒索"奉纳金",甚至煽动马来人排华,屠杀和洗劫华人商店。许多华侨被迫上山避难和参加抗日军。永定华侨胡一波就是霹雳第五独立队一名著名的抗日女英雄。

胡一波,原名凤英,祖籍永定区下洋镇下坪村溪头岗,1923年出生于马来西亚半岛,其父亲胡万俭是霹雳州督亚冷埠颇有知名度的华侨富商。1937年"七七"事变后,胡一波加入马共领导的马来亚华侨抗日后援会,积极参加抗日宣传、罢工抗议、筹措义款、抵制日货等活动,成为当地华侨抗日积极分子,并加入了马来亚共产党。1941年12月26日日军占领怡保后,马共霹雳地委立即组织人员从战场中捡拾英军遗弃的枪械,胡一波与男队员一起,翻山越岭寻捡枪械,共捡到400余支枪和一批弹药,初步武装了自己。1942年1月,马共霹雳州委决定成立"霹雳人民抗日军"。5月,该军由马共中央正式命名为"马来亚人民抗日军第五独立队",初期辖四个中队,胡一波在第三中队担任医生。部队刚成立,还来不及对外公布,日军便发起进攻,迫使第五独立队的正式成立被延至1942年12月1日。

日军对抗日活动采取极端严厉的镇压措施。他们遍布暗探,搜集情报,围攻抗日军根据地。驻霹雳州的日军叫嚣"三月灭共"。第五独立队的官兵则以加强军事进攻和锄奸活动进行回击,先后进攻朱毛、端洛、红毛丹等六处警察局,并在狮尾伏击敌特高科的巡逻队。他们还与第六独立队合作,消灭了盘踞在吉兰丹州牙拉顶的两股土匪,在该地建立了较为巩固的根据地。为了粉碎日军的围剿和打击日军,第五独立队的官兵经常夜间行军,伺机袭击日军。胡一波在第五独立队既担任医生,又兼做民运和宣传工作,发动华侨青年参军入伍,还要四处筹钱筹粮,经常冒着生命危险,潜入日军防区筹措药品。为便于深入敌区,侦察情报,胡一波经常女扮男装。她因为枪法好,性格坚强,作战勇敢,参加了第三中队所有的伏击战、进攻战和锄奸活动,每一次战斗都冲锋在前,不让须眉,人称"华侨花木兰"。

《马来亚人民抗日军第五独立队队歌》唱道:

红星在闪烁,普照四方,抗日的英雄振动了霹雳山上,健儿们的热血,像瀑布似的汹涌,千百万粗壮的臂膀,锤炼着自由的光芒。为着民主利益,争取民族解放。人民是我们的兵工厂,大本营却在霹雳山上,充实力量,准备军粮。雄纠纠,气昂昂,举起刀,拿起枪,杀得日寇心胆寒!杀得日寇心胆寒!

尽管斗争的环境十分艰苦,但胡一波和她的战友们依然保持坚定的信念和昂扬的斗志,她们高唱着《马来亚人民抗日军第五独立队队歌》,奋战在霹雳山区的丛林中,过着"天大的房子,地大的坑"的生活。到日本投降时,第五独立队发展到拥有12个中队、共1 500余人。在日军占领马来西亚半岛三年八个月的时间里,马来亚人民抗日军与日军作战340多次,歼敌5 500多人。他们为搜集情报、打击日军、收复马来亚作出了重大贡献。

日本投降后,胡一波调马共霹雳州办事处宣传部工作。

(二) 沙巴，岩侨英烈凋谢在神圣的神山脚下①

　　星洲当日白旗升，双十亚庇敌陷城；
　　十二万人齐下马，竟留英烈寇心惊。
　　忠良慷慨义同死，缺弹粮尽孰挽援；
　　岭戴神山风撼树，一枝一叶为留传。

这是龙岩籍马来西亚侨胞王业开在20世纪80年代为悼念参加神山游击队抗日而牺牲的13名龙岩籍英烈而作的诗。诗中痛斥了12万装备精良的英澳联军在3万日军的进攻下不战而降，导致星洲和亚庇沦陷，歌颂了马来西亚神山游击队不畏强敌，凭借简易的装备与日军进行殊死斗争，最终弹尽粮绝，舍身赴义。他们的英勇精神震撼神山，永垂不朽。

1942年初太平洋战争暴发后，日军以迅雷不及掩耳之势侵占东南亚。东南亚的欧洲殖民军望风而降，广大华侨华人由于有极强的民族气节，也为求自保，纷纷开展抗日救亡运动。岩籍海外侨胞积极参与了各种形式的抗日斗争。在马来西亚的沙巴州，有13名龙岩籍华侨参加了神山游击队的抗日斗争，他们终因弹尽粮绝，全部壮烈牺牲，倒在了神圣的神山脚下。

马来西亚沙巴州，地处加里曼丹岛的北部，殖民时代称"北婆罗州"，境内的京那巴鲁山是东南亚最高山峰，海拔4 101米，被称为"神山"。相传古时候中国男人与当地妇女结婚，妻子思念返回唐山的丈夫，经常爬上神山远眺大海，遥望中国，遥寄相思，故而京那巴鲁山在早期又被称"中国寡妇山"。1942年1月，日军侵占沙巴后，杀害中国驻当地领事馆官员，大肆搜捕抗日嫌疑华人。龙岩华侨章谦惨遭日军逮捕和酷刑逼供，险遭杀害，出狱后几近瘫痪。为反抗日军的侵略，龙岩籍华侨陈金兴与广东揭阳人郭益南一道秘密组织救华会。1943年3月，两人秘密潜渡到菲律宾南部的塔维塔维岛，与美军取得联系，争取支持。9月，两人在亚庇组建神山游击队，郭益南任司令，陈金兴任副司令，有队员一千多人。担任游击队干部的岩籍华侨还有廖玉清、吴木金两人。10月9日，神山游击队乘日军主力开往所罗门群岛之际，在郭益南、陈金兴的领导下发起暴动，攻占宪兵部和警察局，歼火日军60余人，并乘胜占领斗亚兰、打里卜、古打、毛律等地，各地华侨纷纷响应。日军赶紧从沙捞越首府古晋调来海、陆、空军数千人进行镇压。在优势日军的进攻下，游击队且战且退。11月25日，郭益南、陈金兴等6人退到槟南邦水塘区山岳地带死守，日军以杀光槟南邦一带华侨进行威胁。12月19日，陈金兴与郭益南写好遗书，将文件托人保藏后，向日军自首。1944年1月21日，郭益南、陈金兴屡遭日军酷刑后被杀害，同时被杀的还有176名游击队员。神山游击队员除浴血战死沙场外，被日军俘虏的神山队员400多人，除20人幸存外，全部被杀。日军又捕杀各地年轻力壮的华人，自亚庇至古打毛律数十英里之内，仅存孤儿寡妇及老年人，年轻男人全部被杀。

在这场暴动和日军大屠杀中，参加神山游击队的13名岩籍华侨全部壮烈牺牲，永远倒在了神圣的神山脚下。他们是：

陈金兴　原籍龙岩蒋帮，神山游击队副司令
廖玉清　原籍龙岩小池，神山游击队宣传主任
吴木金　原籍龙岩小池，神山游击队干部
郭德宝　原籍龙岩西山，神山游击队队员
林柏兴　原籍龙岩十八乡，神山游击队队员
黄柏海　原籍龙岩香线园，神山游击队队员
杨金兴　原籍龙岩蒋帮，神山游击队队员
章绍辉　原籍龙岩罗桥，神山游击队队员
林亮海　原籍龙岩西山，神山游击队队员
林必然　原籍龙岩平在，神山游击队队员
魏柏发　原籍龙岩武安，神山游击队队员
魏木海　原籍龙岩武安，神山游击队队员
林天芳　原籍龙岩平在，神山游击队队员

但愿子孙相记起，能和先烈共流芳。日军投降后，连景洲、章谦等沙巴幸存的龙岩先贤，为牢记英烈的英勇事迹，于1947年8月30日发起在嘎败岸（Kepayar）建碑，纪念英勇牺牲的13名岩籍神山游击队烈士。1968年4月5日，当地岩籍华人又将烈士遗骸迁葬亚庇华人公墓。此后，马来西亚龙岩同乡联合会经常组团前往公墓拜祭，敬献花圈，缅怀先烈。

（三）岩籍华侨在印度尼西亚的抵抗运动

日军占领荷属东印度后，对外侨实行登记，大肆搜捕和残杀"敌性华侨"。广大侨领和抗日活跃分子纷纷化名隐身乡下山林，继续从事地下抵抗活动。岩籍华侨积极支持和参与地下抵抗运动。

1942年2月巨港沦陷后，身为巨港抗日华侨领袖

---

①资料来源：1.《大马龙岩会馆总会暨各乡会馆联合特刊》1987年10月编印232～233页；2. 陈碧笙《世界华侨华人简史》厦门大学出版社，1991年，第207～208页。

的王源兴被日军追捕，家产全部被日军没收，他带着家人紧急撤往极其偏僻的朱鹿镇山笆避难，以开荒种地维持生计。尽管处境艰难，依然想方设法与南侨总会苏岛实武牙分会取得联系，坚持为祖国抗日做事。他听说坚持抗战的祖国文化界名人郁达夫、胡愈之、王任叔、张楚琨、高云览、杨骚、汪金丁等人避难在苏门答腊的石叻班让岛，生活非常困难，立即与实武牙分会联系，登岛看望他们。王源兴捐荷属东印度币180盾，连同实武牙筹赈分会捐赠的400盾，协助郁达夫装扮富商，创办"赵豫记"酒厂，用以掩护和资助避难文化名人的生活。日军投降后，王源兴回到巨港，一方面恢复旧业，一方面出资帮助因日军占领而陷入生活困难的华侨①。

陈灼瑞在日军占领苏岛峇都巴拉后，暗中保护正在峇都巴拉避难的文化界名人巴人（王任叔）夫妇。1944年8月因杂货店被日军洗劫，他不得不变卖家产，凑些小本钱，驾着帆船往来于槟榔屿贩运咸鱼、椰干。1945年1月下旬，他被几个印度尼西亚奸细带着一帮日本兵抓走，罪名为"发动捐款抗日，策动华民造反"，遭关押和行刑逼供，直到8月17日，日军投降后才出狱回家②。

张德镕因支援抗日捐款，于1942年至1943年两次被亚沙汉日军抓进监狱③。

日军占领奇沙兰埠后，参加当地"海外反帝大同盟"的张蔼庭转入地下反抗斗争。他经常秘密抄收延安及同盟军的胜利消息，用以鼓舞侨胞斗志，坚定胜利信心。但不幸被汉奸告密，遭日军逮捕，受尽"倒吊""跪铁钉板""抽皮鞭"等酷刑，折磨三个多月，濒于死亡，始由马腰（华人总侨长）邱清德担保出狱，后转入乡间避难④。

邓衡山在日军占领先达后，面对日军逼迫中华商会办理粮食配给，其一方面与日军机智周旋，掩护华侨抗日骨干；另一方面参与华侨成立苏岛人民反法西斯抗日同盟会。安排同盟会员张琼郁和陈斯刚进入日军控制的粮食配给所工作，为同盟会刻印、出版、分发抗日秘密小报《前进报》提供掩护⑤。

在巴城，日军根据荷印警察局查封艺海社时留下的档案，将游铭阶列为"抗日共党分子"，逮捕其父游瑞光，施以酷刑，限期交出游铭阶，游铭阶只好以假死骗过日军，逃过逮捕，从此改名"游尚群"，逃到巴城与茂物间的一个偏僻小村子，与弟弟玉阶开了一间小食店，既勉强维持生活，又与旧友们秘密进行抗日活动。1943年，流亡印度尼西亚的中共党员和爱国进步人士王任叔（巴人）、郁达夫、王纪元、张国基等组织"民族抗日解放大同盟"（简称"民大"），游尚群与梁迈共同负责建立"民大"雅加达支部，运用"艺海社"方式开展工作，成效显著。后被日本宪兵查获，雅加达支部的一个分支部遭到破坏，游尚群采取紧急措施，保全了支部其他组织成员。他化名"宋萍"，辗转流亡，最后隐匿在爪哇海角边一位"民大"同志家中，直到日军投降后，才从"地下"走出来公开活动⑥。他重返巴城，任协和学校校长、雅加达永定会馆主席。

（四）岩籍华侨在菲律宾的抵抗运动

"家里有你回去我一点挂虑也没有，关于我的一切，你们尽管放心。我没有做任何对不起国家民族的事。只是对国家民族全无贡献，老母幼儿不能再见一面，深为遗憾……"

这是岩侨英烈张旭高在狱中托人捎给妻子郑惠英的仅有一封，也是最后一封信，几天之后，张旭高被日军杀害。

张旭高，又名张昭明，1903年10月出生于龙岩县曹溪董邦村，先后就读东肖桐冈书院、厦门集美师范、广州中山大学、上海大学。1927年春加入中国

---

① 刘琳：《福建华侨抗日名杰列传（中）》"王源兴"，海峡出版发行集团/海峡书局出版，2015年，第831~832页。
② 林金禄、郭启熹、赖玉民：《爱国爱桑梓 功德照后人——陈灼瑞传略》载《龙川赤子心》（新罗区侨联、区党史研究室编），岩新出（1997）内书（刊）第015号，第168页。
③ 张毅盛：《爱家必先爱国——回忆父亲张德镕》载《龙川赤子心》（新罗区侨联、区党史研究室编），岩新出（1997）内书（刊）第015号，第182页。
④ 方中：《艰险不变爱国心——张蔼庭小传》载《龙川赤子心》（新罗区侨联、区党史研究室编），岩新出（1997）内书（刊）第015号，第205页。
⑤ 见刘琳：《福建华侨抗日名杰列传（中）》"邓衡山"，海峡出版发行集团/海峡书局出版，2015年8月第1版第1次印刷，第553页。
⑥《华侨爱国志士、香港爱国企业家——记游尚群先生》载《闽西文史资料》（第三辑）"闽西侨港澳台人物史料选编"（二），岩新出（2001）内书第169号。

共产党,从事革命活动。1930年秋前往菲律宾避难,应聘宿务中华中学训育主任兼中小学史地教师,在华侨教育界享有盛誉。1933年应友人之约,前往马尼拉市郊创办中华学校,自任校长。1934年积极与华侨教育界进步人士联络,在马尼拉筹办南洋公学(后改名南洋中学)。1935年增设成人夜校。成人夜校招收华侨店员、工人,名义上学文化,实际宣传革命道理,有许多进步学员经张旭高联系,秘密返回国内参加八路军和新四军,他们后来都成为党政领导干部。自1931年"九一八"事变之后,张旭高投入了菲律宾华侨抗日救亡运动。1936年,他组织了菲律宾华侨文化界抗日救国会,在菲岛宣传抗日,动员民众抵制日货和捐款支援祖国抗日。1937年"七七"事变后,他创办抗战图书馆和国难夜校,组织青年战时服务团,逐周举行抗战宣传大会,调动一切力量投入抗日救国。为争取国际友人的同情和援助,他主持召开中外记者座谈会,揭露日军的侵略罪行,宣传中国人民团结一致的抗战精神。此外,他以华侨文化界救亡协会名义,联合外报记者组成中外记者战地考察采访团回国采访。他不辞辛苦,冒着生命危险,奔赴各抗日前线,收集和拍摄了大量资料和照片,为菲律宾中外报刊撰写了大量歌颂中国军民英勇抗敌和揭露日军侵华暴行的报道,极大地鼓舞了人民的斗志,也转变了一些美菲人士对中国抗日战争的态度。

1942年1月2日,日本占领了马尼拉,残酷迫害一切抗日力量,成千上万的抗日分子和无辜群众被捕杀害。张旭高一家在华侨战时抗日护侨委员会安排下,先后避居六干省和黎刹省的偏僻山乡,暗中支持华侨抗日游击队的活动。1943年9月,张旭高在一次日军发起的大"清乡"行动中被俘,幸未被指认出而获释。为了解决一家老小的生计问题,张旭高夫妇不得不冒险出来做些小本经营,夜间还教几位店员学文化,殊不知就是此举引致汉奸注意,并暗中跟踪。1944年1月12日夜,在汉奸带引下,张旭高在自家住所被大批日本宪兵抓捕,关押在福山地也哥宪兵司令部,遭受严刑拷打,始终守口如瓶,没有泄露任何有关华侨抗日游击队的机密。2月11日,张旭高夫人郑惠英前往日本宪兵司令部打听消息时也被扣押起来,直到12月19日才被释放。张旭高得知夫人获释,甚为欣慰,写信悄悄托人寄回家,安慰家人,并表明做好了为国牺牲的准备。

随着日军在太平洋战场的节节败退,日军在菲律宾各地进行了预谋性的大屠杀。就在美军登陆菲律宾吕宋岛前夕,张旭高与在押的其他抗日志士于1944年12月底惨遭日军集体屠杀。

为纪念在菲律宾抗日战争中牺牲的华侨烈士,旅菲侨胞和当地人民在抗日战争胜利后在马尼拉华侨义山建立了一座"菲律宾华侨抗日烈士纪念碑",英烈英名镌刻在纪念碑上,岩籍侨胞张昭明(张旭高)名列其中。陵园不远处还矗立着一座小型的纪念碑,碑顶镶刻着一颗红五角星,碑面铭刻"张昭明烈士"五个红色大字,青石碑座上镌刻着烈士生平事略,这是张旭高烈士夫人郑惠英及其子女为寄托哀思和永恒的纪念而建造的。

(五)南洋其他地区的岩籍华侨抵抗运动

在缅甸,那些热心抵制日货和从事救亡运动的华侨,被日军列入黑名单,成为追捕、屠杀和放逐的对象。缅甸抗日民族先锋主要领导人之一的胡定军、《仰光日报》主笔陈兰生等永定籍华侨,都被列入要捕杀的华侨抗日领袖黑名单,他们在侥幸逃脱日军魔爪后,或潜伏下来,或逃回中国,继续从事抗日斗争。

日军占领缅甸后,中国远征军入缅作战,曾招募和录用了一些缅甸华侨作为翻译或情报人员。1943年,福建省政府应国民党军事委员会驻滇干训团大理分团要求,在永定县、福州市、晋江市、龙溪县设4个考区,最后录取120人①。虽然由于资料缺乏,无法了解这些被录用的永定华侨情况,但其中应该有永定华侨被录取。缅甸侨生曾福才、黄北胜致信侨务委员会:"窃生等早具有献身祖国之鸿志,奈因机会未逢,故未能早日实现,今逢秋风秋雨亦当祖国多难之秋,为祖国出力时机已到。生等仍长缅甸,适度南洋环境及其人情风俗,亦懂浅易英语、印语,故生等决投入远征军,以适应环境,深望能身历其境,报效祖国,达到愿望,希贵会特呈兵役署。"②

在泰国,龙岩人苏振寿深入发动福建籍华侨抵制日货和捐款捐物,动员福建华侨子弟回国投军,参与组织了一系列大型抗日活动。

---

①范宏伟:《缅甸华侨华人史》,中国华侨出版社,2016年,第53页。
②《侨民侨生为志愿参加印缅远征军致侨务委员会等函呈》,中国第二历史档案馆编:《中华民国史档案资料汇编》第五辑,第二编,政治(四),南京:江苏古籍出版社,1998年,第679页。

四、回国参加抗日战争

国家兴亡，匹夫有责。自1931年"九一八"事变后，日军将侵华战争一步步扩大，逐步蚕食中国领土，到1937年7月"七七"事变后，悍然发动全面侵华战争，妄图占领全中国。在国家民族生死存亡之际，海外侨胞的爱国情怀空前勃发，掀起了轰轰烈烈的支援祖国抗日救亡运动，约有5万多华侨热血青年毅然放弃在海外舒适的生活，或中断学业，或辞去工作，告别父母妻儿，冒着生命危险，远涉重洋，回到祖国，奔赴战火纷飞的抗日前线。

岩籍海外华侨，无论是"年深外境犹吾境"的客家人，还是"爱拼才会赢"的福佬人，都自觉地投身到支援祖国抗日的救亡运动中。著名华侨领袖胡文虎资助过数以千计的华侨青年返国投军杀敌；他还资助香港红十字会救伤科毕业生500余人每人500港币回到内地，组成救护队，奔赴上海支援抗战，无一逃兵，后加入南京中山救护队，冒着枪林弹雨在抗日前线救死扶伤。在荷属东印度，爱国侨领王源兴以巨港华侨救济祖国慈善委员会常务委员身份，积极动员华侨青年回国投军。陈性初以巴城华侨捐助祖国慈善事业委员会常务委员的身份，发动华侨青年回国投军杀敌；还以中国中央国医馆驻荷属东印度分馆主任秘书身份，发动中医师回国服务。担任彭亨州抗敌后援会主任的陈子彬，在森美兰、彭亨、柔佛开展支持祖国抗战活动，组织捐款捐物，动员华侨青年回国抗战。在泰国，岩籍华侨苏振寿以福建会馆主席名义，动员福建华侨子弟回国投军，参与组织华侨司机为祖国运送战略物资。在菲律宾，张旭高在巴西中华学校增设成人夜校，招收华侨店员、工人入学。动员一批优秀学生回国参加八路军、新四军，张道时、庄申远、陈正华等人都是经他联系，秘密回国，奔赴延安参加八路军，后来都成为中华人民共和国的党政领导干部①。

为了慰劳国内抗日军民，东南亚两大著名侨领陈嘉庚和胡文虎分别回国考察抗战实况。1941年2月21日，胡文虎由新加坡飞抵重庆。随后在重庆10天考察期间，胡文虎除参加国民参政会外，还参加各种活动，尤以2月26日重庆180多个社团1 000多位代表举行的欢迎会场面最为热烈。胡文虎的重庆之行，受到蒋介石、林森、冯玉祥、于右任等国民政府要员的高规格接待和人民的热忱欢迎。中国共产党领导人周恩来、叶剑英等专程到他下榻的嘉陵新村晤谈。中共主办的《新华日报》也在头版显要位置刊文介绍胡文虎的简历及捐资抗战的业绩。《扫荡报》还为胡文虎重庆之行发表社论，盛赞他的爱国之心："这次回国，胡先生等负有创造一页光荣历史的使命，在祖国尽量考察，同时对于祖国亦尽量贡献。"离开重庆飞往香港之前，胡文虎再次购买抗日救国公债50万元。

当祖国抗日战争的号角已经吹响，许多岩籍海外热血华侨青年纷纷回国参战，浴血奋斗在长城内外、大江南北的各个战场，展现了闽西儿女为了国家独立和民族解放同仇敌忾、共赴国难的决心和勇敢精神。他们有的以笔为武器，战斗在新闻战线，为抗战大做舆论，激励国民抗战必胜的信心；有的走上前线，浴血奋战，参与对敌斗争；有的在国统区参与国民政府领导的抗日战争。

（一）为抗战大做舆论，激励国民抗战必胜的信心

从1931年"九一八"事变开始，到1937年"七七"事变后，一批批岩籍华侨怀着满腔的报国热情回国后投身到了新闻战线，开展抗日宣传，揭露日军暴行，及时报道前线将士英勇抗战事迹，激起全民抗战必胜的信心。

岩籍永定侨胞胡资周，1928年6月参加永定暴动失败后，前往缅甸。1934年被缅甸英国殖民当局驱逐出境。1935年受胡文虎聘任，筹办厦门《星光日报》，并担任社长。《星光日报》于同年9月1日正式出刊，在胡资周的领导下，以报道抗日救亡为主要内容，大量刊登抗日活动的报道，为抗日救亡运动造舆论，积极鼓励和组织记者、编辑采写、刊登抗日新闻。1937年7月"七七"事变后，《星光日报》的抗日报道更加突出。2007年8月12日《厦门日报》在《中共厦门工委：抗日战争中的推手》一文中指出："厦门工委还积极团结由进步人士领导的报纸媒体，《星光日报》在中共党员的争取下，成为抗战前后中国共产党在厦门的宣传阵地，社长胡资周所重用的很多编辑都是地下党员，这为中共在厦门的宣传工作提供了极大的便利。"《星光日报》开设《繁星》专栏，派记者奔赴抗日前线，报道台儿庄战役、平型关战役，发回大量战地新闻。在厦门沦陷前，《星光日报》成为厦门抗日救亡的重要宣传阵地，在揭露日寇

---

① 刘琳：《福建华侨抗日名杰列传（中）》"张旭高"，海峡出版发行集团/海峡书局出版，2015年，第570页。

侵略、推动抗日救亡活动等方面作出了重大贡献①。

大革命时期参加过闽西工农运动的张壮飞曾长期担任汕头《星华日报》总编辑，他将在闽西工农运动中参与组织永定县工会的弟弟张问强引荐到报社，先后担任编辑和主笔，兄弟俩撰写了大量号召国民奋力抵抗日军侵略的评论文章。《星华日报》被称为"华南最优秀的报纸"。"七七"事变后，他奉命前往越南开展抗日宣传，之后转赴马来西亚槟城参与领导抗日救亡工作。太平洋战争爆发后，避难乡间，坚持进行抗日宣传②。张问强在日军占领香港后潜回内地，先是担任梅县《汕报》总编辑。《汕报》在张问强主持下，从消息、社论及标题到副刊文章，都具有鲜明的抗日、民主、进步色彩，成为抗日战争后期粤东地区唯一进步的报纸，是与当地发行量甚大的《中山日报》并驾齐驱的一份主流报纸，因此招致国民党右派的畏忌。张问强得知梅县国民党特务要逮捕他的指令后，潜回家乡永定。1944年春，张问强受聘担任《闽西日报》主笔，经常以国共合作、团结抗日的观点发表评论和文章，被闽西国民党当局视为"言论偏激"，后遭拘捕，1944年10月获担保释放③。出狱后移居香港，担任《星岛日报》主笔。

永定华侨胡守愚，1938年初参加战地记者访问团，采访过台儿庄会战和徐州会战，后转赴重庆、陕甘宁边区采访，撰写了大量报道边区情况的通讯，发往新加坡各大报刊登，使海外华侨得以了解边区实情。

龙岩人黄薇，原名黄维英，1938年春作为新加坡《星洲日报》特派记者，参加武汉战地记者团，奔赴徐州前线采访。不久，随世界学生联合会代表团到延安，多次受到毛泽东主席的接见。毛主席邀请她到华北敌后采访。黄薇到华北采访朱德、彭德怀、贺龙、聂荣臻、肖克、左权、白求恩，将前线八路军将士英勇杀敌的战息，向海外同胞以及世界一切爱好和平、正义的人民传播中国爱国抗战的正义声音，揭露日军奸淫掳掠的残暴罪行。1940年3月，陈嘉庚以南侨总会主席名义回国慰劳考察，在重庆得知黄薇曾经访问过延安和华北敌后，关切询问了有关情况后毅然去了延安进行10多天的参观访问。1941年1月，黄薇为揭露"皖南事变"真相，躲过特务跟踪，冒着生命危险访问了叶剑英和冯玉祥，及时把周恩来"千古奇冤，江南一叶，同室操戈，相煎何急"传到海外，引起国民党的忌恨。在邓颖超的周密安排下，黄薇离开重庆，飞往香港④。

岩籍缅甸华侨陈康容，1937年春回国进入厦门大学中文系就读。她主动与中共厦门工委取得联系，参加中国妇女慰劳自卫抗战将士总会厦门分会和厦门文化界抗战后援会。她任慰劳工作团宣传股股长，每天早出晚归，上街演讲，教唱抗战歌曲，在各个大戏院演出抗日救亡话剧。她用"胜子"的笔名，经常在《江声报》《星光日报》上发表文章，鼓励妇女和青年以实际行动投身抗战洪流。她在1937年9月26日发表的题为《厦门妇女怒吼起来了》的文章，被公认为抗战檄文⑤。

菲律宾华侨张旭高以"华侨文化教育救亡协会"名义，联合外报记者组成中外记者战地考察团亲自带队返国奔赴抗日前线，实地考察中国共产党领导的八路军、新四军、敌后抗日根据地人民英勇抗敌的动人事迹，收集和拍摄了大量的资料和照片，带回菲律宾广泛宣传。

曾经是马共党员、左翼联盟作家的马宁，"七七"卢沟桥事变后在闽西共产党人邓子恢和中共龙岩县委领导下，发起组织闽西文化界救亡协会，担任会长，协会有100多名进步青年参加。马宁组织这批文学青年创作抗日歌曲、歌谣，深入城乡进行抗日宣传，动员闽西青年参加新四军，打击侵略者。马宁还担任《抗敌前锋》主编。他还组织龙岩东肖抗日服务团，担任团长，发动群众支援即将出征的新四军第二支队。马宁组织的宣传工作得到邓子恢的肯定，他说："你们的抗日宣传、发动群众工作还是有成绩的。"马宁的宣传工作也引起国民党顽固派的恐慌，他们派人查封刊物，解散服务团。

---

① 刘琳：《福建华侨抗日名杰列传（中）》"胡资周"，海峡出版发行集团/海峡书局出版，2015年，第622~625页。
② 刘琳：《福建华侨抗日名杰列传（中）》"张壮飞"，海峡出版发行集团/海峡书局出版，2015年，第532~534页。
③ 刘琳：《福建华侨抗日名杰列传（中）》"张问强"，海峡出版发行集团/海峡书局出版，2015年，第662~665页。
④ 见吴乐：《战火淬刀笔　金石砺华章——记华侨记者黄薇》载《龙川赤子心》（新罗区侨联、区党史研究室编），岩新出（1997）内书（刊）第015号，第220~231页。
⑤ 刘琳：《福建华侨抗日名杰列传（下）》"陈康容"，海峡书局，2015年，第1049~1050页。

荷属东印度归侨胡一川①，是著名的木刻艺术家，1932年1月28日"一二八"淞沪抗战打响后，他以自己上前线支援十九路军抗敌和日军进攻上海惨况为题材，创作了《失业工人》《恐惧》《到前线去》等木刻作品。1932年开始在上海大夏大学附属中学担任木刻教员，1933年秘密加入中国共产党，从事工人运动，担任《工人画报》编辑和刻印工作。1936年到厦门担任《星光日报》记者，主要从事木刻创作，同时在厦门美术专科学校兼教木刻。他还组织海流木刻研究会，担任会长，运用木刻宣传革命。1937年"七七事变"后奔赴延安，在八路军中继续以木刻和版画作武器参与抗敌斗争。

归侨陆维特，原名赖成瑚，1909年出生于长汀县城。其祖父马哈默德是阿拉伯人，从西亚到中国经商，辗转定居江苏镇江，后参加太平军。太国天国失败后，随太平军余部转战闽西时，因受伤被长汀城内一位赖姓绅士相救，改姓"赖"。赖成瑚1925年前往马来西亚半岛槟城谋生。北伐战争时期回到家乡长汀，1928年考入陶行知创办的晓庄试验乡村师范学校。1929年加入中国共产党。1930年4月国民党查封晓庄乡村师范学校。1930年受聘邹韬奋主编的著名刊物《生活周刊》任编辑，一边编辑刊物，一边参加中共地下活动及左翼剧联活动，从事学生运动和文艺界抗日救亡运动。1931年4月被国民党当局以破坏三民主义罪判刑10年，在狱中创作长诗《流浪儿合奏曲》，署名"维特"，托人转给陶行知主编的《生活教育》杂志。1937年"七七"事变后，国共两党第二次合作，陆维特经党组织营救出狱，从此，以"陆维特"之名沿用终生。他以狱中斗争为题材撰写《三千六百日》的报告文学。他找到陶行知，进入《生活教育》杂志社工作。1937年10月，中共党组织将《生活教育》杂志社迁到武汉，并易名《抗战教育》，继续宣传抗日。陆维特随杂志社到武汉，继续担任《抗战教育》杂志编辑，为邹韬奋的生活书店编著抗战教育读本。同年冬，陆维特参与组织的战时教育研究会联合从上海撤至武汉的职业教育社等10几个团体，发起成立全国战时教育协会。后由于国民党政府的阻挠破坏，教育研究会被迫停止活动，全国战时教育协会自动解散。陆维特在武汉编刊、著文和组织抗日文化活动的同时，还兼任汉口小学战时服务团教师。至1938年7月，已编写抗战教育课本10万多字，独立或参与编著了《抗战建国读本》《新教育课讲话》《故事晚会》等抗战教材。武汉沦陷后，陆维特前往重庆，遵照党的指示，将《抗战教育》改为《战时教育》，任常务编辑，在重庆广大教师和学生中宣传抗日，大量报导陕甘宁边区抗日根据地的情况，鼓舞大后方人民的抗日斗志；针对国民党顽固派，开展反对倒退、反对投降、反对分裂的斗争。1939年初，陆维特和晓庄试验乡村师范学校的同学在重庆创建育才学校，担任学校文学组主任，教授文学理论与写作课程。1940年夏，《战时教育》被迫停刊。1941年初"皖南事变"后，国民党在大后方大肆抓捕共产党员和进步人士。陆维特被迫离开育才学校和陶行知先生，绕道香港到苏北抗日根据地继续从事文化教育工作。

（二）参与国民政府领导的抗日战争

"七七"事变后，国民政府领导人蒋介石于7月17日在发表著名的庐山讲话，号召全体国民"地无分南北，人无分老幼，无论何人，皆有守土抗战之责"，激励了许许多多海外侨胞返回参战的热情。

荷属东印度巴城侨领陈性初，为接受祖国政府指示以更好支援祖国抗战，于1939年以68岁高龄奉召回国，前往战时首都重庆参加国民党中央训练团第三期党政训练班培训，受到蒋介石的特别召见。蒋嘱其7月培训结束后到祖国各地考察，并劝其休息一段时间再回南洋。陈性初一心想着早一天到南洋开展救国工作，不顾劝阻，立即踏上返程。因连续奔波，体力不济，南返途中不幸染疾，于7月19日在昆明病逝。国民党中央海外部接闻噩耗深表哀悼，特发治丧费1 000元电令云南省党部为其办理丧事②。

越南归侨吴奎一次次捐巨款支援抗日。1939年初春，吴奎以60高龄请缨从军，成为连城青年报名从军的动员令。连城县长以吴奎年事已高，力加劝阻。吴奎得到福建省政府主席陈仪嘉奖。1941年吴奎逝世，吊唁奔丧者数以百人。③

永定中川华侨胡兆祥1937年被举任国民参政会

---

① 胡一川，原名胡以撰，永定县下洋镇中川村人，1910年出生，荷属东印度归侨。见刘琳：《福建华侨抗日名杰列传（中）》"胡一川"，海峡书局，2015年，第808~810页。
② 刘琳：《福建华侨抗日名杰列传（上）》"陈性初"，海峡书局，2015年，第52页。
③ 刘琳：《福建华侨抗日名杰列传（上）》"吴奎"，海峡书局，2015年，第53~54页。

参政员,出席重庆国民参政会期间,多次代表海外华侨发表支援抗战的演说,热心救亡活动。1938年4月,以福建南洋经济考察团成员身份,与曾建平、萨镇冰等赴新加坡、马来西亚半岛向海外华侨劝募抗日公债。

胡守愚1941年获福建省长陈仪赏识,被任命为漳平县长,在土瓦招抚一批土匪,改善境内治安,维护抗战后方稳定。陈仪离闽后,胡守愚辞职前往重庆,参加"中国民主政团同盟",1944年当选首届民盟中央委员。1945年受派前往香港创办《愿望》周刊,作为民盟宣传主张的刊物①。

曾建平,原名曾宪安,化名曾昭福,1904年11月出生于永定县下洋镇月流村。年青时曾就读厦门集美学校师范部,先后加入中国共产主义青年团和中国共产党。为逃避国民党抓捕,1928年11月辗转逃到新加坡,旋至荷属东印度苏门答腊岛、爪哇等地做店员、华侨小学教员和校长。1932年9月在胡文虎的资助下留学日本,学成回到福建。1938年4月以"南洋经济考察团"名义前往东南亚各国向华侨劝募救国公债。1939年至1946年初,先后出任福建省政府参议、省参议会参议员、秘书长、霞浦县长、省第三区行政督察专员兼保安司令,并兼任当时迁至建阳县的暨南大学教授。任霞浦县长时,曾亲自指挥抗日武装击退来犯日寇。任行政督察专员兼保安司令,出面保释永定侨育中学一些被国民党逮捕的进步学生,对暨南大学的进步学生也曾尽力掩护。1946年赴台湾,1947年从台湾弃官回乡,同年8月赴南洋,在汕头被国民党特务以通匪罪逮捕。1948年8月经胡兆祥疏通获保释,旋即前往新加坡。1949年11月回国,任永定侨育中学校长。参加中国民主同盟后在福建"革大"、华东"革大"、福建省教育工会等单位工作。1986年12月去世。

马来亚华侨陈子彬1940年4月把未满周岁的女儿陈协群托亲戚带去槟城岳母家,携妻离开新加坡,取道越南,经昆明到重庆,参加当地战时公债劝募委员会,后参与孙起孟发起的民主建国会。

马来亚华侨苏节在香港沦陷后,回到内地福建临时省会永安,担任省政府专员,参加国民党,为抗战服务。

《仰光日报》主笔陈兰生成功潜出仰光后,携眷历尽艰辛到重庆,在国民党中央军事委员会国防问题研究所做英文翻译。

论及海外华侨华人对中国抗日战争的贡献,不能不提到南侨机工回国抗日的事迹。1937年"七七"卢沟桥事变后,各省沿海很快被日军占领,海上运输完全被切断。当时国内缺乏工业基础,大部分武器靠从国外购入。为此,国民政府决定在西南大后方修筑两条具有重大战略意义的公路:一条从云南昆明—开远—蒙自—屏边—河口南出国境直抵越南河内,即滇越公路;另一条从昆明—楚雄—下关—保山—畹町出国境,同缅甸公路相接,直达仰光,即滇缅公路。1939年初,在付出重大代价之后,两条公路相继完工。特别是滇缅公路,其战略地位尤为重要。滇缅公路全长1 146千米,成为战时中国联系外部世界的最主要通道,是补给中国抗战物资、维系中国生存命运的交通大动脉。有了路,还需要车和人。当时国内有经验的大卡车司机及汽车修理工奇缺,于是,国民政府行政院在1939年初致函"南侨总会"主席陈嘉庚,请代招募华侨机工。设在昆明负责管理这两条运输线的国民政府军事委员会西南运输处也派人赴南洋,与陈嘉庚商洽招募南侨机工事宜。于是,东南亚各国华侨青年纷纷响应南侨总会陈嘉庚先生的号召,参加"南洋华侨机工回国服务团"(服务团成员被简称为"南侨机工"或"南洋机工"),自1939年2月至9月分15批回国,共3 129人,加上此前及从其他地方直接回国的南侨机工,总人数超过3 260人。他们来自9个国家和地区,开赴中国抗战最需要的千里滇缅公路②。1941年12月太平洋战争爆发后,日军进攻缅甸,1942年5月滇缅公路被日军切断。南侨机工共抢运了45万吨以上的军火特资,极大地支持了祖国的抗战事业。此后,南侨机工又服从抗战大局的需要,转移到其他战场。抗日战争中,南侨机工牺牲1 028人;返侨居地1 126人;滞留在中国而定居下的有1 072人③。

南侨机工来自南洋各国,尤以新加坡、马来西亚半岛的华侨青年人数最多。有的机工没有留下任何线索,使在战争中牺牲或失踪,有的机工祖籍不明,比如第八批的胡荣、胡凯军等。因此,有多少岩籍华侨

---

① 福建《永定胡氏族谱》修编委员会:《福建永定胡氏族谱》2011年,第32页。
② 陈毅明:《序:我心目中的南侨机工》,载陈毅明、汤璐聪编:《南侨机工抗战纪实》,鹭江出版社,2005年,第3页。
③ 方军:《前言:南侨机工归国抗战悲壮史》载《南侨机工抗战纪实》(陈毅明 汤璐聪编),鹭江出版社,2005年,第4页。

参加了南侨机工,不得而知。从南侨机工档案史料中有明确祖籍记载的资料来看,岩籍南侨机工有第三批的曾炳才和第五批的胡昌薪和苏荣禄等人。

曾炳才,龙岩县籍,侨居马来西亚半岛霹雳,第三批回国机工,时年28岁,西南第11大队司机。抗日战争胜利后,1946年在昆明办理复员及回国服务机工奖金登记①。

胡昌薪,永定县籍,侨居槟城,第五批回国机工,西南运输处司机。抗日战争胜利后,1946年在昆明办理复员及回国服务机工奖金登记②。

苏荣禄,1925年出生,永定湖坑南溪村振福楼人,1933年由新加坡回国,1937年进入西南运输处当勤务兵,负责保管汽车钥匙,后学会汽车驾驶,参与运输军用物资。抗日战争胜利后回到广州,为永定同乡——著名侨领胡文虎先生的儿子胡好开车。1956年北上山西,先后在阳泉阴营煤矿汽车队、太原南峪煤矿、小店区交通运输队工作。1982年退休,居住在太原。2010年由国务院确认为"南侨机工"身份,2015年在太原去世。

(三)参加中国共产党领导的抗日战争

为争取海外华侨的支持,中共中央于1937年7月在延安成立"华侨留延(安)办事处"。1940年9月5日,成立延安华侨救国联合会。数以万计的归侨、华侨热血青年响应中国共产党的号召,积极参加中国共产党领导的各条战线上的抗日战争,为国家和民族的解放事业作出重大贡献。岩籍华侨在战火淬炼中,有的成为党政领导干部,比如邓子恢、刘亚楼、魏金水、曹菊如、林默涵等人;有的血洒疆场,为国家和民族的解放事业献出宝贵的生命,比如陈明、陈康容等人;有的战后返回侨居地,继续从事有利于国家和民族的工作,比如陈兰生、胡资周、张问强等。他们在国难当头所迸发出来的无私的爱国主义精神,永远激励一代又一代中华儿女为国奋斗,是闽西人民永远的骄傲。

1. 奔赴陕甘宁边区参加中共领导的抗日工作

1935年10月,曹菊如、陈明等岩籍归侨参加中央红军二万五千里长征抵达陕北延安。通过其他渠道到延安的还有林默涵③、胡一川等岩籍归侨。1938年,旅居马来西亚半岛霹雳怡保的永定华侨曾昭生、曾巨浪(敦仲)、曾艾特、曾瑞练(铁心)等19人募名辗转前往延安④,参加中国共产党领导的抗日战争。

为陕甘宁边区金融和货币工作作出卓越贡献的荷属东印度归侨曹菊如。1935年11月,曹菊如担任中华苏维埃共和国银行西北分行副行长,行长中央财政部长由林伯渠兼任,开始陕甘宁边区金融业的建设。1937年9月改名陕甘宁边区银行,曹菊如担任边区财政厅厅长和边区银行行长。根据国共合作协议,边区不设立银行,不发行货币,曹菊如的主要任务是经营光华商店,在西安领取国民党政府发给八路军的军饷,将其拨出一部分用来组织土产出口和货物进口,供给军需民用,得到毛泽东的肯定和表扬。边区银行在曹菊如的领导下,把经营光华商店的银行信贷结合起来,银行通过光华商店扩大物资储备,稳定币值,积极筹集资金。1938年冬,曹菊如担任中央财政经济部副部长,除直接领导边区银行工作外,还主持财政部日常工作。1941年11月,边区银行固定资金由

---

①《南侨机工档案史料选编》,第380页。
②《南侨机工档案史料选编》,第387页。
③林默涵,又名林如烘、林烈、林浜、雪屯、林乃音、禾乃英等,1913年1月出生于武平县武东乡咱坊村。1929年加入共青团,1930年共青团福州市委机关工作,1935年3月赴日本东京新闻学院学习。1936年春回国,在上海参加抗日救亡运动。7月任香港《生活日报》副刊编辑,后回上海协助钱亦石编辑《世界知识》。抗日战争爆发后,参与发起组织"上海青年救国团",任宣传部长,后参加钱亦石率的第八集团军抗日服务队。1938年7月赴延安参加马列学院第二期学员班学习,加入中国共产党。1939年分配列马学院哲学研究室工作。1940年任延安华北书店总编辑。1943年任《解放日报》文艺副刊编辑。1944年12月任重庆《新华日报》通讯课主任、副刊部主任。1946年5月参加《新华日报》上海版筹备工作。10月负责筹办《群众》周刊香港版工作,任香港工委报委书记兼《华商报》社论委员。1949年9月任政务院文教委员会计划委员会委员。中华人民共和国成立后,任政务院文教委员会办公厅副主任、中央宣传部文艺处副处长、处长,文化部副部长。"文化大革命"中受到批判。1977年12月任文化部副部长、党组成员。1979年11月当选全国文联副主席。1980年8月任文化部党组书记。1985年4月任中国国际友谊促进会理事长。1989年12月任全国文联党组书记。结集出版的作品有《狮和龙》《浪花》《在激变中》《林默涵劫后文集》《心言散集》《林默涵文论集》等。2008年1月8日在北京逝世。
④《永定县华侨志(征求意见稿)》一九八七年八月,打印稿,第17页。

10万元增至120万元，光华商店拥有资金50万元。银行还向工业投资32万元，在三边、绥德、陇东等地设立3个支行，各有资金10万元。银行资金力量不断壮大，在保证机关供给、工业投资、代理金库等方面取得很大成绩。在长期的金融货币工作中，曹菊如对货币发行、金融管理逐步形成自己的独到见解。边区银行为支持财政、坚持抗日战争，开展边区货币同法币的斗争，增加了过多的财政性发行。1942年秋，边区金融波动，物价上涨，边币贬值，边币与法币的比值一再下跌。边区政府对于边币是应多发行还是少发行或不发行，是稳定在物价上还是稳定在比值上存在意见分歧。曹菊如认为边币不可能稳定在物价上，必须稳定在比价上。1944年3月，曹菊如在第二次边区高干会讨论整顿财政问题会议上，就"边币问题"提出长篇发言，全面阐述对边币发行量、边币与法币的关系等问题的看法，重申边币、法币必须稳定在比价上的观点。同年夏，曹菊如调任西北财经办事处秘书长，在陈云的领导下开展工作。曹菊如对边区财政金融、经营贸易等方面的建议，得到陈云的重视和支持。1945年8月，曹菊如主持撰写《边区金融总结》，总结抗战时期关于金融问题的实践经验。陈云高度评价曹菊如的工作，说他"在延安时对货币的作用有过卓越的见解。在这方面还是我的老师。"抗日战争胜利后，曹菊如奉命赴东北创建东北根据地银行。

红军教官陈明。遵义会议后，岩籍归侨陈明与伍修权一道负责红一方面军干部团的政治理论和文化教育课。1936年6月，陈明在红军大学一科任教，同年底兼任教导师训练部长。1937年卢沟桥事变后，陈明被任命为八路军总部随营学校政委。

边区文艺宣传战线上的岩籍归侨。荷属东印度归侨胡一川，1937年冬北上延安，先在儿童剧团教唱歌曲，后到抗战剧团当美工。为配合抗日宣传，他创作《组织起来》《交公粮》《抗日群众大会》等木刻作品。后调鲁迅艺术文学院美术系任教，教授木刻。1938年，胡一川发起并组织了延安鲁迅木刻工作团，担任团长，用手中的刻刀和版画，为抗日宣传服务。他创作了表现日寇侵华暴行的木刻作品《无人区》等，表现八路军血战日军的木刻连环画《抢救》《夜袭》，创作了展现八路军抗战到底意志的大型木刻《破路》《参军》《坚持抗战反对投降》《攻城》《不让敌人通过》《胜利归来》，创作了表现军民鱼水深情的水印木刻《军民合作》。他还创办木刻工厂，亲任厂长，大量制作水印套色年画、宣传画，既活跃延安军民文化生活，又发挥了以优秀文艺作品鼓励将士勇猛杀敌的积极作用。

2. 参加八路军新四军勇敢杀敌报国

1937年8月22日，南京国民政府军事委员会发布命令，将西北红军改变为国民革命军第八路军（后改为第十八集团军，但习惯统称八路军），任命朱德、彭德怀为正副总指挥。南方八省的红军游击队改编为新编陆军第4军（习惯称新四军），叶挺为军长，项英为副军长。在闽西坚持游击战争的红军游击队被改编为新四军第二支队，由张鼎丞、谭震林任正、副司令员。回国参加抗战的岩籍华侨，一部分人参加了八路军，更多的人参加了新四军，他们奔赴前线，浴血奋战，热血报国。

从东肖参加新四军北上抗日的岩籍华侨还有马宁、胡永隆①等人。马来亚归侨曾昭生等人先到延安，然后南下到安徽参加新四军。日本归侨陆维特是在"皖南事变"后为逃避国民党特务追捕，由党组织派遣到江南盐城参加新四军抗日根据地建设。

岩籍归侨陈明先是被任命为八路军总部随营学校政委，然后调任115师任宣传部长。1941年11月，侵华日军，连同伪军5万多人进攻沂蒙山区，陈明在突围时英勇捐躯，时年39岁。其夫人辛锐也在战斗中牺牲。2015年抗日战争胜利70周年之际，陈明烈士被民政部评为"首批300名抗日英烈"。日本归侨

---

①胡永隆，号健生，1912年出生于永定县下洋镇下坪村人，1936年前往新加坡谋生，先在胡文虎公司工作，后到香港参与创办《星岛日报》并且任编辑。1937年春回永定参加红军游击队。1938年3月作为新四军第二支队战士，随部队开赴皖南抗日前线。先后任新四军排长、连长、营教导员。解放战争时期，升任团政委，参加过辽沈战役、淮海战役、渡江战役和解放广州、海南岛等战斗。1950年任解放军第四野战军广东高雷军分区团政委兼茂名县委书记，参加剿匪反霸斗争。1954年调任武汉警备区公安一团政委。1959年调任武汉兵役局政委。1960年在武汉去世，被评为革命烈士。

胡成放[1]于1942年春，任八路军11师山东军区敌工科长、对吴化文工作团主任、鲁南军区联络部部长兼宣传部长等职，从事敌工工作。新加坡归侨胡永隆，1937年从香港回到永定后参加了红军游击队。1938年初闽西红军游击队改编成新四军第二支队时，胡永隆成了一名光荣的新四军战士，随部队开拔北上抗日。先后担任新四军排长、连长、营教导员，参加了韦岗伏击战、反日伪军"围剿"和"清乡"等斗争。为开创苏南抗日根据地、胶东抗日根据地英勇战斗。1941年"皖南事变"时，他所在的第二纵队是突围人数最多的一个单位，他也死里逃生。马来亚归侨曾昭生在粉碎日军进攻中，与淮南军民一起，共歼灭日伪军2.5万余人。

培养军政干部。1937年"七七"事变后，胡成放从日本回国奔赴延安，进入中国人民抗日军政大学和马列主义学院学习，不久加入中国共产党。同年12月，任八路军随营学校政治教员兼日文教员，抗大政治教员、教育处副处长、政治教员训练班主任等职，为培养大批的抗日军政干部作出了贡献。

陈明1939年春，随军取道晋冀边界转战鲁南抱犊崮山区，创建和巩固山东抗日根据地。同年下半年任苏鲁豫皖军区支队政委，负责联系鲁西、湖（微山湖）西、苏北、淮北各抗日根据地，协助当地党组织发动民众开展抗日活动。同年冬到沂蒙山区，担任中共山东分局党校副校长。1940年春，转任中共山东分局政府工作部长和省宪政促进会常务委员，致力于政权建设工作。由于陈明不折不扣地贯彻党中央的指示，使山东政权和根据地建设突飞猛进地发展。同年8月，在沂南县举行山东省各界人民代表首届联合大会，陈明当选山东省战时工作推进委员会秘书长。陈明白天到各个战地了解情况，晚上回到机关处理日常事务。到1940年底，山东省已建立6个战略区、90多个县级抗日民主政府。

马来亚归侨曾昭生1939年夏天由延安派往安徽，参加抗日根据地建设。先后担任中共安徽省舒城县委书记、省委组织部干部科长、肥东县委书记、凤阳县委书记、淮南津浦路西区委组织部副组长、滁县县委书记、孤山县委书记等职，参与开辟和建设皖东抗日根据地和淮南抗日根据地。至1945年9月，淮南抗日根据地共建立2个专员公署、17个县级抗日民主政权，人口约300万，面积约2.1万平方千米。

马来亚归侨陆维特在"皖南事变"后，被迫从重庆转移到苏北盐城新四军军部，领导苏北抗日根据地的文化教育工作。同年秋，盐阜区联立中学创建后，陆维特担任师范部主任。1942年任盐阜师范学校党支部书记兼校长，为根据地培养了大批优秀师资，源源不断地输送至各学校，使得苏北抗日根据地中小学的系统教育，在反"扫荡"反"清乡"的斗争中，仍能持续展开，为华中抗日根据地教育发展做出了积极贡献。

随军宣传抗日根据地军民浴血奋战事迹。1938年初，原马来亚共产党员马宁参加上海淞沪战役的救护工作后，回到家乡龙岩，在随新四军第二支队北上奔赴抗日前线的行军中，撰写了介绍新四军和中国共产党抗日主张的《新四军散记》，寄往南洋华文报刊《现代日报》《现代周刊》发表，这是海外最早出现的宣传新四军报道，让南洋华侨知道祖国有一支共产党领导的抗日部队——新四军。马宁任新四军政治部宣教科代理科长时，负责主编新四军机关报《抗敌报》，刊发了大量生动活泼的抗日文章，起到了鼓舞将士的战斗作用。马宁还负责编辑内部参考读物《电讯新闻》和《救亡日报》（三日报），另外还主持新四军对外新闻联络工作。他把新四军干部将士所写的文艺作品寄至大后方的《新华日报》和胡风主编的《七月》等刊物发表。他创作、出版了中篇小说《扬子江进行曲》。1938年7月新四军政治部批准恢复马宁的党籍。同年冬，马宁在军部住院期间，向美国女记者史沫特莱提供了不少新四军浴血抗战的事迹材料。他以一位外号"大刀会"的小伙子成长为新四军战斗英雄的故事为主线，创作了长篇小说《扬子江摇篮曲》，轰动一时，被译成英文出版。1943年，马宁在桂林创作、出版长篇小说《香岛烟云》[2]。

3. 在闽西坚持反顽抗日活动

---

[1]胡成放，又名胡呈芳，1917年7月出生于永定县下洋镇下坪村。1933年参加革命。1935年夏赴日本留学，在东京期间，积极参加"左联"等左翼团体组织的一系列活动。1937年抗日战争爆发后回国，在延安参与政治教育。1942年后赴山东抗日前线，从事敌工工作。解放战争时期，与国民党军长吴化文秘密谈判，促成吴化文部在济南战役中起义。后参加淮海战役和渡江战役。1955年被授大校军衔。1960年后主要从事外交工作，曾任驻伊拉克大使、驻智利大使。著有《胡成放回忆录》。

[2]刘琳：《福建华侨抗日名杰列传（中）》"马宁"，海峡出版发行集团/海峡书局出版，2015年，第781~790页。

1938年3月2日,新四军第二支队驻龙岩留守处在白土(东肖)成立,谢育才①、魏金水分别担任主任、副主任。留在闽西斗争的岩籍归侨还有林映雪、邓根发②、陈康容等人。

新四军第二支队北上后,土地问题成了农民与豪绅地主严重冲突的尖锐矛盾。龙岩的国民党第六区专员张策安认为,闽西共产党力量已经削弱,提出"恢复地主土地业权"的主张,遭到魏金水断然拒绝,"双方只有遵守已达成的协议,别的都没有商量的余地。"于是,张策安策动豪绅地主确定先"重点突破",然后"一面收租"的步骤,进行夺田,并选特委机关所在地后田和条围魏金水家两处作为重点突破。魏金水向农民广泛宣传关于土地问题的协议,发动各地党支部领导组织秘密农会,通过民选保甲长,争取团结了一些保甲长,建立和平合作的关系,为开展保田斗争打下基础。在业主团行动之前,各地党组织已做好层层部署,粉碎业主团的"两个突破"。同年秋,龙岩新任专员韩涵到任后,继续强化反共措施,策动收租。魏金水领导各地党组织过农会以群众面目出现,根据地主的不同表现,采取"争取开明分子,中立中间分子,孤立打击顽固分子"的策略,针对不同对象进行各种不同的斗争形式。1939年秋,国民党龙岩县当局在策动业主团收租的同时,又以政府名义在城郊罗桥圈占农田,开办试验农场,实际上是变相夺田。魏金水组织发动了地场各方声援规模广泛的请愿斗争,持续一年多,迫使国民党当局停办农场,归还农田,保卫土地革命果实,全县20多万亩耕地一直保留到全国解放,创造了中国革命史上的一个"奇迹"。1940年冬闽西特委成立,魏金水担任组织部长。1941年9月闽西特委撤销,改为特派员制,魏金水任特派员。1942年"南委事件"③发生后,闽西转入"隐蔽精干、长期埋伏、积蓄力量、以待时机"的历史阶段阶段。1943年10月成立革命武装"经工队。"1944年10月组建"王涛支队",重新开始武装斗争。

红军北上抗日后,林映雪留在闽西坚持斗争。1941年1月19日,林映雪从翁九如送来的一份《闽西日报》得知"皖南事变"的消息后,紧急将这一消息送往东肖的闽西特委机关。闽西特委机关连夜转移山上,避免重大损失。次日凌晨林映雪在国民党顽固派突袭条围村龙岩县委机关的战斗中侥幸逃脱后,奉调闽西特委任财政兼文书工作。闽西国共两党合作抗日的局面宣告结束。1942年8月,中共各县委员会制改为特派员制后,林映雪兼任龙岩县委副特派员,转移到东水坑隐蔽生产。1943年7月兼任龙岩县委特派员。同年10月,闽西经济工作队建设,林映雪加入分队,在闽西、粤东一带开展肃反、筹措经济、镇压反动分子等斗争。1944年10月,王涛支队成立后,林映雪负责地方工作组工作,协助支队领导三次挺进龙岩斗争,为地方工作的恢复和发展创造了新局面。

缅甸华侨陈康容在第二次国共合作形成后,受组织派遣从厦门返回闽西参加中共闽西南特委在龙岩白土举办的抗日救亡训练班学习。毕业后受特委指派到家乡永定,以岐岭小学教员和岐岭抗敌后援会干事长身份,组织民众抗日救亡,并对蓄意制造摩擦事端的国民党顽固派进行了"有理、有利、有声"的斗争,赢得了各界人士的支持。1940年8月,陈康容被永定保安团顽军秘密逮捕,关押在抚市狱。面对敌人的威迫利诱,陈康容大义凛然,坚贞不屈。"青春价无比,团聚何须提?为了伸正义,岂惧剥重皮?"9月17日,陈康容被永定保安团杀害,年仅25岁。在她牺牲四年后的1944年11月,闽西地委成立了以她名字命名的抗日反顽游击队"康容支队",以纪念这位英勇的女战士。这支游击队活跃在金丰大山,驰骋于汀江两岸,一直战斗到抗战胜利。

---

①谢育才,1904年出生于海南省万宁县文渊村,1926年4月加入中国共产党。曾任中共万宁县委书记,中共琼崖特委委员。1929年赴马来亚、新加坡。1930年回国,到中央苏区,任红军营长、团长等职。三年游击战争时间留在中央苏区坚持斗争。红四军第二支队北上抗日后领导闽西"保田"斗争,1941年7月在江西被国民党逮捕,1942年4月越狱逃跑。1977年3月去世。

②邓根发,1909年2月27日出生于龙岩县东肖邓厝村,1926年赴南洋槟城谋生,1937年返回家乡龙岩。同年10月加入中国共产党。红军主力北上抗日后,留在闽西继续斗争,参加保卫土地革命胜利果实的斗争。1941年1月"闽西事变"发生后,再次前往南洋。先在槟城当店员,后到苏门答腊岛亚沙汉,加入龙岩旅办苏分会,1947年回到龙岩参加东肖游击,1949年7月恢复党组织关系。新中国成立后任东肖区委组织委员、县委秘书、雁石区委书记等职。1956年6月至1966年历任县委副书记、副县长、政协副主席、县长等职。1993年1月在龙岩去世。

③1942年5月,中共南方工作委员会(简称南委)组织部长郭潜被捕叛变,南委机关及所辖江西、粤北省委、广西省工委和几个主要交通站相继遭受严重破坏。史称"南委事件"。这是国民党继"皖南事变"之后在华南地区制造的又一起严重反共事件。

第六章 中华人民共和国成立后的龙岩华侨

1949年10月1日，中华人民共和国在北京宣告成立，毛泽东主席在天安门城楼上庄严宣告："中华人民共和国中央人民政府成立了。"同时，毛泽东还代表中央人民政府"向各国政府宣布，本政府为代表中华人民共和国全国人民的唯一合法政府。凡愿遵守平等、互利及互相尊重领土主权等项原则的任何外国政府，本政府均愿与之建立外交关系。"

中华人民共和国成立了，中国人民从此站起来了，成为国家的主人。这不仅是国内四亿五千万人民的自豪，也是海外数千万侨胞的自豪。

第一节 中华人民共和国成立对华侨华人的影响

一、海外华侨热烈拥护中华人民共和国成立

中华人民共和国成立后，国民党政权仍然据守台湾。由于种种原因，虽然一些国家的华侨分裂成亲大陆和亲台湾两派，政治立场有所不同，但都一如既往地非常热爱祖国，在传承文化传统、维护同乡利益、谋求同乡福利、联络同乡感情诸方面，海外华侨及大部分同乡社团都做得很好。尤其是一些在中华人民共和国成立之初就与新中国友好，并立即建立外交关系的国家里的华侨，对于国内战争的结束和中华人民共和国的成立更是欢欣鼓舞，表现出强烈的爱国热情和亲大陆倾向。

由于近代以来龙岩华侨往海外谋生大多以挣钱养家、改变家庭贫困面貌为主要目的，并力图赚钱买田盖屋，光宗耀祖，因而大多与家乡亲人联系紧密，回乡探亲、祭祖者终年络绎不绝。无论战乱连绵，还是改朝换代，都割不断他们与家乡的联系与亲情。因此，中华人民共和国成立后，大多数龙岩华侨还是心系家乡，拥护中华人民共和国，热爱中华人民共和国，甚至积极参加中华人民共和国的建设。如永定籍华侨、"万金油大王"胡文虎，就曾三次致电中南军政委员会，要求参与中华人民共和国经济建设。大部分留海外的龙岩华侨都以自己的方式表达着对于中华人民共和国的向往与热爱。

比如在几乎与中华人民共和国一起诞生的印度尼西亚，1949年12月27日，荷兰殖民当局向印度尼西亚移交主权，印度尼西亚联邦共和国成立。1950年4月，印度尼西亚就与中华人民共和国建立了外交关系，龙岩华侨翁福林在雅加达升起第一面五星红旗，表现出鲜明的亲大陆倾向。当时，印度尼西亚一些华人社团出于爱国热情，甚至曾一度掀起"再华化"①热潮，被印度尼西亚当局及原住民视为华人不愿融入当地社会的表现之一。印度尼西亚当局于是很快对华侨采取明显的限制政策，颁布"华侨登记条例"，征收外侨税；对华侨出入境实行限制，由过去的开放性改为选择性，而选择标准极严，事实上等于禁止华侨入境；限制雇佣华侨为职工，使许多华侨陷于失业或半失业状态。再加上华侨本身有亲大陆或亲台湾之争，使不少华侨被迫离开印度尼西亚。也有些人出于

---

①"再华化"的特点是"中国化"色彩浓厚，"当地化"色彩较淡薄。其突出表现是1950年起的学生回国升学潮，华侨争先恐后将子女送回国内求学深造，把它视为进步和荣耀；另一突出表现是后来双重国籍被否定后，保留中国国籍者仍有100多万。

对中华人民共和国的向往，毅然回国参加社会主义建设。除了从巨港迁新加坡的龙岩华侨除王源兴、曾任亚沙汉华侨筹赈分会委员兼秘书的龙岩县籍华侨黄复康外，还有龙岩旅苏（苏门答腊岛）同乡会及棉兰分会主席郑日晖，曾任亚沙汉华侨总会主席和棉兰华侨总会副理事长张德镕，雅加达永定会馆原主席游范吾等，都在中华人民共和国成立初期先后回到家乡。

再如缅甸。1948年缅甸获得独立，中华人民共和国成立后，很快就得到独立的缅甸政府的承认。1950年6月，缅甸与中华人民共和国建交，龙岩华侨热烈拥护，为中缅友好倾注巨大热情。许多弘扬中华文化的社团活动及华社活动龙岩华侨都积极参加。1951年8月，永定和南靖旅缅华侨在仰光成立了"旅缅永靖华侨互助会"，举行理监事就职典礼时，中国驻缅大使馆参赞李萍应邀参加。其后，互助会还组建了"缅华国术醒狮队"等组织，借以弘扬中华文化。旅缅龙岩同乡会则于1950年组织了龙岩球队，多次参加缅甸华社兴办的球赛。1953年元旦，旅缅龙岩同乡会正式恢复时，会址升起了五星红旗。

二、中华人民共和国成立后侨务政策逐步形成

中华人民共和国成立后，中国政府的侨务工作揭开了新的篇章。中华人民共和国政府逐步建立与健全各级侨务机构和归国华侨组织，妥善安置因各种原因回国的华侨。侨务政策的基本方针主要是配合各个历史时期党和政府的中心任务，并根据华侨的特点制定各种方针政策。但由于种种原因，侨务政策大体上与其他各项方针政策一样，逐步趋于"左"倾，乃至走向极左。而且，侨务工作的中心始终以国内归侨、侨眷工作为主，难以顾及广大海外侨胞。

这是因为，在中华人民共和国成立之初，中国政府的外交工作才刚刚起步，而对海外华侨的政策既受制又服从于外交政策，需根据外交方针的变化调整华侨政策，以便服务于外交政策。因此，如果外交政策或外交力量、外交努力等等难以顾及的地方，海外华侨政策也难以实行。当时海外侨务政策的主要内容是：

（一）要求华侨在政治上认同经济上协助建设中华人民共和国

中华人民共和国成立之初，新中国政府在理论上基本继承了民国政府的侨务政策来规定华侨的权利与义务，即以血统主义为原则，所有海外中国人都是中国的国民，都应首先认同中华人民共和国，并对中华人民共和国尽义务，包括协助建设中华人民共和国。当然，国家也尽力保护海外华侨，因为他们也是中华人民共和国国民。

1949年，中国人民政治协商会议的《中国人民政治协商会议共同纲领》规定："中华人民共和国和人民政府应尽力保护国外华侨的正当权益。"1953年，全国政协庆祝国庆的口号提出，"国外华侨团结起来，爱护祖国，保护自己的正当权益"①，中国政府则对华侨负有保护责任。1954年制订的《中华人民共和国宪法》规定：中国政府"保护华侨的正当权益和利益，保护归侨、侨眷的合法权利和利益"。

近代以来，随着西方列强的欺凌，中国的落后挨打和殖民地半殖民地进程的加快，更随着中国御侮抗敌、民族民主革命的不断发生，海外华侨对中国的政治、经济参与度越来越深，孙中山誉华侨为"革命之母"。辛亥革命胜利后，民国政府从一开始就高度重视利用华侨的力量。在多灾多难的民国政府时期，尤其是惨遭日本军国主义野蛮入侵的抗日战争时期，广大华侨更是与全国人民一起，同仇敌忾、患难与共，甚至一起浴血奋战。国民党政权被逐出大陆退守台湾后，也对海外华侨很是倚重。因此，中华人民共和国成立后，争取海外华侨的支持不但是动员华侨的政治、经济力量支援祖国革命、建设和反击以美国为首的西方敌对势力对中华人民共和国的军事、外交的敌对行为，而且是直接打击台湾国民党政权赖以生存的基础。

这一段时间，中华人民共和国对海外华侨的政策，首先是号召和教育海外侨胞团结在中国共产党和中央人民政府的周围，组成海外统一战线，反对以美国为首的西方敌对势力对中国的外交、军事封锁，打击台湾国民党势力。1950年元旦，中侨委主任何香凝在向海外侨胞的广播讲话中说："华侨中的爱国民主统一战线，必然广泛地开展和巩固地建立起来。但对于某些极端顽固的反动分子，甘心做蒋匪残余的爪牙和帝国主义工具的少数败类，我们大多数爱国华侨都一定要和他们进行坚决的斗争。"②

其次，保护与促进海外华侨以侨汇为主的爱国行动，鼓励华侨加强与中华人民共和国的经济关系，动

---

① 何香凝：《1953年中侨委扩大会议开幕词》。
② 华侨问题研究会编：《侨务法规汇编》第一辑，1951年，第1页。

员华侨协助祖国建设。侨汇不但是国内侨眷的主要生活来源，关系到侨乡社会的稳定，而且是新生共和国外汇的主要来源。早在中华人民共和国尚未诞生，闽粤侨区尚未解放时，中共华南党组织所制定的《华南人民行动纲领》就对保护华侨利益作出专门决定，其中有"保护各地民营批馆、汇兑庄，以避免蒋政府剥削侨胞血汗，掠夺侨汇，饿死侨属"的具体规定，又声明"今后华南全面解放后，人民政府必然会更加切实具体规定便利华侨汇款、回国的法令"①。因此，仅闽粤交界的大埔县城茶阳和永定下洋，就分别有罗公记侨批局和下洋侨批员等专门为下洋侨眷服务，下洋的罗第光、胡帽芳等多位侨批员经常走村串户为侨眷送去侨汇。直到20世纪60年代，下洋侨乡的侨批邮路还是"中国、汕头、大埔、下洋、××村、×××收"。何香凝在1950年、1951年元旦对海外侨胞的广播词中，均强调政府保护侨汇的决心，也"希望海外华侨、国内侨眷和国内外侨批局，都一致团结在人民政府的周围，通力合作，共同把侨汇办好"②。保护侨汇的措施在1950—1951年取得较好成效。1950年初，经香港汇往大陆的侨汇激增，一月份约2500万，二月份2300万，三月份3021万③。星马侨汇1951年6月份寄往中国的家用侨汇共170万新元，较以前有较大增长。④

再次是人民政府制定保障侨汇所有权和使用权的政策不断完善并得到落实，也激发了岩籍海外华侨为帮助亲人和家乡重建家园而多寄汇款的热情。1950年，龙岩县籍侨汇34万元（折合新人民币，以下同），1951年猛增到106万元，1952年达120万元，1955年，国务院下达《关于贯彻保护侨汇政策的命令》，规定任何人不得侵犯侨汇，不得向侨眷强行借贷，不得干涉侨眷使用侨汇的自由。并鼓励华侨和侨眷修建房屋，兴办公益事业。龙岩华侨积极响应国家的号召，除了给各自家庭、亲友寄回侨汇外，还踊跃集资、投资家乡兴办生产项目，希望家乡尽快发展经济经济。如龙岩县，1952年华侨投资与县人合办龙岩造纸厂，1953年继续增资扩大造纸厂规模；1953年集资扩大东宝山华侨垦殖场规模；1955，由印度尼西亚、新加坡华侨88人集资创办黄邦山华侨垦殖场；1957年，由归侨王锦兴主持，募集侨资开设龙岩人民服务社；1958年，华侨投资兴建龙岩侨声影剧院；1952—1963年，华侨投资公司投资龙岩电厂数十万元。此外，20世纪50年代，龙岩县华侨捐资公益事业据不完全统计也超过50万元。1957年省委又发出"关于凭侨汇收入增加物资供应办法"，根据侨汇量供应物资，鼓励华侨汇款，岩籍华侨侨汇增长较快，当年龙岩县侨汇达120万元。1960年因国内经济困难，侨汇大幅度上升，仅龙岩县就达149万元。

（二）动员华侨购买公债

除侨汇之外，由于抗美援朝和国内恢复经济的需要，中国政府还以各种渠道号召华侨购买"人民胜利折实公债"。1950年1月20日和21日，洪门致公党创始人中央华侨事务委员会委员司徒美堂两次在中央人民广播电台发布"向美洲华侨的广播词"，号召美洲各地华侨的社、团、堂会等组织，成立"购债委员会"，组织购买公债，"可以为国家增加外汇，又可以为侨胞自己准备一条在国内的资金，将来回来经营工商业"⑤。中国政府购买公债的号召得到广大侨胞的热烈响应。新加坡《南侨日报》发表文章，号召华侨发扬辛亥革命、抗战期间购买公债的爱国传统，踊跃购买中国的公债。文章说："和平建设的1950年已经到来，认购人民胜利公债的热潮已风起云涌……侨胞爱国，必定迎接国内这一高潮……帮助中央人民政府的财政开支，恢复生产，使祖国成为富强之国，使新民主主义迅速实现，则侨胞在国外的地位才能提高。"⑥中华人民共和国成立后，胡文虎三次致函中南军政委员会，表示拥护人民政府。1950年胡文虎通知广州永安堂认购中国人民胜利折实公债2亿元（旧人民币）；1951年又特派胡梦洲回国购买公债3亿元（旧人民币）。岩籍华侨王源兴则变卖海外所有家产，带回国内，支持中华人民共和国的经济建设。在两位侨领的带领下，岩籍华侨购买公债的热情非常高涨，购买数百万元乃至数千万元（旧人民币）者为数不少。

---

① 《人民报》（仰光），1949年9月1日。
② 何香凝：《1953年中侨委扩大会议开幕词》。
③ 《南方日报》1950年2月25日。
④ 《生活报》（印度尼西亚）1951年7月15日。
⑤ 《大公报》（香港）1950年2月21日。
⑥ 《南侨日报》（新加坡）1950年1月23日。

（三）宣传爱国主义，激发爱国热情

侨务部门要求并规定侨报、侨教的中心任务是宣传爱国主义和培养爱国华侨后代。1953年，中侨委副主任廖承志在中侨委扩大会议上指出："国外华侨兴办的报纸的中心任务，应该是首重报道祖国的消息。换言之，它只应是我们国外侨民的报纸，而不应该附加任何其他内容或性质。国外的华侨学校，应该是侨民学校性质，主要内容是教会华侨子弟懂得祖国语言文字，长期培养华侨后代。"①

中华人民共和国的建立确实使海外侨胞看到了中华民族振兴的希望，激起侨胞服务祖国的爱国热情。在印度尼西亚，各大城市华侨在1950年国庆之日均举行群众大会和游行，仅雅加达就有35 000人参加，②其中许多永定华侨参加活动。菲律宾、日本、新马等地很多华侨都对中华人民共和国充满信心，他们相信，有中华人民共和国作为后盾，诚如何香凝所言："海外华侨在世界上的地位，因此会提高一步，各地民族的人民对待华侨，无疑也会进一步亲密友爱。"③

（四）安置归国华侨

然而，华侨在政治上认同中华人民共和国，行动上配合中国政府的各种号召，尤其是一些国家的华侨所表现出来强烈的爱国主义热情，引起一些国家当局的注意，甚至进一步激起当地政府的恐慌。东南亚一些国家的殖民当局迫害华侨的事件不仅不因中华人民共和国的诞生而减少，反而在"反共"的借口下愈演愈烈。1949—1954年间，海外华侨被迫害及驱逐回国者，以马来亚华侨为最，泰国、日本也不断有华侨被驱回。

马来西亚半岛的英殖民当局借口为对付马来亚共产党而实行紧急法令。据英殖民政府官方消息，到1950年5月31日止，一共发出25 480件拘留状，新加坡和马来联邦一共拘留10 897人，其中大部分是华侨。流离失所、衣食无着的华侨至1950年3月间已达40万。殖民当局草菅人命事件也时有发生，华侨王光被控以5元间接接济马共，仅此就被判处死刑。④

从1949年到1953年，马来亚被迫害的难侨及被迫返国者络绎于途，仅1950年1月到1952年8月底，被逐出境返抵广东的马来亚难侨就有19批共13 100人。⑤到1953年12月23日，第28批马来亚难侨256人到达广州。⑥据马来亚官方发布数字，从1948年到1953年4月，被驱出境的侨胞达24 000人以上。在泰国、南越、菲律宾等敌视中华人民共和国政府的国家和地区，华侨常被当局以"反共"为由加以迫害。菲议会主席铁松曾妄称：在菲华侨百分之九十是潜伏的共产分子，南越法国殖民当局常以"同情越盟"的嫌疑向华侨开刀。⑦ 1951年，泰国政府甚至准备将"犯共党宣传活动，违反泰国基本政策而致危害国家安全之左倾亲共分子"递解台湾。⑧与中华人民共和国正式建交的印度尼西亚、缅甸也时有迫害华侨的事件发生。

作为岩籍华侨主要侨居地的马来西亚半岛，被迫害被驱逐回国的岩籍华侨为数较多。如1949年前后，被新、马殖民政府遣送回国的进步人士中，永定华侨卢心远由中共中央组织部安置在中央华侨事务委员会工作，胡善津被吸收参加革命队伍。

卢心远（1911—1985），永定坎市人，曾于1927年加入中国共产党，因形势险恶而脱党后在上海辛垦书店从事著译多年。1938年南渡新加坡，为《星洲日报》《南洋商报》等撰社论和时评，并积极参加进步活动。日本侵占新加坡后，卢心远逃往马来西亚半岛山区，曾办纸厂，并支持马共。日本投降后回新加坡任教，并参与反美反蒋活动。1948年遭英殖当局和国民党特务迫害，被捕入狱。1949年2月，英殖当局下令将被关押8个多月的卢心远驱逐出境。在警察押送至香港后，卢心远为不被押往上海国民党统治区，遂秘密致信香港共产党人，在夏衍等人帮助下逃往天津。同年4月，卢心远到达北京，受到党和国家领导人接见。其后，卢心远被安排在政协筹备会新闻处工作。中国人民政治协商会议成立后，卢心远由

---

①廖承志《中央人民政府华侨事务委员会四年来侨务工作报告》，中侨委编《侨务政策文件资料汇编》，1955年，第7页。
②中华人民共和国华侨事务委员会编：《海外华侨的反美爱国运动》，1951年，第34页。
③何香凝：《1953年中侨委扩大会议开幕词》。
④《厦门日报》1950年10月15日。
⑤《全民报》（泰国）1952年10月24日。
⑥《南方日报》1953年11月25日。
⑦《厦门日报》1950年10月15日。
⑧（新加坡）《南洋商报》1951年9月22日。

周恩来任命,在中央人民政府华侨事务委员会工作,先后担任政策研究室主任、办公厅副主任、第三司副司长、全国侨联常务委员、副秘书长,并连续担任第二、第三、第四、第五、第六届全国政协委员。

此外,还有自动回国的岩籍民主人士张壮飞、黄绿萍、曾建平、曾平生等人被安置在福建省政协、厦门市人民政府、福建师范学院等部门工作。其他回国定居的华侨都得到妥善安置。1949—1952年,在新加坡、马来西亚半岛及印度尼西亚的进步岩侨邱上珍、章庆泉、罗振当、罗振锐、张殿英等30多人被英、荷殖民政府驱逐回国,都由人民政府妥善安排工作。

这期间,龙岩地区回国的华侨有数百人。龙岩县1951—1955年有39户(96人)难侨贫侨回乡定居,除2户(2人)因病无法安置外,其他都得到安置。其中32户从事农业生产,2户(3人)当教员,1户(1人)支前。① 永定县中华人民共和国前夕,被星、马殖民政府遣送回国的华侨数十人都得到了妥善安置。②

(五)保护海外华侨

保护国外侨民应是各国政府外交政策的主要组成部分之一。中华人民共和国成立之初,由于西方敌对势力的封锁和制裁,以及东南亚各国对于中共政权的恐惧和敌视,对亲大陆的华侨采取打击迫害措施,使一批海外华侨处境艰难。他们对中华人民共和国政府寄予厚望,对政府的保护翘首以盼。对于一些国家对华侨华人的迫害,中共中央和中央人民政府也极其重视,1950年,外交部拟定《关于华侨受排斥及迫害问题处理意见》和《关于在兄弟国家中华侨问题的初步意见》,前者的要点是:外交部根据中侨委整理的资料和建议,视外交形势于适当时机呈请中央人民政府,以抗议或声明的方式在政治上还击迫害华侨的政府,有外交关系的国家还可循外交途径交涉之;对无外交关系的国家可请兄弟国家使领馆代为照料华侨和进行外交协助。后者的要点是:教育当地华侨遵守侨居国政府法令,处理华侨事务时力求用友好协商的方式解决。

然而,当时的国内外环境使中国政府对海外华侨的保护难以奏效。这是因为:

1. 中国政府与侨居国政府的关系有待改善。在朝鲜战场上,美国、英国、法国、荷兰军队等都是志愿军的对手,这些敌视中国的帝国主义国家,或者是华侨主要侨居国的宗主国(如英国与马来亚),或者是前宗主国(如美国与菲律宾,英国与印度、缅甸,荷兰与印度尼西亚,法国与南越),或者对华侨侨居国有相当的影响力(如美国对泰国、印度尼西亚、日本,英国对印度),因此,主要华侨侨居国如马来亚殖民当局、泰国、菲律宾、日本、南越、南朝鲜等国的政府对中华人民共和国的态度都不友善,有些国家甚至参与围堵中华人民共和国。

2. 缺乏必要的外交途径。1950年初以来,中央人民政府几次对泰、菲等国政府和马来亚殖民当局的排华暴行提出严重抗议和警告。1950年1月18日,周恩来总理兼外长向法国外长提出照会,重申"保护华侨的正当权利及我政府不可动摇的政策"。③ 国内华侨社团组织、侨界名流、侨务工作领导人也纷纷或发表声明、讲话,或撰写文章,抨击迫害华侨的暴行,鼓舞海外侨胞的士气。但在华侨的主要侨居国中,只有北越、缅甸、印度尼西亚、印度与中国有外交关系,与中国关系尚称友好。菲律宾、泰国、南越法国殖民当局、英属马来亚殖民当局等敌视中华人民共和国政府,与中国没有外交关系。而且即使是建立了外交关系的国家,如缅甸、印度尼西亚政府对华侨并不客气,中国政府显然也不愿因华侨问题引起太多外交纠纷而损害外交关系。对没有外交关系的国家,照会和抗议甚至难以呈达。从效果上看,对于它们的照会和抗议,与其说是一种外交努力,倒不如说是一种姿态,是为了激励当地华侨对祖国的向心力。

3. 缺乏必要的经济、军事实力。较强大的经济和军事实力,是保护海外侨民的外交努力所需的后盾。在中华人民共和国成立之初,国家经济尚在恢复,军事实力不强,特别是海军力量几乎是空白。在帝国主义时代,海外护侨的外交努力没有必要的军事威慑力或经济制裁手段为后盾是难以奏效的。1950年马来亚华侨屡遭英国殖民当局迫害时,中国政府多次提出严重抗议,并电告马来亚英殖民当局,要求派遣难侨调查团到马来亚,但遭到拒绝,华侨被迫害如

---

① 龙岩市地方志编纂委员会:《龙岩市志》,中国科学技术出版社1993年,第628页。
② 永定县地方志编纂委员会编:《永定县志》,中国科学技术出版社1994年,第710页.
③ 香港《大公报》1950年5月27日。

故。① 尽管北京归侨联谊会主席彭泽民于1950年12月14日在中央广播电台对华侨的广播词中充满信心地说，解放了的47 500万中国人民是无论如何也不能容忍英帝国主义对我们侨胞肆行迫害而坐视不顾的②，但中国政府所能提供的保护极为有限。到1953年，中国政府已明确认识到，积贫积弱的新生共和国对海外侨胞的保护似乎力不能及，并向海外侨胞声明，"国外华侨要保护自己的正当权益，主要必须依靠华侨自身的团结。"③

因此，中华人民共和国政府对国外华侨的保护，主要不在于能在多大程度上影响侨居国对华侨的态度，主要体现在不断接纳和安置回国难侨。根据不完全统计，1949—1953年底，中国政府接待和安置的难侨不下2万人。在一定程度上保护了走投无路的被迫害侨民。

（六）教育华侨防止民族主义和大华侨主义，遵守当地法令

由于国家极度贫困，中华人民共和国大规模接纳华侨也是难以做到的。而且，许多华侨已经在侨居地成家立业，有些人已经有自己的产业或成功的经营活动，有难以放弃的经济利益。因此，中国政府鼓励华侨归化当地，希望华侨在选择国籍与文化认同上面向当地。但由于东南亚华侨大多有强烈的民族自豪感，很多人既不愿选择当地国籍，也难以融入当地文化。有些地方如南越、缅甸及部分印度尼西亚华侨，甚至不愿学习当地语言、文化，特别是第一代华侨。周恩来总理在1955年访问印度尼西亚、1956年访问缅甸时，反复告诫侨胞要克服"大国主义""沙文主义"④，甚至与印度尼西亚签订了两国间《关于双重国籍问题的条约》，条约规定华侨放弃中国国籍。许多华侨因而作出无奈的选择。1956年，廖承志在第四次侨务扩大会议上明确指出："华侨要尊重所在国，尤其不要大国主义……所有刺激当地的事情都应该避免，涉及表现我们大国的力量都不必要。"因此，劝导华侨克服"大国主义""大华侨主义"，不但是消除华侨归化当地的主要心理障碍所需，而且具有维护中国与侨居国政府关系的重大意义。

与克服"大国主义"有关的是中国政府多次强调，华侨要在政治上遵守侨居国法律法令，不参加当地政治活动。在社会关系上，尊重所在国的风俗习惯与宗教信仰。

学习当地语言是融入侨居国社会的首要条件，而华文教育、华文报刊的适当改变，也能帮助华侨在侨居地谋生消除一些障碍，拉近与侨居地人民文化、心理上的距离，有助于华侨融入侨居地。但是，一些侨居国政府采取急进强制措施，取缔华文教育，限制和取缔华文报刊，强迫华人同化于当地的政策却适得其反，因为这些强制措施剥夺了华人作为一个当地民族保留自己文化的权利。因此，号召华侨遵守侨居国法律法令对华侨的艰难处境帮助不大，因为侨居国对华侨华人的排斥与迫害绝大多数是以政府颁布法律法令来进行的，华侨华人对一些侨居国的法律法令存在天然的抵触情绪。

三、逐步引导华侨归化于当地

1957年，中侨委主任廖承志在中侨委第一次扩大会议上提出："我们的新任务，就是要经过相当长的时期，逐步引导华侨根据他们的自愿加入当地国籍，成为当地人。"

根据这一"新任务"，中国政府采取如下措施：

（一）鼓励华侨加入当地国籍。

在某些东南亚国家政府的领导层看来，居住在东南亚的华侨的双重国籍问题成为与中国发展关系的第一个障碍，他们不能容忍华侨的双重效忠。而中国政府要改善和发展与这些国家的关系，解决双重国籍问题已成为刻不容缓的事情。1955年，周恩来总理率团参加万隆亚非会议，于4月2日与印度尼西亚政府签订《中华人民共和国和印度尼西亚共和国关于双重国籍问题的条约》。签订这一条约也是为了向参加万隆会议的亚非国家表明，中国政府诚心解决国籍问题，无意鼓励华侨的双重效忠，希望能为解决其他国家的华侨国籍问题提供榜样，成为和平协商解决国际问题的良好范例。中国政府并准备首先与已经建交的东南亚国家解决这个问题。⑤ 同年6月，中国与印度

---

① 《人民日报》1950年12月7日，1951年3月9日。
② 北京归侨联谊会编《向海外华侨广播词》，第二辑，33页，1951年，北京版。
③ 何香凝：《1953年中侨委扩大会议开幕词》。
④ 周恩来总理对缅甸华侨的讲话，《侨务政策文集》，第7页。"周恩来在印度尼西亚给侨胞的指示"，《新仰光报》1955年6月9日。
⑤ 周恩来：在中华人民共和国第一届全国人大第一次会议上的讲话。

尼西亚两国政府在北京签订了实施这个条约办法的换文。虽然在条约中，双方政府确定了华侨选择国籍的自愿原则，但中国政府实际上倾向于让华侨选择当地国籍。周恩来总理在1956年9月接见来访的新加坡前首席部长戴维·马歇尔时，就新加坡的中国人国籍表示如下看法：中国政府愿意看到新加坡中国人取得他们自愿取得的新加坡公民资格，完全效忠他们所在的国家，这将有助于中国同新加坡之间友好关系的发展。① 1956年星马工商考察团访问北京时，周恩来总理对他们明确表示，"星马华人应为当地服务，取得公民权"。② 中国政府对华侨工作的方针，"是为侨胞的长远利益着想，鼓励更多的华侨参加当地国籍，在当地生根"。③

鼓励华侨入籍的政策对不同国家产生不同的影响。马来亚联合邦的巫统、马华公会等各派政治力量都发表声明，欢迎周恩来总理对国籍问题的表态。④ 马华公会总秘书朱远兴更誉周恩来的声明为"明智之措施，因为华人在本邦流血流汗所建设下来的祖业必须有所保护，华人不应放弃在本邦的权利"。⑤ 马来亚独立以后，绝大多数华人顺利取得马来亚国籍，这与中国政府的鼓励不无关系。

然而，印度尼西亚华侨的情况则大违初衷。尽管印度尼西亚是第一个也是唯一与中国政府签订国籍条约的国家，但其本意并非为华侨打开入籍大门。印度尼西亚外长苏纳约说："政府无意使这个条约提供机会给外侨成为印度尼西亚籍民。"⑥ 印度尼西亚政府在华侨入籍问题上设置种种障碍，在1958年7月颁布的第62号法令《关于印度尼西亚共和国国籍》，其入籍条件相当苛刻，规定必须在印度尼西亚连续居住十年、会讲印度尼西亚话、熟悉印度尼西亚语文、历史、地理以及具备证明身份的各种证件，实际上拒大多数华侨于入籍大门之外。尽管印度尼西亚的土生华人占70%以上，但直到1965年，仍有150万人持中国国籍或无国籍的华侨。

在缅甸，无论是政府或华侨，对华侨加入当地国籍均未表现出多大热情。缅甸政府对华侨入籍严厉限制，而大多数华侨也不愿加入缅籍，只有少数人为了经营工商业方便才争取入籍，缅甸当局对华侨工商业者的入籍也予以优先考虑。到1961年3月，入籍华侨才6 297人，保持外籍者仍有91 156人。⑦

在敌视中华人民共和国政权的某些东南亚国家政府和这些国家的华侨中，对中国与印度尼西亚所签订的双重国籍条约则无多大反应。1956年，南越吴庭艳政权颁布外侨入籍法，强迫华侨归化当地，激起华侨的强烈反对。中侨委发表声明，强烈谴责南越政府这种违反华侨意愿的片面决定。⑧ 菲律宾政府对华侨入籍施行严厉限制，而菲律宾华侨深受台湾当局影响，大多持"中华民国"护照，不愿入籍。

（二）华文报刊和教育要转向，面向当地

华文教育和华文报刊向来是维护华侨在政治、文化和心理上认同于中国的最重要纽带，民国时期国民党政府甚至认为："没有华侨教育就没有华侨。"只要华校仍是侨民性质的学校，华文报刊仍是侨民报纸，则鼓励华侨归化于当地的政策就难以奏效。而且侨校和侨报向来被当地政府视为"华侨的中坚与思想库"，很多迫害华侨的事件都是针对华文报纸和华校。特别是泰国和菲律宾等敌视中华人民共和国的政府，常以"宣传共产主义"的罪名封闭侨报和华校。

鼓励华侨归化于当地成为对海外华侨政策的总方针后，侨报和华校的转向也势在必行。1957年，序承志在中侨委扩大会议上指出："我们要教育华侨了解万隆会议以后的新时代，已经是亚非一家侨胞应有远大的眼光。国外华侨报纸也应转变方向，以报道当地消息为主，过去头条新闻都是中新社的消息，应当转过来，多登当地通讯社的消息，有义务把当地通讯社的消息放在第一版。"在华文教育方面，中国政府敦促国外华侨多学习当地语文，华校应贯彻以学习当地语言为主的方针。中侨委在鼓励华侨维护、坚持与

---

① 侨务报社编：《侨务政策文集》，1957年，第45页。
②（新加坡）《星洲日报》1956年10月5日。
③ 廖承志在1957年中侨委第二届第一次全体委员会议上的讲话。《侨务政策汇编》第三辑。
④（新加坡）《星洲商报》1956年10月5日。
⑤（新加坡）《南洋商报》1956年10月5日。
⑥ 1955年11月21日，哈尔第在印度尼西亚国会二读的答辩词。转引自蔡仁龙《印度尼西亚国籍问题的产生及演变试析》，注29。
⑦《吴丹盛在众议院的讲话》，《仰光报》1961年3月7日。
⑧《人民日报》1957年5月21日。

兴办华文教育的基础上，更明确提出，国外华侨学校应教育华侨子女熟悉当地语言、文字、历史和地理，仅保留一定时数的华文课程。① 对华侨回国升学方面，1956年以后，中侨委也转变过去鼓励回国、敞开接待的做法，转而鼓励华侨在当地办学，高中毕业之前的侨生尽可能安排在侨居地就读，超龄社会青年和身体不健康者一般不鼓励回国②。到1960年，方方甚至把学习当地语言提到华侨爱国主义的高度。他认为，华侨爱国（中国）主义的表现是立足于当地，学习当地语言文化，热爱当地国家，团结当地人民。③

侨校侨报的转向既是配合"华侨归化于当地"的总方针，也是迫于侨居国政府限制华文华校的政策而采取的措施。"二战"以后，印度尼西亚、泰国政府均陆续颁布旨在取缔华文报刊、学校的法令。马来亚、菲律宾也对华文教育施行不同程度的限制，因此，华文学校与报刊的转向也是侨居地形势使然。

第二节　从叶落归根到落地生根

自古以来，大凡移民外地谋生创业或者为官作宦者都有叶落归根的情结。与"落叶归根"一词有相同意思的表述最早见于《荀子·致仁篇》，原句曰："水深而回，树落粪本"，《汉书·翼奉传》注引申为"木落归本，水落归末"。宋人释道原所作佛教书籍《景德传灯录》首见该词：六祖惠能涅槃时，答众曰："叶落归根，来时无口。"后陆游诗也有"云闲望出轴，叶落喜归根"佳句。

当然，并不是所有移民外地谋生创业或为官作宦者都能叶落归根。许多人因为战乱、灾祸或其他种种原因不能回归故里，只能落地生根，在异地发展，甚至成为异地的开基者。比如唐宋以来先后形成的福佬民系和客家民系的先祖们就是这样的开基者。

虽然客家民系和福佬民系都是因中原汉人避乱南迁为肇因而形成，许多客家先民和福佬先民都是千百年前辗转南迁、筚路蓝缕的中原汉人，虽然当年的南迁汉人曾经家山北望，一步一回头，甚至像陆游那样很不情愿地谆谆嘱咐孩子"王师北定中原日，家祭无忘告乃翁"，但客家与福佬先民们却在闽西南这一片新的陌生的土地上扎下根来，开发垦殖，甚至创造了新的辉煌。于是，他们依据《礼记·祭义》里"建国之神位：右社稷，而左宗庙"的规定，略作变通，演变出适应宗族层次的规范，就地创建土地神庙和祖先祠堂，重构文化传承。于是，他们不仅得以祭祀地方上的土地神祇，还得以就地祭祀自家的祖先。这就意味着人们可以结合祖先文化和土地资源，一起体现出"祖"与"社"的精神，赋予土地与我生命相连的历史文化意义，转化他乡为故乡。于是，他们藉以实现了以持续的历史进程完成文化的落地生根，建构起群体的"生于斯、长于斯、死于斯"的本土归属情感。

然而，远涉重洋移民海外的华侨华人，尤其是明清以来直至现代跨海南渡南洋群岛及中南半岛谋生的龙岩福佬人和客家人却一直难以获得这种归属感，这是为什么呢？

一、难以落地生根的原因

龙岩地区的福佬人和客家人从明清时期开始较大规模往洋谋生，但在很长的一段时间，他们大多并不愿意在南洋当地落地生根，而是将自己定义为总要叶落归根的侨居者。究其原因，主要有三。

（一）男人单身往洋，女人祖地持家

早期往洋者几乎全是男人，因为无论是福佬人还是客家人，其家庭分工模式都是中华传统社会所盛行的"男主外女主内"模式。因此，往洋时男子如果已经结婚，就将妻子留在家里，她们不仅侍奉公婆，养育子女，甚至还要上山下田，操持家庭生计；往洋时男子如果没有结婚，则大多也在几年以后赚得盘缠回乡娶妻，同样把妻子留在家里，自己重又往洋。他们努力争取在南洋立业，但一般不在南洋成家。

因此，龙岩地区早期往洋者大多身在南洋，心在

---

① 方方，"四年来侨务工作概况"，《侨务报》1959年第四期。
② "中侨委讨论归侨工作"，《中华商报》（缅甸）1957年7月26日。
③《中国新闻》1960年10月4日。

家乡，就像永定客家山歌所唱：

> 男：人在番邦心在家，
> 年少妻子一枝花。
> 家中父母年纪老，
> 手中有钱难传家。

> 女：郎在番邦妹在唐，
> 两人共天各一方。
> 妹在唐山冇双对，
> 郎在番邦打流郎。

对家乡的思念，对亲人想望，相思绵绵，似无绝期！海外游子有家难归，只得加倍努力，尽快挣钱，以期对家人有所帮助，以尽自己男子汉大丈夫的责任。永定客家山歌唱道：

> 千辛万苦出南洋，
> 一片大海水茫茫。
> 敲锡屎来割橡胶，
> 积点银钱寄家乡。

这种现象是相当普遍的。永定下洋侨乡的许多村庄，如中川村、东洋村、翁坑美村，长期以来男子往洋谋生，许多家庭妻子在家侍候公婆，扶养子女。许多家庭甚至父子两代都往洋谋生，婆媳一起在家"守活寡"撑持家业，媳妇终于熬成婆之后，又将自己结了婚或没结婚的儿子送去过番，让媳妇重复自己与婆婆同"守活寡"的故事。于是，这些村子都成了"活寡妇"村，女人们上山下田，挑担赴墟，甚至役驶耕牛犁田耙地打辘轴，承担男人干的重体力劳动；于是，逢年过节，春秋祭祀，除了少量有男人未往洋或有男人"荣归"的家庭之外，大多数家庭都由女人操持祭祀；于是，久而久之，这些地方的宗祠神庙成了女人群聚之所在，许多家庭的祖宗墓地祭祀也由女人承担。

往洋过番的男人肩负着挣钱养家的重任，甚至期望发家致富，光宗耀祖。虽然有人运气较好，能实现愿望，但大多数人都像前述客家山歌唱的那样"手中有钱难转家"，有的人甚至"少小离家老大回，乡音未改鬓毛衰。儿童相见不相识，笑问客从何处来。"如马来西亚半岛怡保著名"锡矿大王"胡曰皆的父亲胡深斋（根益）就有这样的故事。他15岁往洋去槟城学裁缝，21岁回乡奔父丧，后在家乡娶妻成家，26岁再赴槟城，35岁在霹雳雾边与人合资经营小矿场及经营锡米店后，经济状况稍好，才将妻子带去团聚。1907年生下胡曰皆后，因思念家乡亲人再携眷回乡。1908年，39岁的胡深斋只身再赴南洋，1914年因病回乡时，7岁的胡曰皆已经不认识父亲，还问他"你是谁？"。

同是永定下洋的比胡曰皆更早发达的马来西亚半岛"锡矿大王"胡子春也同样在少年时代（13岁，1873年）只身往洋，梦想发财致富赡养早年寡居、含辛茹苦将自己抚养成人的祖母。虽然胡子春因为在老家曾读私塾，略通文墨，且会珠算，精通生意，得到增城籍富商郑家的赏识，并与郑氏女喜结连理，无需回乡娶亲。但胡子春还是拼命挣钱，除了赡养祖母，还要实现往洋挣钱买田盖大屋的宏愿。后来，胡子春虽然已在南洋落地生根，但也在老家下洋河树窠买田买山，盖起豪华的方土楼荣禄第。他是否念念不忘日后叶落归根？殊未可知。

这种情况到民国以后，大量移民海外的龙岩、永定人还一直延续。如1940年，龙岩社兴人苏振伍只身赴槟城。此前他已结婚生子，为了侍奉父母，养育儿子，他将妻子留在家中。其后他虽然除了寄钱养家外，隔三两年也回来看望父母妻儿，妻子再生下两个女儿，但他却一直单身在南洋。直到1956年父母去世后，他在槟城的杂货店生意也有一定基础，才让妻子带着三个孩子往洋团聚。

（二）西方列强殖民统治

时至晚清，大清虽然已打开国门，但也希望华侨在南洋地区"丕冒海隅""声教南暨"，[①] 南洋华侨虽然已经凭借努力打拼辟出一片新天地，许多人甚至像胡子春、张弼士那样已经取得或大或小的成功，有了在当地落地生根的良好条件，但也深陷西方列强占据南洋诸国的殖民统治，未能如愿以偿。

1402年，巨港王子拜礼米苏拉在马来西亚半岛马六甲建立马六甲王朝，1403年得到大明永乐皇帝的承认，其版图涵盖马六甲乃至马来半岛的局部土地，奉回教，立国世袭。1511年，葡萄牙殖民者征服并灭亡了马六甲王朝，马来亚第一次成为西方列强的殖民地。1641年，欧洲新崛起的殖民帝国荷兰挥兵东进，葡萄牙人战败，马来亚被转手让给荷兰，成

[①] 1904年清光绪皇帝赠槟榔屿华侨的御笔题词，见马来西亚王琛发编著《功德振勋焕南邦——张弼士诞辰一百七十五周年纪念》，马来西亚道理书院，2016年，第21页。

为第二个西方列强的殖民地。①

1745年，永定人张理、马福春和大埔人丘兆进率一批华人南渡七洲洋，穿越马六甲海峡，登上马来半岛西北海滨岛屿槟榔屿。上岛后，他们大多数人以打渔为生，马福春擅长烧炭，遂以烧炭供丘兆进等打铁为生，而张理则由于是"闽永定之宿儒也"，在老家曾教过私塾，故"至槟训蒙"。张、马、丘三人常聚，义结金兰。逝后，三人被客家惠州、嘉应、大埔、永定、增城五属奉为"海珠屿大伯公"，立庙祭祀。

虽然少有资料表明张理、马福春们与永定老家的联系密切与否，也少有资料表明他们在槟榔屿是否娶妻生子，建立家庭，但从他们陆续逝世后都由乡人予以安葬，1810年永定中川村人胡靖还带领大众为"大伯公"立祠，并赠送"同寅协恭"匾额就足以说明，张理、马福春等人的落地生根应该是迫不得已的，因为他们并未挣到足够多的钱荣归故里，甚至连身后事都由乡人处理。

但张理、马福春们毕竟是开山地主，他们为乡人谋得了立足之地。正如客家五属在槟城大伯公街行宫大门石柱所镌刻的楹联："我公真世界畸人，当年簑笠南来，剪棘披榛，亟为殖民谋得地；此处是亚欧航路，今日风涛西紧，持危定险，藉谁伸手挽狂澜？"如果不是"风涛西紧"，则后来的乡人在当地落地生根应该是理所当然的。

而之所以"风涛西紧"是因为时至1786年，马来亚吉打苏丹面对暹罗的威胁，请求英国东印度公司派出军舰保护并提供武器军备和每年3万元补偿金以及割让槟榔屿。于是，英国人莱特于当年8月11日迫不及待地武装登陆槟榔屿，并于1791年4月彻底打垮吉打苏丹，迫其订立城下之盟，完成对槟榔屿的彻底占领。

虽然南洋各埠华人都像槟榔屿以下洋胡靖等为代表的华人那样，立庙建社以正人心，代代祭祀以传文化，甚至或办学兴校，或成立商会乡帮，以使中华传统文化得以落地，使原乡习俗得以流传，进而为所在地作出贡献，实现扎根。然而，"风涛"日益"西紧"，终于打断了自明代郑和下西洋开始的华人主导开发南洋、"声教南暨"的进程，也打碎了许多华人落地生根的梦想。

1600年英国人成立东印度公司，1602年，荷兰也成立东印度公司，它们的共同特点是政府用军事力量保护公司的发展，用早期资本主义模式促成官商的合作体，并且通过政商合作，用枪炮打开殖民地的国门，在海外开拓殖民地。例如，1619年，荷兰人武装占领巴达维亚（雅加达），1641年荷兰人攻陷马六甲，就是打着东印度公司的旗号。1786年英国人莱特带兵攻占槟榔屿，也是打着东印度公司的旗号，并于1786年8月11日宣布："吾今奉总督（麦克浮爵士）及孟加拉国议院训令，于今日占据此岛，名槟榔屿，今名威尔斯太子岛（Prince of wales），并奉乔治三也陛下之命，监视不列巅国王（英国）国旗竖立于岛上，以供不列巅东印度公司之用。"②

其后，1800年，荷兰人建荷属东印度殖民地；1819年，英国人占领新加坡；1826年成立包括槟城、马六甲和新加坡的海峡殖民地；1896年成立马来联邦及五个马来属邦，完成了对整个马来西亚半岛的殖民，被称为英属马来亚；1824年，英国人攻占仰光；1855年，英国人完成对缅甸全境的占领，缅甸成为英国殖民地；1858年9月，法国人在越南中部岘港登陆，随后占领岘港；1861年后又占领西贡（今胡志明市），6年后又占领了南圻，并将其更名为交趾支那；1883—1885年，法国与清朝爆发中法战争，占领了越南中部、北部及柬埔寨，将越南中部更名为安南，北部更名为东京；1885年，中法签订《天津条约》，中国正式放弃越南的宗主权；1887年10月，法属印度支那联邦正式成立；1893年法暹战争中，老挝也被收入法属印度支那联邦，法国于是拥有中南半岛大部分地区的统治权。

西方列强对南洋各地的殖民统治，不但改变了南洋地区落后乃至蛮荒的状态，也改变了中国人"丕冒海隅""声教南暨"的初心以及移民南洋各地的华人的命运。这是因为，西方列强在南洋各地殖民统治的目的主要是掠夺资源和财富，包括开矿和开垦种植，这都需要大量的劳动力。与莱特占领槟榔屿、开辟槟榔屿几乎同时大量南来的华人移民，于是成了开发南洋各殖民地所需劳动力的主要来源。比如莱特在占据槟榔屿三个月之后的1786年10月就曾高兴地说："我们的居民增加得很快，印度人、华人及洋人。他

---

①参阅钟敏璋编著：《马来亚历史》，东南亚出版有限公司，1959年，第47~51页，第112~113页。
②书蠹编，顾因明、王旦华译：《槟榔屿开辟史》，台湾商务印书馆，1969年，第59页。

们已存在对土地的争执,每个人都尽力和尽快地建设。"① 而在他去世那年(1794年)2月向东印度公司的上司的报告中更是明确地说:"华人成为我们居民中最宝贵的一环,有男女及儿童,约3 000人,从事各种不同的行业,如木匠、石匠、金匠、店员、种植人、商人。"② 然而,这些华人移民自认为不是当地的主人,他们南来主要目的是来挣钱养家的,就像莱特所报告的那样:"他们永不知倦地追求金钱,并与欧洲人一样,花钱购买东西以满足自己。他们不等待筹足了钱回到祖地,而是每年将所得部分寄给家乡的家人,这也促成贫穷的工人拼命再做第二份工作,以获取多2至3块钱,作为汇回乡之用。这种现象是很普遍的。"虽然他们赚到钱后也有娶妻生子者,但其最初的目的也仅仅是为了建立家庭,而不是落地生根。这也如莱特所报告的那样:"一旦他们储蓄一点钱,就会娶妻生子过着正常的生活。他们对子女教育重视,有时也送男孩回中国接受完整教育,但女孩则留在家中,严加看管,直到她们出嫁,才有较大的自由。他们热衷于赌博,而不节制,遂造成他们蒙受许多挫折而以失败告终。"③

莱特提及的已娶妻生子的海外移民将孩子送回中国接受完整传统教育的行为,其实也是不愿意落地生根的表现。这种情况在永定往洋者中相当普遍。如乾隆末年往槟榔屿谋生的胡曾育,在当地经营种植园收入颇丰,娶妻生子后将儿子胡泰兴送回永定下洋中川老家接受传统教育。数年后胡泰兴重回槟城,后经营种植园及百货取得成功,成为槟城富翁,还当上市议员,槟城至今仍有其名字命名的"泰兴街"。万金油大王胡文虎的父亲胡子钦也只身南渡至仰光,开设永安堂国药行,娶妻生子。在胡文虎10岁的1892年,胡子钦也送他回中川村接受传统教育,4年后再让他回仰光习医习商。

(三)侨居地的排华事件

南洋各地由于欧人殖民和华人、印度人的大量移入,当地土著族群的生活秩序被打破,各族群间的矛盾也时有发生,有的地方甚至出现排外事件。外来移民在一些地方遭遇排斥甚至武力驱逐也时有发生,排华事件于是也未能幸免。

早在1740年,荷属东印度殖民当局就制造了一起大量屠杀华人的巴达维亚"红溪惨案"。早先荷兰殖民者为开发巴达维亚,大量招募华人,清政府也开放海禁,华人于是源源不断南渡巴城。后来,殖民当局开始限制入境,特别规定华侨必须办理申请和批准手续才能进入。于是,华人雇主通过行贿等手段引入华人苦力。1727年6月10日,殖民当局规定,凡10至12年内居留巴城的华人,未申领居留准许证者,一概驱遣出境。1740年,当局下令逮捕盗贼,穿黑衣裤的华人多被误抓,华、荷矛盾加剧。恰逢殖民当局欲遣苦力赴锡兰种甘蔗,且传苦力上船后多被投海中。苦力于是拒绝登船,叛乱爆发。聚集在甘达里亚糖厂附近的苦力人数逾5 000人,公推黄班为首领,准备自卫以图自救。但叛徒林楚告密,当局遂以华侨准备进攻巴城为由,发动了大规模屠杀。1740年10月9日,殖民者以搜查军火为名,挨户搜捕华侨,不论男女老幼,抓到便杀,对华侨血腥洗劫屠杀7天,城内华侨被杀近万人,侥幸逃出者仅150多人。被焚毁和劫掠的华侨房屋六七百家,损失无法统计。这就是震惊爪哇、中国和欧洲的巴城大屠杀。因肇事地点之一为红溪,故称"红溪惨案"。"红溪惨案"发生后,福建、广东等地官员上奏朝廷,朝廷不仅未能谴责、征讨荷殖当局,反而认为华人遭屠杀,"事属可伤,实则孽由自作",仅禁止与荷殖的通商贸易,让华侨寒心,更使沿海人民一度将移民巴达维亚视为畏途。

19世纪末,中国东南沿海甚至包括龙岩地区等出海较为方便的山区人民大量移民海外,清政府的有识官员虽然也意识到"出洋华民数逾百万,中国生齿日繁,藉此不少各国渐知妒忌,苟虐驱迫接踵效尤",建议朝廷设立领事"加意抚循",使海外华人"自然固结为南洋无形之保障"。④ 提出此建议的张之洞甚至奏请朝廷向南洋华人推售官衔,"奖以虚衔封典翎枝专充领事经费",⑤ 还可购买军舰护侨及维持新加坡和吕宋的领事馆。然而,弱国外交还得看他人面

---

① Penang Past & Present (1786—1963), City. Council of Georgetown, 1966. p1.
② Victor Purcell The Chinese In Southeast Asia, oxford university press, 1965, Second edition, p244.
③ 同上。
④ 张之洞:《筹议外洋各埠捐船护商疏略》,见力钧:《槟榔屿志略》卷2,光绪十七年(1891),第4页。
⑤ 张之洞:《派员周历南洋各部埠筹议保护折》,苑书义、孙华峰、李秉新主编:《张之洞全集》第一册,河北人民出版社,第607~612页。

色，护侨之领事馆也常常形同虚设。1887年，清朝第三任驻新加坡总领事左秉隆的好友李钟钰访新时，就曾批评英殖当局掠夺大清领事权力，设立华民护卫司以事事刁难华民。① 而清廷出使英、法、意、比的钦差大臣薛福成则在1890年报告皇上："各国开荒为巨埠，专赖招致华民，而洋人实属寥寥。一经我设立即领事，彼不免喧宾夺主之嫌，又碍其暴敛横征之举，所以始必坚拒，继则宕延。"② 因此，张之洞的买舰护侨之举只能留待后人。

华侨没有强大的祖国作后盾，其境遇可想而知。被打压、排斥乃至屠杀的现象在南洋各地时有发生。例如，早在1867年8月，马来西亚半岛槟城爆发为期10天的华人私会党械斗之后，立即受到英殖当局的严厉制裁，义兴和大伯公私会党头目都被判处驱逐出境及徒刑。

当南洋地区遭受外敌侵入时，华侨大多与当地人民一道，奋起反抗，甚至表现得更为英勇卓越，因而也常常遭遇占领者打压、驱逐甚至屠杀。

1941年12月7日，日本偷袭珍珠港后，太平洋战争爆发，日军大举进军南洋各地（南洋华侨称之为"日本南进"）。原本积极支援祖国抗战的南洋各地华侨更是直接投身于抗日斗争中，马来西亚半岛、新加坡、菲律宾、缅甸等地都组织了以华侨为主的抗日义勇军，时在沙巴的龙岩华侨参加抗日游击队甚至牺牲13人。日本占领南洋各国后，大力镇压华侨的反抗，不少人被关押、驱逐，大量华侨被迫逃亡。时在印度尼西亚巨港的龙岩华侨大多逃往乡下，时在缅甸仰光、马来西亚半岛槟城和新加坡的华侨大多逃往山芭，也有许多人被迫逃回中国乡下。如1942年1月，日军侵占缅甸仰光，在仰光开设仁和堂大药房的永定下洋东洋村和翁坑美村的老板罗宏光、张济贤和店员张桉贤、张晋田、张以豪等数十人，一起取道北缅山区步行逃回中国云南，然后再逃回永定。其中许多人后来没再去仰光，成为归侨。

二、落地生根取代叶落归根

虽然从"闽永定之宿儒"张理先生"至槟训蒙，与同邑丘氏、马氏为莫逆之交。丘业铁工，马业煤炭，每晚三人必聚首无间焉"开始，龙岩地区往洋移民并非全都叶落归根，张理、丘兆进、马福春三人和胡靖等许多人都身留异域，落地生根，或许只能魂游归根。以致清驻槟城副领事、"钦加头品顶戴侍郎花翎"张煜南1909年为海珠屿大伯公庙重修撰联曰："君自故乡来，魄力何雄？竟辟榛莽蕃族姓；山随平野尽，海门不远，今看风雨起蛟龙，""蕃族姓""起蛟龙"清楚地表明许多华人已经在大伯公开辟的土地上落地生根，龙岩地区华侨也大抵如此。

南洋华侨叶落归根观念逐渐让位于落地生根观念的原因主要有如下几个方面。

（一）飘洋过海，路途遥远

龙岩地区山重水复，自古以来交通极其不便。虽然有九龙江和汀江两条水路可以通往沿海漳州港、厦门港和汕头港，但龙岩东肖和永定金丰等山区人都要步行数十里才能到达搭船的码头。终于乘小船到达海港后，还要等候出港海船，飘过七洲洋（南海），十几天乃至数十天才能到达南洋新加坡、马六甲、槟城、仰光等港口城市。胡子春十三岁随乡里水客胡苟寿往洋时，坐帆船三个月才到达马六甲。

其后，寻找工作地还需一段时间，真是历尽艰辛。如此往洋经历，永定下洋中川籍"锡矿大王"胡曰皆在其《回忆录》中，有详细的记录。

胡曰皆1924年18岁时南渡往洋。虽然韩江和南海都已有江轮（当时叫火船），无需像胡子春往洋时那样坐乌眼鸡帆船，但也历尽艰辛。他从永定下洋中川村步行50里到大埔老县城茶阳汀江码头，乘小船到达汕头后，因船期不遇等候10多天才登上载重约4000吨的沙士顿轮船。乘客4000多人，胡氏落座三层舱底，颠簸七日到达新加坡，留船候七日再往槟城，又搭车多日后才到达目的地怡保。

永定下洋翁坑美村张济贤、族弟张较贤等多人1935年去缅甸仰光时更为艰辛。他们一行取道广东、广西、贵州、云南，有公路处搭车，有河流的地方搭船（如龙川至广州），大多数路段步行。尤其是从云南畹町出境之后，步行往南，偶尔搭乘缅人的牛车，一路翻山越岭，途经八莫、曼德勒等地，历时一个多月才到达仰光。

正因为路途遥远，许多往洋者虽然或打工或做小生意赚得一些钱，也只能托付水客带回老家，供养家人，自己却多年都未能归家。有的人甚至能赚到较多的钱寄回家乡让家人买田做屋，自己却没回来。如1935年随族兄张济贤去仰光谋生的翁坑美村人张晋

---

① 李钟钰：《新加坡风土记》，新加坡南洋书局，1947年，第5~6页；
② 薛福成：《通筹南洋各岛添设领事保护华民疏》，丁凤麟、王欣之编：《薛福成选集》，上海人民出版社，第334页。

田，因为曾上过三年私塾，后自学成才，略通国学，精于珠算。于是被族兄张济贤安排在其开设的仁和堂大药房当财库（会计），收入较丰，不数年便寄回光洋数千元。其妻黄氏不仅足以侍奉公婆，养育女儿，还买地盖起三间大平房。但直到女儿长到8岁，1942年初太平洋战争爆发，日本军队南进侵占仰光，如果不是张济贤带领族兄弟逃回老家，不知道张晋田什么时候才能回家，也许他就会像一些未逃离而到缅甸山芭去打铁的族兄弟张锄章等人一样，在当地落地生根了。

（二）成家立业，携家挈口

由于路途遥远，交通不便，一些有幸在南洋娶妻生子，或者将家中妻儿带往南洋谋生地得以成家立业者，于是逐渐放弃"回唐山"叶落归根的初心，转而在南洋当地安居乐业，落地生根。

比如，于1861年往洋的胡文虎的父亲胡子钦，虽然只身南渡，虽然远在仰光，虽然也要挣钱赡养在家乡的父母，但由于他术精岐黄，创设永安堂国药行，医、药皆受欢迎，声名鹊起，收入渐丰，除寄钱回唐山养家外，还娶潮籍侨生女李氏（金碧夫人）为妻。文虎兄弟出生后，胡子钦虽然曾送文虎回中川村塾学接受传统教育，但终因家大业大，未能叶落归根而客逝仰光。其子文虎、文豹的裔孙，于是在南洋各地落地生根。

再如下洋翁坑美张晋田的胞兄弟张晋业（1902—1969），于1921年只身赴马来西亚半岛霹雳打铁为生，1927年回乡与童养媳李氏卫娘完婚后携妻再度往洋，在马来西亚半岛霹雳州沙白开设永成利铁厂。李卫娘生三男后逝，晋业续娶汪淡妹为妻，又生养三女。虽然由于技术精进，所创永成利品牌刀具驰名遐迩收入不菲，养家糊口及寄钱赡养父母亦不成问题。但由于他染上英国殖民者蓄意毒害华人的鸦片，终使其荣归故里、光宗耀祖的宏愿化为泡影，其儿女及数十个裔孙也因为他客逝南洋而在新马各地落地生根。

（三）南洋殖民地独立，国家不承认双重国籍

1909年清政府颁布的中国第一部国籍法《大清国籍条例》奉行血统原则，即不管出生在哪里，只要是中国人的后裔，就是中国人。依据这部国籍法，海外华侨无论侨生在哪里，也无论是侨生的第几代，都被承认为中国人，都拥有中国国籍。有些海外华侨如果同时拥有侨居国国籍，则拥有双重国籍。

1912年，中华民国政府参议院拟定《国籍法》，于同年11月公布。1914年《国籍法》修订，更名为《修正国籍法》，于同年12月30日公布。1929年，民国政府再次对《修正国籍法》进行修订，于同年2月5日公布。民国时期的国籍法秉承了《大清国籍条例》的基本原则，以血统主义为重，而辅以出生地主义以济其穷。为了避免双重国籍对海外华侨产生不利影响，民国政府在加入1930年订立于海牙的《关于国籍冲突的若干问题的公约》时，对第4条"一个国家对于兼有另一国国籍的本国国民不得违反该另一国的规定施以外交保护"的规定提出了保留。

中华人民共和国成立后，虽然没有立即制订单独的国籍法，但也在《中华人民共和国宪法》中对国籍作出有关规定，不承认双重国籍。1980年，我国制定了《中华人民共和国国籍法》，其中第三条明确规定不承认双重国籍。

1945年8月15日，日本宣布战败投降后，虽然西方殖民主义者一度回归南洋，但不久缅甸、印度尼西亚、马来西亚、越南都各自获得独立。

1955年4月举行的万隆会议上，中国与印度尼西亚签订《关于双重国籍问题的条约》，取消华侨的双重国籍，让他们选择一种国籍，中国同时表示，该条约虽是和印度尼西亚签订，但同样适用于其他国家。

虽然南洋华侨难以割舍同中国的血脉亲情，但由于国家实行不承认双重国籍的政策，因此，从20世纪50年代开始，除了部分有志于回国参加社会主义建设的爱国华侨领袖如王源兴、苏振寿、游范吾等人和被一些国家排华回国的如陈灼瑞等人外，大部分华侨包括龙岩籍华侨都作出了加入侨居国国籍的无奈选择。叶落归根观念于是逐渐被不得不落地生根的现实所取代。

另一方面，南洋殖民政府和一些新独立的国家采取一些极端政策和措施强迫华侨落地生根。

在马来西亚半岛，1948年6月，英国殖民政府借口马共问题宣布马来亚进入紧急状态。其后英军于1948年12月及翌年正月对华侨执行驱逐和隔离政策，约40 000华人被扣，其中约24 000华人于1949年至1952年间被遣送回中国。[①] 英殖政府为了彻底切断新马华人与马共的关系，还建立类似"集中营"的所谓"华人新村"，华人新村实行严格管理，有铁丝网围墙，前后各留一个大门供村民出入，进出人员被严

---

① 林廷辉、宋婉莹：《马来西亚华人新村五十年》，马来西亚华社研究中心，2000年，第6页。

格盘查。从1950年至1954年，全马有438个华人新村，居住人口达5 814 000人。①

1949年2月27日成立的得到官方认可的马华公会最初持反共立场，其领导人陈祯禄曾说："我的意思是把中国出生的华人和中国的政治关系加以切断。"② 以此立场与马共划清界线。

在殖民当局和后来的马来亚当局的高压政策下，留在当地生活的华侨不得不加入马来亚（后来的马来西亚）国籍，成为马国国民。永定下洋和龙岩东肖等地，许多华侨在当地落地生根。

印度尼西亚华侨状况与马来西亚有所不同。二十世纪五六十年代苏加诺掌权期间，印度尼西亚与中华人民共和国关系较好。由于中国不承认双重国籍，印度尼西亚华侨约有近万人选择中华人民共和国国籍，小部分华侨选择台湾政权和印度尼西亚双重国籍，还有大部分华侨则选择了印度尼西亚国籍。1963年10月17日，印度尼西亚陆军政变，强迫苏加诺解散国会。1965年9月30日，叛军甚至杀害了苏加诺总统，开始了长达30多年的苏哈托军人统治。已选择保留中国国籍和亲中的印度尼西亚华侨被迫撤回国内，许多亲共的华侨被屠杀或被关进集中营。在屠杀和高压统治下，大部分印度尼西亚华侨华人虽然忍气吞声地生活，但1998年还是迎来了再次的烧、杀、抢和被排华的命运。

20世纪90年代末以来，包括印度尼西亚、越南等国家在内的多国都发生过排华杀掠事件，但除了少量华侨被迫回国和移民西方、南太平洋国家外，大部分华侨还是在当地落地生根，成为南洋各独立国家的公民。龙岩地区的华侨也同样，绝大部分选择了侨居国国籍而落地生根了。

如永定下洋中川、东洋、翁坑美等村的当代海外华侨华人，人数都超过了原籍常住人口，而且大多集中在南洋地区。如翁坑美村，据不完全统计，村里常住人口不足200人，但定居南洋各地翁坑美籍华人却有近千人。据该村《张氏孝友堂五世廷玉公裔孙族谱》记载，该房十七世晋普、晋雍、晋谷、晋江、晋常、晋杰、晋业、晋开八户散居新、马、印度尼西亚等地共传400多人，另据对村民调查得知，该村还有张生和、张济贤、张奎章、张锄章、张滚章、张以茶、张以英、张以杰、张庆茂、张名声、张湖香、张品香、张群修等十余户居新、马、印度尼西亚、缅甸等地，共传约500人。

由此可见，从20世纪50年代开始，永定下洋等地侨乡的海外华人落地生根者已占多数。

二、融入当地社会，成为多民族大家庭一员

虽然海外华侨很无奈、很痛苦地作出加入侨居国国籍的选择，虽然他们不忘民族的根源，甚至在侨居国代代相传中华民族优秀的传统文化，但他们也很现实，很快融入当地社会，成为当地多民族大家庭的一员，为各自多元民族的国家服务和贡献，扮演着和谐共处的角色。正如2007年，在马来西亚独立50周年之际，在马来西亚北马永定同乡会举行成立60周年庆典上，马来西亚丹绒区国会议员曹观友先生所说：

> 过去数十年来，北马永定同乡体现很强的客家文化和三大精神，即永定华侨的创业精神、永定老辈的革命精神及永定文化人的敬业精神。在各行各业，永定同乡无不发挥出最高度的三大精神，让客家文化能够在本邦落地生根、源远流长。
>
> 闪烁着中华文明之光的永定土楼，就是我们的精神标志，更是同乡的睿智写照。我们相信通过长期的生活实践，以不断总结的经验，必能塑造顶天立地、不怕风吹日晒雷打雨淋的坚韧个性。
>
> 若我们把这种坚毅的性格，投身建国及为社会贡献的过程中，那么我敢相信我国未来必有更美好的50年。尽管客家人的过去尽是一部迁徙史，但是只要我们坚守改革就有改变的观念，我们必定能够苦尽甘来。

海外华侨正是这样，在异国他乡落地生根之后，既积极弘扬祖国优秀传统文化，使之不仅落地生根，而且发扬光大，又努力参与侨居国建设，发扬主人翁精神，把侨居国作为自己新的祖国，并为之作出巨大的贡献。

如原籍永定下洋中川的胡曰皆家族，就是在马来西亚半岛霹雳州落地生根，融入当地社会，并为新的祖国作出巨大贡献的家族的典型。

从20世纪40年代"二战"结束开始，胡曰皆迅速着手复办其在战前就已创办的复万生锡矿公司，并不断扩大生产。数年之间，胡曰皆的锡业生产进入辉

---

① 林廷辉，宋婉莹：《马来西亚华人新村五十年》，马来西亚华社研究中心，2000年，第12、18、22、167页；
② 马华中央宣传局：《马华公会45周年纪念特刊》，1994年，第15~16页。

煌时期，拥有复万生、复万利、复万昌、复万亿、复万丰、复万泰等七八间矿业公司和冶炼公司，至20世纪50年代中，胡曰皆就已成为霹雳州乃至全马锡业界巨子，远近闻名的富豪。

胡曰皆发迹后，不仅发扬先辈爱国爱乡精神，积极捐助祖籍地下洋、中川等地办医院、办学校，而且为第二祖国马来亚及第二故乡霹雳怡保等地的慈善、教育事业竭尽全力。如倡建霹雳客属公会、创办圣母医院、深斋中学……功绩累累，各方敬仰。他所担任的社会公职非常多，如中华大会堂副会长、客属公会会长、中华总商会财政、福建公会副主席兼财政、矿务公会财政和各种华校及慈善机构的董事、理事之类，不下数十个，为当地侨社事务和地方社会发展作出了杰出贡献。为表彰其功德，怡保市政府特将一条街命名为"胡曰皆街"。

另一方面，胡曰皆又与老一辈华侨华人一样，执着地传承中华民族优秀传统文化，希望中华优秀传统文化在马来西亚这个拥有大量华人的新国度的多元文化中占有一席之地。胡曰皆长子胡万铎在一篇文章中忆及童年时期家人在马来亚过年的情形时写道：

> 记得孩提时候，除夕那天，家人小心翼翼地将祖宗肖像拿出来置挂在神桌上，一家老少庄严地向天神和祖先供祭三牲，焚香秉烛，虔诚拜祭。接下来便是吃团圆饭、热闹非常。长大后才感悟这里面就已包含了中华民族慎终追远、缅怀尊敬祖先、常记祖训、维系血缘亲情的优良传统。我就是在这种耳濡目染、潜移默化的环境中，在父亲不断的灌输和教诲下，早已把儒家思想饮水思源、孝亲敬老尊贤的传统深深地烙印在心中，并身体力行，将中华文化优良的一面薪火相传下去。①

中华民族优秀传统文化对于胡万铎这样家庭出生的侨二代、三代华人来说，影响是深远的。

胡万铎从20世纪50年代初就读槟城钟灵中学开始，就积极参与捍卫华文教育的抗议行动。1955年7月18日，作为学生领袖的胡万铎等"钟灵七君子"领导了"7·18静坐诤谏行动"，矛头直指英帝国殖民当局欲消灭华文教育的奸险诡计，同时高举维护华文教育的鲜明旗帜，导致同年8月11日晚被当局逮捕，甚至被扣上红帽子"共产党嫌疑人"。在学生、家长、社会人士和社会舆论的强大压力下，虽然当局终于8月20日释放被捕学生，但胡万铎等6位同学被逐出槟城。

其后，胡万铎出国赴爱尔兰留学。1961年父亲胡曰皆遭杀害，胡万铎回马来西亚接管家业的同时，逢华文中学被强迫改制。70年代初，在许多华族有识之士发起华文中学保卫战的关键时刻，韬光养晦多时的胡万铎立即投身其中，成为一场波澜壮阔的独立中学复兴运动的领导人物。

1973年4月1日，接管家业已经13年，专注矿业和拓展多元业务、事业如日中天的知名矿王胡万铎参加了霹雳州一场挽救独立中学且意义非凡的华教会议。再次与马来西亚华文教育结下不解之缘。

同年4月15日，胡万铎再次参加霹雳华教董教联合会协助独立中学发展小组筹备委员会。当选为主席之后，胡万铎发表讲话说："独中问题关系到整个华文教育，华人社会应予重视，出钱出力协助其发展，我准备出一份绵力与董教同人共同研究解决独中当前困难之良策。"② 从此，胡万铎与华教同仁风雨同路再战华教春秋数十载不言休。

由霹雳州发起的独立中学复兴运动，像星星之火，燃遍马来西亚全国，唤起华社对华文和中华文化的热爱与坚持，以及对华文教育的危机与忧患意识的认同，将马来西亚华文教育抢救运动推向高潮。

早已融入马来西亚多元民族社会的胡万铎之所以竭尽全力义无反顾地投身华文独立中学复兴运动，是因为他作为马来西亚公民的一员，深刻地认识到华族已是马来西亚三大族群之一，也是马来西亚的当然主人。维护本族群的母语教育，发展华文独中，是作为马国国民的基本人权。

华文独中复兴运动挽救了华教即将灭亡的厄运，不但使独中浴火重生，还将马来西亚华文教育推向一个巩固发展时期。同时，它还提高了华人对"华文是华人文化的根"这种危机意识和忧患意识的认同，使"民族教育"成了团结华人族群的一个符号，成为提高中华民族精神内聚力的一项法宝。

如今，在全球化的背景下，海外华侨选择侨居国国籍已成为趋势。而对于千百年来经常发扬先辈传统，经常背起行囊远徙他乡，寻找新的求生存图发展的英雄用武之地的闽西客家人和福佬人来说，"年深

---

① 胡万铎：《胡说真言》，《东方日报》（马来西亚）2010年2月13日。
② 《星洲日报》（新加坡），1973年4月16日。

外境犹吾境，日久他乡是故乡"已经是人们耳熟能详的祖训。因此，像胡日皆、胡万铎父子那样在侨居地落地生根，以主人翁姿态融入当地多元社会，不仅为当地社会发展作出杰出贡献，也为弘扬中华民族传统文化而不遗余力，无疑是海外华侨华人的正确选择。

第三节　龙岩华侨回国参与国家建设

1949年10月1日，毛泽东在天安门城楼向全世界庄严宣告中华人民共和国成立，第一面五星红旗在北京上空冉冉升起，标志着经历近代一百多年苦难斗争的中华民族，终于迎来浴火重生的曙光。

"一唱雄鸡天下白。"中华人民共和国的诞生，使亿万中国人民成了国家、社会和自己命运的主人，满怀豪情地开始了建设国家，实现国家富强、民族振兴、人民幸福的伟大征程。伟大的中国开始由新民主主义走向社会主义，开创和拓展中国特色社会主义道路，使社会主义这一人类社会的美好理想在古老的中国大地上变成具有强大生命力的成功道路和制度体系。这将不仅要使中国彻底抛掉"东亚病夫"的帽子，而且要为人类战胜贫困，实现共同富裕的美好社会提供成功的实例。

海外华侨与祖国母亲息息相关，曾经全力支持祖国抗战、推翻帝国主义、封建主义和官僚资本主义三座大山，时刻关注祖国命运的龙岩华侨更是对祖国的美好未来充满期待，有些人甚至摩拳擦掌，放弃海外的生意、事业，告别海外亲人，踏上归途，亲自投身到伟大的社会主义建设事业之中。

一、回国迎接家乡解放，帮亲人重建家园

1949年春，中国人民解放战争进入第四个年头，中国共产党领导的中国人民解放军自东北而华北，已经取得了平津战役、淮海战役的伟大胜利，指日横渡长江，直捣国民党反动派老巢南京。而地处神州大地东南一隅的闽西龙岩，也处在"天翻地覆慨而慷"的期待之中。1949年元旦，为配合中国人民解放军南下解放全中国，以刘永生和龙岩归侨魏金水为主要领导人的中国人民解放军闽粤赣边纵队成立，革命形势迅速发展，闽西各县的解放区相继出现。在这种形势下，闽西各地各阶层人民热烈欢迎、踊跃参与解放战争，与家乡亲人休戚相关的海外侨胞也心潮澎湃，热切盼望家乡亲人尽快实现翻身解放，过上幸福生活。一些热切关注家乡形势发展，热切希望亲自为家乡的解放事业贡献力量的龙岩华侨，甚至放弃南洋的生意，告别众多的亲友，踏上回国的航船。

1949年春回到龙岩定居的泰国曼谷侨领苏振寿，以及稍后从印度尼西亚、马来亚回国的王椿茂和章庆泉等人就是其中的佼佼者。

苏振寿（1890—1971），又名如南，字永年，龙岩东城社兴人。青少年时期曾在家乡入私塾接受传统教育，精于珠算，并学做生意。清宣统二年（1910），二十岁的苏振寿南渡马来西亚半岛槟城当店员。为获得更高的薪酬，他经常选择劳动量较大的工作。在杂货铺店员的岗位上，他能吃苦，勤店务，深得老板赏识。收入渐丰后，他与亲友合资做瓷器生意，并学到许多经商的知识。几年后，苏振寿移居泰国曼谷经营多种生意，渐获成功。

在曼谷成家立业后，待人热情的苏振寿积极参加当地华社的活动，热心赞助华侨公益事业，深得曼谷侨界拥戴，曾任曼谷福建会馆主席、曼谷中华总商会执行委员、泰国华侨救济祖国粮荒委员会常委等社会职务。抗日战争期间，身为曼谷侨领的苏振寿带头慷慷解囊捐助抗战，并发动侨胞支援祖国抗战。

1949年春，在全国革命形势一片大好的环境下，家乡龙岩人民也在积极支持刚成立的中国人民解放军闽粤赣边纵队解放闽西城镇和乡村，迎接全国解放的黎明前的黑暗时刻，苏振寿告别家人，告别经营和生活了数十年的泰国曼谷，只身回到龙岩定居，迎接家乡解放。他通过关系找到中共龙岩县委地下工作团，将自己在海外辛勤经商盈利而带回来的大量资金和一些物资捐赠给地下党和游击队，为龙岩的解放作出了自己的贡献。

1949年11月，闽西全境解放。苏振寿决定放弃再赴南洋的计划，留在家乡参加中华人民共和国建设。作为归侨，苏振寿首先想到的是组建归侨组织，争取海外侨胞支持中华人民共和国建设，帮助受战乱蹂躏的家乡人民重建家园。于是，苏振寿联络同年回

国的印度尼西亚归侨王椿茂等人，发起组建龙岩县华侨协会。在闽西全境解放前的1949年10月10日，经县军管会批准，龙岩县华侨协会第一届会员大会召开，正式成立龙岩县华侨协会，苏振寿当选为主席，王椿茂、章庆泉当选为副主席。苏振寿遂全身心投入华侨协会工作，为家乡建设争取侨资支持而努力。1954年9月，中华人民共和国第一届全国人民代表大会召开，苏振寿当选为人民代表，至1959年4月，任期五年，参加了在首都北京召开的五次会议，在中华人民共和国初创时期为国家各项事业建言献策作出重要贡献。

1959年，苏振寿当选第三届全国政协委员。1965年苏振寿连任第四届全国政协委员，继续为国家大事建言献策。苏振寿热心家乡经济文化建设，除了捐款资助龙岩华侨中学、华侨幼儿园等公益慈善事业外，还投资扩建龙岩纸厂、龙岩火电厂、东宝山和黄邦山农场等，为家乡经济建设出钱出力。

王椿茂（1917—2002），龙岩西陂大洋村人。由于家贫，王椿茂9岁开始挑担做小买卖，凭借私塾启蒙，略通国学珠算后，13岁就去漳州当店员学徒。1937年，王椿茂到荷属东印度冷沙谋生。国内抗战爆发，王椿茂担任冷沙筹赈会干事，参与华侨筹赈祖国难民，支持祖国抗战。1941年充满爱国热情的王椿茂甚至回国参加抗战，在福建省临时省会永安任省华侨团体联合办事处顾问、省侨民生产建设委员。抗战胜利后，应同乡爱国侨领王源兴之邀再次南渡赴新加坡恒丰公司任职。

1949年春夏之交，王椿茂受国内革命形势大好的召唤，回到家乡龙岩。同年9月，协助同年归国的苏振寿筹建龙岩华侨协会。10月10日，龙岩华侨协会成立，王椿茂当选副主席。

1952年12月起，王椿茂先后任龙岩县第一至第四届人大常委会副主任，龙岩县食杂公司副经理，政协县级龙岩市第五届常委兼副秘书长，第六、第七届县级龙岩市政协副主席，龙岩地区侨联第三届委员会主席等职。1991年2月，王椿茂以74岁高龄加入中国共产党，实现了爱国归侨一生的夙愿。

章庆泉（1901—1984），龙岩西陂条围村人。1919年毕业于龙岩九中，后随乡人南渡马来西亚半岛谋生。因为有文化，初在都巴辖任中华商会秘书，稍有积蓄后置地种植橡胶，得到稳步发展，成为当地小有名气的业主。1948年，章庆泉因同情中国内地难民，发表反对国民党政权打内战的言论，遭奸人告发，被英国殖民当局拘捕。出狱后知国内形势有利于人民，遂萌发回国建设家乡的念头。1949年6月回到阔别30年的龙岩定居。9月应早先回国的苏振寿之邀参与筹备龙岩县华侨协会。10月，龙岩县华侨协会成立，章庆泉当选副主席。

其后，章庆泉曾于1951年当选龙岩县华侨协会主席，1952年至1954年担任该会副主席。其间，章庆泉努力筹资，带头投资接办由归侨曾福湘所置垦殖场并将其创办成东宝山华侨垦牧场。

章庆泉曾当选龙岩县人民代表和龙岩县政协委员，为地方经济建设和各项事业积极建言献策。

二、报效祖国，建设新家园

中华人民共和国成立后，历经剿匪、镇反和土改等运动，龙岩地区与全国各地一样，很快实现太平。尤其是经过土地改革，农民分得土地，得以当家作主，自力更生，重建家园。虽然中华人民共和国遭遇西方敌对势力的封锁制裁，而且很快又发起抗美援朝运动，历经长期战乱的国家还满目疮痍，百废待兴，但全国人民刚获得新生，万众一心，同仇敌忾，在极其困难的情况下掀起了发展生产、搞活经济、建设新家园、建设新国家的新高潮。

一直关注家乡发展变化的岩籍海外侨胞对中华人民共和国成立后翻天覆地的变化也心潮澎湃，不少人甚至满腔热情、迫不及待地要回到祖国，回到家乡，亲自投身到火热的建设高潮中。

早已在巨港、新加坡各地事业发达，从抗日战争开始就担任当地华侨领袖，与陈嘉庚等侨领一起积极筹款支援祖国抗战，并大力捐助慈善公益事业的岩籍侨领王源兴，铁了心回国参加建设，甚至不留余地变卖处理掉南洋各地的全部产业，带着家人和资金回到广州，一边投资国家建设，一边参与领导政府的侨务工作，担任广州市华侨局长、广东省华侨事务委员会副主任。后王源兴因工作出色，被调任北京市侨联副主席和北京市政协副主席，还担任过全国侨联副主席，将自己的后半生献给了国家的侨务事业。

曾经与王源兴同样积极参加南洋地区抗日活动的黄复康，也步王源兴后尘回国参加建设。

黄复康（1902—1981），原名文橙，别名信秋、祖香、雯晴，龙岩县龙门赤水村人。少年曾就读省立九中，一年即辍学，到江西大余当学徒。1927年南渡苏门答腊亚沙汉，在堂兄经营的永联昌商行任副经理，不久弃商从教，任亚沙汉培养中学事务主任兼董事会秘书，还先后任亚沙汉中华商会、华侨进出口商会、糖米商会等秘书。抗日战争爆发后任南洋华侨筹赈祖国难民委员会亚沙汉分会秘书兼宣传主任，遭荷殖当局驱逐出境往新加坡，在王源兴创办的恒丰公司任经理兼新加坡华校学校董事会负责人。南洋沦陷后，避居苏门答腊西南小镇。

日本投降后，黄复康从事华侨文教福利事业。1946年再到新加坡，先后担任新加坡福建会馆常务兼秘书、龙岩会馆副主席、新马中华汇总业公司常委、新加坡华侨出入口商公会常务、福建会馆教育科主任和教育促进会主席等职。1949年中华人民共和国成立前夕，黄复康将子女送回祖国读书。1952年9月，黄复康辞去新加坡职务，回国定居广州，参与中华人民共和国工商业工作，任公私合营部经理。其后，先后任中国杂品出口公司副经理、广东华侨投资公司副经理，并先后任广东省五届人大常委会委员、广东省工商联副主席、暨南大学董事会董事，第五届全国人大代表，致公党中央常委、全国侨联常委、全国工商联执委等。

如果说王源兴、黄复康等人在中华人民共和国成立伊始回国参加建设，并选择在广州等大城市定居，是为了更好地服务或投资于国家，干大事业，是为"大家"，那么，包括游范吾、郑日晖等更多岩籍华侨回到家乡，建设家乡，直接为家乡的事业而奋斗，是为"小家"。这是因为，家乡面貌的改变，家乡亲人的幸福生活，是几乎每一个过番闯洋的岩籍华侨所热切盼望的。正是他们在中华人民共和国诞生初期在家乡呕心沥血所开创的侨捐工程和侨资企业，为美化家乡、建设家乡所作出的巨大贡献，在改革开放后激励了更多的后来人，使侨区面貌焕然一新，使著名的侨区更加著名。

游范吾（1902—1993），原名洪忠，永定大溪人。1902年生于荷属东印度巴达维亚，1911年被父母送回大溪接受传统教育。小学毕业后考入上海暨南大学附中，1920年入暨南大学预科班，翌年升入暨南大学。

1923年，父亲不幸病逝，范吾只得辍学南渡，赴巴城继承太和堂药行，开始习医习商。后来，上过大学想干大事的游范吾不甘于默默经营自己的小家业，而且太和堂药行还有姐姐游凤超等人经营，于是应胡文虎之聘任其秘书，后被派任《星粤日报》社长。其间，范吾分别在汕头和海口开设虎桥药品总代理店。

1946年，游范吾出资委托家人在大溪太和楼旁的二层砖房创办"泰溪商业学校"，以帮助乡人培养往洋谋生的商业人才。虽仅两年即停办，却也不仅培养了不少经商人才，还培养了一些进步青年和中共党员。后游范吾又出资创办大溪乡村幼儿园。

1952年4月10日，一心向往回国亲自参与家乡建设的游范吾在印度尼西亚爪哇《新报》刊登《游范吾辞行启事》。以"荣华富贵全抛弃，一心向往祖国春"表达回国的决心。他随即变卖印度尼西亚部分产业，携两子回到永定大溪，开始了为改变家乡贫困落后面貌而奋斗一生的艰难历程。

回乡定居后，游范吾首先脚踏实地，投身到家乡建设的筹划和实际行动中。鉴于大溪仅有一段破旧街道司前街，难以适应作为乡村物资交流中心的实际，他首先提出兴建"大溪华侨新街"以改变大溪乡村面貌的建议，得到当时永定县第二区人民政府领导的支持，也得到海外侨胞和本地侨眷的支持和认建。

1953年夏，华侨新街按规划动工兴建，作为筹建委员会主任的游范吾全身心投入，工程进展顺利，质量也得到了保证。

1956年秋，工程接近完成，游范吾进京参加全国第四次归侨侨眷代表大会，被选为全国侨联委员。其间，他向全国华侨事务委员主任何香凝汇报大溪兴建华侨新街情况，何香凝十分高兴，欣然命笔题词勉励："沟通内外关系，繁荣农村经济，促进物资交流，利便侨乡供应。大溪华侨新街开幕纪念。"游范吾将这幅题词雕刻在石碑上，树立在新街中心，至今犹存。1957年元旦，大溪华侨新街举行落成庆典，并举办物资交流大会。全长70米、宽10米的全新石砌街道张灯结彩，红旗招展，好不热闹。

筹划兴建华侨新街的成功进一步激发了游范吾建设新家乡的强烈愿望。早在1954年夏天，华侨新街在建期间，游范吾就开始筹划，能发展家乡经济的生产项目——筹办农场。他与黄龙村村长、归侨翁树汉一拍即合，很快选定在黄龙村掌山下创办华侨垦殖场，并请翁树汉兼任场长。他们采取招聘工人，边开荒、边筹资、边建场的方式，仅用三年时间就开垦出数百亩荒山，种上蔬菜、番薯、木薯、茶叶和柑桔、枇杷、桃、李、柿子等水果。

1957年元旦，游范吾发起由华侨和侨眷投资建设大溪水电站，1958年2月，装机16千瓦的水电站建成发电，给大溪人民送来光明。该水电站为永定首座乡镇水电站。

1957年春，游范吾筹划创办大溪中学，得到海外乡侨支持，旋即动工兴建，定名为"金丰华侨中学"，校舍很快建成，当年招生140多人，1958年后每年招生两个班级100人。后来由于人民公社建制和隶属关系的改变，金丰华侨中学于1971年并入湖坑中学。1980年春，游范吾应大溪乡亲要求，再度筹划创办中学，在县乡政府支持下，海外侨胞踊跃捐资。1983年夏，校园第一期工程完成，上级教育部门批准定名为"永定侨光中学"，当年开始招生，至今仍在办学。

1956年，游范吾创办永定第一所华侨卫生院——大溪华侨卫生院。此外，游范吾还于1952年创办了永定县第一个业余剧团——大溪新生汉剧团，1958年创办了永定县第一所幼儿园——大溪华侨幼儿园。

郑日晖（1904-1981），又名望月，龙岩红坊东埔村人。少年时在龙岩接受教育，1920年考入集美师范学校，参与进步学生运动。1923年因参与领导反对学校封建教育专制的学潮被开除，后插班漳州数理专修科。毕业后到荷属东印度苏门答腊巨港竞存中学任教。1927年春，郑日晖回到龙岩投身大革命，任岩平宁（龙岩、漳平、宁洋三县）政治监察署宣传员。"四一二"政变后，思想进步的郑日晖不容于国民党右派，逃往广东，在潮安被捕。出狱后重返南洋，先后任棉兰第九、第三中学校长和棉兰龙岩同乡会、旅苏门答腊龙岩同乡总会执委、主席等职。1939年，郑日晖创办大华国货图书公司，自任经理，积极支持当地和祖国抗日。1945年，郑日晖当选苏门谷腊北省文教工会文教部主任。1946年，郑日晖加入海外中国民主同盟会，为印度尼西亚独立和祖国解放作出重要贡献。1952年，郑日晖放弃国外优裕的生活，回到故乡龙岩定居，亲身参加家乡建设。他首先重拾教鞭，参与创办龙岩华侨中学。1954年郑日晖被任命为龙岩华侨中学首任校长。从1952年回到龙岩开始到1981年去世，郑日晖曾长期兼任龙岩县侨联副主席，并当选全国侨联委员。1957年1月至1960年12月及1962年7月至1966年6月，郑日晖两度担任龙岩县副县长，为龙岩的侨务工作及各项相关工作作出巨大贡献。

三、陆续回国的各条战线的龙岩归侨

中华人民共和国成立后，社会安定，很快便掀起社会主义建设事业的高潮，海外华侨中的进步人士，许多人像陈嘉庚、王源兴、游范吾那样，放弃海外优裕生活，亲自回国参加建设。有的人甚至像钱学森那样，冲破西方敌对势力的重重阻挠回到国内，为国家振兴、民族富强作出巨大贡献。

龙岩海外华侨除了像苏振寿、郑日晖等人那样在共和国成立之初就直接回到故乡，参与重建故乡家园者外，还有许多人回国升学或参加祖国各方面建设，为四个现代化、为振兴中华，作出自己的贡献。

这类归侨遍布祖国各地，经过数十年艰苦奋斗，兢兢业业，成绩斐然。他们中有的人成为领导干部，有的人成为实业家，有的人成为科技人员，有的人成为教师、医生，还有人成为社会名流，更多的人则成为普通劳动者。

如，吴荻舟（1907—1992），又名麒麟，龙岩县大池东村人。1928年考入上海艺术大学，后转入上海中华艺术大学。1930年1月加入中国共产党，同年4月在上海英租界被捕后，被引渡到国民党南京中央军人监狱关押，坚贞不屈。西安事变后，1937年春出狱，赴上海投入抗日救亡运动，任上海文化界内地抗日服务团副团长。1938年任军委会政治部第三厅抗敌宣传队第一队队长。1946年9月在香港组建中国歌舞剧艺术社，任社长。同年11月被派往新加坡做华侨教育工作。1948年回香港，任香港《文汇报》《华商报》编辑、记者，并遵照党组织的指示，利用其公开身份秘密护送民主党派领导人和著名科学家、文化界名人、爱国人士、进步青年以及失去组织关系的中共党员进入解放区。

1949年10月广州解放后，吴荻舟参与策划、组织了香港著名的两航起义和护产斗争、招商局起义、财经机构起义，震撼港九。1950年至1962年，吴荻舟任香港招商局顾问。1962年春，吴荻舟调任国务院外事办公室港澳组副组长、组长；1978年，吴荻舟调任中国戏剧家协会书记处书记兼研究室主任，主持出版了多种有关戏剧志的著作；1982年离休。

又如，张蔼庭（1905—1973），又名益挺，东肖镇溪连村人。1924年集美师范学校毕业后入上海大厦大学。1926年回龙岩参加大革命，任岩平宁政治监察署主办的政训班教导主任。大革命失败后流亡新加坡，后转荷属东印度亚沙汉、奇沙兰埠等地当教员和店员。1938年任南侨总会奇沙兰埠筹赈会总务兼财政，筹大量资金支持祖国抗战。1942年参加南洋"反帝大同盟"，遭日军逮捕，日本投降后出狱。1946年参加巴人（王任叔）等领导的海外中国民主同盟会。1946年迁居新加坡，任永联丰出入口公司经理。1954年携家人回国定居，将所带资金2万元投入家乡建设，为筹建华侨农场、龙岩电厂等民生工程倾注了大量心血。由于工作积极，先后担任过华侨农场董事长、龙岩电厂副厂长等职，并被选为龙岩县政协委员、龙岩县侨联副主席、福建省政协委员。

再如胡聚友（1905—1997），永定下洋中川人，生于马来西亚半岛怡保。1911年随父母回乡，就读私塾。1917年因家贫困辍学后挑卖米糕、甘蔗等挣钱贴补家用。1920年，胡聚友跟水客往洋，到荷属东印度沙拉笛加，在同乡店里当学徒。其间得店主儿子及工学院老师帮助，利用业余时间学习建筑设计。1924年失业后重拾家乡时的货郎担生意，去偏僻山村叫卖，生意日好。

1927年，胡聚友返乡结婚，翌年重返南洋，潜心学习建筑技术。两年后开始筹资承建工程，在三宝垄一带承建了不少乡村小学、巴萨（市场）、乡道、桥梁等工程。1941年底日本发动太平洋战争，胡聚友隐匿乡间，做小买卖养家糊口。

1945年8月，日寇投降，荷殖又卷土重来，荷印度尼西亚战争爆发。1948年3月，胡聚友回到被战火焚毁的沙拉笛加，重操建筑业。由于他既工设计，又善施工，讲究质量，信誉卓著，短时间内就承建该市80%的房店恢复工程，广获赞誉，被推举为沙拉笛加中华总会监委和华侨公学董事长。

1949年中华人民共和国成立后，胡聚友致力于中国与印度尼西亚友好发展事务。中国驻沙拉笛加领事馆成立，他将自己住宅的一半借给领事馆办公。他还鼓励、安排子女回国求学深造，为祖国建设服务。

1960年5月，印度尼西亚中爪哇包括沙拉笛加发生多起反华暴乱。暴乱分子抢劫华侨财物，烧毁华侨商店，奸淫妇女，无恶不作。早已想回国参加建设的胡聚友果断作出决定，于6月3日毅然起程回国。7月28日，胡聚友终于回到告别多年的故乡中川。

然而，1960年的中国，正值公社化和三年自然灾害深重的时期，公社社员都必须参加生产队集体劳动，在生产队挣工分，才能分得公社食堂的一二两米饭。胡聚友于是顾不上老母患病在床，回乡第二天就下田参加生产队插秧劳动。大华侨回乡参加生产队劳动，轰动中川，轰动下洋。

虽然胡聚友并没有像王源兴、游范吾那样中华人民共和国甫一成立就回来，但他以只争朝夕的精神，从回国第二天下田参加生产队集体劳动开始，二十年如一日，积极为中川村集体事业殚精竭虑，坚持创业。胡聚友回乡不久，中川大队党支部即请他负责筹办"侨农垦殖场"。他担任场长，带领6个场员，选定沙子岗和梨子岭荒山进行开垦。当年即种植水稻、桃、李、板栗、茶叶等20多亩，还养牛羊鸡鸭，喜获丰收。至1972年，胡聚友先后五次被评为"永定县劳动模范或先进工作者"。1973年，为增加垦殖场集体收入，经中川大队同意，胡聚友和几位侨眷集资在县城创办归侨砖瓦厂，他兼任厂长，为发展集体经济、改善社员生活竭尽全力。

1978年，中国终于迎来了改革开放，胡聚友虽已年愈古稀，却也重新焕发了青春。1981年，下洋镇侨联会恢复重建，胡聚友、曾建平、吴逸汉等老归侨当选为正副主席。根据新时期侨务工作的特点，他们积极为地方公益事业而操劳。胡聚友更是发挥其建筑师的优势，延续筹措侨资并义务设计施工的传统，奔走于永定、大埔侨乡各村庄，义务设计大小桥梁40多座，被各地群众称为"义务建筑设计师""自带饭包的工程师"。

同时，胡聚友还发挥老归侨的优势，或写信，或拜见回国、回乡探亲、投资的华人华侨，为侨育中学、下洋华侨服务社及各中小学校牵线搭桥，筹措建设资金。

从1974年起，胡聚友担任了一系列职务：福建省侨联常委，龙岩地区侨联第一、二、三届副主席、名誉主席，永定县侨联第二、三、四、五届副主席、名誉主席，永定县政协第一、二届副主席，下洋镇侨联第一、二、三、四届主席、名誉主席。1983年1月，胡聚友光荣赴京参加全国归侨先进个人表彰大会；1989年10月，胡聚友任主席的永定下洋侨联分会被评为"福建省侨联工作先进单位"，1994年，下洋侨联被福建省侨联授予"先进集体"称号。

1997年9月19日，胡聚友在福州逝世，享年92岁。

归侨及侨眷积极参加祖国各方面工作，为四个现代化建设，为振兴中华、振兴龙岩，作出贡献。在龙岩市（今新罗区）的各届人民代表大会和政治协商会议中，不少人当选为代表、委员。1987年，龙岩（今新罗区）第十届人民代表大会有归侨、侨眷代表10人，占总代表数的3.5%，第七届政协委员中，有归侨、侨眷委员19人，占13.86%。归侨张秀娟先后当选为龙岩市（县级）副市长、市（县组词）人大常委会副主任，后升任龙岩市（地级）副市长，王椿茂、张再军当选为市（区）政协副主席。

归侨中有的成为领导干部、实业家、社会名流，其中有：曾任全国人大代表、全国政协委员、全国侨联副主席的王源兴；曾任全国侨联常委、广东省侨联副主席的黄复康；曾任全国侨联委员、厦门市侨联主席的林采芝；曾任全国戏剧协会书记的吴荻舟；曾任广东省副省长的黄清渠；曾任河南省侨办主任兼侨联主席的林雪梅；曾任广东省人大华侨委员会主任、全国人大代表的陈子彬（陈庆隆）；曾任福建省文联主席的马宁；曾任福建省侨联副主席的郑惠英和李伟民；曾任县侨联主席、当选全国人大代表的苏振寿；曾任县人大副主任的张德镕；曾任副县长的郑日晖等。

第四节 东南亚政局变化与龙岩华侨

1954年以后，中国政府鼓励海外华侨归化于当地，尽可能根据自愿原则选择当地国籍。然而，在占世界华侨华人总数90%以上的东南亚，华侨华人问题的实质不是国籍问题，最根本的问题也不是如何与当地人相处的问题，而是当地殖民当局或民族主义政权借反共等理由迫害华侨华人的问题，是原住民族排斥、迫害华侨华人的问题。特别是当地民族独立以后，民族主义情绪膨胀，对华侨华人的排斥比之殖民政权时期有增无减。

比如，1957年8月31日马来亚联合邦独立以后，政府推行马来人优先的政策，维护马来民族在政治、经济和文教方面的特权，压制、排斥华族。在这种形势下，作为马来亚三大民族之一的华族，如何维护自己的民族权益，即维护自己作为国家主人之一的权益问题摆上了日程，不少华族精英人士都认识到这个问题。他们首先从争取保留华文教育开始发起了抗争。其中，马来西亚岩籍华侨胡万铎就是维护华文教育的先驱和勇敢坚持者。早在马亚西亚联合邦独立之前，他就意识到华文教育所受到的打压及所面临的危机，而只有唤醒华族坚持自己的民族语文教育的初心，才能维持华族的生存。于是，他在1955年就参加了抗争。

复兴华文教育的马籍企业家胡万铎。① 胡万铎是马来西亚著名企业家。祖籍永定下洋中川村，为霹雳州马籍华人、大矿业家胡日皆的长子。1935年2月28日诞生于霹雳积莪营。到1950年，他在霹雳断断续续完成了五年小学教育，便转往槟城钟灵中学就读，继续学完高小课程，并由此升入初中学习。到1955年，正当他升上高中一年级时，当地爆发了规模巨大的学潮。就在此时，胡万铎以领导学潮的罪名而被当局逮捕。

这次学潮是由马来自治联合邦政府颁布华文中学改制而引起的。马来西亚是个多民族的国家。马族人口最多，占了一半；其次为华族约占三分之一（约500万人）；再次为印度、巴基斯坦等族人。自治邦政府为了加强实施马化，有意要逐步消灭华文，于是就颁令实行所谓华文中学改制，规定华文中学分两种类型，一为国民型中学，一为独立型中学（一般简称"独中"）。无论是经费和课程设置，对这两类中学都有截然不同的规定。国民型中学，经费全由政府补足，语文课主要讲授巫、英文，以巫语为教学语言，华文课不得超过三个教时。独立型中学，经费全由华人自筹；语文课讲授巫、英、中文，华语可以作为教学语言。这个显然歧视和排斥华文的所谓"改制"，如果实施，名义上虽说可以设立独立型中学，但在经济上政府全不负责，这样长期经费无着，势必难以为继。至于所谓国民型中学，虽然有三节华文课，实际上也形同虚设，徒有其名，因为学校为要保证巫、英文的教学质量，往往就把华文课挤掉。总之，这次"改制"就是基本上剥夺了华人子弟接受华文教育的权利，剥夺了华人接受自己民族传统文化的权利。所以这个命令一颁布，理所当然地立即引起华人社会的强烈反对，纷纷起来抗争。

特别是槟城钟灵中学首当其冲，斗争最早在此爆发。正在钟灵中学高一读书的胡万铎，素极

---

①选自《永定客家人物》编委会编：《永定客家人物》，夷轩，《复兴华文教育的马籍企业家胡万铎》，2008年，第363页。

热爱自己民族的母语教育和传统文化，觉得自己在英殖民统治时期还有接受华文教育的自由，而华人经过长期斗争，取得了民族自治权以后，反而没有权利接受华文教育，太过荒唐，难以容忍；而且民族文化的兴亡实质上是关系到种族绝续的大问题，绝对不能忽视。于是他就联络志同道合的学生干部一起合作，以确凿的事实、充足的理由、雄辩的口才，在广大同学中进行宣传鼓动，最后组织罢课、游行，从而掀起了波涛汹涌的学潮。当局惊骇万状，乃实行强力镇压。胡万铎就此被捕。与胡一同被捕的还有颜清文等共7位同学，人称"钟灵七君子"。这时，尽管胡万铎才19岁，可是在领导学潮中却已充分展露了他的卓越见识、果敢精神和组织才干。尤其是他那颗热爱民族文化教育的赤子之心，与战友肝胆相照、甘苦共尝的昭然大义，更使人肃然起敬。因此胡万铎的名字一时传遍全马。

毕竟胡万铎是霹雳州大名鼎鼎的矿业家胡日皆的爱子，在被扣查两个星期之后，经《星槟日报》总经理胡榆芳等人的奔走说项，槟城当局总算手下留情，从轻发落，没有判刑，只把胡万铎驱逐出境，不准再到槟城，并由钟灵中学开除其学籍了事。

自1955年实施华校改制后，华人在"宁卖祖宗田，不卖祖宗言"的传统思想指导下，为了使自己的子弟能继续接受民族母语教育，接受中华文化的熏陶，都心甘情愿自己掏腰包，纷纷创办起了独立型中学。在霹雳州就先后办了九间独中。它们的校名是：深斋、培南、崇华、育才、华联、育青、南华、三民及培元中学。各县同乡会等华人社团一面号召子弟进入独中学习，一面又特为独中学生每学期发放奖助学金。然而全靠民间独立投资办教育，毕竟不是轻而易举的事。这许多独中，每年校舍要修葺或扩建，仪器、图书要充实，要更新；教师工资、福利以及办公用费每月要源源支付，除了向学生收取学费外，只能向华社募捐。一年两年，大家凭着一股热情和勇气尚可支持，年长月久，天天陷于捉襟见肘的困难中，就会愈来愈感难以维持。募捐次数越来越频繁，而捐款数额却越来越少。同时向学生收费的标准也越来越高，使财力支绌的家长不胜负担，有的便忍痛把儿女送往国民型中学。这样，独中由于经济危机又引发了生源危机。到1969年，"五一三"种族暴动事件发生，华文教育成为敏感问题，形势更加恶化。受到这种严峻的政治气氛的影响，生意人不仅不敢出来做独中的董事，甚至也不敢向独中捐款。很多有钱人即使偷偷捐了钱，也不敢写上自己的名字，只署个"无名氏"。在上述经济、政治、生源诸种因素长期冲击下，进入1973年，独中已临到了生死关头。要么，关门停办；要么，背水一战，冒险向社会筹募基金，充实独中经济基础。是年4月1日，霹雳九间独中的董事联合会和教师联合会举行联席会议。胡万铎当日以深斋独中董事长的身份出席。会上，素极热心华文教育的沈亭详细分析了独中存亡已迫在眉睫的严重形势，建议立即行动，为九间独中开展筹募百万基金运动，以打开新的局面，争取生存条件。这个意见，当席获得一致通过。随即成立筹募小组负责劝募，并推举胡万铎为筹备主任。

这时，筹备小组虽然名义上成立了，但还不具备合法性，还不能开展工作。同年4月15日，董、教联又在霹雳中华总商会召开联席会议。当时董联会主席张国林在会上宣布，接纳九间独中来函所提筹款建议，并成立以胡万铎为首的筹备机构，定名为"霹雳华教董、教联合会协助独立中学发展小组筹备委员会"。可是事后考虑到，如此安排实有不妥。因为这个筹委会既属董联，又属教联，分属于两个不同组织，就等于新成立的机构，如不向政府注册，则是违法的；如依法提出注册申请，又旷日持久，不知何年何月才能批准，取得合法地位。大家认为，当前独中已经奄奄一息，这个小组筹备会最好要从速在董联和教联中认定依附一家，才可避免申请注册，从而争取时间来开展募捐，以应火急。这样经过多次协商，最后一致同意按照筹款事项归董联负责这个老规矩，把这个发展小组归属到董联会去，简称为"霹雳独中工委会"。不过，名义上它虽是董联会的附属机构，而实际上却一切工作都由工委自行决定，董联从不过问和干预。于是以胡万铎为首的这个工委会就开始进行具体计划，分头活动，公开打着董联会的合法大旗，向华人社会普遍展开宣传募捐运动。独中新生的希望之光就这样在华人眼前亮起来了。

20世纪50年代，被中国政府在外交上列入友好国家的印度尼西亚苏加诺政府也把印度尼西亚公民分为原住民和非原住民，颁布一系列维护原住民经济、政治利益的法令。1958年颁布法令，规定岛际贸易只许第三代印度尼西亚籍公民经营，即使入籍不久的华人也在禁令之列。1959年，又颁布《禁止县以下外侨零售商营业》的法令，祸及数十万华侨零售商①。大量经营杂货店的岩籍华侨华人被剥夺经营权，生计十分困难。

菲律宾政府则颁布《零售商菲化法案》，禁止外侨开办新零售业。1958年颁布《米黍业菲化法案》，剥夺外侨在该行业的优势地位，这些法令都主要是针对华侨的。

东南亚各地政府一方面加紧对华侨华人进行排斥，另一方面美国等帝国主义国家也不断在华侨问题上进行挑拨。1958年8月1日，美国国务院发布"关于共产党中国政府备忘录"，再度指责华侨是中国政府的"第五纵队"，在东南亚搞颠覆活动。②在这种情况下，华侨不但难以成为中国与侨居国的"友好使者"，而且常引起外交上的纠纷。

1958年底，为了全面解决华侨问题，中国政府提出了"三好"政策：华侨自愿加入侨居国国籍，很好；华侨自愿保留中国国籍，同样好；华侨愿意回国参加祖国建设的，也好。③随着印度尼西亚和印度大规模排华活动的加剧，中国政府越来越多地强调，中国政府随时准备接纳不愿继续留在侨居国的华侨华人。

1959年，印度尼西亚政府颁布《监督外侨居住地方及施行条例》和《实施监督外侨居住和旅行条例》。条例规定，外侨必须在指定地区居住。印度尼西亚政府中一些有影响力的敌视华侨的集团借机掀起排华浪潮，强迫人数达40万华侨从其世代居住的乡镇地区迁移到某些指定的地区。有些地区甚至出动军警驱赶华侨，数十万华侨流离失所，生计尽绝。1959年12月9日，陈毅外长代表我国政府致信印度尼西亚外长苏班德里约，提出三点建议：一、尽快交换双重国籍条约批准书。二、保护中国籍民，中国政府准备撤侨。三、要求印度尼西亚政府遣返华侨。④陈毅外长的建议并未得到印度尼西亚政府的及时响应。

廖承志在1960年元旦向华侨的广播词中表示："我国政府正积极准备接待回国的侨胞，回来几十万、几百万，我们都欢迎。"⑤中国不但欢迎受迫害的华侨回国，也欢迎所有愿意回国的华侨回来。⑥撤侨计划并非权宜之计，而是长期打算。⑦

有关方面计划用七八年时间从世界各地接回3百万～5百万华侨。⑧1960年2月2日，国务院决定成立"中华人民共和国接待和安置归国华侨委员会"，负责统筹归国华侨的接待和安置工作。在闽、粤、桂、滇等省区和华侨入境港口设立专门接待、安排难侨的组织和机构。尽管在1960年1月10日，中国与印度尼西亚政府互换了双重国籍条约的批准书，但印度尼西亚境内的排华活动并未停止，有些地方甚至变本加厉。中国政府决定派船到印度尼西亚接侨，到1960年底，约94 000名难侨从印度尼西亚撤回中国。1961年，又有大约万名难侨回国。⑨

印度华侨也遭厄运。早在1959年，印度尼赫鲁政府就借口边界纠纷传讯、逮捕、驱逐许多华侨。到1962年下半年，已驱逐200多名华侨出境。⑩ 1962年10月20日，中印边境战争爆发后，印度议会人民院通过针对华侨的加强监视外侨法令。在11月20日中印边境停火后，印度政府下令将阿萨姆邦和西孟加拉邦所属五县的华侨和华人2 000多人全部拘捕，投入集中营。中国外交部在11月8日、20日，12月18日分别提出严重抗议和最严重抗议，并表示会派船将所有难侨接回国内。1963年3月25日，首批赴印度接运华侨的光华、新华二轮在广州启航。当年，中国政府从印度接回华侨2300余人。

1965年印度尼西亚"九卅"事件后，印度尼西

---

①《华侨志》编辑委员会编：《印度尼西亚华侨志》，第95页。
②《侨务报》1958年，第9期。
③方方，在全国侨务工作会议上的总结报告，《侨务政策汇编》第三辑，第19页。
④《中国新闻》1960年1月1日。
⑤《侨务报》1960年，第1期。
⑥《侨务报》1962年，第1期，第5页。
⑦《人民日报》1960年5月4日，《侨务报》1962年第1期，第5页。
⑧Stephen Fitzgerald：*China and the Overseas Chinese*，Cambridge University Press，1972，p146.
⑨《中国新闻》1961年12月10日。
⑩《侨务报》1963年，第1期，第7页。

亚右派势力又掀起新一轮排华热潮，对华侨烧杀掠夺，无所不致。1965年底到次年中期，中国外交部和中国驻印度尼西亚大使馆先后十余次照会印度尼西亚政府，抗议排华暴行，并表示中国政府愿意派船接回难侨。1966—1967年，有4 000多名印度尼西亚难侨回国。

由于华侨的事业及社会联系主要在侨居地，而国内安置归侨多在农场、山区和农村，安置后生活难以适应，因而绝大多数华侨一般都愿意尽量留在侨居地。从1959年到1965年，归国难侨以印度尼西亚、印度华侨为主，总数有11~12万人，远未全部解决受迫害的华侨回国问题。而且国家也难以接待安置全部受迫害的难侨。然而，中国政府的撤侨行动却有力地向华侨的侨居国政府表明，中国政府无意利用华侨华人在当地搞颠覆活动，这也在一定程度上支持帮助了继续留在侨居地的华侨。而生命力极其旺盛的海外华侨华人依靠自身力量，绝大多数都能以各种方式在当地顽强生存，继续发展。

东南亚各国的多次反华排华事件也对岩籍华侨造成很大影响，甚至带来巨大伤害。不少岩籍华侨被迫回到祖国或迁移至其他国家和地区重新创业。

龙岩县华侨。1951—1965年，印度尼西亚几次排华，龙岩（新罗）华侨被迫回国者有300多人，除由难侨接待站直接安置到漳浦、诏安、云霄等地的华侨农场和其他国营单位就业外，对回到龙岩的185户，200多人，县人民政府也作了妥善安置。1951—1955年有39户（96人）难侨贫侨回乡定居，除2户（2人）因病无法安置外，其他都得到安置。其中32户从事农业生产，2户（3人）当教员，1户（1人）支前。1956—1958年安排64名归侨就业，其中30人在行政、企事业单位，1人做工，33人从事农业生产。政府有关部门在安置难侨贫侨的同时，发放救济款，帮助他们解决生活困难，帮助筹集发展生产的基金。有些被排华的岩籍难侨没有回到龙岩，但也得到国家、政府的妥善安置。如陈灼瑞（1912—1990），龙岩县东肖后田人，1926年随堂舅南渡亚沙汉当学徒，后在峇都巴拉开瑞泰杂货店，勤俭自砺，逐渐成功。1936年当选峇都巴拉侨商总会理事，开始参与社团活动。1937年"七七"事变后，爱国侨领陈嘉庚组织南侨总会，筹款支援祖国抗日，陈灼瑞积极参与组建峇都巴拉"中华抗日筹赈祖国委员会"，带头并发动侨胞捐款，支援祖国抗日。1942年3月，陈灼瑞秘密坚持抗日斗争。1945年1月，陈灼瑞被人出卖后，被日军以"发动捐款抗日，策动华民造反"的罪名逮捕入狱，遭严刑拷打，坚贞不屈，日本投降后才出狱回家。1948年，陈灼瑞到棉兰开设联泰昌公司，任经理，经营顺利，获利甚丰。陈灼瑞善于团结华侨，帮助侨友，在侨界威望与日俱增，很快被推举为棉兰华侨总会理事，担任财政委员。1955年万隆会议期间，陈灼瑞专程赴万隆参与周恩来的安保工作。1960年印度尼西亚排华，陈灼瑞协助棉兰领事组织侨胞回国，并将两个女儿送回国内读书。其后，陈灼瑞甚至带领全家回到北京，受到党和政府的欢迎，并得到妥善安置。1965年印度尼西亚"九卅"事件，掀起排华浪潮。1966年初，陈灼瑞赴香港创办华昌进口公司，经销国内土特产，自任经理。1984年2月，龙岩旅港同乡会正式成立，陈灼瑞被选为首任会长。

永定县华侨。1955—1965年，由我国政府派船从印度尼西亚接运回国的永定籍难侨约200人，除40余名侨生被安置到厦门集美补习学校学习以及少量回乡读书创业外，大多被安置在福建和广东的华侨农场，也有人留居港澳等地自谋发展。

如胡聚友。1949年中华人民共和国成立，原籍下洋中川华侨胡聚友为祖国新生、国家富强有望而欢欣鼓舞。1950年，印度尼西亚独立成功，中国印度尼西亚建交，他积极参加拥护中华人民共和国、发展中国印度尼西亚友好关系的各种活动。中国驻沙拉笛加领事馆成立，他把自己住宅的一半房舍借给领事馆作为宣传事务办公场所。同时，鼓励和支持子女回国求学深造，为祖国建设服务。1960年5月，印度尼西亚中爪哇包括沙拉笛加发生多起反华暴乱。暴乱分子抢劫华侨财物、烧毁华侨商店，奸淫妇女，无恶不作。胡聚友愤怒得几天吃不下饭，再也不能安心在此居住。1960年6月3日，毅然从印度尼西亚回国。1960年7月28日，胡聚友回到了阔别多年的故乡中川参加农业生产。

又如游尚群。游尚群（1918—2000），原名游铭阶，永定大溪人。10岁随母到巴达维亚（雅加达）与父团聚，在华校接受教育，中学时因要求学校增加中文教时闹起风潮，游尚群被迫肄业到小哇教书。1939年曾回国，经廖承志鼓励再回巴城，在海外参加抗日斗争。1942年，日军侵占南洋，游尚群发起组织"民族解放大同盟"，被日军发觉后逃亡。抗战胜利后返回巴城任协和学校校长、永定会馆主席，参加进步团体活动，主办《新潮》等进步刊物。中华人民共和国成立后,游尚群发动海外华侨捐资兴建家乡的大溪华侨新街、水电站等。中国印度尼西亚建交后,游尚群跟祖国的联系更直接更紧密了。几次回国观光,见到了毛泽东。1956年万隆会议期间,作为侨领的游尚群受周恩来总理接见,聆听周总理指示……这些经历,激烈地鼓荡起他胸中为建设新的共和国作贡献的热情。他看到中华人民共和国建立初期的对外贸易由于帝国主义封锁等原因,处境十分艰难,便决心为改善这局面而努力。从此,他更自觉地把商业活动纳入他爱国活动之中,作为报国的一个方式。他先是跟中国驻印度尼西亚大使馆商务参赞紧密配合,为中国商品在印度尼西亚拓展市场而努力,并介绍华侨和印度尼西亚本国的大商家同商务参赞加强联系,洽商扩大贸易。游尚群还不厌其烦地通过各种方式向侨胞进行宣传,动员大家多多汇款回乡,既改善亲人生活,又增加祖国外汇储备。还尽其所能,带头捐资,发动侨胞捐资或投资,支援祖国和家乡的建设事业。

20世纪50年代后期,印度尼西亚掀起了一阵紧似一阵的排华浪潮。和广大华侨一样,游尚群一家也陷入惶恐之中,其父游瑞光甚至因此忧愤而逝。1958年9月,游尚群回国参加国庆观礼。与老友梁迈谈起今后去向,梁迈建议他转移到香港去,那里有广阔的为国家外贸效力的用武之地。梁迈随即引领他跟国家外贸部搭上了线。游尚群心中有了底,回到雅加达后邀集好友余连庆等商议,大家一致决定到香港去经营国货生意,为祖国的外贸事业贡献一份力量。

第五节 中国改革开放与华人华侨

一、1978年以来海外华侨华人群体的新变化、新特点

(一)海外华侨华人群体的文化素质大幅度地提升

中华民族"重视教育"的优良传统在海外华侨华人群体中一直被下一代继承并发扬光大。进入20世纪80年代以来,海外华侨华人群体的文化素质有了大幅度的提升。一方面是由于自海外华侨华人的第二代、第三代以降,基本上都在所在国接受了比较系统的基础教育或高等教育;另一方面是大批通过探亲、留学、经商等正常渠道出国并旅居、定居的"新移民"在出国前已经在中国大陆或港澳台地区接受了比较系统的基础教育或高等教育。

1978年,原龙岩县籍旅马来西亚吉隆坡和雪兰莪的华侨华人成立吉隆坡雪兰莪龙岩会馆。1981年,原龙岩县籍旅马来西亚华侨华人联会成立大马龙岩会馆总会,为槟城、吉隆坡雪兰莪、天定、吉坡、霹雳等地龙岩会馆的联合组织。所有这些会馆,除了维系乡谊,维护乡侨的正当权益,帮助乡侨解决生活、就业上的各种困难,护养孤寡年迈华侨,筹募资金支援家乡,以及每年春节举办各种联欢活动,以抒发眷念故乡之情外,其最重要的任务就是筹集巨额资金,每年举办奖学助学活动,以保证乡侨子女接受良好的教育。据槟城龙岩会馆资料统计,1978—1986年,槟城岩侨的子女就有大专毕业生116人(男85人,女31人),其中博士2人,硕士8人,英国皇家院士7人。

印度尼西亚雅加达永定互助会1978年成立,其最重要任务是集资助学。美国北加州永靖同乡会1996年成立后也关注并捐助会员子女的教育。

海外华侨历来特别重视文化教育,在当地热心捐资兴办华文学校,各同乡会馆、互助会和宗亲会等华人社团还设立贷学金、助学金、奖学金,以支持、鼓励华裔学生读书深造。家长更是积极支持子女读书。现在东南亚各国岩籍华裔多数具有高中或大专文化水平,一些人还获得硕士、博士学位。有部分人任教授、讲师、医师、工程师、会计师、银行职员,还有一部分人商行经理和政府机关职员。例如,祖籍下洋觉川的胡顺源7个儿子中,获硕士学位的2人,获博士学位的1人,其中3人任大学教授。又如,旅居槟城祖籍下洋吉里村的张志贤4个儿子都获得大学学士学位。至1987年,仅永定籍的新马华人专家学者近百名,其中较著名的有祖籍古竹乡的应用数学博士苏兆星;祖籍下洋的电子学博士胡方、化学工程博士胡赐道、物理学博士胡耀达、地质学博士胡万源、计算机学博士胡念洲、医学博士曾抗君;祖籍坎市的化学博士卢定川、卢定玲、卢定明;祖籍大溪的电学博士翁立志。还有小说家游亚皋，诗人胡浪曼等。

第二次世界大战后，上杭籍华侨华人普遍重视人才培养，鼓励子女深造。20世纪40—80年代间，涌现出一批高级知识分子和技术人员。据不完全统计，上杭县华侨华人学者、技术人员81人，分布于美国、加拿大、菲律宾、日本、印度尼西亚、缅甸等国。多数已先后加入当地国籍，有些学术造诣较深，甚至在国际上享有很高声望。如在美国的电机工程博士葛文勋，不仅在美国各地进行学术活动，而且多次被邀出访欧洲各国讲学和参加国际科学年会。还有药物化学博士、美中核医协会秘书长孔繁渊，生物化学博士、美国癌病研究院资深研究员袁致远，微生物化学博士袁宁静，有机化学博士孔繁恩，美国建筑学博士梁瑞凤等都是上杭籍华人。梁瑞凤2016年6月当选北美上杭同乡会会长，2016年9月当选美国华人联合会（UCA）首席财务理事兼财务委员会主任。以及23岁就成为医学博士的钟绍经，在加拿大的纸业专家袁文奎，在纽约担任《世界日报》主编的郭水榕等，均为祖籍上杭华人华侨中的佼佼者。20世纪80年代起，他们经常应邀回国参观、访问、讲学，进行文化、科学技术交流。

中华人民共和国成立后，一批在台湾的长汀籍人士及其后代移居美国、加拿大、澳大利亚、菲律宾等地。改革开放后，也有一些长汀人出国留学工经商、务工。据统计，1987年汀籍华侨有524户，分布在18个国家和地区，大多从事中小型工商业和科技教育事业。经济实力较为雄厚的有侨居泰国的黄永林，侨居美国的黄学文、董以有、刘平等人。2018年3月刘平荣任美国达拉斯福建同乡会首任会长。学人中卓有成绩取得高学位的专家教授有55人。张德光、周大森、康讴、陈鼓应等汀籍华人、华侨被列入《海外福建人名录》。

（二）海外华侨华人群体的经济实力和社会地位大幅度地提升

20世纪80年代以来，海外华侨华人群体的经济实力和社会地位有了大幅度的提升。一方面是由于海外华侨华人所在国政府逐步放宽或取消了对华侨华人发展经济和积累社会财富的限制，逐步放宽或取消了对华侨华人融入当地主流社会并争取基本人权尤其是政治权利的限制；另一方面是由于海外华侨华人群体经过一代代的艰苦奋斗，勤劳致富，经济实力逐步提升，为所在国的经济发展和经济繁荣做出了越来越大的贡献。根据比较保守的估计，在20世纪80年代，海外华侨华人群体所掌握的流动资金是2 000亿美元左右；21世纪初，海外华侨华人群体所掌握的流动资金是20 000亿美元左右。海外华侨华人群体在侨居国拥有了一定的经济实力并享有了一定的经济地位以后，也开始逐步关注自身作为侨居国一个平等的"少数民族"——"华族"的基本人权尤其是政治权利的争取和维护问题，争取社会地位的提升。

随着世界科学技术的突飞猛进，社会经济的不断发展，永定籍华侨华人在新加坡、马来西亚、印度尼西亚的经营的企业都有很大发展。第二次世界大战之前，新加坡的永定华侨主要是开设打铁店、五金店和药店。战后由打铁店发展为铁厂且规模较大的有赖畅贤、赖谦升、胡云松的铁厂。由五金店发展为五金商行和公司的有40余家，其中曾宪图、徐建善、陈初撰、曾昭集、胡云裕的五金商行和胡云洪、胡云焕、胡云魁、曾宪灯的五金公司生意兴隆。由药店发展为参茸药行和药业公司的共61家。曾彩春的参茸药行，拥有3家分行，谢皆周的参茸药行拥有5间分店。张松奎、胡晋发、胡书香父子、胡书史各有2家参茸药行。祖传名医曾道杏的中医和参茸药行生意较兴隆。胡友明的永健药业公司在新加坡、吉隆坡和雅加达都有现代化的制药厂，该公司所制的"三脚牌"商标的药品，畅销东南亚各国。曾仕呈的友联药业公司所制的火鸡唛维他命丸等药品，畅销新、马各地。其他行业也蓬勃发展，黄有为的树胶公司和树胶厂，规模不小。曾启东的京士鞋厂，日产工业安全鞋1 000双，畅销世界各地。曾良材的曾兄弟旅行社有限公司，在伦敦、洛杉矶、新西兰、我国台湾地区、日本、菲律宾、泰国等均有办事处，在马来西亚各主要城市和香港都有分公司，年营业7 000万元。以陈威廉为董事主席的"永定企业公司"，业务兴隆。陈威廉的百昌公司，胡汉兴、胡鸿彦的贸易公司，曾昭仓的投资公司，吴书玉的百货公司，胡鸿烈、胡万可的商行等业务日益兴旺。

战后，马来西亚槟州（即槟城），复办或新办的工厂和公司较著名的有曾昭周、曾昭敬的硕莪（西米）厂，胡先达的造船厂，游祥开、谢升衡、游国平的铁厂，张显治的机器厂，胡森达的电器工程公司，张日良的金生企业公司，胡榆芳的矿业公司、百货公司和大饭店，张志贤的建筑公司，游新喜的录影公司，胡顺源的农业公司和农场。新兴行业有胡顺兴经营的著名旅游景点"峇都茅胡顺兴花园"，罗用广的超级市场。战后，大部分药店都发展为药行或药业公司。较著名的有张志贤、张商和、张永年、张慧贤、游永锋、游伟祥、黄柏书、黄占兴、卢世荣、胡榆枢、胡概祥、胡东英等人的药行和张日良、游加立等人的药业公司，卢道龙的医务所，雪州徐国基的万家春药行和酒行也颇有名气。

在马亚西亚霹雳州，战后永定华侨华人成为工商业主的有174家，其中工矿系统63家中，较为著名的矿业家有胡仁芳、胡曰皆、胡埔生。胡督生既是矿业巨子，又是典当商和树胶业巨子。胡曰皆遇害后，其子胡万铎兄弟除经营矿业外，还经营地产、汽车、工业、木业、胶业和从事种植业。胡万练既涉足矿业、金融、超级市场、泥机工程，又从事种植。吴汪裕则矿业、种植业、金融业并举。木业巨子李彩先的和合记公司，拥有规模宏大的制材厂、胶园和酒店。药业也是霹雳乡侨主要行业，战后发展到69家。久负盛名的是曾敦化兄弟经营的万春堂有限公司，该公司监制的金鱼标丸散，闻名于世。李济生的狮标药行制造的各种药品也闻名遐迩。谢文荫的福安和药行，战后扩充药行酒庄，进而经营种植、地产业，成为霹雳著名实业家。廖煜兴、廖志明、胡殿华、胡雪标、曾庆旸等人的药行，胡禄南的医务所也颇有名气。

印度尼西亚的永定籍华侨华人，经营药业有成就的有著名中医游绍宽，他的"珍珠药房"生意兴隆，"神珠药厂"所制的药品畅销印度尼西亚各地。游万通的中正药行，拥有3家分店。游宏厚创办了3家中西药房。游九良的制药厂，规模宏大，设备先进，还兼营糖果等四种行业。游钦洲的制药厂规模也相当大，还与人合办其他工厂。游任康、游宏蕴、游美初、游继志、江震球的药房都生意兴隆。经营其他行业有成就的有江庆昌兄弟经营的木业和运输业，设"金泉木业公司"和"金源船务公司"，总公司分别设在三马林达和雅加达，在印度尼西亚各大城市以及香港、美国等地均设有分公司。陈永源的亚洲集团电子公司，在加拿大、新加坡、我国台湾地区拥有6家国际贸易公司，还在印度尼西亚、我国台湾地区等地创办其他工厂。李远祥在雅加达经营的"三五牌"饼干厂，规模大，设备先进，于1985、1986年，连续获国际"食品冠军杯奖"和东南亚及西德"食品冠军杯奖"。卢国振在雅加达开设的塑料厂、电线厂、电器厂，在香港开设的铜线厂，规模都不小，产品质量饮誉东南亚。谢崇炎在棉兰创设的爱迪生电业公司和牧场，谢崇都在雅加达办电器厂，均颇有名望。

民国时期，上杭县旅星华侨在医药界已颇有名气。1946年，上杭华侨游杏南、游子汉等人于新加坡创办中医师公会，团结侨居新马的中医师，为弘扬中医药优良传统、继承祖国医药遗产，为当地居民和侨胞利用中医治病作出了贡献。至1976年，中医师公会计有会员247人，1984年发展到300余人。游子汉曾任中医师公会秘书长。

1952年3月17日，由中医师公会创办中华医院于新加坡直落亚逸，以"义疗病黎，不分种族，一视同仁"为己任。1961年，又办中华医院第一分院于新加坡实笼岗。1978年，在新加坡大芭窑另择新址建成中华医院1座，在举行新址破土仪式时，特请新加坡政府卫生部长杜进才博士主持。1987年，再办中华医院第二分院于新加坡芽笼律。中华医院创办30多年，赠医施药为贫病者服务，深受各界赞誉。中华医院总院和分院均设有内科、外科、针灸、妇科、儿科等5个部分。总院及分院聘请义务医师289人，轮流值班诊病。1952—1980年，义诊近500万人次。1982年，施药40余万元（新加坡币）。中医师公会成立不久，为培养年轻一代中医药人才而创办1所中医专门学校，后改为中医学院，游杏南曾当选为校长（院长）。学院系业余夜校，每星期一、三、五晚间上课，聘请中医师讲课，凡具中学文化程度者，男女兼收，4年毕业，经考试合格发给文凭，中医学院经当地政府注册批准，大批毕业生已任职于中医师公会所属医院及其他单位。

中华医院为进一步研究中医药，于1982年1月成立中华医院学术委员会，同年8月又成立药材部，负责煎煮药材供病人服用，也为学院学生学习药材炮制、辨认中药服务。10月，成立电脑小组，后又成立激光针刀临床服务组，以现代科学仪器供医师研究和诊断病例应用。此外还成立伤寒论、温病学、中草药等3个中医药专门研究小组。

中医师公会所属的医院和学术组织机构比较庞大，但职员仅有50余人。公会会长、医院院长、医师等皆是义务兼职人员。对有功绩的义务人员，于每届会员大会上颁发金牌奖。游子汉曾获金牌奖。其经费来源于当地中、外侨民及热心慈善事业人士的募捐。1970年3月，新加坡政府总理李光耀、内政部长王邦文在总统府召见并设宴招待创办公会、医院、医学院的部分组织者，高度评价他们创组医疗卫生机构的业绩。在1982年纪念公会成立36周年暨医院成立30周年之际，获得各界馈赠礼金新加坡币10多万元。同年还募得医药基金新加坡币40.9万余元。

漳平溪南大倒村邓启明民国期间旅居印度尼西亚，其有六个儿子，三个女儿，都在印度尼西亚成家立业。"他们兄弟十分友好，经营工商业获利颇多，是本县资金较雄厚的华侨之一。他们热爱家乡，前些年听说我县化肥紧缺，曾寄回三十吨化肥支援农民。前年回来捐赠一部汽车给侨联，又赠送一千美元给溪南中学。"① 之后，邓启明后代还为漳平市医院捐资100万元人民币，兴建漳平市医院门诊大楼——邓启明纪念楼。② 漳平俞凤枝旅居印度尼西亚雅加达，"近二十年来，幸儿子经商获利，家境渐佳。现有三女一子，皆各自成家立业，老有所托，可安度晚年。1984年，曾偕子旋回华安、漳平故乡探亲。"③ 担任印度尼西亚中华商会主席的漳平籍华侨陈大江在印度尼西亚、新加坡等地开设的大华银行业务蒸蒸日上，其家族经营的其他产业也日益兴旺。

（三）海外华侨华人与中国经济联系和文化交流进一步加强

中华民族向有"爱国爱乡，造福桑梓"的优良传统。1978年以来的改革开放新时期，是中国历史上对外开放的力度最大、成就最显著的一个时期。中国对外的经济联系和文化交流（包括与海外华侨华人所在国之间的经济联系和文化交流）空前加强。至21世纪最初十年，中国大陆的进出口贸易额突破2万亿美元，出入境人员总数突破3亿人次。海外华侨华人群体在发挥自身的经济优势积极地为所在国的经济建设服务的同时，也充分利用20世纪80年代以来世界经济"一体化"和中国经济"国际化"的大好时机，积极地为中国的对外开放和现代化建设事业贡献力量。1978年开始的最初20年，中国大陆吸收的逾6 000亿美元外资中，有60%以上是中国台港澳资本和海外华侨华人资本，是自己同胞的"输血"。海外华侨华人资本不仅是其所在国经济发展的一支重要建设力量，而且是中国经济发展的一支重要建设力量，是世界经济发展的一支重要建设力量。

1. 永定县华侨

改革开放以来，永定广大归侨、侨眷积极发展经济，建设家乡。他们利用侨资先后发展种植业、工商业、交通运输业。据不完全统计，永定归侨、侨眷及海外侨胞在20世纪80年代就投资900万元种植杉木9万亩、果树300亩、茶树2万亩；投资490万元建筑商店230间；投资150万元开办小型纸厂、皮革厂、砖厂、水电站、加工厂等145家；投资273万元购买各种车辆156辆。归侨、侨眷在社会主义革命和社会主义建设的各条战线，都涌现了一批模范人物和先进工作者。老归侨游范吾、胡聚友、吴逸汉、曾建平、李旦容等，一贯热心侨联工作，曾分别受到全国、省、地侨联的表彰。归侨、侨眷还积极参加社会主义民主与法制建设。在各级人民代表大会和政治协商会议中的归侨、侨眷代表和委员，积极参政议政，对国家大事认真发表意见，如实反映归侨、侨眷和海外同胞的意见和要求，协助党和政府，搞好廉政建设。

至20世纪80年代末，海外侨胞捐资创办了大溪侨光中学、岐岭侨源中学、侨荣职业高中、下洋侨钦中学、天德中学、月流小学附属中学、湖坑侨南中学和扩建高头金丰中学校舍，并资助50余所小学、5所幼儿园的校舍建筑，共计建筑面积8.9万平方米。还为侨育、侨南、侨光、侨源、金丰、天德等中学及太平、中川、月霞、思贤、东洋、二联、东山、榕蛟、高南、侨振等小学设立了奖学金、奖教金，给部分中小学赠送了小汽车、复印机、中文打字机、电影放映机、录像机、电视机、风琴和实验仪器等500余件，校服2 000套。

1978年后，侨胞曾先生和江先生各赠救护车1辆；胡先生独资创办中川卫生院；大溪和下溪海外乡亲分别捐建大溪、下溪医疗站；下洋旅外乡亲集资创办永定华侨医院月流分院，和思东华侨卫生院建筑面积1 200多平方米。1986年，海外乡亲曾先生、胡先生等三人牵头集资扩建、完善下洋医院，并改名为永定华侨医院，扩建面积4 216平方米（包括门诊大楼、病房、职工宿舍）。

至20世纪80年代末，海外侨胞捐建石拱桥、钢筋水泥桥103座，其中下洋镇东联村，从村头到村尾仅2千米，就有侨建石拱桥、钢筋水泥桥13座。全县海外乡亲捐建公路6条，计40千米，石砌路长约5千米，铺水泥路面的村道、校道、街道计万米长。还捐赠小轿车10辆、捐建水电站3座、电视差转台2座、安装自来水管长约5 000米，架设高压电线约一

---

① 中国人民政治协商会议福建省漳平县委员会文史资料组：《漳平文史资料》（第10辑），1987年6月，第23页。
② 詹柏生提供：《漳平侨界资料》。
③ 中国人民政治协商会议福建省漳平县委员会文史资料组：《漳平文史资料》（第10辑），1987年6月，第37~38页。

万米。

1982年和1985年，下洋、湖坑两乡（镇）的旅外乡亲，先后在下洋和湖坑捐建侨联会，建筑面积合计2 000余平方米；20世纪80年代，旅外乡亲还修建了下洋汤仔阁天后宫、中川胡氏宗祠及曾氏、张氏宗祠、怀乡亭等。

2. 上杭县华侨

至20世纪80年代，上杭县华侨及祖籍上杭华人共捐资18.7万元办学。茶地乡旅居外国华侨吴兆吉于1979年和1980年先后两次捐款人民币2.5万元，用于新建扩建连科小学。吴兆吉于1987年病故之前，还嘱其子每年应汇寄500元人民币，作为连科小学奖学金。

1984年，新加坡华人游迪丰、黄友兰夫妇回祖籍地上杭探亲，发现祖籍地化厚小学师生饮用水困难，带头捐款并发动11人赞助，共捐募人民币4 300元，除挖水井1口和安装抽水设备外，用余款另修教室2间。1987年，游迪丰、黄友兰夫妇再次回祖籍地探亲，一次捐赠人民币14万元兴建化厚小学教学大楼（命名"怀乡楼"）。另与归侨游子汉、新加坡祖籍上杭华人游连洲捐赠设备物资，价值人民币6 350元。黄友兰还捐赠茶地乡黄竹小学建筑费人民币7 650元。

至80年代，上杭县侨胞积极资助家乡修筑桥梁、道路，扶持侨办小型手工业，以及捐赠"侨联"基金等。据不完全统计，捐赠修桥筑路费万余元，捐赠兴办侨益服装厂资金3 200元，捐赠20寸彩色电视机3架，中小型收录机5架，以及其他物资。南阳镇的华侨还赠送县侨联小车1辆。

3. 长汀县华侨

改革开放以来，汀籍海外侨胞先后捐赠67.7万元（人民币），其中用于教育及奖学基金16.5万元。

二、改革开放以来党和国家的侨务政策和侨务工作的基本内容及其新变化、新特点

自从1978年12月中共十一届三中全会以后，中国共产党和中国政府根据海外华侨华人群体呈现出的新变化、新特点，全面调整了对海外华侨华人和归侨、侨眷工作的整体性思路，与时俱进地制定新的侨务政策，使侨务工作迅速打开了勃勃生机的新局面。其重心是：

（一）建立健全自中央至地方的各级侨务工作机构和侨务工作系统

早在1977年邓小平在接见来北京参加国庆活动的海外华侨、华人代表时就明确指出："海外侨胞的事情，过去都有机构管，后来统统没有了。不仅国内遭灾，你们也受难。现在，侨务工作提到日程上来了，准备恢复过去的侨务机构。……过去侨务工作的政策是毛主席、周总理定的，绝大部分要恢复起来，有些需要改正，有些不完善的要完善起来，不妥当的要改进。……现在，把'庙'建立起来，有个'菩萨'在里面管事，要把爱国人士、民主人士、宗教人士等都更好地团结起来。"在邓小平的直接推动下，1978年，国务院侨务办公室成立，原"中央华侨事务委员会"主任廖承志为第一任主任。国务院侨务办公室的成立不是被撤消的"中央华侨事务委员会"的简单恢复，两者的工作对象和工作重心都发生了比较大的变化，由"为华侨服务"转变为"为华侨华人服务"。随后，各地自省、市、自治区一级至县一级的侨务办公室也纷纷设立。全国一些主要侨乡（即海外华侨华人的家乡和归侨、侨眷的集中地）的乡、镇一级甚至村、街道也都设立了专门的机构或有专人负责侨务工作。目前，中央一级的侨务工作机构有五个：全国人民代表大会华侨委员会、全国人民政治协商会议港澳台侨委员会、国务院侨务办公室、中华全国归国华侨联合会、中国致公党（即所谓"五侨"）。中央一级的五个不同系统的侨务工作机构之间已经建立了定期或不定期的联席会议制度，协商解决在侨务工作中遇到的具有普遍性的新情况、新问题。

1. 龙岩县侨务机构的恢复建立及侨务工作的开展

1954年，龙岩县人民政府设立华侨事务科。"文化大革命"期间，侨务科被撤销。1979年，龙岩县政府恢复侨务机构，改称侨务办公室。

1949—1966年，岩侨回国旅游探亲者，平均每年300人次。"文化大革命"的十年间，回乡者500人次。1977—1980年回乡旅游探亲者年均100人（同期港澳同胞同乡109人），1981—1987年年均173人（同期港澳同胞372人）。1987年以后，每年回乡旅游探亲的华侨华人均达数百人。侨务办公室和侨联会分别进行接待慰问，提供他们所要了解的各方面情况和旅游、生活的各种方便，增进他们对家乡的了解和情谊。

20世纪50年代，龙岩籍海外侨胞为继承祖国文化，多将子女送回祖国就学。年龄较轻的岩侨学生，由侨务部门分别保送入龙岩一中、龙岩二中、华侨中

学、东肖中学及厦门集美侨校就读,总数超千人,进入大专院校深造的约200人。

1978年龙岩县侨务部门接待华人华侨144人次。其后接待人数逐年有所增加。接待形式主要是召开座谈会,组织参观闽西革命烈士纪念碑、龙岩地区医院、龙岩染织厂、龙岩烟厂、黄岗水库等。1987年10月1~7日,新加坡龙岩会馆会员探亲观光团一行58人,由团长翁金祥先生,副团长章正中、邱德修先生带领,在家乡旅游观光一星期,龙岩市(县级市)人民政府为此成立接待领导小组,制订接待方案,组织侨务等几个部门的力量,为观光团在龙岩活动期间,提供各方面服务。近年来,侨务部门重视加强旅外华侨子女原乡中华文化的体验工作。2008年,根据旅居马来西亚新罗区籍华侨林忠强先生的倡议,新罗区举办首届冬令营。此后,连续举办了六届。

2. 永定县侨务机构的恢复建立及侨务工作的开展

(1) 侨务办公室

1954年9月,县人民政府设侨务科。1978年,改为侨务办公室。设正、副主任、秘书各1人,办事员2人。1981年后,下洋、湖坑、岐岭、古竹、抚市和大溪共6个主要侨乡(镇)各配备1员专职侨务干部。

侨务工作的主要任务是:保护华侨和归侨、侨眷的正当合法权益,为海外华侨和归侨、侨眷服务。侨务办公室成立以后,负责落实侨务政策,保护侨汇和华侨文物以及接待、安置、海外联络、信访等工作。

(2) 永定县人民代表大会华侨事务委员会

1984年7月,永定县人民代表大会常务委员会设华侨事务委员会,设主任、秘书、办事员各1人。该会负责研究、审议有关侨务工作,检查监督有关侨务法规的贯彻、实施。

(3) 政协永定县委员会"三胞"委员会

1980年,政协永定县委员会成立,下设"三胞"(侨胞、港澳台同胞)工作组,后改为"三胞委员会"。

(4) 侨务工作的开展

①海外联谊

永定侨联于1955年创办《永定乡讯》,是全省第一家侨刊乡讯。当时将稿件寄至印度尼西亚,由雅加达永定会馆印成小册子分发给旅外乡亲,以加强与海外的联谊。1956年,改由国内铅印,每月出版1期,每期2~4版,印1 500份,1960年停刊。1988年12月复刊,每期4开道林纸4版,印刷2 000份,发至东南亚、美国、加拿大和港澳台地区以及国内各地的永定籍人士,以联络情谊和使海内外乡亲随时可了解家乡新貌。1983—1987年,侨务部门寄往海外的《福建侨乡报》《闽西乡讯》《永定乡讯》《永定文史资料》、照片、录像带以及各种书刊、信件、贺年片等共计5 000余件;介绍祖国家乡山川名胜、风土人情和家乡建设情况。

1980年以来,党政机关领导、部门负责人和干部30余人,先后10余次,分别到新加坡等地探亲、访友、参观、考察和参加各种纪念活动,一方面宣传祖国家乡改革开放的大好形势及侨务方面的方针政策;另一方面广交朋友,增进友谊,进一步加强海内外的联系。

②信访工作

1978年县侨务办公室成立以后,每天都有归侨、侨眷和海外乡亲来信来访。对来信分类登记,对其述求按政策办理,做到件件有着落;对来访人员热情接待。有时每年收到来信近千件,得到解决和转给有关部门查处的占来信总数的97%;接待来访2 000多人次,对他们所反映的问题和提出的要求,根据政策能解决和明确答复的,当即妥善解决答复;与政策规定不符的则给予耐心解释。

③救助归侨

1979—1982年,全县救济归侨1 152人次,总金额10 157元。1979—1987年,省、地侨务办公室,根据永定情况,拨款43万元补助1 002户生活困难的归侨,还拨专款32 000元,扶助322户贫困归侨发展生产。

④华侨文物保护

下洋镇中川村的"虎豹别墅"被列为省级重点文物保护单位,中川胡氏宗祠被列为县级文物保护单位,重要的华侨文物由县博物馆收藏。

3. 上杭县从侨务机构的恢复建立及侨务工作的开展

(1) 侨务办公室

1978年,成立侨务办公室,专管华侨事务工作。

(2) 归国华侨联合会

在"文化大革命"中,县侨联办公用房被"红卫兵"串联接待站占用,财产亦由革命委员会接管,侨联活动陷于停顿。

1979年6月7日,县侨联恢复组织活动。同年9月21日,县侨联召开第二次归国华侨代表大会,选举丘振英为侨联主席,游永洲、华清辉为副主席,常委3名，委员10名。稔田、蛟洋、城关等侨联分会亦相继恢复活动。

1982年11月，县侨联召开第三次归国华侨代表大会，选出主席丘振英、副主席李伟民、游永洲、华清辉，常委5名，委员16名。在香港的委员有黄自强、钟炯音。同时健全城关、稔田、蛟洋侨联分会，建立县直属城关小组、城郊小组、白砂小组、溪口小组、太拔小组等基层组织。

1986年12月，县侨联召开第四次归国华侨代表大会，选举归侨游子汉为县侨联顾问，丘振英为主席，游生荣、华清辉为副主席，常委11名，委员26名，在香港的委员有丁太隆、黄自强、钟炯音。

①侨务活动

1959年7月，县侨务部门主编《琴冈》不定期刊一种。1962年停刊。1984年，复刊改名《琴冈侨声》，经常刊载家乡乡土民情和国家生产建设新貌，累计寄发海外5 600余份。

1976年后的10多年间，接待海外华侨、祖籍上杭华人及港澳同胞回来旅游、探亲计194批、311人次，并向他们介绍家乡情况，提供经济信息。历年来县侨务部门还对海外寄来难于投递邮件，协助邮电局予以件件落实。

②救助归侨、侨眷

1978年改革开放后，人民政府对于归侨、侨眷的困难处境深为关注，并采取有关措施：1985年县进行全面调查，对50户（250人）难贫归侨发给救济款1.75万元。至1987年，全县受救济难贫归侨218户，金额2.05万元。

1983年6月14—18日，上杭遭受暴雨袭击，侨乡再兴村山洪暴发成灾，有归侨6户、侨眷26户、145人中遭受损失，损失较严重的有归侨4户，侨眷19户、99人，被冲毁农田64亩、房屋7间，成为危房的13间，死1人，伤1人，损失粮食2.3万公斤。县侨务部门及时派出人员调查和慰问，省拨专款2 000元予以赈济。

③组织归侨、侨眷生产

1984年，侨联城关分会开设中医药进修班，有25名归侨、侨眷子弟参加培训，结业后择优录用6名，开设"侨益药店"安排学员就业。1985年8月，由侨眷集资开设"侨兴饲料加工厂"，侨务部门协助向国家申请专利、商标注册、立项审批。此外，归侨、侨眷还开办个体、集体企业15家，总投资45.87万元，年创税利8.56万元。

侨务部门还帮助归侨、侨眷子女报考进入大专院校及中等专业学校，共计46人。对在初高中毕业后，无法升学的归侨、侨眷子女，侨务部门协助其安排劳动就业。

随着侨务、侨汇政策的落实和侨务工作的加强，侨胞通过银行解付的赡家汇款大量增加。1954—1987年，共解付人民币289.45万元，其中1979—1987年的9年中解付数占78.46%。其后，全县接受公善及投资侨汇逐年增加，而侨眷个人生活侨汇有所减少。

4. 长汀县的侨务机构的恢复建立及侨务工作的开展

1966年后"文化大革命"期间，长汀县与其他县一样，一切侨务活动被迫停止。

1978年改革开放后，侨务工作拨乱反正，1982年12月7日至8日，长汀县召开第一次归侨、侨眷代表大会，拟定并通过侨联会章程，成立了长汀县归国华侨联合会。大会选举产生县第一届归国华侨联合会主席、副主席及常务委员。侨联会虽然成立，但无专职人员，仍由统战部侨务办公室兼管侨联会工作。1986年11月，侨联办公室成立，调归侨李茂英任侨联会专职干部。

1987年10月20至21日，长汀县召开第二次归侨、侨眷代表大会，选举产生第二届侨联会正、副主席及常委委员。李茂英任侨联专职副主席，负责侨联会日常工作，侨联正式列入县群团组织系列。

侨联会正式成立后，积极维护归侨、侨眷和海外侨胞的合法权益，协助有关部门落实各项侨务政策。开展海外侨务工作，与12个国家的重点侨胞保持联系。每年向海外寄出《福建侨报》《闽西乡讯》，馈赠《投资指南》、志书、会谱等书籍资料，帮助海外侨胞了解家乡情况。此外还组团或协助县领导及有关部门组团出访，开展国外联谊活动，至2015年全县共接待回乡探亲、旅游、投资、贸易的侨胞和外籍华人近千人次。

5. 连城县的侨务机构的恢复建立及侨务工作的开展

1986年11月，连城县才召开第三届归侨、侨眷代表大会，恢复连城县归国华侨联合会，选举主席吴金甸，1990年10月补选吴振鹏为副主席；1992年2月，连城县召开第四次归侨侨眷代表大会，选举侨联主席吴振鹏；1998年10月，连城县召开第五次归侨侨眷代表大会，选举侨联副主席李治鸿、陈寿年、曾耀辉、周月芳，2002年6月补选李治鸿为侨联主席；

2013年11月，连城县召开第六次归侨侨眷代表大会，选举侨联主席李治鸿，副主席罗小玲、杨桂娥、杨小兵。

2017年连城县成立首个乡镇侨联——莒溪镇侨联，并召开第一次归侨侨眷代表大会，俞积材当选主席。

20世纪90年代连城县侨联正式列入县群团组织系列后，各项工作顺利开展，除积极维护归侨、侨眷合法权益外，还积极协助政府各部门做好有关工作。

1995年7月，县侨联协助县委、县政府举办纪念爱国华侨周仰云诞辰110周年活动。龙岩地委、行署主要领导参加，中国扶贫基金会会长项南、省侨办主任郑宗杰为纪念活动题词。《人民日报》海外版、《中国新闻报》、中新社福建分社、《美国侨报》《星岛日报》《澳门日报》等报社进行了报道，在海内外引起强烈反响。

1999年，连城县旅美博士黄涛生以北美中华医学会访华团副团长身份访问北京、福州，后回到连城，县侨联协助政府接待。

2002年，连城县归侨、连城县侨联顾问、香港企业家周年茂被授予龙岩市首届"荣誉市民"。

2004年，连城县侨联协助县委、县政府和连城一中赴香港开展连城一中90周年校庆海外筹资宣传活动，促成周年茂捐资201万元兴建连城一中教学综合楼。同年，妥善协调解决侨眷周月芳历时30年的祖屋所有权问题。

2005年，连城县侨联协助政府侨务部门开展侨情普查工作，将《归侨侨眷权益保护法》列入"四五"普法干部学法考试内容。在旧城改造连中路建设项目中，归侨侨眷权益得到最大保障，所涉及的数十户归侨侨眷在拆迁中实行以地换地，得到妥善安置。

2007年，连城县侨联配合侨办争取美国慈心慈善基金会为连城三中、北团卫生院分别捐资20万元，兴建教学综合楼和门诊楼。

2008年，连城县侨联协助落实新加坡陈金荣文教专项基金资助连城罗坊中小学贫困学生和优秀教师81人共1.5万元。

2009年，连城县侨联协助朋口文坊村争取胡文虎基金会为项南活动中心捐资50万元建设牌坊和广场项目。

2010年，连城县侨联组团赴香港参加香港福建希望工程基金会第十六届董事会就职典礼，祝贺连城旅港归侨、县侨联顾问周年茂荣任董事会主席，争取

基金会对连城文亨、隔川、四堡、朋口、姑田、连城一中、实验小学、城关中心小学等8个教育项目捐资220万元。

2012年，连城县侨联推荐连城县新奥科技、创先科技、茗匠科技等三家侨资企业参加新成立的福建省侨商会组织。

2013年以后，连城县侨联进一步得到完善，在积极参与县委、县政府组织的对外交流参访活动的同时，积极完成侨情调查及海外新侨、海外同乡社团的调查，加强了与海外华侨华人的联系。

2016年，连城县侨联荣誉主席、香港华业（控股）有限公司董事局主席周年茂捐资超千万元受到省政府立碑表彰。

6. 漳平县的侨务机构的恢复建立及侨务工作的开展

"文化大革命"期间，漳平县侨联被迫停止活动。直到改革开放后才逐步恢复活动。

1980年12月、1984年12月、1988年12月分别召开漳平县第二届、第三届、第四届侨联代表大会，选举各届侨联会组成人员。

漳平县侨联积极开展各项侨务工作，接待回国捐资和投资的漳平籍华侨华人多人次。如漳平籍印度尼西亚中华商会主席陈大江，多次回到漳平捐资助学，漳平县侨联都配合县有关部门给予热情接待。

7. 武平县侨务机构的建立及侨务工作的开展

改革开放以后，海外华侨华人及归侨、侨眷都相对较少的武平县也先后设立侨务办公室和县级侨联，主要做好新侨及侨眷的服务工作。

1985年武平县侨联正式成立，主席蔡源庆、副主席李福华，兼职副主席黄桂清。

1990年11月，武平县侨联换届，主席李福华、兼职副主席王昌荣。

1994年9月，《武平乡讯》正式创刊，分别寄赠东南亚、欧、美、大洋洲华侨华人和港澳台同胞。

2001年12月，武平县侨联第三次换届，主席王仁纲，后换温雪华、陈红；2013年12月，武平县侨联第四次换届，主席陈红、副主席兰新光、钟辉良、李东、赖水荣、王海明。

（二）建立健全维护海外华侨华人和归侨侨眷合法权益的立法和法律系统

1978年以来，中国共产党和中国政府高度重视对于海外华侨华人和归侨、侨眷合法权益的保护。

为适应海外华侨华人社会由华侨社会至华人社会

转型的主体性变化，中国政府对海外华侨华人的工作对象的重心也逐步由"华侨"向"华人"过渡。一方面，注意对他们在政策上进行区别对待，避免让"华人"出现"双重效忠"的"两难"问题，避免让"华人"所在国政府对他们产生不安和不满情绪；另一方面，注意尊重中国血统的"华人"与中国国籍的"华侨"同样的"中华民族情结"，避免将"外国籍的华人"与非中国血统"外国人"同样对待，尤其是在海外华侨华人回中国大陆进行探亲、旅游或投资和经商、办学的过程中，注意对"华侨"和外籍"华人"一视同仁，对"华侨"的优惠政策一样给予外籍"华人"。

中国共产党和中国政府的侨务政策和侨务工作的中心，一是对于海外华侨华人的合法权益的保护，二是对于归侨侨眷的合法权益的保护，两者互为补充，相辅相成。1978年以来，中国共产党和中国政府把对于归侨、侨眷的合法权益的保护问题，提升到了一个前所未有的高度，其标志就是《中华人民共和国归侨侨眷权益保护法》的制定和颁布。《中华人民共和国归侨侨眷权益保护法》在1990年第七届全国人民代表大会常务委员会第十五次会议上通过，在2000年第九届全国人民代表大会常务委员会第十八次会议上进行了修订。《中华人民共和国归侨侨眷权益保护法》是中国历史上第一部由中华人民共和国的最高权力机关——全国人民代表大会立法通过的侨法，它标志着中国政府的侨务工作由政策性推动向法律性推动的根本性转变，是中国政府"依法治国、依法护侨"战略的具体体现。为了更好贯彻落实侨法，中华人民共和国国务院在1993年制定、2004年修订了《中华人民共和国归侨侨眷权益保护法实施办法》，各省、市、自治区也都以地方人民代表大会立法的形式出台了实施《中华人民共和国归侨侨眷权益保护法》的具体措施。《中华人民共和国归侨侨眷权益保护法》《中华人民共和国归侨侨眷权益保护法实施办法》与《中华人民共和国宪法》《中华人民共和国国籍法》《中华人民共和国公民出入境管理法》《中华人民共和国公益事业捐赠法》等法律一起形成了一个比较完整的保护海外华侨华人和归侨、侨眷合法权益的立法和法律系统。

龙岩市各县对于国家"侨法"的贯彻落实也做了许多工作。

龙岩县

1954年冬至1955年春，龙岩县落实上级政策，"处理土改遗留问题"，重新审查土改时划分阶级运动中有部分归侨和侨眷被错划为地主、富农、华侨工商业资本家成分，房产和存款被没收等问题。认真贯彻落实国家侨务政策，被错划的归侨、侨眷大部分予以纠正，退还被没收的房产和存款。

1981年10月，龙岩市（县级市）人民政府颁发通知书，宣布1954年对于归侨、侨眷所错划阶级成份无效，彻底平反。

1960—1963年，在厂矿企事业单位工作的部分归侨、侨眷被精简下放，"文化大革命"中有的人因海外关系被清退回家。1985年侨务部门按照国家政策规定，帮助办理复职或退休的有67人（其中归侨33人）。

1984年起，对历次运动中侵犯侨眷房产的，进行全面落实清退。龙岩市（县级市）共落实276户，住房面积42 857平方米。至1987年已全部落实归还，发放补偿款共116.9万元。

永定县

1950年代初，土地改革时，全县被划为地主、富农的华侨户共383户。1955年，根据党中央、国务院的指示，提前改变为"农民"的有224户，其余159户，亦于1986年以前，全部改变成分，并全部由县人民政府发给"改变成份通知书"。

改革开放以后，永定县为归侨、侨眷做了如下四件大事：

1. 正确处理海外关系。1978年以后，按照侨务政策，妥善解决了归侨和侨眷入党、入团、参军、提干、招生、就业等方面存在的问题。据1982年统计，下洋、湖坑、古竹、岐岭4个主要侨乡，归侨、侨眷入党116人，入团的294人，参军的29人，任村干部的53人，被选为公社（乡）人民代表的50人，公社（乡）管理委员会委员10人，被选为县人民代表的12人，县人大代表、政协委员28人。全县落实归侨、侨眷知识分子夫妻分居两地、住房困难、工作调动、民办教师转正、晋升职称等计324人，其中归侨45人，侨眷279人。

2. 平反冤假错案。1966—1976年，"文化大革命"期间，一些归侨、侨眷因海外关系，有的受批斗、抄家，有的甚至被强加"莫须有"的罪名，而被开除公职。1978—1982年，归侨、侨眷中属冤假错案17起75人，全部获得平反，恢复名誉和工作，有的还在经济上给予补助，同时还复查平反历史遗留错案3起3人。

3. 收回精简职工。1983—1987年，全县落实收回60年代被精简下放的归侨、侨眷、华侨直系亲属正式职工504人，其中归侨职工225人，华侨和归侨直系亲属职工279人，办理收回职工家属"农转非"21户，61人。

4. 归还侨房。1979年开始落实华侨私房政策工作，至1987年底结束，全县计落实492户，归还土地改革时期被错没收、征收的侨房面积72 253平方米，涉及退房户2 244户，共付出落实侨房补助款212.2 748万元。

上杭县

1977年后，上杭县对一些归侨、侨眷和其他有"海外关系"的人，在"文化大革命"和其他政治运动中遭受的不公正待遇及其所造成的冤假错案，进行全面复查落实。

土地改革时被划为地主、富农成分的归侨、侨眷37户（其中地主28户、富农9户），到1983年，全部改成分为农民，并由县人民政府下达改变成分通知书。在土改或"文化大革命"期间被没收和占用的房屋，全部退还。中央和省拨付专款9万元，给迁房户及其他受损户补偿损失。

1960年代被精简回家务农的职工，1984年后全部得到妥善安置。

对"文化大革命"中所发生的冤假错案29起，人民政府分别进行审理复查，予以彻底平反，被抄家户和被"冻结"侨汇存款户，均作了妥善解决。对干部个人档案中因受"左"的错误影响而写有不实之词的材料，在上级侨务部门监督下，全部销毁。

对农业人口转为非农业人口、夫妻两地分居、安排住房，以及提级、调资、入党、入团、参军等，人民政府都根据政策予以解决和照顾。

随着侨务政策的落实，归侨、侨眷得到中国共产党和人民政府的重视关怀，建设社会主义的积极性得到更好发挥。1978年后，归侨、侨眷中有12人加入中国共产党，39人先后出席全国性和省、地、县的各种表彰大会，归侨李伟民、丘振英、侨眷郭永栋分别受到嘉奖和表彰。李伟民还担任龙岩地区行署副专员、福建省侨联副主席等高级干部职务。

漳平县

漳平县侨联成立以来，在维护归侨、侨眷合法权益，发动归侨侨眷投身经济建设，联系华侨为国家建设发展经济做过许多有益工作。

1990年贯彻《中华人民共和国归侨侨眷权益保护法》，维护归侨、侨眷权益工作走上法制化轨道。多年来为20世纪60年代被精简下放的60多名归侨侨眷落实政策，妥善安置。对土地改革时期及其后被没收或占用的侨房予以归还补偿。

为一些侨眷经营工商业、开山种果，调解经济纠纷，为归侨、侨眷及其子女的就业、升学提供帮助，排忧解难。

（三）充分利用海外华侨华人的智力和财力资源为改革开放、现代化建设事业服务

1979年，全国人民代表大会制定了《中华人民共和国中外合资企业法》，欢迎外国企业来中国大陆直接投资，并保护中外合资企业在中国大陆的合法权益。当时，最先引进的海外资金主要是海外华侨华人的资金。侨资大胆地"从零开始"在中国大陆进行直接投资。随着中国大陆对外开放的力度逐步加大，海外华侨华人来中国大陆直接投资的规模和效益也在逐步加大。至1993年，以海外华侨华人资本为主的外国企业来中国大陆的直接投资总量已经居世界发展中国家的第一位；至2002年，以海外华侨华人资本为主的外国企业来中国大陆的直接投资总额已经居世界的第一位。随着海外华侨华人来中国大陆直接投资总量的不断提升，海外华侨华人来中国大陆直接投资也逐步从一开始的粗放型投资（主要是制造业）向集约型投资（如高科技产业和服务业）转变，从以"侨乡"省尤其是经济特区投资为主向全国各地全面投资转变，从以东南亚国家为主要的投资来源地的单一投资向世界各地的多元化投资来源地转变。1978年至2004年，中国年平均9.4%速度的经济增长，从1 400亿美元至14 000亿美元总量的经济增长，中国综合国力和国际地位、国际形象的全面提升，其中的海外华侨华人智力资源和财力资源的贡献功不可没。

1978年以来，龙岩地区吸收外资情况。

龙岩县——新罗区

龙岩县籍华侨先后捐资修建东肖中学校舍、华侨中学、龙岩专区医院门诊楼和病房、龙岩一中图书馆等，还为医院捐赠精密的医疗器材。至1987年，捐款捐物达648.7万元（含部分华人、港澳同胞捐款），对繁荣侨乡经济，推动侨乡建设，发挥了重要作用。旅居新加坡华侨实业家林国仁后代林新华兄妹为缅怀父亲，完成父亲关心家乡教育事业，希望资助品学兼优但家庭经济困难的学生完成学业这一遗愿，经与新罗区委、区政府有关领导的多次商谈，于2008年捐资1 000万元人民币成立以他先父林国仁名字命名的"龙

岩市新罗区林国仁教育基金会",是新罗区迄今为止接受海外侨胞最大的一笔捐款。为了使侨捐工程发挥更大效益,把1 000万元资金用于投资兴建标准厂房,兴办实体,并以政府的名义与捐资方签定承诺协议书,将标准厂房的租金暨区政府每年回报的100万元给基金会使用,使基金会的资金来源有了保障。基金会旨在资助新罗区籍的贫困学生及奖励优秀教师和学生。①

永定县

改革开放以来,永定华侨华人对家乡建设尤为关心支持。全县各乡镇海外乡贤共投资1 985万元,在永定县创办了"三资企业"4家,来料加工和补偿贸易企业各3家。还集资近400万元建了二条华侨新街和一处闽粤两省边界市场。捐献1 861万元,创办了6所中学(侨荣职业中专学校、侨光中学、侨钦中学、天德中学、侨南中学、侨源中学)和一些幼儿园;扩建、新建中、小学校舍8.9万平方米;创办乡村医院和分院各1所,所办生院6所和多所医疗站;捐装自来水管约5 000米;建各种桥梁110座;修公路40千米,石砌路5千米,水泥乡道、街道、校道计万米;建水电站3座,架高压电线约万米;建县、乡侨联会所3座,合计建筑面积2 668.5平方米;修建寺庙、祠堂、凉亭40余座和一些水利设施;捐赠小轿车10辆,救护车2辆。还捐赠了大量的教学用具和大笔奖学奖教金。全县各乡镇的华侨、港澳同胞均不同程度地为家乡各项事业的建设作出了贡献,其中下洋、大溪两个乡镇较为突出。

下洋镇

下洋海外乡亲,一贯关心祖国家乡。1978年改革开放后至20世纪80年代来,海外乡亲捐500余万元,占全县海外乡亲捐资总数三分之一,主要用于下列几个方面:一、建侨育中学"星马科学馆""印度尼西亚楼"校门牌楼、校道、供水系统等;创办侨钦中学和天德中学,重建或扩建太平、中川、月霞、月流、东洋、二联、东山、洋堡、下洋、思贤、觉川、大瑞、茶良、初溪、陈正、新华、培红等小学,建筑面积计万余平方米;设立奖学奖教金及资助多所中、小学充实教学设备,改善教学条件。下洋镇被誉为全县华侨最先捐资办学而且成绩显著的乡镇。二、创办思东华侨卫生院、中川卫生院、下洋医院、永定华侨医院及月流分院、村卫生站等,建筑面积6 000余平方米,名列全县海外乡亲建院办医前茅。三、建石拱桥、钢筋水泥桥40座,占全县侨建桥梁总数的40%;建公路3条,长20千米,占全县修复建公路的一半;铺水泥路面街道、校道、村道7 000米,下洋、中川、太平、月霞、东洋翁坑美等几个村的道路全部铺了水泥路面。四、资助村民兴修水利、购置拖拉机,资助镇政府办乡镇企业、华侨鞋帽厂等。五、修汤仔阁天后宫、西霖寺、胡氏、曾氏、张氏宗祠及大众男女温泉浴池、凉亭等。六、建乡侨联会址,创办华侨旅行社。

1980—1987年海外乡亲及归侨、侨眷投资300余万元,在下洋墟曹屋片建500米长的沿河路、华侨新街和边际市场,新、老街共计建宾馆、旅社、商店150间,兴办"三资企业"多家。

全镇每年收入侨汇,占全县侨汇总数60%。归侨、侨眷利用侨资近200万元,经营个体工商业、交通运输业和种植、养殖业,部分归侨、侨眷开始富裕起来。

大溪乡

大溪乡海外乡亲一向关心家乡。改革开放以来,海外乡亲连续捐资修建大溪、太联、三堂、万石等小学校舍以及添置教学设备,同时还集资130万元,创办侨光中学,新建钢筋水泥结构的初中和高中教学大楼各1座,礼堂1座,教工宿舍2座,学生宿舍1座,实验楼1座和8 600平方米运动场1个,连同厨房、校门等附属工程,共计建筑面积1.8万平方米。并赠该校小汽车1辆,复印机一台,课桌椅300套,以及其他教具。侨光中学是改革开放后,永定县海外乡亲捐资创办的中学中造型最美,设备最完善的学校。此外,大溪乡海外乡亲还捐资80余万元,建桥梁10座,修公路15千米、乡村道路3条,办医疗所1间,架高压电线两处,建电视差转台1处以及资助其他公益事业。大溪乡归侨、侨眷利用侨资从事运输业的18户,从事商业、服务业的18户,从事山地综合开发的16户(种植杉木、果树50亩以上的4户,100亩以上的1户)他们还继续投资扩建华侨新街。

漳平县

漳平县有关部门发动归侨、侨眷投身经济建设,为繁荣漳平经济作贡献。家住农村的归侨、侨眷,有半数以上响应向山进军的号召,进行山地综合开发,如侨眷赖德超开山造林7 000多亩,总价值已超过300万元;侨眷陈思辉克服困难,开辟林果场,种水果

---

① 2016年1月8日,对新加坡龙岩会馆林新华的调查。林新华是新罗区旅新华侨实业家林国仁先生长子,1932年11月出生。

200多亩。他们分别受到省、地区领导的表彰。全县已有侨眷12户经营商业和服务业，为发展市场经济作贡献。

归侨、侨眷积极配合侨务部门，为发展合资企业，推动经济建设牵线搭桥，鼓励华侨捐资兴办教育和卫生等公益事业。到20世纪90年代，全县共接受捐赠121.8万港元、5.2万元人民币。

长汀县

长汀县虽然华侨华人及归侨、侨眷不多，但爱国爱乡者大有人在。改革开放以来，海外华侨华人捐资家乡公益慈善事业者越来越多。如旅美学者王业键博士于1979年8月，以美国专家身份回到北京。后来回到长汀县及家乡濯田镇。为纪念母亲，设立了"念慈奖学金"。从利息中每年拿出2 000元人民币给濯田中学，500元人民币给濯田中心小学，4 000元人民币给长汀一中，用于资助家庭困难学生和品学兼优女生。从1979年到2014年，36年间，共出资2.34万元人民币。①

上杭县

上杭旅美华侨蓝珍于2000年放弃美国硅谷如日中天的事业回到祖国，针对中国社会城市化和工业化的发展实际，成立金蓝人力公司，定位于为中国新蓝领提供"就业、培训、生活"服务，创建"亲亲小保""亲亲小贷"等多个全国性品牌。为了家乡，他亲自将创办的"亲亲我家"网络平台的部分客服放到家乡运营，为当地贫困户、残疾人、留守妇女提供就业岗位。2017年2月26日，他在官庄为促进乡镇发展的"亲亲小镇"项目而奔忙时意外摔倒昏迷，5天后溘然长逝。他把生命永远留在了自己的家乡。②

武平县

武平县旅外华侨华人也十分关心家乡建设及慈善教育事业。2001年，旅居新加坡华人蓝伟光携胞弟蓝春光、蓝新光共同捐资110万元，创办了武平县"蓝启林慈善教育基金会"。其后，蓝氏兄弟分别于2005年、2007年、2010年再捐100万、300万、500万元，使基金会扩大至1 010万元。基金会成立以来，先后分别设立"武平县蓝启林奖教金""武平一中阙硕龄奖教学金""蓝天讲坛""武平职专蓝启林奖学金""武平三中蓝启林奖学金"等，奖励、资助武平籍师生超过2 000人。蓝氏兄弟资助其他公共慈善事业捐款超过2 000万元。

2003年侨资企业中堡金矿阙先生捐助武平三中30万建校舍；2011年县侨联成功引进加拿大华侨王先生投资1 000万美元创建武平枫华龙信医疗器械（福建）有限公司；

2011年武平县侨联协助福建福景房地产等侨资企业捐资150万元兴建福景桥；

2013年武平县侨联协助对接马来西亚侨商投资7 937万美元的轻型汽车底盘制造项目；

2014侨商向武平县中医院捐赠价值30万元救护车1辆；2014年在省侨联帮助下争取福建乾承投资公司、澳中恒坤建设事业集团向武平县医院捐赠价值20万元救护车一辆；

2015年，武平蓝启林慈善基金会向全省23个重点县捐赠价值1 150万元净水设备，并在武平县第二附属小学举行捐赠纳滤净水设备启动仪式；

2015年，加拿大侨胞朱伟平在其父亲朱金堂90岁生日时，以其父名义首期出资160万元创立"武平朱金堂教育文化基金会"；

2016年，由武平县侨联牵线，厦门市侨联及侨商捐赠10万元设立的"互联网+"侨爱心教室在东留中心小学设立，购买电脑23台以及相应电脑桌，帮助边远山区小学提高"互联网+"信息技术教学质量；

2016年，香港武平同乡会会长王国英将归侨黄桂清遗产5万元，捐献给武平县中山敬老院。

---

① 曹培基主编：《王业键诗书》之《编后语》，2016年5月。
② 《魂归故土为初心——追记上杭旅美华侨蓝珍的家国情怀》，看准网2018-04-19，https://www.kanzhun.com/

第七章　当代龙岩新侨、新移民

1978年以来，由于中国政府对外开放政策的全面实施和对外交流的全方位展开，出入境限制逐步放宽，中国大陆出现了新一轮出国热。这一时期，出国并旅居、定居海外的人数逐年递增，其中，主要是正常渠道的出国探亲、留学、经商者，但也有一定数量的非法移民。根据海外华侨华人所在国政府正式公布的统计资料进行的综合分析显示，20纪80年代，海外华侨华人的数量是3 000万—3 500万左右；在21世纪初，海外华侨华人的数量是3 500万—4 000万左右。海外华侨华人所在国的分布，也由以东南亚国家为主（一度占海外华侨华人总量的80%以上），拓展到全世界150多个国家和地区。尤其是海外华侨华人中所谓"新移民"增长速度最快的国家，其重心已经逐步由发展中国家转移到发达国家。1978年以来，中国大陆被正式批准出境的几百万人中尤其赴海外留学的几十万人中，至少有一半以上选择在美国、加拿大、澳大利亚等发达国家旅居或定居。

这一时期，龙岩许多人，继承客家和福佬先辈的传统，再次背起行囊，追逐着出国移民的浪潮，流向世界各地。他们为当地经济社会发展及科技进步，为龙岩与世界的交流、交往都做出了积极的贡献。据不完全统计，改革开放以来，以各种形式出国、出境并旅居、定居海外的龙岩人达五万余人。

第一节　新侨、新移民出国、出境的形式

一、投亲出国、出境

改革开放以后，中国的国门逐步开放，中国人出境出国变得越来越容易，也越来越频繁。不仅赴港澳台探亲访友和投亲定居变得容易，往海外他国探亲投亲也成为可能。永定下洋和新罗区都有较多人往新加坡、印度尼西亚等国投亲定居。

长汀县人伍怡丰，1986年3月，随父母移居美国，后加入美国国籍。① 汀州镇人陈建生留学并定居美国，现定居小石城。20世纪末，陈建生爱人谢小荣投亲移居美国。②

连城县也有这种通过会亲及继承产业移民出境的情形。③

二、留学出国、出境

留学出国出境是改革开放以来国人出国的最主要的形式。龙岩市各县（市、区）均有人员通过留学的形式出国、出境（部分自台湾出国、出境），许多留学人员学成之后定居国外。

（1）长汀县

长汀县是本市出国留学人员较多的县，留学国家以美国为主。

伍宪林，汀州镇人，1954年12月出生。1978年，考取厦门大学。1985年3月，获世界卫生组织奖学金，前往加拿大国家卫生部检定所访问研究。同年12月，获得加拿大阿尔伯特大学奖学金，在阿尔伯

---

①长汀县侨联提供《长汀县海外、港澳地区重点人士情况简介》2006年11月19日。
②2018年8月18日，对龙岩市第九中学谢美英的调查。
③《进一步做好新华侨华人和华裔新生代工作的建议》资料，2018年5月18日，由连城县侨联提供。

特大学攻读博士学位。1988年，获得医用微生物学和传染病学博士。之后在美国国家肿瘤研究中心博士后奖学金的支持下，到美国宾州医学院从事教学研究工作。1992年起，伍宪林开始进入企业，在美国多家医疗、医用治疗器材及制药企业任职。2004年秋，伍宪林离开企业出任由北卡州魏克技术学院为主，联合7所大学组成的生物工程学院院长，设立生物工程技术训练中心。

李兆阳，三洲镇人，1962年6月出生。1983年，南开大学化学系本科毕业。1987年，南开大学硕士毕业。1987年至1990年，任教天津大学。1990年，赴美留学。1994年，获美国南卡大学化学博士学位。2000年，毕业于美国范德比尔大学法学院，获法学博士学位。1998年至2000年，在美国田纳西州最高法院工作。现为著名律师事务所Squire Sanders Dempsey LLP旧金山部知识产权律师。

郑海兴，汀州镇人，1962年6月出生。1982年，浙江大学本科毕业。1984年，中科院上海光学精密机械研究所硕士毕业。1986年，作为中科院访问学者，赴美国洛杉矶加州大学继续攻读材料学。1987年，创办美国北岭凯美特技术公司。

王小铁，又名王铁，1972年5月出生。1989年，考取上海交通大学。1996年2月，上海交通大学硕士毕业。毕业后，被美国通用电气公司上海分公司聘用。次年，提升为市场部经理。1999年2月，调回美国纽约总部。2003年，考取美国哈佛大学，攻读博士学位，2005年6月毕业，随即进入美国库伯克劳斯哈恩斯有限公司工作，任亚太地区经理。

张伟铭，1967年出生，汀州镇人。1987年，南京化工学院本科毕业，1990年，南京化工学院研究生毕业。1994年8月，赴美国密苏里州罗拉大学学习，1997年12月，博士研究生毕业，获博士学位。此后，留校继续从事材料科学方面的研究。1999年，转到美国宾夕法尼亚州费城的德国贺利氏集团美国分部工作，任该公司科研带头人之一。

丘小冰，汀州镇人，1965年出生。1983年，考入浙江大学电机工程系。1989年，浙江大学硕士研究生毕业。1990—1992年，为浙江大学博士研究生，获包兆龙、包玉刚留学生奖学金赴瑞士联邦深造。1992—1998年，就读并工作于ETHZ自动控制研究所，获科技博士学位。1998—2001年，任聘于世界知名公司ABB，从事证券交易系统及监管系统软件开发及项目经理。

（2）上杭县

上杭县新时期留学出国人员较多，主要在美国。

林森春，上杭湖洋镇人，1990年赴美国留学，现居美国。

陈王銮，上杭溪口镇人，1995年赴美国留学，现为美国威斯康星州某药业公司任高级研究员。

郭剑非，上杭临江镇人，留学美国，现为美国辛辛提大学教授、博士生导师。

何春勇，上杭湖洋镇人，留学美国，现为美国英特尔公司职员。

黄文栋，上杭临江镇人，1995年留学美国，现在美国从事生物医学研究。

温联星，上杭旧县镇人，1998年留学美国，现在美国纽约州立大学石溪分校任教。

梁瑞凤，上杭湖洋镇人，1999年赴美国留学，现在美国西弗吉尼亚大学任教，兼任北美上杭同乡会会长。

孔繁渊，上杭临城镇人，留学美国，现在美国宾夕法尼亚大学任教。

严　辉，上杭白砂镇人，留学美国后留居美国。

游启生，上杭人，留学美国，现在加州大学圣地亚哥分校任教。

林煊豪，上杭临城镇人，1997年留学新加坡，现在新加坡国立大学任教。

廖洪恩，上杭临江镇人，2000年留学日本，后留居日本。

（3）连城县

连城县出国留学人员也较多，主要有：

黄涛生，1961年12月出生于连城，医学、理学博士学位，美国加州大学尔湾分校博士后导师，心血管遗传部主任、Mitomed分子诊断实验室主任。1983年福建医科大学毕业，1986年第三军医大学获医学硕士学位。1987年赴美纽约大学攻读博士学位。1991年获医学、理学博士后在美国红十字会从事博士后研究。1993年开始先后在美哈佛大学儿童医院、哈佛医学院、加州大学医学院、尔湾分校从事研究和教学。1993年获得乔治城大学杰出住院医生奖。1999年通过美国医学遗传学协会的高级认证考试并获得所颁发的医学遗传及分子遗传两项专家执照。2001年获得美国卫生总署颁发的杰出医生奖、加州大学尔湾分校的医学科学家奖。美国心脏协会、NIH、中国自然科学基金会、英格兰WELCOME基金会的评审员、美国儿科学院院士、现代科学技术学会会员、美国医学会会员。

杨耀明，1966年2月出生连城，医学、哲学博士学位，加拿大麦吉尔大学医学院副研究员。北大医学部医学硕士毕业，加拿大麦吉尔大学医学院读取博士学位，并在蒙特利尔大学医学院、美国宾夕法尼亚大学医学院从事博士后研究，现在加拿大麦吉尔大学医学院从事医学研究。在T淋巴细胞受体介导的信号传导、T淋巴细胞发育、分化和免疫反应的调节分子机制研究，原发性膀胱输尿管倒流，生物钟控制等方面有较深的研究和成效。通过了美国医疗执照考试和美国外国医学毕业生教育委员会认证及加拿大医学委员会医疗评估考试。

吴晨衍，1965年9月出生连城，生物化学博士学位，美国辉瑞公司研究室负责人、研究员。1984年厦门大学毕业，在上海中科院生化研究所取得硕士学位，后赴美国哈佛大学留学，获得生物化学博士学位，后从事博士后研究，毕业后受聘美国著名制药企业辉瑞公司，主要从事药物生物研究工作，逐步成为公司技术骨干、研究室负责人、科学家。

马小波，1962年4月出生连城，有机化学博士学位，加拿大艾柏泰克制药集团科学领导。1991年中科院博士毕业，后赴美国加州大学和加拿大多伦多大学从事博士后研究，并任教于加拿大的纽布朗斯维克大学。1996年加盟道尼顿化学实验室，担任首席科学家等职；2004年起受聘于加拿大最大的仿制药生产企业"艾柏泰克制药集团"，担任科学领导职位。曾在德国著名的洪堡基金会担任洪堡研究员，受到德国总理的接见。

李元雄，1963年12月出生于连城，工学、哲学博士，德国曼兹公司亚州区销售经理。1989年9月毕业于中科院半导体研究所，获工学博士学位，任中科院上海研究所微电子学分部助理研究员，从事集成电路设计和工艺研发，参与国家七五重点科研攻关项目。1995年毕业于荷兰代尔夫特技术大学电气工程系获哲学博士学位。先后任荷兰菲利蒲半导体公司高级工程师和主任工程师、美国泛林半导体设置和技术公司工艺工程经理、德国奇梦达半导体公司项目经理、瑞士玖瑞康太阳能公司高级项目经理、浙江正泰太阳能科技公司运营总监等职，现任德国曼兹公司亚州区销售经理。

邹受忠，1970年出生于连城，化学博士学位，美国俄亥俄州迈阿密大学化学系教授、博士生导师。毕业于厦门大学化学系，并获硕士学位，之后赴美国印地安那州普渡大学攻读博士学位，顺利获得博士学位，并在美国加州理工学院从事博士后研究，以卓越的成就被美国迈阿密大学聘为化学系教授和博士生导师，从事电化学教学与科研。在美国完成博士毕业论文，在世界性学术刊物上发表化学论文40多篇。

邱承彬，1964年10月出生于连城，电子物理博士学位，首席工程师，上海奕瑞光电子科技有限公司副总、首席技术官。1984年毕业于南京大学物理系，应聘于福州大学从事教学工作。1988年公派赴加拿大多伦多大学，获得博士学位。2000年进入美国著名的硅谷，先后在美国通用、苹果等公司从事研发工作。2007年回国创业，在上海奕瑞光电子公司担任公司副总、首席技术官。其主导研发的非晶硅平板探测器，填补国内空白。

李悦，1968年2月出生于连城，博士学位，美国耶鲁大学生物医学研究员。

罗健雄，1971年12月出生连城，计算机科学与应用博士学位，高级程序员，加州尔湾市某股票公司高级计算机分析员。上海交通大学毕业后在广州中山大学读研究生，取得硕士学位，1997年赴美密西西比大学攻读博士学位，毕业后先在美国最大汽车出租公司任职，后到加州尔湾市某股票公司任高级计算机分析员。

黄立东，1957年2月出生于连城，博士学位，美国德州学院传热研究公司高级项目工程师，上海海运学院毕业，取得学士学位后，考取上海机械研究学院研究生，取得硕士学位，分配在上海海运学院担任讲师，1991年赴美国休斯敦大学读博士学位，获得博士学位并被美国德州学院传热研究公司聘用，担任高级项目工程师。取得美国注册职业工程师资格，成为美国职业工程学会会员。

童兴章，1962年11月出生于连城，博士学位，澳大利亚悉尼大学医学院研究所研究员。

罗东文，1966年出生，新西兰国家农业科学院（AgResearch）研究员。

邓文汉，1975年出生，英国剑桥大学病理学系高级研究员。

李安岳，1952年出生于台湾，祖籍连城，医学博士，美国加州洛杉矶Lee Acupuncturt诊所负责人，曾任美国加州核桃谷学区教育委员，现加州针灸局委员。

饶婷，1972年出生，中国人民大学毕业，《北京时报》社高级记者，英国留学。

谢在来，1981年出生，博士后，德国波茨坦大学学习。

汤志华，留美博士，并在美国野林证券公司工作。

高琳，留美博士，美国宾夕法尼亚大学学习。

饶华铭，1987年11月出生，南京理工大学毕业，留学美国伊利诺伊大学。①

（4）永定区

永定区也有许多高级人才留学并定居海外，列表如下：

永定区国外留学并定居博士一览表

姓　名	性别	出生年月	籍贯	毕业学校	工作单位或居住地	附注
卢定京	男		坎市	加拿大卑诗大学	加拿大卑诗大学医学院	
卢定明	女		坎市	美国伊斯塔州大学	美国	
卢定玲	女		坎市	美国哈佛大学	美国哈佛大学	
卢　英	女		坎市	美国休斯敦大学	美国休斯敦大学	
卢钟英	男		坎市	美国芝加哥大学	美国芝加哥大学	
沈光宏	男	1965.12		美国爱德华大学	美国	
郑志亮	男	1962.8	抚市	美国哈佛大学	美国	
赖　崧	男		抚市	美国俄亥俄州立大学	美国	
赖永增	男		湖雷	美国克莱蒙学院	美国	
赖凯华	男	1964	抚市	美国哈佛大学	美国	
赖荣基	男	1969	抚市	美国康奈尔大学	美国	

资料来源：永定县地方志编纂委员会编：《永定县志》。福建人民出版社，2005年，第703页。

（5）武平县

武平县出国留学人员较少，主要有：

蓝伟光（1964-），武平，城厢乡人。在新加坡国立大学取得博士学位。学业有成后，于1992年定居新加坡，创办新达科技集团。

李始明（1968-），武平城厢人，福建农林大学毕业，后赴新西兰留学并定居。新西兰英国石油公司Pakuranga连锁店经理。新西兰首届联谊会会长，新西兰闽西同乡会会长，新西兰福建福建商会副会长。

温超明（1959-），武平岩前人，大学毕业后赴新加坡留学并定居。现为新加坡生物医学研究院研究员。

（6）漳平市

漳平出国留学人员主要有：

袁庆荣，祖籍江苏南通，自小生活在漳平。1974年，袁庆荣成为象湖镇杨美村下乡知青。恢复高考后，袁庆荣于1977年考取厦门大学。1988年，赴加拿大多伦多大学留学，并任中国留学生联谊会会负责人。多伦多大学毕业后，袁庆荣定居加拿大，创办华伦贸易有限公司并任总裁，荣获加拿大中华商会2005年度杰出华商奖。现为加拿大安大略省华人商业协会（华商会）顾问。

李大林（1968-　），漳平和平人，留学美国，毕业后定居美国。美国德州大学帕米亚盆地分校助理教授兼石油工程专业主任，美国石油工程师学会跨佩科斯分会理事，国际石油工程师学会编辑委员会委员，美国德州中国和平统一促进会副会长，龙岩留学粉员联谊会顾问。

---

①连城县侨联罗晓玲提供资料。

陈宗兴（1963—　　），漳平永福人，毕业于北京地质学院，后留学美国获博士学位。现为哈佛大学地球和行星科学系研究员，实验室主任。

陈海涛，和平镇人。比利时攻读博士。

张东旺，溪南镇留德博士，侨居德国。

詹可烈，象湖镇长塔村人，加拿大渥太华大学毕业后在当地就业，现全家定居加拿大。

陈东城，象湖镇下地村人，留学新加坡南洋理工大学，毕业后在新加坡定居就业。

三、签证出境

龙岩市新侨、新移民以签证形式出国、出境后滞留侨居外国者始于20世纪80年末、90年代初。长汀县、连城县、新罗区、武平县均有以这一形式出国、出境者，有些人出国出境后滞留当地，打工挣钱，甚至成为非法移民。后来再想方设法延长居留期限，甚至获得永久居留证。这种形式出国者以长汀县人和连城县人居多。

连城县第一个以签证出国勇闯世界的是莒溪镇高地村邱锦世儿子邱宝春。20世纪60年代，邱锦世、邱仁世兄弟从高地村搬迁到明溪县雪峰镇生活。受20世纪90年代明溪县出国打工热潮影响，邱锦世的儿子邱宝春在明溪县以签证方式前往匈牙利布达佩斯。邱宝春勇闯东欧并滞留东欧之后，又先后把包括连城莒溪高地村邱氏家族在内的邱福春、邱元春、邱荣春、邱生春、邱桂海、邱进春、邱金春、邱富春、邱香梅、邱清梅、邱双春等引领到欧洲谋生、创业。现在高地邱氏家族在欧洲创业谋生的有45人，形成典型的高地邱氏家族欧洲创业群体。

连城县除了莒溪镇高地村邱氏家族移民群体外，还有连城其他乡镇，诸如宣和、朋口、莲峰等乡镇也有人通过明溪亲戚的介绍，前往欧洲谋生、创业。开始时是辗转到达法、德边境，然后，再经由明溪乡亲辗转带入意大利等国。其间，颇多曲折，如巫学东，宣和乡洋贝村人。2004年，通过旅游签证抵达俄罗斯，再经由俄罗斯进入乌克兰，再转斯洛伐克、捷克、德国、奥地利，最后，抵达意大利佛罗伦萨的Patro市。

连城县人通过旅游签证出国到达欧洲，至今仍在意大利的还有宣和乡洋贝村的巫永发、巫永灿，宣和乡科南村黄兴发、邱发林，宣和乡培田村吴载容、吴浩新、吴在新、吴小玲，宣和乡新曹村傅棕树、傅昌智等等。①

长汀县一些乡镇也有人受明溪县出国热潮影响、带动，而纷纷签证出国打拼。1992年春节期间，长汀县新桥镇任屋村村民黎洪春有一位朋友，从三明市明溪县回到新桥家里过年，说他有明溪的朋友介绍他去意大利的威尼斯找工作赚钱，问黎洪春想不想去。经详细了解情况和郑重考虑后，黎洪春最终下决心去拼一把，毅然走出国门，经俄罗斯，飞往意大利威尼斯去务工谋生。威尼斯地区工业和旅游业发达。勤快、实干的黎洪春很快就在威尼斯站稳了脚跟。黎洪春在家中排行老大，下面有三个弟弟。黎洪春在熟悉威尼斯情况之后，又陆续把村里的乡亲和家中的几个弟弟等带领到威尼斯务工。

1999年，黎洪春最小的弟弟黎洪光也前去投靠哥哥。黎洪光先从北京坐飞机到塞尔维亚，再转机抵达意大利南部亚得里亚海滨城市巴厘。然后又从巴厘市乘火车抵达威尼斯地区。黎洪光一开始被介绍到一家意大利眼镜生产企业上班。2002年转入一家家具企业工作。也就是在那一年，适逢意大利劳工部门因当地企业有用工需求，对暂无居留权的外籍移民实行特别照顾，黎洪光也得以顺利拿到了绿卡，获得了永久居留权。在黎洪春旅意的20多年里，经他和其他乡亲介绍前去威尼斯一带务工的乡亲有几十批，200余人。除了任屋黎姓、任姓的乡亲外，还有若干户河田镇籍修姓、丘姓的乡亲。②

上杭县

上杭县以签证形式出国者有：

何红姑，上杭中都镇人，2006年赴新加坡务工，现新加坡国立大学杨璐林医学院工作。

肖英，上杭县临江镇人，2010年赴加拿大经商，任北美上杭同乡会首届副会长。

武平县

武平县以签证形式出国的主要有陈占昌家族。

中山镇城中村陈占昌原来在家里自己开店经商，做钢材生意（家里的钢材生意还一直维持到2014年）。陈占昌有一个叔叔陈采富曾任职广西壮族自治区化工厅，退休前为副厅长。陈采富因工作关系，知悉非洲国家安哥拉内战结束后，国家重建，亟需中国企业的参与和帮助。于是，鼓励其儿子陈占忠前往投

---

① 2018年5月18日，连城县侨联罗晓玲提供资料。
② 俞如先：《长汀任屋村，新丝路上新侨村》《闽西日报》2016年5月2日，第3版"家园。"

资兴业。10年前,陈占忠即揪准有利时机,前往安哥拉卢安达,注册了通能公司,专业承揽基建、打桩、钻探等业务。2013年,陈占昌应其堂弟陈占忠之邀,前往卢安达市谋生,从事施工机械租赁管理工作。在卢安达有许多中资企业从事基础设施建设,需要机械施工作业。陈占昌斥资购买了2台钩机,1台铲车,1台压路机,全部租赁给中资建筑企业。如今,钩机的年租金为五六十万元人民币。待整个事业稳定之后,陈占昌又先后把舅舅的儿子、自己的大哥、堂弟、侄儿等带出去,还带了部分其他老乡出去,一同创业。经陈占昌带出去共9人,形成了一个互相配合的业务团队,大家一起同心协力打理事业。其企业规模越来越大。

永定区

永定区以签证出国的人较少,主要在新加坡和印度尼西亚。

黄宴彩,抚市镇人,1972年2月出生。1989年,黄宴彩福建金融管理干部学院毕业。毕业后,安排在建行工作。1996年,黄宴彩移民巴西(靠近巴拉圭东方市)。①

四、技术移民、投资移民出国、出境

龙岩有相当一部分人是通过技术移民、投资移民方式等渠道出国、出境的。

龙岩最早通过技术移民出国定居为数较多者是龙岩师专。20世纪80年代末开始,龙岩师专尹力、王培、苏初兴、江浩、林伟、陈慧娜等青年教师凭着自己的学历技术积分优势,先后移民澳大利亚和新西兰。其后,江浩、胡筱琳等人又移民美国。

长汀县

长汀县技术移民和投资移民主要有:

俞丹辉,汀州镇人,1965年生。1989年,毕业于厦门大学外语系。毕业后,分配至北京经贸部门成套设备进出口公司工作。1990年,出国到南非、博茨瓦纳。

傅振光,大同镇人,1969年9月出生。1990年7月,毕业于中国农业大学后分配于福建省农业科学院工作。1996年,前往新西兰。现为新西兰华信顾问集团总裁。

董以有,新桥镇人。1946年,厦门大学生物系就读。1948年,赴台就读于政战学院等,获硕士学位,1971年,赴美洛杉矶,创办文渊阁艺品有限公司。

康谛,汀州镇人,1924年出生。1940年考取福建师专艺术科(现福建师范大学美术学院),1944年毕业。1946年,去台湾,在台建国中学任教12年。1966年,以国际杰出艺术家身份,举家移民美国,任职于华勒士总公司布置广告部门工作至退休。

熊璐玲,长汀县大同镇人,1960年出生。1983年,福建中医学院毕业,在龙岩地区第一医院任主治医师,1995年12月,移居新西兰。

范清华,1963年7月出生。1999年,在厦门创办友朋四方物业管理有限公司,任董事长。2005年7月,移民澳大利亚,并投资创办H&H澳洲投资有限公司。②

连城县

连城县技术移民和投资移民主要有:

余炳才,赖源乡人,华南理工大学毕业,原在化工部第七研究所工作,移民加拿大。③

罗建辉,莒溪镇人,1990年代大学毕业后赴新加坡留学,后定居新加坡,2010年移居加拿大。

永定区

永定区技术移民和投资移民出国者较少,主要有:

卢绍基,龙潭镇人,1963年出生。福建农学院毕业。1990年至1994年留学新西兰皇冠语言学院、奥克兰大学并移民新西兰,居住于奥克兰市。④

罗斐贤,下洋镇人,福建师范大学外语系毕业后在永定一中任教,20世纪90年代移民澳大利亚。

漳平市

漳平市技术移民和投资移民出国者也较少。

黄朝东,漳平城区人,于20世纪90年代初移居澳大利亚。⑤

新罗区

新罗区以技术移民和投资移民形式,前往澳大利亚、新西兰、新加坡、美国、加拿大等国谋生、定居

---

① 2016年1月26日,在《福建华侨史》编修工作第七次座谈上,对巴西华侨新移民黄宴彩介绍情况的整理。
② 2016年3月22日,长汀县侨联提供《长汀县海外、港澳地区重点人士情况简介》。
③ 2018年5月18日,连城县侨联罗晓玲提供资料。
④ 2016年1月26日,在《福建华侨史》编修工作第七次座谈上,对新西兰新移民卢绍基介绍情况的整理。
⑤ 詹柏生提供:《漳平侨界资料》。

者较多。① 如林淑如，1996年，举家投资移民到加拿大多伦多后，再转往温哥华。② 澳洲悉尼、新西兰等地有很多龙岩（新罗区）人。③ 新加坡也有很多新罗区籍新移民，④ 也有到南非的，如商氢，1997年出国，前往南非德班市。⑤

第二节 新侨、新移民国外从业情况

旅居国外的岩籍新侨及新移民从事的职业非常广泛、种类繁多。

一、军队、政府部门或专业服务机构任职

国外一些国家允许华人在其政府、军队部门任职。如新加坡，有一些新罗区籍新移民在政府、军队任职。⑥ 熊璐玲，长汀县人，被新西兰教育部聘用。⑦

这里的专业服务机构指律师事务所、会计师事务所等。如李兆阳，长汀县人，美国 Squire Sanders Dempsey LLP 旧金山部知识产权律师。新加坡也有一些新罗区籍新移民从事律师服务职业。⑧

二、高校、企业任职

在高校任职的岩籍新侨、新移民为数较多。伍宪林，长汀县人，出任由北卡州魏克技术学院为主，联合7所大学组成的生物工程学院院长；张德光，长汀县人，印第安纳州博尔大学政治系教授；上杭县籍郭剑非、温联星、梁瑞凤、孔繁渊、游启生等人都在美国的大学任教；⑨ 永定区很多留学博士学成后留在所在国高校工作。如永定坎市人卢定京、卢定明、卢定玲兄妹和卢英、卢钟英等人都在美国的大学任教。

在企业任职，从事技术研发、技术、行政管理等工作也是新侨、新移民很好的选择。长汀县有一批新移民或新侨在国外企业任职。如丘小冰，受聘于世界知名公司 ABB，从事证券交易系统及监管系统软件开发及项目经理；伍怡丰，摩根斯坦利投资银行任金融分析师；张伟铭，在美国宾夕法尼亚州费城的德国贺利氏集团美国分部工作，任该公司科研带头人之一；周大森，美国印第安纳州礼莱药厂工程师，是研制抗生素的知名专家；康谛，任职于华勒士总公司布置广告部门，一直工作至退休；王小铁，在跨国公司任职，任库伯克劳斯哈恩斯亚太地区经理。⑩ 新罗区东肖镇印度尼西亚归侨陈伯胜孙子在美国硅谷从事网络工程领域技术研发工作。⑪ 蒋宁，在澳大利亚纺织行业负责提花设计工作。⑫ 连城县宣和乡巫学东在意大利一中资服装企业管理岗位任职。⑬

三、自主创业，经营企业、商业

旅外岩籍新侨或新移民敢为人先、爱拼会赢，经艰辛奋斗、创业，不少新侨或新移民通过购买或自创等方式，有了自己的实体企业或商业机构、店面经商等，成就了一番事业。

（一）新罗区

---

①2018年4月3日，新罗区东肖镇侨情调查对刘鸿奇的访谈并整理。
②2016年1月26日，在《福建华侨史》编修工作第七次座谈上，对林淑如介绍情况的整理。林淑如，新罗区人。
③2016年1月15日，对马来西亚雪兰莪州沙白安南杨秋安的调查。
④2016年1月8日，对新加坡龙岩会馆林兰卿女士的调查。
⑤2016年1月26日，在《福建华侨史》编修工作第七次座谈上，对南非德班市新移民商氢介绍情况的整理。商氢，新罗区人。
⑥2016年1月8日，对新加坡龙岩会馆林兰卿女士的调查。
⑦2016年3月22日，长汀县侨联提供《长汀县海外、港澳地区重点人士情况简介》(2006年11月19日)。
⑧2016年1月8日，对新加坡龙岩会馆林兰卿女士的调查。
⑨2016年3月22日，长汀县侨联提供《长汀县海外、港澳地区重点人士情况简介》(2006年11月19日)。
⑩同上。
⑪2016年1月26日，在《福建华侨史》编修工作第七次座谈上，对龙岩市老年大学陈伯胜介绍情况的整理。
⑫2016年1月26日，在《福建华侨史》编修工作第七次座谈上，对蒋宁介绍情况的整理。
⑬2018年5月18日，连城县侨联罗晓玲提供资料。

新罗区新侨、新移民继承了老侨的传统，善经商，喜欢自主经营。如：陈计生，西陂条围村人，1994年出国往巴拉圭经商，现任巴中商会秘书长；

林哲濂，龙门镇朝前村人，20世纪90年代前往澳大利亚经商；

谢绍梁，适中镇人，20世纪90年代前往澳大利亚经商；

连金明，东城东新村人，20世纪90年代前往澳大利亚经商；

郑高俊，龙门镇赤水村人，20世纪90年代前往澳大利亚经商；

施点金，雁石镇厦老村人，1997年前往新西兰经商，现任新西兰龙岩同乡会会长；

饶金生，红坊镇平洋村人，20世纪90年代前往新西兰经商，现任新西兰龙岩商会会长；

张志良，东肖镇溪连村人，20世纪90年代前往新加坡经商，现任新加坡闽西同乡会会长；

商氢，在南非德班市五星级综合城，从事进出口贸易；①

林淑如，在加拿大经营连锁灯饰批发企业。在龙岩投资特种建材、灯饰批发、房地产等；②

施占金，在新西兰投资创办龙岩峪川资源开发公司。③

新罗区籍旅居新西兰新侨、新移民还有从事行业涉及房地产开发、工程建设设计、贸易、服装、餐饮、中介等多个领域经营管理的。④新罗区籍在阿根廷的新移民有从事超市经营的。⑤

（二）长汀县

长汀县新侨、新移民在侨居地经商者不少。如：

郑海兴，在美国自创公司，从事新材料的开发与研究工作；

范清华，在澳大利亚投资创办H&H澳洲投资有限公司；

俞丹辉，在博茨瓦纳经营自己的服装生产企业，生产牛仔裤，产品全部销往美国，有员工几百人。还在博茨瓦纳经营多家商店，销售服装、百货等；

傅振光，在新西兰主要从事房地产和移民、留学、旅游、投资等事业；

董以有，在美国经营古董、玉器、大理石刻、珠宝加工等，其公司属于在美华侨创办的最大玉品公司之一；⑥

黎洪春及弟弟黎洪鑫、黎增金三兄弟合作经营的意大利飞马眼镜公司，资产七百余万元人民币，设备全部自己斥资购买，雇工三十余人；⑦

俞丽华，在澳大利亚经商。

（三）连城县

连城县也有不少新侨、新移民在侨居地经商，如：

邱宝春，在匈牙利华人市场开办大型服装批发商场；⑧

邱福春、邱元春，在匈牙利从事服装销售；

邱荣春，在荷兰从事厨师烹饪行业；

邱生春、邱桂海，现分别在捷克和波兰开设服装批发商店；

邱进春、邱金春、邱富春、邱香梅、邱清梅在意大利从事服装加工；

邱清梅在俄罗斯从事针纺品贸易。⑨

（四）武平县

武平县新侨、新移民在侨居地经商者较少，但很成功。如：

蓝伟光，在新加坡创办新达科技集团，担任董事局主席；⑩

中山镇城中村陈占忠，约在2008年左右，前往

---

①2016年1月26日，在《福建华侨史》编修工作第七次座谈上，对南非德班市新移民商氢介绍情况的整理。
②2016年1月26日，在《福建华侨史》编修工作第七次座谈上，对林淑如介绍情况的整理。
③2016年1月26日，在《福建华侨史》编修工作第七次座谈上，对施占金介绍情况的整理。
④佚名：《我区首家境外商会——新西兰龙岩新罗商会成立》新罗区人民政府网，2010年10月11日，http://www.fjxinluo.gov.cn/。
⑤2018年4月3日，新罗区东肖镇侨情调查对刘鸿奇的访谈并整理。
⑥2016年3月22日，长汀县侨联提供《长汀县海外、港澳地区重点人士情况简介》（2006年11月19日）。
⑦俞如先：《长汀任屋村，新丝路上新侨村》《闽西日报》2016年5月2日，第3版"家园"。
⑧曾春根：《诚信立身 勤就伟业——匈牙利明溪商会会长邱宝春》，"三明侨报网"，编辑：陈志忠，2017年5月25日，http://smqbw.cn。
⑨2018年5月18日，连城县侨联罗晓玲提供资料。
⑩360百科"蓝伟光"条，https://baike.so.com/doc/6007233-6220218.html。

非洲安哥拉的投资兴业。在卢安达，注册了通能公司，专业承揽基建、打桩、钻探等业务。2013年，中山镇城中村陈占昌应其堂弟陈点忠之邀，走出国门，前往卢安达创业，从事施工机械租赁管理工作。陈占昌斥资购买了2台钩机、1台铲车、1台压路机，全部租赁给中资建筑企业。①

（五）永定县（区）

永定新移民在侨居地者不少，如：

卢绍基，在新西兰从事现代农业产业化经营与管理；②

黄宴彩，在巴西从事国内贸易、国际贸易及购置土地从事种养业。③

第三节　新侨、新移民在国外的分布情况

旅居国外的岩籍新侨及新移民分布呈现出点多、面广的新特点。可以说，全世界五大洲、四大洋均有岩籍新侨及新移民的足迹。其中，既有岩籍老侨曾主要前往谋生、创业的东南亚地区，又有更为遥远的欧美及非洲国家。

一、亚洲

泰国、马来西亚。有个别上杭县籍学子留学泰国和马来西亚。④

新加坡。武平县人蓝伟光是新加坡新达科技集团的掌门人。连城莒溪镇人罗建辉于20世纪90年代留学新加坡，后定居新加坡。漳平市人陈东城留学并定居新加坡；新罗区移民新加坡的人数最为可观，达6000余人，其中有不少人是劳务输出新加坡的技术工人，通过多种形式定居新加坡。永定则有一些劳务输出的女性，与新加坡人结婚后留居而成为新侨。

二、欧洲

英国。一批新罗区学生留学并留居英国。⑤

瑞士。有上杭县籍学生留学后留居瑞士。⑥长汀县人丘小冰应聘于瑞士的世界知名公司ABB公司。

意大利。长汀籍新侨主要集中在威尼斯一带，住得相对集中，便于联系和互相照应。⑦连城县也有一批新移民旅居意大利，如莒溪镇高地村邱氏家族部分成员，宣和乡羊贝村巫永发、巫学东，宣和乡科南村黄兴发、邱发林，宣和乡培田村吴载容、吴浩新、吴在新、吴小玲，宣和乡新曹村傅棕树、傅昌智等都旅居匈牙利。⑧

匈牙利。连城县有一批新侨、新移民在该国谋生、创业，如莲峰镇李坊村方良瑞、李满园、钱鼎坤、李爱园、李永赐、谢桂满、黄盛榆、李吉兰、李永旺、林清榕，莲峰镇南街曹振祥、钱爱莲，莲峰镇城西村黄天河、黄春娥、黄盛雄等，莒溪镇高地村邱氏家族部分成员，以及朋口镇池瑶饶来生、四堡镇中南村马启智等。⑨

俄罗斯。连城县莒溪高地村邱清梅在俄罗斯从事针纺品贸易，该县宣和乡科南村的黄清英于2002年前往俄罗斯。⑩

西班牙。连城县朋口镇良增村杨德良、张小珍前往该国谋生、创业。⑪永定有多人在西班牙经营服装及鞋帽生意。

三、美洲

---

①2018年3月15日，对武平县中山镇城中村兰巧英的调查。
②2016年1月26日，在《福建华侨史》编修工作第七次座谈上，对新西兰新移民卢绍基介绍情况的整理。
③2016年1月26日，在《福建华侨史》编修工作第七次座谈上，对巴西华侨新移民黄宴彩介绍情况的整理。
④2014年8月29日，对龙岩市侨联李贵海的调查。
⑤2018年4月3日，新罗区东肖镇侨情调查对刘鸿奇的访谈并整理。
⑥2014年8月29日，对龙岩市侨联李贵海的调查。
⑦俞如先：《长汀任屋村，新丝路上新侨村》《闽西日报》2016年5月2日，第3版"家园"。
⑧2018年5月18日，连城县侨联罗晓玲提供资料。
⑨2018年5月18日，连城县侨联罗晓玲提供资料。
⑩2018年5月18日，连城县侨联罗晓玲提供资料。
⑪2018年5月18日，连城县侨联罗晓玲提供资料。

美国、加拿大。美国、加拿大上杭新移民两百多人。2016年，成立北美上杭同乡会。[①] 北美还有黄涛生、吴立冬、马小波、杨耀明、罗建辉等连城县籍新移民。[②] 加拿大新罗区籍移民一千多人。[③] 另有一些长汀和永定籍新侨定居美国和加拿大。

巴西。永定区抚市镇人黄宴彩于1996年移民巴西（靠近巴拉圭东方市）。1998年，遇巴西大赦，通过签证旅游过去后，家人也获得巴西公民身份。另有龙岩市籍人士三十多个家庭，一百多人，主要在圣保罗市。[④]

四、非洲

南非。新罗区籍的商氢在南非德班市创业。另有若干个龙岩藉务工人员在该市务工、就业。[⑤]

博茨瓦纳。长汀籍俞丹辉兄弟、姐妹等亲属十余人在博茨瓦纳从事商业及管理业务。[⑥]

马达加斯加。连城县莲峰镇赤岭村陈旻昆、陈丽娟、李淑英、甘良泰等在该国谋生、打拼。[⑦]

五、大洋洲

岩籍新侨、新移民主要分布在大洋洲的澳大利亚、新西兰等国。仅新西兰就有闽西籍新侨、新移民五千余人。[⑧] 如上杭县有一些乡亲在澳大利亚和新西兰留学定居。[⑨] 连城县籍的俞积余、童辉、张志华、童书智、邓惠敏、罗东文等移民澳大利亚、新西兰。[⑩] 1989年后，很多龙岩人前往澳大利亚，后来从新西兰又过来一批。至20世纪90年代初，约有五千龙岩人移居澳大利亚。

[①] 2016年3月25日，对上杭县侨史调查侨联主席包晓冬侨情介绍的整理。
[②] 2018年5月18日，连城县侨联罗晓玲提供资料。
[③] 2016年1月26日，在《福建华侨史》编修工作第七次座谈上，对林淑如介绍情况的整理。
[④] 2016年1月26日，在《福建华侨史》编修工作第七次座谈上，对巴西华侨新移民黄宴彩介绍情况的整理。
[⑤] 2016年1月26日，在《福建华侨史》编修工作第七次座谈上，对南非德班市新移民商氢介绍情况的整理。
[⑥] 2016年3月22日，长汀县侨联提供《长汀县海外、港澳地区重点人士情况简介》(2006年11月19日)。
[⑦] 2018年5月18日，连城县侨联罗晓玲提供资料。
[⑧] 2016年1月26日，在《福建华侨史》编修工作第七次座谈上，对新西兰新移民卢绍基介绍情况的整理。
[⑨] 2014年8月29日，对龙岩市侨联李贵海的调查。
[⑩] 2018年5月18日，连城县侨联罗晓玲提供资料。

中编·社团篇

第一章 岩籍海外社团的形成与发展

要对岩籍海外社团的形成与发展过程进行梳理和研究，首先要结合岩籍华侨的历史研究。龙岩处于山区，不靠海，人们走出国门要比沿海人迟。但由于汀江航道和九龙江航道的开通，为人们走向海外提供了较为便利的水上通道。最迟到明成化年间（1465—1487），岩籍人士已经走出国门，成为华侨。清朝前期对华侨出国是严令禁止的，所以，到鸦片战争前，岩籍人士冒险犯禁出国的人数非常少。所以，未见由岩籍人士在海外单独建立的社团，而与其他地方的华侨共同组建的社团仅有1个[①]。

鸦片战争后，清政府开放海禁，对华工出国由禁止到开放，并设领事馆保护。东南亚及美洲需要大量契约华工。大量破产的岩籍穷苦百姓以"猪仔"方式出国，有的是被骗出国[②]。除永定金丰里出国人数大量增加外，龙岩、上杭、连城、漳平、长汀各县的百姓也加入出国潮。岩籍华侨从清乾隆年间（1736—1795）开始出国，鸦片战争后人们开始成批地有规模地走出国门。到清末，岩籍华侨在海外组建的社团仍然极少。岩籍海外社团的蓬勃兴盛时期是在辛亥革命后到中华人民共和国成立前。这时期东南亚大多国家尚未独立，殖民政府对外国侨民管制较松，而辛亥革命的成功，及后来国内外掀起的抗日救亡运动，又激发了海外侨民的爱国热情。这一时期，岩籍华侨在人数较多的东南亚的英属殖民地和荷属殖民地创立了二十多个社团。以后由于东南亚各国独立，民族主义和排外主义的兴起，岩籍海外社团经历了一段艰困期和萎缩期。冷战结束后，岩籍新移民群体大量增加，岩籍华侨华人分布更加广泛，伴随着中国国际影响力的大幅提升，岩籍海外社团迎来了全新的发展时期。印度尼西亚等东南亚国家的老侨社团纷纷恢复活动。澳洲、美洲成立了一些以新侨为主的社团。进入2010年以后，微信、推特、脸书等新通信技术的推广，岩籍海外华侨华人之间的联系突破了地域的限制，天涯变咫尺，又有一些新的社团由虚拟的微信群，转向实体社团，成立新的社团，比如新加坡龙岩同乡联谊会、加拿大龙岩同乡联谊会等。闽西海外侨团分布更加广泛，在东南亚、澳洲、北美洲和欧洲的多个国家都有岩籍社团。

基于此，岩籍海外社团的历史分期，可以划分为四个时期：清朝时期是岩籍海外社团的肇始时期（1911年以前）、中华民国时期是岩籍海外社团的初创时期（1912—1949）、中华人民共和国成立后到1990年是岩籍海外社团的转型时期（1950—1990）、20世纪90年代后是岩籍海外社团的成长时期（1991年至今）。

第一节 肇始时期（1911年以前）

明朝中后期商品经济的发展，促成了汀州盐商谢文彬、永定卢氏商人等一批商人走向国外。但这批人极少，现存史料也未能找到有关他们后人的记载，其后人应该是被同化而融入当地社会了。

[①] 广东暨汀州会馆是马来西亚历史最悠久的地缘性组织，依据1989年由研究槟城史及华人史30年的郑永美在白云山第一公冢发现的墓石，广汀会馆于清乾隆六十年，即1795年已存在。www.kwangteng-pg.org。
[②] 龙岩地区地方志编纂委员会：《龙岩地区志》，上海人民出版社1992年，第1090页。载：清咸丰二年（1852年），有龙岩、长汀、上杭等县籍人刘金前、李海、陈查华等14名华工，因不堪忍受美国人贩子非人的虐待，在美国"罗伯特·包恩"号船上暴动，杀死船长、大副、二副及4名水手，并将缴获的船驶往琉球的八重山岛岸。

清朝初期限制海上贸易，"片板不许出海"，禁止国人走出国门①。到了清雍正年间（1723—1735），更是规定严刑峻法防止国人偷渡出国和限制华侨归国②。但西方殖民者开发东南亚，急需大量劳工，他们打着贸易的幌子，招徕华工出海。沿海人们为了生存，于是不惜冒险犯禁，偷渡出海。清雍正五年（1727）闽浙总督高其倬在奏章中就直言道："放洋的船只，大都名为贸易轮船，实则运输华工出洋，一次有五六百人者。"③闽西汀州龙岩州地处山区，人多地少，土壤贫瘠。人们为了生存，大量迁移别处，也有一部分人通过各种途径，跟随沿海人民下海出洋，偷渡到了南洋。前往东南亚谋生的汀州和龙岩州人渐渐增多。清康熙至清乾隆年间（1662—1795），有永定吴氏、游氏、胡氏、马氏和连城邹氏族人先后出国，其中较早的有：吴集庆于1718年由汕头南渡马来西亚半岛；游翘楚于1732年前往印度尼西亚巴达维亚（今雅加达）开设中药铺；胡兆学、胡永香兄弟等数十人前往马来西亚半岛的沙捞越、丁加奴、甲八丹、霹雳和印度尼西亚的井里汶等地谋生；邹世忠、邹逊臣兄弟等十几人前往新加坡、印度尼西亚、缅甸、暹罗等地定居。1745年，永定教书先生张理和烧炭工马福春前往尚未开发的马来西亚槟榔屿，张理"训蒙"，马福春烧炭，成为槟榔屿开山鼻祖之一。与大埔人丘兆进一起，他们逝世后，被当地华侨尊为"大伯公"，建"大伯公庙"世代祭祀④。

总的来说，鸦片战争前，汀州和龙岩州虽有通向海洋的水上通道汀江和九龙江，但由于清政府的海禁未废除，出海谋生的人数仍较少，海外更未形成岩籍华侨聚居地，反映在海外社团的创建上，只有人数相对较多的马来西亚半岛槟榔屿，因为共同祭祀三位开山鼻祖的需要，与广东的客家人共同创建了海珠屿大伯公庙和广东暨汀州会馆、永大会馆等少数几个社团。

一、肇始时期岩籍海外社团简介

（一）槟榔屿广东暨汀州会馆的创建

槟榔屿原是吉打苏丹管辖的印度洋上的一个荒岛。早在1745年，永定人张理、马福春和大埔人丘兆进就带领一批华人登上该岛打渔为生。英国东印度公司的一位军官船长莱特在1786年登陆槟榔屿后，发现已有58名华人在岛上以打渔为生，遂向吉打苏丹强租该岛，积极招徕中国移民前往开发。

相传，张理、丘兆进和马福春三人最早率一批闽粤客家人来到槟榔屿，对后来的客家人都很热情照顾，热心帮助，所以广东暨汀州的客属华侨对他们非常崇敬，都不敢直呼其名，而尊称为"大伯公"⑤。

他们去世后，先是永定下洋中川的银匠胡靖率众在张理"羽化之岩，起为庙"，⑥ 后来，当地客属华侨在他们居住过的海珠屿建大伯公庙。庙里最早立有碑记云："……南洋神，群颂大伯公，墓碑一张一丘一马，姓而不名，统尊之曰大伯公……"。庙前有制作于1792年的一石香炉，庙后有开山地主张理、马福春、丘兆进三人的坟墓⑦。曾任《槟城日报》主笔的蕉岭人汤日垣所作《海珠屿大伯公庙章程序》明确记载："大伯公姓张，氏闽永定之宿儒也，至槟训蒙，与同邑丘氏、马氏为莫逆交。丘业铁工，马业烧炭，每晚三人必聚首无间焉。忽数夕，大伯公不至，丘与马往访，至则见大伯公在石岩坐化。岩侧即炭窑。二人乃葬大伯公于窑中。厥后，常显灵于捍菑御患。胡靖公，始以大伯公羽化之岩，起为庙。庙擅槟海之形势，即今之海珠屿也。丘马已殁，附葬于大伯公坟之左右，亦同为神云。"⑧

---

①《古今图书集成》祥刑型、律令部汇考，清顺治十二年（1655年）六月规定："下海船只除有号票文引许令出洋外，若奸豪势要及军民人等擅造二桅以上违式大船，将违禁货物下洋前往番国贸易，潜通海贼，同谋结聚及为向导劫掠良民者，正犯处斩枭示，全家发边充军。"
②《朱批谕旨》第46册。清雍正五年（1727年）九月规定："嗣后凡出洋船只，俱令各州县严查主、伙长、头木定、水手并商各人等共若干名，开明姓名籍贯，令族邻保甲出具，切实保结。……如有报少载多及年貌其斗不符者，即行拏究，保甲之人一并治罪。回棹时照前查点，如去多回少，先将船户人等严行治罪，再将留住之人家属严加追比。"
③《世宗实录》卷54。
④《龙岩地区志》，上海人民出版社1992年，第1090页。
⑤《大伯公——华侨先驱》，blog.163.com（博客名）老草。
⑥王琛发：《功德振勋焕南邦》马来西亚道理书院，2016年，第72页。
⑦《大伯公——华侨先驱》，blog.163.com（博客名）老草。
⑧转引自邝国祥：《槟榔屿海珠屿大伯公》，载《南洋学报》第十三卷第一辑，新加坡南洋学会，1957年，第54~56页。

为感恩大伯公的功德，祖籍汀州和广东的客家人每年都前往海珠屿祭祀"大伯公"，因此除了成立客家五属（包括惠州、嘉应、大埔、永定、增城五个客属府县）祭祀大伯公的神缘组织外，还促成了两省客家乡亲于1795年共同组建地缘性的同乡社团——广东暨汀州会馆①。

槟榔屿广东暨汀州会馆一瞥，图源自《槟城百年华团群英会》

广东暨汀州会馆是建立在神缘结合和信仰认同基础上的跨地域的客家同乡社团，他们年年依据家乡拜祭福德正神——土地神即公王或伯公的传统风俗，在择定的日子到海珠屿大伯公庙朝圣，同时又在农历二月十六日联合客家五属一起活动，表达了对庙旁化身为槟城福德土地大伯公的张理等三个墓中先人的敬仰。因此，大伯公又成为当地客家五属开拓槟城等邻近区域的集体祖神，成为当地客家五属团结的象征。客家五属年年定期各自拜祭大伯公、每年轮值着为神明主办庆典。

广东暨汀州会馆最初只是管理公冢的组织。1794年从开埠人莱特划得第一块公冢土地。1885年，第二公冢土地由伍积贺、伍积齐昆仲捐献获得。

汀州客家乡亲积极参与广东暨汀州会馆的活动和建设。1810年，广汀会馆为广福宫捐款，永定人胡武撰捐大洋3元，他还是大伯公街立庙总理，热心社会公益。1838年，广汀会馆成立第一公冢亭（永锡亭），胡武撰捐大洋6元（按，当时每元大洋价值不菲）。亭内所立碑记有广东省、汀州府、诏安县捐题买公司山地银两，汀州府题银81人。又永定人胡泰兴在清同治四年（1865）以广汀会馆总理身份为海珠屿大伯公庙捐出250大洋。1906年、1907年，永定人胡子春、吴德志分别担任广汀会馆总理②。

广东暨汀州会馆最初并无设立专门的会所。1919年8月7日，广东广货行信理员代表朱乐和、吴顺清，信理员邓张保、冯卓林、梁日筠、陈宝矩向当地最高法庭申请，将四间店铺，即所置之牛干冬门牌268号、270号，广东街48号、50号铺屋四间的业权送给会馆，同年8月13日生效。由此，广东暨汀州会馆才有正式会所。

1917年，广东暨汀州会馆以2000元价格向邱玉鹤女士购买两地段扩充第一公冢。潮州大埔罗荣光、林参，新宁邓张保、陈宗赵、刘子宽、陈金福、伍文雅，汀州吴德志，香山黎观森、林健生，顺德黎乐庭，南海陶乐甫，嘉应谢殿秋，琼州林英文为信理员，负责管理经营。1921年墓地将要葬满，会馆另购第一公冢上端地段，充作第三公冢。1925年，应槟州华民政务司署要求，注册为正式社团。1927年将办事处改名会馆③。

鸦片战争以后，中国面临"三千年来之变局"。西方殖民者在东南亚的开发已全面进行，需要大批劳动力。第二次鸦片战争后，清朝被迫与英法签订《北

---

① "槟榔屿广东暨汀州会馆史略"，www.kwangteng-pg.org。
② 胡育文：《汀州会馆简史》，载《北马永定同乡会新会所开幕暨42周年会庆/青年团九周年纪念庆典特刊》1992年编印，第135页。
③ "槟榔屿广东暨汀州会馆史略"，www.kwangteng-pg.org。

京条约》，允许西方殖民者在华招工，华侨出国合法化①。清政府对海外华侨的政策由禁止到保护。随着西方列强入侵的加深和中国社会越来越半殖民地化，沿海大量破产农民和市民迫于生计，纷纷赴海外谋生。汀州和龙岩州一些地方的人们，特别永定、龙岩两县，因距离通商口岸汕头和厦门较近，加入了沿海人们的出国潮。马来西亚半岛槟城及吉打州多地都有越来越多的汀州各县客家人及龙岩州人涌入，广东暨汀州会馆于是长盛不衰。

（二）槟城永大会馆的创立②

"永大"是永定县和大埔县的简称。槟城永大会馆系槟城华侨陈洪魁所捐赠产业。陈洪魁是永定县下洋镇古洋村人，清道光年间（1821—1850）远涉重洋，抵达槟城，以打铁为生。陈洪魁乐于助人，凡是初来乍到的客家乡亲，尤其是家乡永定及邻县大埔来的，他都予以接待安顿。事业有成后，热心公益的他还将槟城打铁巷门牌七号的一幢屋宇赠予永定大埔两邑同乡作联络座谈会所。其后，两邑客家人募资成立了"永大公司"。1840年陈洪魁在槟城去世，葬在广东暨汀州第一公冢，墓碑称"永定"。1966年3月27日春季会员大会通过，大家同意在墓碑上端用大理石镂刻，改称"永大先贤"四字。

槟城永大会馆因"二战"前遭到日军轰炸，资料遗失，创立时间无法查究。但根据陈洪魁墓碑年份来推算，永大会馆最迟应在陈洪魁1840年去世前就已创立，最初称"永大公司"，后又称"永大馆"。

据查，1884年"永大公司"的信理员有曾国华、吴德志、罗文曾、胡万珍、胡锦让、张金玉、翁喜来、贺文访、贺郁臣、钟乐臣、刘子宽、刘春生、张舜卿、戴淑原。其中曾国华、吴德志、罗文曾、胡万珍、胡锦让、张金玉、翁喜来等应为永定人。1941年12月，日军占领槟城后，会馆停止活动。日本投降后，两邑乡亲募资重建。1949年重新注册，订立新章程，改现名称为"永大会馆"。

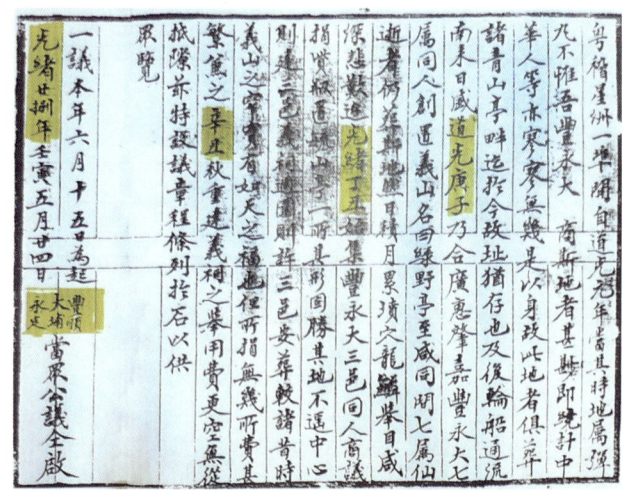

据丰永大公会档案，丰永大成立始于清道光二十年（1840年）广惠肇嘉丰永大七属合置义山绿野亭

槟城永大公司1920年在会馆内设堂皇神龛一座，安放长生禄位，供奉先贤牌香火。如果同乡会会员为其先人安放，每位收费200元；永久会员基金，每位收费50元③。

（三）新加坡丰永大公会的创立

英国东印度公司的莱佛士于1819年1月28日登陆占领新加坡。新加坡成为英国殖民地后，即实行自由港，招徕中国移民前往开发。也有一些原居住在马来西亚半岛、缅甸、泰国的永定侨民纷纷迁到新加坡④。

早期华侨出国谋生，大多单身，许多人因年老或

---

①《北京条约》第五款规定："凡有华民情甘出口，或在英（法）国所属各处，或在外洋别地承工，俱将与英（法）民立约为凭，无论单身或愿携带家属，一并赴通商各口，下英（法）船只，毫无禁阻。"载《筹办夷务始末》咸丰朝，卷17。
② 胡文希：《槟城永大会馆概况》，载《北马永定同乡会新会所开幕暨42周年会庆/青年团九周年纪念庆典特刊》，1992年编印，第232页。
③ 胡文希：《槟城永大会馆概况》，载《北马永定同乡会新会所开幕暨42周年会庆/青年团九周年纪念庆典特刊》，1992年编印，第233页。
④《永定会馆七十年来的发展史略》，载《新加坡永定会馆七十周年纪念刊（1918-1988）》第35页。

贫病无钱归家最终客死当地。为让孤寡同乡入土为安和祭祀死后无人祭祀的孤魂，一些岩籍华侨与其他地方的华侨联合起来，共同购买坟山作为"公冢"，以让死者有个葬身之地。因坟山需要管理，因此就有了同乡基础上的坟山管理机构。新加坡丰永大公会于是得以创立，它创建于1840年，是岩籍华侨参与创建的一个海外地缘社团，同时也是一个管理公冢的机构。

"丰永大"是丰顺、永定、大埔三县的简称。丰永大公会原名丰永大公司，是一个管理公冢的机构。1840年，丰永大公司联合广惠肇和应和会馆共同管理福德祠、绿野亭的公冢。1877年丰永大公司正式向政府购地，1888年土地局发地契列号2389号。当时地契上签名的信托人是张有始、杨克涌、胡祠达、谭东合四人。丰永大公司把该坟山命名为毓山亭，并于山麓建一祠堂"三邑祠·崇德堂"。1906年6月10日，丰永大公司获殖民政府重新注册，正式启用"丰永大公会"的名称。

（四）槟城帝君胡公司的创立

槟榔屿是岩籍移民较早到达的海外侨居地。永定人最早抵达、人数最多。清朝末年，当地的岩籍华侨数量已不少，尤其是永定下洋的胡氏族人，通过投亲靠戚、传带带而出去的人数众多。为以单姓血缘宗族为单位成立宗率会提供了人数基础，也为以下洋为主要地缘的更大的宗亲会创造了条件。

1975年5月4日帝君胡公司全体董事合影

胡氏是下洋的大姓之一，下洋胡氏是安定堂的一支。1863年，旅居马来西亚半岛已经发达起来的胡曾育、胡泰兴父子等永定下洋胡氏族人在槟城发起创建胡氏宗祠安定堂活动。与此同时，迁居厦门同安鼎美村的中川胡氏后裔在槟城也兴旺起来，创建了鼎美胡氏敦睦堂。永定下洋和同安鼎美胡氏宗亲数百年后在异国他乡的槟城相遇，血浓于水的宗族亲情使他们联合赶来，成立了"帝君胡公司"，并建起胡氏宗祠。宗祠正厅安奉下洋胡氏宋朝开基祖八郎公和黄、陈两夫人神位，楼上安奉关圣帝君。组织章程规定，仅永定下洋八郎公派裔孙才准参加。楼下大厅悬挂金字堂联："同本同源同安衍派／永传永远永定肇基"，横匾"百代瞻依"，门联"安镇槟城长忆同安鼎里美，定思木本常怀永定下洋"，把"同安"和"永定"都镶嵌在联里，意义深远，至为恰切。

安定堂及鼎美敦睦堂，同附设在胡氏宗祠内。帝君胡公司为大公，安定堂及敦睦堂为小公，三个机构各置产业，分别管理。永定下洋安定堂族人于1957年2月召开族人大会，由家族制管理改为委员会管理，选出胡榆芳、胡顺兴、胡文珍、胡恭达四人负责起草章程，并向社团注册官申请。1958年获批准，注册名称为"永定胡氏安定堂"①。

槟城胡氏安定堂作为帝君胡公司的重要组成部分，是由汀州永定下洋胡氏族人所创立，是闽西华侨在海外创建的第一个宗亲会，也是闽西华侨在海外创建的第一个血缘性或称族缘性社团。

（五）令金鄞江公会的创立②

"鄞江"是汀江的别称。清末在马来半岛的汀州同乡，以永定居多，其次为上杭、连城、长汀。令金是马来半岛南端柔佛州的一个古镇，早在17世纪就有人在令金河及其上游沙翁河两岸垦殖。沙翁河流经令金到哥打丁宜，汇成柔佛河注入柔佛海峡。当时，整个柔佛州大部分为茂密的尚未开发的原始森林。进入内地，河流成为交通的要道。据记载，沿柔佛河两岸30多公里的范围，便是当年开采锡矿的地方，当时的劳工来源多是南来的华人，其中85%是客家人。据马来西亚学者李木生考证，汀州客家人约在1908年在当地创建了鄞江公会。鄞江公会在令金老义山建有鄞江同侨义总坟，每年都在重阳节前后举行秋祭活动。后因汀州客家人外迁，鄞江公会渐渐被人遗忘。1950年以前新加坡南洋上杭同乡会每年均有派人前

---

①参见胡育文、胡成祥整理《槟城永定下洋胡氏安定堂简介》载，《北马永定同乡会新会所开幕暨42周年会庆、青年团九周年纪念庆典特刊》，1992年印制，第123~124页。

②参见李木生：《鄞江公会在令金》，载新山客家公会编印《客家乡情特辑》，2002年，第83页。

来参加祭典。其后因上杭同乡会停止活动，未见有人来参加秋祭，以致完全失去了联络。到 2000 年，令金尚有五户上杭籍人，他们是温显章、许振发、许振华、黄爱华与李玉麟。据他们回忆说，当年有很多上杭籍客家人在此谋生，经营各种各样的生意与做手艺工作，在大园丘里也有好几位大承包商在任职。当年公会的产业拥有两间店屋及一间占地广的歌剧院。现今的巴士站是当年鄞江公会的歌剧院，经常有演出，戏院内没提供凳椅，看戏者要自备。鄞江公会现存有一间双层锌板排店屋，在阿依仕叻街 2 号，大约建于 1918 年，现出租给人作住家，租金的收入用作一年一度的秋祭活动和维修总坟用。这座鄞江同侨义总坟建于什么年代，至今是个谜，无从考据。总坟曾于 1932 年重修立碑。

马来西亚半岛的令金鄞江公会是岩籍华侨在海外创建的一个跨县联合地缘性社团，体现了早期闽西海外华侨的汀州观念和团结精神。

二、早期海外社团创立的意义

鸦片战争后，清政府对大清子民出国态度有所转变，由禁止到保护。清光绪十九年（1893）八月，朝廷准驻英大臣薛福成《请豁除海禁招徕华民疏》奏折，谕令"嗣后良善商民，无论在洋久暂，婚娶生息，概准使臣领事馆给予护照，任其回国治生置业，并听随时经商出洋，毋得仍前藉端讹索。"[1] 标志着长达二百多年的海禁条例正式废除，海外华人可以合法自由进出祖国。由于早前出国同乡的引导，加上灾荒及经济萧条大量农民破产，出国谋生成了一些地方人民的重要选择。至清末，永定、龙岩、上杭、连城、漳平、长汀都有人走出国门，成为华侨。但由于人数仍然非常少，由汀州、龙岩州华侨参与创建的社团不多，只有槟城广东暨汀州会馆、槟城永大会馆、新加坡丰永大公会等。由岩籍华侨单独创建的社团有 2 个，即槟城胡氏安定堂和马来西亚半岛令金鄞江公会。前述介绍的五个社团中，槟城广东暨汀州会馆、槟城永大会馆、新加坡丰永大公会、马来亚令金鄞江公会属地缘性的社团，槟城胡氏安定堂是地缘基础上创建的宗亲社团。

这时期闽西海外社团的特点有二：

一是以帮派为认同建立，比如槟城广东暨汀州会馆、槟城永大会馆、新加坡丰永大公会都以客家帮为认同，建立跨省域的社团。马来亚令金鄞江公会以汀州客家帮为认同，建立跨县域的同乡社团。单独以县域为单位的同乡会则尚未出现。

二是所建社团实质上是管理坟山的机构，五个社团的主要功能是管理公共坟山和组织祭祀，不是真正意义上的地缘同乡会之类的组织。广东暨汀州会馆有五座坟山。令金鄞江公会每年组织同乡到同侨义总坟扫墓。

尽管如此，岩籍华侨创立的这些早期海外社团还是有极其重要的意义的。

首先，这些早期海外社团的创立，说明当时在海外的一些地方，已经有一定数量的岩籍移民，而且这些岩籍移民已经意识到身居海外亲情、乡情的珍贵，希望能有族缘或乡缘性组织以联络感情，共谋利益。

其次，早期岩籍移民梯航南渡，在海外谋生创业，本希望能赚钱养家，衣锦还乡，光宗耀祖，因而大多只身闯洋，家眷留居祖籍地者居多。但海外条件艰苦，环境险恶，有些人壮志未酬便客死异乡，身后事没有亲人料理，只能依靠同乡。如大伯公张理坐化后，由其结义兄弟丘兆进和马福春草草葬于炭窑。因此，如何安葬那些客死的同乡以及逝者的魂灵由谁去祭奠成了现实问题。这些早期海外社团的创立，便很好地解决了这些问题。

第二节 初创时期（1912—1949 年）

1912 年到 1949 年是民国时期。辛亥革命成功后，中国先是陷入北洋军阀混战和南北战争中，然后是国共内战，再后是八年抗日战争，然后又是国共内战。短短的 38 年，是中国战乱最频繁、百姓最无助的时

---

[1]《清实录》光绪朝，卷 153。

期,而东南亚除了日军占领的3年零8个月有战乱外,基本处于时局相对稳定的殖民统治时期。虽然"二战"后印度尼西亚、缅甸都出现过反殖民统治的解放战争,但两国都是1950年以后才真正获得独立。因此,在1949年之前,东南亚民族独立国家尚未出现,殖民政府对华人移民管制较为宽松。宗主国为发展殖民地经济,对中国移民基本上持欢迎态度。岩籍华侨经过清朝一代,特别是鸦片战争以来的移民沉淀,在东南亚一些地方形成相对集中的同乡群体。同时,一批富商和社团领袖的出现,比如胡子春、胡文虎、胡曰皆、王源兴等,为大量岩籍海外社团的建立奠定了较坚实的组织和经济基础。这一时期,岩籍华侨华人在英属海峡殖民地、马来西亚半岛、北婆罗洲、缅甸及荷属东印度群岛建立了二十多个社团,是岩籍海外社团的初创时期,奠定了岩籍华侨海外社团在东南亚新加坡、马来西亚、缅甸、印度尼西亚四国的分布格局。

第一次世界大战后,东南亚经济相对繁荣,而中国国内由于战火纷飞,许多龙岩地区百姓也像沿海人民一样纷纷涌向国外,尤其1920—1930年间出国人数最多。如永定中川,18岁以上的男子几乎都到国外投奔亲友。武平岩前人王大森1923年回乡时一次就带五六十位乡亲到新加坡、泰国等地。长汀商界名流许慰堂、许葛汀、吴建基、李宾日、胡屏山、陈汉川等分别携资往泰国、印度尼西亚、新加坡设公司、开商店、建工厂。长汀、连城一带的一些小商人和小业主则向国外拓展业务①。上杭中都丘上培带3批乡亲数十人出国,稔田的李文元先后带4批50多人到缅甸②。

这一时期的岩籍海外社团、同乡会以县域为单位的较多,主要是永定同乡会(或会馆)和龙岩同乡会(或会馆),上杭在新加坡成立了1家同乡会,其他县可能人数较少,没有成立同乡会组织。各县华侨之间的联系也不密切,没有跨县域的龙岩地区区域性的同乡组织。汀江流域的老汀州府属客家人,因为语言相通,地缘相近,与广东及其他地区的客家华侨一起推动东南亚各地客属社团的建立,为支持祖国抗战及祖籍地建设作贡献。1930年,居住在东南亚的岩籍华侨有2000多人。第二次世界大战前,岩籍华侨以县域为单位在东南亚成立了多家具有同乡会性质的社团。

日军占领东南亚期间,禁止华人社团活动,岩籍华侨社团被迫关闭和停止活动。第二次世界大战结束后,中国成为战胜国,废除了西方列强强加给中国的不平等条约,还收复了台湾、澎湖、东北等失地,一洗百年屈辱,大大激发了海外华侨对祖国的向心力和自豪感,海外华侨社团重新活跃起来。国内爆发内战和东南亚海上交通恢复,许多青壮年为逃避国民党抓壮丁而避难移居国外,引起国内新一轮向海外移民潮,为海外华侨社会提供新鲜血液,也推动了侨居地海外社团的成立。而在东南亚,马来西亚、新加坡仍然由英国殖民政府统治。印度尼西亚在1945年8月宣布独立,随后开展了如火如荼的反对荷、英殖民军的斗争,直到1949年12月底才争取到独立地位。缅甸也投入到反对英国殖民统治的斗争中,直到1948年1月才脱离英联邦独立,成立缅甸联邦政府。到1949年底,刚成立的中华人民共和国与东南亚国家没有建立外交关系。东南亚的岩籍华侨社团在战后恢复了活动,同时以永定县、龙岩县为主体的岩籍海外华侨又发起成立了一批新的社团,包括同乡会、宗亲会,以及业缘性社团等。

这一时期的岩籍华侨,在英属海峡殖民地的新加坡、槟榔屿,英属马来联邦的霹雳怡保,英属北婆罗洲的亚庇,英属缅甸的仰光,荷属东印度群岛的巴达维亚(雅加达)、棉兰,形成相对集中的聚居地。岩籍同乡社团也主要在这些地方建立起来。新加坡由于地理上的优势,一跃成为东南亚交通枢纽和经济文化的中心,于是岩籍县域性的同乡社团首先在新加坡成立起来。

一、岩籍华侨在东南亚建立的社团

新加坡

岩籍华侨在东南亚最早成立同乡社团的地方是新加坡。民国时期,新加坡是英国海峡殖民地的重要组成部分。由于所处的地理位置,使之成为东南亚重要的海运中心和交通枢纽,更是华人通往东南亚各地的疏散地,新加坡成了东南亚华侨的联络中心。岩籍华侨在新加坡先后成立了永定会馆、龙岩会馆和南洋上杭同乡会。尤其令人骄傲的是,永定籍著名侨领胡文虎先生对创建新加坡客属总会作出最大的贡献。胡文虎还将新加坡客属总会作为第二次世界大战时期动员

---

① 《龙岩地区志》,上海人民出版社,1992年,第1090页。
② 李富岳口述,李贵海整理《稔田华侨旅缅简况》,载《上杭文史资料》,2005年第29辑。

南洋客属侨胞支持祖国抗战的总阵地，在1937年7月日军全面侵华到太平洋战争爆发前，推动各地客属公会的成立，领导南洋各埠华侨掀起轰轰烈烈的抗日筹赈救亡运动，为祖国的抗日救亡运动贡献巨大，永载史册。①

（一）新加坡永定会馆的建立

1819年英国人莱佛士在新加坡登岸时，就发现岛上已有许多华人。创办于1840年由永定、丰顺、大埔人士组成的丰永大公司也足以证明，永定人很早就参与了新加坡的开发。

永定邑侨1919年购置的会所，位于大坡二马路纽句里芝律门牌三六一号

1916年，永定先贤胡必育、张滋楼、胡星阶等人，鉴于前往东南亚谋生定居的永定人很多，却缺少一个团结和凝聚同乡的社团，遂开始发动筹备会馆。当年12月26日，他们发起并主持在新加坡召开永定同乡全体大会，会议一致通过成立同乡会馆的决议。经过一年多的筹备，新加坡永定会馆于1918年正式成立②。

新加坡永定会馆的成立时间，通常都认为是1918年。但根据《新加坡永定会永定会馆七十周年纪念特刊》中《本会馆诞生经过》记载，永定同乡有组织的活动在此前已经存在了很多年，甚至可以追溯到1900年前后：

根据1917年为向南洋各埠同乡劝募基金《致仰光埠永定同乡父老昆仲函》中，曾经提到"本会馆之组织，于兹十年矣"来推算，则本会馆有组织之形式当开始于1907年。不过，在1917年以前是用"龙冈公司"名义活动。又根据胡派源1917年撰写《永定会馆簿序》中提到："永定会馆未成立以前，赖胡君秀容热心公益，筹款生息。及暮年御职，则张君滋楼、赖君犹升、谢仕伴诸君接续办理。"由胡秀容"筹款生息"到"胡星辉诸君接办"，共历三届理事，当然也有不少的岁月。

……

由此推算，本会馆最初活动时间当又在1907年以前，或者始于1900年前后较为确实。当时的"龙冈公司"可能只是热心乡贤自告奋勇，出头料理有关邑侨事务，而没有正式的组织与章程。③

由此可见，在新加坡永定会馆成立之前，龙冈公司就已料理永定同乡事务，发挥了同乡会的作用，但其本质是以公司的形式存在，没有正式的组织与章程，也没有得到永定同乡的认同，因此不能算作是真正的同乡会。也因此才需要正式召开"永邑侨胞全体大会"，选举同乡会领导班子，通过章程，确认永定同乡会的正式成立。

新加坡永定会馆第一届领导层的名单④：

名誉总理：胡子春、吴德志、曾继荣
总　　理：胡必育
副 总 理：赖献猷、胡星辉
财　　务：杏生堂
副 财 务：谢仕洋
书　　记：胡派源
查　　账：徐梧山
协理：
新加坡：徐龙招、胡海珊、胡步华、胡超凡、胡定兴、胡德裕、徐兆加、谢仕浴、吴寿山、李海滨、曾生益、曾思颜
霹雳：胡日初、罗万源、余戴源、余蕴珊、黄锦安、赖良陞、简庆兴、胡重益、张万禄
槟城：胡万珍、曾樟琳、曾书馨
麻坡：张高才

---

① 《南洋客属总会成立八十周年纪念专刊》，第108~109页。
② 郭兆娴：《永应挑战，定求新变——历史挑战下的永定会馆》，载黄贤强主编：《新加坡客家文化与社群》，2008年。
③ 《本会馆诞生经过》，载《新加坡永定会馆七十周年纪念特刊（1918—1988）》，1988年，第43页。
④ 《永定会馆七十年来的发展史略》，载《新加坡永定会馆七十周年纪念特刊（1918—1988）》，1988年，第35~36页。

善丹坡：张高训
甲坡：涂桂芳
丰盛洪：胡周宏
呜眼：黄逐春
望加锡：余茂盛
仰光：胡文虎、江魁台、雷云台、胡迪人、黄玉衍
泗水：陈开仲、赖万发、黄汀兰
巴城：游景乾
日里：张开裕
三宝垄：胡丛香
沙捞越：罗修吾
通扣：胡亲爱、胡玉环

新加坡永定会馆是岩籍华侨在海外成立的第一个以县籍为单位的同乡社团，最初的角色和功能就是为南洋的永定同乡服务、联络感情、传达消息的，是当时社会中重要的民间服务机构①。

新加坡地处太平洋与印度洋的交汇点，是东南亚的海运中心，也成为华族移民通往东南亚的中转站。因此，新加坡永定会馆建立后，由于特殊地理位置，成为南洋各地永定同乡的总会，在南洋各地的中小城市和地区，比如马来亚、缅甸、泰国、印度尼西亚等地都设有协理。著名的华侨实业家"万金油大王"胡文虎就是仰光的协理员。这些协理一方面参加永定会馆的领导事务，另一方面则负责当地永定同乡的联系事务②。协理员的安排，也基本反映20世纪上半叶永定华侨在东南亚各埠分布的情况。

早期的会馆功能具有丰富的社会意义，它不但是初来乍到的新客生活安顿之所，也是异乡游子的乡情寄托之地。根据胡冠仁的口述历史资料，新加坡永定会馆免费为新来的同乡提供住宿，介绍工作；不但为年老的或被辞退的同乡买回乡的船票，还赠送路费；会馆也帮助同乡寻找亲友，办理出入境手续，传达家乡信息，救济贫病甚至安葬死者。

永定会馆成立以后，为同乡提供了大量的服务，即使在日军侵占新加坡期间，也未曾中断。永定会馆为同乡所做的服务，主要包括以下几个方面：

一是促进同乡间的交流，加强联系。购置会所后，有了集中地点，每日都有很多同乡来到会所，或下棋，或弹琴，或打麻将，或闲话家常。

二是为各地同乡办理各种事务，比如为经常过往的同乡协助办理出入境手续，代觅旅游向导，代向亲友传递信息等。

新加坡龙岩会馆筹备处职员合影，前排右四为筹备会临时主席刘得莺

三是协助失业同乡解决生活困难，或协助转业谋生，或代筹措路费，或介绍工作，还为同乡排解争端。

四是交流信息，支持家乡建设。由于南来北返的同乡多到会馆叙谈，使会馆成为乡情交流中心，而且在会馆的总体领导下，无形中成为支持家乡公益事业的总机构。历年曾多次发动海外乡亲为家乡建桥建校建医院等公益建设捐资，发挥了主要的组织作用。

1942年初，日军占领新加坡后，会馆会务虽然全面停顿，但也为同乡提供了许多方便。当时，新加坡有许多同乡因战争失业，甚至身无居所，只好到会馆暂时栖身，会馆成为同乡的临时收容所。

1945年秋，日军投降后，胡蛟、胡月娣、黄定标、胡浪漫、胡超凡、胡信哉、胡友明、曾广华、曾生江、曾开文、赖畅贤等立即联合发起，召开同乡大会，推举胡蛟为会长，选出21人担任执行委员或监察委员，把会馆原来的董事制改为委员制，负责复兴和领导会务。执行委员会下设总务、财政、文化、建设等股，立刻展开工作，一方面重新登记会员，另一

---

①郭兆娴：《永应挑战，定求新变——历史挑战下的永定会馆》，载黄贤强主编，《新加坡客家文化与社群》2008年9月初版。
②《永定会馆七十年来的发展史略》，载《新加坡永定会馆七十周年纪念特刊（1918—1988）》，1988年，第35页。

方面修葺会所①。

1946年2月，永定会馆出版会刊《永定月刊》，这是战后南洋社团首先出版的刊物。会刊定位为时事杂志，除了报道会馆动态及反映家乡近况外，更积极关注国计民生等天下大事，并发表旗帜鲜明的言论，成为研究"二战"后华人社团活动和新马社会变迁的珍贵史料。1947年1月，因当地时局和政策限制，《永定月刊》停刊②。

永定会馆发动同乡赞助月捐，按月寄回永定侨育中学作日常办学开支，同时捐建校舍一座，命名"星洲楼"③。

由此可见，初期的新加坡永定会馆几乎可以满足同乡所有的社会需求，也因此成为一个凝聚力极强的民间组织。

（二）新加坡龙岩会馆的建立

1938年8月，经新加坡殖民当局注册后，新加坡龙岩会馆正式成立，该馆为龙岩县（今新罗区）籍同乡会馆。

约在20世纪初，龙岩县人开始前往新加坡谋生。为联络同乡，祭奠去世的同乡，龙岩同乡先是创办了一间苍岩公司④。1937年日军全面侵华的"七七"事变发生后，旅居新加坡的龙岩同乡虽然人数不多，但还是有人在7月25日同乡章式英的结婚喜宴上提议发起组织同乡会，宴会后立即聚会讨论，推举刘得庵为临时主席，刘夏旺为记录，即席成立筹备委员会。筹委会下设总务、经济、文书、调查四个股。总务股主任林国仁，股员有章阳生、林何庸、阴有益、张仁秀、吴浦云、刘得庵、邓霭堂、张汝鳌；文书股主任刘夏旺，股员连啸鸥、连文质、王少如；经济股正、副主任分别由刘洛三、苏彩轩担任；调查股正、副主任由林仲珊、强声泉担任，股员包括芽笼区林应乾、章伯谦，大坡区苏福安、章式英、傅莫因、陈玉山、何少学、丘锦湘、廖锡光、林炳麟、谢仰贞，小坡区郭水海、黄泉木、张光明、杨履亨、黄祥全、张学汤、张业岐，双口鼎区傅木生、苏维周、张达川、汤玉宾。为沟通声气和共相策划，规定每星期六下午八时举行常会一次⑤。

1937年9月26日，新加坡龙岩同乡在青年励志社举行会员大会，11月20日选出第一届会馆职员。1938年7月24日正式就职，林国仁担任总理，谢仰舜为副总理⑥。会址选在罗敏申路122号2楼。

日军侵占新加坡期间，将新加坡改名"昭南岛"，禁止一切华侨团体活动。龙岩乡亲将会馆改名"苍岩公司"，名为商号，实为会馆。苍岩公司以247 596元购置丝丝街165号三层楼屋全座，成为联络乡情的场所。

1945年1月7日召开股东大会，选举11人为董事，林抡英为董事长，吴浦云为总理，陈庆元为副总理。

新加坡光复后，龙岩会馆复办，立刻成立救济部，以施济贫困乡亲同侨。苍岩公司办事处亦于1945年底由爵士街迁丝丝街122号龙岩会馆办公。1946年9月27日苍岩公司结束业务，停止一切收支。1952年9月7日苍岩公司召开董事会，正式宣告结束，并将丝丝街166号屋业转赠龙岩会馆，所存现金也移交龙岩会馆。

1946年12月18日，龙岩会馆召开六届一次执监委联席会议。次年1月23日举行联欢会，为会馆成立以来第一次同乡大集会⑦。

新加坡龙岩会馆第六届会员大会留影

---

①《永定会馆七十年来的发展史略》，载《新加坡永定会馆七十周年纪念特刊（1918—1988）》，1988年，第35~37页。
②《永定会馆七十年来的发展史略》，载《新加坡永定会馆七十周年纪念特刊（1918—1988）》，1988年，第37页。
③郭兆娴：《永应挑战，定求新变——历史挑战下的永定会馆》，载黄贤强主编：《新加坡客家文化与社群》，2008年。
④《龙岩旅港同乡会成立二十周年纪念特刊（1984—2004）》，第94页。
⑤刘夏旺：《本会创办经过》，载《新加坡龙岩会馆金禧特刊》，第340页。
⑥谢肇恭：《半个世纪的回顾》，载《新加坡龙岩会馆金禧特刊》，第293~294页。
⑦谢肇恭：《半个世纪的回顾》，载《新加坡龙岩会馆金禧特刊》，第293~294页。

1947年6月龙岩"6·15"大水灾,龙岩人民生命和财产遭遇重大损失。水灾遍及18个乡镇,死亡32人,受伤四百多人,毁田21 972亩,毁桥394座,毁陂圳堤岸480处,房屋倒塌6 730间,为百年罕见的大水灾。

新加坡龙岩会馆于6月28日在主席吴浦云的主持下,召开部分常务委员紧急会议,倡议成立"筹赈家乡水灾委员会"。30日下午7时30分,筹赈会召开第一次委员会议,出席16人,主持吴浦云,记录吴获舟。会议内容主要有两项:

一为报告家乡水灾情况。

1. 由汤菊民介绍家乡水灾惨状。

2. 通过决议并成立"新加坡龙岩会馆筹赈家乡水灾委员会"。

3. 定期举行筹赈会议,除全体执监委员外,另邀请11位热心会员共策进行。

4. 去电通知张汝鳌君收款,协同龙岩水灾急赈会作公平之施展。

5. 暂拨借本会馆慈善金以资急赈。

二为讨论赈灾事宜。

1. 规定名称案。

议决:常委会规定名称为"新加坡龙岩会馆筹赈家乡水灾委员会",一致追认通过。

2. 委员人选应如何规定案。

议决:本会馆现任执监委员为当然委员,另追认常委会推定的11名热心会员为委员,必要时得本委员会增聘之。

在新加坡龙岩会馆的领导下,全体执监委员和筹赈家乡水灾委员会委员积极开展筹款赈灾行动。首先在会馆出版的《会讯》第四、五期合刊中,开设《家乡灾情剪贴》《各地救灾热潮》等专栏;其次,立即在会员和海外各地龙岩会馆及侨亲中开展赈灾筹款之义举。为了缓解救助龙岩灾情的用款之急,由新加坡龙岩会馆出面协调、担保,电请上海光华行先期汇交国币2千万元(折叻币1 300元)给已回龙岩的新加坡侨亲张汝鳌,托其转交龙岩水灾急赈会作"公平之施赈"。经过会馆全体同仁的努力,龙岩会馆共募捐到叻币4 710.25元(含国币6千多万元),其中,新加坡乡侨3 791.50元、亚庇华侨筹赈华南水灾会400元、印度尼西亚爪哇乡侨518.75元。在扣除先期垫付的叻币1 300元和必要的电报费等开支后,龙岩会馆将其余的叻币3 365元款项全部寄回龙岩。在筹赈龙岩水灾捐款中,新加坡龙岩会馆组织有力、宣传到位,做到清正廉洁、账目详明、管理有序,受到海内外乡亲的一致称赞。龙岩旅外其他31个会馆和商贸组织也积极行动,先后筹集救灾款汇回家乡赈灾。据统计,共募捐到大洋9 237元、港元1 595元、印度尼西亚盾40.69万元、民国法币3 615万元,为家乡的赈灾及灾后重建等发挥了重要的财力支持作用。在以后的几个月里,新加坡、印度尼西亚、马来亚、泰国、缅甸等国的龙岩华侨,先后购买大批物资寄给龙岩的乡亲。这些物资中,有大米、面粉、布匹、糖、食油以及生产、生活用具,此外还有侨汇,为龙岩的灾后生产、生活恢复等起到极大的推动作用①。

(三) 新加坡南洋上杭同乡会的建立②

20世纪30年代末,新马地区的杭籍人士有两百余户,他们是马来亚半岛柔佛州令金鄞江公会的重要组织者和参与者,每年都组织同乡前往令金老义山的鄞江同侨义总坟开展祭祀活动③。随着新加坡逐渐成为东南亚的交通中心,新马一带的上杭人越来越多地向新加坡聚集。1939年4月28日,在林定基、华亮明、丘吉豪、游清洲、游万丰等人倡仪下,四十余名上杭同乡在上杭乡侨游杏南开设的"新新洋服店"召开第一次筹备会,一致同意筹建同乡会。"星洲南洋上杭同乡会"于1941年2月经殖民当局注册批准,3月28日召开会员大会,到会196人,选出以游杏南为会长的第一届董事会25人,另有外埠董事26人。当日募得经费数千元,并派副会长罗炳恒、董事游子炫、陈安泰、华亮明四人向南洋各埠同乡劝募经费。同年7月,会址迁大坡厦门街109号。10月10日举行成立庆典,国民政府驻新总领事高凌百到会剪彩。

星洲南洋上杭同乡会的宗旨是:团结侨胞,互助互爱,建设当地,造福桑梓。

日军占领新加坡期间,南洋上杭同乡会会务陷于停顿。

第二次世界大战结束后,南洋上杭同乡会在

---

① 张兆声、林震明:《海外岩侨与龙岩"6·15大水灾"》,载龙岩文化研究会编:《龙》,2016年10月,第20~22页。
② 上杭县侨务办公室、县侨联编印《上杭华侨志》,1989年9月,打印稿,第11~12页。
③ 李木生:《鄞江公会在令金》,载《客家乡情特辑》,新山客家公会编,2002年,第83页。

1946年复会，召开会员大会，到会两百余人，选举第二届董事会。游杏南继续被推选为会长，还推选了34人为南洋各埠董事。1947年隆重举行成立六周年纪念大会，出版大会特刊《琴冈特刊》一册。特刊分五个栏目，登载论文、报道、散文、诗词、图片、函电等稿件反映南洋各埠杭侨情况。1947年6月上杭黄潭河流域发生特大洪灾，星洲南洋上杭同乡会组织"筹赈水灾委员会"，发动侨胞捐款法币935万元，于8月汇回国内帮助遭受水灾的家乡灾民重建家园①。

1946年，游杏南、游子汉等人还成立了业缘性社团新加坡中医师公会。该公会团结当地中医师，为弘扬传统中医药，治病救人精神做出贡献，虽然会员不光是上杭人，以上杭人牵头的业缘性社团也绝无仅有。

（四）胡文虎参与筹建的新加坡南洋客属总会

新加坡南洋客属总会于1929年8月23日正式成立，胡文虎参与筹建并担任首任会长。日占期间停止活动，1945年复会，1952年改选职员，胡文虎继续任会长。为促进社会良好风气，1952年，胡文虎会长提倡"守时运动"，由新加坡南洋客属总会开始实行，推及各地属会。1953年，为提倡节约，新加坡南洋客属总会主办华侨集体婚礼，胡文虎会长充当主婚人。许多会员热烈响应，参加集体婚礼的会员不仅来自新加坡，还有来自马来西亚半岛柔佛州的新山、昔加末、巴株巴辖、居銮、丰盛港、大笨珍、小笨珍，甚至有来自更远的霹雳州②。

胡文虎，1882年出生于缅甸仰光，1892年被送回祖籍永定县下洋镇中川村，接受传统文化教育，1896年重返仰光。1908年继承父业经营药材业永安堂。1914年将永安堂总行迁至新加坡，1932年又迁至香港，并在中国东南沿海及东南亚各地设立分行。胡文虎在参与筹建新加坡南洋客属总会，领导新加坡南洋客属总会和团结南洋各地客属人士支持祖国抗战和慈善事业中做出了杰出贡献。

一是参与客属总会的创建和长期领导客属总会。1923年5月初，旅居新加坡的客籍人士汤湘霖等人鉴于客籍人士南来日众，散布区域日广，提议组织客属公众机构，获得客属人士的热烈响应，由应和会馆与丰永大公司发起召集八属仝仁大会，议决组织"客属总会"，筹备处设于应和会馆③。适逢胡文虎的业务正由缅甸转移到新、马一带并蒸蒸日上，正好有资本也有能力参与组建。1926年，在汤湘霖、梁谷欣、邓振卿、胡文虎等人的领导下，客属总会在柏城街购得6600多平方米土地建会馆。1928年冬，会馆落成。1929年8月23日，新加坡客属总会举行成立暨会所落成开幕典礼。胡文虎在客属总会筹建过程中，捐资最多，贡献突出，从而被公推为会长，汤湘霖、蓝禹甸被推选为副会长④。

新加坡客属总会成立后，除第二届（1932—1934）由刘登鼎出任，第五届（1941—1945）文件散失外，胡文虎担任了前十届中的八届会长，一直到1954年去世⑤。

二是推动东南亚各地建立客属组织。1937年"七七"事变暴发后，中国掀起了全民族的抗日救亡高潮，身为会长的胡文虎充分发挥新加坡地缘上的优势，派出代表到东南亚各地去宣传发动抗日活动，东南亚各地纷纷组建客属公会。到1941年底，共推动

---

①上杭县侨务办公室、县侨联编印《上杭华侨志》，1989年9月，打印稿，第14~15页。
②吴慧娟：《独立前后新加坡南洋客属总会的作用》，载黄贤强主编：《新加坡客家文化与社群》，人文出版企业Humanities Press，2008年，第106页。
③吴慧娟：《独立前后新加坡南洋客属总会的作用》，载黄贤强主编：《新加坡客家文化与社群》，人文出版企业Humanities Press，2008年，第95页。
④李逢蕊、王东：《胡文虎评传》，华东师范大学出版社，1992年，第99页。胡文虎以个人名义捐5千元为大厦建筑基金，另捐5万元作为命名"胡文虎、文豹昆仲纪念堂"礼堂的费用。见吴慧娟：《独立前后新加坡南洋客属总会的作用》，载黄贤强主编：《新加坡客家文化与社群》，人文出版企业Humanities Press，2008年，第125页。
⑤吴慧娟：《独立前后新加坡南洋客属总会的作用》，载黄贤强主编：《新加坡客家文化与社群》，人文出版企业Humanities Press，2008年，第122~123页。

东南亚各地成立53个客属公会①。新加坡客属总会与各地客属公会是总会与分会的隶属关系，各地客属公会接受新加坡客属总会的领导。客属总会在各分会中委任外埠董事，历届职员表上都有本埠董事与外埠董事，可见客属总会在东南亚客家族群中的分量与地位。因此，1948年8月24日，客属总会召开特别大会，议决授权董事会，将"客属总会"名称冠以"南洋"二字，成为"新加坡南洋客属总会"。客属总会不仅是团结新加坡境内客属社群的核心组织，也对加强东南亚各地客属族群之间的联系、团结，起了不可替代的作用②。

三是以新加坡客属总会为号召，领导南洋客属筹赈抗日救亡运动。1939年8月24—27日，新加坡客属总会庆祝成立十周年之际召开各公会代表大会，共有来自缅甸、马来半岛、海峡殖民地、北婆罗洲、巴达维亚、苏门答腊岛等地40多个单位的130多名代表出席会议。大会举行了游艺筹赈活动，胡文虎在会上发表热情洋溢的讲话，号召客籍侨胞捐资捐物，认购公债，支援祖国抗战，并以10万元巨款购买名誉券一张，以表爱国之心。各公会代表献金及售卖游艺券获国币三十余万元，打破侨团单独筹款之记录。不但激发了中华民族的团结与凝聚力，也为中国抗日战争作出巨大的贡献③。

四是举办慈善、教育、文化、公益事业。1935年，由胡文虎会长独资创办民众义学，将客属总会的二至四楼辟为教室，分日夜班授课，学子有1 500余人。1953年新加坡南洋客属总会举行庆祝成立二十四周年纪念大典，同时召开第三届代表大会，出席者有新马、北婆罗洲及印度尼西亚各地公会25个单位56名代表，大会议决通过支持创办南洋大学④。

槟城

地处印度洋与太平洋交汇之处的槟城，位于马六甲海峡北端的出入口处。自18世纪末英国殖民者侵占马来半岛之后，槟城与新加坡、马六甲被共同组成英国海峡殖民地，扼守着太平洋与印度洋之间的重要门户。早在18世纪后期英国在槟榔屿设自由港之前，就有岩籍华侨前往开垦。先于英国人莱特到槟榔屿"训蒙"及打渔谋生的永定人张理和马福春被当地五属（指惠州、嘉应、大埔、增龙、永定）客家尊为"大伯公"。其后，永定华侨在槟城参与创建了以祭祀为主的广东暨汀州会馆、永大公司、帝君胡公司三个社团。清末至民国初年，主要以永定人为主的槟城岩籍华侨人数进一步增加，经济力量进一步壮大，涌现了著名的华侨实业家、"胡椒大王"胡泰兴、"锡矿大王"胡子春、"百货大王"吴德志等人。民国时期，永定华侨在槟城创立了永安社和北马永定同乡会两个社团。龙岩县（今新罗区）华侨移居槟城始于19世纪90年代⑤，到民国初年，槟城的龙岩华侨人数也不少，为龙岩会馆创立奠定了基础。

由岩籍华侨参与创建的槟州客家公会成立于1939年，是新加坡客属总会的属会，永大会馆和后来成立的北马永定同乡会则是槟州客家公会的属会。

（一）槟州永安社的创建⑥

槟州永安社，是由马来西亚半岛槟城永定同乡所组成的较为松散的社团。永安社以祷神祈福，共谋邑

---

① 新加坡南洋客属总会53个属会，计有马六甲、野新、文冬、立卑、小笨珍、文律、武吉班影、巴株巴辖、居銮、令金、雪兰莪、加影、怡保、金宝、槟城、吉礁、玻璃市、关丹、林明、甘猛、吉灵丹、吉赖、甘马挽、而连突、淡马鲁、劳勿、新山、古来、麻坡、金马士、昔加末、罗美士、东甲、马口、丰盛港、边加兰、森美兰、武来岸、士茇月、双溪古月、庇劳、哥打丁宜、居林、沙捞越、亚庇、仰光、吉里汶、石叻班让、占碑、巨港、三宝垄、日惹、雅加达等，见《新加坡南洋客属总会六十周年纪念特刊 1929—1989/90》，新加坡南洋客属总会，1991年，第60页。
② 吴慧娟：《独立前后新加坡南洋客属总会的作用》，载黄贤强主编：《新加坡客家文化与社群》，人文出版企业Humanities Press，2008年9月初版，第102页。
③ 吴慧娟：《独立前后新加坡南洋客属总会的作用》，载黄贤强主编：《新加坡客家文化与社群》，人文出版企业Humanities Press，2008年9月初版，第103页。
④ 吴慧娟：《独立前后新加坡南洋客属总会的作用》，载黄贤强主编：《新加坡客家文化与社群》，人文出版企业Humanities Press，2008年，第103~104页。
⑤ 据蒋人奇《槟城会馆史略》载："满清末季，是有一二先进之士，买棹南来，最先来槟城侨居者，始于六十年前，有翁志鹏、陈水旺、水发兄弟，及邱笃光诸氏，寥寥数人而已，此时约公历一八九零年前后，因无记录可考，不能确知年历。"载《槟城龙岩会馆二十二周年暨新厦落成纪念刊》，第29页。
⑥ 胡育文：《永安社史略概况》，载《北马永定同乡会新会所开幕暨42周年庆典/青年团九周年纪念庆典特刊》，1992年编印，第128页。

人团结为宗旨，主要活动就是在每年农历正月初十举行海珠屿大伯公纪念日庆灯活动。永安社的成立，缘于20世纪初散居马来西亚北部槟城、吉打、玻璃、太平、吉辇的永定乡亲越来越多，平时却很少联系，为加强联系，增进亲情，永定乡亲发起组建永安社。因日军占领槟城期间，永安社所有文字档案遗失。谁是发起人？组织过哪些活动？都有哪些人积极参与永安社的活动？时过境迁，竟都无从考证。据胡育文1989年撰《永安社史略概况》记述，"惟据老前辈凭记忆所述，本社成立已近七十余年之久矣。"据此推算，槟州永安社约组建于1919年。永安社虽无"永定"之名，却是由永定同乡组成的名副其实的永定同乡会。

永安社在每年农历正月初十组织乡亲在槟城大伯公神案前庆灯聚集。以掷筊决定炉主1人，协理2人，任期为1年，下午1时设联欢宴会，本外埠邑人都非常踊跃前来参加。

1941年4月，日寇南侵日近，人民恐遭流离。为帮助同胞，永安社同人江荣宗、张启鑫、陈仲明、胡让芳、江有生、黄耀南、胡锦让、曹书卿等人在永安堂召开座谈会，决定在亚依淡垄胡子春的春园地方建避难所，由陈仲明向胡子春后人胡茂英商谈借地事宜，获得支持。12月10日，日军进攻东南亚，日机连续在槟城上空轰炸一周，有500多永定男女老幼搬迁到避难所避难，平安度过3年又8个月的苦难岁月，极大地减少了同乡的生命和财产损失。

槟城光复后，1946年1月19日，永定同乡在大伯公街大伯公庙召开永属侨众会议，当场决定重组永安社，选举出1946—1947年度董事。根据选举结果，社长为曾昭周，司理为江有生，财政为陈仲明，查账为陈万辉，文牍为胡恭达。董事有张启鑫、胡让芳、胡顺荣、曹书卿、胡永源、胡顺循、曾九辉、胡佐兴、胡招胜、温乾福、江渭藩、江荣宗等人。2月11日，召开董事会，通过新章程，明确以"联络同乡感情，纪念海珠屿大伯公，发展公共利益"为宗旨。

永安社的组织机构为：社长1人，司理1人，财政1人，查账1人，文书1人，董事12人，以办理本社一切事务。另设信理员9人，管理本社一切产业。社员入会基金10元，无须缴纳年月捐。董事会每两年一任，期满后改选。

第二次世界大战前，永安社曾在打铁街巷15号及17号购得店屋2间。"二战"时，被日寇炸毁。1947年获赔偿银1533元。1947年4月19日召开会议，决定将空地出租，每月租金28元，增加本社收入。

（二）槟城龙岩会馆的创建①

据槟城龙岩会馆资料记载，最先抵达槟城的龙岩华侨为翁志鹏、陈水旺、陈水发及邱笃光等人。1908年后，由于前往槟城的龙岩同乡越来越多，翁志鹏、陈水旺、陈水发、王瞻甫等人发起组织苍岩清明福公司，实为槟城龙岩会馆的前身。

所谓"清明福"，是"清明祈福"之意，"苍岩"即龙岩。槟城苍岩清明福公司实是岩侨祭祖、丧葬和扫墓活动的互助组织。苍岩清明福公司成立后，每年向同乡发起募捐，作为春秋祭祀费用，多余的钱，存入同乡商店获得利息。至1921年，清明福公司拥有现款1400余元。大家一致同意存入志成号。1925年，清明福公司存款达3000余元，遂由翁碧斋、陈水旺、陈水发、章静波等人捐款凑足4250元，购置头条路横街十一号厝业一座为清明福公司产业。同年11月1日，组织董事会，选出信理员八位负责保管，并协助同乡一切福利事业。这是龙岩会馆的雏形。

第一届董事会成员如下：

正总理：尹椿炎

副总理：陈康臣

正财政：陈积渊

副财政：翁碧斋

信理员：翁碧斋　陈康臣　尹椿炎　陈积渊
　　　　翁鼎新　翁厚龄　杨源昌　陈德宗

1928年，汤茂轩、林炳照、陈康臣、刘加华、蒋体酩等人建议创立龙岩会馆。于是，组织筹备会，办事处设在台牛后霍溪别墅。

筹备组人员如下：

主任：翁碧斋

秘书：蒋体酩

委员：李瓜田　陈朝祥　翁鼎新　张镜如
　　　章如松　郭锦乾　章静波　杨源昌
　　　尹椿炎　陈康臣　张木顺　许国珍

槟城龙岩会馆经过一年的筹建，于1929年11月11日在头条路横街十一号正式成立。国民政府驻槟城领事馆领事杨念祖应邀为会馆成立剪彩。

槟城龙岩会馆选出第一届董事会，分别由翁碧斋、张木顺担任正、副总理，王卓群担任秘书，蒋体

---

① 李良潮：《槟城龙岩会馆馆史》，载《大马龙岩会馆总会暨各乡会联合特刊》，1987年10月，第58~59页。

酪担任秘书。翁碧斋连任总理四年。

1933年，龙岩会馆改为委员制，1934年又改为总理制。名称虽然不同，但会务相同。

槟城龙岩会馆成立之初，虽然经费短缺，仍秉承创会宗旨，为同乡谋福利，开展慈善工作，尽力收容失业同乡，资助缺钱返乡者回乡。

1936年，槟城龙岩会馆设互助部，会员为其亲属长老加入会友者，其后活动非常踊跃。

1937年日本发动全面侵华战争后，槟城龙岩会馆加入了南洋华侨筹赈祖国运动，支持祖国抗日救亡。据岩侨蒋人麒回忆："1939年，祖国抗战惨烈，海外同侨筹赈祖国伤兵运动，风起云涌。""本会馆秘书陈志刚，吾及岩侨优秀青年林人才、张可修等，热血沸腾，号召演剧筹赈。"槟城龙岩会馆当即"召开执监联席会议，产生演剧筹赈委员会，"在此次演剧筹赈活动，"龙岩会馆仗义响应，一鸣惊人，成绩破槟华剧赈记录，实为会馆有史以来之空前壮举。"据统计"筹得赈款八千余元，成绩为各社团剧赈之冠。"①

1938年，会馆迁台牛后十二号，郭廷芳当选总理，张木顺当选副总理，尹椿炎当选财政。会馆在郭廷方领导下，制定章程、会旗。10月10日召开会员大会通过新章程。

槟城龙岩会馆自成立至1941年，历届总理（或主席）有翁碧斋、张木顺、陈有章、陈朝祥、翁鼎新、李仰宗、郭廷方、张志明、丘文伟。

日军占领槟城期间，槟城龙岩会馆被迫停止活动，会馆在日军空袭中遭到轰炸，会馆资料尽失。

日本投降后，1945年9月14日，槟城龙岩同乡召开大会，通过翁碧斋、林仁才等人关于恢复龙岩会馆的提议，组建筹备会，每星期六召开会议，处理复会事宜。

筹备会由翁碧斋担任主席，李仰宗任总务，章觉生任财政，丘文伟任文书，林仁才任交际，石中玉任调查，郭廷方任组织。

10月14日，槟城龙岩会馆召开追悼大会，悼念第二次世界大战中遇难同胞及18位蒙难的同乡，会场庄严肃穆。

11月16日，槟城龙岩会馆举办联欢会，欢迎参加联军降落伞部队凯旋回槟的龙岩华侨英雄翁坤华先生。

1946年1月6日，槟城龙岩会馆召开复兴典礼及会员大会，选举执监委，选举杨镇洲为主席，丘文伟为总务，郭天赐为财政，章可修为文书，林仁才为交际，陈槐桢为组织，林添仁为调查，章祖任为互助。当月16日就职，27日召开执监委联席会议，讨论建馆事宜。

槟城龙岩会馆复会后会务主要有二项：

一是筹建新会所。1946年1月30日成立建馆委员会，主席团成员包括：杨镇洲、李仰宗、翁碧斋、郭廷芳、章觉生、苏遴贵、邓达成。经过几次会议及准备工作后，分区进行募捐。经过四年的努力，募得53 811元，在1950年完成购置台牛后二十四号会所工作。

二是发动捐款支援家乡建设。1947年龙岩高中建校，槟城龙岩会馆发动槟城侨胞捐款建教室、图书室、8人学生宿舍20余间。1947年龙岩"6·15"水灾发生后，槟城龙岩会馆成立北马救济家乡水灾委员会。委员会主席由槟城区李仰宗担任，副主席由吉玻区林添成担任，正、副总务分别由章觉生、章仁康担任，分头展开筹募工作，支援家乡灾后重建②。

（三）北马永定同乡会（槟榔屿永定同乡会）的创建

北马永定同乡会原名槟榔屿永定同乡会。因北马各地乡人也申请参加，来者不拒，其后置会所时又向北马及星马乡人募捐，乃将"槟榔屿"改为"北马"③。

1947年7月31日，槟城永定乡亲在《星槟日报》报社楼上召开座谈会，一致赞同组织同乡会。会议推选曾昭敬为筹备委员会主席，其他发起人陈仲明、胡顺荣、张启鑫、游高明、胡让芳等人为筹委会委员。胡让芳负责起草《章程》，陈仲明负责办理社团备案手续。8月25日起租用车水路90号为会所。

10月10日，槟榔屿永定同乡会举行成立庆典。中国驻槟城领事杨芷乡应邀主持开幕式。一时嘉宾云

---

①蒋人麒：《本馆剧赈回忆记》，载《槟城龙岩会馆二十二周年暨新厦落成纪念刊》，第55页。
②龙岩大水灾发生在6月15日，北马龙岩会馆的救灾活动应该在6月15日后。李良潮《槟城龙岩会馆馆史》记载5月28日成立"北马救世主灾家乡水灾委员会"，应该指农历，公历为7月16日。按当时的通信渠道，水灾消息传到槟城需要一段时间。
③大溪巫启因整理，《北马乡人与经济发展关系》，载《新加坡永定会馆七十周年纪念刊（1918—1988）》，第94页。

集，盛况空前。同乡会选举曾昭敬、胡顺荣为正、副主席。确立以"联络同乡盛情互助合作，并谋会员及社会福利事业"为会务宗旨①。

后因会务拓展，会员增加，原有会所不够用，槟榔屿永定同乡会于1949年10月20日召开会员大会，讨论筹建新会所事宜，获全体会员赞成，当场成立筹建委员会。10月28日购得头条路88号一幢作会所。1950年4月8日搬进新会所办公②。

1947年到1950年，曾昭敬连任四届主席，胡顺荣连任四届副主席③。

英属马来亚

英国1786年占领槟榔屿，1824年取得对马六甲的控制权，1890年在吉隆坡成立马来联邦，完全控制马来半岛，对华人入境一直采取鼓励政策，不加限制。这是因为英国殖民主义者已经探明，狭长的马来半岛不仅矿产丰富，而且气候炎热，适宜种植橡胶等热带作物。殖民主义者在马来西亚半岛大力开采锡矿与种植橡胶，需要大量劳工。大量华侨劳工则是最丰富的劳动力资源。近打河谷、柔佛河、吉隆坡盆地都是著名的矿区。据马来西亚学者李木生考证，沿柔佛河两岸廿余英里的范围，便是当年开采锡矿的地方。不知什么时候开始，汀州客家人就来到了柔佛河沿岸地区，并约在1908年在当地创建了鄞江公会。鄞江公会在令金老义山建有鄞江同侨义总坟，每年都在重阳节前后举行秋祭活动。

吉打亚罗士打唐人街尾的大伯公庙，根据神碑记载，清同治元年（1862）就由陈文光、徐九杭、谢招全等客属人士从槟城海珠屿大伯公庙分香，设分坛奉祀。1946年，本埠永定、大埔两县乡贤曹作臣、谢浓宜、张濂记、罗多昌等召集同乡，集资改建神坛，组织神会，定于每年农历二月十六为大伯公诞辰，备牲拜祭，当晚设联欢宴会，以联络同乡感情，敦睦乡谊，是为吉打永大会馆的雏形④。吉打永大会馆实质上管理坟山和祭祀大伯公的机构。总坟位于亚罗士打体育场路，建于1895年，1962年重修⑤。

民国政府时期，岩籍华侨在英属马来联邦建立的社团有天定（曼绒）龙岩会馆、吉玻龙岩同乡会、霹雳永定同乡会。1948年，永定华侨发起成立霹雳客家公会，霹雳永定同乡会是其团体会员。

（一）天定龙岩会馆的创建⑥

成立于1936年的曼绒（天定）龙岩会馆，会址设在曼绒县甘文阁

霹雳天定县，又称曼绒（Manjung），天定红土坎原是槟城和霹雳货物集散地，海运直达星洲、马六甲、霹雳内地一带，商贾云集，是霹雳州的一个重要海港。20世纪30年代，在天定各地的龙岩县籍华侨人数200多人，主要从事商业、胶工、雇员，由龙岩人开的商店有"华南""南亚""大通"等。

1936年，为了团结、互助、沟通同乡，由陈达文、郭达隆、陈连山、陈仪辉、陈应西、谢冬照、王紫山、邱正荣、杨利便、杨水深、张元炳、陈荣富、陈金旺、郭德发、郑炳盛、杨再达、陈水田、许祖庆、张发科、陈水源、张中兴、杨浩泉、张纪元、陈炳福、郭友邦等人发起，组建成立天定龙岩会馆，购置喇叭、铜鼓等乐器庆贺。由陈达文撰嵌原籍"龙岩"地名的对联如下：

龙光射斗牛之墟正是物华天宝，
岩境跨山川并秀果然人杰地灵。

---

① 邱文发硕士资料整理，《北马永定同乡会创立史》，载《第二届世界永定同乡恳亲大会》霹雳永定同乡会编，第81页。
② 《北马永定同乡会新会所开幕暨42周年庆典/青年团九周年纪念庆典特刊》，1992年编印，第77页。
③ 《北马永定同乡会新会所开幕暨42周年庆典/青年团九周年纪念庆典特刊》，1992年编印，第58页。
④ 《马来西亚槟榔屿五属大伯公庙建庙两百一十二周年纪念特刊》，第43页。
⑤ 《马来西亚槟榔屿五属大伯公庙建庙两百一十二周年纪念特刊》，第45页。
⑥ 郭达隆、陈仪辉：《重建会所，克难致果》，载《大马龙岩会馆总会暨各乡会联合特刊》，1987年，第268~267页。

天定龙岩会馆成立后，由陈达文、谢尽照、郭达隆、王紫山等人向外埠同乡及本埠乡亲募捐，购地于红土坎直地班央75号建成木板平房一座作会所。

日军占领马来西亚半岛期间，会馆文件烧毁，会员遣散，会务停止。

1946年元旦，天定龙岩会馆复会后，郭达昌连续三年担任主席，1949年由郭达隆连续二年担任主席①。

会馆由于没有经费收入，会务经费靠会员月捐及本地商号支持，停顿达七八年之久。

（二）吉玻龙岩会馆的创建

20世纪上半叶，龙岩县籍华侨在吉打和玻璃两地的人数，仅次于槟城，但两地幅员广阔，同乡散居各地，联络不便。第二次世界大战结束后，前往吉打和玻璃的龙岩县籍人数更多。龙岩同乡为便于联络、增进感情，在林泉木、张泉竹、林百源、林友深、林添成、张警醒、冯双桂、王岳峰、邓菊生、连洪钧、廖水昌等人暨南东有限公司股东的发起下，筹款10500余元作购置会所基金，其中7000元购置坐落在亚罗士打甘光呲叻的一座马来住家式单层高脚楼作会所，余款用于修辑及购置家具。于是，吉玻龙岩同乡会于1945年10月20日正式宣告成立。

会所横直不超过5米，虽然场地偏窄，但同乡会总算有一个正式会所，可作为发展福利和互相联络的地方②。

（三）霹雳永定同乡会的创建③

马来半岛的霹雳近打谷自1880年发现锡矿以来，就有不少永定华侨迁往近打从事锡矿开采，造就了胡重益、胡曰皆等一批华侨富商，逐渐在近打谷发展起来的城市怡保，成了永定海外华侨的一个重要聚居地。

1945年10月10日，永定下洋中川人，胡曰皆之兄胡锡皆特邀集霹雳永定同乡在怡保梅花酒家举行宴会，倡议筹组"霹雳永定同乡会"。28日，第一次筹备会议在怡保杜高街（国民街）45号举行，选举筹备委员会，曾昭周为正主席，胡锡皆为副主席。

1946年10月10日，霹雳永定同乡会在杨加森路17号举行成立大会，通过章程草案及选举第一届执、监委员，胡曰皆为正主席，曾智强为副主席。会员349人。同时，成立"华侨互助社"，筹资捐助家乡教育，并帮助弱势同侨，维护旅外同乡福利。

霹雳永定同乡会在各埠委任协理④，联络同乡。

1947年同乡会获准注册登记。

该会成立宗旨主要有四项内容：

一是联络同乡感情，调解纠纷；促进互助团结，共谋会员及社会福利。

二是赞助教育文化及社会慈善事业。

三是从事经大会认可之各种合法投资，获购置产业。

四是参加本国其他注册社团之组织为会员。

1948年10月10日，霹雳永定同乡会召开会员大会，庆祝成立二周年，并选举第三届执、监委。胡曰皆倡议购置会所，并首捐5 000元，得到同乡热烈响应。胡重益林灿英夫妇、胡华轩、曾鸣山、胡锡皆等均捐献购置会所基金1 000元以上，共筹得16 000余元。

1949年1月，购买在怡保市杨加森路17号原租用的店屋作会所，为会务的发展奠定了基础。

6月5日，霹雳永定同乡会加入霹雳客家公会为团体会员，扩大活动范围。

英属北婆罗洲

婆罗洲后称加里曼丹岛，南部为荷属领地，北部三邦——沙巴、文莱、沙捞越为英属领地。民国时期，岩籍华侨仅在沙巴中心城市哥打京那巴鲁（亚庇）成立具有同乡雏形的社团——他山俱乐部。

（一）他山俱乐部的创建⑤

---

①《天定龙岩会馆历届理事一览表（一）》，载《大马龙岩会馆总会暨各乡会联合特刊》，1987年，第270页。
②汤若芝，陈念祖：《吉玻龙岩同乡会会史》，载《大马龙岩会馆总会暨各乡会联合特刊》，1987年，第304页。
③《霹雳永定同乡会会史》，载《第二届世界永定同乡恳亲大会》，霹雳永定同乡会编，第44页。
④协理是一个地方的社团的代表，主要负责联络所在地同乡，并参与同乡会的领导工作。霹雳永定同乡会以怡保为中心，是马来联邦中北部永定同乡会联络机构，因同乡分布广而分散，需要在各埠委任协理，以联络同乡。据1948年第一届执监委各埠协理名单，当时的各埠包括：怡保、万里望、甲板、埔地、华都牙也、督亚冷、木歪、实吊远、波赖、金保、万岭、安顺、文冬、打扣、朱毛、和丰、江沙、马根士乃、新路、毛兵、拿哈、布先、端洛、古打马路、巴力、爱大华、红土坎、迪加、地摩、积莪营、马根拿督、九洞、红毛丹、拱桥、宁罗、太平、巴力文打、古劳。1949年增加新初。见《马来西亚霹雳永定同乡会50周年金禧纪念特刊（1946-1996）》第60页、第61页。
⑤子君：《亚庇龙岩会馆简史》，载《大马龙岩会馆总会暨各乡会联合特刊》，1987年，第230~231页。

龙岩县籍华侨赴南洋谋生，先至新加坡或棉兰，然后转往各地，有部分龙岩华侨跨越南中国海抵达英属北婆罗洲的沙巴谋生。

20世纪初，英殖民政府在沙巴中心城市哥打京那巴鲁（亚庇）开设赌场、鸦片馆、当铺等收取税收，华侨多为之毒害。为引导同乡健康活动，1924年春，最先抵达（亚庇）的章声宏（大埔）、许耀南（炳荣）联络同乡章必华、章谦、张美基、许群定、吴金富，及古打毛律的郭廷方、张凤池等同乡共同组织他山俱乐部，制订章程，首条即为"严禁赌博、鸦片、娼妓"，一时被讥为"迂腐，违反适者生存条例"。

他山俱乐部的"他山"取自"他山之石可以攻玉"，是一个倡导健康文娱、联络同乡的组织。成立之初经费拮据，一切会务多由章必华义务处理。

他山俱乐部成立后，主要活动包括：

1. 举办爱国活动，增强同乡爱国热情。1924年10月10日，他山俱乐部印制华文宣传资料《告同胞书》，宣传祖国双十国庆节，增强同乡的民族意识和家国情怀。1925年孙中山去世后，他山俱乐部组织代表团参加中国国民政府驻亚庇领事馆主办的祭奠活动。1927年国民政府北伐成功，他山俱乐部响应当地侨团的祝捷活动，宣传爱国运动。

2. 积极参与当地侨团的抗日救亡活动，支援祖国抗战。1928年5月，"济南惨案"发生后，支持亚庇华人侨团在俱乐部设"鲁案后援会"，声讨日军暴行。1931年，"九一八"事变后，他山俱乐部发表宣言，呼吁抗日。1937年"七七"事变后，他山俱乐部会员大都参加亚庇华侨团体组织的筹赈救亡运动。1941年3月，他山俱乐部派章谦为代表，参加著名爱国侨领陈嘉庚在新加坡发起召开的闽侨大会，声讨日军侵华暴行，共商支援祖国抗日大计。日军占领沙巴期间，章谦遭日军逮捕，拘押在沙捞越古晋，遭严刑逼供，险被杀害。1943年，他山俱乐部会员陈金兴与郭益南在沙巴发动起义，组织神山游击队，陈金兴担任副司令，抗击日军。参加神山游击队的他山俱乐部会员共有13人，全部壮烈牺牲。第二次世界大战结束后，他山俱乐部发动同乡捐募抚恤金，慰问殉难神山游击队烈士家属。1947年8月30日，他山俱乐部负责人连景洲、章谦、陈泉坤、邓松青、许汉民、陈湘荣等人发起在"嘎败岸"（Kepayar）为遇难同乡建碑缅怀。1968年4月5日，又将遇难同乡迁葬于亚庇华人公塚①。

3. 举办健康文娱活动，凝聚乡谊亲情。1925年7月提倡女学，自办初小女学一班，由章江河夫人担任老师。1936年春节组织龙灯队庆祝，开展同乡联欢活动。1938年组织他山篮球队。1940年组织他山国术团，聘请拳师章维炎指导，推广健身运动。

4. 开展赈灾活动，支援家乡救灾。1947年龙岩发生"6·15"特大水灾后，他山俱乐部发动同乡捐款，支援家乡灾后重建。

英属缅甸

英国在19世纪经过长达半个多世纪的三次英缅战争，到1885年完全占领缅甸，进行殖民开发，吸引了大量华工前往缅甸谋生。

赴缅甸华侨分陆路和海路。陆路华侨主要是从云南到缅甸的滇侨，当然也有闽侨。海路华侨主要是从海上前往中、下缅甸的闽侨、粤侨。

岩籍华侨主要从海路前往缅甸。据记载，清咸丰年间（1851—1861）永定下洋等地就有大量移民赴缅甸谋生。著名华侨实业家、爱国侨领胡文虎的父亲胡子钦于1861年只身南下，途经茶阳、潮州，来到汕头港口，乘上"大眼鸡"帆船，漂洋渡海，辗转到达缅甸的仰光②。到民国时期，永定、龙岩、上杭都有人前往缅甸谋生，在仰光、土瓦、丹老、毛淡棉、勃生、兴实塔等地都有岩籍华侨，缅甸也是岩籍华侨人数较多的地区，岩籍华侨中产生了像胡文虎这样的一些实业家，这些都为岩籍社团的成立奠定了基础。1918年，仰光永定会馆在胡文虎的发起和支持下首先成立起来。1919年，胡文虎又在仰光发起创建胡氏安定堂。1923年，缅甸龙岩同乡会在郭松年、郭铁孚、李占飞、郭子谦、魏乔桢、郭子安、郭达荣、郭躬盛、陈德旺等人的发起下成立，当时龙岩县籍人士在仰光开设商店的只有数家，大多数人在侨胞的各大商行中任账会或在侨校任教，会馆成为岩侨们互助的中心。1941年日军占领缅甸后，会馆被迫停止活动，60多名岩侨沿缅甸陆路，经滇、桂、黔、湘

---

① 王业开：《沙巴抗日英雄万古流芳志》，载《大马龙岩会馆总会暨各乡会联合特刊》，1987年，第232~233页。
② 李逢蕊主编，江斌副主编：《胡文虎研究专辑》闽新出（岩字）内书（刊）第033号，1992年，第68页。

赣，辗转回到故乡①。

勃生永定会馆在1946年复办时已是第13届，假若每年一届，加上日军占领缅甸期间四年停办，至少在1929年就已成立。还有毛淡棉、兴实塔、丹老、吉叻四地永定会馆成立的时间都应在二十世纪二三十年代。

第二次世界大战结束后，吉叻永定会馆复办，在胡寿民、吴大满等人主导下，将"永定会馆"改为"永靖互助会"，不久，两人相继病殁，同乡都认为是祖先显灵惩罚之故，万分惶恐，立即将"永定会馆"牌匾挂回原处，始得心安②。到1949年底，永定同乡在缅甸的勃生、瓦城（曼德勒）、毛淡棉、兴实塔、土瓦、丹老、吉叻等地都成立了同乡会。仰光永定会馆由于是缅甸中心城市仰光所在地，在缅甸各埠同乡会馆中被认为是总会，享有最高的声望。缅属各埠的永定会馆如果发生不能解决的问题，由仰光永定会馆出面处理，都能得到适当解决③。

1950年前，缅甸闽西社团成立或复办情况如下：

创办/复办时间	社团名称	首届社团负责人
1918年	缅甸仰光永定会馆	胡文虎
1919年	缅甸仰光胡氏安定堂	胡文虎
1923年	缅甸龙岩同乡会	郭松年
1936年始创，1946年9月3日复办	勃生永定会馆	第13届主席陈永吉、副主席江拱荣
1949年2月10日	瓦城（曼德勒）永定会馆	理事长胡俊之，财务胡定平
1949年2月16日复办/会所重建落成典礼	毛淡棉永定会馆	
1950年3月3日重建会所落成典礼	土瓦永定会馆	选出理事长朱炳荣、财政林永相
1950年	兴实塔永定会馆	李辉伍主持
1950年	丹老永定会馆	游蔚华主持
1949年	吉叻永定会馆	胡寿民、吴大满

有据可查的缅甸岩籍社团有9个，加上后来的缅甸华侨互助会，有10个之多。除缅甸龙岩同乡会外，其他都是永定华侨在缅甸各地所建会馆，由此可见，永定华侨在缅甸有较大影响。

（一）缅甸仰光永定会馆的创建

缅甸仰光永定会馆成立于1918年。当时由胡文虎、张和泰、卢芳苔、江晓春、苏群彬、胡绍清等人，以汀州会馆名义从缅妇妈娣处购得位于仰光华区市中心南勃陶街81号枋屋一座作会所，1919年开始改建成四层的钢筋水泥楼房。

会所建成后，却未称汀州会馆。这是因为，当时福建各县旅缅的人数渐多，不再像早期那样称泉州人或漳州人、汀州人，改为以县为单位自称，所以永定同乡建立的会馆也不再称汀州会馆，而直接命名为永定会馆，会馆公文于是一直沿用"旅缅（汀州）永定会馆"的名称。

仰光永定会馆建成后，由于地处缅甸经济、文化、政治中心的仰光，交通、联络方便，起着联络缅甸各地同乡社团的作用，虽无"总会"之称，却有"总会"之实，一般称为"旅缅永定会馆"或"永定总会"，在永定同乡中享有很高的声望。

仰光永定会馆创建后，胡文虎于1923年11月在会馆内独资创办华文报《缅甸晨报》，为会馆增添一番新气象。后来，又在会馆四楼办"立本学校"，招收永定学子就读，教师由同乡担任，用永定客家话教学。直到1941年才改用国语教学，兼收外县籍学生，

---

① 龙岩市侨务办公室编，《龙岩市华侨志》，1987年8月24日，打印稿，第12页。这里的"龙岩市"，指原"龙岩县"，后改"新罗区"。
② 苏孟：《缅甸仰光永定会馆简史》，载《新加坡永定会馆七十周年纪念刊（1918—1988）》，第96~97页。
③ 同上。

以普及教育为目的,将校名改为"民众学校"。

日军占领缅甸期间,永定会馆会务停止,学校停办。

仰光光复后,永定会馆会务主要有以下几项①:

一是收复会馆。日军占领仰光期间,永定会馆被人占用。仰光光复后,占用者仍拒绝交还永定同乡。永定同乡经多方交涉无效,召开同乡大会,主张武力收回,并形成决议。占用者闻讯后,连夜自动搬出会馆。于是,永定同乡重新收回会馆。

二是复办"民众学校"。1945年9月7日,永定会馆教育组召开会议,选出常务校董9人负责筹备复办民众学校,李崇范为董事长,林子雄、江万炎为副董事长,苏廷芳为财务,林金鸿为校长,黄栋汀为副校长。会议当场募得开办费2 700盾(缅币)。9月21日,民众学校举行复办第一届开学典礼。

三是举办周年庆典活动。1945年10月17日举行银禧纪念庆典,午后3时备酒筵40余席,大宴宾客,盛况空前,还邀请演出团表演缅剧助兴。

四是增设"缅华青年国术社"。1946年3月3日,筹组缅华青年国术社,选出李义常、江光辉、江金标为首届正、副社长,江万炎为财务,并举行成立典礼。国术社原来只收永定人,后来扩大到外县籍人。

此外,永定会馆还设有"永定国乐研究社",有社员20余人,在工作之余,每晚聚集二楼阳台演奏,丰富会员生活。

另据原旅缅老华侨罗明光撰文提出,仰光永定会馆可能在1918年以前就已正式成立了②。理由如下:

1. 会所的地皮于1918年11月25日以4 257值缅币由胡文虎、张和泰、卢芳台、江晓春、苏群彬、胡绍青、胡三清等代表会馆以汀州会馆名义,向缅妇妈娣买下来的。当地是一间枋屋。1919年12月19日,胡文虎与建筑家MR. J. A. FLOREY协议,以28 000值缅币建起四层楼房。因为只有先成立会馆,才谈得上购买会所。

2. 1977年10月17日据说是旅缅永定会馆第46届第58周年纪念日。这个纪念日是会馆向当地政府注册的日期来计算的,其实会馆成立日期可能还要更早一些。

(二)缅甸仰光胡氏安定堂的创建③

缅甸仰光胡氏安定堂由胡文虎等人于1919年发起创建。堂址设仰光南普陀街12号。

该会以"协力拓展会务,敦亲睦族,和衷共济,相互关爱,为同一血脉的宗亲造福,传承中华文化,沿袭历代习俗,保持和发扬中华民族的传统美德"为宗旨。

该会在二十世纪三四十年代会员增加很多,后经战乱和世局变化,人口波动较大。

荷属东印度领地

荷属东印度领地的范围包括爪哇、苏门答腊、婆罗洲南部、苏拉威西、马鲁古等岛屿,16世纪末,荷兰殖民者开始侵入这些岛屿,到1904年完全取得对这些岛屿的占领征服。荷兰殖民者对这些占领岛屿通过东印度公司进行殖民统治。第二次世界大战结束后,荷属东印度反殖领导人宣布成立"印度尼西亚共和国",经过四年的反殖独立战争,荷兰殖民者被迫签订圆桌会议协定,于1949年12月27日将主权移交给"印度尼西亚联邦共和国"。

华人前往东印度群岛的历史十分久远。据史料记载,早在元朝就有大军征战留驻,郑和下西洋时也有人留居该地。清康熙至乾隆年间(1661—1795)有汀州人前往东印度群岛谋生,特别是汀州四堡和永定大溪一带,前往东印度群岛谋生的人最多,也产生了一批有实力的华侨。但直到清末,岩籍华侨在东印度群岛的人数仍然很少。到民国时期,因战争、灾害等原因,前往东印度群岛谋生的岩籍移民人数激增,在巴达维亚、万隆、棉兰、三马林达等地形成岩籍移民人数相对较多的居住地,为岩籍移民在当地建立社团奠定了基础。1918年新加坡永定会馆成立时,在荷属东印度的巴城、日里、三宝垄、泗水、望加锡等地都设置协理员,联络各地乡亲④。

民国时期,岩籍华侨在荷属东印度领地建立的社团有:

(一)巴达维亚(雅加达)永定会馆

巴达维亚(雅加达)永定会馆,成立于1938年,永定大溪人游凤超、游范吾姐弟在巴达维亚(后称雅

---

①苏孟:《缅甸仰光永定会馆简史》,载《新加坡永定会馆七十周年纪念刊(1918—1988)》,第96~97页。
②原载《永定文史资料》第五辑。
③胡治业:《缅甸仰光胡氏安定堂简介》,载《福建永定胡氏族谱》,2011年,第176页。
④《新加坡永定会馆七十周年纪念刊(1918-1988)》,第41页。

加达）三间土库街成立永定会馆，并在会馆内办起"协和学校"。首任会长游凤超，继任会长游子平。日军占领印度尼西亚期间，永定会馆停止活动。1948年，游子平复办永定会馆和协和学校，任期两年①。

协和学校首任校长为李新昌（李勉之）。日本投降后，游尚群于1948年接任校长。1949年卢冠西继任校长，苦心孤诣，不辞劳苦，校务蒸蒸日上。由于校风好，学生成绩优良，吸引众多华侨子弟前往就读，学生人数很快从100多人增加到2 500多人②。

（二）万隆永定会馆

万隆永定会馆③，成立于1938年，首任会长苏叔评。苏叔评，字绵福，学名骥材，1928年赴南洋谋生，先到巴达维亚，1932年转到万隆。"每至一埠，病者视为福星，贫则扶病而至，富则轿车以迎。"在万隆首倡永定公会，会馆成立后，被推举为第一届会长。

1937年万隆公会成立大会上全体职员合影

（三）苏东棉兰龙岩会馆

苏（指"苏门答腊岛"）东棉兰龙岩会馆成立于1923年，馆址设在棉兰市甲必丹街，为帮助同乡解决商业经营资金的周转问题。会馆又集资附设"新罗公司"，专供龙岩县籍同侨借贷。1926年以后，仙达、直民丁宜、亚沙汉、冷沙四埠龙岩县籍乡侨先后建立会馆，连同棉兰，五埠龙岩会馆联合组成"龙岩旅苏同乡总会"，会址设于棉兰会馆。苏南的巨港及爪哇各埠的龙岩同乡也都建立有同乡会④。1933年，棉兰同乡会在该埠马甘马街购置一幢洋房作为永久会所，各埠乡亲前来棉兰经商、探亲访友，都可在会馆免费住宿。

（四）龙岩旅苏同乡总会

龙岩旅苏同乡总会，约成立于1940年，会长郑日晖。该会在日军占领荷属东印度前，发动龙岩县籍乡亲开展募集义款、征集药品、抵制日货、推销救国公债等抗日救亡活动。⑤日军占领荷属东印度期间，会馆被占用。

（五）三马林达永靖公会

三马林达永靖公会，成立于1946年。三马林达是印度尼西亚东加里曼丹省首府。三马林达永靖公会由福建省永定县和南靖县两地的华人乡贤所创立，是两县乡亲联系的平台和团结的象征。三马林达永靖公会成立之初，租用90平方米的住家式旧木屋为会所。1947年新建会所占地面积约70平方米，建筑面积达200平方米，平时作乡亲宴会或婚礼之用。会所内设医疗所，为同乡看病。

另据资料记载，1945年由当地40多个进步侨团组成的巨港中华总会⑥，首任主席王源兴是龙岩县人，后回国担任中国侨联副主席。1947年成立的万隆中华药商联合会，会员多是永定籍华药商⑦。

泰国

据史料记载，早在明成化年间（1464—1478）就有汀州盐商谢文彬前往泰国（当时称"暹罗"）谋生。到20世纪初，永定、龙岩、上杭、长汀、连城都有人前往泰国谋生。1910年以后有龙岩人陆续经槟城转至曼谷谋生。1924年，由槟城转迁曼谷的苏振寿等人发起组建曼谷龙岩会馆，受到岩侨的拥护。曼谷龙岩会馆发动侨胞倡办中、小学校及举办各种公

---

① 《雅加达永定会馆成立六十八周年暨复会二十八周年纪念特刊》，第9-10页。
② 雅加达协和校友联谊会：《协和简史》载《协和校友联谊会10周年纪念特刊》，第44页。
③ 《雅加达永定会馆成立六十八周年暨复会二十八周年纪念特刊》，第130页。
④ 《龙岩市华侨志》龙岩市侨务办公室编打印稿，1987年8月24日，第9~10页。这里的"龙岩市"指原"龙岩县"，后改为"新罗区"。
⑤ 郑立鹤：《心系中华振兴——记爱国归侨郑日晖》，载《龙川赤子心》新罗区侨联、党史研究室编，1997年5月印刷，第193页。
⑥ 廖大珂、辉明：《闽商发展史·海外卷》，厦门大学出版社，2016年，第220页。
⑦ 廖大珂、辉明：《闽商发展史·海外卷》，厦门大学出版社，2016年，第221页。

益事业①，为当地岩侨服务。后龙岩会馆加入泰国福建会馆。

二、岩籍华侨参与海外抗日救亡社团情况

自1931年"九一八"事变以来，中国开始了长达14年的抗日战争。岩籍华侨积极与各籍华侨共同组织各种抗日救亡团体，支援祖国的抗日战争。1937年"七七"事变后，中国掀起了全民族的抗日高潮。南洋华侨在陈嘉庚②、胡文虎③的领导下，开展了轰轰烈烈的抗日救亡运动。

1938年10月10日，陈嘉庚在新加坡发起成立南洋各属华侨筹赈祖国难民总会（简称"南侨总会"），岩籍华侨王源兴、章谦④等人除参加成立大会外，还参与南侨总会各地分会的组建工作和救国运动。

在荷属东印度，岩籍华侨王源兴⑤发起组织苏门答腊巨港华侨筹赈祖国难民会，担任副主席，战后被推选为"巨港华侨总会"主席。漳平籍华侨陈性初发起成立雅加达华侨捐助祖国慈善事业委员会，出任常务委员。据统计，1938年11月至1940年12月，雅加达华侨认捐315万多元⑥。岩籍华侨张德镕⑦、黄复康⑧发起组织亚沙汉华侨筹赈祖国难民会，张德镕担任副主席，黄复康担任秘书兼宣传主任。战后，张德镕被推选为亚沙汉华侨总会主席、棉兰华侨总会副理事长、龙岩旅苏同乡会顾问等社团职务。黄复康被荷印当局驱逐出境，前往新加坡。岩籍华侨陈灼瑞⑨参与组建巴都芭拉华侨筹赈祖国难民会。邓衡山⑩参与发起印度尼西亚苏门答腊先达华侨筹赈祖国难民会。龙岩旅苏同乡会及棉兰分会在会长郑日晖领导下，发动龙岩乡亲开展募集义款、征集药品、抵制日货、推销救国公债等抗日救亡活动。

在马来西亚半岛，岩籍华侨参与怡保、打巴、槟城、亚庇等地筹赈会的捐款活动。槟城龙岩会馆筹款8000余元交槟华筹赈会，为全槟各社团之冠⑪。胡日皆发起成立马来西亚半岛霹雳州打巴筹赈分会，担任主席，多次捐巨资支援抗战，组织抗日动员大会和募捐大会，当地华侨群起响应，连马来人、英国人也参与捐款⑫。张壮飞参与发起、组织马来亚槟城华侨筹赈祖国伤兵难民会，当选执行委员⑬。

在泰国，龙岩人苏振寿⑭"七七"事变时任泰国福建会馆主席，多次慷慨捐款和购买巨额救国公债，深入发动福建籍华侨抵制日货和捐款捐物，动员福建华侨子弟回国投军，参与组织一系列大型抗日活动。

抗日战争全面爆发后，祖籍永定县下洋镇的胡文虎为凝聚客家华侨力量抗日援国，以南洋客属总会会长的身份，于1938年底发起并创立南洋客属总会救济难民会，亲任会长，同时派出专人，前往南洋各埠推动成立53个客家公会。1939年8月借南洋客属总会成立10周年之际，动员东南亚客属华侨支援祖国抗战，发表《告同胞书》及《筹赈祖国难民宣言》，各客家公会代表踊跃献金30万元，胡文虎独捐10万元。1939年9月，胡文虎出任香港崇正总会会长后，更将募集抗日义款、促销救国公债作为重要任务，全力救助难民，募集公债。

三、结语

---

① 《龙岩市华侨志》龙岩市侨务办公室编打印稿，1987年8月24日，第13页。这里的"龙岩市"指原"龙岩县"，后改为"新罗区"。

② 刘琳：《福建华侨抗日名杰列传》（上），海峡书局，2016年，第58~86页。

③ 刘琳：《福建华侨抗日名杰列传》（上），海峡书局，2015年，第141~153页。

④ 章谦1941年3月赴新加坡参加闽侨大会。日占期间，遭逮捕入狱，惨遭刑罚逼供，获释时几近瘫痪。参见子君：《亚庇龙岩会馆简史》，载《大马龙岩会馆总会暨各乡会联合特刊》，第230~231页。

⑤ 刘琳：《福建华侨抗日名杰列传》（中），海峡书局，2015年，第830~834页。

⑥ 刘琳：《福建华侨抗日名杰列传》（上），海峡书局，2015年，第48~52页。

⑦ 张毅盛：《爱家必先爱国——回忆父亲张德镕》，载《龙川赤子心》，新罗区侨联、区党史办编，第181~182页。

⑧ 刘琳：《福建华侨抗日名杰列传》（中），海峡书局，2015年，第565~566页。

⑨ 林金禄、郭启焘、赖土氏：《爱国爱桑梓，功德照启人——陈灼瑞传略》载《龙川赤子心》，新罗区侨联、区党史办编，第168页。

⑩ 刘琳：《福建华侨抗日名杰列传》（中），海峡书局，2015年，第552~554页。

⑪ 李良潮《槟城龙岩会馆馆史》，载《大马龙岩会馆总会暨各乡会联合特刊》，1987年印刷，第58页。

⑫ 刘琳：《福建华侨抗日名杰列传》（中），海峡书局，2015年，第711~715页。

⑬ 刘琳：《福建华侨抗日名杰列传》（中），海峡书局，2015年，第532~534页。

⑭ 刘琳：《福建华侨抗日名杰列传》（上），海峡书局，2015年，第268~269页。

民国时期，一方面是英国、荷兰殖民政府对华人移民控制较松，英国殖民政府还鼓励华人前往开垦。另一方面是中国国内战争不断，人们生存困难，纷纷向海外移民。东南亚距华南较近，接收华南移民最多，东南亚的岩籍华侨人数于是大量增加。他们为加强联系和团结互助，纷纷在居住地建立起各类社团。有同乡会，有客属社团，有宗亲社团，还有业缘性社团，形成岩籍海外社团初创时期的一个高潮。另外，第二次世界大战后，中国从半殖民地半封建国家一跃成为联合国五个常任理事国之一，大大激发了海外华人华侨的民族自豪感，一度在东南亚出现华人的"再华化"，激发了岩籍海外华侨建立社团的动力，不仅战前的社团纷纷恢复活动，而且还建立了许多新的社团。据有关资料统计，民国时期由岩籍华侨创建的社团中，同乡会占多数，有18个，以县域为单位。由岩籍华侨参与建设的客属社团有3个，宗亲社团1个，业缘性社团1个。这一时期的岩籍海外社团，具有以下几个特点：

1. 岩籍海外社团属于初创阶段，建立社团数量多且极为活跃。岩籍海外社团参与各种社会活动，与当地华侨社团在横向、纵向都有着广泛密切的联系，在联络同乡、造福乡亲、支持祖国抗战和建设家乡、发展会员福利等方面都积极作为。

2. 以原籍县域为单位的同乡会大量建立。岩籍华侨建立了18个同乡会，其中由永定县籍华侨建立的同乡会11个，由龙岩县籍华侨建立的同乡会6个。在荷属东印度，龙岩华侨华人在苏门答腊岛建立5个同乡会的基础上，成立了龙岩旅苏同乡总会，是区域内同乡走向联合和整合的开始。

3. 岩籍华侨在英属海峡殖民地的新加坡、槟城、马来半岛、缅甸，以及荷属东印度、泰国都建立了社团，基本奠定了岩籍老侨社团在东南亚的分布格局。除泰国曼谷龙岩会馆主席苏振寿在中华人民共和国成立后回国未继续开展活动而失联外，岩籍海外社团在新加坡、马来西亚、缅甸、印度尼西亚四国一直存续下来。

4. 岩籍海外社团属于侨民社团，往来中国方便，与家乡联系较多，人员互动较频繁。

5. 新加坡的岩籍社团在东南亚各地同乡社团中起着领导作用。新加坡的永定会馆、龙岩会馆、上杭同乡会分别成为所在县侨民的联络中心。新加坡永定会馆曾在南洋各埠委任协理员，负责联络所在地同乡。1947年龙岩发生"6·15"特大洪灾后，在东南亚龙岩华侨支援家乡灾后重建中，新加坡龙岩会馆起着联络和领导的作用。

第三节 转型时期（1950—1990年）

第二次世界大战是东南亚历史发展的重要分水岭。原先，各地建立的许多互不隶属的小王国，被英国、荷兰等殖民帝国分而治之，成为欧洲殖民主义者的殖民地。第二次世界大战中都被日本占领。战后，东南亚各殖民地民族纷纷觉醒，掀起民族独立运动，摆脱殖民统治，东南亚各地以原宗主国所建殖民范围为基础建立起多个独立国家，到20世纪80年代中旬，东南亚建立了10个独立国家。海外华侨面临着与第二次世界大战前完全不一样的生存环境。

首先是与原乡的交通阻断。由于东南亚各国独立以及中华人民共和国成立后遭到西方列强的包围制裁，从中国前往东南亚的新的移民基本停止，中国因素对岩籍海外社团的影响开始式微。中华人民共和国成立以后，以美国为首的西方国家在海上对中国实行经济和军事封锁，加上中华人民共和国建立初期中国政府的"左倾"政策，以及"文化大革命"十年动荡，中国与东南亚各国关系比较紧张，东南亚各国停止中国新移民进入，岩籍移民大量出国现象基本停止。此外，中国与东南亚各国的关系极不稳定。印度尼西亚1965年与中国断交；新加坡和泰国都是美国的小伙伴，与中国迟迟没有正式外交关系；马来西亚虽在1974年与中国建交，但马中关系十分冷淡；中缅关系虽在20世纪50年代初期开始就很友好，但自奈温1962年上台后直到1988年下台，关系一直十分冷淡。而且，除新加坡外，印度尼西亚、缅甸、马来西亚都出现过排华事件。东南亚华侨华人与家乡的联系非常困难，几乎断绝。岩籍海外社团的会员绝大部分是由1949年以前的中国移民及后裔参与组成。

其次是东南亚各殖民地纷纷独立,各国采取各种措施要求华人及社团融入当地。中国政府为加强与东南亚各国的关系,在 1955 年宣布不承认双重国籍,东南亚华侨被迫在祖籍国与居住国之间作出选择。20世纪 50 年代,中国与印度尼西亚、缅甸的关系尚好,华人入籍归化的压力并不大,但 60 年代后形势急转,印度尼西亚苏哈托上台后,与中国断交,并实行严厉的排华政策,除禁止创办新的华侨社团、华侨学校、华文报刊外,原来成立的华人社团也被禁止活动。到 1980 年有所放松后,华人社团也只能以慈善互助性的政治敏感极低的组织出现。缅甸发生过 1967 年的排华事件,限制华人社团、华校发展,限制华侨经济发展,华人外移严重,华人社团生存困难。新加坡自 1965 年独立后,一直未与中国政府建交,是西方围堵中国的重要据点。马来西亚虽然与中国在 1974 年建立有外交关系,但一直没有实现正常化。相对于印度尼西亚、缅甸的华人社团,不是被禁止活动和关闭,就是被限制活动,马来西亚、新加坡两国的华人社团生存环境相对宽松。它们立足本国,华人社团联合得更加紧密,岩籍华侨老社团基础比较坚实,甚至还创建了一些新的社团。马来西亚的龙岩社团走向全国整合,创建了全国性的领导社团——马来西亚龙岩会馆联合会。

第三,新加坡社团在各国独立后不再具有领导地位,各国岩籍社团各自发展,以一国为单位的社团联系得到加强。

由于以上原因,尤其是各殖民地独立建国,岩籍海外社团为了适应生存的需要,被迫进行自我转型。到 20 世纪 80 年代,岩籍海外社团完全实现了从"落叶归根"向"落地生根"的转型,从侨民社团转变为居住国社团。

新加坡

中华人民共和国成立,鼓舞了一些新加坡华侨回国参加建设。新加坡龙岩会馆创办人之一的张汝鳌和时任主席张蔼庭于 1954 年回国。1963 年,新加坡与马来亚联邦、沙巴、沙捞越合并,组成了马来西亚联邦。1965 年 8 月,新加坡脱离马来西亚,宣布成为一个独立国家。1990 年 10 月 3 日,新加坡与中国建立正式外交关系。此前的 25 年间,新加坡与中国大陆的关系中断。新加坡作为地处东西方交通要冲,且奉行亲西方的小国,大力推进英语教育,积极贯彻一个国家、一个民族、一个新加坡的概念,强调国民认同和种族和谐。各华人社团、会馆服务同乡的功能几乎被政府机构被全部替代①。在文化政策上,新加坡政府从 20 世纪 70 年代以来,便鼓励各民族保持和发展自己的文化和传统,作为中华民族的宗乡会馆在社团功能上于是被赋予弘扬和传承中华文化的新历史使命。比如,新加坡南洋客属总会就曾联合宗乡联合总会主办主题为"新定位、老优势、新对象"的研讨会,就会馆角色进行重新定位②。

南洋胡氏总会的前身是 1946 年成立的广肇胡氏宗祠。1951 年,广肇胡氏宗祠为了广纳其他籍贯的胡氏宗亲,改名新加坡胡氏公会。1955 年改名为南洋胡氏总会。永定胡姓华侨在其中担任重要职务。1953 年,新加坡胡氏公会成立筹建会所委员会,经过两年的努力,终于在 1955 年 8 月购得位于新加坡芽笼路 693 号为永久会所,并于 1959 年 1 月,举行成立 8 周年纪念暨新会所落成典礼,贺礼全部捐赠给南洋大学作建校基金。南洋胡氏总会每年组织宗亲举办春秋两祭和一些传统节日活动,以及颁发奖学金等。1971 年设立会员子女教育奖学基金。1984 年重修会所③。

(一)新加坡南洋客属总会的转型

新加坡南洋客属总会大楼内景,邱立汉摄

---

①郭兆娴:《永应挑战,定求新变——历史挑战下的永定会馆》,载黄贤强主编《新加坡客家文化与社群》,人文出版企业 Humanities Press,2008 年,第 180 页。

②吴慧娟:《独立前后新加坡南洋客属总会的作用》,载黄贤强主编:《新加坡客家文化与社群》,人文出版企业 Humanities Press,2008 年,第 110 页。

③《福建永定胡氏族谱》,福建永定胡氏族谱修撰委员会 2011 年,第 175 页。

1965年以后，新加坡南洋客属总会为适应新加坡政府"一个国家、一个民族、一个新加坡"的国策，在自身会务及总会宗旨、性质诸方面实行积极的转型，其转型主要体现在几个方面：

一是新加坡南洋客属总会由东南亚各国客属社团的领导机构转为新加坡客家社团的总机构。1974年3月，新加坡南洋客属总会通知外埠客属会馆停止选派董事代表，并在1975年遵照社团法令，取消外埠董事代表名称，更改总会组织①。自此，外埠董事代表从新加坡南洋客属总会组织系统上除名，若互相往来，也不再享有外埠董事代表的身份，而以其他身份出现，例如以嘉宾身份受邀出席南洋客属总会周年庆典活动。新加坡南洋客属总会在组织系统上不再是客籍人士南洋地区的总机构，但南洋各客属机构仍然与新加坡南洋客属总会保持密切的联系②。南洋客属总会作为新加坡客家社团的总机构，属会有24个，会员单位分四种：

1. 基本团体会员。以创办时新加坡之八家会馆，其中包括岩籍社团永定会馆和上杭同乡会，以及岩籍华侨参与创建的会馆，比如丰永大公会。每一基本团体会员，得委派一名代表成为董事。

2. 普通团体会员，比如客属各同乡会、姓族公会、互助会、各业缘团体公会等。第一普通团体会员，得委派一名代表。

3. 商号会员。凡客属人士所开设之工商机构，均得申请加入为商号会员。每一商号会员，得委派一名代表。

4. 凡客属人士，或客属人士之家属，年达16岁以上，不分性别，经会员一人介绍，填写入会申请书，连同照片一张，可申请为会员③。

二是带动客家社群逐渐融入新加坡当地社会。1957年8月24日，新加坡南洋客属总会召开第四届代表大会，通过决议，反对新马政府施行"通行证"制度，争取华文为官方语言，争取新加坡公民年资（即居住满8年者，即为新加坡公民），为新加坡客家社群争取当地利益。1958年1月29日至30日，新加坡南洋客属总会为客籍人士申请新加坡公民权，派职员代为填写表格3 000份，并义务协助宣誓手续。1959年正月，新加坡马来亚广播电台正式分家，新加坡政府拟取消客、潮、琼、榕四种方言的广播。南洋客属总会联合潮州八邑会馆、琼州会馆、福州会馆等据理力争。4月5日，新加坡电台恢复华人七种方言广播。1960年11月24日，南洋客属总会响应政府号召，募款1 750元，支持新加坡国家剧场的筹建。1963年4月，南洋客属总会发动全体属团捐款5 810.5元，支持中华总商会筹建纪念碑④。

三是加强与新加坡各社团的整合与联合。1984年12月12日，新加坡南洋客属总会与福建会馆、广东会馆、潮州八邑会馆等八家会馆共同发起举办"全国宗乡会馆研讨会"，有138家会所的六百多名代表参加。1986年，新加坡宗乡会馆联合总会成立，南洋客属总会成为七个创建团体之一。自此以后，新加坡华人宗乡社团有了自己的总机构⑤。

四是组织访华观光团首访龙岩地区。1989年6月，由新加坡南洋客属总会组成的"新加坡人士中国观光团"一行47人在会长曾良材（永定人）的率领下首次前往中国大陆参访，参加由新马华侨集资120万元在永定下洋镇兴建的"永定华侨医院诊疗综合大楼"落成庆典。这是"文化大革命"以来龙岩地区首次接待的新加坡团组，因而受到福建省各级党委、政府的高度重视，省人大副主任黄长溪，及龙岩地委、行署领导专程前往永定下洋举行了隆重的欢迎仪式。这次访问，成功开启了南洋各地客属人士的寻根谒祖及友好交流之旅。

（二）新加坡永定会馆的转型

第二次世界大战后，新加坡永定会馆在恢复和重建时适应百废待兴的新形势，积极实行转型，进一步

---

① 《南洋客属总会六十周年纪念特刊1929—1989/90》，新加坡：南洋客属总会，1991年，第61页。
② 吴慧娟：《独立前后新加坡南洋客属总会的作用》，载黄贤强主编：《新加坡客家文化与社群》，人文出版企业Humanities Press，2008年，第107页。
③ 吴慧娟：《独立前后新加坡南洋客属总会的作用》，载黄贤强主编：《新加坡客家文化与社群》，人文出版企业Humanities Press，2008年，第96页。
④ 吴慧娟：《独立前后新加坡南洋客属总会的作用》，载黄贤强主编：《新加坡客家文化与社群》，人文出版企业Humanities Press，2008年，第105~106页。
⑤ 吴慧娟：《独立前后新加坡南洋客属总会的作用》，载黄贤强主编：《新加坡客家文化与社群》，人文出版企业Humanities Press，2008年，第108~109页。

发展会馆的功能，使会馆重新活跃起来。1951年，新加坡永定会馆在黄定标、曾生江等人的发起下创设了互助会，专为同乡谋取福利，比如奖励生育，协助婚丧等，充分发挥同乡休戚与共、缓急相助的精神，大大加深了乡谊，促进了合作。

1965年8月，新加坡独立建国后，新加坡永定会馆随着形势的变化再进行新的转型：

首先从性质上，新加坡永定会馆不再是南洋永定同侨的总会，取消在南洋各埠设立的协理员，遵守新加坡社团注册法令，转型为以服务新加坡永定同乡的地缘性的民间组织。

其次是加强与当地社团的整合和联合。新加坡永定会馆加强与新加坡其他客属社团的联系，比如，参与新加坡南洋客属总会等团体的会务和各项活动。应届董事会在任内选派董事代表会馆参加南洋客属总会、丰永大公会、丹戎百葛福德祠、绿野亭福德祠等并担任领导层职务。1986年起，新加坡永定会馆加入宗乡会馆联合总会和中华总商会，成为团体会员[1]。

新加坡独立后，黄定标、胡浪漫、曾启东分别于1965—1967年、1967—1984年、1984—1990年先后担任会长。新加坡永定会馆的会务主要有以下几项：

一是20世纪70年代起，建立"奖贷助学金委员会"，积极扶助同乡子弟，传薪火，培育人才。

二是培养敬老尊贤风气，每年发放度岁金，增强民族优良传统观念。1987年1月11日第1次特别分发"丙寅岁敬老度岁金"给年届65岁的同乡。

三是积极响应推广华语，促进华族以同一语言交流思想与感情。

四是广泛展开联系活动，举办恳亲会和各地同乡欢聚一堂。1985年8月24日，新加坡首次主办"星马永定同乡恳亲会"，马来西亚霹雳和槟城永定同乡踊跃参加。1988年10月28日，新加坡永定会馆隆重举行70周年庆典，邀请世界各地永定乡亲参加，两岸三地永定乡亲首次会晤。庆典仪式由新加坡财政部长胡赐道博士主持。同年12月编印出版《新加坡永定会馆七十周年纪念刊（1918—1988）》，这是永定会馆第一本纪念刊，以文字和图片的形式对会馆创建70年来的历史进行了全面的总结。

五是参加当地社团举办的活动。组织男、女乒乓球队参加新加坡宗乡会馆联合总会主办的比赛，女队荣膺1986年、1987年、1988年冠军三连冠，男队获1987年冠军[2]。

（三）新加坡龙岩会馆的转型

新加坡龙岩会馆自成立之日起就是海外乡亲的家。因为在旧时每年都有从中国前往新加坡谋生的乡亲，这些初来乍到的乡亲大多身无分文，有的甚至还欠"水客"垫付的盘缠。到达新加坡后，大家都会先到会馆找同乡协助找工作，或借宿会馆，最多时小小的会馆同时住有五十多人。新加坡龙岩会馆为了表达对中华人民共和国的拥护，主席张蔼庭以会馆名义发动当地华侨社团在1950年1月1日举行升五星红旗仪式，并举行联合大会以示庆祝[3]。1950年后由于中华人民共和国成立后遭遇西方围堵，国门关闭，南洋各地与家乡的联系基本断绝，接待任务才结束。后新加坡从马来西亚独立，新加坡龙岩会馆转型为"联络祖乡情谊，维系传统风俗"的社团。诚如连城炳先生在该会馆成立50周年金禧庆典上所说的，"然时至今日，一切经已改变，无论人们生活、环境、文化、价值观、人际关系，甚至世界局势，在在与前不同。""宗乡会馆有存在的价值吗？""会馆的领导人与执事们，必须审时度势，改变过去只为清明祈福、济贫解困的作业，而大力推动适应潮流的种种措施和活动方针。""从前我们是侨民，现在是新加坡共和国的子民，我们应该效忠我们的国家，是理所当然；但我们的'根'怎能改变呢？"[4] 1991年6月，新加坡龙岩会馆隆重举行金禧庆典时，自豪地宣布："我的祖国，新加坡啦！"[5]

新加坡龙岩会馆的转型[6]有几个方面：

一是立足当地，加强与当地华人社团的联系。

1. 拥护不同时期的新加坡政府。1953年，新加坡龙岩会馆作为英国殖民地新加坡的一个组织，为英

---

[1] 何德超：《社会变迁与永定会馆的发展》，载《永定会刊》，新加坡永定会馆，2005年，第15页。
[2]《永定会馆七十年来的发展史略》，载《新加坡永定会馆七十周年纪念刊（1918—1988）》，第37页；何德超：《社会变迁与永定会馆的发展》，载《永定会刊》，新加坡永定会馆，2005年，第15~16页。
[3] 方中：《艰险不变爱国心——张蔼庭小传》，载《龙川赤子心》龙罗区侨联、区委党史研究室编，第205页。
[4]《新加坡龙岩会馆金禧特刊》，第11页。
[5]《新加坡龙岩会馆金禧特刊》，第155页。
[6] 谢肇恭：《半个世纪的回顾》，载《新加坡龙岩会馆金禧特刊》，第293~295页。

国火灾捐款赈济。同年6月2日以花车1辆、会员30人参加英国伊丽沙白女皇加冕提灯大游行。1960年捐100元给国家剧场基金。1963年参加马来西亚（新马合并）成立花车游行。其后参与马来西亚国家的活动。

1965年新加坡独立后，新加坡龙岩会馆转型为新加坡的社团。1968年捐款1 000元由中华总商会转捐国防基金。自1970年起，每年都捐款给安顺联络所筹庆国庆，并由黄泉木代表会馆出席国庆庆祝会，直到会所于1986年迁离安顺区。

2. 参加中华总商会等社团牵头举办的华人团体活动。1955年捐100元赈济新加坡水灾。同年参加新加坡中华总商会领导的关于新宪制选举及请求政府允许市政会采用各种语言制度的请愿签署。1959年派代表参加中华总商会庆祝民选自治政府成立大会。1962年参加中华总商会召开的各社团关于新加坡及马来亚联合座谈会。1963年参加中华总商会有关日本占领时期蒙难人民纪念碑委员会会议，并捐100元为建碑基金。1963年参加福建会馆发起的向日本追讨血债群众大会。1972年捐款赞助圣公会。1981年捐贺仪祝贺中医药促进会大众医院庆典。

3. 支持华文教育。1954年，第13届执监委捐1000元参加南洋大学为会员，并代转会员捐助南洋大学300元。1958年捐100元致贺南洋大学落成。1961年捐100元给陈嘉庚奖学金。1979年捐款赞助华侨中学建校基金。1980年捐1 000元给文化基金。

二是加强会馆建设，不断夯实会馆基础。

1. 选出物业信托人管理会馆屋业。1951年，新加坡龙岩会馆会所仍在丝丝街122号3楼，会馆选出林国仁、张汝鳌、苏彩轩、黄泉木4人为屋业信托人，直到1952年底丝丝街165号屋业方正式接收，1954年底过户给会馆，1955年初领到屋契及图则。1978年7月，信托人苏彩轩请辞，另选谢肇恭为信托人。年底的会员大会通过将信托名额由4人增到5人。1988年11月，信托人由林国仁、张汝鳌、谢肇恭、黄汉湘、章仁霭5人担任。

2. 妥善处理会馆馆舍产权置换纠纷案。1976年新加坡龙岩会馆曾与同安会馆产权置换引起纠纷。此纠纷缘起1958年4月，丝丝街165号屋隔壁的同安会馆因要改建，有意购买该165号屋。1975年成立处理丝丝街165号屋业的小组，授权谢肇恭、陈强富代表龙岩会馆与同安会馆接洽有关拆建165号以交换同安大厦一层楼。1976年同安大厦建筑获政府批准，龙岩会馆将165号过户给同安会馆。同安会馆大厦落成后交给龙岩会馆一层楼，但因楼层和面积不符，会馆依法进行交涉。

3. 筹款购置新会所。1955年，苏彩轩担任主席时，新加坡龙岩会馆成立一个筹建委，筹款购置新会馆，以4万元购得拉花呀街主12号三层楼屋，以4位信托人名义签约购屋，1956年5月搬迁至新会所。1980年接获港务局来函，征用得拉花呀街主12号会址。港务局根据1973年征用赔偿法令进行赔偿。经过多年的讨价还价，龙岩会馆会议于1984年通过接受赔偿207 000元。1986年5月起，会所由得拉花呀街主12号搬迁到维拉三美路637座3楼109号。

三是会务活动。

新加坡龙岩会馆的会务活动有：帮助乡亲或社会人士，赈济灾难，赞助医药费用，捐赠喜事贺仪，丧事帛金，会内交谊康乐活动等。

1. 设立奖学金。新加坡龙岩会馆自1959年开始设立会员子女勤学奖励金，1966年通过章程，成立奖学金募捐委员会，谢肇恭为主任，邱德修为副主任，自此每年都颁发奖学金，多则数千元，少则几百元。从1966年颁发第一期，至1990年为第25期。

2. 设立度岁金。新加坡龙岩会馆自1973年起设立岁金。凡入会达2年，年龄60岁以上失业或生活困难者，可在年底申请度岁金，经执委会调查属实，立刻发给。度岁金主要用于扶难济困，但因无人申请，形同虚设。

3. 成立互助会。新加坡龙岩会馆自成立后，就设有"互助股"。1961年第20届执委会通过成立"新加坡龙岩会馆互助会"，另行注册。"互助股"自1964年起改称"福利股"。

4. 新加坡龙岩会馆每年举行春祭活动，秋祭则从未举行。

5. 设立"礼券"制度。新加坡龙岩会馆1966年设立"礼券"制度，每逢会友有喜庆或丧事，可购会馆礼券以赠，作为会馆教育及福利基金。1975年正式实行，分为"喜事礼券"和"丧事礼券"两种。

6. 开展文教康乐活动。新加坡龙岩会馆于1961年设立"马来语初级学习班"及"乒乓球训练队"，初期举行过会员联欢会，后未再举行。直到1988年才举办第二次联欢会。此外曾举行"星期日团聚会"，每个星期日，会员多来会内聚餐、会面，1987年开始举行，1988年中断。

7. 组织新马龙岩乡友探亲观光团回祖地寻根。

1987年9月21日至10月8日，新加坡和马来西亚的龙岩乡亲依托"新大地旅行社"组织"新马龙岩乡友探亲观光团"往祖籍福建探亲旅游寻根和探源活动。这是中国改革开放后的"破冰"之旅。9月29日抵达龙岩，下榻挺秀宾馆，只见人潮汹涌、重重叠叠探头相迎，许多团员们都会见了在此等候多时、阔别多年，甚至几十年或从未谋面的亲友们，仿如隔世，不少人相拥喜极而泣。龙岩地区和龙岩市（今新罗区）政府在挺秀宾馆二楼大礼堂举行了隆重而热烈的欢迎会。返乡期间，观光团一行游览了登高公园、龙门塔、天宫山、龙硿洞等龙岩胜景，看丹山碧水、城市架桥，仿佛身在画中，又参观了纸箱、毛纺、卷烟、塑膜、红泥、藤品及手工艺品等工厂，给团友们留下深刻的印象①。

四是新加坡龙岩会馆互助会的设立②。

新加坡龙岩会馆互助会于1962年获社团注册官批准成立，理事会设主席、副主席、财政及其他委员。1989年9月修改章程，经注册官批准，理事会从8人增加到13人，增设总务1名，查账2名。

互助会本着"人人助我，我助人人"的传统精神，主要会务是服务会员丧葬事宜，凡会员有丧事，互助会依惯例派人义务协助丧家，使用互助会丧礼用具，同时召集会员前往丧家吊唁及送殡，以表哀悼，并尽互相关怀的乡谊。

在会员的热心捐助下，互助会设备齐全，基金稳定。比如，1987年志英行赠送价值7 000元的新槟屏。会员张月清1988年10月去世，家属捐1 000元；黄泉木去世，家属捐款2 000元。翁辉庭1989年5月去世，家属从帛金中节约500元捐出。

1990年12月9日，经主席雷财广提议，并经龙岩会馆第49届暨互助会第28届会员大会通过决议，自1991年1月起先向会员预收24元的押底金，以备如有会员逝世时，每位会员扣除2元作为互助帛金之用。有关押底金将在每年12月31日结清，并将结单奉告全体会员知照，是否应补交该年所付出的帛金，以保存原有的24元。

新加坡龙岩会馆互助会第31届（1993-1994年）全体理事就职典礼留影，从左到右依次为：张应文、陈嘉富、张烈兴、李炎俊、张载发、雷财广、陈强富、邱丽燕、倪镇江、魏钧衡、廖荣新

---

①苏成辉：《融探亲旅游于一体——新马龙岩乡友探亲观光团访闽活动追记》，载《新加坡龙岩会馆金禧特刊》，第275~278页。

②魏钧衡：《龙岩会馆互助会总务的话》，载《新加坡龙岩会馆金禧特刊》，第137页。

（四）新加坡中医师公会①的转型

为弘扬中医传统，惠及社会大众，由岩籍华侨创办，并以岩籍华侨为主体的新加坡中医师公会也在20世纪50年代实现转型。一是在1952年5月17日创办一所中华医院，以"不分病黎、不分种族、一视同仁"为己任，开展医务活动。1967年开办第二分院。中医药公会坚持赠医施药，服务贫困病人，深受社会好评。总院及分院的义务医师达289人。二是为中医培养后备人才。公会成立不久创办一所业务夜校——中医专门学校，后改名中医学院，上杭人游杏南曾担任校长（院长），每周一、三、五晚上上课，聘请义务医师讲课。中医学院经当地政府注册批准，可获得行医资格。中医师公会及所属机构较为庞大，但受薪职员只有50多人，公会会长、医院院长、医师等都是有功绩的义务人员。1984年，中医药公会会员超过300多人，上杭人游子汉担任秘书长。

马来西亚

马来西亚半岛1957年脱离英国殖民统治独立，其国土包括英属马来半岛、海峡殖民地和英属北婆罗洲。1965年新加坡独立，1984年文莱独立，马来西亚的领土包括马来半岛、槟州、原英属北婆罗婆洲的沙巴和沙捞越。马来半岛、槟州称"西马"，沙巴和沙捞越称"东马"。

独立后，政治上，规定公民权只限当地出生的人；军警，从军官到士兵几乎清一色全是马来族人；文化上，强调大马主义，以马来文为国语，以英文为第一外国语，否认中文的地位；对华文学校管制极严；拒绝华人联合发起创办"独立大学"的申请，华人子女只有被迫出国升学。1969年"五一三"排华事件后，马来西亚政府采取了一系列歧视华人的政策，如30条公民权重新检验，马来西亚文凭考试，新经济政策等等。虽然1974年5月马来西亚与中国建交，但因马共问题尚未解决，马来西亚政府与中国政府的关系一直冷淡。华侨华人在马来西亚的社会地位转低，往澳洲、欧美等地移民较多。因此有的社团因会员迁移，尚未转型就消失了，比如令金鄞江公会。多数社团经过初创阶段后，为适应独立后的新形势变化进行了转型，也有一些地方因同乡越来越多，在同乡热切期待中成立新的社团，比如雪隆龙岩会馆等。

马来西亚岩籍社团的转型，主要有三个特征：一是按照独立后颁布的社团管理法令，进行了社团注册登记，成为当地社会的重要组成部分；二是为维护同乡利益，各社团之间，各地同乡之间，加强了联络和联合；三是主动参与当地侨团活动和社会公益活动。

马来西亚岩籍社团的转型分三部分进行表述：一是永定籍社团的转型；二是龙岩籍社团的整合；三是其他社团情况。

（一）马来西亚永定县籍社团的转型

马来西亚独立前，永定籍社团有北马永定同乡会、永安社、帝君胡公司、槟城永大会馆、吉打永大会馆、霹雳永定同乡会。独立后，曾一度与原乡联系阻断，在马来人优先的大环境外，永定社团进行了转型。一方面继续夯实原有基础，改善会所；一方面加强新马地区同乡社团之间的联系，并创建新的社团。

1. 槟城永大会馆②

槟城永大会馆于1949年重新注册，改名"永大会馆"，制定《章程》，选出1950—1951年度首届董事，戴国良当选主席。董事包括：何如群、陈东汉、江有生、何琼渊、陈仲明、李以鸿、何锦云、赖宜虎、游高明、黄耀南。1965年再次修改《章程》，董事会为每届任期二年。董事名额由两属会馆各自选派，会长一职由两县籍人士轮流担任。轮值会长县分，该属董事名额11人；非轮值会长县份，该属董事名额10名。

槟城永大会馆为永定大埔两县所属，以"联络同乡感谢，共谋福利事业"为宗旨，每年举行春秋二祭，设联欢宴会。尤以祭祀建馆先辈陈洪魁公仪式最为隆重，且有固定的祭陈洪魁公墓祝文。

维

公元一九年岁次　月　日永大会馆值年会长　，总务，财政　暨两邑同乡谨以洁牲粢盛清酌香猪之仪，致祭于陈公洪魁之墓前曰：

缅维

陈公，时当清代，壮志梯航，长风破浪，

远涉重洋，历尽艰险，抵达槟榔，披荆斩棘，

开辟炎荒，克勤克俭，立业槟江，赠产

---

① 上杭县侨办、侨联编印《上杭华侨志》，1989年9月，打印稿，第9~10页。
② 胡文希：《槟城永大会馆概况》，载《北马永定同乡会新会所开幕暨42周年庆典/青年团九周年纪念庆典特刊》，第232~233页。

永大，

德惠远长，维我永大，毗壤接疆，休戚相关，

出入相望，丰沛媲美，佳话传扬，我公茔此，

共祀馨香，兹当春/秋祭，虔具酒浆，伏祈神在，来格来尝，

尚飨。

2. 槟榔屿永定同乡会与北马永定同乡会①

槟榔屿永定同乡会成立后，首先是进行注册登记和筹建会所。1952年8月11日获槟州社团注册局批准，成为当地正式的社团。位于槟城头条路88号的新会所于同年建成，1953年元旦，举行新会所落成开幕典礼，槟州社团注册官陈汉贤先生为新会所剪彩。马来西亚独立后，槟榔屿永定同乡会于1958年初召开同乡大会，修改章程。章程于9月30日获社团注册局批准。随着会员人数的不断增加，会员扩展到整个北马地区，同乡会在1976年9月4日召开特别紧急会员大会，一是通过另觅新址筹建新会所；二是通过同乡会改名"北马永定同乡会"，并成立"北马永定同乡会筹建新会所委员会"。为加强与各埠同乡会员的联系，在吉打州、高岭埠、甲抛巴带、北海、大山脚、太平埠、角头埠、巴力文打等地委任有协理员。

其转型主要有如下几个方面：

一是主动融入当地社会，加强与新马两地永定同乡社团的联系。

槟榔屿永定同乡会在20世纪50年代，先是加入南洋大学为会员，后加入雪兰莪福建会馆联合会为会员，1968年6月参加槟州福建会馆成为会员。槟榔屿永定同乡会是槟州华人大会堂、槟州福建会馆、广东暨汀州会馆、槟州客家公会、五属大伯公庙的会员。1989年，北马永定同乡会选派出任各社团董事及代表的有②：

槟州福建会馆代表：胡森达、黄占兴

槟州华人大会堂代表：胡森达

广东暨汀州会馆信理员：胡榆芳、游新喜

　　　　　　　　董事：胡森达、胡庚盛、黄百书、徐胜俊

五属大伯公庙信理员：胡榆芳、游新喜、游鸿丰

　　　　　　董事：胡森达、胡茂梁、徐胜俊、游新喜、游上民、戴邵芬

　　大会代表：游鸿百、黄百书、胡英正、胡概祥、黄占兴、胡庚盛、游国平、胡英东

时中学校信理员：游新喜、徐胜俊、张志贤

　　　　董事：游新喜、卢道龙、胡茂梁

　　赞助人：胡森达、游鸿丰、翁海万、黄百书、黄占兴、胡庚盛、游国平、翁海水、张志贤、胡概祥

永大会馆信理员：胡榆芳、游鸿丰、胡榆枢、张志贤、胡先达、徐胜俊、张商和

常务董事副会长：胡森达

　　副总务：胡茂梁

　　财　政：胡英东

　　英文书：徐胜俊

　　董　事：游上民、胡庚盛、游鸿丰、戴邵芬、游国平、张显金

槟榔屿永定同乡会参加马来西亚各地永定同乡会活动，比如1968年参加霹雳永定同乡会新会所落成庆典。自身每年举办的会庆活动，也邀请槟州永定同乡参加。同乡会员有喜事，邀请永安社、汀州会馆共同登报祝贺。

1980年后，与新、马两国永定社团的联系更加频繁。

---

① 胡育文：《本会历年来大事记》，载《北马永定同乡会新会所开幕暨42周年庆典/青年团九周年纪念庆典特刊》，第91~103页。

② 参见《北马永定同乡会新会所开幕暨42周年庆典/青年团九周年纪念庆典特刊》，第57页。北马永定同乡会新会所开幕暨42周年，正是胡森达担任第25届（1989—1990年）主席。这应是当时北马永定同乡会选派出任各社团的董事及代表。

1982年12月，霹雳永定同乡会青年团一行30人到槟城访问。北马永定同乡会青年团与霹雳永定同乡会举行了乒乓球比赛。

1985年8月5日，新加坡永定会馆主办星马永属同乡恳亲联谊大会。北马永定同乡会代表团30人，由胡榆芳为领队、张志贤为副领队，前往参加。

1988年7月31日，五属大伯公庙参加槟榔屿60年一次的观音圣诞花车巡游。同乡会热心赞助1630元。

1988年12月28日，组成12人的代表团参加新加坡永定会馆成立70周年庆典。

1989年5月6日，霹雳永定同乡会青年团在怡保育才中学主办全国永定嘉年华会，旨在联络全国永定同乡感情，促进团结，提倡文娱健康活动。主席胡森达、青年团长卢道龙等10余人参加。

1989年8月25日，新加坡南洋客属总会举办60周年庆典，广邀世界各地客属社团。北马永定同会派10名代表参加。

二是响应槟州政府征地拆迁，易地重建会所。

因槟州政府征用会所用于建设城市发展计划中心，槟榔屿永定同乡会于1976年9月4日召开紧急会员大会，成立"槟榔屿永定同乡会筹建新会所委员会"，选举张启鑫、游高明、胡顺源、胡选达、胡榆枢、游伟祥、罗用彬、谢天镜、胡绍岳、游祥开、曾昭敬为委员，胡榆芳为主席，并授权张经文、张启鑫、胡榆芳、游高明为永定同乡会代表，与槟州政府签署文件。筹建委在槟城仰光律34号购得住屋一幢，需银115 000元。除政府征地赔偿48 840元，尚缺70 000余元。

为重建新会所，筹建委主动出击，向新马永定乡亲募捐，争取支持。1976年10月8日，筹建委主席胡榆芳和总务黄百书赴新加坡募捐，在新加坡永定会馆当场募得10 000余元。又蒙胡友明、胡冠仁、曾开仲大力支持，募款达20 000多元。紧接着，胡榆芳、黄百书又前往马来西亚霹雳州的怡保、太平、吉辇、威省吉玻等地，最终募得15万元。

1978年再次召开特别会员大会，讨论筹建会所事宜，由胡榆芳建议将仰光律店屋出售，另在暹罗律购得91号一座三层半的店屋，除将二楼全部用作同乡礼堂外，将底层及三楼出租。所收租金充作会务经费，使同乡会经费能够自给自足，为会务进一步发展打下良好基础，获得与会乡亲一致赞同。不久以20余万元购得。1988年2月7日迁入新会所办公。

1989年10月15日，北马永定同乡会隆重举行新会所开幕暨42周年会庆/青年团九周年纪念典礼。槟州首席部长林苍佑应邀主持剪彩仪式。同乡会顾问暨筹建委主席胡榆芳、主席胡森达为新会所剪彩。新加坡、马来西亚同乡代表及本外埠同乡欢聚一堂①。

三是会务建设。

（1）召开会员大会，选举董事会。

董事会每届二年，每年召开一次会员大会。

（2）举办周年纪念活动。

每年10月举办成立周年同乡联欢宴会。1972年12月3日，董事会议通过编印银禧纪念特刊，将历年的宝贵资料及银禧特辑编印成精美纪念册，成立"银禧纪念特刊委员会"，以张经文、游高明、胡榆芳为顾问，胡茂东为编委会主任，胡杰光、胡兢达为副主任。1973年，25周年银禧纪念特刊正式出版。

（3）扩充机构，扩大会务。

同乡会下设体育组。1967年7月2日成立乒乓球队，由陈亮喜任名誉领队，游新喜、陈武忠任正、副领队，张之乐、赖志雄任正、副队长。同年10月12—15日，同乡会举办乒乓球赛，有单打、双打两个项目。单打冠、亚军分别由赖志雄、张之乐获得。双打冠、亚军分别由赖志雄、赖志祥兄弟和张亚九、张亚如兄弟获得。1981年10月参加福建会馆青年团主办的福建乡团乒乓球赛，获第三名。1982年12月2日，霹雳永定同乡会青年团一行30人来访，两社团青年团乒乓球队举行了一次友谊赛。

成立青年团。1980年9月8日，组建青年团，选出游新喜为首届团长，翁海万为副团长。10月10日正式举行青年团成立大会。参加会议的团员，每人赠送一件T恤作纪念。1985年10月6日，在青年团团长卢道龙的提倡下举办中秋赏月晚会，同乡子女非常踊跃，欢聚一堂，共度佳节，有灯笼制作、唱歌，及才艺表演。1987年8月30日，青年团一行30人在卢道龙医生率领下前往霹雳永定同乡会，与霹雳青年团开展联谊活动。

（4）帮助同乡解困。

同乡会员凡有困难，只要向同乡会反映，同乡会

---

① 胡育文：《本会之沿革历略》，载《北马永定同乡会新会所开幕暨42周年会庆/青年团九周年纪念庆典特刊》，第77~78页。

都会发动会员捐款，给予援助。1951年1月，会员胡邦芳遇难，家境清贫，同乡会发动同乡捐款2 000元给予援助。1952年2月同乡捐款200元赞助会员遗孀黄氏回国。1957年10月，捐款200元资助车祸去世的会员胡铁贤的遗孀。1963年瓜拉冷岳会员江恭顺去世，同乡捐款372元帮助。1969年1月4日，会员胡绍波患严重肺病，发动同乡捐款385元帮助。胡绍波去世后，留下遗孀及九名子女，生活极其困难，同乡会去函新加坡永定会馆、星洲日报、星槟日报求捐，共获得捐助2 300余元。1971年1月17日，怡保朱毛埠同乡胡友盛颈部患癌，拟赴中国求医，来函要求同乡会援助。同乡会发动乡亲捐款734元。1975年1月，捐款314元援助大山脚困难会员胡德文。1985年游进喜遭水灾，同乡捐款575元度难关。

（5）颁发奖学金。

1952年12月16日，召开会员大会设立奖学金。奖学金从1954年1月首次颁发，每年都举行。1966年4月17日，召开董事会，通过发动会员购买同乡会奖学基金礼券，凡会员同乡有婚姻喜庆，认购同乡会礼券，充实奖学基金。礼券分5元、10元、20元及特别礼券四种。授权游高明、张启鑫、胡茂东3人负责设计礼券。会议还制定筹募奖学基金奖励办法：一、捐500元以上者，悬挂24寸肖像于礼堂内；二、捐200元以上者悬挂18寸肖像；三、捐200元以下者刻铜牌留念。同年11月27日，通过修改奖学金简章。1983年10月10日评选大籍学生模范生，分三组：高中组胡秀和获奖金100元，初中组游建来获奖金80元，小学组黄健河获奖金60元。全部奖金由同乡会主席游鸿丰赞助。制定筹募奖学基金奖励办法后，会员凡有婚丧喜事，纷纷捐款支持奖学基金。随着奖学基金越来越多，颁发的奖学金越来越多。1954年1月首次颁发会员子女奖学金仪式时，有26名会员子女受惠，共颁发奖金445元。1988年颁发第35届会员子女奖学金时，受惠学子25人，颁发奖金达1 610元。

四是组织同乡考察。

1971年12月12日，为增长见闻和联络感情，槟榔屿永定同乡会联合汀州会馆主办北海工业区参观团，共有40多人参加。参观的工厂有：八幡铜铁厂、马来亚糖厂、联合面粉厂、棉艺织造厂、金鱼标蚊香厂、狮标汽水厂等。1981年10月组织赴台湾、香港观光团，由主席游高明为团长，胡榆芳为副团长，全团共30多人，参观两地名胜古迹，并拜访台北永定同乡会。1987年12月，组团前往印度尼西亚棉兰多巴湖、沙漠丝岛、八拉八等地观光旅游。

马来西亚成立以后很长一段时间与中国都没有官方往来。1974年虽然两国建交，但一直到1990年，中马之间官方和民间往来都较少。北马永定同乡会作为社团与原乡的交往几乎没有，但个人与家乡的联系还是有。1981年10月，北马永定同乡会主席游高明回原乡永定大溪乡省亲，不幸在家乡去世，并安葬在故乡祖坟。

3. 吉打大伯公庙的创建及永大会馆的成立①

吉打州，位于马来半岛北部，与泰国接壤，面向印度洋，与槟州隔海相望。1963年，张濂记、张敏时、徐庆旋、张秋郎、罗晋仁、罗多昌、张文全、张茂生、张霭香等人发起集资建立大伯公庙，并成立永大会馆，后因庙距基太河太近，在急流冲蚀之下，不及五年，门坪低陷，屋墙断裂。1967年永大乡贤倡仪重建庙宇，组成建委员会，公推张濂记为主任，徐庆旋为副主任，李富初、陈百后、罗进仁、罗多昌、赖初俊、戴侨生、张秋郎等人为委员。1968年11月1日，新庙落成，吉打州务大臣拿督斯里赛亚米应邀参加剪彩。

吉打永大会馆实质就是祭拜大伯公和管理大伯公庙的一个机构。

吉打大伯公庙正向吉打大河，水平如案，隔岸椰蕉苍翠，阡陌连绵，左临大街，右倚回教堂，每日车水马龙，人潮拥挤。庙居闹市，地利人和，各方善信、外埠游客，都喜欢登临瞻仰，吉打大伯公庙已成为当地名胜。

4. 槟州永安社②

槟州永安社除每年农历正月初十举办海珠屿大伯公庆灯外，没有其他会务活动。

---

① 张长兴：《吉打永大会馆海珠屿大伯公庙来历及沿革》，载《马来西亚槟榔屿五属大伯公庙建庙两百一十二周年纪念特刊》，第43页。
② 胡育文：《永定社史略概况》，载《北马永定同乡会新会所开幕暨42周年庆典/青年团九周年纪念庆典特刊》，第128~129页。

槟州永安社（1990-1991年）全体董事合影

一是主办每年一度的大伯公庆灯。1960年1月9日，永安社召开社员大会，鉴于参加每年正月初十大伯公庆灯的同乡越来越多，通过掷筊决定炉主，交缘金100元；协理由2人增到6人，每人交缘金50元，协助办理祭事。1971年正月初十，经游高明提议，从1972年起增加副炉主2人，协理3人。正炉主交缘金300元，副炉主各200元，协理各100元。大伯公祭祀活动，1962年以前参加者约700人，1963年以后，参加者达到1000人以上。举办联欢晚宴，菜肴全部永定家乡风味，筵开百余席，男女老少千余人。这是永定籍乡亲一年一度最重要的同乡聚会。因参加宴会人数一再增加，董事会在1980年1月通过决议，改持入席券控制人数。同时提高正炉主缘金为500元，副炉主缘金300元。原协理改为头家每人100元。

二是重建会所。永安社原社址在第二次世界大战时被日机炸毁。1966年8月16日召开社员大会，商讨在打铁巷空地重建三层大厦。后经多次会议，绘成图样交槟州市议会核准。1968年获市议会批准。1970年8月，三层楼新会所建成。

1983年胡概祥担任社长后，以"联络乡情，促进各民族亲善和团结，效忠国家"为宗旨，改善会务，为同乡谋福利。

永安社与永定同乡会不分彼此，1984年6月赠送2 000元给北马永定同乡会购置会议桌椅。1990年6月赞助3 000元给北马永定同乡会出版新会所开幕纪念特刊。

5. 槟城下洋胡氏安定堂①

槟城下洋胡氏安定堂是一个宗亲会组织，马来西亚独立后进行了转型：

一是修改章程，进行登记。

马来西亚独立后颁布实施社团管理法令。胡榆芳、胡顺兴、胡文珍面对独立后的马来西亚形势，建议召开族人大会，讨论安定堂如何应对马来西亚社团管理法令及堂务发展问题。1957年2月召开族人大会，会议一致通过赞成将管理方式改家乡制为委员会制，推选胡榆芳、胡顺兴、胡文珍负责起草章程，向社团注册官申请。1958年章程获当地政府批准后，安定堂召开族人特别大会，票选23人为董事，胡榆芳当选首届主席。委员会每届任期两年，期满可连选连任。只有财政一职不得连任。

安定堂保留12位前家长为信理员，管理屋业契据等。

二是为会员谋福利。

胡榆芳担任安定堂主席29年，在胡榆芳的领导下，董事们团结合作，会务进展迅速。会务经费从1958年12月31日移交时的财政存款19 883.79元，至1989年12月31日增加到19 7021.91元。会员人数不断增加。董事部增设教育小组和福利小组。

教育金包括：贷学金、奖学金、助学金。贷学金供给因家境清贫无力上大学就读的贫困会员子女。他们可申请免息，贷款每年1 500元，毕业后还清。奖学金为奖励学业优秀的学子，考试成绩名列前茅的可获奖金若干元，以激励族人子女勤奋攻读。助学金用于补贴高、初中生象征性购买图书费。

福利小组的工作有三项：一为对发生意外或灾祸的族人，给予酌量经费帮助；二为组织举办每年的春秋二祭；三为秋祭联欢宴会现场颁发贷学金，并主持大学毕业荣归仪式。

1973年接到广东暨汀州会馆来函称，白云山坟地越来越少，即将无地安葬，因此通过在白云山第二公墓坟地拾金。如果没有后裔申请保留者，将为其集体拾金，一起焚化成灰合葬一穴。安定堂在1月25日召开族人特别大会，通过成立小组负责，调查视察发现有本堂族亲古墓261穴。对于到期无人向会馆申请保留的，由本堂自行拾金，分别安葬在胡氏总坟内供奉，春秋二祭时祭扫。每穴拾金费20元，包括建筑坟墓，

---

① 参见胡育文、胡成祥整理《槟城永定下洋胡氏安定堂简介》，载《北马永定同乡会新会所开幕暨42周年庆典/青年团九周年纪念庆典特刊》，第123~124页。

共花费用8 000余元，得以永祀千秋，各界称誉为善。

三是召开常年大会。

安定堂系宗族组织，但对社会慈善、文化教育事业乐于捐献，每年大会族人踊跃出席，进行讨论。安定堂每两年召开大会选出董事部23人（下洋12人、鼎美11人），查账2人，负起兴革会务职责。1987年的族人大会上，胡榆芳以年事已高，会中人才不少，接班有人，为栽培新人负起责任，主动提出退出主席选举。大会在一致挽留无效的情况下，胡榆芳转任顾问，大会选举胡杰光为主席。不久杰光辞世，由胡概祥接任主席，在会务经验丰富的总务胡庚盛的协助下，会务蒸蒸日上。

1988年8月21日槟城胡氏安定堂胡氏族亲及怡保宗亲暨嘉宾合影于槟城胡氏宗祠

6. 霹雳永定同乡会①

马来西亚霹雳州是岩籍华侨的一个重要聚居地。1949年10月中华人民共和国成立后，海外乡亲与家乡的联系一度阻断，霹雳永定同乡会为了适应新形势进行了转型，使之完成从华侨社团向当地社团的转变，从而成为当地的一个社会组织。

一是会务建设。

（1）规范注册登记。

1951年1月14日，霹雳永定同乡会按照社团注册管理规定，将"华侨互助会"改为"霹雳永定同乡会互助部"。5月29日获社团注册局批准注册。1990年3月4日第23届2次会员大会通过修改入会手续，方便非永定人士加入为联络会员。

（2）建设会所。

霹雳是永定海外华侨人数较多的一个重要聚居地，由于锡矿业的发达，造就了一批永定籍富商。同乡会所是凝聚乡谊亲情的重要场所，是会员的家，是会员向心力的重要依托。为了有一个长久的固定会所，1964年4月15日，廖杏园在执监委联席会议上提议筹建新会所，获一致赞成。会议选举胡埔生、曾敦化、胡雪标、胡周铭、胡仁城、胡永坤为筹备委员。1966年10月16日举行新会所动土仪式，由主席胡埔生主持，全体执监委参加。工程由建筑商胡权承建。1967年6月4日召开特别会员大会，一致赞成变卖旧会所，充作新会所建筑不敷费用。1968年2月13日举行新会所落成开幕典礼，邀请丹斯里胡仁周博士主持剪彩。1979年，同乡会接受静庐俱乐部产业捐赠。1989年9月24日，名誉主席李彩先局绅捐建会议室兼阅读室，理事会一致通过将会议室命名为"李彩先会议兼阅读室"。

霹雳永定同乡会会所，照片由李贵海提供

---

① 参见《马来西亚霹雳永定同乡会50周年金禧纪念特刊（1946-1996）》，第40~45页。

(3) 举办活动。

组织起来，活跃起来，霹雳永定同乡会是一个非常有活力的同乡社团，通过开展各种活动，维系同乡会在乡亲中的吸引力和向心力，并且吸引了大量年轻人和妇女参加。

①举办会议和晚宴。每年召开会员大会，每十周年举办大型庆典活动。每两年选举执监委，会员全体参加，发扬民主。每年联欢晚宴，同乡会员参加十分踊跃，大家相互交流，共叙乡情。年满70岁以上老人免费受邀。

②举办内容丰富，形式多样的活动。有"昆虫标本及美术作品展览会"，华语常识、华语歌唱、华语演讲、乒乓球、烹饪、书法、羽毛球、绘画比赛，中秋晚会，新春团拜等。

③举办讲座。1986年7月20日，青年团主办、星洲日报协办"霹雳华团时弊研讨会"，共有53个来自霹雳州各地社团和乡会代表180人参加。会后整理研讨会资料，寄发全马各社团。1987年4月26日妇女组联合各社团妇女组主办"防范强奸"讲座。8月30日青年团举办"教育法令"讲座。1989年8月9日，青年团鉴于一般华人社团举行宴会时，台上演讲，台下嘈杂的现象，对演讲者非常不尊敬，遂推动"尊敬演讲人"运动。

④举办乒乓球赛。1987年9月5日主办会员乒乓球比赛，胡繁兴、胡柏宁、余炳耀分别获冠军、亚军、季军。

⑤组织外出参观旅游。1990年5月26—27日，青年团康乐股组织"金马仑生活营"，有三十多位理事及家属参加。

⑥慰问困难会员，给予人文关怀。

(4) 增设机构。

1975年4月20日成立乒乓队，队员14人，胡琼宝担任指导。1977年7月31日成立青年团，9月4日举行青年团第一届理事宣誓就职，由曾敦化监督，李彩先、罗锡贤分别担任正、副团长。1980年6月1日成立妇女组。

(5) 凝聚乡谊。

1989年5月6—7日青年团一连两天在怡保育才独中礼堂举办第一届"永定嘉年华会"，宗旨为联络各地同乡感情，促进了解和团结，提供健康的集体生活机会，从而栽培青年领袖。参加者有当地及槟城同乡80多人。

霹雳永定同乡会青年团主办第一届"永定嘉年华"同乡会代表与全体参加同乡合影于怡保育才独立中学

(6) 编印纪念刊。

1976年5月16日成立编辑委员会，负责编撰及出版《霹雳永定同乡会30周年纪念刊》。

二是加强与星马侨团的联络互动。

20世纪50年代初，霹雳永定同乡会与印度尼西亚的同乡社团往来方面有两次：1951年4月3日派代表参加印度尼西亚爪哇万隆永定公会新会所落成开幕典礼；1953年2月4日印度尼西亚苏门答腊永定同乡会新会所开幕，霹雳永定同乡会赠送牌匾一面以示祝贺。此后直到1990年，霹雳永定同乡会对外联系主要是与新加坡、马来西亚两国华人华侨社团的交往。新加坡独立前，新马一体。1954年3月14日，会议通过加入"南洋大学"为会员。9月3日，参加客属公会联合侨团，追悼胡文虎先生大会。

三是主动融入当地侨团活动，加强侨团之间的整合。

霹雳永定同乡会是霹雳客家公会、霹雳福建会馆、霹雳中华总商会等社团的属会，一向积极参加各总会的活动。1960年9月25日，主席曾智强出席霹雳中华总商会召开的社团代表大会。1976年11月27日重新加入福建社团联合总会为会员。霹雳永定同乡会青年团成立后，分别在1986年、1990年两次派代表参加全马福联合及福联青的会议。

与异地永定客属社团的互动方面有：1986年6月27日青年团委派代表出席由霹雳客家青年团主办的"怡市各乡会青年团了解与合作"；1989年8月24日，会长胡万铎率团前往新加坡参加南洋客属总会60周年庆典。

与同乡会的联系方面有：1968年2月举行新会所落成典礼，新加坡、马来西亚及香港永定同乡代表、怡保市各社团代表、地方名流应邀参加。会员同乡全体出席。1989年10月10日，北马永定同乡会庆祝成立42周年会庆及新会所落成开幕典礼。青年团、妇女组30余人前往槟城参加盛会，并送牌匾作为纪念。1990年7月7日北马永定同乡会会长胡森达率多名理事前来访问，联络乡谊。

四是支持当地建设。

（1）支持当地教育事业。

1954年1月10日，捐助5 000元给培南学校作建校舍经费。1958年8月10日捐助全马华文教育费100元。1968年、1976年两次捐助拉曼学院建筑基金达1 000元。1973年6月响应霹雳华文独中百万发展基金筹款运动，义捐1 000元。

（2）胡曰皆、胡万铎父子接力"深斋"教育。

胡曰皆、胡万铎父子长期担任霹雳客家公会会长。1955年，胡曰皆以其父"深斋"名义，捐资13万林吉特，客属公会旁创办下属华文学校"深斋小学"，以后在父子俩的共同努力下，创办"深斋中学"和"深斋商学院"，实现从小学、中学到大学的完整的华文教育学校，为当地华人和非华人培养了大学的人才。特别是深斋商学院，与国外知名大学合作，知名度很高。深斋学校成为马来西亚有重要影响的华人学校。1986年10月11日，庆祝成立40周年/青年团成立九周年/妇女组成立六周年及推行孝亲敬老运动十二周年，会上为怡保深斋中学一人一元运动筹款1 000元。1989年3月31日，妇女组为深斋中学筹募经费义卖。

（3）参与当地公民事务。

1953年11月11日，奉霹雳警察总监命令组织"华人警察委员会"，同乡会推举胡曰皆、曾智强、胡锡皆、胡永丰、罗振荣五人为委员。1956年4月2日，派曾智强、徐初露出席马来联邦注册社团代表大会，讨论有关土生华侨公民权事。

（4）参与慈善献金。

1960年1月10日，响应《星洲日报》主办之慈善献金，捐献100元。1990年5月10日，妇女组前往参加怡保甘榜斗华残障儿童学校开放日及筹募基金推展礼，捐助50林吉特及五袋衣服藉表赞助。

五是奖学助学。

1960年10月10日，主席曾智强、副主席胡埔生在14周年会庆上，呼吁同乡认捐奖学基金，获得同乡热烈响应：曾智强、胡埔生各捐1 000元；胡森泰、胡周铭、胡本良、胡永丰夫妇、胡权兴、谢文荫各捐500元。1982年11月13日，青年团联合深斋校友会为深斋中学筹募清寒子弟助学金而举办"群星义唱晚会"，共筹得31 630.15林吉特。1968年1月21日召开会员大会，副主席曾敦化提议设立奖助学金，获一致赞成通过。1969年2月9日，常年会员大会通过奖学金章程。1973年6月17日通过设立贷学金，成立大学贷学金小组委员，由胡埔生、胡万铎、胡润灌、胡琼琳、谢文荫5人担任委员。1974年2月3日会员大会一致通过大学贷学金章程。3月17日执监委联席会议，一致通过扩大大学贷学金小组委员，由曾敦化、胡埔生、胡万铎、胡督生、吴汪裕、胡仁智、胡琼琳、胡润灌及谢文荫九人组成。

奖助学金从1970年开始颁发，每年3月举行。随着奖助学金基金的增加，受惠会员子女也越来越多。1970年2月20日颁发第一届奖助学金，奖学金获得者8人，计160元；助学金获得者4人，计360元。到1990年3月，颁发第21届会员子女学业优良奖励金时，计有93名会员子女获奖，总奖金3 450元。获奖人数增加7.75倍，奖金增加6.6倍，受惠会员子女更加广泛。

7. 霹雳胡氏宗亲会的创建①

霹雳州是永定下洋胡氏华侨的重要聚居地，下洋客家话在霹雳州一些地方甚至可以通行。早在清光绪二十四年（1896），安定堂胡氏在拿哈建起了义冢，供后代追思先人。20世纪80年代，怡保的胡万铎、胡琼宝等宗亲强烈意识到有规划地祭拜胡氏先人、联合族人、增进族亲情谊之迫切性与可行性，积极筹备拟订章程及申请注册准证等事宜。1985年7月1日，马来西亚霹雳胡氏宗亲会经向当地社团注册官申请获批准。9月22日，召开第一届理事会，选举产生19名理事，霹雳胡氏宗亲会宣告成立。胡督生局绅当选首届主席，胡炳南、胡伟春为副主席。理事会每届两年。

马来西亚霹雳胡氏宗亲会是一个血缘性和联谊性的社团。该会宗旨：敬祀先祖，弘扬祖德，联络感情，团结宗族，调解纠纷，谋求宗亲福利及事业，提倡健康文化娱乐、学术、体育活动，赞襄社会慈善教育公益，增进各族友谊亲善，服务社会，建国国家等。

宗亲会成立后，以每年春秋两祭为中心，团结宗亲，前往拿哈胡氏总坟祭祀，香火代代相传，祖德脉脉流传。

1988年，宗亲会设立大学贷学金。

（二）马来西亚龙岩县籍社团的转型整合

第二次世界大战后，马来西亚槟城、吉玻、天定的龙岩会馆以及沙巴亚庇的他山俱乐部都适应形势的发展完成了转型，不仅原有的同乡会保持活力，还新成立了雪隆龙岩会馆。槟城龙岩会馆主席李良潮在该会成立50周年金禧庆典时表示："马来西亚独立迄今，已达22周年，凡长久居留于本国以及在本国出生之华人均得申请为大马公民，吾人生于斯，建业于斯，将来准备安葬于斯，马来西亚即是我们的家乡，我们的祖国。我们有义务遵守政府法律，效忠国家，甚至执干戈捍卫国家，我们也有权利根据宪法要求我们每一公民应得之权益。我们要爱护本族同胞，也要爱异族同胞，大家坦诚相见，携手合作，共御外侮，共同建立一个和平、繁荣、进步的国家。"②岩籍华人在思想上、认同上完全把自己当作马来西亚公民，以马来西亚为祖国，充分体现经过20多年的适应，已完全实现转型。新、马两地龙岩会馆之间联系密切，互相帮助。马来西亚各地龙岩同乡会为加强联系，进行了整合，成立了全国性的同乡组织——马来西亚龙岩会馆总会，成为岩籍社团在海外的唯一的全国性同乡社团。

1. 槟城龙岩会馆的转型③

第二次世界大战结束后，槟城龙岩会馆进行了会馆建设，通过设立教育基金、大学贷学金等凝聚同乡感情，岩籍同乡积极参与慈善公益活动，会馆成立青年团，加强与新马龙岩同乡会的联系和整合，推动成立马来西亚龙岩同乡总会，凝聚乡谊亲情，更好地适应当地的生存发展。

（1）设立银禧教育基金。

1954年，郭廷方倡议设立"槟城龙岩会馆银禧教育基金"。郭廷万首捐1万元，响应号召捐献5 000元以上的有李仰宗、张志明、丘金秀、李良潮、黄镇江、丘文伟等人。用于资助同乡清寒子弟，以及奖励成绩优良学生。后订立章程，设立大学贷学金。嗣后，每逢乡友喜庆宴会，多吁请购买会馆礼券作贺，遇有丧事将赙仪移充福利基金等。至20世纪80年代，银禧教育基金达十六万余元，分存于银行及金融机构。1981年郑富钦接任银禧教育基金委员会主任，提议增设中学学校考试奖助学金，并在11月6日大会通过。自1984年起，每年颁发奖助学金达万元以上。

（2）设立大学贷学基金。

1974年李仰宗去世后，遗属遵其意愿，捐献10 000元为槟城龙岩会馆贷学基金，以帮助同乡子女完成大学教育。至1980年大学贷学基金已达100 000元以上，适逢大马龙岩会馆总会成立，槟城龙岩会馆即将全部大学贷学基金移交给总会统办。

（3）立足当地开展慈善公益活动。

响应倡办南洋大学④，捐献基金作南大会员之一。支持贫困同乡医药费、丧葬费，支援吉打亚罗士打得洛弯遭火灾的同乡，响应政府号召，赈济灾民。支援及慰问1969年"5·13"事件中被殴打、被洗劫、被烧屋的同乡。捐献南华平民化医院建院基金达万元。捐赠槟州老人院及痉挛儿童院等。

（4）筹建会所。

---

①参见《福建永定胡氏族谱》，福建永定胡氏族谱修撰委员会，2011年，第176页。
②《李良潮在槟城龙岩会馆金禧纪念特刊上的发刊词》，载《大马龙岩会馆总会暨各乡会联合特刊》，1987年，第90页。
③李良潮：《槟城龙岩会馆馆史》，载《大马龙岩会馆总会暨各乡会联合特刊》，1987年，第58~63页。
④20世纪50年代新马华侨倡议在新加坡创办华文大学——南洋大学，得到各侨团的热烈响应，积极捐款，成为会员。比如霹雳永定同乡会、槟城永定同乡会等。

1950年在台牛后购置一座三层楼店屋为会所。1970年受吉玻龙岩同乡会激励，决定重新购置新会馆。1978年李良潮、倪子仲分别当选正、副理事长。倪子仲提出四点计划：一、购置新馆所及举办金禧大典计划；二、举行新馆所开幕及52周年会庆计划；三、大马龙岩会馆总会成立周年纪念计划；四、大马龙岩会馆联合特刊计划。1980年9月7~14日，由李良潮、倪子仲率领12人前往新加坡、吉隆坡拜访龙岩同乡会。在新加坡募得购馆基金28 800元。在吉隆坡募得基金10 000元，其中雪兰莪龙岩会馆主席杜克炎个人就捐了2 000元。另外，各地龙岩同乡通过章应西捐款17 400元。至1980年4月，共募得565 590元，购新会所462 880元，及其他开支，结余71 244.49元，移交作会馆新成立的发展基金委员会保管。1981年3月25日搬入青草巷No. 211 Jalan Masjid, Negeri Penang。12月6日，在新会馆举行成立52周年暨总会创立一周年纪念庆典。

(5) 成立发展基金委员会。

1980年成立，成员：主任李良潮，秘书倪子仲，财政黄镇江，委员郭盛隆、李元庆。当届会馆主席、总务及青年团团长为当然委员。

(6) 开展联络活动。

自1977年起，会馆由李良潮、倪子仲、王业开等率团前往吉打、玻璃市、霹雳天定等地颁发奖助学金。1980年9月组团访问新加坡、吉隆坡的龙岩会馆。1980年10月赴台湾拜访同乡社团。台北龙岩同乡会主席罗天照祝贺槟城龙岩会馆金禧贺礼500马币，另捐购馆基金3 000马币。

(7) 举办金禧庆典。

槟城龙岩会馆庆祝成立50周年金禧庆典，全体理监事及嘉宾合影于槟城台牛后旧会馆大门前

1979年11月11日举行庆祝成立50周年金禧庆典活动。新加坡以及马来西亚吉隆坡、吉玻、天定的龙岩同乡会都派代表参加，表示祝贺。槟城龙岩会馆主席李良潮、新加坡龙岩会馆主席谢肇恭、雪兰莪龙岩会馆主席杜克炎先后致辞。会议呼吁龙岩同乡向南华平民化医院基金捐献和支持槟城龙岩会馆购置新会所，成立购置新馆所委员会。

(8) 成立青年团①。

为更好地推动会务工作，使会馆能后继有人，槟城龙岩会馆在1979年正月21日召开会议，讨论成立青年团。经过两年的筹备，青年团于1981年正式成立，首任团长为石裕成，接着郑添富担任第二、三届团长。郭廷方首先为青年团捐款5 000马币作活动经费，同乡们纷纷跟进捐助，保证了青年团活动的顺利开展。

青年团成立后积极举办活动，包括协办新春团拜、颁发奖助学金、周年庆典活动等，举办书法、登水坝比赛、中秋月光会，成立象棋研究会，吸引了越来越多的同乡子女参加。1981年4月青年团加入华人大会堂为会员。参加华堂青年团乒乓球锦标赛，主办福联青同乡子女西洋水象彩画比赛等。

(9) 推动马来西亚龙岩同乡会馆的整合。

1976年5月4日改名为"亚庇龙岩会馆"的第一届执委会职员就职留念

1976年7月29日，槟城龙岩会馆派代表倪子仲、王业开前往吉隆坡与雪隆龙岩会馆代表郑振荣、杜克炎等共商草拟马来西亚龙岩同乡总会章程，一致同意组建筹委会。1981年3月15日，马来西亚龙岩会馆

---

① 苏仕兵：《槟城龙岩会馆青年团成立及活动》，载《大马龙岩会馆总会暨各乡会联合特刊》，1987年，第66页。

总会在吉隆坡举行隆重成立大会。大会推荐槟城龙岩会馆为轮值主席，李良潮担任总会首届主席。

2. 他山俱乐部与亚庇龙岩会馆①

英属北婆罗洲的沙巴和沙捞越因海洋阻隔，原本与马来亚联系很少，但因为同属于英国殖民地，1963年加入马来亚，共同组成马来西亚，被称为"东马"。1968年，他山俱乐部为缅怀在日军占领期间因参加神山游击队而牺牲的13名龙岩英烈，将他们迁葬到亚庇华人公墓。1986年马来西亚龙岩会馆总会一行二十多人在李良潮、连盈洲的率领下前往亚庇访问时，专程前往公墓拜祭龙岩英烈。

由沙巴龙岩同乡组成的他山俱乐部，随着形势的发展，已不适合地缘性同乡会的组织。1976年，俱乐部成立以许汉民为主席的新一届执委会起草新章程，并将俱乐部改名"亚庇龙岩会馆"，以适应时代转型，获当地社团注册官批准。

1978年，亚庇龙岩会馆在第二任主席连景洲的领导下，结合老、中、青力量，大力整顿会务：一是广招会员。从1979年5月开始重新登记会员，发动同乡加入，会员人数由百余人增到400多人。至1985年11月底，有会员501人；二是积极为会员谋福利。举办敬老会、清明公祭，颁发会员子女学绩优良奖励金等；三是参与当地社团建设。参加亚庇华人同乡会馆联合会活动，响应"百万行"运动捐助华文独立中学基金，参与"亚庇中学校政委员会"等。龙岩会馆于是成为沙巴州相当活跃的会馆之一。

根据亚庇龙岩会馆1984—1985年会务报告，主要会务活动有②：

（1）同乡敬老联欢会；（2）会员子女学绩优良奖励金；（3）丧事办理；（4）清明公祭；（5）派代表加入亚庇中学校政委员会担任会员，为支持华教出一份力量；（6）出让店屋。亚庇兴业银行为扩展业务，愿以比市场高约两倍的价格购买龙岩会馆四楼店屋（连同小货仓）。1985年7月28日召开特别会员大会，经热烈讨论后以大多数同意通过两议案。

亚庇龙岩会馆1977年改名转型后，实行执委会制，设主席、秘书、财政、总务、交际、查账、监事、执委，在亚庇以外的吧巴、皇家湾、皇家骨、保佛、兵南邦、下南南、兰佬设区委，联络所在地龙岩同乡③。

3. 天定龙岩同乡会④

天定（曼绒）龙岩同乡会自1946年复会后，因没有经费，长期处于休会状态。1974年，新的领导班子积极开展各项会务活动，包括重修会所、设立会员子女奖学金、组织康乐文娱活动、举办农历新春团拜和同乡联欢宴会等，会务重新活跃起来。

为重修会所，天定龙岩会馆成立建馆委员会，四出向龙岩同乡募捐。后因捐款账目不清引起乡亲不满，影响捐款工作。1986年4月20日召开会员大会决议改组建馆委员会，并登报声明。后任理事长郭升烈，从事公益事业大公无私，深孚众望，各项会务及捐款工作继续推进。

天定龙岩会馆实行理事会制，下设主席、总务、财政、文书、稽查、交际、福利、理事⑤。

4. 吉玻龙岩同乡会⑥

吉玻龙岩同乡会庆祝成立40周年纪念联欢宴会暨总会第三届理事会

马来西亚独立后，吉打和玻璃市成为马来西亚的两个州。1965年，林泉木当选吉玻龙岩同乡会第13

---

①参见：子君《亚庇龙岩会馆简史》、王业开《沙巴抗日英雄万古流芳志》分别载《大马龙岩会馆总会暨各乡会联合特刊》，1987年，第231、233页。
②陈湘荣：《亚庇龙岩会馆1984及1985年会务报告》，载《大马龙岩会馆总会暨各乡会联合特刊》，1987年，第234页。
③《亚庇龙岩会馆历届暨现任执委一览表》，载《大马龙岩会馆总会暨各乡会联合特刊》，1987年，第235页。
④郭达隆、陈仪辉：《重建会所，克难致果》，载《大马龙岩会馆总会暨各乡会联合特刊》，1987年，第269页。
⑤《天定龙岩会馆历届理事一览表》，载《大马龙岩会馆总会暨各乡会联合特刊》，1987年，第304~305页。
⑥汤若芝、陈念祖：《吉玻龙岩同乡会会史》，载《大马龙岩会馆总会暨各乡会联合特刊》，1987年，第270~273页。

届理事会主席，会务开始重新活跃起来，以购建新会馆为契机，开始转型。

一是购建新会所。

因旧会所过于简陋，有龙岩乡侨提出要进行改建。第13届理事会建议将旧会所改建为两层楼屋，并请绘图师多次绘图。获批准后，由于同乡会尚未成立建馆委员会，由廖炳忠做东，召集在巴刹卖豆芽豆干生面的七位岩籍小贩到当地酒楼饮茶，商议筹款事宜，并当场捐款2 500元。捐款人捐款数为：廖炳成1 000元，郭荣富300元，汤如泉300元，陈根龙300元，朱添喜200元，曾良柏200元，汤若芝200元。1966年春祭宴时，由郭荣富宣布七人献金数目。当时币值很高，由小贩捐献千百元，实属不易，乡亲们报以热烈掌声。林泉木主席当即以捐献2 000元为响应。杨仰洲、陈涌源、杨椿荣、杨柏荣、倪正敏、邱应竹等人各捐1 000元响应。当场获得捐款2万多元。遂于当年9月30日成立建馆委员会。

1966年11月27日召开会员大会，多数赞成购地改建三层楼房，推选林泉木、林德富、陈涌源、倪正敏、杨仰洲、林伯源等负责购地事宜，最后以3万元成交。推选林泉木、林德富、郭能辉、倪正敏4人为信理员，保管会馆产业。随后，同乡会开始筹募建馆基金，由林泉木、陈涌源分别担任正、副主席，以建委会名义向新加坡、马来西亚各地龙岩同乡募款，共筹得75 700马币，出售旧会所17 000马币，以及出售礼券，进行特别捐等，共计达12万马币以上建馆基金。1970年8月，位于亚罗士打商业区甘术路的一幢三层地基两层建筑物的新会所落成。会馆内部宽敞，门面堂皇。1985年林德富担任主席后，发动乡亲扩建会所，将第三层加盖屋顶，便利同乡借办喜宴、或春节联欢、春祭宴会等。

二是积极推动同乡福利。

（1）设立福利基金。会馆楼上为同乡会礼堂及办事处，楼下租给商人营业。收入租金除支付经常费外，多余款项连同其他收入，存入银行生息，以推动同乡福利。"本乡会也设有福利基金，照顾无依无靠的年老同乡，救济遭遇不幸的会员或会员子女。至于年老贫病同乡，需要前往中国医治疾病时，本乡会也尽可能筹募救济金，以成人之美。"① （2）1973年设立奖助学金小组，审理发给奖助学金事宜。奖助学金由同乡捐献。同乡遇有婚丧喜庆，莫不踊跃捐献。到1986年奖助学基金达45 000元以上，每年发出的奖助学金高达5 000元。

1974—1985年奖学金颁发之人数及金额②：

年　度	小　学	中　学	S·R·P S·P·M S·T·P·M	款项
1974年	42名	17名		$950.00
1975年	50名	12名		$830.00
1976年	61名	17名		$1 043.00
1977年	63名	18名		$1 185.00
1978年	67名	21名		$1 245.00
1979年	62名	21名		$1 264.00
1980年	59名	28名		$1 508.00
1981年	63名	24名		$1 789.00
1982年	43名	38名		$1 913.00
1983年	48名	40名		$2 475.00
1984年	61名	39名		$3 135.00
1985年	78名	39名		$3 650.00

---

①连盈波：《吉玻龙岩同乡会总务的话》，载《大马龙岩会馆总会暨各乡会联合特刊》，1987年，第309页。

②奖学金主任连浚河：《吉玻龙岩巍秀会奖学金活动概况》，载《大马龙岩会馆总会暨各乡会联合特刊》，1987年，第310页。

1984年同乡会拨出1万元作为马来西亚龙岩会馆总会大学贷学金，账目名称为"吉玻龙岩同乡会大学贷学金"。

三是举办活动，凝聚乡谊。

每年农历正月初一举行春节联欢会，吉玻区乡亲携带子女前来参加，场面盛大，气氛热烈，有唱歌，有跳舞，还有奖品丰富的幸运抽奖。乡亲们齐聚团拜，互颂"恭喜发财，新年进步"，增进情谊，促进团结①。

四是成立青年团。

在林德富、汤若芝、张秋生、魏根炎、连浚河、张再福等人的发起下，吉玻龙岩同乡会青年团于1981年底成立，并选举产生第一届（1981—1982年）青年团理事会。第一届团长由廖汉宗担任，他召集团员小组，分头劝说会员子女加入青年团，团员从20多人增加到50多人。第二届团长由郭能安担任，以召募百名团员为目标，拟定广招团员计划和活动项目，包括乒乓球练习、羽毛球练习、棋类、阅读、旅游、中秋晚会等。1984年3月增设"中国土风舞研习班"，为期四个月，由当地著名舞蹈师陈若群义务指导，备受青年男女欢迎。1986年召开第三次理事大会，郭能安众望所归，蝉联第三届（1987—1988年）团长②。

5. 雪兰莪龙岩会馆的建立③

雪兰莪龙岩会馆成立之初购买的二层楼会所，图片由强壮行先生提供

雪兰莪州位于西马中部，东临南中国海，西接马六甲海峡，今马来西亚首都吉隆坡在该州。龙岩县华侨旅居马来亚雪兰莪始于1918年，由于散居，各自谋生，早前并未成立同乡社团，仅有清明祭祀之时同乡才得以相聚。直到20世纪60年代，始由几位热心乡贤发起组建会馆。1964年11月，杜应深、魏澄川、林傲霜等人发起组织中马龙岩会馆。1965年6月召开第二次筹委会，经讨论，定名"雪兰莪龙岩会馆"，同时起草章程。1972年获注册局批准。3月5日召开首届会员大会，选出执委21名，候补4名，郑振荣、林傲霜分别当选正、副主席。由郑振荣宣布吉隆坡雪兰莪龙岩会馆正式成立，并于3月10日举行执委宣誓就职典礼。新马各地龙岩会馆组团前往祝贺。各报记者应邀参与报道。

雪兰莪龙岩会馆成立后，立即按新型社团塑造自身：

一是筹建会馆。

1972年6月8日召开联席座谈会议，成立建馆委员会，由主席郑振荣担任主席，杜克炎为副主席。郑振荣首先认捐1万元，杜克炎捐2 000元，杨东荣、邱锦木、魏侨生、邱国民各捐1 000元，廖静波、廖寿乔、强禹声、张镇淮、林兴垣各捐500元，陈树村捐300元，陈庆祥捐200元，计1.9万元，再由执委会分头向本坡同乡募捐，均获支持，不久达7万多元。适逢会馆所租旧古路路律双层店铺业主欲以投标方式出售，最低11万元。会馆经紧急讨论，决定下标，基金不足，由杜克炎设法向银行借贷，另外与楼下租户商洽先支租金一年应急。馆址于是一举买下。1975年2月1日，会馆搬到自置会馆楼上上班，楼下仍租给旧住户。会馆选出郑振荣、杜克炎、杨东荣、魏侨生四人为产业受托人。自此，会馆收入稳定，并有盈余，注入教育基金。

1983年7月，会馆产业信托人之一的杜克炎去世后，依章程补选产业信托人，经多次执委会讨论后，决定以"雪兰莪龙岩会馆"名称注册产业，一劳永逸，并可免除信托人员变故造成的影响。1985年3月，会馆正、副主席林忠强、李元坚加入信托员，最终完成注册登记。

二是设立教育基金惠及同乡子女。

---

① 连盈波：《吉玻龙岩同乡会总务的话》，载《大马龙岩会馆总会暨各乡会联合特刊》，1987年，第309页。
② 郭能安：《吉玻龙岩同乡会青年团简介》，载《大马龙岩会馆总会暨各乡会联合特刊》，1987年，第312页。
③ 参见：杨东荣《雪兰莪吉隆坡龙岩会馆史略》、强禹声《雪兰莪龙岩会馆20年大事摘记》分别载《大马龙岩会馆总会暨各乡会联合特刊》，1987年，第378~379页、第380~381页。

1975年5月25日，名誉主席李仰宗夫人嫁女，特将致贺礼金购买会馆礼券，另再捐凑足3 000元，作会馆教育基金，后再捐2 000元。教育基金由主任林忠强博士颁发学业优秀的同乡子女，鼓励青年学子努力向上。

三是融入当地，加强与新、马两地侨团的联络交流。

（1）主动拜访新、马两地的龙岩同乡社团。

雪兰莪龙岩会馆1972年成立后，在1974—1975年间，分别组团前往新加坡和马来西亚的亚庇、槟城、怡保、太平、沙白、勿安南、安顺、红土坎、帮咯岛等地，拜访同乡，联络乡亲和筹募建馆基金。

（2）推动马来西亚龙岩会馆总会成立。

1981年马来西亚龙岩会馆总会由雪兰莪龙岩会馆负责在吉隆坡登记注册获批准。3月15日首届总会会员大会在吉隆坡召开，雪兰莪龙岩会馆尽地主之谊，负责会务所勤，该会郑振荣出任总会名誉主席，林忠强博士、李元坚医生、廖克清会计师3人为名誉顾问。雪兰莪龙岩会馆在会上拨出1万元移交总会充作大学贷学金，另总务魏侨生捐1万元给总会贷学金。1982年，槟城龙岩会馆举行总会成立周年暨乔迁新会所及52周年庆典，雪兰莪龙岩会馆应邀组团前往祝贺，再捐1万元为总会贷学金。

（3）参加当地侨团的活动。

1977年加入中华大会堂为会员，支持向元首请愿批准独立大学注册，签盖请愿书。参加当地华人社团的各项活动，包括参加建国日报主办的徒步比赛，为八打灵商会筹募建会基金，与福建会馆丹功班联合主办"丹功讲座"，及雪隆丹功同道春节联欢宴会等。

四是举办培训班。

1983年3月主办外丹功班，虽只有两期，但所培养的学员赴台湾深造者超过20人，负起在雪兰莪各单位丹功班教练及助教任务。至1986年，当地已有20个社团主办外丹功班，参加研习者超过5 500人。雪兰莪龙岩会馆外丹功班创始人杨东荣，两度赴台湾赴师练功，首先将外丹功传入吉隆坡。其他如魏侨生、杜克强等对推动外丹功不遗余力。

雪兰莪龙岩会馆依章程每年召开一次会员大会，每月举行执委会议一次，两年选举一次，即每届执委任期两年。各小组会议，视必要召开①。

6. 马来西亚龙岩会馆总会成立②

（1）缘起

新马地区是龙岩县籍华侨较多的地区。为便于各地同乡联系，加强各同乡会之间的联络和合作，龙岩同侨在1954年槟城龙岩会馆举行成立25周年银禧庆典时就倡仪成立龙岩会馆联合会。1972年雪兰莪龙岩会馆成立，各地龙岩同侨代表聚集吉隆坡，再次倡仪成立各会馆联合会，委托杨东荣负责往来各州推动。1976年7月29日，槟城龙岩会馆特派代表倪子仲、王业开前往吉隆坡，与雪兰莪龙岩会馆代表郑振荣、杜克炎、杜克诚、林忠强、翁品奎、魏侨生、强禹声、杨东荣等共商起草总会章程，就组建筹委会达成一致。1979年第二次筹备工作会议在槟城召开，各州同乡会代表参加，会上授权雪兰莪龙岩同乡会办理申请注册手续。1980年9月12日，各州龙岩同乡会代表再聚吉隆坡，讨论章程，略予修改后顺利通过，提交社团注册官。

（2）成立

1981年春，"马来西亚龙岩会馆总会"经吉隆坡注册局注册批准（注册号R·S·M·276/79）。3月15日，槟城、吉玻、天定、雪兰莪的龙岩会馆各组代表团聚集吉隆坡，选举首届职员及宣誓就职，举办成立典礼。会上，筹委会主席杜克炎宣布筹建工作结束，筹委会总务杨东荣报告筹备经过。会议公推槟城龙岩会馆担任首届轮值主席，槟城龙岩会馆主席李良潮担任马来西亚龙岩会馆总会首届主席。马来西亚龙岩会馆总会由李良潮宣布正式成立，并就会务工作发表讲话，李良潮提出首先共谋同乡福利，应先从教育及经济两方面着手，他提出两点建议：（1）设立大学贷学金，赞助同乡子女，培养优良人才，提高国家教育水平，必能使他们肩负重任，为国家建设工作，以促进繁荣稳定。（2）组织大企业，聘请专门人才，采取科学管理方法。他吁请同乡抛弃旧式的家庭小企业及家庭式经商方法，应集中资力进行联营，或合作创新的事业，设法寻求经济专才，筹组企业，提高同乡经济地位，引导同乡子弟在工商界业开拓新的天地。

（3）会务

①举办成立一周年庆典。1981年12月6日，槟

---

①杜克诚：《雪兰莪龙岩会馆会务报告》，载《大马龙岩会馆总会暨各乡会联合特刊》，1987年，第383页。
②杨东荣：《马来西亚龙岩会馆总会成立始末》，载《大马龙岩会馆总会暨各乡会联合特刊》，1987年，第22~23页。

城龙岩会馆举办乔迁新会址暨52周年会庆，同时举办马来西亚龙岩会馆总会成立一周年庆典，三庆合一。会场入口对联由郑高林题撰、岩侨书法家林啸川书写：

　　庆岩馆诞生五二载，喜乔迁华厦，更冀增辉旧策；

　　祝总会成立一周年，欣团结同乡，相期共展新猷。

庆典活动表演了家乡戏——采茶扑蝶和龙岩山歌。庆典后出版特刊，以志其盛。

②设立大学贷学金。1979年11月11日，槟城龙岩会馆会员大会上，会员建议将该会大学贷学金移交给总会大学贷学金，大家认为要等总会获注册批准成立后才能移交。1980年9月郭廷方81岁大寿捐1万马币充作大学贷学金，也因总会尚未成立不能移交。1981年1月12日，马来西亚龙岩会馆总会获社团注册局批准。始将大学贷学金移交总会。

相继向总会捐助大学贷学基金的单位和个人有17个，总计捐款17.9万元整。这些单位和个人是：

李仰宗2万	郭廷方1万
张志明1.5万	杨镇洲1万
林友恭1万	张华木1.6万
林德成伉俪0.6万	苏少璋0.6万
陈赞和1万	郭忠辉1万
郑碧山伉俪1万	槟城龙岩会馆1万
李良潮1万	黄镇江0.6万
雪兰莪龙岩会馆1万	魏侨生1万
吉玻龙岩会馆1万	

大学贷学金归属总会，颁发的对象不分地缘，只限获得大学入学准证的龙岩同侨子女。获得者有槟城、霹雳、雪兰莪、吉打、玻璃市、沙巴各地的龙岩同侨子女。贷款人必须填写申请表格，签订合约，要有2名龙岩同侨担保，毕业后2年内还清，不必付利息。由于大学课程要4～6年才能完成，因此申请贷学基金的人越来越多。1982年7人，借出13 700元。1983年10人，借出19 700元。1984年14人，借出27 700元。1985年18人，借出36 000元。1986年22人，借出44 000元。五年共借出141 100元①。

③发展会员。马来西亚龙岩会馆总会的任务是加强沟通马来西亚各地龙岩同乡会的联系。总会成立之初，龙岩同侨在马来西亚已成立有槟城、天定、吉玻、雪兰莪、亚庇5个龙岩会馆。亚庇地处东马，与西马相隔南中国海，联系不便，故成立时亚庇龙岩会馆并未派人参加。为加强与东马龙岩乡亲的联系，总会于1986年7月组团前往沙巴亚庇参访，拜访亚庇龙岩会馆，并邀请亚庇龙岩会馆加入总会。为此，大马龙岩会馆亲善访问团领队李良潮专门撰写"致沙巴龙岩会馆全体乡贤书"，他说"追根溯源，我们都是来自同一故土，我们有同样的语言，相同的风俗习惯，甚至有同宗、亲戚的关系。""大马龙岩会馆总会创立于1980年底，根据章程规定，总会主席、总务、财政采取轮流制。第一届主席由槟城乡会担任。第二届主席由吉隆坡乡会担任。第三届主席落在吉打及玻璃市龙岩同乡会身上。本人希望第四届主席能由贵会担任。""自总会成立以后，已增进各地乡会接触的机会，各地乡友得有机缘常坐在一起，讨论如何发展会务，如何造福乡友。"在总会李良潮等人的热情邀请下，亚庇龙岩同乡会1986年加入了总会，成为首批属会②。

④轮流负责制。马来西亚龙岩会馆总会首批属会5个，包括槟城、吉玻、天定（后改名曼绒）、亚庇、雪兰莪（后改名雪隆）五个会馆，主席采取各地轮值制，每届任期两年，首届主席推举槟城龙岩会馆主席李浪潮担任，其他四馆为副主席。1987年第四届理事会由槟城轮值，吉玻代表提议，在槟城设立永久档案处，总会注册证由吉隆坡转移到槟城，作为永久行政中心。10月，由槟城龙岩会馆主持出版《大马龙岩会馆总会暨各州乡会联合特刊》，内容包括专家学者论著诗词、特写、各地风光、乡讯、乡贤介绍等，粉纸精印，约600版页，发行3000本，藉资记载龙岩人旅居马来西亚情况。1989年第五届由沙巴亚庇龙岩会馆轮值，提议"马来西亚龙岩会馆总会"改名为"马来西亚龙岩会馆联合会"。

（三）马来西亚其他社团的成立与转型

这里的其他社团是指永定、龙岩同乡社团以外的岩籍社团，包括有永定华侨参与创建的客属社团、广东暨汀州会馆、汀州会馆等。清末创建的令金鄞江公会，第二次世界大战后随着会员迁移解体，但在令金仍留有同侨义总坟，新加坡南洋上杭同乡会不时派人前往祭扫。

---

①李良潮：《槟城龙岩会馆馆史》，载《大马龙岩会馆总会暨各乡会联合特刊》，1987年，第60页。

②李良潮：《致沙巴龙岩会馆全体乡贤书》，载《大马龙岩会馆总会暨各乡会联合特刊》，1987年，第21页。

1. 广东暨汀州会馆

广东暨汀州会馆，李贵海供图

广东暨汀州会馆早在18世纪末的1795年创立，1951年2月22日获槟州社团注册官批准为免注册的社团，列号87。1974年9月5日正式获得1966年社团法令批准注册名称由 Persatuan Kwnagtung and Tengchow, Pulan Pinang 改为 The Kwnagtung and Tengchow Association, Penang。

广汀会馆以"联络广汀人士感情，同谋社会及公共福利"为宗旨，主要为广汀人士之身后福利着想，下辖五个公冢作广汀人士身后葬身之用。1951年9月购买郑景贵孙辈国安园一部分，充作第四公冢，1955年获政府批准作坟场，1957年起正式启用。1969年，广汀会馆以十万元的价格购买直落巴巷园地，并于1982年开发为第五公冢。

2. 汀州会馆的成立①

汀州原是福建五州之一，是龙岩地区历史上最早的重要行政区域，唐开元二十四年（736）建州。明清时期，汀州府下辖区在长汀、上杭、永定、武平、连城、宁化、清流、宁化八县。马来西亚槟州的汀州华侨以永定最多，上杭、连城、长汀也有少量，其他县少见。永定华侨曾在1947年创建有永定同乡会。马来西亚独立后，当局实施社团管制法令。为联络汀州同乡，在游高明、胡榆芳、张经文、游廷华、胡茂东、游新喜、胡杰光、张奎明等人的呼吁发起下，槟州汀州同乡于1971年5月16日召开特别大会，一致同意成立汀州同乡会，会名由"汀州府"改为"汀州"，称"汀州会馆"。会议还通过由游高明、胡榆芳、游廷华、胡茂东负责起草的章程，向社团注册官申请批准。11月16日，申请获得槟州政府社团注册局批准后，汀州同乡召开特别大会，选举游高明、张经文为正、副会长。会议选出首届董事21名，查账1名。

董事：胡榆芳、游新喜、张奎明、黄百书、张启鑫、陈武忠、游招喜、廖启城、赖伟民、罗始湘、陈世常、陈经文、江有生、陈亮喜。

信理员：游高明、胡榆芳、张经文、胡茂东、游廷华、胡顺兴、胡杰光、张著猷、张奎明。

汀州会馆（1990—1991年度）全体董事合影

汀州会馆每年三月举行会员大会，董事会任期两年，期满可连任，但任同职不得超过三届。每届理事会都委派代表6人出任广东暨汀州会馆董事。

汀州会馆设在北马永定同乡会会所内。1988年随北马永定同乡会迁入新址。

汀州会馆会员约100名，每年4月22日为会馆纪念日，经费来源靠会员婚宴喜庆捐献，及周年纪念宴会结余、存款利息。

2. 推动创建马来西亚客家公会联合会②

第二次世界大战结束后，东南亚各殖民地获得了独立建国的权力，新加坡南洋客属总会先是从东南亚各国客属社团的领导机构转为新马地区客属社团的总

---

① 胡育文：《汀州会馆简史》，载《北马永定同乡会新会所开幕暨42周年会庆/青年团九周年纪念庆典特刊》，1992年，第135页。

② 《马来西亚客家公会联合会简介》，载《世界客属第15届恳亲大会纪念特刊》，第174~175页。

机构，新马分家后，又转型为新加坡客属社团的总机构。1974年3月，新加坡南洋客属总会通知外埠客属会馆停止选派董事代表，并在1975年遵照社团法令，取消外埠董事代表名称。自此，新加坡南洋客属总会在组织系统上不再是客籍人士南洋地区的总机构。有鉴于此，1975年元旦，霹雳客属公会举行第15届理事就职仪式时，永定籍理事曾敦化局绅呼吁组织马来西亚全国客属总会，把大马客家人的力量凝聚一起，以便在华社事务中担任一个有用的角色。随后，霹雳客属公会发函给全马各地客属公会征求意见，得到热烈响应。

1976年，马来西亚客家公会代表大会在怡保召开，与会的31个客家社团一致通过组织成立"马来西亚客家公会联合会"（以下简称"客联会"）。时任霹雳客属公会会长的永定华侨胡万铎被推举担任第一届会长，1978年再次蝉联会长，任期到1980年。

出席首次代表大会的33个客属社团有：霹雳、野新、昔加末、沙捞越、诗巫、麻坡、吉南、关丹、东甲、淡马鲁、立卑、丹绒马林、红沙、下霹雳、淡边、威省、马登马六甲、马口、金马士、瓜拉冷岳、三合港、马六甲、居銮、笨珍、庇劳、文冬、吉打、乌鲁冷岳、吉中、槟城及直凉。

客联会的申请注册手续在林湘泉律师和胡万铎会长的努力下，于1978年获得霹雳州社团注册官批准，成为正式社团。

客联会成立后，成立了青年团和妇女组，设立奖贷学金，帮助清贫客家子弟完成学业。

1982年，客联会鉴于当时华社面临的困境，发出113封公函给予华裔国会议员、州议员，呼吁他们极力争取华裔华社的权益。接着又发出25封公函给予政府部门，针对政、经、文、教课题，表达华社立场。获得多位议员和数个政府部门回函，表示关注华社意愿。

同年，客联会致函董教总，全力支持董教对《3M制新教学纲领》所持立场，维护华小原有的华文教学媒介语地位不变，获教总主席沈慕羽局绅回信表示感激客联会的支持。

3. 永定乡侨参与霹雳客家公会的建设①

霹雳客家公会于20世纪40年代初期草创，1941年9月选出首届职员旋即因日寇占领而停止活动，1945年9月复办，1948年办理新旧会员登记。

霹雳的汀州客家人，以永定人为主。汀州客家人是霹雳客家公会的重要参与者和建设者，霹雳永定同乡会是其属会之一。1951年元旦，霹雳客家公会举行新会所开幕典礼，邀请著名的客家华侨领袖、原籍永定的胡文虎先生主持剪彩。为购买新会所捐款的永定客家乡亲有：胡文虎1万元，胡重益1万元。其他捐款的永定籍侨胞还有很多。永定籍著名实业家胡曰皆于1955年倡议筹建学校以推行百年树人大计，以身作则，首先捐出13万元为建校基金。霹雳客家公会为纪念胡曰皆建校功绩，通过决议将学校命名为"霹雳客家公会附设深斋中学"，还通过胡曰皆为霹雳客家公会永远名誉会长的决议。"深斋"是胡曰皆父亲的名字。深斋中学校舍于1959年建成，1960年1月4日举行新校舍开幕典礼。

1973年，霹雳客家公会会长胡万铎为捍卫华人学校的生存权，在霹雳首先领导华文独立中学复兴运动，迅速漫延到马来西亚全国各地，掀起了轰轰烈烈的全马华文独立中学复兴运动，全马华人纷纷捐款，抢救华校，使华校在得不到马来西亚政府支持的情况下得以生存下来，维护了华人学习民族语言的权益。胡万铎成为捍卫马来西亚华文教育的斗士。1975年，霹雳客家公会顾问曾敦化（永定人）在董事职员就职典礼中建议组织马来西亚全国性的客家总会，获全马各地客家公会的支持。1976年4月4日霹雳客家公会举行庆祝成立25周年庆典，并在会馆礼堂召开马来西亚全国客家公会代表大会。大会一致通过成立全国客家总会，名称定为"马来西亚客家公会联合会"，时任霹雳客家公会会长的胡万铎被推选为首届会长，1978年再次蝉联第二届会长。1980年卸任后被马来西亚客家公会联合会聘为永远荣誉会长。

胡万铎从1971年开始担任霹雳客家公会会长，到2002年卸任，长达32年。他与父亲胡曰皆都为霹雳客家公会的建设作出了重大的贡献。担任过霹雳客家公会会长的永定乡亲还有胡曰皆的堂兄胡锡皆（担任时间1964—1966）。

---

① 《霹雳客家公会简史》，载《第二届世界永定同乡恳亲大会（2011）纪念特刊》，霹雳永定同乡会编印，第93页。

马来西亚客家公会联合会首任会长胡万铎先生（上排右三）成为该会永久荣誉主席

缅甸

1948年缅甸获得独立，1950年6月缅甸与中华人民共和国建交。由于国民党政权败退台湾，缅甸华侨分裂为亲大陆和亲台湾两派，两派都对华侨社团和华文学校的领导权进行争夺，导致20世纪50年代初缅甸华人社团和华文学校有一个短暂的增长期。但随着缅甸政府对华侨经济限制越来越多，特别是奈温执政后，宣布实行工商业国有化和农业合作化，制约了华人经济的发展。1967年"6·26"排华事件后，中缅关系冷淡，华人社团活动被限制、华文学校被关闭、华文报刊被禁止。西方国家对缅甸长期进行经济封锁。中缅关系也直到1988年才逐步好转。此前一段时期，缅甸华侨华人经济发展非常困难，造成华侨华人长期向外迁移，留在缅甸的华侨绝大多数加入缅籍。缅甸岩籍华侨社团也完成从华侨社团向当地社团的转型，但由于华人整体经济较弱，社团开展活动困难。

1. 缅甸仰光永定会馆

缅甸仰光永定会馆是由著名侨领胡文虎先生等人创办起来的。中华人民共和国成立以后，胡文虎先生受到不公正的对待。仰光永定会馆一直挂孙中山先生遗照和台湾国民党政权旗帜，以行动表明政治立场。但在谋求同乡福利、维护同乡利益、联络同乡感情的会务方面，仰光永定会馆一直坚持做得很好，因而在永定乡亲中一直保持着相当的影响力。每年10月17日举行会馆成立庆祝活动。每年清明节，举行祭扫永定公墓。派代表到公墓祭祀后，会馆聚餐，有时多到50余席。每年轮流抓阄决定5名负责人，称作"首事"，主持当年祭典与聚餐事宜。

缅甸勃生永定会馆

2. 土瓦永定会馆

土瓦永定会馆创建于何时，已不得而知。1950年3月3日，举行重建会所典礼，选出理事长朱炳荣、财政林永相等，并演缅剧三天助庆。

3. 勃生永定会馆

勃生永定会馆始创于1936年，1946年复办，战后因各地匪乱，前来勃生聚居的永定同侨急剧增加，遂于1955年发动缅属各地同乡，自建一座新会所。

会员发展到74户520多人①。

4. 旅缅永靖华侨互助会

旅缅永靖华侨互助会②创建于1951年。中华人民共和国的成立，鼓舞了旅居缅甸的永定县和南靖县两县华侨，在卢志华、陈兰生、江尧章、苏贞华、江步升、黄文仁、张应举、卢水华、苏培养、江昆洲、李亚光、林定孚、吴建朝等乡亲的积极发动下，组织了旅缅永靖华侨互助会。1951年8月在仰光举行了隆重的理监事就职典礼，中国驻缅甸大使馆参赞李萍亲自监督，来宾近千人，场面非常热闹。

旅缅永靖华侨互助会的会务活动包括：

（1）成立"缅华国术醒狮队"，共有7名武师，进行各项拳击培训。

（2）每年组队到华侨中学春节文艺广场一连七晚负责维持秩序。遇有缅华其他重要集会，也必组队前往维持秩序。该队历来由副主席卢水华负责领队。

（3）1958年组织汉剧小组，1961年与应和会馆联合，扩大组织成"缅华汉剧团"，在缅华文艺活动中，对推动和发展中华传统文化方面发挥积极作用。

（4）组织篮球队，积极参加体育活动。球队多次获得冠军。

（5）有时在缅甸泼水节期间布置白鸽花车等参加歌舞车队游行，以促进中缅人民友谊。

1967年"六二六"事件后，互助会干部多数身陷囹圄，一时群龙无首。但各处仍需要人工作。江清亮、罗办奎等人不辞艰险，到处奔波。许多活动不但需要人，也需要钱，互助会所拨经费不够应付时，由私人认捐应急，但许多在学校工作的会员，由于学校与报馆被没收，生活费来源困难，只好由江清亮等慷慨捐助，以度过难关。

5. 旅缅龙岩同乡会

旅缅龙岩同乡会积极拥护中华人民共和国的诞生。1950年初，中缅关系友好，郭荣华发起组织龙岩球队，多次参加缅甸华社举办的球赛等活动。1953年元旦，旅缅龙岩同乡在仰光17条街的一间房子正式恢复龙岩同乡会，并升起五星红旗。随着会务发展，会址迁至仰光最繁华的大街中心（即广东大街门牌745—747号四楼）。

根据章程规定，旅缅龙岩同乡会理事会每届两年，可以连选连任。复办后的同乡会历任正副理事长有苏方炎、郭瑞庭、陈德旺、郭荣华、陈德芝、倪志山、赖振源、郭芳照、陈炳全、赖松生等人。另设监事若干人，负责审计、监督事宜③。

6. 缅甸仰光胡氏安定堂

缅甸仰光胡氏安定堂，原由胡文虎在1919年创建。缅甸独立后时局变化大，人口波动较大。尤其在20世纪60年代，各行业都受到不同程度的冲击，华人华侨多选择回国和移民外国之路，胡氏宗亲人数骤减④，但安定堂香火依然较旺。

印度尼西亚（简称"印尼"）

1949年12月27日，荷兰向印度尼西亚移交主权，印度尼西亚联邦共和国成立。1950年4月，印度尼西亚与中华人民共和国建立外交关系。20世纪50年代初，印度尼西亚华人社团一度掀起"再华化"⑤，被印度尼西亚领导层和原住民视为华人不愿融入当地社会。印度尼西亚政府很快把目标指向华侨，采取许多明显的限制政策：颁布"华侨登记条例"，征收外侨税；对华侨入境进行限制，由过去的开放性改为选择性，而选择标准极严，事实上等于禁止华侨入境；限制雇用华侨为职工，使许多华侨陷于失业或半失业。还有就是华侨中亲共产党和亲国民党两派之间的竞争，不少华侨被迫离开印度尼西亚。也有一些社团负责人怀着对中华人民共和国的向往，主动回到国内参加社会主义建设。巨港华侨总会主席王源兴、龙岩旅苏同乡会总会及棉兰分会主席郑日晖、曾任亚沙汉华侨总会主席和棉兰华侨总会副理事长张德镕、雅加达永定会馆前后任主席游范吾、游尚群等人分别回国参加建设。龙岩旅港同乡会总会及棉兰分会随着郑日晖的回国来再开展活动。王源兴、张德镕、郑日晖、

---

①苏孟：《缅甸仰光会馆简史》，载《新加坡永定会馆七十周年纪念刊1918-1988》，第97页。
②南靖县隶属漳州市管辖，因与永定县山水相连，县民互通密切，语言相同，两县县民在印度尼西亚、缅甸、美国以及香港、澳门等地都共同成立了永靖同乡会（或会馆）。
③《龙岩旅港同乡会成立二十周年纪念特刊（1984—2004）》，第104页。
④《福建永定胡氏族谱》，福建永定胡氏族谱修撰委员会2011年印，第176页。
⑤吴文华：《试论战后印度尼西亚华人社会的变化》一文认为"再华化"的特点是"中国化"色彩浓厚，"当地化"色彩淡薄。突出表现是，1950年起掀起学生的回国升学热潮，华人争先恐后地把子女送回国求深造，把它视为进步和荣耀的事。另一表现是自双重国籍解决后，保留中国国籍的人竟达100万之多。

游范吾回国后参加了各级侨联组织建设。游尚群到了香港，后发起创建香港永靖会馆，担任创会主席。1965年"九卅"事件后，苏哈托在全国掀起大规模的反华排华运动，解散了以中华总商会为首的所有华人团体，没收了他们的全部财产。棉兰龙岩同乡会在20世纪50年代初，会所被印度尼西亚政府征用，不得不另租赁山东街的一座平房为会所。1965年，当地岩侨踊跃捐款在棉兰双溪显仔地购得一幢原为大旅社的洋楼，加以整修后举行落成典礼。"九卅"事件后，新会址还没正式使用就被当地政府强行征收。在印度尼西亚各大小城市的龙岩会馆，全部关闭，停止活动①。直至1989年10月1日，雅加达龙岩同乡互助会成立，龙岩县籍才有第一个社团恢复活动。雅加达永定会馆、万隆永定会馆、三马林达永靖公会都被禁止活动。据霹雳永定同乡会资料记载，该会曾在1953年2月4日向苏门答腊永定同乡会新会所开幕赠送牌匾②，可见苏门答腊永定同乡会存在过一段时间，被禁止后一直没有复会。华侨领袖陈灼瑞于1966年率全家回到国内，后迁居香港。20世纪70年代后期，苏哈托政权对华侨华人社团的限制有所放松。直至1978年，游宏厚以"永定互助会"名义向当地政府申请获批准，雅加达永定会馆称之为"复会"。

1950年后，游尚群、游品玉、陈招孚分别担任雅加达永定会馆主席。

游尚群任主席期间，中、印（尼）关系较好，会务发展快，同乡入会踊跃，协和学校增设初中部。

游品玉任主席期间，在第二任主席游乎平和其他老前辈的支持下，完成了购置礼堂的任务。礼堂在八哥延街离会馆不远，平时会友，可以利用礼堂开会、聚餐、结婚、打乒乓球、羽毛球等。后来因为学校学生增加，而用作初中部、幼儿园的教室。

陈招孚连任好几届主席。在他任职期间，会务顺畅，团结同乡，深得同乡认可。为会务发展的需要，把重点集中在兴学上。不久筹建校舍。同时董事部决定扩大组织，增办高中部，选聘社会贤达为学校董事。

协和学校自卢冠西1949年继任校长后，学生人数很快从百多人增加到2 500多人，使原有校舍容不下太多学生，永定会馆便把八哥延街的会馆借给学校

用。1965年"九卅"事件后，雅加达永定会馆被关闭，协和学校与其他华校一样被勒令停办并没收。

1978年，游宏厚以印度尼西亚政府对华侨华人社团限制有所放松时机，倡议组建"永定互助会"，并召集部分同乡讨论研究，决定通过合法途径申请，获得当局批准。随后制定章程，召开成立大会。"永定互助会"获批准成立，后被雅加达永定会馆称为"复会"，游宏厚担任复会后的第一届主席。

永定互助会领导班子一至五届任期两年，六届以后任期三年。

第一届（1978—1980年）主席　游宏厚
第二届（1980—1982年）主席　游德昌
第三届（1982—1984年）主席　陈永梁
第四届（1984—1986年）主席　江震球
第五届（1986—1988年）主席　陈永源
第六届（1988—1991年）主席　陈永源　理事长　江震球

雅加达永定会馆至今仍欣欣向荣，与龙岩同乡会一起成为印度尼西亚岩籍海外社团的双璧，团结了越来越多的岩籍印度尼西亚华人。

结语

这一时期的岩籍海外社团分布在东南亚的新加坡、马来西亚、印度尼西亚、缅甸四个国家，新成立的社团有11个，主要在马来西亚；但消亡的社团也有9个，主要是印度尼西亚的社团；缅甸的社团在1967年后艰难生存；新、马两国前殖民时期延续下来的社团进行了转型。四国都经历了剧烈的社会变革，完成了从殖民地向独立国家的转变。东南亚各国民族主义抬头，以及西方国家对中国的围堵，使岩籍海外社团在与祖籍地联系几乎断绝的情况下独自发展。这一时期东南亚各国民族主义对华侨社团的打压严重，除新加坡外，印度尼西亚、马来西亚、缅甸都曾发生严重的屠华、排华事件。印度尼西亚的岩籍社团在1965年"九卅"事件后被禁止活动，龙岩同乡在苏门答腊建立的6个社团仅棉兰一地的会馆后来以慈善互助会名义恢复了。缅甸在1967年发生"六二六"排华事变，缅甸的岩籍社团在当地政府的打压下，几无活力可言，陈仰光的社团勉强维持下来以外，仰光以外的社团处于闭会状态。新马地区的岩籍

---

①《龙岩市华侨志》，龙岩市侨务办公室编打印稿，1987年，第10页。这里的"龙岩市"指原"龙岩县"，后改为"新罗区"。

②《马来西亚霹雳永定同乡会50周年金禧纪念特刊（1946—1996）》，第40页。

社团虽然全部进行了注册登记，但都成为居住国的社团组织，标志着岩籍社团由华侨社团向当地社团的转变，政治效忠的对象由中国转向了居住国。泰国曼谷龙岩会馆在主席苏振寿回国后停止了活动。新加坡岩籍社团在新加坡独立后，由东南亚的联络中心，转而变成局限于新加坡一国。由于政府强势挤压，社团服务功能被严重弱化。马来西亚在1969年发生"五一三"严重排华事件，在马来人优先的大政策下，华侨华人倍受打压。尽管如此，新、马两国的岩籍社团仍然互动频繁，并加强了与当地华人华侨社团的整合。因此，这一时期的岩籍海外社团在极其艰困的内外环境下不得不实现自我转型。

尽管处境不利，马来西亚的岩籍社团仍取得可圈可点的成绩。永定华侨华人主动发起成立"马来西亚客家公会联合会"，凝聚客家群体的力量。新马两国的永定同乡社团往来仍然密切。龙岩县籍华侨在首都吉隆坡成立了"雪兰莪龙岩会馆"，为了便于大马全国各地龙岩同乡的联系，各地龙岩会馆加强整合，还在1981年成立了第一家，也是至今为止唯一一家以龙岩县域为单位的侨居地全国性同乡联合会——马来西亚龙岩会馆联合会，使得西马与东马龙岩会馆之间的联系更加密切。马来西亚龙岩会馆联合会首批5个属会，包括槟城、吉玻、天定、亚庇、雪兰莪五个会馆，没有固定的会所，主席由各龙岩会馆主席轮值。马来西亚龙岩会馆联合会成立后，积极协调，帮助各地龙岩会馆购置会所，实现所有会馆"实体化"，有会所、有租金，会务活动得以维持，同时还筹集了面向岩籍同乡的奖贷学金。

第四节　成长时期（1991—2016年）

1990年以后，随着中国和印度尼西亚复交，与新加坡、文莱建交，中国与东盟所有国家都建立了正常的外交关系。同时，中国经过十多年的改革开放初见成效，经济实力和国际影响力不断提升，对外经济关系日益密切。国际冷战随着东欧剧变和苏联解体而终结，中国的外交政策转趋务实。互不干涉内政、和平与发展成为国与国之间开展友好往来的基石，东盟各国都加强了与中国的友好关系。而印度尼西亚、马来西亚、缅甸三国的排华、歧视政策，曾给自身的发展带来不利的影响，三国政府已经意识到并逐步改正。特别是印度尼西亚、缅甸因此前的排华、限华而导致华文人才的严重断层，为加强与中国的经贸往来，两国对华人社团、华文学校、华文报刊的限制逐渐放宽。国际国内环境的改善，使东盟四国的岩籍社团重新焕发了新的活力——积极发展与祖籍国的正常往来，引进和发展华文教育，加强与各国同乡社团的友好往来，推动一国或多国之间同乡社团的联合，等等，成为岩籍社团重要的会务活动。在新加坡和马来西亚，岩籍社团与时俱进，不断进行适应性调整，更加活跃；在印度尼西亚，一些被禁止的岩籍同乡社团复会。1998年爆发严重的"5·12"排华事件后，华人社团随着印度尼西亚政府的改革开放和民主化不仅没有再次消失，反而在进入21世纪后掀起了复兴潮；在缅甸，一方面由于以美国为首的西方国家对缅甸的经济封锁尚未解除，发展受限，岩籍社团会员外迁流失严重；另一方面虽然因中缅经贸往来加强，岩籍社团仍在维持，但多数恢复和发展都较困难，除仰光的社团仍能维持会务正常运作外，其他地方的岩籍社团与祖籍地的联系几乎断绝。

自中国改革开放三十多年来，从龙岩市走出去的新移民有两万多人，与老侨不同的是，新移民分布的范围更加广泛，不仅在东南亚的新加坡成立了以新移民为主体的社团，而且在澳洲和北美洲也建立了社团。这些新建社团不仅在新移民和家乡之间架起沟通的桥梁和纽带，而且更是新移民的"家"。新移民与老侨不同的是，老侨建立的同乡会以原县域为单位，"大龙岩"观念淡薄。但老侨因为已融入当地社会年代久远，经济基础较好，绝大多数有自己的会所，能够以会养会，会务经费有保障。新移民迁到当地的时间短，经济基础明显不如老侨，由新移民成立的社团，普遍都没有会所，活动经费靠会员临时募捐，但由新侨成立的社团，"大龙岩"观念较强，更愿意推动全龙岩市同乡社团之间的联系和团结互助。

龙岩新移民向澳洲、美洲等发达地区的迁移，使岩籍海外社团不再局限于东南亚。东南亚、澳洲、美洲都有龙岩同乡社团。1990年以后，岩籍海外社团步入较为正常的成长期：东南亚传统侨区的老侨社团经历40年的艰难转型后，已经立足当地，有些社团成为当地有实力、有影响的社团；新加坡、马来西亚两国的岩籍社团较活跃，联系较紧密，印度尼西亚、缅甸两国的许多被禁止的社团也纷纷恢复了活动，东南亚还成立了一些新的社团；新侨在澳洲、美洲都成立了新的侨团，使岩籍海外社团的分布更加广泛，从东南亚四国扩大到三大洲的八个国家，岩籍海外社团达到前所未有的成长。

改革开放后，中国国内加强了侨务机构的建设。为密切与海外社团的联系建立了沟通和联络的桥梁和纽带。对海外社团负责人的重视，也进一步催生了海外社团的建立。为做好海外侨务工作，龙岩市自1980年以来，市、县两级都建立了侨办、侨联机构。此外，与海外对接的社团还有市县两级的客家联谊会，以及龙岩市海外联谊会、龙岩市海外交流协会等，与海外社团联络沟通的各种管道都建立起来了，形成了前所未有的对外联络工作的大好局面。龙岩市1999年召开闽西旅外乡亲联谊总会成立大会，2000年11月举办世界客属第16届恳亲大会，2002年12月、2006年11月分别举办第二、三届闽西旅外乡亲联谊大会。新罗区政府先后举办世界龙岩同乡第一、三、五、七届恳亲联谊大会，永定县政府也举办过首届世界永定同乡恳亲大会，等等。这些活动都要求海外乡亲以社团代表的身份参加，社团负责人都受到家乡党委、政府的高度重视和高规格接待。同时以社团负责人的身份与家乡各相关机构打交道，也比较方便。祖籍地政府所有这些对海外侨务工作的前所未有的重视，也推动了岩籍海外社团的成长、发展。新移民就是在这种有利于海外侨社发展的大环境下走出国门的。

岩籍海外社团的成长期，包括两方面的含义：一是海外社团在没有国内外压力的环境下自由发展；二是海外社团数量上的成长。

本节的岩籍海外社团，按东南亚、澳洲、北美洲以及走向大交流大联合的岩籍海外社团四个部分来叙述。

一、东南亚四国的岩籍社团

（一）新加坡

中新建交前，在新加坡的岩籍同乡社团有永定、龙岩、上杭县籍的三个，岩籍乡亲参与创建的社团有南洋客属总会、南洋胡氏总会、丰永大公会。进入21世纪后，社团数量虽然没有变化，但生存60年的南洋上杭同乡会在2005年停止了活动。2013年由新移民为主成立了具全市性的同乡社团——新加坡龙岩同乡联谊会。一减一加，数量上虽然维持不变，但质的改变却相当明显：一是老的社团经转型后组织建设更加完善；二是各社团尤其是县籍社团和新社团与祖籍地相关机构和世界各地华人社团的联系更加密切和广泛；三是由新移民建立的社团为新加坡的岩籍社团注入了新的活力。

丰永大公会是管理义山的机构，永定会馆每年都组织同乡会馆前往丰永大公祠开展祭祀活动。1997年永大丰公会耗资117.7万元聘请中国苏州古建筑专家，联同当地承包商精心策划，对三邑祠——崇德堂进行翻修。1998年底竣工。祠堂前设有办事处和会议厅，安放有土地公、大伯公神龛等，另加设甲乙丙丁戊五堂，供邑人安放先贤神主位。丰永大公会还成立义山发展管理委员会，负责策划义山工程的建设工程[1]。

新加坡南洋上杭同乡会发动会员为家乡捐建公益事业。1994年10月，上杭置县千年庆典，新加坡上杭同乡会由游迪丰会长率领，专程回乡参加活动。但随着老一辈华侨的逐渐凋零，新生代华人的外迁，新加坡上杭同乡会在游迪丰会长去世后，于2005年停止了活动[2]。

永定胡氏宗亲在新加坡南洋胡氏总会中发挥重要作用。新加坡南洋胡氏总会基础更加厚实[3]：

一是新会所落成为会馆奠定了坚实的经济基础。1991年7月，胡氏总会举行成立41周年纪念暨会所重修落成庆典活动，新加坡财政部长胡赐道博士（永定人）主持仪式。南洋胡氏总会还与九峰岩通淮庙共同筹建新会所大厦。1998年8月正式迁入新大厦，为会务发展奠定基础。

二是加强与世界各地胡氏宗亲的联络交流。

三是举办第一届世界胡氏宗亲恳亲大会。2006

---

[1]《丰永大公会简介》，载《新加坡南洋客属总会成立八十周年纪念专刊（1989—2009）》，第108~109页。
[2] 参见吴慧娟在新加坡南洋客属总会组织机构有关基本团体会员的注6："随着上杭同乡会于2005年结束会务，基本团体会员现为7人。"《独立前后新加坡南洋客属总会的作用》载（黄贤强主编《新加坡客家文化与社群》，第96页。
[3] 胡居焕：《南洋胡氏总会简介》，载《福建永定胡氏族谱》，2011年10月，第175页。

年12月，南洋胡氏总会举行盛大的纪念成立60周年暨新大厦落成庆祝活动，以及第一届世界胡氏宗亲恳亲大会，新加坡总理公署部长林文兴应邀作为主宾出席大会。上千名来自世界各地的胡氏宗亲聚集，数百名世界各地的永定胡氏宗亲参加，大大提升了南洋胡氏总会的影响力。

永定会馆、上杭同乡会、丰永大公会都是南洋客属总会的属会，岩籍客家乡亲是南洋客属总会的重要参与者。曾良材是继胡文虎之后又一位担任新加坡南洋客属总会会长的岩籍华侨。曾良材担任过三届南洋客属总会会长，分别是第27届（1988—1989年）、第28届（1990—1991年）、第31届（1996—1997年）。在他担任会长期间，新加坡南洋客属总会于1989年8月24日至28日主办客属总会成立60周年庆典，并召开世界客属联谊大会，世界各地客属社团一千多名代表应邀出席。

1996年，曾良材第二次担任南洋客属总会会长，领导南洋客属总会举办了11月份在新加坡举办的世界客属第13届恳亲大会，来自全球各地的三千多名代表参加。新加坡副总理李显龙亲自出席大会开幕式表示祝贺。这次大会获得1997年新加坡旅游局颁发的"最大会议奖"，会后编印出版了《世界客属第13届恳亲大会纪念特刊》。曾良材以其在世界客属界的影响，积极帮助家乡龙岩申办世界客属恳亲大会，以扩大龙岩的影响。当世界各地五个客属社团在第13届世客会主席团会议上为申办下届世客会互不相让时，他以第13届世客会大会主席的身份，积极从中斡旋，帮助家乡代表团——闽西客家联谊会代表团顺利争取到世界客属第16届恳亲大会的举办权。当2000年11月第16届世客会在龙岩举办时，以新加坡永定会馆会长名义率团参加大会的曾良材，被指定为4位海外代表之一在大会开幕式上发言，这一崇高的荣誉何尝不是家乡人民对他的"奖励"①。

下面是成长时期的永定会馆、龙岩会馆的情况简介，以及新加坡龙岩同乡联谊会的成立的概况。

1. 新加坡永定会馆

转型后的新加坡永定会馆的日常会务活动包括：（1）开展与各地永定同乡社团的交流活动；（2）举办新春团拜、庆中秋等活动；（3）组织同乡到丰永大三邑祠举行春祭活动；（4）举行春祭联谊晚会暨颁发奖学金，奖学金分大学、学院、中学、小学四个组；（5）举办文娱活动，包括举行卡拉OK歌唱会等。会务活动基金除会馆支出外，还发动会员捐款②。

新加坡永定会馆，邱立汉摄

1991年后，新加坡永定会馆会长分别由陈威廉（1990—1995年）、黄有为（1996—1997年）、曾良材（1998—2001年）、徐松生（2002—2003年）、胡晋发（2006—2009年）、胡裕初（2010—2011年）、曾宪民（2012年至今）担任。

陈威廉任内最大的贡献是落实会馆产业发展成为稳定增值的产业。会馆董事会及会员在他带领下，通过内部集资，如董事及会中的低息或免息贷款，以及胡氏安定堂先垫出巨资筹得建筑基金等来支付原住户赔偿遣散费，以支付店屋翻新的各种有关费用，从而使会馆产业成为能增值的产业。并出租毗邻会所的两间店铺的租金收入，从此为会务发展提供了坚实的经济基础③。

黄有为任内的具体工作及成就包括：为会馆赞助1万元给在新加坡召开的世界客属第13届恳亲大会，赞助费的一半由董事们乐捐；1996年8月8日永定下洋发生特大洪灾，会馆除了捐助人民币10万元外，也从董事间筹到36 500新币救济下洋一带乡亲；举办一个由永健药业公司赞助的有关前列腺的讲座，请胡强达医生亲自讲解，因为当时医药讲座不普遍，尤其在大酒楼举行，引起的轰动为会馆增光不少④。

---

①黄贤强主编《新加坡客家文化与社群》，第127页。
②参见《永定会刊》2005年6月，第9~13页。
③④参见《永定会刊》2005年6月，第16页。

曾良材任内，因时制宜拓展出一套"内外结合"的活动模式。"内"的方面，首先，对会馆章程中不合时宜的内容进行修改。认为会馆的发展系于接班人的培养，只有吸纳更多的年轻人入会，才能在其中找到薪火相传的合适人选。"前时订立之章程，许多条已未适时宜，现主要争取新一代年轻人加入，使后继有人，所以（章程）必须修改，才能与时并进。"①在参考南洋客属总会和其他会馆章程的基础上，修订后的新章程在会员大会上顺利通过，积极吸收新会员和培养会馆接班人正式成为新时期会馆会务的一项纲领。其次，决定恢复出版《永定会刊》。会刊在报道会馆会务活动、家乡动态和会馆之间的沟通学习方面能发挥很重要的作用，对弘扬客家文化及联系乡亲作出一定的贡献。

"外"的方面，向外走，首先是多次主办乡亲欢乐游，如：1998年6月的"新加坡风光胜景欢乐游"；1999年7月永定乡亲"山川大地美丽河山欢乐游"；2001年"动物园欢乐一日游"等。出游活动为同乡创造了更多交流沟通的机会，既促进同乡情谊，也加强了会馆的凝聚力。其次组团返乡参加活动。2000年11月，永定会馆组织61人的代表团返乡参加在中国福建龙岩市举办的世界客属第16届恳亲大会，曾良材作为闽西在海外的乡亲代表被邀请在开幕典礼上发言。"内外结合"是永定会馆根据自身特点并结合时代要求摸索出的活动模式，在这套模式的拉动下，会务活动呈现出新气息，会馆也焕发出新活力②。

徐松生任内，从工作方针、组织结构、文化活动三方面对会馆进行了大胆的改革和有益的补充，使永定会馆在制度的现代化、发展的科学化上跨上一个新台阶③。首先是会务活动指导思想上的革新。徐松生于2003年提出三个"一点点"方针：胆量大一点点——提倡会馆应该大胆举办有益的文化活动，提高同乡们的文化生活和品味；心胸宽一点点——会馆不要只联系老乡亲，也不要只着重姓氏家族背景，而要放宽心胸，招揽人才，为会馆充实生力军队伍；关怀多一点点——号召乡亲们相亲相爱、互助互敬，让会馆成为一个温馨的大家庭。2005年他又提出"三大气"方针：人气——促进乡亲凝聚的人气，多争取年轻人加入会馆队伍，通过会馆加强他们对传统文化的认识；和气——培养同乡的团结和气，发扬华人"同舟共济""和为贵"等传统美德；活气——推动会务的蓬勃活气，加快改革步伐使会馆呈现新面貌。"两个'三'方针"简洁通俗，重点一致：发扬传统，发掘新人，发展会馆。

会馆组织结构方面的革新体现在妇女组的成立。2002年1月26日，永定会馆妇女组正式成立，成立之时共9位职员，13位组员。这是会馆组织管理上的一个新举措。此后在端午节、中秋节等传统节日庆祝，以及美食敬老等活动中，妇女组积极发挥作用，如妇女组举办的烹饪班、卡拉OK歌唱班，使会馆的活动有了更多歌声、笑声、欢乐声。文化活动方面的革新：徐松生结合自己的所长和邀请其他专业人士，多次在会馆举办医学等专题讲演，如沙斯（SARS）横行时举办"沙斯疫情讲座"；伊朗连体姐妹在新加坡动手术时，举办"连体婴分体手术讲座"。此外，还有"眼科讲座""精神压力讲座""法律讲座"等。这些紧跟时代步伐的讲座让会员增长了知识，提升了会馆的文化层次。在徐松生的领导下，单是2003年就吸引了50多名新会员入会，其中有两成是专业人士。

胡晋发任内，首先是成立青年团。2006年11月成立的青年团，为会馆的年轻化进程迈出重要一步。青年团有成员40多人，其中不乏专业人士和新移民。青年团举办"客家文化""客家土楼""客家人饮食"等系列讲座，让会员，尤其是年轻会员加强对客家文化的了解，从而达到对客家身份的认同。青年团紧跟时代潮流，迎合年轻人喜好，在会馆开办瑜伽班、串珠班等，期望吸引更多的年轻人加入。其次是开设网站。永定会馆网站（www.engteng.org.sg）开通启用后，不但使会务得以电脑资讯化，也使会馆和世界的联系更加迅捷方便。胡晋发会长还组织新加坡永定会馆会员的子女和祖籍地永定县侨育中学的学生进行互访和学习，为年轻一代创造沟通交流机会，培养同根同源

---

① 《永定会馆会议记录》，1998年3月15日，第三十七/四十三届第一次董监事会议。
② 郭兆娴：《永应挑战，定求新变——历史挑战下的永定会馆》，载黄贤强主编《新加坡客家文化与社群》，第183-184页。
③ 郭兆娴：《永应挑战，定求新变——历史挑战下的永定会馆》，载黄贤强主编《新加坡客家文化与社群》，第185~186页。

的共同认识①。

2008年11月、2011年10月新加坡永定会馆先后组团参加在祖籍地永定县和马来西亚霹雳怡保举行的第一、二届世界永定同乡恳亲大会，加强与世界各地永定乡亲的联谊交流，团结合作。

2. 新加坡龙岩会馆

新加坡龙岩会馆由龙岩县籍乡亲于1938年成立，经过半个世纪的经营及转型，会馆经济基础厚实，会务活跃。中新建交后，龙岩会馆与祖籍地和世界各地龙岩同乡的联系更多，交流交往更密切，成为在海外有重要影响的岩籍社团。1991年9月，新加坡龙岩会馆组团回乡参加龙岩市（县级）建市10周年庆典，积极开展与各地龙岩同乡社团的联谊交往。

新加坡永定会馆恢复出版的第二期《永定会刊》（2001年2月版）

成长时期新加坡龙岩会馆主办的大型活动有：

（1）举办金禧大典。为加强与各地龙岩同乡的联谊交往，扩大影响，凝聚乡谊，新加坡龙岩会馆在1991年6月1日至5日隆重举行"新加坡龙岩会馆金禧庆典"②。共有来自中国、印度尼西亚、泰国、缅甸、澳大利亚、马来西亚等国家，以及我国台湾、香港、澳门等地区的1000多名乡亲参加。龙岩地区行署和龙岩市（县级）政府都派代表团前往祝贺，龙岩地委书记亲自担任团长。庆典活动内容包括：召开"世界龙岩同乡交流座谈会""新加坡龙岩会馆成立五十周年纪念千人宴会金禧庆典""世界华文书展""中国邮票展览"等③。

在世界龙岩同乡交流座谈会上，新加坡代表建议组织"世界龙岩同乡联谊中心"，获一致同意和支持。建议组建联谊中心的五个宗旨是：①进一步加强乡亲间的联系，促进友谊，实现龙岩同乡大团结的愿望；②进一步发展及促进同乡间在经济上的往来，寻求达到互相扶助的愿望；③协助提高同乡间的教育水平，促进各国之间的文化交流；④发掘人才，吸收新秀为会馆及社会服务；⑤出版会讯，提供各种咨询服务。各地代表一致建议"联谊中心"交由新加坡龙岩会馆全权负责筹组④。

（2）在祖籍地龙岩隆重举行成立60周年联欢晚宴。1998年10月，新加坡龙岩会馆利用世界各地龙岩同乡聚集祖地龙岩参加第一届世界龙岩同乡恳亲大会之际，于6日晚在闽西宾馆馨兰厅隆重举行庆祝新加坡龙岩会馆成立60周年纪念大会，并举行联欢晚宴。广邀出席恳亲大会的世界各地同乡代表，以及当地的同乡前来共同庆祝，参与盛会，这一创举给世界各地龙岩乡亲留下美好的印象和一段佳话⑤。

（3）主办第二届世界龙岩同乡联谊大会。1998年参与发起世界龙岩同乡恳亲大会。同年10月，在参加家乡龙岩举办的"第一届世界龙岩同乡恳亲联谊

---

① 郭兆娴：《永应挑战，定求新变——历史挑战下的永定会馆》，载黄贤强主编《新加坡客家文化与社群》，第185~186页。
② 金禧是50周年，本应在1988年举行，却在1991年举行。其原因根据《新加坡龙岩会馆金禧纪念特刊》第296页的说法是：新加坡龙岩会馆创立于1938年，1941年日军占领新加坡，被迫停止活动，扣除日占3年8个月，到1991年便是庆祝金禧嘉年。
③ 曾耀东：《新加坡见闻》，载《新加坡龙岩会馆金禧特刊》第284~286页。
④ 林文安：《同舟共济》，载《新加坡龙岩会馆金禧特刊》第35页。
⑤ 《新加坡龙岩会馆简介》，载《龙岩旅港同乡会成立二十周年（1984—2004）纪念特刊》第94页。

大会"期间，积极申办下届"世龙会"。2001年11月24日至26日，新加坡龙岩会馆在新加坡主办"第二届世界龙岩同乡联谊大会"，来自欧洲、澳大利亚、北美洲、印度尼西亚、缅甸、马来西亚、新加坡以及中国海峡两岸四地的近千名龙岩同乡聚集。这是龙岩同乡在海外的第一次聚会，盛况空前。新加坡总理公署部长曾士生先生出席联欢晚宴，扩大了龙岩的知名度，也提升了龙岩会馆在新加坡侨社的影响。

龙岩市委书记张燮飞、市长袁荣祥、新加坡宗乡会馆联合会总主席黄祖耀等发函祝贺。龙岩市副市长徐继武、新罗区区长郭舒帆出席大会祝贺。印度尼西亚中华总商会总主席陈大江和龙岩县籍15个同乡会会长先后在开幕式上致词。新罗区政府举行了招商推介会，郭舒帆区长介绍新罗区情，并向与会龙岩乡亲介绍招商项目。25日晚举行会旗交接仪式。龙岩山歌剧团为联欢晚宴表演《采茶灯》《好日子》《相约在月圆时节》。龙岩会馆乡亲与龙岩山歌剧团同唱会歌《龙岩本是龙故乡》，将联欢活动推向高潮①。

3. 新加坡龙岩同乡联谊会的成立

2013年11月24日新加坡龙岩同乡联谊会成立大会会员合影

新加坡既是龙岩市辖各县移民的传统老侨区，又是新移民较多的国家。老移民经历并参与了新加坡建国和"新加坡人"的构建过程。且时间久，有的老移民是第二、第三代华裔，已经融入东南亚唯一以华人为主的国家，社会关系、经济基础明显比新移民好。新移民一般是指在中国改革开放以后迁移去的，中国意识、家乡意识，明显强于老侨及其后裔，但经济基础、社会基础较弱。一些老移民有自己打下的"江山"不乐于让没有付出的新移民来"分享"的狭隘意识，也使得新移民觉得融入老侨的活动圈子有难度，遂萌发组建新社团的想法。老侨是中华人民共和国成立以前迁移出去的群体，当时龙岩地区有"汀州"和"龙岩"两个中心，所以由老侨创建的社团，全部以县域为单位。新移民出国前生活在"龙岩地区"或"龙岩市"统一行政区域内，因而全域观念更强。新移民中一些有识之士于是觉得有必要组建全域性新社团。因为，"老一辈南来新加坡的龙岩乡亲多以方言和地域划分，各自一体，这使得新移民龙岩人在新加坡缺乏一个联络情感的去处，龙岩地区撤区设市时日已久，但在新加坡却还没有一个共同属于龙岩市的联谊机构来组织、倡办龙岩新老移民的联谊活动，以促进龙岩各县市同乡之间的情谊，互助互进。"② 2013年9月，经新加坡政府批准注册，新加坡终于有了一个以新移民为主体的岩籍社团——新加坡龙岩同乡联谊会。该会会员包括龙岩市管辖的七个县（市、区）的旅新同乡，同年11月举行会员大会，选举产生首届执委会，新罗区籍的张志民当选首届会长，名誉会长黄敏，副会长张锦泉、魏钧扬、曹益强、吴森华。该会以"促进乡情，服务乡亲，互助互济，共同发展"为宗旨，遵循制度化与规范化的理念，推进各项会务工作，定期或不定期举办各种形式的聚会，创造条件增进各县（市、区）乡亲之间的感情；全力为会员排忧解难，维护会员及侨属合法权益；充分发挥桥梁纽带作用，促进新加坡与龙岩、新加坡与中国合作交流；积极争取龙岩各县籍乡亲的认同和支持，努力创建新加坡龙岩乡亲共同的"家"③。

（二）马来西亚

随着马共问题在20世纪80年代末的彻底解决，马来西亚政府改变了对中国大陆的敌视政策，中马关系变得明显友好起来，两国的交往越来越频繁。在马国内，长期实行的马来人优先的新经济政策效果并不明显，因此，在1990年的大选后，马来西亚的政治局面出现了新的转机：首先是巫统采取了比较温和的

---

① 《狮城团聚　情深谊长——第二届世界龙岩同乡恳亲联谊大会纪实》，载《第六届世界龙岩同乡恳亲联谊大会特刊》，第32~33页。
② 新加坡龙岩同乡联谊会《新加坡龙岩同乡联谊会简介》。
③ 《闽西乡讯》第345期，2013年12月第一版。

种族政策；其次是政府放宽了对华人的限制政策。马哈蒂尔总理在1991年的国会里说："政府今后将放宽新经济政策的限制，也同时不再无条件支持巫人在工商业的发展。"同时，由于中国改革开放，马来西亚政府也认识到华语教育的重要，为由华族创办的华语高校——南方学院拨了一笔款资助①。这些政策和环境的改变，有利于华人社团的发展，也扩大了其与中国大陆的交流交往。

马来西亚的5个龙岩县籍社团在总会的协调下，内外联系更加频繁，关系更加密切，还注册新成立了吉辇威南龙岩同乡会。永定县籍社团的内外联系也更加频繁，举办活动，吸引年轻人参加，组团返乡开展寻根祭祖活动等，增强年轻一代对祖籍地的认同。

成长时期的马来西亚永定县籍社团情况简介：

1990年以后，马来西亚的永定县籍社团在数量上没有增加，但都能维持正常的运转。在马来半岛中部，霹雳永定同乡会起着联络中心的作用，在各埠委派有协理，负责联络永定乡亲。霹雳永定同乡会同时也是霹雳客家公会、霹雳中华大会堂等社团的属会。霹雳胡氏宗亲会也主要由永定胡氏宗亲组成。在马来半岛北部，以槟城为中心，北马永定同乡会影响最大。北马永定同乡会每年都要选派人出任董事及代表的社团有：槟州福建会馆、槟州华人大会堂、广东暨汀州会馆、五属大伯公庙、时中学校、永大会馆。北马永定同乡会和槟城永大公会都是槟州客家公会的属会。此外，槟城的永安社、汀州会馆、胡氏安定堂的会员主要是永定人。槟州永安社除举办海珠屿大伯公庆灯外，没有其他活动，与北马永定同乡会不分彼此。汀州会馆参与广东暨汀州会馆活动，会员少，没有单独的会馆，与北马永定同乡会一起办公。

槟城帝君胡公司的活动是永定胡氏宗亲在清后期参与创办的宗亲社团。主要活动包括：祭祖、冬至、庆新春等重要节日，加强子孙联系及庆祝学成荣归的族人子女，激励后裔更加努力向上。

胡氏宗祠主要组织结构为永定下洋胡安定堂及同安鼎美胡敦睦堂。帝君胡公司为大公，胡安定堂及胡敦睦堂为小公。三个单位同设在一个屋檐下，各有组织及产业，各自管理。如果族人有任何争执，帝君胡公司须负责援助及排解。根据章程规定，只有居住在槟城之下洋及鼎美的胡姓念八郎公之裔孙，年满18岁男性，才可申请加入会员。帝君胡公司为促进族人情谊及谋福利，推动族人和谐团结扮演了重要的角色②。

在北马地区有永定乡亲参与的社团还有毗邻泰国的马来西亚吉打州的永大会馆，这一时期其最盛大的活动是在2010年4月30日举行的新总坟立碑及落成仪式。吉打永大会馆位于亚罗士打体育场的总坟，原建立于1895年，1962年重建，后因年久失修，坟地地面低洼，时常积水。2008年8月28日召开特别会员紧急大会，决定把旧总坟迁移至景色怡人、风水绝佳的念恩园风水墓园，并向乡亲筹集建坟基金。乡亲们热烈捐款，使迁坟计划顺利完成③。

下面简述这一时期永定籍社团概况：

1. 霹雳永定同乡会④

霹雳永定同乡会经过半个世纪的建设，会馆基础雄厚，坚持联络同乡感情，调解纠纷，促进互助团结，共谋会员及社会福利，成长为具有相当影响力的岩籍海外侨团。

（1）社团建设方面。

1992年4月12日理事会决议：①委任团体代表、各埠协理及教育基金委员；②检讨及修改庆吊应酬细节；③修订奖励金细节；④筹组回乡寻根团；⑤规定同乡会产业受托人之年龄不得超过75岁的议案提交会员大会决定。1995年12月13日章程第八章有关更改产业受托人之修改，获社团注册官批准。1997年会员大会修改章程下列条文：①申请原属青年团管辖的妇女组独立成一组，以利其未来的发展。②以提名方式提名候选人参加竞选理事会职位。1998年4月21日，会馆要求增设妇女组获社团注册官批准。1999年向当局提出注册"静庐俱乐部"（由该会前辈乡贤捐赠的产业）的申请获批准，会徽获准使用。2001年会员大会通过"广招同乡入会"决议案。

（2）凝聚乡谊方面。

①举办永定主题活动，增进对祖籍地的认同。1992年9月20日，青年团举办"认识你的同乡会"讲座，由总务胡琼瑶主讲。1993年10月9日在会馆

---

① 黄露夏：《马来西亚的华人》，福建人民出版社，1999年，第44页。
② 《第二届世界永定同乡恳亲大会（2011）纪念特刊》，第87页。
③ 《马来西亚槟榔屿海珠屿五属大伯公建庙两百一十二周年纪念特刊》，第45页。
④ 参见《霹雳永定同乡会会史》，载《第二届世界永定同乡恳亲大会（2011）纪念特刊》，第44~49页。

礼堂举行"历任会长一览表"牌匾悬挂仪式。1994年5月29日在会馆礼堂举办"永定爱心日",招待怡保地中海贫血症协会的各族病童及其家人们共90多人。会馆青年团及各理事领养病重10名,每名病重领取360林吉特。2004年8月在会所举办"永定美食日",由理事自备永定或其他客家食品供出席者品尝。②举办比赛,增强对年轻人的吸引力。1993年9月4日青年团举办卡拉OK歌唱比赛,成绩如下:成人组冠军胡荣先、亚军胡灏杰、季军曾淑群,少年组冠军胡建威、亚军胡建雄、季军胡美婷。③举办讲座,增长知识。比如,1994年6月10日青年团联合"同善精神"举办牙齿保健及心脏护理讲座。2010年10月17日举办"马来西亚华人的困境和挑战"讲座,邀请时事评论员拿督谢诗坚博士主讲。

(3)积极开展与家乡政府各机构的联络互动。"来"的方面主要是接待来自家乡的参访团。自1992年永定县委书记罗开洪率团拜访霹雳永定同乡会举办"招商讲座会"后,来自家乡的龙岩市、永定县领导及侨办、侨联、客联会等部门领导,多次组团访霹雳永定同乡会,举行招商和联络活动,比如1999年11月永定县长温锡浩率团到访,2007年10月8日,龙岩市长雷春美率对外贸易经济合作交流团一行28人到访等,霹雳永定同乡会都给予热情接待。"去"的方面主要表现为组团返乡参加活动。霹雳永定同乡会自1992年10月26日组织回乡寻根观光团一行54人回永定探亲后,多次组团参加在家乡龙岩、永定举办的各种活动。比如在2000年11月龙岩举办的世界客属第16届恳亲大会、2009年11月在永定举办的首届世界永定同乡恳亲大会和永定侨育中学校庆及侨捐工程落成庆典等,霹雳永定同乡会都组团参加。

(4)开展慈善公益事业。
①支持深斋华文学校建设。1991年捐2 000元支持怡保深斋中学筹建四层行政楼。1998年,捐献深斋中学一间校舍及建校基金2万元。每年捐资深斋中学作教育和建校基金等。②募集助学基金。1993年1月25日举办新春团拜联欢会,举行廖复兴画展及义卖,为大学贷学基金筹得6 228元。会员胡福攸捐3 000元为教育基金。2月4日泰国同乡胡琼郎捐5 000元为大学贷学金。3月14日的第24届会员子女学业优良奖励金,共有63名会员子女受惠,获奖2 430元。1995年8月胡万练捐2 000元作教育基金。1995年12月5日胡万乾捐2 100林吉特为教育基金。另外,同乡会员遇红白喜事,都三百、五百数额不等地捐助教育基金,使更多会中子女受惠。③支持祖籍地公益建设。1995年11月18日,联合霹雳胡氏宗亲会主办"寻根谒祖观光团"前往永定下洋参加胡氏大宗祠重建落成典礼、永定侨育中学扩建六项工程落成开幕典礼。1996年8月8日龙岩永定等地发生特大洪灾,下洋更成废墟,霹雳永定同乡会于8月20日召开紧急理事会,在会长胡万练呼吁下,成立永定救灾小组,并于当晚筹募到人民币8万元。后在50周年金禧庆典时再次向永定灾区捐款18万元人民币。1999年向台湾"9·21"地震灾区捐献1 000元,向永定华侨医院、城关小学、下洋侨育中学、永定乡讯社等捐献共9 000多元。2000年向下洋侨育中学捐献人民币4 000元,另捐1 000元给永定城关小学。2001年赞助永定县政府5 000元作土楼申报世界文化遗产活动基金。2005年11月捐献3万元人民币给下洋华侨医院作购置医疗设备。④支持当地教育医疗事业。1998年向巴沙彬如二校建校基金捐献1 000元,向槟城时中分校建校基金捐献2 000元。1999年向新纪元学院捐献300元、幸福医院捐献900元、地中海贫血症基金会捐献200元。

(5)主动融入当地,参与建设当地。1997年派代表参加由霹雳中华总商会及霹雳马华公会主办的"马来西亚华人思想兴革研讨会"。1997年资助华总妇女部、南洋商报及青团运联办的"春辉照人间"1 000元,捐助怡保救世军老人院500元、拉曼学院霹雳分院300元等。1998年派20多人参加霹雳中华大会堂主办的"全国华人15届文化节火炬行"活动,捐款1 000元为文化经费。1999年向星洲日报发起的"求济猪农基金"捐献2 000元(含青年团、妇女组各500元)。1999年积极支持当地在华社中推动的"华社大选诉求"运动,向当局反映华社心声。2001年积极支持雪隆华团、董总、教总、校友会联合发起的"反对政党收购南洋商报及中国报"签名盖章行动。2004年8月15日派遣5人参加在巴生举行的福联会第22届会员大会。

(6)举办大型活动,扩大社团影响。①1996年10月,以成立50周年庆典为契机在霹雳怡保隆重举行"世界永定同乡恳亲大会"。北马永定同乡会、胡氏安定堂、新加坡永定会馆以及永定县政府组团参加表示祝贺,参加大会的还有泰国的永定华侨。本次大会除向永定"8·8"洪灾捐款18万元人民币外,另外捐15 000元马币给深斋中学作建校经费。②2006年10月举办成立60周年庆典,除新加坡和北马永定同乡会派人前来祝贺外，龙岩、永定、下洋也派代表团30余人参加盛会。③2011年10月14—16日，在霹雳怡保市隆重举办第二届世界永定同乡恳亲大会，来自中国、印度尼西亚、新加坡、缅甸、泰国、美国等国及台湾、香港、槟城（马来西亚）等地区约450名永定乡亲代表欢聚山城，寻根念祖，喜联同乡情。马来西亚内政部副部长、永定籍侨胞李志亮先生出席了开幕式并致辞，马来西亚霹雳州行政议员马汉顺先生参加了联欢晚宴。会议期间，举办了马来西亚著名画家张汉发先生油画展，该画展以世界文化遗产——永定土楼为主题，与会永定乡亲及各届人士通过油画欣赏到了独特的土楼美景。与会乡亲还欣赏了土楼对联书法，了解了家乡正在建设的客家博览园暨华侨博物馆，他们纷纷表示愿为博物馆贡献有关文物、资料。与会乡亲还参观了马来西亚著名的华文教育学校深斋中学，参观了金宝锡矿场等，并欣赏了太平湖、江沙皇宫、博物馆等景点，部分乡亲还参观了胡曰皆父子公司、近打医药中心、深斋商学院和康博国际学院。在欢送晚宴上，各海外社团踊跃表演了激情活力、富有特色的文娱节目，赢得阵阵掌声。海内外永定乡亲通过恳亲会进一步沟通了感情，增进了团结，并探讨了彼此在经贸文化旅游等方面的合作意向①。

（7）胡万铎领导霹雳客家公会建设深斋中学新校区。胡万铎自1971年担任霹雳客家公会会长以来，一直连任到2002年。

在胡万铎会长的领导下，霹雳客家公会在务边路7公里处购获一块15英亩的土地，于1999年10月24日举行深斋中学新校园建校动土仪式，马来西亚交通部长拿督斯里林良实医生应邀主持仪式。新校舍首期建校工程为四层校舍，耗资500万元，2000年底竣工，共有19间教室，另有学生宿舍、行政楼、语言训练室、电脑室、图书室、食堂等也在2001年正式启用。新校舍落成后，所有一切软硬件设备及校地，联同深斋商学院有限公司的一切设施，都归霹雳客家公会管理及拥有②。

霹雳永定同乡会在2011年会员数523人，各埠会员分布人数如下：

埠名	人数	埠名	人数	埠名	人数	埠名	人数
怡保	302	冷甲	6	太平	7	马眼色海	4
和丰	12	华都牙也	8	红毛丹	6	爱大华	4
红沙	7	布先	6	朱毛	33	端洛	1
硝山	2	板底	1	双溪古月	1	实兆	1
马眼士来	5	巴力	4	巴力文打	1	木歪	6
也南新村	1	邦咯岛	2	积裁营	16	波赖	5
红土坎	6	务边	4	甘文阁	1	古打峇鲁	1
金宝	19	大港	1	打巴	1	木珍歪	1
宋溪	1	安顺	39	沙白安南	4	宁罗	2
督亚冷	2						

（**资料来源**：《第二届世界永定同乡恳亲大会（2011）纪念特刊》，第172页。）

---

① www.chinanews.com。中新网，2011年10月20日"第二届世界永定同乡恳亲大会在马来西亚霹雳州怡保隆重举行"。
② 载《第二届世界永定同乡恳亲大会（2011）纪念特刊》，第93页。

2. 霹雳胡氏宗亲会

霹雳胡氏宗亲会经过几年的初创，到20世纪90年代已成为有实力、有影响的宗亲社团。主要表现为：

一是加强与祖籍地的联系，组织同乡宗亲回祖籍地参观访问和寻根谒祖。1995年11月，组织25人回永定下洋参加胡氏大宗祠重建落成庆典和永定侨育中学扩建工程落成开幕典礼。2002年10月，胡万乾会长率10人前往江西吉安参加胡氏南宋先祖胡铨诞辰900周年纪念活动。

二是开展胡氏宗亲联谊活动。2005年召开"新马胡氏宗亲座谈会"，筹备首届胡氏宗亲恳亲大会。同年9月4日，在怡保成功举办第二届星马胡氏宗亲恳亲大会暨庆祝霹雳胡氏宗亲会成立20周年纪念活动，来自新加坡、泰国、马来西亚槟城、霹雳，以及中国香港、北海的胡氏宗亲数百人参加，场面非常热闹。

三是主办每年春秋两祭，组织胡氏宗亲前往拿哈胡氏总坟祭祀。晚上，宗亲们聚集一堂，举行晚宴联欢。

四是关心社会公益、教育事业和宗亲福利。1988年设立大学贷学金。2002年胡万乾会长捐出一笔款项用于创设教育奖励金，奖励成绩优良的会员子女。"拿督胡万乾博士会员子女学业成绩优良奖励金"正式成立并开始接受第一批学子申请。

3. 北马永定同乡会[①]

北马永定同乡会，原为槟城永定同乡会，1978年易名。1989年迁入新会所后，会务活动包括：举办周年会庆宴会；加强同乡联系及颁发会员子女学业优良奖学金；颁发纪念牌予学成归来的子女；加强同乡会与年轻会员的联系，吸引年轻人参加同乡会活动，培养同乡会未来接班人。

此外，青年团、妇女组及福利组也举办各种活动，包括参与会员的喜事、丧事，举办敬老尊贤的活动；与其他客属社团、永安社、汀州会馆、永定下洋胡氏安定堂及华团等保持密切的联系；接待来自中国的客人，等等。

2007年12月8日，北马永定同乡会在韩江体育馆举办成立60周年三喜会庆活动。马来西亚新闻部副部长拿督斯里谢宽泰硕士主持开幕式，马来西亚客家公会联合会署理会长兼槟州客家公会会长拿督斯里谢诗坚博士在会上致词祝贺。

成长时期的马来西亚龙岩县籍社团情况简介：

马来西亚的龙岩同乡会，全部是以原龙岩县籍为单位的同乡社团，2001年吉辇威南龙岩同乡会成立后，全马的龙岩同乡会达到6个，分布在西马的中部、北部以及东马的沙巴。六个龙岩同乡会又联合组成马来西亚全国性的联合社团——马来西亚龙岩会馆联合会。马来西亚龙岩社团主要以老侨及后裔为主建立，马来西亚是保存海外龙岩同乡社团最多、会所建设最完整的国家。

马来西亚龙岩会馆联合会由各地属会轮流担任会长，每届任期两年，负责联系各地龙岩会馆。1987年第四届理事会决议，通过槟城为联合会永久行政中心。1991年6月，马来西亚龙岩同乡参加新加坡龙岩会馆金禧庆典活动期间主办的"世界龙岩同乡交流座谈会"，大力支持组织"世界龙岩同乡联谊中心"。1998年参与发起组织世界龙岩同乡恳亲大会，组织260多名马来西亚龙岩乡亲参加当年10月在家乡龙岩举办的首届世界龙岩同乡恳亲大会。2007年8月17—19日，由马来西亚龙岩会馆联合会在吉隆坡主办第四届龙岩同乡恳亲联谊大会，来自澳大利亚，印度尼西亚雅加达、棉兰、巨港、占碑、新加坡、缅甸、美国，马来西亚全国各地，中国的香港、台湾、龙岩等地1 200多名世界龙岩同乡聚集一堂。马来西亚国安部副部长胡亚桥拿督主持揭幕典礼。当地媒体《星洲日报》《南洋商报》《东方日报》都对大会作了专题报道。大会的成功举办，体现了全马龙岩同乡的团结互助和高度默契的协作精神，提升了龙岩同乡在马来西亚的影响。

马来西亚各龙岩同乡会之间的联系非常密切频繁，经常互访，组团回龙岩开展各种活动。

1. 槟城龙岩同乡会

槟城龙岩会馆多次组团返乡探亲拜祖，支持家乡公益事业建设。热情接待前往槟城参访的家乡政府代表团，以及世界各地的龙岩乡亲代表团，密切与海内外乡亲之间的联络交流，推动家乡政府与各地龙岩乡亲的交流合作，积极为家乡建设建言献策。2001年初，在理事长杨旅祥、邱世文组织下，主办"旧歌重温"全国男女混合公开组及宿将组卡拉OK华语歌唱

[①] 邱文发硕士资料整理《北马永定同乡会创立史》，载《第二届世界永定同乡恳亲大会（2011）纪念特刊》，第83页。

比赛。报名参赛者有150多人。7月29日在槟城大礼堂举行决赛，全场1500多人参加，筹得发展基金6万多元，作为装修会所之用。2004年12月12日，该会在槟城葛尼大酒店举办成立75周年钻禧庆典、青年团24周年、乐龄组3周年庆典。世界各地龙岩社团组团祝贺。槟州首席部长丹斯里许子根出席。龙岩市、新罗区政府都组团前往祝贺，会后出版纪念专刊。

2. 天定（曼绒）龙岩会馆

天定（曼绒）龙岩会馆1991年迁入新会所，实现以会养会，经济状况稳定。4月举办成立55周年会庆、新会所开幕及轮值承办第六届马来西亚龙岩会馆联合会三大庆典。2001年9月，再次迁入新会所。2005年承办马来西亚龙岩会馆联合会第13届大会。2006年10月举办庆祝成立70周年纪念及孝亲敬老联欢午宴，并为龙岩会馆联合会募捐大学贷学基金1万林吉特。

3. 吉玻龙岩同乡会

2001年由张秋萍拿督捐7万元设立"吉玻龙岩同乡会清寒子女教育基金"。2006年，该会隆重举行会所落成开幕典礼暨庆祝60周年庆祝，并邀请吉打州议员张日洲拿督主持开幕典礼，全马属会、友会和社团代表、社会贤达前来道贺。雪隆龙岩会馆在1992年重新购置一座四层店屋作新会所。

4. 亚庇龙岩会馆

亚庇龙岩会馆同时也是沙巴福建社团联合会、沙巴中华大会堂、亚庇华人同乡会馆联合会的团体会员。2005年12月3日，亚庇龙岩会馆召开会员大会，对章程条文作出多项修正，并于2007年1月获社团注册局批准。

5. 雪隆龙岩会馆

雪隆龙岩会馆在1997年接任马来西亚龙岩会馆联合会轮值主席，承办联合会成立17周年暨雪隆龙岩会馆成立25周年纪念晚会，并举办乡贤陈湘荣书法义展，筹募大学贷学金，筹得30.05万元。1998年10月组织雪隆同乡51人返乡参加第一届世界龙岩同乡恳亲联谊大会。2001年5月29日组织19位乡亲参加回乡寻根访问团，其中有10人是首次回乡的第二代华裔青年，培养年轻一代的故乡情结。同年11月，组织21人参加在新加坡举办的第二届世界龙岩同乡恳亲联谊大会。2002年在吉隆坡中华独立中学礼堂举行成立30周年联欢晚会。马来西亚国际贸易工业部政务次长拿督胡亚侨应邀参加。2013年11月组织50人参加在中国香港举行的第六届世界龙岩同乡恳亲大会。

6. 吉莘威南龙岩同乡会的成立①

吉莘威南地区位于马来西亚槟城、霹雳、吉打三州边界，1940年底后期有龙岩人从槟城进入吉莘威南各市镇乡村谋生，多以经营杂货店为生。吉莘威南地区的龙岩同乡有100多户，人口1000多人。

吉莘威南龙岩同乡会成立第一届理事会（2001—2002年）合影

1946年，龙岩乡侨林顺金、林人盘、林人波、郑广东、张锦坤、张茂坤、陈玉华等人在爪夷买一块地，建立"龙岩县公墓"，收殓第二次世界大战期间无人祭拜的同乡骨骸集中安葬，每逢清明进行联合祭拜，就有了"爪夷龙岩清明福"组织，参加"清明福"祭祀的同乡每年都有增加。

吉莘威南地区的龙岩同乡，许多都是槟城龙岩会馆的会员。因本地幅员广阔，各同乡散居各处，联络不易，尤其是华人重视的红白喜事，希望远在槟城的会馆派人前来参加，实有困难。因此，每当清明节拜祭祖先的宴会上，都有同乡倡议组织同乡会，方便联络同乡，分解槟城龙岩会馆的联络。

1988年，郑广东召集同乡在新路仁昌号商讨组织同乡会及建会馆事宜，后因财力不足及郑广东年老病逝而停顿。1997年7月，李益村、陈春海、陈椿

---

① 《吉莘威南龙岩同乡会简介》，载《龙岩旅港同乡会成立二十周年（1984—2004）纪念特刊》，第102页。

萱、林蔚琏等人再次倡议组织同乡会，推举林俊江为领导。同年7月18日召开座谈会，即席成立吉辇威南同乡会筹委会，开始申请注册及开始筹募会所基金。

由于同乡早已有心愿，纷纷捐款，不出半年，即筹得会所基金30多万元，购得三层店屋作为新会所。2001年初，吉辇威南龙岩同乡会获注册批准。5月6日解散筹委会，举行第一次会员大会，选出首届理事会，林俊江当选会长。6月10日举行新会所开幕及同乡会成立典礼。首届正式会员100多人。2011年编印出版《吉辇威南龙岩同乡会庆祝10周年（2001—2011）纪念特刊》。

吉辇威南同乡会成立后，成为马来西亚龙岩会馆联合会的第六个属会。

关于吉辇威南龙岩同乡会的会务活动，会务顾问郑一鸣提出五点建议[①]：

（1）联谊老中同乡。发挥会所空间，主办能让老中同乡会友相约在会所叙旧及丰富晚年生活的活动，比如茗茶赏乐、品尝龙岩特色菜等。

（2）广招青少年加入同乡会。成立青年团以培养及增长下一代青少年的乡情意识。通过青年团主办活动吸引龙岩青少年参与，进而加入同乡会以培养为将来接班人。成立"龙青之友"，让在籍中学生及大专生在求学阶段就已认识及对同乡会产生亲切感。老中乡亲要以实际行动鼓励及带动自己的子孙们加入这些龙岩青少年组织，为同乡会做贡献。

（3）发挥龙岩妇女的才华。成立妇女组，以鼓励更多龙岩妇女参与同乡会的发展，教导及协助龙岩青少年成立舞蹈团及合唱团。传承龙岩特有的民间艺术舞蹈（如采茶蝶舞）及龙岩山歌等，让龙岩子孙了解龙岩文化。主办烹饪班及教导传承家乡特色菜，开办龙岩乡语班，以免下一代青少年逐渐成为听不懂及不会讲龙岩话的龙岩人。

（4）成立龙岩乡土文化资讯处。充分利用会所空间，设立资料室收集龙岩乡土文化书籍、影音资讯等，让老中青同乡对龙岩文化有更深的了解，从而增强对同乡会的归属感。

（5）设立同乡会网络。设立网页、脸书等现代电脑工具，除了更加拉近马来西亚各同乡会的联系，也能为增进祖籍国的政府机关及同乡会之间建立更有效的联谊，增进龙岩文化交流。通过网络和吉辇威南的龙岩青少年建立联系，进而吸引他们加入龙岩同乡会的大家庭。

印度尼西亚

印度尼西亚华人经过苏哈托时期30多年的强制同化，华人社团和华文学校被关闭，华文刊物被禁止进口，华人没有机会公开学习华文，几乎所有的华裔都取印度尼西亚名字，把华文、华语深埋心底，导致华文人才严重断层，不利于与崛起的中国开展经贸交流合作，也并不符合印度尼西亚的国家利益。1990年8月8日，印度尼西亚与中国恢复了外交关系，但仍在苏哈托时期，对华接触仍然有限，对华人社团活动仍然有所限制，仅允许华人成立"互助会"或"慈善基金"。就是在这种情况下，黄源昌、陈灼南等人首先于1989年10月在雅加达成立"雅加达龙岩同乡互助会"，连续三年在华人传统节日春节举行大规模的团拜联欢活动，可以说是当时各宗亲会的首创，后受局势影响，1993年后不得不停止活动。棉兰的龙岩同乡于1991年1月成立"龙岩慈善基金会"，主要是协助同乡办理婚丧喜庆。中国与印度尼西亚关系的正常发展是在1998年苏哈托下台之后。1998年的东南亚金融风暴导致统治印度尼西亚30多年的苏哈托政权垮台，同时也在雅加达引发严重的"五月排华屠华"事件，引起国际上的强烈谴责。印度尼西亚经历哈比比、瓦希德、梅加瓦蒂三任总统逐渐过渡到民主政府后，华人才过上比较正常、稳定的生活，华人社团才重新活跃起来。原有的岩籍社团纷纷复会，恢复活动。

成长时期印度尼西亚岩籍社团情况简介：

1. 雅加达永定会馆复名

雅加达永定会馆原本成立于1938年，1965年"九卅"事件后被关闭。1978年游宏厚以"永定互助会"名义向当地政府申请获批准，后被雅加达永定会馆称为"复会"。

2003年3月游继志当选第10届会长后，免费借出位于两脚桥路的两间店屋作临时会所，并于同年5月18日举行新会所正式启用和第十届理监事就职典礼。位于Jl Bandengan Utara 11E的旧会所作为药王先师庙，每年定期为药王先师诞辰举行庆典活动。

雅加达永定互助会在游继志的领导下，会务取得

[①]《吉辇威南龙岩同乡会庆祝10周年（2001——2011）纪念特刊》。

显著进展①：

（1）会员人数持续增加，由第九届的274人增加到第十届的562人。

（2）文教方面。2003年8月1日与协和校友会联合举办的华文补习班正式开学。补习班每年招收两期学员。

（3）开办诊疗所和义诊。2003年10月5日，永定互助会举办的中西医联合诊疗所开幕，免费为会员乡亲服务，对外提供廉价的医方和药品。开幕当天向贫苦民众开放，举行义诊，赠医施药，受惠民众有600多人。2004年10月10日，联合诊疗所开幕一周年，再次为贫苦民众举行义诊，赠医施药，受惠民众有八百多人。2005年4月21—22日邀请中国医师为当地民众义诊，受惠民众有200多人。

（4）开展慈善赈灾活动。2004年10月3日发动理监事和热心会员数十人前往珍加连地区探访老人院，捐助生活必需品及义诊活动，受惠老人共108人。2005年2月20日举办春节元宵联欢，为亚齐海啸赈灾义演，同时还颁发奖/助学金给学生，依惯例给老年同乡赠送红包。2005年10月22—23日，理监事及热心会员数十人前往Kelurahan Krukut和Kelurahan Keagungan将1 500份"献爱心·送温暖"开斋节礼包分发给当地的贫苦农民。

（5）为会员谋福利。利用假日探望贫病、老弱的会员同乡，同时送去大米、药品、生活必需品及财物等。延续以往传统，继续协助会员治丧，除捐助福利50万盾及横彩外，并派人员到场协助治丧工作。

（6）联络当地会员和各地永定同乡会。每周三晚上七点至十一点在会所相聚，举办卡拉OK及舞蹈等文娱活动，以加强会员同乡之间的互相交流，沟通乡情。与万隆永定会馆开展互访联谊活动，年中两地会馆的理监事和会员乡亲互相拜访，促进交流和学习。2003年10月23日，理监事部分成员联合万隆永定会馆一行26人前往三马林达市永靖公会开展亲善访问。同年11月16日会长及理监事部分成员前往泗水拜访东爪哇的永定乡亲。2004年2月28日理事会19人参加井里汶永定会馆成立庆典。2005年11月组织回乡观光团一行63人，在会长游继志、副会长游文福的率领下回祖籍地永定探亲考察。2006年2月26日，理监事成员一行19人前往三马林达市，参加三马林达永靖公会成立60周年暨新会所落成典礼。

（7）接待家乡政府及有关机构的访问团。龙岩市长刘赐贵和永定县长黄建新率领的经贸访问团、闽西客家联谊会曾耀东率领的访问团、闽西客家联谊会林仁芳率领的访问团及永定县领导陈达兴等永定访问团分别先后访问该会。

（8）参与当地华社活动。2004年2月7日该会与潮州公会、客属联谊总会、梅州会馆及广肇会馆等联合举办的大型元宵文娱晚会、2005年参与印度尼西亚华族联合赈灾中心的活动；2005年11月14日与广东社团联合接待由广东省委书记张德江率领的经贸访问团、2006年3月26日与福建及山东社团联合其他印度尼西亚华社成功主办"印度尼西亚各界欢迎中国全国政协主席贾庆林访问印度尼西亚宴会"。该会还与印度尼西亚华裔总会、印华百家姓协会、中华总商会、印度尼西亚工商会馆中国委员会、印度尼西亚慈济分会及其他社团等都有交往。

雅加达永定互助会从2006年5月第十届起复名为"永定会馆"，有会员500多户、2500余人。2006年9月3日，雅加达永定会馆在雅加达海霸王大酒店隆重举行创会68周年暨复会28周年庆典。中国驻印度尼西亚大使馆公参余洪耀、参赞薛允刚、张建新、闽西客家联谊会会长曾耀东、雅加达华社贤达及万隆、井里汶、中爪哇永定会馆、三马林达永靖会馆、新加坡永定会馆等永定同乡会代表到会祝贺，共有1700多人参加。晚会举行大合唱、少林武术表演，向老人院捐款，分发敬老金，向成绩优异的会员子女颁发奖学金等②。其后，该会馆活动包括：为会员谋福利，访病问苦，办诊疗所、中文补习班，义诊，到老人院慰问、赠送礼物，组团到各地与永定乡亲交流、返回祖籍地探亲和寻根，开展文艺义演，接待祖籍地政府领导和乡亲等。发动会员积极支持和参加会务活动，推动印度尼西亚各种族和谐、中印（尼）友好等等。

---

①《永定会馆第十届理事会会务工作报告》，载《雅加达永定会馆成立六十八周年暨复会二十八周年纪念特刊》，第65~66页。

②《永定会馆双庆晚会展现精诚团结光辉业绩　游继志定下四项工作指标》，载印度尼西亚中文报《国际日报》2006年9月4日（星期一）B3版"永定专版"。

2013年雅加达永定会馆新会所落成庆典

2003年5月18日，"永定会馆"暨"协和校友联谊会"坐落在雅加达两脚桥大街的会所举行大厦落成启用仪式。中国驻印度尼西亚大使馆参赞茅及聪、印度尼西亚空军副参谋长阿里·慕尼西利·拉帕中将等应邀出席。

仪式首先由永定会馆会长兼协和校友联谊会会长游继志致词。他说，希望校友会搞好校友们的福利工作、推动文娱和体育活动、组织歌咏团、开办中文补习班等。永定会馆理事长游元伟、协和校友联谊会理事长黄建筑、前协和学校教导主任胡远青老师、中国驻印度尼西亚大使馆参赞茅及聪、印度尼西亚空军副参谋长阿里·慕尼西利·拉帕中将致词，他们都为永定会馆和协和校友联谊会的成立表示高兴与祝贺，并表示支持或愿意协助及建立合作关系。

印华百家姓协会代表赠"民族纪念碑"缩影纪念品。

永定会馆第十届理监事：会长游继志，副会长游兆民，理事长游元伟、卢泰福，秘书游炎成（中文）、游上周（印度尼西亚文），财政李奇祥。

2. 协和校友联谊会的成立①

协和学校是由雅加达永定会馆于20世纪40年代初创办，首任校长为李新昌（李勉之）。日本战败后复办，游尚群1946年任校长，百废待兴。1949年卢冠西继任校长。学校在卢冠西的领导下，校风好，学生成绩优良，校务蒸蒸日上。学生人数从100多人很快增加到2500多人。1965年"九卅"事件后，协和学校被勒令停办并没收。

协和学校于1966年4月5日被印度尼西亚当局封闭后，校友们虽然各奔前程，但仍保持联系，怀念过去读书时的快乐时光，30多年间举办过四次校友聚会。

2003年4月26日，游继志校友建议组织校友联谊会，并借出几座店屋作为临时会所，协和校友联谊会终于成立了。多年来，校友会在游继志会长的领导下，会务办得有声有色、多姿多彩，着力关心和举办社会福利活动，捐助养老院、孤儿院，拜访老年或贫病校友，多次举办赈灾、捐血、免费义诊等有益活动。同时为加强校友团结和身心健康，组织了协和校友合唱团和卡拉OK，每逢星期五在会所集体练习。

协和校友联谊会首届理事会：会长游继志，理事长黄建筑，秘书长陈挺安，财政林建国。

3. 三马林达永靖公会复会②

三马林达永靖公会在1966年被当地政府没收。2003年元宵节，永靖乡亲在江庆德的倡议下，重新复会，大家推举江庆德为主席。三马林达有永靖乡亲670户2500多人，江庆德认为要适应发展必须重建新会。在他的带领下，永定和南靖两县乡亲踊跃捐款，移居香港的张瑞智（南靖籍）无私捐出市中心180平方米的地皮作为建会所用地，经一年多努力，建成一栋高三层、造价40多万美元、建筑面积2 000平方米的宏伟壮观的会馆。一楼大客厅，设有乒乓球桌、多功能体育活动室，二层可容300多人的会议室和娱乐厅，三层为大礼堂，可容纳千人开会。2006年2月26日，三马林达永靖公会举行成立60周年暨新会所落成剪彩庆典仪式。东加省省长苏睢拿、三马林达市市长阿敏、中国驻印度尼西亚大使馆参赞薛允刚夫妇，以及印度尼西亚各大侨团代表1000多人出席。永定县政府、雅加达永定会馆、井里汶永定会馆都组团前往祝贺。三马林达永靖公会文体活动活跃，自发组建的足球队在三马林达市华社团体比赛中获第一，篮球队A、B组获双冠军，乒乓球队获东加省第三名，醒狮队排名第二。还有由50人组成的合唱团，逢年过节都有举行团排等活动。

4. 万隆永定会馆

1995年在游宏楼等一批永定热心人士的倡议下万隆永定会馆恢复重建，逐渐开展会务活动。理事会有正主席1人，副主席2人，下设开发部、人事部、总务部、福利部、妇女部，以及文娱组、餐饮组等机

---

① 《协和简史》，载《协和校友联谊会10周年纪念特刊》，第44页。
② 《第二届世界永定同乡恳亲大会纪念特刊（2011）》，第97页。

构。监委会有正、副主席各1人。该会以"团结同乡、造福社会、互帮互助、共谋福祉"为宗旨，每年举办新年团拜和年会，平时协助会员办理婚丧喜庆。有会员200多户、1000多人。

5. 雅加达龙岩同乡会复会①

印度尼西亚的龙岩县籍人原本大多集中居住于苏门答腊（如棉兰、先达、亚沙汉等），后受印度尼西亚政局影响，于1960年代，特别是1965年后，大批迁居首都雅加达。在黄源昌、陈灼南、林加汀等人的积极倡导下，于1989年10月1日成立雅加达龙岩同乡互助会。1993年因印度尼西亚政局动荡被迫停止活动。

2004年初在张松声、王益琪的积极筹划下，召集一批同乡贤达聚集座谈，共同商议为恢复会务活动献计献策，并推荐一批年富力强及有实力的同乡精英来承担复会的神圣任务。经过一年多的筹备，刘善强乡贤无条件借出一幢店屋作为同乡会的活动场所。2005年6月召开第一次全体理事会议，正式通过将会名改为龙岩同乡会，恢复同乡会正常活动。

2004年12月，张松声以雅加达龙岩同乡会名誉主席身份组团回龙岩参加第三届世界龙岩同乡恳亲联谊大会。以后又组织参加在中国龙岩、马来西亚吉隆坡、中国香港举行的第四、五、六、七届世龙会。雅加达龙岩同乡会现有会员2000多人。

6. 棉兰龙岩慈善基金会②

棉兰龙岩同乡会（慈善基金会）旧会所，旧址设在棉兰市马加马街东南500米的横街

棉兰龙岩慈善基金会成立于1991年1月2日，是印度尼西亚华裔慈善机构组织。该会宗旨：联络乡情，敦睦乡谊，扶助贫困，团结互助。

会务活动包括：协助乡亲办理丧事，尤其是贫困乡亲，都给予力所能及的帮助；对因病求医，经济上有困难，或遭受灾祸的乡亲，给予必要的支持，以减轻他们的负担；对经济困难的乡亲子女发放助学金，使他们的子女能修完小学、中学课程，解决就学问题；鼓励乡亲子女努力向上，给学习成绩优秀的乡亲子女颁发奖学金。

棉兰龙岩慈善基金会在棉兰市郊外置办有一块小坟场，为同乡办理丧葬，并建有一座庙宇及埋葬有龙岩同乡先辈遗骸的"龙岩公坟"。每年清明时节，该会召集棉兰市全体同乡一起前往扫墓，祭拜先人。该会下设互助部，对贫困疾苦、遭遇灾祸的同乡给予必要的支持；鼓励和支持同乡子女努力学习，奖励优秀学子，资助贫困学子完成中等教育的学习。该基金会还与其他华人社团一道，参与当地政府及原住民对印度尼西亚国家大节日的欢庆活动，支持当地居民的健康治疗，赈灾等，积极融入当地社会。印度尼西亚民主改革后，加强了与世界龙岩同乡之间的联谊，组团参加世界龙岩同乡恳亲联谊大会。该会会员以户口为单位，有200多位会员。

印度尼西亚岩籍华侨加强与其他群体华人的合作，谋求华族经济发展。2001年在雅加达成立的印度尼西亚中华总商会，是印度尼西亚华族影响重大的综合性社团，漳平籍华人陈大江担任了中华总商会的首任总主席（2001—2009年），印度尼西亚华族各群体有实力、有影响的华族领袖分别担任主席，其中就有永定实业家游继志，由此可见岩籍华侨在印度尼西亚侨界的地位和影响。

此外，2004年，印度尼西亚井里汶永定会馆成立，雅加达永定会馆会长游继志率团前往祝贺。

缅甸

缅甸自20世纪60年代中开始实行军人政权管制，1988年8月镇压国内的民主运动后，西方国家对缅甸实行经济制裁和封锁，直到2015年才有所放松。华人谋生不易，纷纷向外迁移，岩籍社团大多未能恢复。

成长时期缅甸岩籍社团情况简介：

1. 缅甸龙岩同乡会

缅甸龙岩县籍同乡虽然不多，仅60余家，但在

---

①《第六届世界龙岩同乡恳亲大会特刊》，2013年，第50页。
②《第六届世界龙岩同乡恳亲大会特刊》，2013年，第51页。

同乡会的凝聚下，非常团结友爱，互相帮助，即使在艰辛年代，龙岩乡亲都能互相照应，没人失业，经济生活都不错，特别是对子女的文化教育非常重视，家家有大学生。

缅甸龙岩同乡会具有极强的凝聚力，对祖籍地龙岩更有深厚的感情，大部分家庭坚持讲龙岩话，同乡聚会时也讲龙岩话。如今第三代、第四代侨生青少年大多都能讲龙岩话。

仰光永定会馆在1990年后有所发展，除团结乡侨，谋取福利外，每年清明举行永定公墓祭扫活动，然后举行祀清联欢宴会，抓阄决定下年度祀清祭拜负责人，祀清祭拜负责人按照永定老家的传统称谓被称作"福首"，共11人。1984年、2009年两次对会馆进行较大的维修和装修，为同乡公共的休闲、聊天、读书看报、下棋、联络感情提供了场所。该会在会馆四楼设华文补习班，供会员子弟学习中文。

3. 仰光永靖华侨互助会

永靖华侨互助会在1997年举办成立45周年庆典活动，邀请永定和南靖两县政府组团参加。各方代表共有300多人参加，极大地提升了互助会的影响。

缅甸龙岩同乡会，邱立汉摄

2. 缅甸仰光永定会馆

缅甸仰光永定会馆，邱立汉摄

缅甸仰光永靖华侨互助会，李贵海供图

4. 仰光胡氏安定堂

仰光胡氏安定堂，在20世纪20年代由胡文虎创立，60年代以后，由于胡氏宗亲外迁较多，会员人数骤减，到2000年仰光会员仅170多人，全缅会员250~300人，但安定堂祭祖及胡氏祖坟祭祀活动仍照常进行。

5. 缅甸华商商会

缅甸华商商会大楼，也是龙岩华侨在缅甸仰光的另一主要活动场所，李贵海供图

缅甸华商商会是1909年经缅英殖民政府注册成立的华商最高商业性社会团体，也是缅甸最有影响的华族社团，以"服务侨胞，提高华商地位，促进经贸合作，增进中缅友谊"为已任。20世纪90年代以后，永定华侨江清亮、龙岩华侨赖松生分别在1996—1999年、2005—2010年担任该会会长，他们又分别长期担任缅甸永靖华侨互助会会长和旅缅龙岩同乡会会长，岩籍侨团负责人在缅甸侨界，有地位，有影响。赖松生担任会长期间，不仅领导商会与缅甸政府交涉追讨回商会会址等资产，还领导举办了缅甸华商商会成立100周年庆典活动，世界各地的缅甸华侨聚集仰光，影响巨大。

二、大洋洲的岩籍社团

大洋洲的岩籍华侨社团主要分布在澳大利亚和新西兰两国。

1. 澳大利亚

澳大利亚的岩籍华侨华人，大部分是二十世纪八九十年代以后从中国大陆、港澳台地区和东南亚国家迁移而去的新移民，澳大利亚是岩籍新移民较多的国家之一。随着澳大利亚移民政策的放宽，新华侨华人通过技术、留学、投资、婚姻等方式移居到了澳大利亚。1997年，岩籍的澳大利亚华侨华人有1 814人，2006年增加到5 334人①。原籍长汀县的饶国辉，在悉尼发起成立澳大利亚华人协会，并担任会长。后来，饶国辉又担任澳洲福建商会执行会长。岩籍华侨华人在澳大利亚建立的社团有澳洲龙岩同乡会、澳大利亚龙岩商会、澳大利亚龙岩青年商会。

澳洲龙岩同乡会于1998年1月18日在新威尔士州的悉尼成立②，是主要由澳大利亚的龙岩新移民组成的社团，首任会长为陈星惠，陈星惠出生于马来西亚，后迁居澳大利亚。继任会长有：郑高俊、高郭兢美、陈琦。该会以"联络乡谊，热爱家乡，团结互助，共创未来"为宗旨，积极联络广大乡亲，每年定期举办中秋、春节联谊晚会。同时，在节假日开展形式多样的文化娱乐活动，丰富广大乡亲的业余生活。澳洲龙岩同乡会为龙岩市与澳大利亚伍龙岗市缔结友好城市关系发挥牵线搭桥的关键性作用。澳洲龙岩同乡会原是新罗区范围内的县级同乡会，2015年以后，积极向龙岩市新罗区以外其他六县市在澳大利亚的新移民发展会员，现已成为全市性同乡会。

2. 新西兰

2014年6月4日龙岩市侨联魏冬梅主席到新西兰龙岩同乡会龙岩办事处拜会施占金会长

1986年，新西兰颁布新移民法，鼓励具有技术和经验的外国人入境，并允许投资移民长期居住。旅新的岩籍华侨华人绝大多数都是20世纪90年代以后从中国大陆和东南亚国家迁移的新移民。岩籍新移民大都具有较高的文化水平，通过技术、投资、婚姻等方式移入，从事的行业较广，有种植、经商、医疗等行业。1997年，岩籍新西兰华侨华人463人③，2006

---

① 2006年龙岩市侨情普查数字。
② 《第六届世界龙岩同乡恳亲大会特刊》，2013年，第51页。
③ 《龙岩市志》（1988—2002）中册，第1 332页。

年增加到2 085人①。

新西兰闽西同乡会由闽西新移民于1998年在奥克兰成立②，会员由龙岩市下辖七个县（市、区）的新移民组成。该会以"联络乡谊，热爱家乡，团结互助，共创未来"为宗旨，每年举行2~3次同乡联谊活动。会务活动有：一是积极为旅新乡亲寻找立足之地；二是确实帮助闽西同乡解决实际困难和问题；三是开展互助活动；四是共促发展；五是积极引导乡亲为当地社会的发展和家乡各项事业的发展作贡献。2005年6月，龙岩遭遇洪灾，同乡会积极发动乡亲捐款，为家乡的灾后重建尽一份心。第一任会长为永定籍卢绍基，第二任会长为武平籍李始民。

随着新罗区新移民人数的增加，新罗区华侨华人于2009年10月3日奥克兰成立了龙岩同乡会，同时成立的还有龙岩商会，大会推举施占金为会长，李子能为常务副会长。大会还通过了章程及工作职责，并向新西兰政府申请注册登记③。2014年初，新西兰龙岩同乡会和龙岩商会在龙岩联合设立办事处，服务会员。

2014年，岩籍华侨华人在奥克兰发起成立新西兰客家联谊会，由武平籍李始民担任会长，开展与世界各地客家社团的联谊交流。

三、北美洲的岩籍社团

北美洲的岩籍社团主要分布在美国和加拿大两国。

1. 美国

1950年以前，岩籍华侨华人在美国很少。二十世纪五六十年代以后，有一部分岩籍台湾同胞移居到美国。二十世纪八九十年代后，许多岩籍人士从中国大陆、香港和东南亚国家等地迁移美国，美国成为岩籍新移民最多的国家。1997年，美国岩籍华侨华人9 849人，2006年，增加到16 752人。人口的增长，除海外华侨华人自身的增长外，主要是新移民的增加：一是留学后定居下来；二是技术移民和投资移民；三是从其他国家（地区）再移民。岩籍华侨华人分布美国各地，主要居住在美东的大纽约地区和美西的洛杉矶等地。岩籍华侨华人以新移民为主，由于大都受过良好的教育，许多人获得博士学位，学有专长，就业范围宽广，收入较高，从事的行业包括：电脑软件开发、电子信息、生化制药、医疗、设计、经商、酒店、建筑等，有的在西部"硅谷"从事尖端技术的研制开发。在美国最早成立的岩籍同乡社团是龙岩同乡会，会长是由台湾迁居美国的苏年湘。

（1）北加州永靖同乡会

北加州永靖同乡会成立于1996年11月3日，由永定华侨江立三等人发起在洛杉矶三藩市成立④。该会以"遵守当地法律，参加当地政治活动，争取华人利益，联络旅美永定、南靖和福建客属同乡，增进乡情，团结互助，发挥力量，共谋福祉"为宗旨，有会员100多户、300多人。该会每年组织"新春联欢会"和"夏季野餐郊游"二次大型活动，旧友新知共叙乡情，交流资讯。江立三、陈贵寿先后担任会长。

（2）北美上杭同乡会暨上杭一中北美校友会

北美上杭县同乡会暨上杭一中北美校友会

北美上杭同乡会暨上杭一中北美校友会，于2016年6月25—26日在美国华盛顿马里兰大学隆重举行成立大会⑤。来自美国和加拿大的110多名上杭同乡参加了会议。美国西弗吉尼亚大学教授梁瑞凤博士任北美上杭同乡会首届会长，美国俄亥俄州州立大学医学院生物统计中心研究员莫晓葵任上杭一中北美校友会会长。中国驻美大使馆领事庄元元，大华府客家同乡会会长张亦玮、大华府福建同乡会会长陈铭华、巴尔的摩华人协会主席刘孟经、美国力学院院士、美洲郑和学会董事张建平、北美上杭商会会长丁

---

①2006年龙岩市侨情普查数字。
②③《第六届世界龙岩同乡恳亲大会特刊》，2013年，第51页。
④资料由龙岩市外事侨务办公室提供。
⑤《闽西乡讯》第375期，2016年6月30日第四版。

立隆等到位祝贺。到位祝贺的还有新加坡龙岩同乡联谊会代表黄春祥，新加坡永定会馆代表廖人庆，以及中国北京、上海、深圳、广州等地的上杭代表20多人。县委领导林英峰、县侨联主席包晓冬、上杭一中校长温利平，专程到会表示祝贺。

北美上杭同乡会于2016年1月26日在西弗吉尼亚州正式注册，并于4月28日经美国国家税务局批准成为一个具有执行能力的公众慈善组织，共有会员262人，在美国建立了纽约、波士顿、费城、华盛顿、旧金山、洛杉矶、德州7个分会，在加拿大建立了多伦多、温哥华2个分会，并在美国波特兰、凤凰城、圣地亚哥、芝加哥、底特律、亚特兰大、哥伦布、匹茨堡等8个城市建立了联络点。

岩籍侨胞还参与了世界客属总会美东分会的建设[1]。世界客属总会美东分会于1989年在美国纽约成立，创会会长钟侨征先生是广东梅县人。纽约的客属侨团共有12个，以1918年成立拥有会员近万人的崇正会影响最大，机构庞大，人多财厚，成为客属侨团的龙头老大。美东分会主要由龙岩市、粤东、台湾等地的客家人组成，会员300多人。内务活动主要是每年春节举行春宴敬老联谊餐舞会。

在纽约，岩籍华侨华人参与并担任会长的社团有纽约的世界客属总会美东分会、纽约缅甸华侨联谊会等。武平籍人李志潜担任第五届（1995—1997年）、第六届（1998—2001年）会长，第七届（2001—2003年）以后由永定籍人苏焕光担任会长。苏焕光祖籍永定县古竹乡，缅甸出生，后迁移到美国发展。在他担任会长后，积极进行联络乡亲，促进乡谊，团结奋斗，参与侨社各项活动，为华社的安定繁荣竭尽力量。

2. 加拿大

加拿大岩籍华侨华人，绝大多数是二十世纪八九十年代后迁移的新移民。岩籍新移民来自四个方面：一是留学后定居；二是技术移民和投资移民；三是香港回归前部分岩籍香港同胞移居加拿大；四是从东南亚迁移的岩籍华侨华人。主要居住在温哥华和多伦多两地，各占45%。由岩籍华侨华人成立的社团有：成立于1999年由杜润泮担任会长的加拿大多伦多龙岩同乡会、由黄岩担任会长的加拿大龙岩同乡会，以及2013年在温哥华成立的加拿大龙岩同乡联谊会。前面2个社团主要由新罗区华侨华人组成。

加拿大龙岩同乡联谊会是龙岩全市性的社团，会员由龙岩市下辖七个县（市、区）的新移民组成。2012年10月26日获得加拿大卑诗省官方的批准在温哥华正式成立。同月底举行第一届理事会，选举产生以朱红星为荣誉会长、卢文贵为会长的第一届龙岩同乡联谊会领导班子。2013年5月11日，加拿大龙岩同乡联谊会在温哥华隆重举行成立庆典。加拿大联邦总理斯蒂夫·哈珀，加拿大联邦长者事务国务部长、国会议员黄陈小萍，加拿大联邦遗产与官方语言兼卑诗省事务部长、国会议员莫尔，国会议员杨萧慧仪，卑诗省列治文市市长马保定，卑诗省省长简慧芝，省议员、亚太事务议会秘书李灿明，省议员关慧贞，省议员哈里·部鲁伊，温哥华市市长罗品信，中国驻温哥华总领事刘菲等发来贺信，龙岩市人大常委会副主任黄伍金、市海外交流协会会长江棣章等亲自率团前往祝贺。2015年8月，加拿大龙岩同乡联谊会举行第二届理事会，林淑如当选会长。

四、走向大交流大联合的岩籍海外社团

20世纪90年代后，在祖籍地政府的大力推动下，以及岩籍海外社团的热烈响应下，岩籍海外社团走向了大交流大联合时代。

首先是马来西亚和新加坡两国岩籍海外社团在20世纪80年代至90年代中期加强了联系，表现在：①马来西亚的5个龙岩同乡会（2001年吉辇威南龙岩同乡会成立后，增加到6个。）在1981年联合成立马来西亚龙岩会馆总会（后改称"马来西亚龙岩会馆联合会"）。总会会长由各属会轮流担任。为整合东马的亚庇龙岩同乡会参加，总会于1986年专程组团到沙巴亚庇拜访亚庇龙岩同乡会，并邀请亚庇龙岩同乡会担任第四届轮值单位。②新、马两地的龙岩社团联系密切，交流频繁。1991年新加坡龙岩会馆举办金禧庆典活动，新加坡、马来西亚、印度尼西亚、泰国、缅甸以及中国大陆、香港、澳门、台湾的1000多名乡亲参加。会议提出组织"世界龙岩同乡联谊中心"，反映了海外龙岩乡已感到加强联合加强交流的必要性。③新、马两地的永定籍社团联系密切，交流频繁。新加坡永定会馆在1988年隆重举行成立70周年庆典，马来西亚的永定籍社团都组团参加。霹雳永定同乡会在1996年成立50周年庆典时，发起主办"世界永定同乡恳亲大会"，世界各地永定籍社团都组团参加。霹雳永定同乡会和北马永定同乡会每年的

---

[1]《世界客属总会美东分会概况》，载《美国纽约世界客属总会美东分会特刊（1989—2010年）》，第21页。

会庆活动，都互相组团前往祝贺。各同乡社团之间经常开展互访活动。

其次是岩籍新移民在海外新成立了许多社团，使岩籍海外社团的分布更加广泛，原先老侨及后裔成立的社团仅分布在东南亚的新加坡、马来西亚、印度尼西亚、缅甸四国，后来新移民在澳洲的澳大利亚、新西兰，美洲的美国、加拿大都建立了社团，使岩籍海外社团更具"世界性"。

三是印度尼西亚的岩籍社团纷纷复会。苏哈托政权在1998年跨台后，印度尼西亚政府开始民主化进程，对华人的诸多限制都被解除。印度尼西亚政府的领导人出席华人社团活动，比如总统瓦希德出席2000年4月在雅加达召开的首届亚细安客属恳亲大会，副总统哈比出席2002年11月在雅加达召开的世界客属第17届恳亲大会，等等。解除了华人对结社的疑虑。为加强团结互助，并与世界各地华人开展经贸和交流合作的需要，印度尼西亚华人社团在2000年后如雨后春笋般地建立起来，不仅原来被禁止的社团"复会"，还纷纷成立了新的社团，华人社团数量数以千计。

四是中国国际影响力的越来越大，为海外岩籍社团的交流和联合减轻了压力。中国改革开放，到2010年超越日本成为世界第二大经济体，继而成为世界经济发展引擎。和平与发展是当今世界的主流，加上中国互不干涉内政的和平外交政策，为中国赢得友好的国际外交环境。世界各国都愿意与中国发展友好关系，鼓励民间对华开展经贸往来。中国的快速发展，对海外华人来说也是重要的机遇。积极参与祖籍国的经济建设，大力发展对华经贸往来，有利于促进海外华人经济的转型升级和发展壮大。

五是龙岩市对外联络的各种机构的建立健全，为推动世界各地岩籍海外社团的大交流大联合奠定了良好的基础。①政府侨务机构的设置和完善。1979年4月，龙岩行署设立华侨事务办公室。1984年7月，龙岩地区侨务办公室从龙岩地委统战部分开独立办公。1988年6月，龙岩地区侨务办公室、龙岩地区归国华侨联合会合署办公。1996年2月，龙岩地区归国华侨联合会与龙岩地区侨务办公室分开，龙岩地区行政公署侨务办公室与龙岩地区行政公署外事办公室合署办公，实行一套人马，两块牌子的工作机构，内设人事秘书科、涉外科、出入境管理科、侨政经济科和宣传

联络科。1997年5月1日，龙岩撤地设市，龙岩地区行政公署侨务办公室更名为龙岩市侨务办公室。2002年1月，撤销龙岩市外事办公室、龙岩市侨务办公室，组建龙岩市外事侨务办公室，为龙岩市政府主管外事侨务工作的职能部门。内设综合科、国际交流科、出国管理科、侨务科。县级侨务机构方面，至20世纪90年代，新罗、永定、上杭、漳平、武平、长汀、连城七个县（市、区）都成立了专门的侨务办公室。②归侨团体。龙岩地区归国华侨联合会，成立于1980年12月，是由龙岩地区归侨、侨眷组成的人民团体。1988年6月至1996年2月，龙岩地区归国华侨联合会与龙岩地区侨务办公室合署办公。1996年机构改革，地区侨联与侨办分开，成为独立的群团组织。龙岩地区撤地设市后改称龙岩市归国华侨联合会。七个县市区都有专门的县级侨联机构。至2016年底，全市侨联组织有137个，其中市级1个，县级7个，乡镇街道26个，村级侨联103个。其他涉侨联络机构包括1995年成立的闽西客家联谊会、1999年成立的闽西旅外乡亲联谊总会、2005年成立的龙岩市海外联谊会、2009年成立的龙岩市海外交流协会等，在开展对外联络交流中发挥了重要的作用。

岩籍海外社团的大交流大联合主要有以下几个平台：

（1）闽西旅外乡亲联谊大会。1999年9月3日成立的闽西旅外乡亲联谊总会是岩籍海外社团、国内各地支乡协会的总联络机构。该会挂靠龙岩市外事侨务办公室，理事会成员由海内外岩籍同乡会、智力支乡会负责人组成。目的和宗旨：为加强龙岩市旅外乡亲与家乡的联系，促进旅外乡亲的大联合、大合作，以及团结互助，发展龙岩市经济和旅外乡亲事业。由闽西旅外乡亲联谊总会主办的龙岩市旅外乡亲联谊大会共举行过三次。

第一次：1999年9月3日，闽西旅外乡亲联谊总会举行成立大会。海内外54个岩籍社团负责人、代表及知名人士共160多人组团参加。会议对改革开放以来，捐赠龙岩市公益事业20万元以上的141位侨港澳台人士、21个团体进行表彰[①]。

第二次：2002年12月29日，第二届闽西旅外乡谊联谊大会在龙岩召开，来自8个国家和地区，以及国内9个省市区支乡会的45个社团负责人、代表，以及首批荣誉市民，共160多名代表参加。大会期

[①]《龙岩年鉴》（2000），第228页。

间,龙岩市人民政府关于授予胡仙等41位海内外人士为龙岩市荣誉市民①。

第三次:2006年11月17日,第三届闽西乡亲恳亲大会在龙岩召开。来自印度尼西亚、马来西亚、美国、英国等10多个国家和中国香港、澳门、台湾地区,以及各省市区支乡会代表,共200多人参加。会议期间,旅外乡亲代表就各自社团活动情况和企业发展情况进行介绍,龙岩市人民政府授予黄剑忠等25位海内外人士为龙岩市荣誉市民②。

(2)世界客属恳亲大会。龙岩市不仅是客家祖地,也是客家聚居区。为加强与世界客属社团的联谊交往,促进龙岩地区对外开放和经济建设,经龙岩地委批准,闽西客家联谊会于1995年11月30日在长汀县成立,同时还举行首届世界客属公祭客家母亲河大典。闽西客家联谊会是集联络、学术交流于一体,以客家乡谊亲情为纽带,广泛联络海内外客家乡亲的法人社会团体,由理事会组成,每届任期五年,会长为法定代表人。第一至三届会长由曾耀东担任,第四届会长由林仁芳担任。

闽西客家联谊会积极参与海内外客属社团举办的各项活动。参加了1996年至2015年第13届到28届的历次世界客属恳亲大会③,2000年至2010年的第1届到第8届亚细安(东盟)客属恳亲大会等其他活动④;积极开展海内外联谊访问活动。历次大型的客属恳亲联谊大会,都有岩籍海外社团组团参加。2000年11月19—21日在龙岩市成功举办世界客属第十六届恳亲大会。本次大会的主题是"团结·发展",有来自全球22个国家和地区的130个社团代表和特邀嘉宾,共3 503人出席。全世界重要客属知名人士几乎都参加了此次大会,世界客家精英聚集龙岩,气氛热烈,盛况空前,给海内外客家乡亲留下至为深刻的印象。组团参加在家乡举办的世界客属恳亲大会的岩籍海外社团有⑤:马来西亚的霹雳永定同乡会、槟城永定会馆(北马永定同乡会)、新加坡永定会馆、龙岩会馆、澳大利亚龙岩同乡会、美国北加州永靖同乡会、中国香港闽西同乡会、中国澳门闽西同乡会、永靖同乡会、中国台湾台北市闽西同乡会。

(3)世界龙岩同乡恳亲联谊大会。世界龙岩同乡恳亲联谊大会,以"敦睦乡谊,共图发展"为宗旨,是世界性原龙岩县籍人的恳亲联谊大会,自1998年10月举办首届大会以来,每三年举办一届,至2016年已分别在龙岩、新加坡、吉隆坡、香港举办过七届。逢单届由新罗区政府主办,新罗区最高领导担任大会主席;逢双届由各地龙岩同乡会馆轮流举办,由主办地龙岩同乡会会长担任该届恳亲联谊大会当然主席。大会联络处设于龙岩市新罗区人民政府外事侨务办公室。原则上以各国(地区)龙岩会馆为组团单位,若该国(地区)境内无龙岩会馆,则以该国(地区)龙岩同乡聚居地相应组团,三人成团,并指定一人作为召集人⑥。

世界龙岩同乡恳亲联谊大会第一至七届大会情况⑦:

第一届于1998年10月3日至5日举行,由新罗区人民政府主办,会议以"敦睦乡谊,共图发展""让世界了解龙岩,让龙岩走向世界"为宗旨,活动内容包括:开幕式、"秀凤职教中心"剪彩仪式、浮蔡温泉山庄、铁山个体私营企业示范区培土奠基仪式、经贸洽谈签约仪式、参加龙岩民俗文物展、龙岩二十年成就展、"乡情浓似酒"书画摄影展、东肖"爱乡林"植树、闭幕式等。龙岩市委书记张燮飞、市长黄坤明出席开幕式。来自海内外近千名龙岩乡亲参加。

第二届于2001年11月24日至26日举行,由新加坡龙岩会馆在新加坡举办,来自欧洲、澳洲、美国、加拿大、印度尼西亚、马来西亚、缅甸,以及中国大陆、台湾、香港、澳门的龙岩乡亲近千人参加。新加坡总理公署兼社会发展及体育部政务部长曾士生担任主席。新加坡龙岩会馆主席陈强富致开幕词。印度尼西亚中华总商会总主席陈大江及15个龙岩同乡会会长在开幕式上致词。龙岩市政府举行了招商会,由新罗区区长郭舒帆作区情报告。龙岩山歌剧团在千

---

① 《龙岩年鉴》(2003),第168~169页。
② 《龙岩年鉴》(2007),第202~204页。
③ 《闽西客家联谊会成立20周年纪念特刊》,第62~63页。
④ 《闽西客家联谊会成立20周年纪念特刊》,第73页。
⑤ 《世界客属第十六届恳亲大会》特刊,2000年,第170~182页。
⑥ 《第六届世界龙岩同乡恳亲大会特刊》,2013年,第1页。
⑦ 《第六届世界龙岩同乡恳亲大会特刊》,2013年,第29~44页。

人盛大联欢宴会上表演《采茶灯》《好日子》《相约在月圆时节》等节目助兴。

第三届于 2004 年 12 月 28 日至 30 日举行,由新罗区人民政府主办,同时举行的还有投资龙岩项目洽谈会、龙岩市第二届旅游节。开幕式由龙岩市长刘赐贵主持,福建省副省长叶双瑜宣布三项活动开幕。龙岩市领导张燮飞、杨金龙等出席。共有 33 个龙岩社团代表参加。活动内容包括:观看《龙岩风情》文艺演出、参加三德水泥厂余热发电项目奠基暨三德二期项目投产剪彩仪式,华锐硬质合金二期、万腾车桥制造、万通机械、中林汽车弹簧钢板生产线、龙佳工业园奠基剪彩仪式、龙岩二中"瑞和楼"落成典礼暨陈正杰奖教奖学金颁奖仪式、省政府表彰旅港同胞陈进强捐资兴办公益事业仪式、邓子恢纪念馆开馆仪式,等等。

第四届于 2007 年 8 月 17 日至 19 日举行,由马来西亚龙岩会馆联合会在吉隆坡主办。马来西亚国安部副部长胡亚侨主持揭幕式。

第五届于 2010 年 11 月 13 日至 15 日举行,由新罗区人民政府主办,阿根廷、巴西、玻利维亚、澳大利亚、缅甸、加拿大、印度尼西亚、越南、马来西亚、新加坡、美国、新西兰 12 个国家,以及台港澳地区和内地各省市,共 35 个社团组团参加,嘉宾来源则有 40 多个国家和地区,共 1 600 名龙岩籍乡亲。年龄最大的 92 岁,最小的 2 岁,是历届参会人数最多、年龄跨度最大的一届大会。活动内容包括:"欢歌唱龙岩"大型文艺演出、龙岩华侨历史博物馆开馆暨"龙台缘、港澳情"陈列专题展开馆、爱国侨领王源兴先生诞辰 100 周年纪念活动、林国仁教育基金第二届助学奖教金颁发仪式、爱乡林植树纪念、经贸洽谈等。

第六届于 2013 年 11 月 16 日至 17 日举行,由香港龙岩同乡会主办。来自世界各地的 1500 多位龙岩籍乡亲欢聚一堂、畅叙乡谊。2004 年奥运会举重冠军石智勇、2008 年奥运会举重冠军张湘祥、2008 年奥运会蹦床冠军何雯娜、2010 年举重世锦赛冠军陈晓婷亦出席了恳亲大会。何雯娜在发言中说:"故土难忘、乡情难舍,不管我们身在何处,身处何位,都忘不了是故乡的水养育了我们。"龙岩山歌剧团专程赴港为众乡亲献上精彩纷呈的表演,全场气氛热烈。

第七届于 2016 年 11 月 6 日至 9 日举行,由龙岩市政府主办、新罗区政府承办,在龙岩新罗区举行。来自马来西亚、印度尼西亚、新加坡等 18 个国家和地区,及北京、上海、南京、香港、澳门、台湾等城市的 32 个社团 780 名龙岩籍乡亲会聚一堂,联络乡情。本次活动期间,还举办具有浓郁龙岩地方特色的民俗文艺表演,《龙岩方言词典》首发式,林国仁、邓电明等教育基金奖教助学金颁发、授牌仪式,侨捐工程林国仁会议中心、乾照电明运动场、"笑萍教学楼"等揭牌仪式,还有观看小学生特色足球赛、开展经贸洽谈、观光旅游、探亲访友等一系列丰富多彩的恳亲联谊活动。

(4) 世界永定同乡恳亲大会

为了进一步发挥永定独特的人文资源优势,密切海内外永定籍乡亲的联系,促进永定更好更快发展,永定县希望通过举办世界永定同乡恳亲大会,为世界各地永定乡亲搭建一个畅叙乡情、交流合作、共谋发展的平台。同时,展示永定改革开放成果、展示良好投资环境、展示良好发展态势,让广大乡亲感受家乡的巨变,从而更好地宣传永定、推介永定、促进发展。2008 年 10 月,新加坡永定会馆成立 90 周年,世界各地的永定同乡 500 多人相聚狮城,大会期间正式倡议召开世界永定同乡恳亲大会,商议首届同乡恳亲会于 2009 年在家乡永定召开,并讨论起草了《世界永定同乡恳亲大会章程》。

2009 年 11 月 14 至 16 日,首届世界永定同乡恳亲大会由永定县人民政府主办。来自 30 多个国家和地区的近千名海内外永定乡亲代表相聚永定,畅叙亲情乡情,共谋合作发展。大会举办中华人民共和国成立 60 周年永定建设成就及海内外乡亲捐资投资成果展、乡情交流报告会、客家美食节、永定侨育中学 70 周年校庆、投资洽谈会及参观旅游、寻根谒祖等近 10 项活动,为海内外永定籍乡亲提供了交流联谊的平台,弘扬了"开拓创新、团结奋进、爱国爱乡、崇文重教、勤劳朴素"的客家精神,进一步激发了海内外永定籍乡亲精诚团结、共谋家乡发展的热情。

第二届世界永定同乡恳请大会于 2011 年 10 月 14—16 日举行,由马来西亚霹雳永定同乡会在霹雳怡保市主办,来自中国、印度尼西亚、新加坡、缅甸、泰国、美国、马来西亚(槟城)等 9 个国家和我国香港、澳门、台湾等地区约 450 名永定乡亲代表欢聚山城,喜联同乡情。龙岩市及永定县派出代表团参与盛会。恳亲会举行了盛大的开幕典礼,马来西亚内政部副部长、永定籍华人李志亮出席了开幕式并致辞,马来西亚霹雳州行政议员马汉顺参加了联欢晚宴。会议期间,举办了马来西亚著名画家张汉发先生油画展，该画展以世界文化遗产——永定土楼为主题，与会永定乡亲及各届人士通过油画欣赏到了独特的土楼美景。与会乡亲还参观了马来西亚著名的华文教育学校深斋中学，参观了金宝锡矿场等，并欣赏了太平湖、江沙皇宫、博物馆等景点，部分乡亲还参观了胡曰皆父子公司、近打医药中心、深斋商学院和康博国际学院。

这一时期，中国改革开放取得重大成就，经济总量在2010年超越日本成为世界第二大经济体，2015年经济总量跨越10万亿美元，对外经贸交流空前频繁，国际影响力大大提升。东南亚各国出于与中国发展经贸关系的需要，加上经过三四十年的强化同化政策，东南亚各国华裔已经发生根本的变化，中国移民已由"叶落归根"实现向"落地生根"的转变，华侨向华族转变，华裔新生代的国族认同也发生根本性的转变，已成为东南亚各国内部民族的重要组成部分，各国政府因而对华族经贸、文化等方面的活动限制大大放宽，有利于岩籍海外社团的活动。印度尼西亚的岩籍社团在苏哈托政权跨台后纷纷恢复活动，并且还建立了一批新的社团。新加坡的社团主要由永定和新罗籍的老侨及后裔组成，加强了与祖籍地和世界各地同乡社团的联谊交往。新移民虽然经济、社会基础较弱，但立足大龙岩，成立了全市性的"新加坡龙岩同乡联谊会"。马来西亚新移民较少，由老侨建立的社团趋于饱和，仅在2001年新成立了一个龙岩同乡会。缅甸长期军人主政，以美国为首的西方国家长期对缅甸实行封锁和制裁，华人外迁很多，很多地方的岩籍社团开展活动困难，仅仰光的社团还开展一些活动。龙岩新移民主要向北美洲和澳洲等发达地区和国家移民，所以这一时期成立的岩籍社团主要在北美洲和澳洲，以新移民为主。这一时期新成立的社团有10多个，仅次于民国时期的20多个，但比1950—1990年的四十年间还多，是岩籍海外社团总量最多的时期。除缅甸外，海外的岩籍社团几乎全部恢复了活动，与祖籍地联系明显强于以前各个时期。因为新移民的出现，传统岩籍海外社团的县域藩篱被逐渐打破，新移民在澳洲、北美和新加坡都成立了全市性的同乡会，"大龙岩"观念逐渐向老侨渗透。微信成为海外社团会员之间联络的重要方式，由此产生"新加坡+武平""加拿大+武平""新加坡上杭人联谊会"等线上社团。

侨团是凝聚海外侨胞乡谊亲情的桥梁和纽带，是做好海外侨务工作的重要载体。为做好海外侨团工作，龙岩市及所辖七县市区加强了侨务机构和团体的建构。在祖籍地政府的推动和海外社团的配合下，岩籍海外社团走向了国际化联合。

龙岩市举办了几次大型联谊活动，都邀请世界各地岩籍社团参加。1999年9月的闽西旅外乡亲联谊总会成立大会，2000年11月的世界客属第16届恳亲大会，2002年12月的第二届闽西旅外乡亲联谊大会，2006年的第三届闽西乡亲恳亲大会等活动，都邀请世界各地岩籍社团组团参加，为世界各地岩籍社团的联谊、交流提供了平台，密切了世界各地岩籍社团之间的交流、互动。

新罗区政府和永定县政府也分别发起了世界龙岩同乡恳亲大会和世界永定同乡恳亲大会，由祖籍地政府和海外同乡社团轮流举办。

第二章 岩籍海外社团的分类及概述

第一节 岩籍海外社团的分类

岩籍华侨自 1795 年汀州籍人在海外参与创建第一个社团槟榔屿"广东暨汀州会馆"以来,经历过肇始时期(1911 年以前)、初创时期(1912—1949 年)、转型时期(1950—1990 年)、成长时期(1991 年以后)四个时期的变化,有的一直延续了下来,有的消失了,岩籍海外社团的数字是变化的,动态的。

岩籍华侨华人参与创建的社团按参与程度和方式可以归为四类:

(1)龙岩地区部分地域的华侨作为一个整体,与其他地区的华侨共同创建的社团。这种社团有 10 个,其中同乡会 7 个,宗亲会 3 个,见下表:

成立时间	社团名称	所在国家和城市	宗 旨	主要会务活动	担任负责人的岩籍侨胞	原籍地组成	社团性质
1795 年 12 月	广东暨汀州会馆	马来西亚槟城		祭祀大伯公	胡泰兴 胡子春 吴德志① 吴顺清②	广东、汀州府	同乡会 负责人 称"总理"
1840 年前	槟城永大公会	马来西亚槟城			陈洪魁	永定/大埔	同乡会
1840 年	新加坡丰永大公会	新加坡		三县坟山的管理、维护、祭扫机构	曾宪民等	永定、广东丰顺、大埔	坟山管理机构
1919 年	缅甸仰光胡氏安定堂	缅甸仰光	协力拓展会务,敦亲睦族,和衷共济,相互关爱,为同一血脉的宗亲造福,传承中华文化,沿袭历代习俗,保持和发扬中华民族的传统美德	祭祀宗祠先祖、祭祀总坟先人	胡文虎发起创立,并担任首任会长	福建、广东、云南、海南、湖北等省籍人士,以福建永定、广东梅县人数居多	宗亲会

---

①据胡育文《汀州会馆简史》介绍,胡泰兴在清同治四年(1865)担任广东暨汀州会馆总理;胡子春在 1906 年担任广东暨汀州会馆总理;吴德志在 1907 年担任广东暨汀州会馆总理。

②罗懿:《清末民初马来亚著名侨领吴德志》,载《永定文史资料》第 8 期,1989 年,第 12 页。

续上表

成立时间	社团名称	所在国家和城市	宗旨	主要会务活动	担任负责人的岩籍侨胞	原籍地组成	社团性质
1946年	印度尼西亚三马林达永靖公会①	印度尼西亚东加省三马林达	团结、忍让、互助、奉献，以"印度尼西亚是我们的国家，中国是我们的娘家"为共识	会所支持会员宴会、婚礼；组织文体活动；参加当地侨团活动等	江庆德	永定、漳州南靖	同乡会
1946年	新加坡南洋胡氏总会②	新加坡		春秋两祭；华族传统节日庆；颁发会员子女教育奖学金	胡晋发等	永定、广东肇庆、广东梅州	宗亲会
1952年	缅甸永靖华侨互助会	缅甸仰光		组团返乡探亲、寻根等	陈权曾 江清亮	永定、漳州南靖	同乡会
1963年	吉打永大公会	马来西亚吉打州				永定、广东大埔	祭拜大伯公和管理大伯公庙的一个机构
1985年7月	霹雳胡氏宗亲会	马来西亚霹雳怡保	敬祀先祖，表扬祖德，联络感情，团结宗族，调解纠纷，谋求宗亲福利及事业，提倡健康文化娱乐、学术、体育活动，赞襄社会慈善教育公益，增进各族友谊亲善，服务社会，建设国家等	一是主办每年春秋两祭，祭祀拿哈胡氏总坟。二是关心社会公益、教育事业和宗亲福利。三是组织同乡宗亲回祖籍地参观访问和寻根谒祖。四是开展胡氏宗亲联谊活动	胡督生	永定、广东梅县等	宗亲会
1996年11月	美国北加州永靖同乡会	美国洛杉矶三藩市	遵守当地法律，参加当地政治活动，争取华人利益，联络旅美永定、南靖和福建客属同乡，增进乡情，团结互助，发挥力量，共谋福祉	联络接待永靖和福建客属乡亲来访、探亲，每年组织"新春联欢会、夏季野餐郊游"，增进会中旧友新知共叙乡情，交流资讯，为事业进一步发展增添动力	江立三 陈贵寿	永定、漳州南靖	同乡会

上述10个社团中，广东暨汀州会馆、槟城永大公会、新加坡丰永大公会、仰光胡氏安定堂、吉打永大会馆与龙岩的联系都很少。与龙岩联系比较紧密的社团有5个：新加坡南洋胡氏总会、印度尼西亚三马林达永靖会馆、缅甸永靖华侨互助会、美国北加洲永靖同乡会、霹雳胡氏宗亲会。

（2）由岩籍华侨单独创立的社团有53个，其中同乡会47个，宗亲会1个，商会3个，校友会2个。

---

①三马林达永靖同乡会，1966年会所被当地政府没收，同乡会关闭，2003年元旦在江庆德（祖籍永定高头）的倡导下复会。

②新加坡南洋胡氏总会，原为广肇胡氏宗祠，永定胡氏1951年加入后改胡氏公会，1955年改现名。

成立时间	社团名称	所在国家和城市	宗旨	主要会务活动	比较有影响的社团负责人	原籍地	性质
1863年	槟城永定胡氏安定堂①	马来西亚槟城	数典怀祖，不忘家乡	举办春秋二祭；奖学助教；为会员谋福利	胡泰兴 胡子春 胡榆芳	永定县	宗亲会原称"帝君胡公司"
约1908年	令金鄞江公会	马来西亚柔佛令金		秋祭、维修总坟		汀州客家	同乡会
1918年	新加坡永定会馆	新加坡	服务同乡，联络感情，传达消息	奖贷助学，向老人致赠"度岁金"，推广华语，编印《永定会刊》，开展联谊活动	胡蛟 胡浪漫 曾良材 胡晋发	永定县	同乡会
1918年	缅甸仰光永定会馆	缅甸仰光	联络同乡感情，为同乡谋福利，开展社会慈善事业，号召会员遵守当地法律，促进中缅人民友好相处	举行清明祭扫公幕；为会员介绍职业；筹措福利基金，慰问困难同乡	陈权曾 苏汝波	永定县	同乡会
1919年	槟州永安社	马来西亚槟城	联络同乡感情，纪念海珠屿大伯公庙，发展公共利益	举行海珠屿大伯公庆灯活动	曾昭周	永定县	同乡会
1923年	缅甸龙岩会馆	缅甸仰光	联络同乡感情，开展团结互助	参与缅甸侨社活动，开展对会员子女的华文教育，参与慈善公益	赖松生	新罗区	同乡会
1923年	苏东棉兰龙岩会馆	印度尼西亚苏门答腊岛		帮助同乡解决商业经营资金的周转问题		新罗区	同乡会
1924年	亚庇龙岩会馆	马来西亚沙巴州亚庇		组织祭祀；联络同乡	邓松青 林汉珉	新罗区	同乡会原称他山俱乐部，1977年改名
1925年	曼谷龙岩会馆	泰国曼谷			苏振寿	新罗区	同乡会
1926年后	仙达、直民丁宜、亚沙汉、冷沙、巨港龙岩会馆	印度尼西亚苏门答腊岛				新罗区	同乡会

---

①1863年，旅居马来西亚已经发达起来的胡泰兴、胡子春等永定下洋胡氏族人在槟城发起创建胡氏宗祠，继有安定堂组织，注册名称为"帝君胡公司"，由永定下洋和同安鼎美胡氏宗亲联合创立。宗祠正厅安奉下洋胡氏宋朝开基祖八郎公和黄、陈两夫人神位。组织章程规定，仅有永定下洋八郎公派裔孙才准参加。楼下大厅悬挂金字堂联："同本同源同安衍派/永传永远永定肇基"，横匾"百代瞻依"，门联"安镇槟城长忆同安鼎里，定思木本常怀永定下洋"，把"同安"和"永定"都镶嵌在联里，意义情深，至为恰切。安定堂及鼎美敦睦堂，同附设在胡氏宗祠内。帝君胡公司为大公，安定堂及敦睦堂为小公，三个机构各置产业，分别管理。1957年2月召开族人大会，由家乡制管理改为委员会管理，选出胡榆芳、胡顺兴、胡文珍、胡恭达四人负责起草章程，并向社团注册官申请。1958年获批准，注册名称为"永定胡氏安定堂"。

续上表

成立时间	社团名称	所在国家和城市	宗　　旨	主要会务活动	比较有影响的社团负责人	原籍地	性质
1929年11月	槟城龙岩会馆	马来西亚槟城		组织春秋两祭，每年举行会庆活动，联络同乡感情，捐助学校或慈善机构；每两年举行"孝亲敬老"礼仪	翁碧斋 杨镇洲 李良潮 倪子仲 杨旅祥	新罗区	同乡会
1936年	天定（曼绒）龙岩会馆	马来西亚天定县	联络同乡，团结互助	"清明福"祭拜；举办新春联欢；奖教奖学；孝亲敬老；联络同乡		新罗区	同乡会
1938年	新加坡龙岩会馆	新加坡		联络乡亲，办理春秋祭祀；奖教奖学；发放年老度岁金	林国仁 张蔼庭 陈强富 林新华	新罗区	同乡会
1938年	雅加达永定会馆	印度尼西亚雅加达	团结乡亲永同心，造福社会永安宁	为会员谋福利；联系同乡，增进感情；对外开展文化、经贸合作；办诊所、中文补习班，慰问老人，组团返乡寻根	游凤超 游尚群 游宏厚 游继志 游元伟	永定县	同乡会
1938年	万隆永定会馆	印度尼西亚万隆	团结同乡、造福社会，互帮互助，共谋福祉	每年举办新年团拜和年会，平时协助会员办理婚丧喜庆	苏叔平 李昌禄 陈大春	永定县	同乡会
约1940年	龙岩旅苏（苏门答腊岛）同乡总会	印度尼西亚棉兰		发动龙岩乡亲开展募集义款、征集药品、抵制日货、推销救国公债等抗日救亡活动，倡导抵制日货活动	郑日晖	新罗区	同乡会
1941年4月	新加坡南洋上杭同乡会	新加坡	团结侨胞，互助互爱，建设当地，造福桑梓	开展祭祀活动，为家乡开展特捐，支援家乡建设	游杏南 游迪丰	上杭县	同乡会
1945年10月	吉玻龙岩同乡会	马来西亚吉打亚罗士打		协助吉玻州同乡子女，公开接受任何清寒会员或吉玻州同乡申请，成立基金委员会，审理一切申请事务		新罗区	同乡会
1946年9月复办	勃生永定会馆	缅甸勃生				永定县	同乡会不清楚成立时间
1946年10月	霹雳永定会馆	马来西亚怡保	团结、照顾霹雳州境内之永定同乡	每年召开会员大会，颁发奖学金和大学贷学金，举办创会周年纪念活动和新春团拜等传统节日庆，组织乡亲回祖地寻根祭祖，与各地同乡联络交流	胡曰皆 胡墉生 曾敦化 胡万铎 曾广胜 罗良斌	永定县	同乡会

续上表

成立时间	社团名称	所在国家和城市	宗旨	主要会务活动	比较有影响的社团负责人	原籍地	性质
1947年10月	北马永定同乡会	马来西亚槟城	联络同乡感情，互相合作，并谋会员及社会福利事业	联络同乡，为会员谋福利，举办周年会庆，等	胡榆芳	永定县	同乡会
1949年以前	苏门答腊永定同乡会	印度尼西亚				永定县	同乡会
1949年2月	缅甸瓦城（曼德勒）永定会馆	缅甸曼德勒				永定县	同乡会
1949年2月复办	缅甸毛淡棉永定会馆	缅甸毛淡棉				永定县	同乡会
1950年3月	缅甸土瓦永定会馆	缅甸土瓦				永定县	同乡会
1971年11月	槟城汀州会馆	马来西亚槟城	联络汀属同乡感情，互助合作并促属人共谋社会福利事业	委派6人出任广东暨汀州会馆董事；每年4月举办纪念日，祭祀永锡亭公墓和海珠屿大伯公	游高明 胡榆芳	闽西各客家县	同乡会以永定籍为主
1972年3月	雪隆龙岩会馆	马来西亚吉隆坡		联络各地同乡，开展清明祭祀，奖励优秀学子等	林傲霜 林忠强 杨宗明	新罗区	同乡会
1981年	马来西亚龙岩会馆联合会	马来西亚		由各属会轮值担任主席，协助各属会解决问题，参加世界各地龙岩同乡恳亲大会	李良潮 邓松青 林忠强	新罗区	同乡会各属会轮流担任
1989年10月	雅加达龙岩同乡互助会	印度尼西亚雅加达	团结同乡，互助发展	主动融入当地社会，积极参与印度尼西亚社会各项公益活动，为促进华人团结，建立一个各民族和睦相处、相互尊重的繁荣社会作贡献	张松声 张金发	新罗区	同乡会
1991年	棉兰龙岩慈善基金会	印度尼西亚棉兰		协助同乡办理婚丧喜庆；清明祭扫龙岩公坟；帮助贫难同乡；奖励优秀学子；支持当地居民健康治疗、赈灾，积极融入当地社会		新罗区	同乡会
1998年1月	澳洲龙岩同乡会	澳大利亚悉尼	联络乡谊，热爱家乡，团结互助，共创未来	联络在澳乡亲，举办中秋、春节联谊晚会，开展文娱活动，为龙岩市与伍龙岗市缔结友城牵线搭桥，推动两市经贸、文化交流	陈星惠 郭競美 郑高俊 陈琦	龙岩七县（市、区）	同乡会

续上表

成立时间	社团名称	所在国家和城市	宗　　旨	主要会务活动	比较有影响的社团负责人	原籍地	性质
1998年	新西兰闽西同乡会	新西兰奥克兰	联络乡谊，热爱家乡，团结互助，共创未来	为旅新乡亲寻找立足之地；帮助闽西同乡解决实际困难和问题；开展互助活动；共促发展；引导乡亲为当地社会的发展和家乡各项事业的发展作贡献	卢绍基 李始明	龙岩七县（市、区）	同乡会
1999年	加拿大多伦多龙岩同乡会	加拿大多伦多			杜润泮	新罗区	同乡会
2001年1月	吉辇威南龙岩同乡会	马来西亚槟州、霹雳、吉打三州边界	联络同乡，共谋发展	联络同乡，开展清明祭扫公墓活动，等	林俊江	新罗区	同乡会
2003年4月	协和校友联谊会	印度尼西亚雅加达		搞好校友们的福利工作、推动文娱和体育活动、组织歌咏团、开办中文补习班	游继志	永定县	协和学校1940年由雅加达永定会馆创办
2004年	井里汶永定会馆	印度尼西亚井里汶				永定县	同乡会
2009年10月	新西兰龙岩同乡会	新西兰奥克兰	爱祖籍国爱家乡，服务乡亲，共图发展	增进乡亲团结，维护乡亲利益，促进乡亲合作，积极为旅新乡亲与家乡的联系搭起沟通的桥梁	施占金	新罗区	同乡会
2009年10月	新西兰龙岩商会	新西兰奥克兰			阮民 饶金生	新罗区	商会
2013年5月	加拿大龙岩同乡联谊会	加拿大温哥华	联络旅加乡贤，加强会员联系，协助会员适应加拿大社会，为会员提供工作、学习、生活、娱乐等方面信息和交流；加强与其他社团的联系，促进加中文化教育、经济商贸、科技等方面的交流与合作	鼓励乡亲积极参与当地的政治、经济、文化和社会活动，提高龙岩人的影响力和地位；关注故乡的经济发展、文化教育和社会建设，促进加中两地的交流与合作。鼓励乡亲为加拿大及故乡的发展做新贡献	卢文贵 林淑如	龙岩七县（市、区）	同乡会

续上表

成立时间	社团名称	所在国家和城市	宗旨	主要会务活动	比较有影响的社团负责人	原籍地	性质
2013年11月	新加坡龙岩同乡联谊会	新加坡	促进乡情，服务乡亲，互助互济，共同发展	举办聚会，增进同乡感情；为会员排忧解难，维护会员及侨属合法权益；促进新加坡与祖籍地合作交流；努力创建新加坡龙岩乡亲共同的"家"	张志民	龙岩市	同乡会
2015年8月	澳大利亚龙岩商会	澳大利亚	敦睦乡谊、造福桑梓，以会促商、共襄发展，凝聚全澳龙岩籍新老华人、华侨、华商		连金明	新罗区	商会
2016年6月	北美上杭人联谊会	美国加拿大			梁瑞凤	上杭县	同乡会
2016年6月	上杭一中北美校友会	美国			莫晓葵	上杭县	校友会
2016年6月	北美上杭商会	美国			丁立隆	上杭县	商会

上述53个社团中，马来西亚的令金鄞江公会、泰国的曼谷龙岩会馆在第二次世界大战结束后停止了活动。印度尼西亚棉兰、仙达、直民丁宜、亚沙汉、冷沙、巨港的龙岩同乡社团、龙岩旅苏同乡总会、苏门答腊岛的永定同乡会等，在1966年后停止活动。新加坡上杭同乡会在2005年停止活动。缅甸勃生、土瓦、毛淡棉、曼德勒等地的永定社团与祖籍地已没有联系，他们的活动和会务情况已无从了解。到2016年底，真正由岩籍侨胞单独创建的上述社团仍有活动的约33个，与祖籍联系较多的不到30个。

（3）岩籍社团作为团体会员参与组建的社团，并且岩籍华侨在其中发挥过重要作用的社团，有6个，见下表：

成立时间	社团名称	所在国家和城市	宗旨	主要会务活动	担任负责人的岩籍侨胞	原籍地	备注
1929年9月	新加坡南洋客属总会	新加坡	联络同属人感情，促进工商业之发展，举办慈善、公益、教育事业	对外与全球客属组织保持密切联系，对内积极推广与发扬华族传统文化	胡文虎（创会会长）曾良材	永定县	永定、上杭、丰永大是其团体会员
1939年	槟州客属公会	马来西亚槟城			胡榆芳等	永定县	北马永定同乡会、永大会馆是其会员
1948年	霹雳客家公会	马来西亚怡保			胡锡皆 胡万锋	永定县	霹雳永定同乡会是其会员

续上表

成立时间	社团名称	所在国家和城市	宗 旨	主要会务活动	担任负责人的岩籍侨胞	原籍地	备注
1976年	马来西亚客家公会联合会	马来西亚吉隆坡	谋求客属乡亲的共同福利，增进了解，团结一致；谋求客属乡亲的共同福利，落实开拓全球客属同系之文化、经济、商贸、投资等发展，提升客属乡亲在世界各地的经济与社会地位	1.为华社事务尽心尽力；2.开展寻根谒祖、加强全球客家联系；3.创办客家企业公司，促进崇正共同事业等	胡万铎（创会会长）	永定县	至1998年有63个属会
1989年	世界客属总会美东分会	美国纽约			李志潜 苏焕光	武平县 永定县	
2014年	新西兰客家联谊会	新西兰奥克兰			李始明	武平县	

（4）岩籍华侨参与，各华侨群体共同参与创建的综合性社团主要有5个，见下表：

成立时间	社团名称	所在国家和城市	宗 旨	主要会务活动	担任负责人的闽西侨胞	原籍地	社团性质
1909年	缅甸华商会	缅甸仰光	在商言商；会员之间互助团结，谋求发展商业；促进侨胞、侨团联系，支持社会福利事业；促进缅甸经济事业繁荣发展；增进中缅人民友谊	举办活动，丰富侨胞生活，促进中缅民间友好往来；推动和鼓励华商企业家开办工厂；发扬华商精神，开拓事业，服务社会，扎根缅甸，为缅甸的经济发展贡献力量	江清亮 赖松生	永定县 新罗区	商会
1947年10月	万隆中华药商联合会	印度尼西亚万隆			永定药商	永定县	行业
1996年5月	世界成衣协会	印度尼西亚雅加达			陈和杰	漳平市	行业
2001年	印度尼西亚中华总商会	印度尼西亚雅加达	推动并配合海内外华商积极地发展实业，在印度尼西亚与中国的经贸往来中发挥中介桥梁作用	积极开展有利于促进商业经济的活动（如经济洽谈会、贸易促进交流会、工商经贸教育及培训）	陈大江（2001—2009.5）	漳平市	商会
2002年	东爪哇百家姓协会	印度尼西亚东爪哇			江庆德	永定县	行业

上述四种类型社团，共74个，前三类69个在广义上都称得上是"岩籍海外社团"，第四类虽有岩籍华侨华人参与，并在其中发挥过重要作用，但也不能称为"岩籍海外社团"。狭义上的"岩籍社团"，则是指第一、第二类的63个，即由岩籍华人华侨单独建立的社团，或者是岩籍部分地区的华人华侨作为一个整体与其他地区的华人华侨共同创建的社团。第三、第四类的社团有11个，由于岩籍华人华侨积极参与创建，并在其中发挥了重要的作用，比如，万隆中华药商联合会的会员70%以上都是岩籍华人。当岩籍华人华侨担任这些社团的会长时，与龙岩的联系就密切，不是岩籍华人华侨担任会长时，与龙岩的联系

明显疏远，不那么密切。比如曾良材担任新加坡南洋客属总会会长、胡万铎担任霹雳客家公会会长、陈大江担任印度尼西亚中华总商会总主席、赖松生担任缅甸华商会会长时，这些社团与龙岩的联系非常密切。这些社团举办各种庆典活动，也都邀请龙岩组团参加。东南亚客属社团，虽然大多并非由岩籍人士主导，但由于龙岩是客家祖地，所以有龙岩组团前往要求拜访，也都会像来自家乡的客人那样热情接待。

"岩籍海外社团"在四个历史发展时期成长和消亡情况如下：

第一阶段：清朝晚期，即1911年以前，为岩籍海外社团的肇始时期。

成立社团5个：

槟榔屿：广东暨汀州会馆、槟城永大公会、槟城帝君胡公司

马来半岛：令金鄞江公会

新加坡：新加坡丰永大公会

第二阶段：民国时期，即1912年至1949年，为岩籍海外社团的初创时期。

成立社团29个：

新加坡4个：新加坡永定会馆、新加坡龙岩会馆、新加坡南洋上杭同乡会、新加坡南洋胡氏总会

马来半岛和沙巴7个：槟州龙岩会馆、天定（曼绒）龙岩会馆、吉玻龙岩会馆、亚庇他山俱乐部（龙岩会馆）、霹雳永定同乡会、北马（槟城）永定同乡会、槟州永安社

印度尼西亚11个：雅加达永定会馆、三马林达永靖会馆、苏门答腊棉兰、仙达、直民丁宜、亚沙汉、冷沙、巨港龙岩会馆、龙岩旅苏同乡总会、苏门答腊永定同乡会、万隆永定会馆

缅甸6个：仰光永定同乡会、缅甸龙岩会馆、勃生永定会馆、毛淡棉永定同乡会、瓦城（曼德勒）永定同乡会、仰光胡氏安定堂

泰国1个：曼谷龙岩会馆

消亡社团1个：令金鄞江公会

第三阶段：中华人民共和国成立到1990年，即岩籍海外社团的转型时期。

成立社团11个：

马来西亚5个：马来西亚龙岩会馆联合会、雪隆龙岩会馆、槟城汀州会馆、吉打永大会馆、霹雳胡氏宗亲会

缅甸5个：永靖华侨互助会、土瓦永定会馆、兴实塔永定会馆、丹老永定会馆、吉叻永定会馆

印度尼西亚1个：雅加达龙岩同乡互助会（后改龙岩同乡会）

消亡社团9个：印度尼西亚苏门答腊棉兰、仙达、直民丁宜、亚沙汉、冷沙、巨港龙岩会馆、龙岩旅苏同乡总会、苏门答腊永定同乡会、曼谷龙岩会馆

第四阶段：1991年至2016年，即岩籍海外社团的成长时期。

成立社团17个：

新加坡1个：新加坡龙岩同乡联谊会

马来西亚1个：吉辇威南龙岩同乡会

印度尼西亚3个：棉兰龙岩慈善基金会、井里汶永定同乡会、协和校友联谊会

澳大利亚2个：澳洲龙岩同乡会、澳大利亚龙岩商会

新西兰3个：新西兰闽西同乡会、新西兰龙岩同乡会、新西兰龙岩商会

美国5个：北加州永靖同乡会、北美上杭同乡会、北美上杭一中校友会、北美上杭商会、美国龙岩同乡会

加拿大2个：加拿大龙岩同乡联谊会、加拿大多伦多龙岩同乡会

消亡社团2个：新加坡南洋上杭同乡会、美国龙岩同乡会

据不完全统计，岩籍华人华侨在各个时期创办的同乡社团有63个，其中同乡会54个、宗亲会4个、商会3个、校友会2个；消亡的社团有12个；至2016年底，岩籍华人华侨创办的海外社团约还有50个，能正常运作有活动的约40个。

岩籍华人华侨在海外建立的社团，很难有确数。一是在不同的时期都有社团消失，又有新的社团成立；二是印度尼西亚、缅甸的有些岩籍社团很少活动。比如缅甸勃生、土瓦、毛淡棉、兴实塔、丹老埠的永定同乡会名义上还存在，实际上却难觅其踪迹。根据2013年3月31日编印的《闽西乡讯》报道①，印度尼西亚的万隆、二宝垄、马晨、泗水、梭罗都有永定同乡社团。但侨务部门也与这些社团缺少联系。

---

① 《闽西乡讯》（2013年3月31日，第1版）报道：2013年3月24日，印度尼西亚雅加达永定会馆举行新会所落成开幕典礼，万隆、三宝垄、马晨、泗水、梭罗的永定社团都有派代表前往祝贺。

第二节 岩籍海外社团活动及组织概况

岩籍海外社团主要分布在海外8个国家,即东南亚的新加坡、马来西亚、印度尼西亚、缅甸四国,大洋洲的澳大利亚、新西兰,北美洲的美国、加拿大。东南亚四国是龙岩市民众的传统老侨区,岩籍华侨华人在此地的社会和经济基础较好。由老侨及后裔建立的社团,以永定、龙岩两县级同乡会为主,既有同乡社团和,也有族群社团,还有宗亲会等。这些社团基本上都有馆所,能够以会养会,维持会务正常运转,举办活动及会务经费不足部分,由会员随心赞助。有的社团甚至有较丰厚的产业,有雄厚的经济实力,如槟城的胡氏安定堂。东南亚新加坡是龙岩新移民较多的国家,2013年有以新移民为主建立的一家社团。澳洲、北美洲的社团由新移民建立。新移民建立的社团,大多数是龙岩全市性的社团,但由于迁移时间短,经济基础较弱,所以,这类社团都没有会所,无法以会养会,开展会务活动经费完全靠会员捐助。

一、东南亚四国的岩籍社团主要活动及组织概况

(一) 新加坡

岩籍华侨在1825年新加坡成为英国海峡殖民地之前就已登陆新加坡。在新加坡成为英国殖民地之后,更由于当地殖民主义工商业的发展需要大量劳工,岩籍华侨大量前往。永定籍华侨最早到新加坡,因人数较少,以及语言相同的原因,永定华侨与广东大埔、丰顺华侨于1881年共同成立同乡会性质的社团——丰永大公会,丰顺、永定、大埔各取一字。此后,岩籍华侨在新加坡建立或参与建立了永定会馆、龙岩会馆、南洋上杭同乡会、南洋客属总会、南洋胡氏总会、新加坡宗乡会馆联合会、龙岩同乡联谊会等社团。永定会馆、南洋上杭同乡会、丰永大公会都是南洋客属总会的属会。1986年新加坡宗乡会馆联合会成立时,永定会馆、丰永大公会、南洋客属总会都是发起单位,并成为其属会。南洋上杭同乡会在游迪丰会长去世后的2005年停止了活动。

1. 同乡社团

(1) 新加坡永定会馆

19世纪20年代初,英国在新加坡建立海峡殖民地后,新加坡逐渐成了东南亚的海运中心和中转站,不仅永定、龙岩、上杭等地不断有人漂洋过海到新加坡谋生,就连先期到达马来西亚半岛、缅甸、泰国的岩籍移民也不断前往新加坡谋生。到20世纪初,在南洋谋生的岩籍移民尤其是永定人很多,却缺少一个团结和凝聚同乡的统一社团。为加强同乡之间的联络,在新加坡已站稳脚跟,有一定实力的胡必育、张滋楼、胡星阶等人于是发起筹建同乡会。1916年12月26日在新加坡召开永定同乡全体大会,一致通过成立永定会馆。经过一年多的筹备,永定会馆于1918年正式宣告成立。会馆购置尼律一店屋作为会所。

新加坡永定会馆最初的角色和功能不仅为新加坡一地的永定同乡服务,而且要为南洋各地的永定同乡服务,联络感情,传达消息,实际是南洋各地永定同乡的总会,在南洋各大中小城市和地区都设有协理。1919年,在各地永定乡亲的赞助下,永定会馆购得大坡二马路纽勿里芝律门牌361号为会所,1922年正式投入使用。会馆既是初来乍到的新客生活安顿之所,也是异乡游子的乡情寄托之地。

第二次世界大战期间,日军占领新加坡,残酷迫害华侨华人,永定会馆会务陷入停顿。

1945年秋,新加坡光复后,新加坡永定会馆立即着手复会,召开永定同乡大会,推选胡蛟为会长,并且改会馆领导层为委员制,领导会员筹募资金修复会所。

1946年2月新加坡永定会馆出版《永定月刊》,这是战后南洋社团首先出版的会刊。会刊定位为时事杂志,除报道会馆动态及反映家乡近况外,更积极关注国计民生等天下大事,并发表旗帜鲜明的言论。

1951年新加坡永定会馆成立互助会。奖励生育,支助同乡办理婚丧喜庆等活动。

1965年新加坡独立后,新加坡永定会馆逐步进行了角色转换。它不再是南洋永定侨团的总会,也不再在东南亚各地设立协理员,成为一个仅服务新加坡永定同乡的地缘性民间组织。

1970年3月,由于会员增加,新加坡永定会馆原有会所不够用,在会长胡浪漫的发动下,向同乡募捐,新购德明巷19号3层楼新会所。后由于新加坡

政府不批准在该地设置会馆，1980年另购尼律128、130、132号楼屋为会所，1985年正式迁入办公。

1985年8月24日，新加坡永定会馆首次主办"星马永定同乡恳亲会"。马来西亚霹雳和槟城永定同乡踊跃参加，组织乒乓球队，参加由新加坡宗乡联谊总会主办的乒乓球赛，获好成绩。

1987年1月11日新加坡永定会馆首次颁发"敬老度岁金"，给80位65岁以上的同乡，表达对前辈的敬意。

1988年10月28日，新加坡永定会馆举办成立70周年庆典，广泛邀请世界各地永定同乡参与该会在滨海城滨海文华大酒店举行的庆祝70周年联欢晚宴。新加坡财政部长胡赐道主持仪式，外宾来自中国大陆和台湾，以及马来西亚的槟城、怡保、吉兰丹等地。会后编印出版《新加坡永定会馆七十周年纪念刊》。

2000年龙岩市举办世界客属第16届恳亲大会、2008年永定县举办第一届世界永定同乡恳亲联谊大会、2011年马来西亚霹雳永定同乡会举办第二届世界永定同乡恳亲联谊大会等活动，新加坡永定会馆都组团参加。

新加坡永定会馆的会务主要有：一是成立"奖贷助学金委员会"，扶助同乡子弟，培育人才；二是每年向会中老人们致赠"度岁金"，弘扬敬老尊老传统；三是积极推广华语，促进华族文化和语言交流；四是编印出版《永定会刊》传递乡谊亲情；五是开展联谊活动，举办恳亲会，加强与世界各地永定同乡的沟通联络。

新加坡永定会馆同时也是新加坡宗乡会馆联合会、新加坡南洋客属总会的会员单位。

新加坡永定会馆历任会长：

胡必育（第一届）1918—？

第二次世界大战前的其他会长资料缺。

胡　蛟　1947—1952年、1955年

黄定标　1953年、1956年、1963—1966年

曾志文　1954年

胡清才　1957—1962年

胡浪漫　1967—1983年

曾启东　1984—1989年

陈威廉　1990—1995年

黄有为　1996—1997年

曾良材　1998—2001年

徐松生　2002—2005年

胡晋发　2006—2009年

胡裕初　2010—2011年

曾宪民　2012—

组织机构①：

1947年：正、副主席、财政、总务、中文牍、英文牍、交际、设施、稽查、执行委员、候补委员、监察委员、后补监委。

1953年：正、副主席、财政、总务、稽核、中文牍、英文牍、交际、常务董事、特别董事。

1954—1977年：增加互助股（后升格为互助会）。

1977年增设产业受托人。

1978年增设奖贷助学委员。

2004—2005年第46届董监事：增加文娱股、妇女组，监委会（主任、委员），查帐，互助会（正、副主任），奖学金（正、副主任）。荣誉职务有：名誉顾问、会长，法律、医药、会务顾问。

2006年增设青年团。

2012—2013年第50届董事会：增加署理会长、秘书长、文化教育股、慈善福利股。

派出社团代表：南洋客属总会代表、丰永大公会代表。

1918年②（第一届）派驻协理的各埠：新加坡、霹雳、槟城、麻坡、善丹坡、甲坡、丰盛港、吗眼、望加锡、仰光、泗水、巴城、日里、三宝垄、沙捞越、通扣③。

（2）新加坡龙岩会馆

约在20世纪初期，龙岩人开始前往新加坡谋生。为联络乡亲，办理春秋祭祀等事宜，新加坡龙岩同乡组织了一间苍岩公司。1938年8月18日，经新加坡殖民当局注册，正式成立新加坡龙岩会馆，会所设在罗敏申律，后迁丝丝街122号。日军占领新加坡期间，龙岩会馆停止活动。第二次世界大战结束后才重

---

① 《新加坡永定会馆七十周年纪念刊（1918—1988）》第45~60页。

② 据《本会馆诞生经过》一文，新加坡永定会馆成立时间为1917年4月18日。该文刊载于《新加坡永定会馆七十周年纪念刊（1918—1988）》，以及该刊记载的另一篇《永定会馆七十年来的发展史略》也载明是1918年正式成立。综合各种资料记载，应该以1918年为正式成立时间。

③ 《新加坡永定会馆七十周年纪念刊（1918—1988）》，第35、44页。

新恢复活动，集资购买接花呀街12号作永久会所。

1975年2月，新加坡龙岩会馆以旧会所丝丝街165号之地皮与同安会馆交换，新建大厦二楼全楼，面积约353平方米，及后收购隔邻店屋，加以扩建，面积增大到540.86平方米。

新加坡龙岩会馆会务活动，除日常用会务外，设有中小学奖学金、互助金及年老度岁金。

1998年10月，新加坡龙岩会馆组团参加在龙岩举办的"第一届世界龙岩同乡恳亲联谊大会"后，在闽西宾馆举行60周年会庆纪念，邀请出席首届恳亲大会的世界各地同乡参加，这一创举给各地龙岩乡亲留下美好的印象和一段佳话。

2001年11月，新加坡龙岩会馆在新加坡主办"第二届世界龙岩同乡恳亲联谊大会"，来自澳大利亚、美国、印度尼西亚、马来西亚、泰国、缅甸等国以及中国台湾、香港、澳门、内地各城市的龙岩乡亲近千人参加。是龙岩乡亲在海外举行的第一次聚会，盛况空前热烈。

新加坡龙岩会馆宗旨：联络同乡感情，协谋同乡福利及支持社会福利工作①。

新加坡龙岩会馆历任主席有：

林国仁　1938—1941年

吴浦云、林抡英　1940—1941年

汤玉宾任主席1年

邱钦元　1949—1951年

黄泉木　1952年

陈有益　1953—1954年

苏彩轩　1955—1957年

汤翠峰　1958—1960年

张义生　1961—1962年

连城炳、陈强富、林新华　1963年以后。

组织机构：

会员大会为最高权力机构，闭会期间由执监委联席会议执行。

执行委员包括：正、副主席各1名；正、副总务各1名；财政股、文书股、调查股、交际股、福利股、事业股、康乐股、妇女股各设正、副主任1名。

监察委员：设正、副主任各1名。

（3）新加坡南洋上杭同乡会

清末民初，上杭人开始通过各种渠道到东南亚的英属、荷属殖民地谋生，到20世纪30年代末，新马地区的杭籍人士有200余户。1939年春，由游杏南、林定基、华明亮、丘吉豪等人倡议组建同乡会，同年4月28日在游杏南开设的"新新洋服店"召开第一次筹备会，40余人出席，大家一致同意筹建同乡会，旨在"团结侨胞、互助互爱、建设当地、造福桑梓"，正式成立"星洲南洋上杭同乡会"筹备委员会，还募集数百元活动经费，决定租用大坡二马路金龙酒楼为筹备处。后迁大坡马车街。

"星洲南洋上杭同乡会"于1941年2月获当地政府注册批准，3月28日召开会员大会，到会196人。4月1日选出第一届董事会成员，其中名誉会长4人，正会长游杏南，副会长罗炳恒，职员14人，董事34人。当日募捐经费数千元。会后派出4人向南洋各埠同乡募集经费。7月，会址迁往大坡厦门街109号新建会址。10月10日举行正式典礼。国民政府驻新加坡总领事高凌百到会剪彩。1942年新加坡沦陷后，同乡会活动停止。

1946年元旦，星洲南洋上杭同乡会复会。2月召开会员大会，到会200余人，选出第二届董事会组成人员：名誉会长罗炳恒、张维松，会长游杏南，副会长蓝汀应。丘吉豪、温柳堂、陈安泰等12人为职员，袁泰山、包福光等34人为各埠董事。1947年10月隆重举行同乡会成立六周年纪念大会。收到国内各级政府官员和社会名流祝贺题词20余帧。纪念大会出版《琴冈特刊》一辑，刊名"琴冈"，是因为上杭城汀江南岸古称南岗，又称琴冈，以示海外侨胞饮水思源，不忘故土。会长游杏南为大会题写一幅对联"上国衣冠、想当年破浪南来，欣逢旧雨换新雨，杭川子弟、望日后乘风北上，莫说他乡是故乡"，表达了情系故土的情怀。

在游杏南担任会长期间，星洲南洋上杭同乡会开展7次"特捐"活动，支持家乡。1947年6月，黄潭河沿岸的溪口、太拨、蓝溪、稔田发生特大洪灾。同乡会捐助法币935万元，帮助灾民重建家园。1960—1962年国家困难时期，同乡会购置尿素12.7吨和相当数量的猪油、面干、布匹、药品等，捐赠家乡亲人。

星洲南洋上杭同乡会在新加坡1965年建国后改名"新加坡上杭同乡会"。

1994年10月，上杭置县千年庆典，游迪丰会长专程回乡参加活动。

---

①《新加坡龙岩会馆章程》，载《新加坡龙岩会馆金禧特刊》，第145页。

随着老一辈华侨的逐渐凋零，新生代华人的外迁，到20世纪90年代末，参加同乡会活动的仅剩50岁以上的老会员。2005年，游迪丰会长去世后，新加坡上杭同乡会停止了活动。

历任会长：创会会长为游杏南。1978年后，张维松、蓝应汀、游子汉、温选宽、游迪丰先后担任会长。

(4) 新加坡龙岩同乡联谊会

概况：2013年9月经新加坡政府批准注册，会员包括龙岩市七个县（市、区）旅新同乡，包括新、老移民，为龙岩全市性海外社团。其宗旨为：促进乡情，服务乡亲，互助互济，共同发展。同年11月举行会员大会选举产生首届执委会，黄敏当选为名誉会长，张志民当选首任会长，张锦泉、魏钧扬、曹益强、吴森华为副会长。

新加坡龙岩同乡联谊会秉持创会宗旨，遵循制度化与规范化的理念，推进各项会务工作，定期或不定期举办各种形式的聚会，创造条件增进各县（市、区）乡亲之间的感情；全力为会员排忧解难，维护会员及侨属合法权益；充分发挥桥梁纽带作用，促进新加坡与龙岩、新加坡与中国合作交流；积极争取龙岩同乡的认同和支持，努力创建新加坡龙岩同乡共同的"家"。

新加坡龙岩同乡联谊会积极开展与祖籍地的联络交流活动，多次组团返回龙岩开展联络和经贸考察活动。2014年11月，该会举行成立周年庆典，以龙岩市政协副主席张菊兰为团长、市海外交流协会会长江棣章为顾问的龙岩市庆贺团一行17人及新加坡永定会馆、龙岩会馆、上杭人联谊会代表，龙岩同乡联谊会执委、会员，旅新乡亲代表等共400余人出席了庆典活动。2015年6月，该会举办"话桑麻——携手共进谋发展"座谈会，邀请当地龙岩新移民交流创业成功经验，增进乡谊。以龙岩市委统战部常务副部长王咸柜为团长的龙岩市侨务参访团一行6人前往参加。

历任会长：张志民

组织机构：执委会由理事组成，设正、副会长、总务、财政、康乐、查账，执委会还聘请会务顾问、名誉会长。

2. 族群社团

(1) 新加坡南洋客属总会①

新加坡南洋客属总会的历史可追溯到1923年5月初，汤湘霖等人鉴于客籍人士南来日众，散布区域日广，人事交接日繁，因此兴起组织客属公众机构的提议，获得客籍人士的热烈响应，于是由应和会馆、丰永大公司发起召集八属同人大会，议决组织"客属总会"，筹备处设于应和会馆。茶阳（大埔）会馆、永定会馆、丰顺会馆、惠州会馆、三和会馆（即广西暨高州会馆）以及上杭同乡会相继加入为赞助团体。客属应和会馆、丰永大公司捐出殖民政府拨给的土地，并各出1万元兴建南洋客属总会（现址：柏城街20号）。客属总会于1926年开始建筑会所，1929年8月23日举行落成开幕典礼。

总会宗旨：联络同属人感情，强调团结的功能，促进工商业之发展，举办慈善、教育、文化和公益等事业。

会员分四种：一是团体会员，以创办时期新加坡之八会馆，即丰永大公会、应和会馆、茶阳（大埔）会馆、永定会馆、丰顺会馆、惠州会馆、三和会馆（后为广西暨高州会馆）以及上杭同乡会，为基本团体会员，每一基本团体会馆得委派一名代表成为董事；二是普通团体会员，凡客属各同乡会、姓族公会、互助会、各业团体公会、学术、社团以及各地之客属公会，得申请为普通团体会员，每一普通团体会员，得委派一名代表；三是商号会员，凡客籍人士所开设之工商机构，均得申请加入商号为会员，每一商号会员，得委派一名代表；四是个人会员，凡客属人士，或客属人士之家属（妻子或媳妇），年达16岁以上，不分性别，经会员1人介绍，填具入会志愿书，连同半身相片一张，可申请为会员。目前，新加坡南洋客属总会共有26个属团。

会员大会为新加坡南洋客属总会的最高权力机构。会员大会下设董事会、产业信托委员会、监察委员会。董事会由全体会员投票选出，设会长、副会长及组织部、福利部、文教部、体育部、交际部、文娱部六个办事机构。六部对内是联系组织的重要纽带，对外是新加坡南洋客属总会与新加坡华人社会、东南亚客属族群，甚至全球华人联系的重要枢纽。

活动情况：

新加坡独立前，南洋客属总会是客籍人士在南洋

---

①吴慧娟：《独立前后新加坡南洋客属总会的作用》，载黄贤强主编《新加坡客家文化与社群》，人文出版企业Humanities Press，2008年9月，第93~131页。

地区的总机构，在客家族群中起着领导作用。1937年抗日战争全面爆发后，南洋客属总会当即积极领导客籍人士参与抗日活动。当时的客属总会会长胡文虎立即号召客籍人士有钱出钱，有力出力，投身抗日救亡运动，并积极推动南洋各埠成立客家公会，团结抗点，在东南亚各地成立53个客家公会组织。还以南洋客属总会成立10周年为契机，号召客籍侨胞捐资捐物，认购公债，支援祖国抗战。

新加坡光复后，南洋客属总会积极开展慈善公益活动，支持文化、教育、救灾等各种公益事业。比如，为南洋大学筹募25 416元，为新加坡芽笼三巷大火灾募捐985元，为同济医院及防痨协会募款24 306.75元。新加坡建国后，帮助客籍人士申请新加坡公民权，派职员代为填写表格3 000份，义务协助宣誓手续等。

新加坡独立后，新加坡南洋客属总会在1974年3月通知外埠客属会馆停止选派董事代表，1975年遵照社团注册法令，取消外埠董事代表，更改总会组织，成为仅限新加坡客属社团的总领导机构。但新加坡南洋客属总会在与世界各地的华人社团以及中国客家地区的联络中仍扮演着重要的作用，在客属联谊中仍然有重要的地位和影响。

1986年，新加坡南洋客属总会参与发起成立新加坡宗乡会馆联合总会，成为新加坡宗乡会馆联合总会的七大创建团体之一。1996年11月，新加坡南洋客属总会成功主办世界客属第13届恳亲大会，这次大会获新加坡旅游局颁发"最大会议奖"。

岩籍华侨担任会长情况：

胡文虎，原籍永定区下洋镇中川村，1929年担任首任会长，连任10届，至1954年逝世。其间，1932年第2届没设会长职，代以主席衔，由刘登鼎出任；1941年第5届处日占时期，文件散失。胡文虎为南洋客属总会做出突出贡献：以个人名义捐5千元为客属总会大厦建筑基金，另捐5万元捐建总会"胡文虎、胡文豹昆仲纪念堂"礼堂。主持南洋客属总会大厦落成开幕典礼，设图书馆、体育部、福利互助部、俱乐部及招待所；成立儒乐汉剧组，定期演出；独资创办民众义学，学子约1500人；抗战前夕推动南洋各埠成立53个客家公会，使新加坡南洋客属总会成为南洋各地客属公会的总机构，能使之更好地动员南洋客属人士支援祖国抗战；1939年主持举办新加坡客属总会成立10周年庆典，筹得义款30余万元支援祖国抗战；1948年修改章程，称为"新加坡南洋客属总会"；1950年首次在第八届董事会设6人监察委员会小组；1953年主持总会24周年庆典，一致通过支持创办南洋大学；1954年首次创立"产业受托人"制，一共6人。

曾良材，原籍永定区下洋镇太平村，两次担任三届会长，分别是1988—1991年担任第27、28届会长、1996—1997年担任第31届会长。在任期间，1989年主持举行新加坡南洋客属总会成立60周年庆典，举办"世界客属联谊会"，邀请总会名誉顾问李显龙副总理出席并主持庆典开幕式；1996年领导总会举办世界客属第13届恳亲大会，获新加坡旅游局颁发"最大会议奖"。

组织机构（2012—2013年）第39届：

董事会：会长、第一副会长、副会长，正、副总务，财政，中文书，英文书，稽查，组织股，福利股，文教股，文娱股，体育股，交际，董事。

监察委员会：主席、副主席、委员

聘请人员：会务顾问、产业信托人、法律顾问、医药顾问。

（2）新加坡丰永大公会①

"丰永大"是丰顺、永定、大埔三县的简称，丰永大公会原名丰永大公司，是丰顺、永定、大埔这三个毗邻县籍侨胞在新加坡创立的一个管理坟山的机构。并在1840年联合广惠肇和应和会馆，共同管理福德祠、绿野亭的坟山。

1877年，丰永大公司正式向新加坡英国殖民政府购地，1879年7月8日，殖民政府土地局来函，正式批准荷兰律150英亩的地段作为坟山之用，土地局向丰永大公司征收费用300元，并要求缴交每年5角钱的土地租金。1888年，土地局发给地契列号2389，当时地契上签名的信托人是张有始、杨克涌、胡祠达、谭东合四人。丰永大公司把该坟山命名为"毓山亭"，并于山麓建一祠堂"三邑祠·崇德堂"。

1906年6月10日，丰永大公会获英国殖民地政府重新注册，丰永大公会之名自此正式启用。

丰永大公会创办初期没有章程，直到1918年才订立章程和看山人细则。章程设总理（会长）1人、财政1人、总务1人、查账2人、管契8人、协理（副会长）4人，董事23人，合计40人（其中丰顺7

---

① 参见《南洋客属总会成立八十周年纪念专刊》，第108~109页。

人、永定9人、大埔14人担任）。总理、财政及总务按照丰永大次序轮值。1945年新加坡光复后，公会鉴于青少年多年失学，在三邑祠内开办南同小学，历时30多年，至1970年义山被新加坡政府征用，居民他迁，学校被迫停办。丰永大公会经济来源原来主要靠进山费和住户地租。此外，产业方面，原有在福建街35号的三层楼店铺，被政府征购；宝塔街34号的二楼店铺，则因契约期满，被政府收回。

1970年，政府征购毓山亭义山，答应赔偿100万元，后经交涉，丰永大公会得以保留6.38英亩土地，并获赔偿103.79万元。

1977年公会宣布封山，四年后开始清山。1980年修葺"三邑祠·崇德堂"，准备安置清山后的先人骨灰。

根据土地局规定，公会的保留地段，除保留崇德堂外，其余土地只限兴建骨灰塔和安老院。1990年4月开始兴建骨灰塔，1991年竣工，建筑费220万元，可容纳1.4万个骨灰位。

1997年公会耗资117.7万元聘请中国苏州古建筑专家，联同当地承包商精心策划，对三邑祠——崇德堂进行翻修。1998年底竣工。祠堂前设有办事处和会议厅，安放有土地公、大伯公神龛等，另加设甲乙丙丁戊五堂，供邑人安放先贤神主位。公会还成立义山发展管理委员会，负责策划义山工程的建设工程。

岩籍华人担任职务情况：

2005—2006年，曾良材担任产业受托人，曾宪民担担总理，苏升华担任协理，曾宪仁担任查账。担任理事的有胡鸿彦、胡冠仁、胡裕初、曾仕呈、曾宪维、曾爵皆。

（3）南洋胡氏总会

南洋胡氏总会的前身是1946年成立的广肇胡氏宗祠。1951年，广肇胡氏宗祠为了广纳其他籍贯的胡氏宗亲，改名新加坡胡氏公会。1955年改名为南洋胡氏总会。永定胡姓华侨在其中担任重要职务。1953年，新加坡胡氏公会成立筹建会所委员，经过两年的努力，终于在1955年8月购得位于新加坡芽笼路693号为永久会所，并于1959年1月，举行成立八周年纪念暨新会所落成典礼，贺礼全部捐赠给南洋大学作建校基金。南洋胡氏总会每年组织宗亲举办春秋两祭和一些传统节日活动，以及颁发奖学金等。1971年设立会员子女教育奖学基金。1984年开始重修会所。

1991年7月，南洋胡氏总会举行成立41周年纪念暨会所重修落成庆典活动，新加坡财政部长胡赐道博士主持仪式。南洋胡氏总会还与九峰岩通淮庙共同筹建新会所大厦。1998年8月正式迁入新大厦，新会所落成为会务发展奠定了坚实的经济基础。南洋胡氏总会还加强与世界各地胡氏宗亲的联络交流。2006年12月，南洋胡氏总会举行盛大的纪念成立60周年暨新大厦落成庆祝活动，以及第一届世界胡氏宗亲恳亲大会，新加坡总理公署部长林文兴应邀作为主宾出席大会。上千名来自世界各地的胡氏宗亲聚集，影响巨大。数百名世界各地的永定籍胡氏宗亲参加，大大提升了永定籍胡氏在南洋胡氏总会的影响力。

（二）马来西亚

马来西亚是岩籍海外社团最多的国家。岩籍海外社团最早在马来西亚半岛的槟城建立，槟城也是岩籍海外社团最多的城市。也可以说，岩籍海外社团的建立，从槟城开始。

1745年，永定教书先生张理与烧炭工马福春和大埔铁匠丘兆进等人，从大埔茶阳汀江码头登船，南下汕头漂过七洲洋，一同前往尚未开发的马来西亚槟榔屿，成为槟榔屿开山鼻祖。据传，三人对后来者热情照顾，热心帮助，所以后来的客属华侨对他们非常崇敬，都不敢直呼其名，而尊称为"大伯公"。他们逝世后，在他们居住过的海珠屿建起大伯公庙，世代祭祀。"大伯公"因而成了祖籍地土地神公王或伯公在槟城的化身。在共同祭祀大伯公的过程中，汀州与广东客家人在1795年共同建立了跨地区同乡会——广东暨汀州会馆。此后，汀州客家华侨在槟城建立的槟州永安社、汀州会馆，其最主要的会务活动就是祭祀"大伯公"。此外，由岩籍华侨在槟城建立或参与建立的社团还有北马永定同乡会、槟城胡氏安定堂、龙岩会馆、永大公会、槟州客家公会。岩籍华侨华人在槟城建立或参与建立的社团有8个。

岩籍华侨华人还在马来西亚的吉隆坡、亚庇、天定、吉玻、吉华威南地区建立了龙岩同乡会，在怡保建立了霹雳永定同乡会，在柔佛的令金建立了鄞江公会，加上全马性质的龙岩会馆联合会，还有岩籍华侨华人参与发起并发挥重要作用的马来西亚客家公会联合会、霹雳客家公会、霹雳胡氏宗亲会。这样，岩籍华侨华人在马来西亚建立或参与建立的同乡会有14个，宗亲会有2个，客属社团3个。马来西亚龙岩会馆联合会是马来西亚6个龙岩会馆的总会，也是岩籍华侨华人在外国建立的唯一全国性县级同乡会。霹雳永定同乡会是霹雳客属公会的属会。北马永定同乡会、槟城永大公会是槟州客家公会的属会。汀州会馆又是广东暨汀州会馆的属会。霹雳客属公会、槟州客家公会又是马来西亚客家公会联合会的属会。令金鄞江公会在第二次世界大战后基本上停止了。

这一时期马来西亚岩籍社团的概况：

1. 同乡社团及宗亲社团

马来西亚的岩籍同乡社团有14个，即12个同乡社团以及2个胡氏宗亲会：

（1）北马永定同乡会

北马永定同乡会原是1947年10月10日在槟城成立的槟城永定同乡会，时任中华民国政府驻槟城领事杨芷乡参加了在车水路的成立开幕典礼。

北马永定同乡会由旅居马来半岛北部的永定同乡组成，年龄在18岁以上的，都可以申请加入。该会由董事会组成，正主席1名，署理主席1名，副主席2名，内设总务、财政、交际、福利、青年、康乐、教育、中、英文秘书，每届任期两年，正主席、正总务、正财政连任不得超过三届。该会宗旨：联络同乡感情互相合作，并谋会员及社会福利事业①。

1952年8月11日，槟城永定同乡会经当地注册登记获批准。12月16日召开会员大会，成立奖学金。1953年元旦，举行新会所落成开幕典礼，槟州注册官陈汉贤到场剪彩。

1974年，槟城永定同乡会应槟州政府来函，指该会会所为政府城市发展规划区，要求搬迁，获补偿48 840元。1976年9月4日，召开会员大会，全体一致赞成另找新会所，成立"槟榔屿永定同乡会筹建新会所委员会"，负责进行筹建事宜。主席胡榆芳、总务黄柏书在新加坡募得三万余元；再往马来西亚各地募捐。最终补偿款加募款，共计15万元。先是在槟城仰光律34号购得住屋一幢。1978年7月30日会员大会之后又以20万元在暹律91号购得一座三层半的店屋。仅留暹律店屋二楼作会所之用，其余出租，以租金维持会务运作。槟城永定同乡会改名的"北马永定同乡会"。1988年2月7日正式迁入新会所办公。

1989年10月15日，北马永定同乡会隆重举行新会所开幕暨成立42周年会庆、青年团成立9周年纪念庆典，由顾问兼筹建委主席胡榆芳、时任主席胡森达主持剪彩开幕。当晚举行联欢晚会，槟州首席部长林苍佑出席祝贺。会后编印出版纪念特刊。

历任会长（主席）：1947—1952年每届任期一年，1953年开始每届两年。

曾昭敬（1947—1950年、1952—1956年）、胡顺荣（1951年、1957—1972年）、张经文（1973—1974年、1977—1978年）、张启鑫（1975—1976年）、游高明（1979—1982年）、游鸿丰（1983—1984、1987—1988年）、胡榆芳（1985—1986年）、胡森达（1989—1990年）

组织构架

最高权力机构为会员大会，下设董事会、产业信托委员会、查账。

董事会下设常务董事会、组织临时委员会、组织调解委员会。

常务董事会第一至十四届（1947—1968年）设正主席、署理主席、副主席，总务、财政、中文书、国文书②、英文书、交际、查账③。

第十五届（1969年）起依照新章程，增设五个下属机构：福利组、教育组、青年组、康乐组、体育组；增加副主席1名，各组主任1名④。

第十六届（1971—1972年）设外埠协理。这些外埠包括：吉打、高岭、北海、甲抛巴底、大山脚、巴眼色海、太平、高渊⑤。

（2）槟州永安社

槟州永安社是由槟州永定同乡所组织的社团，主要活动就是在每年农历正月初十举行海珠屿大伯公纪念日庆灯活动。

20世纪初，前往马来西亚半岛谋生的永定乡亲越来越多，散居于北马的槟城、吉打、玻璃、太平、吉辇等地，平时很少联系。为此，永定乡亲发起组织"永安社"。因日军占领马来西亚半岛期间，该社所有文字档案遗失，无可稽查。据胡育文北马永定同乡会成立42周年时所撰《永安社史略概况》一文记述"本社成立已近70余年之久矣"，北马永定同乡会成

---

① 《北马永定同乡会章程》，载《北马永定同乡会新会所开幕暨42周年会庆青年团九周年纪念庆典特刊》，第104~105页。
② 这里的国文，指马来文。
③ 《北马永定同乡会新会所开幕暨42周年会庆/青年团九周年纪念庆典特刊》，第59~63页。
④ 《北马永定同乡会新会所开幕暨42周年会庆/青年团九周年纪念庆典特刊》，第63页。
⑤ 《北马永定同乡会新会所开幕暨42周年会庆/青年团九周年纪念庆典特刊》，第64~68页。第十九届"高渊"变成"角头"，第二十届增加"巴力文打"，第二十五届减少"巴力文打"。

立于1947年，据此，槟州永安社约组建于1919年。

每年农历正月初十，永定同乡在海珠屿大伯公庙前聚集，当众掷筊决定炉主1人，协理2人，任期一年，下午联欢宴会，本、外埠永定同乡都前来参加。

1941年4月，该社江荣宗、张启鑫、陈仲明、胡让芳、江有生、黄耀南、胡锦让、曹书卿等人，在永安堂召开的座谈会上，提议在亚依淡垄尾胡子春陵园建避难所，由陈仲明向胡茂君商议借地，获支持。11月10日始，日军连续轰炸槟城，约500多名永定男女老幼搬至避难所避难，避过三年八个月的苦难。

1946年1月19日，永定同乡在大伯公街大伯公庙召开会议，决定重组永安社，并选举1946—1947年度董事，曾昭周当选社长。同年2月11日召开董事会，通过新章程，以"联络同乡感情，每年农历正月初十，为纪念每珠屿大伯公庙，发展公共利益"为宗旨。设社长、司理、财政、查账、文书各1人，董事12人，入会费10元。

永安社战前曾购置打铁街巷门牌15号及17号店屋二间为会所，后被日机炸毁，1947年获赔偿1 533元。1947年4月19日召开会议，决定将空地出租，获每月租金28元。1966年8月16日召开社员大会，商讨重建打铁街巷空地，兴建三层大厦。1969年2月23日上午举行动土仪式。1970年8月最终建成规模宏伟的三层楼大厦。连地基、绘图、水管、停车场、电路等，费用37 717.63元。

永安社大厦三层，全部出租，每月可收租金350元。

1971年正月初十，由游高明在大伯公庙向同乡宣布，由于物价上涨，每年人数增加，从明年起增加副炉主2人，协理3人，正炉主缘金300元，副炉主每人各200元，协理每人各100元。

永安社每年参加大伯公庙纪念活动的人数都在增加。1962年以前参加者六七百人，自1963年后参加宴会人数至1000多人。胡顺兴每年捐出生猪两头，重约400斤。

每年农历初六，炉主及协理到永安社集中，一起出发向本埠永定同乡化缘，初八购齐应用之物，初九下午二时将鸡鸭、生猪、菜料、杂物、碗筷、桌椅等运到海珠屿大伯公庙。晚十时在大伯公庙前请炉、宰猪。初十上午10时庆灯拜祭，并掷筊决定下年炉主及协理。下午设联欢宴会，全部永定家乡风味，筵开百余席，男女老少千余人，一年一度聚集，共叙乡谊。

因参加宴会人数越来越多，1980年1月董事会议通过，改用入席券参加，香油捐献靠自愿。宴会地点改为餐厅举行，并提高正炉主缘金到500元，副炉主300元，原协理改为头家，每人100元。

永安社除举办海珠屿大伯公庆灯外，没有其他社务活动。与永定同乡会不分彼此。1984年6月赠送2 000元给北马永定同乡会购置会议桌椅。1990年6月10日赞助3 000元给同乡会出版新会所开幕纪念特刊。

历任社长（1941—1991年）：

曹书卿（1941—1945年）、曾昭周（1946—1947年）、胡顺荣（1948—1949年、1952—1963年）、曾昭敬（1950—1951年）、游高明（1964—1969年、1974—1981年）、胡顺兴（1970—1971年）、张经文（1972—1973年）、胡概祥（1982—1985年、1988—1989年）、谢绍权（1986—1987年）

组织机构：

凡属18岁以上永定同乡，有正当职业者，由社员一人介绍一人赞成，由董事会通过，即为永安社社员。社员大会为最高权力机关，每年三月前举行。董事由17人组成，社长一名，副社长一名。董事会每届两年。社长、司理、财政不能连任三届，董事可以连选连任。董事会选举，社员须亲自到会，如无到会，则有被选权，没有选举权①。

（3）槟城汀州会馆

汀州客家人最迟在18世纪末就已到达马来西亚槟城，并与广东客家人一道，于1795年在槟城成立广东暨汀州会馆②（以下简称"广汀会馆"）。

清朝时期的汀州府，辖永定、上杭、长汀、连城、武平、宁化、清流、归化八县。在马来亚的汀州同乡，以永定居多，其次上杭、连城、长汀也有部分人，其他县没有。随着永定乡亲迁往马来西亚半岛的越来越多，且散居各地，极少联系，极需单独组建同乡会以加强联系，遂于1947年另组北马永定同乡会。

马来亚联邦1957年独立后，颁布社团管制法令。有鉴于此，游高明、胡榆芳、张经文、游廷华、胡茂东、游新喜、胡杰光、张奎明等呼吁发起召开汀州同

---

①《永安社章程》，载《北马永定同乡会新会所开幕暨42周年会庆青年团九周年纪念庆典特刊》，第133~134页。
②育文：《汀州会馆简史》，载《北马永定同乡会新会所开幕暨42周年会庆/青年团九周年纪念庆典特刊》，第135页。

乡大会。1971年5月16日召开特别大会，到会人数众多。经热烈讨论，会议一致赞成通过，由"汀州府"改名为"汀州会馆"，推举游高明、胡榆芳、游廷华、胡茂东负责起草章程，并向社团注册官申请批准。同年11月26日获批准。随后召开同乡特别大会，选出首届董事21人，另由大会选出查账1人，常务董事7人。正会长游高明，副会长张经文。

汀州会馆原设在头条路88号北马永定同乡会会馆内，1988年2月7日随永定同乡会迁到槟城暹律门牌91号二楼。

汀州会馆约有会员100人，每年4月22日为该会纪念日。经费来源靠同乡会员婚宴喜庆捐献，及周年纪念宴盈余，存款利息等，以支付各项开销。

汀州会馆以"联络汀属同乡感情，互助合作并促属人共谋社会福利事业"为宗旨，凡属汀州同乡，年龄18岁以上，品行端正者，经会员1人介绍，填写入会志愿，经董事会通过及缴纳会费1元，即可为会员。

会长：游高明（1971年至今）、张焕云（1990—1991年）等

组织机构：会员大会为最高权力机构。董事会由21名董事组成，每届两年。董事会设正、副会长、总务，财政，文书，交际，查账，董事。

汀州会馆每年三月前举行会员大会。董事会任期两年，期满可连选连任，但不得连任同职超过三届，并委派代表6人出任广东暨汀州会馆董事。

（4）槟城胡氏安定堂

安定堂是胡氏的堂号。槟城胡氏安定堂是由槟城永定下洋胡氏宗亲组建的宗亲组织。

1863年，旅居马来西亚已经发达起来的胡泰兴等永定下洋胡氏族人在槟城发起创建胡氏宗祠，继有安定堂组织，后与厦门同安鼎美的中川胡氏后裔联合组建胡氏宗亲会，注册名称为"帝君胡公司"。

宗祠正厅安奉下洋胡氏开基祖八郎公和黄、陈两夫人神位。楼上安奉关圣帝君。组织章程规定，仅有永定下洋八郎公派裔孙才准参加。楼下大厅悬挂金字堂联"同本同源同安衍派/永传永远永定肇基"；横匾"百代瞻依"；门联"安镇槟城长忆同安鼎里/定思木本常怀永定下洋"，表达数典怀祖，不忘家乡之情。

胡氏安定堂及敦睦堂，同附设在胡氏宗祠内。帝君胡公司为大公，安定堂及敦睦堂为小公，三个机构各置产业，分别管理。

三个组织原实行家长制，分各房各派，安定堂原规定12位家长，即中川6位，下村3位，觉坑3位，属永久性。马来西亚独立后，当地政府实施社团管理法令。1957年2月，槟城胡氏族人召开大会，一致通过改为委员会制，选出胡榆芳、胡顺兴、胡文珍、胡恭达4人起草章程，申请社团注册，1958年获批准。经族人特别大会，选出23人为董事，胡榆芳为首届主席。董事会每届任期两年，期满可以连选连任，只有财政一职不得连任。保留12位前家长为信理员，管理屋业契据等。到当年12月31日止，存款达19 883.79元。1989年底，存款达197 021.91元。

安定堂设有教育和福利小组。教育小组设有贷学金、奖学金、助学金。贷学金为家境清贫的子女上大学提供贷款，免息，每年1 500元，毕业后还清。福利小组的作用是，为偶发意外灾祸的族人提供帮助，酌量补贴；还举办春秋二祭，并举行联欢晚宴，颁发贷学金、大学毕业荣归仪式等。

组织机构（1990—1991年）：

董事会设会务顾问、会长、总务、财政、英文书、查账、董事，福利小组，教育小组，信理员。

（5）槟城永大会馆①

约在1840年以前由福建永定和广东大埔两县乡亲创立，最初称"永大公司"，继称"永大馆"，最后称"永大会馆"。

1949年槟城永大公司重新注册，名称为"永大会馆"，新立章程。1950—1951年度选出首届董事，主席戴国良，总务胡让芳，财政蓝仲友，查账陈万辉，文书邝国祥。1965年修改章程。董事会一届两年。董事名额由两县会馆各行选派，会长一职由两县人士轮流担任。轮值会长县董事名额11人（包括常务董事、会长、总务、中文书各1名、交际2名、查账1名，由大会选出董事6名），非轮值县董事名额10名（包括副会长、副总务、财政、英文书各1名，董事6名）。

1990—1991年董事会：

会　　长：蓝瑶初　　　副会长：胡森达
总　　务：周长万　　　副总务：胡茂梁

---

① 胡文希：《槟城永大会馆概况》，载《北马永定同乡会新会馆开幕暨42周年会庆/青年团九周年纪念庆典特刊》，第232~233页。

财　政：胡英东　　中文书：李炽光
英文书：徐胜俊　　查　账：刘德兴
交　际：张锦祥　张润清
董　事：游上民　胡庚盛　张显金　游国平
　　　　戴邵芬　游鸿丰　张美灯　田裕兴
　　　　蓝仲青　钟庆柱　丘　评　廖禄增
信理员（永定县）：胡榆芳　游鸿丰　胡榆枢
　　　　　　　　　张志贤　张商和　胡先达
　　　　　　　　　徐胜俊
　　　　（大埔县）：张赤辉　廖禄增　廖文秀
　　　　　　　　　蓝允旋　曹快喜　何耀华
　　　　　　　　　蓝瑶初

槟城永大会馆以"联络同乡感情，共谋福利事业"为宗旨，促进各族亲善和谐团结，守望相助。

(6) 霹雳永定同乡会

1945年10月10日，永定人胡锡皆、曾昭周、曾少锋等人倡议组织同乡会，并推举曾智强、胡曰皆联系同乡。28日成立筹委会，曾昭周、胡锡皆为正、副主席，至年底，会员达349人。

1946年10月10日，霹雳永定同乡会举行成立大会，推举胡曰皆为主席，曾智强为副主席。1947年获注册批准。

霹雳永定同乡会每两年在常年大会中由会员票选出会员若干名成立理事会。理事会由会长和副会长领导，负责策划和推行会务工作；另有青年团和妇女组协助开展各项活动，三机构相互配合、合作，确保会务运作顺畅。理事会共有成员35人，聘请一名秘书处理日常文书、账务，一名杂工负责会所清理工作。

每届理事会两年，负责策划与推行会务。主要活动包括：每年三月举行会员大会，每两年改选理事会成员；颁发奖励金给学业成绩优良的会员子女，给家境贫苦的会员子女大学贷学金，以减轻家长负担；参与当地华人社团举办的大型文化、教育、慈善等活动，并给予人力和财力方面的支持；举办新春团拜、中秋晚会等传统节日，提倡家庭伦理观念及发扬孝道；每年10月举行庆祝创会周年纪念盛宴，年满70岁以上者免费受邀出席，并获赠品；对会员的红白事给予祝贺或慰问；保持与祖籍地政府和乡亲的沟通联系，组织乡亲回祖籍地寻根祭祖；开展与各地永定同乡的联络交流活动。

2011年10月，霹雳永定同乡会在怡保隆重举办第二届世界永定同乡恳亲大会。来自世界各地的永定乡亲1000多人参加。

霹雳永定同乡会会员分布在霹雳州境内各地，是霹雳客家公会、霹雳福建公会的会员。

历任会长：

曾昭周（筹委会主席1945—1947年）、胡曰皆（1948—1949年、1951—1952年）、曾智强（1949—1950年、1952—1963年）、胡埔生（1964—1973年）、曾敦化（1974—1985年）、胡万铎（1986—1989年）、胡督生（1990—1991年）、胡万炼（1992—1997年）、曾广胜（1998—2007年）、胡琼瑶（2008—2009年）、胡善智（2010—2013年）、罗良斌（2014年至今）。

组织机构[①]：

第一至七届、第十三至十八届执监委，设执行委员会、监察委员会、各埠协理。

执行委员设正副主席、正副财政各1名；下设交际、中文牍、西文牍、稽查、庶务、执委、候补执委。

监察委员会设监察委员和候补执监。

第八至十一届执监委：设执行委员会和监察委员会。

第十二届执监委：设执行委员会、产业信托员、监察委员会。

第十九届执监委员会设：常务委员会、监察委员会、产业信托员、执行委员会、各埠协理。

第二十届以后为理事会。理事会组成：名誉主席、正、副主席、总务、财政、交际、中文书、国英文书（指马来文和英文）、福利、调查、执行委员、监察委员。

霹雳永定同乡会最重要的举措之一是向附近各埠委派协理，使该会成为地区性总会。一方面扩大了霹雳永定同乡会的影响，进一步提高了该会的地位，另一方面给散居各地的永定籍华侨华人提供了更充分的服务。如第1届和第27届分别委派协理的各埠有：

第一届[②]（1948年）怡保、万里望、拿哈、甲板、布先、埔地、端洛、华都牙也、古打马路、督亚冷、巴力、木歪、爱大华、实吊远、红土坎、波赖、迪加、金宝、地摩、万冷、积我营、安顺、马根拿

[①]《马来西亚霹雳永定同乡会50周年金禧纪念特刊（1946—1996）》，第60~79页。
[②]《马来西亚霹雳永定同乡会50周年金禧纪念特刊（1946—1996）》，第60页。

督、文冬、九洞、打们、红毛丹、朱毛、拱桥、和丰、宁罗、江沙、太平、马根士乃、巴力文打、新路、古劳、毛兵。

第27届①（1996—1997年）：文冬、木歪、马根拿督、九洞、爱大华、沙白安南、兵如港、莫珍歪、大港、新和园、中和园、铁船路、暗邦新村、万里望、狮美新村、红坭山、布先、端洛、巴力埠、实吊远、甘文阁、红土坎、华都牙也、波赖、务边、金保、积莪营、冷甲、安顺、督亚冷、红毛丹、朱毛、拱桥、和丰、宁罗、江沙、太平、巴力文打、马根色海。

（7）霹雳胡氏宗亲会

霹雳在氏宗亲会作为纯宗亲社团，数十年来遵循其宗旨，敬祀先祖，团结宗亲，谋求公益，增进各族友善，服务社会，建设国家。是岩籍海外社团中充满省略的血缘性社团。

该会有会员500多人。

（8）马来西亚龙岩会馆联合会

1981年"马来西亚龙岩会馆总会"获注册，首批5个属会，包括槟城、吉玻、天定（后易名曼绒）、亚庇、雪兰莪（后易名雪隆）五个会馆，主席采取各地轮值制，每届任期两年，首届主席推举槟城会馆主席李良潮担任，其他四馆为副主席，其他类推轮值。2001年，吉辇威南龙岩同乡会成立后，加入该会成为团体会员。

马来西亚龙岩会馆成立之后，槟城龙岩会馆将该会银禧纪念大学贷学金17家单位18万元全部移交总会统办。经数年热心同乡的慷慨捐赠，到1992年增加到34家单位，大贷基金340 000元，贷出额295 600元，帮助龙岩同乡子女完成大学教育，凝聚龙岩乡谊。至2004年，全部基金共有1 218 420.76林吉特，历年向大贷贷款的同乡子女共有144人。

1987年第四届理事会由槟城轮值，吉玻代表魏根炎提议设档案处，避免两年轮值换地点，导致文件失落，决议在槟城设立永久档案处。总会注册证由吉隆坡转移到槟城，作为永久行政中心。10月，由槟城龙岩会馆主持出版《大马龙岩会馆总会暨各州乡会联合特刊》，内容包括专家学者论著诗词、特写、各地风光、乡讯、乡贤介绍等，粉纸精印，约600版页，发行3 000本，藉资记载龙岩人旅居马来西亚情况。1989年第五届由沙巴亚庇龙岩会馆轮值，提议"马来西亚龙岩会馆总会"改名为"马来西亚龙岩会馆联合会"。亚庇邓松青轮值期间，倡议全马龙岩乡亲捐赠8万元，加上亚庇会馆各执委筹得的2万元捐助，帮助天定龙岩会馆购置一幢四层楼店屋作为会所。东马与西马龙岩会馆同乡之间的联系更加密切。

1997年12月6日，马来西亚龙岩会馆联合会17周年及雪隆龙岩会馆25周年，两会在吉隆坡共同主办由陈湘荣书法义展，收入30.5万元，全部充作大学贷学金。

2007年8月17日至19日，马来西亚龙岩会馆联合会在吉隆坡主办第四届世界龙岩同乡恳亲联谊大会。澳大利亚，印度尼西亚的雅加达、棉兰、巨港、占碑，新加坡、缅甸、美国，以及中国的台湾、香港、深圳、广州等地的龙岩乡亲代表参加。马来西亚的亚庇、曼绒、威南、吉坡、槟城、雪隆六个龙岩会馆都派出阵容庞大的代表团参加。来自家乡龙岩的人数最多。这次恳亲大会共有1 200多名乡亲参加。马来西亚国安部副部长胡亚桥拿督主持18日上午在联邦大酒店会议厅举行的开幕典礼。马来西亚龙岩会馆联合会会长兼大会主席林忠强博士致开幕词。龙岩市新罗区区长张天洲代表家乡政府致词。联欢晚会表演了龙岩传统歌舞"采茶灯"，郭金香、詹晶晶等歌手表演龙岩山歌和树叶竹板吹奏等，晚会在大型歌舞"我是龙岩人"中落下帷幕。

历任主席：

第一届主席（1981—1982年）李良潮

第二届主席（1983—1984年）林忠强

第三届主席（1985—1986年）林德富

第四届主席（1987—1988年）李良潮

第五届主席（1989—1990年）邓松青

第六届主席（1991—1992年）郭升烈

第七届主席（1993—1994年）林忠强

第八届主席（1995—1996年）张秋生

第九届主席（1997—1998年）林忠强

第十届主席（1999—2000年）郭英健

第十一届主席（2001—2002年）杨旅祥

第十二届主席（2003—2004年）林俊江

第十三届主席（2005—2006年）廖华北

第十四届主席（2007—2008年）林忠强

---

①《马来西亚霹雳永定同乡会50周年金禧纪念特刊（1946—1996）》，第80页。

组织机构①：包括理事会和大学贷学金委员会。

理事会设主席、总务、财政、交际、福利、文化、查账、文书、理事。

大学贷学金设主任、秘书、财政、委员。

荣誉职务包括：名誉顾问、会务顾问、名誉主席。

（9）槟城龙岩会馆

槟城龙岩会馆执监委每两年为一届。自1970年至2003年，正副理事长有李良潮、倪子仲、郭忠辉、郑富钦、杨旅祥、郭彭彭。其中以拿督李良潮担任理事长最久，先后12年，领导购置青草巷会馆，领导充实大学贷学金达百万元，贡献巨大。倪子仲校长任理事长4年，副理事长14年，全力协助处理会务，忠心为会馆服务，退休后被推崇为永远会务顾问。

槟城龙岩会馆每年举行会庆活动，联络同乡感情，听取会务、财务报告，捐助学校或慈善机构；每两年举行"孝亲敬老"礼仪，凡80岁以上老人都有权参加。

1990年以后，该会多次组团返乡探亲拜祖，支持家乡公益事业建设。热情接待前往槟城参访的家乡政府代表团，以及世界各地的龙岩乡亲代表团，密切与海内外乡亲之间的联络交流，推动家乡政府与各地龙岩乡亲的交流合作，积极为家乡建设建言献策。

2001年初，在理事长杨旅祥、邱世文组织下，槟城龙岩会馆主办"旧歌重温"全国男女混合公开组及宿将组卡拉OK华语歌唱比赛。报名参赛者有150多人。7月29日在槟城大礼堂举行决赛，全场1500多人参加，筹得发展基金6万多元，作为装修会所之用。

2004年12月12日，该会在槟城葛尼大酒店举办成立75周年钻禧庆典、青年团24周年、乐龄组3周年庆典。世界各地龙岩社团组团祝贺。槟州首席部长丹斯里许子根出席。龙岩市、新罗区政府都组团前往祝贺。会后出版纪念专刊。

历任会长：

翁碧斋、郭廷方、李良潮、倪子仲、郭忠辉、郑富钦、杨旅祥等。

组织机构：

第33—44届（1965—1984年）②理事会和监事会。

理事会：设理事长、总务、财政、文书、组织、交际、福利、理事。

监事会：设主任、查账、监事。

第45届（1985—1986年）③以后，设义务顾问、信理员、常务理事会、福利基金委员会、监事会、青年团、外埠协理员、银禧教育基金委员会、外丹功委员会。

义务顾问包括医药和法律顾问。

信理员：若干人。

常务理事会：设理事长、总务、财政、文书、组织、交际、福利、理事、候补理事。

福利基金委员会：设主任、财政、秘书、委员。

监事会：设监事主任、查账、监事。

青年团：设团长、秘书、财政、查账、智育股、体育股、文娱股、委员。

外埠协理员包括：

槟城区：亚依淡、双溪赖、公芭、浮罗、直落巴巷、双溪槟榔。

威省区：北海、爪夷、高渊。

吉打区：居林、巴东色海、双溪大年、美农、竹城、亚罗士打、弄仔、日得拉、巴东色吩、高岭。

玻璃市：亚娄埠、加基武吉、港口、十字港、加央市区。

霹雳区：巴力文打、巴眼色海、角头、地地西廊、新路、瓜拉古楼、巴都高楼、太平、新港门、怡保、甘文阁、华都拉也、班台、吉灵丸、安顺、沙巴安南、沙巴36支、吉灵丹、和丰。

银禧教育基金委员会：设顾问、主任、秘书、财政、委员。

外丹功委员会：设主任、干事、财政、查账、委员。

（10）雪隆龙岩会馆④

1972年获注册批准，正式成立"雪兰莪龙岩会馆"。2月5日举行首届会员大会，送出郑振荣、林

---

①《大马龙岩会馆总会暨各乡会联合特刊》，第27~29页。
②《大马龙岩会馆总会暨各乡会联合特刊》，第70~73页。
③《大马龙岩会馆总会暨各乡会联合特刊》，第74~75页。
④"雪隆"是"雪兰莪"和"吉隆坡"的合称。1972年成立时称"雪兰莪龙岩会馆"，后扩展会员，改称"雪隆龙岩会馆"。

傲霜为正副主席，临时租借苏丹街62号为会所，后租燕美津巴路同兴大厦。1974年改租旧古路津20号A楼上。同年成立教育基金会，由李仰宗夫人邱彩兰女士首捐5 000元，带动会员陆续将喜庆礼金捐出充实基金，利用基金利息颁发会员子女奖励金。

为长久计，雪兰莪龙岩会馆于1974年成立建馆基金，组团访问各地乡会，寻求捐助建馆基金。沙巴、新加坡、霹雳、槟城、吉坡、曼绒等地乡亲捐款达7万多元。适逢业主有意出售，同乡会以11万元取得双层旧式楼房全座。不足部分由杜克炎担保向银行贷款。1992年，同乡会在蕉赖马鲁里花园购下一座四层店屋，价值50万元，以旧会所售40万元，再向银行贷款10万元，得以解决。

历任会长：

郑振荣（1972—1979年）、杜克炎（1980—1983年）、林忠强（1984—2001年）、魏侨生、杨宗明等。

组织机构：

包括：执委会、信托员、教育委员会

执委会设正、副主席、总务、查账、交际、福利，中文书、英文书、康乐组、理事。

荣誉职务：名誉主席、会务顾问、名誉顾问、法律顾问、医药顾问。

委派协理的外埠：巴生埠、安顺埠、沙白安南、东海岸。

（11）亚庇①龙岩会馆

亚庇龙岩会馆原是建于1924年的他山俱乐部，是由南来北婆罗洲（后称沙巴州）亚庇的龙岩先贤章必华、章谦等人发起成立。

1977年，他山俱乐部经社团注册局批准，易名亚庇龙岩会馆，修改新的章程。

亚庇龙岩会馆馆址是由章谦、林子英等一批乡贤发起，购买的一栋四层店屋。

亚庇龙岩会馆同时也是马来西亚龙岩会馆联合会、沙巴福建社团联合会、沙巴中华大会堂、亚庇华人同乡会馆联合会的会员。

曾任会长（主席）：连景洲（1978—1979年）、许汉民（1980—1985年）、邓松青（1986—1987年）、郭英健（1998—1999年）、谢仰维（2008—2009年）、林汉珉（2010—2012年）

组织机构：

执委会：正、副主席，秘书，财政，总务，交际，执委。

监委会：监事长、监事。

委派执委的各埠：吧巴、皇家湾、皇家骨、保佛、兵南邦、下南南、兰佬。

（12）天定（曼绒）龙岩会馆

1936年，旅居马来西亚的龙岩华侨在红土坎发起成立天定（曼绒）龙岩会馆。

1941年12月，日军占领东南亚，会馆会务陷入停顿。

1945年马来亚光复后，天定龙岩会馆于1946年元旦复办，因经费短缺，会务仅维持"清明福"祭拜及协办同乡红白福利等事务。

1974年，天定龙岩会馆修饰会所，广招会员、举办新春联欢宴会及设立会员子女中小学奖励金。会员人数逐年增加。

1979年初，天定龙岩会馆发起"筹募建馆基金"。1991年元旦，迁入新购置的甘文阁后街四层楼角头店屋，底层、二层出租，以会养会。同年4月14日举办成立55周年会庆、新会所开幕及轮值承办第六届大马龙岩会馆联合会议三大庆典。

2000年购置两间毗连双层角头店屋，并于2001年9月30日迁入新会所。

2005年5月29日，承办马来西亚龙岩会馆第13届（2005—2006年）轮值会。2006年10月1日，该会举办庆祝成立70周年纪念及孝亲敬老联欢午宴，并为大马龙岩会馆联合会募捐大学贷学基金1万林吉特。

会长（主席）②：

郭达昌（1946—1948年）

郭达隆（1949—1950年、1953—1958年）

谢冬照（1951—1952年）

陈应西（1959—1960年、1965—1968年）

章宏瑞（1961—1964年）

陈仪辉（1969—1972年）

张伟勇（1973—1982年）

张为咏（1983—1984年）

郭升烈（1985—1986年、1991—1996）

郭升霸（1987—1990年）

廖华北（1997—2002年）

---

①马来西亚沙巴州首府英文名"Kota Kinabalu"翻译为"哥打京那巴鲁"，华人称"亚庇"。
②龙岩市新罗区政协文史资料委编《龙岩文史资料》第29辑，2001年。第51~57页。

组织机构：

理事会在1946年至1950年为每届一年，1951年后每届两年。

组成：正、副主席，总务，财政，交际，中文书，国英文书，查账、委员、理事。

荣誉职务（2001—2002年）：会务顾问、永久名誉主席。

（13）吉辇威南龙岩同乡会

2001年初，吉辇威南龙岩同乡会获注册批准。5月6日，举行第一次会员大会，选举林俊江为第一届会长，并购得三层店屋作为会所。

吉辇威南地区有龙岩人百多户，人口约有1 000人。

历任理事长：林俊江（第1—3届、2001—2006年）
　　　　　　陈春海（第4—6届、2007—2013年）

组织机构：

2001—2006年，理事会设顾问、理事长、署理理事长、副理事长、财政、总务、秘书，理事；查账（非理事）。

2007年，理事会增设（法律、医药、永久、会务）顾问。

2009年，理事会增设福利组、康乐组、教育组。

（14）吉玻龙岩同乡会

吉玻龙岩同乡会由旅居马来西亚吉打州及玻璃市的龙岩同乡于1945年10月20日成立，1970年8月购得新会所。

2006年，该会隆重举行会所落成开幕典礼暨庆祝60周年庆祝，并邀请吉打州议员张日洲拿督主持开幕典礼，全马属会、友会和社团代表、社会贤达前来道贺。

历任会长[1]：

1946—1958年资料遗失。

张警醒（第10届、1959—1960年）

邱应森（第11届、1961—1962年）

林柏源（第12届、1963—1964年）

林泉木（第13、14、15、16届、1965—1972年，第19、20届、1977—1980年）

张秋萍（第17、18届、1973—1976年）

林德富（第21、22、23、24届、1981—1988年）

张秋生（第25、26、27、28、29、30、31届、1989—2002年）。

组织机构[2]：

执委会、监委会、青年团

执委会：主席、总务、财政、文书、查账、互助、交际、执行委员。

监委会：主任、稽查、监察委员。

青年团：团长、秘书长、财政、文娱、体育、福利、妇女、委员。

2. 客属社团

（15）马来西亚客家公会联合会[3]

1976年全马客家公会代表大会在霹雳怡保召开，与会的33个社团代表一致通过组建"马来西亚客家公会联合会"（简称"客联"）。

会议推选胡万铎为首任会长。社团注册手续由林湘泉律师和胡万铎负责，于1978年获得霹雳州社团注册官批准，客联会正式成立。

1982年，客联会向华裔国会议员、各州议员发出113封公函，呼吁他们极力争取华社的权益。致函董教总，全力支持董教总对《三M制新教学纲领》所持立场，维护华小原有的华文教学媒介语地位不变。

多次组团前往中国闽西等客家地区开展中华文化寻根和交流活动，了解各地客家情况。第11届理事长吴德芳，首先修改章程，接着把客联的注册档案由怡保转移至吉隆坡社团注册局，成立秘书处，开始筹建客联大厦。第12届理事长谢富年建议创办客家企业公司，促进崇正共同事业。1999年11月，马来西亚客家联会联合会在吉隆坡成功主办世界客属第15届恳亲大会，共有来自世界各地2 000多名客属代表参加。首相马哈蒂尔亲自出席恳亲大会开幕式，首次公开肯定客家人开拓马来西亚的贡献。

客联会来多次举办客家文化节活动和客家文物展，宣传和弘扬客家文化。组团参加各种客属恳亲联谊活动，加强与世界各地客属社团的联谊和交往。

至1998年，客联的属会增至63个，来自全马13州各县市。客联下设青年团和妇女组，设立奖贷学金，协助清贫客家子弟升学。

岩籍华侨担任会长情况：

---

[1]龙岩市新罗区政协文史资料委编《龙岩文史资料》第29辑，2001年，第31~43页。
[2]《大马龙岩会馆总会暨各乡会联合特刊》，第313页。
[3]《世界客属第15届恳亲大会纪念特刊》，1999年，吉隆坡，第174~180页。

胡万铎，1976 年至 1980 年连续担任第一、二届会长。

（16）霹雳客家公会①

霹雳客家公会于 20 世纪 40 年代初由梁燊南倡议。梁燊南在筹办期间去世后，刘伯群接着筹办，并获胡重益、潘敬亭、王振东、李桂和等人全力支持，成立筹委会，1941 年 9 月选出首届职员，正拟筹建会所时，日军侵占马来西亚。1945 年 9 月日军投降后，刘伯群、潘敬亭再次筹划复办。1948 年在霹雳嘉应会馆设立临时办事处，办理新旧会员登记。

1949 年 3 月初召开会员大会，公推丘乔为会长，并成立筹建会所委员会。同年 9 月以 9.2 万元向曾松寿购得洋楼为会所。1951 年元旦，举行新会所开幕典礼，并由胡文虎主持剪彩。1952 年起每年举办客属社团代表、会员及家属人士联欢宴会。

会务：

1. 积极推动文化教育事业。胡曰皆于 1955 年倡议筹建学校以推行百年树人大计，获董事部及会众支持。胡曰皆首先捐出 13 万元为建校基金。为纪念胡曰皆建校功绩，公会通过将学校定名为"霹雳客家公会附设深斋中学"。"深斋"是胡曰皆父亲的名字。深斋中学校舍于 1959 年完成，1960 年 1 月 4 日举行新校舍开幕典礼。

1973 年华文独中复兴运动如火如荼展开，霹雳客家公会成为复兴运动发源地。会长胡万铎被称为马来西亚华文复兴运动的"斗士"。

2. 倡建马来西亚客家公会联合会。1975 年霹雳客家公会新一届董事会就职典礼，曾敦化倡仪组建全马客家总会，获得全马各地客家公会的全力支持。1976 年 4 月 4 日在霹雳客家公会成立 25 周年庆典期间，全马客家公会代表大会在霹雳客家公会礼堂召开，一致通过成立全马客家总会，定名为"马来西亚客家公会联合会"。1978 年 10 月 16 日申请注册获批准。1979 年 3 月 24 日至 25 日在霹雳客家公会举办马来西亚客家公会联合会成立典礼暨第一届全国客联会代表大会。

3. 扩建深斋中学校舍。2000 年耗资 500 万元完成务边路首期四层校舍，共有 19 间教室，另外学生宿舍、行政楼、语言训练室、电脑室、图书馆、食堂等在 2001 年正式启用。

岩籍华侨担任会长情况：

胡锡皆，1964 年至 1966 年担任会长。

胡万铎，1971 年至 2002 年担任会长。

（三）印度尼西亚

岩籍华侨在鸦片战争以前就迁移到了印度尼西亚，但比起新马地区和缅甸，岩籍社团的建立较迟。1938 年，首先由永定籍华侨分别在雅加达和万隆建立永定会馆。1946 年，永定华侨又在加里曼丹的三马林达建立永靖同乡会。1965 年"九卅"事件后，由永定华侨华人建立的三个社团会馆被关闭，会务被禁止。被关闭和禁止的印度尼西亚岩籍社团还有由龙岩县籍华侨华人在苏门答腊岛各地建立的有五六个同乡社团，这些由龙岩同乡建立的社团，以后都没有恢复。由岩籍华侨参与创建的商会有 4 个，分别是印度尼西亚中华总商会、印度尼西亚东爪哇百家姓协会、万隆中华药商联合会、世界成衣协会，影响最大的是由漳平籍华人陈大江于 2001 年发起创建并担任首任总主席的印度尼西亚中华总商会。

苏哈托下台后，印度尼西亚华侨华人纷纷成立社团，原本被关闭的社团重新复会。目前，由岩籍华侨华人创建的同乡会有 6 个，其中永定籍 4 个（雅加达、万隆、三马林达、井里汶），新罗籍 2 个（雅加达、棉兰）。除雅加达的社团与祖籍地联系较多外，其他地区的社团与祖籍地联系极少。

这一时期印度尼西亚岩籍社团概况：

（1）印度尼西亚雅加达永定会馆

1978 年，游宏厚通过合法途径向当局申请成立"永定互助会"，后被称为"复会"。到 2005 年，该会换过十届，一到五届任期两年，六到十届任期三年。2006 年 5 月，从第十届起恢复"永定会馆"名称，有会员 500 多户、2500 余人。

该会宗旨：团结乡亲永同心，造福社会永安宁。

主要活动：①对内开展会员福利团结工作，从而扩大同乡联系，增进感情，以利彼此业务发展；②对外做力所能力的社会福利、文化交流、经贸合作；③协助政府建设公平公证、安定和平、繁荣富强、民族团结的国家。

历任主席：

1965 年"九卅"事件前，游凤超、游子平、游尚群、游品玉、陈招孚先后担任主席。1978 年复会后，游宏厚、游德昌、陈永梁、江震球、陈永源、游继志、游元伟先后担任会长（或主席）。从第六届

---

① 《第二届世界永定同乡恳亲大会（2011）纪念特刊》，第 93 页。

起，每届三年，增设理事长，由江震球、游兆民、游继志、游元伟等先后担任。

(2) 印度尼西亚万隆永定会馆

印度尼西亚万隆永定会馆成立于1938年，首任会长李昌禄，第二任会长陈大春。

1965年"九卅"事件后，被迫停止会务活动。

1995年，万隆永定会馆在游宏楼等一批永定热心人士的倡议下，重新恢复，逐渐开展会务活动。

组织机构：

万隆永定会馆由顾问团，理、监事会组成。顾问团由最高层权威人士、德高望重的游宏楼等八位乡贤组成。理事会有正主席一人，副主席二人，正、副财政二人，正、副秘书二人，下设开发部、人事部、总务部、福利部、妇女部，以及文娱组、餐饮组等机构。监委会有正、副主席各一人。

万隆永定会馆有会员200多户、1000多人。

(3) 印度尼西亚三马林达永靖公会

三马林达是印度尼西亚东加里曼丹省的省会。三马林达永靖公会成立于1946年，当时由福建省永定县和南靖县两地的华侨所创立，是两县乡亲联系的平台和团结的象征。

1965年"九卅"事件后，会所被没收，会务停止。2003年复会。

2006年2月26日，该会隆重举行成立60周年暨新会所大厦落成庆典活动，江庆德主席号召永靖乡亲团结、忍让、互助、奉献，以"印度尼西亚是我们的国家，中国是我们的娘家"为共识，主动融入主流社会和当地族群。有会员670多户2500多人。

(4) 印度尼西亚雅加达龙岩同乡会

雅加达龙岩同乡会以"团结同乡、互助发展"为宗旨，主动融入当地社会，积极参与印度尼西亚社会的各项公益活动，为促进华人的大团结，为建立一个各民族和睦相处、相互尊重的繁荣社会作贡献。

1990—1993年，该会连续三年在华人传统节日春节举行大规模的团拜联欢活动，得到雅加达及周围地区广大乡亲们的热烈欢迎和支持，壮观的场面，可以说是当时各宗亲会的首创。后受局势影响，1993年后不得不停止活动。进入21世纪后，春节团拜活动逐渐恢复，并且引入文体活动内容，越办越好。

该会有会员2000多人，有完整的组织机构和较雄厚的经济实力。

(5) 印度尼西亚棉兰龙岩慈善基金会

印度尼西亚棉兰龙岩慈善基金会，成立于1991年1月2日，会务活动主要是协助同乡办理婚丧喜庆。

该会在棉兰市效外置办有一块小坟场，为同乡料理丧葬。每年清明时节，该会召集棉兰市全体同乡一起前往扫墓，祭拜先人。

该会下设互助部，对贫困疾苦、遭遇灾祸的同乡给予必要的支持；鼓励和支持同乡子女努力学习，奖励优秀学子，资助贫困学子完成中等教育的学习。

该会还与其他华人社团一道，参与当地政府及原住民对印度尼西亚国家大节日的欢庆活动，支持当地居民的健康治疗、赈灾等，积极融入当地社会。

该会会员以户口为单位，有200多位会员。

(四) 缅甸

岩籍华侨自鸦片战争后就有人迁移缅甸地区。1918年，在胡文虎等人的发起下，仰光永定会馆首先成立，到20世纪50年代，永定华侨在仰光、瓦城（曼德勒）、勃生、土瓦、毛淡棉、兴实塔、丹老埠等地都成立了同乡会。缅甸实行军人统治后，西方国家长期封锁，发展经济困难，华侨华人纷纷外迁，在许多地方建立了缅甸华侨互助会。

缅甸华商会是缅甸最有影响的侨团，1990年后，江清亮、赖松生分别担任过该会会长、荣誉会长，显见岩籍华侨在缅甸侨社还是有一定影响力。

目前，除仰光外，缅甸其他地方的社团与祖籍地极少联系。仰光的岩籍社团概况：

(1) 缅甸仰光永定会馆

第二次世界大战结束后，缅甸各地的永定会馆纷纷复办。仰光永定会馆成为缅甸各地永定同乡会馆的联络中心。

仰光永定会馆先后经过1984年、2009年两次比较大的维修和装修，更加堂皇舒畅。同乡有空闲时间到会馆休闲、读书看报、下棋聊天，加强了同乡之间的乡谊亲情。

仰光永定会馆的宗旨：为联络同乡感情，为同乡谋福利，协助社会慈善事业，号召会员遵守当地法律，促进中缅人民友好相处，扶助贫困同乡。

主要会务：为忠实勤奋会员介绍职业，筹措福利基金，救济贫病交迫及遭意外事故同乡，婚丧喜庆相互慰问及协助。

组织机构：

仰光永定会馆理事会每届四年。凡担任过理事长、副理事长的，卸任后由常务理事会推举为名誉理事长，德高望重者，推举为顾问。2008年10月17

日，第54届就职理事有53人，苏汝波担任理事长。

该会每年10月17日举行成立纪念活动。

每年清明节举行祭扫永定公墓活动，然后举行祀清联欢宴会，抓阄决定下年度祀清祭拜负责人主持祀清，称作"福首"，共11人。

（2）缅甸永靖华侨互助会

旅缅永靖华侨互助会的会务活动主要有：成立"缅华国术醒狮队"，共有7名武师，进行各项拳击培训。每年组队到华侨中学春节文艺广场一连七晚负责维持秩序。遇有缅华其他重要集会，也必组队前往维持秩序。1958年组织汉剧小组，1961年与应和会馆联合，扩大组织成"缅华汉剧团"，在缅华文艺活动中，对推动和发展中华传统文化方面发挥积极作用。组织篮球队，积极参加体育活动，球队多次获得冠军。有时在缅甸泼水节期间布置白鸽花车等参加歌舞车队游行，以促进中缅人民友谊。

1969年"六二六"事件后，互助会干部多数身陷囹圄，一时群龙无首。但各处仍需要人工作。江清亮、罗办奎等人不辞艰险，到处奔波。许多活动不但需要人，也需要钱，互助会所拨经费不够应付时，由私人认捐应急，但许多在学校工作的会员，由于学校与报馆被没收，生活费来源困难，只好由江清亮等慷慨捐助，以度过难关。

1997年，该会首次举办成立45周年庆典活动，邀请永定和南靖组团参加，共有300多人参加。该会多次组团回祖籍地探亲观光。

历届主席有：江步升、陈肯堂、卢绍庭、庄奎福、苏金泉、陈权曾、江清亮等。

（3）旅缅龙岩同乡会

1953年元旦，缅甸龙岩同乡在仰光十七条街的一间房子正式恢复龙岩同乡会，并升起五星红旗。随着会务发展，会址迁至仰光最繁华的大街中心（即广东大街门牌745—747号四楼）。

组织机构：同乡会理事会每届两年，可以连选连任。复办后的同乡会历任正副理事长有苏方炎、郭瑞庭、陈德旺、郭荣华、陈德芝、倪志山、赖振源、郭芳照、陈炳全等人。另设监事若干人，负责审计、监督事宜。

（4）缅甸仰光胡氏安定堂

缅甸仰光胡氏安定堂，由胡文虎等人于1919年创建。

该会宗旨：协力拓展会务，敦亲睦族，和衷共济，相互关爱，为同一血脉的宗亲造福，传承中华文化，沿袭历代习俗，保持和发扬中华民族的传统美德。

二十世纪三四十年代，会员增加较多。后经战乱和世局变化，人口波动较大。尤其在20世纪60年代，各行业都受到不同程度的冲击，华人华侨多选择迁徙和移民之路，胡氏宗亲人数骤减。到21世纪初，仰光会员仅170多人，全缅会员250~300人。他们中有福建、广东、云南、海南、湖北等省籍人士，以福建永定、广东梅县人数居多①。

二、大洋洲的岩籍社团

大洋洲的岩籍社团主要分布在澳大利亚和新西兰两国，以新移民为主，老侨极少。澳、新两国岩籍新移民建立的同乡社团有3个，还有就是由岩籍新移民成立的澳大利亚龙岩商会、澳大利亚龙岩青年企业家联谊会、新西兰龙岩商会、新西兰客家联谊会等。这里主要介绍澳、新两国的3个同乡社团及澳大利亚龙岩同会。

1. 澳洲龙岩同乡会

澳洲龙岩同乡会成立于1998年1月18日，是主要由澳大利亚的龙岩新移民组成的社团。该会以"联络乡谊，热爱家乡，团结互助，共创未来"为宗旨，积极联络广大乡亲，每年定期举办中秋、春节联谊晚会。同时，在节、假日开展形式多样的文化娱乐活动，丰富广大乡亲的业余生活。

澳洲龙岩同乡会为龙岩市与澳大利亚伍龙岗市缔结友好城市关系发挥牵线搭桥的关键性作用。1998年4月，该会成立之初，会长陈星惠即率四位同乡理事，陪同澳大利亚伍龙岗市市长David Camplei率领的市政府代表团访问龙岩，两市签署了建立友好城市的备忘录。2000年4月，澳洲龙岩同乡会陪同龙岩市市长袁荣祥率领的代表团访问伍龙岗市。同年11月，伍龙岗市市长George Harrisin率领的市议会代表团在同乡会陪同下，再次访问龙岩，两市签订了缔结友好城市的协议书。2001年11月，龙岩市委书记、市人大常委会主任张燮飞率代表团访问澳洲，在同乡会会长高郭兢美及多位理事陪同下，访问了伍龙岗市，两市签署了定期开展经贸、文化交流协定，把友好城市关系推向新高度。此后，郑高俊、陈琦继任会长。2015年陈琦担任会长后，积极联络在澳闽西其他县

---

① 胡治业：《缅甸仰光胡氏安定堂简介》，载《福建永定胡氏族谱》，2011年修编。

市的同乡参加，同乡会会员由原来以新罗区新移民为主向其他县市区的同乡扩展，同乡会也由"县级"提升为"市级"社团。

历任会长：陈星惠、高郭競美、郑高俊、陈琦。

2. 澳大利亚龙岩商会①

澳大利亚龙岩商会于2012年开始筹建，2015年8月16日在澳大利亚新南威尔士的悉尼市成立。中国驻悉尼总领事馆商务参赞彭刚，新南威尔士州议员Mark Coure MP，龙岩市长池秋娜，当地侨领陈星惠、林辉源、饶国辉等出席成立仪式，连金明当选会长。

该会宗旨为："敦睦乡谊、造福桑梓，以会促商、共襄发展，凝聚全澳龙岩籍新老华人、华侨、华商。"

3. 新西兰闽西同乡会

新西兰闽西同乡会成立于1998年，是旅居新西兰的龙岩乡亲组成的社团。

该会以"联络乡谊，热爱家乡，团结互助，共创未来"为宗旨，每年举行2~3次同乡联谊活动。

会务活动：一是积极为旅新乡亲寻找立足之地；二是确实帮助闽西同乡解决实际困难和问题；三是开展互助活动；四是共促发展；五是积极引导乡亲为当地社会的发展和家乡各项事业的发展作贡献。2005年6月，龙岩遭遇洪灾，同乡会积极发动乡亲捐款，为家乡的灾后重建尽一份心。

该会第一任会长为永定的卢绍基，第二任会长为武平的李始民。

4. 新西兰龙岩同乡会

新西兰龙岩同乡会秉承爱国爱乡、服务乡亲、共图发展的宗旨，于2009年10月3日在新西兰奥克兰举行成立大会，选举产生了第一届理事会，会长施占金，常务副会长李子能，副会长吴丹平、李逸群、郭勇标、林雨生、连仁胜、林映波和若干名理事，大会还通过了大会章程及工作职责，并向新西兰政府申请注册登记。该会是新罗区在海外成立的第14个社团，搭建了有利于凝聚旅新龙岩乡亲的平台，对于增进乡亲团结，维护乡亲利益，促进乡亲合作具有重要意义，也为旅新乡亲与家乡的联系搭起了一座沟通的桥梁。

三、北美洲的闽西社团

北美洲的岩籍社团主要分布在美国和加拿大。从20世纪90年代初到2016年，岩籍华侨华人在两国成立了美国龙岩同乡会、北加州永靖同乡会、北美上杭同乡会、加拿大龙岩同乡会、加拿大龙岩同乡会联谊会。以苏年湘为会长的美国龙岩同乡会、以杜润泮为会长的加拿大多伦多龙岩同乡会，都没有资料，这里主要介绍美国北加州永靖同乡会和加拿大龙岩同乡联谊会。此外，岩籍华人李志潜、苏焕光担任美国纽约的世界客属总会美东分会会长达10多年，有一定的影响力。

1. 美国北加州永靖同乡会

美国北加州永靖同乡会从1996年9—10月开始筹备，11月3日举行成立大会，通过了同乡会章程，并推选江立三为第一届会长，张煌英、陈贵寿为副会长。会上还发动会员捐款设立同乡会基金，为会务发展奠定基础。同乡会的成立，解决了北加州永定、南靖同乡散居各地，难得见面，不便联络，互报家乡情况的困难。

美国北加州永靖同乡会的宗旨是：遵守当地法律，参加当地政治活动，争取华人利益，联络旅美永定、南靖和福建客属同乡，增进乡情，团结互助，发挥力量，共谋福祉。

有会员100多户、300多人。会员大会是最高权力机构，每届理事会任期四年，期满后须经全体会员投票改选。凡有关社团组织，永靖和福建客属乡亲来访、探亲，该会都主动联络接待，以推动会务发展。每年组织"新春联欢会、夏季野餐郊游"两次大型活动，增进会中旧友新知共叙乡情，交流资讯，为事业进一步发展增添动力。

2. 北美上杭同乡会②

2016年6月25—26日，北美上杭同乡会暨上杭一中北美校友会在美国华盛顿马里兰大学隆重举行成立大会。来自美国和加拿大的110多名上杭同乡参加了会议。

中国驻美大使馆领事庄元元，大华府客家同乡会会长张亦玮、大华府福建同乡会会长陈铭华、巴尔的摩华人协会主席刘孟经、美国力学院院士、美洲郑和学会董事张建平、北美上杭商会会长丁立隆到会祝贺。

到会祝贺的还有新加坡龙岩同乡联谊会代表黄春祥，新加坡永定会馆代表廖人庆，以及中国北京、上海、深圳、广州等地的上杭代表20多人。

---

① 《闽西乡讯》总第365期，2015年8月31日，第1版。
② 《闽西乡讯》总第375期，2016年6月30日，第4版。

北美上杭同乡会的成立有利于增进北美杭籍乡亲间的信息交流和互助合作，宣传客家文化、上杭风土人情，传承客家语言，促进与其他社团和文化组织的交流与合作，并将促进上杭与北美在科技、工商和文化教育等方面的交流与合作。

3. 加拿大龙岩同乡联谊会

龙岩新一代华侨华人定居加拿大始于20世纪90年代初。1997年以后，随着加拿大移民政策对中国大陆居民的开放，陆续有不少龙岩籍移民加拿大，早期多为技术移民，后期较多的是投资移民。据不完全统计，龙岩籍移民在加拿大约有1 000人，其中大温哥华地区和多伦多地区各占约45%，其余10%分布在其他地区。

过去十多年期间，大温哥华地区的龙岩籍乡亲之间常有聚会，少则十来人，多则上百人，曾讨论过成立同乡会事宜，但因各种原因未能付诸行动。2010年3月初，钟安良等人正式倡议成立龙岩同乡会，得到乡亲们的热烈响应，尤其是朱红星先生的大力支持。同年3月14日在朱红星家召开第一次筹备会，明确筹委会的成员及分工。4月10日召开第二次筹委会，初步讨论同乡会章程，并策划成立大会等活动。

2012年6—7月间，龙岩市海外交流协会会长江棣章等人专程到温哥华拜访乡亲，由此加快了同乡联谊会的成立进程。随后由钟安良、谢青准备同乡会官方注册登记材料，起草同乡会章程、教育奖励基金简章和财务制度等。9月24日召开第三次筹备会，决定正式成立同乡会，审议通过同乡会章程、教育奖励基金简章和财务制度，并策划召开同乡会第一届理事会。其后以该会发起人朱红星、钟安良、谢青、王焕铣和赖钰邦五人的名义申请注册登记加拿大龙岩同乡联谊会，10月26日获得加拿大卑诗省官方的批准，在温哥华正式成立。同月底举行第一届理事会，选举产生以朱红星为荣誉会长、卢文贵为会长的第一届龙岩同乡联谊会领导班子。同年底举办了庆祝圣诞元旦大型聚会活动，吸引许多龙岩乡亲加入该会，为促进该会的发展打下良好的基础，为在加拿大的龙岩籍乡亲建立了一个联系与互助的平台，为加拿大与龙岩之间架起了一座交流与合作的桥梁。

加拿大龙岩同乡联谊会是主要由来自龙岩地区人士及在龙岩地区学习、工作、生活过现居住在加拿大，尤其是温哥华地区的各界人士组成。

该会宗旨：联络旅加的龙岩乡贤，加强会员之间的联系，协助会员适应加拿大社会，为会员提供工作、学习、生活娱乐等方面信息和交流；加强与其他社团的联系，争取同乡的权益；促进两地之间的文化教育、经济商贸、科技等方面的交流与合作。

加拿大龙岩同乡联谊会鼓励乡亲积极参与当地的政治、经济、文化和社会活动，提高龙岩人在加拿大的影响力和地位；关注故乡的经济发展、文化教育和社会建设，促进加中两地的交流与合作。鼓励乡亲秉承龙岩人的精诚团结、勤奋开拓的精神，努力拼搏，以勤劳、智慧和热情，为加拿大及故乡的发展作新贡献。

加拿大龙岩同乡联谊会设教育奖励基金，旨在奖励和鼓励居住在加拿大的龙岩乡亲的下一代优秀人才，承前启后，弘扬龙岩家乡尊德重教的精神，发扬光大龙岩人聪明、勤奋的美德，培养出更多、更优秀的高层次人才，为加拿大和龙岩争光。

历任会长：卢文贵（2013—2015年）、林淑如（2015年至今）

组织机构：设会长、执行会长、荣誉会长、名誉会长、副会长、秘书长、理事。

第三章　岩籍海外社团的特点和社会功能

龙岩市境内多山，武夷山南麓、玳瑁山、博平岭横亘境内。河流主要分汀江水系和九龙江水系。低地、平原极少，素有"八山一水一分田"之称。

现龙岩市辖区永定、上杭、武平、长汀、连城五区、县地域上属汀江流域，隶属原汀州府，是客家民系形成的核心区域，更是客家祖地的重要组成部分，五县居民认同客家民系和客家文化，被称为"客家人"，也自称为"客家人"。龙岩市辖新罗区和漳平市地域上属九龙江流域，自唐大历二年（777 年）至清雍正十二年（1734 年）归漳州府管辖近千年，在漳州府福佬文化的强势影响下，融入福佬文化圈，两地人们认同福佬文化，被称为"福佬人"，但自称则为"龙岩人"或"漳平人"。

山区艰苦的生存环境，以及背靠大山，面向大海的区位，使闽西人有走出去的愿望，于是汀江、九龙江成为闽西连接山外海外的重要航道，成为闽西人走出国门的重要通道。闽西百姓沿汀江南迁，壮大了客家民系，而迁得更远，到了国外便成了早期客家华侨；闽西人沿九龙江往东南沿海，便融入了闽南福佬民系，而迁往海外便成了海外华人中的所谓"福建人"。从已有的文字记载来看，最早迁移到海外的闽西籍华侨是明成化年间（1465—1487）的汀州人谢文彬①，因贩盐下海，随大风漂至暹罗。同时出国的还有永定芦竹坝卢姓商人②。闽西华侨的出国，始见于明成化初年，继见于明弘治年间（1488—1505），到清康熙、乾隆年间（1662—1795），也只有少数人冒险出洋。鸦片战争后为出洋的发展阶段，有较多人成批到海外谋生，民国时期为出洋的高潮阶段。中华人民共和国成立到"文化大革命"期间，出国人数极少。1980 年以后，又掀起了一批新的出国热潮。

第一节　岩籍海外社团的特点

闽西历史上行政区域的变化、特殊的地理环境，使岩籍海外社团形成以下几个特点：

一、岩籍海外社团分客家、龙岩两大群体，新侨社团立足"新龙岩人"

东南亚传统侨区，华侨主要分福建（闽南）、广府、客家、潮州、海南五个地域。闽西历史上形成的一州（龙岩直隶州）一府（汀州府）的两个中心，使闽西的人口分成客家和闽南两个方言群体，客家方言群体隶属汀州，自称和他称都是"客家人"；闽南方言群体先隶属漳州，后隶属龙岩直隶州，自称"龙岩人"，他称为"福佬人"（台湾称"福佬"，海外称"福建"）。老侨在中华人民共和国成立前、龙岩尚未成为新的区域行政中心之前就已出国，在他们的认知中并没有形成"闽西"的全域概念。汀江流域的客家老侨绝大多数是永定人，九龙江流域的老侨绝大部分是龙岩县人，所以，在东南亚的老侨及后裔形成语言和风俗都不相同的客家和龙岩两个帮群。龙岩老侨与闽南华侨的语言和风俗都比较接近，故而与闽南

---

① 严从简：《殊域周咨录》卷 8，《暹罗》。
② 据 1987 年 8 月《永定县华侨志》（征求意见稿）载：1985 年，上杭县方志办转给永定县方志办一封美籍华人卢石拱先生寻根问祖的信，信中说他的祖先是上杭县溪南里芦竹坝人。永定县在明成化十四年（1478 年）从上杭县分出置县，因此，卢氏商人在永定置县前就已出国。

籍华侨联系较密切。有些地方如泰国曼谷和缅甸仰光，参加社团是福建会馆。南洋龙岩华侨参加陈嘉庚领导的南洋华侨筹赈祖国难民委员会及各地分会的募捐活动，支持祖国抗战；积极参与当地福建社团的活动，如龙岩人苏振寿曾担任泰国福建会馆主席。汀州流域的老侨与广东客家华侨关系密切。清乾隆六十年（1795），旅居槟榔屿的永定华侨就与广东客家华侨共同成立广东暨汀州会馆。汀州客家积极参与客属社团的创建活动，比如，新加坡南洋客属总会、马来西亚客家公会联合会、霹雳客家公会、槟州客家公会，都主要由永定籍人领导参与创建。新加坡永定会馆、南洋上杭同乡会都是南洋客属总会的属会，一些地方的永定会馆是当地客属社团的属会。胡文虎担任新加坡南洋客属总会会长长达20多年，他领导南洋各埠客属华侨开展支持祖国抗战的筹赈活动，与陈嘉庚领导的南侨总会开展爱国竞赛，共同为祖国的抗战事业做出巨大贡献。永定华侨还与广东大埔、丰顺及漳州南靖的客家华侨共同成立社团，比如马来亚槟州永大会馆、吉打永大会馆、新加坡丰永大公会、印度尼西亚三马林达永靖公会、缅甸永靖华侨互助会、美国北加州永靖同乡会等这些社团，在海外、境外被归类为客属社团。

早期汀江流域的老侨一直有"汀州"观念，比如，由早期永定、上杭华侨参与成立的"广东暨汀州会馆""令金鄞江公会"，都是认同"汀州府"。胡文虎发起成立缅甸仰光永定会馆时，起初也有意命名为"旅缅汀州会馆"，但由于会员都是永定人，会馆建成后，才直接命名为永定会馆，所以，该会公文一直沿用"旅缅（汀州）永定会馆"。民国时期以后，老侨成立的同乡会都是以县域为单位命名，比如龙岩会馆、永定会馆。龙岩县在历史上曾短暂称为"新罗"，1997年5月撤地设市以后再次被称为"新罗区"，但并没有被海外龙岩华侨所认同，由新罗区移民在海外成立的社团，始终没有一个称作"新罗同乡会"。龙岩作为新的区域行政中心，传统的"客家"和"龙岩"两个方言群逐渐融合，大家都是"龙岩人"或"闽西人"，这种观念尤为新移民所认同和接受。所以，新侨社团虽然不多，但他们都能立足于"新龙岩"和"大闽西"。新移民成立的社团，有的称"闽西"，有的称"龙岩"。比如，新西兰闽西同乡会、新加坡龙岩同乡联谊会、加拿大龙岩同乡联谊会等，会员祖籍包括龙岩市辖区内的7个县（市、区）。澳洲龙岩同乡会，原来是以新罗区华侨为主的县域同乡会，近年向全市扩展，没有改名而被龙岩市其他县（市、区）的新侨所接受。

二、老侨社团县域观念强，新侨社团全市观念强

根据我们所统计到的57个由岩籍华侨所成立的社团和参与成立的社团中，同乡会有41个，占72%；商会7个，占12%；联谊会5个，占9%；宗亲会有3个，占5%；校友会1个，占2%。同乡会占了大多数。同乡会中，龙岩会馆（同乡会）14个，占34%。永定会馆（同乡会）14个，永定华侨与其他县华侨共同成立的同乡会馆5个，两者合起来占46%。上杭同乡会2个，占5%。全市性或区域性的同乡会有6个，占15%。令金鄞江公会和新加坡南洋上杭同乡会后来都消失了。槟城的广东暨汀州会馆、汀州会馆，活动很少，与祖籍地的联系也很少。以县域为单位的龙岩、永定同乡会占了岩籍海外同乡社团的80%。

57个岩籍海外社团中，由老侨成立的有45个，占79%；由新侨成立的有12个，占21%。老侨成立的社团，以龙岩、永定县级同乡会为主。新侨成立的社团，全市性社团6个，县级社团4个，校友会1个，客联会1个。所以说，老侨社团"县域观念"更强，新侨社团"全市观念"较强。

三、老侨社团主要分布在东南亚四国，新侨社团主要分布在大洋洲和北美四国

由老侨成立的45个社团中，均部分布在东南亚的新加坡、马来西亚、印度尼西亚、缅甸。按国家来说，马来西亚最多，有19个。就城市来说，马来西亚槟城最多，有8个。

新侨成立的社团有12个，数量上不如老侨多，但分布更加广泛，在东南亚的新加坡，大洋洲的澳大利亚、新西兰，北美洲的美国、加拿大。美国有4个，新西兰有4个。

四、老侨社团以会馆为载体凝聚乡谊，地域限制较强；新侨社团以现代通信手段加强同乡联络，不受地域限制

东南亚四国是闽西传统老侨区，社会和经济基础较好，由老侨及其后裔建立的社团，除马来西亚龙岩会馆联合会由各属会轮值，没有会所外，其他社团都有会所，能够以会养会，维持会务正常运转，举办活动及会务经费不足部分，由会员热心赞助。会馆是老侨联系会员、维系乡谊的重要载体。老侨社团往往以一个城市为中心，向周边辐射，地域性很强，吸收会员和活动范围都受到地域限制。比如，槟城龙岩会馆、北马永定同乡会、雅加达永定会馆、三马林达永靖同乡会、霹雳永定会馆、仰光永定会馆等，都是以某个城市为中心，辐射面有限。

岩籍新移民由于迁移时间短，经济基础较弱，同乡之间先是通过微信、邮件联系，形成同乡之间的联系群体，待时机成熟时再注册成立社团。比如，新加坡龙岩同乡联谊会、加拿大龙岩同乡联谊会等。新侨社团虽然活动较多，但没有固定会所，无法以会养会，开展会务活动经费完全靠会员赞助。新侨社团会员之间的联系，主要通过手机、微信、邮箱、传真等现代通信手段，发展会员和开展活动比较不受地域限制。

五、老侨社团逐渐认同居住国，新侨社团与家乡联系更加密切

岩籍老侨社团全部在东南亚四国，经过第二次世界大战以后各国民族主义的冲击和"在地化"的强制政策，在政治上已经完全认同居住国了。新加坡龙岩会馆在1991年金禧庆典时称："我的祖国，新加坡啦！"但作为华裔，对中国有天然的亲近感。随着居住国对华侨华人种种限制政策的取消，恢复了中华传统文化应有的合法地位，他们便加强与祖籍地的联系。老侨及其后裔的"中国情结"，实际上是对自己或祖辈家乡的怀念。历史的机遇或命运早已决定他们成了居住国的一分子，但他们同时也不会忘记自己家族的"根"。比如，印度尼西亚东加省三马林达市永靖会馆主席江庆德，2006年2月在该会举行的成立60周年暨新会所大厦落庆典上说："印度尼西亚是我们的国家，中国是我们的娘家"，并号召会员主动融入印尼当地社会，当地族群。由岩籍老侨社团编印的纪念专刊，在纪念内容的前面都印上居住国最高国家领导人的画像，印度尼西亚社团的画册，还添上该国宪法规定的立国原则，开宗明义地表明他们对居住国的认同，表明他们是居住国的一组织，一分子。

岩籍新侨绝大多数是改革开放后出国的新移民。移居东南亚的岩籍新侨主要集中在该地域发达国家新加坡。没有经历过东南亚各国对传统中华文化严格限制时期，没有被打压、被排挤的经历。岩籍新侨在东南亚仅在新加坡成立了一个社团。新加坡是以华族为主的国家，自20世纪80年代起，政府鼓励各民族保持和发展自己的文化和传统，从而给华人社团比较宽松、自由的活动空间。其他岩籍新侨社团主要分布在政治氛围比较宽松自由、经济上高度发达的澳洲和北美四国。由于华侨华人在当地属于少数族群，欧美澳等发达国家对华侨华人的各种限制较少，这些因素都为岩籍新侨社团的成立和发展提供了比较宽松的环境。与东南亚的老侨社团相比，新侨社团没有文化认同、政治认同、情感认同上的强大压力，他们可以与祖籍国自由地交往，与原籍地联系更加亲近，更加密切。

第二节　岩籍海外社团创建和维系的条件以及领军人

一、岩籍海外社团的成立是历史的产物

海外社团的建立，必须具备一定的同乡人数，有热心的人士推动，还要有一定的经济基础支撑、有影响的社团负责人等。这就是为什么岩籍华侨华人分布在世界60多个国家，却仅在8个国家建有岩籍社团的原因。即使在这8个国家里，岩籍社团主要集中在人数较为聚集的大城市，比如新加坡，马来西亚的吉隆坡、槟城、怡保、亚庇，印度尼西亚的雅加达、棉兰、三马林达、万隆，缅甸的仰光，澳大利亚的悉尼，新西兰的奥克兰，加拿大的温哥华、多伦多，美国的洛杉矶。而其他一些城市根本就没有岩籍社团。缅甸的岩籍社团，受累于缅甸经济不景气，以及人口外移的影响，维系非常困难，活动也很少，在乡亲中的凝聚作用就降低了。海外社团的首任会长，不一定就是热心的倡议者，却一定是有实力、敢担当的有影响的领军人物。而人数、经济基础、有影响的社团领军人，则是维系社团生存下来的重要因素。有的社团尽管已经建立起来了，后来因为同乡外迁，人数减少，而维系不下去。比如马来半岛令金的鄞江公会和泰国曼谷的龙岩会馆等。新加坡南洋上杭同乡会在会长游迪丰去世后，因为缺少有实力、敢担当的同乡站出来维系，最终停止活动，并在2005年被取消。龙岩同乡第二次世界大战前曾在印度尼西亚苏门答腊的各埠建立了至少6个以上的同乡会，在苏哈托政权时被关闭，在苏哈托政权垮台后，这些同乡会也没能恢复，其中根本原因也在于同乡外移、缺少有影响的人物等。下面就根据这些要素进行分析：

（1）一定的人数。如果一个地方的同乡人数很少，社团自然成立不起来。这就是为什么岩籍乡亲早在明朝中期以来就有人到东南亚，但岩籍海外社团的初创时期却从民国时期以后开始。清朝时期汀州客家人虽有参与创建海外社团，但因为自身人数太少，只能与语言相通的广东客家同创建社团，比如广东暨汀州会馆、新加坡丰永大公司、槟城永大会馆以及永定胡氏宗亲与闽南同安宗亲联合创建帝君胡公司等等。后来随着岩籍移民赴南洋的人数越来越多，民国初年首先在新加坡、仰光单独成立同乡社团，继而在马来亚、缅甸、婆罗州、苏门答腊等地纷纷成立社团。就是因为这些地方的岩籍移民达到可以成立社团的足够多的人数。

（2）要有热心人士的发起与推动。一个地方同乡社团的成立，热心人士的发起与推动非常关键。有的地方尽管同乡人数不少，但同乡社团一直成立不起来，或维持不下去。比如泰国的岩籍华侨人数不少，除1924年苏振寿曾在曼谷成立龙岩会馆，（后又消失）外，一直没有建立岩籍社团组织，其中重要的原因可能就是缺少热心人士。有的地方乡亲人数虽然不一定很多，但由于热心人士的倡议和推动，同乡社团也成立起来后，比如第二次世界大战前，龙岩同乡曾在荷属苏门答腊岛的仙达、直民丁宜、亚沙汉、冷沙、棉兰、巨港等地建立了同乡会馆，并联合组成"龙岩旅苏同乡总会"。又如，马来西亚的吉玻地区、曼绒地区，龙岩同乡居住分散，人数不多，仍能成立起同乡会。

兹列举以下岩籍海外社团的发起人为例：

社 团 名 称	发 起 人
新加坡永定会馆	胡必育、张滋楼、胡星阶
新加坡龙岩会馆	刘得庵、林国仁、刘夏旺、刘洛三、林仲三
新加坡南洋上杭同乡会	林定基、华亮明、丘吉豪、游清洲、游万丰
槟城帝君胡公司	胡泰兴
马来西亚霹雳永定同乡会	胡锡皆、曾昭周、曾少锋
马来西业龙岩会馆联合会	李良潮、倪子仲、王业开、郑振荣、林忠强、魏侨生等
缅甸龙岩会馆	郭松年、郭铁孚、李占飞、郭子谦、魏乔桢、郭子安、郭达荣、郭躬盛、陈德旺
槟城苍岩清明福公司（龙岩会馆前身）	翁志鹏、陈水旺、陈水发、王瞻甫
槟城龙岩会馆	汤藏轩、林炳照、陈康臣、刘加华、蒋体酪
雪隆龙岩会馆	杜应深、魏汀川、王逸平、林傲霜、廖静波、杨东荣
他山俱乐部（亚庇龙岩会馆的前身）	章必华、章谦
天定（曼绒）龙岩会馆	陈达文、郭达昌、郭达隆
吉辇威南龙岩同乡会	李益村、陈春海、陈椿萱、林蔚莲
雅加达永定会馆	游凤超、游范吾
缅甸仰光永定会馆	胡文虎、张和泰、卢芳苔、江晓春、苏群彬、胡绍青、胡三青
加拿大龙岩同乡联谊会	朱红星、钟安良、谢青、王焕铣、赖钰邦

上述岩籍海外社团的发起人在经多年打拼，有一定经济基础且乐于助人，热心公益事业，在当地有一定影响，也较有威望。如新加坡永定会馆发起人之一的张兹楼，是永定下洋翁坑美人，赴新加坡打铁为业。虽然干的是力气活，挣钱不易，但他省吃俭用，不仅赚钱回家盖起翁坑美最堂皇的九厅十八井光裕堂，还很热心乡侨公益，乐于助人，在乡侨中很有威望。

(3) 有经济基础支撑。一是会员的经济基础；二是社团成立以后维持会务所需的经济基础。在永定置县以前就有永定人赴海外谋生，到清朝末年，涌现了一批华侨实业家，比如荷属巴达维亚的"百万富翁"游霖孙，英属槟榔屿的"锡矿大王"胡子春、"胡椒大王"、胡泰兴、"百货业大王"吴德志、缅甸的"万金油大王"胡文虎等。胡泰兴发起兴建槟城胡氏宗祠，成立槟城"帝君胡公司"。胡泰兴和胡子春都对广汀会馆建馆经费及各处坟山的购置出钱出力，都曾担任过槟榔屿广东暨汀州会馆的总理。由胡文虎发起成立并捐建的会馆有缅甸仰光（汀州）永定会馆、新加坡永定会馆。胡子春、吴德志对新加坡永定会馆的建设也都有贡献。新加坡南洋客属总会的发起人是汤湘霖等人，1929年成立的时候，由于胡文虎在客属总会筹建过程中捐资最多，贡献突出，从而被推为会长，副会长则由汤湘霖和蓝禹甸担任①。

第二次世界大战前，荷属苏门答腊岛涌现的"岩侨三杰"②，他们都是有相当实力的华侨实业家，都积极支持同乡社团的建设，苏门答腊在"二战"前成为岩侨在外成立同乡社团最多、最集中的地区。

霹雳永定同乡会的首任会长，由为同乡会成立和会馆建设做出重大贡献的实业家胡曰皆担任。另外，社团成立后，会务的运作需要有经济基础，不然就会陷入停顿状态，比如马来西亚吉坡龙岩会馆。

同乡会会务经费的来源，一靠会员捐款，二靠社团资产的盘活。靠会员捐款毕竟不是长久之计，维持会馆的长久正常运作，主要还靠增加社团收入。社团资产的盘活，包括资产投资、出租等。新加坡永定会馆设有产业信托人制，1977年的受托人是胡汉兴，1978年至1989年的受托人有胡汉兴、曾良材、黄有为③。槟城龙岩会馆的前身苍岩清明福公司，1923年有现款1400余元，存入同乡所办的志成号以获得利息④。槟城胡氏安定堂更是有大量的物业。

二、社团需要通过活动来维持同乡的凝聚力

东南亚传统老侨建立的社团，绝大多数都建有会所，一是部分出租收取租金，达到以会养会的目的；二是部分用作会员活动场所，凝聚同乡情谊。无论是社团创建初期，还是平常运转，社团负责人（会长、主席或总理）通常都是由对社团贡献最大的人担任。

海外社团是民间组织，社团负责人通常由有影响力的人担任。社团负责人的影响力，主要是以下几个方面：一是长期对社团的建设贡献很大，比如胡武撰、胡泰兴、胡子春、吴德志长期支持槟城广东暨汀州会馆的建设，分别被推举为总理⑤；二是乐于帮助会员，长期参与慈善公益活动，如胡曰皆、王源兴、陈灼瑞；三是做事公平公正，让多数人信服。社团的凝聚力和影响力，很大程度上取决于会长的个人魅力。比如胡文虎在新加坡南洋客属总会的影响力，在缅甸仰光永定会馆的影响力，乃至在东南亚各地永定同乡会的影响力，都是由他对各社团的贡献和个人魅力所决定，至今依然有口皆碑。自清朝末年到民国时期，永定籍海外移民就产生了一批有影响的社团负责人，他们不仅在海外同胞中有重要的影响，就是在整个东南亚都有非常重大的影响，比如胡子春、胡文虎、胡曰皆等。

三、岩籍海外社团著名领军人简介

胡子春（1860—1921），名国帝，永定下洋中川村人，13岁随乡人南渡槟城，先后在太平与拿哈山经营锡业，获端洛大矿场，大胆采用新法开矿成巨富，人称"锡矿大王"。被清政府封为邮传部尚书、荣禄大夫，委任为槟城领事。英殖民政府封为"矿务大臣"，英驻南洋参政大臣特赐优待文书，准其"无论在南洋何处游历，均堪受相当之礼貌招待"。胡子春热心教育及公益事业，创办槟城中华学校、槟城师范学校、中华女校、怡保育才中学等9间学校。支持孙中山革命，担任过槟城广东暨汀州会馆等各社团要职，新加坡永定会馆成立后被推举为名誉总理。

吴德志，祖籍永定下洋思贤村，出生于马来西亚

---

① 李逢蕊、王东：《胡文虎评传》华东师范大学出版社，1992年，第99页。
② "岩侨三杰"指在棉兰经营"锦祥兴"的翁笃新、在亚沙汉经营协同和的张茂萱、在火水山经营协源公司的傅志川。
③《新加坡永定会馆七十周年纪念刊（1918—1988）》，第54~60页。
④ 李良潮：《槟城龙岩会馆馆史》，载《大马龙岩会馆总会暨各乡会特刊》，第58页。
⑤ 胡武撰1810年为广福宫捐款3元，1837年为第一公冢捐大洋6元，成为大伯公街立庙总理。胡泰兴于清同治四年（1865）担任广东暨汀州会馆总理，为海珠屿大伯公庙捐250大洋。胡子春在1906年担任广东暨汀州会馆总理。吴德志在1907年担任广东暨汀州会馆总理。见胡育文《汀州会馆简史》，载《北马永定同乡会新会所开幕暨42周年会庆/青年团九周年纪念庆典特刊》，第135页。

槟城，经营百货生意，用自己名字作店号，称"吴德志"，人称"吴德志土库"，成当地巨富，自建大厦办"吴德志百货公司"。槟城慈善机构"同善堂"成立后，被推举为总理。担任过槟城广东暨汀州会馆等各社团要职。新加坡永定会馆成立后被推举为名誉总理。1919年在槟城去世。

胡文虎（1882—1954），永定下洋中川村人，出生于缅甸仰光，1908年继承父业，与弟胡文豹经营永安堂药业，制作虎标良药。1911年开设泰国曼谷分行。1923年到新加坡发展，建制药厂。1926年2月举行新厂开幕，成为永安堂总行。随后在中国及东南亚各地开设分行，被誉为"万金油大王"。后创办星系报纸，被冠以"报业大王"。胡文虎热心社会事业，秉持"取诸社会，用诸社会"的理念，每年将经营所得1/4的利润用于公益事业，后期增到60%。他的公益事业不仅惠及祖国，东南亚各地都有他捐资的公益项目。据不完全统计，胡文虎毕生捐献公益事业款额超过3 000万元，因而被称为大慈善家。在他的大力捐献下，新加坡南洋客属总会大厦和香港崇正总会大厦得以建立起来。从1929年至1954年他长期担任新加坡南洋客属总会会长，是香港崇正总会的永远荣誉会长。1939年9月，新加坡南洋客属总会成立10周年之际，他号召南洋客属侨胞捐款捐物，掀起支持祖国抗战的热潮。为充分发动南洋各地客属华侨参与支持祖国抗日活动，他还积极推动南洋各地成立客家公会。胡文虎在南洋客属有崇高的地位和巨大的影响，被公认为著名的侨领。1954年9月病逝于美国夏威夷。

胡日皆（1907—1961），祖籍永定下洋中川，生于马来西亚半岛霹雳怡保，创办有复万和、复万昌、复万亿等锡矿公司，是著名的华侨实业家。抗日战争时期，担任筹赈祖国伤兵难民委员会霹雳打巴分会主席，动员华侨捐款抗日。马来亚光复后，他推动成立霹雳永定同乡会，并担任首任会长。

苏淑评，字绵福，学名骥材，原籍永定湖坑南溪，1928年赴南洋谋生，先到荷属巴城（巴达维亚，即后来的雅加达），后至马辰，以"医道精深，有民济世"在当地享有很高的声誉。1932年转移至万隆，"病者视为福星，贫则扶病而至，富则轿车以迎"。鉴于同乡在荷属缺少社团组织，发起成立万隆永定会馆，担任首任会长，同时还担任万隆中华平民公会副董事长等。

王源兴，又名王健初，1910年出生于龙岩西陂镇大洋村，1926年南渡新加坡，先是在著名侨领陈嘉庚的橡胶厂工作。1931年转赴苏门答腊岛巨港创办恒丰公司。1938年10月10日，王源兴作为巨港华侨团体代表，参加在新加坡举行的南洋各属华侨筹赈祖国难民代表大会；在以后成立的南洋华侨筹赈祖国难民总会巨港分会任副主席，率先捐出巨款，并发动华侨为祖国抗战捐款；1945年军投降后，被推选为巨港华侨总会主席；1951年回国参加新中国建设。

郑日晖，又名郑望月，1904年出生于龙岩红坊镇东埔村。1927年8月被国民党抓捕。出狱后前往苏门答腊棉兰等地华侨学校任教。曾当选龙岩旅苏同乡会棉兰分会执委、主席，龙岩旅苏同乡总会执委、主席等。1952年回国定居，曾任龙岩华侨中学校长、龙岩县副县长、县侨联副主席等。

陈灼瑞，1912年9月出生于龙岩东肖镇后田村。1926年前往苏门答腊亚沙汉谋生。抗日战争爆发后，参与组建南洋华侨筹赈祖国伤兵难民委员会巴都巴位分会，带头捐款，支援祖国抗战。日本投降后被推选为棉兰华侨总会理事。1966年举家回国。1974年再转香港创业。1984年2月，推动成立龙岩旅港同乡会，被推举为永远名誉会长。不久，他与会长黄志华共同努力，集资80多万元购买铜锣湾加宁街美登大厦三楼B座，作为同乡会会所。

游尚群，1918年出生于永定大溪乡大坑头，1928年由父亲接到荷属巴城（雅加达）。日军投降后，游尚群担任雅加达永定会馆会长和协和学校校长。组建"渣盛墨斯公司"，经营钢铁贸易。1959年转到香港发展事业。

第三节　岩籍海外社团的社会功能

岩籍海外社团以地缘性的同乡社团为主，几乎所有的岩籍海外社团，都以"凝聚乡谊，共谋发展"为立会宗旨。无论是由老侨及其后裔成立的社团，还是新侨创建的社团，"凝聚乡谊"都是社团成立的初衷。岩籍海外社团都是特定历史时期的产物,是岩籍移民在海外团结拼搏的需要,是岩籍移民从原乡到他乡立足和发展的需要。这就赋予了它许多的社会功能,关乎海外移民的工作生活、婚丧喜庆、生老病死等等。综观老侨和新侨创建的社团,其所宣称的创会宗旨和功能,归纳起来其实主要有三点:凝聚乡谊、永续发展、传承中华文化。

一、凝聚乡谊

到海外谋生的人,要离乡背井,闯荡异地。初到海外的新客,人生地不熟,很需要有人照应,需要有人协助找个住宿的地方,协助寻找工作以解决温饱的问题,协助他与家乡音讯联系,远赴他乡散居于各地的同乡需要经常见面听听乡音、互通信息、联络乡谊等。由于这些需要,同乡们便兴起成立会馆的念头。乡情和亲情是一种特殊的情感,当这种情感升华为认同感时,同乡和宗亲组织也就应运而生了。所谓认同感,就是归属性认同,也就是说人们认识到彼此都存在着一些共同的东西①。

这些共同的东西,就是家乡情结。我是谁?我从哪里来?这是深藏在海外华侨心底的心灵归属疑问。尽管他们后来都很无奈地从"落叶归根"到"落地生根",但都希望后人知道原乡,不忘根本,希望后人发达后能返乡寻根。新加坡上杭南洋同乡会在举行成立六周年纪念大会时,会长游杏南为大会题写一幅对联:"上国衣冠,想当年破浪南来,欣逢旧雨换新雨;杭川子弟,望日后乘风北上,莫说他乡是故乡",就是戒勉同乡莫忘家乡,有朝一日要"乘风北上"。这种乡情的传承,一靠家庭的教育传承,二靠同乡社团的乡土情感传承。因此,凝聚乡谊就成了推动同乡社团成立的根本动机以及维系同乡社团生存的情感基础。所以,尽管岩籍海外同乡社团的宗旨表述不尽相同,但"凝聚乡谊,共谋发展"都成了所有同乡社团最大的共性。比如:

新加坡永定会馆最初的角色和功能就是:服务永定同乡,联络感情,传递消息。之后扩展到推广华语,促进华族文化和语言交流,弘扬中华优秀传统,积极开展与世界各地永定同乡的联络交流活动等。

缅甸仰光永定会馆的宗旨:联络同乡感情,为同乡谋福利。

马来西亚槟州永安社的宗旨:联络同乡感情。

马来西亚霹雳永定同乡会的宗旨:联络同乡感情,调解纠纷,促进互助团结,共谋会员及社会福利。

印度尼西亚万隆永定会馆的宗旨:团结同乡,造福社会;互帮互助,共谋福祉。

马来西亚北马永定同乡会的宗旨:联络同乡感情,互相合作,并谋会员及社会福利事业。

马来西亚槟城汀州会馆的宗旨:联络汀属同乡感情,互助合作,并促属人共谋社会福利事业。

印度尼西亚雅加达永定会馆的宗旨:团结乡亲永同心,造福社会定安宁。

新加坡南洋上杭同乡会的宗旨:团结侨胞,互助互爱。

缅甸龙岩会馆的宗旨:联络同乡感情,开展团结互助。

马来西亚天定(曼绒)龙岩会馆的宗旨:联络同乡,团结互助。

马来西亚吉辇威南龙岩同乡会的宗旨:联络同乡,共谋发展。

雅加达龙岩同乡互助会的宗旨:团结同乡,互助发展。

由岩籍老侨及其后裔创建的同乡社团,都把"联络同乡感情"和"共谋(团结)发展"作为立会宗旨,达到凝聚乡谊的目的。由岩籍新侨发起创建的同乡社团,同样也把"联络同乡感情"和"共谋(团结)发展"作为立会宗旨。比如:

澳大利亚澳洲龙岩同乡会的宗旨:联络乡谊,热爱家乡,团结互助,共创未来。

新西兰闽西同乡会的宗旨:联络乡谊,热爱家乡,团结互助,共创未来。

新西兰龙岩同乡会的宗旨:爱祖籍国爱家乡,服务乡亲,共图发展。

加拿大龙岩同乡联谊会的宗旨:联络旅加乡亲,加强会员联系。

新加坡龙岩同乡联谊会的宗旨:促进乡情,服务乡亲,互助互济,共同发展。

如果说第二次世界大战以前海外的岩籍社团是在家乡与旅居地联系尚属密切的情况下建立的,那么战后新兴的岩籍海外社团则是在两地联系十分薄弱甚至一度隔绝的情况下出现的。乡情成为岩籍海外社团生存的主要情感纽带,而乡情的培养,要靠社团活动来维系。

---

① 陈衍德:《集聚与弘扬——海外的福建人社团》,湖南人民出版社,2002年,第5页。

（一）组织祭祀活动

厦门大学历史系陈衍德教授认为："海外华人的同乡会经常是在殡仪馆里发起的。……平时大家各忙各的，可能少有来往。然而一遇丧事，一般都会到殡仪馆吊唁，无形中殡仪馆成了同乡难得聚会的场所[1]。"早期岩籍移民出国，漂洋过海，风险极高，回乡一趟极不容易。不少人出国后甚至再也难以返乡，终老于斯，许多人死后由同乡代为祭祀。随着同乡中人数越来越多，有的人发达了，发起购地埋葬同乡，渐渐形成同乡公共墓地。平时大家忙于谋生，难以相见，只有在春秋两祭时才在墓地碰面，然后有热心者建议筹组同乡会。所以说，早期的海外社团，最初是在公墓上发起的，有一定的道理。比如：

马来西亚槟榔屿广东暨汀州会馆，就是在祭祀海珠屿大伯公的过程中成立起来的。槟州永安社的主要活动，就是在每年农历正月初十的海珠屿大伯公纪念日进行庆灯活动。

槟城的龙岩县籍同乡为了开展祭祀活动，向同乡募捐，于1908年成立苍岩清明福公司，捐款及余款存入同乡商店以生利息，用作祭祀，后在此基础上于1929年成立龙岩会馆。1945年10月14日召开追悼大会，共同追悼在战争中不幸遇难的同乡及18位被日军杀害的同乡。

马来西亚雪隆的龙岩人原来不多，由于散居，各自谋生，仅有清明福之设，藉以聚首。也就是说，雪隆的龙岩同乡原来仅在清明祭祀的时候，同乡才得以一见。龙岩会馆建立后，祭祀一直是重要的会务活动。

马来西亚的吉辇威南地区位于槟城、霹雳、吉打三州边界，龙岩同乡为收殓在第二次世界大战时期死亡后无人祭拜的同乡骨骸，在爪夷发起建造"龙岩县公墓"，组织"爪夷龙岩清明福"，将死难同乡进行集中安葬，以便联合祭拜。

新加坡龙岩会馆起初也是龙岩同乡为联络同乡、办理春秋祭祀而组织起来的苍岩公司。

马来西亚槟城胡氏安定堂是1863年在当地创建的胡氏宗祠的基础上发展起来的，胡氏宗祠原由永定下洋的胡泰兴等已经发达起来的胡氏族人创建，后注册为"帝君胡公司"，供奉下洋胡氏宋朝开基祖八郎公和黄、陈两夫人神位。对家乡老祖宗的祭拜，表达了海外华侨数典怀祖、不忘家乡之情。

清末由岩籍移民在马来西亚令金成立的鄞江公会，在令金老义山建有鄞江同侨义总坟，每年都在重阳节前后举行秋祭活动。后因汀州客家人外迁，鄞江公会渐渐被人遗忘。1950年以前新加坡南洋上杭同乡会每年均有派人前来扫墓。

缅甸仰光的永定会馆每年清明节都举行祭扫永定公墓活动，然后举行祀清联欢宴会，抓阄决定下年度祀清祭拜负责人。

马来西亚亚庇龙岩同乡会原是他山俱乐部，第二次世界大战时，龙岩同乡有13人参加马来西亚沙巴的神山游击队，在抗日战争中英勇牺牲。由他山俱乐部出面把13位英烈葬在公墓里，每年都为他们扫墓。

马来西亚天定（曼绒）龙岩会馆成立于1936年，以后在很长一段时间因为经费短缺，其他会务都停顿了，仅"清明福"祭祀活动得以维持下来。

印度尼西亚棉兰龙岩慈善基金会成立于1991年1月，主要会务活动就是协助同乡办理婚丧事务。该会在棉兰市郊外置办有一块坟场，并建有一座庙宇及埋葬同乡先辈遗骸的"龙岩公坟"，每年清明都召集全体同乡一起前往祭拜。

岩籍老侨同乡、宗亲社团，都十分重视祭祀活动，把清明节和重阳节祭扫先人的"春秋二祭"活动作为凝聚乡谊、抱团取暖十分重要的会务活动。

（二）服务同乡

第二次世界大战前，新加坡作为南洋各埠的交通中心和中转站，成为岩籍华侨赴南洋各埠的集散中心，新加坡永定会馆成为初来乍到的新客生活安顿之所。根据胡冠仁口述资料：永定会馆免费为新来的同乡提供住宿，介绍工作；不但为年老的或被辞退的同乡买回乡的船票，还赠送路费。此外，会馆也帮助同乡寻找亲友，办理出入境手续，传达家乡信息，救济贫病甚至安葬死者。初期的会馆几乎可以满足同乡所有的社会需求，也因此成为一个凝聚力极强的民间组织。日军占领新加坡期间，许多人因战争失业，甚至身无所居，只好来到永定会馆暂时栖身，会馆也成为同乡的临时收容所[2]。

永安社在日军侵占槟城前，找胡子春后人捐地建避难所。日军轰炸槟城时，五百多名永定同乡全部转移到避难所，避免了人身和财产损失，平安渡过3年

---

[1] 陈衍德：《集聚与弘扬——海外的福建人社团》，湖南人民出版社，2002年，第7页。
[2] 郭兆娴：《永应挑战，定求新变——历史挑战下的永定会馆》，载《新加坡客家文化与社群》（黄贤强主编），第179页。

又8个月①。

同乡会对会员的红白事，都积极主动给予帮助。

槟城龙岩会馆在1929年成立之初，适逢世界性经济危机，会馆尽力收容失业同乡，资助贫困同乡返乡等。1936年设互助部，对贫寒会员的医药费及治丧费，都给予帮助。1969年"5·13"事件后，同乡会帮助和慰问在动乱中被殴打、被洗劫，或房屋被烧的同乡。1978年8月29日，龙岩乡亲林达欣伉俪从印度尼西亚到槟城旅游，不幸被歹徒抢劫。同乡会派王业开、王材开两人代为帮忙办理报案和回印度尼西亚手续。同年11月26日，龙岩乡亲林瑞钊伉俪从台湾到槟城寻找岳父墓，因过境护照不能久留。同乡会派陈帮坤代为找墓，将墓地拍照寄往台湾②。

吉玻龙岩同乡会规定，会员或其直系亲属不幸去世，同乡会除分发通告，促请同乡前往执绋外，并派代表前往慰问和吊唁致祭，赠送帛金50元及花圈一个。同乡贫苦无后代者去世，同乡会拨福利金殓葬。如同乡遭遇灾难，普通的由同乡会拨给福利金300元作临时救助；严重的，则发动同乡捐献，协助重建家园。年老无依之贫苦同乡，如拟回龙岩，也可向同乡会申请赞助路费③。

新加坡龙岩会馆下设有互助会，制定章程，规定"以办理互助丧事及会员逝世谋善后为宗旨，不论有藉捐款之助与否，互助金概取自会员自愿缴纳之会费。""凡会员逝世丧家如需要本会召集会友执绋，需于36小时以前亲自携函报告本会，俾有时间发出传单通知会员。否则，时间迫促，仅得领取互助金（丧家自理出殡费用）。凡会馆接到本会传单后，遵照本会规定时间前往吊唁及执绋。①由本会派委员及干事往丧家协助治理丧事；②由本会备送花圈一个；③通知全体部员前往守丧及执绋；④备汽车一辆供治丧办事员乘坐……"凡会员有丧事，互助会依惯例派人义务协助丧家，使用互助会丧礼用具，同时召集会员前往丧家送殡，以表哀悼，并尽互相关怀的乡谊④。

北马永定同乡会同乡规定，会员凡有困难，只要有向同乡会反映，同乡会都会发动会员捐款，给予援助。1951年1月会员胡邦芳遇难，家境清贫，发动同乡捐款2 000元给予援助。1954年2月，同乡沈广楼遗孀黄氏来函，要求赞助回国旅费，同乡会发动会员捐助200元。1957年10月，捐款200元资助因车祸去世的会员胡铁贤的遗孀。1963年瓜拉冷岳会员江恭顺去世，同乡捐款372元帮助。1969年1月4日，会员胡绍波患严重肺病，发动同乡捐款385元帮助。胡绍波去世后，留下遗孀及九名子女，生活极其困难，同乡会去函新加坡永定会馆、星洲日报、星槟日报，共获得捐助2 300余元。1971年1月17日，怡保朱毛埔同乡胡友盛颈部患癌，拟赴中国求医，来函要求同乡会援助。同乡会发动乡亲捐款734元。1975年1月，捐款314元援助大山脚困难会员胡德文。1985年游进喜遭水灾，同乡捐款575元度难关⑤。

此外，同乡会还协调解决同乡之间的纠纷。缅甸各埠永定会馆如果有不能解决的问题，都由仰光永定会馆出面处理，问题都能得到适当解决⑥。新加坡龙岩会馆规定，"每位会员遇有与人争执或意外困难事件，得缮写理由以书面向本会馆要求援助或调解。"⑦

会馆也经常向同乡传达家乡的消息，这也是同乡愿意来会馆的原因之一。许多同乡在会馆下象棋、打麻将以及进行其他一些健身活动。当家乡发生灾祸时，会馆又会发动同乡捐款，救济灾民。所以，会馆是海外华侨华人寄托乡愁的载体，他们到了会馆，就等于在精神上回到了故乡。

（三）召开会员大会

新加坡龙岩会馆将会员分成三种，即普通会员、商号会员、临时会员。三者权利和义务不同。临时会员在任何会议上无投票权及选举权⑧。各社团章程规定每年都必须召开会员大会。新加坡龙岩会馆规定"常年会员大会须在每年一月至三月间举行"。北马永定同乡会章程规定"会员大会须于每年的3月31

---

① 胡育文：《永安社史略概况》，载《北马永定同乡会新会所开幕暨42周年会庆/青年团九周年纪念庆典特刊》，第128页。
② 李良潮：《槟城龙岩会馆史》，载《大马龙岩会馆总会暨各乡会联合特刊》，1987年，第61页。
③ 林德富：《凝聚力量争取权益，团结同乡效忠国家》，载《大马龙岩会馆总会暨各乡会联合特刊》，1987年，第303页。
④《龙岩会馆互助会章程》，载《新加坡龙岩会馆金禧特刊》，第149~150页。
⑤ 胡育文：《本会历年来大事记》，载《北马永定同乡会新会所开幕暨42周年会庆/青年团九周年纪念庆典特刊》，第91~103页。
⑥ 苏孟：《缅甸仰光永定会馆简史》，载《新加坡永定会馆七十周年纪念刊（1918—1988）》。第96页。
⑦《新加坡龙岩会馆章程》第七章"会员权利""第十一条"。载《新加坡龙岩会馆金禧特刊》，第145页。
⑧ 同上。

日前举行"①。槟城汀州会馆规定"本会最高权力为会员大会，会员大会每年三月前举行"②。会员大会是海外社团的最高权力机构，讨论通过重要事项，选举同乡会负责人。重要决策民主协商，会长任期制。岩籍海外社团每届的任期，有1年的，多数为2～3年，多数规定连任不超过三届。比如，槟城永安社，明确规定董事会每届两年，社长、司理、财政不能连任三届。董事会选举，社员须亲自到会，如无到会，没有选举权。会员大会是会员之间相互认识和交流的重要平台，通常都是参与人数众多，大家相互交流认识，增进同乡认同和情感。经济实力较强的社团，在逢10周年或新会所落成，都会举办重大的庆祝活动，不仅要求全体会员参加，还邀请祖籍地家乡政府代表、世界各地同乡组团参加，提升社团的同乡凝聚力和社会影响力。

（四）举办文娱体育活动

组织起来，活跃起来，是社团增强活力，增加吸引力的关键因素。1945年槟城龙岩会馆举行仪式，欢迎参加英美联军降落伞部队的同乡翁坤华凯旋荣归。新加坡永定会馆、新加坡龙岩会馆、马来西亚霹雳永定同乡会、马来西亚北马永定同乡会、马来西亚槟城龙岩会馆等都设有青年团、妇女组，以活跃社团活动。有的社团还设有乒乓球队、武术组、外丹功班，社团内举办乒乓球、象棋、书画、气功、武术等培训和比赛，各地社团之间开展友谊比赛，既健身，又增进会员之间，及各地同乡社团之间的乡谊亲情。2014年2月12日，印度尼西亚雅加达龙岩同乡会举行春节团拜联欢会，有1700多人参加③。

马来西亚霹雳永定同乡会青年团开展的活动内容包括④：

①农历新年新春团拜会。
②羽毛球比赛。
③中秋节晚会。
④乒乓球比赛。
⑤双亲节。
⑥歌唱比赛。
⑦举办座谈会。
⑧会员卡拉OK比赛。
⑨书法和绘画比赛。
⑩理事生日聚餐会。
⑪常识比赛。
⑫郊游。
⑬访问儿童院及老人院。
⑭举办研讨会。

槟城龙岩会馆的活动包括：协办新春团拜、颁发奖助学金、举办书法比赛、成立象棋研究会、登水坝比赛、举办中秋月光会、协办会馆周年纪念等⑤。

二、永续发展

（一）筹建、购买、修缮、管理会所

会所是同乡联络情感的纽带。实力比较雄厚的会所，有店面、办公室、活动室、会议室。有的同乡会还办有学校，或中文补习班，方便同乡子弟学习中文。店面出租，租金用来养会，比如水电费、困难补助金、抚恤金、慰问金、外地同乡来访接待费等。由老侨及其后裔创建的社团、会馆，几乎都有会所。对于一个会馆来说，筹建、购买、修缮会所都是一件大事，必然由相关人士提出，由会所理事会/董事会讨论，提交会员大会通过，成立筹委会，推举若干人士担任筹委会主席/主任。所花经费在会所公布，并向会员大会报告。

同乡大会还推举若干有实力的人士担任信托人/信理员管理会馆财产。《北马永定同乡会章程》规定，"本会所置不动产业之管理由会员大会选举信用卓著者15人充任之，信理员得代表本会签押所有不动产业契据之权，如有产业抵押转让，须由会员大会决定之。"⑥ 缅甸仰光永定会馆在日据时期被人占用，经信托人通过各种手段进行交涉，最终迫使占用人退出。新加坡龙岩会馆与同安会馆的产业纠纷，最终在信托人的全力维护下，也得到妥善处理，维护了会馆财产。

新加坡永定会馆1977年开始设产业受托人，当

---

①《北马永定同乡会章程》，载《北马永定同乡会新会所开幕暨42周年会庆/青年团九周年纪念庆典特刊》，第105页。
②《汀州会馆章程》，载《北马永定同乡会新会所开幕暨42周年会庆/青年团九周年纪念庆典特刊》，第139页。
③《闽西乡讯》2014年2月28日第347期第1版。
④胡荣光：《霹雳永定同乡会青年团简史及活动概况》，载《第二届世界永定同乡恳亲大会（2011）纪念特刊》，第60页。
⑤苏仕槟：《槟城龙岩会馆青年团的成立及活动》，载《大马龙岩会馆总会暨各乡会联合特刊》，第66页。
⑥《北马永定同乡会章程》第十六条"信理员"，载《北马永定同乡会新会所开幕暨42周年会庆/青年团九周年纪念庆典特刊》，第106页。

时仅1名：胡汉兴。1978年至1989年，产业受托人增加到3人，即胡汉兴、曾良材、黄有为①。

马来西亚霹雳永定同乡会（1949—1995年）产业受托人情况②：

年　份	姓　名
1948—1960	胡曰皆、曾智强、胡仕皆、胡墉生
1961—1964	胡锡皆、曾智强、胡仕皆、胡墉生
1964—1966	胡锡皆、胡周铭、胡仕皆、胡墉生
1967—1975	曾敦化、胡周铭、胡仁城、胡墉生
1976—1983	曾敦化、胡万铎、胡仁城、胡墉生
1984—1995	曾敦化、胡万铎、胡琼琳、胡墉生
备　注	本会章程第八间《产业受托人》经修改，并于1995年12月13日获得社团注册官批准，本会现有的资产全部以本会名称注册。

雪隆（吉隆坡、雪兰莪）龙岩会馆的资产信托员包括③：郑振荣（1975—1985年）、杜克炎（1975—1982年）、杨东荣（1975—1985年）、魏侨生（1975—1985年）、林忠强（1985年至今）、李元坚（1985年至今）

槟城龙岩会馆多次筹建、购买会馆，每次都成立筹建委负责。1928年第一次筹建会馆，由翁碧斋担任筹建委主任。1945年马来亚光复后，组建复兴会馆筹备会，翁碧斋再次被推举为筹备会主席。1946年筹建新会所，杨镇洲担任筹建委主席。1979年会馆成立50周年时进行了维修。1980年成立购置新馆委员会，由李良潮担任购委会主席。购置新馆后，剩余款项全部移交给会馆发展基金委员会保管。

亚庇龙岩会馆有四层楼店屋一幢，店面及四楼租给中国成药（沙白）有限公司，二楼租给民强图书公司，另有一间小货仓租给恒源贸易公司。经会员大会核准同意，经执委会授权"策划小组"管理产业。"策划小组负责办理一切相关手续或细则，并决定如何将所得款项购置新产业、或投资、或生息等，并支付一切应付税金费用等。"④

（二）为会员谋福利

很多岩籍海外社团都将为会员谋福利列入社团宗旨，设有福利、教育、康乐等小组，积极开展会员福利互惠活动。会员福利包括：互助金、奖学金、贷学金、孝亲敬老金、社团发展基金等。新加坡龙岩会馆分别制定有《新加坡龙岩会馆互助会章程》《新加坡龙岩会馆奖学金简章（1987年）》《新加坡龙岩会馆大专贷学金章程》，就资金的来源、受惠对象、发放条件等都作了明确规定。会员对各项福利的收支管理清清楚楚、明明白白，并且人人都有机会享受，因而增强对社团的认同。

新加坡龙岩会馆下设互助会，凡会员有丧事，互助会依惯例派人义务协助丧家，召集会员前往丧家送殡，以表哀悼，并尽互相关怀的乡谊。

槟城胡氏安定堂设教育小组和福利小组。教育小组设有贷学金、奖学金、助学金。贷学金为家境清贫的子女上大学提供免息贷款，每年1500元，毕业后还清。福利小组的作用是，为遭遇意外灾祸的族人提供帮助，酌量补贴。还有就是举办春秋二祭和联欢晚宴。

马来西亚龙岩会馆大学贷学金规定，"对象只限

---

① 《新加坡永定会馆七十周年纪念刊（1918—1988）》，第54~60页。
② 《马来西亚霹雳永定同乡会50周年金禧纪念特刊（1946—1996）》，第59页。
③ 《大马龙岩会馆总会暨各乡会联合特刊》，第388页。
④ 陈湘荣：《亚庇龙岩会馆1984—1985会务报告》，载《大马龙岩会馆总会暨各乡会联合特刊》，第234页。

于龙岩同乡子女,获得大学入学准证者。""毕业后要在二年内还清,不必付利息。"①

(三)培养接班人,推动社团的永续发展

社团能否吸引年轻人参加,关系到社团的后续生存发展问题。而吸引年轻人的办法,就是社团的活动要创新求变,为年轻人创造沟通交流平台,培养同根同源的共同认识。岩籍老侨及其后裔建立的社团由于建立时间较久,比较注重培养年轻人的问题。例如,槟城北马永定同乡会和胡氏安定堂,均培养并推选年轻人担任会长;又如,徐宗周、胡赐铭就先后当选永定同乡会会长,胡赐铭还同时当选胡氏安定堂主席。他们都很年轻有为。而新侨社团建立的时间较短,社团的接班人培养问题较不突出。岩籍海外社团最早于1977年7月31日成立马来西亚霹雳永定同乡会青年团,紧接着槟城北马永定同乡会(1980年)、槟城龙岩会馆(1981)、吉玻龙岩会馆(1981年)相继成立青年团。新加坡永定会馆也有2006年成立青年团。香港闽西联会在2016年成立青年团。

曾任霹雳永定同乡会青年团团长(2010—2011年)的胡荣光认为,青年团是母会的接班人,在每个社团里都扮演着重要的角色。青年团成立后,积极配合母会推动和举办各项有意义的文化教育、慈善公益、娱乐等活动,能得到很好的锻炼。担任过青年团团长的胡万练、曾广胜、胡善智,以及副团长的胡琼瑶后来都担任母会会长。

北马永定同乡会1980年9月28日成立青年团时,提出非常明确的成立目的:"为适应时代之需求,而联络永属青年同乡感情,发扬团结,互助友爱及促进学术研究,提倡健康文娱体育活动,为将来本会接班人。"②1989年,时任槟城北马永定同乡会青年团团长的卢道龙认为,成立青年团的意义之一是"想栽培年轻一代的同乡们,使这一群的同乡们能在前辈们退休后接下棒子,而不会有青黄不接的现象"。"年轻的同乡们应该尊重前辈,按部就班地负起青年团及母会的责任,而不可操之过急。另一方面,前辈们可在必要时向青年团做一些劝解及指导的工作,同时给予鼓励和一些经济上的协助"。③

槟城龙岩会馆青年团成立于1981年。青年团成立后,会务更加活跃,由青年团举办的活动包括:协助母会举办新春团拜及颁发奖助学金、书法比赛、乒乓球赛、羽毛球赛、郊游野炊、学术讲座等,加入社团的同乡子女越来越多。

新加坡永定会馆在2006年成立青年团,青年团每年都举办相关活动,比如举办"客家文化""客家土楼""客家人饮食"等系列讲座,让年青会员加强对客家文化的了解,增强对客家身份的认同。青年团还开办瑜珈班、串珠班等,期望吸引更多年轻人加入。

有的岩籍海外社团虽然没有成立青年团,但在执委会下设有青年组。比如亚庇龙岩会馆设立青年康乐组,负责开展青年工作。

三、传承中华文化

经过20世纪50年代至80年代约40多年的转型,岩籍海外社团已从"华侨社团"过渡到了"华人社团",已成为居住国的社会组织。新加坡龙岩会馆在1991年成立50周年庆典时,告诉乡亲"我的祖国,新加坡啦!"印度尼西亚三马林达永靖公会会长江庆德在2006年2月26日该会举行的成立60周年暨新会所大厦落成庆典上,号召乡亲要以"印度尼西亚是我们的国家,中国是我们的娘家"为共识,主动融入当地主流社会和当地族群。但对海外新生代来说,"我是谁?我从哪里来?"这个问题有时也成为许多困惑。

岩籍海外社团在融入居住地社会的同时,为保持自身的民族特色而希望继续弘扬传统文化。岩籍海外社团希望新生代能够通过学习中华文化,知道"我是谁?我从哪里来?"不至于数典忘祖,忘却根本。因此,他们开展各种与中国、与祖籍地有关的活动吸引年轻人参加社团活动,传承中华文化。老一辈华侨华人希望越来越多的年轻人能加入同乡会馆,并对其活动感兴趣。但海外年轻一代对中华文化的接触非常有限,同乡活动似乎并未在年轻人的生活中泛起涟漪。东南亚各国独立后,在相当长一段时期的"去中国化"过程中,排斥甚至废止华文教育,华人新生代自小接受以英文和所在国国语为主要媒介语言的教育,而对祖籍国产生疏离感,正如担任过新加坡永定会馆会长的徐松生的儿子徐旺仁说的那样:"我们这一代

---

① 章超仁:《大马龙岩会馆大学贷学金》,载《大马龙岩会馆总会暨各乡会联合特刊》,第24页。
② 胡育文:《本会历年来大事记》,载《北马永定同乡会新会所开幕暨42周年会庆/青年团九周年纪念庆典特刊》,第99页。
③ 卢道龙医生:《牙冠上的感想》,载《北马永定同乡会新会所开幕暨42周年会庆/青年团九周年纪念庆典特刊》,第114页。

是1960年代出生的人。我们常感觉非常失落,因为我们既非西方人,又不觉得自己是东方人……我们已经不知道自己从哪里来……"不管是顺境,还是在逆境,岩籍海外社团都在努力地想方设法传承中华文化,让同乡子女了解中华文化,增进对祖籍国的感情。

（一）创办华文学校或华文补习班

二战前,东南亚华侨大多数怀着客居的心态,以中国为祖国认同,希望子女在海外也能接受中华文化教育,希望子女长大以后能够回到家乡。因此,许多社团都创办华文学校或华文补习班。缅甸仰光永定会馆办有"立本学校",后改名"民众学校"。印度尼西亚雅加达永定会馆办有"协和学校",一直维持到1965年才被迫关闭。马来西亚霹雳华侨胡曰皆捐资13万元,创办霹雳客属公会附设深斋中学。东南亚各国独立后,大多由民族主义者掌权,他们高举本民族文化优先的大旗,排斥中华文化,中华文化于是进入了一个艰难发展的阶段。在印度尼西亚,1965年苏哈托掌权后,取消了华文教育,年轻一代华人大部分已不懂华语,不了解中华文化；华人的生活方式日益印度尼西亚化……华人与原住民之间的社交活动和通婚有所增加,信奉伊斯兰教、天主教和新教的华人日益增加"。①永定籍华人胡万铎1973年在马来西亚华文教育最黑暗年代,代表霹雳客属公会附属之深斋中学参加"霹雳独中复兴运动"会议,被推选为"霹雳华校董事联合会协助独中发展工作委员会"主任,翌年当选霹雳董联会主席,与一批有志的华教工作者负起挽救华文教育的使命,唤醒了马来西亚华族对母语教育的重视,加强了民族的团结。从此,胡万铎与"华教"运动结下了不解之缘,成为"华教斗士"。②经过全马华族的积极争取,华文学校得以保留了下来。"深斋"华文学校从"中学"扩大到"小学"和大学"商学院"。仰光永定会馆在吴奈温政权下台后,也在会馆里复办华文补习班。

（二）孝亲敬老活动

孝亲敬老活动被认为是弘扬中华传统文化的重要活动。岩籍海外社团每年都举办会务活动,有的两年举行一次。比如,霹雳永定同乡会从1974年起每逢会庆纪念宴,必举行"孝亲敬老"仪式,邀请70岁以上同乡免费参加,并赠送礼物。槟城龙岩会馆每两年举办"孝亲敬老"礼仪,凡年满80岁以上会员都有权参加。

（三）开展寻根祭祖活动

有的年轻人在"还没有参加寻根团之前,虽然曾跟父亲出席同乡会的聚餐,但很陌生,重点只是吃吃喝喝,难免觉得无聊,也没什么意思"。可回到自己的家乡祭拜祖先后,忽然觉得自己开始和宗乡亲族有着某种密不可分的联系,心中潜藏的那股对中华文化的莫名的感觉终于明朗化、清晰化了。从此以后,每逢华人传统节日的庆祝聚会,公会里的长辈们对他来说再也不是一张张陌生的脸。"他们现在好像是我的叔叔伯伯,寻根回居住地后,大家比较熟悉,聚餐时不会像以前那么闷,彼此都能交谈。"从此,这些年轻人就会努力学习方言,以便拉近与长辈的距离,对宗乡的认同感也逐步加深,对同乡会事务也积极起来③。

由于潜移默化的家庭影响,年轻一代心中其实也潜藏着对中华文化的眷恋,比如对亲情的注重,对人际和谐的向往,等等。只是这种感知尚未上升为理性的注重。1998年10月第一次世界龙岩同乡恳亲联谊大会,在龙岩东肖森林公园的"爱乡林"植树活动中,一位年纪稍轻的二代华侨种下一棵相思树后,十分动情地说:"种下一棵相思树,我好像完成了精神上的一次嬗变,似乎觉得只有今天以后我才是完全意义上的龙岩人。"④许多岩籍海外社团,特别是同乡会、宗亲会都将组团返乡探亲、寻根作为重要的会务活动。1989年6月4日,时任新加坡南洋客属总会会长的曾良材率领"新加坡人士中国观光团"一行47人回祖籍地永定县下洋镇参加由星马华侨集资120万元兴建的"永定华侨医院诊疗综合楼"落成庆典。这是岩籍海外社团首次组团返乡参加活动,受到福建省和龙岩地区的高度重视,时任福建省人大副主任的黄长溪以及龙岩地委书记郑霖、行署专员黄小晶等专程到永定下洋迎接。1991年9月21日龙岩撤县建市10周年之际,马来西亚槟城龙岩会馆、新加坡龙岩会馆、台北龙岩同乡会组织庆贺团回龙岩参加庆祝活

---

① 陈衍德:《集聚与弘扬——海外的福建人社团》,湖南人民出版社,2002年,第143页。
② 《前会长胡万铎先生事略》,载《第二届世界永定同乡恳亲联谊大会纪念特刊（2011）》,第70~71页。
③ 陈衍德:《集聚与弘扬——海外的福建人社团》,湖南人民出版社,2002年,第55~56页。
④ 《第六届世界龙岩同乡恳亲联谊大会特刊》,第31页。

动，进一步密切了与祖籍地龙岩的联系。印度尼西亚的岩籍社团在苏哈托政权垮台后，纷纷组团返乡参加活动和组织寻根祭祖活动。马来西亚霹雳胡氏宗亲会，每逢中国境内各地胡氏宗亲举办活动，都会组织宗亲回到中国大陆进行参观访问和寻根谒祖的活动。2017年8月马来西亚霹雳永定同乡会会长罗良斌率领华裔青少年返乡参加中华文化寻根活动时就说，"小时候对祖籍地没有什么感觉，只是后来在父辈的要求下参加同乡会的活动，才渐渐有感觉，到后来若一年不回家乡（永定），心里感觉有些失落"。罗良斌出生于马来西亚，在2012年担任霹雳永定会馆会长后，每年都率同乡会子女返乡参加夏令营活动，藉以增强同乡子女对家乡的情感，更好地传承中华文化，传承乡谊亲情。

（四）开展与世界各地同乡社团之间的联谊交流活动

为凝聚乡谊，增进各地同乡之间的交流合作，岩籍海外社团除组团加强与家乡的联系外，还加强与海外各同乡社团之间的联络交流。

第二次世界大战前，东南亚各殖民地尚未独立建国，新加坡作为东南亚的交通中心，成为南洋各埠同乡华人和社团的联络中心。新马分离前，新加坡社团的会员不仅包括新加坡当地，还包括马来亚联合邦及印度尼西亚、沙捞越与沙巴的华人。新加坡永定会馆实际上是南洋各地永定同乡的总会，比如担任名誉总理的胡子春、吴德志在槟城。协理员分布在怡保、槟城、麻坡、雅加达、丰盛港、日里、三宝垄、泗水、望加锡、仰光等地。后来成为"万金油大王"的胡文虎早期是新加坡永定会馆在仰光的一名协理员①。

苏门答腊岛的棉兰、仙达、直民丁宜、亚沙汉、冷沙、巨港等埠都成立有龙岩同乡会（会馆），各地龙岩社团为加强联合，成立了龙岩旅苏同乡总会，对苏岛各地龙岩社团进行有效的整合。这是岩籍海外社团走向联谊和整合的开端。但遗憾的是，苏岛的各龙岩社团在1965年"九卅"事件后，全部被关闭。除棉兰在1991年重新成立龙岩棉兰慈善基金会外，其他龙岩社团都未能恢复。

第二次世界大战后，印度尼西亚、缅甸、马来西亚、新加坡等纷纷独立建国，新加坡的岩籍社团由南洋总会转型为新加坡的社团，与各埠同乡社团不再是总会和属会的隶属关系。但是，由于历史的隶属和往来关系的相对密切，岩籍海外社团的联谊活动首先在新加坡、马来西亚两国之间进行。联谊活动的形式首先是两地同乡社团之间的互访活动，其次是两地所有同乡社团之间的大型庆典联谊交流活动。1979年11月11日，槟城龙岩会馆隆重举行成立50周年庆典活动，马来西亚、新加坡两地的龙岩会馆应邀组团前往祝贺。为整合马来西亚各龙岩同乡社团，槟城龙岩会馆倡导成立马来西亚龙岩会馆总会，得到雪隆龙岩会馆的积极响应。马来西亚龙岩会馆总会在槟城、雪隆两地会馆的大力操作下，于1981年3月正式注册成立，进一步加强了马来西亚岩籍社团之间的交流与联谊。

新加坡龙岩会馆在1991年6月隆重举行成立50周年金禧庆典，广邀世界各地龙岩同乡参加，印度尼西亚雅加达、棉兰，马来西亚槟城、雪兰莪、吉玻、曼绒、沙巴，澳大利亚，缅甸，泰国，美国，中国的桂林、漳州、台湾以及家乡龙岩行署、龙岩市政府（后改新罗区），都派代表参加，世界各地的1 000多名龙岩乡亲聚集一堂，共叙乡谊。会议代表倡议"世界龙岩同乡联谊中心"。1998年10月，第一次世界龙岩同乡恳亲联谊大会在家乡龙岩市新罗区举行。以后每三年举办一届，逢单届由新罗区政府主办，逢双届由海外龙岩社团轮流举办，至2016年已举办过七届，除新罗区外，分别在新加坡、马来西亚、我国香港举行。第八届于2019年在澳大利亚举行。

世界龙岩同乡恳亲大会制定了简则，还有会徽、会旗、会歌，其意义在于创造一个使全世界龙岩同乡能够相聚一块，相互认识，了解沟通的平台，以便联络世界各地龙岩同乡共谋发展，让龙的精神、龙岩人的乡谊亲情代代相传，让海外同乡新生代回乡寻根祭祖、增进乡谊。

海外永定籍社团的大型联谊活动始于20世纪60年代。1968年2月13日，马来西亚霹雳永定同乡会隆重举行新会所落成典礼，广邀新加坡、马来西亚、中国香港的永定籍社团组团参加。1972年10月22日，槟城北马永定同乡会举行成立25周年银禧纪念大典，新加坡永定会馆、马来西亚霹雳永定同乡会、槟州客属公会、槟城广东暨汀州会馆都派代表参加，加强了新、马两国同乡社团和槟城客属社团的联络。1988年10月28日，新加坡永定会馆举办成立70周年庆典活动，邀请世界各地永定同乡参加。来自家乡

---

① 《永怀乡情·定居星洲——永定人南来史略》，载《新加坡永定会馆70周年纪念专刊（1918—1989）》，第41页。

的龙岩行署、永定县政府首次组团赴海外祝贺。庆典仪式由新加坡财政部长胡赐道博士主持。庆典场面盛大、隆重，连英文《海峡时报》也在重要版面加以报道。2008年再次隆重举办成立90周年庆典活动。

1989年10月15日，槟城北马永定同乡会举行新会所开幕暨成立42周年庆典活动，新、马两地永定同乡聚集，济济一堂，筵开85席，盛况空前。

1996年10月5日，马来西亚霹雳永定同乡会借举行成立50周年金禧庆典活动之际，主办世界永定同乡恳亲大会，马来西亚槟城、新加坡、泰国，以及龙岩行署、永定县政府都派代表参加。

2013年3月24日，印度尼西亚雅加达永定会馆举行新会所落成启用开幕典礼。印度尼西亚三马林达、万隆、三宝垄、马晨、泗水、梭罗等永定籍社团派庆贺团参加。新加坡、马来西亚的永定籍社团，以及家乡永定县政府派代表团出席祝贺[①]。

世界永定同乡恳亲联谊会自2008年以来，先后举办过三次，第一、二次分别由永定县政府和马来西亚霹雳永定同乡会举办。2017年10月由新加坡永定会馆主办第三届大会。世界永定同乡恳亲联谊大会为海内外永定乡亲提供了交流联谊的平台，弘扬了"开拓创新、团结奋进、爱国爱乡、崇文重教、勤劳朴素"的客家精神，进一步激发了海内外永定乡亲精诚团结、共谋家乡发展的热情。

[①]《闽西乡讯》2013年3月31日第336期第1版。

第四章　岩籍海外社团对原乡文化的传承

"唐山"是早期海外华侨华人对中国原乡的特称，也是对祖国传统文化的思恋和木本水源的体认。"每逢佳节倍思亲"，身在异国他乡的海外华侨华人常常以吟唱"月光光"来表达对故乡的眷恋。这是文化使然。文化是维系族群意识的强大动力。原乡文化蕴含族群认同的凝聚力和向心力，促使海外华侨华人以帮群类聚，按血缘、地缘、业缘以及拟血缘、泛地缘建立各种社团组织，从抱团取暖到互助发展，海外社团也壮大了华侨华人在海外的实力。当然，海外社团的蓬勃发展，又反过来推动和促进了原乡文化在海外的传承保护和繁荣发展。

综观岩籍海外社团的办团宗旨及所开展的活动，其中"春秋祭祀""节日习俗""推广母语""文化教育""返乡寻根"等传承原乡文化的关键词频见于各个社团章程及活动概要中。

可以说，岩籍海外社团对中华文化暨原乡文化的传承与传播起到重要作用。例如，新加坡永定会馆在敬老、推广母语文化、支持政府加强教育、宣扬客家文化，以及促进新移民融合方面，非常积极。该会馆在 2012 年推出"百年树人"企划下，每年都会赞助两所学校举办母语文化双周活动，服务学校及文化团体。当年的母语文化双周活动，是在依布拉欣小学和尚育中学举行，请河婆集团表演客家擂茶，请丰顺会馆教导客家敲竹板民乐，并分享客家美食与山歌。会馆借此创意活动很好地传承了传统客家文化。[①]

由胡文虎担任首任会长的南洋客属总会，在创会之初，就确立总会要全力以赴做好推广传统文化教育与公益慈善福利事业，包括兴办学校，设立图书馆，成立体育部，组织儒乐部与福利互助部，同时附设招待所，以供外来乡亲作过渡期寄宿。与此同时，总会也积极协助政府推行各项政令，领导各地客属公会及吾属人士精神团结，进而达到语同谊密，客系大同的意愿。该会在成立八十周年纪念会刊上指出，"总会发展到今天已经历八十载历史长河，由一个主要照顾乡亲利益的团体，转变成维护与弘扬华族传统文化的组织。"[②] 这也是岩籍海外社团组织的功能转换所在。

第一节　岩籍海外社团对母语及民俗的传承

语言与民俗是文化的重要载体。文化可以诉诸于音声语言进行表达与传播，也可以凭借民俗主体的思想、行为及身体知识进行传承。岩籍海外社团在弘扬民族传统文化、传承原乡文化上形成共识，就是把母语及民俗的传承纳入社团活动中，通过办华文教育、办会刊、办报纸、回乡寻根及开展恳亲交流等形式多样、丰富多彩的社团活动来推动原乡文化传承。

社团办华文学校、华文补习班可以弥补家庭华语（普通话与方言）教育的不足，是对华侨华人进行母语及民俗活态传承的重要渠道，华语会刊报刊文字是凝固了的无声华语，可以长久保留母语与民俗的信息，文字的历史记忆使得原乡文化的传承突破时空限制，文化因文字而不朽。原乡的山歌本身就是传承了千百年的民俗，使用方言歌唱山歌不仅能够愉悦身心，彼此间声气相通，交通心灵，也能够通过传唱山歌来保护和传承方言母语，诚如茶阳（大埔）会馆

---

① 《永定会馆创意传文化》，载《联合早报》，2014 年 4 月 13 日。
② 赖涯桥：《南洋客属总会成立八十周年纪念》，南洋客属总会，第 34 页。

客韵团团长李荣德所说:"我更期许有更多人加入我们的队伍,一起唱响客家歌,和我一样用爱用阿姆话(客家话)唱的歌,把这在狮城就快消失的语言用歌声传扬下去!"① 另外,社团组织的回乡寻根团、恳亲会是开展寻根谒祖、感受乡音、体验家乡民俗及加强同乡情谊的良好平台,可以唤醒和激活新生代对原乡的感情,促进原乡文化在海外的传承。

一、重视创办华校推行母语教育

办华文学校、华文(方言)补习班离不开社团领导的重视。担任过会馆领导的胡文虎与胡万铎是积极倡导教育办学的楷模,他们或捐资,或出力,慷慨解囊、无私奉献助学,引领了一代兴教办学风气。

胡文虎在缅甸、新马的捐资办学贡献极大。其事业还在缅甸时就已经开始资助当地华校办学。1922年五六月间,得知缅甸启发学校、南洋女学校办学经费紧张,对两校分别捐资一千元、五百元,此热心助学善举被刊登于1922年6月2日《叻报》上。胡文虎在这时期内资助的学校还有南洋工商补习学校、鼎新学校、华侨女校、南华女校及应新学校。

在新加坡,胡文虎为办好华侨中学、南洋女子中学、民众义务学校等三所学校倾注了大量财力、物力和精力。新加坡华侨中学(原名"新加坡南洋华侨中学校")创办比较早,是在1919年3月由陈嘉庚等人倡议下创办的南洋华侨子弟学校,1928年,胡文虎将制药厂迁至新加坡后,由于乐善好施,随即被推举为华侨中学的总理。两年后,胡文虎因"校门事件"②被误解引起纠纷,遂辞去总理职务。但在这短短的两年中,胡文虎为该校做出了巨大付出,功绩不凡,兹列如下:

1. 独资建造虎豹楼一座,一年后此楼改作单身教员宿舍;
2. 独资兴建校门两座;
3. 独资修建校路;
4. 独资将虎豹楼前面斜坡草地,辟为大型运动场;
5. 增添理、化、图书设备;
6. 增设学生津贴;
7. 提高教员待遇。

华侨中学的校门事件并没有挫伤胡文虎对华教事业的热心。1930年,胡文虎担任新加坡南洋女子中学的名誉总理,5月1日他在报章上发表言论,呼吁该校自行购地建校,并捐款五千元作为先导,在他的催促之下,该校董事会乃成立"增办高中购置校舍筹款委员会",在各方奔走努力之下,当年11月购得建校地皮六英亩,并将校地内的洋楼改建为校舍,1933年,胡文虎捐款建校舍四间。第二年,又自动捐建大礼堂全座及教室八间。

为了解决平民子女上学难的问题,1935年他独资创办规模宏大的免费"民众义务学校",设校址于柏城街20号客属总会之内,将总会二、三、四楼辟为教室,当年9月1日正式开办,一切开支由胡文虎个人承担。初期仅设上午小学,后来学生日益增多,加开设下午及夜学二部。经过四年的努力,到1939年该校拥有学生1600百余名,成为区域内最大型的一所学校。后因第二次世界大战,1939年底被迫停办,虽然仅办四年,但培养学生数不下万人。

胡文虎对马来亚的华教也非常关心。在1951年以前,他资助马来亚华校有据可查的就达十八所,总共资助二十余次十多万元,详见下表:

资助时间	资助学校	资助金额(元)	备注
1930年	槟城钟灵	10 000	10 000元兴建图书馆,另捐款增建教室款额不详
第二次世界大战前	天定南华	不详	捐款兴建大礼堂一座

---

①李荣德:《我与客家歌》,载南洋客属总会《客总会讯》,2014年8月第60期纪念特刊,第82页。
②1930年5月中旬,新加坡华文报章刊登一则针对胡文虎在独资新建华侨中学校门时,上方横书"南洋华侨中学校",左方刻上中文"胡文虎胡文豹捐资建筑",右方刻上英文"Presented By Aw Boon Haw & Aw Boon Par"(即"胡文虎及胡文豹敬送")表示诧异不满的广告。文中列举六点疑问批评胡文虎,如此做法让人莫不认为南洋华侨中学是胡文虎、胡文豹捐资建筑的。同时,责问华中董事部。5月底,胡文虎在报章上发布了一则启事,提出七点澄清给予回应。5月23日,胡文虎向董事部辞去总理职务,也婉谢来届改选的提名。胡文虎与华侨中学的关系也就此终止。

续上表

资助时间	资助学校	资助金额（元）	备 注
1939 年	麻坡中华（中化之前身）	不详	连同麻属各界数万元，建教室 16 间
1939 年	麻坡化南女校（中化之前身）	13 000 余	扩建费
1940 年	马六甲培风		向政府购得甘光暗拨 5 英亩地皮一处，赠作校址
1946 年 5 月 28 日	孤儿学校	5 000	
1946 年 8 月 27 日	华侨中学校	10 000	
1946 年 8 月 28 日	南华女校	2 000	
1946 年 9 月 4 日	中正学校	1 000	
1947 年 1 月 10 日	华侨中学校	10 000	
1947 年 8 月 18 日	新加坡孤儿学校	1 000	
1949 年 5 月 7 日	新加坡菩提学校	1 000	
1949 年 9 月 12 日	新加坡华侨中学	2 000	
1949 年 9 月 16 日	新加坡公教中学	1 000	
1950 年 6 月 14 日	槟城慕义学校	10 000	
1950 年 6 月 20 日	槟城公民学校	10 000	
1950 年 8 月 17 日	霹雳三才学校	10 000	
1951 年 1 月 29 日	新加坡菩提学校	20 000	
1951 年 5 月 21 日	吉打华侨中学	10 000	
1951 年 11 月 24 日	波德申中华学校	1 000	

（此表据郑良树《胡文虎与新马华文教育》一文整理）

值得称道的是，胡文虎胸襟博大，除资助华校外，也资助英文学校、教会学校、工艺学校及回教学院等。①

在马来西亚怡保出生长大的胡万铎，对父母教会的家乡方言情有独钟。他提倡，凡是会馆开会、同乡聚会都用客家话交流。编者在 2016 年 1 月拜访他时，他很自豪地告诉我们，他的客家话说的很好很地道，并当场以"土得掉渣"的日常生活中极少用到的客家话词汇——"牢之鬼找（音译）"②的含义来考来访者，要来访者说出该词汇的意思。他对母语的保护

---

①郑良树：《胡文虎与新马华文教育》，载赖观福主编《客家源远流长——第 5 届国际客家学研讨会论文集（续篇）》，马来西亚客家公会联合会出版，2000 年，第 40~50 页。

②下洋客家话，"土得掉渣"意为非常"土"，非常地道。"牢之鬼我"意为胡来、乱来、乱七八糟。

与传承不遗余力,在华教上贡献突出,因"独中运动"被誉为"华教斗士"。

胡万铎二十岁那年(1955年),他在槟城钟灵中学就读高一,因与同学反对学校接受改制,成为"学运"的领袖之一,被英政府拘留两周后逐出槟城。由于广大独中学生的支持,导致1956年爆发了严重的反对改制的学潮,胡万铎转入育才中学,被视为"不受欢迎"的学生,后远赴英国求学。

胡万铎先生在深斋中学欢迎到访的龙岩、永定乡亲,李贵海提供

胡万铎认为,教育就是为子孙后代谋福利的大事。所以,他在20世纪70年代事业有成后,又积极投身华教运动中。华校改制前,霹雳州原有19间(所)华文中学,在1962年改制时,共有17间(所)接受改制,剩下两间(所)即胡万铎之父胡曰皆创办的深斋中学与班台育青中学未加入其中,其余改制中学有附设私立中学(独中),共14间(所)。但因生源短缺,剩下9间(所)独中濒临关闭。这9间独中如下:

怡保育才(改制后另设独中);

培南中学(改制后另设独中);

深斋中学(未改制);

金保培元(改制后另设独中);

太平华联(改制后另设独中);

实兆运南华(改制后另设独中);

江沙崇华(改制后另设独中);

班台育青(未改制);

安顺三民(改制后另设独中)。

为了霹雳州的9间(所)独中在运动中不至于消沉,在1973年4月1日,胡万铎百忙之中参加了"霹雳独中复兴运动"会议,即席被推选为"霹雳华校董事联合会协助独中发展工作委员会"主任。翌年,他被选为霹雳董联会主席。从此,胡万铎再次与华教运动结下了不解之缘,与一批华教工作者担负起挽救华文教育的使命。在他的振臂呼吁下,不仅9间(所)独中最后"起死回生",也唤醒了华族对母语教育的重视,加强了民族团结。一直执着倡导用母语教育的胡万铎,到后期也顺应形势引进了英语教育,此举引发争议,甚至被指责成背叛华教。但胡万铎认为,在独中复兴运动时代反对独中改变教学媒介语,是因为独中不能通过走英语路线来吸引学生和家长,独中应该靠自己的特点,靠母语教育来说服家长把孩子送进独中,如果独中变质了,华教斗争很可能溃败,连阵地都没有了。而后来推行英语数理化,是基于英语的现实功能,是为了让学生毕业后有更好的发展机会,尽管改也不是改变整个教学媒介语,只是更注重英语而已。胡万铎担任过华教方面的职务主要有:

霹雳华校董事联合会主席;

霹雳深斋中学董事长;

霹雳深斋商学院董事长;

独立大学有限公司主席;

董教总教育中心(非营利)有限公司董事;

南方学院董事;

新纪元学院董事等。①

印度尼西亚雅加达永定会馆在20世纪40年代开办过协和学校,校址坐落在雅加达城区华人聚集区三间土库大街47号,数年间,学生人数从开办之初的一百多人增加到二千五百多人,因三间土库的协和学校容纳不了那么多学生,便借用北哥园的永定会馆作为协和学校分校。后来,协和学校于1966年4月5日被印度尼西亚当局封闭停办。为联络校友,怀念协和学校的读书时光,2003年4月26日由永定会馆发起成立"协和校友联谊会",在成立会上,永定会馆会长兼协和校友联谊会会长游继志特别强调说,希望校友会搞好福利工作的同时,推动文娱和体育活动、

---

① 关于胡万铎的华教简史参见:胡欣桦等编《永定六十继往开来——北马永定同乡会成立六十周年纪念特刊》,北马永定同乡会出版,2007年12月,第50~51页;叶观仕主编《今日马来西亚客家乡贤谱》,马来西亚客家公会联合会出版,第94~95页;陈圆凤主编《天下人物》(创刊号),鼎盛投资有限公司出版,2012年7月,第1期,第99~110页。

组织歌咏团、开办中文补习班等。① 仍然不忘办学和传承文化之初心。

二、出版会刊和纪念特刊、留存历史记忆

各社团不定期出版的会刊与纪念特刊是记载社团形成发展史，记录社团开展各项活动的重要载体。同时，也是刊登介绍原乡文史，传承、传播原乡民俗文化的重要媒介。1946年2月新加坡永定会馆在南洋社团中率先出版会馆专刊《永定月刊》（1947年停刊）。1988年10月20日举办成立70周年纪念庆典，第一次出版纪念特刊——《新加坡永定会馆七十周年纪念刊》。2000年，《永定会刊》创刊，详实报道会务情况及乡情。2008年11月29日，举行九十周年纪念庆典，出版第二本纪念特刊——《新加坡永定会馆九十周年纪念刊》。南洋客属总会于1981年开始出版《客总会讯》，至今已出刊七十多期。

新加坡龙岩会馆五十周年纪念特刊，一方面很自豪地向世人宣告"我的祖国，新加坡啦!"，同时在纪念特刊里大篇幅刊登龙岩原乡传统文化，字字吐露乡情。如龙岩方言版的歌谣《月光光》，②细声哼哼，故乡的月让人魂牵梦绕。《龙岩节日》，除介绍春节、元宵、清明、端午、中秋、重阳、冬至、除夕等中华民族传统的节日外，还介绍了四月初一、六月初一、立夏、七夕、七月半、入年界与扫尘及过年守岁等独具地方特色的节日习俗。《老乡俗谚漫谈》一文搜集选登了60句寓意深长的龙岩方言谚语俗句，如"尖人吃虫屎（警告做人不可太尖刻利害，孳孳为利，专打如意算盘，往往会得不偿失，最后吃亏的还是自己）""等到尼姑做满月"，意指事情渺茫无望，尼姑不结婚，一般是不会生孩的，因而亦无尼姑做满月之事。这些可谓民间生活金句，富有哲理和教育意义。同时，乡土气息特别浓厚。像这样用方言沟通极易拉近乡情，有益于年青一代加深对祖乡的文化认同。就如作者郭涌潮在前言中指出，传承这些俗谚文化遗产，"以便乡友们在茶余酒后之时，将这些文化遗产说给下一代年轻人听听，让他们沾染一些乡土文化的气息，也许可以引起他们对'祖乡'的思慕憧憬之情"。由章文松撰写的《采茶灯》，介绍了龙岩采茶灯歌舞艺术形式、采茶扑蝶舞的组成、旧有歌词的内容、舞蹈内容与队形的改进，以及取得的成就，并在文后附上《采茶扑蝶》的舞曲，观之亲切自然。《龙岩情歌选》，选刊了龙岩情歌50首。此外，还刊登了《雁石的传说》等地方传说与掌故。③

丰永大公会在成立一百七十五周年纪念特刊上详细刊载了《新加坡客家传统丧葬习俗》，记述了新加坡客家丧葬习俗的演变及20世纪90年代以前传统丧葬的仪礼，包括入殓、守丧、安葬等具体仪式。

三、组织传统民俗活动，拉近与原乡的距离

会馆组织会员开展传统节日民俗活动。每年开展原乡大传统节日活动，诸如春节、元宵、清明、端午、中秋、重阳等节庆活动，也定期开展风俗各异的一些小传统活动，诸如神诞、节令习俗等，可以唤起旅外同胞的乡愁，更加拉近与原乡的距离。

缅甸永定会馆尤其重视传统岁时节日民俗的传承。为了不忘原乡岁时节日习俗，缅甸永定会馆把每个传统节日制作成挂历，一目了然，便于按时过好每个传统节日。如该会馆活动室墙上悬挂的2017年挂历是一幅中英缅三种文字结合的传统春牛图日历，二十四节气、十二生肖一应俱全，日历上部留出三分之一的图面从左到右依次印上缅甸公共假日表、公鸡报晓图（当年为农历丁酉年，鸡年）及中国节日表。中国节日表中的节日时间对应如下表：

---

① 朱世延："永定会馆"暨"协和校友会"会所宣告落成启用，载《印度尼西亚日报》，2003年5月19日。
②《新加坡龙岩会馆成立50周年金禧特刊》，1991年，第94页。
③《新加坡龙岩会馆成立50周年金禧特刊》，1991年，第219~242页。

时间	节日	时间	节日
1月28日（正月初一）	中国春节	7月12日（六月十九日）	观音得道
2月2日（正月初六）	清水祖师宝诞	7月17日（六月二十四日）	关圣帝君圣诞
2月5日（正月初九）	天公宝诞	9月5日（七月十五日）	中元节
2月9日（正月十三日）	关圣帝飞升	10月1日	中国国庆节
2月11日（正月十五日）	元宵节	10月4日（八月十五日）	中秋节
2月11日（正月十五日）	福德正神巡回挂香	10月4日（八月十五日）	福德正神巡回挂香
2月14日（正月十八日）	岱枝兴福尊王宝诞	10月11日（八月二十二日）	广泽尊王宝诞巡回挂香
2月27日（二月初二）	福德正神诞辰	10月28日（九月初九）	九皇大帝千秋宝诞
3月16日（二月十九日）	观音宝诞	10月28日（九月初九）	妈祖飞升
4月4日（三月初八）	清明节	11月7日（九月十九日）	观音出家
4月19日（三月二十三日）	妈祖宝诞	12月22日（十一月初五）	冬至（冬节）
5月30日（五月初五）	端午节（端阳节）		

岩籍海外社团历来重视饮食民俗的传承。2006年，槟城龙岩会馆积极参与由槟州华人大会堂文教组及妇女组、槟州马华妇女组、光华日报等多个单位主办的"第八届《把根留住》端午节裹粽子比赛及品尝会"，槟城龙岩会馆不仅积极组织会员参加，还贡献粽子100个。这是海外社团充分利用节日或庆典举办饮食民俗活动的常见形式。新加坡丰永大公会在2015年8月2日隆重举行三邑楼落成揭幕典礼，随后，在新楼的中央广场举办盛大的客家美食节活动，三家会馆分别摆出源自家乡的各种美食，尽显风采，推介家乡菜肴与小食。其中永定会馆销售的有芋子包、黑豆粄和糍粑，这都是永定赫赫有名的特色美食。

用舌尖品味原乡的文化，是传承和传播原乡文化中最富吸引力和最有效的途径之一，尤其受年轻一代华人的青睐。因此，各个侨团也把弘扬原乡美食作为传承传统文化和饮食民俗的重要抓手。槟城龙岩会馆妇女组主任许雅珠、福利组主任邱莲丝及委员林美兰，为了发扬龙岩家乡菜的特色，逢龙岩会馆有任何节庆，都会亲自下厨烹饪，让更多人有机会品尝到龙岩家乡菜的特色。她们认为，家乡菜是由长辈们传授下来的，特别是从母亲及家婆身上学会，美味可口，为了不使家乡菜失传，身为龙岩一分子，要把这项厨艺一代又一代地传授下去。在节庆日，她们通常会做家乡的猪肠糯米、小肠蛋汤、什锦、洋鱼（祥鱼）、龙岩水饺、苦抓菜等龙岩风味十足的菜品，这些家乡"大菜"所需配料多，虽然做起来费时费力，但她们乐意奉献，给会馆乡亲带去享受家乡美味的快乐。①

岩籍客家社团会所张贴展示的客家美食文化

一些社团还通过举办客家饮食文化讲座、客家美食走进校园等系列活动助推原乡饮食民俗文化的传承。新加坡南洋客属总会经常举办客家文化方面的讲座，2015年5月16日邀请客家美食家赖法源在客总大礼堂举办了题为《客家饮食文化面面观》讲座。

---

① 许雅珠、邱莲丝、林美兰发扬龙岩家乡菜特色，载槟城《光华日报》，2006年6月25日。

讲座内容：客家菜的特征及其形成原因、客家酒文化、特色小吃"粄"及其变种、各地客家菜地方特色、汤文化及坐月子菜、豆腐与客家人的渊源以及客家菜如何创新改良等。新加坡永定会馆近年开展了客家文化走进校园的活动，向客家学生介绍客家文化，让学生现场品尝客家美食，亲身感受客家饮食民俗的魅力，达到客家文化薪火相传的目的。

四、组织返乡寻根，体验原乡文化

开展与原乡恳亲联谊，加强两地亲情。开展夏令营、冬令营活动，促进青少年回乡寻根。海外侨团经常组织乡亲会原乡探亲寻根，创造机会回乡拜谒祖地，看望乡亲，了解先辈的生活世界，架设海外同胞与祖国乡亲联通的桥梁，加深了两地情谊。1989年9月，由新加坡龙岩同乡发起组织了"新加坡暨马来西亚龙岩乡友亲往祖籍福建探亲旅游寻根和探源"活动，全团共45人，其中新加坡42人，马来西亚吉隆坡2人及槟城1人，由翁金祥先生任团长，这是历史以来岩籍华侨华人第一次大规模的回乡探亲团。近乡情愈切！据当时的领队苏成辉回忆，进入龙岩地界后，同胞们激动不已，"老乡的树木花草、溪涧、岗陵，引发了团友们蕴藏多年——甚至几十年思乡的激情（团员之中，新马出生初次访岩的年轻人占少数，大部分是在第二次世界大战之前或胜利初期便离乡背井到海外谋生的）。沿途中，有的滔滔不绝地讲述自己在老乡的经历，回忆着儿时趣事；有的则情不自禁地唱起家乡的儿歌与童谣。总之，'多年夙愿终得尝'，种种真挚桑梓情怀的流露，实在令人非常感动！"龙岩相关部门高度重视，隆重的接待、细心的安排让海外游子倍感温馨激动不已。"当探亲观光团甫抵即将下榻新布置雅致的挺秀宾馆大门前时，只见人潮汹涌、重重叠叠探头相迎！不久团员们都先后会见了在此伫候而阔别多年，甚至几十年或从未谋面而以鱼雁相通的亲友们时，真是仿如隔世，不少人相拥喜极而泣，面对面诉说彼此的异同；有的重温旧梦，缅怀儿时记趣，憧憬着更美好的将来。亲友间的亲切与关怀倍增温馨、情感的交流淋漓尽致，交织奔放达到了最高的境界——巅峰！在震天的欢庆爆竹声中，让欢乐的泪水无节制畅流吧！其情景十分动人！"①

1998年第一届世界龙岩同乡恳亲联谊大会在龙岩举行，大会期间，海外龙岩同胞参观了龙岩民俗文物展，透过民俗文物全景式直观地展现了原乡龙岩的历史文化与生活习俗，增加了对祖地的感情。一位年纪稍轻的第二代华侨在东肖森林公园种植下一棵相思树后，十分动情地说："种下一棵相思树，我好像完成了精神上的一次嬗变历程，似乎觉得只有今天以后我才是真正的龙岩人。"②举办海外同乡恳亲尤其是回乡恳亲的吸引力正在于此，表现出海外华人华侨极大的内部团结力和祖地向心力。因此，世界龙岩同乡恳亲联谊会自1998年举办以来，每三年一届，迄今已举办七届。历届举办世界龙岩同乡恳亲联谊大会列表如下：

届次	举办时间	举办地点	大会主题	与会的海外国家/地区数（个）	主要活动
第一届	1998年10月	中国·龙岩	敦睦乡谊 共图发展		
第二届	2001年11月	新加坡	狮城团聚 情深谊长	13	
第三届	2004年12月	中国·龙岩	乡亲万古流	12	2 000
第四届	2007年8月	马来西亚·吉隆坡	人杰地灵 再创辉煌	17	1 200
第五届	2010年11月	中国·龙岩	敦睦乡谊 共图发展	15	1 600
第六届	2014年11月	中国·香港		10	1 500
第七届	2016年11月	中国·龙岩		18	

---

① 苏成辉：《融探亲旅游于一体——新马龙岩乡友探亲观光团访闽活动追记》，载《新加坡龙岩会馆成立50周年金禧特刊》，1991年，第275~276页。
② 敦睦乡谊 共图发展——第一届世界龙岩同乡恳亲联谊大会在龙岩，载《龙岩旅港同乡会成立二十五周年纪念特刊》，第127页。

1985年8月24日，新加坡永定会馆首次主办"星马永定同乡恳亲会"。

1996年11月，新加坡南洋客属总会成功主办"世界客属第十三届恳亲大会"。

此外，为传承原乡传统文化，各社团组织还因地制宜地在会馆内外设立文化馆、图书室。槟城龙岩会馆就设有图书室，印度尼西亚雅加达客家公会则设有号称海外最大的客家博物馆。一些会馆设有专门的文化展厅，文化展厅墙上张贴了客家方言文字与普通话对照表等等。

第二节 岩籍海外社团对民间信俗的传播

敬天法祖的传统观念是中国民间宗教的信仰基础。古老的百越文化与南来的中原文化融绘成色彩斑斓的闽西历史文化地图，闽西的民间宗教信仰文化也变得丰富多样，敬畏天地，崇拜自然神祇，礼法先祖，敬拜祖宗神灵。离开故土闯荡南洋的岩籍先辈们，为了获得家乡神明保佑平安大吉或抚慰心灵伤痛，把家乡信俗也一同带到了海外，经海外华侨华人代代相传。岩籍海外社团在原乡民间信仰的传承上则起到了推波助澜的作用。

一、天地神祇信俗在海外传播

前述提到的缅甸永定会馆挂历中的图表列出的23类（次）节日民俗活动中，有15类（次）节日民俗归属于神祇节庆活动。可见，永定籍的缅甸华侨华人对源自原乡的传统民间信俗在当地传承得很好，这与社团组织的重视及参与密不可分。东南亚其他地区的民间信俗传承的情形也基本一致。

土地神信仰在东南亚岩籍华侨华人中十分普遍，供奉土地神的福德祠遍布岩籍华侨华人社区。

土地神，又称社神、土地爷、土地公公、伯公（婆）、福德龙神、五方五土龙神、后土龙神等，是源于我国古老的自然崇拜，在先秦文献中已有关于"土地神""后土"的记载，如《左传》云："凡有社里，必有土地神，土地神为守护社里之主，谓之上公。"《礼记》载："后土，神社也。"而《史记·封禅书》载："汤以伐夏，祭告后土。"这不仅佐证了"国之大事在祀与戎"，也说明了祭拜土地神至迟在商代已经流行，且为国祀的重要组成部分。上行而下效，崇祀土地神不仅是统治阶层的行为，更是民间的信仰习俗。中原土地神被南下入闽的汉人带到闽西，成为闽西民众的保护神，土地神信俗遍布闽西乡村。户外的田间地头、村庄水口、道旁、桥头、大树下、大石下、山林坳口以及墓塚，祖祠及神庙室内的家宅厅堂等等，土地神几乎无处不有。设坛在户外的土地神闽西人一般称为"公王"或"伯公"，设置在坟茔的一般称为"后土"，安奉在家中的通常称为"龙神"，一般在后厅堂（祖堂）香案正下方，神牌大小一般宽20厘米左右，长约40厘米，通常书（刻）文字为"本宅（楼）福德土地龙神禄位"。如图：

马来西亚怡宝沙白客家人家中厅堂供奉的土地龙神，俞如先摄

岩籍华侨把土地神带到东南亚之后，仍然依照原乡供奉形式，把土地龙神安奉在家中厅堂香案正下方。他们也把土地神信仰观念复制到番邦属地，尊重当地土地神，在拜原乡土地神外，也拜番地的土地神。如在马来西亚怡宝地区的客家人家中厅堂供奉的土地神，神牌文字一般分左、右两行竖式书（刻）写，左刻"五方五土龙神"，左刻"唐番地主财神"。有的还在神牌左右书（刻）一副上下联语："五方财宝进，中外贵人扶。"从中我们可以看出，原乡土

神信仰经华侨传播到马来西亚以后已经在地化了。

在东南亚客家信仰圈普遍流传的"大伯公"信仰，是英灵信仰，崇祀的神灵是开发先驱英雄。与岩籍华侨有密切关系的马来西亚槟城海珠屿"大伯公"信仰在东南亚具有广泛而深远的影响。

据海珠屿大伯公史略，早在清乾隆初年，18世纪中叶，相传祖籍永定的塾师张理，携大埔铁匠丘兆进，永定烧炭工马福春，乘帆船漂至槟城海珠屿。登岛屿后，三人一起开荒拓殖，结拜兄弟，朝夕相处。丘、马二公忽数夕不见张公，到海滨寻找，发现张公坐化于石岩上。于是，丘、马二公就地葬张公于石岩之侧，竖碑"开山地主张公墓"，神祀张公。后来，丘、马二公先后逝世，马公葬丘公于张公墓志右侧，竖碑"大埔丘兆进公墓"，邑人葬马公于张丘二公墓之下，竖碑"永定马福春府君墓"。"那时候槟岛地方，榛莽初启，触目荒凉，出来之民迷信神道，且当开辟之初，疫疠常生，同侨慕三公之义复冀求庇护，同以神祀三公，统尊之为大伯公。"① 到清嘉庆四年（1799）在三公墓旁建大伯公庙。清嘉庆六年（1801）在今槟城大伯公街建福德祠大伯公庙，为海珠屿大伯公庙之行宫。

张、丘、马三公死后英灵化身为"大伯公"，显然是在原乡的土地神"伯公"信仰发展而来。作为海外开基地主的"大伯公"具有人格神和自然神的双重性，既是纪念先贤也是土地神崇拜。东南亚的土地伯公"待遇"比原乡的土地伯公还高，由户外简陋的神坛被迎进了宽大的大伯公庙和福德祠内供奉。

永定下洋镇西山村丰裕楼厅堂土地龙神牌，邱立汉摄

槟城海珠屿大伯公庙，邱立汉摄

海珠屿大伯公庙右侧的永定马福春墓，邱立汉摄

---

① 邝国祥：《海珠屿大伯公考》，《马来西亚槟榔屿海珠屿五属大伯公庙建庙两百一十二周年纪念特刊》，2012年8月，第29页。

槟城永定邑人是参与管理海珠屿大伯公庙的重要力量。永定华侨先后在槟城组织成立槟州永安社、北马永定同乡会，每年组织同乡拜祭大伯公。大约成立于20世纪20年代初期的永安社，创立之初就以"祷神祈福，共谋邑人团结"为宗旨，后来在《永安社章程》第二条"宗旨"中表述更为详尽——"本社以联络同乡感情，每年农历正月初十日，为纪念海珠屿大伯公庙，发展公共利益为宗旨。"①

槟州永安社因感念海珠屿大伯公威灵，保佑合境平安，经营生意者祈求事业顺利，特订每年农历正月初十在大伯公神案前庆灯聚集，当众掷筊决定炉主一人，协理二人，任期为一年，当日下午一时设联欢宴会。随着大伯公威灵益彰，永安社的信众越来越多，拜祭规模越来越大。1962年以前参加宴会人数六七百人，自1963年后连年参加宴会人数增至一千余人。每逢农历正月初六，炉主及协理齐集永定同乡会出发本坡向永邑同乡题缘（开销宴会及拜祭一切费用），初八购置应用之物，初九下午二时将鸡鸭、生猪、菜料、杂物、盘碗用具、桌椅等运往海珠屿大伯公庙。当晚十时，在大伯公神案前清炉、宰猪。初十上午十一时，庆灯拜祭，并掷筊明年度炉主及协理，下午一时至四时止，设联欢宴会，全部家乡风味，筵开百余席。②

槟城海珠屿大伯公已经发展成为东南亚普遍的客籍华人大伯公信仰。除槟城外，彭亨州北根和怡保等地也有大伯公庙宇的建立。怡保的大伯公庙是1872年由一帮客籍锡矿人从海珠屿大伯公庙引进香火神灵，安奉于建在坝罗近打河畔一间小庙宇里，1894年向英政府申请在现址建庙。新加坡丹戎巴葛海边的"望海大伯公"福德祠建于1844年，据悉，早在1819年即有此大伯公庙。清咸丰十一年（1861）重修庙宇碑记刻有"应和公司"与"丰永大公司"各捐款五十大元，为捐款名录中之最高捐款者。应和公司、丰永大公司分别是应和会馆、丰永大公会之前身。应和公司由嘉应五属组建，丰永大即由丰顺、永定、大埔三县的简称。此客家八属客家人共同组织管理"望海大伯公"福德祠。庙中高悬着一匾额"福荫群生"，上款写着"光绪癸卯年孟冬之月吉旦"，下款则是"客社八邑众商绅士等同立"。此外还有联语数幅，其中有永定信众敬赠两幅对联及落款如下：

面海背山万顷洪波频拜舞，
朝灵思普十方士庶沐鸿床。
福被华商咸推广大佇天地，
德绥异域莫测高深逾海山。

沐恩永定合邑众弟子等合敬

由此可知，在"望海大伯公"福德祠在人心中的地位。

新加坡的大伯公庙不少，除了历史最悠久的望海大伯公庙之外，还有梧槽大伯公庙、直落亚逸海唇大伯公庙、水龙头大伯公庙、恒山亭大伯公庙、龟屿大伯公庙、水仙门大伯公庙和芽笼大伯公庙等。大伯公不只被供奉在福德祠庙里，也被供奉在其他庙宇、会馆和坟山等场所。

岩籍华人把土地伯公信仰带到东南亚后，与马来西亚的拿督公、泰国的本头公等本土信仰又融合在了一起。常在屋前设置祭拜拿督公的小神龛，神龛联语为拿神镇宅旺，督公保平安。或在建筑物外、庙外、路边、树边等地设有"唐番拿督"或"唐番拿督神位"的小祠，有些在大伯公庙外设有拿督公坛，显示出拿督公也是一种土地神，只是其土地管辖的"境"可能更小些。如马来西亚沙白天福宫庙，是客家人建的神庙，供奉主神张公圣君，神案下祀奉了五方五土龙神，在庙宇左侧建有拿督公殿。这是典型的英灵信仰与自然信仰的和合，原乡土地神与海外本土土地神的融合。

岩籍华人华侨在泰国的土地神信仰融合了本土本头公信仰。泰国本头公神祇位阶一般高于大伯公。若以本头公作为主神的庙，其他位阶再高的神也只能陪祀两旁。有的华人本头公庙，还附祀原乡土地公神，有些庙宇同时陪祀本头公与大伯公，如曼谷的客家关帝庙里，关圣帝君右边陪祀大伯公，左边陪祀本头公。

---

① 北马永定同乡会，《北马同乡会新会所开幕暨42周年会庆青年团9周年纪念庆典特刊》，1992年，第133页。
② 胡育文，永安社史略概况，《北马同乡会新会所开幕暨42周年会庆青年团9周年纪念庆典特刊》，1992年，第128~129页。

马来西亚槟城客家人房屋门前的拿督公神龛，邱立汉摄

马来西亚沙白天福宫主神下方祀奉的五方五土龙神，邱立汉摄

二、祖宗神灵崇拜在海外延续

慎终追远和安土重迁是中华民族的文化传统。赴海外谋生的侨民在异域文化的碰撞下，倍加珍惜原乡的传统文化。在处理人生后事上也如同祖国一样，慎重其事。不少社团对先辈亡灵的祭祀至今仍旧保留了传统的春秋两祭。

早期的海外侨民，以相同地域、同一民系为纽带形成共同组织，互帮互助处理身后丧葬、祭祀大事，这是团结族群力量和维系族群关系的最有效、最稳定的民间组织。因此，海外华侨社团组织草创时期也大多肇始于坟山管理、祠堂与庙宇祭祀。正如赖涯桥说："坟山管理，则高度体现了客家人的敬祖、崇拜祖先的信仰思想沉淀和互助精神的发挥。"① 中华民族传统的祖宗神灵崇拜在东南亚等海外侨区也得以延续下来。

马来西亚沙白天福宫庙左旁的拿督公殿，邱立汉摄

---

① 赖涯桥：《从新加坡客属会馆的变迁和发展看客家人在经济全球化环境下的自我转型与创新变革》，《南洋客属总会成立八十周年纪念》，南洋客属总会，2009年，第87页。

马来西亚沙白伯公树旁的拿督公殿，邱立汉摄

由永定同乡参与组建的新加坡丰永大公会在最初创建社团的性质就是一个管理坟山的组织。丰永大公会大约创立于1840年。三县联合创会旨在为了让仙游的乡亲，在新加坡有个安详长眠的吉地，专门管理专属的义山。丰永大先人安葬之地，最早可追溯到"青山亭"。1824年，"青山亭"位于新加坡安祥山以东和柏城街以西的地段，即现今麦士威路（Maxwell Road）。清道光十八年（1838），青山亭已经葬满，于是向英国殖民地政府申请开辟一个新坟山，1840年获批，将新坟山命名为"绿野亭"。"绿野亭"位于中苔鲁（Tiong Bahru）、河水山和合乐路（Havelock Road）之间，占地1公顷。1877年，"绿野亭"已经葬满，经申请购得武吉知马荷兰律（Holland Road）的地段，占地5公顷。1882年，丰永大公会坟山正式启用，命名"毓山亭"。另，据《丰永大三邑崇德堂重修碑记》，1876年，在荷兰律三邑义山之原，即"毓山亭"边建造三邑祠堂——崇德堂。1909年，丰永大向英国殖民地政府注册成为坟山组织，负责营葬和祭祀等事宜。后来，因英国殖民地政府开发市区所需，青山亭与绿野亭在1920年、1957年先后被征用。拨还土地及赔偿余款用于建造南洋客属总会及福德大厦。"毓山亭"坟山入口处，即三邑祠堂旁另建有大伯公庙。① 2008年福建土楼成功申报为"世遗"后，客家土楼声名鹊起，成为客家文化的符号，2015年，丰永大公会在三邑祠堂旁建成一座新加坡唯一现代化客家土楼——三邑楼。公会圆土楼既继承了原乡文化的特色，又把大伯公庙、总坟、骨灰塔、客家文化中心及丰永大公会产业发展巧妙地融为了一体。

丰永大坟山管理组织至今每年春秋两祭组织祭祀，是该组织每年两项重大活动，春祭安排在农历正月十五后第一个星期天，秋祭安排在农历八月初一后的第一个星期天，皆由董事部主持祭拜先人，隆重其事，成为接续原乡的传统祭祀活动，在新加坡弘扬了中华民族尊祖、敬祖和不忘本的传统精神。

丰永大公会2010年秋祭法会时全体董事祭拜仪式，图为《丰永大公会一百七十五年纪念特刊》翻拍照片

新加坡永定会馆每年会前往崇德堂进行祭祀。如2000年3月5日，永定会馆举行庚辰岁春祭，早上九时三四十人共乘巴士车前往崇德堂拜祭先贤，由会长曾良材主祭，仪式庄重。入夜七时半，在红星酒楼，举行联欢宴会，筵开四十余席，首先由曾良材会长致词，除向同乡们致以新春祝贺外，并呼吁同乡们踊跃参加会务活动，藉以促进同乡间感情，使会务能更蒸蒸日上。继后分发大学、中学、小学奖学金，领取学生有数十名，分别由正副会长颁发。接着举行幸运抽奖活动。捐献奖品资金累计达7 350元。②

1864年，胡泰兴等胡氏宗亲在槟城发起创建胡氏宗祠，胡氏宗祠注册名称为"帝君胡公司"，由永定下洋与厦门同安鼎美胡氏宗亲联合创办。宗祠正厅安奉宋肇基祖八郎公胡府君暨妣黄、陈孺人神主，宗祠大厅堂联"同本同源同安衍派，永传永远永定肇基"，横匾"百代瞻依"。门联"安镇槟城长忆同安鼎里，定思木本常思永定下洋"。永定下洋安定堂与鼎美敦睦堂组织，同附设在胡氏宗祠内。胡氏宗祠为大公，下洋安定堂与鼎美敦睦堂为小公。按帝君胡公司章程及宗教首条，即"奉祀祖先念八郎公及祖婆以

---

① 黄淼权、陈伟玉：丰永大公会沿革，《丰永大公会一百七十五年纪念特刊》，丰永大公会，2015年，第23~31页。
② 新加坡《永定会刊》，2000年第2期，第3页。

及关帝君",次为"联络族人感情及谋族人之福利",公司对先人坟墓祭祀极为重视,每年举行春秋两祭。日期为农历正月十三日,五月十三日,七月十五日及冬至日。

槟城安定堂秋祭总坟全体裔孙合影

槟城龙岩会馆前身最初是为办理岩侨春秋祭祀事宜组建的苍岩清明福公司。为扩大组织,吸纳更多同乡,岩侨前辈汤茂轩、林炳照、陈康臣、刘加华等人于1929年发起成立龙岩会馆,并倡议将苍岩清明福所存之款,及一切祭祀大事,归会馆管理。槟城龙岩会馆为体现对会员关怀,协助处理会员丧事,1962年成立了龙岩会馆互助会,以办理互助丧事及会员逝世谋善后为宗旨。

三、海外行业神信仰

行业信仰是民间信仰的重要组成部分,如木匠行的鲁班(公输盘)、风水业的杨公、戏班的田公等祖师都被供奉为行业神祇,业内人员必须顶礼膜拜。原乡的行业神信仰也同样备受海外华侨华人及社团的重视。大约在19世纪中叶就抵达荷属东印度巴达维亚(今雅加达)的永定大溪游氏宗亲,发挥永定家乡药铺行业优势,在雅加达大街小巷开中药铺发展基业。为了医药事业在异邦顺利发展,他们带去了家乡的药神,在闹市购置一间店面,楼上建立药王庙,供奉药神,香火一直很旺,成为雅加达永定医药人士的集体精神寄托。苏哈托时期曾一度被禁停,如今又得到恢复。值得一提的是,一般行业神庙宇只具有进香膜拜许愿的普遍功能,而该庙宇利用药王神祇的神职功能向信众提供独特的求签问药服务,庙里签筒备有药签若干,墙角一旁有对应签号的药单,每单都写了详细的多味中药名称,若信众要治病问药,只要在药王神前许愿求取药签,对号求取药单,按药单到药铺抓药煎煮,病人服下,据说还是相当灵验的。

据洋洋撰《永定人的药王先师》一文①介绍,永定先贤初到巴达维亚之时,大都行医卖药,信仰或供奉药王先师,希望获得庇佑,医术高超,生意兴隆。之后,从永定漂洋过海来到巴城的同乡或亲戚朋友慢慢多了起来,而且大都在永定人开设的药店工作,也同样希望先师保佑,找到好东家。据过去的前辈们说,一向以来药王先师庙与永定会馆总是紧紧联系在一起。药王先师庙设在掌加岸(PASAR PAGI)。永定互助会的干事游佳华君曾长驻庙内,处理庙事的同时也做互助会工作。永定药商老板乐意按月资助供品香烛、财帛以示虔诚。不久,游佳华君因病去世,由其母顶替,结果又因体弱多病而换人,不过料理庙事的都是永定同乡。

将近一百年药王先师庙都相安无事。永定人每逢先师诞辰均去烧香祈福,只知道自己是永定人先师,先师是永定人的先师。药王先师庙与永定互助会(或会馆)是有十分密切历史渊源:但有关"先师庙是什么时候建庙?什么人主持的,炉主是谁,什么人掌管庙堂法律权利,"等问题因当事人早已离世,就无从知晓了,留下的只是模糊的历史陈迹。1965年以后华社华人活动的场所只剩下寺庙,因此,药王先师庙还经常有永定人的足迹,也可以供外籍善男信女去膜拜、祈福、求药方治病。

1979年永定会馆复会,改名为"互助会",不久购置了会所,会址在Gg Kancil 34号。当时,永定人都希望新会所能起积极作用,把同乡维系在一起,把福利搞得好好的。但结果却令人大所失望,由于治安、情绪等问题,同乡总是不踏进会所门槛。后来,有人提议过找适中、方便的地方建会所,同时可以安放骨灰。按当时的情势,这种构想是可行的。但是由于会所地点难找,策略上又犯了先把原会所卖了的错误,加上印度尼西亚币值下跌等问题冒出,使得原先的理想不但没有达标,反而让执事者忧虑不安,唯恐会所化为乌有。最终在会长和其他领导关心下,在游兆民理事长帮助下,买回Bandengan Utara比以前小的新会所。

新会所不能作为骨灰塔,却成了药王先师庙。大家会觉得奇怪,药王先师庙(药王宫)好好地被供奉在掌加岸,为何又被搬到新会所去呢?这里有故

---

① 载《雅加达永定会馆成立六十八周年暨复会二十八周年纪念特刊》,2006年,第125页。

事,即曾发生一桩"药王先师"被丢进一间仓库的事件:有一天,一位会友向游兆民理事长报告药王先师庙(掌加岸)被一位建筑商买去改建商店,药王先师的塑像及一些神事物件则被搁置在一间仓库内,有一位虔诚的信徒,正在打听原先打理供奉药王先师的主人,要求把先师塑像带走由其供奉。游理事长得知情况,万分震惊,心想药王先师是永定人的,不能让别人拿走!随即派人去取,而后迎回新会所,新会所以后也就成了药王先师庙。

第三节　岩籍海外社团的艺术传承与交流

书法、山歌、戏剧等原乡艺术与民间信仰一样,成为旅外华侨华人的精神寄托。岩籍海外社团在做好组织内部的联络侨情、团结互助及发展福利的同时,也重视原乡的艺术传承与交流。为丰富娱乐生活,传承原乡艺术,一些社团组织了儒乐队、国乐队、舞狮队、山歌队、汉剧社、书法兴趣组等,新加坡龙岩会馆在2004—2005年第46届董监会还专门成立了文娱股,便于组织各类文娱活动,有些会馆设立文化股组织文娱活动。

图为1985年尹德懋先生在新加坡作书法专题讲座,邱立汉翻拍于《尹德懋书法集》

新加坡龙岩会馆十分重视原乡传统艺术传承。1985年3月,新加坡龙岩会馆邀请龙岩著名书法家尹德懋先生,在新加坡第三届全国挥春比赛颁奖大会上作书法专题演讲。1991年5月31日—6月2日,新加坡龙岩会馆与新加坡书法家协会(原为新加坡中华书学协会)在新加坡文物馆共同组织举办了"中国福建尹德懋书法展",展出中国书法家协会福建分会理事、闽西画院院委、龙岩著名书法家尹德懋先生80余件书法作品。同年,尹先生还在新加坡淡滨尼初级学院、新加坡南洋学会、新加坡书法研究院作书法讲座,为新加坡龙岩会馆题字赠贺。尹德懋先生自1985年至2002年期间多次被新加坡华侨社团及新加坡书法团体邀请去举办书法展览及作书法专题讲座。

由新加坡龙岩会馆协办的尹德懋书法展海报,邱立汉翻拍于《尹德懋书法集》

1995年,闽西书法家协会主席章彬辉先生应马来西亚拿督、客属总会会长肖光麟博士邀请,在总会举办了个人"百首土楼诗书展"。

印度尼西亚雅加达客属社团也重视中华传统书法艺术的传承与交流。2005年,雅加达客属社团联合邀请、龙岩市文联组织举办的"闽西书画名家展",邱步贤、章彬辉、赖彬文、陈柏永、赖才魁、温文茂等龙岩十位书画家作品参展。

槟城龙岩会馆通过举办中小学生书法比赛来推动书法艺术传承。据《光华日报》报道,槟城龙岩会馆青年团为发扬中华文化,研究书法艺术,增强书法兴趣及联络情谊,于2009年8月16日在槟城商务小学举办书法比赛。据悉,这项活动公开给在籍中小学生参加，唯每人只限参加一组，类别为毛笔字，评判由该团敦请书法界知名人士担任评判工作。比赛用纸由龙岩会馆青年团提供，为鼓励龙岩同乡子女积极参与，可免报名费参加比赛。非同乡子女报名费5林吉特。报名处设在槟城龙岩会馆秘书处。① 比赛当天，该会青年团团长郭蕙宁致词说，学习书法可端正人格、稳定情绪、平衡思维。他希望各界人士能够多多推动书法，保留这古老的中华文化及将其发扬光大。龙岩会馆理事长准拿督章志伟致词指出，书法在学校的地位大不如前，学生的书法都是其家长或学生以个人兴趣而自我进修，逐渐被忽视，他希望学校能够加以推动书法，将书法这门有意义的学术加以发扬。②

马来西亚沙巴州亚庇龙岩会馆的陈湘荣，是沙巴州比较活跃的岩籍华人书法家。书法作品多次参加各级各类展出。其中，1993年至2002年期间，作品连续参加了五届国际书法交流大展。1997年于吉隆坡举行个人书法义展，为马来西亚龙岩联合会大学贷学基金筹集三十余万元。2003、2005、2007、2009年参加马来西亚全国书法大展。2008年参加吉隆坡全国书法精英大展。③

2016年陈湘荣先生在亚庇龙岩会馆现场挥毫，邱立汉摄

龙岩市地处福建西部，崇山峻岭，旧时山区人民在日常劳作时经常在田间山岗放声歌唱，乐以解忧，或生活中男女歌声互答娱情，唱山歌蔚然成风，成为闽西一大民俗。长期以来，闽西积累了大量优秀传统山歌、民歌。

早期过番的岩籍华侨很多是唱着山歌惜别家乡，唱着山歌漂洋过海的。如过番歌"潮州一出到汕头，一看大海伲就愁。想起贤妻刀如割，日添忧虑夜添愁。"一些过番山歌大段连篇详实追忆着当年过番的苦境悲情。如《早年过番苦》：

旧时社会真凄凉，其中苦味永难忘。
人民生活无依靠，丢别家乡过南洋。
乘坐火船航大海，只见海水白茫茫。
提心吊胆多惊险，七日火船就起航。
初到番邦陌生地，举目无亲泪两行。
工作劳忙不在话，还要早晚去冲凉。
水淋身上冷如雪，日晒身中苦难当。
一心赚钱回家转，谁知人愿总难偿。
日寇侵华家乡陷，欲归不得感彷徨。

转移方针长久计，异域暂时作故乡。
勤力拓荒植胶木，或为贩卖小经商。
娶妻生子传后代，落地生根在南洋。
一心安享荣华乐，东洋南侵又猖狂。
整整三年八个月，海外华人亦遭殃。
国家有幸欣团结，国共合作御东洋。
……
唐山不知番背苦，以为番地有银仓。
南洋做食多辛苦，听我从头说分详。
日做工人无休息，夜晚割胶早起床。
一年三百六十日，少人休息食闲粮。
自古勤俭能致富，积少成多活计长。
在外诸般多苦处，句句真情没句谎。
我是当年老侨客，隐情常挂在心肠。
不知不觉变了质，汉人作了泰人郎。
致嘱华裔须谨记，饮水思源切莫忘。

这是一首泰国老华侨罗良兴编写的客家山歌，因"句句真情"，感人肺腑，引起华侨的共鸣，在侨居国广泛传唱。④

2016年1月5日，龙岩华侨史编修人员到访印度尼西亚雅加达永定会馆，80岁高龄的永定陈东籍卢

---

① 参见2009年7月29日《光华日报》报道：《龙岩会馆816办中小学书法赛》。
② 参见2009年8月17日《光华日报》报道：《槟城龙岩会馆书法比赛——郭蕙宁：多多推动书法》。
③ 《亚庇龙岩会馆88周年纪念特刊》，2011年8月，第31页。
④ 这首过番山歌是本书编修人员于2016年1月15日调研马来西亚雪兰莪州沙白适耕庄客家公会时，拍摄于该会所墙上张贴的客家文史资料，山歌落款作者是泰国合艾客籍华侨罗良兴。适耕庄有少部分永定籍华侨。

泰福见到来自龙岩的乡亲，情不自禁地即兴唱起几句客家山歌来：

雅加达永定会馆的卢泰福老先生在午餐时对龙岩乡亲即兴演唱山歌的情景，俞如先摄

广东福建（呀……之）好地方，
广东福建（呀……之）好风光。
印度尼西亚（个）华裔（啊……之）爱家乡，
修桥筑路建学堂
家乡（个）人民（啊……之）喜（哟）洋洋。

一些社团的会刊、报刊及纪念特刊等媒介利用刊物平台不定期刊登山歌，对山歌艺术的传承发挥了一定的作用。如新加坡永定会馆 2005 年出版的《永定会刊》辑录了客家情歌二十余首，① 略举如下：

一

入山看见藤缠树，出山看见树缠藤。
树死藤生缠到死，藤死树生死也缠。

二

郎有心来妹有心，唔怕山高水又深。
两人过河同下水，有情浸死也甘心。

三

新做眠床四四方，四面横屏画鸳鸯。
单身妹子床上睡，翻来翻去想情郎。

龙岩素有"山歌之乡"的美誉。龙岩山歌手曾于 1952 年在龙门塔下，结集五路歌手，开设山歌擂台赛，唱了七天七夜，出现过"十里山乡一片歌，一人唱歌万人和"的动人景象。1953 年，龙岩山歌艺人在政府的支持下把龙岩山歌编辑起来，创办了一个全国独特的新剧种——龙岩山歌戏，1954 年成立了龙岩山歌剧团，受到海内外龙岩人的欢迎。

龙岩山歌剧团多次到东南亚参加龙岩同乡联谊大会表演。如在新加坡举行的第二届、马来西亚吉隆坡举行的第四届龙岩同乡恳亲联谊会上，龙岩山歌剧团到大会演出龙岩民间歌舞《采茶灯》，龙岩山歌大王郭金香登台演唱山歌，詹晶晶表演树叶竹板吹奏。恳亲大会还采用龙岩民歌采茶歌调，依谱填词，谱写歌颂龙岩的大会会歌：

龙津河畔好风光，龙岩本是龙故乡。金山银水舞蛟龙，龙的传人志如钢。龙岩人多俊杰，龙的精神大发扬，龙岩人多俊杰，龙的精神大发扬。

龙岩同乡遍五洲，恳亲联谊聚一堂。根相连来脉相同，乡音乡情暖心房。爱祖国爱家乡，同创伟业万年长，爱祖国爱家乡，同创伟业万年长。

有些纪念特刊充分利用媒介平台的宣传效应，刊登原乡地方歌谣。如马来西亚雪隆龙岩会馆在庆祝会馆成立二十五周年银禧纪念特刊上刊登了龙岩儿歌：②

《红丝线》
红丝线，线丝斑，
绊鸡公，慢慢行。
上榕树，采花枝，
采多少枝？
采一百零四枝。
角□对角枝，龙眼对荔枝，
荔枝红，打锣打鼓游三郎，
三郎被火烧，二郎蹦蹦跳。
大姑姐，一头猪，

---

① 何超德：《客家情歌集锦》，《永定会刊》，新加坡永定会馆，2005 年 6 月，第 43 页。
② 章超仁：《龙岩儿歌》，《雪隆龙岩会馆庆祝二十五周年银禧纪念·马来西亚龙岩会馆联合会创立十七周年会庆纪念特刊》，1997 年 12 月，第 46 页。

二姑姐，一头羊，
打锣打鼓迎新娘。
新娘爱插花，伯父换冬瓜，
冬瓜好煮汤，伯父换粗糠，
粗糠好生火，新年爱吃□叶粿。

《月光光》
月光光，月澄澄，
行迷路，过田埂。
田埂一窖水，□溜溜，
撑船儿过漳州。
漳州一口塘，
养鱼儿三尺长。
鱼头迎亲家，鱼尾迎女婿，
中间一段迎新娘。

此外，该纪念特刊还选登了十二首龙岩情歌，略举如下：

《路边野花哥莫采》
路旁野花哥莫采，不义之财哥莫爱。
烟酒不沾赌莫玩，家有牡丹等哥采。

《没有真心你别来》
嘴上甜蜜我不爱，没有真心你别来。
钱财服饰我不贪，小妹只爱好人才。

《如今阿妹陪身边》
太阳东升起海滨，哥哥捕鱼出海洋。
去年单人独船去，如今阿妹陪身边。

新加坡南洋客属总会在创立之初就成立了儒乐部。不仅在传统音乐、戏剧传承方面起到积极作用，还在周年庆典等重大事件中发挥了重要作用。例如，该会在1939年举办成立十周年庆祝活动时，正逢中国抗日战争，于是同时组织了游艺赈灾活动，有汉剧、国术表演、音乐演奏等。1964年，3月17日，顾问李光耀访非返回，总会联合全新加坡客属团体举行盛大庆功宴，由儒乐部表演汉剧助庆。新加坡龙岩会馆也曾经组建过音乐部，专辟一个音乐室，购置了不少民族乐器，制定了音乐部管理章程，乐器至今还摆放在音乐橱里。

马来西亚槟城龙岩会馆内保管完好的各式乐器，邱立汉摄

旅缅永靖华侨互助会1955年成立醒狮队；于1958年又组织成立"汉剧小组"；1961年与应和会馆联合组织成"缅华汉剧团"。其在缅华文艺活动中活跃，对推动和发展我国传统文化方面，也起了不小的作用。

下编·人物篇

永定一中创办人、著名新学教育家王绍经

王绍经（1852—1927），讳景生，字绍经，号小鹤。永定高陂富岭山子下人。清末举人，维新人物，近代爱国华侨、教育家，永定一中首任校长。

家庭背景与科举之路

1852年，王绍经出生于福建永定的一个书香门第。父亲王友鹤（1819—1878年），讳超，字秉清，乳名荣陞，号友鹤，是富岭王氏历史上的第六位举人（富岭王氏曾出过八位举人，按中举时间，王友鹤、王绍经父子分别列第六、七位举人），王友鹤的老师又是富岭王氏的第五位举人王卓峰（1806—1878年，讳勋，字立铭，号卓峰，又号夵生）。王友鹤在恩师指点下，从22岁至28岁，分别通过了县试、府试、岁试、科试、乡试等科举考试，获得了庠生（秀才）、增生、廪生、举人的功名；35岁通过举人大挑的考试，以二等的成绩作候补教谕用；但一直到清光绪元年（1875），57岁时才获得实缺，被任命为福州府永福县（今永泰县）训导，以教谕衔管训导事；不久以病假请归，逝于1878年，时年60岁。

王友鹤读书谈艺，向慕古人。曾应永定知县翼公之聘，出任凤山义学师席。在义学里开设月课，在县城创立茹古课，在家乡创立友仁课、新文课、联英课，增捐太平书院，著有杂诗杂文稿数卷。

在等候任职的漫长岁月中，王友鹤前往广东老隆（今广东龙川县）做生意，倡建福建会馆，担任会馆主席（王绍经晚年也到老隆担任过会馆主席）。这老隆福建会馆后来在抗战中香港沦陷时，为"香港大营救"做出过重要的贡献。在老隆，王友鹤还做了一件大善事：在太平天国败退时，出资保全太平军被俘虏者两千余人，分别予以钱米、雨具、路票，打发他们回家。

王友鹤在富岭的老屋叫"外翰第"，这是古时官府对没有进入翰林院，但学识超群、教育有功的名士颁发的荣誉匾。这样的人家，在当时当地是很有身份地位的。

王友鹤给其后代子孙取名定下一首五言绝句的昭穆"绍祖思为善，光宗在建功，慎修家有庆，齐治国恒丰"，从王绍经第21代"绍"字辈起，目前已经到了第27代"宗"字辈。这首取名字辈的昭穆诗，表达了儒家积极进取的最经典思想——"修身、齐家、治国、平天下"的理想抱负和"为善最乐、光宗耀祖、建功立业"的情怀。

王绍经就出生在这样一个典型的乡儒商贾之家。他是家中长子，幼承家训，天资颖异。早年的王绍经，跟他的父亲一样走科举之路。他拜上洋岁贡陈咸政为师，勤奋读书。1872年，20岁的王绍经前往汀州府参加考试，曾咏《雁字》《雁声》两律，为当时汀州郡守所激赏，以案首（第一名）的成绩取得庠生（秀才）资格。1876年科试，以优等的成绩取得增生资格；1891年科试，以一等第二名的成绩取得廪生资格；1892年岁试，获得一等第一名成绩；1897年在北京参加顺天府乡试，考中举人；次年（1898年）考取会典馆誊录官，保分省补用知县。

可以说，王绍经的科举之路基本上与他的父亲一样大体顺畅，而且最终获得的候补知县资格也比父亲

的候补教谕要高。一时间，"父子举人"的名声在闽粤客家地区被传为佳话。正常情况下，一个科举出身的封建低层官员即将诞生。

然而，历经两千余年的封建统治已经极为腐朽，由客家人洪秀全领导的太平天国运动尽管被以曾国藩为代表的、忠君报国思想浓厚的儒学知识分子兴办的湘军、淮军镇压了下去，但毕竟在中国历史上留下了必须重笔书写的一页。同治中兴的局面维系不了多久，戊戌变法就接踵而来。王绍经的候补知县，也终于没有能等到，却被卷入社会变革的潮流中。

湖南之行与戊戌变法

1889年己丑科会试，江苏籍的江标（字建霞）殿试名次列二甲第十四名，进入翰林院，那一科的会试总裁是永定科举最杰出的青坑"五代五翰林"中的职位最高者廖寿恒，廖寿恒的父辈起，就已落籍江苏省太仓直隶州嘉定县（今上海嘉定，五翰林中的后三位均是这一户籍，永定是其祖籍），因此廖寿恒与江标有同乡之谊、师生之谊。在此之前，廖寿恒出任湖南学政时，曾想聘请高陂上洋岁贡、王绍经的教师陈咸政作为幕僚，陈咸政以母老恳辞。廖寿恒心中遗憾，但一直对陈咸政的人品才学倾心不已，后来在陈母逝后，1894年廖氏遂让已任汀州知府两年的胡廷干聘其出任汀州龙山书院掌教。

同样在1894年，江标出任湖南学政。此时的王绍经尚未中举，仅是廪生，但由于之前的历次科举考试"辄取冠军，文名日噪"，加上江标从恩师廖寿恒处闻听陈咸政师生"品学兼优，十分器重"，遂效恩师之举，把王绍经请到湖南，聘为幕僚，视为心腹，帮助襄校试卷，选拔人才，也算是替恩师廖寿恒完成了一桩未了的心愿。江标到湖南后，大胆改革，颇有作为，整顿校经、书院，增设史地、算学等学科，取得一系列成效。他在湖南任上所选拔出来的士子，后来都成为名士，如后来为革命事业做出巨大贡献的蔡锷将军，就是1895年春江标带着王绍经到宝庆府（今邵阳）举行岁试时选拔上的秀才。南昌清末举人、1914—1915年永定县知事、嘉禾奖章获得者胡献玙撰写的《王绍经71岁寿序》中说："苏之江公建霞督学湖南，闻先生品学，甚器重之。以蒲轮延致幕府，襄校试卷，所得皆知名士。湘人咸颂江公之鑑衡审，而不知先生襄校之大有功焉。"

当时，维新派人士巡抚陈宝箴、学政江标一手规划的湖南新政，对王绍经产生了重要影响。作为提督学政江标的心腹幕僚，王绍经与维新骨干人士谭嗣同、唐才常等有了密切交往。

1897年，王绍经随江标回到京城，听从廖寿恒、江标劝导，参加顺天府乡试，考中举人，次年戊戌变法前，考取会典馆誊录官的差事，保分省补用知县。

戊戌变法仅维持百日，遂告失败，给了王绍经当头一棒！在变法过程中，各省督抚（封疆大吏）中唯一公开表态支持变法的湖南巡抚陈宝箴受到"革职，永不叙用"处分，1900年溘然去世；变法中即将担任四品京堂、总署章京军机上行走的江标——王绍经的恩师，尚未来得及就职，就被革职，永不叙用，1899年卒于家乡。对戊戌变法有过积极襄助、变法失败后对维新人士努力设法周全的廖寿恒，也从其官职最顶峰——协办大学士（从一品）兼总理各国事务衙门大臣、军机处学习行走的位置上，于1900年因病开缺回籍（回上海嘉定，时属江苏管辖）。

戊戌变法的失败，彻底改变了王绍经的人生道路。从此，他绝意仕途，开始游历南洋，寻求救国真理！

结识胡子春与南洋办学及革命活动

永定是著名侨乡，华侨众多，大部分侨居南洋各地，主要从事商业、厂矿和橡胶种植。他们当中大部分是小商贩和工人，"系着一条裤头带过番"后，受到外国人的歧视，同时在西方列强的殖民地南洋接触了西方资本主义文化，所以深恨清政府腐败无能，容易产生革命情绪。下洋中川华侨胡子春就是这样一个典型代表。这位学徒出身的锡矿大王，饱受祖国贫弱的苦难，少年漂泊异邦，因此发达之后，爱国热情特别强烈。受传统观念影响，他的爱国思想最初是与忠君联系在一起的。所以，他曾两次各捐五十万银两给清政府。

王绍经来到南洋后，以同乡关系和举人身份与胡子春结识，并深得胡子春的信任和崇敬，被胡子春奉为上宾，以予重用。胡子春从王绍经那里了解到清廷后党残民卖国、腐败无能的种种内幕，对于清廷的态度开始发生根本性转变。王绍经与胡子春从此由相识到相知，成为知己，开始了长达一生的友谊。在王绍经的影响和帮助下，胡子春从捐银帮助清廷转向热心于实业救国，对京沪、苏浙、漳厦、粤汉等铁路及琼崖地区的垦矿事业连续投资数百万。而且这些在国内的各种实业，胡子春均委托王绍经一手代办。但是晚清的腐朽已无药可救，实业也难以救国。正当彷徨之际，孙中山等革命党人到南洋各地宣传同盟会的革命纲领。受胡子春的委托，王绍经不仅亲临槟城某会场聆听了孙中山的演讲，还接待了孙中山，并代表胡子春向革命党捐款。孙中山的宣传，使王绍经明确了救国的方向，他很快接受了革命思想，认识到只有推翻腐朽的封建统治，才是救国的真正道路。于是，王绍经发挥自身是知识分子的特长，劝胡子春从教育入手，从长远计议，走教育救国之路。胡子春也常说："当今之世，中国非发展教育、昌明科学，无以振兴。"于是，胡子春先后捐资三十余万，出任槟榔屿中华学堂正监督、槟榔屿劝学所总董，委托王绍经创办南洋各埠六所侨民学校和家乡永定的师范、劝学所、犹兴学堂等。南洋六所华侨学校分别是：马来亚第一师范传习所、坝罗女学堂、霹雳育才公立两等小学校、拿哈乐育两等小学校、拿哈女子小学校以及客籍五属（永定、惠州、嘉应、大埔与增龙）侨民子弟就读的崇华两等小学堂（1912 年改名"时中"）。1907 年 8 月在乐育学校补行开校礼时，胡子春曾朗诵一首由王绍经代撰的开学诗"天下文明赖学堂，人才蔚起振朝纲。诸生勉赴艰危局，奋发精神为国光"。拿哈女校的开办，则是槟榔屿开办中华女学之先声，后虽停办，但全部女生并入崇华学堂，开槟榔屿男女同校之风气。王绍经在办学中坚持"有教无类、中西兼通、正音教授、兼用土音"的办学理念，他亲办六所学校都是马来亚新式学校开风气、领群学的代表。这些学校除教化侨民子弟外，客观上为革命党人宣传革命思想，进行秘密活动提供了有利条件，同时也造就了一批新生的革命力量。

华侨们逐步明白了革命道理，希望祖国和家乡革故鼎新的心情与日俱增，对祖国和家乡正处在酝酿阶段的民主革命变得十分关注。到南洋活动的革命党人，抓住这大好时机，不辞劳苦地四处奔走。王绍经深深地服膺孙中山的主张，因此结识了大批的革命党人，并协助他们在华侨中阐述救国道理和进行广泛的募捐活动。胡子春则秉承一贯热心爱国的传统，屡屡带头捐给巨资，华侨们踊跃支持。

1910 年底，孙中山为组织准备发动广州黄花岗起义，亲自来到南洋。王绍经代表胡子春与孙中山见了面，并给予了巨额资金支持。

胡子春不但自己带头，还吁请广大华侨慷慨解囊，在经济上大力支持革命，并且在实际行动上也有大手笔支持革命。1911 年 11 月，他和王绍经一起倡议建立一个包括嘉应州（今梅州）、潮州与汀州的保安会，协助广东、福建两省在上述地区建立革命政府。事实证明，这一举措为这三个地区的最终光复，发挥了极为重要的作用。曾有诗人写诗赞颂胡子春、王绍经这批华侨"捐助共和非易事，嘉潮光复又汀州"，后一句写的就是这一事实。

1911 年 12 月，广东都督胡汉民，给予胡子春、王绍经领导东南亚华侨社会筹款支助革命北伐的任务，胡子春、王绍经又继续积极投入这一光荣任务之中。

"华侨为革命之母"，这是百年前的革命先行者孙中山的亲口赞语词，是对当时海外华侨华人支持辛亥革命的努力与积极贡献最高程度的肯定。自 1895 年孙中山在檀香山创立兴中会到 1911 年辛亥革命，其间除了宣传革命和建立组织外，还组织发动了十次起义。第三次至第十次起义的经费均以华侨资助为主，约占 80%，尤其第十次起义——广州黄花岗起义，其经费全部为华侨资助。孙中山先生曾由衷感叹："披坚执锐血战千里者，内地同志之责也；合力筹款以济革命者，海外同志之任也。"①

永定和平光复

1911 年，胡子春和王绍经筹集到一批枪支弹药，由王绍经亲自偕同小他 30 岁的林汉②秘密运送回永定，创立永定地方保安团，为迎接全国革命高潮的到来，配合革命党人光复永定做好准备。

1911 年 10 月 10 日，辛亥革命终于爆发，武昌起义军在一夜之间取得了革命的胜利。广东、福建最先响应，宣布独立，接着全国各省也纷纷响应。福建省是在 11 月 9 日（农历九月十九日），由新都督孙道仁传檄各县，号召响应的。但是汀州知府来秀、总兵嵩煜却冥顽不化，负隅顽抗，他们在永杭地区集驻了重兵，妄图垂死挣扎。

这时，随着广州的光复，与闽西相连的潮州、汕头

---

① 《辛亥百年资料之会党如何参与革命》，中国访谈，中国网 fangtan china. com. cn，2011 年 9 月 27 日。
② 林汉琴（1882—1952），讳上楠，字汉琴，曾任永定劝学所教导，1913 年当选省议会议员，1924 年劝学所改为教育局，担任首任局长，1940 年任县志副总纂。

也于11月10日起而响应。11月13日清晨，闽粤边境的革命党人，一举光复了大埔。为保卫韩江流域的胜利果实，必须尽快彻底推翻清朝在闽西的顽固势力。因为闽西的汀江下趋潮汕，如果不消灭汀江流域的清兵，必为潮汕之患。所以，大埔光复后，客籍革命党人成立了埔（大埔）、永（永定）、杭（上杭）光复联军，担负光复汀江流域各县的任务。光复的第一个目标，就是永定县城。

为避开峰市清兵重点封锁的锋芒，联军决定取道下洋中川。这正是爱国侨领胡子春的家乡，革命基础相当好。刚由南洋回来的参加光复军的胡建扬被奉为光复军司令，复军回到下洋后，发动乡人踊跃参加。胡建扬带领一队人马做开路先锋，直奔县城，沿途受到群众的热烈欢迎。这正是那支用华侨资金购买、王绍经亲自运送回来的枪支弹药武装起来的队伍。这是王绍经对光复永定所做的巨大贡献之一。

先锋队伍于11月14日清晨出发，傍晚顺利进入县城。在城内，革命军受到的欢迎比沿途还热烈。这就是王绍经对光复永定所做的第二个重要贡献，因为福建一宣布光复，王绍经就先到县城，以他的身份和威望，在县城文教界努力扩大革命影响，争取到许多人士同情或参加革命。胡建扬先锋队伍一到，他马上组织这批人起来策应，使和平光复永定得以成功。原来早在科举制度废除的第二年，即1906年，永定劝学所就在胡子春捐资、王绍经操办下成立起来，首任所长为陈东人苏亮寅①。这其中，最重要的就是争取到同是举人出身的金秉琮知县，事前他即表示，只等革命军一到，就敞开城门迎接，并宣布巡防队起义和交出所有枪械。11月15日，永定光复庆祝大会在胡建扬主持下于县署衙门（学宫）举行，成立县革命军事总部，推举原知县金秉琮为总部长，原劝学所总董苏亮寅为副总部长，分别组建民政、军政、财政、教育、参谋、外交等部。

11月19日，大埔革命党人李宗尧率军攻破了清军的峰市防线，与胡建扬先锋军会合。经过一个多星期的休整和扩充后，革命军于11月23日开往上杭、长汀。不久，闽西全境遂告全部光复。

然而，上杭、长汀的光复远没有永定这么顺利，都出现了反复，牺牲了不少民军。1928年苏亮寅出任长汀县长，曾修葺汀城东门外苍玉洞辛亥革命烈士墓（七十余名烈士合葬）。

永定光复之后

永定和平光复后，王绍经认为革命大功告成，遂既放弃南渡马来亚，也不再外出经商，专心致志留在家乡实施教育振兴中华的理念，致力于发展家乡教育事业。

1912年，王绍经担任太平里道山高等小学校长。道山高等小学是废除科举后，王绍经与乡人廖海航、陈霭丞等一起倡办，在原道山书院的基础上成立的。首任校长为清末永定历史上难得的一位外交官廖海航，他曾随使节杨子通出使美国、日本、秘鲁，派驻日西巴尼亚（今西班牙）考察政治。道山高等小学的两位校长都曾出过洋，见过大世面，对学校的发展与学生的培养，裨益很大。

1913年，永定一中前身——永定县立中学成立，王绍经担任首任校长，同时还兼任永定教育会长、永定师范讲习所所长。胡献珣在《寿序》中说："民国二年，合邑创办中学，金以校长一职非先生莫属，并举充教育会长。开风气之先，树人师之望，学务发达，先生与有力焉！"②胡献珣本人对王绍经是极为尊崇的，1914年，他刚到永定担任县知事一职，"即闻先生道德文章独出冠时，及晤于上洋百尺轩，见其……邻里尊重，仰之如山斗，珍之如麟凤也。"③

谁知，民国初立，百废待兴，时局却依然混乱，永定县立中学由于经费支绌，翌年即告停办。直到1920年复办，1929年再度停办，1938年再次复办，才逐步走入正轨。县立中学的几度兴废，充分说明：在民国期间，有识之士要践行教育振兴中华的理念，一路走来，是多么的不容易！

县立中学的停办，让王绍经着实心灰意冷。由于广东老隆（今龙川县）的福建商界人士，力促他前去赓续其父亲王友鹤创立的福建会馆事业，王绍经便前往老隆，在龙川住了几年，赋闲经商，担任会馆主席，为当地福建商界兴旺做出了积极贡献，同时一如

---

① 苏亮寅，字星鉴，清末优廪生，又毕业于省立高等学堂，1923年出任永定县知事。
② 民国版《永定富岭王氏家谱》。
③ 同上。

既往，尽力资助家乡的教育事业、公益事业和慈善事业。1927年病逝于家乡富岭。

王绍经七十一岁大寿时的两副匾额和一副木刻对联至今还保存着，匾额曰："文寿星高""天锡遐龄"，对联文字曰："王府大德望景生先生七旬晋一荣寿：硕德享高年，七褰何殊秦相国；瑞遐蒙广荫，一株椿树植华封。平在乡选青课同人鞠躬。"此对联高度评价了王绍经的道德文章以及在救国、教育等方面的贡献。"锡"通"赐"，"七褰"即七十岁，"何"借其通假字"荷"的植物义项与"椿"构成植物小类对仗，这是借对修辞。"华封"指华封三祝，典出《庄子·天地》："尧观乎华。华封人曰：请祝圣人，使圣人富，使圣人寿，使圣人多男子。"华是古地名，封指疆界、范围，华封指华州这个地方，华州人对上古贤者唐尧的三个美好祝愿，即祝寿、祝富、祝多男子，合称三祝，后以"华封三祝"为祝颂之辞。此木刻对联的颜色为红底金字，与我们所常见的一般寿联是黑底金字不同，这是因为王绍经的府第"乐善堂"，外大门的门额上赫然书写着"外翰第"三个大字。这"外翰第"，顾名思义，就是虽然没有进入到翰林院，但道德文章、学识威望均已达到翰林同等水准的人所居住的府第。这是古代朝廷对这种名士颁发的荣誉匾额。这样的人家，在当时当地是有身份地位的。这与高陂平在厦黄曾出过一位翰林名叫黄云，其实际没有中举，是因为其年过七旬还参加科举乡试，乾嘉时期朝廷为褒奖这种精神，特恩赐为举人，再钦点为从七品的翰林院检讨，因此厦黄祠堂的墙裙被涂以红色，与一般祠堂不同，文武官员路过此地，见此红色墙裙，必须文官下轿，武官下马，这道理是一样的。

时人（含胡献玛等人）以"立德立功立言三不朽"等语，高度评论王绍经的一生，众皆信然也。

值得一提的是，王绍经的儿子王缵初（1879—1950）也致力于发展教育事业。在广东教忠师范毕业后，也曾受胡子春之聘，出掌拿哈教席，在南洋各埠华侨学校任教多年。回国后，历掌道山高等小学、明达学校、智新学校。1942年，太平初级中学在原道山高等小学的基础上成立，王缵初为首任校董事长。王缵初的学生、集美师范高材生吴卓峰为恩师撰写的寿序中说："外而南洋各埠学子，内而高陂各乡青年，遂得广被春风矣。"1948年农历七月中旬，高陂全乡人士，济济一堂，在太平初级中学为王缵初70大寿举行公祝大会，盛况空前。可以说，王缵初为培养华侨子弟和家乡子弟做出了毕生的奉献。

纵观王绍经的一生，他真可谓是教育救国理念的践行者！"父子举人、教育世家"是其家族最闪亮的光环，"参与维新、游历南洋、创办南洋各埠华侨学校；参加革命，光复永定，出任永定中学首任校长"无疑是他留给后人的最伟大光辉的篇章！

（王贵垣撰，张佑周校）

马来亚"锡矿大王"胡子春

胡子春（1860—1921），名国廉，字能忠，号子春。永定下洋富川豪树窠人。近代爱国侨领、企业家，马来亚"锡矿大王"。

胡子春于清咸丰十年（1860）出生于豪树窠一个贫穷的客家归侨家庭。其父胡玉池，生于马来西亚半岛槟榔屿，青年时代随父母回国，结婚后未再南渡。子春出生后命运不济，祖父和父母都先后早逝，守寡祖母李梅娘含辛茹苦，抚养子春。李梅娘虽然目不识丁，但客家人崇文重教、耕读传家的传统观念却根深蒂固。她认为孙子不读书，就会像自己一样是"白目珠"。于是，将孙子送到离豪树窠约10里的中川胡氏族学入学启蒙。虽然族学是免费的，但给先生送米送菜是必须的，因而她还得省吃俭用。

清同治十二年（1873），读了几年族办私塾，年仅13岁的子春体谅祖母的艰辛，认为自己已经长成男子汉，可以挑起家庭重担了。遂告别祖母，跟随族人背井离乡，前往马来西亚半岛槟榔屿，投靠已在槟榔屿谋生的姑母，打工谋生，要挣钱赡养祖母。

胡子春到达槟榔屿后，来不及游览异国风光，也来不及等到姑母为其寻找合适的工作，便迫不及待地跟着家乡来的劳工，去矿山挑锡泥（锡矿石）。子春以为，自己从小就跟随祖母上山打柴，下田种稻，挑柴挑粪，行家里手，挑锡泥能赚钱又那么简单的活，为什么不干呢？然而，子春毕竟是年仅13岁的少年，肩膀虽常磨炼，但腿脚、腰背毕竟还很稚嫩。几天下来，便腰膝酸软，蓬头垢脸，见床就躺，让姑母实在心疼。姑母知道子春在老家曾经读书，略通文墨，且会珠算，于是在族人们的帮助下，被送到霹雳一家杂货铺当学徒。

进入杂货铺后，胡子春很快就表现出自己的特长。他在私塾里所学的国学、写字和珠算，在杂货铺里都派上了用场。他不仅能用很端正秀丽的毛笔字记账，还能用算盘噼哩啪啦地算账。原先杂货铺货物繁杂，品种较多，堆放零乱。子春进店后，精心整理，分类排放，贴上标签，井井有条。不仅平时进货、售货方便很多，而且月底盘点也一目了然，省时省力。店主于是对子春另眼相看，很快便重用他，将他升任为"财库"（账房、会计），薪水也连年见涨。

在杂货铺里，胡子春不仅学到了"财库"知识，学到了买卖的生意经，还结识了各色人等，获取了来自四方八方各种各样的信息，尤其是做生意赚钱的信息。18岁时，他甚至得到当地巨富、广东增城客家人甲必丹郑太平的寡媳胡氏的赏识，被认作宗亲，收为侄儿，并将夫家侄女郑氏匹配给他。

胡子春在杂货铺当店员兼财库七八年，生活相对稳定，收入也越来越高，除了经常托水客带些钱回"唐山"赡养祖母外，自己也有一些积蓄。他往洋前就曾发誓，不但要挣钱赡养祖母，使祖母生活无忧，还要挣钱讨老婆，盖大楼。赡养祖母的誓言基本实现，赚钱讨老婆的愿望也因胡氏的赏识和郑氏的青睐而恰似"天上掉下个林妹妹"，不难实现。但赚钱盖大楼的目标却还远未实现。青年胡子春开始觉得，一个杂货铺伙计实在难以实现宏大的目标，他觉得自己应该更加努力，寻找别的更能赚钱的途径。加上婚后得到富豪郑家的看重和激励，更觉得自己应该有所作为，尽快创业。

于是，胡子春一边在杂货铺任职，将杂货铺打理得井井有条，生意兴隆，深得店主器重，一边积极参加当地社会活动，广泛接触各行业人士，甚至常利用节假日或进出货品之机，到海港码头，到山芭矿场，了解各行各业经营状况。他终于清楚地知道，在当时的槟榔屿和霹雳各地，最能赚钱的有两个行业，一是经营垦殖业，他的族叔胡曾育、胡泰兴父子，就是靠租种土地经营种植园，种植胡椒、丁香、豆蔻等经济价值较高的农产品，收获颇丰，已成当地"胡椒丁香大王"；其二是经营矿山，霹雳各地已发现许多锡矿山，英国殖民者准许华人经营开发矿山。虽然当时矿业仍未十分发达，但胡子春从槟榔屿、天定曼绒红土坎等海港来往繁忙的矿砂船的繁荣景象看到了商机。而且子春岳家郑氏就是靠经营矿山发迹的。有了这层关系，子春首先对开发矿山倾注了巨大的热情。

婚后数年，胡子春家庭安定，稍有积蓄，且有富豪岳丈郑氏作为靠山，志得意满，决定暂离商场，进军矿场。

胡子春是一个非常认真做事，且对认定要做的事一定要力争做得最好的人。他在商场历练多年，更学得善于谋划，勤于亲力亲为。决定进军矿场之后，胡子春先是进入矿山，向工人、技术人员了解开矿、选矿的各道工序。尤其是亲自挥锄试挖，其目的是悄悄学习寻找矿脉、分辨矿脉的知识。功夫不负有心人，经过一段时间的亲自考察，认真堪察，胡子春终于在霹雳督亚冷曾被人开采却又被废弃的一片茅草林木茂密的荒山找到一些矿脉，并将其买下开采。

在胡子春买下荒山开采时，虽然英国殖民者为了掠夺殖民地资源也进行了一些基础设施建设，如霹雳州怡保中心矿区至槟城及中；曼绒红土坎港口码头等已辟有公路，但大部分矿山还是荆棘丛生、野兽横行的蛮荒之地，人烟稀少，交通闭塞。子春最初进山采矿时也像当地大多数矿主那样，以锄、镐、箕畚、拖板等原始粗陋的工具为主。子春矿主甚至像寓言故事里的愚公一样，跟工人们一起，每日赤膊挥锄，绳拉拖板，挖山不止，但却效率不高，收效不大，挖到锡泥后运输出山也是一个大问题。然而胡子春毕竟是文化人，久历商场，见多识广，且朋友多，信息多。很快，他就了解到欧洲已经有了先进的机械设备，包括以蒸汽机为动力的挖掘机械和运输车辆等。于是，他大胆投入，甚至向银行、岳父家借款，购买先进设备。同时，他请人按照自己的记忆制作家乡的"拖耙""鸡公车"和"水碓"，用于矿山运锡泥和粉碎、挑拣锡泥，极大地提高了生产效率。

"拖耙"是下洋客家人盖土楼或修路时挖土方拖运下山土的简易工具，制作非常简单，只需一块约20厘米宽、80厘米长的木板，两端凿洞系上绳索，木板中间钉上约50厘米的木板作扶手就行。

"鸡公车"是下洋临县大埔、梅县等地客家人用来运载货物的手推车，只有一个木轮子，装货的车斗架在木轮上，有两根把手装在车斗两旁，使用时车在前，人在后，平地或缓坡都可以使用。因为只有一个轮子，所以转动自如，推动方便。

"水碓"是用水槽的重力使碓子上下敲打的简易水动力器具。安装在水边，水槽满水时，水碓头翘起，水槽里的水倾倒至没水，则水碓头敲下，产生重力粉碎碓中的锡泥，以便淘洗精选。

胡子春还引水进矿山，利用水力冲击矿藏，既可使矿山崩塌，便于采挖，又可使锡米与泥沙分离，极大地提高了采矿效率。

胡子春经过实地开采、验证矿藏储量以后，便大力发展矿区交通，不仅修筑公路，甚至还铺设简易铁路，从而大大地加快了矿山的开采、运输进程，提高了经济效益，很快便收回投资成本。其后，他继续在霹雳的端路、拿合等地买下矿山，大刀阔斧地向矿山进军。

胡子春的新法采矿及土洋结合的采矿运矿设备带动了一大片，不仅许多矿主都向他学习，以提高生产效率。而且还引起各界的重视，被大力宣传。如雪兰莪参政司参观他的矿场设施以后，非常钦佩他的聪明才智、开拓创新精神和远见卓识，认为他的做法为马来亚的开发树立了好榜样，为马来亚人民的经济收入和马来亚经济的繁荣做出了突出的贡献，并表示要大力推广他的先进经验。

尽管胡子春经营矿业获取巨大成功，拥有大片大片的矿山时，他仍然是身着长衫，拖着辫子的大清帝国子民，尤其在东西方文化激烈冲撞的海峡殖民地，西人仍然把他视为终日挖山不止的老愚公。然而，胡子春毕竟是颇具开拓创新精神的客家人，他始终把筚路蓝缕、丕冒海隅开发槟榔屿的客家先辈作为自己学习的榜样。诸如一个世纪之前的1745年就"至槟训蒙"和烧炭打渔，率领乡人开发槟榔屿，逝后被奉为海珠屿大伯公的乡人张理、马福春，开垦种植园成功发迹，成为"胡椒大王"的族叔胡泰兴和经营百货业的乡人吴德志等等，都是青年子春心目中的英雄。

胡子春运用土洋结合的采矿新法获取成功，财源滚滚，日见腾达，购得一座又一座的矿山之后，他并不满足于挖山不止。因为他目睹自己矿山中成千上万的工人流血流汗挖出并淘净运到码头的精矿，被西方公司装运到印度乃至欧洲等地的工厂冶炼成锡块之后，返销回马来亚已价值数倍、数十倍。子春还知道，用来加工锡茶壶、锡酒壶等器物的锡块熔点很低，很容易熔化，因为有一些乡人和族人就是打锡师傅，族叔胡靖还被槟城银匠业界奉为祖师爷。

受此启发，挖山不止的"愚公"胡子春又有了新的想法，他要对锡矿石进行深加工，要提高矿山产出的价值。于是，他购进西方设备，请来一些技术人员，试办一些冶炼厂，很快便取得成功；于是，他在霹雳州一些矿山挖出的矿石，无需再运往槟城、红土坎等港口，就留在怡保等地冶炼成锡材；于是，怡保、槟城等地兴起了一些不仅与锡矿的开采、运输有关，也与锡矿冶炼、锡器加工等一系列新兴产业；于是，胡子春创办了与矿业有关的企业30多家，怡保、槟城等地因此而欣欣向荣；于是，胡子春的族人、乡人大量南渡马来西亚半岛槟城、怡保，大量进入胡子春所创办的企业；于是，有一位英国驻南洋参政大臣白席氏，因胡子春有功于马来亚的繁荣，封他为"大平局绅"，英王更封他为矿务大臣。英国殖民当局还特赐其优待证书，注有"无论到南洋何处游历，均应给予优惠接待"字样，胡子春乘坐马来亚火车还享受免费待遇。其后，怡保还命名一条街为"胡子春街"，以表彰其对当地所做出的巨大贡献。

在经营矿业获取巨大成功的同时，农民出身，从小就跟随祖母上山下田，有一定种植经验的胡子春对开发垦殖也念念不忘。这是因为，不仅其中川族叔胡曾育、胡泰兴父子在槟城经营种植园获巨大成功，被誉为"胡椒丁香大王"，给他以极大的诱惑力，而且出身永定山区的他发现槟城等地海滨平地、荒地很多，容易开垦，且土地肥沃，雨量充沛，容易种植。于是，他不仅在拿合买下数千英亩山地种植橡胶，还在槟城阿依淡垄尾地区购买数百公顷土地种植丁香豆蔻等，命名为"春园"。1941年日寇进攻马来亚时，永定旅槟乡侨还事先征得胡子春哲嗣胡茂东的同意，借用地处偏僻效区的春园空地建起"避难所"，使数百乡侨得以避开日寇登陆前的空袭和占领后的扫荡，保障了当地乡侨的生命财产安全。

胡子春在19、20世纪的世纪之交崛起于南洋。在这个世纪之交，他曾经剑指南洋，派有交趾承宣布政使司、旧港宣慰司、安南都统使司等管理南洋属地的祖国大清帝国，已经积贫积弱。西方列强入侵，割地赔款，辱国丧权，有如日薄西山，气息奄奄。胡子春虽然少年漂泊，异国谋生，且卓有所成，生活富足，荣禄加身，但他少年所接受的祖母家教和传统文化教育都教他爱国爱家，都使他刻骨铭心。诸如"子不嫌母丑""士不怨国非"及"孝悌、廉耻、忠义、仁信"之类的为国尽忠、为家尽责以及为人处世教育，他都时刻牢记。因而在他发迹后，不仅常思报答祖母，报答家人，更常思报效祖国。

清光绪十一年（1885），年仅25岁却已经在霹雳经营数片矿山，赚到第一桶、第二桶金，不仅常寄钱回家赡养祖母，还迎娶了当地富豪郑氏千金的胡子春开始实践他的第三个梦想——在老家豪树窠买田买地做大屋。在能干的祖母操持下，子春寄回数千两白银，买下豪树窠最向阳的山坡地约3亩，经过数年时间的筹备、兴建、装饰，一座占地1200多平方米的五间三过井两横楼的堂皇豪华的二层方形土楼建起来了。这座土楼充分利用当地建筑材料花岗石和青砖瓦，也用了一些进口花砖。其大门是花岗条石架设的，配以雕鹿石凳；天井用花岗石块砌成八卦形状；上、下厅及通廊地板用进口花砖铺设；石柱石栏线条细腻，造型俊逸；门窗、柱梁、井台、梯扶手等皆描龙画凤，精雕细刻；楼上地板也用红砖铺设；全楼的木板门面和窗棂也都被雕刻描绘上历史人物、山水花鸟等等，整座土楼被装饰得雍容华贵，实在是深山里的豪宅。

后来，因为胡子春心系国家民族安危，试图以捐资投资的方式以拯救积贫积弱、内忧外患的祖国，多次捐巨资给清廷。朝廷于是封其为邮传部尚书和荣禄大夫等。慈禧太后赐其"福""禄"二字，光绪皇帝赐封其"赏戴花翎"，并为其新建土楼御书"荣禄第"三字。本来下洋当地的"××第"应是九厅十八井民居外大门的称谓，而方圆土楼内大门应书楼名"××楼"，而不书"××第"。也许光绪帝赐御书时该土楼仍未命名，也许当时该楼仍未竖立花岗石条大门楣框，故光绪帝御笔"荣禄第"至今仍镌刻在条石门楣上，为该楼留下神圣的光环。

1900年，八国联军侵略中国，直逼清廷都城北京。清廷战败，割地赔款，山河破碎，国弱民贫，受尽欺凌。胡子春虽身居海外，却痛心疾首，时刻心系国家民族的安危。作为海外企业家，他能做什么呢？富国强兵也许就是他所能想到的。于是，他立即捐献白银50万两给清廷救急，清政府封其以邮传部尚书虚衔。其后，他又先后三次捐白银300万两，资助清廷修建粤汉、沪杭、漳厦三条铁路及琼崖垦矿、扩建海军等。但纵情享乐的腐败的清廷却没有海外赤子的忧国忧民之心，胡子春捐助清廷扩建海军的80万两白银竟然被慈禧太后挪作兴建北京颐和园。胡子春心灰意冷，徒呼奈何。

清光绪三十二年（1906），胡子春含辛茹苦操持一生的祖母李梅娘在老家逝世，胡子春急急回乡奔丧。本来乘海轮抵达广州时，就已迟缓多日，但他却接到清廷紧急电召，要他急速进京觐见皇太后慈禧。为尽最后的孝道，子春只得大胆地在广州总督衙门奏请朝廷准许延期进京，使回乡奔丧又耽搁多时。子春为此对逝去的祖母深感歉疚。发丧时，子春自撰孝堂联语曰："服贾远洋邦，定省久疏，万里奔丧慷鹤唳；陈情羁粤地，诏书催逼，百年终养负乌私。"充分表达了他忠孝难以两全的痛苦心情。治丧完毕后，子春乃匆匆进京，接受陛见，又捐献白银50万两。清廷加封其为荣禄大夫。

由于受传统观念的影响，胡子春原先的爱国思想与忠君意识紧密相连。因此，祖母逝世时清廷电召其进京使他两难。清廷的多次赐封，他都引以为荣。他在陛见慈禧太后和光绪帝时都奏请御书，甚至将自己老家的土楼命名为光绪帝御书的"荣禄第"，并在楼中悬挂慈禧太后赏赐的"福""禄"牌匾。1906年，两广总督岑春煊巡察南洋后奏派子春为开辟琼崖督办，想在海南也像南洋那样开矿以富国。翌年考察南洋的钦差大臣杨士奇见胡子春的南洋矿业设施先进，经营有方、欣欣向荣，也奏请清廷核定矿率，以琼崖矿权予胡氏专利，并赏以三品花翎，子春都欣然接受。

然而，胡子春毕竟身处东西方文化激烈碰撞的西方殖民地南洋。西方列强的欣欣向荣、蒸蒸日上与东方帝国的气息奄奄、日薄西山的鲜明对比毕竟是不争的事实。胡子春耳闻目睹，痛苦体验，深入思考，思想观念也悄然发生变化，逐渐由忠于清廷转向拥护民主共和。

胡子春思想的转变，与永定乡人、维新派人士王绍经南渡马来西亚半岛与其过从甚密有很大关系。

20世纪初年，永定高陂乡人、清光绪二十三年（1897）举人，被录为候选知县的王绍经无意仕途，南渡马来西亚半岛经商并从事教育。1907年，王绍经到达槟城和霹雳州等地，试图动员当地侨胞回国兴办实业和捐助公益，与热心当地公益和华社教育的乡贤胡子春结为知交，胡子春聘其为记室。后王绍经受胡子春的委托，在马来西亚半岛各埠创办华侨学校，并处理国内办学和投资实业等事务。

由于王绍经在槟城、新加坡等地创办华侨学校期间常遇孙中山宣传革命，深深膺服孙中山的革命主张，与其过从甚密的胡子春也深受影响。胡子春从王绍经那里了解到清廷"后党"残民卖国、腐败无能的各种内幕和孙中山有关民主共和的革命思想，逐步改变了对清政府的态度，与清廷日渐疏离，甚至由不满发展到反对，转而支持孙中山的同盟会。孙中山每次来槟城，胡子春都委托王绍经等人，热情接待，并捐巨款赞助其活动经费。1911年武昌起义前，他捐资同盟会，并出资托王绍经在新加坡购买枪械弹药，嘱其亲自运送回国，以应起义之需。当时永定下洋乡侨胡建扬等人回国参加光复永定的由侨胞和侨眷组成的民军所装备的武器，有一部分就是王绍经在新加坡购买的。胡建扬回到下洋，就被推举为"永（定）（上）杭光复军司令"，率领民军光复永定。先期回国的王绍经则组织士人和民众欢迎。永定一举光复后，胡建扬又率部进攻上杭。胡子春还和王绍经共同倡议建立包括嘉应州、潮州和汀州在内的保安会，协助广东、福建两省在上述地区建立革命政府，实现光复。

辛亥革命后，胡子春立即剪掉辫子，脱掉长衫，拥护共和，继续捐款支持革命政府，对革命党人在南洋华侨社会宣传拥护民主共和产生巨大影响。

曾经在老家接受过传统文化教育，又在东西方文化的夹缝中生存的胡子春没有排斥西方文化，而是大胆引进西方技术，以东方愚公挖山不止的顽强精神获取巨大成功，成为东西方文化结合的典范。他以自己的亲身经历、耳濡目染，深切地体会到教育和科学文化对于生产力发展的巨大作用以及对于富国强兵的极其重要性。他常对人说："当今之世，中国非发展教育、昌明科学，无以振兴。"因此，他发迹以后，无论在侨居地还是在故乡，都大力倡导并捐资兴办教育。

早在1898年，康有为在维新运动失败后，逃亡海外，在新加坡和槟城等地劝导华人兴办学校时，胡子春就积极响应。1903年在霹雳州怡保创办了育才中学，1904年又与张弼士等人集资，创办了马来亚第一间新式华文学校——槟城中华学校。其后，胡子春又带头捐资，假槟城平章会馆，创办了槟城师范学堂。胡子春还和张弼士等人一起，冒天下之大不韪，倡办了槟城中华女学，胡子春因此而成为南洋华侨社会开创妇女教育的先驱。在马来亚和新加坡，胡子春参与创办并出资的学校就有6间。

1905年，胡子春带头捐资在故乡中川村创办了犹兴学校，该校成为下洋地区第一所新学。

1906年胡子春回乡奔祖母丧时，发现家乡小村子还没有新学，家乡儿童还像自己当年那样要到10里外的中川村去读书，因而失学辍学率很高。于是他立即捐资，嘱村人在距离豪树窠不远的较大的村子科坪里创办了磜角书院，从而解决了村中儿童入学启蒙的问题。

1912年，胡子春捐资委托已经回国的王绍经在永定创办永定师范传习所（师范学堂），1913年，胡子春捐资支持王绍经创办永定第一所县立中学，王绍经自任校长。

曾经接受传统教育的胡子春仗义疏财，急公好义，除了兴办教育，他对祖籍地及侨居地的公益事业也非常热心，常慷慨捐输，耗资无算。对于故乡南渡的乡人、族人，胡子春总是乐于接待，有求必应，除了提供食宿之外，还送给零用钱，并为这些"新客"安排或介绍职业，以致于下洋乡人趋之若鹜。如后来在怡保相继出现的"锡矿大王"胡重益及胡曰皆的父亲胡根益等人，都曾得到被他们称为"子春叔"的族叔的帮助。也由于自胡子春开始的多个下洋籍"锡矿大王""锡矿中王"和中小矿主的出现，致使霹雳州各地的下洋乡侨尤其是从事锡矿业者有成千上万，有的地方甚至下洋客话成了当地方言。永定同乡中得胡子春帮助和栽培而成为各行业优秀者也甚多。如王绍经就成了马来亚和新加坡的教育名家。这种状况与胡子春"座上客常满，樽中酒不空"的南洋"孟尝君"作派显然有极大的关系。

1906年，胡子春担任槟城广东暨汀州会馆总理，对广汀会馆所管理的公冢和包括教育等公益事业常有捐输。槟城著名的佛教寺庙极乐寺和其他寺庙、学校的多次重修扩建的捐款碑上，也都能见到胡子春的芳名。

胡子春还有一项尤为马来亚侨胞所称颂的善事是关于禁鸦片烟之事。西方殖民者侵占南洋之后，除了掠夺殖民地财富之外，还在当地大量种植鸦片，制作鸦片，推销鸦片，榨取广大华工的血汗钱。在胡子春时代，槟城等地华人吸鸦片烟者很多，据称槟岛八九万华人，每月销售烟土五万多两，可见吸烟者众多。胡子春看到许多华人同胞在自己的矿山辛勤劳作，赚到的辛苦钱每月吸鸦片就去掉一大半，非常痛心，毅然不顾烟贩的威胁利诱，发起戒烟运动。他出资成立"振武善社"，一面宣传吸烟危害，劝人戒烟，一面免费奉送戒烟药水，使许多乡侨成功戒掉鸦片烟瘾。同时，胡子春还上书伦敦英国政府，要求下令戒烟。一时间马来亚各州华人纷纷响应，形成了一个风靡全马的声势浩大的戒烟运动，收到良好效果。

1912年，胡子春见辛亥革命成功，国民政府成立，孙中山荣任临时大总统，王绍经等朋友也回国回乡服务，于是乎精神振奋，兴冲冲地怀揣50万银圆的银票，准备回国大力建设家乡。然而好人多难，胡子春途经香港口时遇狗头山海盗，遭绑架并勒索赎金一百万元。获释后，胡子春返回马来亚，此后虽然家乡建设尤其是教育等公益慈善事业仍然是他心中的牵挂，而且，他还在海南三亚等地投资成立侨丰公司，兴建大盐田，直接引海水晒盐，"盐田渐多，输出日增"，大大提高三亚海盐的产量和质量，但他却再未回国。只是委托王绍经等人负责经营和管理。而他在马来亚各地的产业，则因其后继乏人，全部委托其继室余氏之兄弟管理。这些亲眷不仅不善于经营，而且还大肆挥霍。胡子春虽然有所觉察，却也无可奈何，致使其事业渐走下坡路。后来各地矿场或陆续收盘，或落入他人之手，唯槟城阿依淡垄尾的"春园"幸存有限规模，日本南侵时曾成为乡侨之避难所。

1921年，胡子春在槟城逝世，享年仅62岁。

作为在国弱民贫的封建社会末世闯荡海外，艰难崛起的来自闽粤边地永定客家山区的华侨企业家，胡子春的开拓进取、与时俱进精神和爱国爱家，忠孝仁义的品质是难能可贵的，尤其对于永定下洋侨乡具有示范意义。

首先，作为工商企业家，胡子春无疑是成功的，其成功的原因值得探讨，也颇富榜样的意义。他像许多下洋华侨一样，在很年轻的时候就"系着一条裤头带过番"，挖锡泥，当学徒，历尽艰辛，流尽汗水。但他与大多数下洋过番者比较起来，或者比较聪明，或者比较幸运，或者比较努力。于是，不过十数年，他便成功了，而且很快飞黄腾达，富甲一方。

虽然聪明、幸运、努力无一不是其成功的因素，但胡子春历经商场磨炼，熟谙经营之道，又能开拓进取，与时俱进，注重东西方文化的交融与融合，无疑是其成功的最主要因素。比如他经营企业，在生产上大胆引进西方技术和机械的同时，而在经营管理上则常常采用中国传统文化精髓之一的"和"，主张和气生财。他既喜欢用自己的亲人、族人和乡人，也团结联合客家人和其他华人、洋人，积极牵头成立或参与管理同乡会、工商会如槟城广汀会馆、怡保中华工商总会等等。

其后成功的乡侨，大多都向其学习或受其启发，"和气生财"，如胡重益、胡曰皆发起成立霹雳客家公会和永定同乡会等。其次，胡子春的与时俱进精神颇富时代意义。作为受过传统文化教育的崇尚中华正统的客家人，胡子春的忠君爱国观念和忠孝仁义观念都是根深蒂固的。因此，他发迹后，报国报家成了他最重要的义务。尽管满清政府腐败，丧权辱国，让胡子春痛心疾首，但他作为一个海外华侨，所能做到的也就是慷慨解囊，试图挽狂澜于既倒。因而他一而再、再而三地捐巨资给朝廷，希望能振兴国家。但当他接受孙中山等人的革命民主思想，认识到清廷已腐败到无可救药时，他很快就转而支持孙中山领导的革命。此外，虽然他自己所接受的是很不完整的旧学教育，但他在殖民地受到西方科学文化的熏陶之后，眼界便为之大开，立即在侨居地和祖籍地大力倡导新学，不仅成为马来亚兴办华侨新学——中华学校和中华女学的领军人物，也成了家乡永定、下洋创办新学的第一人。

再次，胡子春在马来亚矿业的成功，对于祖籍地下洋成为著名的侨乡也不无关系。正是胡子春的矿业需要大量的工人和管理人才，永定下洋等地一批又一批乡人及胡氏族人才纷纷南渡过番，甚至直奔吡叻怡保，致使仅怡保便有下洋胡氏宗亲成千上万人。也使马来亚相继涌现出胡重益、胡曰皆等一个又一个下洋胡氏"锡矿大王"。

（张文峰编撰）

巴城爱国侨领陈性初

陈性初（1871—1939年），又名庆善，字嘉祥。漳平菁城镇福满村人。幼年家境尚好，得以入塾就学。陈性初生性聪明且勤奋好学，学习成绩优秀。青年时期曾连续应漳平县和龙岩州举行的三场考试，均名列榜首，轰动乡里，被誉为"小三元"。清光绪二十一年（1895）陈性初参加乡试，中恩科秀才，得当时福建提督学政王锡藩器重，赠其一部张之洞著《輶轩语》以为奖励。陈性初本欲继续发奋读书，以达科场进取，然生逢末世，内忧外患频仍。陈性初得中秀才的前一年（1894年），清政府与日本因朝鲜问题发生"甲午战争"，大清国战败，于1895年4月17日在日本下关春帆楼签署丧权辱国的《马关条约》，清政府除赔款之外，还割让辽东半岛、台湾及澎湖列岛给日本。当年6月，日本军队大举进攻台湾，台湾人民奋起反抗，发起了著名的台湾"乙未"保台战争。与台湾隔海相望的福建也群情激奋，支援台湾人民抗日保台的呼声此起彼伏，终于难以安入下一张平静的书桌。陈性初于是走出书斋，看淡科场，积极参与当地的社会活动。

陈性初为人耿直，富有正义感，有路见不平，拔刀相助的豪气。当他看到时任漳平知县王光泽贪腐害民，纵容部属以征收契税为名，敲榨勒索，残害百姓，便挺身而出，调查取证。陈性初搜集到证据确凿的王光泽诸多劣迹后，便亲自撰写状文，向省政府告发，结果王氏被查办革职，漳平百姓无不拍手称快，盛赞陈性初为民除害。

清光绪二十八年（1902），31岁的陈性初看破科场，彻底放弃学而优则仕的梦想，欲外出务工或经商谋生，于是跟随龙岩州人闯洋南渡，到达荷属东印度巴达维亚（今印度尼西亚雅加达）学做生意。在龙漳州府和龙岩州乡亲的帮助下，身为秀才的陈性初很快找到工作，如鱼得水。在工作之余尽力为侨界同乡服务，融入侨界社会，深得同乡好评。而且，就在他出国谋生之时，孙中山的"驱除鞑虏，恢复中华"的政治主张和民主共和思想也传播海外，已看透清政府腐败的陈性初接触到孙中山的革命理论后深受影响。于是他积极参加革命党人的民主革命活动。清宣统三年（1911），陈性初与王敬书在巴达维亚共同创立华侨智育会，积极宣传孙中山的民主革命思想。1912年中华民国政府成立，百废待举，巴达维亚华侨组织发起募集"国民捐"支持民国政府，陈性初作为当地颇有影响的侨界领导人，不辞劳苦，奔走劝募，计筹得法币两百三十多万元，汇寄回国，支援国民革命和国家建设，其拳拳赤子之心可鉴。

陈性初热心社会公益事业，而且，由于他是秀才，文化水平高，办事能力强，在侨胞心目中很有威信。他身居番邦，心系祖国，热心弘扬中华传统文化，深受侨界拥护，所以，他曾被推选为巴达维亚议会议员，成为一名能够维护侨胞利益、可以直接与荷属殖民当局直接对话的侨界代表。

为更好地为巴城同侨服务，1912年3月，陈性初与陈松和、陈金山等人发起创办"福建会馆"。他们四处联络，发动闽侨共襄盛举。历时三个月的努力，福建会馆终于正式成立，陈性初被选为顾问。他要竭尽全力为闽籍侨胞服务终于有了一个更好的平台。

1921年，陈性初与林肩六、黄天锡等人联合创办《工商时报》。陈性初任报社董事，并经常亲自为报纸撰稿，关心侨界生活，发布工商信息，反映同侨心声，甚至揭露殖民当局的恶行，争取侨胞权益。

1932年，陈性初与闽籍巨商庄西言、陈丙丁等共同组建"闽侨救乡会"，任干事兼秘书。"闽侨救乡会"的宗旨是以华侨的力量支持祖国、家乡的经济发展，并谋求中荷工商业的相互发展。同时，发动巴城侨界声援国内的抗日运动，支援东北抗日义勇军的活动等。同时10月，还联合庄西言任会长的巴城中华总商会举办国货精品展览，倡议侨界不买、不卖及不用日货。

1933年以后，陈性初历任巴城中华医药施济会委员兼秘书、巴城拒素筹备委员会委员、巴华慈善委员会常务委员、中央国医馆驻荷属国医分馆秘书主任等职，致力于施医施药慈善事业，为当地贫困侨胞提供医疗救济服务，深受侨胞拥戴。

与此同时，陈性初还兼任巴达维亚华文报纸《新报》和《天声日报》的义务访员，深入侨界，倾听侨民心声，为报纸提供突发新闻和民众呼声，充当民众尤其是同侨的代言人。

由于陈性初长期以来热情积极、任劳任怨，孜孜不倦地从事侨界工作，为当地华侨社会服务，成绩卓著，声誉日隆，终成为巴达维亚颇有声望的深受拥护的华侨领袖。

1937年"七七"事变后，中国抗日战争全面爆发，海外侨胞也与国人同仇敌忾，有钱者出钱，有力者出力，"忠于国家为先"，"爱国不甘后人"。① 陈性初被任命为国民党驻巴达维亚直属支部执行委员，在当地侨界奔走呼号，积极从事抗日救亡工作。他多次在华文报刊发表诗文，声讨日军侵略暴行，激发侨界同胞的抗日斗志，抒发爱国思乡之情怀。1938年，世界和平运动大会第四次扩大会议在伦敦召开，陈性初在巴城《天声日报》发表题为《拥护世界和平》的文章，呼吁海外华侨一致拥护和平，反对日本侵略。同年，日本侵占厦门，战祸旋将蔓延到自己的故乡，同胞面临蹂躏，陈性初迅即在报上发表《为闽南灾民请命》的文章，并积极发动闽籍侨胞捐输，以济民困。

1939年6月，年已68岁的陈性初奉调回重庆，进入国民党中央训练团第三期党政训练班受训，接受国民党中央"统一意识、集中力量"的精神训练。训练班结束后，陈性初顺便参加慰问团慰劳抗日将士，所到之处，战火燃烧，民众流离，甚至哀鸿遍野。陈性初心急如焚，抗战热情愈烈。其后，陈性初为尽快返回巴城动员华侨支援祖国抗战，风雨兼程，取道昆明南渡。因操劳过度，在昆明不幸患疾，病逝于昆明。

陈性初的不幸辞世，不仅使与他共同奋斗数十年的巴城华人社会侨胞深感惋惜与悲痛，其一生的爱国报国行为也深得时人的景仰和爱戴。

惊悉陈性初逝世后，时任国民政府主席林森，国民党总裁、国民政府军事委员会委员长蒋介石，国民党海外部部长兼国民政府侨务委员会委员长陈树人，国民政府行政院院长孔祥熙，国民政府立法院院长孙科，国民政府司法院院长居正，国民政府监察院院长于右任，国民政府行政院副院长张群，国民政府考试院副院长叶楚伧，国民政府军事委员会副总参谋长白崇禧，国民党组织部部长陈果夫，国民政府教育部部长陈立夫，国民政府内政部部长张厉生，国民政府外交部部长王宠惠，国民政府交通总部长张嘉璈，国民党秘书长朱家骅，以及1939年主持国民党港澳党务、第二年任国民党海外部部长的吴铁城和中国近代著名的民主革命家、教育家、时任中央研究院院长的蔡元培等18位政要都纷纷题写了悼念词，表达对陈性初的哀悼之情。陈性初终以其拳拳赤子之心、殷殷爱国行动获至殊荣。

（张文峰撰）

---

① 张佑周：《客家之子论客家》，第137页，四川民族出版社，2012年。

"万金油大王" 胡文虎

胡文虎（1882—1954年），著名的爱国华侨领袖、杰出的华侨工商业家、享誉中外的药业大王、报业大王、大慈善家。

清光绪八年（1882）1月16日，胡文虎生于缅甸仰光，其父胡子钦，原籍忠川（现龙岩市永定区下洋镇中川村），少年时期在人文鼎盛的忠川村接受过免费私塾教育，精于国学，且在村中和过堂药店学习医药，业精岐黄。1861年，胡子钦像诸多永定金丰里客家人一样，告别父母家人，背起简单的行囊，步行25公里，到广东大埔县城茶阳，取水路乘小船到达刚刚开辟的通商口岸汕头，登上英国商船"大鸡眼船"，辗转到达英国殖民地缅甸的仰光。到达仰光后，他看到许多华侨和当地人都因热病、疟疾肆虐而不治，遂凭借自己掌握的医药知识，大胆悬壶济世，行走于街头巷尾、山村田间，采用中草药治病救人，疗效显著，他也赚取收益。不几年，便积累起一定家业，在仰光广东街开设了"永安堂国药行"，医药兼顾，声名鹊起，业务兴旺，深得缅华人士的敬仰。娶妻潮州籍侨女李金碧，生文龙、文虎、文豹兄弟3人。文龙早逝，文虎、文豹兄弟便成为父母的希望所在。父母原先想让兄弟俩接受中华传统教育，但当时殖民地还没有华校，只得在上当地英文学校的同时，父母亲亲自教孩子华文和客家话，希望孩子们不忘根本，长大后可继承家业。

1892年，胡文虎10岁时，父母亲忙于事业，感到教育孩子学习中国文化力不从心，于是下定决心，将文虎送回原籍忠川乡，将其托付给族亲阿煌叔，要其在家乡学习中国传统文化，熟悉家乡风土人情。在寄居堂叔家四年的时间里，虽然胡文虎常有调皮捣蛋的举动，甚至有在村中和过堂睡屠桌板，整夜不回家的行为，但在文风浓郁，人才辈出的忠川塾学里，聪慧过人、博闻强记的少年胡文虎对学习却如饥似渴，学习成绩很优秀，不仅能轻松地熟读"子曰""诗云"，掌握"九九归一"的珠算，还对中国古典小说《西游记》《水浒传》《三国演义》等尤为喜爱。其中的忠孝、侠义、慈悲、恤民、感恩、报国等中国传统文化的精髓在少年文虎心中烙下深深的印记。

1896年，14岁的少年胡文虎重返仰光，虽然父亲想让其回仰光接受更多教育，但因文龙早夭，文豹则一直接受殖民地西式教育，国药行需要帮手。于是文虎被留在父亲的国药行永安堂一边学习经商，一边钻研医药典籍，父亲希望其继承衣钵，发展家业。小文虎也不辜负父亲期望，经多年熏陶，医、药皆精，立志悬壶济世。清光绪二十九年（1903）夏，胡子钦逝世，临终遗嘱只有6个字："做人要有志气。"胡文虎、胡文豹共同继承父业，接过父母手里不过二千余元资本的仰光永安堂国药行。但胡文虎却并不满足于像父亲那样做个小有名气的医生，那样做小本买卖，他想要大展宏图，闯出一条自己的路。于是，胡文虎出游中国内地、香港以及泰国、日本等地，考察中西药业市场，学习当时颇为畅销的成药的制造和销售。回仰光后，他创设药厂，采择祖国传统医学和印度、缅甸古方，学习西方制药技术，运用西方制药方法，陆续创制出以老虎图案作商标的五种成药——万金油、八卦丹、头痛粉、清快水、止痛散。这些成药，既对各种热带常见病、多发病和蚊虫叮咬等疗效神奇，又价格低廉、便于携带，很适合东南亚市场，投产后十分畅销。随着业务的拓展，为了扩大生产和销售业绩，扩大虎标永安堂药业的影响，胡文虎作出了十分明智的战略选择,将药业生产和销售的重心转移到当时已成为东西方经济文化交流中心的新加坡。1923年,他在新加坡设立虎标永安堂总行和总制药厂,业务蒸蒸日上。1932年,虎豹有限公司成立,他任董事长,胡文豹为常务董事。20世纪30年代中期,永安堂药业经营达到鼎盛时期,仅虎标万金油一项的年销量就逾200亿盒。几年之间,公司迅速发展,除仰光老行和新加坡总行外,还在香港设立总行,在曼谷、巴城、棉兰、泗水等地设立分行;在国内的上海、天津、汉口、重庆、广州、汕头、福州、昆明、贵阳、西安等地也都设立分行或分销机构;在欧美一些大城市也设有特约经销部。永安堂虎标药品不但风行东南亚一带,还远销欧美各国。胡文虎"万金油大王"的名声传遍了东南亚以及全世界。

胡文虎也是国际报业巨子。在药业成功之后,胡文虎有感于国势险夷,民生凋敝,乃思办报以启迪民智,藉以弥补教育之不足。他曾在《星岛日报》表明他办报的宗旨:"当时深感海外华侨亟需能提高文化水准及表达华侨爱国热忱之报纸。"他还有另一个重要目的,就是利用自己的报纸给虎标药品做宣传广告,扩大影响。星系报尚未出现之前,胡文虎曾发起集资创办《仰光日报》和独自创办《缅甸晨报》,取得了很好的办报经验。正式的星系报系统,则从1928年创办的《星报》开始。1929年,他在新加坡创办《星洲日报》,接着先后在国内外创办了星华、星光、星闽、星中、星粤、星槟、星岛、星暹等以"星"字命名的日报、晚报,以及香港英文《虎报》、新加坡英文《汇总报》共16家全球发行的中英文报纸,人称星系报。许多著名爱国文化人士如金仲华、郁达夫等,都曾任星系报的总编、编辑、主笔。星系报相对集中地分设在东南亚和中国南方华侨聚居或华侨家乡的中心城市,如新加坡、槟城、曼谷和广州、香港、福州、厦门、汕头等城市没有在中国北方和中西部创办,每日发行总数据说在高峰期曾达万份之多,为东南亚各报之冠。对促进祖国抗日救亡、弘扬中华文化做出了重要贡献。也为争取言论自由,报道真正的民意,尤其是动员海外华侨华人参与各种形式的抗日救国,起了不可估量的巨大作用。

作为工商企业家,胡文虎熟谙市场经济规律,娴熟地以钱生钱,使资本迅速增值,取得巨大成功。他从父母手里继承过来的仰光永安堂国药行的资本不过二千余元,然而不出二十年,他就神奇地发迹,不仅建成庞大的虎标药业帝国,还建成宏大的星系报业王国,成了富甲东南亚的亿万富翁。但他名成利就后却并未安富尊荣拥财自享,而是身居海外情系桑梓,宅心仁厚,博爱为怀,这无疑与他在童年时代回故乡所接受的传统文化教育以及父母对他所进行的家庭教育有很大关系。尤其是作为中华民族优秀文化一部分的客家文化对胡文虎一生的思想影响最大。他曾宣称"天下客属本一家",要求家人在家要说家乡话;他孝敬父母,友爱兄弟,善待族人和乡亲;他乐善好施,仁术救人,兼济天下;他崇拜民族英雄,慷慨输将,捐巨资抗日救国;他憎恨腐败误国,敢于针砭时弊,甚至敢于批评国民政府及蒋介石;他念念不忘中华传统优秀文化,甚至办英文《虎报》也不忘传播中华文化,希望通过该报让洋人"看看我们中华民族的伟大文化,从中教育他们"。

胡文虎也不仅是誉满全球的"万金油大王"、报业巨子,同时又是一个举世公认的大慈善家。他一贯奉行"人为本,财为用"的人生哲学,念念不忘少年时代所崇拜的诸如梁山好汉那样的侠义英雄仗义疏财、乐善好施的本色,虔信"千金散尽还复来"的大家风度,主张"自我得之,自我散之,以天下之财,供天下之用"。因此,他常以良药济世教育强国为宗旨,奉行"取诸社会,用诸社会"之素志,声称"忠于国家为先""爱国不敢后人",毕生致力慈善事业,赈灾恤难常有施予。他的事业越兴旺发达,钱赚得越多,就越是慷慨捐资。他捐助祖国抗战事业,宣称与祖国人民同赴国难。他捐资兴办的慈善事业专案之多,范围之广,时间之长,施惠之众都是前所未有的。他对救助贫病难侨,救助老人幼儿,赈灾济难和兴办社会公益事业十分热心。他每年用于公益事业的钱,约占他所得利润的四分之一,后期还增至60%。他的捐助不只限于自己倾爱的事业,而是广济博施,凡有益于人类的事业均予以尽力支持。如捐资办学,兴办医院,奖励体育,修葺园林,捐赠接生院、孤儿院、养老院、救济院、残疾院、麻风院、伤兵院、新式监狱以及各种慈善机关。每次赈灾济难,他都慷慨解囊。1935年他宣布在中国各地兴建1000所小学(其中福建100所)和百座医院,捐献大洋350万元。后因抗日战争爆发,建校计划未能完成,至1938年仅建成300余所,便将余款200万元转为认购公债。他不仅对自己的故乡和祖国广济博施,在国内先后捐助过上海大厦大学、厦门大学、广州中山大学、广州岭南大学、福建学院、广州仲凯农工学校、上海两江女子体育专科学校、汕头私立回澜中学、汕头市立女子中学、海口海琼中学、厦门中学、厦门大同中学、厦门中华中学、厦门群惠中学、下洋侨育中学等,而且遍及东亚、东南亚各地,如在缅甸、新加坡、马来亚、香港、印度尼西亚、暹罗、日本等地均施善举,在南洋各地捐巨资兴办学校、医院、体育馆、游泳池、公路、码头、垦荒和赈济灾民等,如办学校,仅在新加坡一地,他就捐建了10多所义务学校和中小学。

胡文虎多次强调说:"爱国是华侨的天职。"在新加坡客属总会成立十周年纪念大会上发表演说时他曾说:"对于忠字,鄙人以为忠于国家为先,所以爱国观念不敢后人。……"他言行一致,确有一颗炽热的中国心。抗日战争期间,胡文虎以"助战救亡为先"进行了大量金钱和物资的捐赠,对祖国抗日战争做出了巨大贡献。

1931年"九一八"事变发生,他即首捐2万银元和大批药品支持抗日将士,同时捐1万银元支持宋庆龄、何香凝领导的香港红十字会组织的战地军民救护工作。次年1月,他接连捐3万银元和大批药品支援十九路军淞沪抗战。十九路军军长蔡廷锴弛电赞扬说:"本军在沪抗日,胡君援助最力,急难同仇,令人感奋。"1937年7月,中国抗战全面爆发,胡文虎立即在他所办的星系报上发表署名文章称:"国家兴亡,人各有责,际此全面抗战之时,正吾人报国之日,有钱者出钱,有力者出力,毁家纾难,亦份所宜。"①他立即捐献大量纱布、药棉和药品,由宋庆龄转交何香凝领导的抗日救护队,同时号召和资助香港红十字救护科毕业生500余人回国服务。同年冬,他又以南洋客属总会会长名义,大力号召侨胞投入抗日捐献运动。1939年,星洲客属总会成立10周年纪念时,举行筹赈祖国难民游艺大会,他购买10万元名誉券,以表爱国热忱。接着,他又连续购买抗日救国公债20万元和30万元。其后,国民政府发行救国公债,他率先认购国币300万元,并通过他领导的南洋客属总会及其所属53个各地分会,大力动员侨胞踊跃认购和捐献。经过一年多努力,仅新加坡、槟城等12个地区就义购公债1300万元,捐献近2000万元。以后,胡文虎又相继捐赠大批药品、财物等支援祖国抗战。他的爱国义举,受到全国各党派各阶层人民的热烈赞扬和崇敬。国民政府军事委员会给他特别嘉奖,财政部也颁发他一等金质奖章。据不完全统计,他毕生捐献公益慈善事业之款额逾3 000万元,被世人誉为大慈善家。国民政府先后颁给"益在民生""乐善博施""仁心义举""泽流岳岸"等匾额和金质奖章,彩玉勋章。英皇乔治六世也特赐以大英帝国文官勋爵(O.B.E)的荣誉。

1941年2月,他到重庆出席国民参政会,受到各人民团体的热烈欢迎。中共领导人周恩来、叶剑英等特地到他下榻处嘉附新村拜会,亲切晤谈。2月28日,他捐国币200万元为战伤救济款,离渝前又购买抗日救国公债50万元,先后共捐助抗战和购买公债超过500万元,"为华侨个人输捐之最多者"。《新华日报》(中共驻重庆办事处机关报)头版以《华侨巨子,胡文虎抵渝》为题,作了翔实的报道,并对他乐施善举,义助抗战,给予高度评价:"胡氏宅心仁慈,广济博施,十几年前即决定提存永安堂赢利四分之一为慈善公益专款,嗣后逐年增至十分之六。盖胡氏之言曰:'自我得之,自我散之,以天下之财,供天下之用。'二十年来慷慨输将,或办公益或作善举,或助建设,或资抗战,达千余万元之巨。抗战以还,胡氏付资于义捐及公债者达数百万元。又胡氏对于文化事业,亦甚效力,所办'星系'八大报,盛誉中南……"同年,胡文虎看到祖国备受敌人摧残,抗日军民缺医少药,决心在抗战胜利后捐款1 000万元,修建县级平民医院100座,并提前多方筹措。由于新加坡实行严格的金融管制,不许巨额资金汇出,他只得向香港友人挪借凑足1 000万元汇回国内,分存于中央、中国、交通、农业4家银行。

胡文虎重民族气节。20世纪20年代,愤于上海英国租界外滩公园及虹口游泳池挂着"华人与狗不得入内"的牌子。20世纪30年代初期,他特地在新加坡自建游泳池,命名为"华人池",门口挂上牌子:"只准华人入内游泳。"此外,他还在新加坡、香港等地兴建虎豹别墅和万金油花园,占地广大,富丽堂皇,但都向华人免费开放,任由同胞进入参观游览。20世纪30年代,他在英国殖民政府统治下的香港游览地虎豹别墅特塑民族英雄林则徐巨像,以发扬反对外来侵略的民族正气。

太平洋战争爆发后,胡义虎于1941年12月25日被日军羁于香港审讯。后因病被释返虎豹别墅,仍被监视。他无所畏惧,坚持正义,与日寇进行艰险复杂的周旋。他曾愤然往见日军总督矶谷廉介,指控日

---

① 《胡文虎大事记》,见《龙岩师专学报》增刊《胡文虎研究》第二辑,1987年。

军宪兵队等所犯暴行。此外，还口嘱"记室"在报端发表讲话，抨击日军公共发售鸦片毒害市民之不良措施。后来他在香港的星系报馆被查封，药业受到威胁。港岛居民缺粮，饿殍载道，惨不忍睹，他发起组织中侨米公司，邀战前大米商参加。自己捐献巨款，又向各方面呼吁求助，最后历尽艰辛，方得平米救济。1943年7月间，胡文虎被胁迫到东京，受日本内阁总理大臣东条英机约见。东条"请"胡文虎到东京的目的是要求他将缅甸过剩的大米运到中国换取日本紧缺的钨、棉花、桐油等战略物资。胡文虎表示将缅甸过剩的大米运出来可以去办，到大陆把战略物资运去日本则困难重重，难以做到。并当着东条的面抨击汪伪、粤伪政权的腐败，表示了对蒋介石重庆政府的支持与同情。同时，他说："华侨们对祖国的强烈爱国之心是任何人都无法比拟的。""我是个华侨，我实在不忍看着同胞在苦难中挣扎。""在太平洋战争爆发前，我到南洋，被各地一千二百万华侨选为代表，所以我要全力拯救华侨。"① 他强烈要求日本政府释放东南亚华侨领袖。他的谈话充分体现了其爱国侨领的民族气节。

日本投降后，胡文虎重振旗鼓，又继续进行慈善捐献，发展文化教育和协助祖国经济建设等工作。1946年，胡文虎在新加坡发起创设福建经济建设公司，号召闽侨聚资回国开发福建实业，规模宏大，专案繁多，以实现"吾之子孙，与八闽子弟，无须求糊口于西方，远离乡井于重洋之外"②的目的，获得华侨广泛而热烈的响应。他任该公司筹委会主任，设总办事处于厦门，计划共同投资300亿元，在马来亚募股100亿元，在菲律宾、印度尼西亚、缅甸、泰国、越南等地合募100亿元，在香港、上海、福建等地合募100亿元，胡文虎自己投资13亿元。结果因为国民政府腐败，蒋宋孔陈四大家族垄断经济，不批准创建"福建建设银行"，导致原定计划无法实现而夭折。虽然因为种种原因，他捐资国内兴建百家医院、千间小学的计划未能完成，他发起的回国建设故乡的"经建运动"也未能实现，但其念念不忘"故乡兴革"，竭诚谋虑"有惠桑梓"的拳拳赤子之心，日月可鉴。

胡文虎是著名的客属领袖。从20世纪20年代初开始，他就积极参与创建、领导客属组织。1921年9月29日，胡文虎在香港与张发奎、林翼中、赖际熙等发起成立了"旅港崇正工商总会"，并被推举为会长。为团结各阶层客家人，1926年更名为"香港崇正总会"。1923年8月，胡文虎与汤湘霖等倡议筹建"南洋客属总会"，得到南洋客属人士的热烈响应。1926年开始修建会所，1928年底会所落成，1929年8月23日总会建筑揭幕暨客属总会正式成立，胡文虎被推选为首任会长。1948年8月更名为"新加坡南洋客属总会"。

胡文虎热心客家事业，较长时间担任香港崇正总会和南洋客属总会会长职务，秉承"爱国家、爱民族、爱社会"的宗旨，大力弘扬客家精神，敦睦乡谊，服务社会，造福民众，关心和积极支持赈灾、助学、抗战及其他公益事业，为侨居地和祖籍地做出了杰出贡献。

客家是汉民族的一支独特民系。由于在特殊的时代、特殊的历史条件和特殊的地域形成及其特殊的形成发展历程，客家民系孕育成独特的民系文化意识和精神。胡文虎在香港崇正总会成立三十周年纪念特刊序文上，对客家传统精神作过精辟的概述："一、刻苦耐劳之精神。盖我先民方丧乱南迁，筚路蓝缕，毫无凭藉，苟非有强健体魄，刻苦精神，则不能生存发展。故刻苦耐劳美德，遂成遗传习性，不分男女贫富，无不勤劳操作，其鲜安坐而食。二、刚强弘毅之精神。我先民既远离故土，杂居于其他先住居民之中，偏处僻阻之区，时虞意外侵迫，不能不藉腕力以自卫，故风俗自昔即多习武角艺，惟处世谦和，而守义勇往。男富强毅弘深之气，坚忍不屈；女无缠足怯弱之习，健美有加。三、劬勤创业之精神。我客家人士，既以故土硗确，养成勤劳善思，英迈创业精神。又以妇女能躬操耕作，主持家计使男子无内顾之忧，致力远略。故数百年前即能冒风涛，涉巨浪，远赴南洋各地，从事垦辟大业，创立今日我客属人士之伟大基础者，实出于此。四、为团结奋斗之精神。我先民以世事多艰，强锻炼体魄，增益技能，尚感独立支持之不易，不能不力谋团结，合群奋斗，克服环境困难，积久成风，无论安处祖国，抑侨异域，苟遇本属人士，必声应气求，团结一致。内而互助提携，外而抗拒外侮。苟化此精神而光大之，其有裨于我中华民族之发展者正无穷也。"胡文虎的成功及其之所以长期被推举为世界客属领袖，极力振兴客家事业，与其

---

①②《胡文虎在重庆》《胡文虎文抄》，见《龙岩师专学报》增刊《胡文虎研究》第二辑，1987年。

对客家精神有深刻的理解，无疑有直接的关系。

胡文虎在华侨、华人中和在国内都享有崇高声望。他曾任国民政府侨务委员会委员、国民参政会参政员、福建省建设委员、香港客属崇正总会会长、南洋客属总会会长、永定侨育中学名誉董事长等职。

中华人民共和国成立后，胡文虎3次致函中南军政委员会，表示坚决拥护人民政府。1950年，他认购中国人民胜利折实公债2亿元（旧人民币），1951年又特派胡梦州回国购买公债3亿元（旧人民币）。

1954年9月，胡文虎因患胃疾赴美国治疗，9月5日途经檀香山时，因心脏病复发逝世于皇后医院，享年73岁，落下了他未能在有生之年回归故国的遗憾。

作为在艰难时世陡然崛起，取得举世瞩目成就的企业家，特别是在面临国家民族危亡，海外浪子没有富强的祖国作为后盾的时代惨淡经营的华侨企业家，胡文虎的才智和胆识是令人惊叹的，他的成功无疑是一个奇迹。他的虎标良药誉满全球，星系报纸蜚声国际。同时，胡文虎以其赫赫声名和亿万财富，雄踞东南亚，长期居于华侨领袖的地位，致使蒋家王朝和日本侵略者都不得不对他刮目相看。于是，国民参政会有他的席位，蒋介石、林森等国府首脑的官邸他得以傲然进出，蔡廷锴将军曾赞他"热心救国，仁术济人"；于是，中国共产党赞赏他的爱国行动，周恩来、叶剑英等中共要人他也有幸晤谈，1941年《新华日报》曾说他"宅心仁慈，广济博施，……二十年来，慷慷输将……盛誉中南……"；① 甚至他还敢于飞往东京，面见日本首相东条英机，表达自己的严正抗争。

纵观胡文虎的一生，他身上有一条贯串始终的本质的红线，在制约着他的一言一行，那就是以儒家文化为代表的中国传统文化熏陶而形成的民族心态——积淀着以爱国、爱民、忠君、仁孝、诚信、慈悲为主要内容的伦理道德心态。由于这种心态，胡文虎一贯坚持"忠于国家为先""爱国不敢后人"的原则。日寇进攻上海，他立即意识到"强邻压境，国势危险，毁家纾难，此其时矣"，② 于是，他慷慨捐钱捐物，慰劳抗战将士，救济流离灾民；由于这种心态，胡文虎晋见蒋介石，献飞机，捐巨款，寄救国救民之希望于蒋介石为首的国民政府；由于这种心态，胡文虎亲赴东京，据理力争，不卑不亢。

"千秋功罪，谁人曾与评说？"20世纪70年代末，中国迎来改革开放的春风，一代爱国侨领胡文虎也终于行政机关认识、重新评价的机会。1983年2月10日，中共福建省委第一书记项南接见香港《文汇报》总编辑金尧如，重新评价胡文虎为"爱国华侨""商界巨子"。并说由于受"左"的思潮影响，过去有关部门对胡文虎一家的评价是不公平的，对他们一家的财产处理是不恰当的，应予以改正。接着，福建省人民政府作出决定，将文虎兄弟在福州、厦门、永定等地的产业归还他们的家属，并欢迎胡家后代回来观光，探亲访友和建设家乡。

1992年9月16日，中共永定县委、县政府隆重举行胡文虎诞辰110周年纪念活动，缅怀胡文虎的杰出功业，弘扬胡文虎爱国爱乡的精神和艰苦创业、奋发图强、勇于开拓、敢为天下先的优秀品格。在纪念座谈会上，厦门政协文史资料委员会副主任洪卜仁和厦门大学历史研究室主任孔永松合作发表论文，他们通过查阅日本战史档案《东条内阁总理大臣机密记录》，澄清了过去对胡文虎"东京之行"的误会。又以大量史实证明胡文虎在香港沦陷期间并未出任过任何伪职，推翻了长期强加在胡文虎身上的不实之词，还胡文虎爱国侨领的历史真面目。

1992年11月23日至28日，香港星岛报业集团总裁、董事局主席、世界中文报业协会主席、国际新闻协会主席、胡文虎爱女胡仙博士携母亲陈金枝访问北京，受到党和国家领导人江泽民、李鹏等亲切会见。同年12月15日至17日又访问福州、厦门，受到省、市、县领导的热烈欢迎。1993年3月25日至26日，胡仙一行乘直升机返乡访问，荣归故里，直升机降落在胡文虎等侨胞捐资创办的永定侨育中学操场，受到家乡人民的热烈欢迎，永定城乡万人空巷，一片欢腾。

1993年11月8日，胡文虎基金会在福州经省民政厅批准登记成立，至今已捐资办学和兴办公益事业达数千万元。在1998年10月16日胡文虎基金会成立5周年庆典和2007年9月22日至23日龙岩市举行的胡文虎诞辰125周年纪念大会上，福建省人民政府先后二次于胡文虎小学和龙岩学院为胡文虎基金会立碑表彰，颂扬胡仙继承父志、捐资办学和兴办公益事业的功德。

---

①②《胡文虎在重庆》《胡文虎文抄》，见《龙岩师专学报》增刊《胡文虎研究》第二辑，1987年。

龙岩学院文虎楼碑文如下（张佑周撰）：

龙岩学院文虎楼碑记

著名爱国华侨领袖、华侨工商业家、大慈善家、客家先贤胡文虎先生（1882—1954年）生于缅甸仰光，10岁奉父命回永定下洋中川故里接受国学教育，四年后返缅随父习医习商，经多年熏陶，医、药皆精，立志悬壶济世。1908年继承父业永安堂国药行，创设药厂，苦心孤诣，精研药性，以科学新法制成万金油等虎标良药，疗效神奇，旋即行销东南亚。1923年移师新加坡开设虎标永安堂总行，业务日臻发达。1928年创办华文报纸，其后星系报业成就卓然。

文虎先生富甲一方名成利就，却未安富尊荣拥财自享，惟其志趣高洁，身居海外，情系桑梓，宅心仁厚，博爱为怀。常以良药济世教育强国为宗旨，奉行"取诸社会用诸社会"之素志，毕生致力慈善事业，赈灾恤难常有施予，除在南洋各属捐建众多医院、孤儿院和学校外，还在祖国各地捐建大学、中学和百所医院、千间小学。抗战期间，慷慨输将，誓毁家纾难，与国人同赴国难，盛誉中南。

文虎先生女公子胡仙博士继承父亲遗志，成功拓展报业。爱国爱乡之热忱与乃父一脉相承，倾巨资成立"胡文虎基金会"，迄今在国内兴办70多项公益事业，捐资达3600多万元。其捐助人民币300万元建成的龙岩学院"文虎楼"于公元二千零七年吉月落成，谨树碑以志纪念。

（胡大新、张文峰编撰）

连城侨界翘楚周仰云

周仰云（1885—1964年），连城县文亨乡人。出生于富裕人家，但至其少年时已家道中落。周仰云曾上学数年即弃学到本县宣纸产地姑田当学徒。原本聪明又读过书的周仰云勤奋机敏，刻苦好学，很快便熟悉宣纸制作技术、宣纸的特征及其用途，介绍起姑田宣纸来头头是道，很得老板倚重。当时连城姑田宣纸、土纸除往东销往永安、闽南乃至福州外，还往南沿汀江销往大埔、潮州。恰逢老板需在潮州拓展销售业务，需要派遣推销人才，能说会道的青年才俊周仰云被派往潮州，周仰云于是从此与纸业经营结下不解之缘。

经过一段时间的贩运、推销，周仰云在潮州如鱼得水，既能又快又好地组织运来连城宣纸、土纸货源，又结识了一批固定的销售客户，使连城乃至汀州各地纸厂老板的纸品都销售通畅，生意兴隆。周仰云不仅得到自己老板的信任和重用，也得到汀州各地造纸老板的赏识，委托其销售者越来越多，其收入也越来越丰厚。

1914年，一直梦想着自己当老板的周仰云用自己积攒的小额资本与友人在潮州合股开设颜料商店，主销德国拜耳厂所产染料。但时运不济，开业不久即因第一次世界大战爆发，海上交通受阻，货源短缺而难以为继，颜料商店很快破产，周仰云承受巨大损失。幸得友人仗义解围，遂重回本行与同乡合股创设连兴昌纸行，做回自己所熟悉的连城土纸、宣纸的销售业务。

1930年，连城与闽西各地一样，中国共产党领导人民闹革命，建立红色革命根据地，国民党政府对革命根据地实行经济封锁，进出物资通道阻塞，连城土纸难以外运至潮州等地。汇兑业务也受阻，周仰云的连兴昌纸行受影响极大，濒于崩溃。周仰云当机立断，暂关纸行，与粤、闽友人合股于汕头组建广福纸烟公司，经营刚刚由西方传入的香烟，并于上海、泰国设立分支机构。初期代销美丽牌和鹰牌香烟，由沪运泰。周仰云于是初次涉及中泰贸易，并逐步了解泰国的营商环境。

为了增加利润，汕头广福纸烟公司除贩销知名品牌香烟外，还创设卷烟厂聘任高水平技师自制香烟销售，产品质量极佳，因而业务发展很快。但好景不长，周仰云诸股东未意识到不久后纸烟行业在汕头地区如雨后春笋，多家公司相继出现，纸烟公司的技师成了抢手的行业，广福纸烟公司的熟练技师于是被同行高薪挖走，后聘的继任者技不如人，公司纸烟的质量很快下降，公司股东又不愿增资重整，因而解体。周仰云于是毅然撤沪、汕机构，由友人相助赴泰国另辟蹊径，建厂经营烟草。前车之鉴，周仰云认真吸取。到泰办厂后，无论在用人选才、生产工艺、产品质量、经营管理诸方面，他都精心筹划，全力以赴，去芜去冗，求真求实，并以信用为上，诚信经营，因而很快便使其合资创办的企业广福烟公司兴旺起来，商务繁荣，获利颇丰。周仰云终于成为连城侨界翘楚。

1937年"七七"事变后，日本大举入侵中国，全国燃起抗日烽火。为支援祖国抗击日寇，海外华侨兴起捐资抗日热潮。身居海外的周仰云爱国情殷，从1937年冬开始，周仰云在泰国曼谷带头捐资，并动员广福烟公司全体员工每人每月捐三五元不等，而且每月由他自己凑足1万银元，准时由设在泰国的福建银行汇回国内捐助抗战。直至1941年，周仰云率众捐资回国抗日义举被亲日的泰国政府侦悉，负责承办汇款的周仰云次子周千和被驱逐出境，正常捐资活动才被迫暂停。时周仰云已先后捐出抗日捐款40多万银元。

与此同时，周仰云对家乡有识之士兴办教育振兴中华之举亦协力同心，极尽支持。

1938年，连城县教育界人士邓光瀛、李云霄、童近震、罗莲舫、李师张、李少韩等人鉴于连城尚无中学，家境殷实者可送子弟至汀州等地读书，而家境贫寒的青少年难于受教。在救国救亡图存之际，更需兴办教育以激发青少年爱国之心。于是倡议创办明耻中学，中学名称寓"明耻教战"之义，颇富时代意义。然办学资金颇巨，地方难筹，众念周仰云侨居泰国，事业有成，常回香港，且有捐资抗日之义举，应能解囊以燃眉。适逢周仰云回香港筹办生意，李云霄等遂携函赴港与其商议。周仰云欣然以应，并表示愿"独资兴办"。

时福建省教育厅规定，凡创办私立中学，必须筹资10万元存于中国银行，方可立案。虽然当时周仰云在泰国之工商企业因日寇图谋南进而经营困难，银根紧压，但他仍倾全力将银元10万如数交李云霄代办存入长汀中国银行、连城福建省银行和城厢段殷实商号，明耻中学立案得以顺利解决。旋即开始选址建校。校址选定原县立东塔小学旧址后，周仰云迅即另外拨款3万余元兴建楼房1座（教室8间，办公室2间），实验室、礼堂各1座，另建平房教室3间，教师宿舍1排，学校得以如期开学招生。其后，明耻中学办学经费直至1949年春季均由周仰云负责。中华人民共和国成立后交由人民政府接办。1951年，明耻中学与连城县中学合并称为连城县第一中学，校址为明耻中学旧址。

除创办明耻中学外，周仰云还在其家乡文亨乡周屋创建小学一所，被命名为仰云小学。创办之初不仅就有完整的校舍，教学设备一应俱全，而且学费全免，每人还发制服一套，成为连城城乡最让人羡慕的小学。此外，连城隔川小学、北团文山小学、姑田进化小学等也得到过周仰云的资助。

除了捐资抗日，捐资办学，周仰云对慈善公益事业也非常热心。他不仅在抗日战争期间捐献大量资金救助战争孤儿、捐助医院、孤儿院等，还曾捐资近万元兴建连城城郊彭坊大桥，也曾先后捐资5000多银元编修《连城县志》。

1941年12月9日，日军进攻泰国南部。虽然泰国军队和警察顽强抵抗，但几小时后地方官员接到首相决定放弃抵抗的命令，允许日军借道泰国国境，挥师南下，攻占马来半岛。

1941年12月11日，迫于日本压力，泰国首相选择进一步妥协，与日本签订《日泰同盟条约》，通过与日本的合作来保全政权、军队和国土的完整，实际上泰国政府成了日本的傀儡。以致于1942年1月25日，泰国向英美宣战，泰国所有的军事设施向日本开放，泰国于是成为日军向马来西亚半岛、缅甸、法属印度支那等地进军的后方。

在日本攻占泰国期间，泰国局势紧张。亲日的泰国政府素知旅泰华侨支持祖国抗日，这时更进一步加以迫害。周仰云次子周千和因办理抗日捐款汇回国内而遭泰政府驱逐，周仰云于是携部分资金回到香港创业。其后，其在泰企业及资产甚至被剥夺。香港沦陷后，周仰云在朋友帮助下，曾辗转新加坡，并于1945年回到祖国。

1948年，香港中南公司经理张静庵邀其重返香港，周仰云于是在香港继续创业。1964年病逝于香港。

周仰云少年时代家庭贫困，辍学后受到艰苦生活的磨练，青少年时期就已立下改变家庭及家乡贫困落后面貌的远大志向。漂泊异乡尤其是"过番"远离祖国后，周仰云对祖国和家乡的爱更是历久弥浓。无论其事业兴旺与否，他都与祖国和故乡亲人心心相印。比如20世纪30年代末期，日本帝国主义大举进攻中国，对南洋等地也虎视眈眈，中国和东南亚的海陆交通因此而经常中断。正在泰国开办广福烟公司的周仰云遭遇极大困难，他在上海、汕头的分公司被迫撤并。然而，时值祖国遭受日寇蹂躏，生灵涂炭，家乡人民也处于水深火热之中。周仰云积极响应侨界领袖陈嘉庚、胡文虎等人"有钱者出钱，有力者出力，毁家纾难，亦份所宜"[①]的号召在泰国曼谷带头捐资，还动员广福烟草公司泰国分公司的全体员工捐资，并每月必自己凑足捐银1万元寄回国内捐助抗日。

为改变家乡贫困落后面貌，周仰云像许多爱国爱

[①]《胡文虎大事记》，《龙岩师专学报》增刊《胡文虎研究》第二辑，1987年。

乡的华侨那样，首先从改善家乡教育，启发乡人民智入手。周仰云对自己小时候家道中落而辍学当造纸学徒、店员、推销员的艰苦经历无法忘怀，对自己曾经有机会入学启蒙、略通国学、珠算的童年也十分珍惜，无法忘怀。他觉得与那些极度贫困、无缘上学、目不识丁的家乡大多数同龄人相比，自己是幸福的。因为毕竟童年时代，家人有能力送自己读了几年书，从而使自己能学以致用，走南闯北，获取成功。因此，周仰云在经商成功后首先想到的是捐资办学，解决家乡贫困儿童的上学问题。他于是捐巨资在家乡连城文亨周屋创办了仰云小学和连城明耻中学。两所学校都由他独资创办。仰云小学开学后，不仅免收学费，还给学生发一套制服，学校的办学经费全部由周仰云出资。直至中华人民共和国成立后，学校由政府接办。此外，周仰云还对他曾经当学徒的姑田乡无法忘怀，当年当地少年儿童未能就学而上山砍竹麻、去纸厂当学徒的情景一直萦绕心头，挥之不去。于是，成功后的周仰云也对姑田等地的办学非常热心，常捐款资助。

周仰云是连城侨界翘楚，是家乡人民心目中爱国爱乡华侨的楷模。他一生艰苦创业，开拓进取，重义守信，乐善好施的美德深深印在家乡人民心中，为家乡人民所景仰。连城一中建起仰云文化公园，永远纪念周仰云的办学功绩。

（张文峰编撰）

共和国金融事业创建者曹菊如

曹菊如（1901—1981年），原名谈初，龙岩红坊南阳村人。父亲为店员，家境尚殷实。6岁即入私塾，接受过两年国学和珠算教育。8岁上小学，但家人想让他长大后从商，两年后便让他报考龙岩县商业学校，一举考上并就读一年后，终因年龄偏小，老师和家人都认为孩子不宜太早接受专业教育，第二年又转入高等小学就读。

1916年，曹菊如15岁，被家人送到江西当学徒、店员，开始步入艰辛的生活。1919年，"五四"运动席卷全国，青年曹菊如深受影响。一边当店员，一边如饥似渴地阅读进步书籍。

1923年，跟随着龙岩人的出国潮，曹菊如南渡到荷属东印度，在龙岩人较多的巨港、亚沙汉等地当店员谋生。由于曹菊如曾读过多年书，且历经艰苦自学，有相当高的文化知识，又曾当过店员，会做生意，工作非常顺手。而且他助人为乐，深受当地侨胞喜爱。他也希望广泛联络乡亲，必要时可以互相帮助，有困难者可以得到乡亲的照顾和支持。因此，不久之后，他便在当地组织起华侨救国会，并自任秘书，从事华侨爱国进步活动。

1930年初，曹菊如到马来亚，参加了马来亚共产党外国组织反帝大同盟。

1930年6月，受红军入闽和苏维埃运动的影响，家乡龙岩的革命运动如火如荼，远在海外的曹菊如倾心向往，并毅然回到龙岩。8月就在龙岩参加了革命，任闽西总工会秘书。9月曹菊如和闽西革命运动领导人邓子恢一起筹建闽西工农银行，被任命为工农银行委员会委员。不久，曹菊如加入中国共产党。由于工作出色，11月，曹菊如便被任命为闽西工农银行科长，并被任命为闽西工农银行党支部书记、中共闽西苏维埃政府总支部干事会组织干事。从此，店员出身的曹菊如便与有全新理念和制度的苏区红色银行结下不解之缘。

1931年11月，中华苏维埃共和国临时中央政府成立。1932年初，已有创办银行经验的曹菊如被调往瑞金，协助毛泽民筹建中华苏维埃共和国国家银行，建立国家总金库，整顿税收，统一财政等。

1932年3月，中华苏维埃共和国国家银行正式营业，曹菊如先后担任会计科科长、稽核处处长、国库处处长、业务处处长，并兼任财政部局长以及党小组长、党支部干事、党支部书记等。

1933年，中华苏维埃政府在瑞金创办银行学校以培养新型的红色国家银行专门人才，曹菊如兼任银行学校主任教员。

1934年10月，中央红军出发长征，曹菊如被编入中央军委直属纵队，随中央红军长征，担任由国家银行组成的军委第二纵队十五大队党支部书记，历尽艰辛为中央军委机关提供后勤保障。

1935年10月，中央红军长征胜利到达陕北。11月，曹菊如担任中华苏维埃共和国国家银行西北分行副行长，兼任西北办事处财政部会计科科长。国家银行急需人才，曹菊如主持举办了两期银行干部培训班，并凭着自己掌握的会计知识和银行知识亲自给学员上课。

1937年10月，曹菊如任陕甘宁边区财政厅厅长、银行行长（至1941年3月）。

1938年12月，曹菊如任中央财政经济部副部长，跻身中共中央财经部门主要领导行列。

1939年1月起，曹菊如担任中共中央财政经济委员会副主任，中共中央生产运动委员会委员。同月在陕甘宁边区第一届参议会上，曹菊如当选陕甘宁边区政府委员，同时任陕甘宁边区财政厅代理厅长。

1940年10月至1941年9月，曹菊如任陕甘宁边区建设厅副厅长；

1942年4月，曹菊如入中共中央党校学习，同年10月后任边区银行工作检查委员会副主任。

1944年5月，曹菊如任西北财经办事处秘书长，协助副主任陈云领导边区银行工作，建立健全边区财经制度。千方百计通过重重封锁从敌占区购进急需物资，其工作不仅为陈云等领导边区经济工作的同志减轻了压力，还曾得到毛泽东的肯定和表扬。

1945年4月至6月，曹菊如作为陕甘宁边区代表团成员出席中共七大。会后，曹菊如奉命奔赴东北工作。途中因交通阻滞停留热河，就地参加晋察冀边区银行冀热辽分行等建工作。

1946年2月，晋察冀边区银行冀热辽分行成立，曹菊如被任命为经理。同年6月，曹菊如继续前往东北，辗转到达哈尔滨。同年9月至1949年7月，曹菊如任东北银行总经理。1949年4月起，曹菊如还兼任东北行政委员会总会计局局长。

中华人民共和国成立后，曹菊如被调往北京，先后任政务院财经委员会委员兼副秘书长、中国人民银行副行长、行长、中国人民银行党组书记等职。

曹菊如是中共七大、八大代表，是第四届全国政协常务委员，第五届全国人大常务委员。

曹菊如是革命金融的奠基人、开创者。从1930年11月闽西工农银行成立开始，曹菊如就利用自己当杂货店员所掌握的有限的会计及账务管理知识，探索建立革命金融业管理的规章制度。一开始，银行采用中式账簿和旧的记账方法，后来部队从豪绅家得到一本银行簿记讲义，以及毛泽民托人从广东买来的一本《银行簿记实践》，曹菊如经过认真研究，改革简化，形成一套自己的银行记账方法和管理制度，并以此作为教材，在银行学校和培训班教授，使之得以师承。可以说，曹菊如在闽西工农银行的办行实践为国家银行做了准备，其中式记账方法，成为革命根据地银行会计始祖。曹菊如当之无愧地成为革命金融事业的奠基人之一。

中华人民共和国成立后，不少刚接收的城市货物奇缺，物价飞涨。曹菊如担任政务院财经委员会委员兼副秘书长，在陈云的直接领导下，为制定国家金融政策、消除通货膨胀，抑制物价上涨水平，做了大量的工作。

1949年11月中旬，中财委及陈云等领导同志具体分析了市场商品及货币流通情况后，认为可以通过收缩银根、调运粮棉、抛售物资来稳定物价。尤其是首先从稳定粮价开始，解决吃饭大事，其他事情就好办。曹菊如于是被陈云派往东北老解放区调运粮食。其后，东北粮食源源不断地进京，天坛等地囤粮库出现，给粮贩子们造成国库粮食充裕的印象。粮贩子们很快便放弃囤积居奇，粮价很快下跌且趋于稳定。紧接着上海棉纱、布匹等也价格趋稳。吃饭穿衣问题解决之后，物价飞涨的势头也就被控制了。

1954年11月，曹菊如担任共和国第二任中国人民银行行长（第一任是南汉宸），开启了长达10年的任期，为中华人民共和国金融事业的改革和发展做出了巨大的贡献。

当时，为了尽快恢复国民经济，曹菊如发扬中央苏区时期的传统，亲自深入调查研究。根据调查得来的大量材料和数据，曹菊如认为，要恢复和发展国民经济，关键是要迅速改变因战争形成的城乡交流停滞的局面，发展城乡工农产品的交流。曹菊如坚决贯彻政务院颁布的"关于统一国家财政经济工作的决定"，落实现金管理办法，将国家分散于企业、机关、团体、部队等单位的大量现金集中到银行，用来支持国营商业掌握物资。人民银行还建立了全国通汇网，便利国家资金统一调拨和集中运用。通过这些措施的落实，国家很快实现了财政、物资的平衡，金融物价迅速得到了稳定，根本扭转了从国民党反动统治末期以来历时十二年的通货膨胀、物价飞涨的局面，粉碎了国内外敌人"共产党在财经工作上的困难是无法克服的"的断言。这种局面的形成，曹菊如功不可没。正如他自己在回忆录中所说："事实响亮地驳斥了敌人谎言，中国人民在建国以后短短的时间里，就在财经战线打了一场非常漂亮的胜仗。"

1955年，曹菊如领导人民银行主持了新旧币的兑换。中华人民共和国成立初期，物资紧缺加上抗美援朝爆发，物价更是难以稳定。抗美援朝结束后，随着物价的逐步稳定和经济的发展，根据党中央和国务院的决定，曹菊如主持全国新人民币的发行工作。原先流通的中华人民共和国第一套人民币俗称"旧币"，产生于战争年代，有62个版别，防伪性能很差，面额从一万到五万元不等。随着经济的发展，旧币版本多，面额大，各地不统一的问题突显，国家于是决定发行第二套人民币。曹菊如精心安排了新币的发行，建议采用混合流通、无差别兑换等方式开展兑换。新币收兑旧币，以每1万元旧币兑1元新币，其购买力不变。这种办法保证了兑换过程的稳定。新人民币的发行，大大地方便了交易和核算，并且使我国货币制度进一步得到健全和巩固。当时，曹菊如在接受记者采访时就说："人民群众一致认为这是人民币进一步稳定和巩固的表现，认为新币好看、好认、好算、好记、好使，政府为人民办了一件好事。"

曹菊如为发展我国的金融事业，为建立独立的、统一的、稳定的货币制度和社会主义金融体系做出了不可磨灭的历史贡献。

1981年1月6日，闽西人民的优秀儿子、龙岩归侨的杰出代表曹菊如，带着对金融事业依依的不舍，带着对闽西红土地的眷眷思念，离开了这个世界，我国金融业界失去一位忠诚、伟大的革命战士。

（张文峰编撰）

为家乡教育事业贡献一生的游范吾

游范吾（1902—1993年），原名游洪忠，永定大溪太联村人。父亲早年往南洋，在荷属东印度群岛多地开设过中药店。游范吾于1902年生于荷属东印度巴达维亚（巴城）。1911年，重视对子女进行中华传统文化教育的父亲将他送回大溪私塾读书，高小毕业后游范吾远赴上海，考入上海暨南大学附中，1920年升入该校大学预科班。

1923年，父病逝，游范吾大学未读完却不得不南渡巴城继承父亲经营的太和堂药店。后来，由于太和堂药店有熟悉医药业的姐姐游凤超接手经营，且游范吾志存高远，不想在自家小店碌碌终生，遂应聘任刚将永安堂药业从缅甸仰光移师新加坡欲大展宏图的永定老乡，未来的"万金油大王"胡文虎的贴身秘书，期望有更大发展。其后升任《星粤日报》社长，并分别在汕头和海口开设"虎桥药品总代理店"。1940年因局势紧张返回巴城，曾任雅加达永定会馆主席。1952年回国，致力于家乡建设及侨务工作，被推举为永定县归国华侨联合会第一、二、三届主席，四、五届名誉主席，还担任全国侨联第二、三届委员，省政协一至四届委员。

兴建大溪华侨新街

1946年，游范吾考虑到家乡青年没有出路，南洋又缺乏人才，就委托家人在大溪太和楼旁边的二层砖房里创办"泰溪商业学校"。虽然历时两年即停办，但也为地方培养了大批商业人才，还培养了一些进步青年和优秀的中共党员。商校停办后，他又在旧址办起了农村幼儿园，象征性地收一点费用，主要经费由海外侨团和自己支付。后来又在太联中心小学建了一座300多平方米的教室，改善小学的办学条件。

1949年10月1日，中华人民共和国成立，游范吾像许多海外侨胞一样，被中华人民共和国掀起的社会主义建设高潮所吸引，急切地想放弃海外的优越生活，亲自回国参加中华人民共和国建设。

1952年4月10日，50岁的游范吾，在印度尼西亚爪哇《新报》刊登的《游范吾辞行启事》，其中有一句"荣华富贵全抛弃，一心向往祖国春"，真挚地表达了他热切向往中华人民共和国，决心回国参加建设的心情。随后，他变卖印度尼西亚部分产业，携两子回故土大溪，开始了为改变家乡贫困落后面貌而奋斗一生的艰难历程。

大溪原有一条老街，叫"司前街"，因为它位于"三层岭巡检司"的前面，故名。三层岭巡检司早在明代永定建县那年（1478年）就设立了，不过司署原设在下金乡（下洋）天德甲（东洋）。后迁到大溪，借大溪公馆办公，于是大溪公馆成了巡检司署。"司前街"其实应该叫"（大溪）馆前街"。但由于是"检司"署前面，故称。这条司前街，长40余米，宽仅4米。街两旁一共才10多间高矮参差、破敝不堪的店铺。每逢农历四、九墟期，原本狭窄的街道还要摆摊设点，越发拥挤得难以转身。

游范吾早就有心改建大溪老街。1952年回乡定居后，游范吾看到，随着生产的发展，物资交流不断扩大，五天一墟的司前街热闹非常，破旧狭窄的街道，日益显得不适应形势的需要。于是，他积极向大溪乡和当时的第三区政府建议改善街道。他提出了两个方案，一是老街拆掉重建，二是另觅地点建新街。而无论哪个方案，他认为都可以发动华侨投资，资金都有办法筹措。

这建议得到了当时第三区区委书记邢长安和区长江炳星的热情支持，群众的赞成更不必说。经各方反复研究，认为老街产权复杂，改建时不易处理，而且受地形局限，无发展余地，不如在老街脚下那一大片农杂地上，另建新街。计议既定，便在区委区政府指导下，成立了新街筹建委员会，吸收了较有名望的侨属人士参加，游范吾被推举为筹委会主任。筹委会决定将新街命名为"大溪华侨新街"，并请区政府出面，迅将拟议中的新街范围内的地皮划定，处理好产权有关的各项问题，同时请工程技术人员根据筹委会的意图进行具体设计，绘出图纸。

从此游范吾开始忙碌起来，筹划他曾经设想的号召并吸引海外华侨及在乡侨眷投资认建街道店面的办法。他殚精竭虑，思谋华侨认建新街店铺的最佳办法。

他建议，店铺全部由筹建委员会统一规划统一建造，海外出资认建者暂不公开姓名，免得他们在乡亲属争拣店铺位置。待新街店铺全部落成，再由筹委会主持，政府公证，用抽签方式确定每位认建者的店房，随后发给房产地契。这办法得到了海外乡侨和在乡侨眷以及筹建委员会的一致赞同。

由于范吾在印度尼西亚等地乡侨中素著信誉，所以在他把发动认建的信函发出后不久，一向热爱家乡踊跃建设家乡的大溪乡侨，纷纷认建，应交款项亦按要求陆续汇到。当时预算，每间店房需人民币2 500~3 000元，每认捐一间先交1 000元，以后随工程进展分期交纳，落成后统一结算。

1953年夏，大溪华侨新街动工兴建。作为筹委会主任的游范吾经常亲临工地，检查指导，解决问题，又定期写信、寄现场照片，向海外乡侨通报工程进展实况。海外乡侨认建款项有时或因汇寄发生意外困难，或因认建者暂难周转，没能及时到位，游范吾能自己垫付的就垫付，无力垫付便设法向银行贷款。在他身体力行的带动下，筹委会群策群力，大溪父老乡亲积极支持，工程进展顺利，质量也得到保证。

1956年秋，工程接近完成。游范吾赴京参加全国第四次归侨侨眷代表大会，被选为全国侨联委员。开会期间，他向全国华侨事务委员会主任何香凝汇报了大溪建设华侨新街的情况。何香凝听了，十分高兴，欣然命笔，在一整张宣纸上题词勉励："沟通内外关系，繁荣农村经济，促进物资交流，利便侨乡供应，大溪华侨新街开幕纪念。"游范吾在华侨新街竣工之际把它刻在一块高1.93米，宽0.505米的石碑上，并将石碑竖立在新街中心，永远鼓舞、激励着大溪乡侨、侨属以及广大群众，为建设美好家乡和伟大祖国而努力奋斗。

1957年元旦，大溪隆重举行华侨新街落成庆典。新街长70余米，宽10米，街道路面由鹅卵石铺成，两边各并列土木结构的店房14间。每间店房占地89.9平方米，分两进。前进为骑楼式两层楼房。骑楼地脚有宽2.5米的走道，越过走道便是店面；楼上则设厅和房间。后进3层，底层为厅，二楼三楼都是房间。前后进之间隔着天井，天井两旁为接通前后进的带檐走廊。后进背面，有厨房厕所浴室等，窗户都是大玻璃窗，加上不小的天井，采光充足，空气流通，方便营业和居住。在当时的农村乡镇，可谓一流的街道一流的店房了。经结算，每间店房造价为3 000元人民币。以那时价格而论，也属价廉物美。全街28间，共计才8.4万元，却是那时全县最大一笔华侨投资。店房全部造好后，按事先所决定办法，通过抽签分配给各认建人。由于公正公平，店房又好，认建乡侨都十分满意。

华侨新街落成庆典结合当时当地盛行的农村物资交流大会举行。那天，新街张灯结彩，红旗招展，县、区、乡领导都光临参加典礼，由县领导剪彩开街。全县各地乃至邻县平和、南靖、大埔等地的商贩纷至云集，附近农户也争相把自己最好的产品拿来上市，生意都很火爆。入夜，各种文艺表演争奇斗艳，鞭炮烟花焰火腾空丽起。整个大溪处处急管繁弦，轻歌曼舞，"火树银花不夜天"。新街建成，海外乡侨函电纷驰，向游范吾祝贺。鼓励他再接再厉，为家乡建设更立新功。游范吾当然不负众望，在华侨新街落成之后，便立即把筹建新街之时就已构想或着手的一系列建设事业全面推进，投注入后半辈子全部心血与精力，或先或后取得了一个又一个令人惊叹的业绩。游范吾以不懈的努力创造了永定的多个第一。

创建全县第一个华侨垦殖场

大溪田少山多。全乡耕地仅4 757亩，山地却有5.4万亩。田地少，粮食不能自给，日子难过，所以近代以来许多大溪人离乡背井，外出谋生。去得近的，是到闽南沿海地区，干的大多是打铁、裁缝、木工、泥水。还有一些人当游医，或者开药店。漳厦一带，在这些行业中，往往可以碰见大溪人，走得远的，是"过番"往南洋。由于有些往南洋者能赚较多的钱回来盖大土楼，因而民国时期以来过番往洋者越来越多。大溪之所以成为著名侨乡，这也是重要原因之一。

游范吾是从南洋回来的，"过番"的滋味，他深有体会；丰富的阅历，广博的知识，更使他考虑问题不同凡俗。他对乡亲们说，外出做工，不过是一口一家糊口之计；"过番"，头顶别人天，脚踏别人地，要做成事业谈何容易！真正发财的番客有几个？大多数都是勉强过日子。要使全大溪人都富裕起来，只有在大溪发展生产。大溪有什么发？俗话说，靠山吃山，大溪山多，要发，只能去开发山地。山上可以种茶种林果，种许多经济作物，种植业发展起来了，大溪人就全都发了。这番道理，他逢人便说。乡亲们听了，个个点头称是。可是要付诸行动，却就不那么容易了。没资金，没经验，心雄也胆不壮啊！

游范吾理解乡亲们的心思，没有人带头，没有个示范，做任何事都是发动不起来的。于是在华侨新街工程上了轨道之后的1954年夏天，他便决心抽出一部分精力创办一个示范性的垦殖场。他的这个想法一说出来，黄龙村村长、归侨翁树汉第一个积极赞成。并且"献策"说，要办场，黄龙就有一个现成的场地，那就是掌山下。那里有千把亩荒山，较平坦的坡地也有百几十亩，水源又充足，"打了灯笼都难找！"游范吾听了大喜，当即请翁树汉做向导，带了游正刚等人，到掌山下实地考察，发现那里果然是个办垦殖场的好地方。于是马上成立"场部"，动员树汉兼任场长，正刚协理。

游范吾建议，先开荒，后基建。遵循这个思路，几天后，招聘到的十几名临时工人，便开赴掌山下，挥舞镰镢刀锄头，热火朝天地开起荒来。场部（办公室和工人宿舍）则暂设在离工地一里多路的一个村子里，房屋是租借来的民房。不久后在掌山下建了一座土木结构的2层楼房做场部。

游范吾一面亲率工人开荒，一面派堂侄游继善到闽南选购良种树苗。游继善从安溪购来了传统名茶"铁观音"和"毛蟹"的种苗，还到其他地方买了柑桔、柚、桃、李等优质果树苗。不久，这些种苗都在掌山下"落户"了。为了"以短养长"，游范吾又规划栽种了一批短期内可以收获的蔬菜、甘薯、木薯等，长势都很好。

开办这个垦殖场的资金，都是游范吾自己拿出来的。他的积蓄有限，为了垦殖场的发展，他又积极争取印度尼西亚乡侨的投资。乡侨返梓探亲观光时，如余发远、游尚群等，他都请他们到场参观，亲自导引，亲自讲解。乡侨参观以后，莫不赞誉有加，并给予多方面的支持。

经过游范吾和垦殖场全体员工3年多的努力，垦殖场迎来了第一批茶叶的丰收，其他果树也长得郁郁葱葱，丰收指日可待。不料1958年的"大跃进"和"人民公社化"，让这个垦殖场过早地"退休"了。先是公社和大队通知工人立即回原生产队参加"全民大炼钢铁"，不回去的家里不分配粮食。接着，公社通知场部，垦殖场即日由公社派员接管。垦殖场没了工人，还如何垦殖？公社接管，其实又是接而不管。不久，"三年困难"时期接踵而来，垦殖场越发无人去过问而更加荒芜了。

后来垦殖场曾经发挥过它的"余热"。其一，它"退休"几年之后，永定县仙崇林场看上了掌山下这块"风水宝地"，在原垦殖场的基础上建立了一个工区，开始大规模地植树造林。如今，这里已成了几千亩的一片林海，是永定主要林业基地之一。其二，垦殖场"退休"沦为没人管的"孤老"的几年间，柑桔、枇杷、桃、李等渐次枯萎死亡，唯独柿子依然"生命之树长青"，结出了批批硕果。这无形中给黄龙村人一种启示：此地特别适宜种柿子。于是1960年后，黄龙村陆续有人有意识地种柿子，结果收成都很好。改革开放以后，柿子销路打开，黄龙村更是家家户户大种特种。收成时，一车车销往广东等地，价钱比柑桔还高。据黄龙村委会统计，1994—1997年，全村每年柿子总产100万斤以上，产值达一百五六十万元，一户此项年收入1万元的相当普遍，二三万的也不少，柿子成了黄龙村人的摇钱树。

垦殖场"余热"结出的这些硕果，虽说"意外"，却也在"意中"——游范吾办场的初衷，不正主要在"示范"和"带动"吗？如今带动起几千亩林海和龙坪村人的富裕，游范吾可以无憾了。

建设永定第一座水电站

1951年以前，永定人没在本地见过电。1951年，永定城关开始有火力发电。

1956年秋，龙岩地区召开华侨工作会议，游范吾应邀出席。会上，地区领导讲了发展电力事业的重要性，并组织与会人员到连城参观正在兴建的姑田水电站。这次参观给游范吾触动很大，他立刻联想到大溪，不仅需要电，还可以利用大溪的主干流莒溪水发电。回来后，他把参观收获和建水电站的设想向乡里领导汇报了。乡领导很感兴趣，当即报告县里，请求派技术人员前来勘测，如果可以建设水电站，则请帮助设计和指导施工。县人民政府接到报告，立即派刚从永春学习小水电回来的技术员江清光前来勘测，结果认为莒溪可以建水电站。其初步设计是，在周圆村筑坝，将莒溪水用水渠引往走马坪，流到寨下垅背，在寨下垅设站。水流落差十余米，设计流量0.2立方米，功率22匹马力，可装机16千瓦。

1957年元旦，也就是华侨新街落成剪彩那天，游范吾胸有成竹地宣布，大溪水电站正式动工。听说建设水电站，大溪群众莫不兴高采烈竭力支持。在大溪乡政府和农业生产合作社的组织下，乡亲们担负全部土石方劳作，作为对水电站的劳力投资。至于建站资金需5万余元，游范吾也成竹在胸，他发动乡侨和侨眷投资，结果很快便收到乡侨的投资约3万元、侨眷投资5 000多元，此外，还向漳州电器公司赊销电机1.4万余元。

1957年底，大溪水电站建成。1958年春节（时年2月），大溪水电站正式发电。电闸一合上，大溪华侨新街及其附近，华灯齐亮，一片光明，随之万众欢呼，老幼开颜。数千未见过电灯的大溪村民，自发来到华侨新街赏灯，其盛况超过正月十五元宵节。此后，各地前来参观这永定有史以来的第一座水电站者络绎不绝，它的建设经验很快传播到四面八方，为永定农村水电建设的发展做出了宝贵贡献。又由于它当即交给大溪乡人民政府管理，它又成了永定县有史以来的第一个乡有企业。

两度建大溪中学

永定乡侨一向有热心为家乡办学的传统，而游范吾更对此"情有独钟"。

1946年冬他第一次回乡，就在次年创办了泰溪商业专科学校，培育了不少人才。

中华人民共和国成立后，他回乡定居，亲眼所见一方面全国和地方都急需大批建设人才，一方面日益增多的小学毕业生升学困难。他认为在各地增加中学实为当务之急，在大溪创办中学也应该提上议事日程。于是，华侨新街落成，水电站开工之际，他又同时筹划创办大溪中学。他写信给印度尼西亚乡侨吁请支持，随即引起热烈响应。经报请县政府同意设立大溪中学之后，立刻成立了筹建委员会，着手建造校舍。筹委会选定全乡中心地段、交通方便的背头坪作为校址，旋由乡政府划定地皮，处理好产权问题，即于1957年春动工兴建。

4个多月后，两座土木结构的学校用楼就建成了。接着成立校董会，游范吾被推举为主任，定校名为"金丰华侨中学"。学校很快由县政府批准为民建公办的初级中学，校长及教职员均由县文教局派人担任。当年秋，开始招生。原计划招两个班，因生源充裕，学生家长要求扩招，结果招了3个班，140多人。1958年后每年招两个班，到20世纪60年代，在校生均为300余人，教职工20余人。

金丰华侨中学从1957年成立到1971年被撤并的14年中，在游范吾为首的校董会的筹划和海外乡侨的大力资助下，教学设施不断充实、改善，教学质量不断提高。数百名毕业生或升入高中、中专、大学深造，或进入社会就业，为大溪及相邻乡镇培养了大批人才。学校也获得父老乡亲和海外乡侨广泛好评。

1966年"文化大革命"开始，金丰华侨中学虽也不免受到冲击，但直到1971年，大部分时间仍坚持上课。由于1970年底大溪公社与湖坑公社合并，永定县革委会便决定金丰华侨中学并入湖坑中学。而且不容异议，设备被迁移，人员被调走，金丰华侨中学人去楼空。在那"文化大革命"混乱年代，无人管理，校舍可以搬动拆卸的构件，如门窗户扇、桁桷楼板，以及屋瓦等等，先后被盗，不久便只剩下断壁残垣和瓦砾了。

1978年12月中共十一届三中全会以后，国家进入改革开放的新时期。"尊重知识、尊重人才"成为党和国家的政策，也成了人民群众的共识，大溪乡亲要求复办大溪中学的呼声日高。于是游范吾立即给印度尼西亚乡侨游宏蕴等人写信，反映乡亲们复办中学的强烈愿望。

一石激起了千重浪，乡侨中的知名人士广泛表示全力支持。1980年春节，印度尼西亚乡侨派了游范吾的堂弟游瑞中回大溪来与游范吾共商复办大计。

游范吾对游瑞中说："华侨中学半途而废，我一直引以为憾。现在祖国上下齐心协力搞现代化建设，在我有生之年一定要把大溪的中学复办起来！"游瑞中则转达了印度尼西亚乡侨全力支持的心意和具体意见。游范吾深受鼓舞，说："我年事已高，许多事力不从心。家乡方面，具体的工作就由阿骞（游范吾的侄儿游继骞）去做；印度尼西亚方面，就拜托你代我向大家致意，请大家鼎力玉成。"

游瑞中带着游范吾的委托回到印度尼西亚。抵达的第三天，乡侨们为他设宴接风。他趁机转达了游范吾对大家的问候和请求，汇报了回乡所见所闻的改革开放带来的各项建设迅猛进展的喜讯。乡侨们大为振奋，当即决定成立复办大溪中学筹款小组，向乡侨发起募捐。在座的游宏蕴、游任康、游宏楼、游绍宽、游万通、游盛泉、游佐褥等为发起人，并商定了一批募捐重点对象。宴会后，他们就分头奔赴万隆、泗水、三宝垄、棱罗等地，展开了广泛而深入的劝募活动。

在大溪里，游继骞按游范吾的指示，向乡政府汇报了游范吾、游瑞中会晤的情况和商定的意见。乡政府立即给县政府写报告申请复办大溪中学，很快地就接到了县政府同意的批复。乡政府便又指导成立了复办筹委会。筹委会几经研究，决定在曾经设过卫生院的西霖寺的旧址及其周围山坡地上建设校园。那儿已被群众垦为一片茶叶园地，征用起来问题相当复杂。为此，担任县委副书记的大溪老乡游济英，特地回来动员乡亲们让地，使征地工作顺利完成。1980年夏秋间，完成设计正式动工，工程由县建筑公司承建。

建校期间，游范吾卧病在床，但无时无刻不心系工地。他向游继骞详尽了解工程进展的每一细节，想办法出点子帮助解决出现的每一个较重大的问题。他亲自给在香港的游尚群和在印度尼西亚的游苏平兄弟俩写信，通报建校情况，兄弟俩慷慨捐建了一座2层的大礼堂。

1983年夏，校园第一期工程胜利完成。西霖寺荒坡上出现了一座秀木掩映的美丽校园。其中有2100平方米三层教学大楼一幢，1100平方米下层作膳厅，上层作会场的大礼堂一幢，还有一幢900平方米的学生宿舍。全是钢筋水泥结构大厦，壮观实用。经征求各方意见，上级批准，学校定名"永定侨光中学"。先设初中部，当年秋季开始招生。开学剪彩之日，龙岩地区专员、永定县长、以及各有关领导都光临祝贺。印度尼西亚、香港乡亲分别组织了代表团，专程回来参加剪彩。校园内外，鼓乐喧天，人头攒动，大溪欢度了华侨新街落成庆典以来又一个盛大的节日。

此后，游范吾继续与乡侨保持密切联系，为侨光中学的发展不遗余力。1987年，增设高中部，乡侨游宏厚牵头，集资捐建了高中教学大楼一座；游礼群、游钦州各捐建一幢教工宿舍；游兆民先后捐资131万元，建造了套房式教师宿舍和科学实验大楼；游文福捐建了体育场，扩大了的校园精心布局，绿化美化，犹如一座大花园。各项教学设施设备也不断完善。

大溪，在游范吾苦心筹划经营和众多乡侨的热心扶持下，终于再次建成一所设施第一流的农村完全中学。

创建全县第一所华侨卫生院

20世纪50年代以前，大溪人看病只靠司前街上一两间药店和几个中医生。伤风感冒等小病尚可勉强对付，较重的病或疫疠流行，就只好听天由命，自然大多不死也残。

游范吾早为此痛心疾首，回乡后就思谋着创办一个乡村医院。他通过乡政府向县府申请在大溪办一个华侨卫生院，医生护士由政府派来，建院资金由他负责筹集。县府批准了这个申请。游范吾不等海外乡侨的捐款汇到，就先尽自己所能，垫付一笔资金做开办费用。他跟乡政府和乡亲们一再商量、选择，最后决定先利用西霖寺来做院址。那里不但有现成的房舍，稍加修葺改造即可应用，而且环境幽静，风景秀丽，地点又适中，正宜于建设医院；又有充裕的发展余地，日后基建不愁无"用武之地"。

经过一段时间紧张筹备，1956年元旦，永定第一所华侨卫生院——大溪华侨卫生院正式成立了。有医护药剂人员5人，病床数张。以门诊为主，重急病可以住院。

大溪华侨卫生院规模虽然不大，却能解决大溪群众的医药卫生问题。县里派来的医生卢植山，医术高明，医德又高尚，服务态度特别好。遇急重病号，不管夜深路远，随请随到。由于医护人员工资由政府发给，看病就只须付低廉的挂号费和药费，群众都能承受，全村人的医疗从此有了保障。

1970年，大溪公社合并到湖坑公社，卫生院裁撤，改为医疗站。幸好主要人员未动，但迁出了西霖寺，到新街租了两间店铺执行业务。机构的"档次"既降，经费和业务的范围与要求自然相应下调，场所又远不如西霖寺宽裕，医疗效益也就不能和以前相比了。到了改革开放后的1984年，两间店铺的医疗站实在远远满足不了大溪群众的需要，游范吾便又积极想办法，争取到乡侨游绍宽的资助和县卫生局的支持，在新街为医疗站新建了一座240多平方米的楼房，给它提供了扩大业务提高效益的重要条件。

游范吾除了对家乡医疗卫生建设事业做出极大的贡献外，还对邻乡下洋华侨医院的创建，贡献出他的一份力量。

1954年，下洋建立了乡卫生院。但受条件限制，只能因陋就简，在下洋街设立，像有坐诊医生的药店一样。1956年，时任县侨联主席的游范吾，到下洋出席侨务工作会议，了解到卫生院远不能满足群众医疗保健需求的情况，联想到下洋在南洋有经济实力的乡侨不少，何不争取他们的资助以改善卫生院的境况？于是立即向县政府领导汇报，经同意，他便以侨联和他本人名义，写信给马来西亚下洋知名乡侨又是他亲戚的胡曰皆，请他资助。胡曰皆慨然捐资数万元，于1957年由龙岩地区第三工程队施工，为下洋卫生院建造了一座综合楼和一座病房，得以配备8张病床，医护人员也扩大到11人。当时命名为下洋人民医院。有了这个基础，改革开放后，乡侨曾启东又牵头集资110万元予以扩建和改善各项设施，卫生院也改名为"永定华侨医院"。如今，已成为永定境内有数的著名医院了，而当人们受惠于它时，自然不禁会缅怀和感激创建它的诸多乡侨前贤，其中，游范吾就是重要的一位。

创建中华人民共和国成立后全县第一所幼儿园和第一个汉剧团

游范吾关注教育，着眼于民族素质的提高。所以，他办教育的努力，不仅投注于中小学，还及于幼儿教育与成人的社会文化教育。其突出表现，就是创办建国后全县第一所幼儿园和第一个汉剧团。

中华人民共和国成立之初，永定县文化设施还很简陋，特别在农村，几乎没有经常性的健康的文化娱乐活动。大溪自然也如此。

为了改善乡亲们的文化生活，游范吾在1952年冬，就自己拿出一笔开办费，筚路蓝缕创建了表演永定人民喜闻乐见的"汉剧"的业余剧团——大溪新生汉剧团。虽然仅惨淡经营数年，但产生了相当大的积极影响。1958年，县人民政府为发展本县地方戏，繁荣文化事业，接管了这个剧团，合并下洋思东等地的华侨业余剧团，建成为本县唯一的专业剧团——福建省永定汉剧团，培育了后来成为龙岩地区汉剧团著名丑角表演艺术家吴通裕等人。

大溪幼儿园则创建于1957年夏，园址在大溪太联村游范吾父亲所建的别墅里。1947—1950年，游范吾办"泰溪商业专科学校"，也用这所房子作校舍。1957年，他先亲自到县教育局申请，经批准并同意派遣合格的幼儿教师后，便自己出资购置了30多套小桌椅，20多副小床及床上用品，以及其他教具玩具，利用别墅里合用的厅、室，布置成合乎规格要求的幼儿园。教育局派遣的两名幼师毕业的教师到达后，立即招生。为了保障园中幼儿健康，报名幼儿须经体格检查，查明没有传染病的才合格，结果录取了30多名。

1958年"六一"节，中华人民共和国成立后永定第一所幼儿园——大溪华侨幼儿园正式成立并开学。入学幼儿早上由家长送来，傍晚接回，中午在园里吃饭午睡。幼儿园收费很低廉，教育质量又高，大受群众欢迎。

遗憾的是，1960年天灾和"大跃进""人民公社化"后，人民生活陷入特大困难之中，办了3年的大溪华侨幼儿园只得停办。但它在永定县幼儿教育发展史上的意义和积极影响，永不磨灭，永耀汗青。

游范吾乐善好施、生活俭朴。乡邻的孩子无钱上学，他雪中送炭；老人无钱看病，他慷慨解囊；有人遭遇天灾人祸，他尽力援助。他被称作"财神爷"，其实他并不是大富翁，他甘于清贫，粗茶淡饭；自己的3间房屋，至今有一间还是空架子；儿子们要他去香港定居，他婉言谢绝。1985年，由于左股骨不幸摔断，此后卧床8年。卧病8年间，他一直坐在床上用一个铁盒子垫在膝盖上当桌子写信，与海外华侨保持不间断的联络，写自己的设想：办工厂解决家乡劳力出路问题，中学办好了，要办大学……游老先生为了侨乡大溪的建设，鞠躬尽瘁，一直奋斗到生命最后一刻。

1993年，游范吾病逝于大溪乡太联村。

自1952年从印度尼西亚回国在家乡大溪定居时起，直到1993年逝世，永定著名归侨游范吾，四十年如一日，不畏一切困难和挫折，把他的全部心力无私奉献给家乡建设事业和侨务工作，取得了卓越的成就，成为永定县当代华侨爱国爱乡的一面旗帜。海内外乡侨、侨眷信任他、爱戴他；永定人民尊敬他、热爱他。

（永定县侨办供稿，张佑周校改）

新加坡中医界领袖游杏南

游杏南（1903—1977年），福建上杭胜运里化厚村（今稔田镇化厚村）人。其父游国烯少通文墨，为谋生精研易学和中医，学有所成，遂游走远近乡里，为人算命卜卦，也为人看病开方，济世悬壶。于是家境尚好，杏南兄弟都先入塾学，国学珠算皆略通后随父习医习药。

杏南哥哥成年后，也像父亲一样外出行医。杏南学成后则跟哥哥一起外出谋生。先往漳州、厦门，以自己研究出来的验方诊治当时流行一时的急慢性肝炎，疗效显著，一时间颇有声名。稍有资金后，在厦门开设一间医务所，兼医兼药，兄弟俩终于结束了游医生涯。

1936年，国内战乱不息，日本侵略风声日紧，游杏南跟随哥哥一起南渡新加坡。兄弟俩先开设一间新洋服店，兼为侨胞治病。后因服装生意难做，遂专营药店，兼医兼药，从此走上专业从医之路。悬壶济世、助人为乐、公益慈善从此也成为游杏南人生最主要内容。

早期在新加坡和马来西亚半岛柔佛等地谋生的杭籍人士曾积极参与马来亚柔佛州令金鄞江公会的活动。至20世纪30年代末，旅居新马地区的上杭籍人士越来越多。许多旅居新加坡的杭籍人士还每年组织同乡前往令金老义山的鄞东同侨义总坟进行祭祀活动。随着新加坡逐渐成为东南亚交通和商贸中心，马来西亚半岛各地越来越多上杭籍人士向新加坡聚集。1939年4月28日，在林定基、华亮明、丘吉豪、游清州、游万丰等人的倡议召集下，40多名上杭籍同乡在游杏南开设的"新新洋服店"召开第一次筹备会，一致同意筹建上杭同乡会。由于游杏南是筹备会会场的店东，同时也是筹备会的积极筹划者，他一生因此与上杭同乡会结下不解之缘。

1941年2月，"星洲南洋上杭同乡会"经海峡殖民地当局批准注册。3月28日，召开首次会员大会，到会者踊跃，达196人。会议选出以游杏南为会长的第一届董事会25人，另有外埠董事26人。当日募得经费数千元，并决定派副会长罗炳恒与董事游子炫、陈安泰、华亮明等人向南洋各埠同乡劝募经费。同年7月，会址入迁大坡厦门街109号。10月10日上杭同乡会举行成立庆典，国民政府驻新加坡总领事高凌百到会剪彩。

南洋上杭同乡会成立不到一年，日军占领新加坡，同乡会会务陷于停顿。上杭籍侨胞与新加坡人民经历了日本军国主义三年多的残酷统治。

1945年8月日本投降后，南洋上杭同乡会于1946年初复会，召开会员大会选举出第二届董事会，游杏南继续被推选为会长，还推选南洋各埠董事34人。1947年初，南洋上杭同乡会隆重举行成立六周年纪念大会，出版大会特刊《琴冈特刊》一册，以家乡县城地名"琴冈"作刊名，充分表达侨胞们的恋乡情结。1947年6月，上杭黄潭河流域发生特大洪灾，星洲南洋上杭同乡会组织"筹赈水灾委员会"，发动侨胞捐款，募得法币935万元，于8月汇回国内帮助遭受水灾的家乡灾民重建家园。

1946年，游杏南考取新加坡同济医院医师职称。为团结侨居海外的中医师，弘扬祖国中医药优良传统，游杏南与同乡游子汉等人召集当地有志于医务工作的人，组织新加坡中医师公会，首期会员有300多人，游杏南当选为会长。从此，游杏南一生又与中医师公会结下不解之缘。

虽然新加坡中医师公会会员不全是上杭籍人士，但以上杭籍人士牵头成立并长期担任社团领导职务的业缘性社团在南洋地区似也绝无仅有。

除了团结联络中医师，经常聚会切磋中华医药，作为业缘性社团首领，游杏南与一批志同道合之士，还以"义疗病黎，不分种族，一视同仁"为己任，积极筹划，募集善款，终于在1952年3月17日，以中医师公会名义创办了一所中华医院于新加坡直落亚逸。该医院开办后，采取医生轮流义务坐诊，慈善捐款购药，赠医施药为贫病者治病服务的形式，20多年施诊治病达353万人次，深受各界赞誉、支持，声誉卓著。1961年，又开办第一分院于新加坡实笼岗；1967年，再办第二分院于新加坡芽笼律。1976年，筹建医院新址于新加坡大芭窑，在举行新址奠基仪式时，游杏南还邀请新加坡政府卫生部长杜进才博士主持。

新加坡中医师公会及其所创办的中华医院步入正轨，产生颇大影响后，游杏南与同仁未雨绸缪，关心中华医药学后继有人，遂着手倡办一所中医专门学校，后改名为中医学院，以培养年轻一代中医药人才为目标。游杏南被选为第一任校长（院长），中医师公会许多名医均被聘为学院教师，义务为学院授课。学院历年培养大批毕业生，分配到中医师公会所属各医院工作，也有人自己开业、执业。

新加坡中医师公会、医院及中医学院的经费，均来源于当地中外侨民和热心慈善事业人士的捐助。1982年，为纪念中医师公会成立36周年暨医院成立30周年，中医师公会及医院接受各界馈赠贺款1 000多万新加坡元，同年还募得医药基金4 000多万新加坡元。中医师公会及医院秉承"聚诸社会，用诸社会，一切为了人民健康"的信条，长期施医赠药，救死扶伤，在新加坡医药界和新加坡民众中获得一致好评。

1970年3月，新加坡政府总理李光耀和内政部长王邦文，在召见并宴请新加坡中医师公会、医院和中医学院部分组织领导者时，对其创办医疗卫生机构，服务新加坡医药卫生事业所做出的贡献，给予高度的评价。

游杏南自1946年新加坡中医师公会创立以后，长期担任会长，并兼任中医学院首任院长，为新加坡中医药事业及中华传统医药的弘扬，做出了杰出的贡献。在游杏南年老卸任后，1984年，另一位上杭人游子汉也担任过秘书长。

游杏南在担任"星洲南洋上杭同乡会"会长期间，十分关注家乡，曾开展7次"特捐"活动，支持家乡上杭。除前述1947年捐资黄潭河沿岸救灾外，1960—1962年国家困难时期，救济家乡民众力度也较大。同乡会筹资购买化肥尿素12.7吨支援家乡粮食生产，还购买相当数量的猪油、面粉、面干、布匹、药品等，捐助家乡亲人。1962年，游杏南因年迈辞去新加坡上杭同乡会会长职务。1977年，游杏南病逝于新加坡，享年75岁。

（张文峰编撰）

全国归侨先进个人胡聚友

胡聚友（1905—1997年），永定下洋中川村人。1905年农历三月二十四日诞生在马来西亚半岛霹雳州怡保。当地是永定下洋华侨相对集中的地方，出现过一些矿主和锡矿砂经销商，包括胡子春、胡重益等"锡矿大王"，带去许多下洋乡亲，或开矿，或做锡米生意。聚友的父亲就是一位华侨矿工。1911年，胡聚友父亲要回乡奉侍父母并带聚友回乡读书，小聚友于是跟着父母回到故乡龙岩市永定下洋镇中川村。随后在本村读了6年私塾。1917年，由于孩子增加，家庭经济拮据，聚友不得不辍学，跟弟弟一起在村中和过堂卖米粄、卖甘蔗帮衬父母。如此生活过了三年，聚友挨到15岁，父亲向人借到80块银元，带着他再往南洋谋生。不想途经潮州竹篙山下，竟被土匪抢劫一空，爷儿俩只好垂头丧气折回家中。不久，父亲忧郁而死，丢下他和母亲以及两个弟弟相依为命，艰难度日。

第二年，胡聚友觉得男子汉一定要有所作为，一发狠，征得母亲同意，将家中一块菜园卖得50块银元，加上舅公的一点资助，跟亲房中一名"水客"漂洋过海到荷属东印度，在沙拉笛加一位同乡的商店里做了3年学徒。其间，他得到店主的儿子和一位工学院教授的帮助，利用晚上业余时间开始自学建筑知识和技术。1924年，建筑尚未学成，同乡商店生意不好，聚友失业了。他操起一根扁担，挑个货郎担子，在城里贩些杂货，到附近偏僻小山村去兜卖。幸亏他有过小时候走街串巷叫卖米粄、甘蔗的经历，挑起货郎担叫卖还算得心应手。加上他勤快灵活诚实，小生意倒还不错。

1927年，胡聚友回到中川与徐容娘结婚。翌年他重返南洋，潜心继续学习建筑。两年后，他凑了一点资金，开始承包建筑工程。八九年间，他在三宝垄一带，承建了不少乡村小学、巴刹（市场）、乡道、桥梁等等，成了一名当地小有名气的建筑承包商。

1941年底，胡聚友的经营正日有起色，却遭遇日本发动太平洋战争，南洋群岛大多沦于日寇铁蹄蹂躏之下，百姓流离失所，建筑业停顿。胡聚友也不愿留在城里做顺民，便隐蔽在当地乡村，重操旧业，做做土产小买卖糊口。1945年8月，日寇投降，荷属东印度宣布独立，成立印度尼西亚共和国，但荷兰殖民者随即卷土重来，荷印度尼西亚战争爆发。1947年6月，战火蔓延到沙拉笛加，胡聚友一家随着众多难民逃往梭罗，辛劳20余年积攒起来的一点产业也毁于一旦。

1948年3月，胡聚友回到重新为印度尼西亚人民所控制的沙拉笛加的时候，发现这座城市已变成一片废墟。直觉告诉他，经营建筑业将大有可为；于是他立即想方设法重整建筑业旗鼓。他既工设计，又善施工，还善营业，讲究质量，信誉卓著，短时间内，他的公司便承建了沙拉笛加80%的房店，广获好评，并博得沙拉笛加市市长斯第扬洛的钦敬与赞扬，两人进而结为好友。

胡聚友在当地社会特别是华侨社会中，声望日隆。他被推举为沙拉笛加中华总会监委，还担任华侨公学董事长等职务。

大约在回国结婚重返荷属东印度之后的1928年，胡聚友就认识流落当地的文化人张国基。张国基是共产党人，民国初年在湖南第一师范曾与毛泽东同学，1927年参加过"八一"南昌起义。起义失败后辗转到南洋。在与张国基的密切交往中，胡聚友不能不受张的思想影响，对中国共产党和人民革命事业有所认识。1949年中华人民共和国成立，海外华侨分为拥蒋和拥毛两派，胡聚友坚决拥护中华人民共和国，为祖国新生、国家富强有望而欢欣鼓舞。

1950年，印度尼西亚独立成功，中华人民共和国和印度尼西亚很快建交。胡聚友积极参加拥护中华人民共和国、发展中国印度尼西亚友好关系的各种活动。中国驻沙拉笛加领事馆成立，他把自己住宅的一半房舍借给领事馆作为宣传事务办公场所。同时，他鼓励和支持子女回国求学深造，为祖国建设服务。

不幸，1960年5月，印度尼西亚中爪哇包括沙拉笛加发生多起反华暴乱。暴乱分子抢劫华侨财物、烧毁华侨商店，奸淫妇女，无恶不作。胡聚友愤怒得几天吃不下饭，再也不能安心在此居住下去。1960年6月3日，胡聚友毅然从印度尼西亚回国。

在广州停留期间，广州投资公司要安排胡聚友在广州工作，胡聚友婉言辞谢说："家乡住房紧，我要回去建设！"

1960年7月28日，胡聚友回到了阔别多年的故乡中川。

当时，中川村是集体化下洋人民公社的一个生产大队。中川村被分成好几个生产队，胡氏宗亲都被称之为公社社员，每天要参加生产队集体劳动挣工分。胡聚友到家时，生产队正值夏收夏种农忙季节，母亲患病在床，不能下地劳动挣工分。因此，他到家的第一天，就代替母亲下田参加生产队插秧。这事轰动整个中川村，一时成为"满村争说"的新闻。社员们激动地说："出国40年的华侨大老板，一回来就脱鞋下田，跟大家一样干活，真真不忘本，难得！难得！"

不久，中川大队为了增加集体经济收入，决定开办垦殖场。党支部请胡聚友负责筹办"侨农垦牧场"。他二话没说，一口应承，随即选定在沙子岗和骊子岭开辟垦牧场。他被任为场长，虽年近花甲，却带头挥锄苦干，领着6个场员，后来增至10个，相继开垦荒地20多亩，种下粮食达到基本自给；桃、李、茶叶、板栗，样样丰收；牛羊鸡鸭"六畜兴旺"。

从1962年至1972年的10年间，他先后5次被评为永定县劳动模范和先进工作者。现还健在的当年的场员说，场长的模范事迹讲不完，只说一件"小事"你就可以见得：每年过年，常常本来不是轮到他值场，他却叫场员们都回家去团团圆圆过年，自己一个人留下来，把一大群羊赶到山坡上。羊群兴高采烈地啃草，他便乐呵呵坐在山坡上，看它们的"春节加餐"，似乎比它们还快活。

1973年，为了增加社员经济收入，经中川大队同意，胡聚友和几位侨属凑了一笔资金，在永定县城开了一家归侨砖瓦厂，于是他又当了厂长。他搞过多年的建筑业，对砖瓦生产自是内行。但是在"文化大革命"时期那种体制下，他的"拳脚"很难施展。没过多长时间，砖瓦厂亏本，胡聚友也就只好"知难而退""班师回朝"了。

1978年中国改革开放后，迎来了侨务工作的春天。1981年，著名侨乡下洋恢复成立侨联分会，胡聚友、曾建平、吴逸汉3位热心侨联工作的老归侨分别被选为下洋镇侨联分会正、副主席，下洋侨联工作成为永定侨务工作的"窗口"。

按规定，镇侨联领导可以每月领取30元的津贴，可胡聚友辞谢了。其实，他为地方公益事业做"义务工"的声名，早已传扬四方。这位专门利人、无私奉公的"义务设计师"一生做了多少好事，人们已无法统计，但有一样人们却十分深刻："建设家乡，鞠躬尽瘁，不取报酬，无怨无悔。"他好像生来就是"只求奉献，不求索取"的最生动的注释本。二十世纪六七十年代，胡聚友给下洋大桥、汤子角大桥等工程引进外资，设计图纸、指挥施工，就从来不要一分钱的报酬，有时还自己贴上不少钱。例如，建中川小学水池时，工人失误建坏了，他马上自己掏钱重建。侨乡的人们称他为"自带饭包的工程师"。在永定、广东大埔侨乡，他设计的大大小小桥梁有40多座，他从未收过分毫报酬，被那一带群众誉为"归侨义务（建筑）设计师"。

20世纪80年代初，曾建平筹集侨资建侨育中学"星马科学馆"，胡聚友与吴逸汉也齐头并进筹集了星马泰乡侨资金7万多元，动工兴建下洋华侨旅行社。但建华侨旅行社，事情却一波三折。首先，侨社选址，选在当时仍没有街道，甚至连道路都还没修好的下洋医院对面的金丰溪畔的山脚草坝荒滩马道坝上，遭到了许多人的诘难。有人甚至刻薄地说，地址选在偏僻荒凉的"马道坝"，"真是目珠子装来配好看的！"谁会去那鬼地方呢？他们认为，侨社应该建在热闹非凡的黄金地段。

胡聚友和吴逸汉面对闲言蜚语，坚定地说："侨胞回乡也不是来赶热闹的！他们希望家乡处处建设好。侨社建在'马道坝'，就是为了带动下洋荒僻的西岸发展起来。"这一波未平，不料另一波又起，侨社工程刚进行到一半,胡聚友、吴逸汉突然接到海外一位捐资者华侨胡先生的电报,要求工程立即停建。原来,有人去信海外,说胡聚友、吴逸汉等人乘建侨社之机,天天进馆子"炒锅子",大吃大喝,大把大把糟蹋华侨血汗钱。那位胡先生不了解胡聚友为人,故有这一举动。"胡聚友做工作是不取一分钱报酬的,难道他不要'拿'却会去'吃'吗?"与胡聚友共同筹资并主持侨社建设的吴逸汉回忆当年的情景道,"不久,胡先生到了广州,我两人立即前去与胡先生会面,想当面说明情况,澄清事实。双方见面时,只见胡先生余怒未消,一开口就痛斥大吃大喝恶习。胡聚友静静地听着,一言不驳。等胡先生把话讲完了,还是一声不吭,只叫我把实际情况讲出来。我就讲了:"在建侨社过程中,80岁的胡聚友每天从中川村步行到下洋工地督工,没领一分钱补贴不说,也没有报销过一支烟、一杯茶。从开工到目前为止,只花去30多元杂费,其中20多元是邮票钱,只有10元用于一次开会煮稀粥的开销。胡聚友先生每天中午在工地上吃的饭,是自带的一包快熟面!然后,我将账目摊开来。胡先生看账目记得一清二楚,30多元杂费开支简单得一目了然,顿时十分感动,消除了误会,转怒为喜了。当时,我实在佩服聚友惊人的肚量和涵养。"

1984年,"星马科学馆"和下洋侨社同时落成剪彩。下洋侨联乘机动员参加典礼的侨胞带头在"侨社"附近投资兴建一条华侨新街。果然,没几年,荒凉的下洋金丰河西岸一条华侨新街建了起来,紧接着一个农贸市场也拔地而起,繁荣起来,改变了下洋集镇的布局,印证了胡聚友和吴逸汉当年的远见卓识。

下洋华侨旅行社建成后,新加坡乡侨十分感谢聚友,打算送一部小轿车给他代步。他却说:"我80岁了,小车对我来说没什么用,大家要送就送给侨社吧!侨社有旅行车,接送华侨更方便!"几经推让,最后乡侨"恭敬不如从命",把小轿车换为旅行车,送给侨社。侨社专门用来接送回国回乡探亲观光的乡侨,又快又方便,乡侨、侨属和工作人员,无不感谢赞扬胡聚友。这个送车小故事,把胡聚友专门利人、无私奉公的品格,再一次表现得淋漓尽致。

1982年秋,胡聚友偕中川小学胡菊芬老师一道,接受县侨办委托到香港去开展"三胞"联谊活动。其间,他们获悉乡侨曾彩春的母亲胡亚齐老太太(下村人)已经98岁高寿,曾表示要让曾先生为家乡做件好事。他俩当即在香港北园酒家与曾彩春哲嗣曾仕汉会面。聚友说"世上难逢百岁婆",建议为老太太修座桥,既益寿,又利民。仕汉早有此意,因此,谈得十分融洽,当下决定在故乡建一座"百龄桥"。胡聚友回到住处,随即"关"在房里,又画又算,设计了3天,拿出"百龄桥"设计图纸,预算造价为1.3万元。有建筑经验的胡菊芬一看,吃了一惊,说:"友叔,1.3万块怎么够?"胡聚友忙说:"多找窍门多节约,应该够吧?"胡菊芬按他的经验逐项估算,仍是不够,便诚恳地说:"不是我不珍惜华侨的钱,钱不够再来要,恐怕要引起误会的!"胡聚友点点头,不再坚持,说:"那我再算过吧!"最后预算价改为1.7万元。曾家看了图纸,又听了说明,十分满意,立即付款施工。

到1982年冬,百龄桥建成结算,实花去造价2.2万元。曾家知道聚友的为人,马上汇款如数补足。这事后来人们评论说,预算突破较多,一是施工中出现了预想不到的情况,一是胡聚友向来对华侨捐资项目,精打细算得近乎吝啬,真真"一分钱掰成两分钱花",预算总是偏紧又偏紧。

胡聚友在担任侨联分会主席期间,经常对侨联工作人员说:"做华侨工作,最要紧的是讲信誉。经手华侨项目,不但要讲求质量,还要多省钱办大事,让捐资华侨放心、满意。"他这样说,也这样身体力行,因而赢得了广大侨胞的高度信任。所以,百龄桥突破预算5 000元,曾家毫不迟疑立刻补上。这种高度信任,还表现在许多华侨要捐资在家乡兴办公益事业时,首先想到的就是委托聚友去经理。对于胡聚友提出的建议、意见,捐资者则几乎"言听计从";对他的做法,也总是大力支持。例如:中川村汤子阁大桥一再被洪水冲毁,每次胡聚友致信海外说明情况,最早捐资建设该桥的胡曰皆的儿子胡万铎就将款汇回来重建。又如上面所说的1982年秋他和菊芬的香港之行,3个月中他们住在胡万铎的"曰皆大厦"里,会见了许多"三胞"新老朋友、知名人士,如香港的游尚群、江兆文,印度尼西亚的陈永源等,把祖国改革开放新时期的种种信息,特别是"三胞"政策和落实情况、吸引"三资"的优惠政策,在洋溢亲情友谊的畅谈中,传送到"三胞"的心坎里。他们或素仰聚友的为人,或为其坦诚、忠直而又谦和的风范所倾倒,"一见如故",因而这次联谊活动非常成功,大大激发了三胞们的爱国爱乡热情。陈永源当即决定赠送一辆救护车给下洋医院;不久,新加坡、马来西亚乡侨也集资给下洋医院送来一辆"757"救护车。

一个乡镇医院同时拥有两辆救护车，在当年实在罕见，因而轰动一时。

也是在这次香港之行中，胡聚友和胡菊芬向游尚群、江兆文等建议成立香港永靖同乡会。游、江都深表赞同。在他们发动、组织下，1983年，永靖同乡会成立，游尚群被选为首任会长，江兆文为理事长。从此，永定、南靖两县的地方领导及家乡父老与香港同乡乃至海外乡侨的联系，有了一条常设的便捷渠道，"三胞"的心与祖国与家乡连得更紧了。

从上面这几件事情中我们不难看出，作为侨联主席的胡聚友善于做"三胞"的工作，能取得突出成就。这有他曾经长期侨居印度尼西亚的渊源，更由于他能取得"三胞"们的高度信任；而这高度信任，又首先由于他一贯的"义务设计师"的专门利人、无私奉公的精神，待人以诚信和宽厚谦和的风范。人们说，聚友聚友，他就是以诚以信聚集了众多境内外亲友来共同为桑梓建设出钱出力的啊。

作为下洋侨联主席，胡聚友心中还装着乡侨、归侨、侨眷的喜怒哀乐，时刻不忘为贯彻国家侨务政策、保护侨胞的合法权益而尽心竭力。1983年，全国开始落实华侨房产政策，适逢省委书记项南访问中川。胡聚友适时向项书记当面反映海外乡侨和全县归侨、侨属的强烈愿望，为爱国侨领胡文虎落实政策，首先是返还胡文虎的故居庆福堂和中川虎豹别墅等房产。不久，此事就得到政府妥善处置。

印度尼西亚华侨胡玉英在下洋新街有两间店铺，长期被下洋供销社、下洋大队占用，也是胡聚友多次向上级反映，终于得以物还其主。1985年，乡侨胡占辉的"德辉楼"和新加坡乡侨胡冠仁的"永康楼"等，也在聚友的努力协助下，一一落实政策，得以归还。尤其是德辉楼，自从20世纪50年代以来，一直被作为没收的公房，由乡政府、人民公社、镇政府占据使用，周围已被拆建、加建得面目全非，得以归还，乡侨感激不尽。又有中川村归侨胡自光等5人，"文化大革命"期间被原单位"下放"，失去工作，经聚友为之多方联系，终于按政策恢复了工作，补发了工资……

进入改革开放新时期，胡聚友已年逾古稀。但他为了祖国的振兴和桑梓建设，为了替乡侨归侨侨眷服务，不恤年高，不辞劳苦，从1979年起，在侨联系统担任了一系列职务：省侨联常委；龙岩地区侨联首届副主席，第二、三届名誉主席；永定侨联第二、三、四届副主席，第五届名誉主席；永定县政协第一、二届副主席；下洋侨联分会第一、二届主席，第三、四届名誉主席。而且事实证明，这许多职务对于胡聚友来说，都不是挂虚名，而是踏踏实实地做工作的。1983年1月，他光荣赴京参加全国归侨先进个人表彰大会。1989年10月，永定下洋侨联分会被福建省归国华侨联合会评为"福建省侨联工作先进单位"。1994年，下洋侨联又被福建省侨联会授予"先进集体"光荣称号。《闽西乡讯》《福建侨报》《福建日报》等报刊，都曾专文报道他的模范事迹。

1997年9月19日，胡聚友以92岁高寿，在福州无疾而终。他的音容笑貌、他的事迹、他的精神，在广大乡侨、归侨、侨眷和故乡父老兄弟姐妹，以及同事、朋友们心中永生。

（胡赛标撰，张佑周校改）

闽粤赣边纵的创建者魏金水

魏金水（1906—1992年），福建省龙岩市新罗区西陂镇条围村人。少时因家贫，未读完小学就辍学。11岁在本乡当学徒，且因为身材较高、力气较大而跟着大人挑担谋生。14岁随乡人南渡马来西亚半岛槟城谋生，当过搬运工、种植园工人、杂货店伙计，历尽艰辛，却没挣到多少钱。因思念亲人、思念家乡，三年多后回到故乡。回乡后为谋生，魏金水重操旧业，除了帮家人耕种外，还经常去挑担运输挣钱。过永定，出漳州，下漳平，历尽艰难，压力沉重，也结识了许多工友，为其后来的革命活动积聚了大量人脉。且其历经磨炼，炼就了铮铮铁骨，造就其刚毅不阿、疾恶如仇的性格。

1926年的大革命时期，龙岩各地农民运动也蓬勃发展，魏金水秘密加入农会组织。但北伐尚未成功，农会未及发展，却迎来了蒋介石"四一二"反革命政变，国民党反动派大肆抓捕、杀害共产党员和革命群众，各地的农民运动遭到残酷镇压。龙岩等地也出现白色恐怖，魏金水所在农会暂停了活动。

1928年，在南昌起义、广州起义和秋收起义的影响下，闽西各地农民暴动风起云涌。3月4日，邓子恢等人领导了龙岩后田暴动；4月，邓子恢、傅柏翠等人领导了上杭蛟洋农民暴动；6月，张鼎丞等人领导了永定暴动。这些暴动都深入民心，早先加入了农会组织的魏金水更是深受鼓舞，心潮澎湃，积极参与其中。

1929年3月，朱德、毛泽东率领红四军入闽，兵临龙岩城，魏金水终于盼来了机会。为配合红四军攻打龙岩城，中共闽西特委在各地组织农民暴动队。6月，条围乡农民暴动队成立，早已是农会骨干，而且曾经走南闯北、见多识广的魏金水担任暴动队队长，带领暴动队配合红四军攻打龙岩城。红军取得胜利后，他又回到条围乡，深入开展打土豪分田地运动。条围乡苏维埃政府成立，魏金水当选为乡苏维埃政府主席。同年7月，他带领暴动队青年，包括自己的两个弟弟参加了红军。第一次参加战斗时，魏金水虽然只是个传令兵，作战却非常勇敢，抓获3个俘虏。

1929年10月，魏金水加入了中国共产党。1930年4月，魏金水调任龙岩县赤卫总队副官，闽西各县赤卫队升编为红十二军后，魏金水任红军一〇〇团给养官。

1931年春夏间，闽西苏区出现残酷的"肃社党"事件，不少红军干部、战士和地方干部被作为"社会民主党分子"受到残酷斗争，甚至被杀害，其中有魏金水所在团政委林梅汀和自己带出来参加红军的二弟魏白兔。还有刚从苏联东方大学留学归来的曾任中共龙岩县委宣传部长的张竹容、时任中共龙岩县委书记兼任龙岩县苏维埃主席的马来亚归侨邓潮海和荷属东印度归侨张双铭等人，都在这场残酷的"肃社党"事件中被冤杀。一时间，红军和闽西特委、闽西苏维埃驻地永定虎岗一片血雨腥风。魏金水悲愤难忍，心急如焚，冒着被捕被杀的危险，悄然离队，经几天跋涉，辗转找到时在永定的闽西特委书记郭滴人，向郭滴人报告说"肃社党"被杀的都是好干部、好同志，恳求郭滴人及张鼎丞（时任闽西苏维埃主席）"下令封刀"，拯救无辜的革命同志。魏金水甚至反背双手，等待上级将自己捆绑押回部队处决。幸郭滴人、张鼎丞亦因为曾经是自己亲密战友的邓潮海、张竹容、陈正、卢肇西、曾牧村等人都惨遭杀害而已经意识到

"肃社党"的错误，听了魏金水的哭诉之后不仅没有抓捕魏金水，反而将其留下暂避风头，并让他负责管理当地难民点。郭、张二人于是也下定冒死进谏的决心，前往江西苏维埃中央政府所在地瑞金，找到毛泽东汇报闽西"肃社党"情况及红军遭遇国民党围剿、根据地缩小等情况。在毛泽东的支持下，郭、张二人日夜兼程赶回闽西，逮捕了闽西肃反委员会主任林一株等人，处决了双手沾满革命战士鲜血的反动"无常"林一株，释放了大部分被诬为"社会民主党分子"的同志。郭滴人、张鼎丞和魏金水在紧急关头冒死挽救了闽西的党和红军。

1931年10月，闽西地方红军收复了长汀、连城，1932年2月，又攻克上杭、武平。随后，毛泽东率红一军团、红五军团组成的东路军再度入闽。魏金水在难民点组织一支赤卫队，当东路军的向导。1932年4月，毛泽东率东路军攻克龙岩，魏金水回到地方担任西陂区苏维埃政府主席。1932年7月，魏金水被调回红军正规部队，先后担任龙岩县独立团政委、红十九军第一七〇团政委。在一次战斗中负伤后，魏金水被送进医院治疗，并担任福建军区第二作战区政治部主任。

1934年4月，魏金水任中央军委直属独立第八团（简称红八团）副政委兼政治部主任。红八团在漳龙公路沿线开展游击战，配合中央根据地第五次反"围剿"，打了好多个漂亮仗。

1934年10月，中央红军长征后，红八团在得不到中央任何指示的情况下孤军奋战，时任副政委兼政治部主任的魏金水积极配合团长邱金声、政委邱织云，带领部队依靠群众，多次击退敌人围剿。当时留在赣南坚持游击战争的邓子恢，被任命为中共中央分局委员，于1935年4月回到闽西，组建闽西南军政委员会，先后任宣传、财政兼民运部长和副主席兼财政部长，同留在闽西的张鼎丞、谭震林、方方等一起领导闽西南革命游击战争，保存和发展革命力量。其后，魏金水被调回地方，任龙岩县军政委员会主席。他带领县游击队，继续与红八团密切配合，开辟了岩南漳根据地，并任岩南漳军政委员会主席，在张鼎丞、邓子恢、谭震林等领导的闽西南军政委员会领导下，魏金水率游击队坚持闽粤边三年游击战争，既打击了敌、伪、顽，又保存了革命力量。

抗日战争爆发后，国共第二次合作，抗日民族统一战线建立，张鼎丞、邓子恢等人率被改编为新四军二支队的闽西红军北上抗日。留在闽西的魏金水作为闽西特委的公开代表，领导以龙岩为中心的闽西农民与国民党顽固派和地富"还乡团"进行了激烈的保田斗争，保卫了农民在土地革命斗争中分得的20万亩土地，创造了中国革命史上罕见的奇迹。

1946年6月下旬，蒋介石公开撕毁国共和平停战协定，大举进攻解放区，国共内战爆发。时任中共闽粤赣边工委书记的魏金水奉命转入地下，上级指示先在闽西南老根据地发动农村游击战争，但魏金水根据当时革命形势及革命力量分析，很有预见性地提出"由外而内"的斗争方针，主张先粤东后闽西南推进游击战争的斗争策略，以减少革命损失，加速人民解放进程。1947年1月，魏金水赴香港向华南分局汇报工作，他的正确主张得到中央支持后即回到梅县，进行传达部署。其后，闽粤赣边工委决定将领导机关迁往粤东大埔，并决定建立武装斗争指挥中心，组建中国人民解放军粤东支队。1947年6月18日，中共闽粤赣边工委在广东省大埔县闽粤交界处的坪沙隘头正式成立中国人民解放军粤东支队。支队战士仅180多人，刘永生任支队长，魏金水任政委。

1948年3月，粤东支队攻克蕉岭，围攻大埔，粉碎闽粤边"剿总"涂思宗的"十字围剿"，震惊敌人。1948年8月，闽粤赣边区党委成立，魏金水任书记。边区党委确定"大胆放手，分散发展，避重就轻，进退有据，耐心坚持，待机决战"的斗争方针，号召各地委"粉碎敌人重点进攻，建立闽粤赣边区根据地"。经过约十个月的转战，至1948年12月，队伍发展到2600多人。12月21日，中共中央批准建立闽粤赣边区纵队，刘永生任纵队司令员，魏金水任政委，铁坚任副司令员兼参谋长，朱曼平为副政委，林英南为政治部主任。

1949年元旦，根据中央军委命令，闽粤赣边区武装队伍正式编为中国人民解放军闽粤赣边区纵队，魏金水兼任政治委员。其后，将原来按地域建制的番号，改为统一的部队番号，将梅州、潮汕、韩江、闽西、闽南支队，依次改为边纵队第一、第二、第四、第七、第八支队。

中华人民共和国成立后，魏金水任福建省农村工委书记，负责领导全省土地改革和剿匪反霸。1954年底回到龙岩任中共龙岩县委书记，龙岩地委第二书记，后于1955年1月，调任福建省委副书记，省监察委员会书记。

1956年3月起，魏金水任福建省委副书记、书记处书记、副省长。

1959年庐山会议后魏金水与时任福建省委书记江一真一起被错定为"江魏反党集团",主要成员遭批判。1962年平反后,6月魏金水任福建省委书记处书记,副省长。

1962年12月,魏金水任福建省委书记处书记、省长。

1966年"文化大革命"爆发后,魏金水被打倒,遭批判。

1975年6月魏金水恢复工作,任福建省革命委员会副主任、中共福建省委常委。1982年9月,中共第十二次全国代表大会成立中共中央顾问委员会,魏金水担任第12届中央顾问委员会委员。

1992年8月11日,魏金水因病在福州逝世,享年86岁。

(张文峰编撰)

当代马来西亚"锡矿大王"、大慈善家胡曰皆

胡曰皆（1907—1961年），龙岩市永定区下洋镇中川村人，当代著名华侨矿业家。祖上清贫，父亲胡根益，字深斋，生于清同治八年（1869），年仅16岁便"扎条裤带"跟随"水客"去过番，在马来西亚半岛槟城落脚。经人介绍找到在槟城开设新顺和车衣店的堂兄铸益，并拜其为师当缝纫学徒，每月除食宿衣着理发等由店东供给外，还有2元零花钱。一年后，他分文未花，20多元悉数于春节前寄回中川老家，给父母补贴家用。足见其不仅刻苦耐劳，而且对父母亲人至敬至孝。其高尚品德和仁孝行为在村中传为佳话。因为胡根益在族学中读过几年书，有一定的文化，又写得一手好字，非常能干。几年后便赚了回乡的盘缠。随后请假回乡，娶邻县大埔郑春霞的长女郑亚掌为妻，并立即携眷返马。夫妇和谐，勤俭节约，事业蒸蒸日上。其27岁时（1897年）被族叔胡子春派往苏门答腊日里，任新义春杂货店管理财政一职。31岁时（1901年）回到马来西亚半岛拿乞，在永益和锡米店任书记。略有储蓄后根益在小镇华都牙也开了家小店，专营锡米买卖。此后一段时间，生意都很不错，并就地先后生下3个男孩，长贤皆，次锡皆，三曰皆。1908年，因锡米市场看淡，经营不大顺利，胡根益乃决定收盘，率妻室及3个儿子回国。在中川村安顿好妻子儿女后，胡根益又不辞舟车劳苦，多次辗转从老家出洋去马来亚和印度尼西亚等地赚钱养家。终因操劳过度，得病回乡，不幸于1914年因病辞世，年仅45岁。

父亲根益的艰辛及德行，曰皆虽年幼未识，但常听母亲郑氏讲述。母亲常训导曰皆兄弟，要求曰皆兄弟读书习礼仪并研读先君手抄书札，铭记心中。曰皆成年后将先父事迹写成真切的文字：

先考生性勤劳，童年时期，助理家庭杂务，以及田园农作，终日无倦容，亦无难色。有暇则研书习礼，爱惜光阴。事父母至敬顺，童年已有贤孝心，有远志，年甫十六（以实龄计算为15岁）为家计，遂禀准父母远离故乡而往槟城谋生。初在先堂伯铸益公开设之新顺和车衣店学缝纫。其时工资微薄，除饮食衣服理发由店东供给外，每月仅给工资值二元。先考每思念家贫，悯父母辛苦，分文不敢妄用。初次寄款，适逢年关将届，竟将全年存积二十四元，扫数寄归家用。先太父收款时，为之骇然，而在领款回家后，乃故意笑问于先太母曰，汝试言次男寄有银款苦干，先太母心中以为一个童年学徒，所得几何，乃答之曰，三元，至多五元耳。先太父乃喜极流泪，且言且出囊（口袋）中白镪以示于先太母曰，一年之工资，未用分文，全数在此。先太母意料不及，乃惊喜曰，此子知家中辛苦，能体会父母艰难，真难得之好子也。①

曰皆有乃父榜样，终成大器不足为奇。

---

①《胡曰皆先生家谱汇集》，第71页。

立志创业锡矿起家

胡曰皆是1907年在霹雳州华都牙也出生的。甫周岁，便随父母回老家中川村居住。其父谢世时，他才7岁。一家4口，全赖其母郑亚掌独力支撑。曰皆兄弟都进入中川胡氏族学读书启蒙。那时的旧中国，生产力异常低下，农村残破不堪，其家庭生活十分艰苦，常在饥寒交迫、饔飧不继中度日。所以胡曰皆的两个哥哥都是十四五岁就跟随其舅父郑丹辉出南洋谋生去了。只有胡曰皆留在中川多读了一点书，但挨到18岁也挨不下去了，只好也跟着水客出洋。

一、少年出洋艰苦奋斗

由于自幼经受农村冻馁生活的煎熬，胡曰皆离家时候就向母亲表明了这次过番的志向：准备承受千难万苦，向族中前辈子春叔公学习，学好本领，争取经商致富，甚至成为像子春叔公那样的"锡矿大王"。

胡曰皆过番闯洋，的确历尽艰辛和折磨。船在七洲洋（闽粤客家人对南海的称谓）海浪中颠簸近一个月，人在阴暗污浊的舱底受尽煎熬。这段旅程，不仅给曰皆留下深刻的印记，也道尽旧时华侨下南洋的艰辛：

> 1924年（吾十八岁）常念家中田少屋陋，决心往洋。乃禀准慈母，重来马来亚。是年春二月，从族兄建盛南渡，在汕头候船十余天，卒乘沙士顿轮船。该船载重约四千吨，乘客四千余人。我等座位，落在三层舱底，同行数十人，仅有二十平方尺之位，空气恶十分难堪，有如牲畜。每日爬登船面，呼吸新鲜空气，我，因患头痛。船行七天始抵星洲，该船停泊海中。吾等因无钱未曾登岸。海面天气，比陆上更为炎热，实难忍受。至今思之，当日之痛苦，吾犹能流泪也。船停七天复启行，在槟登岸宿一夜，翌日乘火车抵怡，往堂叔重益开设之顺亿栈店中。首次出门，即遇艰苦，语云，在家千日好，路上半朝难，经过艰难方知勤俭。我，抵怡保第二天，吾二兄锡皆，给我购衣服，买物钱。赋闲约一月，族兄宜有，介绍至那哈埠桐皆兄创设之同福锡矿公司任职，较灯扫地兼买菜，做杂役月薪十元。吾终日勤劳，坚持节俭，每月除零用外，仍存五六元，悉数寄回家乡给慈母收用。①

曰皆最初在矿场所任杂役，是最低级的工种，工作最繁琐，也最脏最臭，范围牵涉到矿场生产和生活的各个方面。胡曰皆志在创业，决心学好本领，所以对堂兄安排这个苦差使一点也不埋怨，反而乐于吃苦，借此以锻炼、提高自己。而且也像父亲少年出洋时一样，省吃俭用将赚来的钱寄回老家给母亲家用。此后他事事主动，处处认真，干了一年多，工作很出色，而且还学会了说闽南话和马来话。接着就被提升为"行岗"，即采购员，搞后勤部一切物资采办业务。这个工种，无论在矿场内外，接触面都更广泛了，也被赋予了一定的权力，正好发挥他有文化知识又机智精明的特长。

曰皆天赋聪敏，遇事刚正果断，有勇有谋。少年时期在中川就颇为著名。时当20世纪20年代，民国时期的大小军阀为了争夺地盘，经常在闽粤边的龙岩、永定一带轮番作战（民间称为"南北兵打仗"），于是中川村南边的大山黄崒岩便成为交战各方必争的制高点，中川也就难免总有驻兵。那些士兵偷鸡摸狗、采瓜摘菜，民众深受其害，怨声载道。

在曰皆11岁那年，有一天早晨，两个散兵闯到曰皆家去捉鸡，曰皆赶紧关门拦挡，不料被一个士兵赶上来重重掴了一掌，嘴巴流血，曰皆大叫大喊，立即引来了楼内外民众多人，你一言，我一语，责骂士兵，群情愤激。那个士兵看到众怒难犯，才悻悻溜走。接着，曰皆就独自去向驻军连部控告。恰好那位广东部队的连长是学校出身的青年，比较讲究军纪，便好言抚慰曰皆，并责令那个偷鸡打人的士兵向曰皆赔礼道歉，随后还出了一张禁止扰民的"通令"。中川村于是相对安宁。这事传开，人们都夸赞曰皆年少胆大，有见有识。

这个故事，曰皆堂叔胡重益早有耳闻，曰皆来洋工作后，堂叔亲眼又看到曰皆的采办工作做得有声有色，井井有条，而且还能在工余时间不断学习有关采矿的知识和技术，如探矿、选矿、管理矿场和做金沙

---

① 《胡曰皆先生家谱汇集》，第107~108页。

沟①等等，不禁暗为赞许，多次给予肯定和鼓励。1927年，曰皆在矿场干到第三年，即被委任为一家锡矿的经理。可惜时运不济，上任不久，适逢世界锡市不景气，该矿场维持不起，亏损太多，终于被迫暂停营业。堂叔胡重益为了使曰皆接受更多的锻炼，特派他到太平深山地区买下的山地去开辟山芭②，种植橡胶。

太平深山荆棘遍野，荒无人烟，高山峻岭均是原始森林，乔木参天，浓荫蔽日，即使在白天，林下亦一片昏暗，毒蛇猛兽，出没无常。有时还可见到像杯口般粗大的黑蚁群，真使人望而生畏，不寒而栗。入夜蚊阵嗡嗡声响如雷，使人难以入睡。加上远离市区，交通闭塞，无车可通，生活用品要到山外采买。曰皆三四天就要进出山一次，到市镇上去买粮食和蔬菜，肩挑回山里来维持一日三餐需要，走的又都是崎岖曲折的新开羊肠小道，来回共计10多公里，劳累不堪自不待言。

本来，胡曰皆是在中国农村吃苦水长大的，再艰苦也压不倒他。可是领导开辟山芭，既劳心又劳力，事事要带头，要吃更多的苦，生活和工作条件又如此之恶劣，血肉之躯毕竟禁不住长期折磨，终于患了一场大病，不得不被工友抬到怡保医院去治疗。经过一个多月的养治，病情才基本痊愈。此时适值在原籍的老母亲来函催促，要他回国成亲，堂叔胡重益便着他离职返里。

胡曰皆18岁南行，此时，即到1928年，已22岁了，工作了近4个年头。虽然初到时当杂役，月工资只有10个林吉特（马币），但随后即不断加了工资，况矿场免费食住，那时物价又很便宜，肉碎面3分钱一碗，咖啡1分钱一杯。胡曰皆自幼俭朴，每月便都有若干积蓄。此次回国省亲、结婚，费用也就不成问题。1928年冬，他回到中川，第二年秋便和母亲娘家大埔大洋坑姑娘郑细妹结为百年之好。

二、再次南行鸿图初展

胡曰皆婚后在家闲居了一年多。这对于像他这样志在创业的青年来说，当然难以忍受，无意久恋。

1930年春，胡曰皆即携同新婚妻子郑细妹一起再度南行，回到霹雳州。堂叔胡重益继续重用他，安排他在积我营任复万和锡矿副经理。从此，胡曰皆就在积我营安家落户，并以此为根据地，徐图发展。由于他具有强烈的责任感和事业心，工作尽职，办事精明，且足智多谋，当机立断，使复万和生意日益红火，获利甚丰。半年后他便被提升为经理。公司还赠给他红股1200元，使他一下子成了一个小老板。不久，他又与族兄胡炳亭合作，投资数千元，在金宝搞金沙沟。虽然这笔投资数目很小，但却是他个人第一次掏腰包直接投资的。遗憾的是时乖运舛，大局剧变，1931年世界经济大萧条，在大马，锡、胶业首当其冲，矿场、工厂纷纷倒闭；复万和以及金宝的金沙沟自然也不可幸免。

这时，胡重益为了另谋出路，便派曰皆赴泰国和马属彭亨州寻找金矿。结果，在泰国一无所获，只在彭亨找到一处金矿。1932年便由胡重益牵头，邀同乡胡文虎合作，组成了一个胡氏兄弟金矿公司，派26岁的胡曰皆任经理，主持一切业务。

"万事起头难"。金矿开业之初，百端待举。特别是矿藏在深山密林中，附近杳无人烟。像几年前在太平开芭一样，其又一次要与原始森林作战。刨岭疏川，开辟草莱，筚路蓝缕，席地幕天。名为金矿公司，住的是鸦搭屋（即茅草搭盖的房子），不蔽风日，夜可观天。晚上一盏煤油灯，半明不灭。有时虎啸狼嚎，更令人睡不安枕。固然，随着矿区建设的进展，生活条件也随之逐步改善，但工作的辛苦却大非开锡矿可比。例如，金砂体形微细，难以精选，而且，选好的金砂要防止失窃也很不容易。为此要制定和完善有关的管理制度和操作规章，必须深入熟悉从生产到销售整个过程的各个环节。胡曰皆不仅要借鉴同行的先进经验，还要很有心计，有所创新，真是尽瘁心力，殚精竭虑。

经过这样近两年的苦斗，胡曰皆出色完成了任务，金矿管理工作严密有序，金产量也月有增加。到1934年后，世界锡市场开始好转，价格逐渐回升，

---

①金沙沟：用木板搭成如沟渠状的一种采锡设备。长约30米，宽约3米。在大沟中闸成约1米的小沟若干条，沟头至沟尾有一定的斜度，每隔数米放一方木横格，一条沟可分置十多个横格。采锡时，由"沙泵"吸起的沙水送到沟上，它沿着倾斜的沟道向下流动，锡米便滞留在横格上。每日清洗沟渠，就可在横格上取起锡米。

②开辟山芭：常省略说成"开芭"，是霹雳流行口语，意为开垦荒山野岭。

胡重益重整旗鼓，大事扩展锡业，日皆又被调回积莪营，任复万和公司的经理，再挑重担。

由于连续几年日皆一直受到重益的高度信任，成为公司麾下的一员主将，公司有两三个原来的老干部，便不免看得眼红，时在重益面前蜚短流长，进谗诬陷。虽然重益不信谣，造谣者反被重益斥为"无中生有，搬弄是非"，然而对于日皆来说，在不断听到这些风言风语以后，总于心有所不安。日皆少年时期就羡慕胡子春那样有创业精神的人，这时不能不更加萌发出独立发展以求腾达的想法。

1936年，世界经济大萧条已从谷底逐渐复苏，国际市场的锡价纷纷上扬。几年来日皆在贤内助郑细妹的合作支持之下，也储蓄了好些资金，于是便向堂叔重益请准辞职，自行投资创业。最初在积莪营办起了复万生锡矿。这一年，他三十岁，正是"而立"之年，也许该他开交好运，经营十分顺利，锡价上涨，产量又高，效益显著。第二年，便又在泰马边境办起了复万隆锡矿公司，业务照样兴旺，成绩可观。于是第三年再在霹雳州务边开设复万利锡矿公司。3年间连开3个矿业公司，确是雄心万丈，日进千里，胡曰皆大名一时轰动遐迩。

1939年9月，德国进攻波兰，揭开了第二次世界大战序幕，锡价又连续飚升。胡曰皆抓紧时机，扩大生产线，增开金沙沟，加紧采锡，增收甚丰，一举成为当地著名矿商之一。

三、马来沦陷劫难重重

然而好景不长，1941年12月7日，日寇偷袭珍珠港，紧接着进军东南亚，攻占马来西亚半岛、新加坡，长驱直入，如入无人之境。12月28日霹雳怡保便告沦陷，胡曰皆和大马各族人民一起，从此即在"蝗军"（马来华侨痛恨日本"皇军"，谐音称之为"蝗军"）铁蹄残酷践踏之下，挨过了3年又8个月的悲惨生活。

胡曰皆是个热爱祖国的华侨。"七七"事变以后，马华组织"南侨筹赈祖国难民委员会"，他即被选为霹雳州打巴县的筹赈分会主席，不仅自己带头捐献，而且积极向侨胞募款汇回祖国支援抗战，成绩昭著，素为华社各界所钦敬。

在日军统治霹雳州时期，胡曰皆又与"山顶佬"（当时华社对潜伏山区的抗日游击队的亲切称呼）经常联系，并运送物资接济他们。因此，有一次胡曰皆被日宪兵以"涉嫌济共"的罪名横加逮捕，并受到酷刑迫害，遭受拷打、灌水等酷刑，折磨了18天。当时大家都以为他凶多吉少，但因日皆是当地很有威望的侨领，日军又找不到任何确凿"罪证"，不得不同意当地商家保释其出狱，他才死里逃生，幸运地在杀人不眨眼的日寇魔掌中躲过一场大劫。

日军见当地商家出面出钱保释胡曰皆，便知道他在当地享有崇高威望，出狱后便硬把"维持会副会长"的职务强加给他，企图借此以笼络人心。在日寇严刑拷打、关押下都不屈服的硬汉子胡曰皆怎能忍辱俯就去当汉奸？于是，日皆只好和二哥锡皆一起，立即率同眷属秘密逃离积莪营，潜到大马最偏僻的金马珠玛港去躲藏，直到日军投降为止。

谁知这次逃难也很不容易，胡曰皆险些挣脱牢笼又进了鬼门关。事情是这样的：胡曰皆携家眷逃到金马，住不到几天，竟被当地的抗日军误认为日军派来的假逃难的奸细，于是又被"山顶佬"扣押，并送入深山关押、审讯。本来抗日游击队为了保证部队的安全和发展，对奸细嫌犯的处置一向是极为严厉的，有时手段也酷辣。幸亏胡曰皆此前曾经接济过"山顶佬"，与"山顶佬"组织有一定的交情，并且认识一些"山顶佬"人士。于是，胡曰皆此时只好将自己秘密抗日的经历，包括过去接济"山顶佬"的接头人姓名、事实等等，如实报告。当地抗日军经过查证属实，曰皆才免遭大难，而能在珠玛港安全遁居到和平恢复那一天。这算是胡曰皆第二次的绝处逢生。

胡曰皆一向行善，救贫济困，助人为乐，所以在日军横行的3年多中，不仅两度逢凶化吉，大难不死，而且完全出人意外地竟还神话般结下了一段美好的情缘。本来，胡曰皆是个事业型青年，平日生活严肃，一心扑在商场业务上；在家庭生活中，则与发妻郑细妹琴瑟和谐，恩爱情深，从不过问楚馆秦楼，从不拈花惹草，更无意别置金屋，纳妾藏娇。但日陷时期，他却偏偏逃不出牢狱中结下的情网。事情经过是这样的：

在上述那一次日宪兵扣押胡曰皆时，被关进临时牢房，说是要对他"通共"一事调查取证。当时那个牢房里已先关押着一名女囚犯，名叫高正山，兆远人。原是一名教师，因日占时学校停办，改行卖布。不久，因涉嫌参加抗日军活动而被捕。这一对遭难的青年男女，此时共囚一室，一个远离爱妻，一个云英未嫁。虽两人素昧平生，但意外巧合，齐沉苦海，同病相怜，朝夕相对，未免爱自心生，情从中发，不言可知。当时日寇何以如此安排，是为了便于窃听两人私话，从而侦破实情，或是一时缺少牢房，勉强凑合，则不得而知。后来，高因查无实据，关了11天后便被释放。18天后，胡曰皆也被营救出狱。高正山听到胡被释放出来，喜从天降，随即专程赶到怡保去道贺。从此两人交往频繁，而且越来越密切。最后，素称贤淑的胡曰皆夫人郑细妹，睹此一对狱中难友，两情缱绻，似乎难舍难分，亦未免寄以深切同情，乐于玉成其事。到1945年，高氏就正式成为胡曰皆的夫人，以后并生下子女6人。

四、和平恢复矿业辉煌

1945年8月14日，日本宣布无条件投降，马来亚有幸获得解放。这时，英国军队又回到新加坡和马来亚，英国海峡殖民地政府同时恢复行使治权。马来亚人民包括各国侨民久受日军残酷统治，有如水深火热，一朝饵脱，欢声动地。地方秩序很快恢复正常。逃难到山僻地区珠玛港的胡曰皆兄弟赶快携同眷属回到了霹雳州。

劫后回家，满目荒凉。安顿稍定，胡曰皆首先着手复办复万生锡矿公司，立即开始采掘。开头两个月生产正常，但继后矿藏即告枯竭，胡曰皆当然焦急万分，只好派人四处找矿。

说来也巧，正当胡曰皆为找矿而心急火燎的时候，恰好复万生矿场一家老邻居英国公司矿地这时也正在恢复生产。有一天，那位英商到其矿场视察生产情况，便与胡曰皆相遇了。战前的老邻居、旧相识，经过大战的一场浩劫，彼此都是九死一生，突然见面，恍同隔世相逢，都格外高兴。于是胡曰皆便邀他到小镇金宝的一间酒家去，同饮香槟酒，开怀畅叙，相互庆祝。席间，胡曰皆顺便谈及当前矿藏告竭的窘况，并希望他能设法适当支持，代找一块好矿地给他。英商慨然应诺。大约经过两个星期，该英商即寄来一信，赠与胡曰皆一块尚未开采过的锡矿处女地，面积达数十亩，并附了一张矿区详图。据知情人说，仅此一块地，即足供十年以上的开采。正在山穷水尽之际，有幸得此机会，胡曰皆大喜过望，赶快按图索骥，到新矿场去部署开采工作。

继英商赠地之后，日前派出去找矿的人这时也纷纷回报，又在其他地方再找到一些优质矿地，于是又陆续布置开采。数年之间，胡曰皆的锡业生产就进入最辉煌的时期，拥有复万生、复万利、复万昌、复万亿、复万丰、复万泰等七八间矿业公司。此外，还与其堂叔重益合营那间老字号复万和公司。这多家公司中，至少有两家挖到了"锡米仓"，产量特丰，获利无算。因此，20世纪50年代前期起，胡曰皆就已成为吡叻州锡业界巨子，远近闻名的富豪。

1957年前后，胡曰皆患高血压症，健康已大不如前，而商战紧张，自己不堪烦扰，感觉力不能支，便着长女胡妙兰协助管理公司业务（至今妙兰仍在该公司负责管理）。尤其令人遗憾的是，三四年后，曰皆竟又遭飞来横祸——1961年8月7日，一伙匪徒窜至胡宅行凶抢劫，曰皆奋起反抗，却被当场杀害。一位爱国爱乡的大富豪，怀仁崇义的慈善家，就此惨遭不幸，年方54岁。时人无不扼腕叹息，同声哀悼。

爱国爱乡奕世相承

胡曰皆逝世，不仅遗下了庞大物质财富，即众多的工矿企业，同时还留下丰硕的精神财富，有许多的良好品德和作风传诸后代。这也是有关其家族长盛永昌的一份极其珍贵的传家宝！

一、精神财富丰硕可贵

第一是以孝友为核心的严格的家教家规。诸如："以孝悌立身""在家讲客话""永不忘本"等规条，充分继承和发扬了传统伦理的精华，非常可贵。胡曰皆受父亲德行影响颇深，且少年时在家乡中川生活过十多年，不仅慈母郑氏严格管教，还进宗族塾学接受过较长时间的传统文化教育。为人父后，尽管在异国他乡，而且家大业大，儿女成为"富二代"，但他平日总是谆谆教导子女要发扬传统美德，真正做到敬老慈幼，兄友弟恭。在这方面，他自己身体力行，他的众多儿女耳濡目染，所以他的家庭一贯和睦团结，互相关心。时至今日，尽管胡曰皆辞世已近60年，其子辈"万"字辈兄弟姐妹近20人，或继承世业，多元发展；或自立门户，独展鸿猷。总之，乐山乐水，自由选择，各尽所长，关系融洽，从无纷争，只有相互尊重，充分合作。其孙辈"林"字辈则发展得更宽更远，各展辉煌。时人都谓胡曰皆家族世业能如此长盛不衰，不是出于偶然，而是与胡曰皆生前的严格家教家规有关。

第二是怜贫恤困，乐善好施。这是胡日皆待人处世的基本态度。他平日对此躬行力践，众所周知。举凡社会上扶贫济困的一切募捐活动，他总是带头响应，慷慨捐输。每遇有穷无可告的流民，或贫病交侵的街坊邻舍，他必然主动解囊，热情周济。正由于胡日皆心地慈良，乐于助人，影响所及，他的后代也都一心向善，重视社会救济工作。例如，1954年时，怡保因人口激增，病者相应增多，亟需发展社会医疗服务事业。胡日皆便以18万元购得当年甲必丹郑太平的花园住宅（在20世纪90年代估值550万元）一座，面积共6英亩，赠给圣母圣芳济传教会，兴办"安慰宁医院"，俗称"圣母医院"。后因种种原因，该教会无意继续经营了，依照《捐赠合约》将该医院交回给胡氏家族。"万"字辈兄弟济世为怀，重视福利事业，便把该医院改组为"近打医药中心"，由胡万乾出任董事主席。该医药中心的经营方针主要不在赢利，而重在造福病家。医药费按低标准收取，适当优惠病黎；还设有免费病床，特别照顾贫困患者。德泽广沾，活人无算。

不只如此，1980年，胡日皆夫人郑细妹"七一华诞"时，"万"字辈兄弟还一本其先父乐善好施遗志，为了让社会救济工作经常化，又共同商议决定，建立"胡日皆慈善基金会"，拨出基金100万元，以济困扶危。该基金会章程规定，凡桑梓地区和马来亚社会，若遇上天灾人祸，都应该主动给以援助；有受灾者提出申请，情况属实，也应予以救济。

第三，"爱国才能爱乡，爱乡也是爱国"。这是胡日皆常说的一句话。他说了就做，边说边做。八年抗日时期，他任当地的"筹赈祖国难民委员会"的会长，坚持抗战，出钱出力，事事带头，始终不渝，妇孺皆知。1949年中华人民共和国成立后，为了支持祖国建设，胡日皆格外踊跃投资家乡，建设桑梓。他常动员同乡说："我们作为旅外华侨，爱祖国就要落实到爱家乡的具体行动上来。"如此言传身教，也就难怪儿女们深受熏陶，以至形成他们这个家族的优良传统了。

在深挚的爱国爱乡思想指导下，胡日皆在服务华社、造福乡侨方面竭尽心力，如倡建客属公会，兴办圣母医院，捐建深斋中学……功绩累累，各方景仰。他所担任的社会公职非常之多，而且还都是高层次的，诸如中华大会堂副会长、中华总商会财政、客属公会会长、福建公会副主席兼财政、矿务公会财政等等；还有各级华校和慈善机构董事或理事之类的职衔，不下几十个。他这许多卓有成效的服务和巨大贡献，不仅赢得华社普遍感戴，而且整个怡保都深受其益，所以，为了表彰他的功德，怡保特将一条街命名为"胡日皆街"。与此同时，胡日皆生前在原籍地区也做了无数公益事业，如今永定区下洋的华侨医院，其前身就是胡日皆于1957年独资捐建的下洋人民医院。20世纪80年代以后由"万"字辈及其他乡侨和港澳同胞继续捐资扩建。乡人乃在下洋医院里特为他铸造铜像以作纪念。龙岩专署和永定县人民政府也曾先后给他表扬及赠匾嘉奖。

至于对移居海外的广大乡侨，胡日皆向来都是极其关怀和爱护，而且不分地域、姓氏，一视同仁。有的乡侨从家乡新来，无处寄足，有的在当地遇到失业，衣食无着，胡日皆的矿场就尽量收容他们，使他们不致流离失所，并从中为之介绍职业。因之矿场的"食客"有去有来，天天满座。日皆"当代孟尝君"的别号，就是由此而来。

正由于胡日皆热爱同乡，因此同乡也就普遍敬爱他。他51岁那年，本无心庆寿，而诞辰前夕，客家同乡前去庆贺的竟络绎不绝，一时门庭若市。同乡"水客"谢寿山曾亲撰祝寿词以进贺：

洪范五福人，苏湖气象新。兰桂盈庭秀，淮海振家声。五旬晋一寿，致富冠群英。功名孚中外，松柏翠长春。座上三千客，人称孟尝君。他年臻上寿，北海复开樽。

当时乡亲们一致公认，这首祝词说的完全切合寿翁实际，恰如其分，毫不夸张，同时它也忠实表达了同乡们爱戴寿翁、热烈庆贺的共同心声与真挚感情。

二、敬梓恭桑功绩累累

胡日皆投资家乡建设和公益事业，不胜枚举。下面就按各个年代捐资顺序，做极不完全的统计。

20世纪30年代后期至40年代——

这个时期胡日皆的经济事业开始起步。开创之初，资金周转尚时感不灵，自无多少余力以从公。然而就在这种捉襟见肘的状况中，胡日皆对原乡的教育慈善事业也是全力以赴，表现无限热情。

①赞助桑梓教育事业。这段时间，侨育中学正在初创，中川小学及下赤坑新华小学又都在整顿和扩展，既要建筑校舍，又要充实教学设备。胡日皆出于

爱乡热情，对各校都有捐赠，数量不一。

②1938年在中川南片建砖子楼。胡曰皆思乡心切，要叶落归根。虽然此时他自己尚无足够的财力，但"为儿孙计，及为（谋）晚年休憩之所"，乃主动商同堂叔重益公、堂兄胡李皆，合资兴建此楼。该楼初定名重光楼，借以纪念重益公之功德（重益，号叠光）。为了郑重其事，胡曰皆亲自回乡指导设计及施工。从胡曰皆于百忙中亲自由南洋回乡主持重光楼兴建过程看，其热爱乡土，饮水思源，知恩图报，根留祖国，燕翼诒谋的良苦用心，灼然可见，弥足感人。

20世纪50年代——

1949年10月中华人民共和国成立后，胡曰皆家乡永定和祖国大陆各地一样，一派升平景象，人们意气风发，安居乐业。家乡社会风气良好，夜不闭户，道不拾遗。胡曰皆虽远在海外，闻讯亦备受鼓舞，乃大发建乡宏愿，踊跃捐资原籍，举办公益事业，陆续为家乡建设做出巨大贡献。

①建中川卫生站。20世纪50年代初，为了故里乡亲防病保健，胡曰皆特捐献一笔巨款作为建筑费及设备费，在中川村石牌楼边的"大田丘"里，建设一个"中川卫生站"。建筑面积300平方米，砖木结构。这个医疗机构的建立，无论在预防与医疗两个方面都大大方便了村中的群众，从而也显著提高了村民的健康水平。同时，胡曰皆每年还另捐若干专款，给贫困患者减免药费。

②1953年，胡曰皆向中川小学捐资建图书室一间，并捐款充实该校图书设备。

③捐建胡蓉芝纪念亭并征购《四书撮言大全》。胡蓉芝，中川人。生活在前清乾隆年间（1736—1795），著名学者，毕生勤于著述。曾手著《四书撮言大全》一书，深受当时福建提学使纪昀（晓岚）赏识，纪后为礼部尚书及《四库全书》总纂，亲为作《序》，高度评价该书并着意推荐。结果该书在苏州木刻出版发行，成为参加科举考试士子的必读参考书，名闻四海。胡曰皆对蓉芝这位宗族先贤十分崇敬，故20世纪50年代初特在中川小学校园内建"蓉芝亭"以留纪念，借此，激励家乡学子向先贤学习，奋发努力，并向乡人广泛征购其遗著。惜因年湮代远，该书已绝版，征购落空，未偿夙愿。

④创建下洋人民医院。下洋虽为医药之乡，旧时外出从医从药者代不乏人，如胡文虎父子等，但本地医疗卫生事业，在旧中国时期却极落后，只有几家个体医生诊所和中药铺。乡人如患重病只能远走潮汕就医。人们早就盼望能在下洋墟上办个略具规模的现代医院，设置若干病床，用现代医疗技术治病。但这笔庞大经费无法筹措，愿望一直未能实现。胡曰皆有鉴于此，于1957年慨捐人民币7万元，独资创建下洋人民医院，占地5亩，有门诊楼和病房两座大楼，建筑面积1598平方米。还购置医疗仪器若干。该医院建成后就交由政府接办，成为永定县内规模最大的公办乡镇医院。

⑤捐建下洋石桥。著名的闽粤边境贸易重镇下洋墟场于金丰溪东西两岸，新墟在东岸，老墟在西岸。旧时两岸交通依靠墟头（北端）和墟尾（南端）两座木桥维系。每年山洪暴发时，桥柱和桥板经常被洪水冲走，两岸交通陷于断绝。20世纪50年代初，胡曰皆乃捐资将墟尾的木桥改建为木石结构的大桥，木桥柱改为两米多高的石桥墩，6座石砌桥墩之上铺以木桥板，可抗百年一遇的洪灾，两岸交通于是不受洪水影响。

⑥捐建汤子阁汤池。中川村水口汤子阁有温泉，中川和下赤坑村民常来此就浴。但原先的浴池十分简陋，村人仅就温泉涌出处随便掘个窟窿蓄水便成了。雨天不能入浴，晴天池边也无处可安放衣服及更衣，村人深感不便。曾在家乡生活十多年的胡曰皆深有感触。1954年，胡曰皆主动捐款修建男女汤池各一座，男池60平方米，女池30平方米。该汤池以河石砌墙，周边有瓦檐覆盖，洗汤者可风雨无阻。

⑦初建汤子阁石桥。汤子阁原有一座木桥，供中川与下赤坑村人交通往来。但木桥又矮又小，每逢山洪暴涨，长柱短板往往飘荡无存，交通因而中断，两岸居民深以为苦。1954年，胡曰皆独资在此兴建了一座像下洋墟尾同样的木石结构的大桥。筑了6个石桥墩，而桥板和栏杆则用杉木。这座石桥比以往的木桥更为牢固可靠，石桥墩更高，可抗百年一遇洪水。

⑧重修天后宫及魁星阁。几百年前，汤子阁旗山上就有一座天后宫和魁星阁（同一建筑）。由北而南的金丰溪到了宫前旗山下就转弯向东南流去，再转个弯后折向西南，延续了中川村溪水极佳的"水流东"风水形势。同时，在此形成一个宽广的深潭，名为蛟潭。至20世纪50年代，天后宫因年久失修，宫殿行将颓毁。1957年乡人发起重修天后宫的倡议，致信

胡日皆。日皆乃出面发动海外侨胞募集修建经费，并带头慨捐5 000元，于是很快完成集资，天后宫得以顺利地进行修复。

三、子承父志泽满原乡

胡日皆一生埋头苦干，事业发达，矿业机构繁多，而且50多岁时已儿孙满堂，人丁兴旺，成就了一个名副其实的大家族。他有两个妻室：德配郑细妹生4男9女；庶室高正山生2男4女。两房妻室共有6个男孩，其顺序如下：万铎、万富、万乾、万奇、万源、万鑫。还有以妙兰为首的13个女儿。其夫人郑细妹虽然名义上早已成为马籍华人，但她爱国爱乡的精神也与夫君日皆一样强烈。得力于胡日皆良好家庭教育的陶冶，胡万铎兄弟尽管都是出生于马来亚的"娃娃"，在20世纪60年代以前并未回过祖籍地永定，但他们也同样热爱永定家乡。尤为难得的是，日皆逝世后，其长子胡万铎几乎每隔三两年就要返回祖籍地探亲祭祖。他们兄弟以胡日皆父子公司的名义在家乡兴办公益事业的项目，与年俱增，乡人无不同声称颂。故乡人民对爱乡爱国的日皆家族的感念之情也极其真切！

20世纪60年代以来，胡日皆贤裔们在祖籍地兴办的公益事业声名卓著，闻名遐迩。

20世纪60年代——

改建下洋石桥为水泥大桥。20世纪50年代初日皆曾在下洋捐建一座"石桥"。该石桥为花岗石块砌的高约2米的石桥墩，架设有护栏的木桥板。因连年遭受风雨侵蚀，木桥板已有部分腐烂，加上1961年盛夏发了一场特大洪水，木桥板整体被洪水冲走，石桥墩亦有部分损坏。政府及乡人重修时也只架设简易木桥板，很不安全。1964年胡日皆父子公司接受乡亲的意见，捐出巨款将石桥改为水泥大桥。除将石桥墩一一加固外，还撤除木桥板，代之以钢筋水泥桥面，长63米，宽约3.5米，可容汽车通行，载重10吨。不仅便利行人，而且显著改善物资运输，促进了当地经济发展。

20世纪70年代——

①修建汤子阁水泥大桥。1954年胡日皆在汤子阁也建了一座石桥。可能由于建桥地基邻近蛟潭，地质情况复杂，18年后桥基有所松动，至1972年，石桥墩遂毁于洪水，桥板和栏干都荡然无存。胡日皆父子公司乃捐款重建为钢筋水泥大桥，像下洋大桥一样可通行汽车。

②修建村道及水口石拱桥。1977年中川南片道路及水口桥梁年久失修，坑坑洼洼，行走困难。胡日皆父子公司便捐款修整村道，并将水口石拱桥修建一新。

20世纪80年代——

随着祖国改革开放政策的贯彻落实，胡万铎兄弟振兴家乡的热情更高，信心也更足了，因而随时关注着故乡父老的需要，经常兴办公益事业。

①创办下洋鞋帽厂。1986年秋，胡万铎回乡祭祖探亲，有意为故乡发展经济及解决青年就业问题作出贡献。于是接受建议，投资10万元，作为机械设备费及周转资金，在下洋创办一家鞋帽厂。厂房由下洋乡政府提供；厂务由当地党政领导主持，中川村亦派人参与管理；雇请莆田师傅及技术员若干人为生产的骨干，一般工人则招收本地青年，培训上岗。开头生产红火，产品亦有销路。后来贷款无法及时回收，经营有困难，胡日皆父子公司还追加投资15万元，以供周转。可惜的是，由于管理不善，产品销路不畅，最终导致该鞋帽厂关门停业（约于1991年），胡氏投资打了水漂。

②重修下洋胡氏大宗祠，胡日皆父子公司捐款2.44万元。

③捐建中川小学教学楼及礼堂。1987年中川小学曾再度拟办初中班，缺乏教室礼堂。胡日皆父子公司闻讯即汇回马币20万元作为建设经费，建成了"日皆教学楼"一座及礼堂一个。

④捐建村内的公共设施。1987年中川村村委计划改变村容村貌，决定全村修筑水泥村道，架设电灯，并开通电话线路，胡日皆父子公司捐资马币15万元以作经费。

⑤捐款设立奖教、奖学基金。胡万铎兄弟不独热心马来亚华文教育，对故乡学校教育教学质量也备极关切。从1987年起，成立"胡日皆奖教、奖学基金"，规定每年捐给侨育中学奖金5 000元，中川小学奖金1 000元。

⑥长期定额补助贫困病人的医药费用。胡万铎兄弟对故乡卫生医疗事业也一样重视，一向乐于帮助贫困患者。从1987年起，这种帮助更形成制度化，经常化，捐资下洋华侨医院贫困病人的医疗补助费每年2 000元，中川卫生站医药补助费每年5 000元。

⑦每年定期奉赠大额贺岁金。胡曰皆在生之年一向重视族情戚谊，每逢春节将临，都要向中川梓叔和大埔大洋坑岳家亲戚寄奉贺岁金。胡曰皆去世后，此一礼仪亦从不中断，且不仅仅表示礼貌，而是为数不赀，颇有实质意义。从1987年起，胡曰皆父子有限公司更把这项支出固定列入年度预算中，使之制度化，避免随意性。计1987年奉赠给中川房亲和族中知名人士以及大洋坑亲戚的贺岁金达5万元。有人核计，此项支出至1999年来累计港币达五十七万余元。

⑧捐助巨款支持扩建下洋华侨医院。下洋华侨医院原为胡曰皆于1957年独资创建。因业务发展，1989年决定集资扩建。胡曰皆父子公司慨捐扩建费20万元，使扩建工程顺利完成。

20世纪90年代——

①1991年，胡曰皆父子有限公司捐助中川小学教学设备费2.8万元。

②1996年，永定发生"八八"洪灾，胡氏原在汤子阁捐建并曾重修的水泥桥，被洪魔完全摧毁，胡曰皆父子公司乃捐资46万元，重新设计改建为钢筋水泥大桥。这是第二次修建，规模比此前更大，桥面可通过汽车，限重10吨。

③中川卫生站原为20世纪50年代胡曰皆所建，砖木结构。经过半个世纪的使用，已成危房。胡万锋回乡探亲时，决定将旧屋拆除，重新建造一座钢筋水泥结构的卫生站，并当即捐献全部建筑费16.11万元。

④1996年下洋"八八"洪灾，胡曰皆父子公司捐献救灾款7.5万元。

以上是属于下洋和中川一带的公益事业，另外，在大埔大洋坑，胡曰皆父子公司还以郑细妹名义捐资兴办了许多慈善事业。

胡曰皆家族热心故乡公益事业，世代承传，乐此不疲，殊堪矜式，弥足钦敬。自20世纪30年代起，他们不断捐献，至今已历90余年，捐款次数和捐建项目实在难以详细记述，捐款数字更是无法一一开列。

（胡大新撰，张佑周校改）

革命的艺术教育家、著名画家胡一川

胡一川（1910—2000年），中国著名的版画家、油画家、美术教育家、国际著名艺术家。原名胡以撰，曾化名胡白夫，福建永定人。

1910年4月16日胡一川出生于福建省永定县下洋镇忠坑村（中川村）。年幼跟随父母南渡荷属东印度巴城（雅加达），在当地华文小学接受教育。1925年小学毕业后，鉴于印度尼西亚中等教育及艺术教育的强者皆为荷兰殖民主义教育，崇尚中华传统教育的父亲遂将其送回国内。同年，胡一川考入厦门集美师范学校。因其爱好美术，进校后遂特别师从美术老师张书旗学习国画。其间，年幼离乡的青年胡一川利用寒暑假跋山涉水回到故乡中川村，在饱览沿途及家乡美丽山水的同时，也体验家乡人民的贫困生活，为其日后的艺术创作积累了丰富的素材。无论其木刻作品《饥民》《到前线去》，还是油画作品《我的故乡》《客家妇女》，甚至连环画作《太行山下》，都透露出其故乡下洋的风土民情和山川胜迹。因为下洋街、中川和过堂乞儿和中川峰岗崇、汤子阁的风光都在青年胡一川心中留下深刻的印记。

1929年，钟情于绘画艺术的胡一川不满足于中等师范毕业就像其他人那样从事小学美术教育，他有更宏大的志向。于是他告别祖父母远赴杭州，一举考入名师荟萃的杭州国立艺专，师从著名的国画大师潘天寿、李苦禅以及著名的法国油画家克罗多。同时他还加入进步组织"一八艺社"，接触到杭州、上海等地方兴未艾的先进艺术思想。胡一川不仅在学习国画方面如鱼得水，而且同时开始见识了新兴木刻和西方油画艺术。

在杭州求学期间，胡一川不仅收获了艺术，而且还收获了理想和爱情。入学不久，胡一川就因其出色的艺术秉赋和好学精神得到一个漂亮的女同学的青睐。她叫夏朋（原名姚馥，1912—1935年），是一位来自浙江温州的富家小姐，与胡一川同年考入杭州艺专雕塑系。因为夏朋懂法语，与胡一川的油画导师克罗多教授常有往来，很快便与克罗多的帅气学生胡一川一见钟情。

与夏朋的相识、相爱、相知，彻底改变了一心只想回国学习绘画艺术的华侨青年胡一川的人生理想和人生道路。这是因为，夏朋不仅是一个颇有才华的美术青年、版画家，而且还是一个革命者、中共地下党员。她积极参加杭州艺专进步学生美术团体"一八艺社"的活动，并引导恋人胡一川参加。后来，"一八艺社"被国民党当局责令解散，他们被作为骨干成员开除或被迫退学后，便一起转移至上海，组成上海一八艺社研究所，并参加中国美术家联盟。胡一川还把杭州"一八艺社"的木刻作品带到上海，由鲁迅的朋友内山完造介绍在上海虹口"每日新闻社"楼上举办一八艺社同人习作展览会。展出期间，鲁迅先生曾去观看，并向展会捐赠十块大洋。当时在场的胡一川激动地叫了声"鲁迅先生"，却未能和鲁讯先生再说上几句话而后悔终生。

1931年日本帝国主义武装侵占中国东北领土后，夏朋与胡一川一起参与何香凝在上海组织的救济国难书画展览会工作，将进步书画家的作品展出义卖，筹集款项救济东北难民。

1932年9月以后，夏朋引导胡一川参加MK木刻研究会活动。1933年春，夏朋参与组织涛空画会，积极投入鲁迅倡导的中国新兴版画运动。胡一川创作的《饥民》《失业工人》《恐惧》《到前线去》等六幅木刻作品后来被鲁迅收入《中国现代木刻选集》。他的《拾垃圾》等作品发表在《上海美术新闻》刊物上。同年冬，胡一川在上海"野风画会"楼上聆听过鲁迅关于如何深入生活，提高技巧和进行革命美术创作问题的演讲，深受启发，更坚定了投身新兴木刻和版画运动的信心。

在夏朋的影响和引导下，胡一川的思想日趋进步，加入了中国共产主义青年团。1933年，23岁的胡一川转入了中国共产党。他在上海编辑《工人画报》并秘密为中国自济会刻制小册子。

1933年7月的一天，胡一川像往常一样到上海法租界道德里夏朋住处找她，看到窗户并没有出现他们事先约好的危险信号，便哼着小调走进楼房。不料一楼和夏朋居住的二楼都有特务把守，他不知道夏朋被突然逮捕了来不及摆放危险信号，他也来不及撤退。于是，他假装走上三楼寻找别人，但三楼的特务还是逮捕了他，因为特务们搜到了夏朋藏的文件和胡一川的木刻。他们一起被带到租界巡捕房。由于夏朋懂法语，而且是很有教养的富家小姐，特务们也没有更多的证据，法国巡捕房不相信她是革命者，很快便释放了她。但胡一川却因为木刻作品而未被释放。夏朋随即筹款请律师为胡一川辩护。法庭以胡一川木刻对其定罪，一位法官甚至将其画中的一个苹果和四颗橄榄说成"炸弹"，贻笑大方。但胡一川还是被判刑三年。夏朋经常派人到狱中探望，还不时送去书信、照片予以安慰。这种革命友谊及特殊的恋情坚持了近三年。当时与胡一川同狱的革命家邓中夏知道后都啧啧称赞。在狱中，胡一川一直坚持学习和斗争，著名诗人艾青曾与他同监，他们互相关心互相勉励。艾青诗《给胡一川》中有云："你用钢刀刻木刻／我用钢笔写诗篇……"

1935年，胡一川终于出狱，但夏朋却第三次被捕，他们再度被迫劳燕分飞。夏朋在狱中设法通知胡一川，嘱他恢复自由找到新住址后，到上海虎标永安堂留个地址，说自己出狱后会去找他。但夏朋的这次约定也没有兑现，因为她这次没能出狱，在狱中被折磨至死，再也没有去永安堂找胡一川。中华人民共和国成立后，夏朋被追认为烈士。其版画代表作有《清道夫》（1933年）等。原杭州艺专今为中国美术学院，专门设有"夏朋（姚馥）奖学金"以纪念烈士。

革命的引路人、亲密的战友和心爱的恋人牺牲后，胡一川离开伤心地上海，回到厦门。1936年，胡一川进入胡文虎创办的厦门《星光日报》任记者，并兼任厦门美专教员。他要借繁忙的工作抹干伤心的泪水，同时静观形势的变化，等待党组织的召唤。

1937年"七七"事变，中国人民抗日战争全面爆发。已经得到全面休整的胡一川热血沸腾，毅然与热恋中的女友黄君珊分手，奔赴延安，成为最早到延安的美术家之一。后黄君珊去了缅甸，七年后到延安找胡一川。胡一川辗转数月到达延安后，先在儿童剧团和抗战剧团工作，后进入延安鲁迅艺术学院。在"鲁艺"，胡一川如鱼得水，发挥特长，担任木刻团团长、木刻研究会主任和"鲁艺"美术系教师等。他以艺术为武器，创作并发表了木刻作品《芦沟桥战斗》《交公粮》《鲁迅先生木刻像》等。

1938年12月，胡一川带领木刻工作团赴太行山抗日根据地。在那里一边参加战斗，体验战斗生活，一边进行艺术创作，将革命木刻艺术送到太行山根据地，为抗日战争服务。胡一川和木刻工作团成员不仅参加了著名的王家山战役和其他战斗，还创作了大量木刻版画。胡一川还亲自创作了连环画《太行山下》和套色新年画《破坏交通》《军民合作》等，并指导木刻工作团成员用木刻反映前线军民的战斗生活。当日寇向太行山区发起"九路围攻"合围逼近之时，胡一川临危不惧，不仅为报纸社论《粉碎九路围攻》刻好一幅版头画，还从容不迫地将画和社论文字排好版，印出一份样张，检查无误后才同报社同志一道撤离。

在太行山根据地期间，胡一川和朱德总司令一起打过篮球，参加过训练射击，百发百中，受到康克清同志的大会表扬。还与战友们一起制作年画，到襄垣县西营集市摆地摊售卖。不到三个小时，几千份革命新年画就被抢购而光，起到很好的宣传效果。彭德怀副司令员知道此事后特地写信表扬说："这次你们的勇敢尝试已经得到了初步成功。许多艺术工作者口喊大众化，实际上是没有真正做到，而你们已向这方面先走了一步……"彭总的信给予胡一川极大的鼓舞。为了更及时、更真实、更深刻地在木刻画幅中反映前线战斗生活，胡一川常常或者亲自参加战斗，或者冒着枪林弹雨到战斗前沿阵地去画速写，甚至在激烈的战场爬上屋顶，专心致志地观察战斗，勾勒画幅，全然不顾子弹在头上唆唆地飞过，直到被连长发现将他拽进屋里，或者被战友们拉进碉堡。

胡一川是一个革命乐观主义者，见多识广，谈吐幽默，经常给战友们带来欢乐。他有一把一直背在背上的吉他，在战斗的间隙，或者在行军途中，胡一川喜欢自弹自唱。尤其是他能用法语引吭高歌《马赛曲》，铿锵的琴声为其激扬的歌喉伴奏，极大地鼓舞着战士们的斗志。

1939年年终，胡一川试制水印套色新年画，再次在敌后抗日根据地售卖。由于制作精美，色彩艳丽，充满年味，受到人民群众的热烈欢迎。之后，他在敌后根据地创办木刻工场，创作木刻作品《壮丁》《夜袭》《抢收》《参军》《破路》《坚持抗战反对投降》等，有力地配合根据地的抗战宣传工作。还为新华日报华北版编辑《敌后方木刻》，更为广泛地宣传推广八路军木刻工作团的作品。

1942年，胡一川写完第一本木刻研究的论著《中国新木刻运动简史》，带着书稿从敌后回到延安，受毛泽东和凯丰之邀参加了延安文艺座谈会，亲耳聆听了毛泽东在延安文艺座谈会上的讲话，更加坚定了自己一直坚持的"文艺为工农兵服务"的方针，继续到群众中去，到火热的斗争中去。胡一川逝世前都还保留着有毛泽东和凯丰署名的座谈会邀请函。座谈会合影显示，胡一川当时站在最后一排第二位，靠近门边，当时是个瘦瘦的矮个儿。

会后，胡一川以巨大的热情，重新投入到华北敌后抗日战场，继续一边战斗，一边进行革命的木刻艺术创作。作为亲自参加过延安文艺座谈会的艺术工作者，胡一川方向明确，热情高涨，佳作频频问世，他先后创作了《不让敌人通过》《牛犋变工队》《胜利归来》《攻城》等画风粗犷、厚重古朴、个性鲜明、色彩浓郁、鼓舞人心的革命艺术作品。其中的《牛犋变工队》和《胜利归来》被誉为中国早期套色木刻的代表作品。其简练生动的构图、粗犷深厚的刀法、单纯明朗的色彩和深刻丰富的韵涵，显示出胡一川木刻和版画艺术的独特风格与深厚功力，奠定了胡一川在中国早期木刻版画界的突出地位。

解放战争时期，胡一川在为工农兵服务、与人民群众紧密结合的艺术道路上继续前进。不仅其套色木刻艺术日趋成熟，在极其简陋、极其艰难的环境下尝试油印"同色渐变""颗粒肌理"与水印"多色叠印"等技法取得成功，而且其政治宣传效果也得到极大的提升。如《轰炸》《挖壕沟》《十大任务之八》等，既体现了胡一川版画艺术的创新，又突出其政治性。套色木刻的实践及其成功，既是胡一川版画艺术创作的合理发展，又是解放区火热的新生活给他的养分，同时也是解放区群众的喜爱与需求，激活了他身上的色彩艺术细胞。

胡一川的套色木刻艺术在新兴木刻及解放区木刻中无疑具有开拓性意义。在此阵地上几乎是孤军奋战的胡一川，不仅显示出一种非同寻常的艺术天性和勇气，也在实践中逐渐形成了自己的艺术风格，达到了自己的艺术高峰。前述胡一川在血与火的洗礼、刀与枪的对抗中诞生的不少作品，在中国现代版画乃至整个中国现代美术史上都占有不可替代的位置。这是因为，我们不难想象当时的创作条件与艺术氛围的匮乏，包括画家自身基础的各种局限，更不能否认社会斗争对艺术功利性的特殊要求难免使艺术的规律与其目的的暂时分离，完全可以从艺术语言、形式、技巧，也包括内容上找到这些作品这样那样的缺点甚至相当明显的不足，但尽管如此，这些作品完全崭新的审美取向和艺术面貌给当年的中国美术注入了从未有过的生机，其强大的生命力至今仍在感染和打动着我们，这是毫无疑义的。尤其是《到前线去》《抢收》《轰炸》《攻城》等相当部分的作品，对当今中国版画艺术无疑仍具有本体意义上的示范作用。胡一川的艺术是革命的艺术，毫无疑问也是艺术的革命。

1948年冬，胡一川跟随华北野战军进入天津，担任天津军管会代表和美术工作队队长，负责接收美术部门的工作，继续以艺术为武器宣传伟大的人民战争，宣传打倒国民党反动政权。

1949年，北平和平解放后，胡一川参加了全国文联第一次代表大会，被选为全国文联委员和中国美术家协会常务理事。中华人民共和国成立后，他被调入北平，担任北平艺术专科学校教授，并受中央的委托与著名画家徐悲鸿一起为中央美术学院的创建做好各项准备，并担任刚创建的中央美术学院书记和教授。

1953年，胡一川受命筹建中南美术专科学校，任校长，胡一川正式成为专职的艺术教育家。

1958年，中南美术专科学校迁至广州，改称广州美术学院，胡一川担任院长。"文化大革命"期间，胡一川曾受到冲击，但其后仍一直担任这一职务，直至1983年离休。

这一时期，作为中国革命美术的重要领导者、教育家和美术活动家的胡一川，没有忘记自己的艺术家的角色。他结合教学的需要，利用业余时间，重新拾取自己已搁笔多年的油画艺术，并创作了革命历史油画《开镣》《红军过雪山》《前夜》《挖地道》等。这些取材于革命斗争年代的作品，凝固了历史的瞬间，真实感人，填补了社会主义油画的空白。

胡一川根据自己牢狱生活的切身体验创作的《开镣》（1950年），以其极其质朴的绘画语言，真实地刻画了身陷囹圄的革命者得到解放军的解救，打开镣铐的瞬间百感交集的情景，具有撼人心魄的艺术穿透力和感染力。作品形象地展示了祖国由黑暗转向光明的历史时刻，表达了苦难深重的中国人民对于翻身解放的渴望。被誉为纪念碑式的历史画卷和社会主义油画创作的奠基性作品。

作为我国著名版画家、油画家、艺术教育家、革命家的胡一川，对于革命美术的追求是异常投入的。他对于美术，一往情深、一派纯真，对于世俗功利，他则一尘不染。著名美术史论家迟柯评价胡一川"在美的面前，他总保持着一颗赤子之心"。而作为客家人的胡一川，则用了一个客家人非常亲切的比喻说："画画，就要像酒鬼迷酒一样！"

的确，胡一川爱画画，就像酒鬼爱酒。在革命战争年代，由于条件限制及形势需要，他只能因陋就简，拿起刻刀和印板，粗糙地作版画。但只要是画画，他都全身心投入，哪怕在战场的房顶或阵地的山头，他都专心致志，画出诸如《太行山下》《牛犋变工队》《胜利归来》之类的优秀画作来。而在和平年代，胡一川更是像酒鬼爱酒那样爱画画。中华人民共和国成立后，胡一川作为党的革命美术领导者和美术教育家，虽然创建中央美术学院、中南美专、广州美院等一个个繁重的任务压在他身上，但只要能画画，他就全身心投入。他不仅为国家培养了一批批美术人才，还创作出一幅幅里程碑式的奠基性革命历史画卷和讴歌新生活的风景画作。

胡一川不仅是美术领导者，还是一位高产画家。早在1947年他就曾带领鲁艺木刻工作团回延安，举办敌后年画宣传画连环画展览会。展出的作品以其题材的新颖、深厚的火药味和乡土气息吸引了广大群众，其中就有胡一川亲自创作的作品数十篇。其后，这些作品还被送到重庆展出，受到极其热烈的欢迎，引起各界的强烈反响。而后又选出其中一部分作品送到苏联展出，现存放于莫斯科东方博物馆，胡一川及其战友的作品第一次走向国际。

而在中华人民共和国成立后，作为美术工作领导者和美术教育家的胡一川创作热情越来越高涨，更不愧为高产画家。从1950年为适应教学的需要和城市需要，满足人民群众多方面艺术要求而重新拿起画笔和画布，重新进行油画创作开始，胡一川便一鸣惊人。在成功创作出《开镣》这幅中华人民共和国纪念碑式历史画卷之后，先后创作出几十幅油画作品。主要作品有：《前夜》《挖地道》《过鸭绿江》《过雪山》《偏桥》《大雪山》《列宁草棚》《列宁墓》《奇石》《石门》《汕头风光》《海南铁矿》《开平码头》《山海关》《龙岩富铁》《我的故乡——永定中川》《芦下坝水电站》《闽西探宝》《广海村景》《万县大桥》《九江》《西湖风帆》《运石》《古寨门》《客家妇女》《榕树》《剑池》《东海岸》《八字桥》《黄山夕照》《特区建设一角》等等，还出版有《胡一川油画风景选集》和《胡一川画集》。

20世纪80年代以后，北京、天津、广州乃至美国等地都举办过胡一川画展。如，1984年，中国美术家协会广东分会和广州美术学院共同在北京中国美术馆举办的展览，曾展出胡一川版画作品28件，油画作品81件，充分展示了胡一川这位当代画坛巨匠的丰硕成果。

胡一川逝世两年后的2002年10月1日，胡一川画展首次在美国俄亥俄州玛斯金格姆学院路易·帕黑画廊举行，展出胡一川富有时代精神和强烈的个人风格的油画四十多幅、版画及艺术生涯图片各十几幅。展出期间还举办胡一川艺术创作专题报告会，数百位美国和西方各国教授、学者、艺术家云集，佳评如潮。俄亥俄州立大学东亚艺术研究中心主任朱丽娅·安德斯教授作了《中国当代美术革命：胡一川和他的时代》的专题报告。她在报告中毫不吝啬地给予胡一川极高的评价："我长期研究中国美术史，从我所掌握的资料显示，胡一川是中国20世纪美术史上非常重要的艺术家，他创作了许多具有历史意义和价值的美术作品，同时他在领导20世纪中国美术运动上面做出了巨大贡献，占有非常重要的领导地位。胡一川是我们认识中国当代美术的一个窗口……"来自西方学者的对于胡一川那样的中国革命美术家的高度评价，实属难能可贵。其后，美国俄亥俄州玛斯金格姆学院还成立了"胡一川艺术研究会"。

更能进一步说明胡一川是世界级艺术大师的是，美国大学广泛采用的美术概念教科书《与艺术共存》（*Living with Art*），这一本对世界美术史上最尖端最有影响的艺术大师和经典作品（包括世界历代美术、建筑和摄影）选用介绍的教材中，胡一川及其作品《到前线去》被选入，与毕加索的《少女肖像》并列,其文字介绍为:"中国对德国的表现主义版画崇尚,木刻版画由此开始。胡一川22岁创作的《到前线去》,运用粗犷的表现手法和暴露式的、戏剧性的表现主义方法,描述了联合中国人民反对日本侵略者的情景。他运用黑白对比的斜刻方法压印出来。画面前景中的形象有力表达了危急时极度呐喊的真实表情。像《到前线去》的那个创作年代,美国艺术家Rock well Kent的作品《全世界的劳工们,联合起来!》,同样是以强烈的政治主题去构设情绪性的画面。但是胡一川的版画给人一种大胆、果断和强烈、深刻的印象。而Rock well Kent的作品是在黑底子上不厌其烦地用无数的细白线条去表现。这些白线是Kent的木刻版画的特征。……"美国大学教科书的选用和肯定,不仅说明艺术是没有国界的,也似乎说明,艺术是不斤斤计较阶级性的。

2004年首届"中法文化年",胡一川的油画《开镣》和版画《到前线去》被送往法国巴黎展出,也引起强烈的反响。

胡一川是一个有不懈追求的艺术家。在胡一川的艺术追求中,除了作画力求登峰造极,书法也追求境界独到。有人称其书法"如搏斗中的巨龙,如奔突中的猛虎"。他的书法浑厚虬劲,简拙灵动,造境奇险,笔法严谨。但他却是一个平易近人,非常接地气的书法家,无论是海内外著名人物,还是普通景点、纪念馆乃至学生、平民向他求书法墨宝,他向来有求必应。慈善公益活动的义展义捐,他更是乐于挥毫。他的许多书法作品,或发表、或展出、或刻石、或馆藏,无不受到读者观众的赞誉和喜爱。如1993年中国武汉"楚天翰墨情"书画作品义展义卖活动举办的拍卖会上,其书法作品《风流人物看今朝》被某公司以2万元的高价购藏,还荣获"特别爱心书画家"称号;书法《源远流长》荣获"国际画家代表作收藏金奖",并入刻于中国甘肃西王母石碑林;在《美术家》杂志发表的书法作品《神州无处不飘香》,入选参加在台湾举办的"华夏艺术国际展",获"两岸文化交流贡献奖",入刻河南神碑林;电视连续剧《农民的儿子》片名、香港雀巢咖啡公司的注册商标"雀巢"二字皆其墨宝。胡一川还为毛主席纪念堂题写"创千秋伟业,开一代新风",为梅园新村周恩来总理纪念馆题写"铁骨寒梅";并先后为曹禺纪念馆、闻一多纪念馆、冰心纪念馆、彭湃纪念馆、雷锋纪念馆、何香凝纪念馆、太行山八路军纪念馆、深圳锦绣中华、海南三亚度假村、厦门海关、漳州市博物馆等题写书法条幅;先后在《羊城晚报》《海南日报》《陕西日报》《深圳日报》等全国数十家报刊发表过书法作品。

胡一川将书法创作当作一种生活的必需和生活的乐趣。他曾对其秘书说:"我最好的休息就是练书法。"还说:"搞书法比喝咖啡还过瘾!"对于一个从小就喝惯咖啡的印度尼西亚归侨来说,这是多么生动形象的比喻!

胡一川还是艺术界知名的活动家,不仅其作品经常被送往国外展出,增进东西方文化交流,而且,他还先后亲自访问过苏联、波兰、英国、法国、美国……胡一川在与世界美术亲密接触、切磋砥砺的同时,也让中国美术一步一步地走向世界。

作为"少小离家"的客家游子,胡一川对故乡的山水和亲人总是魂牵梦萦。尽管胡一川幼童时期随父母往南洋时对故乡和亲人并没有什么印象,但1925年父亲送他回乡读书时他已15岁,正值青春少年。他对故乡中川的山山水水和风土人情无不充满兴趣,很快便或攀上峰岗岽宝塔,或畅游蛟潭阁深潭,或穿越骊子岭丛林,或爬上马山岗青松,或遍尝和过堂小吃,或坐听祖婆叔娌斗唱山歌……

然而,父亲送他回乡的任务是求学,当时老家下洋却还没有中学。族人和乡人有条件读中学者,大多到离下洋约50里的邻县广东大埔中学就读。胡一川志存高远,且喜欢绘画艺术,听人说侨生多有去厦门集美师范学校就读者。1924年创办的下洋公学就是由厦门集美师范毕业生、下洋人陈正(原名陈成都)和曾牧春两位共产党地下党员创办的。胡一川于是跋山涉水,前往厦门,考上集美师范学校,从此再度背井离乡。

自1925年离家求学至1937年赴延安之前,除在上海入狱三年外,胡一川利用假期多次回到故乡中川看望祖父母,饱览故乡美丽的田园风光,故乡由此给他留下深深的印记。

1953年,胡一川南下武汉,受命筹建中国美术专科学校,抽空假道广州,回到他自1937年以后16年没有回去过的朝思暮想的故乡中川,见到久别的亲人。他迫不及待地登上峰岗岽,用自己带回来的照相机在峰岗塔前留下珍贵的照片。他当时并没有料到,他的这张峰岗塔照,如今居然成了绝版照片,因为那座据说建于明代,清代进士、曾任长沙景宁县令的中川人胡治菁曾经留下"山高高处又高峰,结构巍峨秀气钟。点缀人人生仰止,一枝玉笋插云纵"绝句,屹立中川村山门峰岗矗数百年的宝塔，已于1958年前后被破坏而倒塌。他此后多次回来，再也没有上去过。

1962年和1974年，胡一川在广州美术学院任院长，带家人回到故乡中川。1974年回乡时路过汕头，这是他幼年出洋、回国时曾经上船和上岸的地方，旧地重游感慨万千。回到广州后，他画出著名的油画《汕头风光》，表达对中华人民共和国美丽海港的赞赏。

1977年，胡一川终于与从未谋面的海外弟弟相见，并与弟弟一起回到故乡中川。1982年，胡一川与印度尼西亚回来的弟弟胡以多一起回到中川。

1983年，以73岁高龄才卸任广州美术学院院长职务的胡一川便带着从未回过故乡的儿子胡大江一起回到中川，创作油画《我的故乡——永定中川》，为中川古村落留下一幅仍未遭到现代化冲击的全景图。

1985年，胡一川再次与印度尼西亚回来的弟弟胡以多、胡以潮一起回到中川。

1986年，胡一川应邀回龙岩举办画展并与家人再次返乡，与乡亲们团聚尤其是与老年婶子、嫂子们见面聊过家常之后，数十年萦绕心中的祖母形象逐渐清晰。其后，一幅以祖母及家乡妇女为原型的油画《客家妇女》被胡一川创作出来，终于完成已经声名卓著、成为世界级大师的客家游子感恩客家母亲的心愿。同年，胡一川发表文章《观画中川记》。

1988年，胡一川带女儿胡丹妮回到中川，受到家乡人民的热烈欢迎。

1990年，已81岁高龄的胡一川壮心不已，欲将家乡的客家土楼推向世界，再次回到下洋、中川等地写生，创作土楼画。

2000年，胡一川病逝于广州，享年91岁。

胡一川曾任中央美术学院首任党组书记、中南美术专科学校校长、广州美术学院院长，兼任全国美协常务理事、广东省美协副主席等职，为中国美术的发展和繁荣贡献了一生。

（胡赛标、张佑周编撰）

爱国华侨领袖王源兴

王源兴（1910—1974年），又名健初，福建龙岩西陂乡大洋村人。幼年因家贫，仅入塾学启蒙及初级小学，接受国学教育，习一手颜体书法，并精学珠算，掌握了被龙岩人视为谋生本领的算学及记账后，即外出打工挣钱。1924年，年仅14岁的王源兴到漳州当店员学徒，结识曾为当时由邓子恢、章独奇等革命青年主编的著名革命刊物《岩声报》撰稿的龙岩青年曹菊如、郑日晖、林采之等人，工余时间经常与他们相聚，深受他们所传播的"五四"爱国民主启蒙的影响与熏陶。

1926年，16岁青年王源兴跟随乡人南渡新加坡谋生，当过码头苦力、三轮车工人、小贩、车夫、店员，终不如意。时陈嘉庚是新加坡闽籍侨领，旗下有橡胶厂、胶鞋厂、轮胎厂等多家大型企业。王源兴听乡人说陈氏对闽籍华侨颇多照顾，想投其麾下一展宏图，于是以其练就的一手颜体字手书一信，毛遂自荐，说明自己略通文墨，且精于珠算财会，斗胆寄给素未谋面的陈先生。不料嘉庚先生果然识才善用，原想任用其为总部文书上，但由于旗下多家企业紧缺经理人才，遂先安排自报有店员、财会经历的王源兴到橡胶厂当"财库"（会计），希望其经历锻炼，熟悉业务后再提拔重用。

然而，嘉庚先生也许犯了"燕雀安知鸿鹄之志"的错误，也许其按部就班的用人套路未能被年轻气盛的王源兴所理解。1931年，年满21岁的王源兴悄然离开陈氏橡胶厂，回到龙岩老家，与陈陂村农家女翁雪花完婚。其后，王源兴南下有较多龙岩人聚集的荷属东印度苏门答腊巨港，试图实现自己的创业梦、淘金梦。

到巨港后，王源兴像许多龙岩人一样，凭着自己自幼学会且经多年历练的财会知识，先受聘于一家商号当经理。翌年，稍有积蓄的王源兴即与人合资创办一家经营杂货的恒丰公司，并任经理，王源兴的创业梦开始实现。

年轻活跃、能文善讲的王源兴很快得到当地侨界领袖青睐，被推举为巨港中华总商会会董。王源兴也乐于为当地侨界慈善公益事业出钱出力。适逢当地中华学校、华侨学校扩建，王源兴与中华总商会会长曾应时、白展恭等人一起，大力劝募，经常奔走于建设工地、竭尽全力，得到当地侨团及各界华侨人士的一致好评。

1937年"七七"事变，日寇大举侵华，中国人民全面抗战爆发。闽西籍侨领胡文虎立即向侨界发起号召："国家兴亡，人各有责，际此全面抗战之时，正吾人报国之日，有钱者出钱，有力者出力，毁家纾难，亦份所宜！"[①] 华侨领袖陈嘉庚则在新加坡成立"新加坡华侨筹赈祖国伤兵难民大会委员会"，简称"星华筹赈会"。随后，陈嘉庚又出面成立"南洋华侨筹赈祖国伤兵难民总会（简称南侨总会）"，并通知南洋各埠派代表到新加坡出席第一次代表大会。已身为巨港侨领的王源兴与曾应时、白展恭一起赴新加坡出席成立大会，当选为南侨总会巨港分会副主席。王源兴除带头捐款外，还筹集大量物资、药品支援祖国抗日战争。当他听说自己青少年时代崇拜的乡贤邓子恢聘任为新四军政治部主任，自己熟悉的曾菊如、

---

① 《胡文虎大事记》，见《龙岩师专学报》增刊《胡文虎研究》第二辑，1987年。

林海云都是共产党干部后,非常振奋,与陈嘉庚商量将物资、药品通过宋庆龄、廖承志渠道捐赠八路军、新四军。

王源兴此次赴新加坡开会,因为有巨港代表的身份,所以得以特地去陈嘉庚寓所怡和轩拜见久已倾慕的侨界领袖陈嘉庚。年已花甲的嘉庚先生亲自到门前草坪迎接年仅27岁的闽籍青年才俊,并亲携这个小同乡的手登上二楼客厅。上茶后亲切交谈,两人相见恨晚。王源兴提起自己曾是老先生的员工,说自己12年前来到新加坡,人生地疏,只得靠做苦工度日,在艰苦穷困中上书先生,幸得先生垂青关爱,为先生的橡胶厂服务了3年,学到很多东西。至此,陈嘉庚才得知,王源兴就是当年自己因其字靓而录用的龙岩"财库"。虽然嘉庚先生有点后悔自己因回国处理厦门大学校务诸事耽误,未能重用王源兴此等俊才,却也乐见王源兴事业有成,前程远大。甚至因王源兴一头白发而与其兄弟相称,给王源兴留下深刻的印象。

这次促膝长谈,使王源兴感动不已。尤其是陈嘉庚先生平易近人及其报国救国宏愿,使王源兴深受影响。其后,陈嘉庚回国痛斥汪精卫卖国行径一事传到海外更使王源兴肃然起敬。他拿着登载这一报道的报纸去找朋友林采芝,对陈老先生赞叹不已,赞扬陈先生道出了华侨的心声,痛击了以汪精卫为首的汉奸卖国贼掀起的假和谈、真卖国逆流,使侨界深受鼓舞。

1940年3月,陈嘉庚亲率"南侨回国慰问视察团"由新加坡起程,取道缅甸赴陪都重庆,离开后又赴延安,见到毛泽东。其后,陈嘉庚又不避艰险,风尘仆仆,以川、贵出湖南,入江西、浙江回到福建,探望厦门沦陷后迁到长汀的厦门大学师生。途经龙岩时,陈嘉庚受到时任龙岩县长的集美校友张粲的迎候。陈嘉庚向30多名集美校友介绍其亲眼看到的延安军民高涨的抗日激情,还特地幽默地说:"我遇见了陕甘宁边区银行行长,是你们龙岩人,从前在南洋当过'财库',龙岩'财库'在南洋是有名的,很会理财。以前在我的胶厂做'财库'的王源兴,现在发达了,他在巨港筹赈会募集的经费最多,支援祖国抗战做出大贡献。"陈嘉庚提及的陕甘宁边区银行行长是龙岩归侨曹菊如,而他对王源兴的赞赏,更是使王源兴无比感激。

陈嘉庚访问延安辗转回到新加坡后,遭国民党右派恶意诋毁。为避免侨胞分裂,陈嘉庚在报上登载启事,声明欲辞去南侨总会主席职务,另选高明。南洋各埠分会获悉后,急电挽留,要求召开大会议决,南侨总会于是召开二次大会。王源兴仍与曾应时、白展恭一起作为巨港代表出席大会。会上,王源兴积极联络侨众,并在会上慷慨陈词,捍卫嘉庚先生的崇高声誉。1941年3月31日,经南侨总会第二次代表大会投票选举,陈嘉庚以151票赞成、1票反对当选第二届主席。年轻的王源兴以积极的行动和灵活的策略维护了侨界的团结,得到嘉庚先生等侨界领袖的赏识,更增进了与嘉庚先生的友谊。

1941年底,日军占领马来半岛,1942年2月1日,日军开始进攻新加坡。2月15日,英驻新加坡总司令白思华中将签署无条件投降书,12万英军被俘,新加坡沦陷。

1942年12月,日军占领巨港,作为抗日侨领的王源兴遭日军追捕,携带家眷逃亡至苏门答腊岛山芭朱鹿镇,以开荒种地为生,过着极其困顿的生活,连小女儿都要提篮到小镇街上卖甘蔗,一日赚取3毛钱贴补家用。当他听说祖国的文化人郁达夫、胡愈之、王任叔(巴人)、张楚琨、高云览、杨骚、江金丁等人逃亡至苏门答腊的石叻班让岛时,立即偕同实武牙筹赈分会的工作人员一起登岛看望他们。王源兴带头捐款200盾,加上其他华侨的捐赠,帮助郁达夫扮成富商,化名赵廉,到巴雅公务创办"赵豫记酒厂",掩护一大批文化人生存下来。

1945年8月日本投降,历尽艰险和磨难的王源兴回到巨港,恢复旧业,并被选为巨港华侨总会主席。但对于身处南洋各地的华侨来说,面临的是一个新的动荡局势。在祖籍国中国,国共两党、两个命运正面临决战;侨居地,殖民主义者卷土重来,殖民地人民争取国家独立民族解放的斗争正蓬勃进行。王源兴所处的荷属东印度苏门答腊很快被英国、荷兰联军占领,殖民主义者为加强统治,肆意挑拨民族感情,煽动当地人仇恨、杀害华人。王源兴领导华侨总会一方面努力团结华侨办好华侨福利事业,维护治安,据理向英荷当局交涉,维护侨胞权益,保护侨胞,另一方面在政治上经济上都支持当地人发起的印度尼西亚独立运动,争取为当地人民消解仇恨,团结起来反抗殖民主义者,争取民族独立和解放。

在祖籍国和侨居地同样处于两条道路两个命运两种前途选择的形势下,王源兴旗帜鲜明,坚定地追随"华侨旗帜,民族光辉"的陈嘉庚先生,坚定地站在中国人民和印度尼西亚人民争取自由、独立、解放一边,因而不容于荷殖当局。当他辛苦创立、恢复起来的"恒丰"公司又一次毁于荷军战火之后,他果断地携家人及"恒丰"公司总部迁移新加坡，入驻"怡和轩"，成为紧跟在陈嘉庚身边最重要的华侨领袖和核心人物之一。

早在日本投降之初，身处新加坡的陈嘉庚曾致电美国总统杜鲁门，明确指出美国援助蒋介石重启中国内战的实质，敦促其放弃对蒋介石重开内战的支持，在南洋、全中国乃至全世界引起巨大反响。国民政府气急败坏，以各种途径各种方式反对、孤立、限制陈嘉庚，提出要撤销南侨总会。甚至包括原为陈嘉庚创办，后股权变更的《南洋商报》，也卷入种报的反陈行列。海外各地侨团、侨众则相继召开拥护陈嘉庚的通电大会。巨港华侨总会就在王源兴主席的主持下，发出拥护陈嘉庚的通电声明。侨领及侨众们还请王源兴出发面见陈嘉庚，当面重申巨港华侨对陈嘉庚先生爱国主张的坚决支持。

为了推动侨界和祖国的和平、民主、进步潮流，更有利于发出侨界正确的声音，以陈嘉庚为首，王源兴、胡愈之、李铁民、陈岳书、陈文确、李亮琪、胡文钊、符致逢、黄亦欢、曾应时、陈新盘、刘武丹、黄联山、高友庆、张楚琨共16人签名，发起创办《南侨日报》，希望办成促进华侨爱国和国内和平民主进步的大报。

《南侨日报》于1946年11月21日于新加坡正式出版发行，王源兴也于1946年12月移居新加坡。在新加坡安好新家后，友人告知说嘉庚先生在打听他何时能安好家。王源兴于是知道嘉庚先生找他有事，遂去怡和轩拜见他。嘉庚先生告诉王源兴说，《南侨日报》出版后影响很大，但原先募集的股金全买了机器、房子后，所剩无几了。现在天天出报，加上许多原来逃亡的文化人都回来了，而且还有其他报刊人士加入，开销较大，需再募股金。虽然王源兴公司刚恢复，需要资金较多，但他还是毫不犹豫地认募3.5万元，同创办时一样仅次于陈嘉庚的认募数。其后，王源兴被推举为《南侨日报》副董事长。这是王源兴生平事业的一个重要转折点，标志着他从一个爱国的华侨实业家走向杰出的社会活动家和进步报业的中坚领导人。

《南侨日报》先后聘胡愈之（中华人民共和国成立后出任新闻出版部署署长）、夏衍（中华人民共和国成立后出任国家文化部副部长）任主编。1949年9月，陈嘉庚应毛泽东之邀回北平出席全国人民政治协商会议，王源兴临危受命担任《南侨日报》代董事长，与时任主编洪丝丝一起坚持进步的办报方向。其间，王源兴不仅源源不断地为《南侨日报》注入大量资金，而且成为勇敢地站在世界进步潮流前列的报业巨子、文化战士。直到援朝战争爆发之后，《南侨日报》在美国压力下遭到英国殖民当局查封，都是王源兴主持报务，把握办报方向。他后来归国受到毛泽东主席、周恩来总理接见时，曾任新华通讯社社长的中侨委副主任廖承志介绍他这一段历史，毛、周交口称赞。

中华人民共和国成立后的一段时间，王源兴在接受陈嘉庚的委托，艰难经营《南侨日报》的同时，还倾力资助新华社新加坡分社及其出版的《新周刊》。1950年，王源兴参与创办南星公司，并任董事长，经营中华人民共和国的电影和书刊，大力向海外侨胞宣传介绍中华人民共和国的新面貌。此外，王源兴还指导组织巨港受难同胞委员会，赈济在荷兰殖民者重新占据巨港的战火中受难的华侨。

1951年3月王源兴终于了却多年前欲追随嘉庚先生脚步回国考察观光的夙愿，他与老朋友、印度尼西亚巨港华侨总会副主席兼教育委员会主席黄洁及薛两清、李祝朝、施子卿等人组成了印度尼西亚华侨工商业回国考察团。考察团临行前途经雅加达，王源兴与黄洁前往中国驻印度尼西亚使馆驻地看望首任大使、老朋友王任叔（巴人），他惊讶地发现堂堂大国使馆，馆址仍未着落，租住在一所商业旅馆，两人立即商议，请黄洁的信记公司以90万印度尼西亚盾的价格，买下位于卡查马达路的中式庭院一座，借予中国大使馆使用。考察团回国后，沿途受到地方首长叶剑英、邓子恢、黄敬等人的欢迎。到达北京后，受到毛主席、周总理亲切接见，中侨委主任何香凝亲临看望。王源兴还见了胡愈之和龙岩籍的曹菊如、林海云等老朋友。在他专程拜访仍居住北京的陈嘉庚先生时，先生热情地说："源兴，新中国成立了，百业待兴，你钱还没赚够吗？不要回去了，留下来参加新中国建设，报效国家。"王源兴深受鼓舞。考察团返程抵达广州时，看到广州各界建设热情高涨，王源兴当即作出决定，将海外资金全部收拢，携回祖国投资建设，并将广州选作其回国定居的落脚点。

1951年8月，王源兴处理完南洋多地的业务，携家口及数百万元资金，与黄洁一起回到广州，成立"公私合营华侨工业建设公司筹备处"。1952年公司正式成立，身为广东台山籍的黄洁任董事长，王源兴出任副董事长。

在尽力经营合资企业的同时，王源兴先后被任命为广州市侨务局局长、广州华侨新村建设委员会主任、广东省侨委副主任，还兼任福建省侨委委员、福建华侨投资公司副董事长等。为了给华侨子弟教育提供方便，他带头捐资10万元创办广州华侨小学，并兼任董事长。王源兴为侨务事业竭尽全力，新中国政府也对他重用、信任有加，有关部门定他为国家行政11级（当时可任地、厅级干部）的高级干部，月薪逾200元，但他长期未领取。抗美援朝期间，王源兴曾代表侨界，参加中国人民赴朝慰问团。他率领一个分团冒着枪林弹雨慰问志愿军，人们知道他是华侨富翁，却不畏险，都赞叹不已。赴朝慰问活动期间，王源兴独资捐献战斗机一架（时价值15万元），当他听说家乡龙岩县捐献一架战斗机仍缺2万元时，他立即写款寄上。

1959年，时任福建省委第一书记叶飞及省委后补书记林修德赴广州时，曾与时任广东省委第一书记陶铸商调王源兴回福建工作，并拟任副省长。适因陈嘉庚先提名，廖承志支持，中央调王源兴进京任职。在第二届全国侨联大会上，王源兴当选全国侨联驻会副主席，兼任北京市政协副主席。此前，王源兴还当选第二、三届全国人大代表。

1956年9月陈嘉庚于厦门创办华侨博物院时，王源兴捐款5万元。1959年王源兴担任全国侨联副主席之后，中侨委筹办华侨大学。时国家正值困难时期，王源兴除全力协助中侨委主任、华侨大学首任校长廖承志筹办外，自己捐资5万元资助办学经费。

1961年8月12日，著名爱国华侨领袖、企业家、教育家、慈善家、社会活动家、全国政协副主席、全国侨联主席陈嘉庚在北京逝世，王源兴受中央委托扶灵南归厦门集美下葬，并担任陈嘉庚纪念堂建设委员会主任。毛泽东闻知后赞许道："一生一死，乃见交情。"高度概括了王源兴与陈嘉庚的深厚友谊及其一生追随陈嘉庚爱国爱家的事迹。

20世纪60年代初开始，印度尼西亚陆续发生排华事件，1965年"九卅"事件后达到高潮。其间，王源兴协助廖承志、方方做接侨安置工作，因在前方劳累过度，猝发心脏病，经周恩来总理批准派专家接到广州治疗，原有好转，但后来复发，1974年病逝，享年64岁。

（张文峰编撰）

新加坡华人鞋王曾启东

曾启东（1919—1989年），1919年农历十一月十三日，出生在永定下洋太平村庆荣楼。这位多年担任新加坡永定会馆会长的实业家，一生勤勉奋斗，孜孜以求，不仅以出色的社会公共服务荣获旅居国多枚勋章，也以不忘桑梓，尽力支持故乡建设，在永定籍旅新同胞中被传为佳话。海内外乡亲皆誉曾启东为"一代永定华侨的典范"。

过番谋生

曾启东的父亲曾广抱，又名友义，是一位勤劳俭朴的农民，除种田外，还兼宰猪和卖粄收入度日，是村里颇有名气的屠夫。

曾广抱先后娶过4个妻子，有14个子女。发妻张阿全，生2男2女，大儿子曾启扬，16岁就离开了人间；大女儿曾玉英；小儿子曾启东，排行第二；小女儿曾龙英。张氏去世后，曾广抱娶第二个妻子张阿生，生一男5女，分别为曾训娣（8岁身亡）、曾福娣、曾红娣、曾启斌（4岁身亡）、曾清娣、曾满娣（3岁送人）。张阿生去世后，广抱再取第三个妻子胡亚赢，生一男2女，名曾安娣、曾启就、曾曲娣（2岁送人）。胡氏去世后，曾广抱又娶第四个妻子胡满娘，胡氏带着女儿样珍随嫁到曾家，未再生育。如此算来，曾广抱坎坷一生中曾有4次婚姻，但膝下却除女儿外，仅曾启东和曾启就二男成年。曾广抱和胡满娘先后于1958年农历十六日和1969年农历八月逝世，于今，其后嗣中仍健在的有儿子曾启就、女儿曾玉英、曾龙英、曾福娣、曾红娣、曾清娣、曾安娣、曾样珍。

曾启东自幼好动，个性倔强，聪明顽皮。9岁时父亲费心送他进学堂，他却与书本不结缘，学习平平，为人处事却喜打抱不平，同学中称他"大阿哥"。父亲看他不是读书的料，无奈只让他念了两年的书，十一二岁就送他到大溪村跟人学打铁、拉风箱。

曾启东的故乡下洋，位于福建永定的南部，金丰大山的边沿，北与歧岭相接，南与广东省大埔县漳溪（西河）墟相邻，东与平和县的芦溪相靠，西连广东省大埔县的老县城茶阳。据传，下洋在明末清初建集市，集市先设在金丰河西岸，称之为老墟，后由老墟迁至金丰河东岸的新墟。因下洋有较宽阔的"平洋地"，市场又较繁荣，且位于古洋和洋背村的下游，故称下洋。前清时属金丰里，民国时下洋设区，1949年中华人民共和国成立后，先后设区、人民公社、乡，1987年改设镇。

历史上，下洋与大埔商业往来频繁，商人从大埔把沿海百货、食杂运往下洋，从下洋把粮食、烤烟、草纸等农副产品运往大埔。当时未通公路，商品运输全靠人肩挑运。下洋木材则由金丰溪放木排流向大埔，入韩江，到潮汕。下洋各村庄大多山陡谷深，田少人多，因此男人需外出谋生。随着下洋人外出做工和经营小生意的逐年增多，下洋形成一种"男人外出赚钱，女人在家种田"的习俗。

从明清时代起，下洋人外出赚钱，就把过番（包括过台湾）当作一条谋生之路，有些村庄几乎每家每户都有人过番往洋。少年的曾启东，在那种社会环境的影响下，在穷困的境遇里，抱着求生的欲望和见世面的好奇心，毅然选择过番的道路，显然并不奇怪。1932年，曾启东年仅13岁，他父亲花了50大洋，托本村的水客曾思鑫把他带往南洋，到马来西亚半岛的槟城谋取生计。

当年马来西亚半岛的槟城与马六甲、新加坡同是英国的海峡殖民地。19世纪初，英国就从中国俘掠"苦力"到此从事奴隶劳动。曾启东初到槟城时，经乡亲介绍，到本村梓叔曾思招开的裁缝店当学徒，使他有了立足之地。他每天从早到晚，干的是以缝蚊帐为主的针线活。每月虽然有3块钱的工资。但是，这是背井离乡迈出的第一步，只求3餐饭，没有更高的要求。

一年到头，年少的曾启东卖力劳作，从未有过一个礼拜日休息，深得族叔赞赏，而且他一干就是3年，学到缝纫的车工技术。接着，他又到大埔人开的洋服店里学做洋服，希望有更大的发展。由于已经有了缝纫技术，做洋服也学得快，月薪有了6块钱。如此这般，曾启东黄金般的少年岁月在裁缝行业消磨了5个年头。这是曾启东踏上异国他乡后，为求生而拼搏的第一个回合。

1937年，正是槟城市面经济萧条的年头，缝纫行业也不例外。曾启东眼看难在槟城呆下去，而且曾启东也想实现个人事业的飞跃，不想一辈子为别人打工。于是他果断离开槟城，南下新加坡。寻求更大发展。为了立足，经朋友介绍，他先到实龙岗的林汉美洋服店做工，月薪也只有7块钱，先解决吃住问题。曾启东其实已经恢复了儿时躁动的秉性。曾启东心想，过番是来多赚钱，已经六七年了，还只能勉强度日，照此下去，哪年哪月才有出头之日？干了一年多，他打听到在石厂做工收入高，自己身体又长得结实，就丢下针钱活，到武吉知马石厂去做工。打石的工资果然高，一天便可赚6块钱，比起做洋服，一天顶一个月，曾启东干得十分起劲。可是，打石工很不安全，滚石碾伤压死人的事件时有发生，眼看业主不顾劳工死活，曾启东干了一年多又离开了石厂。

日本侵略军于1937年发动侵华战争时，又把魔掌伸向东南亚。英国为了保护自己的海峡殖民地的利益，防御日军南下东南亚，于1939年在马来亚建筑军用铁道，以运输军需品。20岁的曾启东，便到马来亚的昔加末参加建筑铁道的工作。这又是一个卖苦力的工种，虽然收入不菲，但日复一日的风吹、雨淋、日晒，折磨着年轻人的身体，也磨炼着年轻人的意志，曾启东在铁道上整整干了两年。

从打石头到筑铁路，是曾启东在南洋拼搏的第二个回合，也是他一生中最辛苦、最艰难的一段历程。也是这段最艰苦的生活使曾启东炼就吃苦耐劳、百折不回的性格。

1941年12月7日，日本发动太平洋战争，派飞机偷袭美国在夏威夷的军事基地珍珠港。接着日军进攻香港、菲律宾、缅甸、马来西亚半岛、新加坡及荷属东印度群岛。除泰国外，整个南洋地区，都惨遭日军蹂躏。

1942年2月1日，日军占领马来亚，铁道工程停工。曾启东失业了，只好重返新加坡找生活，在东陵一家台湾人经营的豆腐店干起磨豆腐的活，虽没有固定的工资，但总算解决了吃饭问题。

从1942年2月15日至1945年9月12日，日军占领新加坡3年零8个月，胡文虎创办的《星洲日报》同其他报刊一样被迫停刊。日本投降后，新加坡的华侨、华人都迫切需要了解中国亲人的讯息，都很关心国际大事，停刊三年多的报刊在人们的焦虑中很快复刊。曾启东心想，卖报也许比做豆腐能多赚几个钱，于是，他每天到罗敏申路《星洲日报》的办事处领了报纸，走街串户，用尽量多的汗水换取尽量多的卖报工钱。

有一天，当他走到双溪路卖报时，看到很多人在那儿摆摊卖东西，热闹得很。这种景象突然给他一个启发；做小贩也许能多赚几个钱。因为曾启东想起下洋人流行的观念："'工字'冇出头"，即打工的人永远发不了，而"'商'字和'生意'都有出头"，还有一种说法是"小小生理强挑担。"但是，做什么买卖？他干了多年的裁缝，对服装这个行业有些懂行，于是他以仅有的8块钱作资本，在双溪路当起服装小贩来。

就在做小贩的期间，曾启东认识了林益才小姐。1949年，他俩共谐连理，组织家庭。从此，曾启东有了自己的小家庭，结束了多年的漂泊生涯。

数年克勤克俭的小贩生意储蓄了一点钱，加上婚后有了帮手，曾启东在生意场上更有了奔头。1951年，曾启东首次在柔佛路开了一间启东服装公司，夫妇俩就在两架旧针车的前面夜以继日地裁裁剪剪，干起制衣的工作，衣服做好了，批发给别人。经过两年的努力，生意渐渐扩展起来。为了扩大生产，1953年，曾启东把公司搬到新岑厘，雇佣了8名工人，自己既当老板，又当裁缝师傅。1959年，曾启东再把服装公司搬到旧机场路，扩大生产规模，工人增加到30名。

从1946年至1962年，曾启东惨淡经营起来的服装生意，总算有了一定规模。倒霉的事情发生了。两个印度尼西亚客户赊去的4 000多块钱的货物，分文未还，人也不知去向。曾启东的小本经营因此而出现资金链断裂。由于资金周转发生困难，无法进原料，曾启东辛苦经营了16年的服装生意只好忍痛结束。这是曾启东在星马拼搏的第三个回合，经历了发展和挫折的历程。

事业发展

1965年的新春佳节，生性躁动却已蛰伏多时的曾启东萌发了改行涉足鞋业的念头。善于思考的他想法是：服装的原料复杂，颜色太多，潮流变幻莫测，竞争激烈。鞋子的原料比较单纯，色泽不太多，且鞋业尚未在新加坡乃至东南亚兴起，一时尚未成为竞争焦点，适合小本生意"滚雪球"发展。于是他从乐富门香烟（Roth mans KING SIZE）得到了灵感，以"京士"（Kings）作为招牌，向商业注册官申请京士鞋厂，不久，京士鞋厂获准注册。曾启东于是把制衣用的针车、机器及家具都变卖了，买回制鞋工具，在旧机场路办起了小型的家庭式制鞋厂，聘请了6个工人。曾启东生前回忆往事时感慨地说：向鞋业发展这步棋，是我奋斗一生的转折点。

1965年8月9日，新加坡脱离马来西亚联邦成为一个独立国家。独立后的新加坡共和国政府，领导全国民众大力发展经济，并决定改变以往以转口贸易为主要经济来源的做法，积极推行工业化计划，成立经济发展局，大力发展本国工业生产。

20世纪70年代，正值新加坡全面发展工业的阶段，政府公布了许多鼓励发展新兴工业的条例，颁布了优待新兴工业的税务措施，实行了许多优惠政策。曾启东认真分析了国家发展工业的形势，认为要发展工业必然有一支庞大的工人队伍。这些工人都要穿鞋子，为了保障工人的安全，工业安全鞋是少不了的，况且，工业安全鞋的款式不多，比较单纯，用不着担心时髦不时髦的问题。果然，他试产的一批工业安全鞋销路很好，增加了他的信心。他不断研究和改良，还找来了英国沙达拉鞋业学院的工业安全鞋的标准规格，按这个规格去生产，质量大大提高，销路遂日益增加，十分红火。

另者，曾启东的鞋厂尽管规模很小，但也是新加坡政府所提倡的工业化中的一分子，是政府鼓励发展的行业范围之内的企业，因而一开办就顺风顺水，走上正途。

随着销路的扩展，鞋厂的手工生产已经不能满足市场的需求。曾启东意识到，只有搞机械化生产，才能大幅度地增加产量，提高质量。1971年，也就是曾启东向工业安全鞋发展的第二个年头，他带着翻译到澳大利亚墨尔本参观学习。当他参观BU公司时，发现这家公司生产制作工业安全鞋的机器非常灵巧适用。为了筹集资金订购这套价值昂贵的机器，经别人提醒，他去找负责新兴工业发展的经济发展局，要求帮他解决资金问题。当时制作工业安全鞋的厂家很少，而且都是手工生产。京士鞋厂有意订购机器，进行机械化生产，还符合政府的节省劳工、发展工业的政策。所以，经济发展局全力支持他，为京士鞋厂作担保，向远东银行贷款订购了BU机器。京士鞋厂采取机械化生产之后，日产量增至300双。随着业务的扩展，旧机场路的旧址厂房不够使用，于是曾启东想将厂房搬迁到加冷路的排屋工厂去。通过经济发展局又一次向远东银行贷款解决买厂租地的资金问题，京士鞋厂顺利搬迁并很快开工。日产量从300双增至500双。

1979年，为继续扩大生产规模，增加经济效益，曾启东在仁定巷购买了一块4.5万平方英尺的土地，建造保丰工业大厦。他把京士鞋厂的生产部迁入新大厦。1983年，曾启东又从外国买回了两部价值近200万的现代化制鞋机器，加上经济发展局予以税务优待等优惠支持，曾启东从此成为新加坡工业安全鞋的最大厂商，日产工业安全鞋1 000双左右，且不断拓展国内外市场，产品源源销往东南亚、中国香港、日本、中东、美国等国家和地区。曾启东终于成为新加坡20世纪70年代以后从事新兴工业而获得成功的企业家。这是曾启东在星马拼搏的第四个回合，也是他创业生涯中"新星升起，光芒绽放"的乐章。

1982年，新加坡文化部档案与口述历史馆的访员林孝胜先生向曾启东了解创业的经历及个人的历史，并将记录存入档案馆。新加坡《联合早报》于1984年12月30日第十六版以整版篇幅刊登了记者区如柏女士撰写的杰出企业人物的专题报道《成功背后是血泪——我国工业安全鞋业拓荒者曾启东》，文章是这样开头的：

"在建筑工地上，在地铁站的铲泥机旁，在修造船厂里，在各个向工业进军的角落，只要你稍微留意，不难发现人人都穿上了类似皮靴的鞋子。这种鞋子蛮好看的，又整齐，它的名字叫做'工业安全鞋'。"

"工地上或工厂里的员工为什么要穿工业安全鞋？据研究工业安全的专家说，那是为了工人的安全，穿上了工业安全鞋工作，可以减少许多工业意外。原来这种鞋子不光是好看、整齐，它最大的用途是在于保障工人的安全。那您可曾知道这些工业安全鞋是本地制造还是外国进口？谁是制造我国工业安全鞋的先驱者？在新加坡档案与口述历史组负贵人的推荐之下，我们拜见了我国工业安全鞋制造业的拓荒者曾启东先生……"

20世纪70年代以后，曾启东除了生产工业安全鞋外，还从事多元化经营，先后开拓地产、机械、中药等业务，其中以地产经营的成绩最显著。1979年，胡文虎的儿子胡蛟要出卖永安堂住家宿舍10间地产，且有意只卖给同乡人。由于政府计划建地铁要从此经过，没人敢买。胡蛟的太太找胡冠仁做经纪人，胡冠仁向曾启东介绍了这笔生意。曾启东经过调查分析，认为把这片土地买下来，即使5年后政府要建地铁，我早把地租收回来了。于是，他果断地同朋友一起花了70万元买下了这10间地产。半年后，政府修改了地铁计划，地铁不从那片地上经过，马上有人以比原价高出五倍的价格要买这片地。他们卖掉一部分当资本，又花了115万元向胡蛟买下了与这块地相连的10间地产。半年后，地产又大涨价；到1984年，光这笔地产生意，曾启东个人便赚了600多万元。

曾启东就是这样，用鞋厂赚的钱经营房地产，又用房地产赚的钱更新鞋厂的设备，扩展工业安全鞋的生产。20世纪70年代起，制鞋业和地产业成了曾启东发迹的两个拳头产业。因为曾启东具有"东方不亮西方亮"的思维甚至一直保持儿时就具有的好动、多动的性格和超乎常人的精力与智慧，所以他的实业越办越多。曾启东除了担任京士鞋厂的董事主席外，同时还是曾启东父子私人有限公司、保丰国际私人有限公司、保利顿机械私人有限公司以及新南行药物私人有限公司的董事主席。

成功秘诀

当人们向曾启东问起成功的秘诀时，他总是很谦虚地说："我哪里算得上成功，只是办成了一些事业。"他常说，中国有句古话"谋事在人，成事在天"，他很相信运气。不过他认为，单靠运气也不行，还得靠机遇，靠努力。

何谓机遇？曾启东说，1965年新加坡获得了独立，同样是客家人的李光耀任共和国总理。新加坡是一个只有人力资源，没有天然资源的国家，政府采取的许多重大决策和一系列有力措施，也许就出自李光耀所固有的客家人的智慧与精明。作为客家人的曾启东于是较快意识到这种智慧与精明，也许就是机遇。发展工业，推行工业化计划，为发展曾氏工业安全鞋提供了保护。政府实行了鼓励发展新兴工业的优惠政策，京士鞋厂才能实现机械化生产，才能顺利地占领国际市场，这真是天时地利。曾启东认为，能身在新加坡遇此良好的机遇是个人的运气，当然，如果主观上不努力，坐失良机，再好的机遇也没有任何意义。

讲到个人的努力，曾启东有许多感受。几十年来，他历尽千辛万苦，尝尽甜酸苦辣。克勤克俭的创业精神在他身上表现得尤其突出。

俗话说："家和万事兴。"曾启东深深感到，家庭是否团结和睦，家人是否通力合作，是事业兴衰、成败的关键。曾启东事业成功的主要秘诀，就是一手抓创业，一手抓治家，每当谈起这方面的情况，他总是首先夸奖夫人的功劳。他说："我同我的太太是患难夫妻，我有7个孩子，5男2女，全靠她拉扯大的。她不光要做家务，照料孩子，还帮我缝衣制鞋，创建家业，直到1982年退休。"

曾启东的5个男孩，老大叫曾宪源，是收养来的。这孩子的父亲叫曾耀华，由于生活困难等原因，把不满周岁的儿子卖给一位豆腐店的老板，要曾启东画押，曾启东的太太林益才知道后，说曾家人不能卖给外姓，用500元赎回来，当作亲生儿子养大成人。老二曾宪福、老三曾宪民、老四曾宪强，老五曾宪立，都是读完中正中学后即进京士鞋厂做工，协助父亲办厂。在父亲的言传身教下，孩子们不仅学会了办厂经商，更学会了做人处世，个个都十分有出息：曾宪源任公关，婚后单独谋业；曾宪福任总经理；曾宪民任采购经理兼厂长；曾宪强任行政经理兼副厂长，是曾宪民的助手；曾宪立任财务经理。大女儿曾梅英中正中学毕业后在机械厂任经理，婚后开了花店；小女儿曾梅娟在加拿大就读工商管理，1986年毕业后回京士鞋厂任书记，搞财务工作。值得一提的是曾启东太太的外甥女汪钻石，也是京士鞋厂的一位大功臣。她是曾启东的秘书，华语和英语流利，办事认真负责、有条不紊，20多年来，她在曾启东潜移默化的影响下，不仅业务能力飞速长进，而且专心致志协助曾启东管理工厂，成为他的得力助手。

曾启东是这样把治家与创业连结在一起的：他把父子私人有限公司办成了现代股份制企业，企业的资本分成10份，太太和7个孩子各一份，他自己两份，年终按股分红。在工厂任职的，按贡献大小领工资。曾启东家大业大，全家共有各种汽车74辆，全年生活费开支不下60万元。全家所有人的前途、命运和物质文化利益同公司、工厂紧紧地联结在一起，大家都把全部精力都贯注在家庭的事业上，为发展共同的事业辛勤地劳动，兢兢业业地工作，正应了启东所说的："上阵不离父子兵。"曾宪福说："父亲对我们管得很严，进工厂后先做一年的工，然后做一年的送货员，再当采购员，最后才让我们坐办公室"。曾宪民也说："在工厂，我们兄弟没有一点少爷派头"。难怪曾启东曾经很自豪地对笔者说："孩子们已接上班，我放心了！"

服务社会

曾启东说，"我的事业能有今天，不能忘记政府的支持。""政府的税收很公道，取之于民，用之于民，我们纳税也很乐意，这也是对社会的贡献"。

的确，曾启东在致力于发展自己事业的同时，还积极参加各种社会活动。他担任新加坡蒙巴登民众联络所管理委员会委员长达21年，其中10年时间任主席职务。同时，还担任蒙巴登区体育俱乐部名誉主席、蒙巴登区联络所老人活动中心名誉主席。他经常召集蒙巴登区市民开会，宣传政府的政策法令，带头慷慨乐施，热心为社会群众谋福利，排难解困。他从1974年起担任新加坡永定会馆会长，先后为社团买屋出钱出力，资助同乡办厂开店，为同乡在新加坡立身创业做了大量有益的工作。他担任公民咨询委员会长达19年，其中10年担任副主席，他还担任过南洋客属总会交际。

熬过苦工、小贩几十个春秋的曾启东，当了老板后对工人非常关心体贴。他从不欠工人的工资，有时资金周转不过来，即使向高利贷借钱也要保证按时给工人发工资。对于一些生活贫困的工人，除公司多发工钱外，他自己另给工人送花红。京士鞋厂的职工中，约有10%的聋哑等残障者。为什么要用残疾工人？曾启东出于两方面的考虑：一方面出于对残疾人的同情。雇佣他们不但帮助残疾人解决生活出路问题，而且也为政府排忧解难；另一方面，残疾人工人虽然训练难度较大，但一旦他们掌握了技术。工作非常勤劳，也不会随意"跳槽"。

新加坡勿洛北街真好参茸药行的曾汝镐，生意兴隆。1987年，曾汝镐曾感慨地说，"要不是启东哥的帮助，就没有这间药行，也没有我今天"。原来事情是这样的：几年前，曾启东对同乡曾汝镐没有固定职业深表同情，就拿出2.5万元叫他办一间药行。曾汝镐把药行办起了3个月，还未见启东过问一下，曾汝镐着急了，上门去找曾启东："东哥，你叫我办的药店已开张几个月了，怎么不来看看？"曾启东看过后高兴地对他说："这个药行就是你的了！"从此，曾汝镐精心经营这个药行，不但主动还清了曾启东的本钱，而且还大大发展了自己的事业。曾启东看到曾汝镐全家兴旺发达，心里真有说不出来的高兴。乡亲们说，曾启东被人借去的钱因生活困难还不起的不计其数。曾启东自己也多次对大家说，"锦上添花是多余的，雪中送炭才是紧要的。""把钱用在穷人身上最值得"。

由于曾启东多年热心为社会服务，功绩卓著，1980年荣膺新加坡共和国总统颁赐的公共服务奖章PBM；1985年再荣获新加坡共和国公共服务星章BBM；1988年他又荣获新加坡"长期服务奖章"。

热爱桑梓

曾启东不但对侨居地新加坡共和国新兴工业的发展及社会公共福利事业有很大贡献，对自己出生和长大的祖籍地故乡——永定下洋也有着特别深厚的感情。

早在中国的"文革"一结束，曾启东就带头回乡探亲。随着中国不断扩大对外开放，进一步激发了他回乡兴办公益事业的热情。由几年回乡一次到每年回乡一二次，为家乡的事业出钱出力。

1982年，他与胡浪曼、曾良材、胡冠仁等侨胞一道，为兴建永定侨育中学星马科学馆而捐资出力，并独资兴建学校大门，被侨育中学聘请担任名誉校长。1983年，他与曾良材、曾道杏、曾仕呈、曾昭仓等侨胞一起，在新加坡发起组织"太平村教育福利委员会"，为太平村筹集教育基金。他对太平村的公益事业，从学校到道路、桥梁、路灯、汤边亭、祠堂、庙宇等建筑，无不出钱出力。1984年他专程回乡与当地有关人员筹划下洋华侨新街建筑问题。1985年春，他又专程回乡与当地领导商讨扩建永定华侨医院大楼的奠基事宜，并亲自参加医院大楼的奠基典礼。1988年春，他与曾良材、曾道杏等侨胞回乡与家乡父老商讨重建太平小学的事宜。

曾启东1985年9月回乡，计划在家乡建造一座新式楼房，地址选择在太平村口——转楼角。返新加坡后他把设计图纸寄给家乡，要村人替他物色建筑单位。因为其设计比较复杂，建造要求很高，非一般工程单位所能承担。有人建议请驻龙岩的福建省第三建筑工程公司承建，因为该公司是龙岩地区范围内技术力量最强的建筑单位，他们曾经在厦门市参加承包飞机场、厂房等建筑工程，达到了优质工程标准。于是，曾启东派人找到该公司请他们在侨乡建造一座高质量的楼房，为争取侨心作贡献。1986年7月，曾启东再次返乡，直接同三建公司洽谈，当场签订了承包合同。

乡亲们问："你为什么要建这座楼？地址为什么要选择在转楼角？"

"我在童年时代，有一天跟父亲出下洋墟，走到转楼角时，他说，这里风水很好，谁有钱能在这里建楼就好了。我父亲苦了一辈子，1958年去世，当时我在新加坡过着贫寒的日子，在家的启就弟只有13岁，全靠我后母胡满娘向生产队借债办丧事，以后逐年从余粮款中扣回去。我建这座楼，也是为了纪念先父的"。

"既是纪念父亲，何不就以父亲名字取楼名，更能表达你对故土和父亲的怀念之情"。

"对！我先父叫友义公，就叫友义别墅吧！"

"为什么叫别墅？"

"40年前胡文虎在中川建了一座虎豹别墅，40年后应该有一座新别墅"。

"好！有气魄，下洋侨乡就有两座别墅了"。

1987年，一座富丽堂皇、别具一格，耗资近百万元的"友义别墅"建成，10月24日，曾启东在家乡举行友义别墅落成暨曾启东七秩寿辰庆典。龙岩地区各级领导，各界人士及亲明好友，父老乡亲前往祝贺，热闹非凡。

别墅的正厅两边挂着龙岩地区行政公署专员郑霖贺词：

启后承前展大业西独闳冠；
东方传统雄风在声誉南洋。

福建省侨务办公室负责人参观"友义别墅"后，深有感触地说："曾启东先生思念故土，热爱桑梓的精神十分感人。这座富丽堂皇的西班牙风格的别墅，竟然坐落在这边远山村，它生动地表明，爱乡观念是维系祖国人民和海外侨胞精诚团结的重要精神纽带。"

宏业有继

曾启东1989年8月18日于新加坡逝世，终年70岁。

曾启东去世后，他的后代在继承先人遗志，发展先人事业方面的情况如何呢？

京士鞋厂私人有限公司，一座新建的公司写字楼和厂房连在一起的房子，比以前的工厂宽敞多了，写字楼装修得格外豪华。很显然，他们的生产规模扩大了。但是，唯独有一间大办公室，同曾启东生前原来的办公室布置得一模一样。在大交椅的背后，仍然陈列着十八罗汉的铜像。正中挂着曾启东遗像，左右两边分别挂着用大理石铸造的龙岩地区旅游局和龙岩市侨联主席曾耀东为庆贺曾启东70寿辰敬送的贺匾。旅游局的贺词是：

"曾祖源发陶朱地，
家居永定太平乡。
启明金星耀四海，
东方银锁守三江。"

曾耀东的贺词是：

"寿辰喜庆多荣耀，
星斗弥天齐向东；
启智贤良凭育鞠，
东西南北尽亲躬。"

曾启东生前把这两副贺匾挂在自己办公室里，足见其乡情亲情的深厚。据其儿子曾宪立介绍："这间按先父生前办公室摆设的房间，是我们开董事会的场所，只有妈妈才能坐在先父的交椅上。"

由林益才及其儿子曾宪福、曾宪民、曾宪强、曾宪立5人组成公司的董事会，大家都是董事，月薪一样，兄弟分工合作。曾宪福分管策划、行政、人事、销售等，虽未挂董事长或总经理衔头，实际上是公司的领导人；宪民分管工厂生产和采购以及社会社团活动，曾宪强协助抓生产，曾宪立管财政。他们不但把父亲生前创设的家业全部继承和保留下来，而且还花了500多万添置厂房和设备，不仅实现了他们"家业只买不卖"的决心,而且使生产规模比其父去世前扩大了80%。

曾宪立说:"创业难,守业更难,只要兄弟齐心就不难。"他们生产的京士安全鞋在亚洲名列前茅。公司还在马来西亚柔佛州投资百万元建新厂,利用那里较低廉的劳力加工,产品运回新加坡出口。他们还把安全鞋生产扩展到印度尼西亚和印度等国家,并且还有发行股票的雄心壮志和长远发展规划。

1991年11月28日,在曾启东家乡友义别墅的大院内隆重举行"曾启东铜像揭幕仪式"。全国侨联副主席、福建省人大副主任黄长溪、龙岩地委书记郑霖为铜像揭幕,永定县委书记罗开洪在仪式上讲话。曾宪福在致答谢词中表示:"我们所以要为先父建造铜像,是为了寄托我们对先父的纪念,也是为了激励我们要继承和发展先父的事业,继承和发扬先父'取之社会,用之社会'和热爱桑梓的精神,为家乡的繁荣尽绵薄之力。"

曾启东的后代正是这样做的。

(永定县侨办供稿,张佑周校改)

龙岩市侨联原主席、名誉主席、闽西客家联谊会创会会长曾耀东

曾耀东（1933—2016年），永定下洋太平寨人，其父曾广弼，早年往南洋谋生。

曾耀东1933年出生于荷属东印度苏门答腊岛的亚沙汉。日本占领南洋期间随父母亲回国。1951年4月，刚初中毕业，年仅18岁的曾耀东瞒着父母家人，与同学一起从永定步行至龙岩东肖，参加中国人民解放军。当时正值抗美援朝，许多部队要跨过鸭绿江奔赴前线。同学的父母亲知道后，舍不得让儿子去当兵，和耀东的母亲赶到龙岩东肖部队驻地，要把他们拉回家去。同学被带走了，耀东坚持留在了部队。从此，其在部队服役长达30多年。

"文化大革命"期间，因不愿附和对部队首长的诬陷，坚持实事求是，曾耀东被关押达8个多月。其后曾耀东曾被派驻上杭、长汀等县"支左"。1983年12月曾耀东转业到地方，先后担任过龙岩地委副秘书长、《闽西报》总编、龙岩地区侨办主任、龙岩市侨联主席、闽西客家联谊会会长。他的一生勤勤恳恳，任劳任怨，怀着对党无限忠诚、对人民负责任的态度，无论是在什么岗位，总是一心扑在工作和事业上，干一行，爱一行，精一行，敬业爱岗，默默奉献，用"春蚕到死丝方尽，蜡炬成灰泪始干"来形容他的奉献精神，是再贴切不过的了。

曾耀东党性观念极强，任劳任怨，对工作充满热情。1994年，他已年届62周岁，但闽西侨务工作和客家事业正需要一个有魄力且熟悉这些方面工作的领导人。尤其是20世纪80年代末刚刚在龙岩掀起十分有利于龙岩地区改革开放的客家研究和客家联谊活动，正方兴未艾，曾耀东已介入其中，已担任由龙岩师专发起成立的学术研究组织闽西客家学研究会会长。于是，地委决定由他担任新成立的客家联谊会会长，为了党的侨务事业和曾耀东已积极参与的客家事业，他服从组织安排，继续担任龙岩地区侨联主席和刚成立的闽西客家联谊会会长，直到2000年2月正式办理退休后，依然继续担任闽西客家联谊会会长至2012年长达12年，为拓展龙岩市的侨务工作、客家工作、宣传闽西做出了重大的贡献。

作为从印度尼西亚回来的归侨，曾耀东对侨务事业有着天然的热情。正是强烈的责任心和事业心，使他很快打开了闽西侨务和客家联谊工作局面。

改革开放初期，曾耀东充分发挥家乡的侨乡优势，利用自己的归侨身份，积极拓展海外联谊。在他的热情邀请下，新加坡的下洋同乡侨胞首先组团回来探亲祭祖。紧接着，以曾耀东的族亲、新加坡曾兄弟旅游公司董事长曾良材为会长的新加坡客属总会也组团前来龙岩。他笑了，闽西的对外联谊工作，从无到有，经他不断地推动，不断地累积，海外的侨胞和客属人士，不仅仅闽西同乡，也不仅仅新加坡客人，纷纷前来闽西旅游探亲，寻根谒祖。

闽西的客家研究和客家联谊工作从20世纪80年代开始起步。1991年曾耀东参与发起成立闽西客家学研究会，并担任会长之一。他一方面发动闽西学者参与国际客家学术交流，一方面组织年轻学者参加与华东师大合作的客家学研究生班的培训学习，为闽西的客家学研究培养了一批人才。1991年，曾耀东参与筹办龙岩师专发起的国际客家学研讨会，邀请新加

坡客属总会曾良材会长组团参加。同年，他组团参加上海侨联和华东师大联合举办的上海国际客家学研讨会，与港台及海外的客家学研究者建立了联系。1992年10月，香港举办首届国际客家学研讨会，闽西学者李逢蕊、张佑周、吴福文、王增能、张鸿祥等走上了国际学术研讨的舞台，并产生巨大影响。因为该研讨会是香港崇正总会主办的，胡仙博士出资赞助。闽西学者们拜访胡仙博士后，直接促成了她翌年的回乡决定。1994年参加在广东梅州举办的世界客属第12届恳亲大会后，曾耀东就想，同样是客家地区，闽西为什么就不可以通过打"客家牌"扩大影响呢？此后，他就在龙岩地委的大力支持下，积极投入筹建闽西客家联谊会和申办世界客属恳亲大会的繁忙工作中。

1995年11月，由闽西客家学研究者李逢蕊、曾耀东等人策划，由香港南洋永芳集团董事长、全国政协委员姚美良发起的由龙岩市长汀县有关部门承办的第一次世界客属公祭客家母亲河大典在长汀隆重举行，同时举行的还有闽西客家联谊会成立大会。在300多名海内外客家乡亲的见证下，曾耀东当选为闽西客家联谊会首届会长。从此，他频繁活跃于世界客属舞台。

1996年，在新加坡举行的世界客属第十三届恳亲大会上，作为闽西客联会代表团团长的曾耀东积极主动，广泛拜会世界各地客属社团领袖，获得一致支持，闽西客联会成功获得世界客属第十六届恳亲大会的举办权。

1998年在台北举办的世界客属第十四届恳亲大会上，对龙岩举办第十六届恳亲大会出现杂音，曾耀东在会上热情洋溢而又义正词严地发表讲话，热烈欢迎世界各地客属朋友齐聚闽西龙岩，郑重承诺龙岩一定能办好世界客属第十六届恳亲大会，并声明已获得主办权不容剥夺，成功维护了龙岩的举办权。

1999年在马来西亚吉隆坡举行的世界客属第十五届恳亲大会上，闽西客联会成功接过了"世客"会旗。就是这次接旗，曾耀东承受住了常人难以忍受的情感考验。这是因为，就在闽西代表团踏上马来西亚行程之际，他相濡以沫40多年的老伴突然斜倒在客厅的沙发上不省人事，经抢救无效去世了。瞬间的生离死别，让他的脑中一阵空白。面对安祥躺着的老伴，他撕心裂肺，万分悲痛。从情感上讲，从道义上讲，他都应该留下。但他是团长，闽西300万客家乡亲的夙愿盼着他去共同实现。经与子女商量后，决定把老伴冷藏在医院，待回来后再料理后事。这一去就是10多天，闽西代表团不仅在马来西亚顺利接回"世客"会旗，曾耀东还率团马不停蹄，奔赴新加坡、泰国和香港开展联络活动。有道是"男儿有泪不轻弹，只因未到伤心处"，当把所有任务完成后，10多天来一直极度伤心的曾耀东在与香港胞妹通电话时，埋藏在心中的悲痛终于如火山喷发般地爆发出来了，情不自禁的泪水，如潮水般地涌出。

为办好2000年在龙岩举办的世界客属第十六届恳亲大会，曾耀东刚送别爱妻，就化悲痛为力量，夜以继日地投入到繁忙的筹备工作中。曾耀东作为世客会筹委会副主任委员，闽西客家联谊会会长，肩负筹办重任。他不仅频繁带团出国出境，奔走于东南亚、日本以及台港澳等国家和地区，争取世界各地客家乡亲的支持。同时还对筹备工作的每一个环节事必躬亲，积极努力地参与各项筹备工作。由于当时龙岩的城市发展仍然滞后，基础设施建设仍然较差，接待能力相当有限，举办世客会这样的大型国际会议，更是前所未有，困难多多。仅为做好接待工作，曾耀东就对龙岩的数十家旅馆、酒楼多次进行实地调研，最终挑选了40多家旅馆、酒楼、招待所等作为大会接待单位。他对每个旅馆和酒楼前后考察了5次，要求各单位按国际性接待要求整改，尽可能提高档次，因地制宜地做好接待工作。这次大会办得非常成功，有海内外客家乡亲3500多人参加，是闽西有史以来规模最大、影响最大的国际性会议，真正达到了"让闽西走向世界，让世界了解闽西"的目的，闽西在海外的知名度大大提高了。虽然有的代表团被安排在永定、上杭等外县住宿，前来龙岩主会场开会要乘车，较为辛苦，但由于接待人员热情、客家乡亲都毫无怨言。十几年后海外客家乡亲还在称赞闽西第十六届世客会"办得好"。

老骥伏枥，志在千里。2000年2月，曾耀东办理退休，但他服从组织安排，不计报酬，继续为筹办世客会而奔忙。世客会成功举办后，曾耀东本可以功成身退，但他却仍然风尘仆仆，兢兢业业。人们问他，图什么呢？图的是对闽西侨务工作的热爱，图的是对闽西客家事业的执着感情。龙岩世客会后，年事已高的他依然以出访、探亲等形式开展海外联谊，深交老朋友，结交新朋友，广泛联络海外侨胞，活跃在世界客属舞台上，甚至将闽西客家祖地搬上了联合国讲坛。闽西每次组团参加海内外的客属联谊活动，他都担任团长，为市委、市政府领导做好外联先导。他刚毅坚强，勇于开拓，又眼界开阔，心胸坦诚，尽管不年轻，但始终富有朝气，充满活力。在各种客属联谊舞台，世界客属乡亲都熟悉他的"光头"，熟悉他那身背摄影包、脖挂照相机的身影，许多年轻一辈的人都亲切地称他"老爷子"。在海内外大大小小的联谊活动场所，他常常唱主角。他那富有磁性的洪亮的声音，富有激情的演讲，能够很快调动起会场的气氛，引起听众的共鸣。他以爽朗的性格、幽默的情趣感染在场的所有人。他的敬业精神，令人敬佩，使人感动。许多海内外客家乡亲都赞誉他为"客家领袖"。各地举办大型的客属活动，都会派人前来向他请教，或主动邀请闽西客联会参与协办，他都尽心尽力给予支持，并提出建设性的建议。海外客家乡亲对闽西从不认识到认识，并认同"客家祖地"，与曾耀东在世界客属讲坛大会讲、小会讲，以及他与世界各地客属社团领袖人物广泛而紧密的联系和深厚友谊是分不开的。如祖籍梅州的东南亚某重要客家社团负责人在多次听取曾耀东对闽西客家祖地的表述后所说的那样："我们梅州籍的客家人，是由闽西迁来的。可以说，我们是广东人，也是福建人。"许多海外客家乡亲在他的感召下，纷纷组团前来闽西寻根、祭祖、观光，而且都要想方设法见上他一面。

曾耀东生前多次说："台湾很漂亮，很美，是他'去了想去，去了还要再去'的地方。"他长袖善舞，充分发挥闽西"客家祖地"和"对台前沿"的区位优势，积极开展对台民间交流交往。

早在1997年，曾耀东作为闽西客联会会长和侨联主席时就参团赴台交流，与岛内客家社团开展实质交流，开启了福建省侨联系统干部的首次赴台交流，为闽西侨务开拓了对台工作新领域。此后，他多次组团赴台交流，既支持台湾客家乡亲的活动，又积极争取台湾客家乡亲对闽西客属活动和两岸客家文化交流的支持和参与。在成都举办的世界客属第二十届恳亲大会上，他坚决支持由台湾客属社团举办下届世客会，结果2006年的台北如愿以偿地举办了第二十一届世客会，并顺利邀请到大陆地区700多名客家乡亲参加，极大地推动了两岸的客家交流。当年他在台北小巨蛋宏亮而充满感性的发言，给台湾客家乡亲留下深深的印痕。他与许多台湾客家社团和乡亲都建立了非常密切的联系，特别是他与吴伯雄、饶颖奇等台湾客属上层人士的密切交往，被誉为"闽台客家人友谊的见证"。正是由于曾耀东热情引导和多方筹划，直接促成了2000年时任中国国民党副主席的吴伯雄首次回祖籍地永定下洋思贤村省亲祭祖以及2008年时任中国国民党主席吴伯雄二度回思贤村省亲祭祖；也是由于曾耀东的热情引导和多方筹划，促成了2008年时任中国国民党中央评议会主席的饶颖奇的首度回到武平省亲祭祖。

2009年在厦门举办的首届海峡论坛上，曾耀东作为客家人的代表成为在大会上发言的六位特邀嘉宾之一。由他参与推动的闽西客家对台工作，始终走在国内对台民间交流的前列，为两岸客家交流奠定了厚实的基础，为两岸关系和平发展做出了突出的贡献。

2015年11月2日凌晨，曾耀东因脑出血送医院治疗。2016年1月21日，龙岩市侨联原主席、名誉主席、闽西客家联谊会创会会长曾耀东因医治无效在龙岩市第一医院与世长辞，享年83岁。

身为闽西客家联谊会会长，曾耀东人对闽西客家祖地被世界客属认同以及闽西客家事业倾注了巨大的热情。除了促成宁化石壁祭祖和长汀公祭汀江客家母亲河外，他还努力促成了两件大事，其一是促成两岸客家人对于客家保护神定光佛认同。由于台湾有著名的台北淡水鄞山寺和彰化定光庙，二庙奉祀的主神定光佛都是闽西客家人赴台垦殖时带去香火乃至真身的，定光佛成了移居当地的客家人的地方保护神。而定光佛祖庙在武平狮岩则鲜为人知。曾耀东遂于2008年7月以闽西客联会名义联合龙岩市政协文史与学习委员会在龙岩举办了首次两岸定光佛研讨会，有两岸学者30多人参加，会后编印论文集《定光古佛与客家民间信仰》，引起较大影响。其后，武平县从2011年开始，多次举办两岸定光佛文化研讨会及定光佛金身赴台游等活动，进一步扩大了定光佛的影响。其二是促成上杭县举办汀江国际客家龙舟赛。为了进一步扩大闽西客家祖地的影响，曾耀东遂向有关部门建议，促成了上杭县于2009年举办首届汀江客家龙舟赛，邀请台湾及海外一些龙舟队参加。

（李贵海撰，张佑周校改）

后　　记

历时四年，龙岩市首部《龙岩华侨史》终于脱稿。

这是一个浩大的系统工程。它承载了龙岩市委、市政府领导和各有关部门领导的深切关怀，承载了全市人民和海外侨胞的热切企盼，承载了全体编撰人员和编委会工作人员的辛勤汗水。

2014年12月25日，经龙岩市政府研究，决定成立以张斯良副市长为主任的《龙岩华侨史》编纂委员会（张斯良退休后，已由王建生副市长接任），编纂委员会办公室设在龙岩市外事侨务办公室，办公室主任由外侨办主任卢滇兼任（卢滇退居二线后由罗桥德接任），胡丰林任办公室主任。同时，聘请张佑周为主编，张雪英、俞如先、胡大新为副主编，启动《龙岩华侨史》编撰工作。

2015年5月6日，《龙岩华侨史》编纂委员会办公室、龙岩市外事侨务办公室与龙岩学院客家学研究中心《龙岩华侨史》编修工作项目组签订了《龙岩华侨史》编修工程项目合同书，编修工作正式开始。同年7月21日，龙岩市政府新闻办召开《龙岩华侨史》编修工作情况新闻发布会，中共龙岩市委宣传部副部长吴福文主持发布会，龙岩市外事侨务办公室主任、《龙岩华侨史》编纂委员会副主任兼编委会办公室主任卢滇和《龙岩华侨史》主编张佑周分别介绍了《龙岩华侨史》编修相关情况，并回答了记者的提问，表达了将落实市政府决定，编写一部"资料翔实，内容全面，特色鲜明，结论权威"的《龙岩华侨史》的决心。会后，龙岩电视台、《闽西日报》等新闻媒体都作了报道。

四年来，编撰人员积极努力，历尽艰辛，深入侨乡，走出国门，出入海内外有关图书馆、侨史馆，拜访东南亚多国岩籍侨团，调查研究，广泛搜集资料。终于在资料较为翔实充分的基础上，不揣浅陋地将自以为已达到市政府要求却未必完美的作品奉献在读者诸君、全市人民和海外侨胞面前。这是因为，我们以为，完成编撰《龙岩华侨史》这一任务，意义重大。本编撰即便有瑕，也不掩瑜。毕竟这一编撰是关注岩籍华侨，力图记录龙岩华侨历史，梳理总结龙岩华侨的海外开拓和创业及其对家乡、对祖籍国和侨居国贡献的首部作品。若能以史为鉴，在新形势下进一步发挥我市侨务优势，提升开放水平，为促进我市经济社会建设提供一些历史经验或教训，则我们的努力将颇富意义。

本书各章节编撰分工如下：

绪　论　张佑周

上编·通史篇

第一章　张佑周

第二章　张佑周

第三章　俞如先　张佑周

第四章　张佑周

第五章　张雪英　游京红

第六章　俞如先　苏志强　张佑周

第七章　苏志强　俞如先　张佑周

中编·社团篇

第一章　李贵海

第二章　李贵海

第三章　李贵海

第四章　邱立汉

下编·人物篇

具体作者见每篇篇后署名

后　记　张佑周

全书统稿　张佑周

最后，感谢遥力智远（龙岩）科技公司及公司总经理肖干南先生、龙岩东方彩印有限公司及公司总经理罗承添先生对本书出版印刷的大力支持。

编　者

2018年12月